He
Eve
I'm Ms gower
big fat
meanie
-Ohio
M.

स्टार

अंग्रेज़ी – हिन्दी
हिन्दी – अंग्रेजी

शब्द कोश

Edited and Compiled by
JOSEPH W. RAKER
RAMA SHANKAR SHUKLA

32,000 से अधिक शब्दों का
पर्यायवाची अनुवाद

सम्पादक :
जोज़फ डब्लू. रेकर
रमाशंकर शुक्ल

भूमिका
श्री सुधाकर पांडे
(प्रधान मंत्री, नागरी प्रचारिणी सभा)

STAR

ENGLISH-HINDI
HINDI-ENGLISH
COMBINED DICTIONARY

with
a detailed glossory of official terms

ISBN 81-7650-057-7

Publishers
STAR PUBLICATIONS (P) LTD.
4/5B, Asaf Ali Road, New Delhi-110002 (India)

Revised Edition : 2003
Revised and Enlarged First Edition : 2002

Price : Rs. 225/-

Distributors in U.K.
STAR PUBLISHERS DISTRIBUTORS
112, Whitfield St.,
London W1T 5EE (UK)

Printed at
Ajay Printers
Delhi-110032

Index क्रम

नये संस्करण की भूमिका

यह अत्यंत प्रसन्नता की बात है कि अंग्रेजी, हिन्दी व हिन्दी अंग्रेजी कोश का नवीन संशोधित परिवर्धित संस्करण हिन्दी जगत के सम्मुख है। जब इसका प्रकाशन हुआ था उस समय इस कोश की उपयोगिता और गुण धर्म के कारण मैंने यह आशा व्यक्त की थी, कि हिन्दी का प्रशासनिक जगत, सामान्य शिक्षा जगत, और हिन्दी प्रेमी इस कोश का इसके गुण धर्म के कारण सम्मान करेंगे। मेरी यह धारणा यथार्थ निकली और इस कोश ने अपनी एक प्रतिष्ठा स्थापित की।

कोश रचना निरन्तर चलने वाली प्रक्रिया है। यह कार्य उसे उपयोगी और अद्यतन बनाने में सहायक होता है। इस कोश के नवीन संस्करण में भी शब्दों की संख्या बढ़ी है, अर्थों में यथाकिंचित आवश्यकतानुसार परिष्कार किया गया है और इसे और अधिक उपयोगी बनाने का यत्न किया गया है। पहले संस्करण के बाद इसमें जो संशोधन परिवर्धन किया गया है उसने इसकी उपयोगिता को और बढ़ा दिया है।

ऐसे उपयोगी ग्रन्थ के प्रकाशन और सम्पादन के लिए मैं इसके प्रकाशक और सम्पादक को बधाई देता हूं।

मई २००२
नई दिल्ली

पं. सुधाकर पाण्डेय

भूमिका

यद्यपि भारत में कोश रचना की पद्धति संसार से सबसे पुरानी है किन्तु आधुनिक कोश रचना की वैज्ञानिक पद्धति अंग्रेजों की देन है। 18वीं और 19वीं शताब्दी में एक बड़ा व्यापक अनुष्ठान हिन्दी, हिन्दुस्तानी और अंग्रेजी के कोशों के निर्माण को लेकर हुआ जिसमें ईसाई मिशनरियों, प्रशासनिक अधिकारियों ने बड़े पैमाने पर योगदान दिया और 19 वीं शताब्दी के अन्त तक इस दिशा में जो भी महत्वूर्ण कार्य हुए वे सारे एक प्रकार से उन्हीं की देन है। सन् 1808 में विलियम हंटर के हिन्दुस्तानी–इंग्लिश कोश से इस काम का शुभारम्भ हुआ और बराबर इसके संस्करण होते रहे। एम.टी. आदम, डा. गिल क्राइस्ट, जान शेक्सपीयर आदि ने इस दशा में प्रारम्भिक कार्य किये। लेकिन यह सारा का सारा कार्य रोमन लिपि में होता था।

1829 में पादरी एम.टी. आदम के कोश में सबसे पहले देवनागरी लिपि का भी प्रयोग हुआ। जान शेक्सपीयर इस दिशा में सन् 1861 तक बराबर महत्वपूर्ण कार्य करते रहे। फैलेन ने "ए न्यू हिन्दुस्तानी–इंग्लिश डिक्शनरी" का निर्माण किया जो कोश विधा की दृष्टि से इनमें सबसे अधिक महत्वपूर्ण माना गया। 19वीं शताब्दी के अन्त में भारत में इस संबंध में जागरण आरम्भ हुआ और कोश रचना की प्रक्रिया स्वतः आरम्भ हुई। अनेक विद्वानों ने हिन्दी–अंग्रेजों कोश के संबंध में समय–समय पर काम किए, साथ ही शासन की ओर से भी व्यापक पैमाने पर कार्य किया गया।

सबने अपनी–अपनी दृष्टि से कार्य किए और सबके काम की अपनी विशेषताएं हैं, किन्तु लोक और ज्ञान दोनों को संतुलित मात्रा में रखकर कोश रचना की प्रक्रिया की दृष्टि से "हिन्दी–अंग्रेजी/अंग्रेजी–हिन्दी शब्दकोश" का एक अभिनव अवदान इस दिशा में हैं, जिसकी अपनी विशेषताऐं हैं।

अंग्रेजी से हिन्दी के अनेक कोश है और हिन्दी से अंग्रेजी के भी कोश कई हैं, किन्तु संयुक्त रूप से कोई ऐसा कोश नहीं है जिसके माध्यम से एक ही कोश के द्वारा दोनों कार्य सिद्ध हो सकें। पठन–पाठन तथा सरकारी क्षेत्र में इसकी आवश्यकता अत्यन्त व्यापक रूप से अनुभव की जा रही थी जिसका

समाधान प्रस्तुत कोश के माध्यम से होता है। इसकी शब्द सम्पदा भी व्यावहारिक रूप से पर्याप्त है और जन साामान्य और सामान्यतः विद्वत जगत का काम इससे चल सकता है। इसके साथ ही एक अच्छी बात है कि शब्दों के अंग्रेजी अच्चारण देवनागरी लिपि में भी दिय गये हैं जिससे उच्चारण का संज्ञान सामान्य रूप से अध्ययता को हो जायेगा। इसके साथ ही शब्द चयन की प्रक्रिया में सजगता बरती गई है और यह प्रयत्न किया गया है कि वांछित शब्द सम्पदा इस कोश में आ जायें।

आज सरकार में हिन्दी के कामकाज के लिए कोशों की आवश्यकता का अनुभव बड़े व्यापक पैमाने पर किया जा रहा है और इसके निराकरण के लिए इस कोश में प्रशासनिक शब्दावली भी दे दी गई है, जिससे सामान्य व्यवहार में अत्यन्त सुविधा मिलेगी। शब्दों की अर्थ साधना में भी सजगता बरती गई है। इस तरह मेरी दृष्टि में संयुक्त रूप में प्रकाशित यह "अंग्रेजी–हिन्दी व हिन्दी अंग्रेजी कोश" इस दिशा में एक गौरवशाली, गम्भीर और लोक–हितकारी प्रयास है। मुझे विश्वास है कि सभी क्षेत्रों में इसके गुण होने के कारण सम्मान होगा और ज्ञानजगत इसे गरिमा प्रदान करेगा।

दीपावली
3.11.1994

सुधाकर पांडेय
(प्रधानमंत्री)
नागरी प्रचारिणी सभा
वाराणसी

List of abbreviations used in the Dictionary

संकेत-चिन्ह जो इस कोष में प्रयुक्त किये गये हैं

abbr.	abbreviation.	*interj.*	interjection.
adj.	adjective.	*L.*	Latin.
adjs.	adjectives.	*mas.*	masculine.
adv.	adverb.	*med.*	medicine.
advs.	adverbs.	*mus.*	music.
alg.	algebra.	*n. ns.*	noun, nouns.
archt.	architectur.	*nout.*	nautical.
arith.	arithmetic.	*pass.*	passive.
aux.	auxiliary.	*pers.*	person.
contr.	contracted.	*phr.*	phrase.
cf.	compare.	*opp.*	opposite.
chem.	chemistry.	*pl.*	plural.
comb.	combination.	*n. sing.*	noun singular.
comp.	comparative.	*pr. part.*	present participle.
conj.	conjunction.	*p. t.*	past tense.
demons.	demonstrative.	*pres.t.*	present tense.
dim.	diminutive.	*p.p.*	past participle.
e.g.	for example.	*pref.*	prefix
esp.	especially.	*prep.*	preposition.
fut.	future.	*pron.*	pronoun.
fem.	feminine.	*Rom.*	Roman.
gram.	grammar.	*sing.*	singular.
Geog.	geography.	*suf.*	suffix.
Gr.	Greek.	*usu.*	usually.
i.e.	that is.	*v.t.*	verb intransitive.
in.	inches.	*v. t.*	verb transitive.
indef.	indefinite.	*yd. (s)*	yard (s).

अं. ग.	अंकगणित	ब. व.	बहुवचन
ए. व.	एकवचन	बी. ग.	बीज गणित
इ	इत्यादि	शि. वि.	शिल्प विद्या
औ. शा.	औषधि शास्त्र	शा. प.	शासनपद्धति
न. लि.	नपुंसक लिंग	सं.	संगीत
नौ. वि.	नौ विद्या	स्त्री. लि.	स्त्रीलिंग
पु. लि.	पुलिंग		

KEY OF TRANSLITERATION

VOWELS

Nagri character	sign	Roman	Pronunciation
अ		a	As *a* in beggar
आ	ा	A	As *a* in father
इ	ि	i	As *i* in sin
ई	ी	ee	As *ee* in meet
उ	ु	u	As *u* in pull
ऊ	ू	oo	As *oo* in pool
ऋ	ृ	ri	As *ri* in rich
ए	े	a	As *a* in gate
ऐ	ै	ai	As *a* in fat
ओ	ो	o	As *o* in hole
औ	ौ	au	As *o* in hot
अं	ं	an	As *an* in kangaroo
अँ	ँ	an	As *an* in the French—pronunciation of restaurant
अः	ः	a:	Short form of ah!
ह्रस्व ए		e	As *e* in bed

CONSONANTS

Nagri character	Roman character	Pronunciation
Gutturals		
क	k	As *k* in ankle
ख	kh	
ग	g	As *g* in go
घ	gh	As *gh* in gherao
ङ	n	As *n* in hunger
Palatals		
च	c	As *ch* in church
छ	ch	

ज	j	As *j* in jar
झ	jh	
ञ	n	As *n* in punch
Cerebrals		
ट	T	As *t* in top
ठ	TH	
ड	D	As *d* in doll
ढ	DH	
ण	n	As *n* in nut
Dentals		
त	t	As *t* in French matron
थ	th	As *th* in thin
द	d	As *th* in leather
ध	dh	
न	n	As *n* in nut

There is no sign in english to represent the sounds of ड. and ढ़ the following symbols are for them : R for ड़, Rh of ढ़ ।

Lately, certain sounds of the persian language have gained currency which are expressed by placing a dot below the corresponding letters of nagri. we shall try to imitate these sounds thus:

क़	k	As *Q* in 'quran', the sacred book of Islam
ख़	kh	As *Kh* in the name of the persian poet Umar Khaiyam
ग़	g	As *Gh* in the name of the urdu poet Ghalib
ज़	z	As *z* in zinc
फ़	f/F	As *f* in father

In Nagri every letter represents a complete sound so that it can be uttered by itself. But every consonant has a half-form also which cannot be pronounced by itself.

the half form च is च्   the half form of द is द्

Whenever two consonants are conjoined the resultant conjunct, in some cases, assumes a new shape, e.g....,

क्ष ज्ञ ट्ट ट्ठ ड्ड त्त द्द द्ध द्व

द्ध झ द्य त्र ट्य ह्य क्र ध्र ट्र

त्र द्र श्र ह्व हृ ह्न ह्म

Nagri is primarily a syllabic script. every letter of nagri represents a complete sound. Howerer, every complete sound may not be represented by a single letter, e.g..., पश्चात् (pash-čat) contains two syllabes, but four letters. To this extent, Nagri detracts from the syllabic character.

□□□

उच्चारण-सम्बंधी विवरण

किसी भी भाषा का शुद्ध उच्चारण किसी अन्य भाषा के माध्यम से हो ही नहीं सकता क्योंकि प्रत्येक भाषा का अपना स्वतंत्र स्वभाव, व्यक्तित्व व चरित्र होता है तथा उसके प्रबुद्ध मूल प्रयोक्ता ही उसके शुद्ध उच्चारण की कसौटी होते हैं। प्रत्येक भाषा में कुछ ध्वनियाँ ऐसी होती हैं, जो अन्य भाषाओं में नहीं होतीं। अँग्रेज़ी में ख, घ, झ, त, ध, फ, भ, ठ, ड, ढ, ढ़, ण आदि ध्वनियाँ नहीं हैं।

उच्चारण के प्रतीकों व संकेतों का निर्धारण व चयन करते समय सरलता को प्रमुख ध्येय ही लक्ष्यों को ध्यान में रखा गया है।

संकेत व प्रतीक (Hints and symbols)

(अ) स्वर (Vowels)

प्रतीक		ध्वनि		उदाहरण		उदाहरण
अॅ,		लघु अ	ago	अ गो	atom	ऐ टॅम
अ		सामान्य अ	under	अन् डॅर	but	बट
ऑ,	ॉ	लघु आ	out	ऑउट	about	अॅ बॉउट
आ,	ा	सामान्य आ	answer	आन् सॅः	fast	फ़ास्ट
इ,	ि	इ	It	इट	fit	फ़िट
ई,	ी	ई	eat	ईट	beat	बीट
उ,	ु	उ	foot	फुट	put	पुट
ऊ,	ू	ऊ	ooze	ऊज़	fruit	फ़्रूट
ऍ,	ॅ	लघु ए	air	ऍ अॅः	pair	पॅ अॅर
ए,	े	सामान्य ए	aim	एम	fame	फ़ेम
ऐ	ॅै	लघु ऐ	ebb	ऐबॅ	self	सैल्फ़ॅ
ऐ,	ै	सामान्य ऐ	act	ऐक्ट	fact	फ़ैक्ट
ओॅ,	ोॅ	लघु ओ	omission	ओॅ मिशॅन	November	नोवैम् बॅर
ओ,	ो	सामान्य ओ	oak	ओक	soak	सोक
औॅ,	ौॅ	लघु औ	on	औनॅ	pot	पौॅट
औ,	ौ	सामान्य औ	all	औल	fall	फ़ौल

संयुक्त स्वर (diphthongs)

कुछ शब्दों के उच्चारण में दो स्वरों की ध्वनियाँ मिल जाती हैं तथा ये दोनों लघु ध्वनियाँ संयुक्त रूप में एक इकाई मानी जाती हैं:

संयुक्त स्वर		उदाहरण		उदाहरण
ऑइ	eye	ऑइ	try	ट्रॉइ
ऑउ	out	ऑउट	now	नॉउ
इअॅ	ear	इअॅः	real	रिअॅल
औॅइ	oil	औॅइल	boy	बौॅइ
ऍअॅ	air	ऍअॅः	mare	मेॅअॅर
उअॅ	poor	पुअॅः	doer	डुअॅर

व्यंजन (Consonants)

विभिन्न शब्दों में व्यंजनों के उच्चारण सामान्य व्यंजन प्रतीकों के माध्यम से प्रस्तुत किए गए हैं। अतः इनके लिए न किसी व्याख्या की आवश्यकता है न उदाहरण की।

वर्तनी की समानता के कारण यदि दो या दो से अधिक शब्दों का उच्चारण बिल्कुल समान है तो अनावश्यक पुनरावृत्ति को बचाते हुए, क्रम में प्रथम दिए गए शब्द का ही उच्चारण अंकित किया गया है।

अंग्रेजी के उच्चारण किन्हीं कठोर नियमों से नहीं बँधे हैं। अतः विविधता व विभिन्नता इसके मुख्य लक्षण हैं। वैकल्पिक व्यवस्थाओं का बाहुल्य है। अनेक शब्द दो या अधिक प्रकार से उच्चारित होते हैं। ऐसे मामलों में अधिक प्रचलित उच्चारण को प्रथम दिया गया है तथा रोष उच्चारण/उच्चारणों के केवल परिवर्तित अंश को देकर लुप्त अंश डैश (–) से प्रदर्शित किया गया है।

इस संबंध में अक्षर **r** का संक्षिप्त विवेचन आवश्यक है:

1. **Consonant** के तुरंत पश्चात् आने वाला **r** अनिवार्य रूप से ध्वनित होता है, यथा **try** (ट्रॉइ), **brown** (ब्रॉउन)।

2. **Vowel** के तुरंत पश्चात् आने वाला **r** ध्वनिरहित (**unsounded**) रहता है, यद्यपि कुछ कोशों में इसे ध्वनित माना है। प्रस्तुत कोश में कई स्थानों पर इसे ध्वनिरहित भी दर्शाया गया हैं, यथा **far** (फाः), **Chair** (चेॅअॅः)।

3. Vowel के पश्चात् आने वाला r कोश में दिए उच्चारण में ध्वनिरहित होते हुए भी ध्वनित हो जाता है यदि वाक्य अथवा मुहावरे में ऐसे r के आगे आने वाला शब्द Vowel से प्रारंभ होता है, यथा :

Where did he go? वे˘ अ: डिड ही गो ?

Where is he now? वे˘ ॲर इज़ ही नॉउ ?

4. कोश में ध्वनिरहित r को एक विशेष चिंह्न (:) से दर्शाया गया है।

जिस प्रकार हिंदी का सामान्य पाठक या प्रयोक्ता 'श' व 'ष' की ध्वनि के सूक्ष्म भेद से प्रायः अनभिज्ञ होता है, उसी प्रकार अंग्रेज़ी में `V' तथा `W' की ध्वनि में तात्त्विक भेद होते हुए भी सामान्य पाठक इन दोनो को एक ही ध्वनि 'व' प्रदान करता है। अतः प्रस्तुत कोश में उच्चारण के सरलीकरण के पक्ष में इन दोनों अक्षरों को समान ध्वनि का द्योतक माना गया है।

बलाघात (Stress)

अंग्रेज़ी भाषा की उच्चारण–पद्धति के अनुरूप प्रत्येक शब्द के उच्चारण को पदांशों (syllables) में विभक्त किया गया है। एकपदीय शब्दों (monosyllables) पर यह नियम लागू ही नहीं होता। ऐसे अंशों अथवा खंडों को उच्चारण में स्पष्ट रूप से दिखाया गया है। दो या दो अधिक पदांशों (syllables) वाले शब्द के उच्चारण में बलाघातित पदांशों (stressed syllables) को काले मोटे मुद्रण से स्पष्ट दिखाया गया है। कुछ शब्दों में दो पद बलाघातित है।

□□□

ROMAN & HINDI NUMBER

			Sanskrit		*Hindi*	
			Cardinals	*Ordinals*	*Cardinals*	*Ordinals*
I	1	१	एक	प्रथम	एक	पहला
II	2	२	द्वि	द्वितीय	दो	दूसरा
III	3	३	त्रि	तृतीय	तीन	तीसरा
IV	4	४	चतुर्	चतुर्थ	चार	चौथा
V	5	५	पंच (न्)	पंचम	पांच	पांचवां
VI	6	६	षष्	षष्ठ	छः	छठा
VII	7	७	सप्त (न्)	सप्तम	सात	सातवां
VIII	8	८	अष्ट (न्)	अष्टम	आठ	आठवां
IX	9	९	नव (न्)	नवम	नौ	नवां
X	10	१०	दस (न्)	दशम	दस	दसवां
XI		11		११		ग्यारह
XII		12		१२		बारह
XIII		13		१३		तेरह
XIV		14		१४		चौदह
XV		15		१५		पन्द्रह
XVI		16		१६		सोलह
XVII		17		१७		सत्रह
XVIII		18		१८		अठारह
XIX		19		१९		उन्नीस
XX		20		२०		बीस
XXI		21		२१		इक्कीस
XXII		22		२२		बाईस
XXIII		23		२३		तेईस
XXIV		24		२४		चौबीस
XXV		25		२५		पच्चीस
XXVI		26		२६		छब्बीस
XXVII		27		२७		सत्ताईस

XXVIII	28	२८	अट्ठाईस
XXIX	29	२९	उन्तीस
XXX	30	३०	तीस
XXXI	31	३१	इकतीस
XXXII	32	३२	बत्तीस
XXXIII	33	३३	तेंतीस
XXXIV	34	३४	चौंतीस
XXXV	35	३५	पैंतीस
XXXVI	36	३६	छतीस
XXXVII	37	३७	सैंतीस
XXXVIII	38	३८	अड़तीस
XXXIX	39	३९	उन्तालीस
XL	40	४०	चालीस
XLI	41	४१	इकतालीस
XLII	42	४२	बयालीस
XLIII	43	४३	तैंतालीस
XLIV	44	४४	चौवालीस
XLV	45	४५	पैंतालीस
XLVI	46	४६	छियालीस
XLVII	47	४७	सैंतालीस
XLVIII	48	४८	अड़तालीस
IL	49	४९	उनचास
L	50	५०	पचास
LI	51	५१	इक्यावन
LII	52	५२	बावन
LIII	53	५३	तिरपन
LIV	54	५४	चौवन
LV	55	५५	पचपन
LVI	56	५६	छप्पन

LVII	57	५७	सत्तावन
LVIII	58	५८	अट्ठावन
LIX	59	५९	उनसठ
LX	60	६०	साठ
LXI	61	६१	इकसठ
LXII	62	६२	बासठ
LXIII	63	६३	तिरसठ
LXIV	64	६४	चौंसठ
LXV	65	६५	पैंसठ
LXVI	66	६६	छियासठ
LXVII	67	६७	सड़सठ
LXVIII	68	६८	अड़सठ
LXIX	69	६९	उनहत्तर
LXX	70	७०	सत्तर
LXXI	71	७१	इकहत्तर
LXXII	72	७२	बहत्तर
LXXIII	73	७३	तिहत्तर
LXXIV	74	७४	चौहत्तर
LXXV	75	७५	पचहत्तर
LXXVI	76	७६	छिहत्तर
LXXVII	77	७७	सतहत्तर
LXXVIII	78	७८	अठहत्तर
LXXIX	79	७९	उनासी
LXXX	80	८०	अस्सी
LXXXI	81	८१	इक्यासी
LXXXII	82	८२	बयासी
LXXXIII	83	८३	तिरासी
LXXXIV	84	८४	चौरासी
LXXXV	85	८५	पचासी

LXXXVI	86	८६	छियासी
LXXXVII	87	८७	सत्तासी
LXXXVIII	88	८८	अट्ठासी
XIC	89	८९	नवासी
XC	90	९०	नब्बे
XCI	91	९१	इक्यानवे
XCII	92	९२	बानवे
XCIII	93	९३	तिरानवे
XCIV	94	९४	चौरानवे
XCV	95	९५	पंचानवे
XCVI	96	९६	छियानवे
XCVII	97	९७	सत्तानवे
XCVIII	98	९८	अट्ठानवे
XCIX	99	९९	निन्यानवे

□□□

OFFICLAL TERMINOLOGY OF RANKS AND WORDS WITH EQUIVALENT TERMS USED IN HINDI

(as adopted by Government of India)

Abandonment	परित्यजन, परित्याग
Abridgment	न्यूनन
Abrogation	निराकरण
Absence	अनुपस्थिति, गैरहाज़िर, अभाव
Absentee	अनुपस्थित, गैरहाज़िर
Academic	शैक्षणिक
Academic Qualification	शैक्षणिक अर्हता, शैक्षणिक योग्यता
Academy	अकादमी
Accept	स्वीकार करना, मानना
Acceptance	स्वीकृति, प्रतिग्रहण (विधि)
Access	प्रवेश, पहुँच
Account	लेखा, खाता, हिसाब, गणना
Accountant	लेखाकार
Accrual	प्रापण, प्रोद्भवन
Accrued	प्राप्त, प्रोद्भव, उपार्जित
Accusation	अभियोग
Accused	अभियुक्त
Achievement	उपलब्धि
Acknowledgement	रसीद
Acknowledge	प्राप्ति स्वीकार करना, पावनी देना,
Acknowledgement	पावती, अभिस्वीकृति (विधि)
Acquisition	अर्जन
Act	अधिनियम
Act of misconduct	कदाचार
Acting (as in acting director)	कार्यकारी
Actionable wrong	अभियोज्य दोष
Ad hoc	तदर्थ
Adaptation	अनुकूलन
Additional	अतिरिक्त, अपर (पदनाम में)
Address	(स) पता अभिभाषण, सवाधन, मानपत्र, संबोधित करना
Addressed	संबोधित
Addressed	पानेवाला
Adherence	अनुषक्ति
Adhoc	तदर्थ
Adhoc committee	तदर्थ समिति
adhoc indent	तदर्थ माँगपत्र
Adjournment	अवधिदान, स्थगन
Administer	प्रशासन करना
Administered	प्रशासित

Administering authority	प्रशासन प्राधिकारी,
Administration	प्रशासन
Administrative	प्रशासनीय, प्रशासी
Administrative ability	प्रशासन-योग्यता
Administrative approval	प्रशासनिक अनुमोदन
Administrative function	प्रशासनीय कृत्य
Administrative sanction	प्रशासनिय मंजूरी
Administrator General	महाप्रशासक
Admiralty	नौकाधिकरण, नावाधिकरण
Admissible	ग्राह्य
Admission fee	प्रवेश-शुल्क
Admission form	प्रवेश-पत्र
Adoption	दत्तक ग्रहण, दत्तक स्वीकरण
Adress of welcome	अभिनंदन-पत्र
Adult suffrage	वयस्क मताधिकार
Adulteration	अपमिश्रण
Advance	अग्रिम धन, पेशगी
Advance copy	अग्रिम प्रति
Adverse	प्रतिकूल
Adverse entry	प्रतिकूल प्रविष्टि
Advertisement	विज्ञापन
Advice	मंत्रणा, परामर्श, सलाह, सूचना, संज्ञापन
Advisory Council	मत्रणा-परिषद्
Advise	मंत्रणा देना
Advocate	अधिवक्ता
Advocate General	महाधिवक्ता
Affect	प्रभाव डालना, प्रभावित करना
Affect prejudicially	प्रतिकूल प्रभाव डालना
Affidavit	शपथपत्र, हलफनामा
Affirmation	प्रतिज्ञान
Age limit	आयु सीमा
Age of retirement	सेवा-निवृत्ति आयु
Age of superannuation	अधिवर्षिता आयु
Agency	अभिकरण, एजेंसी
Agenda	कार्यसूची
Agent	अभिकर्त्ता, एजेंट
Agreement	सहमित, करार, अनुबंध
Air Force	विमान-बल, वायुसेना
Air navigation	विमान-परिवहन
Air traffic	विमान-यातायात
Air-ways	वायु-पथ
Airport	विमानपत्तन
Alien	अन्यदेशीय
Alienate	अन्य संक्रामण करना
Alienation	अन्य संक्रामरण, परकीयकरण
Allegation	अभिकथन, आरोप
Allegiance	निष्ठा
Allocation	बँटवारा
Allot	बाँट लगाना।
Allotment	बाँट, आंबटन
Allotment order	आबटन आदेश

Allowance भत्ता
Amendment संशोधन
Amnesty सर्वक्षमा
Amount राशि, रकम, मात्रा
Analogous सदृश, अनुरूप
Annual वार्षिक
Annual financial Statement वार्षिक वित्त-विवरण
Annuity वार्षिकी
Annulment रद्दी करण
Appeal अपील, अपील करना
Appear उपस्थित होना
Appellate tribunal अपील अधिकरण
Appended संलग्न
Applicant आवेदक
Application आवेदन, अर्जी, प्रयोज्यता, लागू होना
Appoint नियुक्त करना
Appointee नियुक्त व्यक्ति
Appointment नियुक्ति
Appropriation Bill विनियोग विधेयक
Approve अनुमोदन करना
Arbitral Tribunal मध्यस्थ न्यायाधिकरण
Arbitratior मध्यस्थ
Area क्षेत्र
Argument तर्क, बहस
Article अनुच्छेद, वस्तु नियम
Articles नियमावली
Armed Forces सशस्त्र सेना
As the case may be यथास्थिति, यथाप्रसंग
Assemble जमा होना, समवेत होना
Asembly सभा, जमाव
Assent अनुमति
Assert दृढ़ता से कहना, जोर देकर कहना
Assessment निर्धारण
Assignment समर्पण
Associate सह, सम्मिलित करना
Association संघ, सगमे (विधि) संस्था
Assurance of property सम्पत्ति हस्तान्तरण पत्र
Assure आश्वस्त करना
Attached office संलग्न कार्यालय
Attention ध्यान
Attachment कुर्की, टाँच
Attendance register उपस्थिति रजिस्टर, हाज़िरी रजिस्टर
Attestation अनुप्रमाणन, तसदीक
Attorney-General महान्यायवादी
Audio-visual publicity दृश्य-श्रव्य प्रचार
Audit लेखा-परीक्षा, गणना-परीक्षा
Auditor-general महालेखा-परीक्षक
Authentic प्रमाणिक
Authenticate प्रमाणित करना
Authentication प्रमाणीकरण
Authority प्राधिकारी, प्राधिकार, प्राधिकरण
Authorize प्राधिकृत करना
Autonomous स्वायत

Autonomy	स्वायत्तता, स्वायत्त शासन
Auxiliary	सहायक
Available	प्राप्य, उपलब्ध
Avoidable	परिहार्य
Award	पंचाज्ञा
Awareness	भान, बोध जागरूकता

B

Background	पृष्ठभूमि
Bail	प्रतिभूति, जमानत
Balance sheet	तुलन-पत्र
Ballot	मतपत्र, मतदान
Bank	बैंक अधिकोष
Banker's mortgage	बैंक बंधक
Banking	महाजनी, अधिकोषण
Bankruptcy	दिवाला
Basic education	बुनियादी शिक्षा
Basic pay	मूल वेतन
Belief	विश्वास
Beneficial	लाभप्रद
Benefit	हित, लाभ, फायदा, सुविधा
Benefit of doubt	संदेह लाभ
Betting	पण लगाना, पण क्रिया
Bicameral	दोघरा, द्विगृही
Biennial	द्विवार्षिक
Bill	विधेयक,बिल
Bill of exchange	विनिमय-पत्र
Bill of indemnity	परिहार-विधेयक, क्षतिपूर्ति-बिल
Bill of lading	वहन-पत्र
Biodata	जीवनवृत्त
Birth certificate	जन्म प्रमाण पत्र
Birth date	जन्म तिथि, जन्म तारीख
Black list	काली सूची
Black listing	काली सूची में नाम लिखना
Black market	चोर बाजार, काला बाज़ार
Blue print	ब्ल्यू प्रिन्ट
Board	मंडली, बोर्ड, परिषद्
Board of Directors	निदेशक बोर्ड, निदेशक मंडल
Body	निकाय
Body Corporate	निगम-निकाय
Body governing	शासी-निकाय
Bona Vacancia	स्वामिहीनत्व
Bonafide	वास्तविक
Booklet	पुस्तिका
Borrowing	उधार-ग्रहण
Boundary	सीमा
Boycott	बहिष्कार
Break in service	सेवा में व्यवधान
Broadcasting	प्रसारण
Budget	बजट, आय-व्ययक
Budget estimate	बजट प्राक्कलन, बजट अनुमान
Bumper	बम्पर, जोरदार, भरपूर
Bureau	ब्यूरो
Bureaucracy	अधिकारी तंत्र, नौकरशाही

Business	व्यवसाय, कारोबार
By hand	दस्ती
By post	डाक से, डाक द्वारा
Bye-election	उपनिर्वाचन
Bye-law	उपविधि

C

Cablegram	समुद्री-तार
Calculation	परिकलन
Calling	आजीविका
Camp	शिविर
Cancel	रद्द करना
Cancellation of allotment	आबंटन रद्द करना
Cancellation of indent	इडेट रद्द करना, माँग-पत्र रद्द करना
Candidate	अभ्यार्थी, अम्मीदवार
Cantonment	कटक, छावनी
Capacity	सामर्थ्य
Capital	मूलधन, पूँजी
Capital Value	मूलधन, मूल्य
Capitation tax	प्रतिव्यक्ति कर
Carriage	परिवहन
Carry out	पालन करना
Carry over	अग्रनयन
Casting vote	निर्णायक मत
Casual	आकस्मिक, अनियत
Casual leave	आकस्मिक छुट्टी
Casualty	हताहत
Cattle pound	पशु-अवरोध, काँजी-हौज
Cause	वाद
Cause of Action	वादवूल
Cease fire	अस्त्र विराम
Celebration	समारोह
Cell	प्रकोष्ठ, कक्ष
Census	जन-गणना
Central Intelligence Bureau	केन्द्रीय-गुप्त-वार्ता-विभाग
Central registry	केन्द्रीय पंजीकरण
Central revenue	केन्द्रीय राजस्व
Centre	केन्द्र
Ceremony	समारोह
Certificate	प्रमाण-पत्र
Certificate of fitness	आरोग्य प्रमाण-पत्र, दुरुस्ती, प्रमाण-पत्री
Certificate of posting	डाक प्रमाण-पत्र, तैनाती-प्रमाण-पत्र
Certification	प्रमाणन, प्रमाणीकरण
Certiorari	उत्प्रेक्षण-लेख
Cess	उपकार
Chairman	सभापति, अध्यक्ष
Channel	माध्यम, सरणि
Character Certificate	चरित्र प्रमाण-पत्र
Character roll	चरित्र पंजी

Charge	भार, भारित करना
Charge report	कार्यभार रिपोर्ट
Charge sheet	आरोप-पत्र
Charge (n.)	दोषारोप, अभियुक्ति
Charitable	दातव्य
Charitable and religious endowments	दात्वय तथा धार्मिक धर्मस्व
Charitable institution	दातव्य संस्था
Charity	खैरात, पूर्त
Check post	जाँच-चौकी
Cheque	चेक, धनादेश
Chief	मुख्य, प्रधान
Chief Commissioner	मुख्य आयुक्त
Chief Election Commissioner	मुख्य निर्वाचन आयुक्त
Chicf judge	मुख्य न्यायाधीश
Chief justice	मुख्य न्यायाधिपति
Chief minister	मुख्य-मंत्री
Chronological order	कालक्रम
Circular	गश्ती चिट्ठी, परिपत्र
Circumstances	परिस्थितियाँ
Citizenship	नागरिकता, पौरत्व
City allowance	नगर-भत्ता
Civil	व्यावहारिक, असैनिक
Civil Court	व्यवहार न्यायालय, व्यवहारालय, दीवानी या व्यवहार अदालत
Civil wrong	व्यवहार विषयक अपकृत्य
Claim	दावा
Clarification	स्पष्टीकरण
Clause	धारा
Co-existence	सह-अस्तित्व
Code	संहिता
Code of conduct	आचरण संहिता
Code telegram	कोड तार
Coinage	टंकण
Colonization	उपनिवेशन
Column	स्तंभ
Commencement	प्रारंभ
Commerce	वाणिज्य
Commercial	वाणिज्य-सम्बन्धी
Commission	आयोग
Commission agent	कमीशन एजेंट, दलाल
Commissioner	आयुक्त
Committee	समिति
Committee, Select	प्रवर समिति
Committee, Standing	स्थायी समिति
Common good	सार्वजनिक कल्याण
Common Seal	सामान्य मुद्रा, सामान्य मुहर
Communicate	संचार करना
Communication	संचार, संसूचना, पत्रव्यवहार
Communication, means of	संचार साधन
Communique	विज्ञप्ति
Community	लोकसमाज, समुदाय
Commuted leave	परिवर्तित छुट्टी

Company	समवाय, कम्पनी
Compassion	अनुकंपा
Compassion allowance	अनुकंपा भत्ता
Compensation	प्रतिकर, क्षतिपूर्ति
Compensatory leave	प्रतिपूरक छुट्टी
Competent	सक्षम
Competitive examination	प्रतियोगिता परीक्षा
Complaint	फरियाद, शिकायत
Complaint book	शिकायत पुस्तिका
Comptroller and Auditor General	नियंत्रण तथा महालेखा-परीक्षक
Computation	संगणना
Concession	रियायत
Concurrence	सहमति
Concurrent	समवर्ती
Condemn	अनुपयोगी घोषित करना, दण्डनीय घोषित करना, निन्दा करना
Concurrent list	समवर्ती सूची
Condition	शर्त
Conditions of service	सेवा की शर्तें
Conference	सम्मेलन
Confession	संस्वीकृति
Confidence, want of	विश्वास का अभाव
Confirm	पुष्टि करना
Confirmation	पुष्टि
Conscience	अन्तःकरण
Consent	सम्मति
Consent, previous	पूर्व सम्मति
Consequential	आनुषंगिक
Consideration	विचार, प्रतिफल
Consolidated Fund	संचित निधि
Constituency	निर्वाचन-क्षेत्र
Constituency, territorial	प्रादेशिक निर्वाचन-क्षेत्र
Constituent-Assembly	संविधान सभा
Constitution	संघटन, गठन, संविधान
Construe	अर्थ करना
Consul	वाणिज्य-दूत
Consultation	परामर्श
Consumption	अपभोग
Contact	संपर्क
Contagious	सांसर्गिक
Contain	समाविष्ट करना
Contempt	अवमान
Contempt of Court	न्यायालय का अवमान
Contest	(स) विवाद प्रतियोगिता (क्रि.) लड़ना (निर्वाचन)
Context	संदर्भ, प्रसंग
Contingency allowance	आकस्मिकता भत्ता
Contingency-Fund	आकस्मिकता निधि
Contract	संविदा
Contravention	प्रतिकूलता, उल्लंघन
Contribution	अंशदान, योगदान
Control	नियंत्रण
Controlling officer	नियंत्रण अधिकारी
Controversy	विवाद, प्रतिवाद
Convention	अभिसमय, प्रथा, रूढ़ि, परंपरा

Converance सम्पत्ति हस्तांतरण
Conveyance allowance वाहन भत्ता
Convicted सिद्धदोष, अभिशस्त, दोश प्रमाणित
Conviction दोषसिद्धि, अभिशस्ति
Cooperation सहयोग, सहकारिता
Co-operative सहकारी, सहयोगशील
Copy प्रतिलिपि, नकल, प्रति
Copyright प्रतिलिपि अधिकार, कॉपीराइट, स्वत्वाधिकार
Corporation निगम
Corporation, Sole एकल निगम
Corporation-tax निगम-कर
Correspondence पत्राचार
Correspondent संवाददाता, संपर्की
Corresponding तद्नरूप
Corrupt भ्रष्ट
Cost परिव्यय, खर्च, लागत
Cottage industry कुटीर उद्योग
Council परिषद्
Council of ministers मंत्रिपरिषद्
Council of States राज्यसभा
Council, Regional प्रादेशिक परिषद्
Council. Tribal जनजाति-परिषद्
Countervailing duty प्रतिशुल्क
Court न्यायालय
Court Martial सेनान्यायालय
Court of Ward प्रतिपालक-अधिकरण
Court. Civil व्यवहार-न्यायालय
Court, Criminal दण्ड-न्यायालय
Court, District संघ-न्यायालय
Court, Federal उच्च-न्यायालय
Court, High उच्च न्यायालय
Court, magistrate दंडाधिकारी-न्यायालय
Court, Session सत्र-न्यायालय
Court, subordinate अधीन-न्यायालय
Court, Supreme उच्चतम न्यायालय
Covering letter सहपत्र
Credit प्रत्यय, साख, पत्त, आकलन
Crime अपराध
Criminal अपराधी, आपराधिक,दण्ड सम्बन्धी
Criminal law दण्ड-विधि
Cross breed संकर
Crossed Cheque क्रॉस चेक, रेखित चेक
Currency चल अर्थ मुद्रा-प्रचलन
Custom रूढ़ि,आचार
Custom duty बहिः-शुल्क, सीमा-शुल्क
Custom, Frontier शुल्क, सीमान्त
Cypher (Cipher) बीज लेख, शून्य, सिफर
Cypher telegram बीज लेख तार

D

Daily note	दैनिक नोट, दैनिक टिप्पणी
Damages	नुकसानी (विधि), हर्ज़ाना (सामान्य)
Data	आधार सामग्री आँकड़े
Dead account	निष्क्रिय लेखा
Dealing assistant	संबधित सहायक
Dealing hand	संबधित कर्मचारी
Dearness Allowance	महँगाई भत्ता
Death anniversary	पुण्यतिथि
Death-cum-retirement	मृत्यु-निवृत्ति उपदान
Debate	वाद-विवाद
Debenture	ऋण-पत्र
Debit	विकलन
Debt	ऋण
Decision	विनिश्चय
Declaration	घोषणा
Declaration form	घोषणा पत्र
Decree	आज्ञप्ति, कुर्की
Dedication	समर्पण
Deduction	कटौती, घटाना
Deed	विलेख
Defence	प्रतिरक्षा
Deface	विरूपित करना
De facto	वस्तुतः
Defamation	मानहानि
Degradation	पद घटाना, ग्रेड घटाना
Delay	विलंब
Deliberation	पर्यालोचन, विचार-विमर्श
Delimitation	परिसीमन
Demand	अभियाचना, माँग
Demarcation	सीमांकन
Demi-official (D.O)	अर्ध-शासकीय
Demi-official letter (D.O)	अर्ध-शासकीय पत्र
Demobilisation	सैन्य-वियोजन
Democratic	लोकतांत्रिक
Demonstration	निदर्शन, प्रदर्शन, निरूपण
Demotion	पदावनति
Department	विभाग
Departmental	विभागीय
Departmental enquiry	विभागीय जाँच
Deposit	निपेक्ष,जमा
Depositor	जमा करनेवाला, जमाकर्ता
Deprive	वंचित करना
Deputy Chairman	उपसभापति
Deputy Commissioner	उपायुक्त, मण्डलायुक्त
Deputy President	उपराष्ट्रपति
Deputy Speaker	उपाध्यक्ष
Derogation	अप्रतिष्ठा, अपमान
Descent	उद्‌भव
Design	रूपांकण, तक्ष
Designation	पदनाम, पद
Despatch	(सं.) प्रेषण, रवानगी (कि.) प्रेषित करना, रवाना करना, भेजना

Detail	ब्यौरा, विवरण
Detrimental	अहितकारी
Devotion	निष्ठा
Diary	डायरी,दैनिकी, दैनंदिनी
Dignity	गौरव, मर्यादा, गरिमा
Diploma	डिप्लोमा
Diplomat	राजनयज्ञ
Diplomatic	राजनयिक
Diplomatic bag	राजनयिक डाक
Direct	प्रत्यक्ष, सीधा (क्रि.) निदेश देना
Direction	निर्देश
Directive	(स.) निदेश (वि.) निदेशात्मक
Disability	निर्योग्यता
Discharge	निर्वहन,पालन, उन्मोचन, सेवा-मुक्ति, कार्य-मुक्ति, छुट्टी
Disciplinary	अनुशासन-सम्बन्धी
Discipline	अनुशासन
Discovery	आविष्कार
Discretion	स्वविवेक
Discrimination	विभेद
Discussion	विचार-विमर्श, चर्चा, बहस
Dismiss	पदच्युत करना, बरखास्त करना
Dismissal	पदच्युति, बरखास्तगी
Disobedience	अवज्ञा
Disperse	विसर्जन करना
Disposal	निपटान, निर्वतन
Dispose of	निपटाना

Dispute	विवाद
Disqualification	अनर्हता
Disqualified	अयोग्य, अनर्ह
Disqualify	अनर्ह या अयोग्य ठहराना
Dissent	विमति
Dissolution	विघटन
Distribution	अवतरण, विभाजन
District	जिला
District Board	जिलापरिषद्
District Council	जिलासभा
District Fund	जिलानिधि
Ditto	यथोपरि, जैसे ऊपर
Dividend	लाभांश
Divorce	विवाह-विच्छेद, तलाक
Document	दस्तावेज़, प्रलेख
Domicile	अधिवास
Domiciled	अधिवासी
Donation	दान, संदान (विधि)
Doubtful	सदिग्ध
Down payment	तत्काल अदायगी
Drawee	अदाकर्ता
Drawing	ड्राइंग, रेखाचित्र
Due date	नियत तिथि
Dues	देय राशि
Dullness	मतिमान्ध
During good behaviour	सदाचार पर्यन्त
During the pleasure of the president	राष्ट्रपति-प्रसाद पर्यन्त
Duty	शुल्क-कर्तव्य
Duty. Costom	सीमा-शुल्क
Duty. Death	मरण-शुल्क, मृत्युकर

Duty. Estate सम्पत्ति-शुल्क
Duty. Excise उत्पादन-शुल्क
Duty. Export निर्यात-शुल्क
Duty. Import आयात-शुल्क
Duty. Stamp मुद्रांक-शुल्क
Duty. Succession उत्तराधिकार-शुल्क
Duty, declaration मृत्यकालिक कथन

E

Earned leave अर्जित अवकाश, अर्जित छुट्टी
Earnest money बयाना
Economic आर्थिक
Edition संस्करण
Education शिक्षा
Efficiency दक्षता, कार्यकुशलता
Efficiency bar दक्षता रोध
Efficiency of Administration प्रशासन कार्य-क्षमता
Efficient दक्ष
Elect निर्वाचित करना
Elected निर्वाचित, चुने हुए
Election निर्वाचन, चुनाव
Election Commissioner निर्वाचन आयुक्त
Election, Direct प्रत्यक्ष निर्वाचन
Election, General साधारण निर्वाचन
Election, Indirect परोक्ष निर्वाचन
Electoral roll निर्वाचन नामावली
Electorate निर्वाचक-गण, निर्वाचन-क्षेत्र
Eligibility पात्रता, योग्यता
Eligible लिये जाने योग्य
Embarrassment उलझन, शर्मिन्दा
Embezzlement गबन
Emergency आपात स्थिति
Emergent आपाती
Emigration उत्प्रवास
Emoluments उपलब्धियाँ
Employee कर्मचारी
Employer नियोक्ता
Employment नौकरी, रोजगार, सेवायोजन, व्यवसाय,
Employment oriented रोजगार उन्मुख
Employer's liability नियोजक-दत्वय,
Enactment अधिनियमन
Enclair telegram शब्दबद्ध तार
Encroachment अधिक्रमण
Encumbered Estate भारग्रस्त सम्पदा
Endorsed पृष्ठांकित, अकित
Endorsement पृष्ठाकंन, सही करना, समर्थन
Endowment धर्मस्व
English version अंग्रेजी अनुवाद
Engagement वचन-बन्ध
Engineering यन्त्र-शास्त्र
Enquiry पूछताछ, जाँच

Enroll (enrol)	भर्ती करना, (नाम) दर्ज करना
Enrolment	नाम दर्ज करना, नामांकन
Enrolment number	नामाकंन संख्या
Enterainment	मनोंरजन
Enterprise	उद्यम
Entitled	अधिकारी, हकदार
Entrust	न्यस्त करना, सौंपना
Entry	प्रविष्टि, दाखिला
Equal Protection of Laws	विधियों का समान- संरक्षण
Equality	समता
Equipment	उपकरण, साधन
Equivalent	(सं.) तुल्यांक, तुल्यमान, पर्याय (वि.) तुल्य, समकक्ष
Equilibrium	संतुल्य
Error	त्रुटि, भूल, गलती
Escheat	राजगामी धन
Escort	अनुरक्षक
Essential	अनिवार्य
Essential qualification	अनिवार्य योग्यता
Establishment	स्थापना, (स) संस्था
Estate	सपदा
Estimate	आँक, प्राक्कलन, आगणन अनुमान
Evidence	साक्ष्य,गवाही, प्रमाण
Ex-cadre post	संवर्गबाह्य पद
Exception	अपवाद
Excess profit	अतिरिक्त लाभ
Excise duty	उत्पादन शुल्क
Exclude	अपवर्जन करना
Exclusion	अपवर्जन
Exclusive Jurisdiction	अन्नय क्षेत्राधिकार
Executive	कार्य पालिका, कार्यपालक
Executive committee	कार्यकारिणी समिति
Executive council	कार्य परिषद्
Executive power	काय्रकारी शक्ति
Executive staff	कार्यपालक कर्मचारी वर्ग,
Exempt	(वि.) छूट प्राप्त (क्रि.) छूट देना
Exemption	छूट, माफी
Exercise	प्रयोग करना
Exercise of power	शाक्ति प्रयोग
Ex-officio	पदेन
Expedite	शीघ्र कार्यवाई करना, शीघ्र निपटान
Expenditure	व्यय, खर्च
Experience	अनुभव
Expert	विर्शषज्ञ
Expiry	समाप्ति
Explanation	व्याख्या, स्पष्टीकरण
Explosives	विस्फोटक
Export	निर्यात
Expost facto	कार्योत्तर
Express delivery	तुरंत वितरण, एकसप्रेस डाक
Expression	अभिव्यक्ति, वाक्यांश

Extend	विस्तार करना, फैलाना
Extension of leave	छुट्टी बढ़ाना
Extension of service	सेवावधि बढ़ाना
External	बाह्य, वैदेशिक, विदेश
External Affairs	वैदेशिक कार्य
Extra duty allowance	अतिरिक्त ड्यूटी भत्ता
Extra terrtorial operation	राज्य क्षेत्रातीत प्रवर्तन
Extradition	प्रत्यर्पण
Extraordinary leave	असाधारण छुट्टी
Extraordinary	असाधारण
Extraordinary gazette	असाधारण राजपत्र
Eyewitness	चश्मदीद गवाह, प्रत्यक्ष साक्षी

F

Face value	अंकित मूल्य
Facility	सुविधा
Fact	तथ्य
Factory	कारखाना
Fair copy	स्वच्छ प्रति
Faith	धर्म-भावना, श्रद्धा
Faithful	विश्वासपात्र
Famine relief	अकाल राहत
Fare	भाड़ा, किराया
Farewell	विदाई
Fault	दोष, चूक
Favour	अनुग्रह, कृपा, पक्षपात, पक्ष
Federal	संघ
Federal Court	संघ न्यायालय
Fee	देय, शुल्क
Fellow	अध्येता, सदस्य
Festival advance	त्यौहार अग्रिम, त्यौहार पेशगी
Figures	आँकड़े
File	(सं.) मिसिल, फाइल, संचिका (क्रि.) फाइल करना, दाखिला करना
Finance	(सं.) वित्त (क्रि.) रुपया लगाना
Finance bill	वित्त विधयेक
Finance Commission	वित्तायोग
Finance statement	वित्तीय विवरण
Financial	वित्तीय, वित्त संबंधी
Financial obligation	वित्तीय भार
Financial sanction	वित्तीय मंजूरी, वित्तीय संस्वीकृति
Financial year	वित्तीय वर्ष, वित्त-वर्ष
Fine	अर्थ-दण्डे
Fire services	अग्निशमन सेवा
Fire risk	आग का खतरा
First aid	प्रथमोपचार, प्रथम उपचार

Fishery	मीन-क्षेत्र, मीन पण्य	Form	फॉर्म, प्रपत्र, रूप
		Formula	सूत्र
Fit	योग्य, उपयुक्त	Formulated	सूत्रित
Fitness certificate	स्वस्थता प्रमाण-पत्र	Forwarding letter	अग्रेषण पत्र
		Forwarding note	अग्रेषण टिप्पणी
Fixation	नियतन, स्थिर करना	Foundation	शिलान्यास, नींव, आधार, प्रतिष्ठान
Follow up action	अनुवर्ती कार्यवाही	Freedom	स्वतन्त्रता, स्वातंत्र्य, आजादी
Follow up negotiation	अनुवर्ती बातचीत	Freight	वस्तु- भाड़ा
Foot note	पांद टिप्पणी	Frequency	आवृत्ति, बारबारता
For the time being	तत्समय, उपस्थित समय के लिए	Frequent	बारंबार
		Fresh receipt (F.R)	नई आवती
Forbid	निषेध करना	From (in letters)	प्रेषक
Forbidden	निषिद्ध	Frontiers	सीमान्त
Forces	बल, सेना	Function	कृत्य, समारोह
Forecast	पूर्वानुमान	Functional	कार्य संबंधी, कार्यात्मक
Foreign	विदेश		
Foreign affairs	विदेशीय कार्य	Function. Administrative	प्रशासकीय कृत्य
Foreign collaboration	विदेशी सहयोग	Fund	निधि
Foreign exchange	विदेशी मुद्रा	Fundamental	मूल, मौलिक, आधारिक,
Foreign trade	विदेश व्यापार		
Foreword	प्राक्कथन	Future market	वायदा बाजार
Forged	कूटरचित		

Gallantry award	शौर्य पुरस्कार	Gazetted holiday	राजपत्रित अवकाश, राजपत्रित छुट्टी
Gallery	दीर्घा, गैलरी, वीथि		
Gambling	द्यूत, जुआ	Gazetted officer	राजपत्रित अधिकारी
Gazette	राजपत्र, गजट		
Gazetted	राजपत्रित	Gazetted post	राजपत्रित पद
		Gazetteer	गज़ेटियर

General	साधारण, सामान्य, आम, जनरल, प्रधान, महा
General administration	सामान्य प्रशासन
General budget	सामान्य बजट
General Conditions of contract	ठेके की सामान्य शर्तें, संविदा की सामान्य शर्तें
General Election	साधारण निर्वाचन
General provident fund	सामान्य भविष्य निधि, सामान्य निर्वाह, निधि
Generation	पीढ़ी, जनन, उत्पादन, प्रतिभा प्रतिभाशाली, प्रकृति
Genuine signature	वास्तविक हस्ताक्षर असली हस्ताक्षर
Gift	उपहार, भेंट
Gist	सार
Give effect to	कार्यान्वित करना
Golden jubilee	स्वर्ण-जयंती
Good behaviour	सद्व्यवहार
Good Character	सच्चरित्र, सच्चरित्रता
Goodwill	साख
Good wishes	शुभकामना
Govern	शासन करना
Governance	शासन
Government	सरकार
Government of business	सरकारी काम
Government of India	भारत सरकार
Government of India concern	भारत सरकार का प्रतिष्ठान
Government of State	राज्य की सरकार
Government Provident Fund	सरकारी भविष्य निधि, सरकारी निर्वाह निधि
Governor	राज्यपाल
Gradation	श्रेणीकरण, पदक्रम
Gradation list	पदक्रम सूची
Grand total	सर्वयोग
Grant	(सं.) अनुदान (क्रि.) स्वीकार करना, प्रदान करना
Grant-in-aid	सहायता अनुदान
Grantee	अनुदानग्राही, अनुदान पानेवाला
Granter	अनुदाता
Gratuity	उपदान
Grievance	शिकायत
Gross negligence	घोर प्रमाद, भारी लापरवाही
Gross total	सकल योग
Gross value	कुल मूल्य, सकल मूल्य
Guarantee	प्रत्याभूमि, अनुदान पाने वाले
Guardian	अभिभावक
Guidance	मार्गदर्शन
Guidelines	मार्गदर्शी सिद्धांत
Guiltless	निरपराध
Guilty	दोषी

H

Habeas Corpus बन्दी-प्रत्यक्षीकरण

Half pay leave अर्धवेतन छुट्टी

Hand bill परचा

Handcuff हथकड़ी

Handicrafts हस्तशिल्प, दस्तकारी

Handloom हाथ करघा

Hazardous संकटमय

Head of account लेखा शीर्ष

Headman मुखिया

Headquarter मुख्यालय, हेडक्वार्टर

Heir वारिस

Herewith इसके साथ

High Court उच्च न्यायालय

High priority उच्च प्राथमिकता

Highlights मुख्य बातें, प्रमुख आकर्षण, मुख्य विशेषताएँ

Highway राजपथ, राजमार्ग

Hindi teaching scheme हिन्दी शिक्षण योजना

Hindrance बाधा, अड़चन

Home district गृह जिला

Honorarium मानदेय

Honorary अवैतनिक

Honour (सं.) सम्मान, प्रतिष्ठा (क्रि.) सकारना, सम्मान करना

Hours of business कार्य समय

Hours of employment काम के घंटे

House सदन

House of people लोक-सभा

House rent मकान किराया

House rent allowance मकान किराया भत्ता

Human rights मानव अधिकार

I

Identical representation समान अभ्यावेदन

Identification mark पहचान-चिन्ह शिनाख्त-चिन्ह

Identity पहचान

Identity card पहचान-पत्र

Illegal अवैद्य

Illegal practice अवैद्याचरण

Illustrated सचित्र, सोदाहरण

Immediate तत्काल, अव्यवहित, आसन्न

Immuned उन्मुक्त

Immunity उन्मुक्ति

Impose दोषारोप या कर लगाना

Impeachment महाभियोग
Implement (सं.) औज़ार (क्रि.) परिपालन करना, कार्यावित करना
Implementation परिपालन, कार्यान्वयन
Implementing परिपालन
Import आयात
Impression छाप, मन पर प्रभाव
Impressive प्रभावोत्पादक
Imprisonment कारावास, कैद
Improvement सुधार, संशोधन, समुन्नति, अभिवृद्धि
Improvement Trust सुधार-प्रन्यास
In advance पहले से, अग्रिम
Inauguration उद्‌घाटन
Incapacity असमर्थता
Incidental प्रांसगिक
Incidental expenditure प्रासंगिक व्यय
Income tax आयकर
Incompetency अक्षमता
Incompetent अक्षम
Incomplete अधूरा
Incorporation निगमन
Incumbent of an office पदधारी
Indebtedness ऋणग्रस्तता
Indent माँग-पत्र
Independent note स्वतंत्र टिप्पणी
Index अनुक्रमणिका, अनुक्रमणी, सूचक
Individual व्यक्ति, व्यष्टि, वैयक्तिक, व्यक्तिगत
Industry उद्योग

Inefficiency अदक्षता
Ineligibility अपात्रता
Infants शिशु
Infectious सांक्रमिक
Inflation स्फीति, मुद्रा स्फीति
Influence प्रभाव
Influence undue अयुक्त प्रभाव
Informal अनौपचारिक
Information सूचना, वार्ता
Inheritence दाय, उत्तराधिकार
Initial pay प्रारंभिक वेतन
Initials आद्यक्षर
Initiate उपक्रमण करना, दीक्षा देना
Injury क्षति
Inland waterways अन्तर्देशीय जलपथ
Inoperative अप्रवृत्त
Inquiry पूछताछ, जाँच
Insolvency दीवाला
Inspection पर्यवेक्षण, निरीक्षण
Inspection certificate निरीक्षण प्रमाण-पत्र
Inspection report निरीक्षण रिपोर्ट
Institution संस्था
Instruction अनुदेश, हिदायत
Instrument लिखित, संविदा, विलेख, दलील, उपकरण, साधन
Insurance बीमा
Insured बीमा किया हुआ, बीमाकृत
Integrity सत्यनिष्ठा, ईमानदारी, अखंडता

Intelligence	आसूचना	Intimation	प्रज्ञापन, सूचना
Intelligible	बोधगम्य	Introduce	पुरः स्थापना करना
Intensive	गहन, प्रकृष्ठ, तीव्र	Introduction	पुरः स्थापना
Intercourse	समागम	Invalid	अमान्य, असमर्थ
Interdepartmental	अंर्तविभागीय	Invalidity pensions	असमर्थता निवृत्ति वेतन
Interdepartmental reference	अंर्तविभागीय पत्राचार	Investigation	अन्वेषण, तफतीश, जाँच-पड़ताल
Interest	ब्याज़	Invitation	निमंत्रण, आमंत्रण, माँगना
Interfere	हस्तक्षेप करना	Invitation of tender	निविदा माँगना, टेंडर माँगना
Interference	हस्तक्षेप	In vogue	प्रचलित
Interim	अंतरिम	Invoice	बीजक
Interim order	अंतरिम आदेश	Involved	अतर्निहित, फँसा हुआ, संबद्ध, अतर्ग्रस्त, ग्रस्त, सहयोग
Interim relief	अंतरिम सहायता	Inward register	आवक रजिस्टर, आवक पंजी
Interim reply	अंतरिम उत्तर	Irregularity	अनियमितता
International	अन्तर्राष्ट्रीय	Irrelevant	असंबद्ध, विसंगत
Interpretation	निर्वाचन, व्याख्या	Issue	वाद-पद
Interruption	बाधा, विघ्न, व्यवधान, क्रमभंग	Issue register	निर्गम-रजिस्टर
Intervene	बीच में पड़ना, अन्तःक्षेप करना, दखल देना		
Interview	साक्षात्कार, भेंट		
Intestacy	इच्छापत्र-हीनत्व, निर्वसीयतता		
Intestate	इच्छापत्र-हीन निर्वसीयत		
Intimate	सूचना देना, प्रज्ञापित करना		

Job	नौकरी, कार्य	Joning report	कार्यारंभ प्रतिवेदन
Job work	छुटपुट काम, फुटकर काम	Joining time	कार्यारंभ काल
Joining date	कार्यग्रहण तारीख	Joint committee	संयुक्त समिति

Joint family — अविभक्त या संयुक्त कुदुम्ब या परिवार
Journal — दैनिकी, रोजनामचा, पत्रिका, जनरल
Jubilee — जयंती
Judge — न्यायाधीश
Judge, Additional — अपर न्यायाधीश
Judge, Extra — अतिरिक्ति न्यायाधीश
Judgement — निर्णय
Judicial — न्यायिक, अदालती
Judicial enquiry — न्यायिक जाँच, अदालती जाँच
Judicial power — न्यायिक शक्ति या अधिकार
Judicial proceeding — न्यायिक कार्यवाही, न्यायिक कार्यरीति
Judicial stamp — न्यायिक मुद्रांक
Judiciary — न्यायपालिका
Jurisdiction — क्षेत्राधिकार
Justice — न्याय, न्यायमूर्ति
Justice, Chief — मुख्य न्यायाधीश
Justification — तर्कसंगति, आचित्य
Justify — न्यायोचित ठहरना, सफाई देना,

K

Key map — मूल नक्शा
Kidnapping — अपहरण
Knowledgable — बहुज्ञ, जानकार

L

Labour — श्रम
Labour Union — श्रमिक संघ
Land mortgage bank — भूमि बंधक बैंक
Land owner — भू-स्वामी
Land Records — भू-अभिलेख
Land Revenue — भू-राजस्व
Landtenures — भू-धृति
Last pay certificate (L P C) — अंतिम वेतन प्रमाण-पत्र
Latest — नवीनतम
Law — विधि
Law and order — कानून और व्यवस्था
Law of Nations — राष्ट्रों की विधि
Lay off — कामबन्दी
Lay out — अभिन्यास, नक्शा
Leap year — लीप-वर्ष
Lease for life — आजीवन पट्टा
Leave — (सं.) छुट्टी, अवकाश, अनुमति (क्रि.) छोड़ना

Leave account	छुट्टी का लेखा
Leve allowance	छुट्टी भत्ता
Leave reserve	छुट्टी रिज़र्व
Leave salary	छुट्टी का वेतन
Leave vacancy	अवकाश रिक्त, छुट्टी रिक्त
Leave with pay	वैतानिक छुट्टी, सवेतन छुट्टी
Leave without pay	अवैतनिक छुट्टी, बिना वेतन छुट्टी
Ledger folio	खाता फोलियो, खाता पन्ना
Legal	कानूनी, विधिक
Legally	वैद्य रूप से, कानूनी तौर पर
Legislation	विधान
Legislative Assembly	विधान सभा
Legislative Council	विधान परिषद्
Legislative power	विधायिनी शक्ति
Legislature	विधांन-मंडल
Letter head	सरनामा, शीर्षनामा
Letter of acceptance	स्वीकृति-पत्र
Letter of authority	प्राधिकार-पत्र
Letter of Credit	प्रत्ययपत्र
Levy	आरोपण, उदग्रहंण उगाहना
Liability	दायित्व
Libel	अपमान लेख
Liberty	स्वाधीनता
Licence	अनुज्ञप्ति, लाइसेंस
Lien	पुनर्ग्र हणाधिकार, धारणाधिकार
Lieutenant Governor	उप राज्यपाल
Life annuty	आजीवन वार्षिकी
Life insurance	जीवन बीमा
Limitation	परिसीमा
List	सूची
List of business	कार्य-सूची
List, Concurrent	समवर्ती सूची
List, State	राज्य-सूची
List, Union	संघ सूची
Livelihood	जीविका
Loan	कर्ज़, ऋण
Local area	स्थानीय क्षेत्र
Local authorities	स्थानीय प्राधिकारी
Local board	स्थानीय मण्डली
Local body	स्थानीय निकाय
Local Government	स्थानीय शासन
Local Self Government	स्थानीय स्वशासन
Lock-up	बन्दीखाना
Log book	लॉग बुक
Logic	तर्कशास्त्र, तर्क
Loss of resale	पुर्नविक्रय में हानि
Lower age limit	निम्न आयु सीमा
Lower House	प्रथम सदन
Lunacy	उन्माद
Lunatic	उन्मत्त

M

Machinery of government शासन-व्यवस्था
Magazine गोदाम, बारूदघर, आयुधागार, पत्रिका
Mail train डाक गाड़ी
Maintain रखना, भरण-पोषण करना, अनुरक्षण करना, बनाए रखना
Maintenance अनुरक्षण, रखना, भरण-पोषण
Maintenance allowance भरण-पोषण भत्ता
Major वयस्क, प्राप्तवय, मुख्य, मेजर (पद)
Major head मुख्य शीर्ष
Majority बहुमत, वयस्कता, बालिगपन, प्राप्तवयता, बहुसंख्यक
Management प्रबंध
Manager प्रबधक, मैनेजर, व्यवस्थापक
Mandamus परमादेश
Manifesto घोषणा-पत्र
Manpower जनशक्ति
Manufacture निर्माण
Manuscript पांडुलिपि, हस्तलेख
Marginal note हाशिया। टिप्पणी
Marginally noted हाशिए पर अंकित, पार्श्वीकित
Marital status वैवाहिकी स्थिति
Maritime shipping समुद्र-नौवहन
Mark sheet अंक सूची
Martyr हुतात्मा, शहीद
Mass (सं.) जनसमूह (वि.) सामूहिक, व्यापक
Mass consumption सामूहिक उपभोग
Maternity प्रसूति, मार्तृत्व
Maternity home प्रसूति गृह
Maternity leave प्रसूति छुट्टी
Maternity relief प्रसूति सहायता, प्रसूति साहाम्य
Maturity परिपक्वता, प्रौढ़ता, पूर्णता
Maximum अधिकतम, ज्यादा से ज्यादा
Maximum average pay अधिकतम औसत वेतन
Merchandise marine वणिक-पोता
Mediation मध्यगता
Mediator मध्यग
Medical aid चिकित्सा-सहायता
Medical cerificate of fitness स्वस्थता प्रमाण-पत्र
Medical certicate of sickness बीमारी का प्रमाण-पत्र
Medical certificate चिकित्सा प्रमाण -पत्र
Medical examination स्वास्थ्य परीक्षा

Medical leave	चिकित्सा छुट्टी
Medical report	चिकित्सा रिपोर्ट
Medium	माध्यम
Member	सदस्य
Memo	ज्ञापन, मेमो
Memo of demands	माँग-पत्र
Memorandum	ज्ञापन
Mental deificiency	मनोवैकल्य
Mental weakness	मनोदौर्बल्य
Merchandise marks	पुण्य-चिह्न
Merit	गुण
Meritorious service	सराहनीय सेवा
Merits and demerits	गुण-दोष, गुणावगुण
Methodology	कार्यप्रणाली, प्रणाली-विज्ञान
Migrant	प्रवासी
Migration	प्रवास
Migration certificate	प्रवास प्रमाण - पत्र
Mileage	मील दूरी
Mileage allowance	मील भत्ता
Mind Unsound	विकृत चित्त
Mineral	खनिज
Mineral resources	खनिज-सम्पत्
Minimum wages	कम से कम मज़दूरी, न्यूनतम वेतन
Mining settlement	खनि-वसति
Ministerial	लिपिवर्गीय, अनुसचिवीय
Ministerial staff	लिपिकवर्गीय कर्मचारी
Minor	अवयस्क, अल्पवयस्क, नाबालिग
Minor head	लघु शीर्ष, गौण शीर्ष
Minority	अल्पसंख्यक, अल्पसंख्य, अल्प-संख्यक वर्ग, अल्पमत, अवयस्कता
Minutes	कार्यवृत्त, टिप्पणी
Migration	प्रव्रजन
Misbehaviour	दुर्व्यहार, कदाचार
Miscellaneous	फुटकर, विविध
Mischief	शरारत, उत्पात, रिष्टि (विधि)
Misconduct	कदाचार
Mismanagement	कुप्रबंध
Misuse	(सं.) कदुपयोग, दुरुपयोग
Mode	ढंग, प्रकार, रीति
Moderation	अनुशोधन
Modification	आशोधन, तरकीब, रूपांतर
Momentum	संवेग, गतिमात्रा
Memorial	स्मारक
Monetary limit	आर्थिक सीमा
Money bill	धन-विधेयक
Mortality	मृत्यूसंख्या, मृत्युदर
Mortality rate	मृत्यूदर
Mortgage	बंधक, गिरवी, रेहन
Mortgager (mortgagor)	बंधककर्ता
Mortuary	मुर्दाघर
Most immediate	अति तात्कालिक
Most urgent	अति तुरंत, परम आवश्यक
Motion of confidence	विश्वास-प्रस्ताव

Motion of no-confidence
अविश्वास-प्रस्ताव
Motivation अभिप्रेरणा
Movement register संचलन पंजिका, संचलन, संचलन पंजिका रजिस्टर
Municipal area नगर-क्षेत्र
Municipal Committee
नगर-समिति
Municipal Corporation
नगरनिगम
Municipal Tramways
नगररथ्यायान, नगर ट्राम वे
Museum संग्रहालय
Muster roll उपस्थिति नामावली
Myth मिथक

Name plate नामपट्ट
National (सं.) राष्ट्रीक (वि.) राष्ट्रीय
National anthem राष्ट्रगान
National calendar राष्ट्रीय कैलेंडर, राष्ट्रीय पंचांग
National economy राष्ट्रीय अर्थव्यवस्था
National flag राष्ट्रध्वज, राष्ट्रीय झंडा
National highway राष्ट्रीय राजमार्ग
National language राष्ट्रभाषा
National Savings Certificate
राष्ट्रीय बचत-पत्र, प्रमाण-पत्र
National Savings Scheme
राष्ट्रीय बचत योजना
National Song राष्ट्र-गान
Nationalism राष्ट्रवाद
Nationality राष्ट्रीयता
Native Language देशीय भाषा
Naturalization देशीयकरण
Naval नौसेना-सम्बन्धी
Navigation नौ-परिवहन
Necessary action आवश्यक कार्यवाई
Neglect of duty कर्त्तव्य की उपेक्षा
Negligence उपेक्षा, प्रमाद, गफलत
Negligible नगण्य
Negotiable instrument
परक्राम्य लिखत
Negotiation (समझौते की) बातचीत, परक्रामण
Net income शुद्ध आय
News Bulletin समाचार बुलेटिन
News paper समाचार-पत्र
News reel न्यूज़रील, समाचार-दर्शन
No-confidence motion
अविश्वास प्रस्ताव
Nomination नाम-निर्देशन, नामन, नामांकन
Nomination paper नामन-पत्र, नामज़दगी-पत्र
Nominee नामिती, नामित व्यक्ति

Non-effective अप्रभावी

Non-gazetted अराजपत्रित

Note sheet टिप्पणी-पत्र

Notice board सूचना पट्ट, नोटिस बोर्ड

Notice in writing लिखित सूचना

Notice of discharge कार्य मुक्ति सूचना, कार्य मुक्ति नोटिस

Notification अधिसूचना

Notorious कुख्यात

Null and void बातिल और शून्य

Oath शपथ

Oath of office पद-शपथ

Oath of secrecy गोपनीयता-शपथ

Oath taking ceremony शपथ-ग्रहण समारोह

Objection आपत्ति

Obligation आभार

Obvious स्पष्ट

Occasional यदाकदा, अनियत, प्रासंगिक

Occupation उपजीविका, धंधा

Occurrence घटना

Offence अपराध

Offender अपराधी

Offensive आक्रमणात्मक, अप्रिय

Offensive goods बदबूदार माल

Office bearer पदाधिकारी

Office copy कार्यालय प्रति, दफ्तर की प्रति

Office manual कार्यालय मैन्युअल

Office memorandum कार्यालय-ज्ञापन

Office order कार्यालय आदेश

Offiicer अधिकारी, अफसर

Official (सं.) पदधारी (वि.) शासकीय

Official business सरकारी काम

Official correspondence सरकारी पत्र-व्यवहार,

Official language राजभाषा

Official residence पदावास

Official secret सरकारी गुप्ति

Officiate स्थानापन्न होना

Officiating स्थानापन्न

Officiating allowance स्थानापन्न भत्ता

Officiating appointment स्थानापन्न नियुक्ति

Officiating pay स्थानापन्न वेतन

Okay (OK) सब ठीक, अच्छा

On probation परिवीक्षाधीन

Open fire गोली चलाना

Opening balance आदि शेष, रोकड़ जमा

Opinion राय, मत

Order in Council परिषद् आदेश

Order आदेश, क्रम

Order of precedence पूर्वता-क्रम

Order of priority अग्रता क्रम

Order of seniority वरिष्ठता-क्रम

Order Standing स्थायी आदेश
Ordinance अध्यादेश
Orientation अभिविन्यास
Organization संघटन
Oriented उन्मुख
Out of date पुराना, गतावधिक
Out of order खराब, चालू नहीं, बिगड़ी दशा में अव्यवस्थित
Out of stock स्टॉक में नहीं
Out of turn बिन बारी
Outpost· सीमा चौकी
Output उत्पादन, उत्पाद
Outstation बाह्य स्थान
Outstation allowance बाह्य स्थान भत्ता
Outward register जावक रजिस्टर
Over age अधिक आयु
Over payment अधिक भुगतान
Over writing अधिलेखन, लिखे पर लिखना
Overall charge समग्र प्रभार
Overdue payment खड़ा भुगतान
Over estimate (सं.) आधि-आंकलन,
Overhauling जीर्णो द्धार, पूरी मरम्मत, ओवरहॉल
Overtime अतिरिक्ति समय

Package पैकेज़
Panel नामिका
Panic आतंक
Parcel पार्सल
Parliament संसद
Part-time अंशकालिक
Partnership भागिता, सांझेदारी
Pass पारण आदेश या परिचयपत्र
Pass book पास-बुक
Passed पारित, तीर्ण
Passport पारपत्र, पहचान पत्र
Patent पेटेंट, एकस्व
Pay order अदायगी आदेश
Pay roll वेतन-पत्रक
Pay scale वेतन-मान
Pay slip वेतन-पर्ची
Payable देय, भुगतान
Payee पानेवाला, आदाता
Pecuniary Jurisdiction आर्थिक क्षेत्राधिकार
Penal rent दंड-स्वरूप किराया
Penalty शास्ति, दण्ड
Pending अनिर्णीत, पड़ा हुआ, रुका हुआ,
Pension निवृत्ति वेतन
Permission अनुज्ञा
Percentage प्रतिशतता, प्रतिशत दर
Performance निष्पादन, पालन
Performance efficiency निष्पादन दक्षता

Performance register	निष्पादन रजिस्टर
Permission	अनुज्ञा, अनुमति
Permit	(सं.) अनुज्ञा-पत्र, परमिट (कि.) अनुज्ञा देना, अनुमति देना
Perpetual succession	शास्वत उत्तराधिकार
Perquisite	परिलब्धि
Personal law	स्वीय विधि
Personal pay	वैयक्तिक वेतन
Personnel	कार्मिक
Perspective	संदर्श, परिप्रेक्ष्य
Perusal	अवलोकन, देखना
Physical education	व्यायाम शिक्षा
Physical fitness certificate	शारीरिक स्वस्थता प्रमाण-पत्र
Physically handicapped	विकलांग
Piracy	जल-दस्युता
Plead	वकालत करना
Pledge	गिरवी रखना
Pledgee	गिरवीदार
Pledger	गिरवीकर्त्ता
Point of order	व्यवस्था का प्रश्न
Police	आरक्षक
Police force	आरक्षक दल
Policy	(बीमा) पॉलिसी नीति
Policy of insurance	बीमा-पत्र
Poll	मतदान
Polling	मतदान
Pollution	प्रदूषण
Port-quarantine	पत्तन-निरोधा
Possession	कब्ज़ा
Post	पद, डाक, केन्द्र
Post graduate	स्नातकोत्तर
Postal address	डाक-पता
Postpone	मुल्तवी करना
Postponement	मुल्तवी
Preamble	प्रस्तावना
Precedent	पूर्व उदाहरण
Preceding	पूर्ववर्ती
Precis	संक्षेप
Preface	प्रस्तावना
Preference	अधिमान
Prefix	पूर्वयोजना, आरंभ में जोड़ना
Prejudice	(सं.) प्रतिकूल प्रभाव, पूर्वग्रह (कि.) प्रतिकूल प्रभाव डालना
Preliminary enquiry	प्रारंभिक जाँच
Premium	बीमा-किस्त
Prescribed	विहित, निर्धारित
Prescribed form	विहित फॉर्म, निर्धारित फॉर्म
Presentation	प्रस्तुतीकरण
Preside	पीठासीन होना, सभापतित्व करना
President	राष्ट्रपति
Presiding officer	अधिष्ठाता
Press	मुद्रणालय, प्रेस, समाचार-पत्र
Press censorship	प्रेस सेंसरी
Press communique	प्रेस-विज्ञप्ति
Press conference	पत्रकार सम्मेलन
Press copy	प्रेस-प्रति

Press gallery पत्रकार दीर्घा, पत्रकार गैलरी
Press note प्रेस -नोट
Prevail प्रचलित होना, अभिभावी होना, विद्यमान होना
Preventive detention निवारक निरोध
Previous and later references पिछले और बाद के हवाले
Previous reference पूर्व संदर्भ, पूर्व निर्देश, पिछला हवाला
Primary education प्राथमिक शिक्षा
Printer मुद्रक
Priority प्राथमिकता, अग्रता
Priority grading प्राथमिकता, की कोटियाँ
Priority indent प्राथमिकता माँग-पत्र
Prisoner काराबन्दी
Privileges विशेषाधिकार
Probation परिवीक्षा, परख, आजमाइश
Proceedings कार्यवाही
Process आदेशिका, विधि
Procesion जुलूस, शोभा-यात्रा
Proclamation उदघोषणा
Proclamation of Emergency आपात की उदघोषणा
Professional व्यवसायिक, वृत्तिक
Proficiency certificate प्रवीणता प्रमाण-पत्र
Prohibited प्रतिषिध, निषिध
Prohibiton प्रतिरोध-निषेध
Promotion प्रोन्नति, पदोन्नति, तरक्की, वर्धन
Promulgation प्रख्यापन
Proportional representation अनुपाती प्रतिनिधित्व
Proposal प्रस्थापना
Prorogue सत्रावसान
Prospectively भविष्यलक्षी प्रभाव से
Prospectus विवरण-पत्रिका
Protection संरक्षण
Protest विरोध, प्रतिवाद
Provide उपलब्ध कराना, प्रावधान करना
Provided बशर्ते, परंतु
Provision उपबंध, शर्त, व्यवस्था
Provisional अनंतिम, अस्थायी, अंतःकालीन
Porvisional list अनंतिम सूची
Proxy प्रतिपत्री
Public service commission लोक-सेवा आयोग
Public debt राष्ट्र-ऋण
Public demand सार्वजनिक अभियाचना
Public fund लोकनिधि
Public good लोकहित, जनहित
Public health लोक-स्वास्थ्य
Public notification सार्वजनिक अधिसूचना, लोक अधिसूचना

Public order	सार्वजनिक व्यवस्था
Public safety	लोक सुरक्षा, जन सुरक्षा
Public Service	लोक-सेवा
Publication	प्रकाशन
Punish	दंड देना, सज़ा देना
Punishable	दंडनीय
Punitive	दंडात्मक
Purchase	(सं.) क्रय, खरीद (क्रि.) खरीदना
Put up	प्रस्तुत करना
Put-up-slip	पेशपर्ची

Q

Qualification	अर्हता, योग्यता
Qualifying examination	अर्हक परीक्षा
Quarantine	निरोधा
Quasi-permanency	स्थायिक्ता
Question	प्रश्न
Question hour	प्रश्न-अवधि
Question of Law	विधि प्रश्न
Questionable	शंकास्पद, संदिग्ध
Questionnaire	प्रश्नावली, प्रश्नमाला
Quinquennial	(सं.) (वं) पंचवार्षिक
Quorum	कोरम
Quotation	भाव, दर, दर सूची, निविदा, कोटेशन
Quote	उद्‌धृट करना, दर बताना

R

Rank	पद, ओहदा, श्रेणी, पंक्ति
Rate list	दर-सूची
Rate of interest	ब्याज दर
Ratification	अनुसमर्थन
Reading	पठन, वाचन
Reassessment	पुनर्निर्धारण
Receipt	आय, आवती, प्राप्ति, रसीद
Receipt book	रसीद बही
Receipt register	आवती पंजिका, रसीद रजिस्टर
Receive	प्राप्त करना, लेना, अगवानी करना,
Recent	हाल ही का, नया, अभिनव
Recognised	मान्य, मान्यता प्राप्त, अभिज्ञात
Recognition	मान्यता, पहचान, अभिज्ञान
Recommend	सिफारिश करना
Recommendation	सिफारिश, संस्तुति

Reconciliation	समाधान
Recovery	वसूली
Record of rights	अधिकाराभिलेख
Recreuitment	भर्ती
Recurring	आवर्तक
Redemption charges	विमोचन-भार
Referee	निर्देशी, रेफरी
Reference	संदर्भ, निर्देश, हवाला
Reformatory	सुधारालय
Refresher Course	पुनश्चर्या
Refreshment	जलपान, उपाहार
Refuge	शरण, आश्रय
Refugee	शरणार्थी
Refundable to	लौटाई जाने योग्य
Regional Commissioner	प्रादेशिक आयुक्त
Regional Council	प्रादेशिक परिषद
Regional fund	प्रादेशिक-निधि
Registered	पंजीकृत
Registered acknowledgement	रजिस्ट्री रसीदी डाक
Registered and insured articles	रजिस्ट्री और बीमा की गई वस्तुएँ
Registration	पंजीयन, पंजीकरण, निबन्धन
Regret	(सं.) खेद (क्रि.) खेद प्रकट करना
Regualr cadre	नियमित संवर्ग, नियमित काडर
Regularisation	नियमितीकरण
Regulation	विनियम
Reject	अस्वीकार करना
Rejection	अस्वीकार, अस्वीकृति, नामंजूरी
Relevancy	सुसंगति
Relevant	सुसंगत
Relief	सहायता, राहत, बदल, अनुतोष
Relieve	भारमुक्त करना, नौकरी से छुट्टी देना
Relinquishment	त्याग, छोड़ना
Relinquishment of charge	कार्यभार-त्याग
Remains	प्रतिप्रेषण
Reminder	स्मरण-पत्र, अनुस्मारक
Remission	परिहार
Remote	दूरवर्ती, सुदूर, परोक्ष
Removal	निष्कासन, हटाया जाना
Remuneration	पारिश्रमिक
Repay	शोधन करना, चुकाना, लौटाना
Replacement	प्रतिस्थापन, एवजी
Replenishment	पुनःपूर्ति
Representation	प्रतिनिधित्व अभ्यावेदन
Representative	प्रतिनिधि
Reprieve	प्रविलम्बन करना
Reproduce	समुद्धृत करना
Repugnancy	विरोध
Repugnant	विरुद्ध
Reputation	प्रसिद्धि, ख्याति
Requirement	अपेक्षा, आवश्यकता

Requisit	(सं.) अपेक्षित गुण, आवश्यक गुण (वि.) आवश्यक
Requisition	अधिग्रहण
Requisition slip	माँग-पर्ची
Reservation	आरक्षण
Reserved forest	रक्षित वन
Resign	त्यागपत्र देना, इस्तीफा देना
Resignation	त्यागपत्र, इस्तीफा
Resolution	संकल्प, प्रस्ताव
Resort	(सं.) आश्रय (क्रि.) आश्रय लेना
Respite	विराम
Restriction	प्रतिबंध, रोक
Retail price	फुटकर कीमत, खुदरा कीमत
Retire	निवृत्त होना
Retirement	निवृत्ति
Retrenchment	छँटनी
Revenue	राजस्व
Revenue stamp	रसीदी टिकट
Reverse	उत्क्रम, प्रतिलोम, विपर्यास, उल्टा
Reversion	प्रत्यावर्तन
Reverted	प्रत्यावर्तित
Review	(सं.) समीक्षा, पुनर्विलोकन (क्रि.) समीक्षा करना
Revise	परिशोधित करना, दोहराना
Revision	पुनरीक्षण, दोहराना, पारिशोधन
Revoke	प्रतिसंहार करना
Reward	पारितोषिक, पुरस्कार
Risk	ज़ोखिम, ख़तरा
Roll number	पंजीक्रम, रोल नंबर
Rough copy	कच्ची नकल
Rule of the road	पथ नियम
Ruler	शासक
Rules and regulation	नियम-विनिमय
Rules of business	कार्य-संचालन नियमावली
Running commentary	चल-विवरण, चल वृत्तांत
Rustication	विनिष्कासन

S

Safe-custody	निरापद अभिरक्षा, सुरक्षित अभिरक्षा
Safeguard	सुरक्षण
Safety	संरक्षा, सुरक्षा, क्षेम
Sale	विक्रय, बिक्री
Sales tax	विक्रयकर, बिक्रीकर
Sample survey	नमूना सर्वेक्षण
Sanction previous	पूर्व स्वीकृति
Sanctioned projects	मंजूर परियोजनाएँ, संस्वीकृत परियोजनाएँ

Sanctioning authority मंजूरीदाता प्राधिकारी
Sanctioning order मंजरी आदेश
Sanitary सफाई संबंधी, स्वास्थ्यकर
Satisfaction संतोष, संतुष्टि, तुष्टि
Saving account बचत खाता
Savings बचत
Scale of pay वेतनमान
Schedule of demands माँग-अनुसूची
Schedule of supply पूर्ति-अनुसूची
Scheduled bank अनुसूचित बैंक
Scheduled caste अनुसूचित जाति
Scheduled tribe अनुसूचित जनजाति
Scholarship छात्रवृत्ति
Scrutinizer संवीक्षक
Scrutinity संवीक्षा, छानबीन
Secret ballot गुप्त-मतदान
Secret letter गुप्त पत्र
Security प्रतिभूति, ज़मानत, सुरक्षा
Security bond प्रतिभूति-बंधपत्र
Security deposit प्रतिभूति जमा, जमानत जमा
Select committee प्रवर समिति
Self contained स्वतः पूर्ण
Self explanatory स्वतः स्पष्ट
Self interest स्वार्थ, निजीलाभ, आत्महित
Self defence आत्मरक्षा
Semi-skilled अर्ध-कुशल
Semi-skilled labour अर्ध-कुशल श्रमिक
Senate सीनेट, वरिष्ठ सभा
Senior वरिष्ठ
Seniority वरिष्ठता
Sentence दंडादेश
Serial list क्रम-सूची
Service book सेवा-पंजी, सेवा पुस्तिका
Service charges सेवा-भार
Service postge stamp सरकारी डाक-टिकट
Service roll सेवा-वृत्त
Service sheet सेवा-पत्र
Session सत्र
Set up (सं.) व्यवस्था, ढाँचा (क्रि) स्थापित करना
Settlement बंदोबस्त, निपटारा
Sewage वाहित मल
Share (सं.) अंश, भाग (क्रि.) भागी होना, साझी होना
Share holder शेयरधारी, शेयरहोल्डर
Shift पारी
Short notice अल्प सूचना
Short notice term अल्पकालीन पाठ्यक्रम
Signature pad हस्ताक्षर पैड
Significant महत्वपूर्ण, सार्थक
Signify व्यक्त करना, प्रकट करना
Simultaneous एक साथ, एक ही समय पर,

Single transferable vote — एकल संक्रमणीय मत निक्षेप
Sinking fund — निक्षेप निधि
Smuggle — चोरी से लाना, चोरी से ले जाना
Smuggler — चोरी से लाने वाला, चोरी से ले जाने वाला
Smuggling — तस्कर व्यापार, तस्करी
Social custom — सामाजिक रूढ़ि
Social insurance — सामाजिक बीमा
Social work — समाज-कार्य
Solemn — सत्यनिष्ठ, गंभीर
Solvent — शोधनक्षम
Sovereign — प्रभु
Spare copy — अतिरिक्ति प्रति
Speaker — अध्यक्ष
Speech Freedom — वाक्स्वातंत्र्य
Speed breaker — गतिरोधक
Sphere — गोला, क्षेत्र
Spokesman — प्रवक्ता
Staff — कर्मचारी-वृन्त
Stamp duties — मुद्रांक-शुल्क
Standing commission — स्थायी आयोग
Standing order — स्थायी आदेश
State Banquet — राजभोज
State funds — राज्यनिधि
Stationary — स्थिर, अचल
Stationery — लेखन-सामग्री
Status quo — यथापूर्व स्थिति
Statutory — कानूनी, विधिक, सांविधिक
Stay order — रोकन का आदेश

Steering committee — विषय निर्वाचन समिति
Stencil — स्टेंसिल
Stenograhy — आशुलिपि
Stigma — लांछन, कलंक, धब्बा
Stimulate — उत्तेजित करना
Stipend — वृत्तिक, वज़ीफा
Strike — हड़ताल, आघात करना
Study leave — अध्ययनार्थ छुट्टी
Sub division — उपप्रभाग, सबडिवीज़न, उपखंड
Subject matter — वाद-विषय
Submission — निवेदन, अधीनता स्वीकार करना, प्रस्तुतीकरण, पेशी
Subordinate office — अधीनस्थ कार्यालय
Subrodinate officer — अधीन अधिकारी
Subordinate services — अधीनस्थ सेवाएँ
Subordinate staff — अधीन कर्मचारी वर्ग, अधीनस्थ स्टाफ
Subscribe — चंदा, या शुल्क देना, ग्राहक बनना
Substitute — (सं.) एवजी, प्रतिस्थापित (क्रि.) प्रतिस्थापित करना
Substitution — प्रतिस्थापन, के स्थान पर रखना
Suburb — उपनगर

Subversive activities ध्वंसात्मक कार्य
Succession उत्तराधिकार
Successor उत्तराधिकारी
Sue वाद लाना
Suffer सहना, पीड़ित करना
Sufficient पर्याप्त
Suffix अनुयोजन, अंत में जोड़ना
Suggestion सुझाव, परामर्श
Suit, Civil व्यवहारबाद
Sum राशि, रकम, योगफल, जोड़
Summon आहान
Superannuation अधिवर्षिता
Superficial ऊपरी, सतही
Superfluous अतिरिक्त
Superintendence अधीक्षण
Supersession अधिक्रमण
Supervision पर्यवेक्षण, देखरेख
Supervisory पर्यवेक्षी
Supplement (सं.) जोड़बंध, अनुपूरक, (कि.) जोड़ना, अनुपूरण
Supplementary अनुपूक
Supplementary budget अनुपूरक बजट
Supplementary cost अनुपूरक लागत
Supplementary demand अनुपूरक माँग
Supplementary grant अनुपूरक अनुदान
Supplementary question अनुपूरक प्रश्न
Supreme सर्वोच्च
Supreme command सर्वोच्च समादेश
Surcharge अधिभार
Surety bond ज़मानत बंध-पत्र
Surplus report अधिशेष रिपोर्ट
Surprise check आकस्मिक जाँच
Surprise visit आकस्मित निरीक्षण
Surrender अभ्यर्पण, समर्पित करना
Suspend निलम्बित करना
Sympathy सहानुभूति, सवेंदना

T

Tableau झाँकी
Tabular सारणीबद्ध
Tactful व्यवहारकुशल, चातुर्यपूर्ण
Tactless अव्यवहारिक, चातुर्यहीन
Taskforce कार्यदल
Tax कर
Tax, Calling आजीविका-कर
Tax, Capitation प्रतिव्यक्ति कर
Tax, Corporation निगम-कर
Tax, Employment नौकरी-कर
Tax, Entertainment प्रमोद-कर
Tax, Export निर्यात-कर
Tax, Income आयकर

Tax, Profession वृत्ति-कर
Tax, Sales विक्रय-कर
Tax, Terminal सीमा-कर
Tax, Trades व्यापार-कर
Taxation कर लगाना, कराधान
Technical data तकनीकी आधार-सामग्री
Technical qualification तकनीकी योग्यता, तकनीकी अर्हता
Technical term पारिभाषिक शब्द, तकनीकी शब्द
Technical Training शिल्पी प्रशिक्षण
Telegram तार
Telegraphic address तार पता
Teller गणक
Temper मिज़ाज, स्वभाव
Temperament स्वभाव, प्रकृति, मिज़ाज
Temporary appointment अस्थायी नियुक्ति
Tenant कृषक, किसान, आसामी
Tender (सं.) टेंडर, निविदा, (क्रि.) टेंडर देना
Tender, Legal विधि-मान्य
Tension तनाव
Tenet (कार्मिक) सिद्धांत, नियम
Tenure पदावधि
Tenure of office पदावधि
Term अवधि
Term loan आवधिक कर्ज़, मियादी कर्ज़
Termination (of services) समाप्ति
Terms of delivery (माल) देने की शर्तें, परिदान की शर्तें
Terms and conditions निबंधन और शर्तें
Territorial charges प्रादेशिक भार
Territorial Jurisdiction प्रादेशिक क्षेत्राधिकार
Territorial waters जल-प्रांगण
Territory राज्य-क्षेत्र
Testament वसीयत
Testimonial शंसापत्र
Text (of a letter) कलेवर, मजमून
Thankful कृतज्ञ, आभारी
Thesis शोध प्रबंध, स्थापना
Thoroughly पूर्णतया
Thoughtful विचारशील
Threat धमकी, आशंका, खतरा
Tolls पथ-कर
Top priority परम अग्रता
Top secret परम गुप्त
Tour programme दौरा-कार्यक्रम
Trace (सं.) लेश, सुराग (क्रि.) खोजना, पता लगाना, अनुरेखण
Trade mark ट्रेडमार्क, व्यापार चिन्ह
Trade Union कार्मिक या व्यापार संघ
Traffic यातायात
Trailer अनुयान
Trainee प्रशिक्षणार्थी
Training प्रशिक्षण, टेनिंग
Training centre प्रशिक्षण केन्द
Training period प्रशिक्षण काल

Tramcar	रथ्यायान, ट्रामकार
Transaction	संचालन, सौदा, लेन-देन, संव्यवहार
Transcription	प्रतिलेखन, अनुलेखन,
Transfer	(सं.) बदली, अंतरण (क्रि.) बदली होना
Transition	संक्रमण
Transmission	प्रसारण, पारेषण (डार-तार)
Transport	परिवहन
Transportation	परिवहन, निर्वासन
Travelling allowance	यात्रा भत्ता
Treasure troves	निखात निधि
Treasury deposit receipt	खज़ाना जमा रसीद
Treaty	संधि
Trek	दुर्गम यात्रा
Tribal Area	जनजाति-क्षेत्र
Tribe	जनजाति
Tribunal	न्यायाधिकरण
Trinnial	त्रैवार्षिक
Trophy	वैजयंती, ट्रॉफी
True copy	पक्की नकल, सही प्रतिलिपि
Trust	न्यास, ट्रस्ट, विश्वास
Trustee	न्यासी
Turn down	अस्वीकार कर देना
Turnout	उत्पाद, उपस्थिति
Tution fee	शिक्षा-शुल्क
Type script	टाइप प्रति
Type subject	टाइप-विषय
Typewriter	टाइपराइटर
Typewriting	टाइपकारी, टंकण

Umpire	निर्णेता, अंपायर
Unauthorised	अप्राधिकृत
Unconstitutional	असाविधानिक, असंवैधिनिक
Under certiticate of posting	डाक प्रमाणित
Under consideration	विचाराधीन
Under consumption	अल्पोपभोग
Under developed	अल्पविकसित
Under estimate	अव-आकलन
Under examination	परीक्षाधीन
Underground	भूमिगत
Undesirable	अवांछनीय
Undertaking	उपक्रम, वचन
Undignified	अशोभनीय, अभद्र
Undischarged	अनुन्मुक्त
Unemployment	बेकारी, बेरोज़गारी
Unexpected	अप्रत्याशित
Unofficial	अशासनिक, अशासकीय

Union parliament	संसद
Union Territory	संघ राज्य-क्षेत्र
Unique	अनुपम, अपूर्व
Unity	एकता
Universal	सार्वभौम, सार्वजनीक
Union	संघ
Upgrade	ग्रेड बढ़ाना
Upgrading	उन्नयन
Upper age limit	ऊपरी आयु सीमा
Upset	गड़बड़ कर देना
Urban	नगरीय, शहरी
Usage	प्रयोग, चलन, प्रथा
Useful	उपयोगी
Useless	बेकार, अनुपयोगी

Vacancy	रिक्तता
Vacant post	रिक्त पद
Vacation	अवकाश
Vaccination	टीका
Vaccine	टीका
Vagrancy	आहिंडन, आवारागर्दी
Validation	विधिमान्यकरण
Validity	विधिमान्यता
Validity date	मान्यता तारीख
Valuable	बहुमूल्य, मूल्यवान
Valuation	मूल्यांकन, मूल्यन
Value	मूल्य
Vanity	झूठा घमंड
Variation	विभिन्नता, परिवर्तन
Variety	किस्म, प्रकार
Vegetarian	निरामिष, शाकाहारी
Verbal	मौखिक
Verification	सत्यापन
Verified copy	सत्यापित प्रति
Vest	निहित होना
Veto	वीटो, निषेधाधिकार
Vice	उप
View	दृश्य, दृष्टि
Views	दृष्टिकोण
Vigilance	सतर्कता, चौकसी
Vigorous	ज़ोरदार
Village council	ग्राम-परिषद
Violation	अतिक्रमण
Virtue	सद्गुण
Vision	दृष्टि
Visit	(सं.) आगमन (क्रि.) आना-जाना
Visitor	आगंतुक, परिदर्शक
Vital	जीवनधार
Viz	अर्थात् नामतः
Vocation	व्यवसाय
Voluntary settlement	स्वैच्छित निपटारा
Volunteer	स्वयंसेवक
Vote of no confidence	अविश्वास प्रस्ताव
Vote of thanks	धन्यवाद प्रस्ताव
Vote, Casting	निर्णायक-मत
Voter	मतदाता
Votes of credit	प्रत्ययानुदान

Votes on account लेखानुदान
Voting by ballot मतपत्र द्धारा मतदान

Wage मज़दूरी
Wage Differential मज़दूरी अंतर
Wage Inspector मज़दूरी निरीक्षक
Wage Living निर्वाह मज़दूरी
Wagon Controller मालडिब्बा नियंत्रक
Waiting list प्रतीक्षा-सूची
Waive प्रतीक्षा–सूची
Ward Boy वार्ड परिचर
Warehouse माल गोदाम; भांडागार
Warning चेतावनी
Warrant of precedence पूर्वता–अधिपत्र, पूर्वता–वारंट
Warrant वारंट, अधिपत्र
Warrant Officer वारंट अधिकारी
Waste-paper basket रद्दी की टोकरी
Watchman चौकीदार, प्रहरी, वाचमैन
Watch and ward पहरा व निगरानी
Watch dog निगरानी करनेवाला
Water Works जलकल विभाग
Ways and Means Committee अर्थोपाय समिति
Way-bill मार्गपत्रक
Wear and tear टूट-फूट
Weather मौसम
Wedding (of records) (अभिलेखों की छँटाई)
Weed-out छँटाई करना
Weekly arrear statement बचे हुए कामों का साप्ताहिक विवरण
Welcome address स्वागत-भाषण
Welfare Commissioner कल्याण आयुक्त
Welfare Officer कल्याण अधिकारी
Welfare state कल्याणकारी राज्य
Well versed सुप्रवीण
Wharf घाट
Wharfage घाट–भाड़ा
Whereabouts ठौर–ठिकाना, अता–पता
Whereas जबकि
Whisper (सं.) कानाफूसी (क्रि.) फुसफुसाना
White paper श्वेतपत्र
Wild life वन्य जीव
Will इच्छा-पत्र, वसीयत
Winding up समापन
Wipe out मिटा देना
Wireless बेतार
Withdrawl वापिस लेना

Withhold रोक लेना
Without delay अविलंब
Withstand सहन करना
Witness साक्षी, गवाह
Working committee कार्य-सीमिति
Working days कार्य–दिवस, काम के दिन
Working knowledge कार्य साधक ज्ञान
Work Order Clerk कार्य आदेश क्लर्क
Writ लेख, लिखित आदेश
Write off बट्टे खाते डालना

Yardstick मानदंड
Year वर्ष
Year-book शब्द कोश
Yearly वार्षिक
Yesman हाँ में हाँ मिलाने वाला
Yield उपज, पैदावार
Youth यौवन, युवक
Youth Welfare Officer युवक कल्याण अधिकारी

Z

Zeal जोश, उत्साह
Zenith चरमसीमा
Zero hour शून्य काल
Zigzag टेढ़ा-मेढ़ा
Zonal आंचालिक, ज़ोनल
Zonal coordination आंचलिक समन्वय, जोनल समन्वय
Zonal Council आंचालिक परिषद्
Zonal Office आंचलिक कार्यालय, ज़ोनल दफ़्तर
Zoological Garden चिड़ियाघर
Zoological survey प्राणि सर्वेक्षण

Aa

A ए, अ, ऐ, the First letter of the english alphabet. अंग्रेजी वर्णमाला का पहिला अक्षर।

a ए, *अ a.* one एक ; any कोई।

aback *अ बैक adv.* backwards पीछे की ओर; by surprise भौचक्का।

abaction *ए-बैक'शन् n.* (Low.) the stealing of a number of cattle at once (शा० प०) एक साथ बहुत-से पशुओं की चोरी।

abactor *(ए-बैकट्र) -n.* cattlethief पशु-चोर।

abandon *अ बैन् डॅन v.t.* to desert, to forsake त्याग देना।

abase *अ बेस v.t.* to disgrace अपमानित करना।

abasement *अ बेस् मॅन्ट n.* disgrace अपमान।

abash *अ बैश v.t.* to make ashamed लज्जित करना।

abate अ बेट *v.t.* to lessen कम करना; *v.i.* to become less कम होना।

abatement *अ बेट् मॅन्ट n.* mitigation कमी; deduction छूट।

abbey *ऐ बि n.* monastery ईसाई मठ।

abbreviate *अ ब्री वि एट v.t.* to shorten संक्षिप्त करना।

abbreviation *अ ब्री वि ए शॅन n.* shortening संक्षिप्तीकरण।

abdicate *ऐब् डि केट v.t.* to relinquish त्यागना; *v.i.* to resign power सत्ता त्यागना।

abdication *ऐब् डि के शॅन n.* act of abdication an office पद-त्याग।

abdomen *ऐब डॅ मॅन, ऐब् डो मॅन* the lower belly पेट-उदर।

abdominal *ऐब् डो मि नॅल a.* pertaining to the lower belly पेट-संबंधी।

abduct *ऐब् डक्ट v.t.* to take away by force or fraud, to entice away अपहरण करना, बहका ले जाना, निकाल ले जाना।

abduction *ऐब् डक् शॅन n.* act of abducting अपहरण।

abed *अ बॅड adv.* on or in bed बिस्तर पर।

aberrance *एब' -अर्-एन्स्- n.* deviation from rectitude धर्मनिष्ठा से विचलन या विचलित होना।

abet *अ बॅट v.t.* to encourage in a bad sense उकसाना।

abetment *अ बॅट मॅन्ट n.* act of abetting उकसाव।

abeyance *अ बे अॅन्स n.* suspension ठहराव।

abhor *अॅब् हौः v.t.* to. detest घृणा करना।

abhorrence *अॅब् हौः रॅन्स n.* detestation घृणा।

abide *अ बॉइड v.i.* to dwell रहना; to wait for (की) प्रतीक्षा करना ; to stay in a place टिकना; *v.t.* to endure सहन करना।

abiding *अ बॉइ डिङ्ग a.* permanent स्थायी; stable टिकाऊ।

ability *अ बि लि टि n.* skill कौशल; capability योग्यता।

abject *ऐब् जैक्ट a.* mean अधम, नीच।

ablaze *अॅ ब्लेज़ adv.* in a blaze जलता हुआ।

ablactate *एब्-लेक्' टेट् v. t.* to wean from the breast, छाती का दूध पिलाना।

ablactation *एब्-लेक्-टे'-शन् n.* the act of weaning from the mother's breast, माता का दूध पिलाने की क्रिया।

able *ए बल a.* talented योग्य; clever निपुण।

ablepsy *ऐब्-लेप्'-सि n.* lowness of sight. दृष्टिशून्यता, अन्धापन।

ablush *ए-ब्लश् adv.* in a blushing state. लज्जित होते हुए, झेंपते हुए।

ablution *एब्-ल्यू'-शन् n.* washing of the body before ceremonial rites. कोई धार्मिक कार्य करने के पहले शरीर इत्यादि को शुद्ध करना।

abnegate *ऐब्'-नि-गेट् v. t.* to deny. त्याग करना।

abnegation *ऐब-नि-गे-शन् -n.* renunciation. त्याग।

abnormal *ऐब् नौः मॅल a.* not normal असामान्य।

aboard *अॅ बौःड adv.* in a ship नौका पर।

abode *अॅ बोड n.* residence घर, निवास-स्थल।

abolish *अॅ बौ˘ लिश v.t.* to put an end to उन्मूलन करना।

abolition *ऐ बॅ लि शॅन* act of abolishing उन्मूलन।

abominable *अॅ बौ मि नॅ बल a.* loathsome घृणित, घिनौना।

aboriginal *ऐ बॅ रि जि नॅल a.* primitive आदिम, मूल।

aborigines *ऐ बॅ रि जि नीज़ n. pl.* original inhabitants मूल निवासी।

abort *एब्-ऑर्ट्- v. i.* to miscarry in giving birth. गर्भपात होना।

abortion *अॅ बौः शॅन n.* mis-carriage गर्भपात।

abortive *अॅ बौः टिव a.* unsuccessful निष्फल; immature अधूरा।

abound *अॅ बॉउड v.i.* to be plentiful प्रचुर मात्रा में होना।

about[1] *अॅ बॉउट adv.* nearly लगभग; here and there इधर-उधर।

about[2] *prep.* near to के समीप; relating to के विषय में।

above[1] *अॅ बव adv.* to or in a higher place ऊपर।

above[2] *prep.* more than से अधिक; to or in a higher place than से ऊपर।

abreast *अॅ ब्रैस्ट adv.* side by side बराबर में।

abridge *अॅ ब्रिज v.t.* to make shorter संक्षेप करना।

abridgement *अॅ ब्रिज् मॅन्ट n.* summary संक्षेप, सार।

abroad *अॅ ब्रौड़ adv.* in a foreign country विदेश में।

abrogate *एब्'-रो-गेट् v. t.* to repeal or cancel by authority, to annul. आज्ञानुसार हटाना, रद्द करना, मोडना या तोड़ना।

abrupt *अॅ ब्रप्ट a.* sudden आकस्मिक।

abruption *ऐब्-रप्'-शन् n.* a sudden breaking off. एकाएक टूटने का कार्य।

abscess *ऐब्-सेस- n.* collection of pus formed in some part of organ of the body. व्रण, शरीर के किसी भाग में मवाद भर जाना।

absonant *ऐब्'-सॉनन्ट्- adj.* absurd,

unreasonable. निरर्थक, न्याय-विरुद्ध।

abscond *अ‍ॅब् स्कौ ॅन्ड, ऐब् — v.i.* to fly from justice फ़रार होना।

absence *ऐब् सॅन्स n.* state of being absent अनुपस्थिति।

absent[1] *ऐब् सॅन्ट a.* not present अनुपस्थित।

absent[2] *ऐब् सै ॅन्ट, अ‍ॅब्– v.t.* to keep away from अनुपस्थित रखना।

absolute *ऐब् सॅ ल्यूट a.* complete पूर्ण; unlimited असीम; despotic निरंकुश।

absolutely *ऐब् सॅ ल्यूट् लि adv.* completely पूर्ण रूप से।

absolve *ऐब् ज़ौल्व, अ‍ॅब् —v.t.* to acquit, to pardon दोषमुक्त करना।

absorb *अ‍ॅब् सॉःब्, ऐब्– v.t.* to soak up सोखना; to engross लिप्त करना।

abstain *अ‍ॅब् स्टेन्, ऐब्–v.i.* to refrain बचना।

abstract[1] ऐब् स्ट्रैक्ट *a.* not concrete अमूर्त; existing in the mind only भावात्मक।

abstract[2] *n.* summary सारांश।

abstract[3] *ऐब् स्ट्रैक्ट v.t.* to separate अलग करना; to epitomise संक्षिप्त करना।

abstraction *ऐब् स्ट्रैक् शॅन n.* act of abstrating अमूर्तीकरण; absence of mind मतिहीनता।

absurd *अ‍ॅब् सॅःड a.* unreasonable असंगत; foolish विवेकहीन।

absurdity *अ‍ॅब् सॅः डि टि n.* foolishness मूर्खता; that which is absurd मूर्खता का कार्य।

abundance *अ‍ॅ बन् डॅन्स n.* plenty आधिक्य, प्रचुरता।

abundant *अ‍ॅ बन् डॅन्ट a.* plentiful प्रचुर।

abuse[1] *अ‍ॅ ब्यूज़ v.t.* to revile गाली देना; to make bad use of दुरुपयोग करना।

abuse[2] *अ‍ॅ ब्यूस n.* offencive language गाली, अपशब्द।

abusive *अ‍ॅ ब्यू सिव a.* insulting अपमानजनक।

abut *अ-बट् v. t. & i.* (p.t. **abutted**) to join at a boundary, to meet. सीमा पर एकत्रित होना, मिलना; Abutment (-मेन्ट), Abuttal (अल) -ns. junction, boundary. मिलन-स्थान, सीमा।

abyss *अ‍ॅ बिस n.* hell रसातल।

academic *ऐ कॅडै ॅ मिक a.* of learning and teaching विद्यामूलक; scholarly शास्त्रीय।

academy *अ‍ॅ कै डॅ मि n.* society of learned men अकादमी।

acarpous *अ-कार्'-डिअक् adj.* not producing fruit, sterile. फल न उत्पन्न करने वाला (वृक्ष), अनऊपजाऊ, बाँझ।

accede *अक्‍ॅ सीड v.t.* to agree (to) मान लेना।

accelerate *ऐक् सै ॅ लॅ रेट v.t.* to increase the speed of (की) गति बढ़ाना।

acceleration *ऐक् सै ॅ लॅ रे शॅन n.* act of accelerating गतिवृद्धि; increase of velocity वेग-वर्धन।

accent[1] *ऐक् सॅन्ट n.* tone of the voice स्वर; stress बलाघात।

accent[2] *ऐक् सै ॅन्ट v.t.* to express or note the accent of (का) स्वरोच्चारण करना।

accept *अ‍ॅक् सैप्ट, ऐक्– v.t.* to admit स्वीकार करना; to receive लेना।

acceptable *अॅक् सैपॅ् टॅ बल् a.* pleasing प्रिय; that may be accepted स्वीकार्य।

acceptance *अॅक् सैपॅ् टॅन्स n.* act of accepting स्वीकृति।

access *ऐक् सैॅस n.* approach पहुँच; means of approach प्रवेश।

accession *ऐक् सैॅ शॅन n.* act of acceding सहमति; augmentation अभिवर्धन; coming to the throne राज्याभिषेक।

accessory *ऐक् सैॅ सॅ रि n.* an accomplice साथी; adjunct उपसाधन।

accident *ऐक् सि डॅन्ट n.* an unfortunate event दुर्घटना।

accidental *ऐक् सि डैॅन् ट्ल a.* happening by chance आकस्मिक।

accipitral *एक्-सि-पिट्रल् adj.* like a hawk, keen-sighted. (श्येन पक्षी) बाज की तरह का, तीक्ष्ण दृष्टिवाला।

acclaim[1] *अॅ क्लेम v.t.* to applaud जय जयकार करना।

acclaim[2] *अॅ क्लेम n.* applause जयकार।

acclamation *ऐक् लॅ मे शॅन n.* shout of applause जयघोष।

acclimatise *अॅ क्लॉइ मॅ टॉइज़ v.t.* to habituate to a new climate जलवायु का अभ्यस्त बनाना।

accommodate *अॅ कौॅ मॅ डेट v.t.* to adjust अनुकूल बनाना।

accommodation *अ कौॅ मॅ डे शॅन n.* lodging निवास; convenience सुविधा।

accompaniment *अॅ कम् पॅ नि मॅन्ट n.* that which accompanies सहायक वस्तुएं; the subordinate parts in music संगत, साज़।

accompany *अॅ कम् पॅ नि v.t.* to go with साथ देना; to play music to support (a singer) संगत करना।

accomplice *अॅ कम् प्लिस n.* helper in wrong doing अपराध का साथी।

accomplish *अॅ कौमॅ प्लिश,–कम्– v.t.* to finish successfully पूर्ण करना।

accomplished *अॅ कौमॅ प्लिश्ड,–कम् a.* skilled पारंगत।

accomplishment *अॅ कौमॅ् प्लिश् मॅन्ट, –कम्– n.* achievement उपलब्धि; skillfulness दक्षता, निपुणता; embellishment अलंकरण।

accord[1] *अॅ कॉःड v.t.* to make to agree सहमत करना; to concede स्वीकार करना; *v.i.* to agree सहमत होना।

accord[2] *n.* agreement सहमति harmony तालमेल, सामंजस्य।

accordingly *अॅ कॉः डिङ्ग् लि adv.* consequently तद्नुसार।

account[1] *अॅ कॉउन्ट n.* narration वर्णन; importance महत्व; a reckoning गणना; register of facts relating to money खाता; reason कारण।

account[2] *v.t.* to reckon गणना करना; to consider विचार करना; to value महत्त्व देना।

accountable *अॅ कॉउन् टॅ ब्ल a* responsible, answerable उत्तरदायी।

accountancy *अॅ कॉउन् टॅन् सि n.* the office or work of an accountant मुनीमी।

accountant *अॅ कॉउन् टॅन्ट n.* person who keeps financial accounts मुनीम।

accredit *अॅ क्रैॅ डिट v.t.* to trust विश्वास करना; to accept as true

सच मानना; to authorise अधिकृत करना।

accrementition *अक्'-क्रे-मेन्- टिश्'-अन् -n* gradual increase क्रमिक वृद्धि।

accrete *अक्-क्रीट्' v. t.* to grow together. साथ उगना; *adj.* growing together साथ उगने वाला।

accrue *अॅ क्रू v.i.* to increase वृद्धि होना; to come as a product उपार्जित होना।

accumulate *अॅ क्यू म्यु लेट v.t.* to heap up ढेर लगाना; to amass संग्रह करना; *v.i.* to increase greatly बढ़ना।

accumulation *अॅ क्यू म्यु ले शॅन n.* heaping ढेर, संचय; collection संग्रह।

accuracy *ऐ क्यु रॅ सि n.* exactness शुद्धता।

accurate *ऐ क्यू रिट a.* free from error शुद्ध; exact ठीक।

accursed *अॅ कॅः सिड a.* doomed शापित; unfortunate अभागा।

accusation *ऐ क्यू ज़े शॅन n.* impeachment अभियोग; that of which one is accused आरोप।

accuse *अॅ क्यूज़ v.t.* to blame दोषारोपण करना; to bring charge against अपराधी ठहराना।

accused *अॅ क्यूज़्ड n.* one charged with a crime अपराधी व्यक्ति।

accustom *अॅ कस् टॅम v.t.* to habituate आदी बनाना।

accustomed *अॅ कस् टॅम्ड a.* habituated आदी।

ace एस *n.* playing card with one spot इकाई, पासे या ताश का एक्का।

acentric *ऐ-सेन्'-ट्रिक् -adj.* not centred. केन्द्र में स्थित न रहने वाला।

acephalous *ए-सेफ्'-अ-लॉस् adj.* headless, without a chief. बिना सिर का, बिना चौधरी या सरदार का।

acephalus *अ-सेफ्' -अ-लस् -n.* a verse defective at the beginning. ऐसी कविता जो आरम्भ में दोषपूर्ण हो।

acetify *अ-सेट्'-इ-फाइ v. t.* (*p.t.* **acetified**) to turn in to vinegar. सिरका बनाना, खट्टा करना।

ache[1] एक *n* pain पीड़ा।

ache[2] *v.i.* to suffer from pain पीड़ा होना।

achieve *अॅ चीव v.t.* to attain, to gain हासिल करना; to win जीतना।

achievement *अॅ चीव् मॅन्ट n.* attainment प्राप्ति, उपलब्धि; success सिद्धि, सफलता।

achromatic *ऐक्-रो-मेट्'-इक —adj.* free from colour. बिना रंग का।

acid[1] *ऐ सिड a* sour अम्ल, खट्टा, तीखा।

acid[2] *n* sour substance अम्ल, तेजाब।

acidity *अॅ सि डि टि n.* quality of being sour खट्टापन, अम्लता।

acknowledge *अॅक् नौ ॅ लिज v.* to admit to be true स्वीकारना; to report receipt of पावती भेजना; to express thanks for धन्यवाद देना।

acknowledgement *अॅक् नौ ॅ लिज् मॅन्ट n.* recognition स्वीकृति; receipt रसीद।

acne *ऐक्'-नि n.* a disease which is marked by pimples. मुँहासा, डोंड़सा।

acorn *ए कौःन n.* fruit of oak बलूत का फल।

acoustic *अॅ कूस् टिक a.* pertaining to sense of hearing श्रवणेंद्रिय-संबंधी।

acoustics *अॅ कूस टिक्स n. sing.* science of sound ध्वनिशास्त्र।

acquaint *अॅ क्वेन्ट v.t.* to make familiar to परिचय कराना; to inform सूचना देना।

acquaintance *अॅ क्वेन् टॅन्स n.* familiarity परिचय; person with whom one is acquainted परिचित व्यक्ति।

acquest *अ-क्वेस्ट्' n.* self-acquired property. अपनी कमाई हुई सम्पत्ति।

acquiesce *ऐ क्वि ऐसॅ v.i.* to agree सम्मत या राज़ी होना।

acquiescence *ऐं क्वि ऐ ॅ सॅन्स n.* giving a quiet assent मौन स्वीकृति, रज़ामंदी।

acquire *अॅ क्वॉइअॅ: v.t.* to attain प्राप्त करना, अधिकार में करना।

acquirement *अॅ क्वॉइअॅ: मॅन्ट n.* act of acquiring उपार्जन; attainment प्राप्ति; the thing acquired अर्जित वस्तु।

acquisition *ऐ क्वि ज़ि शॅन n.* act of acquiring अभिग्रहण; gain प्राप्ति; thing acquired अर्जित पदार्थ।

acquit *अॅ क्विट v.t.* to declare not guilty (of a crime) निर्दोष घोषित करना; to set free *मुक्त करना*; to conduct (कर्त्तव्य) पूरा करना।

acquittal *अॅ क्वि ट्ल n.* setting free from a charge दोषमुक्ति या रिहाई।

acre *ए कॅ: n.* a measure of land एकड़, 4840 वर्गगज़।

acreage *ऐ कॅ रिज n.* area of land measured in acres एकड़ों में नाप।

acrimony ऐ क्रि मॅ नि *n.* bitterness of temper, manner or language रूखापन, उग्रता।

acrobat *ऐ क्रॅ बैट n.* performer of clever gymnastic exercises नट, कलाबाज़।

across[1] *अॅ क्रौ ॅस adv.* from one side to the other आर-पार, आगे को।

across[2] *prep.* from side to side of के आर-पार।

act[1] *ऐक्ट n.* deed कार्य; state of reality वास्तविकता; part of a play नाटक का अंक; law विधि।

act[2] *v.i.* to do something करना, व्यवहार करना; to take part in a play अभिनय करना; *v.t.* to do करना; to perform (का) अभिनय करना।

acting *ऐक् टिङ्ग n.* action कार्य; mode of performing a part in a play अभिनय।

action *ऐक् शॅन n.* a deed कार्य; operation अभियान; suit मुक़दमा।

activate *ऐक् टि वेट v.t.* to make active सक्रिय बनाना; to increase the energy of (की) शक्ति बढ़ाना।

active *ऐक् टिव a.* busy सक्रिय, व्यस्त; quick चपल।

activity *ऐक् टि वि टि n.* agility स्फूर्ति, चपलता; state of being active सक्रियता; (*pl.*) doings कार्यकलाप।

actor *ऐक् टॅ: n.* one who acts कार्यकर्त्ता; a stage-player अभिनेता।

actress *ऐक् ट्रिस n.* a female stage-player अभिनेत्री।

actual *ऐक् टयु अॅल, –चु–a.* real वास्तविक; existing in fact यथार्थ।

actually *ऐक् टयु अॅ लि, –चु–adv.* as a matter of fact वस्तुतः।

acumen *अॅ क्यू मै ॅन n.* sharpness कुशाग्रता।

acute *ॲ क्यूट a.* sharp पैना, तीव्र; penetrating अंतर्भेदी।

adage *ऐ डिज n.* a proverb कहावत; a maxim सूक्ति।

adamant[1] *ऐ डॅ मॅन्ट a.* unyielding हठी।

adamant[2] *n.* a very hard substance कठोर पदार्थ।

adapt *ॲ डैप्ट v.t.* to adjust (में) सामंजस्य स्थापित करना; to suit अनुकूल बनाना।

adaptation *ॲ डैप् टे शॅन n.* act of adapting अनुकूलन।

adays *अ-डेज़' adv.* now-a-days, at present. आजकल, इन दिनों।

add *ऐड v.t.* to join to जोड़ना; to annex संलग्न करना; to say further आगे कहना।

addict[1] *ॲ डिक्ट v.t.* to apply habitually (का) आदी होना।

addict[2] *ऐ डिक्ट n.* a slave to a habit व्यसनी।

addiction *ॲ डिक् शॅन n.* state of being addicted व्यसनलिप्तता; devotion आसक्ति।

addition *ॲ डि शॅन n.* act of adding जोड़ने की क्रिया; the thing added जोड़ी गई वस्तु; increase वृद्धि।

additional *ॲ डि शॅ नॅल a.* added अतिरिक्त।

addle *ऐडल् adj.* rotten, barren सड़ा (गन्दा); बाँझ: *v.t.* to make rotten, to confuse सड़ाना, घबड़ाना।

address[1] *ॲ ड्रैसॅ v.t.* to speak directly to संबोधित करना, निवेदन करना; to write a name and destination on (पर) पता लिखना।

address[2] *ऐड् रैसॅ n.* speech व्याख्यान, बोलने का ढंग; place to which letters may be directed पता, *(pl.)* courtship प्रेमाचार।

addressee *ऐड् रै ˘ सी n.* one addressed पत्र पाने वाला।

adduce *ॲ ड्यूस v.t.* to bring forward प्रस्तुत करना; to cite उद्धृत करना।

adept[1] *ऐ डैप्ट n.* one fully skilled निपुण व्यक्ति।

adept[2] *ॲ डैप्ट a.* well skilled निपुण, पारंगत।

adequacy *ऐ डि क्वॅ सि n.* quality of being adequate पर्याप्तता, प्रचुरता।

adequate *ऐ डि क्वॅट, –क्विट– a.* sufficient पर्याप्त, competent सक्षम।

adhere *ॲड् हिॲ: v.i.* to stick चिपकना; to remain firm दृढ़ रहना।

adherence *ॲड् हिॲ रॅन्स n.* state of adhering चिपकना; attachment लगाव; fidelity निष्ठा।

adhesion *ॲड ही ज़ॅन n.* act or state of sticking चिपकाव।

adhesive[1] *ॲड् ही सिव n.* a substance used for sticking things together चिपकाने वाला पदार्थ, गोंद।

adhesive[2] *a.* sticky चिपकनेवाला, चिपकानेवाला, चिपचिपा, लसलसा।

adhibit *ऐड्-हिबिट् v. t.* to put on, to use, to administer, to apply, to attach. रखना, धरना, प्रयोग करना, जोड़ना।

ad hoc *ऐड् हौकॅ* for this special purpose तदर्थ।

adieu[1] *ॲ ड्यू n.* a farewell विदाई।

adieu[2] *interj.* farewell अलविदा।

adiure *ऐ-जूर' v. t.* to charge under oath or penalty, to request earnestly शपथपूर्वक आज्ञा देना अथवा कहना, आग्रहपूर्वक प्रार्थना करना।

adjacent *अॅ जे सॅन्ट a.* lying near समीपवर्ती।

adjective *ऐ जिक् टिव n.* a word added to a noun to qualify it विशेषण।

adjoin *अॅ जौ ॅ इन v.t.* to join to (से) जोड़ना; *v.i.* to be next अगला होना।

adjourn *अॅ जॅः न v.t.* to postpone स्थगित करना; *v.i.* to be postponed स्थगित होना।

adjournment *अॅ जॅः न् मॅन्ट n.* postponement स्थगन।

adjudge *अॅ जज v.t.* to determine judicially निर्णय करना।

adjunct *ऐ जङ्क्ट n.* a thing or person joined to another अनुबद्ध वस्तु या व्यक्ति।

adjuration *ऐ-जू-रे'शन् n.* solemn oath शपथ।

adjust *अॅ जस्ट v.t.* to regulate नियमित करना; to adapt अनुकूलित करना।

adjustment *अॅ जस्ट्मॅन्ट n.* act of adjusting अनुकूलन; arrangement व्यवस्था।

administer *अॅड् मि निस् टॅः v.t.* to manage प्रबंध करना; to govern शासन करना; to distribute वितरित करना।

administration *अॅड् मि निस् ट्रे शॅन n.* the act of administering प्रबंधन; the government प्रशासन।

administrative *अॅड् मि निस् ट्रॅ टिव a.* concerned with administration प्रशासन-संबंधी।

administrator *अॅड् मि निस् ट्रे टॅः n.* one who manages or directs प्रशासक।

admirable *ऐड् मॅ रॅ ब्ल a.* worthy or being admired प्रशंसनीय।

admiral *ऐड् मॅ रॅल n.* the chief commander of a navy नौसेनाध्यक्ष।

admiration *ऐड् मि रे शॅन n.* the act of admiring प्रशंसा।

admire *अॅड् मॉइअॅः v.t.* to express or to have a high opinion of प्रशंसा करना, गुण गाना।

admissible *अॅड् मि सि ब्ल a.* that may be admitted or allowed ग्राह्य, स्वीकार्य।

admission *अॅड् मि शॅन n.* admittance प्रवेश; anything admitted or conceded स्वीकारोक्ति।

admit *अॅड् मिट v.t. & i.* to allow to enter प्रवेश की अनुमति देना; to grant स्वीकार करना।

admittance *अॅड् मि टॅन्स n.* entrance प्रवेश; permission to enter प्रवेशाज्ञा।

admonish *अॅड् मौ ॅ निश v.t.* to warn चेताना; to reprove mildly ताड़ना देना।

admonition *ऐड् मॅ नि शॅन n.* warning, caution चेतावनी; gentle reproof ताड़न।

adnascent *ऐड्-नेस्'-एन्ट् adj.* growing to or upon. बढ़ता हुआ।

ado *अॅ डू n.* trouble परेशानी; stir हलचल।

adobe *ए-डो'-बि-n.* sub-dried brick धूप में सुखाई हुई ईंट।

adolescence *ऐ डो ॅ लै ॅ सॅन्स n.* the state or time of being adolescent किशोरावस्था।

adolescent *ऐ डो ॅ लै ॅ सॅन्ट a. & n.* (one) passing from childhood to maturity किशोर।

adopt *अॅ डॉप्ट v.t.* to take and treat as a child गोद लेना; to apply अपनाना।

adoption *अॅ डौपॅ शॅन n.* act of adopting अंगीकरण; taking as a child दत्तक-ग्रहण।

adorable *अॅ डौ रॅ ब्ल a.* worthy to be adored आराध्य।

adoration *ऐ डॅ रे शॅन n.* worship आराधना; veneration श्रद्धा।

adore *अॅ डों:, अॅ डौं: v.t.* to worship पूजा करना, to love intensely अधिक प्रेम करना।

adorn *अॅ डौ:न v.t.* to deck सजाना, श्रृंगार करना; to beautify सुंदर बनाना।

adscititious *ऐड्-सि-टिश्'-अस् adj* assumed, added, additional स्वीकृत, माना हुआ, जोड़ा हुआ, परिशिष्ट।

adscript *ऐड-स्क्रिप्ट् adj. & n.* written after, a serf. बाद में लिखा हुआ, दास।

adulation *ऐ ड्यु ले शॅन n.* servile flattery चापलूसी।

adult[1] *अॅ डल्ट a.* grown to maturity वयस्क।

adult[2] *n.* grown-up person वयस्क व्यक्ति।

adulterate *अॅ डल् टॅ रेट v.t.* to debase by mixing with something inferior or spurious (में) मिलावट करना।

adulteration *अॅ डल् टॅ रे शन n.* act of adulterating मिलावट।

adultery *अॅ डल् टॅ रि n.* violation of the marriage bed परस्त्रीगमन, व्यभिचार।

advance[1] *अॅड् वान्स v.t.* to put forward आगे बढ़ाना; to promote पद में उन्नति करना; to pay before due time पेशगी देना; *v.i.* to go forward आगे बढ़ना; to make progress प्रगति करना।

advance[2] *n.* payment beforehand पेशगी; loan उधार; going forward प्रगति।

advancement *अॅड् वान्स् मॅन्ट n.* progress प्रगति।

advantage[1] *अॅड् वान् टिज n.* gain or benefit लाभ; favourable state अनुकूल परिस्थिति।

advantage[2] *v.t.* to benefit or to profit लाभ पहुंचाना।

advantageous *ऐड् वॅन् टे जॅस a.* useful उपयोगी, लाभदायक।

advent *ऐड् वैन्ट n.* arrival आगमन।

adventure *अॅड् वैन् चॅः n.* enterprise साहस; a bold undertaking साहसिक कार्य।

adventurous *अॅड् वैन् चॅ रॅस a.* daring साहसी; full of hazard जोखिम से भरा।

adverb *ऐड् वॅःब n.* क्रिया-विशेषण।

adverbial *अॅड् वॅः बि अॅल a.* pertaining to adverb क्रिया-विशेषण-संबंधी।

adversary *ऐड् वॅः सॅ रि n.* an opponent वैरी, शत्रु, दुश्मन।

adverse *ऐड् वॅःस a.* hostile विपरीत, विरूद्ध; harmful हानिकर।

adversity *अॅड् वॅः सि टि n.* misfortune दुर्भाग्य; calamity विपत्ति।

advert *अड्-वर्ट v. t.* to draw the attention to, to refer to ध्यान दिलाना, उद्देश्य करना।

advertise *ऐड् वॅः टॉइज़ v.t.* to publish a notice of विज्ञापन करना; to announce घोषित करना।

advertisement *अड़ वॅ: टिस् मॅन्ट n.* act of advertising विज्ञापन; a public notice सूचना।

advice *ॲड़ वॉइस n.* councel परामर्श, उपदेश; information सूचना।

advisable *ॲड़ वॉइ जॅ ब्ल a.* worthy to be recommended अनुमोदनीय; proper उचित।

advisability *ऐड़-वाइ-जे-बि-लिटि n.* expediency. शीघ्र होने की योग्यता।

advise *ॲड़ वॉइज़ v.t.* to counsel परामर्श देना; to inform सूचना देना।

advocacy *ऐड़ वॅ कॅ सि n.* the function of an advocate वकालत; defence पक्षपोषण।

advocate[1] *ऐड़ वॅ किट –केट n.* one who pleads वकील; supporter समर्थक।

advocate[2] *ऐड़ वॅ केट v.t.* to plead in favour of वकालत करना; to support पक्षपोषित करना।

aerial[1] *ऍ ॲ रि ॲल a.* belonging to the air हवाई; unreal अवास्तविक।

aerial[2] *n.* an antenna एंटिना।

aeriform *एअर्-इ-फॉर्म adj.* of the form of air, gaseous, unreal वायु के समान, गैस के सदृश, अवास्तविक।

aerify *एअर्'-इ-फाइ- v. t.* to fill with air वायु से पूर्ण करना या भरना।

aerodrome *ऍ ॲ रॅ ड्रोम n.* the landing place of aircraft हवाई अड्डा।

aeronautics *ऍ ॲ रॅ नौ टिक्स n.pl.* the science or art of aerial navigation विमान चालन-विज्ञान।

aeroplane *ऍ ॲ रॅ प्लेन n.* aircraft हवाई जहाज़।

aesthetic *ईस् थै ॅ टिक a.* pertaining to aesthetics सौंदर्यशास्त्र-संबंधी।

aesthetics *ईस् थै ॅ टिक्स n.pl.* the principles of taste and art सौंदर्यशास्त्र।

aestival *ई-स्टि-वल् adj.* pertaining to summer. ग्रीष्म ऋतु सम्बन्धी।

afar *ॲ फा: adv.* from a far distance दूर से; at a far distance दूरी पर।

affable *ऐ फॅ ब्ल a.* courteous सुशील, मिलनसार।

affair *ॲ फ़े ॅ ॲ : n.* business मामला।

affect *ॲ फ़ै ॅ क्ट v.t.* to act upon प्रभावित करना; to pretend स्वांग भरना।

affectation *ॲ फ़ैक् टे शॅन n.* pretence स्वांग, दिखावा।

affection *ॲ फ़ै ॅ क् शॅन n.* attachment अनुराग; love प्यार।

affectionate *ॲ फ़ै ॅ क्शॅ नॅट –निट a.* full of affection प्रीतिमय; loving प्यारा।

affidavit *ऐ फि डे विट n.* a written declaration on oath शपथपत्र, हलफ़नामा।

affiliation *ॲ फ़ि लि ए शॅन n.* association संपर्क, संबंध; act of affiliating संबंधन।

affinity *ॲ फ़ि नि टि n.* relation संबंध; similarity समानता; attraction आकर्षण।

affirm *ॲ फ़: म v.t.* to assert दृढ़ता के साथ कहना; to ratify विधिपूर्वक पुष्ट करना; to declare दावे से कहना।

affirmation *ऐ फ़: मे शॅन n* a solemn declaration पुष्टीकरण।

affirmative *ॲ फ़: मॅ टिव a.* positive सकारात्मक।

affix *ॲ फ़िक्स v.t.* to attach जोड़ना; to fix चिपकाना।

afflict *अॅ फ़्लिक्ट v.t.* to cause pain सताना।

affliction *अॅ फ़्लिक् शॅन n.* distress यातना, संताप।

affluence *ऐ फ़्लु अॅन्स n.* prosperity संपन्नता।

affluent *ऐ फ़्लु अॅन्ट a.* prosperous धनवान्।

afford *अॅ फ़ोःड v.t.* to give देना; to supply जुटाना।

afforest *अॅ फ़ौ ॅ रिस्ट v.t.* to cover with forest वन लगाना।

affray *अॅ फ्रे n.* public noisy quarrel हंगामा।

affront[1] *अॅ फ्रॅन्ट v.t.* to insult अपमानित करना।

affront[2] *n.* disrespect अपमान।

afield *अफील्ड्'-adv.* in or on the field खेत में अथवा खेत पर।

aflame *अॅ फ़्लेम adv.* in a flaming state जलता हुआ; on fire आग पर।

afloat *अॅ फ़्लोट adv.* in a floating state बहता हुआ।

afoot *अॅ फुट adv.* in active progress सक्रिय स्थिति में।

afore *अ-फोर् prep. & adv.* before, in front of, previously आगे, सामने, प्राचीन काल में।

afraid *अॅ फ्रेड a.* frightened भयभीत।

afresh *अॅ फ्रै ॅश adv.* anew नए सिरे से।

after[1] *आफ् टॅः prep.* later than के बाद में।

after[2] *adv.* later in time उसके बाद, जब।

after[3] *conj.* later than the time when उसके बाद जब।

after[4] *a.* subsequent आगामी।

afterwards *आफ् टॅः वॅःड्ज़ adv.* later बाद में।

again *अॅ गेन adv.* once more फिर, पुनः; moreover इसके अतिरिक्त।

against *अॅ गॅन्स्ट अॅ गेन्स्ट prep.* in front of के सामने; in contrast to से विषमता में; in a position of hostility to के विरोध में।

agamist *ऐग्'-आ-मिस्ट् n.* one who is against marriage. विवाह-विरोधी।

agape *अॅ गेप adv.*, a having the mouth open मुह खोले हुए।

agaze *अगेज़्' adv.* gazing टकटकी लगाकर देखता हुआ।

age *एज n.* lifetime आयु; epoch युग; oldness बुढ़ापा।

aged *ऐ जिड a.* very old वृद्ध; एज्ड of the age of की अवस्था का।

agency *ए जॅन् सि n.* office of an agent अभिकरण, आढत; branch शाखा; means साधन, माध्यम्।

agenda *अॅ जै ॅन् डॅ n. pl.* list of items to be discussed कार्यसूची।

agent *ए जॅन्ट n.* representative प्रतिनिधि; spy जासूस।

aggravate *ऐ ग्रॅ वेट v.t.* to irritate उत्तेजित करना; to worsen बिगाड़ना।

aggravation *ऐ ग्रॅ वे शॅन n.* irritation उत्तेजना; increase वृद्धि।

aggregate *ऐ ग्रि गेट v.t.* to accumulate संचित करना; to collect संग्रह करना; to combine संयुक्त करना; *v.i.* to assemble एकत्र होना; to be added संयुक्त होना।

aggression *अॅ ग्रै ॅ शॅन n.* attacking आक्रमण; intrusion अतिक्रमण।

aggressive *अॅ ग्रै ॅ सिव a.* offensive आक्रामक; having angry temperament क्रोधी।

aggressor *अॅ ग्रै ॅ सॅः n.* one who

attacks आक्रामक।

aggrieve *अॅ ग्रीव v.t.* to afflict with pain सताना, पीड़ित करना।

aghast *अॅ गास्ट a.* surprised आश्चर्यचकित, भयाक्रांत।

agile *ऐ जॉइल a.* active चपल, फुरतीला।

agility *अॅ जि लि टि n.* activeness चपलता; nimbleness स्फूर्ति।

agitate *ऐ जि टेट v.t.* to excite उत्तेजित करना; to disturb घबरा देना; to stir up हिलाना।

agitation *ऐ जि टे शॅन n.* excitement उत्तेजना; stirring आलोड़न; protest आंदोलन।

agist *अ-जिस्ट्' v. t.* to take others' cattle to feed for a sum कुछ धन लेकर चराने के लिए दूसरे के पशु ले जाना।

aglow *अॅ ग्लो adv.* in a glowing state चमकता हुआ।

agnus *ऐग्'-नस् n.* a lamb. भेड़ या बकरी का बच्चा; मेमना।

ago *अॅ गो adv.* in the past बहुत समय पहले।

agog *अ-गॉग्' adj. & adv.* on the move, expectant, in eager excitement. गतिमान, आशायुक्त, आतुर।

agonist *अग्'-ऑ-निस्ट् n.* a combatant, a champion. योद्धा, लड़ाका।

agonize *ऐ गॅ नॉइज़ v.t.* to cause to suffer pain कष्ट देना।

agony *ऐ गॅ नि n.* anguish of mind यंत्रणा।

agronomy *ऐग्'-रॉन्'-अऐ'-मि n.* rural economy. ग्रामीण व्यवस्था।

agoraphobia *ऐ-गॅरा-फो'-बि-आ n.* fear of crowds. भीड़ से डर लगना।

agrarian *अॅ ग्रे अॅ रि अॅन a.* relating to agriculture कृषि-संबंधी; relating to land भूमि-संबंधी।

agree *अॅ ग्री v.i.* to concur सहमत होना; to suit अनुकूल होना; to say yes राज़ी होना; *v.t.* to accept as correct सही मान लेना।

agreeable *अॅ ग्री अॅ ब्ल a.* ready to agree सहमत; consentaneous स्वीकार्य; suitable उपयुक्त।

agreement *अॅ ग्री मॅन्ट n.* contract समझौता, अनुबंध; concord सहमति।

agricultural *ऐग् रि कल् चॅ रॅल a.* pertaining to agriculture कृषि-संबंधी

agriculture *ऐग् रि कल् चॅः n.* land cultivation कृषि।

agriculturist *ऐग्रिकल्चॅरिस्ट n.* farmer किसान।

ague *ए'-ग्यू- n.* a. kind of malarial fever accompanied with shivering जूड़ी, बुखार।

ahead *अॅ हैॅड adv.* further on आगे की ओर; in advance प्रगति की ओर।

aheap *अ-हीप् adv.* in a heap, trembling with fear ढेर में, डर से कांपता हुआ।

aid[1] *एड n.* help सहायता; helper सहायक; ingredient उपादान।

aid[2] *v.t* to help सहायता देना।

aigrette *एग्'-रिट् n.* white heron, tuft of feathers or hair सफेद सारस पक्षी, बाल या परों का गुच्छा।

ail *एल v.t.* to trouble सताना; to make sick बीमार करना; *v.i.* to be ill बीमार होना।

ailment *एल् मॅन्ट n.* illness बीमारी।

aim[1] *एम n.* purpose प्रयोजन; intention अभिप्राय; target लक्ष्य।

aim² *v.i.* to take aim लक्ष्य साधना।

air *ऍअ:* *n.* fluid we breathe हवा; atmosphere वायुमण्डल।

aircraft *ऍ अ: क्राफ्ट* *n.* aeroplane विमान।

airy *ऍ अ रि* *a.* full of air हवादार; unsubstantial हवाई; of air वायु-संबंधी।

ajar *अ जा:* *adv.* partly open अधखुला।

akin *अ किन* *a.* related by blood सगा; of like nature समान प्रकृति वाला।

alacrious *अलैक्रि-अस्* *adj.* cheerful, happy, प्रसन्न, खुश।

alacrity *अ लैक् रि टि* *n.* briskness फुरती; readiness तत्परता।

alamort *आल'-मॉर्ट* *adj.* semi-dead, dejected अधमरा, उत्साहहीन, उदास।

alarm¹ *अ ला:म* *n.* notice of danger खतरे की सूचना; warning चेतावनी; fear भय।

alarm² *v.t.* to give notice of danger खतरे की सूचना देना।

alas *अ लैस* *interj.* cry of grief हा! हाय ! आह !

albeit *ऑल् बी इट* *conj.* even if, although यद्यपि, हालांकि।

albion *ऐल्-बि-अन्* *n.* ancient name for england. इंग्लैंड का प्राचीन नाम।

album *ऐल् बॅम* *n.* a blank book for the insertion of photographs etc. चित्राधार।

albumen *ऐल्-ब्यू-मिन्* *n.* a thick substance, the white of eggs गाढ़ा पदार्थ, अंडे की सफेदी।

alchemy *ऐल् कॅ मि, –कि–* *n.* the science of transmutation of other metals into gold कीमियागीरी।

alcohol *ऐल् कॅ होलॅ* *n.* pure spirit मद्यसार।

ale *एल* *n.* a beverage यवसुरा, बीयर।

alegar *अल्'-इ-गर्* *n.* a sour or ale or its vinegar. खट्टी शराब या इसका सिरका।

alert *अ लॅ:ट* *a.* watchful सतर्क; nimble फुरतीला; brisk तेज़।

alertness *अ लॅ:ट निस* *n.* watchfulness सतर्कता; nimbleness फुरतीलापन।

algebra *ऐल् जि ब्रॅ* *n.* method of calculating by symbols बीजगणित।

alias¹ *ए लि ऐस, –अॅस–* *n.* an assumed name उपनाम।

alias² *adv.* otherwise अन्यथा।

alibi *ऐ लि बॉइ* *n.* the fact of being elsewhere अन्यत्र उपस्थिति।

alien *ए ल्यॅन* *a.* foreign विदेशीय; strange अजनबी।

alienate *ए ल्यॅ नेट* *v.t.* to transfer हस्तांतरित करना; to turn away पृथक् करना; to estrange पराया करना।

aliferous *ए-लिफ्'-अर्-अस्* *adj.* having wings. परवाला, परदार।

alight *अ लॉइट* *v.i.* to land नीचे आना।

align *अ लॉइन्* *v.t.* to arrange in a line पंक्तिबद्ध करना; to regulate by a line श्रेणीबद्ध करना।

alignment *अ लॉइन् मॅन्ट* *n.* laying out by a line पंक्तियोजना; setting in a line सीध-निर्धारण।

alike¹ *अ लॉइक* *a.* similar समान।

alike² *अ लॉइक* *adv.* in a similar manner समान रूप से

aliment *एल्'-इ-मेन्ट्* *n.* a nourishment, food, support

पोषण, पुष्टिकर पदार्थ, आहार, आश्रय।

alimony *ऐल्'-इ-मन्'-इ* *n.* an allowance given to a woman when separated from her husband परित्यक्त पत्नी के भरण-पोषण का भत्ता।

alin *अ-लिन्'* *adj.* related by blood, of a similar character सगोत्र (सजातीय, सगा), समान प्रकृति का।

aliquot *ऐल्'-इ-क्वॉट* *n. & adj.* an internal factor of a number which divides another without a remainder. पूरा भाग देने वाली संख्या, किसी पूर्ण विभाजक संख्या का।

alive *अ लॉइव* *a.* living जीवित; lively जागरूक; active क्रियाशील; in existence अस्तित्वमय।

alkali *ऐल्'-क-लाइ* *n.* खट्टापन हटाने का पदार्थ जैसे सोडा, पोटास।

all[1] *औल* *a.* comprising every individual one समस्त; any कोई; every प्रत्येक।

all[2] *n.* everybody, everything सबकुछ, सर्वस्व; the whole संपूर्णता।

all[3] *adv.* whole पूर्णतया।

all[4] *pron.* the whole number सब।

allay *अ ले* *v.t.* to calm शांत करना; to reduce कम करना।

allegation *ऐ लि गे शॅन* *n.* the act of alleging आरोपण; citation अभिकथन।

allege *अ लैज* *v.t.* to subject to allegation आरोपित करना; to give as a reason कारणस्वरूप प्रस्तुत करना।

allegiance *अ ली जॅन्स* *n.* loyalty निष्ठा।

allegorical *ऐ लॅ गौ रि कॅल* *a.* relating to allegory अन्योक्ति-'संबधी।

allegory *ऐ लि गौ रि, ऐ लै गॅ रि* *n.* symbolical narration अन्योक्ति, दृष्टांत।

allergy *ऐ लॅः जि* *n.* hyper-sensitivity प्रत्यूर्जता; antipathy चिढ़।

alleviate *अ ली वि एट* *v.t.* to lessen, to relieve, to mitigate, to comfort. हल्का कर देना, छुटकारा देना, कम करना।

alleviation *अ ली वि ए शॅन* *n.* mitigation उपशमन; lessening कमी।

alley *ऐ लि* *n.* a narrow lane गली; a walk in a garden वीथिका; a passage पगडंडी।

alliance *अ लाइ अॅन्स* *n.* friendship मैत्री; treaty संधि।

alligator *ऐ लि गे टॅः* *n.* a large reptile घड़ियाल की जाति का जलजंतु।

alliterate *एल्-लिट'-अर्-एट'* *v. t.* to use words begining with the same letter. एक ही अक्षर से आरम्भ होने वाले शब्दों का प्रयोग करना।

alliteration *अ लि टॅ रे शॅन* *n.* the recurrence of the same initial sound अनुप्रास।

allocate *ऐ लॅ केट* *v.t.* to set apart for a particular purpose निर्धारित करना।

allocation *ऐ लॅ के शॅन* *n.* act of allocating विनियोजन; allotment आवंटन।

allot *अ लौ ट* *v.t.* to distribute बांटना; to assign नियत करना।

allotment *अ लौ ट मॅन्ट* *n.* act of alloting बँटाई; share हिस्सा।

allow *अ लॉउ* *v.t.* to permit अनुमति देना; to assign नियत करना; to grant or give देना।

allowance *अ लॉउ अॅन्स* *n.* permission अनुमति, अनुज्ञा; amount given भत्ता; rebate छूट।

alloy *ऐ लॉ॑इ, अ॑ लौ॑इ n.* a mixture of metals मिश्रित धातु; baser element खोट।

allude *अ॑ ल्यूड v.i.* to mention indirectly इंगित करना।

alluminate *अल्यू'-मिन्-एट्' v. t.* to adorn with ornaments. to illuminate. आभूषणों से सुसज्जित करना, सजाना।

allure *अ॑ ल्यूअ॑: v.t.* to attract आकर्षित करना।

allurement *अ॑ ल्यूअ॑: मॅन्ट n.* act of alluring प्रलोभन; fascination आकर्षण।

allusion *अ॑ ल्यू ज़॑न n.* indirect reference इशारा, संकेत।

allusive *अ॑ ल्यू सिव a.* hinting, refering indirectly सांकेतिक।

ally[1] *अ॑ लॉइ v.t.* to join संबद्ध करना, जोड़ना।

ally[2] *अ॑ लॉइ, ऐ लॉइ n.* friend मित्र; anything near to another in classification समवर्गी।

almanac *औल्मॅ नैक n.* a register of the days, weeks and months of the year with astronomical events, anniversaries etc. पंचांग।

almighty *औल् मॉइ टि a.* omnipotent सर्वशक्तिमान।

almond *आ मॅन्ड n.* a kind of dry fruit and its tree बादाम और उसका वृक्ष।

almost *आल् मोस्ट adv.* very nearly करीब-करीब।

alms *आम्ज़ n.* relief given out of pity to the poor भिक्षा।

aloft *अ॑ लौफ़्ट adv.* on high ऊंचे पर; in the air आकाश में।

alone *अ॑ लोन a.* single अकेला; unaccompanied एकांकी; only एकमात्र।

along[1] *अ॑ लौ॑ ङ्ग adv.* lengthwise लंबाई मे onward आगे; together साथ में।

along[2] *prep.* by the side of की बग़ल में; lengthwise by के समानांतर।

aloof *अ॑ लूफ adv.* at a distance दूर; apart अलग।

aloud *अ॑ लॉउड adv.* loudly ऊँची आवाज़ में।

alp *ऐल्प् n.* a high mountain, a mountain peak, ऊँचा पहाड़, पर्वत की चोटी।

alpha *ऐल्'-फ़ा n.* the first letter of the greek alphabet {A, a}, the first, ग्रीक वर्णमाला का पहिला अक्षर, आदि, आरम्भ।

alphabet *ऐल् फ॑ बै॑ट n.* letters used in writing a language वर्णमाला।

alphabetical *ऐल् फ॑ बै॑ टि कॅल a.* in order of an alphabet वर्णक्रमानुसारी।

alphonsion *ऐल्-फॉन'-सिन् n.* an in strument for extracting bullets. शरीर में से बंदूक की गोली निकालने का यन्त्र।

alpinist *ऐल्'-पिन्-इस्ट् n.* a climber on high mountains. ऊँचे पहाड़ पर चढ़ने वाला।

already *औल् रै॑ डि adv.* by this time अब तक; by that time तब तक; before a given time पहले ही।

also *औल् सो adv.* in addition साथ ही; too और, भी।

altar *ऑल् ट॑: n.* place for offerings बलिवेदी।

alter *औल् टॅ:* *v.t.* to change परिवर्तित करना; *v.i.* to be changed परिवर्तित होना।

alteration *औल् टॅ रे शॅन* *n.* change परिवर्तन; modification संशोधन।

altercation *औल् टॅ: के शॅन* *n.* quarrel झगड़ा।

alternate[1] *औल् टॅ: निट* *a.* happening by turns क्रम से होने वाला।

alternate[2] *औल् टॅ: नेट* *v.t.* to change back and forth आगे-पीछे करना।

alternative[1] *औल्टॅ: नॅ टिव* *n.* choice विकल्प।

alternative[2] *a.* affording a choice between two things वैकल्पिक।

although *औल् दो* *conj.* even though यद्यपि।

altimeter *ऑल्-टि-मि-टर्* *n.* an instrument for measuring heights. ऊँचाई नापने का एक प्रकार का यन्त्र।

altitude *ऐल् टि ट्यूड* *n.* height above sea-level ऊँचाई।

altivalent *ऑल्'-टिव्'-ए-लेन्ट्* *adj.* flying high. ऊँचा उड़ने वाला।

alto *ऐल्-टो* *n.* highest male voice. पुरुष का गायन में सबसे ऊँचा अलाप।

altogether *औल् टॅ गै˘दॅ:* *adv.* entirely पूर्णरूप से; in all कुल मिलाकर।

aluminium *ऐ ल्यु मि नि ॲम* *n.* a light white metal अल्युमीनियम।

alumna *अलम्'-ना* *n.* a woman graduate. उपाधि प्राप्त विदुषी।

always *औल् वॅज़, –वेज़–* *adv.* at all times सर्वदा।

alveary *ऐल्'-वि-अ-रि* *n.* the hive of bees. मधुमक्खी का छत्ता।

alvine *ऐल्'-वाइ-न्* *adj.* pertaining to the belly. पेट या तोंद सम्बन्धी।

am *ऐम* first person sing. present tense of 'be' हूं।

amalgam *ॲ मैल् गॅम* *n.* alloy of mercury पारद-मिश्रण; a combination or mixture मिश्रण।

amalgamate *ॲ मैल् गॅ मेट* *v.t.* to mix मिश्रित करना, मिलाना; *v.i.* to be mixed मिल जाना।

amalgamation *ॲ मैल् गॅ मे शॅन* *n.* mixing मिश्रण।

amass *ॲ मैस* *v.t.* to collect एकत्र करना।

amateur *ऐ मॅ टॅ: ट्यूॲ:* *n.* non-professional person अव्यवसायी, शौक़ीन व्यक्ति; an inexperienced person अनुभवहीन व्यक्ति।

amatory *ऐम्'-अ-टर्-इ* *adj.* expression of love. प्रेम उत्पन्न करने वाला, प्रेम का भाव दिखलाने वाला।

amauriosis *ऐम्-ओ-रो'-सिस्* *n.* partial or total loss of sight थोड़ी या पूर्ण दृष्टि-हीनता।

amaze *ॲ मेज़* *v.t.* to fill with great surprise विस्मित करना।

amazement *ॲ मेज् मॅन्ट* *n.* surprise विस्मय।

ambassador *ऐम् बै सॅ डॅ:* *n.* envoy of a country in another country राजदूत।

amberite *ऐम्'-बर्-आइट्* *n.* a smokeless explosive बिना धुऐं का बारूद।

ambient *ऐम्'-बि-ऐन्ट्* *adj.* surrounding, encompassing, circumfused. चारों ओर रहने वाला, व्यापक।

ambiguity *ऐम् बि ग्यु इ टि* *n.* state of being ambiguous संदिग्धता।

ambiguous *ऐम् बि ग्यु अॅस a.* indistinct अस्पष्ट; having more than one meaning अनेकार्थी।

ambition *ऐम् बि शॅन n.* strong desire महत्वाकांक्षा; an object of such a desire महत्वाकांक्षा का विषय।

ambitious *ऐम् बि शॅस a.* full of ambition महत्वाकांक्षी।

ambry *ऐम्-ब्रि' n.* a wall cupboard, a pantry. दीवाल की अलमारी, भण्डार।

ambulance *ऐम् ब्यु लॅन्स n.* van for the sick रोगी-वाहन।

ambulant *ऐम्-ब्यू-लेन्ट् adj.* moving here and there. इधर-उधर घूमने वाला।

ambulate *ऐम्'-ब्यू-लेट्' v.t.* to move about. इधर-उधर घूमना।

ambush *ऐम् बुश n.* lying in wait to make a surprise attack घात।

ameliorate *अॅ मी लि अॅ रेट v.t.* to make better सुधारना; *v.i.* to become better सुधरना।

amelioration *अॅ मी लि अॅ रे शॅन n.* improvement सुधार।

amen *आ मै ॅन, ए —interj.* so be it ऐसा ही हो, तथास्तु।

amenable *अॅ मी नॅ बल a.* responsive प्रतिसंवेदी।

amend *अॅ मे ॅन्ड v.t.* to correct संशोधन करना; to improve परिशोध करना; *v.i.* to become better सुधरना।

amendment *अॅ मैन्ड मॅन्ट n.* correction दोष-शोधन; reformation सुधार।

amends *अॅ मेन्डज़ n.pl.* compensation क्षतिपूर्ति।

amenorrhoea *अ-मेन्'-ओर्-री-आ n.* suppression of menstruation स्त्रियों का मासिक धर्म बन्द होना।

amiability *ए मि अॅ बि लि टि n.* sweetness of temper सुशीलता; friendliness मैत्रीभाव।

amiable *ए मि अॅ ब्ल a.* good tempered सौम्य; lovable प्रेमपात्र।

amicable *ऐम्'-इ-के-बल् adj.* friendly, done in a friendly way. मित्रवत्, मित्रभाव का।

amid *अॅ मिड prep.* in or into the middle of मध्य में; during के दौरान।

amiss *अॅ मिस adv.* improperly अनुचित रूप में; wrongly अशुद्ध रूप में।

amity *ऐ मि टि n.* friendship मित्रता।

ammunition *ऐ म्यु नि शॅन n.* military projectiles अस्त्र-शस्त्र।

amnesia *एम्-नी'-सिया n.* loss of memory. स्मृति-शक्ति का लेप, स्मृति-हीनता।

amnesty *ऐम् नैसॅ टि n.* general pardon सर्वक्षमा।

among, amongst *अॅ मङ्ग, अॅ मङ्गस्ट prep.* surrounded by से घिरा; in the middle of के बीच में।

amoral *ऐ मौ ॅ रॅल a.* not moral नैतिकता-निरपेक्ष।

amount[1] *अॅ मॉउन्ट n.* sum of money राशि; quantity मात्रा; total योग।

amount[2] *v.i.* to result (in) परिणाम होना।

amount[3] *ए-माउन्ट्' v. t.* to result in, to be equivalent to परिणाम होना, बराबर होना।

amorous *ऐ मॅ रॅस a.* inclined to love प्रेमातुर; relating to love प्रेम-विषयक।

amour *ॲ मुॲ:, ऐ n.* love प्रेम।

ampere *ऐम् पे˘ ॲ: n.* unit of electric current विद्युत धारा की इकाई।

amphibious *एम्-फिब'-इ-अस् adj.* able to live in air and water द्विधा गति वाला, स्थल तथा जल में रहने योग्य।

amphitheatre *ऐम् फि थि ॲ टॅ: n.* रंगभूमि, अखाड़ा।

ample *ऐम् पल a.* quite enough प्रचुर, पर्याप्त; spacious विस्तीर्ण।

amplification *ऐम् प्लि फि के शॅन n.* act of amplifying विस्तारण; enlargement प्रवर्धन।

amplifier *ऐम् प्लि फॉइ ॲ: n.* appliance for amplifying sound ध्वनिविस्तारक।

amplify *ऐम् प्लि फॉइ v.t.* to enlarge बढाना; *v.i.* to speak copiously विस्तार से व्याख्या करना।

amuck *ॲ मक adv.* with a mad desire पगलाकर।

amulet *ऐ म्यु लैˇट n.* a charm against evils or witchcraft ताबीज।

amuse *ॲ म्यूज़ v.t.* to entertain (का) मनोरंजन करना।

amusement *ॲ म्यूज् मॅन्ट n.* entertainment मनोरंजन।

an *ऐन, ॲन art*, one, any एक, कोई।

anabaptism *एन्-ए-बेप्'-टिज्म् n* rebaptism. दुबारा नामकरण।

anachronism *एन्'-एक्रॉ-नि-ज्म् n.* error in regard to time. कालगणना का भ्रम।

anaclisis *एन्-आक्'-लाइ-सिस् n.* bed sore. चारपाई पर निरन्तर पड़े रहने से उत्पन्न फोडा।

anadem *एन्'-आ-डेम् n.* a garland. माला।

anaemia *ॲ नी मि ॲ n.* lack of blood रक्ताल्पता।

anaesthesia *ऐ निस् थी ज्य n.* insensibility संज्ञाहीनता, बेहोशी।

anaesthetic *ऐ निस् थैˇ टिक n. a.* (a substance) producing insensibility निश्चेतक।

anal *ए-नल् adj.* pertanining to or near anus, under the tail गुदा सम्बन्धी या गुदा के समीप का, पूँछ के नीचे का।

analogous *ॲ नै लौˇगॅस a.* similar सदृश, अनुरूप।

analogy *ॲ नै लॅ जि n.* likeness सादृश्य, अनुरूपता।

analyse *ऐ न लॉइज़ v.t.* to subject to analysis विश्लेषण करना; to split up into parts (वाक्य) विच्छेद करना।

analysis *ॲ नै लि सिस n.* act of analysing विश्लेषण; (*gram.*) splitting up into parts वाक्य-विग्रह।

analyst ऐ नॅ लिस्ट *n.* one who analyses विश्लेषणकर्ता।

analytic,—al *ऐ नॅ लि टिक्,–टि कॅल a.* pertaining to analysis विश्लेषणात्मक।

anamnesis *एन्-आम्'-नी-सिस् n.* recollection of previous existence पूर्व जन्म का स्मरण।

anamorphous *एन्'-आ-मॉर्फ्-अस् adj.* abnormally developed. विकृत अंग वाला।

anarchism *ऐ नॅ: किज्म n.* political theory favouring anarchy अराजकतावाद।

anarchist *ऐ नॅ: किस्ट n.* person supporting anarchism अराजकतावादी।

anarchy *ऐ नॅः कि* *n.* lawlessness अराजकता; disorder अव्यवस्था।

anatomy *ॲ नै टॅ मि* *n.* science of structure of bodies शरीर-रचना-विज्ञान।

ancestor *ऐन् सिस् टॅः* *n.* forefather पूर्वज।

ancestral *ऐन् सैॅस ट्रॅल* *a.* relating to ancestors पैतृक।

ancestry *ऐन् सिस् ट्रि* *n.* lineage वंशावली; descent कुल-परंपरा।

anchor *ऐङ् कॅः* *n.* device for holding a ship at rest लंगर।

anchorage *ऐङ् कॅ रिज* *n.* duty on anchoring लंगरशुल्क; place where a ship anchors लंगर-गाह।

ancient *एन् शॅन्ट* *a.* old प्राचीन; antique पुरानी चलन का।

ancon *ऐनकान* *n.* elbow. कोहनी।

and *ऐन्ड, ॲन्ड ॲन्* *conj.* a connecting particle और, तथा।

androphagi *ऐन्-ड्रॉफ्'-एजि* *n. pl.* cannibals. नरभक्षक लोग।

anecdote *ऐ निक् डोट* *n.* short account of an interesting incident रूचिकर घटना, चुटकुला।

anemometer *एन्-इ--मॉम्-इट्-अर* *n.* an instrument for measuring the force of wind. वायु की शक्ति नापने का यंत्र।

anew *ॲ न्यू* *adv.* afresh नए सिरे से; again फिर।

anfractuous *ऐन्-फ्रेक-टयु-अस्* *adj.* intricate, circuitous. पेचीला, चक्करदार।

angel *एन् जॅल* *n.* a divine messenger देवदूत।

anger *ऐङ् गॅः* *n.* resentment क्रोध, रोष।

angina *ऐन्-जाइ'-ना* *n.* quinsy गला सूखने का रोग, गण्डमाला।

angle[1] *ऐङ्'-गल्* *n. & v. t.* a fishhok, to fish with a hook. मछली पकड़ने की बंसी, बंसी से मछली फँसाना।

angle[2] *ऐङ्ः ग्ल* *n.* inclination of two lines meeting in a point कोण; corner कोना।

angry *ऐङ् ग्रि* *a.* wrathful क्रोधित।

anguish *ऐङ् ग्विश* *n.* agony पीड़ा; grief कष्ट; extreme pain परिताप।

angular *ऐङ् ग्यु लॅः* *a.* having corners कोणयुक्त; relating to angles कोण-संबंधी।

anigh *अ-नाइ'-* *adv. pref.* near to, at hand समीप, पास में।

animal *ऐ नि मॅल* *n.* quadruped चौपाया, जानवर; living being जीव, प्राणी।

animate[1] *ऐ नि मेट* *v.t.* to enliven जीवन युक्त करना; to present through animation चल कारटून के रूप में प्रस्तुत करना।

animate[2] *ऐ नि मिट,– मेट* *a.* living जीवित।

animation *ऐ नि मे शॅन* *n.* enlivement सजीवता; invigoration ोत्साहन।

animosity *ऐ नि मौॅ सि टि* *n.* active enmity वैर, शत्रुता।

animus *ऐन्'-इ-मस्* *n.* hostile spirit or intention. द्वेष, विरोधपूर्ण भावना या इच्छा।

aniseed *ऐन्'-इ-सीड्* *n.* the seeds of anise plant. सौंफ का बीज।

ankle *ऐङ् क्ल* *n.* joint connecting the leg with the foot टख़ना।

anklet *ऐङः क् लिट* *n.* an ornament for the ankle नुपूर।

annalist *ऐ नॅ लिस्ट n.* historian, a writer of annals. इतिहासकार, इतिहास-लेखक।

annals *ऐ नॅल्ज़ n.pl.* yearwise story of events वार्षिक वृत्तांत।

annectant *अ-नेक्ट्'-अन्ट् adj.* connecting. जोड़ने वाला, संयोजक।

annex *अॅ नैक्स v.t.* to connect संबद्ध करना; to attach शामिल करना; to take possession of अधिकार करना।

annexation *ऐ नैक् से शॅन n.* appendix परिशिष्ट; appending संयोजन।

annihilate *अॅ नॉइ हि लेट v.t.* to destroy नष्ट करना; to abolish उन्मूलन करना।

annihilation *अॅ नॉइ हि ले शॅन n.* destruction ध्वंस।

anniversary *ऍ नि वॅः सॅ रि n.* yearly celebration of an event जयंती।

announce *अॅ नॉउंस v.t.* to declare घोषणा करना।

announcement *अॅ नॉउंस् मॅन्ट n.* declaration घोषणा।

annoy *अॅ नौˇइ v.t.* to vex चिढ़ाना; to irritate उद्विग्न करना।

annoyance *अॅ नौˇइ अॅन्स n.* vexation खीज, चिढ़; irritation उत्तेजना।

annual *ऐ न्यू अॅल a.* yearly वार्षिक।

annuitant *ऐ'-न्यू'-टेन्ट् n.* one who receives an annuity वार्षिक वेतन या वृत्ति पाने वाला मनुष्य।

annuity *अॅ न्यू इ टि n.* yearly grant वार्षिक अनुदान।

annul *अॅ नल v.t.* to repeal रद्द करना।

annulet *ऐ'-न्यु-लेट् n.* a small ring छोटी, अँगूठी या मुँदरी।

anoint *अॅ नौˇइन्ट v.t.* to apply oil or ointment to (पर) तेल या मरहम लगाना।

anomalous *अॅ नौˇ मॅ लॅस a.* irregular अनियमित।

anomaly *अॅ नौˇ मॅ लि n.* irregularity अनियमितता; deviation from rule नियम-विरोध।

anon *अ-नॉन'-adv.* quickly, soon presently, then again शीघ्र अभी।

anonymity[1] *ऐ'-नॉन-इम्-इट्-इ n.* the condition of being anonymous. अज्ञात होने की अवस्था।

anonymity[2] *n.* namelessness अनामता।

anonymous *अॅ नौˇनि मॅस a.* nameless अनाम; not bearing (author's) name (लेखक के) नाम-रहित।

another *अॅ न दॅः a.* any other अन्य; different भिन्न।

answer[1] *आन् सॅः n.* reply उत्तर; solution समाधान।

answer[2] *v.t.* to reply to उत्तर देना; to respond to प्रतिक्रिया के रूप में करना; *v.i.* to reply उत्तर देना; to be accountable उत्तरदायी होना।

answerable *आन् सॅ रॅ बॅल a.* that may be answered उत्तर दिया जाने-योग्य; responsible उत्तरदायी।

ant *ऐन्ट n.* a pismire चींटी।

antacid *एन्ट्-एस'-इड् adj. & n.* removing acidity. खट्टापन हटाने वाला, अम्लत्व-नाशक पदार्थ।

antagonism *ऐन टै गॅ निज़्म n.* hostility बैर, शत्रुता; opposition सक्रिय विरोध।

antagonist *ऐन् टै गॅ निस्ट n.* opponent विपक्षी।

antagonize *ऐन् टै गॅ नॉइज़ v.t.* to

rouse opposition वैरी बनाना; to counteract प्रतिकार करना।

antarctic *ऐन् टाः क् टिक a.* relating to the south pole दक्षिणध्रुवीय।

antecede *ऐन्'-टि-सीड्'-v.t.* to go before or happen before time. समय से पूर्व घटित होना।

antecedent[1] *ऐन् टि सी डॅन्ट n.* that which goes before पूर्वगामी; (*gram.*) the noun to which a relative refers पूर्वपद।

antecedent[2] *a.* prior पूर्ववर्ती।

antedate *ऐन्'-टि-डेट् n.* a date before the exact time. स्थिर काल से पूर्व का समय।

antelope *ऐन'-टि-लोप' n.* a genus of deer like ruminant. एक प्रकार का हिरन या मृग।

antenatal *ऐन्'-टि-ने'-टल् adj.* previous to birth. उत्पत्ति के पूर्व का।

antennae *ऐन् टै ॅ नॅ n. (pl.)* an aerial एंटिना; the feeler of an insect स्पर्शश्रृंगिका।

antenuptial *ऐन्'-टि-नप्'-शल् adj.* before nuptials, occurring before marriage. विवाह से पूर्व होने वाला।

anthem *ऐन्'-थेम् n.* a hymn or song, sacred song sung in praise of god. ईश्वर-स्तुति, स्तुतिरूप गायन, भजन।

anthology *ऐन् थौं ॅ लॅ जि n.* collection of literary pieces चयनिका।

anthropoid *ऐन्'-थ्रॉ-पॉयड़ adj.* resembling man in form only. केवल आकार में मनुष्य के सदृश।

anti *ऐन्-टि pref.* in the sense of against, in place of "उपसर्ग जिसका अर्थ विपरीत स्थान में होता है।

anti-aircraft *ऐन् टि ऍ अॅः क्राफ्ट a.* used against enemy aircraft विमान-भेदी।

antic *ऐन् टिक n.* odd or ridiculous action, queer behaviour अजीब कार्य अथवा व्यवहार।

anticardium *एन्'-टि-कार्-डि-अम् n.* the pit of the stomach. नाभि, ठोढ़ी।

anticipate *ऐन् टि सि पेट v.t.* to forestall पूर्वानुमान करना; to expect पहले से आशा करना; to foretaste पूर्वानुभव करना।

anticipation *ऐन् टि सि पे शॅन n.* expectation प्रत्याशा; forestate पूर्वानुमान।

antidote *ऐन् टि डोट n.* medicine that counteracts posion विषमारक औषधि।

antinomy *ऐन्'-टि-नॉ-मि n.* a conflict of authority अधिकार-विरोध।

antipathy *ऐन् टि पॅ थि n.* dislike घृणा; opposition विरोध, शत्रुता।

antiphony *ऐन्'-टि-फॉनि n.* echo, response प्रतिध्वनि, प्रतिगान।

antipodes *ऐन'-टि-पॅडी-ज़ू n. pl.* those who live on opposite sides of the globe. भूमण्डल के विपरीत सिरों पर रहने वाले, प्रतिलोम।

antiquarian[1] *ऐन् टि क्वे ॅ अॅ रि अॅन a.* pertaining to antiquaries पुरातत्व-विषयक।

antiquarian[2] *n.* one versed in antiquities पुरातत्ववेत्ता।

antiquary *ऐन टि क्वॅ रि n.* one versed in antiquities पुरातत्ववेत्ता।

antiquated *ऐन टि क्वे टिड a.* ancient प्राचीन; old-fashioned अप्रचलित।

antique *ऐन् टीक a.* ancient पुरातन; old-fashioned दकियानूसी, अप्रचलित।

antiquity *ऐन् टी क्वि टि n.* ancientness पुरातनता; *(pl.)* relics पुरावशेष; ancient times प्राचीनकाल।

antiseptic[1] *ऐन् टि सैपॅ टिक n.* a substance that resists putrefaction रोगाणुरोधक औषधि।

antiseptic[2] *a.* counteracting putrefaction रोगाणुरोधक।

antithesis *ऐन् टि थि सिस n.* contrast विपर्यय; opposition विरोध।

antitheist *एन्'-टि-थी'-इस्ट् n.* one who does not believe in god's existence. नास्तिक, अनीश्वरवादी;

antler *ऐन्ट् लें: n.* a branch of a stag's horn बारहसिंह की शाखादार सींग।

antonym *ऐन् टॅ निम n.* a word of opposite meaning विलोम।

anus *ए नॅस n.* the lower opening of the bowels मलद्वार, गुदा।

anvil *ऐन् विल n.* blacksmith's iron-block निहाई (लोहार की)।

anxiety *ऐङ् ज़ॉइ अॅ टि a.* state of being anxious परेशानी; concern चिंता।

anxious *ऐङ्क शॅस a.* causing concern चिंताजनक; concerned चिंतित; eager उत्सुक, उतावला।

any[1] *ऐ नि a.* some कोई।

any[2] *adv.* in any degree किसी सीमा तक।

anyhow *ऐ नि हॉउ adv.* in some way or the other किसी न किसी तरीके से।

apace *अॅ पेस adv.* quickly शीघ्रता से।

apart *अॅ पा:ट adv.* separately अलग से; aside एक ओर।

apartment *अॅ पा:ट् मॅन्ट n.* a room कक्ष।

apathy *ऐ पॅ थि n.* want of feeling भावहीनता; indifference उदासीनता।

ape[1] *एप n.* a tailless monkey कपि, पुच्छहीन बंदर; imitator अनुकरण करनेवाला।

ape[2] *v.t.* to imitate अनुकरण करना।

aperture *ऐ पॅ: ट्युअॅ: n.* a hole छिद्र

apex *ऐ पैक्स n.* summit शिखर।

aphorism *ऐफ्'-ऑ-रिज्म् n.* adage, maxim, definition कहावत (सूत्र), वचन।

apiary *ऐ पि अॅ रि n.* place for apiculture मधुमक्खीपालन-स्थान।

apiculture *ए पि कल् चॅ: n.* bee-keeping मधुमक्खी–पालन।

apish *ए पिश a.* ape-like वानर-सदृश।

apnoea *एप्'-नीआ n.* stoppage of breathing. साँस की रुकावट, श्वासावरोध।

apologize *अॅ पॉ लॅ जॉइज v.i.* to express regret खेद प्रकट करना।

apologue *ऐप्'-अॅ'-लॉग् n.* fable, parable or a moral story, a tale. उपदेशपूर्ण कहानी, उपाख्यान।

apology *अॅ पॉ लॅ जि n.* regretful acknowledgement of offence स्वदोष-स्वीकार।

apostle *अॅ पॉ सल n.* preacher of religion धर्मप्रचारक।

apostrophe *अॅ पौसॅ ट्रॅ फि n.* a mark(') indicating contraction of a word वर्णलोप या संबंधकारक का चिह्न।

apotheosis *अप्'-ऑथि-ऑसिस्* *n.* making god-like देवता तुल्य निर्माण।

apparatus *ऐ पॅ रे टॅस* *n.* set of instruments उपकरण।

apparel[1] *अॅ पै रॅल* *n.* clothing वस्त्र।

apparel[2] *v.t.* to dress वस्त्र पहनना।

apparent *अॅ पै रॅन्ट, पे˘ अॅ* *a.* that may be seen प्रत्यक्ष।

appeal[1] *अॅ पील* *n.* the removal of a case to a higher court अपील।

appeal[2] *v.t.* to make an earnest request प्रार्थना करना; to refer to superior court अपील करना.; *v.i.* to suplicate विनती करना; to be interesting आकर्षित अथवा प्रभावित करने का गुण रखना।

appear *अॅ पिअॅ:* *v.i.* to become visible दृष्टिगोचर होना; to seem प्रतीत होना।

appearance *अॅ पिअॅ रॅन्स* *n.* appearing प्रकटन; outward look बाह्याकृति; presence उपस्थिति; rise उदय।

appease *अॅ पीज़* *v.t.* to pacify शांत करना; to comfort सांत्वना देना।

appellant *अॅ पै˘ लॅन्ट* *n.* one who appeals अपीलकर्त्ता।

append *अॅ पैन्ड* *v.t.* to add संलग्न करना; to annex नत्थी करना।

appendage *अॅ पैन् डिज* *n.* appendix परिशिष्ट, संलग्नक।

appendicitis *अॅ पैन् डि सॉइ टिस* *n.* a disease of intestine उपांत्रशूल।

appendix[1] *अप्'-पेन्ड्-इक्स्* *n. (pl.* **appendices** इ-सीज्) anything added in the end परिशिष्ट, शेष संग्रह।

appendix[2] *अॅ पैन् डिक्स* *n.* supplement परिशिष्ट।

appetence *ऐप्'-पिट्-एन्स्* *n.* desire, longing अभिलाषा, इच्छा।

appetent *(ऐप-पीटेंट)* *adj.* desiring अति उत्सुक।

appetite[1] *ऐ पि टॉइट* *n.* a strong desire for food भोजनेच्छा।

appetite[2] *n.* hunger भूख; desire इच्छा।

appetizer *ऐ पि टॉइ ज़ॅ:* *n.* something causing appetite क्षुधावर्धक वस्तु।

applaud *अॅ प्लौड* *v.t.* to extoll हर्षध्वनि-द्वारा अनुमोदन करना; to commend प्रशंसा करना।

applause *अॅ प्लौज़* *n.* praise loudly expressed हर्षध्वनि; acclamation प्रशंसा।

apple *ऐ पॅल* *n.* an edible fruit सेब; the pupil of the eye पुतली।

appliance *अॅ प्लॉइ अॅन्स* *n.* instrument उपकरण; thing applied उपाय, युक्ति; act of applying प्रयोग।

applicable *ऐप् लि कॅ बल* *a.* fit to be applied प्रयोग में लाया जाने-योग्य।

applicant *ऐप् लि कॅन्ट* *n.* one who applies प्रार्थी।

application *ऐप् लि के शॅन* *n.* request प्रार्थना; petition अर्ज़ी; using अनुप्रयोग।

apply *अॅ प्लॉइ* *v.t.* to enforce लागू करना; to use प्रयोग में लाना; *v.i.* to make a request आवेदन करना; to be relevant लागू होना।

appoint *अॅ पौ˘इन्ट* *v.t.* to employ नियुक्त करना; to nominate मनोनीत करना; to fix निश्चित करना।

appointment *अॅ पौ˘इन्ट मॅन्ट* *n.* act

of appointing नियुक्ति; engagement मिलने का समय; office held नौकरी।

apportion *अॅ पौः शॅन v.t.* to divide बांटना।

apposite *अप्'-पॉ-जिट् adj* proper, well put, suitable, appropriate योग्य, सगंत (यथार्थ)।

apposite² *ऐ पॅ ज़िट a.* suitable संगत।

appositely *अप-पॉ जिट (लि) adv.* suitably उचित रीति से।

approbate *एप्'-प्रो'-बेट् v.t.* to approve, to sanction. अनुमोदन करना, स्वीकार करना।

appraise *अॅ प्रेज़ v.t.* to estimate मूल्यांकन करना; to fix the price of (का) मूल्य निर्धारित करना।

appreciable *अॅ प्री शि अॅ ब्‌ल a.* noticeable उल्लेखनीय, ध्यातव्य।

appreciate *अॅ प्री शि एट v.t.* to estimate justly मूल्यांकन करना; to esteem highly सम्मान करना; to raise in value मूल्य बढ़ाना; *v.i.* to increase in value महंगा हो जाना।

appreciation *अॅ प्री शि ए शॅन n.* estimation मूल्यांकन, परख; recognition प्रशंसा; raise in value मूल्यवृद्धि।

apprehend *ऐ प्रि हैंन्ड v.t.* to arrest बंदी बनाना; to understand सीखना; to fear डरना।

apprehension *ऐ प्रि हैनॅ शॅन n.* arrest गिरफ्तारी; fear आशंका; understanding समझ।

apprehensive *ऐ प्रि हैनॅ सिव a.* fearful आशंकित।

apprentice *अॅ प्रैनॅ टिस n.* learner of a trade प्रशिक्षु।

apprise *अॅ प्रॉइज v.t.* to notify सूचित करना।

approach¹ *अॅ प्रोच v.t.* to come near to (के) पास पहुंचना; to approximate से मिलता-जुलता होना; *v.i.* to come near पहुंचना।

approach² *n.* act of approaching आगमन; way, path मार्ग; method विधि।

approbation *ऐ प्रॅ बे शॅन n.* approval अनुमोदन।

appropriate¹ *अॅ प्रो प्रि एट v.t.* to take and use as one's own हड़प लेना; to authorise for some specific use प्रयोजन विशेष के लिए अधिकृत करना।

appropriate² *अॅ प्रो प्रि इट a.* suitable उपयुक्त।

appropriation *अॅ प्रो प्रि ए शॅन n.* act of appropriating स्वायत्तीकरण।

approval *अॅ प्रू वॅल n.* approbation अनुमोदन; sanction स्वीकृति।

approve *अॅ प्रूव v.t.* to give approval of अनुमोदन करना; to agree सहमति देना।

approximate *अॅ प्रौकॅ सि मिट a.* very near अत्यंत समीप; almost correct प्रायः शुद्ध।

appricot *ए प्रि कौ˘ट n.* a fruit like peach ख़ूबानी।

appurtenance *अप्-पर-टिन्'-एन्स् n.* belonging, an accessory सम्पत्ति का स्वामित्व, लगाव।

apron *ए प्रॅन n.* garment worn over the front part of the body पेटबंद।

apt *ऐप्ट a.* suitable संगत, उपयुक्त; quick-witted योग्य; prone उद्यत।

aptitude *ऐप् टि ट्यूड n.* tendency

रुझान; fitness औचित्य।

aquarium *अ'-क्वेर्'-इ-अम्* *n.* pond in which living aquatic plants or animals are kept जल के पौधों या जन्तुओं के पालने का जलाशय।

aquarius *अ'-क्वेर्-इ-अस्* *n.* the 11th sign of zodiac कुम्भ राशि।

aqueduct *ऐ-'क्वि-डक्ट्* *n.* an artificial channel कृत्रिम जलमार्ग, नहर।

arable *ऐ र् बल* *a.* & *n.* (land) fit for ploughing जुताई-योग्य (भूमि)।

arbiter *आः बि टॅः* *n.* arbitrator मध्यस्थ।

arbitrary *आः बि ट्रॅ रि* *a.* based on discretion मनमाना; despotic निरंकुश; capricious स्वेच्छाचारी।

arbitrate *आः बि ट्रे ट* *v.t.* to decide as an arbitrator मध्यस्थता करना।

arbitration *आः बि ट्रे शॅन* *n.* decision by an arbiter पंचफैसला।

arbitrator *आः बि ट्रे टॅः* *n.* arbiter मध्यस्थ।

arc *आः क* *n.* part of a circle चाप।

arcade *आर्'-केड्* *n.* row of arches supported on columns. खम्भों पर बनी हुई मेहराबें।

arch[1] *आःच* *n.* vault तोरण, मेहराब।

arch[2] *v.t.* to form into an arch मेहराबदार बनाना।

arch[3] *a.* chief प्रधान; crafty चालाक।

archaic *आः के इक* *a.* obsolete अप्रचलित।

archangel *आः केन् जॅल* *n.* angel of highest rank प्रधान देवदूत।

archbishop *आः च् बि शॅप* *n.* chief bishop प्रमुख पादरी।

archer *आः चॅः* *n* a bowman धनुर्धर।

architect *आः कि टैक्ट* *n.* one who plans building वास्तुकार।

architecture *आः कि टेक् चॅः* *n.* art or science of buildings वास्तुकला; style of building निर्माण-शैली।

archives *आः कॉइव्ज* *n.pl.* place for keeping records अभिलेखागार।

Arctic आः क् टिक *a.* of the north polar regions उत्तरीध्रुव-संबंधी

ardent *आः डॅन्ट* *a.* eager उत्साही; fervid उत्कट; burning ज्वलंत।

ardour *आः डॅः* *n.* eagerness उत्साह; enthusiasm जोश।

arduous *आः ड्यू ॲस* *a.* hard-working परिश्रमी; difficult कठिन, श्रमसाध्य।

area *ऍ ॲ रि ॲ* *n.* surface measure क्षेत्रफल; region भूभाग; field of study अध्ययन-क्षेत्र।

areca *आर्'-इ-का* *n.* betel-nut palm सुपारी का वृक्ष।

arefaction *एरि'-फेक्'-शन्* *n.* act of drying सुखाने का कार्य।

arena *ॲ री नॅ* *n.* open space for combatants अखाड़ा।

argil *आर्'-जिल्* *n.* potter's clay, alumina. कुम्हार की मिट्टी, एल्यूमिना।

argue *आः ग्यू* *v.t.* to show reasons for प्रमाणित करना; *v.i.* to present reason तर्क प्रस्तुत करना।

argument *आः ग्यू मॅन्ट* *n.* plea तर्क, युक्ति; debate वादविवाद।

argute *आर्'-ग्यूट'* *adj.* sharp, shrill तीखा, कर्कश (शब्द)।

arid *एर्-इड्* *adj.* parched with heat गरमी से झुलसा हुआ।

aries *एर्-ईज्* *n.* the Ram. मेष राशि।

aright[1] *ए-राइट्* *adv.* rightly, without mistake, to the right side उचित रीति से, ठीक, दाहिनी ओर।

aright² *अ राइट adv.* rightly ठीक प्रकार से।

arise *अ राइज़ v.i.* to rise उदित होना; to ascend ऊपर उठना; to get up जागना; to appear प्रकट होना।

aristocracy *ऐ रिस् टौ क्रॅ सि n.* ruling body of nobles कुलीनतंत्र; nobility अभिजात वर्ग।

aristocrat *ऐ रिस् टॅ क्रैट, अ रिस् n.* person of noble birth कुलीन व्यक्ति।

aristophanic *एर'-इस्-टॉ फेनइक adj.* witty, shrewd. हँसमुख, चतुर।

arithmetic *अ रिथ् मै ˘टिक n.* science of numbers अंकगणित।

arithmetical *अ रिथ् मै ˘ टि कॅल a.* pertaining to arithmetic अंकगणित-संबंधी।

ark *आर्क् n.* a chest, a box, a large boat तिजोरी, बक्स, बड़ी नाक।

arm¹ *आःम n.* limb from the shoulder to the hand भुजा; sleeve आस्तीन; (*pl.*) weapons हथियार।

arm² *v.t.* to equip with weapons हथियारों से सुसज्जित करना; *v.i.* to prepare for war युद्ध के लिए तैयारी करना।

armada *आः मा डॅ, आः मै डॅ n.* a fleet of armed ships युद्धपोतों का बेड़ा।

armament *आः मॅ मॅन्ट n.* (*pl.*) weaponry युद्ध-सामग्री।

armature *आः मॅ ट्युअः n.* a moving part of an electromagnetic device विद्युत्-चुंबकीय यंत्र का घूमता हुआ भाग।

armistice *आः मिस् टिस n.* truce युद्धविराम।

armlet *आर्म्'-लेट् a.* an ornament worn round the ram, a small inlet of sea. जोशन (बाजूबन्द), समुद्र की शाखा।

armour *आः मॅः n.* a defensive covering कवच।

armoury *आः मॅ रि n.* a repository of arms शास्त्रागार।

army *आः मि n.* military forces सेना; a large number दलबल।

around¹ *अ राउन्ड prep.* on all sides of के चारों ओर।

around² *adv.* on every side सब ओर; in all directions चारों ओर; nearby आसपास।

arouse *अ राउज़ v.t.* to awaken जगाना; to stir into action क्रियाशील बनाना, चेताना।

arraign *अर्'-रेन् v. t.* to accuse, to find fault with, to impeach. अपराधी ठहराना, दोष लगाना, कलंक लगाना।

arrange *अ रेन्ज् v.t.* to set in a rank क्रम में रखना; to put in order व्यवस्थित करना; *v.i.* to make plans in advance व्यवस्था करना।

arrangement *अ रेन्ज् मॅन्ट n.* setting in a rank क्रमस्थापन; order व्यवस्था; (*pl.*) plans योजनाएं।

arrant *आर्'-रेन्ट n.* notorious, downright कुख्यात, अत्यन्त (निपट),

array¹ *अ रे v.t.* to dress वस्त्रों से अलंकृत करना; to equip सेना को शस्त्र सज्जित करना।

array² *n.* order क्रम; order of a battle व्यूह-रचना; attire वस्त्र।

arrears *अ रिअःज़ n.pl.* unpaid amount बकाया।

arrest¹ *अ रैस्ट v.t.* to seize हिरासत में लेना; to stop रोकना।

arrest[2] *n.* seizure by warrant गिरफ़्तारी।

arrival *अ रॉइ वॅल n.* act of arriving आगमन; thing that arrives आगत वस्तु।

arrive *अ रॉइव v.i.* to reach पहुंचना; to attain a position of success सफलता पाना।

arrogance *ऐ रॅ गॅन्स n.* undue assumption of importance घमंड, गर्व।

arrogant *ऐ रॅ गॅन्ट a.* overbearing अक्खड़, हेकड़।

arrow *ऐ रो n.* a straight, pointed missile made to be shot from a bow तीर, बाण।

arrowroot *ऐ रो रूट n.* starchy food made from the powdered root of a plant अरारोट।

arsenal *आः सॅ नॅल n.* armoury आयुधागार।

arsenic *आः सॅ निक n.* a poisonous powder संखिया।

arson *आः सॅन n.* criminal act of setting fire आगज़नी।

art *आःट n.* creation of beauty कला; skill कुशलता; cunning चालाकी; artistic product कलाकृति।

artery *आः टॅ रि n.* tube or vessel that conveys blood from the heart रक्तवाहिनी, धमनी।

artful *आःट् फुल a.* crafty चालाक; skillful निपुण।

arthritis *आर्-थ्राइ'-टिस् n.* gout, inflammation of joints जोड़ों की सूजन।

artichoke *आर्'-टि-चोक् n.* a kind of edible plant. चुकन्दर, हाथी चक।

article *आः टि क्ल n.* a clause in an agreement अनुच्छेद; a piece of writing लेख, रचना; an item वस्तु, नग; a part of speech used before nouns उपपद।

articulate *आः टि क्यु लिट a.* jointed जोड़दार; clear स्पष्ट; able to express one's thoughts with ease अभिव्यक्तिक्षम।

artifice *आर-टि-फाइस् n.* crafty contrivance, skill, device, fraud धूर्तता, चालाकी, साधन, छल।

artificial *आः टि फ़ि शॅल a.* not natural कृत्रिम; imitated नकली।

artillery *आः टि लॅ रि n.* big guns तोपें; gunnery तोपखाना।

artisan *आः टि ज़ैन n.* a handicraftsman शिल्पी, दस्तकार।

artist *आः टिस्ट n.* one practising a fine art चित्रकार, कलाकार।

artistic *आः टिस् टिक a.* concerned with art कलात्मक।

artless *आःट् लिस a.* simple सीधा, सरल; guileless छल-कपट-रहित; natural स्वाभाविक।

as[1] *ऐज़, अॅज adv.* to such an extent इस सीमा तक; for example उदाहरणस्वरुप।

as[2] *conj.* although यद्यपि; since क्योंकि; to which degree जितना; like समान; in the manner in which जिस प्रकार।

as[3] *pron.* who, which, that जो, जिसने, जिसको।

asafoetida *ऐस्-आ-फोटिडा n.* a kind of resinous gum. हींग।

asbestos *ऐस्'-बेस्'-टस् n.* an incombustible fibrous mineral न जलने वाली एक तन्तुमय धातु, अदह।

ascend *अॅ सैन्ड v.t.* to go up (पर) चढ़ना; *v.i.* to go up ऊपर जाना।

ascent *अॅ सैन्ट n.* an up-slope चढाव; a going up चढ़ाई।

ascertain *ऐ सॅः टेन v.t.* to find out for certain निश्चित करना।

ascetic[1] *अॅ सै ॅ टिक n.* person leading self-denying life तपस्वी।

ascetic[2] *a.* leading a life of severe self-discipline तपस्यापूर्ण।

ascribe *अॅस् क्रॉइब v.t.* to attribute मढ़ना, लगाना, आरोपित करना।

ash *ऐश n.* the dust or remains of anything burnt राख; *(pl.)* remains of human body after cremation भस्मि, अवशेष।

ashamed *अॅ शेम्ड a.* affected with shame शर्मिंदा, लज्जित।

ashore *अॅ शौः, अॅ शो ॅ ः adv.* on the shore किनारे पर।

aside[1] *अॅ सॉइड adv.* on or to one side, apart एक ओर, अलग।

aside[2] *n.* words spoken in an undertone स्वगतकथन।

asinine *ऐस्'-इन्-आइन् adj.* pertanining to asses, foolish गदहे से सम्बन्धित, मूर्ख।

ask *आस्क v.t.* to put a question पूछना; to request निवेदन करना; to demand मांगना; to inquire पूछताछ करना।

asleep *अॅ स्लीप adv. & a.* in a sleeping state सोता हुआ; dead मृत; numb सुन्न।

aspect *ऐस् पैक्ट n.* appearance आकृति; position, phase अवस्थिति; view दृष्टिकोण; direction of facing पहलू।

asperse *एस्- पर्स v. t.* to defame, to culminate. निन्दा करना, कलंक लगाना।

aspirant *अॅस् पॉइ रॅन्ट n.* one who aspires उच्चाकांक्षी व्यक्ति।

aspiration *ऐस् पि रे शॅन n.* eager; desire अभिलाषा, लालसा।

aspire *अॅस् पॉइअॅः v.t.* to be filled with ambition महत्वाकांक्षा करना।

ass *ऐस n.* a small animal of the horse genus गदहा; a dull, stupid fellow मूर्ख व्यक्ति।

assail *अ-सेल्'v. t.* to make a violent attack आक्रमण करना, चढ़ाई करना।

assassin *अॅ सै सिन n.* murderer हत्यारा।

assassinate *अॅ सै सि नेट v.t.* to murder हत्या करना।

assassination *अॅ सै सि ने शॅन n,* murder हत्या, वध।

assault[1] *अॅ सौल्ट n.* a sudden attack धावा, चढाई; rape बलात्कार।

assault[2] *v.t.* to make an attack upon आक्रमण करना।

assemble *अॅ सैम् ब्ल v.t.* to collect एकत्र करना; to put together the parts of (के) पुरज़े जोड़ना; *v.i.* to meet together एकत्र हो जाना।

assembly *अॅ सैम्ब् लि n.* the act of assembling जमाव; a company assembled समाज, मंडली; a body of persons सम्मेलन।

assent[1] *अॅ सैन्ट v.i.* to express agreement सहमत होना।

assent[2] *n.* an agreement सहमति; consent अनुमति।

assert *अॅ सॅःट v.t.* to make a claim to (one's right) (अधिकारों का) दावा करना; to declare firmly निश्चयपूर्वक कहना।

assess अ सैसॅ *v.t.* to determine (tax etc.) (कर आदि) निर्धारित करना; to estimate अनुमान लगाना; to evaluate आंकना।

assessment अ सैसॅ मॅन्ट *n.* act of assessing कर-निर्धारण; evaluation मूल्यांकन।

asset ऐ सै ट *n. (pl.)* property संपत्ति; useful quality or skill उपयोगी गुण अथवा कौशल।

assibilate एस्-सिब्'-इ-लेट्' *v. t.* to utter a hissing sound, to make sibilant सीत्कार (सुसकार) सहित बोलना।

assign अ सॉइन *v.t.* to allot आवंटन करना; to designate, to appoint नियुक्त करना; to specify निर्धारित करना।

assignee अ सॉइ नी *n.* one to whom any right or property is assigned संपत्ति-भागी।

assimilate एस्-सिम्'-इ-लेट्'- *v. t.* to make like to, to compare with, to absorb into the system. सदृश करना, तुलना करना, पचाना (परिपाक करना); *v. i.* to be absorbed एकीभूत होना, पचना।

assimilation एस-सिम-इले'-शन् *n*, समीकरण, परिपाक, परिणाम।

assist अ सिस्ट *v.t.* to help सहायता करना; *v.i.* to render help हाथ बंटाना।

assistance अ सिस् टॅन्स *n.* help, aid सहायता।

assistant अ सिस् टॅन्ट *n.* one who assists, helper सहायक।

associate[1] अ सों शि एट *v.t.* to join जोड़ना; to unite सयुंक्त करना, मिलाना; to make a partner साथी बनाना; *v.t.* to be joined मिलना, जुड़ना।

associate[2] अ सो शि इट *a.* connected जुड़ा हुआ; accompanying सहकारी।

associate[3] *n.* a partner or colleague सहकर्मी; a companion साथी।

association अ सो सि ए शॅन *n.* society संगति; union संघ; intimacy घनिष्टता।

assoil एस्'-सॉयल्' *v. t.* to free from guilt or sin, to forgive पाप से मुक्त करना, क्षमा करना।

assort अस्'-सॉर्ट्' *v. t. & i.* to arrange into groups, to agree यथाक्रम करना, वर्गीकरण करना, छाँटना, एकमत होना।

assuage अ सवेज *v.t.* to soften मृदु करना।

assume अ स्यूम *v.t.* to take for granted मान लेना; to seize (अधिकार) छीन लेना; to suppose कल्पना करना।

assumption अ सम्प् शॅन *n.* taking for granted पूर्वधारणा; that which is taken for granted मान्यता; arrogance घमंड; supposition कल्पना; act of taking upon oneself धारण।

assurance अ शुअ रॅन्स *n.* confidence विश्वास; sureness निश्चय; insurance बीमा; security प्रतिभूति; impudence धृष्टता।

assure अ शुअः *v.t.* to make sure सुनिश्चित करना; to insure बीमा करना; to reasure विश्वास दिलाना।

astatic ए-स्टेट्'-इक् *adj.* not keeping on fixed position अस्थिर।

asterisk *ऐस् टॅ रिस्क n.* star-like sign तारक चिह्न।

asterism *ऐस्-टर-इज्म् n.* a cluster of three stars. तीन तारों का चिन्ह।

asteroid *ऐस्'-टीर्-'ऑ एड adj.& n.* of the form of a star, a star fish, a small star तारे के आकार का, तारा मीन, एक छोटा तारा।

asthma *ऐस् मॉ n.* a disease making breathing difficult दमा।

astir *अ-स्टर्' adv.* in motion, in excitement गतिशील, उत्तेजना में।

astonish *ॲस् टॉ॑ निश v.t.* to surprise greatly, to amaze विस्मित करना।

astonishment *ॲस् टॉ॑ निश् मंट n.* amazement विस्मय।

astound *एस्'-टाउन्ड्' v.t.* to surprise, to cause fear, to amaze चकित करना, भयभीत करना, घबड़ा देना।

astray *ॲस् ट्रे adv., a.* out of the right way पथभ्रष्ट।

astrologer *ॲस् ट्रौ लॅ जॅः n.* one versed is astrology ज्योतिषी।

astrology *ॲस् ट्रौ॑ लॅ जि n.* science of foretelling events by stars ज्योतिष।

astronaut *ऐस् ट्रौ॑नौ॑ट n.* one engaged in space travel अंतरिक्ष-यात्री।

astronomer *ॲस् ट्रौ॑ नॅ मॅः n.* one versed in astronomy खगोलशास्त्री।

astronomy *ॲस् ट्रौ॑ नॅ मि n.* science of the heavenly bodies खगोलशास्त्र।

asunder *ॲ सन् डॅः adv.* apart अलग-अलग; into parts टुकड़ों में।

asylum *ॲ सॉइ लॅम n.* place of shelter शरण-स्थल।

at *ऐट prep.* on पर; over ऊपर; in में; towards की ओर; near के पास।

atheism *ऐ थि इज़्म n.* disbelief in the existence of God or gods नास्तिकता।

atheist *ए थि इस्ट n.* person who does not believe in the existence of God or gods नास्तिक।

athirst *अ-थर्स्ट' adj.* thirsty, wanting drink, eager प्यासा, उत्सुक।

athlete *ऐथ् लीट n.* sportsman व्यायामी, कसरती, क्रीड़ा-प्रतियागी।

athletic *ऐथ् लै॑ टिक a.* strong बलवान; of athletes कसरती।

athletics *ऐथ् लै॑ टिक्स n. pl.* athletic sports क्रीड़ा, खेलकूद।

athwart *आ-थ्वर्ट् prep.* across, transversely, from side to side, in opppsition to पार, आर-पार, एक ओर से दूसरी ओर, विपरीत अवस्था में।

atlas *ऐट् लॅस n.* a book of maps मानचित्रावली।

atmosphere *ऐट् मॅस् फ़िअॅः n.* the gaseous envelope that surrounds the earth वायुमंडल; environment पर्यावरण।

atoll *एट्'-ऑल् n.* ring-shaped corel reef. मूँगे का वृत्ताकार पहाड़।

atom *ऐ टॅम n.* smallest particle of an element अणु, परमाणु; anything very small सूक्ष्म वस्तु।

atomic *ॲ टौ॑ मिक a.* pertaining to atoms अणु-संबंधी।

atone *ॲ टोन v.i.* to make amends (for wrong) प्रायश्चित करना।

atonement *ॲ टोन् मॅन्ट n.* act of atoning प्रायश्चित।

atrocious *अ ट्रो शॅस* *a.* very cruel नृशंस; appalling भयंकर।

atrocity *अ ट्रौॅ सि टि* *n.* cruelty क्रूरता, नृशंसता।

attach *अ टैच* *v.t.* to seize by legal authority कुर्क करना; to connect, to join मिलाना; to fix जोड़ना; to assign प्रदान करना।

attache *अ टै शे* *n.* a technical expert on a diplomatic staff दूतावास का अधिकारी।

attachment *अ टैच् मॅन्ट* *n.* state of being attached लगाव; something attached संलग्न वस्तु।

attack[1] *अ टैक* *n.* an assault हमला; a fit दौरा; hostile criticism कड़ी आलोचना।

attack[2] *v.t.* to assault आक्रमण करना; to criticise आलोचना करना।

attain *अ टेन* *v.t.* to reach or accomplish पहुंचना।

attainment *अ टेन् मॅन्ट* *n.* act of attaining प्राप्ति उपलब्धि; *(pl.)* skill क्षमता, कौशल।

attaint *अट्'-टेन्ट्* *v. t.* to stain, to insult कलुषित करना, अपमानित करना।

attempt[1] *अ टेम्प्ट* *v.t.* to try प्रयत्न करना।

attempt[2] *n.* effort प्रयास; attack आक्रमण।

attend *अ टॅन्ड* *v.t.* to be present at (में) उपस्थित होना; to accompany (के) साथ होना; to give heed to (पर) ध्यान देना; to take care of (की) देखभाल करना; *v.i.* to take care देखभाल करना; to be present उपस्थित होना।

attendance *अ टैन् डॅन्स* *n.* the act of being present उपस्थिति; the number of people present उपस्थित लोग।

attendant *अ टैन् डॅन्ट* *n.* one who attends another परिचारक, सेवक।

attention *अ टैन् शन्* *n.* attending to something or someone ध्यान; drill position of standing straight and still सावधान।

attentive *अ टैॅन् टिव* *a.* paying attention सतर्क।

attest *अ टैॅस्ट* *v.t.* to certify प्रमाणित करना; to give evidence of साक्ष्य देना।

attire[1] *अ टॉइअः* *n.* dress परिधान।

attire[2] *v.t.* to dress वस्त्र पहनाना।

attitude *ऐ टि ट्यूड* *n.* outlook दृष्टिकोण; posture of the body मुद्रा।

attorney *अ टः नि* *n.* a person with legal authority to act for another प्रतिनिधि; lawyer वकील।

attract *अ ट्रैक्ट* *v.t.* to draw to oneself आकर्षित करना; to charm लालायित करना।

attraction *अ ट्रैक् शॅन* *n.* charm आकर्षण; something that attracts आकर्षक वस्तु।

attractive *अ ट्रैक् टिव* *a.* having the power to attract आकर्षक।

attribute[1] *अ ट्रि ब्यूट* *v.t.* to ascribe आरोपित करना।

attribute[2] *ऐ ट्रि ब्यूट* *n.* an inherent quality आंतरिक गुण।

auction[1] *औक् शॅन* *n.* public sale नीलाम।

auction[2] *v.t.* to sell by auction नीलाम करना।

audible *औ डि ब्ल* *a.* loud enough to be heard श्रव्य।

audience *औ डि ॲन्स* *n.* a body of listeners श्रोतागण; a ceremonial interview औपचारिक साक्षात्कार।

audit[1] *औ डिट* *n.* formal verification of an account-book अंकेक्षण।

audit[2] *v.t.* to make an audit of (का) अंकेक्षण करना।

auditive *ऑड्-इट्'-इव्* *adj.* pertaining to hearing श्रवण-सम्बन्धी।

auditor *औ डि टः* *n.* one who audits accounts अंकेक्षक।

auditorium *औ डि टौ रि ॲम* *n.* the space allotted to the hearers श्रोताकक्ष।

auger *ऑ गॅः* *n.* a tool for boring holes बरमा।

aught *औट* *n.* anything कोई वस्तु।

augment *औग् मॅन्ट* *v.t.* to increase बढ़ाना; *v.i.* to grow larger बढ़ना।

augmentation *औग् मैनॅं टे शॅन* *n.* increase संवर्धन, वृद्धि।

August *औ गस्ट* *n.* eighth month of the year अगस्त।

august *औ गस्ट* *n.* venerable भव्य।

aunt *आन्ट* *n.* father's or mother's sister बुआ, मौसी, चाची।

auriform *ऑ'-रि-फार्म्* *adj.* earshaped कान की आकृति का।

aurilave *ऑ'-रि-लेव्* *n.* instrument for cleaning the ears कानखोदनी।

aurora *ऑ'-रोरा-n.* dawn, colour of sky at sunrise तड़का, अरूणोदय।

auspicate *ऑ'-स्पि-केट्* *v.t.* to initiate, to inaugurate, to foreshow दीक्षा देना, अभिमन्त्रित करना, भविष्य बतलाना।

auspice *ऑ'-स्पिस्* *n. (usu. in pl.)* observations for the sake of omen, protection, patronage *(pl.)* under the patronage of शकुन-विचार, रक्षा, संरक्षण, शरण में।

auspicious *औस् पि शॅस* *a.* favourable शुभसूचक।

austere *औस् टिॲः* *a.* very plain सरल, सादा।

authentic *औ थैनॅं टिक* *a.* genuine प्रामाणिक; true असली।

author *औ थॅः* *n.* the writer of a book or article etc. लेखक।

authoritative *औ थौ॑ रि टॅ टिव* *a.* official आधिकारिक; reliable विश्वसनीय।

authority *औ थौ॑ रि टि* *n.* legal power or right शक्ति या अधिकार; an expert विशेषज्ञ; permission आज्ञा; a person or body holding power अधिकारी सत्ता।

authorize *औ थॅ रॉइज़* *v.t.* to empower प्राधिकृत करना।

autobiography *औ टॉ॑ बॉइ ऑ॑ ग्रॅ फि* *n.* a person's life written by himself आत्मकथा।

autocracy *औ टौ॑ क्रॅ सि* *n.* an absolute government by one man, despotism एकतंत्र, राजशाही।

autocrat *औ टॅ क्रैट* *n.* an absolute sovereign निरंकुश शासक।

autocratic *औ टॅ क्रै टिक* *a.* despotic एकतंत्रीय, निरंकुश।

autograph *औ टॅ ग्राफ* *n.* a person's own handwriting or signature स्वाक्षर या हस्ताक्षर।

automatic *औ टॅ मै टिक* *a.* self operating (machine) स्वचालित (यंत्र);

done without thinking अविवेचित।

automobile *औ टॅ मो बील n.* motor car मोटरकार।

autonomous *औ टौ॑ नॅ मॅस a.* functioning independently स्वायत्त।

autumn *औ टॅम n.* season between winter and summer पतझड़।

auxiliary[1] *औग् ज़ि लि ॲ रि a.* helping सहायक।

auxiliary[2] *n.* helping verb सहायक क्रिया; *(pl.)* troops serving with another nation सहायक सेना।

avale *अवे'-ल् v.t.* to come down नीचे उतरना; *v. t.* to lower नीचे उतारना।

avail *ॲ वेल v.t.* to benefit लाभ पहुंचाना; *v.i.* to be of use उपयोगी होना।

available *ॲ वे लॅ बल a* within reach पहुंच के अंदर; obtainable प्राप्य।

avarice *ऐ वॅ रिस n.* eager desire for wealth लालसा, लालच।

avenge *ॲ वै॑न्ज v.t.* to take vengeance for प्रतिशोध लेना।

avenue *अ-वेन्-यू n.* a walk bordered by trees, way of approaching, wide street वृक्षों से आच्छादित मार्ग, द्वार, मार्ग, चौड़ी सड़क।

average[1] *ऐ वॅ रिज n.* medium औसत।

average[2] *a.* midway between extremes औसत दर्जे का।

average[3] *v.t.* to find the average of माध्य निकालना; to amount to as an average (का) औसत होना।

averse *ॲ वॅ:स a.* opposed विपरीत; unwilling अनिच्छुक।

aversion *ॲ वॅ: शॅन n.* hatred घिन, घृणा; antipathy द्वेष।

avert *ॲ वॅ:ट v.t.* to prevent रोकना; to turn away (one's eyes etc.) (आंखें) बचा लेना।

aviary *ए'-वि-अ-रि n.* a place for keeping birds चिड़ियाखाना, पक्षीशाला।

aviation *ए वि ए शॅन n.* art and science of flying विमानचालन।

aviator *ऐ वि ए टॅ: n.* pilot of an aeroplane विमानचालक।

avid *एव्'-इड़ adj.* greedy eager लालची, उत्सुक।

avidity *एव इडइ-टि adv.* earnest desire उत्कट इच्छा।

avidly *एव इडलि adv.* eagerly उत्सुकता से।

avoid *ॲ वौ॑इड v.t.* to keep away from से बचना; to shun टालना।

avoidance *ॲ वौ॑इ डॅन्स n.* act of avoiding बचाव।

avow *ॲ वॉउ v.t.* to confess स्वीकार करना; to declare घोषणा करना।

avulsion *ए-वल्-शन् n.* dividing or tearing away पृथक्करण, अलगाव।

await *ॲ वेट v.t.* to wait for (की) प्रतीक्षा करना; to expect आशा करना।

awake[1] *ॲ वेक v.t.* to rouse from sleep जगाना; *v.i.* to become aware सचेत होना।

awake[2] *a* roused from sleep, aware सचेत।

award[1] *ॲ वौ:ड v.t.* to grant प्रदान करना; to make a judicial decision निर्णय करना।

award[2] *n.* prize पुरस्कार; judicial decision न्यायिक निर्णय।

aware *ॲ वेॲ: a.* conscious, attentive जानकर, अवगत।

away *अॅ वे adv.* from here यहां से; far, apart दूर, अलग।

awe *औ n.* reverent wonder विस्मय; respect, combined with fear and reverence भयमिश्रित श्रद्धा।

awful *औ फुल a.* terrifying डरावना; impressive प्रभावशाली; very great अति महान।

awhile *अॅ ह्वॉइल adv.* for a short time कुछ देर के लिए।

awkward *औक् वॅःड a.* clumsy भद्दा; delicate नाजुक; uncomfortable कष्टकर।

axe *ऐक्स n.* a tool for chopping wood कुल्हाड़ी।

axis *ऐक् सिस n.* the line on which something revolves अक्षरेखा।

axle *ऐक् सल n.* a rod on which a wheel turns धुरी।

Bb

B *बी-ब्* the second letter of the English alphabet, (Mus.) the seventh note, (Alg.) the second known quantity. अंग्रेजी वर्णमाला का दूसरा अक्षर, (स०) सातवाँ सुर, (बीजगणित में) दूसरा ज्ञात परिमाण।

babble[1] *बै ब्ल n.* foolish talk बकवास; confused sounds बड़बड़ाहट।

babble[2] *v.i.* to talk foolishly बकवास करना; to murmur बड़बड़ाना।

babe *बेब n.* baby बच्चा।

babel *बे -बल् n.* a high structure, a scene of confusion, tumult, meaningless noise ऊँची इमारत, उपद्रव, कोलाहल, बलवा, विप्लव, निरर्थक शब्द।

baboon *बा-बून् n.* a kind of large monkey. एक प्रकार का बड़ा बन्दर, लंगूर।

baby *बे बि n.* very young child शिशु।

bachelor *बै चॅ लॅः n.* unmarried man अविवाहित व्यक्ति।

back[1] *बैक n.* the rear part of the human body कमर; the hinder part पिछला भाग।

back[2] *adv.* backwards पिछली तरफ़।

backbite *बेक् बॉइट v.t.* to speak evil of secretly चुग़ली खाना।

backbone *बेक् बोन n.* spine रीढ़; main support आधार।

background *बैक् ग्रॉउन्ड n.* parts situated in the rear पृष्ठभूमि; a person's origin, education etc. पृष्ठिका।

backhand *बैक्-हैन्ड् n.* writing which is leaning to left बाईं ओर झुका हुआ लेख।

backslide *बेक्-स्लाइड् v.i.* to fall into sin पतित होना।

backward *बेक् वॅःड a.* retarded in development पिछड़ा हुआ।

backward(s) *बैक् वॅःड्ज़ adv.* towards the rear पीछे की ओर; towards the past भूतकाल की ओर।

bacon *बे कॅन n.* meat of pig शूकर-मांस।

bacteria *बेक् टिअॅ रिअॅ n.pl.* microscopic organisms जीवाणु।

bad *बैड a.* not good बुरा; unwell

अस्वस्थ; serious गंभीर; harmful हानिकारक; immoral अनैतिक।

badge *बैज n.* a distinguishing emblem बिल्ला।

badger *बै जः n.* small grey animal बिज्जू।

badly *बैड़-लि adv.* cruelly defectively क्रूरता से, बुरे प्रकार से।

badminton *बेड़ मिन् अॅन n.* a court game played over a net बैडमिंटन।

baffle *बै फ़्ल v. t.* to make useless विफल कर देना; to defeat परास्त करना।

bag[1] *बैग n.* a flexible container थैला।

bag[2] *v. i.* to put into a bag थैले में रखना; to capture पकड़ना।

baggage *बै गिज n.* luggage यात्री-सामान।

bagpipe *बैग्-पाइप् n.* a kind of wind-instrument मसक बाजा।

bail[1] *बेल n.* security given for release ज़मानत; the person who gives such security ज़मानत देने वाला।

bail[2] *v. t.* to liberate from custody of security ज़मानत पर रिहा करना।

bailable *बे लॅ ब्ल a.* that may be bailed जिसकी ज़मानत हो सके।

bailiff *बे लिफ़ n.* landlord's agent कारिंदा।

bait[1] *बेट n.* temptation प्रलोभन।

bait[2] *v.t.* to furnish with a bait लुभाना; to harass तंग करना; to annoy क्रोध दिलाना।

bake *बेक v.t.* to cook in an oven सेंकना, गर्मी से पकाया जाना।

baker *बे कॅः n.* one whose occupation is to bake bread नानबाई।

bakery *बे कॅ रि n.* place for baking बेकरी।

balance[1] *बै लॅन्स n.* a pair of scales तराजू; equilibrium संतुलन; the sum due on an account देय राशि।

balance[2] *v.t.* to bring to an equilibrium संतुलित करना।

balcony *बैल् कॅ नि n.* platform projecting from a window छज्जा।

bald *बौल्ड a.* without hair on the head गंजा; bare नंगा; unadorned अनलंकृत।

bale[1] *बेल n.* a bundle or package of goods गाँठ।

bale[2] *v.t.* to make into bales की गाँठ बनाना।

baleful *बेल् फुल a.* calamitous संकटपूर्ण; deadly घातक; harmful हानिकारक।

baleen *बे-लीन् n.* whalebone ह्वेल मछली की हड्डी।

ball *बौल n.* a round body गेंद; a bullet गोली; an entertainment of dancing एक प्रकार का नृत्य।

ballad *बै लॅड n.* a short narrative poem गाथा-गीत।

ballet *बै ले n.* a theatrical exhibition of dancing and pantomimic action बैले नृत्य।

balloon *बॅ लून n.* a large bag filled with gas गुब्बारा।

ballot[1] *बै लॅट n.* a little ticket or paper used in voting मतपत्र; voting by this means गुप्त मतदान।

ballot[2] *v.i.* to vote by ballot गुप्त मतदान करना।

balm *बाम n.* a fragrant and healing ointment मरहम, बाम।

balsam बाल्-सम् *n.* a kind of aromatic healing substance, a flower of the rainy season. पीड़ा हरने वाली सुगंधित औषधि, गुलमेंहदी।

bam बैम् *n.* falsehood, a hoax झूठ, कपट; *v.t.* to cheat ठगना, धोखा देना।

bamboo बैम् बू *n.* a tropical plant of the reed kind बांस।

ban[1] बैन *n.* an order prohibiting something प्रतिबंध।

ban[2] (—*nn*—) *v.t.* to prohibit प्रतिबंधित करना।

banal बै नॅल, बे नॅल *a.* hackneyed घिसा-पिटा; vulgar निम्नस्तरीय।

banana बॅ ना नॅ *n.* a gigantic plant and its fruit केला।

band बैन्ड *n.* a strip of cloth etc. पट्टी, फीता; a group of evil men गिरोह; a musical group संगीत-मंडली।

bandage[1] बैन् डिज *n.* a cloth for a wound पट्टी।

bandage[2] *v.t.* to bind with a bandage (पर) पट्टी बांधना।

bandit बैन् डिट *n.* robber डाकू, लुटेरा।

bang[1] बैङ्ग *v.t.* to slam धम से बंद करना।

bang[2] *n.* heavy knock ज़ोरदार दस्तक।

bangle बैङ् गल *n.* ornament worn round the arm चूड़ी।

banish बै निश *v.t.* to send into exile निर्वासित करना।

banishment बै निश् मॅन्ट *n.* act of banishing निष्कासन; exile निर्वासन।

banjo बैन् जो *n.* a stringed musical instrument एक प्रकार का बाजा।

bank[1] बैङ्क *n.* ground rising from the side of a river कूल, किनारा; place where money is deposited बैंक, अधिकोष; a mound टीला।

bank[2] *v.t.* to deposit (money) in a bank बैंक में (धन) जमा करना; *v.i.* to keep money in a bank बैंक में पैसा रखना; (with '*on*', '*upon*') to base one's hopes आशा करना, भरोसा रखना।

banker बैङ् कॅः *n.* one who deals in money रुपये का लेन-देन करने वाला; one who works in a bank बैंक-कर्मी।

bankrupt बैङ् क्रप्ट *n.* & *a.* insolvent दिवालिया।

bankruptcy बैङ् क्रप्ट् सि *n.* state of being a bankrupt दिवालियापन।

banner बैनॅः *n.* flag ध्वज; large cloth carrying a slogan बैनर।

banquet[1] बैङ् क्विट *n.* a formal feast भोज, दावत।

banquet[2] *v.t.* to treat with a feast दावत देना; to feast दावत लेना।

bantam बैन्-टम् *n.* a dwarf fowl, a shortman नाटा मुरगा, नाटा पुरुष।

banter[1] बैन् टॅः *v.t.* to make fun मज़ाक़ उड़ाना।

banter[2] *n.* fun मज़ाक।

bantling बान्ट्'-लिङ्गं *n.* a young child, a brat बच्चा, छोकरा।

banyan बैन् यॅन *n.* an Indian tree of the fig genus बरगद।

baptism बैप् टिज़्म *n.* a ceremonial immersion in water दीक्षा-स्नान, बपतिस्मा।

baptize बैप् टॉइज़ *v.t.* to administer baptism दीक्षा-स्नान कराना।

bar[1] बाः *n.* a long piece of metal

छड; obstruction बाधा, रुकावट; legal profession वकालत।

bar[2] (*-rr-*) *v.t.* to prevent रोकना; to keep out अलग करना।

barb *बाःब* *n.* the point which stands backward in an arrow or fish-hook बाण या बंसी का कांटा।

barbarian[1] *बाः बे ॅ अॅ रि अॅन* *a.* uncivilized असभ्य, जंगली।

barbarian[2] *n.* a person in a savage state जंगली व्यक्ति; an uncultured person असभ्य व्यक्ति।

barbarism *बाः बॅ रिज़्म* *n.* state of being uncivilised असभ्यता।

barbarity *बाः बै रि टि* *n.* cruelty क्रूरता, बर्बरता।

barbarous *बाः बॅ रॅस* *a.* in the state of barbarism असभ्य; cruel क्रूर।

barbed *बाःब्ड* *a.* provided with barbs कांटेदार।

barber *बाः बॅः* *n.* a man's hairdresser हज्जाम।

bard *बाःड* *n.* a. Celtic minstrel भाट, चारण; a poet कवि।

bare[1] *बे ॅ अॅः* *a.* uncovered नंगा; empty खाली।

bare[2] *v.t.* to make naked नंगा करना।

barely *बे ॅ अॅः लि* *adv.* poorly अभाव में; merely केवल; hardly मुश्किल से।

bargain[1] *बाः गेन* *n.* agreement, contract संविदा; a gainful transaction सौदा।

bargain[2] *v.t.* to make a bargain सौदा करना।

barge *बाःज* *n.* boat नाव।

bark[1] *बाःक* *n.* the outer ring of a tree छाल; the cry of a dog कुत्ते की भौंक।

bark[2] *v.t.* to make the sound of a dog भौंकना।

barley *बाः लि* *n.* a species of grain जौ।

barn *बाःन* *n.* a building for grain खत्ती, कोठार।

barnacles *बार्न्-ए-क्ल्स्* *n.* pl. iron placed on the nose of horses for shoeing नाल बाँधते समय घोड़े का नथुना पकड़ने की सँड़सी।

barometer *बॅ रौ ॅ मि टॅः* *n.* an instrument for measuring the pressure of atmosphere वायुदाबमापी।

barouche *बा-रूश्'* *n.* a kind of double-seated four-wheeled carriage एक प्रकार की चौपहिया गाड़ी।

barrack *बै रॅक* *n.* a building for soldiers सेनावास।

barrage *बै राज़,* *n.* dam बांध; heavy gun-fire भारी गोलाबारी।

barrator *बैर्'-रे-ट्र* **(-er)** *ns.* a troublesome litigant झगड़ालू, अदलतिया।

barrel *बै रॅल* *n.* a round wooden cask पीपा; the tube of a gun बंदूक की नाल।

barren *बै रॅन* *n* sterile बांझ; unproductive अनुपजाऊ।

barricade *बै रि केड* *n.* a barrier बाधा, रुकावट।

barrier *बै रि अॅः* *n.* fence घेरा; obstruction अवरोध।

barrister *बै रिस् टॅः* *n.* a counsellor at law बैरिस्टर, वकील।

barter[1] *बाः टॅः* *v.t.* to exchange in commerce (की) अदला-बदली करना; *v.i.* to exchange one thing for another वस्तु-विनिमय करना।

barter[2] *n.* exchange विनिमय।

barton *बार्टन्* *n.* a farmyard, out house खलिहान, बाहरी मकान।

basal *बेसल्* *adj.* pertaining to base, fundamental आधार सम्बन्धी, मौलिक।

base[1] *बेस* *n.* starting point प्रस्थान-बिंदु; foundation आधार, नींव।

base[2] *a.* worthless खोटा, नीच; low in value घटिया।

base[3] *v.t.* to place on a basis आधारित करना।

baseless *बेस् लिस* *a.* without base निराधार; groundless निर्मूल।

basement *बेस् मॅन्ट* *n.* the ground floor of a building तहख़ाना।

bashful *बैश् फुल* *a.* modest, shy संकोची।

basial *बे'-सिअल्* *n.* pertaining to kissing चुम्बन सम्बन्धी।

basic *बे सिक* *a.* fundamental मौलिक, बुनियादी।

basil *बेस्'-इल्* *n.* a kind of aromatic medicinal herb, tanned sheepskin. तुलसी, कमायी हुई भेड़ की खाल।

basin *बे स्न* *n.* a shallow dish चिलमची; a depression in the earth's surface तलहटी; country drained by a river घाटी।

basis *बे सिस* *n.* the underlying principle आधारभूत सिद्धांत; the basic supporting factor मूलाधार।

bask *बास्क* *v.i.* to lie in warmth or in the sun धूप सेंकना; to enjoy ease and prosperity आनंद लेना।

basket *बास् किट* *n.* a domestic vessel made of twigs डलिया, टोकरी।

baslard *बीस्'-लड़* *n.* a small dagger worn on by gentlemen, a girdle पेटी में लगाने की छोटी कटार, पेटी, कमरबन्द।

bass *बास्* *n.* inner bark of lime tree, the lowest part in music नींबू के पेड़ की भीतरी छाल, गायन में सबसे नीचा सुर।

bastard[1] *बैस् टॅःड* *n.* an illegitimate child अवैध संतान।

bastard[2] *a.* illegitimate अवैध।

bat[1] *बैट* *n.* a flying mammal चमगादड़।

bat[2] *n.* a club for striking a ball बल्ला; a batsman बल्लेबाज़।

bat[3] (*-tt-*) *v. i.* to wield a bat बल्लेबाज़ी करना *v.t.* to strike with a bat बल्ले से मारना या फेंकना।

batch *बैच* *n.* a group or number of persons जत्था, टोली; a set of similar objects घान।

bath *बाथ* *n.* immersion in water स्नान।

bathe *बेद* *v. t.* to immerse in water नहलाना; *v. i.* to take a bath स्नान करना।

baton *बै टॅन* *n.* a short heavy stick सोंटा, छड़ी।

batsman *बैट्स'-मैन्* *n.* one who wields the bat in cricket बैट पकड़कर क्रिकेट खेलने वाला, बल्लेबाज।

battalion *बॅ टै ल्यॅन* *n.* a body of soldiers बटालियन, वाहिनी।

battery *बै टॅ रि* *n.* an apparatus for originating an electric current बैटरी; unit of artillery तोपख़ाना; attack आक्रमण।

battle[1] *बै ट्ल* *n.* encounter of two armies युद्ध।

battle[2] *v. i.* to contend in fight युद्ध लड़ना।

bawd *बॉ ड्* *n.* a procurer or

procuress स्त्रियों को बहकाकर कुकर्म कराने वाली स्त्री।

bawl *बॉल् n.i.* to speak noisily, to shout चिल्लाकर बोलना, चिंग्घाड़ मारना, चिल्लाना; *n.* a loudcry चिंग्घाड़।

bawn *बॉन् n.* cattle-fold पशुपाला।

bay *बे n.* an arm of the sea खाड़ी।

bayard *बे'-आ-ई् n.* a brave or chivalrous person वीर मनुष्य।

bayonet *बे ॲ निट n.*, a dagger-like weapon fixed to a rifle संगीन।

be[1] *बी v.t.* होना।

be[2] *बी pref.* added to nouns & adjs. to form verbs. संज्ञा इत्यादि शब्दों में क्रिया बनाने के लिये जोड़ा हुआ उपसर्ग यथा-be-set, bescorch, Bedim, Be-friend. इत्यादि।

beach *बीच n.* the shore of the sea समुद्र-तट।

beacon *बी कॅन n.* light to direct seamen प्रकाश-स्तंभ; a signal of danger संकेतक।

bead *बीड n.* a little ball strung on a thread मनका।

beadle *बी'-ड्ल् n.* the servant of a company, church officer किसी कम्पनी या व्यवसाय संघ का नौकर, गिरजे का पदाधिकारी।

beak *बीक n.* a bird's bill चोंच।

beaker *बी कॅ: n.* a glass vessel used by chemists बीकर।

beam[1] *बीम n.* a long squared piece of timber or concrete शहतीर, बीम; a ray of light किरण; cross bar of a balance तराजू की डंडी।

beam[2] *v. i.* to send out light चमकना; to smile happily मुस्कराना।

bean *बीन n.* vegatable सेम, बोड़ा।

bear[1] *बे˘ ॲ: n.* a large carnivorous quadruped भालू।

bear[2] *v.t.* to carry ले जाना; to support संभालना; to produce पैदा करना; to endure सहन करना; to behave व्यवहार करना।

beard *बिॲ:ड n.* the hair on the chin दाढ़ी।

bearing *बे˘ ॲ रिङ्ग n.* demeanour व्यवहार, आचरण।

beast *बीस्ट n.* any four-footed animal पशु; a brutal man क्रूर व्यक्ति।

beastly *बीस्ट् लि a.* brutal नृशंस, क्रूरतापूर्ण।

beat[1] *बीट v. t.* to hit, to strike पीटना; to stir फेंटना; to thrash कूटना; to defeat पराजित करना; *v. t.* to throb धड़कना।

beat[2] *n.* a stroke चोट; throb धड़कन; round गश्त।

beautiful *ब्यू टि फुल a.* lovely सुंदर।

beautify *ब्यू टि फ़ाइ v. t.* to make beautiful सजाना।

beauty *ब्यू टि n.* loveliness, grace सौंदर्य।

beaver *बी वॅ: n.* a fur-coated animal ऊदबिलाव; its fur लोमचर्म।

because *बि कौज़ conj.* for the reason that क्योंकि।

beck *बेक् n.* a brook, a mountain stream. पहाड़ी नाला या नदी।

beckon[1] *बेक्'-अन्' v.t. & i.* to summon, to call attention by gestures or nodding पुकारना, संकेत करना।

beckon[2] *बै˘ कॅन v. t.* to call by a signal or gesture इशारे से बुलाना; *v.i.* to make a gesture इशारा करना।

become *बि कम v. i.* to come to be हो जाना; *v. t.* to suit शोभा देना।

becoming *बि क मिङ्ग a.* fit उपयुक्त; graceful सुहावना।

bed *बै ॅड n.* something to sleep or rest on शय्या, चारपाई; bottom of a river नदीतल; a garden plot क्यारी।

bedevil *बि डै ॅबिल v. t.* to confuse भरमाना; to torment सताना।

bedding *बेड़-डिड़ंग n.* materials used for making a bed. शयन सामग्री।

bedight *बि-डाइट्′ v.t.* to adorn. सजाना।

bed-time *बेड़-टाइम् n.* time for going to sleep निद्रा का समय।

bee *बी n.* the insect that makes honey शहद की मक्खी।

beech *बीच् n.* a kind of common forest tree एक प्रकार का जगंली वृक्ष।

beef *बीफ़ n.* the flesh of an ox, bull or cow गोमांस।

beehive *बी-हाइव्′ n.* artificial dwelling for bees मधुमक्खी का कृत्रिम घर।

beer *बिअ: n.* an alcoholic drink made from malt बियर, यवसुरा।

beet *बीट n.* an edible plant चुकंदर।

beetle *बी ट्ल n.* an insect with four wings भृंग, झींगुर।

befall *बि फ़ौल v. t.* to happen to (पर) बीतना; *v. i.* to happen घटित होना।

before[1] *बि फ़ो: prep.* in front of के सामने; in the presence of के समक्ष; earlier than से पहले।

before[2] *adv.* in time preceding पूर्व में; in the past भूत में; onward आगे की ओर; in front सामने।

before[3] *conj.* previous to the time when इससे पहले कि; rather than इसके बजाय कि।

beforehand *बि फ़ौ: हैन्ड adv.* in advance पहले ही।

befriend *बि फ्रैॅन्ड v. t.* to act as a friend to मित्र बनाना।

beg *बैग (-gg-) v. t.* to ask in charity भीख में मांगना; to ask earnestly निवेदन करना; to take for granted मान लेना; *v. i.* to ask or live upon alms भीख मांगना।

beget *बि गै ॅट v. t.* to produce जन्म देना।

beggar *बै ॅ गॅ: n.* one who begs भिखारी।

begin *बि गिन (-nn-) v. t.* to start प्रारंभ करना; *v. i.* to be started प्रारंभ होना।

beginning *बि गि निङ्ग n.* the start प्रारंभ।

begird *बि-गर्ड् v.t.* to encircle, to surround लपेटना, घेरना।

beguile *बि गॉइल v. t.* to practise guile on ठगना; to charm मोहित करना; to pass (time etc.) pleasantly आनंद के साथ (समय आदि) बिताना।

behalf *बि हाफ़ n.* interest, favour, benefit हित, लाभ।

behave *बि हेव v. i.* to act आचरण करना।

behaviour *बि हे व्यॅ: n.* conduct, way of behaving आचरण।

behead *बि है ॅड v. t.* to cut off the head of (का) सिर काटना।

behind[1] *बि हॉइन्ड adv.* in the rear

पीछे की ओर; backwards पिछड़ी स्थिति में।

behind[2] *prep*. in the rear of के पीछे; remaining after से बाद में; inferior to से पिछड़ा हुआ।

behold *बि होल्ड v. t.* to look at with attention ध्यान से देखना।

being *बि इङ्ग n.* existence अस्तित्व; a creature प्राणी, जीवधारी।

belabour *बि ले बॅ: v. t.* to beat soundly पीटना।

belated *बि-लेट्'- इड़ adj.* coming too late बहुत देर से आने वाला।

belch[1] *बैल्च v. t.* to send (smoke, flames etc.) out उगलना; *v. i.* to send out gas from the stomach noisily through the mouth डकार लेना।

belch[2] *n.* act or sound of belching डकार।

belief *बि लीफ़ n.* conviction धारणा; faith, trust विश्वास; a religious tenet धार्मिक आस्था।

believe *बि लीव v. t.* to give belief to विश्वास करना; to have confidence in (पर) भरोसा रखना।

bell *बेलॅ n.* a hollow, metal, cup-shaped instrument that rings when struck घंटी, घंटा।

belle *बेलॅ n.* a lady of great beauty सुंदरी।

bellicose *बे ॅलि कोस a.* warlike युद्धप्रिय, लड़ाकू।

belligerency *बि लि जॅ रॅन् सि n.* being warlike युद्धप्रियता।

belligerent[1] *बि लि जॅ रॅन्ट a.* waging war युद्धरत।

belligerent[2] *n.* a nation or state waging war युद्धरत राज्य।

bellow *बॅ ॅ लो v. i.* to roar like a bull चिंघाड़ना, गरजना।

bellows *बै ॅ लोज़ n. pl.* an instrument for creating stream of air धौंकनी।

belly *बै ॅ लि n.* abdomen, stomach पेट, उदर।

belong *बि लौ ॅङ्ग v. i.* to be, the property (of) (का) होना, (की) संपति होना; to be connected संबद्ध होना; to be a member or inhabitant सदस्य अथवा निवासी होना।

belongings *बि लौ ॅङ् गिङ्ग्ज़ n. pl.* personal possessions व्यक्तिगत माल-असबाब।

beloved[1] बि ल विड *a.* greatly loved परमप्रिय।

beloved[2] *n.* darling प्रियतम, प्रेयसि।

below[1] *बि लो adv.* beneath नीचे।

below[2] *prep.* lower than से नीचे।

belt *बैल्ट n.* a girdle पेटी; a band पट्टा; a strip of land इलाक़ा, क्षेत्र।

belvedere *बेल्'-वि-डिअर् n.* a raised turret or pavilion to view scenery दृश्य देखने का ऊँचा चबूतरा या मंच।

bemask *बि-मास्क्' v. t.* to conceal, to mask छिपाना, बुरके से ढाँपना।

bemire *बि-मायर्' v. t.* to stain with mud कीचड़ पोतना, कीचड़ से गन्दा करना।

bemuse *बि-म्यूज' v. t.* to stupefy, to confuse बुद्धिहीन करना, व्यग्र करना।

bench *वेन्च n.* a long seat बेंच, तिपाई; body of judges न्यायपीठ; a court of law अदालत।

bend[1] *बैन्ड n.* curve मोड़, झुकाव।

bend[2] *v. t.* to curve मोड़ना; to turn घुमाना; *v.i.* to become curved

मुड़ना; to stoop झुकना; to yield हार मानना; to turn घूमना।

beneath[1] *बि नीथ adv*. in a lower place नीचे।

beneath[2] *prep*. below, under के नीचे।

benefaction *बेन्-इ-फेक'-शन् n*. gift for a good cause, charitable donation धर्मदान, उपकार, दान-दक्षिणा।

benefice *बेन्-इ-फाइस् n*. a church living पादरी की वृत्ति।

beneficial *बैˇनि फ़ि शॅल a*. conferring benefit लाभकारी।

benefit[1] *बैˇ नि फ़िट n*. allowance भत्ता; a favour कृपा; advantage लाभ।

benefit[2] *v. t*. to do a service to लाभ पहुँचाना; *v.i*. to gain advantage लाभान्वित होना।

benevolence *बि नैˇ वॅ लॅन्स n*. kindness कृपा, दया।

benevolent *बि नैˇ वॅ लॅन्ट a*. kind कृपालु, दयालु।

benight *बि'-नाइट्' v. t*. to cover with darkness अंधेरा करना।

benign *बि'-नाइन्' adj* gentle, fortunate, kind कृपालु, सुखप्रद, दयालु।

benignly *(बि-नाइन-लि) adv*. kindly दयालुता से।

benison *बेन्'-इ-सन् n*. a blessing. benediction वरदान, आशीर्वाद।

bent *बैन्ट n*. natural inclination रूझान।

bequeath *बि क्वीद v. t*. to leave by will वसीयत में देना।

bereave *बि रीव v. t*. to deprive of बंचित करना।

bereavement *बि रीव् मॅन्ट n*. being bereaved वियोग; loss by death मृत्यु के कारण क्षति।

berth *बॅःथ n*. sleeping place in a ship or train शायिका।

beside *बि सॉइड prep*. by the side of के पास में; compared with की तुलना में।

besides[1] *बि सॉइड्ज़ prep*. in addition to के अतिरिक्त।

besides[2] *adv*. moreover साथ ही, इसके अतिरिक्त।

beslaver *बिस्'-लेवर् v. t*. to flatter very much बड़ी चापलूसी करना, चाटुकारी करना।

besiege *बि-सीज़्' v. t*. to assail, to lay siege to आक्रमण करना, घेर लेना।

bestow *बि स्टो v. t*. to give प्रदान करना।

bestrew *बेस-ट्रयू' v. t*. to scatter about छितराना, फैलाना, छींटना।

bet[1] *बैˇट (-tt-) v.i*. to wager शर्त लगाना।

bet[2] *n*. a pledge made in betting शर्त।

betel *बी ट्ल n*. leaf used for chewing पान।

betray *बि ट्रे v.t*. to deal treacherously with विश्वासघात करना; to reveal प्रकट करना।

betrayal *बि ट्रे ॲल n*. betraying or being betrayed विश्वासघात।

betroth *बि ट्रोद v. t*. to promise to marry वाग्दान करना।

betrothal *बि ट्रो दॅल n*. mutual contract of marriage वाग्दान।

better[1] *बैˇ टॅः a*. superior बेहतर; improved in health पहले से स्वस्थ।

better[2] *adv*. in a more excellent

manner और अच्छे ढंग से; more अपेक्षाकृत अधिक।

better[3] *v. t.* to improve सुधारना।

betterment *बैˇ टॅः मॅन्ट n.* improvement सुधार, उन्नति।

between *बि ट्वीन prep.* in the middle of के मध्य।

beverage *बैˇ वॅ रिज n.* liquor मदिरा।

bewail *बि वेल v. t.* to mourn for पर शोक मनाना।

beware *बि वेˇ अॅः v.i.* to take care (of) सचेत या चौकस रहना।

bewilder *बि विल् डॅः v. t.* to puzzle, to confuse उलझन में डालना, भ्रमित करना।

bewitch *बि विच v.t.* to enchant (पर) जादू करना; to fascinate मोहित करना।

beyond[1] *बि यौन्ड prep.* on the further side of के उस ओर; out of the reach of की पहुंच से बाहर; above से ऊपर।

beyond[2] *adv.* at a distance दूरी पर, परे।

bi *बाइ pref.* in the sense of, "twice, doubly, twofold" दोहरा, दुबारा, दुगना।

biangular *बाइ-एङ्ग्'-यु-लर् adj.* having two angles दो कोण का।

bias[1] *बॉइ अॅस n.* prejudice पक्षपात।

bias[2] *v. t.* to prejudice, to influence unfairly पक्षपातपूर्ण बनाना।

biaxial *बाइ'-एक्स्-इ-अल् adj.* with two axes दो धुरा (या अक्ष) वाला।

bibber *बिब्'-बर् n.* one given to drinking पियक्कड़

bible *बाइ'-ब्ल् n.* the sacred book of the Christian Church ईसाइयों की धर्म-पुस्तक।

bibliography *बिब् लि आˇ ग्रॅ फि n.* a list of books ग्रंथ-सूची।

bibliographer *बिब्-लिऑ-ग्रेफर् n.* a compiler of a history of literary books साहित्यिक ग्रन्थों का इतिहास-लेखक।

bicentenary *बाइ-सेन्'-टे-न्-अ-रि adj.* occurring after two hundred years दो सौ वर्ष पर होने वाला।

biceps *बॉइ सैप्स n.* the muscle in front of the upper arm द्विशिर पेशी।

bicker *बिक्'-अर् v. t.* to quarrel, to run quickly कलह करना (विवाद करना)।

bicycle *बॉइ सि क्ल n.* a two-wheeled vehicle propelled by the rider बाइसिकिल।

bid[1] *बिड v.t.* to say as greeting अभिवादन करना; to order आदेश देना; to offer (a price) (बोली) लगाना।

bid[2] *n.* offer of price *बोली;* effort प्रयत्न।

bidder *बिड्'-अर् n.* one who bids दाँव या बाजी लगाने वाला।

bide *बाइड v. t. (p. t.* Bided) to dwell, to remain, to await, to endure रहना, ठहरना, प्रतीक्षा करना, सहना।

biennial *बाइ-एनिअल् adj.* recurring or happening every two years दो साल में होने वाला।

bier *बिअॅः n.* a frame for carrying the dead to the grave अरथी।

big *बिग a.* great महान; large बड़ा; important महत्त्वपूर्ण।

bigamy *बि गॅ मि n.* practice of having two wives or husbands at the same time द्विविवाह-प्रथा।

bight *बाइट् n.* a loop; a curve or recess, a small bay, झूलन, घुमाव,

छोटी खाड़ी।

bigot *बि गॅट n.* a person in pervious to argument कट्टर या धर्मांध व्यक्ति।

bigotry *बि गॅ ट्रि n.* state or quality of being a bigot कट्टरता, धर्मांधता।

bile *बॉइल n.* fluid secreted by the liver पित्त; anger, ill temper चिड़चिड़ापन।

bilingual *बॉइ लिङ् ग्वॅल a.* capable of using two languages द्विभाषी।

bill *बिल n.* bird's beak चोंच; draught of a proposed new law विधेयक; poster इश्तहार; statement of money बिल, प्राप्यक।

billion *बिल् यॅन n.* (France, U.S.A.) one thousand million एक अरब; (Brit.) one million, millions दस खरब।

billow[1] *बि लो n.* wave लहर।

billow[2] *v.i.* to roll in large waves लहराना।

biliteral *बाइ-लिट्,'-अर्'-अल adj.* consisiting of two letters दो अक्षरों का।

bilk *बिल्क् v. t.* to cheat, to elude धोखा देना, छलना।

bimenasl *बाइ-मेन्-सल adj.* occurring once in two months दो महीने में एक बार होने वाला।

bimonthly *बाइ-मन्थ्'-लि adj.* once in two months, also twice a month दो महीने में एक बार, महीने में दो बार।

binary *बाइ-न-रि adj.* double, involving pairs दोहरा (द्विगुण) जोड़ा।

bind *बॉइन्ड v.t.* to tie बांधना; to fasten (a book) (किताब पर) जिल्द बांधना।

binding *बॉइन् डिङ्ग a.* compelling अनिवार्य।

binocular *बॉइ नौ ॅक्यु लॅःज़ n.pl.* small telescope for both eyes दूरबीन।

biographer *बॉइ औॅ ग्रॅ फ़ॅः n.* writer of a biography जीवनी-लेखक।

biography *बॉइ औ ॅ ग्रॅ फि n.* an account of one's life and character जीवनी।

biologist *बॉइ औॅ लॅ जिस्ट n.* a scientist who studies biology जीव विज्ञानी।

biology *बॉइ औॅ लॅ जि n.* science of life जीव विज्ञान।

bioscope *बायो-स्कोप् n.* a cinematograph. चलते-फिरते कार्य का चित्र लेना और इसी को परदे पर चलते-फिरते दिखलाना।

biped *बॉइ पै ॅड n.* an animal with two feet द्विपाद।

birch *बर्च् n.* a kind of smooth-barked tree, a bundle of its twings used for flogging भोजपत्र, बालकों को मारने का कोड़ा।

bird *बॅःड n.* a feathered creature पक्षी।

birdlime *बर्ड्'-लाइम n.* a viscous stuff which is used in catching birds चिड़िया पकड़ने का लासा।

birth *बॅःथ n.* being born जन्म।

biscuit *बिस्किट n.* hard bread made into cake बिस्कुट।

bisect *बॉइ सैक्ट v. t.* to cut into two द्विविभाजित करना।

bisexual *बाइ-सेक्स्-युअल् adj.* having both sexes in one स्त्री तथा पुरुष जाति के अंगों का एक ही व्यक्ति में होना, द्विलिंगीय।

bishop *बि शॅप n.* clergyman बिशप,

धर्माध्यक्ष।

bison *बाई'-सन् (जन्)* *n.* a large wild animal like ox जंगली साँड।

bisque *बिस्क्* *n.* unglazed white porcelain, a rich meat or fish soup बिना पालिश की हुई चीनी मिट्टी मांस या मछली का स्वादिष्ट झोल या रसा या जायकेदार शोरबा।

bit *बिट* *n.* a very small piece टुकड़ा; the mouthpiece of a bridle लगाम की मुखरी।

bitch *बिच्* *n.* female of a dog, fox or wolf कुतिया, सियारिन, मादा भेड़िया।

bite[1] *बॉइट* *v. t.* to cut or sever with the teeth काटना; to sting डसना; to eat into खा जाना।

bite[2] *n.* wound made by biting घाव, काट; a mouthful मुंहभर अंश; a sting दंश।

bitter *बि टॅ:* *a.* sharp to the taste कड़ुवा; full of ill-will द्वेषपूर्ण; distressing पीड़ादायक; severe तेज़।

bi-weekly *बाइ-वीक्'-लि* *adj.* twice in every week सप्ताह में दो बार, अर्ध-साप्ताहिक।

bizarre *बिजार्* *adj.* odd, fantastic झक्की, पागल।

blab *ब्लाब्* *v. t. & i.* (*p. t.* Blabbed) to talk foolishly, to reveal secrets बड़बड़ करना, भेद खोल देना।

black *ब्लैक* *a.* destitute of light प्रकाश-रहित; dark-complexioned सांवला; wicked दुष्टतापूर्ण।

blacken *ब्लै कॅन* *v. t.* to make black काला करना।

blackmail[1] *ब्लैक् मेल* *n.* extortion by intimidation भयादोहन।

blackmail[2] *v.t.* to subject to blackmail भयादोहन करना।

blacksmith *ब्लैक् स्मिथ* *n.* a craftsman who works in iron लोहार।

bladder *ब्लै डॅ:* *n.* bag like part of the body in which urine collects मूत्राशय।

blade *ब्लेड* *n.* cutting part of a sword, knife etc. फलक; flat part of an oar पतवार का चपटा भाग; leaf पत्ती।

blain *ब्लेन्* *n.* an in flamed boil, a blister व्रण, फफोला, छाला, फोड़ा।

blame[1] *ब्लेम* *v. t.* to censure निंदा करना, दोष लगाना; to hold responsible उत्तरदायी ठहराना।

blame[2] *n.* censure निंदा; fault दोष।

blanch *ब्लांश्* *v. t. & i* to grow pale with fear भय से पीला पड़ जाना।

bland *ब्लान्ड्* *adj.* gentle, polite, mild नम्र, विनीत, मृदु।

blank[1] *ब्लैङ्क* *a.* unmarked, unwritten कोरा; empty खाली, रिक्त।

blank[2] *n.* empty space रिक्त स्थान।

blanket *ब्लैङ् किट* *n.* a warm covering for a bed कंबल।

blare *ब्लेअर्* *v. t.* to utter loudly चिल्लाकर बोलना।

blast[1] *ब्लास्ट* *n.* violent explosion of gunpowder विस्फोट; loud noise धमाका।

blast[2] *v.i.* to destroy नष्ट करना; to blow up उड़ा देना।

blaze[1] *ब्लेज़* *n.* flame ज्वाला; a bright glow चमक।

blaze[2] *v.i.* to burn brightly दहकना; to shine like a flame चमकना।

bleach *ब्लीच्* *v. t.* to whiten धोना, सफेद करना।

blear *ब्लिअर्* *v. t.* to make dull, to

make dim sighted मन्द करना, चौंधा देना।

bleat[1] *ब्लीट n.* the cry of a sheep, goat etc. मिमियाहट।

bleat[2] *v. i.* to utter a bleat मिमियाना।

bleb *ब्लेब़ n.* small blister or bubble on skin फफोला।

bleed *ब्लीड v. i.* to emit blood खून बहना; to feel pain दर्द अनुभव करना।

blemish *ब्लै ॅ मिश n.* mark of imperfection धब्बा; fault दोष।

blend[1] *ब्लॅन्ड v. t.* to mix together मिलाना; *v.i.* to be mixed मिलना।

blend[2] *n.* a mixture मिश्रण।

bless *ब्लैसॅ v. t.* to wish happiness to आशीर्वाद देना; to consecrate अभिमंत्रित करना; to endow with प्रदान करना; to glorify गौरवान्वित करना।

blether (-Blather) *ब्लेद् (ब्लाद्)-अऱ् v. i.* to talk nonsense बड़बड़ (बकवाद) करना।

blight *ब्लाइट् n.* a disease of plants, mildewrust वनस्पति रोग, पाला, गेरूई।

blind *ब्लॉइन्ड a.* destitute of sight अंधा; wanting discernment विवेकशून्य; thoughtless विचारहीन।

blindage *ब्लाइन्ड्'-एज़ n.* screen for troops फौज के लिये आच्छादन।

blindfold *ब्लॉइन्ड् फोल्ड v. t.* to cover the eyes of (की) आंखों पर पट्टी बांधना।

blindness *ब्लाइन्ड्'-नेस् n.* state of being blind, ignorance, a shade अन्धता, अज्ञान, पर्दा।

blink *ब्लिड़क v. t. & i.* to wink पलक मारना (आंखें छिपाना), तुच्छ समझना; *n-* glance, glimmer, wink झलक, टिमटिमाहट, निर्मीलन।

bliss *ब्लिस n.* perfect happiness परमानंद।

blister *ब्लिस् टॅः n.* a thin bladder on the skin फफोला।

blizzard *ब्लिजाऱ्ड् n.* a blinding snowstorm चौंधानेवाली बर्फ की आँधी।

bloc *ब्लौकॅ n.* a group of nations or parties गुट।

block[1] *ब्लौकॅ n.* heavy piece of wood or stone कुंदा, शिलाखंड; a lump of solid matter खंड, पिंडक; a group of houses भवन-समूह; obstruction बाधा, रुकावट।

block[2] *v.t.* to obstruct अवरुद्ध करना।

blockade *ब्लौ ॅ केड n.* a close siege by troops or ships घेराबंदी।

blockhead *ब्लौकॅ् है ॅड n.* a stupid fellow मूर्ख व्यक्ति।

blood *ब्लड n.* red liquid flowing through the body रक्त, ख़ून; relationship संबंध, नाता; descent वंश।

bloodshed *ब्लड् शैॅड n.* the shedding of blood रक्तपात।

bloody *ब्ल डि a.* stained with blood रक्तरंजित; cruel निर्दय।

bloom[1] *ब्लूम n.* the flowering state फलने-फूलने का समय; a time of beauty यौवन; flower पुष्प।

bloom[2] *v.i.* blossom बहार आना; to flourish फलना-फूलना।

blossom[1] *ब्लौ ॅ सॅम n.* flower of a plant बौर, मंजरी; state of flowering पुष्पणकाल।

blossom[2] *v.i.*, to bloom खिलना; to flourish फलना-फूलना

blot[1] *ब्लौ ॅट n.* a spot or stain दाग, धब्बा।

blot[2] *(-tt-) v. t.* to stain (पर) धब्बा लगाना; to soak up ink etc. from (से) स्याही आदि सुखाना।

blouse *ब्लॉउज़ n.* outer garment from neck to waist ब्लाउज़।

blow[1] *ब्लो v.i.* (of the wind) to move (हवा का) बहना; to produce a current of air (from the mouth) फूंक मारना *v. t.* to drive by means of a current of air उड़ाना; to cause to sound बजाना।

blow[2] *n.* a stroke of the fist घूंसा; a shock झटका।

blue[1] ब्लू *n.* colour of cloudless sky नीलवर्ण।

blue[2] *a.* of a blue colour नीले रंग का; sky-coloured आकाश-नील।

bluff[1] *ब्लफ v. t.* to deceive or mislead by a pretence धोखा देना।

bluff[2] *n.* pretence दिखावा, धोखा।

blunder[1] *ब्लन् डॅः n.* serious mistake भारी भूल।

blunder[2] *v.i.* to make a serious mistake भारी भूल करना।

blunt *ब्लन्ट a.* dull on the edge or point कुंद, भोथरा; outspoken मुंहफट स्पष्टवादी।

blur *ब्लर् n.* a stain, a spot, a blemish धब्बा, कलंक।

blurt *ब्लर्ट् v. t.* to utter abruptly or unadvisedly. बिना समझे बोल उठना।

blush[1] *ब्लश n.* reddening of the face due to shame झेंप।

blush[2] *v.i.* to go red in the face झेंपना।

boar *बौः n.* male of swine सूअर।

board[1] *बौःड n.* a piece of timber, broad and thin तख्ता; food भोजन; a council समिति।

board[2] *v. t.* to enter (a ship, train etc.) (में) सवार होना; to furnish with meals भोजन देना; *v.i.* to take one's meals भोजन लेना।

boast[1] *बोस्ट v.i.* to brag डींग मारना।

boast[2] *n.* bragging शेखी, डींग।

boat[1] *बोट n.* a small ship नाव।

boat[2] *v.i.* to sail a boat नाव खेना।

bodice *बौॅ डिस n.* a woman's garment above waist चोली।

bodily[1] *बौॅ डि लि a.* relating to the body शारीरिक।

bodily[2] *adv.* corporeally सशरीर।

body *बौॅ डि n.* a human being or an animal काया, देह; group of people समिति; a corpse शव।

bodyguard *बौॅ डि गाःड n.* a guard to protect somebody अंगरक्षक।

bog[1] *बौॅग n.* morass दलदल।

bog[2] (*-gg-*) *v.i.* to be stuck फंस जाना।

bogle *बोॅ-ग्ल् n.* phantom, bugbear, agoblin प्रेत, पिशाच।

bogus *बौ गॅस a.* sham, not genuine खोटा, जाली।

boil[1] *बौॅइल n.* a sore swelling or tumour फोड़ा।

boil[2] *v.i.* to bubble from the action of heat उबलना; to be cooked by boiling पकना *v. t.* to prepare by boiling उबालकर बनाना।

boiler *बौॅइ लॅः n.* a vessel in which a thing is boiled देग।

bold *बोल्ड a.* daring निडर; courageous साहसी; impudent धृष्ट।

boldness *बौल्ड् निस n.* fearlessness निर्भीकता; impudence धृष्टता।

bolt[1] *बोल्ट n.* a bar of a door सिटकनी; a headed metal pin, काबला; discharge of lightening गाज, वज्रपात।

bolt[2] *v. t.* to fasten सिटकनी लगाना।

bomb[1] *बौमॅ n.* an iron shell filled with explosive material बम।

bomb[2] *v. t.* to attack with a bomb (पर) बम गिराना।

bombard *बैमॅ् बाःड v. t.* to attack with bombs (पर) बमबारी करना।

bombardment *बौमॅ् बाःड़ मॅन्ट n.* act of bombarding बमबारी।

bomber *बौ॑ मॅः n.* an aircraft used to carry bombs बमवर्षक।

bonafide[1] *बो नॅ फॉइ डि adv.* in good faith सद्‌भावपूर्वक।

bonafide[2] *a* genuine सद्‌भावपूर्ण; सदाशयी।

bond *बौन्ड n.* a solemn agreement अनुबंध; that which binds बंधन; link, union संबंध, मेलभाव।

bondage *बौनॅ् डिज n.* slavery दासता।

bone *बोन n.* hard substance forming animal's skeleton हड्डी।

bonfire *बौनॅ् फॉइअः n.* large fire in the open air expressive of joy उत्सवाग्नि।

bonnet *बौ॑ निट n.* hat with strings टोप; cover of motor vehicle engine ढक्कन, बोनिट।

bonten *बॉन्'-टेन् n.* a narrow woollen fabric. ऊनी कपड़े की पट्टी।

bonus *बो नॅस n.* premium, extra payment बोनस, अधिलाभ।

book[1] *बुक n.* printed or written literary work पुस्तक।

book[2] *v. t.* to reserve (room, ticket etc.) सुरक्षित करा लेना; to charge with legal offence आरोपित करना।

book-keeper *बुक्'-कीप्'-अर् n.* a keeper of accounts मुनीम, हिसाब करने वाला।

book-mark *बुक्'-मार्क् n.* a card for marking a page in a book पुस्तक में पृष्ठ संकेत के रखने का कार्ड।

book-seller *बुक-सेल्'-अर् n.* one who sells books पुस्तक बेचने वाला।

book-worm *बुक्'-वर्म् n.* an indiscriminate reader of books किताबों का कीड़ा (सदा पुस्तक पढ़ने वाला)।

bookish *बु किश n.* fond of study पढ़क्कू, अव्यावहारिक।

booklet *बुक् लिट n.* a little book पुस्तिका।

boon *बून n.* favour, gift or grant वरदान।

boor *बु-अर् n.* peasant, a rude fellow किसान (देहाती), गँवार; **Boorish** *(-इश) adj.* rude in manners, illiterate.

boost[1] *बूस्ट n.* encouragement प्रोत्साहन; help सहारा; upward push बढ़ावा।

boost[2] *v. t.* to push up बढ़ावा देना; to encourage प्रोत्साहित करना; to increase बढ़ाना।

boot *बूट n.* covering for the foot जूता; luggage compartment in a car सामान-धानी।

booth *बूथ n.* a temporary shed मंडप, कोष्ठ।

booty *बू टि n.* spoil, plunder लूट, लूट का माल।

booze *बूज़ v. i.* to drink deeply

अधिक मदिरा पीना।

border¹ *बौः डः n.* boundary सीमांत; margin किनारी।

border² *v.t.* to provide with border किनारी लगाना; to adjoin (से) लगा हुआ होना।

bore¹ *बौः v. t.* to make a hole in छेदना, बेधना; to weary उबा देना।

bore² *n.* the hole made by boring छेद; a tiresome person उबानेवाला व्यक्ति।

born *बॉर्न्* (p. p. of Bear) brought forth जन्मा हुआ, पैदा हुआ; **Born rich** (rich-from birth) जन्म का धनी।

borne *बार्न adj.* carried, supported, defrayed लाया हुआ, आश्रय दिया हुआ, व्यय किया हुआ।

borrow *बौ˘ रो v. t.* to receive as a loan उधार लेना।

bosom *बु ज़ॅम n.* breast छाती; seat of the affections हृदय।

boss *बौसॅ n.* master मालिक।

botany *बौ˘ टॅ नि n.* the science which treats of plants वनस्पति विज्ञान।

botch *बॉच् v. t. & n.* to repair badly, a clumsy patch, an eruptive swelling on skin पैबन्द लगाना, पैबन्द, फोड़ा।

both¹ *बोथ a.* each of two दोनों।

both² *pron.* one and the other दोनों लोग।

both³ *conj.* alike, equally समान रूप से।

bother *बौ˘ दॅः v. t.* to annoy तंग करना; *v.i.* to trouble oneself परेशान होना।

botheration *बौ˘ दॅ रे शॅन n.* act of bothering, state of being bothered झंझट, परेशानी।

bottle *बौ˘ ट्ल n.* a narrow-mouthed vessel of glass etc. बोतल।

bottler *बॉट्'-लर् n.* one who bottles liquors बोतनों में शराब भरने वाला।

bottom *बौ˘ टॅम n.* the lowest part तह; the ground under water तल; the foundation आधार; the lower side निचला भाग; the origin उद्‌गम; the lowest part of a ship etc. पैंदा।

bough *बॉउ n.* branch of a tree टहनी, शाखा।

boulder *बोल्'-डर् n.* a large waterwom rounded stone पानी से घिसा हुआ चिकना बड़ा गोल पत्थर।

bouncer *बाउन्'-सर् n.* a boaster, a bully, a liar शेखीबाज या घमंडी, झूठा।

bound *बॉउन्ड n. pl.* limits सीमा।

boundary *बॉउन् डॅ रि n.* border सीमारेखा।

bountiful *बॉउन् टि फुल a.* abundant प्रचुर, भरपूर; generous उदारतापूर्ण।

bounty *बॉउन् टि n.* gift दान, उपहार; generosity उदारता; gratuity इनाम।

bouquet *बु के, बु के n.* a bunch of flowers गुलदस्ता।

bout *बॉउट् n.* a turn at work, fit of illness, trial of strength काम की पारी, बीमारी का दौरा, शक्ति-परीक्षा।

bow¹ *बॉउ v. t.* to bend झुकाना; *v.i.* to bend झुकना; to yield हार मानना।

bow² *n.* act of bowing नमन।

bow³ *n.* an instrument to shoot

arrows धनुष।

bowel *बॉउ अॅल n. (pl.)* the intestines आंतें; the interior part अंदरूनी भाग।

bower *बॉ उ अॅ: n.* shady retreat कुंज।

bowl[1] *बोल n.* a round hollow dish कटोरा; wooden ball लकड़ी की गेंद।

bowl[2] *v.i.* to send a ball to the batsman गेंदबाजी करना; *v. t.* (with 'out') to dismiss (a batsman) by hitting the wicket आउट करना।

box *बौक्स n.* a case of wood, metal etc. संदूक, बकस; a container for holding things डिब्बा; a small enclosure in a court कटघरा।

boxing *बौक् सिङ्ग n.* act or art of fighting with the fists मुक्केबाज़ी।

boy *बौ ॅइ n.* a male child लड़का, बालक।

boycott[1] *बौ ॅइ कौ ॅट (-tt-) v. t.* to refuse to deal with or participate in बहिष्कार करना।

boycott[2] *n.* refusal of dealings or participation बहिष्कार।

boyhood *बॉय्'-हुड् n.* boyish age, state of being a boy लड़कपन।

brace *ब्रेस् n.* a couple, a thing that tightens, *(pl.)* trouser suspenders, a pair, boring instrument used by carpenters युगल (जोड़ा), बन्धन, (ब०व) पतलून लटकाने का पट्टा, जोड़ा, बढ़ई का बरमा।

bracelet *ब्रेस-लेट् n.* an ornament for the wrist. पहुँची, कंगल, बाजू।

brag[1] *ब्रैग (-gg-) v. i.* to boast डींग मारना।

brag[2] *n.* boast डींग।

braille *ब्रेल् n.* printing in relief (letters for the blind) अन्धों के लिये उभरे अक्षरों में छपी पुस्तक।

brain *ब्रेन n.* the nervous matter within the skull दिमाग़।

brake[1] *ब्रेक n.* a contrivance for retarding the motion of wheels ब्रेक।

brake[2] *v. t. v.i.* ब्रेक लगाना।

branch *ब्रान्च n.* the shoot of a tree or plant डाली; section, subdivision शाखा, उपखंड।

brand *ब्रान्ड् n.* mark made by hot iron, trade mark, a sword तपे लोहे का चिन्ह, व्यापारिक चिन्ह, तलवार।

brandy *ब्रैन् डि n.* a strong spirit; distilled from wine ब्रांडी।

brangle *ब्राङ्गल v. t.* to quarrel कलह करना, झगड़ना।

brass *ब्रास n.* a yellow alloy of copper and zinc पीतल।

brave *ब्रेव a.* daring साहसी; bold निडर; valiant बहादुर।

bravery *ब्रे वॅ रि n.* courage बहादुरी, साहस।

brawl *ब्राल् v. i. & n.* to engage in a noisy quarrel, murmur कलह करना, विवाद।

bray[1] *ब्रे n.* cry of an ass गधे की रेंक।

bray[2] *v. i.* (of an ass) to cry रेंकना।

breach *ब्रीच n.* state of being broken विच्छेद; infringement उल्लंघन।

bread *ब्रै ॅड n.* food made of flour or meal baked रोटी; livelihood जीविका।

breaden *ब्रॉड्'-एन् v. t. & i.* to make or grow broad चौड़ा करना या होना।

breadth *ब्रै ॅड्थ n.* width, distance from side to side चौड़ाई।

break[1] *ब्रेक v. t.* to separate into pieces तोड़ना; to shatter चूर-चूर करना; to destroy नष्ट करना; to fail to observe पालन न करना; to violate भंग करना, उल्लंघन करना; *v.i.* to be broken टूट जाना।

break[2] *n.* act of breaking भंजन; gap अंतराल; a broken part दरार।

breakage *ब्रे किज n.* act of breaking तोड़ने की क्रिया; damage caused by breaking टूटने से हुई क्षति; state of being broken टूट-फूट।

breakdown *ब्रेक् डॉउन n.* accidental stoppage अचानक का अवरोध।

breakfast *ब्रेक् फ़ॅस्ट n.* the first meal in the day नाश्ता।

breakneck *ब्रेक्'-नेक् n.* asteep place, a great fall करारा, गिराव, adj. hazardous आपत्तिजनक।

breast *ब्रैस्ट n.* the fore part of a body छाती, सीना; either of the milk glands of a woman स्तन, कुच।

breath *ब्रैथॅ n.* air used in the act of breathing श्वास; respiration श्वसन।

breathe *ब्रीद v. i.* to draw into and eject air from the lungs सांस लेना।

breeches *ब्रि चिज़ n. pl.* a garment similar to trousers बरजिस, जांघिया।

breed[1] *ब्रीड v.t.* to bring up पालन-पोषण करना; to educate सिखाना; *v.i.* to produce offspring प्रजनन करना।

breed[2] *n.* race, generation जाति, नस्ल।

breeze *ब्रीज़ n.* gentle wind समीर, बयार।

breviary *ब्री-वी-य-रि n.* a book containing prayers स्तोत्र-संग्रह।

brevity *ब्रै ॅ वि टि n.* shortness संक्षिप्तता।

brew *ब्रू v. t.* to make (beer, ale etc.) (शराब) खींचना, बनाना; to contrive (a plot etc.) (योजना) बनाना; *v. i.* to make beer शराब बनाना; to be in preparation निर्माणाधीन होना।

brewery *ब्रु अॅ रि n.* a place where brewing is carried on यवसुरा निर्माणशाला।

bribe[1] *ब्रॉइब n.* a gift to corrupt the conduct घूस, रिश्वत।

bribe[2] *v. t.* to offer or give a gift to रिश्वत देना।

brick *ब्रिक n.* a lump of clay used in building ईंट।

bride *ब्रॉइड n.* a woman about to be, or newly married दुलहन, नववधू।

bridegroom *ब्रॉइड़ ग्रुम n.* a man about to be, or newly married दुल्हा, वर।

bridge *ब्रिज n.* a structure across a river etc. to furnish a passage पुल।

bridle *ब्रॉइ ड़ल n.* the harness on the head of a horse including the straps etc. लगाम।

brief *ब्रीफ़ a.* short संक्षिप्त।

brigade *ब्रि गेड n.* subdivision of an army वाहिनी।

brigadier *ब्रि गॅ डिअॅ: n.* the officer who commands a brigade ब्रिगेडियर।

bright *ब्रॉइट a.* clear स्पष्ट; shining

चमकदार; cheerful मुदित; clever तीव्रबुद्धि।

brighten *ब्रॉइ टॅन v. t.* to make bright चमकाना *v. i.* to become bright चमकना।

brilliance *ब्रि ल्यॅन्स n.* state of being brilliant चमक, दीप्ति।

brilliant *ब्रि ल्यॅन्ट a.* shining चमकदार; of great talents प्रतिभाशाली।

brim *ब्रिम् n.* the upper edge of anything कंठ, मुख, किनारा।

brine *ब्राइन् n.* salt water, the sea, tears खारा पानी, समुद्र, आँसू।

bring *ब्रिङ्ग v. t.* to lead or cause to come लाना।

brinjal *ब्रिन्'-जॉल् n.* fruit of egg-plant, egg-apple बैंगन, भंटा।

brink *ब्रिङ्क n.* edge of a steep place कगार।

brisk *ब्रिस्क् adj.* active, lively, full of spirit तीव्र, चपल।

bristle *ब्रिस्'-स्ल् n.* the stiff hair of swine सुअर के कड़े बाल; *v. t.* to cause hair to stand रोमांचित होना, पुलकित होना, रोवाँ खड़ा होना।

british *ब्रिट्'-इश् adj.* pertaining to England, of British empire आंग्लदेशीय, अंग्रेज़।

brittle *ब्रि ट्ल a.* apt to break टूटने-योग्य।

broad *ब्रौड a.* wide चौड़ा; general सामान्य।

broadcast¹ *ब्रौड कास्ट n.* act of broadcasting प्रसारण।

broadcast² *v. t.* to scatter (seed) बखेरना; to make widely known प्रचारित करना; to send out by radio or television प्रसारित करना।

brocade *ब्रो-केड् n.* fabric with raised pattem in gold-thread or silk किमखाब, ज़रीदार या बूटेदार कपड़ा।

broccoli *ब्रॉक्-ऑ-लि n.* cabbage with edible flower, फूलगोभी।

brochure¹ *ब्रो शुअॅ n.* a pamphlet विवरणिका।

brochure² *ब्रा-शूर n.* a stitched booklet सिली हुई छोटी पुस्तक।

broker *ब्रो कॅः n.* an agent who buys and sells for others दलाल।

brood *ब्रड्ड n.* batch of birds or animals, offspring पशु या पक्षियों के बच्चे।

brook *ब्रुक n.* a small stream नाला, छोटी नदी।

broom *ब्रूम n.* a brush for sweeping झाड़ू।

bronze *ब्रॉञ्ज् n. & adj.* brown alloy of copper and tin काँसा, कस्कुट का, काँसे का।

broth *ब्रौथॅ n.* thick soup शोरबा।

brothel *ब्रॉथू'-थ्ल् n.* house of ill-fame (prostitution) वेश्यालय, रंडी का घर।

brother *ब्र दॅः n.* son of the same parents भाई।

brotherhood *ब्र दॅः हुड n.* state or quality of being brother भ्रातृत्व।

brow *ब्रॉउ n.* ridge over eyes भौंह।

brown¹ *ब्रॉउन a.* reddish yellow भूरा।

brown² *n.* reddish yellow colour भूरा रंग।

browse *ब्राउज् n.* new leaves of trees. नई पत्तियाँ, पंखड़ी।

bruise *ब्रूज् n.* injury by blow. आघात, चोट।

bruit *ब्रूट्* *n.* report, rumor सूचना (जन-प्रवाद), झूठी खबर या झूठा समाचार।

brush *ब्रश* *n.* an instrument to clean by rubbing or sweeping सफ़ाई का ब्रश; painter's large pencil रंग भरने का ब्रश; the tail of a fox लोमड़ी की पूंछ।

brustle *ब्रस्-सल्* *v. t.* to rustle, to crackle खड़खड़ाना।

brutal *ब्रू टॅल* *a.* cruel क्रूर, निर्दय।

brute *ब्रूट* *n.* an animal पशु।

bubble *ब ब्ल* *n.* a ball of liquid filled with air बुलबुला।

bucket *ब किट* *n.* a vessel in which water is drawn or carried बाल्टी।

buckle *ब क्ल* *n.* a metal clasp for fastening belt, strap etc. बकसुआ।

bud *बड* *n.* the first shoot of a leaf कली।

budge *बज्* *v. i. & n.* to make the slightest movement, to give way, lambskin fur सरकना, घिसकना, हिलना, मेमने का बाल।

budget *बज्-इट्* *n.* contents of a bag or bundle, a stock, annual estimate of acconts कोष (संग्रह), पूँजी, आय-व्यय का वार्षिक अनुमान।

buff *बफ्* *n.* leather of buffalo or oxhide, a blow भैंस या बैल का चमड़ा, घूँसा।

buffalo *ब फ़ॅ लो* *n.* a species of ox भैंस, भैंसा।

buffoon *ब फून* *n.* jester मसखरा।

bug *बग* *n.* a small blood-sucking insect खटमल।

bugle *ब्यू-ग्ल्* *n.* a small trumpet of brass बिगुल, सिंगी, तुरही।

build[1] *बिल्ड* *v. t.* to construct निर्माण करना।

build[2] *n.* general shape or structure गठन, रचना।

building *बिल् डिङ्ग* *n.* a house or other structure भवन, निर्माण।

bulb *बल्ब* *n.* a round root कंद; glass container of electric lamp filament बल्ब।

bulk *बल्क* *n.* magnitude विस्तार; size आकार।

bulky *बल् कि* *a.* of great bulk भारी, बड़ा।

bull *बुल* *n.* the male cattle सांड।

bulldog *बुल डौ ॅग* *n.* a species of dog एक प्रकार का कुत्ता।

bull's eye *बुल्ज्'-आइ* *n.* the centre of a target. निशाना लगाने का गोल बिन्दु।

bullet *बु लिट* *n.* a small round missile shot from firearm गोली।

bulletin *बु लि टिन* *n.* an official report विज्ञप्ति।

bullock *बु लक* *n.* a young bull बैल।

bully[1] *बु लि* *n.* an overbearing quarrelsome fellow धौंसिया।

bully[2] *v. t.* to insult and overbear धौंसियाना, भयभीत करना।

bulwark *बल्'-वर्क्* *n.* rampart, fortification, breakwater, a principle. दुर्ग का प्राचीन, कोट, दुर्गीकरण, बाँध, सिद्धान्त।

bumper *बम्प्'-अर* *n.* a cup filled up to the brim, anything unusual or abundant. मुँह तक भरा हुआ प्याला, कोई असामान्य पदार्थ।

bumpy *बम्प्'-इ* *adj.* abounding in bumps. उछलने वाला, कूदने वाला।

bunch *बन्च* *n.* a cluster of things गुच्छा; group of people जनसमूह।

bundle *बन् ड्ल* *n.* a package पुलिंदा।

bungalow *बङ् गॅ लो* *n.* a house with only ground floor बंगला।

bungle[1] *बङ् ग्ल* *v. t.* to mismanage बिगाड़ना *v. i.* to act clumsily भद्दे ढंग से काम करना।

bungle[2] *n.* bungling घपला।

bunk *बङ्क्* *n.* a sleeping berth सोने के लिये पटरी; *v. t.* to clear off हटा देना।

bunker *बङ् कॅ:* *n.* underground shelter तहख़ाना, सेनावास।

buoy *बॉय्'* *n.* an anchored floating seamark for showing navigable course जहाज़ का मार्ग दिखलाने का लंगर पर बँधा हुआ पीपा।

buoyancy *बॉय्-आन्-सि* *n.* the floating power of liquids तरल पदार्थ की प्लवनशीलता, उतराव, हल्कापन।

burden[1] *ब: ड्न* *n.* load बोझा।

burden[2] *v. t.* to load लादना।

burdensome *ब: ड्न् सॅम* *a.* heavy भारी; oppressive कष्टकारी।

bureau *ब्यू-रो'* *n. (pl.* **Bureaux** —रोज़) a writing desk, office, department दराज वाल मेज़, लेखन-स्थान, दफ्तर, मुहकमा।

Bureacuracy *ब्यू-रो'-क्र-सि* *n.* government through officials अनियन्त्रित शासन, कर्मचारियों द्वारा चलाया जाने वाला राज्य, नौकरशाही।

bureaucrat *ब्यू-रो'-क्रेट्* *n.* an advocate of bureaucracy, an official कर्मचारी शासन-पद्धति का अनुयायी।

burglar *बॅ: ग्लॅ:* *n.* one who robs a house by night चोर।

burglary *ब: ग्लॅ रि* *n.* the act of a burglar चोरी।

burial *बैॅ रि ॲल* *n.* act of burying दफ़न।

burk *बर्क्* *v. t.* to avoid, to suppress, to hush up टालना, (जनश्रुति) दबाना, चुपके से तय कर देना।

burn[1] *ब:न* *v. t.* to consume with fire जलाना; to inflame उत्तेजित करना, *v. i.* to be on fire जलना; to be inflamed with desire उत्तेजित होना।

burn[2] *n.* a hurt caused by fire जलने की चोट।

burrow *बर्'-रो* *n.* a hole in the earth made by rabbits, for shelter बिल, माँद।

burst[1] *ब:स्ट* *v. i.* to fly or break open फट पड़ना; to enter with violence तीव्रता से प्रवेश करना; *v.t.* to break by force फोड़ना; to open suddenly तीव्रता से खोलना।

burst[2] *n.* a violent disruption प्रस्फोट, विस्फोट।

bury *बैॅ रि* *v. t.* to put into the grave दफनाना; to hide in the earth ज़मीन में गाड़ना या छिपाना।

bus *बस* *n.* a large motor vehicle for passengers बस।

bush *बुश* *n.* shrub झाड़ी; woodland जंगल।

business *बिज़् निस* *n.* occupation पेशा; concern सरोकार; trade व्यवसाय।

businessman *बिज़् निस् मॅन* *n.* a man engaged in trade or commerce व्यापारी।

bustle *बस्-सल्* *v. t.* to stir oneself, to hurry कार्य में लगना, जल्दी से काम करना

busy बि ज़ि *a.* occupied व्यस्त; actively engaged कार्यरत।

but[1] बट *prep.* except के अतिरिक्त।

but[2] *conj.* yet, still किंतु, फिर भी।

butcher[1] बु चॅः *n.* one who kills animals for market कसाई।

butcher[2] *v. t.* to kill (animals) for food हत्या करना।

butter[1] ब टॅः *n.* an oily substance obtained from cream by churning मक्खन।

butter[2] *v. t.* to spread butter on (पर) मक्खन लगाना।

butterfly ब टॅः फ्लॉइ *n.* an insect with large colourful wings तितली।

buttermilk ब टॅः मिल्क *n.* the milk that remains after the butter is separated मट्ठा।

buttock ब टॅक *n.* back of hip चूतड़।

button[1] ब टॅन *n.* fastener sewn on clothes बटन।

button[2] *v. t.* to fasten with buttons बटन लगाना।

buy बॉइ *v. t.* to purchase ख़रीदना।

buyer बॉइ अॅः *n.* purchaser क्रेता।

buzz[1] बज़ *v. i.* to make a low humming sound गुंजन करना।

buzz[2] *n.* a humming sound भिनभिनाहट।

by[1] बॉइ *prep.* near के समीप; during के दौरान; through से होकर; not later than तक।

by[2] *adv.* near पास में; past पास से होकर।

bye-bye बॉइ बॉइ *interj.* goodbye नमस्कार।

by-election बॉइ इ लैकॅ् शॅन *n.* parliamentary election during the term of the parliament उप-चुनाव।

bylaw, bye-law बॉइ लौ *n.* an accessory law उपनियम।

bypass बॉइ पास *n.* a road that avoids a town उपमार्ग।

by-product बॉइ प्रौ˘ डक्ट *n.* a secondary product उपोत्पादन।

byre बॉइ अॅः *n.* a cow-house गोशाला।

byword बॉइ वॅःड *n.* a proverb लोकोक्ति; an object of scorn घृणा का पात्र।

Cc

C सी the third letter of the english alphabet, the first note in the natural major scale. अंग्रेजी वर्णमाला का तीसरा अक्षर, (सं०) पहिला सुर; it is sounded as '*k*' before *a, o, u, l* and *r*, but before *e, i* and *y*, it is sounded as '*s*', when combined with *h*, it is sound as *k* or '*ch*'. इसका उच्चारण a, o, u, l तथा r के पूर्व रहने पर '*क्*' *e, i*, और *y* के पूर्व रहने पर '*स्*' होता है, *ch* का उच्चारण '*च्*' तथा '*क्*' होता है।

cab कैब *n.* a covered one-horse carriage घोड़ागाड़ी।

cabaret कैब्'-आ-रे *n.* a tavern सराय।

cabbage कै बिज *n.* a culinary vegetable बन्दगोभी, करमकल्ला।

cabin *कै बिन n.* a hut कुटीर; an apartment in a ship जहाज़ की कोठरी।

cabinet *कै बि निट,–नै ॅट n.* outer case of television, radio etc. पेटिका; the ministers of state मंत्रि-मंडल; a piece of furniture with drawers or shelves अलमारी।

cable[1] *के ब्ल n.* a strong rope रस्सा; wire conveying electric power, telegraph signals etc. डोरी; submarine telegraphic message समुद्रीतार।

cable[2] *v. t.* to send by ocean telegraph सतुद्रीतार से भेजना।

cache *काश n.* a hiding place for concealing treasure, provisions or ammunition. रत्न, भोजन-सामग्री तथा गोली-बारूद छिपाने का स्थान।

cachet *काशे n.* a stamp, a capsule containing medicine. मोहर, औषध भरने की छोटी पतली शीशी।

cackle *केक्-क्ल् v. i.* to make sound like a duck or hen, to talk idly, to boast कूकना, अव्यक्त शब्द करना, डींग हाँकना।

cactus *कैक् टॅस n.* a spiny shrub नागफनी।

cad *कैड् n.* a person of mean nature and manners नीच प्रवृत्ति तथा अशिष्ट आचरण का मनुष्य।

cadet *कॅ डै ॅट n.* a young man in a military school सैनिक छात्र।

cadge *काज्' v. i.* to go about peddling or begging भीख माँगते फिरना।

cadmium *कैड्'-मि-अम् n.* a metal like tin टीन के समान एक धातु।

cafe *कै फे n.* coffee-house काफ़ीघर।

cage *केज n.* an enclosure of wire for birds and beasts पिंजड़ा।

cain *कैन् n.* a murderer, rent paid in kind हत्यारा, वस्तु द्वारा चुकाया गया किराया।

cake *केक n.* baked, sweetened, breadlike food केक; a compact mass टिकिया।

calamity *कॅ लै मि टि n.* great misfortune विपत्ति।

calcium *कैल्'-सि-अम् n.* the base of metallic lime चूने का तत्त्व या सार।

calculate *कैल् क्यु लेट v. t.* to compute गणना करना; to estimate अनुमान लगाना।

calculator *कैल-क्यू-लेटर n.* one who or that which calculates जोड़ने वाला, गणना करने का यन्त्र।

calculation *कैल् क्यु ले शॅन n.* estimate अनुमान; process or result of calculating गणन।

calendar *कै लिन् डॅः n.* a table of months and days in the year पंचांग।

calf *काफ n.* young of a cow or some other animal बछड़ा; fleshy back part of leg below the knee पिंडली।

call[1] *कौल v. t.* to ask or command to come पुकारना।

call[2] *n.* vocal utterance पुकार; a short visit भेंट।

caller *कॉल्'-अर् n.* one who pays a visit भेंट करने वाला मनुष्य।

calligraphy *कैल्-लिग्-रे-फि n.* the art of beautiful handwriting सुन्दर लिखावट की कला।

calling *कौ लिङ्ग n.* vocation पेशा।

callow *कैल्'-लो adj.* not covered with feathers, inexperienced पंखहीन (बिना पर का), अनुभवशून्य (कोरा), नातजुर्बेकार।

callous *कै लॅस a.* hardened कठोर।

calm[1] *काम n.* still, quiet शांत।

calm[2] *n.* tranquility शांति।

calm[3] *v. t.* make calm शांत करना।

calmative *का-मे-टिव् adj.* possessing soothing or sedative effect शान्ति लाने वाली (औषध)।

calorie *कैल्'-ऑर्-इ n.* unit of heat तापमान की (इकाई), माप।

calumniate *कैल्'-अम्-नि-एट् v. t.* to slander निन्दा करना, झूठा अभियोग लगाना।

camel *कै मॅल n.* a large, desert animal with humped back ऊँट।

camera कै मॅ रॅ *n.* an apparatus for taking photographs कैमरा।

camlet *केम'-लिट् n.* light cloth of wool or silk used for making cloaks लबादा बनाने का ऊनी या रेशमी हल्का वस्त्र।

camp[1] *कैम्प n.* an encampment शिविर, पड़ाव।

camp[2] *v. i.* to encamp पड़ाव डालना।

campaign *कैम् पेन n.* a series of efforts आंदोलन; a series of military operations अभियान।

camphor *कैम् फॅः n.* a strong smelling white substance कपूर।

can[1] *कैन n.* a metal container डिब्बा।

can[2] *(-nn-) v. t.* to put in a can डिब्बे में बंद करना।

can[3] *v. aux.* to be able समर्थ होना; to be possible संभव होना।

canal *कॅ नैल n.* an artificial water course नहर; duct in the body नली।

canard *का-नाड़् n.* a fabricated story (झूठी) कल्पित कथा।

cancel *कैन् सॅल v. t.* to cross out काट देना; to annual रद्द करना; to call off वापस लेना; to neutralise व्यर्थ कर देना।

cancellation *कैन्-सैल्-ले-शन् n.* act of abolishing काटने का कार्य, रदद्।

cancer *कैन् सॅः n.* malignant growth in the body कैंसर।

candid *कैन् डिड a.* ingenuous मासूम; frank स्पष्टवादी, निष्कपट।

candidate *कैन् डि डेट n.* one who seeks office or post प्रत्याशी; one who takes an examination परीक्षार्थी।

candle *कैन् ड्ल n.* a stick of wax with wick मोमबत्ती।

candour *कैन् डॅः n.* frankness स्पष्टवादिता; sincerity निष्कपटता।

candy[1] *कैन् डि n.* crystallized sugar मिसरी।

candy[2] *v. t.* to conserve with sugar पागना।

cane[1] *केन n.* a reed बेंत।

cane[2] *v. t.* to beat with a cane बेंत से मारना।

canister *कै निस् टॅः n.* a small box with a lid कनस्तर।

cannon *कै नॅन n.* a large gun तोप।

cannonade *कैन्-नन्-एड्' n. v. & t.* continous gun-fire, to bombard निरन्तर गोलों की वर्षा, निरन्तर गोला चलाना।

canon *कान्-ॲन n.* a law or rule, a kind of type, church decree विधि (नियम, व्यवस्था), एक प्रकार का टाइप, गिरजाघर की डिगरी।

canopy कै नॅ पि *n.* covering over throne, bed etc. चंदोवा, छतरी।

canteen कैन् टीन *n.* a place where provisions etc. are sold जलपान-गृह।

canter कान्ट्'-अर् *n.* an easy gallop, a beggar कदम चाल, भिखमंगा।

canton कैन्-टॅन् *n.* a small division of a country, a distinct state किसी देश का छोटा विभाग, प्रदेश, भाग।

cantonment कैन् टून् मॅन्ट *n.* part of a town occupied by troops छावनी।

canvas कैन् वॅस *n.* cloth for painting on चित्रफलक, कैनवास।

canvass कैन् वॅस *v. t.* to solicit votes वोट मांगना।

cap[1] कैप *n.* covering for the head टोपी; lid ढक्कन।

cap[2] *(-pp-) v. t.* to put a cap on टोपी पहनाना।

capability कै पॅ बि लि टि *n.* quality of being capable सामर्थ्य।

capable के पॅ ब्ल *a.* having sufficient skill or power योग्य; competent सक्षम।

capacious कॅ पे शॅस *a.* roomy विशाल, लंबा-चौड़ा।

capacity क पै सि टि *n.* power of holding क्षमता; ability योग्यता।

cape केप *n.* point of land running into sea अंतरीप।

capital[1] कै पि टॅल *n.* chief town राजधानी; money, funds पूंजी; a large-sized letter बड़ा अक्षर।

capital[2] *a.* punishable by death मृत्युदंड-योग्य; chief मुख्य; excellent उत्तम, उत्कृष्ट।

capitalist कै पि टॅ लिस्ट *n.* owner of capital पूंजीपति।

capitulate कै-पिट्-यू-लेट् *v. t.* to surrender on terms किसी शर्त पर शत्रु के अधीन हो जाना।

caprice कॅ प्रीस *n.* whim, freak मौज, सनक।

capricious कॅ प्रि शॅस *a.* full of caprice सनकी, मनमौजी।

capricorn केप्-रि-कार्न *n.* the tenth sign of the zodiac मकर राशि।

capsicum केप्'-साइज्'*n.* a kind of tropical plant बड़ी लाल मिर्च।

capsize कैप् सॉइज़ *v. i.* to be overturned उलट जाना।

capsular कैप'-स्यूल्-अर् *adj.* pertaining to capsule.बीजकोष-सम्बन्धी।

captain कैप् टिन *n.* leader, commander कप्तान।

captaincy कैप् टिन् सि *n.* the rank, post or commission of a captain कप्तान का पद, कप्तानी।

caption कैप् शॅन *n.* heading or short title शीर्षक।

captivate कैप् टि वेट *v. t.* to charm, to fascinate मुग्ध करना, आकर्षित करना।

captive[1] कैप् टिव *n.* one taken prisoner in war बंदी।

captive[2] *a.* kept in bondage बंदी बना हुआ।

captivity कैप् टि वि टि *n.* state of being a captive बंदी दशा।

capture[1] कैप् चॅः *v. t.* to make prisoner बंदी बनाना।

capture[2] *n.* act of taking prisoner बंदीकरण।

car काः *n.* motorcar मोटरगाड़ी; coach

गाड़ी का डिब्बा, कोच।

carat *कै रॅट n.* a measure of the purity of gold करात, कैरट।

caravan *कै रॅ वैन, n.* a company of travellers कारवाँ, काफ़िला।

carbide *कार्'- बाइड़ n.* a compound of carbon with other elements दूसरे तत्वों के साथ कार्बन का यौगिक।

carbon *का: बॅन n.* pure charcoal कारबन।

card *का:ड n.* a thick stiff paper पत्रक; a playing card ताश का पत्ता।

cardamom *कार्डा-मम् n.* an aromatic pungent spice एला, इलायची।

cardboard *का:ड् बौ:ड n.* thin, stiff board made of paper pulp गत्ता।

cardiac (al) *कार्'-डि-एक् (-अल)adjs.* pertaining to the heart. हृदय सम्बन्धी।

cardinal[1] *का: डि नॅल a.* chief प्रधान।

cardinal[2] *n.* a dignitary in the Roman Catholic church next to the pope कार्डिनल।

care[1] *कै ॅअ: n.* attention सावधानी; worry चिंता; charge देखरेख।

care[2] *v. i.* to be concerned चिंतित होना; to look after देखरेख करना।

career *कॅ रिअ: n.* progress through life प्रगति; profession व्यवसाय; rapid motion तीव्र गति।

careful *कै ॅ अ: फुल a.* solicitous चिंतित; cautious सावधान, सचेत।

careless *के ॅ अ: लिस a.* heedless लापरवाह; incautious असावधान।

caress *कॅ रै ॅस v. t.* to fondle पुचकारना।

cargo *का: गो n.* the goods in a ship पोतभार।

caricature *कै रि कॅ ट्युअ: n.* a portrait or description so exaggerated as to excite ridicule व्यंग्य-चित्र।

carious *केरि-अस् adj.* rotten, ulcerated सड़ा हुआ, गलित।

carl *कार्ल् n.* a mean fellow, a rustic, a husbandman, a clown नीच पुरुष, गँवार मनुष्य, किसान, खेतिहर, विदूषक, भांड।

carnage *कार्-नेज् n.* great slaughter of men संहार, हत्याकाण्ड।

carnival *कार्नि-वल् n.* a riotous festival, revelry आनन्द उत्सव।

carol *कारोल् n.* joyous song आनन्द का गीत, स्त्रोत।

carpal *कार्-पल् adj.* pertaining to wrist कलाई का।

carpenter *का: पिन् टॅ: n.* one who works in timber बढ़ई।

carpentry *का: पिन् ट्रि n.* the trade, art or work of a carpenter बढ़ईगीरी।

carpet *का: पिट n.* a woven fabric for covering floors क़ालीन, दरी।

carriage *कै रिज n.* act of carrying ढुलाई; vehicle गाड़ी; cost of carrying भाड़ा।

carrier *कै रि अॅ: n.* one who carries for hire वाहक; an attachment fixed to a bicycle साइकिल का कैरियर।

carrot *कै रॅट n.* a yellowish or reddish esculent root of a tapering form गाजर।

carry *कै रि v. t.* to bear ले जाना; to transport पहुंचाना; to support संभालना; to have with one साथ रखना।

cart का:ट *n.* a carriage of burden with two wheels छकड़ा।

cartage का: टिज *n.* act of carrying in a cart ढुलाई का काम; price paid for carting भाड़ा।

carton कार्टन् *n.* a cardboard (pasteboard) box for holding goods सामान रखने का दफ्ती का बक्स।

cartoon का: टून *n.* a humorous or satirical drawing व्यंग्य-चित्र, हास्य चित्र; a sequence of drawings telling a story कार्टून-कथा।

cartridge का: ट्रिज *n.* a case containing charge of a gun कारतूस।

carve का:व *v. t.* to engrave उत्कीर्ण करना; to cut काटना; to sculpture मूर्ति का रूप देना।

cascade कैस् केड *n.* waterfall जलप्रताप।

case केस *n.* suit मुक़दमा; matter मामला; problem समस्या; box संदूक; state of affairs स्थिति; *(gram.)* relation of words in a sentence कारक।

cash[1] कैश *n.* ready money नक़द धन।

cash[2] *v. t.* to turn into money नगदी में बदलना।

cashier कै शिअ: *n.* one who has charge of money कोषाध्यक्ष, खज़ांची।

casing केस्-इङ्ग् *n.* a covering ढ़प्पन, ढकना।

cask कास्क् *n.* a wooden vessel for holding liquors पीपा, कठवत।

casket कास्क्'-इट् *n.* a small box used for keeping jewels, letter or cremated ashes जवाहरात, पत्र या शव की राख रखने का बक्स।

cassette कै सै ट *n.* a plastic container of film कैसिट।

cast[1] कास्ट *v. t.* to throw फेंकना; to scatter छितराना; to mould ढालना।

cast [2] *n.* a throw निक्षेपण; a mould ढांचा; set of actors अभिनेतावृंद; squint भेंगापन।

caste कास्ट *n.* social rank जाति।

castigate कैस् टि गेट *v. t.* to chastise फटकारना; to punish दंड देना।

casting कास्ट्'-इङ्ग् *n.* a moulding धातु को गलाकर ढलाई।

cast-iron कास्ट्'-आयरन् *n.* iron melted and cast in moulds कान्ती लोहा, ढला हुआ लोहा।

castle का सल *n.* a fortified building दुर्ग; (chess) a piece (शतरंज) हाथी।

castor oil कास् टः औ इल *n.* a medicinal oil obtained from tropical plant रेंडी का तेल।

castral कास-ट्रल *adj.* pertaining or belonging to a camp खेमे का।

casual कै ज्यु अॅल् *a.* happening by chance आकस्मिक।

casualty कै ज्यु अॅल् टि *n.* accident दुर्घटना; the victim of an accident दुर्घटना का शिकार।

cat कैट *n.* a domestic animal of the feline tribe बिल्ली।

catalogue कै टॅ लौगॅ *n.* a list सूचीपत्र।

cataract कै टॅ रैक्ट *n.* waterfall जलप्रताप; an eye-disease मोतियाबिंद।

catch[1] कैच *v. t.* to take hold of पकड़ना; to be in time for (bus etc.) (बस आदि) पकड़ना; to hear

सुनना; to find out पाना; to contract (cold etc.) (कोई रोग) ग्रहण करना।

catch[2] *n.* act of catching पकड़ने की क्रिया; what is caught शिकार; trick, deception चाल, धोखा; device for holding the door shut अर्गला।

categorical *कै टि गौ ˘ रि कॅल a.* pertaining to a category श्रेणीगत; unqualified and unconditional सुनिश्चित, निरपेक्ष।

category *कै टि गॅ रि n.* class, division श्रेणी, पद।

cater *के-टर् v. i.* to provide food or amusement भोजन या मनोरंजन का प्रबंध करना।

caterpillar *कैट्'-अर्-पिल्-लर् n.* the larva of a moth or insect, a rapacious person कीड़ा, झिनगा, लोभी आदमी।

cathedral *कॅ थी ड्रॅल n.* the principal church प्रधान गिरजाघर।

catholic *कै थॅ लिक a.* liberal उदार।

cattle *कै ट्ल n. pl.* animals like cows, bulls मवेशी।

cauliflower *कौ ˘ लि फ़्लॉउ अॅ: n.* a variety of cabbage फूलगोभी।

causal *कॉ'-जल् adj.* expressing cause हेतुक, कारण बतलाने वाला।

causality *कॉज्'-एल्-इट्-ई n.* the agency of a cause, relation of cause and effect कारणत्व, कारण और परिणाम का परस्पर सम्बन्ध।

cause[1] *कौज़* reason कारण; purpose उद्देश्य।

cause[2] *v.t.* to bring about उत्पन्न करना, का कारण बनना।

causeway *काज्'-वे n.* a raised road over water or through a marsh बाँध, पुल।

caustic *कौस् टिक a.* burning or corrosive दाहक; biting तीखा।

caution[1] *कौ शॅन n.* warning चेतावनी; care सतर्कता।

caution[2] *v. t.* to warn चेतावनी देना।

cautious *कौ शॅस a.* having caution सतर्क।

cavalry *कै वॅल् रि n.* mounted troops वख्तरबंद सेना।

cave *केव n.* den गुफा।

cavern *कै वॅ:न n.* a large cave गुफ़ा।

cavil *काव्'-इल् v. t.* to raise captious objection झूठी निन्दा करना, दोष निकालना।

cavity *कै वि टि n.* a hollow place रंध्र, गुहा।

caw[1] *कौ n.* cry of crow काँव-काँव।

caw[2] *v. i.* to cry like a crow काँव-काँव करना।

cease *सीस v. i.* to stop बंद होना; *v. t.* to put a stop to बंद करना।

ceaseless *सीस् लिस a.* without end, incessant निरंतर, निर्विराम।

cedar *सी'-डार् n.* a kind of tree देवदार का वृक्ष।

ceiling *सी लिङ्ग n.* the upper inside surface of a room भीतरी छत।

celebrate *सै ˘ लि ब्रेट v. t. & i.* to honour by solemn rites उत्सव या त्योहार मनाना।

celebrated *सै ˘ लि ब्रे टिड a.* famous प्रसिद्ध।

celebration *सै ˘ लि ब्रे शॅन n.* the act of celebration उत्सव, समारोह; ceremonious performance अनुष्ठान।

celebrity *से-लेब्-रिट्-ई n.* fame,

reknown कीर्ति, प्रसिद्धि, प्रशंसा, यश।

celestial *सि-लेस्ट्-इअल् adj.* heavenly, divine, beautiful दिव्य, स्वर्गीय, सुन्दर।

celibacy[1] *सेल्-इब्'-एस्-ई n.* unmarried life अविवाहित जीवन, कुँआरापन, ब्रह्मचर्य।

celibacy[2] *सै ॅ लि बॅ सि n.* unmarried state ब्रह्मचर्य, अविवाहित जीवन।

cell *सै ॅल n.* a small room कोठरी; cavity कोटर; a group of people गुट; minute basic unit of living matter कोशिका; device converting chemical energy into electric energy बैटरी।

cellar *सै ॅ लॅः n.* an underground apartment used for storage तहख़ाना।

cellular *सेल्'-ल्यू-लर् adj.* having small cavities छोटे छिद्रवाला, जालीदार।

cement[1] *सि मैन्ट n.* fine mortar सीमेंट।

cement[2] *v. t.* to join firmly together जोड़ना।

cemetery *सै ॅ मि टॅ रि n.* a burial place क़ब्रिस्तान।

cense *सेन्स् v. t.* to perfume with burming incense धूप देना।

censer *सेन्स्'-सर् n.* a licensing officer, a harsh critic दोष, निरीक्षक, गुण-दोष विवेचक।

censor[1] *सैनॅ सॅः n.* one who examines manuscripts etc. before they are published निरीक्षक, नियंत्रक।

censor[2] *v. t.* to examine निरीक्षण करना।

censorious *सेन्-सोर्-'इ-अस् adj.* fault-finding दोष निकालने वाला।

censorship *सेन्-सर्'-शिप् n.* the office of a censor लाइसेन्स देने वाले का पद।

censure[1] *सैनॅ शॅः n.* reproof निंदा।

censure[2] *v. t.* to blame निंदा करना।

census *सैॅ न् सॅस n.* an official count of population जनगणना।

cent *सेन्ट् n.* a hundred, a coin which is the hundredth part of a dollar सौ, एक सिक्का।

centenarian *सैनॅ टि नै ॅ अॅ रि अॅन n.* a person who is a hundred years completed of age शतायु व्यक्ति।

centenary *सैनॅ टि नॅ रि n.* period of a hundred years सौ वर्ष का समय; commemoration of an event a hundred years earlier शताब्दी महोत्सव।

centennial *सेन्ट्-ए-नि-यल् adj. n.* hundredth anniversary सौवीं वर्षगाँठ।

center *सेन्-टर् n.* a waist-belt कमरबन्द, कमर की पेटी।

centigrade *सैनॅ टि ग्रेड a.* divided into a hundred degrees सौ अंशों में विभाजित।

centipede *सेन्ट्-इ-पीड् n.* a many footed crawling insect गोजर, कनखजूरा।

central *सैनॅ ट्रॅल a.* placed in the centre केंद्रीय; chief मुख्य।

centre *सैनॅ टॅः* middle point केंद्र।

centrifugal *सेन्-ट्रिफ्'-यू-गल् adj.* tending to fly off form centre केन्द्र से हट जाने वाली (प्रवृत्ति)।

centuple *सेन्'-ट्यू-पल् n. & adj.* hundredfold सौगुना।

century *सैन्‌ँ चु रि n.* hundred सौ, शतक; a hundred years शताब्दी।

ceramics *से-रेम्‌-इक्स्‌ n.* the art of pottery, objects made of clay कुम्हारी विद्या, मिट्टी के पात्र।

cerated *सेर्‌'-एट्‌-एड्‌ adj.* covered with wax मोम से ढँका हुआ।

cereal[1] *सिऑ रि ऑल n.* grain used as food अन्न।

cereal[2] *a.* pertaining to corn अन्नमय।

cerebral *सेर्‌-रि-ब्रल्‌ adj.* pertaining to cerebrum प्रधान मस्तिष्क सम्बन्धी।

ceremonial *सै ˘ रि मो नि ऑल a.* relating to ceremony समारोहपूर्ण।

ceremonious *सै ˘ रि मो नि ऑस a.* formal औपचारिक।

ceremony *सै ˘ रि मॅ नि n.* religious rites धर्मक्रिया; solemnity समारोह; formalism शिष्टाचार।

certain *सॅ: टॅन a.* fixed निश्चित; inevitable अवश्यंभावी; unquestionable निर्विवाद; reliable विश्वसनीय।

certainly *सॅ: टॅन्‌ लि adv.* without doubt निःसंदेह।

certainty *सॅ: टॅन्‌ टि n.* fixed or real state निश्चितता; truth सत्य; fact तथ्य; inevitability अवश्यंभाविता।

certificate *सॅ: टि फ़ि किट n.* a written testimony प्रमाण पत्र।

certify *सॅ: टि फॉइ v. t.* to testify प्रमाणित करना।

cerumen *सि-रु'-मेन्‌ n.* wax secreted by the ear कान का खूँट।

cession *सेशन्‌ n.* giving up, yielding, परित्याग, समर्पण।

cesspool *सैसॅ पूल n.* a pit into which drains empty हौदी।

chain *चेन n.* a series of links ज़ंजीर; a line of things connected श्रृंखला; that which binds बेड़ी, बंधन।

chair *चे ˘ अॅ: n.* a seat कुर्सी; an official seat पद।

chairman *चेअर्‌'-मेन्‌ n.* one who controls a committee सभापति।

chaice *चे-इस्‌ n.* goblet, a cup of bowl प्याला, पात्र।

chaise *चेज़्‌ n.* a pleasure-carriage आनन्द की सवारी, गाड़ी।

chalk *चौक n.* white calcareous earth of carbonate of lime चाक।

challenge[1] *चै लिन्ज n.* summons to fight चुनौती; objection आपत्ति।

challenge[2] *v. t.* to summon to fight चुनौती देना।

chamber *चैम्‌ बॅ: n.* an apartment कक्ष; an office कार्यालय; a hall of justice of legislation सदन।

chamberlain *चेम्‌'-बर्‌-लेन्‌ n.* a high officer in a king's court राजमहल का एक प्रधान कर्मचारी।

champion[1] *चैम्‌ पि ऑन n.* supporter समर्थक; winner सर्वजेता।

champion[2] *v. t.* to support समर्थन करना।

chance *चान्स n.* that which happens unawares संयोग; luck, fortune भाग्य; opportunity अवसर।

chancellor *चान्‌ सि लॅ: n.* highest authority of a university कुलाधिपति।

chancery *चान्सरी n.* the highest court of justice प्रधान न्यायालय, दीवानी की बड़ी अदालत।

change[1] *चेन्ज v. t.* to make different बदल देना; to exchange विनिमय

करना; *v. i.* to become different बदल जाना।

change² *n.* alteration परिवर्तन।

channel *चैन'-नल् n.* a bed of running water स्त्रोत, नाला, समुद्रस्त्रोत, तरल पदार्थ का मार्ग, दिशा, द्वार।

chant *चान्ट्' n.* song गीत, स्तोत्र, भजन।

chaos *के औसॅ n.* utter confusion अव्यवस्था।

chaotic *कै औ ˇ टिक* a pertaining to chaos अव्यवस्था-संबंधी।

chapel *चै पॅल n.* place of worship पूजास्थल।

chapter *चैप् टॅः n.* a division of a book अध्याय।

character *कै रिक् टॅः n.* distinctive qualities of a person or thing चरित्र, लक्षण; a person in fiction or drama पात्र।

charge¹ *चाःज v. t.* to load आवेशित करना; to put a price on (के) दाम मांगना; to lay a responsibility on (पर) दायित्व डालना; to command आदेश देना; to accuse दोष देना।

charge² *n.* an assault धावा; order आदेश; price मूल्य; · accusation दोषारोपण; accumulation of electricity आवेश।

chariot *चे रि ॲट n.* a stately carriage with two or four wheels रथ।

charitable *चै रि टॅ बल a.* characterised by charity दानशील; for charity दानार्थ; kindly दयावान।

charity *चै रि टि n.* kindness दयाभाव; almsgiving भिक्षादान; benefaction परोपकार; charitable institution दानी संस्था।

charm¹ *चाः म ,n.* attractiveness आकर्षण; magic spell जादू-टोना।

charm² *v. t.* to attract लुभाना; to delight आनंद देना।

chart *चाःट n.* map मानचित्र, नक़्शा; graph, table चार्ट, लेखा।

charter *चाः टॅः n.* declaration घोषणापत्र; privilege प्राधिकार; deed of hire अवक्रय-पत्र।

chase¹ *चेस v. t.* to pursue पीछा करना।

chase² *n.* pursuit पीछा।

chaste *चेस्ट a.* pure शुद्ध, पवित्र; undefiled अभ्रष्ट; simple सादा।

chastity *चैस् टि टि n.* quality of being chaste शुचिता, शुद्धता।

chat¹ *चैट n.* familiar talk बातचीत, गपशप।

chat² *(-tt-) v. i.* to talk familiarly बातचीत करना, गपशप करना।

chatter *चै टॅः v. t.* to talk idly बकवास करना; to chirp rapidly चहचहाना; (of teeth) to rattle or knock together कटकटाना।

chauffeur *शौ फ़ॅः n.* a private car-driver कार-चालक।

cheap *चीप a.* low in price सस्ता; inferior घटिया।

cheapen *ची पॅन v. t.* to reduce price of सस्ता करना; to degrade (का) स्तर गिराना; *v. i.* to be reduced in price or worth सस्ता या घटिया होना।

cheat¹ *चीट v. t.* to defraud ठगना।

cheat² *n.* one who deceives छलिया, ठग।

check¹ *चै कॅ v. t.* to verify जांचना; to restrain नियंत्रित करना।

check² *n.* a stop रोक, अवरोध; control नियंत्रण।

checkmate *चैक् मेट n.* winning situation in chess शहमात; complete defeat करारी हार।

cheek *चीक n.* side of face below the eye कपोल, गाल।

cheep *चीप् v. i.* to chirp or pipe like a young bird चिड़िया के बच्चे की तरह चीं-चीं करना या सीटी बजाना।

cheer[1] *चिअॅ: n.* shout of applause जयजयकार; gladness प्रसन्नता; encouragement प्रोत्साहन।

cheer[2] *v. t.* to comfort धैर्य बंधाना; to gladden आनंदित करना; to encourage by shouts (की) जयजयकार करना।

cheerful *चिअॅ: फुल a.* gay प्रसन्न।

cheerless *चिअॅ: लिस a.* gloomy उदास; dejected निराश।

cheese *चीज़ n.* coagulated milk pressed into a firm mass and used as food पनीर।

chemical[1] *कै ˘ मि कॅल a.* pertaining to chemistry रसायन-संबंधी।

chemical[2] *n.* substance obtained by a chemical process रासायनिक पदार्थ।

chemise *शि मीज़ n.* a girl's undergarment शमीज़।

chemist *कै ˘ मिस्ट n.* pharmacist भेषजज्ञ; dealer in medicinal drugs औषध-विक्रेता।

chemistry *कै ˘ मिस् ट्रि n.* science of elements and compounds रसायन-शास्त्र।

cheque *चैकॅ n.* an order for money चेक।

cherish *चै ˘ रिश v. t.* to treat with tenderness दुलारना; to foster पोसना।

cheroot *शै ˘ रूट n.* small cigar सिगार।

chess *चैसॅ n.* a game played by two on a board divided into sixty four squares शतरंज का खेल।

chest *चैस्ट n.* the part of the body containing the heart and lungs वक्षस्थल; a big strong box तिजोरी।

chestnut *चैस्ट् नॅट n.* large, reddish brown nut or its tree पांगर।

chew *चू v. t.* to crush with teeth चबाना।

chevalier *शेव्-अ-लिअर् n.* a knight, a gallant. महावीर, अश्वारोही।

chicken *चि किन n.* a young hen चूजा।

chide *चॉइड v. t.* to scold, to rebuke झिड़की देना।

chief[1] *चीफ़ n.* leader मुखिया।

chief[2] *a.* principal मुख्य।

chieftain *चीफ़ टॅन n.* chief of a clan or tribe मुखिया।

child *चॉइल्ड (pl.* children) *n.* infant बच्चा; offspring संतान।

childhood *चॉइल्ड् हुड n.* state of being a child शैशव; time when one is a child शैशवकाल।

childish *चॉइल् डिश a.* of or like a child बचकाना; silly मूर्खतापूर्ण।

chill *चिल n.* unpleasant coldness ठिठुरन।

chilli *चि लि n.* dry red pepper लाल मिर्च।

chilly *चि लि a.* cold ठंडा।

chiliad *किल्-इ-आड् n.* a thousand years. एक हजार वर्ष का काल।

chimney *चिम् नि n.* a passage for smoke चिमनी।

chimpanzee *चिम् पैन् ज़ी n.* an anthropoid ape वनमानुष।

chin *चिन* *n.* part of the face under the mouth ठोड़ी।

china *चॉइ नॅ* *n.* fine earthenware चीनी मिट्टी के बरतन।

chirp[1] *च:प* *v.i.* to make a short shrill sound चींचीं करना।

chirp[2] *n.* short shrill sound चींचीं।

chisel[1] *चि ज़ॅल* *n.* a steel tool छेनी।

chisel[2] *(-ll-)* *v. t.* to cut with a chisel छेनी से काटना।

chit *चिट* *n.* informal note पर्ची।

chivalrous *शि वॅल् रॅस्* *a.* full of valour शौर्यवान; courteous शिष्ट; generous उदार।

chivalry *शिवॅल् रि* *n.* bravery शौर्य; courtesy शिष्टता; system of knighthood क्षात्र-परंपरा।

chlorine *क्लार'-इन्* *n.* a suffocating gas. साँस घुटाने वाली एक गैस।

chloroform *क्लोरो-फॉर्म्* *n.* a liquid for producing insensibility बेहोश करने की एक प्रसिद्ध तरल औषधि।

choice *चौ ॅइस* *n.* selection पसंद; option विकल्प।

choir *क्वॉइअ:* *n.* a group of singers गायक-मंडली।

choke *चोक* *v. t.* to block up अवरुद्ध करना; to stop breathing of गला घोंटना; *v. i.* to suffer choking गला घुटना।

cholera *कौ ॅ लॅ रॅ* *n.* a disease accompanied by diarrhoea and vomiting हैज़ा।

chocolate *चॉकलेट्* *n.* a kind of sweatmeat containing sugar, coco and flour चीनी, कोको और मैदा की एक प्रकार की मिठाई।

choose *चूज़* *v. t.* to take by preference चुनना, छांटना।

chop *चौपॅ* *(-pp-)* *v. t.* to cut into small pieces काटना।

chord *कौ:ड* *n.* string of a musical instrument तार, तंत्री, emotional response भावनात्मक प्रतिक्रिया।

choroid *को-रॉइड्* *n.* the membrane which lines the eye-ball आँख की पुतली की भीतर की झिल्ली।

chorus *कौ रॅस* *n.* a company of singers गायक-दल; a refrain टेक; a song is sung by a band of singers वृंदगान।

Christ *क्राइस्ट* *n.* Jesus of Nazarath मसीहा।

Christendom *क्रि सृन् डॅम* *n.* the Christian world ईसाई जगत्।

Christian[1] *क्रिस् ट्यॅन* *n.* follower of Christ ईसाई।

Christian[2] *a.* following Christ ईसाई मतानुयायी; relating to Christ or His religion ईसाई धर्म-संबंधी।

Christianity *क्रिस् टि ऐ नि टि* *n.* the religion of Christ ईसाई धर्म।

Christmas *क्रिस् मॅस* *n* festival of the birth of Christ ईसा-जन्मोत्सव।

chrome *क्रोम्* *n.* a yellow pigment and colour पीला रंग।

chronic *क्रौ ॅ निक* *a.* continuing a long time जीर्ण, पुराना।

chronicle *क्रौ ॅ नि कॢल* *n.* an historical account of events in order of time इतिहास।

chronology *क्रॅ नौ ॅ लॅ जि* *n.* arrangement of events according to their dates घटनाक्रम, कालक्रम।

chronograph *क्रान-ओ-ग्राफ्* *n.* an

instrument to record time with great accuracy सूक्ष्म रीति से समय नापने का एक प्रकार यन्त्र।

chuckle *चक्'-क्ल् v. i.* to laugh in a suppressed manner, to cackle; to show signs of glee मुँह बन्द करके हँसना, प्रसन्नता के चिन्ह दिखलाना।

chum *चम् n.* a familiar friend, a chamber fellow, a kind of fish लँगोटिया यार, पुराना मित्र, एक प्रकार की मछली।

church *चःच n.* building for Christian public worship गिरजाघर।

churchyard *चःच् याःड n.* a burial ground attached to a church क़ब्रिस्तान।

churl *चर्ल् n.* an ill-bred fellow, a rustic देहाती, गँवार मनुष्य।

churn[1] *चँःन v. t. & i.* to stir (something) vigorously बिलोना, मथना।

churn[2] *n.* large milk can दूध का मटका; vessel for making butter दूध मथने का पात्र।

cigar *सि गाः n.* a tobacco roll for smoking सिगार।

cigarette *सि गॅ रैॅट n.* finely cut tobacco rolled in paper for smoking सिगरेट।

cinema *सि नि मॅ n.* building used for showing of films सिनेमाघर; art of making movies चलचित्र।

cinnabar *सिन्'-नाबार् n.* vermilion सिंगारिफ, सिन्दूर।

cinnamon *सिन्-नामन् n.* the aromatic inner bark of a tree. दालचीनी, दालचीनी का वृक्ष।

cipher, cypher *सॉइ फ़ः n.* the figure 0 शून्य का अंक; secret writing बीज लेख; a person of no importance नगण्य व्यक्ति।

circle *सॅः कल n.* a perfectly round flat figure वृत; something like a circle घेरा; cycle परिक्रमा।

circuit *सॅः किट n.* circumference परिधि; area क्षेत्र, going round परिक्रमा; path of an electric current परिपथ।

circumfluence *सर्-कम'-फ्लु-एन्स् n.* flowing round on all sides जल का चौफेर बहाव।

circumspect *सर्'-कम्-स्पेक्ट् adj.* cautious, wary सावधान, जाग्रत, चौकन्ना।

circular[1] *सॅः क्यु लॅः a.* round गोल।

circular[2] *n.* a paper addressed to a number of persons परिपत्र।

circulate *सॅः क्यु लेट v. i.* to move round प्रसारित होना, *v. t.* to send round प्रसारित करना।

circulation *सॅः क्यु ले शॅन n.* act of circulating प्रसारण; flow of blood रक्त-संचार; extent of sale of a newspaper समाचार-पत्र का प्रसार।

circumference *सॅः कम् फॅ रॅन्स n.* the bounding line of a circle परिधि।

circumstance *सॅः कॅम्स् टॅन्स n.* a particular fact or event घटना; *(pl.)* conditions connected with an event or person परिस्थितियां।

circus *सॅः कॅस n.* arena for sports and games अखाड़ा; a travelling show of trained animals, clowns, acrobats, etc. सर्कस।

cist *सिस्ट् n.* a stone chest, a grave of prehistoric times पत्थर का सन्दूक, प्राचीन काल की समाधि, कब्र।

citadel *सि टॅ डॅल n.* a fortress in or near a city नगर-दुर्ग, गढ़ी।

cite *सॉइट v. t.* to summon to appear in a court अदालत में तलब करना; to quote उद्धृत करना।

citizen *सि टि ज़ॅन n.* an inhabitant of a city नगर-निवासी; an inhabitant of a state नागरिक।

citizenship *सि टि ज़ॅन् शिप n.* the rank of a citizen नागरिकता।

citric *सि-ट्रिक् adj.* pertaining to citron or lemon नींबू की खटाई का।

city *सि टि n.* a large town शहर, नगर।

civic *सि विक a.* relating to civil affairs नागरिक; of a city नगर का।

civics *सि विक्स n.* study of civic life and affairs नागरिकशास्त्र।

civil *सि विल a.* relating to people मानव-समाज-संबंधी; not military असैनिक; cultured सभ्य।

civilian *सि वि लि ॲन n.* non-military person असैनिक व्यक्ति।

civilization *सि वि लॉइ ज़ेशॅन n.* state of being civilized सभ्यता, शिष्टता।

civilize *सि वि लॉइज़ v. t.* to bring out of barbarity; सभ्य बनाना।

clack *क्लाक् n. & v. i.* a clattering noise, to make a sudden sharp noise कर्कश शब्द, खड़खड़ाहट, एकाएक खड़खड़ाहट का शब्द करना।

claim[1] *क्लेम n.* act of claiming दावा; assertion दृढ़ कथन।

claim[2] *v. t.* to demand as a right दावा करना; to assert दृढ़तापूर्वक कहना।

claimant *क्ले मॅन्ट n.* the person making a claim दावेदार।

clamber *क्लेम्-बर v. i.* to climb with difficulty कठिनता से चढ़ना।

clamour[1] *क्लै मॅः n.* loud noise कोलाहल।

clamour[2] *v. i.* to engage in noisy shouting कोलाहल करना।

clamp *क्लैम्प् n.* a clasp or hand used to hold things together पाहू, कोनिया, शिकंजा,

clan *क्लैन n.* a tribe आदिम जाति, कबीला।

clandestine *क्लेन्-डेस्'-टाइन् adj.* hidden, secret छिपा हुआ, गूढ़ गुप्त।

clap[1] *क्लैप (-pp-) v. i.*, to strike the hands together ताली बजाना; *v.t.* to strike gently थपथपाना।

clap[2] *n.* loud explosive noise कड़क; sound of the palms of the hands struck together करतल ध्वनि।

clarify *क्लै रि फॉइ v. t.* to make clear स्पष्ट करना; *v. i.* to become clear स्पष्ट होना।

clarification *n.* स्पष्टीकरण।

clarion *क्लैरिॲन n.* a kind of trumpet तुरही।

clarity *क्ले-रिट्'ई n.* purity, clearness सफाई, स्वच्छता, शुद्धता।

clash[1] *क्लैश n.* encounter मुठभेड़; collision टक्कर; conflict संघर्ष।

clash[2] *v. t.* to strike against someone टकराना; *v.i.* to disagree violently असहमत होना; to coincide एक ही समय होना।

clasp *क्लास्प् n.* a contrivance for fastening, embrace, reach अँकुरा (बलकस), आलिगंन, पहुँच।

class *क्लास n.* rank of persons or

things श्रेणी; group of students taught together कक्षा।

classic[1] क्लै सिक *a.* of the first rank उत्कृष्ट: of the highest quality सर्वोत्तम।

classic[2] *n.* a literary work or writer of recognised excellence उत्कृष्ट कृति अथवा लेखक।

classical क्लै सि कॅल *a.* pertaining to best art and literature शास्त्रीय; of the highest quality अति उत्कृष्ट; pertaining to the ancient times प्राचीनकाल-संबंधी।

classification क्लै सि फ़ि के शॅन *n.* act of classifying वर्गीकरण।

classify क्लै सि फ़ॉइ *v. t.* to categorise वर्गीकृत करना।

clause क्लौज़ *n.* component part of a sentence वाक्यांश; a single proviso in law धारा, अनुच्छेद।

claw क्लौ *n.* foot with pointed nails पंजा।

clay क्ले *n.* earth मिट्टी।

clean[1] क्लीन a. neat साफ़-सुथरा; clear-cut स्वच्छ; pure पवित्र।

clean[2] *v. t.* to purify साफ़ करना।

cleanliness क्लीन् लि निस *n.* purity; स्वच्छता।

cleanse क्लैन्ज़ *v. t.* to make clean परिमार्जन करना।

clear[1] क्लिअॅ: *a.* neat साफ़-सुथरा; pure शुद्ध; distinct स्पष्ट।

clear[2] *v. t.* to make clear साफ करना; to remove हटाना; to pass over लांघना *v. i.* to become clear स्वच्छ होना।

clearance क्लिअॅ रॅन्स *n.* making clear निकासी।

clearly क्लिअॅ: लि *adv.* obviously स्पष्ट रूप से।

cleft क्लफ्ट् *n.* a fissure, a crack, a split फाँक, फटन, दरार।

clergy क्लॅ: जि *n.* body of ministers of Gospel याजकगण।

clerical क्लै˘ रि कॅल *a.* pertaining to clergy याजकीय; pertaining to a clerk लिपिक-विषयक।

clerk क्ल:क *n.* an office worker क्लर्क, लिपिक।

clever क्लै˘ वॅ: *a.* skilful चतुर, होशियार।

clew क्लू *n.* a ball of thread or yarn, the corner of a sail डोरे की रील या गोली, पाल का कोना।

click क्लिक् *n.* a catch in machinery, a sharp short sound खटका, चटखनी, खटके का शब्द।

client क्लॉइ अॅन्ट *n.* the employer of a lawyer मुवक्किल; a customer ग्राहक।

cliff क्लिफ़ *n.* a steep rock खाड़ी चट्टान।

climate क्लॉइ मिट *n.* weather conditions जलवायु।

climax क्लॉइ मैक्स *n.* apex शिखर; culmination चरम, उत्कर्ष।

climb[1] क्लॉइम *n.* act of climbing चढ़ाई।

climb[2] *v.i.* to mount चढ़ाई पर जाना; to progress प्रगति करना; *v. t.* to ascend (पर) चढ़ना।

cling क्लिङ्ग *v. i.* to stick, to adhere चिपटना; to be firmly attached लगाव मानना।

clinic क्लि निक *n.* place for medical treatment चिकित्सालय।

clink क्लिङ्क् *n.* a sharp ringing sound, a prison झनझन शब्द,

कारागृह।

cloak *क्लोक n.* a loose upper garment चोगा।

clock *क्लौकॅ n.* time measuring instrument घड़ी।

clod *क्लॉड़ n.* a lump of earth, a lout मिट्टी का ढोंका, मूर्ख।

cloister *क्लॉयस्ट्-अर् n.* a convent, a monastery, a covered walk, a nunnery, मठ, विहार (आश्रम), वृक्षों से ढका हुआ मार्ग, संन्यासिनियों का आश्रम।

close[1] *क्लोज़ n.* end अंत, समाप्ति।

close[2] *a.* near समीप; intimate घनिष्ट; careful सावधानीपूर्ण।

close[3] *v. t.* to shut बंद करना; to end समाप्त करना।

closet *क्लौ ॅ ज़िट n.* small room कोठरी।

closure *क्लो ज़ॅ: n.* act of closing समापन।

clot[1] *क्लौ ॅट n.* semi-solid lump थक्का।

clot[2] *(-tt-) v. t.* to form into clots थक्का बनाना; *v. i.* coagulate थक्का बनना।

cloth *क्लौथॅ n.* a woven material or fabric कपड़ा।

clothe *क्लोद v. t.* to put clothes on कपड़े पहनाना।

clothes *क्लोदज़ n. pl.* garments परिधान।

clothing *क्लो दिङ्ग n.* garments collectively परिधान।

cloud *क्लॉउड n.* condensed visible water vapour बादल।

cloudy *क्लॉउ डि a.* overcast with clouds मेघाच्छादित; not clear धुंधला।

clove *क्लोव् n.* a kind of pungent, aromatic spice लवंग।

clown *क्लॉउन n.* jester or buffoon विदूषक, मसखरा।

club *क्लब n.* an association of persons सभा, गोष्ठी; a cudgel गदा; one of the suits at cards चिड़ी।

clue *क्लू n.* hint सूत्र, संकेत।

clumsy *क्लम् ज़ि a.* unskilled अनाड़ी; ill-made भौंडा; shapeless बेडौल।

cluster[1] *क्लस् टॅः n.* bunch गुच्छा।

cluster[2] *v. i.* to gather in a cluster समूहबद्ध होना।

clutch *क्लच n.* tight grasp पकड़, चंगुल; a mechanical device in automobiles क्लच।

clutter *क्लट्'-अॅर् v. t.* to run with confused noise चिल्लाकर दौड़ना।

co *कॉ n.* an *abbr.* for Company. 'कम्पनी' शब्द का संक्षिप्त रूप।

coach *कोच n.* a large four wheeled carriage बग्घी; railway carriage रेलगाड़ी का डिब्बा; tutor, instructor प्रशिक्षक।

coachman *कोच् मॅन n.* driver of a coach गाड़ीवान।

coal *कोल n.* a black mineral used as fuel कोयला।

coalition *को अॅ लि शॅन n.* union, alliance सम्मिलन, मेल।

coarse *कौःस a.* inferior घटिया; rough खुरदुरा; unrefined अशिष्ट।

coast *कोस्ट n.* sea-shore समुद्र-तट।

coat *कोट n.* man's upper garment कोट; layer तह, परत।

coating *कोटिङ्ग* a layer of paint, cloth for coats रंग की तह, कोट बनाने का कपड़ा।

coax *कोक्स v. t.* to persuade बहलाना; to wheedle मनाना।

cobalt *को-बॉल्ट् n.* a metal like nickel गिलट के समान एक सफेद धातु।

cobbler *कौबॅ लॅः n.* shoe-mender मोची।

cobra *को ब्रॅ n.* a venomous snake with a hood फनदार विषैला साँप।

cobweb *कौबॅ वैबॅ n.* spider's web मकड़ी का जाला।

cocaine *को-केन्' n.* a drug producing local insensibility कोकीन।

cock *कौकॅ n.* male of a domestic fowl मुर्गा; tapped spout टोंटी; lever in a gun बंदूक का घोड़ा।

cocker *कॉक्-अर् v. t.* to pamper, to cuddle लाड़ करना, दुलार करना।

cockle *कॉक्-कल् v. i.* to bulge, to pucker or wrinkle फूलना, झुर्री पड़ना।

cock-pit *कौकॅ पिट n.* pilot's seat or compartment in an aircraft वायुयान में चालक-कक्ष।

cockroach *कौकॅ रोच n.* the black beetle तिलचट्टा।

coconut *को को नॅट n.* large edible nut नारियल।

code *कोड n.* systematic collection of laws संहिता; a secret language संकेत–लिपि।

co-education *को ऐ˘ ड्यु के शॅन n.* education of boys and girls together सहशिक्षा।

coefficient *को-एफ'-इश्-इअन्ट् n* a joint factor, a number or quantity that multiplies another number गुणक, गुणा करने वाली संख्या।

co-exist *को ऐगॅ ज़िस्ट v. i.* to exist at the same time सहवर्ती होना।

co-existence *को ऐगॅ ज़िस् टॅन्स n.* existence at the same time सहअस्तित्व।

coffee *कौ˘ फि n.* seeds of coffee tree कॉफ़ी के बीज़; drink made from them इनसे बना पेय।

coffin *कौ˘ फ़िन n.* box for corpse शव-पेटिका, ताबूत।

cog *कॉग् n.* the catch or tooth of a wheel by which it drives another wheel पहिये का दाँता।

cogent *को'-जेन्ट् adj.* forcible, convincing, powerful प्रबल, निश्चित, विश्वस्त, बलवान।

cognate *कॉग्-नेट् adj.* skin in origin, related of allied to सगोत्री सम्बन्धी।

cognizance *कौगॅ नि ज़ॅन्स n.* (law) knowledge जानकारी।

cohabit *को-हैब्-इट् v. t.* to dwell together as husband and wife. पति-पत्नी के समान सहवास करना।

coherent *को हिअॅ रॅन्ट a.* showing logical consistency सुसंगत; sticking together संस्क्त।

cohesive *को-हे'-सिव् adj.* producing union एकता लाने वाला, संयुक्त होने वाला।

coif *कॉइफ् n.* a cap or covering for the head टोपी, टोप।

coin *कौ˘इन n.* metal money सिक्का, मुद्रा।

coinage *कौ˘इ निज n.* currency सिक्का, मुद्रा; act of coining money सिक्का-ढलाई।

coincide *कॉइन्-साइड्' v. i.* to occupy the same position, to agree

समान या अनुरूप होना, ठीक-ठीक बैठना, सहमत होना।

coir *कॉइर्* *n.* coconut fibre which is used for making ropes, matting नारियल की जटा जो रस्सी, चटाई आदि बनाने के लिये काम में लाई जाती है।

coke *कोक्* *v. t.* to convert coal in to solid substance पत्थर के कोयले को ठोस बनाना।

cold[1] *कोल्ड* *a.* chilly शीतल, ठंडा; indifferent उदासीन।

cold[2] *n.* absence of heat ठंडक, शीत; catarrh सर्दी, जुकाम।

collaborate *कॅ लै बॅ रेट* *v. i.* to work conjointly सहयोग करना।

collaboration *कॅ लै बॅ रे शॅन* *n.* co-operation सहयोग।

collapse *कॅ लैप्स* *v. i.* to fall to pieces एकाएक गिरना; to lose heart हिम्मत हारना।

collar *कौ ॅ लॅः* *n.* neckband कॉलर।

colleague *कौ ॅ लीग* *n.* co-worker सहकर्मी।

collect *कॅ लैक्ट* *v. t.* to gather संग्रह करना, इकट्ठा करना; *v. i.* to come together इकट्ठा होना।

collection *कॅ लैक् शॅन* *n.* act of collection संचयन, संकलन; the thing collected संचित वस्तु।

collective *कॅ लैकॅ टिव* *a.* of a group सामूहिक।

collector *कॅ लैक् टॅः* *n.* one who collects संग्राहक, वसूल करनेवाला।

college *कौ ॅ लिज* *n.* institution for higher education महाविद्यालय।

collide *कॅ लॉइड* *v. i.* to strike against one-another टकराना, भिड़ना।

collision *कॅ लि ज़ॅन* *n.* act of colliding भिड़त; conflict संघर्ष।

collusion *कॅल्यूजन* *n.* a secret compact for a fraudulent purpose, deceit जाल, कपट, दलबन्दी।

colon[1] *को लॅन* *n.* a punctuation mark (;) अपूर्ण विराम।

colon[2] large intestine बड़ी अंतड़ी।

colonel *कॅः नॅल* *n.* an army officer कर्नल।

colonial *कॅ लो नि ॲल* *a.* pertaining to colonies औपनिवेशिक।

colony *कौ ॅ लॅ नि* *n.* body of people who settle in a new country उपनिवेश; country so settled बस्ती।

colour[1] *क लॅः* *n.*, hue, tint रंग; paint रोग़न।

colour[2] *v. t.* to paint रंगना; to disguise (का) रूप बदल देना; to distort तोड़-मरोड़ देना।

colter *कोल्टर्* *n.* the cutting iron of a plough हल का फार।

column *कौ ॅ लॅम* *n.* a tall, erect pillar स्तंभ; upright division of a printed page कॉलम।

coma *को मॅ* *n.* unnatural deep sleep लंबी मूर्च्छा, अचेतन अवस्था।

comb *कोम* *n.* an instrument for arranging hair कंघा; the crest of a cock कलग़ी; mass of honey cells मधुमक्खियों का छत्ता।

combat[1] *कौम् बॅट* *n.* fight संग्राम, युद्ध।

combat[2] *(-tt-)* *v. t.* to oppose विरोध करना।

combatant[1] *कौम् बॅ टॅन्ट* *n.* a fighter योद्धा।

combatant[2] *a.* fighting युद्धशील।

combination *कौमॅ बि ने शॅन n.* union सम्मिलन; association संगठन।

combine *कॅम् बॉइन v. t.* to unite मिलाना; to join together जोड़ना; *v. i.* to come together मिल जाना।

come *कम v. i.* to arrive पहुंचना; to move towards a person or place आना।

comedian *कॅ मी डि ॲन n.* a comic actor हास्य-अभिनेता।

comedy *कौ˘ मि डि n.* a stage play with happy ending सुखांतकी।

comet *कौ˘ मिट n.* a heavenly body with a tail of light धूमकेतू, पुच्छलतारा।

comfit *कम्'-फिट् n.* a sweetmeat, sugarplum, confection. मिठाई, लायचीदाना, मेवों की मिठाई।

comfort[1] *कम् फ़:ट n.* relief आराम; consolation सांत्वना।

comfort[2] *v. t.* to console सांत्वना देना।

comfortable *कम् फॅ: टॅ बल a.* free from hardship शांतिप्रद, सुखद; full of comfort आरामदायक।

comic[1] *कौ˘ मिक a.* amusing आनंदप्रद; pertaining to comedy सुखांतकी–संबंधी।

comic[2] *n.* magazine full of strip cartoons हास्यरस की पत्रिका।

comical *कौ ˘मि कॅल a.* funny मज़ाकिया, हास्यपूर्ण

comma *कौ ˘ मॅ n.* punctuation mark (,) अल्पविराम-चिह्न।

command[1] *कॅ मान्ड n.* order आदेश, आज्ञा; control नियंत्रण।

command[2] *v. t.* to order आदेश देना; to control वश में रखना।

commandant *कौ˘ मॅन् डैन्ट n.* commanding officer of a military organization सेनानायक।

commander *कॅ मान् डॅः n.* person who commands नायक; rank below captain in the navy सेनानायक।

commemorate *कॅ मै˘ मॅ रेट v. t.* to serve as a memorial of (का) कीर्तिमान होना; to honour the memory of (का) पुण्यस्मरण करना।

commemoration *कॅ मै˘ मॅ रे शॅन n.* act of commemorating स्मरणोत्सव।

commence *कॅ मैन्स v. t.* to begin प्रारंभ करना; *v. i.* make a beginning प्रारंभ होना।

commencement *कॅ मैन्स् मॅन्ट n.* beginning प्रारंभ।

commend *कॅ मैन्ड v. t.* to speak good of (की) प्रशंसा करना; to entrust सौंपना।

commendable *कॅ मैन् डॅ बल a.* praiseworthy प्रशंसनीय।

commendation *कॅ मैन् डे शॅन n.* admiration प्रशस्ति, प्रशंसा।

comment[1] *कौ˘ मैन्ट v. i.* to make remarks टिप्पणी करना; *v. t.* to say by way of remarks टिप्पणी के रूप में कहना।

comment[2] *n.* explanatory remarks टीका–टिप्पणी।

commentary *कौ˘ मैन् टॅ रि n.* a series of comments टीका-टिप्पणी; an explanatory essay व्याख्यात्मक निबंध।

commentator *कौ˘ मैन् टे टॅः n.* an annotator भाष्यकार, टीकाकार; person who relays commentary विवरणकार।

commerce *कौ ॅ मॅ:स n.* trade वाणिज्य।

commercial *कॅ मॅ: शॅल a.* pertaining to commerce वाणिज्यक; with a profit motive लाभ के उद्‍देश्यवाला।

commiserate *कम्-मिज्'-एरेट् v. t.* to feel or show pity for दया करना, करुणा दिखाना।

commission *कॅ मि शॅन n.* a body entrusted with some special duty आयोग; act of performing कृत्य; payment by percentage for doing something दलाली; delegated authority कार्याधिकार।

commissioner *कॅ मि शॅ नॅ: n.* supreme authority of a commissionery आयुक्त, मंडलायुक्त।

commissure *कॉम्-मि'-श्योर् n.* a place where two bodies unite दो पदार्थो का मिलन-स्थल।

commit *कॅ मिट v. t.* to entrust सौंपना; to do (an offence or mistake) (अपराध आदि) करना; to pledge प्रतिज्ञा करना।

committee *कॅ मि टि n.* a select body made for some special business समिति।

commodity *कॅ मौ ॅ डि टि n.* anything useful माल, वस्तु।

common *कौ ॅ मॅन a.* belonging to all or several सामान्य, साधारण; public सार्वजनिक; ordinary मामूली।

commoner *कौ ॅ मॅ नॅ: n.* one of the common people सामान्य व्यक्ति।

commonplace *कौ ॅ मॅन् प्लेस a.* ordinary सामान्य।

commonwealth *कौ ॅ मॅन् वैल्थ n.* republic गणतंत्र; (cap.) federation of self governing states राष्ट्रमंडल।

commotion *कॅ मो शॅन n.* agitation उत्तेजना; noisy confusion शोरगुल।

commove *कॅमाव v. t.* to excite, to agitate उत्तेजित करना।

communal *कौ ॅ म्यु नॅल a.* sectarian सांप्रदायिक।

commune *कॉम्-म्यून v. t.* to hold intimate intercourse with सम्भाषण करना, बातचीत करना।

communicate *कॅ म्यु नि केट v. t.* to impart देना, पहुचाना; to reveal प्रकट करना, सूचित करना।

communication *कॅ म्यु नि के शॅन n.* act of communicating संप्रेषण; information सूचना; means of exchanging message संचार-व्यवस्था।

communique *कॉम्-म्यूनीक् n.* an official statement which is given to the press सरकारी विज्ञप्ति।

communism *कौ ॅ म्यु निज़्म n.* vesting of property in the community साम्यवाद।

community *कॅ म्यु नि ़टि n.* society समाज; social group संप्रदाय; similarity सामान्यता।

commute *कम्यूट् v. t.* to interchange or exchange अदल-बदल करना।

compact[1] *कॅम् पैक्ट a.* closely packed together सघन, ठोस; neatly fitted सुगठित।

compact[2] *कौमॅ् पैक्ट n.* agreement संविदा, समझौता।

companion *कॅम् पै न्यॅन n.* comrade साथी; associate सहचर।

company *कम् पॅ नि n.* association संगठन; party टोली; group of persons assembled समवाय।

comparative *कॅम पै रॅ टिव a.* estimated by comparison तुलनात्मक।

compare *कॅम् पे ॅ अॅः v. t.* to liken समान बताना; *v. i.* to be like or equal समान होना।

comparison *कॅम् पै रि सॅन n.* act of comparing तुलना; comparative estimate मिलान।

compartment *कॅम् पाःट् मॅन्ट n.* section कक्ष, विभाग; partition of a railway carriage रेलगाड़ी का डिब्बा।

compass *कॅम् पॅस n.* instrument for showing north दिक् सूचक, कुतुबनुमा; *(pl.)* instrument for drawing circles परकार।

compassion *कॅम पै शॅन n.* sympathy सहानुभूति।

compel *कॅम् पैलॅ (-ll-) v. t.* to overpower विवश करना; to force (पर) दबाव डालना।

compensate *कौमॅ् पैनॅ् सेट v.t.* to make up for (की) क्षतिपूर्ति करना।

compensation *कौमॅ् पैनॅ् से शॅन n.* recompense क्षतिपूर्ति।

compete *कॅम् पीट v. i.* to be in rivalry प्रतिस्पर्धा करना।

competence *कौ मॅ् पि टॅन्स n.* capability सामर्थ्य, क्षमता।

competent *कौमॅ् पि टॅन्ट a.* capable सक्षम, समर्थ।

competition *कौमॅ् पि टि शॅन n.* act of competing प्रतियोगिता; rivalry प्रतिस्पर्धा।

competitive *कॅम् पै ॅ टि टिव a.* of the nature of competition प्रतियोगी।

compile *कम्पाइल् v. t.* to collect materials from various authors, to amass संकलित करना, संग्रह करना।

complacent *कम्-प्ले-सेन्ट् adj.* self-satisfied सन्तुष्ट।

complain *कॅम् प्लेन v. i.* to express feelings of discontent शिकायत करना।

complaint *कॅम् प्लेन्ट n.* act of complaining फरियाद; an ailment कष्ट, रोग; grievance उलाहना।

complaisance *कॉम्पलेजैन्स् n.* politeness, civility शिष्टाचार, भलमन्सी।

complaisant *कॉम्-प्ले-जान्ट् adj.* desirous or pleasing, obliging अनुरोधी, आज्ञानुकूल।

complement *कौमॅ् प्लि मॅन्ट n.* that which completes पूरक।

complementary *कौमॅ् प्लि मैनॅ् टॅ रि a.* acting as a complement अनुपूरक।

complete[1] *कॅम् प्लीट a.* entire पूर्ण; finished समाप्त।

complete[2] *v. t.* to finish पूरा करना; to make perfect पूर्णता प्रदान करना।

completion *कॅम् प्ली शॅन* the act of being finished समापन; accomplishment पूर्ति।

complex[1] *कौमॅ् प्लैक्स a.* complicated जटिल; composite मिश्रित।

complex[2] *n.* obsession मनोग्रंथि; group of related buildings भवन-समूह।

complexion *कॅम् प्लैक् शॅन n.* colour

of the face वर्ण।

compliance *कम्-प्लाई-एन्स् n.* consent, submission स्वीकृति, आज्ञानुकूलता, आज्ञाकारिता।

compliant *कम्-प्लाइ-एन्ट् adj.* yielding obliging सरल प्रकृति का, आज्ञाकारी, संकोची।

complicate *कौमँ प्लि केट v. t.* to make complex उलझाना।

complication *कौमँ प्लि के शॅन n.* entangled condition उलझन।

compliment[1] *कौमँ प्लि मॅन्ट n.* praise प्रशंसा; *(pl.)* greetings अभिवादन।

compliment[2] *कौमँ प्लि मैन्ट v. t.* to praise प्रशंसा करना।

comply *कॅम् प्लॉइ v. i.* to act in accordance पालन करना।

component *कम्पॉनेन्ट् adj.* forming part of a whole साधक, अंगभूत।

compose *कॅम् पोज़ v. t.* to constitute निर्मित करना; to write लिखना; to settle तय करना; to calm (oneself) शांत होना।

composition *कौमँ पॅ ज़ि शॅन n.* act of composing संयोजन; literary or musical work रचना; act of setting types मुद्रायोजन, अक्षर-योजन।

compositor *कॅम् पौ ज़ि टॅ:* person who sets types for printing अक्षर-योजक।

compost *कौमँ पौस्ट n.* compound manure मिश्रित खाद।

composure *कम्पोजर् n.* calmness, tranquility शान्ति।

compound[1] *कौमँ पॉउन्ड n.* enclosed area अहाता।

compound[2] *a.* made up of two or more combined parts यौगिक।

compound[3] *n.* something made up of two or more combined parts यौगिक; *(gram.)* word composed of two or more smaller words समास।

compound[4] *कॅम् पॉउन्ड v. i.* to mix together मिलाना; to settle तय करना।

compounder *कम्पाउण्डर् n.* one who compounds or mixes things पदार्थों को मिलाने वाला, औषधि बनाने वाला।

comprehend *कौमँ प्रि हैन्ड v. t.* to understand समझना; to include सम्मिलित करना।

comprehension *कौमँ प्रि हैनॅ शॅन n.* faculty of understanding बोध, समझ, धारणा।

comprehensive *कौमँ प्रि हैनॅ सिव a.* extensive व्यापक।

compress *कॅम् प्रैसॅ v. t.* to press दबाना; to condense संक्षिप्त करना।

compromise[1] *कौमँ प्रॅ मॉइज़ n.* settlement समझौता।

compromise[2] *v. t.* to settle by mutual agreement निपटारा करना।

compulsion *कॅम् पल् शॅन n.* act of compelling बाध्यकरण; state of being compelled बाध्यता।

compulsory *कॅम् पल् सॅ रि a.* constraining बाध्यकर; obligatory अनिवार्य।

compunction *कम्पङ्क्शन् n* the pricking of conscience, regret मनोव्यथ, पश्चाताप।

computation *कम्यूटेशन् n.* estimate, reckoning गणना, गिनती।

compute कम्-पयूट् *v.t.* to reckon to number, to calculate गणना करना, गिनना, लेखा करना।

comrade कौमॅ् रिड *n.* companion साथी; an associate सहयोगी।

conation को-ने-शन् *n.* the effort of will-power इच्छा शक्ति का प्रयत्न।

concave कॉन्-केव् *adj.* curved, hollow, vaulted or arched नतोदर, खोखला।

conceal कॅन् सील *v. t.* to hide छिपाना।

concede कन्सीड् *v.t.* to allow, to admit स्वीकार करना, अंगीकार करना।

conceit कॅन् सीट *n.* self flattering opinion आत्मश्लाघा।

conceive कॅन् सीव *v. t.* to form in the womb गर्भ प्रदान करना; to take into mind विचार करना; *v. i.* to become pregnant गर्भवती होना।

concentrate कौनॅ् सैनॅ् ट्रेट *v. t.* to condense गाढ़ा करना; to bring together इकट्ठा करना; to focus केंद्रित करना।

concentration कौनॅ् सैनॅ् ट्रे शॅन *n.* act of concentrating एकाग्रता; state of being concentrated संकेंद्रण।

concept कौनॅ् सैप्ट *n.* an object conceived by the mind संकल्पना।

conception कॅन् सैपॅ् शॅन *n.* act of conceiving अवधारण; inception of pregnancy गर्भधारण।

concern[1] कॅन् स:न *v. t.* to have a relation to (से) संबंधित होना; to make anxious चिंतित करना।

concern[2] *n.* care, anxiety चिंता; affair मामला; a business व्यवसाय।

concert[1] कौनॅ् सॅ:ट *n.* a programme of music संगीत-गोष्ठी।

concert[2] कॅन् सॅ:ट *v. t.* to arrange (में) सामंजस्य स्थापित करना।

concession कॅन् सै ˘ शॅन *n.* act of conceding छूट, रियायत; thing conceded रियायत में दी गई वस्तु; special privilege विशेष सुविधा।

conch कौ ˘ङ्क, कौन्च *n.* sea-shell शंख।

conciliate कन्सिलिएट *v.t.* to pacify, to win over, to reconcile शान्त करना, सान्त्वना देना, मनाना।

concise कॅन् सॉइस *a.* brief संक्षिप्त, सारगर्भित।

conclude कॅन् क्लूड *v. t.* to deduce निष्कर्ष निकालना; to end समापन करना; *v. i.* to come to an end समाप्त होना।

conclusion कॅन् क्लू ज़ॅन *n.* decision निर्णय; end उपसंहार।

conclusive कॅ् क्लू सिव *a.* decisive निर्णायक।

concoct कॅन् कौक्ट *v. t.* to make up (a dish) पकाना; to plan (की) योजना बनाना; to fabricate गढ़ना।

concoction कॅन् कौकॅ् शॅन *n.* fabrication मनगढ़ंत कहानी।

concord कौ ˘ङ् कौ:ड *n.* agreement समझौता; harmony सामंजस्य।

concrescence कन्-क्रे-सन्स् *n.* growing together एक साथ उगना या बढ़ना, सहवृद्धि।

concrete[1] कौनॅ् क्रीट, कौङ् –*n.* mixture of cement, sand etc. used in building कंकरीट।

concrete[2] *a.* actual यथार्थपूर्ण; not abstract मूर्त; solid ठोस।

concrete[3] *कंङ् क्रीट v. t.* to cover with concrete कंकरीट से भरना; to solidify ठोस रूप देना।

concubinage *कॅन्-क्यु-बिन्-एज़् n.* the state of being a concubine वेश्यापन।

concubine *कौन्ॅ क्यु बॉइन n.* woman kept as wife उपपत्नी।

conculcate *कॉन्-कल्-केट् v.t.* to trample under feet पैरों से कुचलना।

condemn *कॅन् डैमॅ v. t.* to blame निंदा करना; to declare unfit for use निकम्मा ठहराना।

condemnation *कॅन् डैमॅ ने शॅन n.* act of condemning निंदा; state of being condemned तिरस्कार।

condense *कॅन् डैन्ॅस v. t.* to concentrate गाढ़ा करना; to abridge संक्षिप्त करना; *v. t.* to become dense गाढ़ा होना।

condite *कॉन्-डाइट् v.t.* to preserve, to pickle अचार, मुरब्बा इत्यादि बनाना।

condition *कॅन् डि शॅन n.* situation परिस्थिति; a modifying circumstance शर्त; state अवस्था।

conditional *कॅन् डि शॅ नॅल a.* depending on conditions प्रतिबंधात्मक; not absolute सशर्त।

condole *कॅन् डोल v. i.* to grieve with another शोक प्रकट करना।

condolence *कॅन डो लॅन्स n.* act of condoling शोक।

condonation *कॉन-डोनेशन् n.* act of forgiving, forgiveness अपराध क्षमा करने का कार्य, क्षमा-प्रदान।

conduct[1] *कौन्ॅ डक्ट n.* behaviour आचार-व्यवहार; management संचालन।

conduct[2] *कॅन् डक्ट v. t.* to lead नेतृत्व करना; to guide मार्ग दिखाना; to behave आचरण करना।

conductor *कॅन् डक् टॅ: n.* a leader नेता; a director निर्देशक; a body that transmits heat, electricity etc. सुचालक; a person incharge of a bus कंडक्टर।

cone *कोन् n.* a solid circular figure tapering to a point शंकु, नोकदार आकृति।

confectioner *कॅन् फ़ैकॅ शॅ नॅ: n.* one who makes and sells sweetmeats हलवाई।

confectionery *कॅन् फ़ैक शॅ नॅ रि n.* sweetmeats in general मिष्ठान; place where sweetmeats are prepared हलवाईखाना, मिष्ठान गृह।

confer *कॅन् फॅ: v. i.* to consult together वार्तालाप करना *v. t.* to give or bestow प्रदान करना।

conference *कौन्ॅ फॅ रॅन्स n.* assembly सभा, सम्मेलन; meeting for consultation परामर्श।

confess *कॅन् फ़ैॅस v. t.* to admit स्वीकार करना; to own as a crime, debt etc. मानना; *v. i.* to declare one's sins पापों को कह देना।

confession *कॅन् फ़ै॑ शॅन n.* admission of a fault पाप-स्वीकारोक्ति; act of confessing पाप-स्वीकरण।

confidant *कौन्ॅ फ़ि डैन्ट n.* a confidential विश्वासपात्र मित्र।

confide *कॅन् फ़ॉइड v. i.* to trust विश्वास करना; *v. t.* tell in confidence गुप्त रूप से बताना।

confidence *कौन्ॅ फ़ि डॅन्स n.* faith, trust विश्वास; self-reliance आत्मविश्वास; boldness साहस।

confident *कौनॅ् फि डॅन्ट a.* having confidence आश्वस्त।

confidential *कौनॅ् फि डैनॅ् शॅल a.* trustworthy विश्वस्त; secret गुप्त।

confine *कॅन् फ़ाइन v. t.* to imprison क़ैद करना; to restrain प्रतिबंधित करना; to limit सीमित करना।

confinement *कॅन् फ़ाइन् मॅन्ट n.* imprisonment कारावास; being in bed for child birth प्रसूति।

confirm *कॅन् फ़ःम v. t.* to strengthen दृढ़ बनाना; to prove to be true पुष्टि करना; to administer confirmation स्थायी करना; to make sure विश्वस्त होना।

confirmation *कौनॅ् फ़ः मे शॅन n.* act of confirming पुष्टीकरण; proving right प्रमाणीकरण; corroboration समर्थन।

confiscate *कौनॅ् फिस् केट v. t.* to size by authority ज़ब्त करना।

confiscation *कौनॅ् फिस् के शॅन n.* forfeiture ज़ब्ती।

conflict[1] *कौनॅ् फ़्लिक्ट n.* struggle संघर्ष; clashing of views टकराव।

conflict[2] *कॅन् फ़्लिक्ट v. i.* to clash संघर्ष करना।

confluence *कौनॅ् फ़्लु अॅन्स n.* place where two rivers unite संगम।

confluent *कॉन्-फ्लू-अन्ट् adj.* flowing together एक साथ बहता हुआ।

conformity[1] *कॉन-फॉर्म्-इट्-इ n.* likeness, congruity, compliance अनुरूपता, समानता, आज्ञा पालन।

conformity[2] *कॅन् फौं :–मि टि n.* likeness समनुरूपता; compliance अनुपालन।

confraternity *कॉन्-फर-टर्-निटी n.* brotherhood बन्धुत्व, भाईचारा।

confrontation *कौनॅ् फ़्रॅन् टे शॅन n.* opposition विरोध, आमना-सामना।

confuse *कॅन फ़्यूज़ v. t.* to put into disorder अव्यवस्थित करना; to disconcert भ्रम में डालना।

confusion *कॅन् फ़्यू ज़ॅन n.* confoundment भ्रम; disorder अव्यवस्था।

confute *कन्फ्यूट् v.t.* to prove to be false, to disprove झूठा सिद्ध करना, असिद्ध करना।

conge *कॉन्-जे n.* farewell. विदाई

congenial *कॅन् जी नि अॅल a.* agreeable अनुकूल।

conglutinate *कॅन्-ग्लू-टिन्-एट् v.t.* to stick together with glue सरेस से चिपकाना या बैठाना।

congratulate *कॅन् ग्रै ट्यु लेट v. t.* to felicitate बधाई देना।

congratulation *कॅन् ग्रै ट्यु ले शॅन n.* act of congratulating बधाई।

congress *कौ ॅङ् ग्रैसॅ n.* assembly सभा, सम्मेलन।

conjecture[1] *कॅन् जै ॅक् चॅः n.* guess अटकल, अनुमान।

conjecture[2] *v. t.* decide by guess अनुमान से निर्णय करना; *v. i.* to make a guess अटकल लगाना।

conjugal *कौनॅ् जु गॅल a.* pertaining to marriage वैवाहिक।

conjugate *कॉन्-जू-गेट् v.t. & i.* to inflect verbs, to marry, to unite sexually क्रियापद के रूप चलाना, विवाह करना, सम्भोग करना।

conjunct *कॉन्-जङक्ट् adj.* joined together, associated संयुक्त मिला हुआ।

conjunctiva *कॉन्-जङ्क्-टाइवा n.* the membrane which connects the inner eyeball with eyelid आंख के भीतरी भाग की झिल्ली।

conjuncture *कन्-जङ्कट-चर् n.* a combination of events, occasion, a crisis संयोग, घटना, अवसर।

conjure[1] *कंज्यूर v.t.* to appeal solemnly निष्ठापूर्वक अनुरोध करना।

conjure[2] *कंज्यूर v.i.* to act by magical influence जादू करना, मन्त्र वश करना।

connect *कॅ नैक्ट v. t.* to join जोड़ना; to unite संबद्ध करना; *v. i.* to associate मिलना।

connection *कॅ नैक् शॅन n.* act of connecting संयोजन; relationship संबंध, link कड़ी।

connivance *कनाइवान्स् n.* act of winking at a fault, collusion उपेक्षा, आनाकानी।

conquer *कौ ँङ् कॅः v. t.* to gain victory over जीतना *v. i.* to be victorious विजयी होना।

conquest *कौ ँङ्क्वैस्ट n.* victory विजय।

conscience *कौ ँन्शॅन्स n.* sense of right and wrong पुण्य-अपुण्य-विवेक।

conscious *कौनॅ् शॅस a.* sensible सचेतन, wakeful जाग्रत।

consecrate *कॉन्सि-क्रेट् v.t.* to set apart as sacred, to hallow, to sanctify धार्मिक कार्य के लिए उत्सर्ग कर देना पवित्र करना (संस्कार करना), प्रतिष्ठा करना।

consecutive *कन्सिक्यूटिव् adj.* following in order निरन्तर (लगातार), क्रमागत।

consecutively *(टिव्-लि) adv.* in a consecutive manner यथाक्रम, क्रम से।

consensus *कन्सेन्सस् n.* agreement, unanimity अनुकूलता, एकमत।

consent[1] *कॅन् सैन्ट n.* permission अनुज्ञा; agreement सहमति।

consent[2] *v. i.* to agree सहमत होना।

consent[3] *कन्सेन्ट् v.t.* to agree, to yield, to comply सहमत होना, मान लेना, स्वीकार करना।

consequence *कौनॅ् सि क्वॅन्स n.* result परिणाम; significance महत्व।

consequent *कौनॅ् सि क्वॅन्ट a.* following as a consequence अनुगामी, अनुवर्ती।

conservative[1] *कॅन् सॅः वॅ टिव a.* opposed to great or sudden change रूढ़िवादी।

conservative[2] *n.* a conservative person रूढ़िवादी व्यक्ति।

conserve *कॅन् सॅःव v. t.* to save from damage सुरक्षित रखना; to preserve संरक्षित करना।

consider *कॅन् सि डॅः v. t.* to think over विचार करना; to regard मानना; to contemplate सोचना; to make allowance for (का) ध्यान रखना।

considerable *कॅन सि डॅ रॅ बल a.* important महत्वपूर्ण; adequate यथेष्ट।

considerate *कॅन् सि डॅ रिट a.* having consideration for others दूसरे का ध्यान रखने वाला।

consideration *कॅन् सि डॅ रे शॅन n.* careful thought विचार, मनन; something kept in mind लिहाज़, ध्यान; compensation क्षतिपूर्ति; importance महत्व।

considering *कन्सिडरिंग् prep.* in view of विचार करते हुए, समझते हुए।

consign[1] *कन्साइन् v.t.* to hand over,

to deliver, to transmit सौंपना, देना (अर्पण करना), भेजना।

consign² *कॅन् सॉइन v. t.* to send भेजना; to entrust सुपुर्द करना।

consignment *कॅन् सॉइन् मॅन्ट n.* consigning प्रेषण; goods consigned प्रेषित माल।

consist *कॅन् सिस्ट v. i.* to be composed (of) (का) बना होना, (में) निहित होना।

consistence,-cy *कॅन् सिस् टॅन्स, –टॅन् सि n.* degree of density घनापन; harmony सामंजस्य।

consistent *कॅन् सिस् टॅन्ट a.* compatible युक्तिसंगत; not contradictory अविरोधी।

consolation *कौनॅ सॅ ले शॅन n.* solace सांत्वना।

console *कॅन् सोल v. t.* to give comfort सांत्वना देना।

consolidate *कॅन् सौ˘ लि डेट v. t.* to make solid संघटित करना; to unite into one समेकन करना।

consolidation *कॅन् सौ˘ लि डे शॅन n.* act of consolidating चकबंदी; state of being consolidated घनी भवन।

consonance *कॉन्सॅनन्स् n.* agreement, harmony, concord अविरोध, अनुरूपता, एकलय, मेल।

consonant *कौनॅ सॅ नॅन्ट n.* letter always sounded with a vowel व्यंजन।

consort *कॉनसॅर्ट् n.* husband or wife, companion पति या पत्नी, संगी, साथी।

conspectus *कन्स्पेक्ट्-अस् n.* general view, synopsis सामान्य दृश्य, सारांश, रूपरेखा।

conspicuous *कॅन् स्पि क्यु अॅस a.* remarkable सुस्पष्ट; eminent विशिष्ट।

conspiracy *कॅन् स्पि रॅ सि n.* a plot षड्यंत्र।

conspirator *कॅन् स्पि रॅ टॅ: n.* a plotter षड्यंत्रकर्त्ता।

conspire *कॅन् स्पॉइअ: v. i.* to make secret plans षड्यंत्र रचना; to work together मिल जाना।

constable *कन् स्टॅ बल n.* a policeman सिपाही।

constant *कौनॅ स्टॅन्ट a.* uninterrupted निर्बाध, सतत्; invariable स्थिर।

constellation *कॉन्स्टलेशन n.* a number of fixed stars grouped together नक्षत्रों का समूह, नक्षत्रमण्डल।

constipation *कौनॅ स्टि पे शॅन n.* costiveness क़ब्ज़, मलावरोध।

constituency *कॅन् स्टि ट्यु अॅन् सि n.* body of electors मतदाता-क्षेत्र।

constituent¹ *कॅन् स्टि ट्यु अॅन्ट n.* a component part घटक; elector मतदाता, निर्वाचक व्यक्ति।

constituent² helping to form a whole अंशभूत, संघटक; having the power to make a constitution संविधान-निर्माणकारी।

constitute *कौनॅ स्टि ट्यूट v. t.* to form निर्मित करना; to appoint नियुक्त करना।

constitution *कौनॅ स्टि ट्यू शॅन n.* a system of fundamental laws विधान; general physical structure of a person शारीरिक गठन।

constrict *कॉन्स्ट्रिक्ट् v.t.* to compress, to contract दबाना, सिकोड़ना।

construct कॅन् स्ट्रक्ट *v. t.* to build निर्माण करना; to form रचना करना।

construction कॅन् स्ट्रक् शॅन *n.* act of constructing निर्माण; structure बनावट; something constructed निर्मित वस्तु।

consult कॅन् सल्ट *v. t.* to take advice from (से) परामर्श लेना।

consultation कौनॅ् सल् टे शॅन *n.* act of consulting परामर्श।

consume कॅन् स्यूम *v. t.* to use up उपयोग में लाकर समाप्त कर देना; to destroy नष्ट करना।

consumption[1] कॅन् सम्प् शॅन *n.* act of consuming उपयोग।

consumption[2] Tuberculosis *n.* तपेदिक, क्षयरोग।

contact[1] कौनॅ् टैक्ट *n.* touch स्पर्श; coming together संपर्क; close union or juncture of bodies संयोग।

contact[2] कॅन् टैक्ट, कौनॅ् टैक्ट *v. t.* to get into touch with (से) संपर्क स्थापित करना।

contagious कॅन् टै जॅस *a.* caught or communicated by contact संसर्गज, संक्रामक।

contain कॅन् टेन *v. t.* to hold अंतर्विष्ट करना; to restrain नियन्त्रित करना; to include समाविष्ट करना।

contaminate कन्टामिनेट् *v.t.* to pollute, to corrupt दूषित करना (भ्रष्ट करना), अपवित्र या कलंकित करना।

contemplate कौनॅ् टैमॅ् प्लेट *v. t.* to consider विचार करना; to meditate on (पर) मनन या चिंतन करना; to intend इरादा रखना।

contemplation कौनॅ् टैमॅ् प्ले शॅन *n.* deep thought मनन, चिंतन; thoughtful view अवलोकन।

contemporary कॅन् टैमॅ् पॅ रॅ रि *a.* belonging to the same time समकालीन; of the present time समसामयिक।

contempt कॅन् टैम्प्ट *n.* disrespect अपमान; disobedience to rules अवज्ञा; scorn घृणा।

contemptuous कॅन् टैम्पॅ ट्यु अॅस *a.* full of contempt तिरस्कारपूर्ण।

contend कॅन् टैॅन्ड *v. i.* to oppose विरोध करना; to strive संघर्ष करना; to argue बहस करना; *v. t.* to assert earnestly दृढ़तापूर्वक कहना।

content[1] कॅन् टैन्ट *a.* satisfied संतुष्ट; pleased आनंदित।

content[2] *v. t.* to satisfy संतुष्टि प्रदान करना।

content[3] *n.* satisfaction संतुष्टि।

content[4] कौनॅ् टैन्ट *n. (pl.)* that which is contained अंतर्वस्तु; index of topics in a book विषय-सूची।

contention कॅन् टैनॅ् शॅन *n.* dispute विवाद कलह; argument तर्क।

contentment कॅन् टैन्ट् मॅन्ट *n.* state of being contented संतोष।

contest[1] कॅन् टैस्ट *v. t.* to strive for प्राप्त करने का दावा करना; *v. i.* to strive संघर्ष करना; to participate in competition प्रतियोगिता में भाग लेना।

contest[2] कौनॅ् टैस्ट *n.* competition प्रतियोगिता; struggle संघर्ष।

context कौनॅ् टैक्स्ट *n.* the part which precedes or follows a passage quoted प्रसंग।

continent *कौनॅ् टि नॅन्ट n.* one of the main land masses महाद्वीप।

continental *कौनॅ् टि नैनॅ् ट्ल a.* pertaining to a continent महाद्वीपीय।

contingency *कन्-टिन्-जेन्-सि n.* a fortuitous event आकस्मिक घटना।

continual *कन्टिन्युअल् adj.* without interruption, incessant सतत, निरन्तर।

continuation *कॅन् टि न्यु ए शॅन n.* succession, prolongation जारी रखने या रहने की स्थिति; extension विस्तार; resumption पुनरारंभ।

continue *कॅन् टि न्यु v. i.* to remain in a state or place रहना; to go on जारी रहना; *v. t.* to carry on जारी रखना; to resume पुन; प्रारंभ करना; to prolong बनाए रखना।

continuity *कौनॅ् टि न्यु इ टि n.* state of being continuous निरंतरता।

continuous *कॅन् टि न्यु अॅस a.* going on without break अविरत, निरंतरत।

contour *कौनॅ् टुअॅः n.* outline रूपरेखा।

contra *कॉन्-ट्रा pref.* in the sense of against विमुख, विपरीत अर्थ का उपसर्ग।

contraception *कॉन्ट्रेसेप्शन् n.* prevention of conception. गर्भधारण न करना, गर्भ अवरोध।

contract[1] *कौनॅ् ट्रैक्ट n.* agreement संविदा।

contract[2] *कॅन ट्रैक्ट v. t.* to make shorter सिकोड़ना; to make a contract for (का) ठेका लेना; to become liable for (का) ज़िम्मा लेना; to catch, to acquire ग्रहण करना; *v. i.* to become shorter सिकुड़ना।

contrapose *कॉन्ट्रपोज v.t.* to place over against a thing विपरीत स्थिति या अवस्था में रखना।

contractor *कॅन् ट्रैक् टॅः n.* person that enters into contracts ठेकेदार।

contradict *कौनॅ् ट्रॅ डिक्ट v. t.* to oppose विरोध करना; to assert the contrary of खंडन करना।

contradiction *कौनॅ् ट्रॅ डिक् शॅन n.* a contrary assertion प्रतिवाद; inconsistency with itself अंतर्विरोध।

contrary *कौनॅ् ट्रॅ रि a.* opposite विरोधी; unfavourable प्रतिकूल।

contrast[1] *कॅन् ट्रास्ट, –ट्रैस्ट v. t.* to set in opposition विषमता दिखाना; *v. i.* to stand in contrast विषम होना।

contrast[2] *कौनॅ् ट्रास्ट, –ट्रैस्ट n.* opposition विरोध, विषमता।

contribute *कॅन् ट्रि ब्यूट v. t.* to give in common with others देना; *v.i.* to give a part अंशदान करना।

contribution *कौनॅ् ट्रि ब्यू शॅन n.* act of contributing योगदान; that which is contributed चंदा, अं ‘दान।

control[1] *कॅन् ट्रोल n.* restraint संयम, नियंत्रण; superintendence संचालन।

control[2] *(-ll-) v. t.* to restrain (पर) नियंत्रण करना; to regulate संचालित करना।

controller *कन्ट्रोलर् n.* one who has authority to control, one who checks expenditure अध्यक्ष, हिसाब-किताब जांचने वाला।

controversy *कौनॅ् ट्रॅ वॅः सि, कॅन् ट्रौ वॅः सि n.* dispute, debate विवाद।

contuse *कन्ट्यूज़् v.t.* to injure with out breaking skin, to beat and bruise कुचलना, भीतरी घाव करना।

conundrum *कनण्ड्रम् n.* a riddle, a puzzle प्रहेलिका, पहेली।

convene *कन्ॅ वीन v. t.* to cause to assemble आयोजित करना, बुलाना।

convener *कॅन् वी नॅः n.* one who calls an assembly together संयोजक।

convenience *कॅन् वी नि अॅन्स n.* ease सुविधा; comfort आराम।

convenient *कॅन् वी नि अॅन्ट a.* suitable उपयुक्त; providing convenience सुविधाजनक; comfortable आरामदायक।

convent *कौनॅ् वैन्टॅ n.* a body of monks or nuns धर्मसंघ; a monastery मठ।

convention *कॅन् वैनॅ् शॅन n.* recognised social custom प्रथा; assembly सभा, सम्मेलन।

conversant[1] *कौनॅ् वॅः सॅन्ट, कॅन् वॅः– a.* proficient प्रवीण, दक्ष।

conversant[2] *कनवर्सेन्ट् adj.* well-acquainted versed, proficient परिचित, निपुण (कुशल)।

conversation *कौनॅ् वॅः सेशॅन n.* talk वार्तालाप, संवाद।

converse *कन्वर्स् v.t.* to talk, to hold intercourse with सम्भाषण करना, बोलना, वार्तालाप करना।

conversion *कॅन् वॅः शॅन n.* act of converting रूपांतरण; change of religion धर्म-परिवर्तन।

convert[1] *कॅन् वॅःट v. t.* to change रूपांतरित करना; to change the religion of (का) मत-परिवर्तन करना।

convert[2] *कौनॅ् वॅःट n.* person who has changed his religion धर्मपरिवर्तित व्यक्ति।

convey *कॅन् वे v. t.* to communicate सूचित करना; to deliver सौंपना; to carry पहुंचाना।

conveyance *कॅन् वे अन्स n.* vehicle सवारी, वाहन; act of conveying संप्रेषण।

convict[1] *कॅन विक्ट v. t.* to declare guilty अपराधी घोषित करना।

convict[2] *कौनॅ् विक्ट n.* a convicted person सिद्धदोष, अपराधी।

conviction *कॅन् विक् शॅन n.* finding someone guilty दोषसिद्धि; a settled belief धारणा, आस्था।

convince *कॅन् विन्स v. t.* to persuade by argument or proof विश्वास दिलाना।

convivial *कन्विविअल् adj.* befitting a feast jovial उत्सव-सम्बंधी, प्रफुल्ल।

convocation *कॉन्-वो-के-शन् n.* a calling together an assembly of cleargy or members of a university समागम, सभा (समाज), पादरियों का संघ, विश्वविद्यालय के सदस्यों की सभा, दीक्षान्त समारोह।

convoke *कन्वोक् v.t.* to call together, to assemble पुकारना, बुलाना, इकट्ठा करना।

convolve *कन्वाल्व् v.t.* to roll or wind together लपेटना।

coo[1] *कू n.* cry of doves कूजन।

coo[2] *v. i.* to make a cry of doves कूजना।

cook[1] *कुक v. t.* to prepare (food) by heating (भोजनादि) पकाना।

cook[2] *n.* person who cooks food रसोइया।

cooker कु कॅः *n.* apparatus for cooking कुकर।

cool[1] कूल *a.* moderately cold शीतल; unexcited उत्तेजनाहीन; uninterested उदासीन।

cool[2] *v. i.* to lose heat ठंडा होना; *v.t.* to make cool ठंडा करना।

cooler कू लॅः *n.* vessel for cooling शीतलक, कूलर।

coolie कू लि *n.* unskilled workman or porter मज़दूर, कुली।

co-operate को औ ॅ पॅ रेट *v. i.* to work together मिलकर काम करना।

co-operation को औ ॅ पॅ रे शॅन *n.* working together सहकारिता।

co-operative को औ ॅ पॅ रॅ टिव *a.* pertaining to co-operation सहकारी, सहयोगी।

co-ordinate[1] को औॅः डि नेट *a.* equal in degree, status etc. समकक्ष।

co-ordinate[2] को औॅः डि नेट *v. t.* to arrange in due order समायोजन करना।

co-ordination को औॅः डि ने शॅन *n.* act of co-ordinating समायोजन, सामंजस्य।

coot कूट् *n.* a water fowl, a stupid fellow जल पक्षी, मूर्ख व्यक्ति।

co-partner को पाःट् नॅः *n.* joint partner सहभागी।

cope कोप *v. i.* to deal successfully डटकर मुकाबला करना।

coper कोप्-अर् *n.* a horse-dealer घोड़ों का सौदागर, घोड़ों का व्यापारी।

copper कौ ॅ पॅः *n.* reddish-brown metal तांबा।

coppice कॉप्-पिस् *n.* small trees grown for periodical cutting a thicket जंगल, झाड़ी (टट्टी)।

coprology कॉप्-रॉ-लॉ-जि *n.* moral impurity in art and literature कला-कौशल या साहित्य की अश्लीलता।

copulate कॉप्-यू-लेट *v.i.* to unite sexually मैथुन करना।

copy[1] कौ ॅ पि *n.* reproduction of a thing प्रतिलिपि; imitation अनुकृति।

copy[2] *v. t.* to reproduce (की) नक़ल करना; to imitate अनुकरण करना।

coral कौ ॅ रॅल *n.* a hard red substance मूंगा।

cord कौःड *n.* string, a thin rope डोरी।

cordial कौः डि अॅल *a.* hearty हार्दिक।

corbel कॉर्-बेल् *n.* a projection of stone, timber or iron in a building, a niche घोड़िया, ताखा।

cordate कॉर्डेट् *adj.* heart-shaped हृदय (पान) के आकार का।

core कोर् *n.* a homy capsule, the central part of anything, the heart अन्तर्भाग, भीतरी हिस्सा (गुददा), हृदय।

coriander कॉर्-रि-एन्-डर् *n.* an annual plant whose fruits are aromatic and carminative धनिया।

corinth कॉ-रिन्थ *n.* a small fruit, currant, a fine city of Greece, a prostitute house किसमिस, मुनक्का, यूनान का सुन्दर नगर, वेश्यालय।

cork कॉर्क् *n.* bark of cork-oak, a bottle-stopper काग, बोतल का डट्टा।

cormorant कॉरमॉरेण्ट् *n.* a voracious sea-bird, a rapacious man एक प्रकार की बड़ी समुद्री चिड़िया, पेटू मनुष्य, भुक्खड़ आदमी।

corn *कौःन n.* seed बीज; grain अनाज; painful horny growth on foot or toe घट्टा।

cornea *कॉर्निआ n.* the interior transparent membrane of the eye-ball कनीनिका, आंखों की पुतली।

corner *कौः नॅः n.* angle enclosed by two walls, sides etc. कोण, कोना; region भूभाग।

cornet *कॉर्निट् n.* a brass wind musical instrument like trumpet, an ice-cream cone, a lady's head dress, a troop of cavalary, a cavalry officer तुरही के प्रकार का एक बाजा, मलाई की कुल्फी, औरतों की कुल्फी-नुमा टोपी, घुड़सवार पलटन, पलटन का अफसर।

cornicle *कॉर्-नि-कल् n.* a little horn छोटा सींग।

coronation *कौ ॅ रॅ ने शॅन n.* crowning ceremony of a king राज्याभिषेक।

coronet *कॉर्-अ-निट् n.* a small crown, a garland छोटा, मुकुट, माला।

corporal *कौः पॅ रॅल a.* bodily दैहिक, शारीरिक।

corporate *कॉर्-पॅ-रेट् adj.* forming a body united मिला हुआ, संयुक्त।

corporation *कौ : पॅ रे शॅन n.* body governing a town निगम; a large trading concern व्यापार संघ।

corps *कौः n.* body of troops सैन्य निकाय।

corpse *कौःप्स n.* dead body शव।

correct[1] *कॅ रैक्ट a.* without a mistake दोष-रहित; right सही, शुद्ध।

correct[2] *v. t.* to make correct संशोधन करना।

correction *कॅ रैकॅ शॅन n.* act of correcting संशोधन, सुधार; something put in place of what is wrong शुद्धि।

correlate *कौ ॅ रि लेट v. t.* to bring into reciprocal relation सहसंबंधी बनाना।

correlation *कौ ॅ रि ले शॅन n.* mutual relationship पारस्परिक संबंध।

correspond *कौ ॅ रिस् पौन्ड v. i.* to write and receive letters पत्र-व्यवहार करना; to be in agreement मेल खाना; to be similar समान होना।

correspondence *कौॅरिस् पौनॅ डॅन्स n.* state of corresponding सामंजस्य; intercourse by letters पत्र-व्यवहार; similarity समानता।

correspondent *कौॅ रिस् पौनॅ टॅन्ट n.* a writer of letters पत्र-व्यवहारी; news-paper-reporter संवाददाता।

corridor *कौॅ रि डौः n.* a passage in the building, train, etc. गलियारा।

corroborate *कॉरॉबरेट् v.t.* to confirm by evidence, to strengthen प्रमाणित करना, पुष्ट करना।

corrosive *कॉरोजिव adj.* tending to corrode (तीव्र नाशक) खाने वाला।

corrupt[1] *कॅ रप्ट v. t.* to make rotten दूषित करना; to cause moral decay in भ्रष्ट करना।

corrupt[2] *a.* rotten दूषित; lacking moral values भ्रष्ट; dishonest बेईमान।

corruption *कॅ रप् शॅन n.* act or process of corrupting दूषण; state of being corrupt भ्रष्टता; moral debasement नैतिक पतन।

cosier कोजिअर् *n.* cobbler मोची।

cosmetic[1] कौज़् मैं टिक *a.* designed to increase beauty सौंदर्यवर्धक।

cosmetic[2] *n.* preparation designed to increase beauty अंगराग।

cosmic कॉज्-मिक् *adj.* of the universe, rising or settig with the sun. जगत्-संबंधी, सूर्य के साथ उदय या अस्त होने वाली।

cost[1] कौॅस्ट *v. t.* to have as price के मूल्य का होना; to entail loss or sacrifice of (की) हानि सहना या बलिदान करना।

cost[2] *n.* price मूल्य, लागत।

costal कॉस्ट्-अल् *adj.* pertaining to ribs or side of body पसली संबंधी।

cote कोट् *n.* a shed, a shelter for animals झोंपड़ी, पशुओं के लिये घेरा, बाड़ा।

costly कौस्ट्लि *a.* of a high price महंगा; valuable मूल्यवान।

costume कौसॅ ट्यूम *n.* an established mode of dress पोशाक, पहनावा।

cosy कौ ज़ि *a.* comfortable आरामदायक।

cot कौॅट *n.* small bed खटिया, चारपाई।

cottage कौॅ टिज *n.* small country house झोंपड़ी, कुटिया।

cotton कौॅ टॅन *n.* soft substance like wool कपास, रूई; thread or cloth made of this सूती धागा या कपड़ा।

couch कॉउच *n.* a sofa सोफ़ा।

cough[1] कौफॅ *n.* act of coughing खांसी।

cough[2] *v. i.* to expel air from lungs suddenly with a harsh noise खांसना।

council कॉउन् सिल *n.* an assembly for consultation परिषद्, समिति।

councillor कॉउन् सि लॅः *n.* a member of a council पार्षद, सभासद।

counsel[1] काउन् सॅल *n.* advice परामर्श, मंत्रणा; advocate अधिवक्ता।

counsel[2] *v. t.* to advise परामर्श देना।

counsellor कॉउन् सॅ लॅः *n.* one who counsels सलाहकार, परामर्शदाता।

count[1] कॉउन्ट *n.* act of counting गणना; the number counted संख्या।

count[2] *v. t.* to reckon, to calculate गिनना; to include सम्मिलित करना; to consider to be मानना; *v. i.* to name the numerals in order गिनती गिनना; to have merit or value महत्वपूर्ण होना।

countenance कॉउन् टि नॅन्स *n.* the human face मुखाकृति; favour, support समर्थन।

counter[1] कॉउन् टॅः *n.* a table on which money is counted पटल, काउंटर।

counter[2] *v. t.* to act in opposition to (का) विरोध करना।

counteract काउन्ट्-अर्-एक्ट् *v.t.* to hinder, to defeat, to neutralize रोकना, हराना, निष्फल करना।

countercharge काउन्ट्-अर्-चार्ज् *n.* a charge brought against an accuser अभियोक्ता (फरियादी) के विरुद्ध अभियोग या नालिश।

counterfeit कॉउन् टॅः फ़िट *a.* sham, not genuine खोटा, कृत्रिम; made in imitation नकली।

counterfeiter काउन्ट्-अर्-फीटर् *n.* a forger, a cheat जालसाज, नकली सिक्का बनाने वाला, ठग।

countermand *काउन्ट्-अर्-मान्ड् v.t.* to revoke, to cancel a previous order प्रतिकूल आदेश देना, पहिली आज्ञा को काट देना।

counterpart *कॉउन् टॅ: पॉ:ट n.* a person or thing identical to another प्रतिवस्तु।

countersign *कॉउन् टॅ: सॉइन v. t.* to sign (a document) already signed प्रतिहस्ताक्षरित करना।

countess *काउनट्-ऐस् n.* the wife of a count or Earl इंग्लैंड के काउन्ट या अर्ल (उपाधिधारियों) की स्त्री, बेगम।

countless *कॉउन्ट् लिस a.* innumerable अनगिनत।

country *कन् ट्रि n.* a state or kingdom देश; a large tract of land भूभाग; rural parts देहात, गांव।

county *कॉउन् टि n.* a division of a country प्रदेश, ज़िला; a shire प्रबंध-मंडल।

coup *कू n.* a blow, a successful stroke चोट, सच्चा आघात।

couple[1] *क पल n.* a pair जोड़ा; husband and wife पति-पत्नी।

couple[2] *v. t.* to join together जोड़ना; to unite संयोजित करना; *v. i.* to associate मिल जाना।

couplet *कप् लिट n.* two lines of rhymed verse दोहा।

coupon *कू पॅन n.* ticket etc. entitling the holder to receive something कूपन, पर्णिका।

courage *क रिज n.* bravery बहादुरी, पराक्रम, साहस।

courageous *कॅ रे जॅस a.* bold, fearless निडर।

courier *कु रि ॲ: n.* a messenger संदेशवाहक।

course *कौ:स n.* syllabus पाठ्यक्रम; channel of water जलमार्ग; path रास्ता; line of action कार्यप्रणाली; series शृंखला।

court[1] *कौ:ट n.* hall of justice न्यायालय; a royal palace राजदरबार; playground for certain games खेल का मैदान; wooing प्रणय-निवेदन।

court[2] *v. t.* to woo प्रणय-निवेदन करना; to seek, to invite निवेदन करना, आमंत्रित करना।

courteous *कॅ ट्यॅस a.* polite विनम्र, शिष्ट।

courtesan *कौ: टि ज़ैन n.* a prostitute वेश्या, गणिका।

courtesy *कॅ: टॅ सि n.* quality of being courteous सौजन्य; polite behaviour शिष्टाचार।

courtier *कौ: ट्यॅ: n.* member of a sovereign's court दरबारी।

courtship *कौ:ट् शिप n.* wooing प्रणय-निवेदन, प्रेमालाप।

courtyard *कौ:ट् या:ड n.* an enclosure round or near a house आंगन, चौक।

cousin *क ज़न n.* the son or daughter of an uncle or aunt चचेरा, ममेरा, फुफेरा या मौसेरा भाई या बहिन।

covenant *कव्नेण्ट् n.* a compact, a bargain, a mutual agreement or contract पारस्परिक स्वीकृति, पण, सौदा, सट्टा, ठीका।

cover[1] *क वॅ: v. t.* to place or spread over ढंकना; to include सम्मिलित करना; to be sufficient for के लिए पर्याप्त होना; to travel over (की) यात्रा करना; to hide छिपा लेना।

cover[2] *n.* something that covers आवरण, आच्छादन; concealment

छिपाव; lid ढक्कन; shelter आड़; protection बचाव।

coverlet *क वॅ: लिट n.* bed-cover पलंगपोश।

covet *क. वि-ट् v.t.* to desire eagerly लोभ करना, लालच करना।

cow[1] *कॉउ n.* the female of a bull गाय।

cow[2] *v. t.* to frighten डराना।

coward *कॉउ अॅ:ड n.* a timid person कायर।

cowardice *कॉउ अॅ: डिस n.* want of courage कायरता।

cower *काउ्-अर् v.i.* to stand in a bent position, to crouch from fear दबकना, भय से सिकुड़ना।

coy *कौ ॅइ a.* modest विनीत।

cozy *को-जि* comfortable सुखकर।

crab *क्रैब n.* a crustaceous fish with strong claws केकड़ा।

crack[1] *क्रैक n.* a split दरार; a sudden sound कड़क; flaw दोष, कमी।

crack[2] *v. i.* to make a sudden sharp sound कड़कना; to split टूटना, दरार पड़ना; to break with a sound टूटना; *v. t.* to break with a sharp noise तोड़ना।

cracker *क्रै कॅ: n.* firework पटाखा।

crackle *क्राक्-कल् v.t.* to make a cracking sound कड़ाके का शब्द करना।

cradle *क्रै ड्ल n.* an infant's bed पालना।

craft *क्राफ़्ट n.* skilled trade हस्त-कौशल; art कारीगरी; trickery चालाकी।

craftsman *क्राफ़्ट्स् मॅन n.* one skilled in a craft शिल्पी।

crafty *क्राफ़् टि a.* cunning कुटिल, चालाक।

cram *क्रैम (-mm-) v. t.* to stuff ठूंसना; to memorise रटना; *v. i.* to feed to excess ठूंस-ठूंस कर खाना।

crambo *क्राम-बो n.* a game of rhyming तुकबंदी का खेल।

crane *क्रेन n.* a large wading bird with long legs सारस; a machine for lifting heavy weights क्रेन, भारोत्तोलन यंत्र।

crankle *क्राङ्क्-क्ल् v.t.* to twist, to turn ऐंठना, घुमाना।

crash[1] *क्रैश v. i.* to fall to pieces with a loud noise धमाके के साथ ध्वस्त होना; to collide टकराना; to fall with a crash धमाके के साथ गिरना; to make a loud noise धमाका करना; *v. t.* to cause to fall and break गिराकर ध्वस्त करना।

crash[2] *n.* sudden loud noise धमाका; collision टक्कर; loud, violent fall धमाके के साथ पतन।

crass *क्रास् adj.* thick, gross, stupid घना, मूर्ख, अनाड़ी।

crate *क्रेट् n.* a large framework, a case or basket for carrying glass, fruit ढाँचा, झाँप, टोकरी।

crave *क्रेव v.t.* to beg earnestly, to long for याचना करना, मांगना।

craw *क्रॉ n.* the crop or throat or stomach of insects or birds पक्षियों या कीड़ों का सिर या गला या पेट।

crawl[1] *क्रौल v. t.* to creep रेंगना; to advance slowly घिसटना।

crawl[2] *n.* crawling movement रेंग; slow pace मंदगति।

craze *क्रेज़ n.* insanity, mania उन्माद, पागलपन।

crazy *क्रे ज़ि a.* insane सनकी, झक्की;

madly eager अत्यंत उत्साहपूर्ण।

creak[1] *क्रीक v. i.* to make a sharp grating sound चरमराना।

creak[2] *n.* sharp grating sound चरमराहट।

cream *क्रीम n.* the fatty part of milk मलाई; the best part of anything सार; a cosmetics for the face क्रीम।

crease *क्रीस n.* line made by folding तह का निशान; wrinkle सिकुड़न।

create *क्रि एट v. t.* to bring into existence सर्जन करना।

creation *क्रि ए शॅन n.* the act of creating सर्जन; the universe सृष्टि; created things रचना।

creative *क्रि-एट्-इव् adj.* having power to create, that creates उत्पन्न करने की शक्ति वाला, उत्पादक।

creator *क्रि ए टः n.* maker निर्माता; (cap.) the Supreme Being विधाता।

creature *क्री चॅः n.* an animate being प्राणी।

credible *क्रै ॅ डॅ ब्ल a.* worthy of belief प्रामाणिक, विश्वसनीय।

credit *क्रै ॅ डिट n.* good name प्रसिद्धि, साख; faith, belief विश्वास; money due जमा धन।

creditable *क्रै ॅ डि टॅ ब्ल a.* bringing honour श्रेयस्कर।

creditor *क्रै ॅ डि टः n.* one to whom a debt is due ऋणदाता।

credulity *क्रेड्-यू-लिटि adj.* too ready to believe, unsuspecting सहज में विश्वास करने योग्य, सन्देह शून्य।

creed[1] *क्रीड् n.* a religious belief, a set opinion on any subject धर्म, स्वीकृत मत।

creed[2] *क्रीड n.* any system of belief मत, पंथ।

creek *क्रीक् n.* a small inlet on the sea-coast a small harbour खाड़ी, बन्दरगाह।

creep *क्रीप v. i.* to move as a reptile रेंगना; to crawl पेट के बल खिसकना।

creeper *क्री पॅः n.* a creeping plant लता।

cremate *क्रि मेट v. t.* to dispose of (a human body) by the burning दाहसंस्कार करना।

cremation *क्रिमेशन n.* act of cremating दाहसंस्कार।

crest *क्रैस्ट n.* a tuft on the head of certain birds कलगी।

crevet *क्रेव्-ऍट् n.* a melting pot used by goldsmiths सोना-चांदी गलाने की सुनार की घरिया।

crew *क्रू n.* ship's, boat's or aircraft's company चालकदल; a gang कर्मीदल।

crib *क्रिब् n.* a receptacle for fodder, a but, a small bed for children, situation चरनी, झोपड़ी, पालना, स्थिति।

cricket *क्रि किट n.* a small jumping insect झींगुर; a game played with bat and ball क्रिकेट।

crime *क्राइम n.* act or offence punishable by law अपराध।

crimp *क्रिम्प् n.* an agent who entraps men for soldiers सिपाहियों की भरती करने वाला।

crimple *क्रिम्-पल् v.t.* to contract or chrink, to curl सिकोड़ना, मोड़ना।

criminal[1] *क्रि मि नॅल n.* person committing a crime अपराधी व्यक्ति।

criminal[2] *a.* guilty of crime अपराधी; of crime आपराधिक।

crimson *क्रिम् ज़ॅन* a deep red गहरा लाल।

cringe *क्रिन्ज v. i.* to flatter with mean servility चापलूसी करना।

cripple *क्रि पल n.* a lame person विकलांग व्यक्ति।

crisis *क्रॉइ सिस n.* difficult and dangerous time संकटकाल।

crisp *क्रिस्प a.* brisk फुरतीला; brittle ख़स्ता।

criterion *क्रॉइ टिऑरि ॲन n.* standard of judgement मापदंड।

critic *क्रि टिक n.* one skilled in judging literary or artistic work समालोचक; a reviewer समीक्षक; fault-finder छिद्रान्वेषी।

critical *क्रि टि कॅल a.* relating to criticism समालोचनात्मक; fault-finding दोषदर्शी; relating to crisis संकटपूर्ण।

criticism *क्रि टि सिज़्म n.* the art of criticising आलोचना; censure छिद्रान्वेषण।

criticize *क्रि टि सॉइज़ v. t.* to judge critically (की) समालोचना करना; to find fault with (की) निंदा करना।

croak *क्रोक् n.* a deep hoarse sound of a frog or crow कौवे के कांव-कांव या मेंडक के टरटों का शब्द।

crockery *क्रौॅ कॅ रि n.* vessels formed of clay मिट्टी के बरतन।

crocodile *क्रौॅ कॅ डॉइल n.* a large aquatic reptile घड़ियाल।

croesus *क्रो-सस् n.* a wealthy or rich person धनी, अमीर आदमी।

crook *क्रुक a* hook, bend, curve, a shepherd's hooked staff. झुकाव, घुमाव, कमान, गडरिया की लग्गी।

crop *क्रोॅप n.* agricultural production फ़सल, उपज।

cross[1] *क्रौसॅ v. t.* to move or go across पार करना; to intersect काटना; to oppose विरोध करना; to cancel by marking with a cross काट-कूट देना।

cross[2] *n.* mark made by drawing one line across another गुणा अथवा जमा का चिन्ह; symbol of Christianity सलीब; hybrid संकर।

cross[3] *a.* angry अप्रसन्न; peevish चिड़चिड़ा; transverse तिरछा।

crossing *क्रौॅ सिङ्ग n.* act of going across पार जाने की क्रिया; place where two roads, railways, etc. cross चौराहा।

crotchet *क्रॉचेट् n.* a musical note, half of a minim, a whimsical fancy संगीत विद्या का चिन्ह, झक।

crouch *क्रॉउच v. i.* to bend low, to lie close to the ground झुकना, ज़मीन से सट जाना।

crow[1] *क्रो n.* a black bird कौआ; cry of a cock मुर्ग़े की बांग।

crow[2] *v. i.* to cry as a cock बांग देना; to boast डींग मारना।

crowd *क्रॉउड n.* unorganized collection of people or things भीड़, जनसमूह।

crown[1] *क्रॉउन n.* an ornament for the head in the form of a wreath राजमुकुट; head शीर्ष; perfection पूर्णता।

crown[2] *v. t.* to make (someone) wear a crown मुकुट पहनाना; to adorn गौरवान्वित करना।

crucial *क्रू-श्ल् adj.* searching, critical छानबीन करने वाला, प्रामाणिक।

crude *क्रूड a.* unrefined अशोधित; wanting in culture अशिष्ट।

cruel *क्रु ऑल a.* savage, brutal नृशंस।

cruelty *क्रु ऑल टि n.* quality of being cruel नृशंसता; mercilessness दयाहीनता।

cruise *क्रूज़् v.i.* to sail to and for making no particular port. समुद्र में इधर-उधर यात्रा करना।

cruiser *क्रू जॅ: n.* speedy warship युद्धपोत।

crumb *क्रम n.* the soft part of bread रोटी का गूदेदार भाग; a fragment टुकड़ा।

crumble *क्रम् ब्ल v. t.* to break into small pieces टुकड़े-टुकड़े करना; *v. i.* to become small pieces टुकड़े-टुकड़े होना।

crump *क्रम्प् adj.* crooked ऐंठा टेढ़ा।

crusade *क्रू सेड n.* war on religious ground धर्मयुद्ध।

crush *क्रश v. t.* to press with force दबाना; to squeeze भींचना; to force out by squeezing निचोड़ना; to pound पीसना; to subdue परास्त करना।

crust *क्रस्ट n.* the hard outer coat of anything छाल; the hard surface of a loaf पपड़ी, छिलका।

crutch *क्रच n.* support आधार; support for a lame person बैसाखी।

cry[1] *क्रॉइ n.* scream क्रंदन; loud utterance चिल्लाहट; clamour कोलाहल; call of animal पशु की बोली।

cry[2] *v. i.* to utter a shrill loud sound चिल्लाना; to weep रोना।

cryptography *क्रिप्टोग्राफि n.* the art of writing in secret characters गुप्त (सांकेतिक) लिखन की विद्या।

crystal *क्रिस् टॅल n.* pure transparent quartz मणिभ, स्फटिक; a superior kind of glass बढ़िया कांच।

cub *कब n.* the young of certain animals पुशुशावक।

cube *क्यूब n.* a regular solid body with six equal square sides घनक्षेत्र।

cubic, –al *क्यू बिक, क्यू बि कॅल a.* having the shape of a cube घनीय।

cubiform *क्यूब-इ-फार्म adj.* of the form of cube घनाकार।

cuckold *कक्-ओल्ड् n.* the husband of an unfaithful wife व्यभिचारिणी स्त्री का पति।

cuckoo *कु कू n.* a singing bird of black colour कोयल।

cucumber *क्यू कम् बॅ: n.* a plant of the gourd family and its fruit खीरा, ककड़ी।

cudgel *क जॅल n.* a short and thick stick गदा।

cue *क्यू n.* hint संकेत; the last words of an actor's speech अभिनेता के संवाद के अंतिम शब्द।

cuff[1] *कफ n.* a stroke with the open hand तमाचा; wrist band कफ़, कलाई-बंद।

cuff[2] *v. t.* strike with the open hand तमाचा मारना।

cuisine *क्वी-जीन्* *n.* style of cooking, cookery पकाने की विधि।
cullet *कल्-लिट्* *n.* refuse glass for remelting दुबारा गलाने के लिये कांच के टुकड़े।
culminate *कल्-मिन्-ऍट्* *v.i.* to reach the highest point उच्चतम स्थान पर पहुंचना, परम कोटि को प्राप्त करना।
culpable *कल् पॅ ब्ल* *a.* blame-worthy सदोष, आपराधिक।
culprit *कल् प्रिट* *n.* offender, guilty person अपराधी।
cult *कल्ट* *n.* sect पंथ; संप्रदाय; a system of religious belief धर्म-संप्रदाय।
cultivate *कल् टि वेट* *v. t.* to till (ground) जोतना; to develop विकसित करना।
cultrate *कल्-ट्रेट्* *adj.* shaped like the edge of a knife छुरी की धार के समान बना हुआ।
cultural *कल् चॅ रॅल* *a.* pertaining to culture सांस्कृतिक।
culture *कल् चॅः* *n.* pattern of social behaviour संस्कृति; cultivating खेती; artificial rearing पालन; growth of bacteria जीवाणुओं की वृद्धि।
culvert *कल-वर्ट्* *n.* an arched channel carrying water under or over a road सड़क के नीचे से या ऊपर से पानी के जाने की मेहराबदार नाली या पुलिया।
cunning[1] *क निङ्ग* *a* artful, crafty चालाक, मक्कार।
cunning[2] *n.* artifice, craftiness चालाकी, चतुरता।
cup *कप* *n.* a drinking vessel प्याला।
cupboard *क बॅः ड* *n.* an enclosed set of shelves in the kitchen अलमारी।
Cupid *क्यू पिड* *n.* the Roman love-god कामदेव।
cupidity *क्यू पि डि टि* *n.* covetousness अर्थलिप्सा।
curable *क्युअॅ रॅ ब्ल* *a.* that may be cured आरोग्य-साध्य।
curative *क्युअॅ रॅ टिव* *a.* tending to cure रोगनिवारक।
curb[1] *कॅःब* *n.* check, control निग्रह, नियंत्रण।
curb[2] *v. t.* to control नियंत्रण करना।
curcuma *कुर्क्यूमा* *n.* turmeric हल्दी।
curd *कॅःड* *n.* coagulated milk दही।
cure[1] *क्युअॅः* *n.* medical treatment इलाज; remedy दवाई, औषध।
cure[2] *v. t.* to heal उपचार करना।
curfew *कॅः फ़्यू* *n.* order for people to remain indoors निषेधाज्ञा।
curiosity *क्युअॅ रि ऑ सि टि* *n.* state of being curious जिज्ञासा; inquisitiveness कुतूहल।
curious *क्युअॅ रि अॅस* *a.* having eagerness to know जिज्ञासु; strange अद्‍भुत।
curl *कर्ल्* *n.* a spiral lock of hair, act of curling घुंघराला बाल, ऐंठन।
currant *कर्-ऍन्ट्* *n.* dried fruit of grape सूखा अंगूर, दाख, मुनक्का, किशमिश।
currency *क रॅन् सि* *n.* money in circulation in a country मुद्रा; state of being in use चलन।
current[1] *क रॅन्ट* *n.* flow of electricity विद्युत्धारा; stream of water धारा; flow प्रवाह।
current[2] *a.* of the present time वर्तमान, सामयिक; in general use प्रचलित।

curriculum *कॅ रि क्यु लॅम n.* prescribed course of study पाठ्यक्रम।

curse[1] *कॅःस n.* invocation of evil अभिशाप; misfortune दुर्भाग्य।

curse[2] *v. t.* to wish for a curse (for someone) अभिशाप देना।

cursory *कॅः सॅ रि a.* superficial सतही, सरसरी।

curt *कॅःट a.* brief संक्षिप्त; rude अशिष्टतापूर्ण।

curtail *कॅः टेल v. t.* to shorten संक्षिप्त करना; to reduce घटाना।

curtain *कॅः ट्न n.* piece of cloth hung at a window etc. आवरण, परदा; a screen in a theatre यवनिका।

curve[1] *कॅः व n.* bending without angles वक्र, घुमाव।

curve[2] *v. t.* to bend into a curve मोड़ना; *v. i.* to be bent into a curve मुड़ना।

cushion[1] *कु शॅन n.* a kind of pillow मसनद।

cushion[2] *v. t.* to provide cushion गद्दों से सजाना।

custard *कस् टॅःड n.* a composition of mild and eggs, sweetened and baked or boiled दूध की लपसी।

custodian *कस् टो ड्यॅन n.* guardian संरक्षक; care-taker निधिपाल।

custody *कस् टॅ डि n.* detention हिरासत; guarding निगरानी।

custom *कस् टॅम n.* established usage रीति, प्रथा; toll tax सीमाशुल्क।

customary *कस् टॅ मॅ रि a.* habitual, usual प्रथागत।

customer *कस् टॅ मॅः n.* person who purchases things ख़रीददार, ग्राहक।

cut[1] *कट (-tt-) v. t.* to hew and fell काटकर गिरा देना; to reap (फ़सल) काटना; to trim or pare कुतरना, छांटना; to abridge कम करना; to injure घाव करना; to intersect द्विभाजित करना।

cut[2] *n.* act of cutting कटाव, कटाई; a blow प्रहार; wound caused by a sharp edge घाव, चोट; reduction कमी।

cutis *क्यूट्-इस् n.* true skin भीतरी त्वचा।

cuvette *कूव्-ऍट् n.* a trench sunk along the middle of a dry ditch सूखी खाई के बीच में खोदा हुआ गड्ढा।

cycle *सॉइक्ल n.* a bicycle साइकिल; circle चक्र; recurrence आवर्तन।

cyclic *सॉइ क्लिक a.* recurring in cycles चक्रीय।

cyclist *सॉइ क्लिस्ट n.* the rider of a cycle साइकिल-सवार।

cyclone *सॉइ क्लोन n.* a circular storm चक्रवात।

cyclostyle[1] *सॉइ क्लॅ स्टॉइल n.* apparatus for printing copies from a stensil चक्रलेखित्र।

cyclostyle[2] *v. t.* to produce (copies) from stensil चक्रलिपित करना।

cylinder *सि लिन् डॅः n.* a roller-shaped object of uniform diameter बेलन।

cynic *सि निक n.* person who sees no good in anything निंदक, मानवद्वेषी।

cypher see cipher.

cypress *सॉइ प्रॅस n.* an evergreen tree with very dark foliage सरू।

Dd

D डी the fourth letter of the English alphabet *(mus.)* the second note of natural major scale. अंग्रेजी वर्णमाला का चौथा अक्षर, (सं.) द्वितीय स्वर, रे (ऋषभ); **D Block** *n.* डी अक्षर की आकृति का टुकड़ा d-contraction for the words 'had' and 'would' 'हाड़' तथा 'वुड़' शब्द का छोटा रूप।

dabble डै *ब्ल v. i.* to splash about in liquid with hands or feet इधर-उधर पानी उलीचना; to do something as a hobby शौकिया कुछ काम करना।

dacoit डॅ कौ˘ इट *n.* robber डाकू।

dacoity डॅ कौ˘ इ टि *n.* robbery डकैती।

dad, daddy डैड, डै डि *n.* a child's word for father पिता।

daffodil डै *फॅ डिल n.* yellow narcissus पीला नरगिस।

daft डाफ़्ट् *adj.* foolish, insane, crazy मूर्ख, पागल, झक्की।

dagger डै *गॅः n.* a short sharp-pointed sword खंजर।

daily[1] डे *लि a.* happening or being everyday दैनिक।

daily[2] *adv.* everyday प्रतिदिन।

daily[3] *n.* a newspaper published everyday दैनिक समाचार-पत्र।

dainty[1] डेन् टि *a.* nice सुरुचिपूर्ण; delicate नाजुक; elegant रमणीय।

dainty[2] *n.* something nice लालित्यपूर्ण वस्तु; a delicacy स्वादिष्ट खाद्य।

dairy डे˘ ॲ रि *n.* a shop where milk, butter etc. are sold दुग्धशाला।

dais डे इस, डेस *n.* raised platform मंच।

daisy डे *ज़ि n.* a small white flower with a yellow centre एक श्वेत पुष्प।

dale डेल *n.* a place between hills घाटी।

dam डैम *n.* a bank to confine or raise water बांध।

damage[1] डै *मिज n.* harm हानि; money claimed as compensation हरजाना।

damage[2] *v. t.* to cause damage क्षति पहुंचाना।

dame डेम् *n.* a lady-keeper of a boarding house, the wife of a knight or a baronet स्त्री (महिला), गृहिणी, नवाबिन।

damn डैम *v. t.* to condemn to hell शाप देना।

damnation डाम्-ने-शन् *n.* eternal punishment in hell नरक-दण्ड, नरक-यातना।

damp[1] डैम्प *a.* moist आर्द्र।

damp[2] *n.* moist air नम हवा; fog कोहरा।

damp[3] *v. t.* to moisten गीला करना; to dispirit निरुत्साह करना।

damsel डाम्-ज़ल् *n.* a young unmarried woman; a girl कुमारी कन्या, युवती, कुमारी, बालिका, लड़की।

dance[1] डान्स rhythmical movement of body and feet नृत्य।

dance[2] *v. t.* to cause to dance नचाना; *v. i.* to move with measured steps नाचना।

dandelion *डाण्डिलायन्* *n.* a common yellow flowered plant पीले फूल का एक प्रकार का पौधा।

dandle *डान्-इल्* *v.t.* to fondle or toss a child on knee or arms, to pet, to play with बच्चे को घुटनों पर या गोद में झुलाना, लाड करना।

dandruff डैन् *ड्रॅफ़* *n.* dead skin in small scales among the hair रूसी।

dandy डैन् *डि* *n.* a fop छैला।

danger डेन् *जॅः* *n.* risk संकट, जोखिम; something likely to cause harm भय का कारण।

dangerous डेन् *जॅ रॅस* *a.* full of danger खतरनाक, भयंकर।

dangle डैङ् *ग्ल* *v. t.* to swing झुलाना।

dank *डाङ्क्* *adj.* damp, oozy, moist पानी रसता हुआ, तर, गीला।

dap *डाप्* *v.i.* (p.t. dapped.) to dip lightly, to bounce जल में थोड़ा-सा डुबाना, कूदना।

dare डे˘ *अँः* *v. i.* to be bold enough हिम्मत रखना; *v. t.* to offer a challenge चुनौती देना।

daring[1] डे ˘ *अॅ रिङ्ग* *n.* boldness निर्भीकता।

daring[2] *a.* bold निर्भीक, हिम्मत वाला।

dark[1] *डाःक* *a.* blackish सांवला; clouded अंधकारमय।

dark[2] *n.* absence of light अंधकार; ignorance अज्ञानता।

darkle *डार्-कल्* *v.i.* to lie concealed छिपे रहना।

darling[1] *डाः लिङ्ग* *n.* one dearly beloved प्रियतम।

darling[2] *a.* dearly beloved प्यारा, चहेता।

dart *डार्ट्* *n.* a light javelin a pointed missile, a rapid motion, the sting of a poisonous insect बर्छी, शंकु, तीव्र गति, जहरीले कीड़े का डंक।

dash[1] *डैश* *v. i.* to rush forward झपटना; *v. t.* to smash तोड़ देना; to throw फेंक देना, पटक देना; to destroy नष्ट करना; to discourage हतोत्साह करना।

dash[2] *n.* a sudden rush झपट्टा; vigour उत्साह; smartness फुरती; a stroke of the pen पड़ी रेखा (–); short race छोटी दौड़; striking टक्कर।

date[1] *डेट* *n.* statement of time दिनांक; age काल; period समय; a datepalm or its fruit खजूर।

date[2] *v. t.* to mark with date तिथ्यंकित करना।

daub[1] *डौब* *n.* a smear पुताई।

daub[2] *v. t.* to smear पोतना।

daughter *डौ टॅः* *n.* one's female child आत्मजा, पुत्री।

daunt *डौन्ट* *v. t.* to frighten भयभीत करना।

dauntless *डौन्ट् लिस* *a.* fearless निर्भीक।

dawdle *डा ड्ल्* *v.i.* to idle विलम्ब करना।

dawn[1] *डौन* *n.* a day-break प्रभात, उषा।

dawn[2] *v. i.* to become day सुबह होना; to appear प्रकट होना।

day *डे* *n.* the time of light दिन; date तिथि; time from sunrise to sunset दिन का समय; period काल।

daze[1] *डेज़* *n.* bewilderment स्तब्धता।

daze[2] *v. t.* to bewilder स्तब्ध करना।

dazzle[1] *डै ज़ल* *n.* dazzling light चकाचौंध।

dazzle[2] *v. t.* to daze or overpower with strong light चकाचौंध करना।

deacon *डी-कन* *n.* an order of clergy below bishop and priest छोटा पादरी।

dead *डैँड* *a.* lifeless मृत, निर्जीव; motionless गतिहीन; inactive निष्चेष्ट; no longer functioning बंद पड़ा हुआ।

deadlock *डैँड़ लौकॅ* *n;.* complete failure to reach agreement गतिरोध।

deadly *डैँड़ लि* *a.* fatal घातक; implacable कठोर; fearful भयंकर।

deaf *डैफ़* *a.* incapable of hearing बधिर, बहरा।

deal[1] *डील* *n.* quantity मात्रा; bargain सौदा; business transaction व्यापारिक लेन-देन।

deal[2] *v. i.* to transact business व्यापार करना; to act कार्य करना।

dealer *डी लॅः* *n.* distributer बांटनेवाला; trader व्यापारी।

dealing *डी लिङ्ग* *n. (pl.)* transaction व्यापार-संबंध; behaviour व्यवहार।

dean *n.* the head of a cathedral, the head of a faculty in a college गिरजाघर या कालेज का अध्यक्ष।

dear *डिअॅः* *a.* beloved प्रिय, प्यारा; costly महंगा; precious मूल्यवान।

dearth *डॅःथ* *n.* scarcity दुर्लभता।

death *डैँथ* *n.* decease देहांत; murder वध; end अंत।

debar *डि बाः (-rr-)* *v. t.* to prevent (पर) रोक लगाना; to prohibit वर्जित करना।

debase *डि बेस* *v. t.* to lower in quality or value (का) अवमूल्यन करना; to degrade पतित करना।

debate[1] *डि बेट* *n.* discussion विचार-विमर्श; controversy विवाद।

debate[2] *v. t.* to dicuss (पर) बहस करना; to argue तर्क-वितर्क करना।

debauch[1] *डि बौच* *v. t.* to corrupt भ्रष्ट करना; to pervert व्यभिचारी बनाना।

debauch[2] *n.* lewdness लंपटता, व्यभिचारिता।

debauchee *डि बौ ची* *n.* a dissipated person विषयी।

debauchery *डि बौ चॅ रि* *n.* lewdness व्यभिचारिता।

debility *डि बि लि टि* *n.* physical weakness कृशता, क्षीणता।

debit[1] *डैँ बिट* *n.* the left hand side of an account नामखाता; entry in account of sum owed ऋणांकन।

debit[2] *v. t.* to enter as due (का) ऋणांकन करना।

debris *डे ब्रि* *n.* rubbish कूड़ा-करकट; wreckage मलबा।

debt *डैँट* *n.* what is owed ऋण, उधार; obligation आभार।

debtor *डैँ टः* *n.* one indebted क़र्जदार।

decade *डैँ केड* *n.* period of ten years दशाब्दी।

decadent *डैँ कॅ डॅन्ट, डि के डॅन्ट* *a.* declining पतनोन्मुख।

decamp *डि कैम्प* *v. i.* to make off secretly चुप-चुप भाग जाना।

decay[1] *डि के* putrefaction क्षय; decomposition सड़न।

decay[2] *v. i.* to waste नष्ट होना; to decline ह्रास होना।

decease[1] *डि सीस n.* departure from this life मृत्यु।

decease[2] *v. i.* to die मर जाना।

deceit *डि सीट n.* fraud धोखा; a lie झूठ।

deceive *डि सीव v. t.* to mislead धोखा देना; to delude बहकाना, ठगना।

December *डि सैम् बॅ: n.* last month of the year वर्ष का अंतिम माह, दिसंबर।

decency *डी सॅन् सि n.* state or quality of being decent शालीनता; decorum औचित्य।

decennary *डि-सेन्-रि n.* a period of ten years दस वर्ष का काल।

decent *डी सॅन्ट a.* proper उचित, शोभनीय; respectable सम्माननीय।

deception *डि सैप् शॅन n.* act of deceiving ठगी; artifice practised चालाकी; fraud धोखा।

decide *डि सॉइड v. t.* to settle (का) निबटारा करना; to determine निर्णय पर पहुंचना।

decillion *डि-सिलियन n.* the tenth power of a million दस लाख को इसी से दस बार गुणा करके बनी हुई संख्या।

decimal *डै˘ सि मॅल a.* tenth दसवां, दशम; reckoned by ten दशमलव।

decimate *डेस्-सि-मेट् v.t.* to destroy a tenth part दशम भाग नष्ट करना।

decision *डि सि ज़ॅन n.* judgement निर्णय; determination निश्चय।

decisive *डि सॉइ सिव a.* conclusive निर्णयात्मक; showing firmness दृढ़तापूर्ण।

deck[1] *डैकॅ n.* the platform or floor of a ship जहाज़ का फ़र्श।

deck[2] *v. t.* to adorn सजाना।

declaration *डैक् लॅ रे शॅन n.* act of declaring घोषणा।

declare *डि क्लें˘ अॅ: v. t.* to announce formally घोषित करना; to tell explicitly स्पष्ट बता देना; to testify प्रमाणित करना; to reveal प्रकट करना।

decline[1] *डि क्लॉइन n.* decay ह्रास; deterioration घटाव।

decline[2] *v. t.* to refuse इंकार करना; *v. i.* to slope down झुकना, नीचा होना; to grow weaker कमज़ोर होना; to go down ढलना; to decay क्षीण होना।

declivous *डि-क्लिव्-अस् adj.* bent down-wards नीचे को झुका हुआ।

decompose *डी कॅम् पोज़ v. t.* to separate into original elements (का) अपघटन करना; *v. i.* to decay सड़ना।

decomposition *डि कौम् पॅ ज़ि शॅन n.* decay सड़न।

decontrol *डी-कण्ट्रोल् v.t.* to release from government control सरकारी नियन्त्रण हटाना।

decorate *डै˘ कॅ रेट v. t.* to ornament अलंकृत करना; to honour with a badge or medal पदक से सम्मानित करना।

decoration *डै˘ कॅ रे शॅन n.* act of decorating अलंकरण; that which adorns अलंकार; a badge or medal पदक।

decorum *डि कौ रॅम n.* propriety of speech or behaviour शिष्टाचार।

decrease[1] *डी क्रीस v. t.* to make less कम करना; *v. t.* to grow less कम होना।

decrease[2] *डी क्रीस n.* gradual diminution ह्रास।

decree[1] *डि क्री n.* an edict राजाज्ञा, आज्ञप्ति; a judicial decision न्यायिक निर्णय।

decree[2] *v. i.* to issue an order आज्ञप्ति देना; *v. t.* to determine judicially निर्णय करना।

decrement *डे-क्रिमेन्ट् n.* decrease, waste कमी, नाश।

dedicate *डै˘ डि केट v. t.* to devote wholly समर्पण करना; to inscribe (a book etc.) to a person or cause (पुस्तक आदि) समर्पित करना।

dedication *डै˘ डि के शॅन n.* act of devoting to some person समर्पण।

deduct *डि-डक्ट् v.t.* to take away, to subtract हटाना (कम करना) घटाना।

deed *डीड n.* action कृत्य; a written agreement प्रसंविदा; document दस्तावेज़; feat करतब।

deem *डीम् v.i.* to believe, to consider, to determine, to judge विश्वास करना, विचारना, इरादा, निर्णय करना।

deep *डीप a.* being far below the surface गहरा; not obvious गहन, रहस्यपूर्ण; grave in sound भारी; mysterious रहस्यमय।

deer *डिअॅ: n.* a quadruped with horns हरिण।

defamation *डै˘ फॅ मे शॅन n.* act of defaming मान-हानि।

defame *डि फ़ेम v. t.* to slander बदनाम करना।

default *डि-फॉल्ट् n.* defect, neglect of duty, failure to act or appear दोष, अपराध, अनुपस्थिति।

defeat[1] *डि फ़ीट n.* loss of battle पराजय।

defeat[2] *v. t.* to win a victory over परास्त करना।

defect *डि फ़ैक्ट, डी फ़ैक्ट n.* want अभाव; a blemish दोष।

defence *डि फ़ैन्स n.* a guarding against danger रक्षा; protection बचाव; fortification मोर्चाबंदी; a defendant's plea सफ़ाई।

defend *डि फ़ैन्ड v. t.* to guard रक्षा करना; to support पक्ष लेना।

defendant *डि फ़ैनॅ् डॅन्ट n.* a defender प्रतिवादी।

defensive *डि फ़ैनॅ् सिव* serving for defence सुरक्षात्मक।

deference *डै˘ फ़ॅ रॅन्स n.* respect, regard सम्मान।

defiance *डि फ़ॉइ अॅन्स n.* act of defying अवज्ञा; a challenge चुनौती।

deficit *डै˘ फ़ि सिट n.* deficiency of revenue घाटा।

deficient *डिफ़िशन्ट् adj.* incomplete, wanting, defective अपूर्ण, न्यून, हीन।

defile *डि-फ़ाइल् n.* a narrow way, a gorge संकुचित मार्ग, दर्रा।

define *डि फ़ॉइन v. t.* to explain exactly परिभाषा देना।

definite *डै˘ फ़ि निट a.* having fixed limits सीमांकित; precise निश्चित; clear सुस्पष्ट।

definition *डै˘ फ़ि नि शॅन n.* the act

of defining निश्चयन; a brief description of a thing by its properties परिभाषा।

deflation *डि-फ्ले-शन् n.* reducing the value of paper money (करेन्सी) नोट का मूल्य कम करना।

deflect *डि-फ्लेक्ट् v.t. & i.* to turn aside, to bend down, to deviate from the right path हटाना, झुकाना (मोड़ना) बुरे मार्ग पर जाना।

deft डेफ़्ट् *adj.* skilful, clever, dexterous कुशल, चतुर, निपुण।

degrade *डि ग्रेड v. t.* to reduce to a lower rank (का) दरजा घटाना; to debase भ्रष्ट करना।

degree *डि ग्री n.* a title awarded by a university उपाधि; measure मात्रा; rank कोटि, श्रेणी।

dehort *डिहॉर्ट् v.i.* to dissuade, to exhort बहकाना।

deist *डी-इस्ट् n.* one who professes deism ईश्वरवादी, आस्तिक।

deity *डी-इ-टि n.* divinity, a god or goddess ईश्वर, देवता या देवी।

deject *डि जैक्ट v. t.* to dishearten हतोत्साह करना।

dejection *डि जैक् शॅन n.* depression निराशा।

delay *डि-ले v.t. & i.* (p.t. delayed) to postpone, to hinder, to linger, to put off time विलम्ब करना, समय बिताना, देर करना।

delibate *डेल्-इ-बेट् v.t.* to taste, to sip स्वाद लेना, चूसना।

deligate[1] *डै ˇ लि गिट n.* a representative प्रतिनिधि।

delegate[2] *डै ˇ लि गेट v. t.* to send as deputy प्रतिनिधि के रूप में भेजना; to entrust (duties, rights etc.) (कर्त्तव्य, अधिकार आदि) सौंपना।

delegation *डै ˇ लि गे शॅन n.* deputation प्रतिनिधान; a body of delegates प्रतिनिधिमंडल।

delete *डि लीट v. t.* to eliminate काट देना।

deliberate[1] *डि लि बॅ रेट v. i.* to weigh well in one's mind विचारना; to discuss विचार-विमर्श करना।

deliberate[2] *डि लि बॅ रिट a.* done on purpose जानबूझ कर किया हुआ।

deliberation *डि लि बॅ रे शॅन n.* careful consideration and discussion विचार-विमर्श।

delicate *डै ˇ लि किट a.* soft, tender मुलायम; fine उत्तम, बढ़िया; needing great care नाजुक; critical संकटपूर्ण।

delicious *डि लि शॅस a.* highly pleasing to the taste स्वादिष्ट।

delight[1] *डि लॉइट n.* that which yields great pleasure आनंद का साधन; a high degree of pleasure आनंद।

delight[2] *v. t.* to affect with great pleasure आनंद देना; *v.i.* to take great pleasure आनंद लेना।

deliver *डि लि वॅः v. t.* to hand over सौंपना; to give birth जन्म देना; to utter or present (speech etc.) बोलना; to release मुक्त करना।

delivery *डि लि वॅः रि n.* distribution वितरण; child-birth प्रसव; handing over सुपुर्दगी; style of speaking भाषण-शैली।

delta *डैल्ँ टॅ n.* a space between diverging mouths of a river नदी मुख-भूमि।

delude *डि-ल्यूड़* *n.t.* to impose upon, to deceive मोहित करना, ठगना (छलना)।

delusion *डि-ल्यू-जन्* *n.* a false impression or opinion, deception fallacy मोह, भ्रम, इन्द्रजाल, माया।

demand[1] *डि मान्ड* *n.* requirement आवश्यकता; claim दावा; desire इच्छा; act of demanding अभ्यर्थना।

demand[2] *v. t.* to ask authoritatively मांग करना; to require चाहना।

demarcation *डी-मार्क्-ऍ-शन्* *n.* the marking of boundaries, division, a fixed limit सीमा रेखा का निर्धारण, विभाग, निश्चित सीमा।

dement *डि मेन्ट्* *v.t.* to drive mad उनमत्त करना, पागल करना।

demerit *डी मै ˘ रिट* *n.* fault दोष; undesirable quality अवगुण।

democracy *डि मौ ˘ क्रॅ सि* *n.* a government by the people प्रजातंत्र, लोकतंत्र।

democratic *डै ˘ मॅ क्रै टिक* *a.* connected with democracy प्रजातंत्रात्मक।

demolish *डि मौ ˘ लिश* *v. t.* to destroy ध्वस्त करना; to put an end to समाप्त करना।

demon *डी मॅन* *n.* ghost प्रेत; devil राक्षस; evil-minded person नरपिशाच।

demonetize *डीमॉनिटाइज़्* *v.t.* to deprive of standard value as money धातु के सिक्कों का मूल्य घटना।

demonstrate *डै ˘ मॅन् स्ट्रेट* *v. t.* to exhibit प्रदर्शन करना; to give proof of (का) प्रमाण देना।

demonstration *डै ˘ मॅन् स्ट्रे शॅन* *n.* act or process of demonstrating प्रदर्शन।

demoralize *डि मौ ˘ रॅ लॉइज़* *v. t.* to corrupt the moral of नैतिक पतन करना; to deprave उत्साह भंग करना।

demur[1] *डि मॅं:* *n.* objection आपत्ति।

demur[2] *(-rr-)* *v. t.* to object आपत्ति करना।

demurrage *डि-मर्-रेज्* *n.* an allowance made for undue detention of goods माल का समय से अधिक रुकावट का हरजाना।

den *डैनॅ* *n.* a cave गुहा; a lair मांद; a haunt अड्डा।

dengue *डेङ्ग्-गू* *n.* a severe tropical fever accompanied by acute pain in the joints. लंगड़ा ज्वर।

denial *डि नॉइ अॅल* *n.* denying नकार; refusing a request अस्वीकृति; statement that something is not true खंडन।

denote *डि नोट* *v. i.* to indicate घोषित करना; to imply (का) अर्थ रखना।

denounce *डि नॉउन्स* *v. t.* to accuse publicly दोषारोपण करना; to stigmatize निंदा करना।

dense *डैन्स* *a.* thick, compact घना, सघन।

density *डैनॅ सि टि* *n.* closeness, compactness सघनता; mass per unit of volume घनत्व।

dentist *डैनॅ टिस्ट* *n.* a dental surgeon दंत-चिकित्सक।

denude *डि-नयूड़* *v.t.* to make nude or naked नंगा करना।

denunciation *डि-नन्-सि-ऍ-शनं* *n.* act of denouncing a public menace, a threat अनिष्ट प्रकाशन, सार्वजनिक भर्त्सना।

deny *डि नॉइ v. t.* to refuse to admit अस्वीकार करना; to contradict खंडन करना।

depart *डि पाःट v. i.* to leave प्रयाण करना; to start प्रस्थान करना; to die परलोक सिधारना।

department *डि पाःट् मॅन्ट n.* a separate part भाग; a distinct branch विभाग।

departure *डि पाः चॅः n.* act of leaving a place प्रस्थान, प्रयाण; going away विचलन; death देहत्याग।

depauperate *डि-पॉ-पर-ऍट् v.t.* to impoverish दरिद्र करना या बनाना।

depend *डि पैन्ड v. i.* to rest or rely solely निर्भर होना; to trust भरोसा करना।

dependant *डि पैन् डॅन्ट n.* one who depends on another आश्रित; follower अनुचर।

dependence *डि पैन् डॅन्स n.* state of being dependent पराधीनता।

dependent *डि पैन् डॅन्ट a.* depending निर्भर।

depict *डि पिक्ट v. t.* to paint carefully चित्रांकित करना; to describe in words वर्णन करना।

deplorable *डि प्लौ रॅ बल a.* lamentable शोचनीय; grievous खेदजनक।

deploy *डि-प्लॉय् v.t.* to open out or extend in a line, to spread out पंक्ति में रखना, फैलाना।

deponent *डि-पो-नेन्ट् n.* one who gives testimony in a court, a witness अदालत में साक्षी देने वाला व्यक्ति, गवाह।

deport *डि-पोर्ट् v.t.* to behave, to transport or banish व्यवहार करना (चेष्टा करना), देश बाहर निकालना।

depose *डि पोज़ v. t.* to dethrone पदच्युत करना; to divest of office अपदस्थ करना; *v. i.* to bear witness गवाही देना।

deposit[1] *डि पौॅ जिट n.* thing deposited जमा; anything given as security प्रतिभूति।

deposit[2] *v. t.* to give as deposit निक्षेप करना।

depot *डैॅ पो n.* a store-house संग्रहागार।

depreciate *डि-प्री-शि-एट् v.t. & i* to diminish value of, to fall in value, to regret. मूल्य घटना, दाम कम होना, पछताना।

depredate *डे-प्रि-डेट् v.t.* to plunder, to prey upon, to devour लूटना, शिकार करना, खा जाना।

depress *डि प्रैसॅ v. t.* to cast a gloom over उदास करना; to press down अवनत करना।

depression *डि प्रैॅ शॅन n.* state of being depressed उदासी; dejection विषाद; a hollow गर्त।

deprive *डि प्रॉइव v. t.* to dispossess, to take from (से) वंचित करना।

depth *डैॅथ n.* distance downwards गहराई; deep place गहरा स्थान; abstruseness विदग्धता; intensity विचार-गाभीर्य।

deputation *डैॅ प्यु टे शॅन n.* a body of persons sent on a mission शिष्टमंडल।

depute *डि प्यूट v. t.* to appoint as a substitute प्रतिनिधि के रूप में नियुक्त करना; to send with a special commission किसी विशेष कार्य के लिए भेजना।

deputy *डै ॅ प्यु टि n.* a person appointed to act for another प्रतिनिधि।

derail *डि रेल v. t.* to cause to leave the rails पटरी से उतारना; *v.i.* to go off the rails पटरी से उतर जाना।

derive *डि रॉइव v. t.* to draw or receive प्राप्त करना; to trace the etymology of (का) मूल खोजना।

descend *डि सैन्ड v. i.* to come or go down नीचे आना या जाना; to slope down ढालू होना; to spring (from) वंशज होना।

descendant *डि सैन् डॅन्ट n.* offspring from an ancestor वंशज।

descent *डि सैन्ट n.* coming down उतार; ancestry वंश; sudden attack आक्रमण; handing down हस्तांतरण।

describe *डिस् क्रॉइब v. t.* to trace out चित्रण करना; to give an account of वर्णन करना।

description *डिस् क्रिप् शॅन n.* act of describing निरूपण; account विवरण।

descriptive *डि स्क्रिप् टिव a.* serving to describe वर्णनात्मक।

desert[1] *डि ज़ॅ:ट v. t.* to leave, to forsake त्यागना; *v. i.* to quit हट जाना।

desert[2] *डै ॅ ज़ॅ:ट n.* vast sandy plane रेगिस्तान; uninhabited tract निर्जन स्थान।

deserve *डि ज़ॅ:व v. t.* to be worthy of (का) अधिकारी होना।

design[1] *डि ज़ॉइन v. t.* to make a plan of (की) योजना बनाना; to intend इरादा रखना; to plot षड्यंत्र रचना; to sketch खाका बनाना।

design[2] *n.* an outline sketch रूपरेखा, खाका; working plan योजना; a pattern नमूना; purpose, intention उद्देश्य, इरादा।

desirable *डि ज़ॉइअॅ रॅ ब्ल a.* worthy of desire वांछनीय; pleasing, attractive आकर्षक।

desire[1] *डि ज़ॉइअॅ: n.* eagerness to obtain or enjoy अभिलाषा; longing इच्छा; lust वासना।

desire[2] *v.t.* to wish for the possession or enjoyment of (की) कामना करना; to ask मांगना।

desirous *डि ज़ॉइअॅ रॅस a.* full of desire इच्छुक।

desk *डै ॅस्क n.* an inclining table to write or read upon डैस्क, मेज़।

despair[1] *डिस् पे ॅ अॅ: n.* a hopeless state निराशा।

despair[2] *v. i.* to give up all hope निराश होना।

desperate *डैस् पॅ रिट a.* reckless, ready to do anything दुःसाहसी; beyond hope निराशाजनक।

despicable *डैस् पि कॅ ब्ल a.* contemptible घृणित, तिरस्कार-योग्य।

despise *डिस् पॉइज़ v. t.* to hold in contempt घृणा करना।

despot *डैस् पौ ॅट n.* an absolute ruler निरंकुश शासक।

destination *डैस् टि ने शॅन n.* goal गंतव्य; purpose उद्देश्य।

destiny *डैस् टि नि n.* predetermined fate नियति, भवितव्यता।

destroy *डिस् ट्रौ ॅइ v. t.* to pull down नष्ट करना, ध्वसत करना; to kill मारना।

destruction *डिस् ट्रक् शॅन n.* ruin विनाश; death मृत्यु।

detach *डि टैच v. t.* to separate अलग करना।

detachment *डि टैच् मॅन्ट n.* act of detaching अलग करने की क्रिया; aloofness अलगाव; absence of attachment अनासक्ति।

detail[1] *डी टेल n.* particular ब्यौरा; small or unimportant part गौण बात।

detail[2] *डि टैल v. t.* to relate in full विस्तृत विवरण देना।

detain *डि टेन v. t.* to withhold, to prevent from leaving रोके रखना।

detect *डि टैक्ट v. t.* to discover, to find out खोजना, पता लगाना।

detective[1] *डि टैक् टिव a.* employed in detecting जासूसी।

detective[2] *n.* a police officer whose duty is to detect criminals जासूस।

determination *डि टॅ: मि ने शॅन n.* firmness of purpose दृढ़ संकल्प; act of determining निश्चयन।

determine *डि टॅ: मिन v. t.* to decide निश्चय करना; to establish निर्धारित करना; to settle तय करना।

dethrone *डि थ्रोन v. t.* to depose, to remove from throne गद्दी से उतारना।

develop *डि वै ॅ लॅप v. t.* to cause to grow विकसित करना; to elaborate विस्तृत करना; to treat (film) with chemicals to bring out image (चित्र) उभारना; *v. i.* to grow विकसित होना।

development *डि वै ॅ लॅप् मॅन्ट n.* act or process of developing विकास; expansion विस्तार; growth वृद्धि।

deviate *डी वि एट v. i.* to stray, to turn away भटकना, विचलित होना।

deviation *डी वि ए शॅन n.* turning aside विचलन।

device *डि वॉइस n.* contrivance जुगत, तरकीब, जुगाड़; scheme योजना।

devil *डै ॅ विल n.* an evil spirit शैतान; a very wicked person नर-पिशाच।

devise *डि वॉइज़ v. t.* to think out सोच लेना; to contrive (की) जुगत निकालना।

devoid *डि वौ ॅइड a.* destitute, empty (of) रहित, विहीन।

devote *डि वोट v. t.* to set apart by vow अर्पित करना; to apply closely to लगाना।

devotee *डै ॅ वो ॅ टी n.* one wholly devoted समर्पित व्यक्ति; a zealous worshipper भक्त।

devotion *डि वो शॅन n.* act of devoting or state of being devoted समर्पण; (*pl.*) prayers प्रार्थनाएं; devoutness भक्तिभाव।

devour *डि वॉउअ; v. t.* to swallow up निगल जाना; to read eagerly धुन के साथ पढ़ना।

dew *ड्यू n.* moisture from atmosphere condensed into drops on the surface, grass etc. ओस।

diabetes *डॉइअ बी टीज़ n.* disease characterized by sugar in blood मधुमेह।

diagnose *डॉइ अॅग् नोज़ v. t.* to ascertain from symptoms the true nature of (disease) (का) निदान करना।

diagnosis *डॉइ ॲग् नो सिस n.* process of diagnosing निदान।

diagram *डॉइ ॲ ग्रैम n.* drawing to explain something आरेख, रेखा-लेख।

dial *डॉइ ॲल n.* face of a clock etc. डायल, अंकपट्ट।

dialect *डॉइ ॲ लैक्ट n.* spoken language peculiar to a region उपभाषा, बोली।

dialogue *डॉइ ॲ लौगॅ n.* conversation संवाद; discussion विचार-विमर्श।

diameter *डॉइ ऐ मि टॅः n.* straight line drawn from side to side through the centre of a circle व्यास।

diamond *डॉइ ॲ मॅन्ड n.* a very hard precious stone हीरा।

diarrhoea *डॉइ ॲ रि ॲ n.* excessive frequency of bowel movements अतिसार, दस्त।

diary *डॉइ ॲ रि n.* a register of daily events दैनंदिनी, डायरी।

dice[1] *डॉइस n. pl.* small cubes marked with spots (1 to 6) on the sides पासे।

dice[2] *v. i.* to play with dice पासे का खेल खेलना।

dictate *डिक् टेट v. t.* to deliver as an order आदेश देना; to say or read for another, to transcribe लिखवाना।

dictation *डिक् टे शॅन n* dictating श्रुतलेख; order or direction आदेश।

dictator *डिक् टे टॅः n.* one invested with absolute authority तानाशाह, अधिनायक।

diction *डिक् शॅन n.* choice of words शब्द-चयन।

dictionary *डिक् शॅ नॅ रि n.* a book containing the words arranged alphabetically with their meanings शब्दकोश।

dictum *डिक् टॅम n.* an authoritative saying आदेश-वाक्य; maxim सिद्धांत-वाक्य।

didactic *डॉइ डैक् टिक a.* designed to teach उपदेशात्मक।

die[1] *डॉइ v. i.* to come to the end of life मरना; to come to an end नष्ट होना।

die[2] *n.* small cube with numbered faces पासा।

diet *डॉइ ॲट n.* food भोजन; food prescribed medically पथ्य।

differ *डि फ़ॅः v. i.* to vary पृथक् होना; to disagree असहमत होना; to be unlike असमान होना।

difference *डि फ़ॅ रॅन्स n.* discrimination भेदभाव; unlikeness असमानता; dissimilarity भिन्नता; disagreement मतभेद।

different *डि फ़ॅ रॅन्ट a.* separate भिन्न; dissimilar असमान।

difficult *डि फि कॅल्ट a.* not easy दुर्बोध, जटिल hard to please कठिनाई से प्रसन्न होने वाला।

difficulty *डि फि कॅल् टि n.* hardness to be done कठिनाई; obstacle बाधा।

dig[1] *डिग n.* excavation खुदाई।

dig[2] *(-gg-) v.t.* to break up (ground) with a spade खोदना।

digest[1] *डॉइ जैस्ट; डि v. t.* prepare (food) in the stomach for assimilation पचाना; to think over carefully and take into the mind आत्मसात करना।

digest[2] डाइ जैस्ट *n.* a collection (of laws) संकलन, संग्रह; systematic summary सार, संकलन।

digestion डि जै ँ शॅन *n.* act of digesting पाचन; process or power of digesting food पाचन-क्रिया।

digit डि जिट *n.* a finger उंगली; anyone of the figures (0 to 9) अंक।

dignify डिग् नि फ़ॉइ *v.t.* to invest with dignity शोभायुक्त करना, गौरवान्वित करना।

dignity डिग् नि टि *n.* honourable place गौरवपूर्ण स्थान।

dilemma डि लै ँ मॅ, डॉइ– *n.* a situation of difficult or doubtful choice दुविधा।

diligence डि लि जॅन्स *n.* steady application परिश्रम, उद्यम।

diligent डि लि जॅन्ट *a.* steady in application, industrious परिश्रमी।

dilute[1] डॉइ ल्यूट *v. t.* to make thinner पतला करना; *v.i.* to become thinner पतला होना।

dilute[2] *a.* weakened by diluting पतला।

dim[1] डिम *a.* not bright धुंधला; not seen clearly अस्पष्ट।

dim[2] *(-mm-) v. t.* to make dim धुंधला करना; *v.i.* to become dim धुंधला होना।

dimension डि मैन् शॅन, डॉइ– *n.* extention in a single direction आयाम; *(pl.)* measure of a thing, its size, capacity etc. लंबाई-चौड़ाई।

diminish डि मि निश *v. t.* to make less कम करना; *v.i.* to grow less कम होना।

din डिन *n.* loud continued noise कोलाहल।

dine डॉइन *v. t.* to host dinner खाना खिलाना; *v.i.* to have dinner भोजन करना।

dinner डि नॅ: *n.* banquet प्रीतिभोज; main meal of the day भोजन।

dip[1] डिप *n.* act of dipping गोता; hollow गड्ढा।

dip[2] *(-pp-) v. t.* to put (something) into liquid डुबकी देना; *v.i.* to plunge गोता लगाना।

diploma डि प्लो मॅ *n.* educational certificate प्रमाण-पत्र।

diplomacy डि प्लो मॅ सि *n.* the art or practice of conducting international negotiations कूटनीति; skill in dealing with people व्यवहार-कुशलता।

diplomat डिप् लॅ मैट *n.* one engaged in official diplomacy राजनयिक; person clever at dealing with people कूटनीतिज्ञ।

diplomatic डिप् लॅ मै टिक *a.* pertaining to diplomacy कूट-नीतिक।

dire डॉइॲ: *a.* terrible, dreadful भयानक, भीषण।

direct[1] डि रैक्ट, डॉइ–, डॅ– *a.* straight सीधा; not ambiguous सुस्पष्ट; immediate तात्कालिक।

direct[2] *v. t.* to point or aim at (की ओर) संकेत या लक्ष्य करना; to show the right course to मार्ग दिखाना; to conduct संचालन करना; to order आदेश देना।

direction डि रैक् शॅन, डॉइ– *n.* act of directing संचालन; guidance मार्गदर्शन; command निर्देश; control नियंत्रण।

director *डि रैकॅ टः, डॉइ–* *n.* one who directs निर्देशक।

directory *डि रैकॅ टॅ रि* *n.* reference book with the list of persons with various details निर्देशिका।

dirt *डॅःट* *n.* mud कीचड़; dust धूल; any filthy substance गंदगी।

dirty *डॅः टि* *a.* unclean मलिन; filthy गंदा।

disability *डिस् अॅ बि लि टि* *n.* lack of ability अक्षमता; state of being disabled विकलांगता।

disable *डिस् ए बल* *v. t.* to make unable अक्षम बनाना; to cripple विकलांग बनाना।

disabled *डिस् ए ब्ल्ड* *a.* crippled विकलांग।

disadvantage *डिस् अॅड् वान् टिज* *n.* unfavourable circumstance प्रतिकूल अवस्था; hindrance बाधा।

disagree *डिस् अॅ ग्री* *v. i.* to have different opinions असहमत होना; to prove unsuitable अनुपयुक्त सिद्ध होना।

disagreeable *डिस् अॅ ग्रि अॅ ब्ल* *a.* unpleasant अरुचिकर, अप्रिय; unsuitable प्रतिकूल।

disagreement *डिस् अॅ ग्री मॅन्ट* *n.* absence of agreement असहमति; difference of opinion मतभेद।

disappear *डिस् अॅ पिअॅः* *v. i.* to vanish from sight अदृश्य होना।

disappearance *डिस् अॅ पिअॅ रॅन्स* *n.* disappearing लोप, तिरोभाव।

disappoint *डिस् अॅ पौ ॅइन्ट* *v. t.* to frustrate हताश करना to defeat the fulfilment of निष्फल करना।

disapproval *डिस् अॅ प्रू वॅल* *n.* disapproving निरनुमोदन, अस्वीकार।

disapprove *डिस् अॅ प्रूव* *v. t.* to reject अस्वीकृत करना; to censure (की) निंदा करना।

disarm *डिस् आःम* *v. t.* to deprive of arms निःशस्त्र करना।

disarmament *डिस् आः मॅ मॅन्ट* *n.* act or state of being disarmed निःशस्त्रीकरण।

disaster *डि ज़ास् ट्रॅः* *n.* calamity आपदा; sudden misfortune दुर्भाग्य।

disastrous *डि ज़ास् ट्रॅस* *a.* calamitous संकटपूर्ण; ruinous विनाशपूर्ण।

disc *डिस्क* *n.* thin, flat, circular object like a coin चकती।

discard *डिस् कॉःड* *v. t.* to throw away निकाल फेंकना; to reject रद्द करना।

discharge[1] *डिस् चाःज* *v. t.* to unload भारमुक्त करना; to relieve of a charge सेवा मुक्त करना; to fire (a gun) (गोली) चलाना; to perform अदा या पूरा करना।

discharge[2] *n.* release मुक्ति; unloading अवतारण; dismissal बरखास्तगी; emission रिसाव, बहाव; performance पालन, संपादन; payment अदायगी।

disciple *डि सॉइ प्ल* *n.* follower अनुयायी।

discipline *डि सि प्लिन* *n.* slef-control आत्मसंयम; training शिक्षण; orderly conduct अनुशासन; a subject or field of study अध्ययन का विषय या क्षेत्र।

disclose *डिस् क्लोज़* *v. t.* to reveal प्रकट करना।

discomfort *डिस् कर्मफॅःट* *n.* uneasiness असुविधा, बेचैनी।

disconnect *डिस् कॅ नैक्ट* *v. t.* to detach वियोजित करना।

discontent *डिस् कॅन् टैन्ट* *n.* dissatisfaction असंतोष।

discontinue *डिस् कॅन् टि न्यू* *v. t.* to give up त्याग देना; to put an end to समाप्त कर देना; *v. i.* to come to an end समाप्त हो जाना, रुक जाना।

discord *डिस् कौ:ड* *n.* strife अनबन, कलह; disagreement विसंगति; dissonance बेसुरापन।

discount *डिस् कॉउन्ट* *n.* reduction छूट।

discourage *डिस् कॅ रिज* *v. t.* to dissuade हतोत्साह करना।

discourse *डिस् कौ:स्* *n.* a speech or lecture प्रवचन।

discourteous *डिस् कॅ: टि अॅस* *a.* impolite अविनीत; rude अभद्र।

discover *डिस् कवॅ:* *v. t.* to find out पता लगाना, खोजना।

discovery *डिस् क वॅ रि* *n.* act of discovering अन्वेषण; thing discovered खोजी गई वस्तु।

discretion *डिस् क्रै ॅ शॅन* *n.* prudence समझदारी; freedom to act as one thinks fit स्वविवेक।

discriminate *डिस् क्रि मि नेट* *v. t.* to distinguish between (में) भेद करना; to single out for special favour पक्षपात करना; *v.i.* to be discerning पहचान करना।

discrimination *डिस् क्रि मि ने शॅन* *n.* ability to discriminate विभेदन-क्षमता; partiality पक्षपात।

discuss *डिस् कस* *v. t.* to hold conversation about (पर) विचार-विनिमय करना।

disdain[1] *डिस् डेन* *n.* scorn घृणा।

disdain[2] *v. t.* to scorn घृणा करना।

disease *डि ज़ीज़* *n.* sickness बीमारी।

disguise[1] *डिस् गॉइज़* *n.* disguised state छद्मवेश।

disguise[2] *v. t.* to change the appearance of (का) वेश बदलना; to hide the truth of छिपाना।

dish *डिश* *n.* plate, bowl etc. used for serving food तश्तरी; contents of dish तश्तरी-भर।

dishearten *डिस् हा: ट्न* *v. t.* to cause to lose courage or confidence हतोत्साह करना।

dishonest *डिस् ऑ ॅ निस्ट* *a.* not honest बेईमान।

dishonesty *डिस् ऑ ॅ निस् टि* *n.* being dishonest बेईमानी।

dishonour[1] *डिस् ऑ ॅ नॅ:* *v. t.* to treat disgracefully अनादर करना; to refuse to pay (a cheque) (चेक को) अस्वीकृत करना।

dishonour[2] *n.* want of honour अनादर; person or thing that brings disgrace अनादर का कारण।

dislike[1] *डिस् लॉइक* *v. t.* not to like नापसंद करना।

dislike[2] *n.* feeling of not liking अरुचि, नफ़रत।

disloyal *डिस् लौ ॅ इ अॅल* *a.* unfaithful विश्वासघाती।

dismiss *डिस् मिस* *v. t.* to reject (law suit) without further hearing खारिज़ करना; to send away बर्खास्त करना।

dismissal *डिस् मि सॅल* *n.* dismissing or being dismissed बरख़ास्तगी।

disobey *डिस् अॅ बे* *v. t.* to refuse or fail to obey अवज्ञा करना।

disorder *डिस् औः डॅः n.* confusion अव्यवस्था; slight illness विकार; rioting उपद्रव।

disparity *डिस् पै रि टि n.* inequality असमानता; great difference अंतर।

dispensary *डिस् पैन् सॅ रि n.* a place where medicines are dispensed औषधालय, दवाखाना।

disperse *डिस् पॅःस v. t.* to scatter बिखेरना; to diffuse छितराना।

displace *डिस् प्लेस v. t.* to remove from its place विस्थापित करना; to remove from office पदच्युत करना।

display[1] *डिस प्ले v. t.* to exhibit प्रदर्शित करना।

display[2] *n.* exhibition प्रदर्शन।

displease *डिस प्लीज़ v. t.* to annoy, to offend नाराज़ करना।

displeasure *डिस् प्लै ˘ ज़ः n.* annoyance, anger नाराज़गी, क्रोध।

disposal *डिस् पो ज़ॅल n.* act or power of disposing व्यवस्था; selling विक्रय; control नियंत्रण; getting rid of निपटारा।

dispose *डिस् पोज़ v. t.* to arrange व्यवस्थित करना; to settle मामला निपटाना; to incline प्रवृत्त करना।

disprove *डिस् प्रूव v. t.* to prove false असत्य सिद्ध करना।

dispute[1] *डिस् प्यूट n.* controversy विवाद; quarrel झगड़ा।

dispute[2] *v. i.* to discuss विचार–विमर्श करना; *v.t.* to call in question संदेह करना; to argue तर्क-वितर्क करना।

disqualification *डिस क्वौ ˘ लि फ़ि के शॅन n.* disqualifying or being disqualified अयोग्यता; that which disqualifies अयोग्यता का आधार।

disqualify *डिस् क्वौ ˘ लि फ़ॉइ v. t.* to make ineligible अयोग्य ठहराना या बनाना।

disquiet *डिस् क्वॉइ अॅट n.* uneasiness बेचैनी; anxiety चिंता।

disregard[1] *डिस् रि गाःड n.* neglect उपेक्षा; insult अपमान।

disregard[2] *v. t.* to pay no attention to उपेक्षा करना।

disrepute *डिस् रि प्यूट n.* bad name, disgrace अपयश, बदनामी।

disrespect *डिस् रिस् पैक्ट n.* want of respect अनादर।

disrupt *डिस रप्ट v. t.* to break up भंग करना।

dissatisfaction *डिस् सै टिस् फ़ैक् शॅन n.* state of being dissatisfied असंतोष।

dissatisfy *डिस् सै टिस् फ़ॉइ v. t.* to fail to satisfy असंतुष्ट करना, नाराज़ करना।

dissect *डि सैक्ट v. t.* to cut apart काटना, विच्छेदन करना; to examine or criticise in detail अवलोकन अथवा आलोचना करना।

dissection *डि सैक् शॅन n.* act of cutting up anatomically विच्छेदन; act of separating into parts for the purpose of critical examination विश्लेषण।

dissimilar *डि सि मि लॅः a.* not similar असमान।

dissolve *डि ज़ौल्व v.t.* to melt पिघलाना; to put an end to समाप्त करना; *v. i.* to be melted पिघलना; to disappear लुप्त होना।

dissuade *डि स्वेड v. t.* to exhort

against, to persuade not to न करने के लिए समझाना।

distance *डिस् टॅन्स n.* extent of interval between two things दूरी, फ़ासला; aloofness अलगाव।

distant *डिस् टॅन्ट a.* not close दूर का; lying at a distance दूरस्थ।

distil *डिस् टिल (-ll-) v. t.* to vaporise and recondense (a liquid) आसवन करना; to purify शुद्ध करना; *v.i.* to tickle down, to fall in drops टपकना।

distillery *डिस् टि लॅ रि n.* the building where distilling is carried on आसवनी।

distinct *डिस् टिङ्क्ट a.* separated by some mark पृथक्, अलग; definite निश्चित; clear स्पष्ट।

distinction *डिस् टिङ्क् शॅन n.* difference अंतर; special honour विशेष सम्मान; unusual quality विशिष्टता।

distinguish *डिस् टिङग्विश v. i.* to recognize difference अंतर लाना या समझना; *v.t.* to recognise पहचानना; to honour सम्मानित करना।

distort *डिस् टौ:ट v. t.* to twist तोड़-मरोड़ देना; to put out of shape विकृत करना।

distress[1] *डिस् ट्रैसॅ n.* anguish of body or mind कष्ट, परेशानी; affliction मुसीबत।

distress[2] *v. t.* to afflict with pain or anguish परेशान करना।

distribute *डिस् ट्रि ब्यूट v. t.* to deal out बांटना, वितरित करना; to spread फैलाना।

distribution *डिस् ट्रिब्यू शॅन n.* act of distributing वितरण; spreading over a large area फैलाव, विस्तार; division विभाजन।

district *डिस् ट्रिक्ट n.* an administrative unit जनपद, ज़िला।

distrust[1] *डिस् ट्रस्ट n.* lack of trust अविश्वास।

distrust[2] *v. t.* to have no trust in (में) विश्वास न रखना।

disturb *डिस् टॅ:ब v. t.* to throw into disorder अस्तव्यस्त करना; to agitate उत्तेजित करना; to interrupt बाधा डालना।

ditch डिच *n.* a long narrow channel dug into the earth खाई।

ditto *डि टो n.* the same (as stated before) यथोपरि; ditto mark („) तथैव चिह्न (")।

dive[1] डॉइव *v. i.* to plunge under surface of water ग़ोता लगाना; to go under water पानी के नीचे जाना; to go to a lower level नीचे स्तर पर आ जाना।

dive[2] *n.* act of diving गोता; a descent under water पानी के नीचे पैठ; a plunge down through the air हवा में नीचे की ओर झपट्टा।

diverse *डॉइ वॅ:स,* **डॉइ** *वॅ:स a.* various, different विविध।

divert *डॉइ वॅ:ट v. t.* to turn aside मोड़ना, ध्यान हटाना; to amuse मनोरंजन करना।

divide *डि वॉइड v. t.* to separate into parts विभक्त करना; to cause to disagree मतभेद पैदा करना; to distribute बांटना; *v. i.* to be separated विभक्त होना।

divine *डि वॉइन a.* heavenly, like a god दैवी, दिव्य; excellent उत्कृष्ट।

divinity *डि वि नि टि n.* the state of being divine दिव्यता; the study of theology धर्मशास्त्र; a god or deity देवता।

division *डि वि ज़ॅन n.* act of dividing विभाजन; separation अलगाव; partition बंटवारा; disagreement मतभेद; part of an army (सेना में) डिवीज़न।

divorce[1] *डिवौ:स* legal dissolution of marriage तलाक; separation अलगाव।

divorce[2] *v. t.* to put away by divorce तलाक देना।

divulge *डॉइ वॅल्ज v. t.* to disclose प्रकट करना।

do *डू, डु v. t.* to perform करना; to finish पूरा करना; to work out हल करना; to suit (के लिए) उपयुक्त होना; to have as a job पेशे के रूप में करना।

docile *डो सॉइल a.* submissive विनम्र; easily managed वश्य।

dock *डौकॅ n. (pl.)* dockyard गोदी; place in court where a prisoner stands कटघरा।

doctor *डौकॅ् टॅः n.* a qualified practitioner of medicine चिकित्सक; person who holds doctorate विद्यावारिधि।

doctorate *डौकॅ् टॅ रिट n.* the degree of a doctor डॉक्टर की उपाधि।

doctrine *डौकॅ् ट्रिन n.* set of principles सिद्धांत, मत।

document *डौ˘ क्यु मॅन्ट n.* written proof or evidence दस्तावेज़।

dodge[1] *डौ˘ ज n.* dodging चकमा।

dodge[2] *v. t.* to evade by cunning चकमा देना।

doe *डो n.* the female of deer, rabbit etc. मृग, ख़रगोश आदि की मादा।

dog[1] *डौगॅ n.* a domesticated animal of the wolf family कुत्ता।

dog[2] *(-gg-) v. t.* to keep close behind पीछा करना।

dogma *डौगॅ् मॅ n.* a doctrine or belief धर्ममत।

dogmatic *डौगॅ् मै टिक a.* relating to dogma धर्ममत-संबंधी।

doll *डौ˘ल n.* a child's toy गुड़िया।

dollar *डौ˘ लॅः n.* the unit of money in U.S.A. and some other countries डॉलर।

domain *डॅ मेन n.* territory under one government शासन-क्षेत्र; field of knowledge ज्ञानक्षेत्र।

dome *डोम n.* hemispherical roof गुंबद।

domestic[1] *डॅ मैसॅ् टिक, डो˘– a.* of the household घरेलू; not foreign देशीय; tamed (animals) पालतू।

domestic[2] *n.* a household servant घरेलू नौकर।

domicile *डौ˘ मि सॉइल, – सिल n.* family residence आवास।

dominant *डौ˘ मि नॅन्ट a.* governing प्रमुख; ascendant ऊर्ध्वगामी।

dominate *डौ˘ मि नेट v. t.* to rule शासन करना; to predominate over (से) श्रेष्ठ होना।

domination *डौ˘ मि ने शॅन n.* rule शासन; superiority श्रेष्ठता।

dominion *डॅ मि नि ऑन n.* sovereign authority प्रभुत्व; a governed territory उपनिवेश।

donate *डॉ˘ नेट v. t.* to make a donation of दानस्वरूप देना।

donation *डोॅ ने शॅन n.* (act of) giving दान।

donkey *डौॅ ड् कि n.* ass गधा।

donor *डोनॅः n.* one who donates दाता, दानी।

doom[1] *डूम n.* fate भाग्य; ruin विनाश; judicial sentence सज़ा।

doom[2] *v. t.* to condemn to punishment दंड देना; to destine to destrucrtion (के) भाग्य में विनाश बदा होना।

door *डौः, डौॅ ः n.* the entrance of a house or room दरवाज़ा; means of approach प्रवेश-मार्ग।

dose *डोज़ n.* the quantity of medicine given at one time खुराक।

dot[1] *डौ ॅट n.* a small round spot बिंदु।

dot[2] *(-tt-) v. t.* to mark with a dot or dots बिंदु लगाना; to sprinkle छितराना।

double[1] *ड ब्ल a.* twofold दोगुना; forming a pair युग्मित; deceitful धोखेबाज़।

double[2] *v. t.* to make two-fold दोहरा करना; to increase by adding an equal amount to दोगुना करना।

double[3] *n.* twice as much दोगुनी मात्रा; a duplicate प्रतिरूप।

doubt[1] *डॉउट v. i.* to waver in opinion of judgment संदेह करना; to suspect शंका करना; *v.t.* to deem uncertain अनिश्चित मानना; to distrust विश्वास न करना।

doubt[2] *n.* a wavering in opinion ऊहापोह; uncertainty अनिश्चितता; suspicion शंका, संदेह।

dough *डो n.* pasty mass of flour गुँथा हुआ आटा।

dove *डव n.* a pigeon पड़की, फ़ाखता।

down[1] *डॉउन adv.* to, in or towards a lower position नीचे की ओर; immediately तुरंत।

down[2] *prep.* from a higher part to a lower part of के नीचे की ओर; at a lower part of के निचले भाग में; along के किनारे।

down[3] *v. t.* to hit and make fall मारकर गिरा देना।

downfall *डॉउन् फौल n.* a fall from power पतन; cause of ruin बर्बादी का कारण।

downpour *डॉउन् पौः n.* heavy rainfall भारी वर्षा।

downright[1] *डॉउन् रॉइट adv.* completely पूरी तरह से।

downright[2] *a.* straight forward स्पष्टवादी।

downward *डॉउन् वॅःड a.* moving, going, to what is low अधोगामी।

downward, downwards *डॉउन् वॅःड्ज़ adv.* towards what is lower नीचे की ओर।

dowry *डॉउ रि n.* property which a woman brings to her husband in marriage दहेज।

doze[1] *डोज़ n.* a nap ऊँघ, झपकी।

doze[2] *v. i.* to sleep lightly ऊँघना।

dozen *ड ज़्न n.* a set of twelve दर्जन।

draft[1] *ड्राफ्ट v. t.* to draw the preliminary version or plan of (का) प्रारूप तैयार करना।

draft[2] *n.* a written order for payment of money बैंक ड्राफ्ट; a preliminary version मसविदा।

draftsman *ड्राफ़्ट्स् मॅन a.* one who

drafts documents or makes plans दस्तावेज़-लेखक, नक़्शानवीस।

drag[1] *ड्रैग* *n.* obstruction to progress बाधा।

drag[2] *(-gg-) v. t.* to pull along with effort घसीटना।

dragon *ड्रै गॅन* *n.* a mythical winged reptile सपक्ष नाग; a fierce person ख़ूंखार व्यक्ति।

drain[1] *ड्रेन n.* a channel for removing liquid अपवाहिका; sewer गंदी नाली।

drain[2] *v. t.* to draw off gradually धीरे-धीरे निकालना; *v.i.* to flow off बह जाना।

drainage *ड्रे निज* *n.* draining जलनिकास; system of drains जल-प्रणाली।

dram *ड्रैम* *n.* a small drink of liquor (मदिरा का) छोटा घूंट; a unit of measure (1/16 or 1/8 of an ounce) ड्राम (1/16 या 1/8) औंस।

drama *ड्रा मॅ* *n.* stage-play नाटक; series of events घटनाचक्र।

dramatic *ड्रॅ मै टिक* *a.* pertaining to drama नाटक-संबंधी; exciting उत्तेजक; sudden आकस्मिक।

dramatist *ड्रै मॅ टिस्ट* *n.* a writer of plays नाटककार।

draper *ड्रे पॅ: n.* dealer in cloth and cloth goods वस्त्र विक्रेता।

drastic *ड्रैस् टिक a.* forceful, severe कठोर, प्रबल।

draught[1] *ड्राफ़्ट* *n.* current of air through apertures झिरियों में से आने वाली हवा; act of drawing खिंचाव; dose of medicine दवा की ख़ुराक; act of drinking पान, पीने की क्रिया; quantity drunk at once घूंट; plan or layout मसौदा; quantity of fish caught in a net एक बार में जाल में फंसी मछली।

draught[2] *v.t.* see draft.

draw[1] *ड्रौ v.t.* to pull along खींचना, घसीटना; to inhale (सांस) लेना; to sketch अंकित करना; to attract आकर्षित करना; to take from (well, etc.) निकालना; to receive (from bank) (बैंक से) निकालना।

draw[2] *n.* act of drawing कर्षण; unfinished game अनिर्णीत खेल।

drawback *ड्रौ बैक n.* shortcoming कमी, त्रुटि; disadvantage असुविधा।

drawer *ड्रौः, ड्रौ ॅ अॅः n.* a box-like container which slides in and out of furniture दराज; one who draws pictures चित्रकार; one who draws money धन निकालने वाला; *(pl.)* an undergarment जांघिया।

drawing *ड्रौ इंड्ग n.* art of drawing by lines चित्रांकन; a picture in lines चित्रकारी।

drawing-room *ड्रौ इड्ग् रूम n.* a sitting room बैठक।

dread[1] *ड्रॅड* *n.* object of fear विभीषिका; great fear भय, आशंका।

dread[2] *v.t.* to fear greatly (से) भयभीत होना।

dread[3] *a.* exciting fear आतंकमय।

dream[1] *ड्रीम n.* vision during sleep स्वप्न; reverie दिवास्वप्न।

dream[2] *v. i.* to fancy things during sleep स्वप्न देखना; *v.t.* to see or imagine in a dream स्वप्न में देखना।

drench *ड्रैन्च* *v. t.* to make thoroughly wet सराबोर कर देना।

dress[1] ड्रैसॅ *n.* clothing, garment पोशाक, परिधान।

dress[2] *v. t.* to clothe (वस्त्र) पहनाना; to apply dressing to (पर) पट्टी बांधना; to prepare (food) for table (भोजन) तैयार करना; *v.i.* to put on clothes वस्त्र पहनना।

dressing ड्रै ˘ *सिड्ग n.* dress or clothes वस्त्र, परिधान; bandage मरहमपट्टी।

drill[1] *ड्रिल n.* pointed instrument for making holes बरमा, बेधनी; physical training कवायद, ड्रिल।

drill[2] *v. t.* to bore (में) छेद करना।

drink[1] *ड्रिङ्क n.* liquid for drinking पेयपदार्थ; liquor शराब।

drink[2] *v. t.* to take in (liquid) पीना; *v.i.* to take alcohol शराबी होना।

drip[1] *ड्रिप n.* action or sound of falling in drops टपकन, चुअन।

drip[2] *(-pp-) v. i.* to fall in drops टपकना; *v. t.* to cause to fall in drops टपकाना।

drive[1] *ड्राइव v. t.* to cause to move हांकना; to operate and steer (car etc.) (कार आदि) चलाना; to force (a nail etc.) ठोंकना; to convey in vehicle वाहन-द्वारा ले जाना; to urge, to impel बाध्य करना; *v.i.* to keep car etc. going कार चलाना; to go by car etc. कार आदि द्वारा जाना।

drive[2] *n.* act of driving संचालन; journey in a vehicle; सवारी से यात्रा; campaign आंदोलन।

driver *ड्राइ वॅः n.* one who drives चालक।

drizzle[1] *ड्रि ज़ल n.* rain in fine drops फुहार।

drizzle[2] *v. i.* to rain in small drops फुहार पड़ना।

drop[1] *ड्रौपॅ n.* tiny ball of liquid बूंद; fall पतन।

drop[2] *(-pp-) v. i.* to fall in drops टपकना; to fall गिरना; *v. t.* to cause to fall in drops टपकाना; to allow to fall गिराना।

drought *ड्रॉउट n.* continuous failure of rain अनावृष्टि, सूखा।

drown *ड्रॉउन v.i.* to die by suffocation in water डूबकर मरना; *v.t.* to kill by suffocation in water डुबाकर मारना; to submerge डुबा देना।

drug *ड्रग n.* medical substance औषधि; narcotic नशीली वस्तु।

druggist *ड्र गिस्ट n.* person who sells drugs औषध-विक्रेता।

drum[1] *ड्रम n.* musical instrument sounded by beating ढोल, नगाड़ा; tympanum of the ear कान का परदा; cylindrical barrel पीपा।

drum[2] *(-mm-) v.i.* to play a drum ढोल बजाना।

drunkard *ड्रङ्कॅःड n.* drunken person शराबी।

dry[1] *ड्राइ a.* not wet सूखा; not interesting नीरस; indifferent उदासीन; having prohibition शराबबंदी वाला।

dry[2] *v. i.* to become dry सूखना; *v.t.* to remove the moisture from सुखाना।

dual *ड्यूअॅल a.* two- fold दोहरा; of two द्वैत।

duck[1] *डक n.* common water-bird बतख।

duck² *v.i.* to dip under water डुबकी लगाना; to escape by hiding छिपकर भाग निकलना।

due¹ *ड्यू a.* payable देय; that ought to be paid प्राप्य; proper उचित।

due² *n.* that which is owed उधार, ऋण; anything due दातव्यधन; right अधिकार; (*pl.*) fees शुल्क।

due³ *adv.* exactly बिल्कुल; directly सीधा।

duel¹ *ड्यु अॅल, ड्यू– n.* two-sided contest द्वंद्वयुद्ध।

duel² *डयु अॅल (-ll-) v. i.* to fight a duel द्वंद्वयुद्ध करना।

duke *ड्यूक n.* sovereign of a small state शासक, राजा।

dull¹ *डल a.* sluggish मंद; dim निष्प्रभ; cheerless उदास; blunt कुंठित; not brisk निष्क्रिय।

dull² *v. t.* to make dull मंद बनाना; to make dim धुंधला करना; *v.i.* to become dull मंद होना।

duly *ड्यू लि adv.* in a proper way विधिवत्।

dumb *डम a.* unable to speak गूंगा।

dunce *डन्स n.* stupid person मूर्ख आदमी।

dung *डङ्ग n.* animal excreta गोबर।

duplicate¹ *ड्यू प्लि किट a.* exactly like मिलता-जुलता।

duplicate² *n.* exact copy प्रतिलिपि।

duplicate³ *ड्यू प्लि केट v. t.* to make an exact copy of (की) प्रतिलिपि बनाना।

duplicity *ड्यु प्लि सि टि n.* double dealing दुरंगापन, कपट।

durable *डयूअॅ रॅ ब्ल a.* long lasting स्थायी, टिकाऊ।

duration *ड्युअॅ रे शॅन n.* time a thing continues कालावधि।

during *डयूअॅ रिङ्ग prep.* in the course of पर्यंत।

dusk *डस्क n.* twilight गोधूलि।

dust¹ *डस्ट n.* finely powdered dirt धूल।

dust² *v.t.* to remove dust form (से) धूल झाड़ना।

duster *डस् टॅः n.* a cloth for removing dust झाड़न।

dutiful *ड्यू टि फुल a.* attentive to duty कर्त्तव्यनिष्ठ।

duty *ड्यू टि n.* moral or legal obligation कर्त्तव्य; tax on import or export शुल्क, कर।

dwarf *ड्वौःफ़ n.* very undersized person बौना।

dwell *ड्वै˘ल v. i.* to live in a place रहना, बसना।

dwelling *ड्वै˘ लिङ्ग n.* habitation, house घर, निवास-स्थान।

dwindle *डिविन् ड्ल v. t.* to diminish gradually, to decline क्षीण होना।

dye¹ *डॉइ v. t.* to give a new and permanent colour to रंगना।

dye² *n.* a colouring substance रंग।

dynamic *डॉइ नै मिक a.* concerned with force गत्यात्मक; very energetic स्फूर्त।

dynamics *डॉइ नै मिक्स n. pl.* the science which investigates the action of force गतिविज्ञान।

dynamite *डॉइ नॅ मॉइट n.* powerful explosive बारूद।

dynamo *डॉइ नॅ मो n.* machine that generates electricity विद्युत् शक्ति-यंत्र।

dynasty *डि नॅस् टि, डॉइ–* *n.* succession of rulers belonging to one family राजवंश।

dysentery *डि सॅन् ट्रि* *n.* disease characterized by diarrhoea with blood and mucus पेचिश।

Ee

E *ई* the fifith letter of the English alphabet, the third note of the natural diatonic scale. अंग्रेजी वर्णमाला का पाँचवाँ अक्षर, गायन में तृतीय स्वर।

each[1] *ईच* *a.* every one separately considered प्रत्येक।

each[2] *pron.* each thing, person, group etc. प्रत्येक।

eager *ई गॅ:* *a.* excited by desire व्यग्र; keen इच्छुक।

eagle *ई ग्ल* *n.* a large bird of prey गरुड़।

ear *इॲ:* *n.* organ of hearing कान; a spike, as of corn बाली।

early[1] *ॲ: लि* *adv.* before the usual time सामान्य समय से पूर्व; in the first part of the day सवेरे के समय।

early[2] *a.* appearing before expected आशा से पूर्व होनेवाला; belonging to the first part of the day सवेरे-सवेरे होनेवाला; referring to the near future निकट भविष्य से संबद्ध।

earn *ॲ:न* *v. t.* to gain by labour अर्जित करना; to deserve (के) योग्य होना।

earnest *ॲ: निस्ट* *a.* ardent, zealous जोशीला; serious गंभीर।

earth *ॲ:थ* *n.* the globe we inhabit पृथ्वी; the world सृष्टि; dry land स्थल; the soil मिट्टी।

earthen *ॲ: थॅन* *a.* made of earth मृण्मय।

earthly *ॲ:थ् लि* *a.* worldly सांसारिक।

earthquake *ॲ:थ् क्वेक* *n.* a shaking of the earth भूकंप।

ease[1] *ईज़* *n.* freedom from difficulty चैन; rest आराम; facility सुगमता।

ease[2] *v. t.* to give ease to सुविधा देना; to free from pain (का) दुःख दूर करना; to free from trouble (का) कष्ट निवारण करना।

east[1] *ईस्ट* *n.* the part of the sky where the sun rises पूर्व दिशा।

east[2] *adv.* in or toward the east पूर्व की ओर।

east[3] *a.* of the east पूर्वीय।

easter *ईस् टॅ:,* *n.* Christian festival held on Sunday after Good Friday ईस्टर, पुनरुत्थान पर्व।

eastern *ईस् टॅ:न* *a.* belonging to the east पूर्व-संबंधी; oriental प्राच्य।

easy *ई ज़ि* *a.* not difficult सरल; carefree निश्चित; comfortable आरामदेह।

eat *ईट* *v. t.* to chew and swallow (food) खाना; to destroy नष्ट करना; *v.i.* to take food भोजन करना।

eatable[1] *ईटॅ ब्ल* *n.* (*pl.*) anything used as food खाद्य पदार्थ।

eatable[2] *a.* fit to be eaten खानेयोग्य।

ebb[1] ऐ˘ब *n.* flowing back of tide भाटा, उतार; decline अवनति।

ebb[2] *v. i.* to flow back उतर जाना; to decay क्षीण हो जाना, कमज़ोर पड़ना।

ebony ऐ˘बॅ नि *n.* black wood आबनूस।

echo[1] ऐ˘ को *n.* repetition of a sound by reflection प्रतिध्वनि।

echo[2] *v. t.* to repeat, as echo प्रतिध्वनित करना; to imitate closely (की) अनुकृति करना; *v.i.* to resound गूंजना; to be repeated दोहराया जाना।

eclipse इ क्लिप्स *n.* obscuring of light from one heavenly body by another ग्रहण।

economic ई कॅ नौ˘ मिक, ऐ˘– *a.* pertaining to economy आर्थिक।

economical ई कॅ नौ˘ मि कॅल *a.* frugal मितव्ययी।

economics ई कॅ नौ˘ मिक्स, ऐ˘– *n.* (*sing.*) science dealing with wealth अर्थशास्त्र।

economy ई कौ˘ नॅ मि *n.* structure of economic life अर्थव्यवस्था; thrifty use of resourses मितव्ययिता।

edge ऐ˘ज *n.* cutting side of a blade धार; border किनारा।

edible ऐ˘ डि बल *a.* fit to be eaten भोज्य।

edifice ऐ˘ डि फ़िस *n.* large building भवन।

edit ऐ˘ डिट *v. t.* to prepare (book, film, etc.) for publication संपादन करना।

edition इ डि शॅन *n.* form in which something is published संपादन का स्वरूप; number of copies of a new publication संस्करण।

editor ऐ˘ डि टॅः *n.* one who edits a book, film, etc. संपादक।

editorial[1] ऐ˘ डि टौ रि अॅल *a.* pertaining to or written by an editor संपादकीय।

editorial[2] *n.* an article written by an editor संपादकीय लेख।

educate ऐ˘ ड्यु केट *v. t.* to teach, train or develop by schooling शिक्षा देना।

education ऐ˘ ड्यु के शॅन *n.* act of educating शिक्षण; instruction and discipline शिक्षा।

efface इ फ़ेस *v. t.* to rub or wipe out रगड़कर मिटा देना।

effect[1] इ फ़ैक्ट *n.* impression प्रभाव; result परिणाम; (*pl.*) property संपत्ति।

effect[2] *v. t.* to produce उत्पन्न करना; to execute अमल में लाना।

effective इ फ़ैक् टिव *a.* producing the effect desired or intended प्रभावशाली।

effeminate इ फ़ै˘ मि निट *a.* womanish, unmanly स्त्रैण, पौरुषहीन, कायर।

efficacy ऐ˘ फ़ि कॅ सि *n.* power to produce effect प्रभावोत्पादकता।

efficiency इ फ़ि शॅन् सि *n.* competence निपुणता, क्षमता।

efficient इ फ़ि शॅन्ट *a.* capable योग्य, निपुण; producing a result फलोत्पादक।

effigy ऐ˘ फ़ि जि *n.* the image or likeness of a person पुतला।

effort ऐ˘ फ़ॅःट *n.* endeavour, exertion प्रयास।

egg ऐग *n.* an oval body laid by a female bird or fish अंडा; ovum डिंब।

ego *ई गो, ऐ˘ गो n.* the self अहंकार, दंभ।

egotism *ऐ˘गो˘ टिज़्म n.* an exaggerated love of self, self-exaltation अहभाव।

eight *एट n.* the number next above seven आठ (8)।

eighteen *ए टीन a.* the number next above seventeen अठारह (18)।

eighty *ए टि n.* the number equal to ten times eight अस्सी (80)।

either[1] *ऑइ दॅ:, ई– a., pron.* one or the other दो में से कोई; one of two दो में से एक; each प्रत्येक।

either[2] *adv.* (used after a negative phrase) moreover इसके साथ-साथ।

eject *इ जैक्ट v. t.* to throw out बाहर फेंकना।

elaborate[1] *इ लै बॅ रेट v. t.* to state in details विस्तार से कहना।

elaborate[2] *इ लै बॅ रिट a.* detailed विस्तृत; complicated जटिल।

elapse *इ लैप्स v. t.* to slip or glide away गुज़रना।

elastic *इ लैस़ टिक a.* flexible लचीला।

elbow *ऐ˘ल़ बो n.* joint where the arm bends कोहनी; angle, bend मोड़।

elder[1] *ऐ˘ल़ डॅ: a.* of earlier birth ज्येष्ठ, अग्रज।

elder[2] *n.* person of greater age आयु में बड़ा व्यक्ति; an old person वृद्ध व्यक्ति।

elderly *ऐ˘ल़ डॅ: लि a.* somewhat old सयाना, वयोवृद्ध।

elect *इ लैक्ट v. t.* to choose by vote निर्वाचित करना; to select चयन करना।

election *इ लैक़् शॅन n.* act of choosing by vote चुनाव, निर्वाचन।

electorate *इ लैक़् टॅ रिट n.* a body of electors निर्वाचक मंडल।

electric *इ लैक़् ट्रिक a.* containing, conveying or produced by eletricity विद्युतीय।

electricity *इ लैक़् ट्रि सि टि n.* the electric power विद्युत्।

electrify *इ लै˘क़ ट्रि फ़ॉइ v. t.* to communicate elecricity to (का) विद्युतीकरण करना।

elegance *ऐ˘ लि गॅन्स n.* quality of being elegant प्रांजलता; refinement शिष्टता।

elegant *ऐ˘ लि गॅन्ट* a graceful रमणीय; refined परिष्कृत।

elegy *ऐ˘ लि जि n.* a poem or a song expressive of sorrow and lamentation शोकगीत।

element *ऐ˘ लि मॅन्ट n.* basic thing मूलवस्तु; ingredient मूलतत्त्व।

elementary *ऐ˘लि मैन्ॅ टॅ रि a.* simple, ordinary सामान्य।

elephant *ऐ˘ लि फ़ॅन्ट n.* a huge quadruped having a long trunk and tusks हाथी।

elevate *ऐ˘ लि वेट v. t.* to raise उन्नत करना; to refine or dignify शुद्ध अथवा गरिमामय बनाना।

elevation *ऐ˘ लि वे शॅन n.* act of raising उन्नयन; a rise in rank उन्नति; a height ऊंचाई।

eleven *इ लै˘ व़न n.* number next above ten ग्यारह (11)।

elf *ऐल्फ़ n.* a fairy परी; a mischievous little creature बौना प्राणी।

eligible *ऐ˘ लि जि ब़ल a.* fit to be

chosen ग्राह्य, वरणीय; suitable उपयुक्त।

eliminate *इ लि मि नेट* *v. t.* to set aside, to throw off हटाना।

elimination *इ लि मि ने शॅन* *n.* leaving out निष्कासन, हटाव।

elope *इ लोप* *v. i.* to run away with a lover सहपलायन करना।

eloquence *ऐ˘ लॅ क्वॅन्स* *n.* power of making a moving speech वाक्‌पटुता।

eloquent *ऐ˘ लॅ क्वॅन्ट* *a.* having eloquence वाक्‌पटु; fluent in speech भाषणपटु।

else[1] *ऐ˘ल्स* *a.* other अन्य; additional अतिरिक्त।

else[2] *adv.* otherwise अन्यथा।

elucidate *इ ल्यू सि डेट* *v. t.* to make clear स्पष्ट करना।

elude *इ ल्यूड* *v. t.* to avoid से बचना; to baffle (की) समझ में न आना।

elusion *इ ल्यू ज़ॅन* *n.* act of eluding छल, कपट; evasion टालमटोल।

elusive *इ ल्यू सिव* *a.* practising elusion मायावी; evasive टालमटोल वाला।

emancipation *इ मैन् सि पे शॅन* *n.* liberation मुक्ति।

embalm *इम् बाम* *v. t.* to preserve (a dead body) by aromatics शवलेप करना।

embankment *इम् बैङ्क मॅन्ट* *n.* act of embanking तटबंधन; artificial mound तटबंध।

embark *इम् बाःक, ऐमॅ्* *v. t.* to put on board a ship पोतारोहण करना; *v. i.* (with 'on') to engage in (में) लगना।

embarrass *इम् बै रॅस* *v. t.* to involve in difficulties मुश्किल में डालना; to hamper बाधा डालना।

embassy *ऐमॅ् बॅ सि* *n.* the mission, charge or residence of an ambassador दूतावास।

embitter *इम् बि टॅः, ऐमॅ्–* *v. t.* to make bitter कड़वा बनाना।

emblem *ऐमॅ् ब्लॅम* *n.* symbol प्रतीक।

embodiment *इम् बौ˘ डि मॅन्ट, ऐमॅ्–* *n.* representation in bodily form मूर्तरूप।

embody *इम् बौ˘ डि, ऐमॅ्–* *v. t.* to give bodily form मूर्तरूप देना; to give a definite form निश्चित रूप देना।

embolden *इम् बोल् डॅन, ऐमॅ्-* *v. t.* to encourage प्रोत्साहित करना।

embrace[1] *इम् ब्रेस, ऐमॅ्–* *v. t.* to take within the arms आलिंगन करना; to include सम्मिलित करना।

embrace[2] *n.* act of embracing आलिंगन।

embroidery *इम् ब्रौ˘इ डॅ रि, ऐमॅ्–* *n.* ornamental needle-work कसीदाकारी।

embryo *ऐमॅ् ब्रि ओ* *n.* unborn offspring भ्रूण।

emerald *ऐ˘ मॅ रॅल्ड* *n.* green precious stone पन्ना।

emerge *इ मॅःज* *v. i.* to become manifest प्रकट होना।

emergency *इ मॅः जॅन् सि* *n.* an unexpected situation demanding urgent action आपातकाल।

eminance *ऐ˘ मि नॅन्स* *n.* state of being eminent श्रेष्ठता; superiority उच्चता।

eminent *ऐ˘ मि नॅन्ट* *a.* distinguished, outstanding प्रतिष्ठित।

emissary *ऐ मि सॅ रि n.* one sent on private business दूत।

emit *इ मिट (-tt-) v. t.* to send out बाहर भेजना।

emolument *इ मौॅ ल्यु मॅन्ट n.* profit arising from office or employment परिलाभ; salary वेतन।

emotion *इ मो शॅन n.* strong feeling भावावेश।

emotional *इ मो श नॅल a.* given to emotion भावुक; appealing to the emotions भावोत्तेजक; emotion-charged भावपूर्ण।

emperor *ऐमॅ पॅ रॅः n.* ruler of an empire सम्राट्।

emphasis *ऐमॅ फॅ सिस n.* stress बलाघात; importance महत्व; vigour of speech ओजपूर्ण कथन।

emphasize *ऐमॅ फॅ सॉइज़ v. t.* to place emphasis on महत्व देना।

emphatic *इम् फै टिक, ऐमॅ– a.* impressive प्रभावी; strong मज़बूत।

empire *ऐमॅ पॉइअॅः n.* dominion of an emperor साम्राज्य।

employ *इम् प्लौॅइ, ऐमॅ– v. t.* to keep at work नियोजित करना; to make use of काम में लाना।

employee *ऐमॅ प्लौॅ इ ई n.* one who works for an employer कर्मचारी।

employer *ऐमॅ प्लौॅ इ अॅः n.* one who employs नियोजक।

employment *ऐमॅ प्लौॅ इ मॅन्ट n.* act of employing नियोजन; appointment नियुक्ति।

empower *इम् पॉउ अॅः, ऐमॅ– v. t.* to authorise अधिकार देना; to enable समर्थ बनाना।

empress *ऐमॅ प्रिस n.* the consort of an emperor महारानी, साम्राज्ञी।

empty[1] *ऐमॅप् टि a.* containing nothing खाली।

empty[2] *v. t.* to make empty खाली करना; *v. i.* to become empty खाली होना।

emulate *ऐॅ म्यु लेट v. t.* to strive to equal or excel (की) बराबरी की चेष्टा करना; to imitate अनुकरण करना।

enable *इ ने ब्ल v. t.* to make able योग्य बनाना; to empower शक्ति देना; to authorise अधिकार देना।

enact *इ नैक्ट v. t.* to make into law कानून का रूप देना; to act the part of (का) अभिनय करना।

enamel *इ नै मॅल n.* preservative coating on metal तामचीनी; hard coating on teeth दंतवल्क।

enamour *इ नै मॅः v. t.* to inspire with love प्रेमासक्त करना; to charm अनुरक्त करना।

encase *इन् केस, ऐनॅ– v. t.* to enclose in a case डिब्बे में बंद करना।

enchant *इन् चान्ट, ऐनॅ– v. t.* to fill with delight प्रसन्न करना; to put a spell on (पर) जादू करना।

encircle *इन् सॅः क्ल, ऐनॅ– v. t.* to surround घेरना।

enclose *इन् क्लोज़ v. t.* to shut in on all sides चारों ओर से घेरना; to envelope लिफ़ाफे में बंद करना।

enclosure *इन् क्लो ज़ॅः ऐनॅ– n.* that which is enclosed (in a letter) संलग्नक; space fenced off अहाता, घेरा।

encompass *इन् कम् पॅस, ऐनॅ– v. t.* to surround घेरना; to go round (की) प्रदक्षिणा करना।

encounter[1] इन् कॉउन् टॅः, ऐनॅ्– *n.* clash between hostile factions भिड़ंत।

encounter[2] *v. t.* to meet unexpectedly अनायास भेंट होना; to meet in conflict से भिंड़त होना।

encourage इन् क रिज *v. t.* to give courage प्रोत्साहित करना।

encroach इन् क्रोच, ऐनॅ्– *v. i.* to advance beyond the proper limits अतिक्रमण करना।

encumber इन् कम बॅः, ऐनॅ्– *v. t.* to load, to burden भाराक्रान्त करना।

encyclopaedia ऐनॅ् सॉइ क्लो ॅ पी ड़्यॅ *n.* a collection of articles on one or more branches of knowledge विश्वकोश।

end[1] ऐन्ड *v. t.* to put an end to समाप्त करना; *v.i.* to come to an end समाप्त होना।

end[2] *n.* limit सीमा; extremity किनारा; conclusion समाप्ति; death मृत्यु; result परिणाम; purpose उद्देश्य।

endanger इन् डे न् जॅः, ऐ ॅन्– *v. t.* to bring into danger विपत्ति में डालना।

endear इन् डिअॅः ऐनॅ्– *v.t.* to make dear प्यारा बनाना।

endearment इन् डिअॅः मॅन्ट, ऐनॅ्– *n.* tender affection प्रीति; *(pl.)* affectionate embrace प्रेमालिंगन।

endeavour[1] इन् डै ॅ वॅः, ऐनॅ्– *n.* earnest effort प्रयास, प्रयत्न।

endeavour[2] *v.i.* to try earnestly प्रयत्न करना।

endorse इन् डौःस, ऐनॅ्– *v. t.* to confirm समर्थन करना; to write one's name on the back of पृष्ठांकित करना, पृष्ठांकन करना।

endow इन् डॉउ, ऐनॅ्– *v. t.* to give (money property etc.) to provide regular income वृत्तिदान करना; to furnish (with) प्रदान करना।

endurable इन् ड़्युअॅ रॅ बॅल *a.* that can be endured सहनीय।

endurance इन् ड़्युअॅ रॅन्स *n.* ability to last स्थायित्व; ability to stand hardship सहनशीलता।

endure इन् ड़्युअॅः, ऐनॅ्– *v.t.* to tolerate सहन करना; *v.i.* to last टिकना, चालू रहना।

enemy ऐ ॅ नि मि *n.* one who is unfriendly शत्रु; an opponent विरोधी; hostile force शत्रु सेना।

energetic ऐ ॅ नॅः जै ॅ टिक *a.* vigorous शक्तिशाली; full of energy ऊर्जायुक्त।

energy ऐ ॅ नॅः जि *n.* power (electrical, atomic etc.) ऊर्जा; vigour शक्ति; force बल।

enfeeble इन् फी बॅल, ऐनॅ्– *v. t.* to weaken दुर्बल करना।

enforce इन् फोःस, ऐनॅ्– *v. t.* to compel बाध्य करना; to strengthen बल प्रदान करना।

enfranchise इन् फ्रैन् चॉइज़, ऐनॅ्– *v.t.* to admit to the right of voting मताधिकार देना; to set free मुक्त करना।

engage इन् गेज, ऐनॅ्– *v. t.* to employ काम पर लगाना; to hire किराये पर करना; to betroth सगाई या वाग्दान करना; to attract आकर्षित करना; to occupy घेरना; to begin fighting with से लड़ना; *v.i.* to promise वचन देना; to busy oneself (with) (में) व्यस्त रखना।

engagement *इन् गेज़् मॅन्ट, ऐन्॑–* *n.* agreement to marry वाग्दान; social or business commitment कार्यक्रम; promise वादा, देनदारी; battle, conflict मुठभेड़।

engine *ऐन्॑ जिन* *n.* a machine worked by heat or other energy यंत्र, इंजन।

engineer *ऐन्॑ जि निअॅः* *n.* person skilled in a branch of engineering अभियंता।

English[1] *इङ्ग् लिश* *a.* relating to England आंग्ल, बरतानवी।

English[2] *n.* the people of England अंग्रेज़ लोग; language of England अंग्रेजी भाषा।

engrave *इन् ग्रेव, ऐन्॑–* *v. t.* to carve उत्कीर्ण करना।

engross *इन् ग्रौ ॅस, ऐन्॑–* *v.t.* to occupy completely बुरी तरह व्यस्त रखना।

engulf *इन् गल्फ़, ऐन्॑–* *v.t.* to swallow निगलना; to submerge निमग्न करना।

enigma *इ निग् मॅ* *n.* riddle पहेली; mystery रहस्य।

enjoy *इन् जौ ॅइ, ऐन्॑–* *v. t.* to take pleasure in (का) रस लेना; to have use or benefit of (का) प्रयोग या लाभ भोगना।

enjoyment *इन् जौ ॅइ मॅन्ट, ऐन्॑–* *n.* pleasure आनंद; satisfaction संतुष्टि; possession and use उपभोग।

enlarge *इन् लाःज, ऐन्॑–* *v. t.* to make larger (का) विस्तार करना; to amplify बढ़ाना।

enlighten *इन् लॉइ टॅन, ऐन्॑–* *v. t.* to elevate by knowledge प्रबुद्ध करना; to cause to understand सूचित करना।

enlist *इन् लिस्ट, ऐन्॑–* *v. t.* to enrol (का) नाम लिखना; to obtain प्राप्त करना।

enliven *इन् लॉइ वॅन, ऐन्॑–* *v. t.* to make lively सजीव करना; to put life into (में) जान डालना।

enmity *ऐन्॑ मि टि* *n.* hostility शत्रुता; ill-will विद्वेष।

ennoble *इ नो ब्ल, ऐ –* *v. t.* to make noble उदात्त बनाना; to make a member of the nobility अभिजात वर्ग का सदस्य बनाना।

enormous *इ नौः मॅस* *a.* huge विशाल।

enough[1] *इ नफ़* *a.* adequate यथेष्ट; sufficient पर्याप्त।

enough[2] *adv.* sufficiently पर्याप्त मात्रा में।

enquire *इन् क्वॉइअॅः* see inquire.

enquiry *इन् क्वॉइअॅ रि* see inquiry.

enrage *इन् रेज़, ऐन्॑–* *v. t.* to make angry क्रुद्ध करना।

enrapture *इन् रैप् चॅः, ऐन्॑–* *v. t.* to transport with pleasure or delight प्रफुल्ल करना।

enrich *इन् रिच, ऐन्॑–* *v. t.* to make rich संपन्न बनाना; to add to बढ़ाना।

enrol *इन् रोल (-ll-)* *v. t.* to enlist भरती करना।

enshrine *इन् श्रॉइन, ऐन्॑–* *v. t.* to enclose in a shrine प्रतिष्ठापित करना; to preserve with great care संजोना।

enslave *इन् स्लेव, ऐन्॑–* *v.t.* to reduce to slavery दास बनाना।

ensue *इन् स्यू, ऐन्॑–* *v.i.* to follow, to come after पीछे घटित होना।

ensure *इन् श्युअॅ:, ऐनॅ्– v. t.* to make safe सुरक्षित रखना; to make sure सुनिश्चित करना।

entangle *इन् टैङ् ग्ल, ऐनॅ्– v. t.* to ensnare फंदे में फंसाना; to perplex उलझाना।

enter *ऐनॅ् टॅ: v. t.* to go (come) into प्रवेश करना; to penetrate प्रविष्ट करना; to join का सदस्य बनना; to write, to register लिखना।

enterprise *ऐनॅ् टॅ: प्रॉइज़ n.* undertaking उद्यम; business उपक्रम; bold or dangerous undertaking जोखिम का काम।

entertain *ऐनॅ् टॅ: टेन v. t.* to amuse (का) मनोरंजन करना; to keep in mind ध्यान में रखना; to consider पर विचार करना।

entertainment *ऐनॅ् टॅ: टेन् मॅन्ट n.* recreation मनोरंजन।

enthrone *इन् थ्रोन, ऐनॅ्– v. t.* to place on a throne सिंहासनारूढ़ करना।

enthusiasm *इन् थ्यू ज़ि ऐज़्म, ऐनॅ्– n.* keen interest, eagerness उत्साह, उमंग।

enthusiastic *इन् थ्यू ज़ि ऐस् टिक, ऐनॅ्– a.* full of enthusiasm उत्साही।

entice *इन् टॉइस, ऐनॅ्– v. t.* to tempt लुभाना।

entire *इन् टॉइअॅ:, ऐनॅ्– a.* whole, complete संपूर्ण।

entirely *इन् टॉइअॅ: लि, ऐनॅ्– adv.* completely संपूर्णतः।

entitle *इन् टॉइ ट्ल, ऐनॅ्– v. t.* to give claim to दावेदार बनाना; to qualify समर्थ बनाना; to give title to उपाधि देना।

entity *ऐनॅ् टि टि n.* being सत्ता, अस्तित्व; reality वास्तविकता।

entomology *ऐनॅ् टॅ मौ ˘ लॅ जि n.* science of insects कीटविज्ञान।

entrails *ऐनॅ् ट्रेल्ज़ n. pl.* intestines अंतड़ियां।

entrance *ऐनॅ् ट्रॅन्स n.* act of entering प्रवेश; door, gate प्रवेश-द्वार।

entrap *इन् ट्रैप, ऐनॅ्– (-pp-) v. t.* to trick बहकाना; to catch as if in a trap फंसाना।

entreat *इन् ट्रीट, ऐनॅ्– v. t.* to beg earnestly अनुनय करना।

entreaty *इन् ट्री टि, ऐनॅ्– n.* earnest request विनती।

entrust *इन् ट्रस्ट v. t.* to put into care of (की) देख-रेख में रखना; to trust (someone) with सौंपना।

entry *ऐनॅ् ट्रि n.* act of entering प्रवेश; entrance प्रवेश-द्वारः; an item recorded प्रविष्टि।

enumerate *इ न्यू मॅ रेट v. t.* to count गिनना; to mention one by one एक-एक करके बताना।

envelop *इन् वै ˘ लॅप, ऐनॅ्– v. t.* to cover आवृत्त करना, ढकना; to surround entirely पूरी तरह घेरना।

envelope *ऐनॅ् वि लोप, औनॅ्– n.* cover for letter लिफ़ाफ़ा।

enviable *ऐनॅ् वि अॅ ब्ल a.*, causing envy ईर्ष्या-योग्य।

envious *ऐनॅ् वि अॅस a.* full of envy ईर्ष्यालु।

environment *इन् वॉइअॅ रॅन् मॅन्ट n.* physical surroundings पर्यावरण; conditions of life परिवेश।

envy[1] *ऐनॅ् वि v.* jealousy ईर्ष्याः a desired object चाह की वस्तु।

envy² *v. t.* to feel jealous of (से) ईर्ष्या रखना।

epic *ऐ˘ पिक n.* poetic account of the deeds of a legendary hero महाकाव्य।

epidemic *ऐ˘ पि डै˘ मिक n.* widespread occurrence of disease महामारी।

epigram *ऐ˘ पि ग्रैम n.* short witty saying विदग्धोक्ति।

epilepsy *ऐ˘ पि लैपॅ सि n.* a disease of nervous system अपस्मार, मिरगी।

epilogue *ऐ˘ पि लौगॅ n.* conclusion उपसंहार।

episode *ऐ˘ पि सोड n.* interesting incident घटना।

epitaph *ऐ˘ पि टाफ n.* inscription on a tombstone समाधिलेख।

epoch *ई पौकॅ n.* period of history marked by notable events युग।

equal¹ *ई क्वॅल a.* the same in size, quantity, degree, etc. समान; identical समरूप।

equal² *(-ll-) v. t.* to be equal to के समान होना।

equal³ *n.* person or thing equal to another समकक्ष व्यक्ति या वस्तु।

equality *ई क्वौ˘ लि टि n.* state of being equal समानता; uniformity समरूपता।

equalize *ई क्वॅ लॉइज़ v. t.* to make equal बराबर करना।

equate *इ क्वेट v. t.* treat as equal समान मानना; to make equal समान बनाना।

equation *इ क्वे शॅन n.* balancing संतुलन; mathematical expression समीकरण।

equator *इ क्वे टॅः n.* an imaginary line round the earth विषुवत् रेखा।

equilateral *ई क्वि लै टॅ रॅल a.* having all sides equal समबाहु।

equip *इ क्विप (-pp-) v. t.* to fit out सज्जित या लैस करना।

equipment *इ क्विप् मॅन्ट n.* necessary apparatus उपस्कर, साज़-सामान।

equitable *ऐ˘ क्वि टॅ बॅल a.* fair, just न्यायोचित।

equivalent *इ क्वि वॅ लॅन्ट a.* equal in value, amount, etc. सम, तुल्य; of the same meaning समानार्थी।

equivocal *इ क्वि वॅ कॅल a.* of double meaning द्वयर्थक; of doubtful meaning भ्रमात्मक।

era *इँ अॅ रॅ n.* epoch काल, युग।

eradicate *इ रै टि केट v. t.* to wipe out उन्मूलन करना।

erase *इ रेज़ v. t.* to scrape out (रगड़कर) मिटाना।

erect¹ *इ रैक्ट v. t.* to build निर्माण करना; to found स्थापित करना; to fix in an upright position सीधा खड़ा करना।

erect² *a.* upright सीधा खड़ा हुआ।

erection *इ रैक् शॅन n.* act of erecting उत्थापन; a building, a structure निर्माण।

erode *इ रोड v. t.* to wear away क्षय करना to eat into खा जाना, काट देना।

erosion *इ रो ज़ॅन n.* act of eroding क्षरण, कटाव।

erotic *इ रौ˘ टिक a.* amorous श्रृंगारिक।

err *ऐ˘ः v. i.* to make a mistake भूल करना।

errand *ऐ˘ रॅन्ड n.* verbal message संदेश; purpose of a journey यात्रा का उद्देश्य।

erroneous *इ रो नि अॅस a.* wrong, अशुद्ध, गलत; mistaken भ्रमपूर्ण।

error *ऐ˘ रॅः n.* mistake भूल।

erupt *इ रप्ट v. i.* to break out suddenly प्रस्फुटित होना।

eruption *इ रप् शॅन n.* outbreak प्रस्फुटन, विस्फोट; rash on the skin फोड़े-फुंसी।

escape[1] *इस् केप n.* outlet निकास; flight पलायन।

escape[2] *v.i.* to get free मुक्त होना; to get off safely सुरक्षित निकल जाना; to go unpunished अदंडित बच जाना; *v.t.* to elude (से) बचना; to be forgotten by (से) भुला दिया जाना।

escort[1] *ऐस्ॅ कौःट n.* guard अनुरक्षी।

escort[2] *इस् कौःट v. t.* to accompany as an escort (की) रक्षार्थ साथ जाना।

especial *इस् पै˘ शॅल ऐस्ॅ– a.* particular विशिष्ट।

essay[1] *ऐ˘ से n.* piece of prose written on a given topic निबंध।

essay[2] *v. t.* to try to do (का) प्रयत्न करना; to make experiment of परखना।

essayist *ऐ˘ से इस्ट n.* a writer of essays निबंधकार।

essence *ऐ˘ सॅन्स n.* distinctive element of a thing सार, तत्व, concentrated extract of a substance आसव।

essential *इ सैनॅ शॅल, ऐ˘– a.* necessary आवश्यक; fundamental मूलभूत; मौलिक।

establish *इस् टैब् लिश, ऐस्ॅ– v. t.* to set up (की) स्थापना करना; to prove प्रमाणित करना; to settle स्थिर करना।

establishment *इस् टैब् लिश मॅन्ट, ऐस्ॅ– n.* act of establishing स्थापना; business settlement अधिष्ठान।

estate *इस् टेट, ऐस्ॅ n.* landed property भूसंपत्ति।

esteem[1] *इस् टीम, ऐस्ॅ– n.* regard आदर, मान; recognition मान्यता।

esteem[2] *v. t.* to respect आदर करना; to consider मान्यता देना।

estimate[1] *ऐस्ॅ टि मिट,–मेट n.* valuing in mind अनुमान; rough calculation आकलन।

estimate[2] *ऐस्ॅ टि मेट v. t.* to evaluate मूल्यांकन करना।

estimation *ऐस् टि मे शॅन n.* opinion, judgement मत; reckoning आकलन; regard सम्मान।

etcetera *ऐ˘ट सै˘ट्रॅ* (usually written etc.) and other things तथा अन्य वस्तुएं; and so on इत्यादि।

eternal *इ टॅः नॅल* perpetual, everlasting शाश्वत, सनातन।

eternity *इ टॅः नि टि n.* time without end अनंत काल।

ether *ई थॅः n.* a colourless liquid made from alcohol *ईथर,* outer space व्योम।

ethical *ऐ˘ थि कॅल a.* relating to morals नैतिक।

ethics *ऐ˘ थिक्स n. (pl.)* treatise on morals नीतिग्रंथ।

etiquette *ऐ˘ टि कैट n.* customary rules of behaviour शिष्टाचार।

etymology *ऐ˘ टि मौ˘ लॅ जि n.* study or science of origin of words व्युत्पत्तिशास्त्र।

eunuch *यू नॅक* *n.* castrated man नपुसंक, हिजड़ा।

evacuate *इवै क्यु एट* *v. t.* to vacate खाली करना; to remove हटा देना।

evacuation *इ वै क्यु ए शॅन* *n.* being or getting vacated शून्यीभवन, शून्यीकरण; withdrawal परित्याग; removal निकास।

evade *इ वेड* *v. t.* to avoid टालना; to escape from (से) बचना।

evaluate *इ वै ल्यु एट* *v. t.* to find out the value of (का) मूल्यांकन करना।

evaporate *इ वै पॅ रेट* *v. i.* to turn to vapour भाप बनाना; to vanish लुप्त हो जाना; *v. t.* to convert into vapour भाप बनाना; to extract moisture from सुखाना।

evasion *इ वे ज़ॅन* *n.* act of evading अपवंचन; excuse बहाना; equivocation अस्पष्ट कथन।

even[1] *ई वॅन* *a.* uniform सम, एकरूप; level समतल; equal समगुण।

even[2] *v. t.* to make even or smooth सम करना।

even[3] *adv.* still और भी; equally समान रूप से।

evening *ईव् निङ्ग* *n.* close of the day संध्या।

event *ई वैन्ट* *n.* important happening घटना।

eventually *ई वैन्‌ ट्यु अॅ लि* *adv.* ultimately, in the end अंततः।

ever *ई वॅः* *adv.* always, at all times सर्वदा; at any time किसी भी समय।

evergreen[1] *ऐ ˘ वॅः ग्रीन* *a.* always fresh सदाबहार।

evergreen[2] *n.* tree or shrub having foliage throughout the year सदाबहार पेड़, पौधा आदि।

everlasting *ऐ ˘ वॅः लास् टिङ्ग* *a.* eternal चिरस्थायी।

every *ऐवॅ् रि* *a.* each प्रत्येक।

evict *इ विक्ट* *v. t.* to expel by legal process बेदखल करना।

eviction *इ विक् शॅन* *n.* expulsion बेदख़ली।

evidence *ऐ˘ वि डॅन्स* *n.* testimony साक्ष्य, गवाही; proof प्रमाण।

evident *ऐ˘ वि डॅन्ट* *a.* obvious सुस्पष्ट।

evil[1] *ई वल* *n.* that which is not good अशुभ।

evil[2] *a.* wicked दुष्ट; bad निंद्य।

evoke *इ वोक* *v. t.* to call up, to summon पुकारना, आह्वान करना।

evolution *ई वॅ ल्यू शॅन* *n.* gradual development विकास।

evolve *इ वौ ˘ल्व* *v.t.* to develop विकसित करना; *v.i.* to be developed विकसित होना; to undergo slow changes धीरे-धीरे परिवर्तित होना।

ewe *यू* *n.* a female sheep भेड़।

exact *इग् जैक्ट* *a.* precise यथार्थ; absolutely correct ठीक।

exaggerate *इग् ज़ै जॅ रेट, ऐगॅ्–* *v. t.* to magnify unduly अतिरंजना करना।

exaggeration *इग् ज़ै जॅ रे शॅन* *n.* statement in excess of the truth अतिशयोक्ति।

exalt *इग् ज़ौल्ट* *v. t.* to raise in rank पदोन्नत करना; to extol सराहना करना।

examination *इग् ज़ै मि ने शॅन, ऐगॅ्–* *n.* test of knowledge परीक्षा; close inspection जांच-पड़ताल।

examine *इग् ज़ै मिन, ऐग्–* *v. t.* to test परीक्षा करना; to inspect (की) जांच करना।

examinee *इग् ज़ै मि नी* *n.* one under examination परीक्षार्थी।

examiner *इग् ज़ै मि नॅः* *n.* one who examines परीक्षक।

example *इग् ज़ाम् प्ल, ऐग्–* *n.* instance उदाहरण; specimen नमूना।

excavate *ऐक्स कॅ वेट* *v. t.* to hollow खोखला करना; to dig out खोदना।

excavation *ऐक्स् कॅ वे शॅन* *n.* excavating or being excavated उत्खनन।

exceed *इक् सीड, ऐक्–* *v.t.* to go beyond (से) अधिक होना।

excel *इक् सॅल, ऐक्–* *v.i.* to be leading अग्रगण्य होना; *v.t.* to be superior to (से) श्रेष्ठ होना।

excellence *ऐक् सॅ लॅन्स* *n.* superiority उत्कृष्टता।

excellency *ऐक् सॅ लॅन् सि* *n.* title of honour मान्यवर।

excellent *ऐक् सॅ लॅन्ट* *a.* of great virtue or worth उत्कृष्ट।

except[1] *इक् सैप्ट, ऐक्–* *v. t.* to leave out छोड़ देना।

except[2] *prep.* leaving out के अतिरिक्त।

exception *इक् सैप् शॅन, ऐक्–* *n.* exclusion अपवाद; objection आपत्ति।

excess[1] *इक् सैसॅ* *n.* superabundance अति, बाहुल्य; surplus अधिशेष; intemperance असंयम।

excess[2] *a.* additional अतिरिक्त, फ़ालतू।

exchange[1] *इक्स् चेन्ज, ऐक्सॅ–* *n.* giving and taking of one thing for another विनिमय; (cap.) stock exchange विनिमय-केंद्र; central telephone exchange दूरभाष केंद्र।

exchange[2] *v. t.* to change for another विनिमय करना।

excise *ऐक् सॉइज इक्–* *n.* tax on certain home commodities उत्पादन-शुल्क, आबकारी।

excite *इक साइट, ऐक्–* *v. t.* to rouse उत्तेजित करना; to call into activity जाग्रत करना।

exclaim *इक्स् क्लेम, ऐक्स्–* *v.i.* to speak suddenly चिल्लाना; *v.t.* to say suddenly चिल्लाकर कहना।

exclamation *ऐक्स् क्लॅ मे शॅन* *n.* uttered expression of surprise विस्मयोद्‌गार।

exclude *इक्स् क्लूड, ऐक्स्–* *v. t.* to leave out निकालना।

exclusive *इक्स् क्लू सिव, ऐक्स्–* *a.* admitting no others अनन्य singular, sole एकमात्र; reserved to a few विशिष्ट।

excommunicate *ऐक्स् कॅ म्यू नि केट* *v. t.* to expel from the community समाज से बहिष्कृत करना।

excursion *इक्स् कॅः शॅन् ऐक्स्–* *n.* outgoing पर्यटन; pleasure trip आमोद-विहार।

excuse[1] *इक्स् क्यूस* *v.t.* to pardon क्षमा करना; to free from blame दोषमुक्त करना।

excuse[2] *n.* ground for being excused बहाना।

execute *ऐक् सि क्यूट* *v. t.* to carry out पालन करना; to put to death judicially फांसी देना; to give effect to कार्यान्वित करना।

execution *ऐक् सि क्यू शॅन* *n.* putting into effect क्रियान्वयन; putting to death judicially फांसी का दंड।

executioner *ऐकॅ सि क्यू शॅ नॅ:* *n.* one employed to execute criminals जल्लाद, फांसी देने वाला।

exempt[1] *इग् ज़ैम्प्ट, ऐगॅ–* *v. t.* to free मुक्त करना; to grant immunity माफ़ करना।

exempt[2] *a* not liable शुल्क से मुक्त।

exercise[1] *ऐकॅ सॅ: सॉइज़* *n.* putting in practice प्रयोग; exertion of the body for health कसरत; military drill क़वायद; a school task for practice अभ्यास।

exercise[2] *v. t.* to put into practice प्रयोग करना; to improve by practice अभ्यास द्वारा विकसित करना; *v.i.* to take exercise व्यायाम करना।

exhaust *इग् ज़ौस्ट, ऐगॅ–* *v. t.* to tire out थका देना; to use up समाप्त कर देना; to draw off बाहर निकालना; to discuss thoroughly विस्तृत व्याख्या करना।

exhibit[1] *इग् ज़ि बिट, ऐगॅ–* *n.* something exhibited प्रदर्शनीय वस्तु।

exhibit[2] *v. t.* to show दिखाना, प्रदर्शित करना।

exhibition *ऐकॅ सि बि शॅन* *n.* public show प्रदर्शनी; display प्रदर्शन।

exile[1] *ऐकॅ सॉइल, ऐगॅ ज़ॉइल* *n.* expulsion from one's country देश-निष्कासन।

exile[2] *v. t.* to expel from one's country देश से निकालना।

exist *इग् ज़िस्ट, ऐगॅ–* *v.i.* to be in existence अस्तित्व रखना; to live जीवित होना।

existence *इग् ज़िस् टॅन्स, ऐगॅ–* *n.* state of being अस्तित्व; life जीवन।

exit *ऐकॅ सिट, ऐगॅ ज़िट* *n.* departure प्रस्थान; passage out बहिर्गमन-द्वार।

expand *इक्स् पैन्ड, ऐक्स्–* *v.t.* to spread out फैलाना; to enlarge फुलाना; *v.i.* to increase बढ़ना; to spread फैलना।

expansion *इक्स् पैन् शॅन, ऐकॅस्–* *n.* spread फैलाव; extension विस्तार, प्रसार; increase वृद्धि।

ex-parte[1] *ऐकॅस् पा: टि* *a.* one sided एकपक्षीय।

ex-parte[2] *adv.* in the interest of one side only एक के पक्ष में।

expect *इक्स् पैक्ट, ऐकॅस्–* *v. t.* to hope for आशा करना; to await प्रतीक्षा करना।

expectation *ऐकॅस् पै कॅ टे शॅन* *n.* expecting उम्मीद; future prospects अपेक्षा, आशा।

expedient *इक्स् पी ड्यॅन्ट, ऐकॅस्–* *a.* suitable उपयुक्त; advantageous लाभकारी।

expedite *ऐकॅस् पि डॉइट* *v. t.* to hasten जल्दी करना।

expedition *ऐकॅस् पि डि शॅन* *n.* exploration खोजयात्रा; organised march or journey अभियान; promptness शीघ्रता।

expel *इक्स् पैलॅ, ऐक्सॅ– (-ll-)* *v. t.* to discharge in disgrace निकाल देना; to banish निष्कासित करना।

expend *इक्स् पैन्ड, ऐकॅस्–* *v. t.* to spend खर्च करना; to consume उपभोग करना।

expenditure *इक्स् पॅन् डि चॅ:, ऐकॅस्–* *n.* money spent लागत; expense खर्च।

expense *इक्स् पॅन्स, ऐक्स्–* *n.* expenditure खर्च; cost लागत।

expensive *इक्स् पैन् सिव, ऐक्स–* *a.* costly महंगा।

experience[1] *इक्स् पिअॅ रि अॅन्स, ऐक्स्–* *n.* the gaining of knowledge and skill on the basis of practical life and observation अनुभव; observation निरीक्षण, अवलोकन; the event घटना।

experience[2] *v. t.* to undergo, to have an experience of झेलना, भोगना।

experiment *इक्स् पै रि मॅन्ट, ऐक्स्–* *n.* something done to test a theory परीक्षण।

expert[1] *ऐक्स् पॅःट* *a.* having familiar knowledge विशेषज्ञ।

expert[2] *n.* one skilful in something कुशल व्यक्ति।

expire *इक्स् पॉइअॅः, ऐक्स्–* *v.i.* to lapse (अवधि) समाप्त होना; to die मरना।

expiry *इॅक्स् पॉइअॅ रि, ऐक्सॅ–* *n.* end or termination (of a period of time) अवसान।

explain *इक्स् प्लेन, ऐक्स्–* *v. t.* to account for (का) कारण बताना; to make plain स्पष्ट करना; to illustrate the meaning of (का) अर्थ बताना।

explanation *ऐक्स् प्लॅ ने शॅन* *n.* exposition व्याख्या; meaning अर्थ।

explicit *इक्स् प्लि सिट, ऐक्स्–* *a.* clearly stated सुस्पष्ट, definite सुनिश्चित।

explode *इक्स् प्लोड, ऐक्स्–* *v. t.* to cause to blow up (का) विस्फोट करना; *v.i.* to burst with a loud report फटना।

exploit[1] *ऐक्स् प्लौ इट* *n.* a heroic act पराक्रम।

exploit[2] *इक्स् प्लौ इट, ऐक्स्–* *v. t.* to make gain out of (से) लाभ उठाना; to turn to use उपयोग करना; to make gain at the expense of (का) शोषण करना।

exploration *ऐक्स् प्लॅ रे शॅन* *n.* travel for the sake of discovery अन्वेषण; act of searching thoroughly जांच-पड़ताल।

explore *इक्स् प्लौः, ऐक्स्–* *v.t.* to search खोजना; to examine thoroughly छानबीन करना।

explosion *इक्स् प्लो ज़न, ऐक्स्–* *n.* blast विस्फोट; loud report धमाका; sudden increase अचानक वृद्धि।

explosive[1] *इक्स् प्लो सिव, ऐक्स्–* *n.* explosive material विस्फोटक पदार्थ।

explosive[2] *a.* causing explosion विस्फोटक।

exponent *ऐक्स् पो नॅन्ट, इक्स्–* *n.* expounder प्रतिपादक।

export[1] *ऐक्स् पौःट* *n.* act of exporting निर्यात; goods that are exported निर्यात की जाने वाली वस्तुएं।

export[2] *ऐक्स् पौः ट* *v. t.* to send out of a country निर्यात करना।

expose *इक्स् पोज़, ऐक्स्–* *v. t.* to uncover उघाड़ना; to display प्रदर्शित करना; to disclose प्रकट करना।

express[1] *इक्स् प्रैसॅ, ऐक्स्–* *v. t.* to put into words कहना, वर्णन करना; to make known अभिव्यक्त करना।

express[2] *a.* definitely stated स्पष्ट रूप से कथित; speedy तीव्रगामी।

express[3] *n.* express train द्रुतगामी रेलगाड़ी।

expression इक्स् प्रै॑ शॅन, ऐक्स्– *n.* act, power or mode of representing अभिव्यंजना; features मुखाकृति।

expressive इक्स् प्रै॑ सिव, ऐक्स्– *a.* vividly representing अभिव्यंजनापूर्ण; full of expression भावाभिव्यक्तिपूर्ण।

expulsion इक्स् पल् शॅन, ऐक्स्– *n.* banishment निष्कासन।

extend इक्स् टैन्ड, ऐक्स्– *v. t.* to stretch out विस्तृत करना; to exert to the full तानना; to widen चौड़ा करना।

extent इक्स् टैन्ट, ऐक्स्– *n.* size आकार; scope क्षेत्र; degree सीमा।

external ऐक्स् टॅः नॅल *a.* exterior बाह्य; foreign विदेशी।

extinct इक्स् टिङ्क्ट, ऐक्स्– *a.* extinguished बुझा हुआ; no longer existing विलुप्त।

extinguish इक्स् टिङ् ग्विश, ऐक्सॅ– *v.t.* to put out बुझाना; to destroy नष्ट करना।

extol इक्स् टौ॑ ल, ऐक्स्– *v. t.* to praise highly प्रशंसा करना।

extra[1] ऐक्स् ट्रॅ *a.* additional अतिरिक्त; more than usual फ़ालतू।

extra[2] *adv.* additionally, more than usually असामान्य रूप से।

extract[1] ऐक्स् ट्रैक्ट *n.* distilled substance निचोड़; essence सार।

extract[2] इक्स् ट्रैक्ट, ऐक्स्– *v. t.* to draw out by distillation अर्क़ निकालना; to extort ऐंठना।

extraordinary इक्स् ट्रौः डि नॅ रि *a.* unusual असाधारण; exceptional अपूर्व।

extravagance इक्स् ट्रै वि गॅन्स, ऐक्स्– *n.* immoderation उच्छृंखलता; lavish expenditure फिजूलखर्ची।

extravagant इक्स् ट्रै वि गॅन्ट, ऐक्स्– *a.* wasteful अपव्ययी; immoderate असंयमी; excessive अत्यधिक।

extreme[1] इक्स् ट्रीम्, ऐक्स्– *a.* farthest दूरतम; excessive अति अधिक; far from moderate उग्र क्रांतिकारी।

extreme[2] *n.* utmost degree अधिकतम मात्रा; one of opposite ends सिरा, किनारा।

extremist इक्स् ट्री मिस्ट, ऐक्स्– *n.* holder of extreme opinion अतिवादी।

exult इग् ज़ल्ट, ऐग्– *v. i.* to rejoice exceedingly उल्लसित होना।

eye ऑइ *n.* organ of sight आंख।

eyeball ऑइ बौल *n.* globe of the eye नेत्र-गोलक।

eyelash ऑइ लैश *n.* hair fringing the eyelid बरौनी।

eyelet ऑइ लिट *n.* a small hole for a rope etc. to pass through सूराख़।

eyewash ऑइ वौश *n.* lotion for the eyes नेत्रधावन; pretence बहाना।

Ff

F ऍफ़ the sixth letter of the English and Latin alphabet, the fourth note of the natural diatonic scale. अंग्रेजी या रोम की वर्णमाला का छठा अक्षर, गायन में चौथा सुर।

fable फे ब्ल *n.* a tale with a moral नीति कथा; legend पौराणिक कथा; an untrue statement झूठी बात।

fabric फै ब्रिक *n.* cloth कपड़ा; framework, structure भवन।

fabricate फैब् रि केट *v.t.* to forge जालसाज़ी के रूप में करना; to construct निर्माण करना; to invent गढ़ना।

fabrication फ़ैब् रि के शॅन *n.* fabricating गढ़ाई, संरचना; forgery जालसाज़ी; invention छल रचना, गढ़त; something fabricated गढ़ी गई वस्तु।

fabulous फै ब्यू लॅस *a.* unbelievable अविश्वसनीय; amazing आश्चर्यजनक।

facade फ़ॅ साड *n.* false appearance मुखौटा; front face of building मकान का अग्रभाग।

face[1] फ़ेस *n.* front of head चेहरा; front part of anything अग्रभाग।

face[2] *v.t.* to be opposite to (के) आमने-सामने होना; to meet boldly सामना करना।

facet फ़ैसिट *n.* aspect पहलू।

facial फ़े शॅल *a.* pertaining to face मुख-संबंधी।

facile फ़ै सॉइल *a.* easy सुगम।

facilitate फ़ॅ सि लि टेट *v.t.* to make easier आसान कर देना।

facility फ़ॅ सि लि टि *n.* convenience सुविधा।

fac-simile फ़ैक् सि मि लि *n.* exact copy प्रतिकृति।

fact फ़ैक्ट *n.* truth सत्य; reality यथार्थ।

faction फ़ैक्शॅन *n.* strife within a party दलबंदी।

factious फ़ैक् शॅस *a.* quarrelsome झगड़ालू।

factor फ़ैक् टॅ: *n.* an agent अभिकर्त्ता; cause कारण; any of the numbers which, when multiplied, form a product गुणक।

factory फ़ैक् टॅ रि *n.* building where things are manufactured कारखाना।

faculty फ़ै कॅल् टि *n.* department of learning संकाय; mental and physical ability क्षमता।

fad फ़ैड *n.* craze सनक।

fade फ़ेड *v.i.* to grow pale or dim धीमा पड़ना; to lose colour रंग का उड़ना।

faggot फ़ै गॅट *n.* bundle of sticks for fuel ईंधन की लकड़ियों का गट्ठर।

fail फ़ेल *v.i.* to be unsuccessful असफल होना; to stop functioning काम बंद कर देना।

failure फ़ेल् यॅ: *n.* lack of success असफलता।

faint[1] फ़ेन्ट *a.* dim धुंधला; weak कमज़ोर।

faint² *v.i.* to swoon मूर्च्छित होना।

fair¹ फ़ेअॅ: *a.* beautiful सुंदर; clear साफ़; impartial निष्पक्ष; white-complexioned गौरवर्ण।

fair² *n.* periodical market पैठ, मेला; exhibition प्रदर्शनी।

fairly फ़े˘ अॅ: लि *adv.* justly निष्पक्ष रूप से; reasonably न्यायसंगत ढंग से; in a satisfactory degree पर्याप्त मात्रा में।

fairy फ़े˘ अॅ रि *n.* small mythical being परी।

faith फ़ेथ *n.* confidence, trust विश्वास; belief निष्ठा; religion धर्म।

faithful फ़ेथ् फुल *a.* loyal वफ़ादार; accurate यथार्थ।

falcon फ़ौल् कॅन *n.* a bird of prey of the hawk family बाज़, श्येन।

fall¹ फ़ौल *v.i.* to drop, to come down freely गिरना; to become lower कम होना; to decrease घटना; to hang down लटकना; to perish नष्ट होना; to collapse ढहना; to happen घटित होना; to lose power पतन होना।

fall² *n.* falling पतन; coming down, decrease पतन; collapse विनाश; defeat पराजय; moral debasement नैतिक पतन।

fallacy फ़ै लॅ सि *n.* a mistaken idea or argument भ्रांति, तर्काभास।

fallow फ़ैलो *n.* (of land) ploughed but not planted परती।

false फ़ौल्स *a.* wrong ग़लत; deceptive भ्रामक; not real अवास्तविक; faithless निष्ठाहीन; sham नक़ली।

falter फ़ौल् टॅः *v.i.* to walk or move unsteadily लड़खड़ाना; to speak in a shaky voice हकलाना।

fame फ़ेम *n.* reputation यश, कीर्ति।

familiar फ़ॅ मि लि अॅ: *a.* well-known जाना-पहचाना; knowing something or someone well जानकार।

family फ़ै मि लि *n.* parents and children taken together परिवार; a group of related things श्रेणी, वर्ग।

famine फ़ै मिन *n.* serious shortage of food अकाल, दुर्भिक्ष।

famous फ़े मॅस *a.* very well-known प्रसिद्ध, विख्यात।

fan फ़ैन *n.* device of giving air पंखा।

fanatic¹ फ़ॅ नै टिक *a.* unreasonably zealous in religion मतांध।

fanatic² *n.* a person filled with unreasonable enthusiasm धर्मांध व्यक्ति।

fancy¹ फ़ैन् सि *n.* imagination कल्पना; whim सनक।

fancy² *v.t.* to imagine कल्पना करना; to like पसंद करना।

fantastic फ़ॅन् टैस् टिक *a.* wildly wonderful विलक्षण।

far¹ फ़ाः *adv.* at or to a great distance दूर; very much कहीं अधिक।

far² *a.* distant दूरस्थ।

far³ *n.* distance दूरी।

farce फ़ाःस *n.* comedy of extravagant humour प्रहसन; absurd and pointless proceedings, mockery मज़ाक़, तमाशा।

fare फ़ेअॅ: *n.* price for passage भाड़ा, किराया; food खाना; passenger सवारी।

farewell¹ फ़े˘अॅ: वैलॅ *n.* well-wishing at parting विदा।

farewell² *interj.* good-bye अलविदा।

farm फ़ाःम *n.* agricultural land

कृषि-भूमि।

farmer *फ़ा:मॅ:* *n.* cultivator किसान।

fascinate *फ़ै सि नेट* *v.t.* to charm मोहित करना; to render motionless वशीभूत करना।

fascination *फ़ै सि ने शॅन* *n.* act of fascinating आकर्षण, सम्मोहन।

fashion *फ़ै शॅन* *n.* style of dress भूषाचार, फ़ैशन; mode, manner तरीक़ा, रीति।

fashionable *फ़ै शॅ नॅ ब्ल* *a.* fond of fashion फ़ैशनपरस्त, शौक़ीन मिजाज़।

fast[1] *फ़ास्ट* *a.* rapid तीव्र; ahead of time तेज़, आगे; loyal पक्का, सच्चा; unfading (colour) पक्का (रंग)।

fast[2] *adv.* rapidly तेज़ी से।

fast[3] *n.* going without food उपवास।

fast[4] *v.i.* to go without food उपवास करना।

fasten *फ़ा सॅन* *v.t.* to tie बांधना; to fix firmly जकड़ना।

fat[1] *फ़ैट* *a.* fleshy मांसल; oily स्निग्ध; thick मोटा।

fat[2] *n.* oily substance चिकनाई; substance found in animal bodies वसा, चर्बी।

fatal *फ़े टॅल* *a.* causing destruction or death घातक।

fate *फ़ेट* *n.* destiny भाग्य; final issue अंतिम परिणाम।

father *फ़ा दॅ:* *n.* a male parent पिता।

fathom[1] *फ़ै दॅम* *v.t.* to measure depth थाह लेना; to comprehend भलीभांति समझ लेना।

fathom[2] *n.* a measure of depth (6 feet) फ़ैदम, गहराई का माप (6 फुट)।

fatigue[1] *फ़ॅ टीग* *n.* weariness थकान।

fatigue[2] *v.t.* to cause fatigue थकाना।

fault *फ़ौल्ट* *n.* error भूल; mistake ग़लती; blemish अवगुण।

faulty *फ़ौल् टि* *a.* having a fault or faults दोषपूर्ण।

fauna *फ़ौनॅ* *n.* animal world प्राणि-जगत्, जीव-जंतु।

favour[1] *फ़े वॅ:* *n.* partiality पक्षपात; help सहायता; support अनुमोदन।

favour[2] *v.t.* to give support to समर्थन करना; to give unfair help or advantage पक्षपात करना।

favourable *फ़े वॅ रॅ ब्ल* *a.* conducive अनुकूल।

favourite[1] *फ़े वॅ रिट* *a.* esteemed प्रीतिभाजन।

favourite[2] *n.* a darling प्रेमपात्र; a minion चहेता।

fear[1] *फ़िअॅ:* *n.* dread भय; anxiety चिंता; apprehension आशंका।

fear[2] *v.i.* to have fear, to be afraid डरना; *v.t.* to regard with fear (से) डरना; to have an uneasy feeling of आशंकित होना।

fearful *फ़िअॅ: फुल* *a.* causing fear भयानक, भयावह; frightened भयभीत।

feasible *फ़ी ज़ॅ ब्ल* *a.* possible संभव; practicable शक्य।

feast[1] *फ़ीस्ट* *n.* festivity उत्सव; banquet प्रीतिभोज।

feast[2] *v.i.* to hold a feast दावत का आयोजन करना; *v.t.* to entertain sumptuously दावत देना।

feat *फ़ीट* *n.* a deed of great courage or skill साहसिक कार्य।

feather *फ़ॅ दॅ:* *n.* one of the light coverings that grow from a bird's skin पंख।

feature *फ़ी चॅ:* *n.* characteristic लक्षण; prominent trait वैशिष्ट्य;

face मुखाकृति।

February फै˘ ब् रू अॅ रि *n.* second month of the year फ़रवरी।

federal फ़ै˘ ड रॅल *a.* pertaining to union of states संघीय।

federation फ़ै˘ डॅ रे शॅन *n.* union of states संघ, राज्य संघ।

fee फ़ी *n.* the money paid for help or advice received शुल्क।

feeble फ़ी बृल *a.* weak कमज़ोर।

feed[1] फ़ीड *v.t.* to give food to भोजन देना; to foster पालन-पोषण करना।

feed[2] *n.* plentiful meal भोजन; fodder चारा।

feel फ़ील *v.t.* to touch स्पर्श करना; to examine by touching छूकर परखना; to consider मानना; to be sensitive to महसूस करना; *v.i.* to take ill बुरा मान जाना; to come to know जानकारी होना।

feeling फ़ी लिङ्ग *n.* the sense of touch स्पर्श; ability to feel स्पर्श क्षमता; physical sensation शारीरिक अनुभूति; emotion भावना; sympathy सहानुभूति, opinion मत, धारणा।

feign फ़ेन *v.t.* to make a show or pretence of बहाना करना।

felicitate फ़ि लि सि टेट *v.t.* to congratulate बधाई देना।

felicity फ़ि लि सि टि *n.* good fortune सौभाग्य।

fell फ़ैलॅ *v.t.* to cause to fall गिराना; to cut down (a tree) (पेड़) काट डालना।

fellow फ़ै˘ लौ *n.* companion साथी; member सदस्य; partner सहभागी; research student शोधछात्र।

female[1] फ़ी मेल *a.* pertaining to woman kind स्त्री-जाति-विषयक।

female[2] *n.* a female animal मादा।

feminine फ़ै˘ मि निन *a.* pertaining to women नारी-सुलभ; (*gram.*) of the gender to which female names belong स्त्रीलिंग।

fence[1] फ़ैन्स *n.* enclosure चहारदीवारी; barrier for enclosing घेरा, बाड़ा।

fence[2] *v.t.* to enclose घेरना; to defend रक्षा करना।

fend फ़ैन्डॅ *v.t.* to ward off बाहर रोक देना; to defend रक्षा करना।

ferment[1] फ़ॅ: मैन्टॅ *n.* agitation हंगामा; substance that excites fermentation ख़मीर।

ferment[2] *v.t.* to excite उत्तेजित करना; to excite fermentation in (में) ख़मीर उठाना।

fermentation फ़ॅ: मैनॅ टे शॅन *n.* fermenting or being fermented किण्वन; unrest, excitement उपद्रव, उत्तेजना।

ferocious फ़ॅ रो शॅस *a.* savage, fierce क्रूर, ख़ूंखार।

ferry[1] फ़ै˘ रि *n.* boat नाव।

ferry[2] *v.t.* to carry or convey over water नाव से पार उतारना।

fertile फ़ॅ: टॉइल *a.* fruitful फलदायक; able to produce abundantly उपजाऊ।

fertility फ़ॅ: टि लि टि *n.* quality of being fertile उर्वरता।

fertilize फ़ॅ: टि लॉइज़ *v.t.* to make fertile उर्वर बनाना।

fertilizer फ़ॅ: टि लॉइ जॅ: *n.* manure खाद, उर्वरक।

fervent फ़ॅ: वैन्ट *a.* zealous उत्साही; burning उत्तप्त।

fervour *फ़: वॅ:* *n.* warmth of feeling, zeal जोश।

festival *फ़ैस् टि वॅल, –टॅ–* *n.* joyful cele-bration आनंदोत्सव; a day or period of public rejoicing त्यौहार, पर्व।

festive *फ़ैसॅ् टिव* *a.* joyous, mirthful उल्लासमय।

festivity *फ़ैस् टि वि टि* *n.* social mirth आनंदमंगल; joyfulness हर्षोल्लास।

festoon *फ़ैसॅ् टून* *n.* a string of flowers, foliage etc. suspended in a curve or curves बंदनवार।

fetch *फ़ैचॅ* *v.t.* to bring लाना; to obtain as price मूल्य के रूप में प्राप्त करना।

fetter[1] *फ़ै ॅ टॅ:* *n.* chain ज़ंजीर; *(pl.)* chain for the feet बेड़ी।

fetter[2] *v.t.* to put fetters on बेड़ी डालना; to restrain बंधन लगाना।

feud *फ़्यूड* *n.* hostility वैमनस्य, वैर; a fief सामंत।

feudal *फ़्यू डॅल* *a.* pertaining to feuds सामंती।

fever *फ़ी वॅ:* *n.* disease marked by great bodily heat ज्वर; agitation अशांति।

few *फ़्यू* *a.* not many थोड़े से।

fiasco *फ़ि ऐस् को* *n.* an ignominious failure पूर्ण असफलता।

fibre *फ़ॉइ बॅ:* *n.* a thread रेशम, तंतु; nature प्रकृति; texture बनावट।

fickle *फ़ि कल* *a.* changeable चंचल, अस्थिर।

fiction *फ़िक् शॅन* *n.* literature in the form of novels, tales etc. कथा-साहित्य; falsehood झूठ, मनगढ़ंत बात।

fictitious *फ़िक् टि शॅस* *a.* imaginary काल्पनिक; counterfeit मनगढ़ंत।

fiddle[1] *फ़ि ड्ल* *n.* violin सारंगी, बेला।

fiddle[2] *v.i.* to play on a violin सारंगी बजाना; to waste time समय बरबाद करना।

fidelity *फ़ि डै ॅ लि टी, फ़ॉइ–* *n.* faithfulness निष्ठा।

fie *फ़ॉइ* *interj.* an exclamation denoting disapprobation धिक्कार।

field *फ़ील्ड* *n.* a piece of land suitable for tillage कृषि-भूमि; playground खेल का मैदान; battle ground युद्ध का मैदान; area of knowledge or interest कार्य-क्षेत्र।

fiend *फ़ीन्ड* *n.* devil प्रेत; cruel person क्रूर व्यक्ति।

fierce *फ़िॲ:स* *a.* ferocious उग्र, प्रचंड; savage हिंस्र; violent प्रबल।

fiery *फ़ॉइ ॲ रि* *a.* consisting of fire आग्नेय; like fire अग्निवत्; impetuous जोशीला; fierce प्रचंड।

fifteen *फ़िफ़् टीन* *n.* ten plus five पंद्रह (15)।

fifty *फ़िफ़् टि* *n.* the number next above 49 पचास (50)।

fig *फ़िग* *n.* kind of fruit अंजीर।

fight[1] *फ़ॉइट* *n.* struggle लड़ाई, झगड़ा; fighting spirit लड़ने की चाह।

fight[2] *v.t.* to engage in conflict with किसी के विरुद्ध लड़ना; to contend against विरोध करना; *v.i.* to strive प्रयत्न करना।

figment *फ़िग् मॅन्ट* *n.* fabrication काल्पनिक वस्तु।

figurative *फ़िग् यू रॅ टिव* *a.* metaphorical लाक्षणिक; full of figures of speech आलंकारिक।

figure[1] *फ़ि गॅ:* *n.* a numerical symbol अंक; shape, form आकार, रूप;

human shape मानव-आकृति; a diagram रेखाचित्र; ornament of speech अलंकार।

figure[2] *v.t.* to picture in the mind कल्पना करना; to appear in में प्रदर्शित होना।

file[1] *फ़ाइल n.* record संचिका; collection of data आंकड़ों का संग्रह।

file[2] *v.t.* to put in a file फ़ाइल में रखना; to refer to a court मुक़दमा चलाना।

file[3] *n.* a roughened tool for smoothing or shaping रेती।

file[4] *v.t.* to apply file to रेती लगाना।

file[5] *n.* row of people मनुष्यों की पंक्ति।

file[6] *v.i.* to march one behind the other पंक्ति में चलना।

fill *फ़िल v.t.* to make full पूरा भरना; to furnish (an office) with an occupant (पद) ग्रहण करना; *v. i.* to become full भर जाना।

film[1] *फ़िल्म n.* motion picture चलचित्र; membrane झिल्ली।

film[2] *v.t.* to make a motion picture of चलचित्र का रूप देना।

filter[1] *फ़िल् टॅ: n.* a device through which air, water etc. can pass in order to remove solid particles निस्यंदक, छन्ना।

filter[2] *v.t.* to cause to pass through a filter छानना; *v.i.* to pass through a filter छनना।

filth *फ़िल्थ n.* foul matter कचरा, गंदगी; obscenity अश्लीलता।

filthy *फ़िल् थि a.* unclean अस्वच्छ; foul गंदा, मैला।

fin *फ़िन n.* propelling organ of fish मीनपक्ष।

final *फ़ॉइ नॅल a.* last अंतिम; definite सुनिश्चित; conclusive समापक।

finance[1] *फ़ॉइ नैन्स, फ़ि– n.* revenue वित्त, अर्थ; money affairs अर्थ-व्यवस्था।

finance[2] *v.t.* to manage financially (की) अर्थ-व्यवस्था करना।

financial *फ़ॉइ नैन् शॅल a.* pertaining to finance वित्तीय, आर्थिक।

financier *फ़ॉइ नैन् सि अ:, फ़ि– n.* one who administers public revenue वित्त-प्रबंधक।

find *फ़ॉइन्ड v.t.* to come across प्राप्त करना; to discover खोजना; to experience अनुभव करना।

fine[1] *फ़ॉइन n.* a sum of money to be paid as a penalty जुर्माना।

fine[2] *v.t.* to impose a fine on जुर्माना करना।

fine[3] *a.* of very good quality उत्तम, उत्कृष्ट; delicate, thin पतला, महीन; enjoyable आनंददायक; pleasant सुहावना; healthy स्वस्थ।

finger[1] *फ़िङ्गॅ: n.* one of the five parts at the end of the hand उंगली।

finger[2] *v.t.* to touch with fingers उंगलियों से छूना।

finish[1] *फ़ि निश v.t.* to end समाप्त करना; to complete पूरा करना; to refine परिष्कृत करना; *v.i.* to come to an end समाप्त होना; to be completed पूरा होना।

finish[2] *n.* the last part अंत; perfection पूर्णता; polish परिष्कार।

finite *फ़ॉइ नॉइट a.* having an end or limit सीमित; (*gram.*) a form of verb एक प्रकार की क्रिया।

fir *फ़ॅ: n.* kind of timber देवदारू।

fire[1] *फ़ाइअॅ: n.* state of burning अग्नि; conflagration अग्निकांड; ardour जोश; shooting of fire arms गोलाबारी।

fire[2] *v.t.* to discharge (गोली) छोड़ना; to cause to burn जलाना; to bake सेंकना; पकाना।

firm[1] *फ़ॅःम a.* stable स्थायी; strong मज़बूत; steady दृढ़; hard कठोर; fixed निश्चित।

firm[2] *n.* a commercial house व्यवसाय–संघ।

first[1] *फ़ॅःस्ट a.* chief प्रमुख; foremost सबसे आगेवाला।

first[2] *n.* first place प्रथम स्थान; first class प्रथम श्रेणी।

first[3] *adv.* in the first place प्रथमतः।

fiscal *फ़िस् कॅल a.* pertaining to the public treasury राजकोषीय; financial वित्तीय।

fish[1] *फ़िश n.* a well-known aquatic vertebrate मछली; the flesh of this animal used as food मछली का मांस।

fish[2] *v.i.* to catch fish मछली पकड़ना; to search for तलाश करना।

fisherman *फ़ि शॅः मॅन n.* one whose occupation is to catch fish मछुआरा।

fissure *फ़ि शॅः n.* a cleft, a cleavage दरार।

fist *फ़िस्ट n.* closed and clenched hand घूंसा।

fistula *फ़िस् ट्यु लॅं n.* a deep, narrow, sinuous ulcer नासूर, नाड़ी–व्रण।

fit[1] *फ़िट (-tt-) v.t.* to be suited to के लिए उपयुक्त होना; to be properly adjusted to में ठीक से बैठ जाना; to arrange or adjust बैठाना; *v.i.* to be correctly adjusted ठीक से बैठना; to be of the right size उचित आकार का होना।

fit[2] *a.* well-suited उपयुक्त; proper उचित; ready तैयार; in good condition अच्छी हालत में।

fit[3] *n.* a sudden attack of illness दौरा; a passing state, mood लहर, तरंग, सनक।

fitful *फ़िट् फुल a.* irregular अस्थिर।

fitter *फ़ि टॅः n.* one who assembles the parts of a machine मिस्तरी।

five *फ़ॉइव n.* the number next after four पांच (5)।

fix[1] *फ़िक्स v.t.* to set जमा देना; to assign, to appoint निर्धारित करना, तय करना; *v.i.* to become firm or solidified पक्का या कड़ा हो जाना।

fix[2] *n.* a difficult situation परेशानी।

flabby *फ़्लै बि a.* weak दुर्बल; soft शिथिल।

flag *फ़्लैग n.* bunting, piece of cloth with a design used as an emblem ध्वज, झंडा।

flagrant *फ़्ले ग्रॅन्ट a.* enormous अति, घोर; outrageous दारुण।

flame[1] *फ़्लेम n.* blaze of fire ज्वाला; beam of lilght तेज़ लपट; rage क्रोध।

flame[2] *v.i.* to kindle प्रदीप्त होना; to take fire दहकना; to be angry क्रुद्ध होना।

flannel *फ़्लै न्ल n.* kind of woollen cloth फ़लालेन।

flare[1] *फ़्ले˘ अँः v.i.* to spread फैलना; to widen out चौड़ा होना; to blaze up भभक उठना।

flare[2] *n.* sudden blaze भड़क, भभक।

flash[1] *फ़्लैश n.* momentary gleam of light कौंध, दमक; sudden burst of feelings भाव-स्फुरण।

flash² *v.t.* to cause to flash चमकाना; to send by sudden means तत्क्षण प्रसारित करना; *v.i.* to sparkle brilliantly कौंधना।

flask *फ्लास्क* *n.* narrow-necked bottle सुराही।

flat¹ *फ्लैट* *a.* smooth and level चौपट, चौरस; spread out फैला हुआ; dull नीरस; uniform एक समान; downright साफ़-साफ़, कोरा।

flat² *n.* suite of rooms on one floor of a building भवन-खंड, कमरों का सैट; flat part of anything चपटा भाग।

flatter *फ्लै टॅ* *v.t.* to overpraise चापलूसी करना; to coax फुसलाना।

flattery *फ्लै टॅ रि* *n.* insincere praise चापलूसी।

flavour *फ़्लै वॅः* *n.* sweet smell सुवास, सुगंध; taste आस्वाद।

flaw *फ्लौ* *n.* defect दोष।

flea *फ्ली* *n.* a small blood-sucking insect पिस्सू।

flee *फ्ली* *v.i.* to run away रफूचक्कर होना।

fleece¹ *फ्लीस* *n.* sheep's wool ऊन।

fleece² *v.t.* to shear (की) ऊन कतरना; to plunder लूटना।

fleet *फ्लीट* *n.* a number of warships under one commander जहाज़ी बेड़ा; a number of vehicles working under one command जत्था, बेड़ा।

flesh *फ्लैशॅ* *n.* soft part between skin and bone मांस; soft substance of fruit गूदा; the body शरीर; sensual appetite दुर्वासना।

flexible *फ्लै क् सॅ बल* *a.* pliant लचीला; adaptable अनुकूलनीय।

flicker¹ *फ़्लि कॅः* *n.* an unsteady light टिमटिमाहट, झिलमिलाहट।

flicker² *v.t.* to burn unsteadily टिमटिमाना।

flight *फ़्लॉइट* *n.* passing through the air उड़ान; fleeing पलायन; ladder सीढ़ी।

flimsy *फ़्लिम् ज़ि* *a.* thin पतला, झीना; weak क्षीण।

fling *फ़्लिङ्ग* *v.t.* to throw violently फेंकना।

flippancy *फ़्लि पॅन् सि* *n.* undue levity छिछोरापन।

flirt¹ *फ़्लॅःट* *n.* person who flirts चोचलेबाज़ व्यक्ति।

flirt² *v.i.* to make a show of love दिखावटी प्रेम करना।

float *फ़्लोट* *v.i.* to be borne on water उतरना, तैरना; to flow बहना; to hang around मंडराना; *v.t.* to cause to be conveyed on water प्रवाहित करना।

flock¹ *फ़्लॉकॅ* *n.* company of animals or birds झुंड; group समूह।

flock² *v.i.* to gather or go in crowds एकत्र होना।

flog *फ़्लौगॅ* *(-gg-)* *v.t.* to beat or strike पीटना, प्रहार करना; to lash कोड़े लगाना।

flood¹ *फ़्लड* *n.* a great flow of water जलप्लावन; a deluge बाढ़; abundance प्रचुरता।

flood² *v.t.* to overflow जलमग्न करना; to deluge बाढ़ग्रस्त करना।

floor¹ *फ़्लौः* *n.* surface तल; bottom of the room फ़र्श; storey in a building मंज़िल, तल्ला।

floor² *v.t.* to furnish with a floor (में) फ़र्श बनाना।

flora *फ़्लौ रॅ* *n.* vegetation in a region वनस्पति।

florist *फ़्लौ ॅ रिस्ट* *n.* seller of flowers फूल-विक्रेता; producer of flowers पुष्पोत्पादक।

flour *फ़्लॉउअ:* *n.* finely ground meal आटा।

flourish *फ़्ल रिश* *v.i.* to thrive फलना-फूलना।

flow[1] *फ़्लो* *n.* stream प्रवाह; rise of tide ज्वार।

flow[2] *v.i.* to run (as water) प्रवाहित होना; to move in a stream घूमना।

flower *फ़्लॉउ अ:* *n.* a blossom पुष्प; choicest part सर्वोत्तम भाग।

flowery *फ़्लॉउ अ रि* *a.* full of flowers पुष्पमय; embellished with figurative language अलंकृत।

fluent *फ़्लु अन्ट* *a.* flowing प्रवाह-युक्त।

fluid[1] *फ़्लु इड, फ़्लू–* *a.* capable of flowing तरल; changeable परिवर्तनीय।

fluid[2] *n.* substance capable of flowing द्रव्य।

flush[1] *फ़्लश* *v.i.* to blush लज्जा से लाल हो जाना; to flow suddenly or violently तेज़ी से या अचानक बहना; to be excited उत्तेजित होना; *v. t.* to cleanse by rush of water पानी के बहाव द्वारा साफ करना; to excite उत्तेजित करना।

flush[2] *n.* sudden flow of blood to the face लज्जा भाव-जनित चेहरे की लाली; excitement उत्तेजना; flow of water प्रवाह; elation आनंदातिरेक।

flute[1] *फ़्लूट* *n.* a small wind-instrument with holes and keys बांसुरी।

flute[2] *v.i.* to play on a flute बांसुरी बजाना।

flutter[1] *फ़्ल टॅ:* *n.* flapping movement फड़फड़ाहट।

flutter[2] *v.t.* to flap rapidly फड़फड़ाना, फड़फड़ करना।

fly[1] *फ़्लाॅइ* *n.* a two-winged insect मक्खी।

fly[2] *v.i.* to move through the air on wings उड़ना; to travel by an aircraft वायुयान-द्वारा यात्रा करना; to pilot an aircraft वायुयान उड़ाना; to move swiftly तेज़ी से गुज़रना।

foam[1] *फ़ोम* *n.* froth फेन, झाग।

foam[2] *v.t.* to froth झाग पैदा करना।

focal *फ़ो कॅल* *a.* belonging to a focus नाभीय।

focus[1] *फ़ोकॅस* *n.* point at which rays of light, heat, etc. meet किरण-केंद्र; centre of interest अभिरुचि-केंद्र, केंद्र-बिंदु।

focus[2] *(-s-or-ss-)* *v.t.* to bring to focus फोकस करना; to concentrate संकेंद्रित करना।

fodder *फ़ौ ॅ डॅ:* *n.* food for cattle चारा।

foe *फ़ो* *n.* enemy शत्रु।

fog *फ़ौगॅ* *n.* thich mist कोहरा।

foil *फ़ौ ॅ इल* *v.t.* to frustrate निष्फल करना; to baffle हरा देना।

fold[1] *फ़ोल्ड* *n.* the doubling or doubled part of any flexible substance तह, परत; enclosure for sheep भेड़शाला, बाड़ा।

fold[2] *v.t.* to double मोड़ना; to embrace बांहों में भरना; *v.i.* to become folded मुड़ना।

foliage *फ़ो लि इज* *n.* leaves collectively पर्णसमूह।

folk *फ़ोक* *n.* people in general.

follow *फ़ौ ॅ लो* *v.t.* to attend on

अनुगमन करना; to conform to अनुसरण करना; to understand समझना; to engage in पेशे के रूप में करना; to result from (का) परिणाम होना; to pursue पीछा करना; to come after के बाद आना।

follower *फॉ˘ लो अॅः n.* disciple शिष्य; attendant अनुचर; imitator अनुकर्ता।

folly *फॉ˘ लि n.* foolishness मूर्खता।

foment *फ़ॉ˘ मैन्ट v.t.* to apply warm lotions to सेंकना; to stir up भड़काना।

fond *फ़ॉन्ड a.* having a liking शौकीन; doting चाहनेवाला; foolish मूर्खतापूर्ण।

fondle *फ़ौ ˘न् ड्ल v.t.* to caress दुलारना, पुचकारना।

food *फूड n.* what one feeds on भोजन।

fool *फूल n.* stupid person मूर्ख व्यक्ति; jester मसखरा।

foolish *फुलिश a.* stupid मूर्ख; marked with folly मूर्खतापूर्ण।

foolscap *फूल्ज़ कैप n.* printing paper measuring 17" × 131/2" 17"×131/2" नाप का कागज।

foot *फुट n.* part of the body used for standing पांव, पैर; base आधार; lower end निचला सिरा; measure of 12 inches फुट।

for[1] *फ़ौः prep.* with the prupose of के हेतु; in exchange for के बदले में; in support of के पक्ष में; because of के कारण; meant for के लिए; in respect of के उपलक्ष्य में; for the length or duration of की दूरी अथवा अवधि के लिए; in spite of के बावजूद; in search of की तलाश में, towards की ओर।

for[2] *conj.* because क्योंकि।

forbid *फ़ॅः बिड v.t.* to prohibit निषिद्ध करना।

force[1] *फ़ौःस n.* strength शक्ति; compulsion अनिवार्यता, body of troops सैन्य-बल; violence बल प्रयोग।

force[2] *v.t.* to compel बाध्य करना; to break open तोड़ना।

forceful *फ़ौःस् फुल a.* full of force सशक्त, बलशाली।

forcible *फ़ौःस् सॅ बल a.* done by force बलात संपादित।

forearm[1] *फ़ौरः आःम n.* arm between elbow and the wrist प्रबाहु।

forearm[2] *v.t.* to arm beforehand पहले से शस्त्रसज्जित करना।

forecast[1] *फ़ौः कास्ट n.* prediction पूर्वानुमान।

forecast[2] *फ़ौः कास्ट v.t.* to foresee पूर्वानुमान करना; to predict भविष्यवाणी करना।

forefather *फ़ौः फ़ादॅ n.* ancestor पूर्वज।

forefinger *फ़ौः फ़िङ्गॅः n.* finger next to thumb तर्जनी।

forehead *फ़ॉः हेड n.* forepart of the head माथा, मस्तक।

foreign *फ़ौ ˘ रिन a.* belonging to another country विदेशीय; alien पराया; inappropriate असंगत; irrelevant अप्रासंगिक।

foreigner *फ़ौ रिनॅः n.* one who belongs to another country विदेशी व्यक्ति।

foreknowledge *फ़ौः नौ ˘ लिज n.* knowledge beforehand अग्रज्ञान, पूर्वज्ञान।

foreleg *फ़ौः लैगॅ n.* a quadruped's

front leg अगली टांग।

forelock फ़ौः लौकॅ *n.* lock of hair on the forehead माथे पर की अलक।

foreman फ़ौः मॅन *n.* workman in charge of other workers अग्रणी, अगुआ।

foremost फ़ौः मोस्ट *a.* first in rank or dignity सर्वोत्तम, सर्वोपरि।

forenoon फ़ौः नून *n.* morning पूर्वाह।

forerunner फ़ोः र नॅः *n.* precursor अग्रदूत।

foresee फ़ौःसी *v.t.* to see or know beforehand पहले से ही देख या जान लेना।

foresight फ़ौः सॉइट *n.* act or power of foreseeing दूरदर्शिता; prudence अग्रदृष्टि।

forest फ़ौः रिस्ट *n.* wood, jungle जंगल, वन।

forestall फ़ौः स्टौल *v.t.* to guard against in advance रोकथाम करना; to anticipate पूर्व से ही देख या जान लेना।

forester फ़ौ रिस् टॅः *n.* one who watches a forest वनरक्षक।

forestry फ़ौ रिस् ट्रि *n.* science of caring for forests वानिकी, वनविज्ञान।

foretell फ़ौः टैलॅ *v.t.* to predict भविष्यवाणी करना।

forethought फ़ौः थौॅट *n.* a thinking beforehand पूर्व विचार; foresight दूरदृष्टि।

forever फ़ॅ रैॅ वॅः *adv.* for always सदैव के लिए।

forewarn फ़ौः वौःन *v.t.* to warn beforehand पूर्व चेतावनी देना; to give previous notice to पूर्व सूचना देना।

foreword फ़ौः वॅःड *n.* preface भूमिका।

forfeit[1] फ़ौः फ़िट *v.t.* to lose by penalty ज़ब्त हो जाना।

forfeit[2] *n.* penalty, fine जुरमाना; thing forfeited अपवर्तित वस्तु।

forfeiture फ़ौः फ़ि चॅः *n.* act of forfeiting अपवर्तन, ज़ब्ती।

forge[1] फ़ौःज *n.* place where metal is worked मिस्तरी-खाना; smithy लोहार की दुकान; furnace भट्टी।

forge[2] *v.t.* to shape (metal) by heating (धातु को) तपाकर गढ़ना; to make बनाना; to make a fraudulent copy of (की) जाली नक़ल करना।

forgery फ़ौः जॅ रि *n.* forging of a document etc. जालसाज़ी; forged document जालसाज़ी वाला दस्तावेज़।

forget फ़ॅः गैॅट *v.t.* to lose the remembrance of भूल जाना; to neglect की उपेक्षा करना।

forgetful फ़ॅः गैॅट् फुल *a.* apt to forget भुलक्कड़; neglectful लापरवाह।

forgive फ़ॅः गिव *v.t.* to pardon क्षमा करना।

forgo फ़ौः गो *v.t.* to renounce त्याग देना; to do without के बिना काम चलाना।

forlorn फ़ॅः लौःन *a.* deserted परित्यक्त; miserable दुःखी, अभागा।

form[1] फ़ौःम *n.* shape आकार; type, kind प्रकार; structure ढांचा; style शैली; condition दशा; formality औपचारिकता, शिष्टाचार; printed paper with spaces to be filled in प्रपत्र; class कक्षा।

form[2] *v.t.* to shape बनाना; to develop विकसित करना; to organise गठित करना; *v.i.* to take shape निर्मित होना, बनना।

formal *फ़ौ: मॅल a.* ceremonious औपचारिक; apparent दिखाऊ, ऊपरी; related to form आकारिक।

format *फ़ौ: मैट n.* get-up of a book ग्रंथ का आकार।

formation *फ़ौ: मे शॅन n.* forming निर्माण; thing formed निर्मित वस्तु; structure रचना, बनावट।

former[1] *फ़ौ: मॅ: a.* earlier in time पूर्वकालिक; first named पहला।

former[2] *pron.* first named thing or person पूर्वोक्त वस्तु या व्यक्ति।

formerly *फ़ौ: मॅ: लि adv.* in time past गतकाल में।

formidable *फ़ौ: मि डॅ ब्ल a.* exciting fear or apprehension भयावह; difficult कठिन।

formula *फ़ौ: म्यु लॅ n.* rule नियम, सूत्र; recipe नुसखा।

formulate *फ़ौ: म्यु लेट v.t.* to express in a formula सूत्रबद्ध करना; to put into a precise and comprehensive statement निश्चित व शुद्ध रूप में प्रस्तुत करना।

forsake *फ़ॅ: सेक v.t.* to abandon त्याग देना।

forswear *फ़ौ: स्वे ॅ अॅ: v.t.* to renounce upon oath त्यागना; to deny on oath क़सम खाकर इनकार करना।

fort *फ़ौ:ट n.* a fortified place क़िला।

forte *फ़ौ: टि n.* something in which a person excels विशिष्टता।

forth *फ़ौ:थ adv.* forward आगे; out बाहर।

forthcoming *फ़ौ:थ् क मिङ्ग a.* coming forth आगामी; ready for use, available उपलब्ध।

forthwith *फ़ौ:थ् विद adv.* without delay तुरंत।

fortify *फ़ौ: टि फ़ॉइ v.t.* to strengthen मज़बूत करना।

fortitude *फ़ौ: टि ट्यूड n.* patient courage धैर्य।

fort-night *फ़ौ:ट् नॉइट n.* two weeks पखवारा।

fortress *फ़ौ: ट्रिस n.* a fort क़िला।

fortunate *फ़ौ: चॅ निट a.* having good fortune भाग्यशाली; coming by good luck भाग्य-जनित।

fortune *फ़ौ: चॅन n.* luck, chance भाग्य, दैवयोग; wealth धन, संपत्ति।

forty *फ़ौ:टि n.* four tens चालीस (40)।

forum *फ़ौ: रॅम n.* a place for open discussion मंच।

forward[1] *फ़ौ: वॅ:ड a.* lying in front अग्रिम; advanced अग्रवर्ती; impudent ढीठ।

forward[2] *adv.* onward आगे की ओर; towards the future भविष्य में; to the front आगे।

forward[3] *v.t.* to send forward अग्रसारित करना; to send भेजना।

fossil *फ़ौ ॅ सिल n.* remains of a prehistoric animal or plant जीवाश्म।

foster *फ़ौ ॅ स् टॅ: v.t.* to encourage प्रोत्साहन देना; to bring up पोषण करना।

foul *फ़ॉउल a.* unfair नियमविरूद्ध; dishonest बेईमान; evil smelling बदबूदार; abusive गाली-भरा।

found *फ़ॉउन्ड v.t.* to establish स्थापित करना; to start building

(की) बुनियाद रखना।

foundation *फ़ाउन् डे शॅन n.* basis आधार; solid ground or base on which a building rests बुनियाद, नींव; act of founding संस्थापन।

founder *फ़ॉउन् डॅः n.* one who lays a foundation stone संस्थापक।

foundry *फ़ॉउन् ड्रि n.* art of casting ढलाई की कला; the place of casting ढलाई-घर।

fountain *फ़ाउन् टिन n.* spring of water झरना; artificial jet of water फव्वारा।

four *फौः n.* the number next after three (4) चार।

fourteen *फौः टीन n.* the number next after thirteen (14) चौदह।

fowl *फ़ॉउल n.* domestic cock or hen पालतू मुर्गा या मुर्गी।

fowler *फ़ॉउ लॅः n.* one who kills or traps birds चिड़ीमार।

fox *फ़ौक्स n.* a small animal of the dog family लोमड़ी।

fraction *फ़ैक् शॅन n.* small part of a whole अंश; (maths) any part of a unit भिन्न।

fracture[1] *फ़ैक्चॅः n.* breaking of a bone अस्थिभंग।

fracture[2] *v.t.* to cause to break तोड़ना।

fragile *फ़ै जॉइल a.* easily broken or damaged भंगुर।

fragment *फ़ैग् मॅन्ट n.* piece broken off खंडित अंश; an incomplete part अंश।

fragrance *फ़ेग् रॅन्स n.* sweet smell सुवास, खुशबू।

fragrant *फ़ैग् रॅन्ट a.* sweet- smelling सुगंधित।

frail *फ़ेल a.* weak, delicate कमज़ोर, सुकुमार।

frame[1] *फ़ैम v.t.* to make बनाना; to surround with a frame (पर) चौखट लगाना।

frame[2] *n.* main structure of a building ढांचा; human or animal shape पंजर; surrounding part चौखटा; part of spectacles फ्रेम।

frachise *फ़ैन् चॉइज़ n.* right to vote मताधिकार।

frank *फ़ैङ्क a.* outspoken निष्कपट, स्पष्टवादी।

frantic *फ़ैन् टिक a.* wildly excited उत्तेजित।

fraternal *फ़ॅ टॅः नॅल a.* brotherly भ्रात्रीय।

fraternity *फ़ॅ टॅः नि टि n.* brotherly feeling भ्रातृत्व; a body of men associated by a common interest भ्रातृसंघ।

fratricide *फ़ै ट्रि सॉइट n.* the act of killing one's brother or sister भाई/बहिन की हत्या; one who does so भ्रातृहंता।

fraud *फ़्रोड n.* deceit धोखा; trickery चालबाज़ी।

fraudulent *फ़्रौ ड्यु लॅन्ट a.* using fraud कपटी, कपटपूर्ण।

fraught *फ़्रौट a.* full (of) भरा हुआ।

fray *फ़े n.* a fight लड़ाई, मुकाबला।

free[1] *फ़्री a.* independent आत्मनिर्भर; not controlled by others स्वाधीन; not occupied खाली, अव्यस्त; not subject to cost or tax मुफ्त, निःशुल्क; unhindered निर्बाध; exempt मुक्त; not literal स्वतंत्र।

free[2] *v.t.* to set at liberty मुक्त करना।

freedom *फ़्री डॅम* *n.* state of being free स्वतंत्रता।

freeze *फ़्रीज* *v.i.* to be congealed by cold जम जाना; to be hardened into ice बर्फ़ बनना; *v.t.* to chill ठिठुराना; to change into ice बर्फ़ में बदलना; to fix स्थिर करना।

freight *फ़्रेट* *n.* charge for the transportation of goods भाड़ा।

French[1] *फ़्रैन्च* *a.* pertaining to France. फ्रॉन्स-संबंधी।

French[2] *n.* the language of France फ्रॉन्स की भाषा।

frenzy *फ़्रैन् ज़ि* *n.* violent agitation of the mind उन्माद।

frequency *फ़्री क्वॅन् सि* *n.* frequent occurrence बारंबारता।

frequent *फ़्री क्वॅन्ट* *n.* that takes place repeatedly बार-बार होने वाला।

fresh *फ़्रॅश* *a.* unused अप्रयुक्त; new नया, ताज़ा; full of health, not tired अश्रांत; additional अतिरिक्त; inexperienced अनुभवहीन।

fret[1] *फ़्रैटॅ* *n.* irritation चिड़चिड़ापन।

fret[2] *(-tt-)* *v.t.* to cause to worry चिंतित करना; *v.i.* to worry चिंतित होना।

friction *फ़्रिक् शॅन* *n.* rubbing रगड़; disagreement मनमुटाव।

Friday *फ़्रॉइ डे, –डि* *n.* sixth day of the week शुक्रवार।

fridge *फ़्रिज* *n.* refrigerator प्रशीतियंत्र।

friend *फ़्रैन्ड* *n.* intimate associate मित्र; an ally सहायक।

fright *फ़्रॉइट* *n.* terror, sudden fear भीति, भय।

frighten *फ़्रॉइ ट्न* *v.t.* to make afraid भयभीत करना।

frigid *फ़्रि जिड* *a.* cold ठंडा; without feeling or spirit भावशून्य, उदासीन।

frill *फ़्रिल* *n.* an ornamental edging झालर।

fringe[1] *फ़्रिन्ज* *n.* an ornamental border of hanging threads झब्बेदार किनारा।

fringe[2] *v.t.* to furnish with frill झब्बा लगाना।

frivolous *फ़्रि वॅ लॅस* *a.* trifling तुच्छ; not serious छिछोरा।

frock *फ़्रौकॅ* *n.* a monk's robe चोगा, लबादा; a dress worn by a woman or a baby फ्रॉक।

frog *फ़्रौगॅ* *n.* an amphibious animal मेढक।

frolic[1] *फ़्रौ˘ लिक* *n.* gaiety प्रसन्नता; merry making उछलकूद।

frolic[2] *(-ck-)* *v.i.* to jump playfully उछलकूद करना।

from *फ़्रौम, फ़्रॅम* *prep.* expressing point of departure, source, distance, cause, change of state etc. से।

front[1] *फ़्रन्ट* *n.* fore part अग्रभाग; position directly ahead अगवाड़ा, आगा; battle line or area मोरचा।

front[2] *a.* at the front of सामने का, सामने वाला।

front[3] *v.t.* to face के सामने होना।

frontier *फ़्रन् टिअ:* *n.* border of a country सीमांत।

frost *फ़्रौस्ट* *n.* snow तुषार, हिम; cold शीत; frozen dew जमी ओस।

frown[1] *फ़्राउॅन* *n.* stern look तेवर।

frown[2] *v.i.* to winkle eyebrows भौहें चढ़ाना।

frugal *फ्रू गॅल a.* economical मितव्ययी; cheap सस्ता।

fruit *फ्रूट n.* seed and its envelope फल; advantage लाभ।

fruitful *फ्रूट् फुल a.* very productive फलोत्पादक; profitable लाभकारी।

frustrate *फ्रस् ट्रेट v.t.* to balk कुंठित करना; to make vain विफल करना।

frustration *फ्रस् ट्रे शॅन n.* despondency हताशा।

fry[1] *फ़्रॉइ v.t.* to cook with fat घी आदि में छोंकना; *v.i.* to be cooked in fat छुंकना।

fry[2] *n.* young fish पोना।

fuel *फ्यू ॲल n.* material for burning ईंधन; something that feeds passion उद्दीपक वस्तु।

fugitive[1] *फ्यू जि टिव a.* fleeting भगोड़ा; transitory क्षणभंगुर।

fugitive[2] *n.* absconder भगोड़ा।

fulfil *फुल् फ़िल v.t.* to complete पूर्ण करना; to comply with कार्यरूप में परिणत करना।

fulfilment *फुल् फिल मॅन्ट n.* completion पूर्ति; accomplishment निर्वाह।

full[1] *फुल a.* filled up भरपूर, पूरा; entire समग्र, अशेष; abundant भरपूर।

full[2] *adv.* fully पूर्णतया; very अत्यंत।

fullness *फुल् निस n.* completion परिपूर्णता; abundance प्रचुरता।

fully *फु लि adv.* entirely पूर्ण रूप से।

fumble *फम् ब्ल v.i.* to grope about awakwardly टटोलना; to attempt or handle something bunglingly गड़बड़ कर देना।

fun *फ़न n.* merriment आमोद-प्रमोद।

function[1] *फङ् क् शॅन n.* performance उत्सव; duty, work कर्त्तव्य, कार्य।

function[2] *v.i.* to operate, to work काम करना।

functionary *फङ् क् शॅ नॅ रि n.* an official अधिकारी।

fund *फन्ड n.* treasure ख़ज़ाना, निधि; stock, supply भंडार, आपूर्ति।

fundamental *फन् डॅ मैन् टॅल a.* basic आधारभूत; essential तात्विक।

funeral *फ्यू नॅ रॅल n.* disposal of the dead अंत्येष्टि; the procession taking a dead body to a cemetery शव-यात्रा।

fungus *फङ् गॅस n.* toadstool कवक, फफूंद।

funny *फ नि n.* full of fun मज़ाकिया।

fur *फॅ: n.* soft fine hair of certain animals पशुलोम।

furious *फ्युअ रि ॲस a.* wild, savage उग्र; enraged क्रोधोन्मत्त।

furl *फॅ: ल v.t.* to roll up लपेटना; to wind up समेटना।

furlong *फॅ: लौ ङ्ग n.* an eighth of a mile फर्लांग।

furnace *फॅ: निस n.* enclosed structure for producing great heat अग्निकुंड, भट्ठी।

furnish *फॅ: निश v.t.* to equip सुसज्जित करना; to supply उपलब्ध कराना।

furniture *फॅ: नि चॅ: n.* decorative household equipment साज-सज्जा, फ़र्नीचर।

furrow *फ रो n.* trench made by a plough हलरेखा, कूंड़।

further[1] *फॅ: दॅ: adv.* more और अधिक; in addition इसके अतिरिक्त; to a greater distance और आगे की ओर

further² *a.* additional अतिरिक्त, और अधिक; more distant और आगे स्थित।

further³ *v.t.* to help forward आगे बढ़ाना।

fury *फ्युअॅ रि n.* violent passion उन्माद।

fuse¹ *फ्यूज़ v.t.* to melt पिघला देना; to blend मिला देना; *v.i.* to be melted पिघल जाना।

fuse² *n.* wire inserted in an electric circuit as a safety device फ़्यूज़ तार।

fusion *फ़्यू ज़ॅन n.* blending, melting विलयन, संलयन।

fuss¹ *फ़स n.* flurry गड़बड़ी।

fuss² *v.i.* to make fuss गड़बड़ी करना।

futile *फ्यू टॉइल a.* worthless निरर्थक; serving no useful end व्यर्थ।

futility *फ्यू टि लि टि n.* quality of being futile निरर्थकता।

future¹ *फ्यू चॅ: a.* that is to be भावी; (*gram.*) pertaining to the time to come भविष्यत्कालिक।

future² *n.* the time to come भविष्य।

Gg

G जी the seventh letter of the English alphabet, the fifth note of the diatonic scale. अंग्रेजी वर्णमाला का सातवाँ अक्षर, गायन में पाँचवाँ स्वर; It has a hard sound before a, o, u, l and r and is sounded soft before e, i, y इसका उच्चारण a, o, u, l तथा r के पूर्व रहने पर 'ग' तथा e, i, y के पूर्व रहने पर 'ज' होता है; it is silent in some words, कुछ शब्दों में इसका उच्चारण नहीं होता, यथा, "gnat-नॅट्" "gnaw-नॉ" इत्यादि में।

gabble *गै बल v.i.* to talk fast or without meaning ऊलजलूल बातें करना।

gadfly *गैड़ फ्लॉइ n.* a fly which stings cattle डांस।

gag¹ *गैग (-gg-) v.t.* to stop up (somebody's mouth) with cloth etc. (किसी के मुंह) में कपड़ा ठूंसना; to deprive of free speech अभिव्यक्ति की स्वतंत्रता से वंचित करना।

gag² *n.* cloth etc. used to stop up somebody's mouth कपड़ा आदि जो किसी के मुंह में ठूंसा जाय।

gaiety *गे ॲ टि n.* cheerfulness, liveliness प्रफुल्लता, आमोद-प्रमोद, मौज-मस्ती।

gain¹ *गेन v.t.* to obtain प्राप्त करना; to get as advantage लाभ के रूप में प्राप्त करना; to earn कमाना; to reach पहुंचना।

gain² *n.* profit लाभ; increase वृद्धि।

gainsay *गेन् से v.t.* to deny प्रतिवाद करना।

gait *गेट n.* manner of walking चाल।

galaxy *गै लॅक् सि n.* milky way आकाश गंगा; an assemblage of splendid persons विशिष्ट व्यक्तियों की मंडली।

gale *गेल* *n.* a strong wind तेज़ हवा, अंधड़।

gallant[1] *गै लॅन्ट* *a.* handsome सुंदर; brave बहादुर; attentive to ladies रमणीरंजक।

gallant[2] *n.* lover प्रेमी; fashionable young man छबीला नौजवान।

gallantry *गै लॅन् ट्रि* *n.* bravery बहादुरी; courtesy शिष्टता; attentiveness to ladies नारी भक्ति।

gallery *गै लॅ रि* *n.* a covered passage दीर्घा; room for the exhibition of works of art चित्रशाला।

gallon *गै लॅन* *n.* a liquid measure of four quarts or eight points गैलन।

gallop[1] *गै लॅप* *n.* fastest pace of horse चौकड़ी।

gallop[2] *v.t.* to cause to move fast सरपट दौड़ाना; *v.i.* to move very fast सरपट दौड़ना।

gallows *गै लौज़* *n. sing.* wooden frame for hanging criminals फांसी का तख़्ता; hanging फांसी।

galore *गॅ लौः* *adv.* in abundance प्रचुर मात्रा में।

galvanize *गैल् वॅ नॉइज़* *v.t.* to coat with zinc जस्ता या कलई चढ़ाना; to stimulate प्रेरित करना।

gamble[1] *गैम् ब्ल* *v.i.* to play for high stakes जुआ खेलना; to take a chance दांव लगाना।

gamble[2] *n.* game of chance for money जुआ, द्यूतक्रीड़ा।

gambler *गैम् ब्लॅः* *n.* one who gambles जुआरी।

game[1] *गेम* *n.* sport of any kind खेल, क्रीड़ा; trick चाल, छल; animals or birds hunted शिकार।

game[2] *v.i.* to gamble जुआ खेलना।

gander *गैॅन् डॅः* *n.* a male goose हंस।

gang *गैङ्ग* *n.* band of criminals गिरोह।

gangster *गैङ्ग् स्टॅ* *n.* member of a criminal gang लुटेरों के गिरोह का सदस्य।

gap *गैप* *n.* opening दरार; breach in continuity क्रमभंग; interval अंतराल।

gape *गेप* *v.i.* to open the mouth wide मुंह फाड़ना; to yawn जम्हाई लेना; to stare with open mouth देखते रह जाना।

garage *गैॅराःज़, –रिज* *n.* building in which motor-vehicles are housed यानशाला, गैरेज।

garb[1] *गाःब* *n.* dress परिधान।

garb[2] *v.t.* to clothe परिधान पहनाना।

garbage *गाः बिज* *n.* refuse कूड़ा-कचरा।

garden *गाः ड्न* *n.* park, ground on which flowers are cultivated उद्यान, बाग़।

gardener *गाःड् नॅः* *n.* one engaged in gardening माली।

gargle *गाः ग्ल* *v.i.* to wash the throat ग़रारे करना; *v.t.* to wash (the throat) ग़रारे-द्वारा (गला) साफ़ करना।

garland[1] *गाः लॅन्ड* *n.* wreath of flowers माला, हार।

garland[2] *v.t.* to deck with garland माला पहनाना।

garlic *गाः लिक* *n.* strongly flavoured onion-like bulb लहसुन।

garment *गा: मॅन्ट n.* an article of clothing वस्त्र, परिधान।

garter *गा: टॅः n.* band used to support a stocking मोज़ाबंध।

gas *गैस n.* any air-like substance गैस; gasoline पैट्रोल।

gasket *गैस् किट n.* a piece of metal or rubber used for sealing गैसकेट अवरोधक डोरी।

gasp[1] *गास्प n.* a sudden, sharp intake of breath हाँफा।

gasp[2] *v.i.* to struggle for breath हांफना।

gassy *गै ॅसि a.* full of gas गैस-युक्त।

gastric *गै ॅस् ट्रिक a.* belonging to the stomach जठर-संबंधी।

gate *गेट n.* entrance द्वार; passage into a building, city or enclosure फाटक।

gather *गै दॅः v.t.* to collect एकत्र करना; to pick तोड़ना; to conclude निष्कर्ष निकालना; *v.i.* to assemble इकट्ठा होना।

gaudy *गौ डि a.* showy दिखाऊ; gay भड़कीला।

gauge *गेज n.* a measuring instrument पैमाना; a device for measuring rain वर्षामापी यंत्र।

gauntlet *गौन्ट् लिट n.* iron glove of armour हस्तत्राण।

gay *गे a.* gaudy भड़कीला; merry प्रफुल्लित; lively ज़िंदादिल।

gaze[1] *गेज़ v.t.* to look fixedly एकटक देखना।

gaze[2] *n.* fixed look टकटकी।

gazette *गॅ ज़ैॅट n.* official newspaper containing list of government appointments etc. गज़ट, राजपत्र।

gear *गिअॅः n.* cogged wheel गरारी; equipment उपस्कर।

geld *गैल्ड v.t.* to castrate बधिया करना।

gem *जै मॅ n.* any precious stone रत्न।

gender *जैन् डॅः n.* grammatical classification of sexes लिंग।

general *जैॅ नॅ रॅ ल a.* ordinary साधारण; belonging to all सार्वजनिक।

generally *जैॅ नॅ रॅ लि adv.* in a general or collective manner सामान्यतः।

generate *जैॅ नॅ रेट v.t.* to produce पैदा करना।

generation *जैॅ नॅ रे शॅन n.* descendants, race पीढ़ी; production उत्पादन।

generator *जैॅ नॅ रे टॅः n.* producer उत्पादक, जनित्र।

generosity *जैॅ नॅ रौॅ सि टि n.* nobleness उदारता।

generous *जैॅ नॅ रॅस a.* liberal उदार; ample प्रचुर।

genius *जी नि अॅस, जी न्यॅस n.* special inborn faculty of any individual प्रतिभा; person endowed with natural talent प्रतिभाशाली व्यक्ति।

gentle *जैन् ट्ल a.* noble कुलीन; refined भद्र; mild, moderate मंद।

gentleman *जैन् ट्ल् मॅन n.* a man of good social position भद्रपुरुष।

gentry *जैन् ट्रि n.* class of gentle people कुलीनलोग।

genuine *जैॅ न्यु इन a.* original असली; natural अकृत्रिम; real यथार्थ।

geographer *जि औ ॅ ग्रॅ फॅः* *n.* person having knowledge of geography भूगोलवेत्ता।

geographical *जि अॅ ग्रै फि कॅल* *a.* pertaining to geography भौगोलिक।

geography *जि औ ॅ ग्रॅ फि* *n.* science of sufrace of the earth and its inhabitants भूगोल।

geological *जि अॅ लौ ॅ जि कॅल* *a.* pertaining to geology भूविज्ञानीय।

geologist *जि औ ॅ लॅ जिस्ट* *n.* person having the knowledge of geology भूविज्ञान-वेत्ता।

geology *जि औ ॅ लॅ जि* *n.* science relating to the history and development of the earth's crust भूविज्ञान।

geometrical *जि अॅ मै ॅ ट्रि कॅल* *a.* relating to geometry रेखागणितीय।

geometry *जि औ ॅ मॅ ट्रि* *n.* study of lines, angles and figures रेखागणित।

germ *जॅ ःम* *n.* origin स्रोत; microbe जीवाणु; bacillus रोगाणु।

germicide *जॅः मि सॉइड* *n.* substance that kills germs जीवाणुनाशी।

germinate *जॅः मि नेट* *v.i.* to sprout अंकुरित होना; to begin to grow as seeds बढ़ना।

germination *जॅः मि ने शॅन* *n.* act of germinating अंकुरण।

gerund *जै ॅ रॅन्ड* *n.* a kind of verbal noun क्रियावाचक संज्ञा।

gesture *जैसॅ् चॅः* *n.* a posture or motion of the body or limbs चेष्टा, संकेत।

get *गै ॅट* *v.t.* to obtain प्राप्त करना; to earn कमाना; to catch ग्रहण करना; to receive प्राप्त करना; *v.i.* to become होना।

ghastly *गाःस्ट् लि* *a.* hideous घिनावना; frightful भयानक।

ghost *गोस्ट* *n.* the soul of man प्रेतात्मा; disembodied spirit भूत।

giant *जॉइ अॅन्ट* *n.* demon दैत्य; man of extraordinary stature भीमकाय व्यक्ति।

gibbon *गि बॅन* *n.* a type of ape लंगूर।

gibe[1] *जॉइब* *v.i.* to scoff ताना मारना; to mock हंसी उड़ाना।

gibe[2] *n.* a scoff उपहास; taunt ताना।

giddy *गि डि* *a.* dizzy चक्कर से आक्रांत; causing giddiness चकरानेवाला; flighty अत्यधिक, चपल।

gift *गिफ्ट* *n.* present उपहार; talent प्रतिभा।

gifted *गिफ़् टिड* *a.* talented प्रतिभाशाली।

gigantic *जॉइ गैन् टिक* *a.* of immense size भीमकाय।

giggle *गि ग्ल* *v.i.* to laugh in a silly manner फूहड़ढंग से हंसना।

gild *गिल्ड* *v.t.* to cover with gold (पर) सोना चढ़ाना; to adorn with lustre चमकाना।

gilt *गिल्ट* *a.* gold-coloured सुनहरा।

ginger *जिन्जॅः* *n.* the root of a tropical plant अदरक।

gipsy *जिप् सि* *n.* see gypsy.

giraffe *जि राफ़, –रैफ* *n.* a ruminant animal with spotted coat and very long neck and legs जिराफ़।

gird *गॅःड v.t.* to put belt round पेटी से बांधना; to encircle घेर लेना।

girder *गॅः डॅः n.* beam of wood or steel शहतीर, गर्डर।

girdle[1] *गॅः ड्ल n.* waist belt मेखला, करधनी।

girdle[2] *v.t.* to bind with girdle पेटी से बांधना।

girl *गॅःल n.* a female child कन्या, लड़की; maid servant सेविका।

girlish *गॅः लिश a.* like a girl बालिकावत्।

gist *जिस्ट n.* summary सारांश, सार।

give *गिव v.t.* to bestow प्रदान करना; to offer सौंपना; to present प्रस्तुत करना; to pay चुकाना; to donate दान करना; to communicate भेजना।

glacier *ग्लै सिअॅः n.* a mobile mass of ice or snow हिमनद।

glad *ग्लेड a.* pleased प्रसन्न; cheerful प्रसन्नचित; giving pleasure आनंदकारी।

gladden *ग्लै ड्न v.t.* to make glad प्रसन्न करना।

glamour *ग्लै मॅः n.* charm आकर्षण; fascination मोहकता।

glance[1] *ग्लान्स n.* momentary look झांकी, दृष्टिपात।

glance[2] *v.i.* to looke briefly दृष्टिपात करना; to allude संकेत करना; to fly off, to pass quickly तेज़ी से गुजर जाना।

gland *ग्लैन्ड n.* secreting structure in plant or animal ग्रंथि, गांठ।

glare[1] *ग्लेॅअॅः n.* dazzling light दीप्ति, चमक; overpowering lustre चौंध।

glare[2] *v.i.* to give a very bright light चमकना, दमकना; to stare fiercely आंखे तरेरना।

glass *ग्लास n.* a hard brittle substance कांच; drinking glass गिलास; mirror दर्पण; *(pl.)* spectacles चश्मा।

glaucoma *ग्लौ कों मॅ n.* an eye-disease सबलबाय।

glaze[1] *ग्लेज़ v.t.* to furnish with glass शीशा लगाना; to cover with a glass-like substance चमकीला पदार्थ चढ़ाना।

glaze[2] *n.* a glass like substance शीशे-जैसा पदार्थ।

glazier *ग्ले ज्यॅः n.* one who glazes windows कांच का काम करने वाला।

glee *ग्ली n.* feeling of joy or delight उल्लास।

glide *ग्लॉइड v.t.* to move along smoothly and slowly सरकना, फिसलना; (of an aircraft) to fly without use of engine विसर्पण करना।

glider *ग्लॉइ डॅः n.* motorless aircraft विसर्पक।

glimpse *ग्लिम्प्स n.* a fleeting view झलक।

glitter[1] *ग्लि टॅः v.i.* to shine with bright light चमचमाना।

glitter[2] *n.* lustre चमक।

global *ग्लो बॅल a.* relating to the whole world सार्वभौम, विश्वव्यापी; globe-shaped ग्लोब के आकार का।

globe *ग्लोब n.* the earth पृथ्वी; something spherical or rounded गोलक; sphere with map of earth ग्लोब।

gloom *ग्लूम n.* feeling of sadness उदासी, विषाद; darkness अंधकार।

gloomy *ग्लू मि a.* dark अंधकारपूर्ण;

dejected उदास, खिन्न।

glorification ग्लौ रि फि के शॅन *n.* exaltation to honour and dignity प्रशस्ति।

glorify ग्लौ रि फॉइ *v.t.* to make glorious महिमामंडित करना; to exalt गुणगान करना।

glorious ग्लौ रि अॅस *a.* exalted कीर्तिकर; splendid तेजस्वी; magnificent शोभायुक्त।

glory ग्लौ रि *n.* dignity महिमा; honour गौरव, यश।

gloss ग्लौसॅ *n.* surface shine ऊपरी चमक; shiny surface चमकदार सतह; deceptive appearance झूठा दिखावा।

glossary ग्लौ ॅ सॅ रि *n.* a list of words with their meanings शब्दावली।

glossy ग्लौ ॅ सि *a.* smooth and shining चमकदार।

glove ग्लव *n.* covering for the hand दस्ताना।

glow[1] ग्लो *v.i.* to shine चमकना।

glow[2] *n.* shining heat दीप्ति; brightness उज्ज्वलता।

glucose ग्लू कोस *n.* sugar found in fruit etc. फल-शर्करा, ग्लूकोज़।

glue ग्लू *n.* a sticky substance सरेस।

glut[1] ग्लट (-tt-) *v.t.* to feed to satiety छकाना, तृप्त करना।

glut[2] *n.* surfeit आधिक्य।

glutton ग्ल ट्न *n.* one who eats too much पेटू, खाऊ।

gluttony ग्ल टॅ नि *n.* excessive eating पेटूपन।

glycerine ग्लि सॅ रीन, –रिन *n.* a sweet liquid used in chemistry and industry ग्लिसरीन।

go गो *v.i.* to proceed जाना; to depart विदा लेना; to function चलना, काम करना; to elapse गुज़र जाना; to reach पहुंचना; to start प्रस्थान करना; to become होना।

goad[1] गोड *n.* sharp pointed stick अंकुश।

goad[2] *v.t.* to drive with a goad अंकुश से हांकना; to urge forward प्रेरित करना।

goal गोल *n.* aim, end लक्ष्य, उद्देश्य।

goat गोट *n.* a horned quadruped बकरी।

gobble गौ ॅ बल *n.* to swallow in lumps भकोसना।

goblet गोबॅ लिट *n.* large drinking cup without a handle चषक, पानपात्र।

god गौ ॅड *n. (cap.)* The Creater परमात्मा; superhuman being देवता।

goddess गौ ॅडिस *n.* a female god देवी।

godhead गौ ॅड़ है ॅड *n.* state of being a god देवत्व।

godly गौ ॅड़ लि *a.* pious धार्मिक।

godown गो डॉउन *n.* warehouse गोदाम।

godsend गौ ॅड़ सैन्ड *n.* a windfall वरदान।

goggles गौ ॅ ग्लज़ *n. pl.* protective spectacles धूप का चश्मा।

gold गोल्ड *n.* a costly yellow metal स्वर्ण, सोना।

golden गोल् डॅन *a.* of gold, of the colour of gold सुनहरा, स्वर्णिम।

goldsmith गोल्ड् स्मिथ *n.* worker in gold स्वर्णकार।

golf *गौॅल्फ़ n.* a game गॉल्फ़।

gong *गोॅङ्ग n.* a metal disc which sounds when struck घंटा, घड़ियाल।

good[1] *गुड a.* comendable प्रशंसनीय; proper उचित; excellent उत्तम, श्रेष्ठ; well-behaved सदाचारी; adequate पर्याप्त; virtuous गुणवान।

good[2] *n.* benefit लाभ, हित; *(pl.)* wares सामान; property संपत्ति।

good-bye *गुड़ बॉइ interj.* farewell अलविदा।

goodness *गुड़ निस n.* excellence उत्तमता; benevolence उदारता।

goodwill *गुड़ विल n.* well-wishing सद्भावना; credit साख; reputation ख्याति।

goose *गूस n.* female swan हंसिनी; silly person मूर्ख व्यक्ति।

gooseberry *गुज़ बैॅ रि n.* a prickly bush एक झाड़ी।

gorgeous *गौः जॅस a.* splendid भव्य।

gorilla *गॅ रि लॅ n.* great African ape वनमानुष।

gospel *गौसॅ पॅल n.* set of noble doctrines सिद्धांतावलि; teaching of Christ ईसा का उपदेश।

gossip *गौॅ सिप n.* idle talk गपशप; rumour अफ़वाह; a person who talks idly गप्पी।

gourd *गुअॅःड n.* a large fleshy vegetable लौकी।

gout *गॉउट n.* disease of swelling of the joints गठिया, वातरोग।

govern *ग वॅःन v.t.* to rule शासित करना; to direct निर्देशित करना; to control नियंत्रित करना।

governance *ग वॅः नॅन्स n.* act or manner of governing शासन, शासन-विधि।

governess *ग वॅः निस n.* a woman employed to teach the children of rich family and to live with them अध्यापिका।

government *ग वॅःन् मॅन्ट n.* ruling or managing body शासन, सरकार; system of governing शासन–पद्धति।

governor *ग वॅः नॅः n.* head of state राज्यपाल; controller नियंत्रक।

gown *गॉउन n.* loose flowing outer garment चोग़ा, लबादा।

grab *ग्रैब (-bb-) v.t.* to seize or grasp suddenly छीनना।

grace[1] *ग्रेॅस n.* beauty सौंदर्य; charm आकर्षण; favour, mercy कृपा; delay, postponement विलंब, स्थगन; a short prayer before a meal भोजन से पहले की प्रार्थना।

grace[2] *v.t.* to add grace to (की) शोभा बढ़ाना।

gracious *ग्रें शॅस a.* charming रमणीय; kind दयालु।

gradation *ग्रे डे शॅन n.* degree श्रेणी; state of being arranged in ranks श्रेणी-व्यवस्था।

grade[1] *ग्रेड n.* degree श्रेणी; rank पदक्रम; class कक्षा।

grade[2] *v.t.* to arrange according to grade वर्गीकरण करना।

gradual *ग्रै ड्यु अॅल a.* advancing by degrees क्रमिक।

graduate[1] *ग्रै ड्यु एट v.i.* to receive a university degree स्नातक होना।

graduate[2] *n.* one who has obtained a university degree स्नातक।

graft[1] *ग्रॉःफ़्ट n.* inserting of small piece of plant into another

कलम; planting रोपण।

graft² *v.t.* to insert a graft in (पर) कलम लगाना।

grain *ग्रेन* *n.* seed of food plant अनाज; a tiny bit दाना।

grammar *ग्रै मॅः* *n.* science of language व्याकरण।

grammarian *ग्रॅ मे ॅ ॲ रि ॲन* *n.* one who is versed in grammar व्याकरणवेत्ता।

gramme *ग्रैम* *n.* a unit of mass in the metric system, gram ग्राम।

gramophone *ग्रै मॅ फ़ोन* *n.* machine for reproducing music etc. recorded on flat discs ग्रामोफ़ोन (वाद्य)।

grannary *ग्रै नॅ रि* *n.* store house for grain अन्नभंडार, कोठार।

grand *ग्रैन्ड* *a.* magnificent भव्य; great महान्।

grandeur *ग्रैन् जॅः* *n.* splendour उत्कर्ष; dignity शान, वैभव।

grant¹ *ग्रॉन्ट* *v.t.* to bestow प्रदान करना; to admit स्वीकार करना; to consent अनुमति देना।

grant² *n.* something bestowed अनुदान।

grape *ग्रेप* *n.* fruit of vine अंगूर।

graph *ग्रैफ़* *n.* a diagram रेखाचित्र।

graphic *ग्रै फ़िक* *a.* of graph आलेखी; pictorial चित्रात्मक; vivid स्पष्ट।

grapple¹ *ग्रै प्ल* *n.* a seizing पकड़; small anchor with several claws of arms कांटा।

grapple² *v.i.* to come to grips (with) भिड़ना; to cope (with) से निपटना।

grasp¹ *ग्रास्प* *v.t.* to seize and hold कसकर पकड़ लेना; to accept eagerly उत्सुकता से ग्रहण करना; to comprehend समझ लेना।

grasp² *n.* grip पकड़; comprehension समझ, बोध।

grass *ग्रॉस* *n.* common herbage घास।

grate¹ *ग्रेट* *n.* frame-work of bars जाली; frame-work for holding fire आतशदान।

grate² *v.t.* to rub hard घिसना; to grind (दांत) पीसना; to irritate चिढ़ाना।

grateful *ग्रेट् फुल* *a.* thankful आभारी, कृतज्ञ; pleasing सुखद।

gratification *ग्रे टि फ़ि के शॅन* *n.* feeling of satisfaction संतोष; gift पारितोषिक।

gratis *ग्रे टिस* *adv.* without payment निःशुल्क।

gratitude *ग्रै टि ट्यूड* *n.* thankfulness कृतज्ञता।

gratuity *ग्रॅ ट्यु इ टि* *n.* something given in return for service उपदान; a tip मुक्त भेंट; donation दान।

grave¹ *ग्रेव* *n.* a hole dug to bury the dead क़ब्र।

grave² *a.* serious गंभीर; dignified, solemn महत्त्वपूर्ण।

gravitate *ग्रै वि टेट* *v.i.* to be attracted आकर्षित होना।

gravitation *ग्रै वि टे शॅन* *n.* force of attraction between bodies गुरुत्वाकर्षण।

gravity *ग्रै वि टि* *n.* gravitational attraction गुरुत्वाकर्षण; seriousness गंभीरता।

graze¹ *ग्रेज़* *v.i.* to eat grass चरना; *v.t.* to eat or feed on (growing grass) चराना; to rub lightly हलका-सा रगड़ना।

graze[2] *n.* scratch खरोंच।

grease[1] ग्रीस *n.* oily matter ग्रीज़।

grease[2] *v.t.* to lubricate चिकना करना; to bribe घूस देना।

greasy ग्री सि, –ज़ि *a.* oily चिकना; fatty चर्बीदार।

great ग्रेट *a.* big, large विशाल; pre-eminent महान्; lofty उदात्त।

greed ग्रीड *n.* eager desire लोलुपता।

greedy ग्री डि *a.* eagerly desirous लालची।

Greek[1] ग्रीक *n.* language of Greece युनानी भाषा; native of Greece युनान-निवासी।

Greek[2] *a.* of Greece or Greek यूनान या यूनानी से संबंधित।

green[1] ग्रीन *a.* of the colour of leaves हरित, हरा-भरा; immature अनाड़ी; unripe अपक्व; fresh ताज़ा।

green[2] *n.* green colour हरा रंग; (*pl.*) green vegetables हरी सब्ज़ियां; area of grass घास का मैदान।

greenery ग्री नॅ रि *n.* vegetation वनस्पति की हरियाली।

greet ग्रीट *v.t.* to salute अभिवादन करना; to welcome स्वागत करना; to send good wishes शुभकामनाएं भेजना।

grenade ग्रि नेड *n.* small bomb thrown by the hand हथगोला।

grey ग्रे *a.* brown भूरा; dim धुंधला; aged वृद्ध।

greyhound ग्रे हॉउन्ड *n.* swift, slender dog used for racing and hunting एक प्रकार का कुत्ता।

grief ग्रीफ *n.* sorrow शोक; affliction व्यथा; distress विपत्ति।

grievance ग्री वॅन्स *n.* cause for complaint शिकायत।

grieve ग्रीव *v.t.* to make sorrowful दुःख देना; *v.i.* to feel grief शोक मानना।

grievous ग्री वॅस *a.* painful कष्टदायक; severe गहरा।

grind ग्रॉइन्ड *v.i.* to be crushed or rubbed together पिसना; *v.t.* to reduce to powder by crushing पीसना; to oppress सताना।

grinder ग्रॉइन् डॅः *n.* apparatus for grinding पीसने का उपकरण।

grip[1] ग्रिप *(-pp-) v.t.* to hold fast पकड़ना।

grip[2] *n.* firm hold जकड़न; understanding समझ; handle मूठ।

groan[1] ग्रोन *v.i.* to utter deep rumbling sound in distress कराहना।

groan[2] *n.* deep moan कराह।

grocer ग्रोसॅः *n.* dealer in staple foods, general household supplies पंसारी।

grocery ग्रो सॅ रि *n.* articles sold by grocer किराना, पंसारी का सामान; trade of a grocer पंसारी का व्यवसाय।

groom[1] ग्रूम *n.* one incharge of horses साइस; bridegroom दूल्हा।

groom[2] *v.t.* to feed and look after (घोड़ों को) चारा देना व देखभाल करना; to train प्रशिक्षित करना।

groove[1] ग्रूव *n.* furrow नाली।

groove[2] *v.t.* to cut grooves in नालीदार बनाना।

grope ग्रोप *v.t.* to seek by groping टटोलकर तलाशना; *v.i.* to feel about टटोलना।

gross[1] ग्रोस *n.* twelve dozen बारह

दर्जन (144)।

gross² *a.* bulky मोटा; solid ठोस; heavy भारी; not refined, vulgar अशिष्टतापूर्ण।

grotesque *ग्रौ ˘ टैस्क* *a.* deformed भोंडा, विकृत; absurd बेतुका।

ground *ग्राउंड* *n.* earth, land पृथ्वी, भूमि; surface धरातल; basis आधार; reason कारण; bottom of sea समुद्रतल।

group¹ *ग्रुप* *n.* number of persons or things together समूह; section of a party समुदाय, टोली।

group² *v.t.* to place in groups वर्गीकृत करना।

grow *ग्रो* *v.t.* to cause to grow उगाना; to produce पैदा करना; to develop विकसित करना; *v.i.* to develop विकसित होना; to increase बढ़ना; to be produced उत्पन्न होना।

grower *ग्रौ ॲ:* *n.* cultivator कृषक, उत्पादक।

growl¹ *ग्रॉउल* *v.i.* to make guttural sound of anger गुर्राना।

growl² *n.* angry guttural sound गुर्राहट।

growth *ग्रोथ* *n.* growing वर्धन; development विकास; increase वृद्धि; production उपज, उत्पादन।

grudge¹ *ग्रज* *v.t.* to be unwilling to give देने को तैयार न होना।

grudge² *n.* secret enmity वैमनस्य, द्रोह।

grumble *ग्रम् बल* *v.i.* to murmur बड़बड़ाना; to express discontent असंतोष प्रकट करना।

grunt¹ *ग्रन्ट* *n.* pig's cry सुअर की आवाज़; gruff noise घुरघुर।

grunt² *v.i.* to make a gruff sound घुरघुरना।

guarantee¹ *गै रॅन् टी* *n.* assurance आश्वासन।

guarantee² *v.t.* to give guarantee of का आश्वासन देना; to agree to be responsible for का दायित्व लेना।

guard¹ *गॉ:ड* *v.i.* to be careful सतर्क रहना; to watch पहरा देना; *v.t.* to protect बचाना।

guard² *n.* watchman पहरेदार; protection बचाव; caution सतर्कता; watchfulness रखवाली; sentry संतरी; weariness चौकसी; official in charge of train रेलगाड़ी का गार्ड।

guardian *गॉ: ड्यॅन* *n.* one who guards or takes care अभिभावक।

guava *ग्वा वॅ* *n.* kind of fruit अमरूद।

guerilla *गॅ रि लॅ* *n.* one engages in irregular warfare छापामार सैनिक।

guess¹ *गैस* *n.* random surmise अनुमान, अटकल।

guess² *v.i.* to make a conjecture अनुमान लगाना; *v.t.* to conjecture अनुमान से कहना।

guest *गैस्ट* *n.* visitor received and entertained अतिथि।

guidance *गॉइ डॅन्स* *n.* leadership नेतृत्व; direction निर्देशन।

guide¹ *गॉइड* *v.t.* to direct पथप्रदर्शन करना; to lead नेतृत्व करना।

guide² *n.* one who or that which guides पथ प्रदर्शक; leader नेता; guide-book प्रदर्शिका।

guild *गिल्ड* *n.* corporation संघ, निकाय।

guile *गॉइल* *n.* deceit छल-कपट।

guilt *गिल्ट n.* offence अपराध; sin पाप।

guilty *गिल् टि a.* having done wrong अपराधी; showing guilt दोषमय।

guise *गॉइज़ n.* external appearence बाह्य वेश; manner शैली, ढंग; dress वेश।

guitar *गि टाः n.* a musical instrument सितार, गिटार।

gulf *गल्फ़ n.* indentation in coast खाड़ी; abyss खाई; a wide gap चौड़ा फासला।

gull[1] *गल n.* sea-bird जलमुर्गी।

gull[2] *n.* a dupe मूर्ख।

gull[3] *v.t.* to dupe, to cheat ठगना।

gulp *गल्प n.* quantity swallowed at a time कौर, ग्रास; mouthful घूंट।

gum *गम n.* firm fleshy tissue surrounding the bases if teeth मसूढ़ा; sticky substance गोंद।

gun *गन n.* firearm बंदूक।

gust *गस्ट n.* sudden blast of wind झोंका; violent burst of passion भावावेग।

gutter *गॅ टॅः n.* channel नाली, मोरी।

guttural *ग टॅ रॅल a.* pertaining to the throat कंठ-संबंधी।

gymnasium *जिम् ने ज़्यॅम n.* place or building for gymnastics व्यायामशाला।

gymnast *जिम् नैस्ट n.* one skilled in gymnastics व्यायामी।

gymnastic *जिम् नैस् टिक a.* pertaining to atheletic exercises व्यायाम-संबंधी।

gymnastics *जिम् नैस् टिक्स n. pl.* atheletic exercises व्यायाम विद्या।

Hh

H एच (ऍइच) the eighth letter of the English alphabet, a symbol for hydrogen in Chemistry. अंग्रेजी वर्णमाला का आठवाँ अक्षर, रसायन शास्त्र में 'हाइड्रोजन' नामक तत्व के लिए संकेत।

habeas corpus *हे बि ॲस कौः पॅस n.* a writ issued to produce a prisoner in court बंदी प्रत्यक्षीकरण।

habit *है बिट n.* custom आदत; dress पोशाक।

habitable *है बि टॅ बॅल a.* fit to live in निवास्य, रहने-योग्य।

habitat *है बि टैट n.* natural dwelling (of plants, animals) प्राकृतिक वास।

habitation *है बि टै शॅन n.* dwelling घर; act of living निवास।

habituate *हॅ बि ट्यु एट v. t.* to accustom आदी बनाना।

hack *हैक v.t.* to cut roughly बेरहमी से काटना।

hag *हैग n.* an ugly old woman डायन।

haggard *है गॅःड a.* exhausted थकामांदा; wild-looking जंगली।

haggle *है ग़्ल v.i.* to argue about price सौदेबाज़ी करना।

hail[1] *हेल n.* frozen rain ओला; intense shower बौछार।

hail[2] *v.i.* to falls as hail ओला गिरना।

hail[3] *v.t.* to greet अभिवादन करना; to call out to पुकारना; *v. i.* to come (from) आना।

hair *हे ॲ:* filament issuing from the skin of an animal or human body बाल, केश।

hale *हेल a.* robust, healthy भला-चंगा।

half[1] *हाफ़ n.* one of two equal parts आधा भाग।

half[2] *a.* forming half आधा।

hall *हौल n.* large room बड़ा कमरा।

hallmark *हौल् मा:क n.* mark of excellence विशिष्टता-चिन्ह।

hallow *है लो v.t.* to make holy पवित्र करना।

halt[1] *हौल्ट v. t.* to bring to a halt रोकना; *v.i.* to stop marching रुकना।

halt[2] *n.* short stop रुकाव, ठहराव; stopping place पड़ाव।

halve *हाव v.t.* to divide into two equal parts आधा-आधा बांटना।

hamlet *हैम् लिट n.* small village खेड़ा, गांवड़ी।

hammer[1] *है मॅ: n.* a tool with a heavy head हथौड़ा; the part of a gun that explodes the charge बंदूक का घोड़ा।

hammer[2] *v.t.* to beat with, or as with, a hammer पीटना।

hand[1] *हैन्ड n.* part of the arm below the wrist हाथ; worker कार्यकर्त्ता; style of writing लिखने का ढंग; signature हस्ताक्षर; help सहायता; pointer on the dial घड़ी आदि की सूई; applause प्रशंसा।

hand[2] *v.t.* to pass by hand देना, पहुंचाना।

handbill *हैन्ड् बिल n.* a loose printed sheet etc. to be circulated विज्ञप्ति, इश्तहार।

handbook *हैन्ड् बुक n.* manual, guide-book पुस्तिका, गुटका।

handcuff[1] *हैन्ड् कॅफ़ n.* a pair of metal rings हथकड़ी।

handcuff[2] *v.t.* to put handcuffs on हथकड़ी-लगाना।

handful *हैन्ड् फुल n.* as much as the hand will grasp or hold मुट्ठीभर; small quantity or number अल्पमात्रा या संख्या।

handicap[1] *हैन् डि कैप (-pp-) v.t.* to place at a disadvantage बाधा डालना।

handicap[2] *n.* disadvantage बाधा; physical disability अपंगता।

handicraft *हैन् डि क्राफ़्ट n.* work performed by the hand हस्तशिल्प।

handiwork *हैन् डि वॅ:क n.* product of manual labour दस्तकारी।

handkerchief *हैङ् कॅ: चिफ़ n.* a small piece of cloth रूमाल।

handle[1] *हैन् ड्ल n.* that part of an object which is held in the hand हत्था।

handle[2] *v.t.* to control नियंत्रण करना; to feel, use or hold with the hand छूना, छेड़-छाड़ करना।

handsome *हैन् सॅम a.* good-looking सुंदर; generous उदार।

handy *हैन् डि a.* convenient for use सुविधाजनक; skilled in using the hands सिद्धहस्त।

hang *हैङ्ग v.t.* to suspend लटकाना; to put to death by suspending by the neck फांसी देना।

hanker हैङ् कॅः *v.i.* to crave लालायित होना।

haphazard हैप् है जॅःड *a.* without order or planning अव्यवस्थित।

happen है पॅन *v.t.* to come by chance संयोगवश होना; to occur घटित होना।

happening है पॅ निङ्ग *n.* occurrence घटना।

happiness है पि निस *n.* state of being happy सुख; enjoyment of pleasure आनंद; good luck सौभाग्य।

happy है पि *a.* feeling pleasure प्रसन्न; feeling contentment संतुष्ट; lucky भाग्यशाली।

harass हे रॅस *v.t.* to vex तंग करना; to fatigue with importunity थका देना।

harassment है रॅस् मॅन्ट *n.* act of harassing उत्पीड़न, परेशानी।

harbour[1] हाः बॅः *n.* shelter आश्रम; a haven for ships बंदरगाह।

harbour[2] *v.t.* to shelter शरण देना; to maintain बनाए रखना।

hard हाःड *a.* not soft कड़ा; solid ठोस; firm दृढ़; difficult to understand कठिन; difficult to do दुष्कर।

harden हाः ड्न *v.t.* to make hard कड़ा बनाना; to make unfeeling कठोर बनाना; *v.i.* to become hard कड़ा होना।

hardihood हाः डि हुड *n.* quality of being hardy साहसिकता।

hardly हाः ड् लि *adv.* scarcely मुश्किल से ही।

hardship हाःड् शिप *n.* suffering मुसीबत; discomfort कष्ट।

hardy हाः डि *adj.* bold साहसी; tough, strong बलशाली।

hare हैॲः *n.* a swift rodent खरगोश।

harm[1] हाःम *n.* injury चोट; damage क्षति; evil बुराई।

harm[2] *v.t.* to hurt चोट पहुंचाना; to damage क्षति पहुंचाना।

harmonious हाः मो नि ॲस *a.* having harmony सामंजस्यपूर्ण; sweet sounding श्रुतिमधुर।

harmonium हाः मो नि ॲम *n.* a musical wind-instrument हारमोनियम।

harmony हाः मॅ नि *n.* concordance सामंजस्य; agreement in relation समरसता; pleasing combination of musical notes संगत, सुरीलापन; peace शांति।

harness[1] हाः निस *n.* equipment साज-सज्जा; apparatus उपकरण।

harness[2] *v.t.* to equip with armour साज़बद्ध करना; to utilise power or energy का उपयोग करना।

harp हाःप *n.* a musical instrument वीणा।

harsh हाःश *a.* rough रूखा, कठोर; jarring कर्कश; cruel निर्दयतापूर्ण।

harvest हाः विस्ट *n.* crops gathered in उपज; product of any act परिणाम।

haverster हाः विस् टॅः *n.* reaper फ़सल काटने-वाला; reaping machine फ़सल काटने की मशीन।

haste हेस्ट *n.* quickness of movement, hurry शीघ्रता।

hasten है स्न *v.i.* to hurry शीघ्रता करना; *v.t.* to cause (something) to happen sooner जल्दी कराना।

hasty *हैस् टि* *a.* characterised by haste शीघ्रतापूर्ण; quick-tempered हडबड़िया।

hat *हैट* *n.* covering for the head टोप।

hatchet *है चिट* *n.* small axe कुल्हाड़ी।

hate[1] *हेट* *n.* intense dislike घृणा।

hate[2] *v.t.* to dislike intensely घृणा करना।

haughty *हौ टि* *a.* proud दंभी, अभिमानी; arrogant उद्धत।

haunt[1] *हौन्ट* *v.t.* to frequent (में, पर) प्रायः जाना; to vex परेशान करना।

haunt[2] *n.* place frequently visited अड्डा।

have *हैव* *v.t.* to own, to possess (का) स्वामी होना; to be affected with (से) ग्रसित होना; to be obliged (to do) (के लिए) बाध्य होना; to contain रखना; to get प्राप्त करना।

haven *हे व्न* *n.* harbour बंदरगाह।

havoc *है वॅक* *n.* destruction विध्वंस।

hawk *हौक* *n.* a bird of falcon family बाज़।

hawker *हौ कॅः* pedlar फेरीवाला।

hawthorn *हौ थौःन* *n.* a thorny tree वन-संजली।

hay *हे* *n.* dried grass सूखी घास।

hazard[1] *है जॅः ड* *n.* chance संयोग; risk जोखिम।

hazard[2] *v.t.* to risk संकट में डालना; to venture (का) ख़तरा मोल लेना।

haze *हेज़* *n.* vapour or mist कुहरा।

hazy *हे ज़ि* *a.* misty धुंधला; uncertain अनिश्चित; full of confusion उलझन-भरा।

he *ही* *pron.* a male person or animal already named वह, उसने।

head[1] *है ̆ड* *n.* the topmost part of the body सिर; mind मस्तिष्क; chief, leader मुखिया, नेता; top चोटी; that part of a weapon which is used for striking नोक; front अग्रभाग; climax चरम बिंदु; topic विषय।

head[2] *v.t.* to be the chief of का नेतृत्व करना; *v.i.* to move forward आगे बढ़ना।

headache *है डेक* *n.* pain in the head सिरदर्द।

heading *है ̆ डिङ्ग* *n.* title शीर्षक।

headlong *है ड् लौ ̆ ङ्ग* *adv.* with the head foremost सिर के बल।

headstrong *हैड् स्ट्रौ ̆ ङ्ग* *a.* self-willed स्वेच्छाचारी।

heal *हील* *v.i.* to grow well ठीक होना; *v.t.* to make well स्वस्थ बनाना।

health *हैल्थ* *n.* sound bodily and mental condition स्वास्थ्य; freedom from disease आरोग्य।

healthy *है लॅ थि* *a.* in good health स्वस्थ; wholesome स्वास्थ्यवर्धक।

heap[1] *हीप* *n.* mass of things ढेर; collection संग्रह।

heap[2] *v.t.* to amass संचय करना; to pile up ढेर लगाना।

hear *हिअॅः* *v.t.* to perceive by the ear सुनाई पड़ना; to listen ध्यान देना, कान लगाना; to be told बताया जाना; to try (a case) (मुक़दमे की) सुनवाई करना।

hearsay *हिअॅः से* *n.* rumour अफ़वाह।

heart *हाःट* *n.* organ which makes blood circulation हृदय; bosom उर; courage साहस; central part केंद्र; essence सार।

hearth *हा:थ n.* part of room where fire is made चूल्हा; home घर।

heartily *हा: टि लि adv.* sincerely हृदय से।

heat[1] *ही ट n.* warmth ऊष्मा, गर्मी; sensation of warmth हरारत; anger क्रोध; passion जोश।

heat[2] *v.t.* to make hot गर्म करना; to agitate उत्तेजित करना; *v.i.* to become hot गर्म होना।

heave *हीव v.i.* to lift उठाना; to throw फेंकना; to utter (a sigh) (आह) भरना।

heaven *है˘ व्न n. (pl.)* sky आकाश; dwelling place of gods देवलोक।

heavenly *है˘ व्न् लि a.* divine दिव्य; celestial स्वर्गीय।

hedge[1] *है˘ ज n.* close row of bushes झाड़ी की बाड़।

hedge[2] *v.t.* to surround with hedge बाड़ लगाना; to obstruct रोकना।

heed[1] *हीड v.t.* to keep in mind ध्यान में रखना।

heed[2] *n.* care देखभाल; attention सावधानी।

heel *हील n.* back part of human foot एड़ी; part of shoe supporting this जूते का पिछला भाग।

hefty *है˘ फ् टि a.* heavy भारी; muscular हृष्ट-पुष्ट।

height *हॉइट n.* state of highness ऊंचाई; top चोटी; extremity पराकाष्ठा; quality of being high उच्चता।

heighten *हॉइ ट्न v.t.* to make higher ऊंचा करना।

heinous *ही नॅ स a.* odious घृणित, जघन्य; atrocious नृशंस।

heir *ऍ अ: n.* successor उत्तराधिकारी।

hell *है ˘ल a.* the abode of the damned नरक; misery दुर्दशा।

helm *है˘ल्म n.* steering apparatus पतवार।

helmet *है ˘ल्मिट n.* covering of armour for the head शिरस्त्राण।

help[1] *हैल्प v.t.* to assist सहायता करना।

help[2] *n.* assistance सहायता; one who assists सहायक।

helpful *है ˘ल्प फुल a.* giving help सहायक; useful लाभदायक।

helpless *है ˘ ल्प् लिस a.* wanting assistance असहाय।

helpmate *है˘ल्पमेट n.* assistant सहायक; wife सहधर्मिणी।

hemisphere *है˘ मि स्फि अ: n.* half of the globe or map गोलार्ध।

hemp *हैम्प n.* an intoxicating drug भांग; jute जूट, सनई।

hen *हैनॅ n.* female domestic fowl मुर्गी।

hence *है˘न्स adv.* from here यहां से; from now अब से; for this reason इसी कारण से, अत:।

henceforth *है˘न्स फो:थ adv.* from now onwards अब से आगे; in future भविष्य में।

henceforward *है˘न्स् फो: वॅ:ड adv.* from now onwards अब से आगे।

henchman *हैन्च् मॅन n.* trusty follower विश्वसनीय अनुचर।

henpecked *है˘न् पैक्ड a.* governed by his wife जोरू का गुलाम।

her[1] *हॅ: pron.* objective and possessive case of 'she' उस (स्त्री) को; उस (स्त्री); का।

her[2] *a.* belonging to her उसका।

herald[1] *है ˘ रॅल्ड* *n.* forerunner अग्रदूत; proclaimer उद्‌घोषक।

herald[2] *v.t.* to announce घोषित करना; to proclaim approach of (के) आगमन की सूचना देना।

herb *हॅ:ब* *n.* plant or shrub used in medicine जड़ी-बूटी।

herculean *हॅ: क्यु लि अॅन* *a.* requiring extraordinary strength अत्यंत कठिन।

herd *हॅ:ड* *n.* company of animals feeding or travelling together पशु-समूह।

herdsman *हॅ:ड्ज़ मॅन* *n.* keeper of a herd चरवाहा।

here *हिअ:* in this place यहां, इधर; in this present life इस लोक में।

hereabouts *हिअ रॅ बॉउट्स* *adv.* near this place आसपास।

hereafter *हिअॅर आफ़् टॅ:* *adv.* after this time इसके बाद।

hereditary *हि रै ˘ डि टॅ रि* *n.* discending or coming by inheritance वंशानुगत।

heredity *हि रै ˘ डि टि* *n.* hereditary transmission of qualities आनुवंशिकता।

heritable *है˘ रि टॅ बूल* *a.* that may be inherited वंशागत।

heritage *है˘ रि टिज* *n.* that which is inherited विरासत।

hermit *हॅ: मिट* *n.* saint संन्यासी; one who lives in solitude वानप्रस्थ, एकांतवासी।

hermitage *हॅ: मि टिज* *n.* hermit's cell कुटी।

hernia *हॅ: न्यॅ,* *n.* a rupture in the weak spot in the stomach wall हर्निया, अंत्रवृद्धि।

hero *हिअॅ रो* *n.* distinguished brave person योद्धा; illustrious person नायक।

heroic *हि रो ˘ इक* *a.* befitting a hero वीरोचित; pertaining to hero नायक-संबंधी।

heroine *है ˘ रो ˘ इन* *n.* principal female figure नायिका, वीरांगना।

heroism *है ˘ रो ˘ इज़्म* *n.* bravery वीरता; boldness साहस।

herring *है ˘ रिङ्ग* *n.* a common, edible, sea-water fish हिलसा।

hesitant *है˘ ज़ि टॅन्ट* *a.* inclined to hesitate संशयशील।

hesitate *है˘ ज़ि टेट* *v.i.* to hold back or delay in making a dicision संकोच करना; to vacillate दुविधा में पड़ना।

hesitation *है ˘ ज़ि टे शॅन* *n.* wavering संकोच, हिचकिचाहट; vacillation असमंजस।

hew *ह्यू* *v.t.* to cut with an axe कुल्हाड़ी से काटना।

heyday *है डे* *n.* time of greatest prosperity and power सर्वोत्तम समय।

hibernation *हॉइ बॅ: ने शॅन* *n.* passing winter in deep sleep शीतनिद्रा।

hiccup *हि कप* *n.* spasm of the breathing organs with an abrupt cough-like sound हिचकी।

hide[1] *हॉइड* *n.* skin of an animal पशुचर्म, चमड़ा।

hide[2] *v.t.* to conceal छिपाना।

hideous *हि डि अॅस* *a.* horrible भयंकर, भीषण; extremely ugly घिनौना।

hierarchy *हॉ इ अ रा: कि* *n.* system of persons arranged in graded order पदक्रम, अनुक्रम।

high *हॉइ* *a.* tall, lofty ऊँचा।

highly *हॉइ लि* *adv.* to a high degree अत्यधिक मात्रा में।

Highness *हॉइ निस* *n.* (cap.) title of honour महाराज; the state of being High उच्चता।

highway *हाई वे* *n.* a public road राजपथ।

hilarious *हि ले ॅ अ रि अॅस* *a.* gay, extravagantly merry उल्लसित।

hilarity *हि लै रि टि* *n.* gaiety प्रफुल्लता।

hill *हिल* *n.* small mountain पहाड़ी; mound टीला।

hillock *हि लॅक* *n.* small hill टीला।

him *हिम* *pron.* objective of 'he' उसे, उसको।

hinder *हिन् डॅ:* *v.t.* to prevent, to keep back बाधा पहुंचाना, अड़चन डालना।

hindrance *हिन् ड्रॅन्स* *n.* act of hindering अवरोध।

hint[1] *हिन्ट* *n.* distant or indirect indication संकेत।

hint[2] *v.i.* to indicate indirectly इशारा करना।

hip *हिप* *n.* either side of body below waist and above thigh नितंब, कूल्हा।

hire[1] *हॉइअॅ:* *n.* wages for service पारिश्रमिक; price paid for the use of anything भाड़ा।

hire[2] *v.t.* to give on hire किराए पर देना।

hireling *हॉइअॅ: लिड़्ग* *n.* one who serves for wages भाड़े से रोज़ी कमानेवाला।

his *हिज़* *pron.* belonging to him उसका।

hiss[1] *हिस* *n.* sibilant sound सिसकारी, फुफकार।

hiss[2] *v.i.* to make a sibilant sound फुफकारना।

historian *हिस् टौ रि अॅन* *n.* writer of history इतिहासकार।

historic *हिस् टौ ॅ रिक* *a.* famous in history इतिहास-प्रसिद्ध।

historical *हिस् टौ ॅ रि कॅल* *a.* relating to history ऐतिहासिक।

history *हिस् टॅ रि* *n.* knowledge of past events इतिहास; account of an event वृत्तांत; life-story इतिवृत्त।

hit[1] *हिट (-tt-)* *v.t.* to strike प्रहार करना; to come against with force टकराना; to wound the feelings of मर्माहत करना; to find पा लेना; to score (रन) बनाना।

hit[2] *n.* blow प्रहार; success सफलता; a taunting remark ताना, व्यंग्य।

hitch *हिच* *n.* an impediment अड़चन; a knot गांठ; a jerky movement झटकोला।

hither *हि दॅ:* *adv.* to this place इस स्थान पर।

hitherto *हि दॅ: टू* *adv.* to this time अब तक।

hive *हॉइव* *n.* a colony of bees मधुमक्खी का छत्ता।

hoarse *हौ:स* *a.* discordant, harsh कर्कश, बेसुरा।

hoax[1] *हौक्स* *n.* deceptive trick चकमा।

hoax[2] *v.t.* to trick by a practical joke चकमा देना।

hobby *हौ ॅ बि* *n.* favourite pursuit

followed as an amusement शौक़, अभिरुचि।

hobby-horse *हौ बि हौःस n.* a wooden horse as a toy कठघोड़ा।

hockey *हौ ˘ कि n.* game played with a stick and ball हॉकी का खेल।

hoist *हौ ˘ इस्ट v.t.* to lift upward by means of a tackle फहराना; to heave up ऊपर उठाना।

hold[1] *हौल्ड n.* grasp पकड़; influence प्रभाव।

hold[2] *v.t.* to grasp पकड़ना; to have capacity for (की) क्षमता रखना; to carry on चालू रखना; to detain रोकना; to celebrate मनाना; to believe विश्वास करना; to occupy धारण करना।

hole[1] *होल n.* cavity छेद; hollow place ख़ाली स्थान; pit कुंड।

hole[2] *v.t.* to put into a hole छेद में डालना; to make a hole in खोदना।

holiday *हौ ˘ लि डे n.* day of exemption from labour अवकाश का दिन; a festival त्योहार।

hollow[1] *हौ˘ लो a.* having an empty space खोखला; empty ख़ाली; unreal निरर्थक।

hollow[2] *n.* hole छेद; cavity गड्ढा।

hollow[3] *v.t.* to make hollow खोखला करना।

holocaust *हौ ˘ लॅ कौस्ट n.* complete destruction सर्वनाश।

holy *हो लि a.* sacred पावन, पवित्र; pure शुद्ध; saintly पुण्यात्मा।

homage *हौ˘ मिज n.* tribute श्रद्धांजलि; reverence श्रद्धा।

home *होम n.* residence निवास; house मकान; native place जन्म स्थान।

homicide *हौ ˘ मि सॉइड n.* manslaughter मानव-हत्या; killer हत्यारा।

homoeopath *हो मि ओ˘ पैथ n.* one who practices homeopathy समचिकित्सक।

homeopathy *हो मि औ˘ पॅ थि n.* a treatment of disease using drugs that in a healthy man would cause the disease मितव्ययी चिकित्सा।

homogeneous *हौ ˘ मो जी नॅस a.* of the same kind or nature सजातीय।

honest *औ ˘ निस्ट a.* upright, just ईमानदार; truthful सत्यवादी।

honesty *औ ˘ निस् टि n.* uprightness ईमानदारी; truthfulness सत्यवादिता।

honey *ह नि n.* sweet thick fluid produced by bees शहद।

honeycomb *ह नि कोम n.* mass of waxy cells formed by bees मधुकोश।

honeymoon *ह नि मून n.* a holiday taken immediately after marriage प्रमोदकाल, सुहागरात।

honorarium *औ ˘ नॅ रे˘ अॅ रि अॅम n.* voluntary fees paid to a professional man for his services मानदेय।

honorary *औ ˘ नॅ रॅ रि a.* without salary अवैतनिक; conferring honour सम्मानार्थ।

honour[1] *औ ˘ नॅः n.* respect आदर।

honour[2] *v. t.* to confer an honour on सम्मानित करना; to accept and pay when due भुगतान करना।

honourable *औ ˘ नॅ रॅ बल a.* worthy of honour माननीय।

hood हुड *n.* covering for the head शिरोवेष्टन, टोप।

hoodwink हुड् विङ्क *v.t.* to deceive आंख में धूल झोंकना।

hoof हूफ़ *n.* part of an animal's foot खुर।

hook हुक *n.* an object of bent form अंकुश; curved cutting tool हंसिया।

hooligan हू लि गॅन *n.* a violent noisy person आवारा, गुंडा।

hoot[1] हूट *n.* owl's cry उल्लू की बोली; cry of disapproval or derision घृणासूचक शोर।

hoot[2] *v.i.* to make a hoot घृणा-सूचक शोर करना; *v.t.* to make hoots at शोर करके भगाना।

hop[1] हौ ॅप *(-pp-) v. i.* to leap on one leg फुदकना; to move in jumps कुलॉच मारते हुए चलना।

hop[2] *n.* the action of hopping कूद, उछाल; a short jump कुलॉच।

hope[1] होप *v.t.* to expect and desire (की) आशा रखना; *v.i.* to entertain hope आशावान होना।

hope[2] *n.* feeling of expectation and desire आशा; basis of hoping आशा का आधार।

hopeful होप् फुल *a.* having hope आशावान्; giving hope आशापूर्ण।

hopeless होप् लिस *a.* without hope निराश; worthless निकम्मा।

horde हौःड *n.* multitude भीड़, झुंड।

horizon हॅ रॉइ ज़न् *n.* circle in which earth and sky seem to meet क्षितिज; limit of knowledge etc. ज्ञान आदि की सीमा।

horn हौःन *n.* outgrowth on the head सींग; funnel-shaped mouth piece शृंगी, तुरही।

hornet हौः निट *n.* kind of wasp भिड़, बर्रे।

horrible हौ ॅ रि ब्ल *a.* terrible भीषण; dreadful भयंकर।

horrify हौ ॅ रि फ़ाइ *v.t.* to strike with horror भयभीत करना।

horror हौ ॅ रॅः *n.* fear भय; intense repugnance घृणा, आतंक।

horse हौःस *n.* hoofed animal used for riding and draught घोड़ा।

horticulture हौ : टि कल् चॅः *n.* art of gardening बाग़बानी।

hose होज़ *n.* covering for the legs or feet जुर्राब; flexible water pipe रबर का पाइप।

hosiery हो ज़ॅ रि *n.* knitted goods होज़री।

hospitable हौ ॅस् पि टॅ ब्ल *a.* welcoming and generous towards guests अतिथि-सत्कार करने वाला।

hospital हौ ॅस् पि ट्ल *n.* institution for treatment चिकित्सालय।

hospitality हौ ॅस् पि टै लि टि *n.* welcome or entertainment of guests आतिथ्य, अतिथि-सत्कार।

host होस्ट *n.* one who entertains a stranger or guest मेज़बान।

hostage हौ ॅस् टिज *n.* person held as a pledge until certain demands are met बंधक।

hostel हौ ॅस् टॅल *n.* residence for students छात्रावास।

hostile हौॅ स् टॉइल *a.* opposed विरोधी; unfriendly शत्रुतापूर्ण।

hostility हौ ॅस् टि लि टि *n.* opposition विरोध; enmity शत्रुता।

hot हौ ॅट *a.* very warm गर्म, तप्त; violent उग्र, प्रचंड; excited उत्तेजित;

angry क्रुद्ध।

hotchpotch *हौचॅ पौचॅ* *n.* jumble घालमेल।

hotel *हो टै˘ल, ओ–* *n.* commercial establishment providing lodging and meals होटल, विश्रामालय।

hound *हाउॅन्ड* *n.* dog used in hunting शिकारी कुत्ता।

hour *ऑउअॅ:* *n.* 60 minutes or 24th part of a day घंटा।

house[1] *हॉउस* *n.* dwelling place मकान; family परिवार।

house[2] *v.t.* to provide house for घर दिलाना; to shelter आश्रय देना।

how *हॉउ* *adv.* in what way कैसे; in what condition किस रूप में।

however[1] *हॉउ ऐ˘ वॅ:* *adv.* in whatever way चाहे जैसे।

however[2] *conj.* nevertheless, all the same तथापि, फिर भी।

howl[1] *हॉउल* *v.t.* to utter with outcry चिल्लाकर कहना; *v.i.* to cry चीख़ना।

howl[2] *n.* a yell चीख़।

hub *हब* *n.* nave of a wheel नाभि।

hubbub *ह बब* *n.* uproar कोलाहल; confused noise of many voices हुल्लड़।

huge *ह्यूज* *a.* enormous वृहत्, विशाल।

hum[1] *हम (-mm-)* *v. i.* to make a sound like bees गुंजन करना; *v.t.* to sing with closed lips गुनगुनाना।

hum[2] *n.* humming गुंजन।

human *ह्यू मॅन* *a.* of man मानवीय।

humane *ह्यू मेन, ह्यु–* *a.* benevolent, kind दयालु।

humanitarian *ह्यू मै नि टे˘ अॅ रिअॅन* *a.* benevolent लोकोपकारी।

humanity *ह्यू मै नि टि, ह्यु–* *n.* human beings in general मानव जाति; human nature मानवता, मानव-स्वभाव; kindness दयाभाव।

humanize *ह्यू मॅ नाइज़* *v.t.* to make human मानवीय बनाना; to make humane दयावान बनाना; *v.i.* to become human मानवीय बनना; to become humane दयावान बनना।

humble *हम् ब्ल* *a.* modest विनम्र।

humdrum *हम् ड्रम* *a.* dull नीरस; commonplace घिसा-पिटा।

humid *ह्यू मिड* *a.* damp, moist नम, गीला।

humidity *ह्यू मि डि टि* *n.* moisture नमी, आर्द्रता।

humiliate *ह्यू मि लि एट, ह्यु–* *v.t.* to mortify (का) मान-मर्दन करना।

humiliation *ह्यू मि लि ए शॅन, ह्यु–* *n.* degradation मान-मर्दन।

humility *ह्यू मि लि टि* *n.* modesty विनम्रता।

humorist *ह यू मॅ रिस्ट* *n.* humorous talker or writer विनोदी, हास्यकार।

humorous *ह्यू मॅ रॅस* *a.* having a sense of humour विनोदपूर्ण, हास्यपूर्ण।

humour *ह्यू मॅ:* *n.* amusement परिहास।

hunch *हन्च* *n.* hump कूबड़।

hundred *हन् ड्रॅड* *n.* ten times ten (100) सौ।

hunger *हङ् गॅ:* *n.* need for food भूख; strong desire लालसा।

hungry *हङ् ग्रि* *a.* having desire for food भूखा; greedy लालची।

hunt[1] *हन्ट v.t.* to seek out to kill or capture (का) शिकार करना; to try to find ढूढंना; *v.i.* to go for hunt शिकार के लिए जाना।
hunt[2] *n.* the act of hunting आखेट; search तलाश।
hunter *हन् टः n.* one who hunts शिकारी।
huntsman *हन्ट्स् मॅन n.* hunter आखेटक; man incharge of the hounds during a hunt शिकारी कुत्तों की देखरेख करने वाला।
hurdle[1] *हः ड़ल n.* obstacle बाधा।
hurdle[2] *v.t.* to enclose with durdles (में) बाधा खड़ी करना।
hurl *हॅःल v.t.* to fling with violence उछालना।
hurrah *हु राः interj.* exclamation of joy or applause आनंद या प्रशंसासूचक उद्घोष।
hurricane *ह रि कॅन, –केन n.* cyclonic storm झंझावात।
hurry[1] *हरि v.t.* to hasten तेज़ी से करना; *v.i.* to move or act with impatient haste उतावली दिखाना।
hurry[2] *n.* undue haste अतिशीघ्रता; agitation व्यग्रता।
hurt[1] *हॅःट v.t.* to cause pain to चोट पहुंचाना; to damage क्षति पहुंचाना।
hurt[2] *n.* injury चोट, आघात; damage क्षति।
husband *हज़् बॅन्ड* man to whom a woman is married पति।
husbandry *हज़् बॅन् ड्रि n.* business of a farmer काश्तकारी; careful management सुव्यवस्था।
hush[1] *हश n.* silence निस्तब्धता।
hush[2] *v.i.* to become silent शांत होना; *v.t.* to make silent शांत करना।
husk *हस्क n.* dry thin covering of certain fruits भूसी, छिलका।
husky *हस् कि a.* full of husks छिलकेदार; dry शुष्क।
hut *हट n.* small temporary dwelling कुटीर।
hyaena, hyena *हॉइ ई नॅ n.* a wild animal related to dog लकड़बग्घा।
hybrid[1] *हॉइ ब्रिड a.* crossbred संकर जाति का।
hybrid[2] *n.* mongrel संकर, दोग़ला।
hydrogen *हॉइ ड्रि जॅन n.* a gas which produces water when combined with oxygen उदजन।
hygiene *हॉइ जीन n.* science or art of preserving health स्वास्थ्य-विज्ञान।
hygienic *हॉइ जी निक a.* pertaining to health स्वास्थ्यकर, स्वास्थ्य-संबंधी।
hymn *हिम n.* song of praise स्तुति; song or worship ईश-भजन।
hyperbole *हॉइ पॅः बॅ लि n.* exaggeration अतिशयोक्ति।
hypnotism *हिप् नॅ टिज़्म n.* a sleep-like condition caused by artificial means सम्मोहन।
hypnotize *हिप् नॅ टॉइज़ v.t.* to affect with hypnotism सम्मोहित करना।
hypocrisy *हि पौ क्रॅ सि n.* concealment of true character or belief मिथ्याचार, आडंबर।
hypocrite *हि पॅ क्रिट n.* one who practises hypocrisy पाखंडी।
hypocritical *हि पॅ क्रि टि कॅल a.* pertaining to hypocrisy पाखंडी।
hypothesis *हॉ इ पौ ॅ थि सिस n.*

supposition कल्पना; proposition परिकल्पना।

hypothetical *हॉइ पॅ थै˘ टि कॅल a.* conjectural काल्पनिक।

hysteria *हिस् टिॲ रिॲ n.* mental disorder with emotional outbursts हिस्टीरिया, वातोन्माद।

hysterical *हिस् टै˘ रि कॅल a.* suffering from hysteria हिस्टीरिया से प्रभावित; caused by hysteria हिस्टीरिया-जनित।

Ii

I आइ the ninth letter of the English alphabet, it is sounded as short or long 'i' or like the sound of the letter itself. In Roman numberals I represents 'one' in Chemistry I represents iodine. अंग्रेजी वर्णमाला का नवाँ अक्षर, इसका उच्चारण 'इ' 'ई' तथा 'आइ' होता है; रोम की संख्यामाला में यह 'एक' का सूचक होता है; रसायनशास्त्र में यह 'आयडिन' के लिये प्रयुक्त होता है।

I *ऑइ pron. (pl. we)* first person singular in the subjective case मैं, मैंने।

ice *ऑइस n.* frozen water बर्फ़।

iceberg *ऑइस् बॅंग n.* floating mass of ice हिमशैल।

icicle *ऑइ सि कल n.* pointed piece of ice formed by the freezing of dripping water हिमलंब।

icy *ऑइ सि a.* very cold बरफ़ीला।

idea *ऑइ डि ॲ n.* opinion, belief विचार, मत; plan योजना; conception अवधारणा।

ideal[1] *ऑइ डि ॲल a.* existing in idea or fancy आदर्श; existing only in idea काल्पनिक।

ideal[2] *n.* conception of something that is perfect आदर्श।

idealism *ऑइ डिॲ लिज़्म n.* tendency to seek perfection in every thing आदर्शवाद।

idealist *ऑइ डिॲ लिस्ट n.* one who holds the doctrine of idealism आदर्शवादी।

idealistic *ऑइ डिॲ लिस् टिक a.* pertaining to idealism आदर्शात्मक।

idealize *ऑइ डिॲ लाइज़ v.t.* to make ideal आदर्श बनाना; to embody in an ideal form आदर्शरूप देना।

identical *ऑइ डैनॅ टि कॅल a.* the same वही; exactly alilke बिल्कुल समान।

indentification *ऑइ डैनॅ टि फि के शॅन n.* act of identifying अभिनिर्धारण; establishing identity पहचान।

identify *ऑइ डैनॅ टि फ़ॉइ v.t.* to make to be the same (से) तादात्म्य स्थापित करना; to establish the identity of पहचानना।

identity *ऑइ डैनॅ टि टि n.* sameness समरूपता; proof of who the person or thing really is पहचान।

ideocy *इ डि ॲ सि n.* state of being an idiot मूर्खता।

idiom *इ डि ॲम n.* language of a

people or country बोली, भाषा; a group of words whose meaning must be taken together मुहावरा।

idiomatic *इ डि अँ मै टिक a.* using idioms मुहावरेदार।

idiot *इ डि अॅट n.* a foolish person मूर्ख व्यक्ति।

idiotic *इ डि औ ˘ टिक a.* full of foolishness मूर्खतापूर्ण।

idle *ऑइ ड्ल a.* not working निष्क्रिय, बेकार; lazy आलसी; useless व्यर्थ का।

idleness *ऑइ ड्ल् निस n.* inaction निष्क्रियता; sloth आलस्य; uselessness व्यर्थता।

idler *ऑइ ड्लॅः n.* one who idles निष्क्रिय व्यक्ति; lazy person आलसी व्यक्ति।

idol *ऑइ डॅल n.* image of a deity देव-प्रतिमा; object of devotion भक्तिभाजन।

idolater *ऑइ डौ ˘ लॅ टॅः n.* a worshipper of idols मूर्तिपूजक।

if *इफ़ conj.* on condition that यदि; whether याकि।

ignoble *इग् नो ब्ल a.* shameful, dishonourable शर्मनाक।

ignorance *इग् नॅ रॅन्स n.* want of knowledge अज्ञान।

ignorant *इग् नॅ रॅन्ट a.* wanting knowledge or information अनजान।

ignore *इग् नौः v.t.* to take no notice of (की) उपेक्षा करना।

ill[1] *इल a.* sick बीमार; bad बुरा।

ill[2] *adv.* badly ग़लत ढग से; imperfectly अपूर्णरूप से; unfavourably बुराई करते हुए।

ill[3] *n.* evil बुराई; misfortune दुर्भाग्य, मुसीबत।

illegal *इ ली गॅल a.* not legal अवैध; contrary to law कानून-विरोधी।

illegibility *इ लै ˘ जि बि लि टि n.* being illegible अपठनीयता।

illegible *इ लै ˘ जि ब्ल a.* that connot be read अपठनीय।

illegitimate *इ लै जी टि मिट a.* not legitimate अवैध; not authorized by law गैरकानूनी।

illicit *इ लि सिट a.* not permitted निषिद्ध; unlawful, lawless अवैध।

illiteracy *इ ली टॅ रॅ सि n.* inability to read and write निरक्षरता।

illiterate *इ लि टॅ रिट a.* not able to read and write निरक्षर।

illness *इल् निस n.* state of being ill रूग्णता; ailment रोग।

illogical *इ लौ ˘ जि कॅल a.* not logical तर्कविरूद्ध।

illuminate *इ लू मि नेट v.t.* to light up जगमगा देना; to decorate अलंकृत करना; to make clear स्पष्ट करना।

illumination *इ लू मि ने शॅन n.* act of illuminating प्रदीपन; the light provided प्रकाश; clarification व्याख्या, स्पष्टीकरण; *(pl.)* display of coloured lights for decoration प्रकाश-द्वारा सजावट।

illusion *इ लू ज़ॅन n.* false conception भ्रम; misleading appearance मरीचिका।

illustrate *इ लॅस् ट्रेट v.t.* to explain by example उदाहरण देकर स्पष्ट करना; to furnish (books etc.) with pictures सचित्र बनाना।

illustration *इ लॅस् ट्रे शॅन n.* act of illustrating चित्रण; an example उदाहरण; design to illustrate the text of a book चित्र।

image *इ मिज n.* representation of a person or thing made in wood or stone मूर्ति; a close likeness प्रतिरूप; a reflection बिंब, प्रतिबिंब।

imagery *इ मि जॅ रि n.* use of images or figures of speech बिंबविधान।

imaginary *इ मै जि नॅ रि a.* existing only in imagination काल्पनिक; unreal अवास्तविक।

imagination *इ मै जि ने शॅन n.* power of imagining कल्पनाशक्ति; what is imagined कल्पित वस्तु।

imaginative *इ मै जि नॅ टिव a.* having or using imagination कल्पनाशील, कल्पनात्मक।

imagine *इ मै जिन v.t.* to form a picture of in the mind कल्पना करना।

imitate *इ मि टेट v.t.* to follow as a model or example अनुकरण करना; to copy नकल करना; to mimic नकल उतारना।

imitation *इ मि टे शॅन n.* copy नक़ल; act of imitating अनुकरण; counterfeit नक़ली रूप।

imitator *इ मि टि टॅः n.* one who imitates अनुकरण करनेवाला।

immaterial *इ मॅ टिॲ रि ॲल a.* unimportant महत्वहीन; not having physical substance अभौतिक,अमूर्त।

immature *इ मॅ ट्युॲः a.* not mature अपरिपक्व; not fully developed अविकसित।

immaturity *इ मॅ ट्युॲ रि टि n.* state or quality of being immature अपरिपक्वता।

immeasurable *इ मै ॅ ज़ॅ रॅ ब्ल a.* boundless अमित, असीमित।

immediate *इ मी डि ॲट a.* without delay तात्कालिक; relating to the present time वर्तमान संबंधी; nearest निकटस्थ।

immemorial *इ मि मौ रि ॲल a.* going back beyond the reach of memory अति प्राचीन।

immense *इ मैंन्स a.* very large विशाल।

immensity *इ मैन् सि टि n.* vastness विशालता।

immerse *इ मॅः स v.t.* to put under the surface of liquid डुबाना; to involve, to engross तल्लीन करना।

immersion *इ मॅः शॅन n.* immersing or being immersed निमज्जन।

immigrant *इ मि ग्रॅन्ट n.* one who immigrates into a country आप्रवासी।

immigrate *इ मि ग्रेट v.i.* to come into a country for permanent residence आप्रवासन करना।

immigration *इ मि ग्रे शॅन n.* act of removing into a country for settlement आप्रवासन।

imminent *इ मि नॅन्ट a.* likely to come or happen soon निकटस्थ।

immodest *इ मौ ॅ डिस्ट a.* not modest अविनीत, निर्लज्ज; indecent अशिष्ट।

immodesty *इ मौ ॅ डिस् टि n.* want of modesty निर्लज्जता।

immoral *इ मौ˘ रॅल a.* not moral अनैतिक; depraved भ्रष्ट, चरित्रहीन।

immorality *इ मौ˘ रै लि टि n.* quality of being immoral अनैतिकता; immoral conduct अनैतिक आचरण।

immortal *इ मौः टॅल a.* not mortal अमर; imperishable अमिट; never forgotten अविस्मरणीय।

immortality *इ मौः टै लि टि n.* condition or quality of being immortal अमरता।

immortalize *इ मौः टॅ लॉइज़ v.t.* to render immortal अमर बनाना।

immovable *इ मू वॅ ब्ल a.* motionless अचल; fixed (property) अडिग, स्थिर (संपत्ति)

immune *इ म्यून a.* safe, secure प्रतिरक्षित।

immunity *इ म्यू नि टि n.* protection बचाव, प्रतिरक्षा।

immunize *इ म्यू नॉइज़ v.t.* to make immune प्रतिरक्षित करना।

impact *इम् पैक्ट n.* effect प्रभाव; the shock of a moving body that strikes against another संघात।

impart *इम् पाःट v.t.* to give देना; to communicate बताना।

impartial *इम् पाः शॅल a.* not partial निष्पक्ष।

impartiality *इम् पाः शि ऐ लि टि n.* state or quality of being impartial निष्पक्षता।

impassable *इम् पा सॅ ब्ल a.* that cannot be passed अलंघ्य।

impasse *इम् पास, ऐम्– n.* deadlock गतिरोध।

impatience *इम् पे शॅन्स n.* condition or quality of being impatient अधीरता, व्यग्रता।

impatient *इम् पे शॅन्ट a.* eager, restless अधीर, व्यग्र।

impeach *इम् पीच v.t.* to charge with a crime अभियोग लगाना; to call in question संदेह करना।

impeachment *इम् पीच् मॅन्ट n.* impeaching अभियोग।

impede *इम् पीड v.t.* to obstruct, to hinder (में) बाधा डालना।

impediment *इम् पै˘ डि मॅन्ट n.* obstruction बाधा; a defect of speech हकलाहट।

impenetrable *इम् पै˘ नि ट्रॅ ब्ल a.* that cannot be penetrated अभेद्य।

imperative *इम् पै˘ रॅ टिव a.* urgent अत्यावश्यक, अनिवार्य; obligatory आदेशात्मक।

imperfect *इम् पॅः फ़िक्ट a.* not perfect अपूर्ण, अधूरा।

imperfection *इम् पॅः फैक् शॅ n.* want of perfection अपूर्णता।

imperial *इम् पिॲ रि ॲल a.* royal शाही; concerned with an empire साम्राज्यिक, साम्राज्य-संबधी।

imperialism *इम् पिॲ रि ॲ लिज़्म n.* policy of extending a country's empire and influence साम्राज्यवाद।

imperil *इम् पै˘ रिल (-ll-) v.t.* to put in danger संकट में डालना।

imperishable *इम् पै˘ रि शॅ ब्ल a.* that cannot perish अक्षय।

impersonal *इम् पॅः सॅ नॅल a.* not personal अवैयक्तिक; having no existence as a person व्यक्तित्वहीन।

impersonate *इम् पॅः सॅ नेट v.t.* to

pretend to be (another person) (का) छद्म रूप धारण करना; to act the part of (का) अभिनय करना।

impersonation *इम् पॅ: सॅ ने शॅन n.* act of impersonating पररूप धारण।

impertinence *इम् पॅ: टि नॅन्स n.* rudeness गुस्ताख़ी।

impertinent *इम् पॅ: टि नॅन्ट a.* rude गुस्ताख, ढीठ।

impetuosity *इम् पै˘ ट्यु औ˘ सि टि n.* quality of being empetuous प्रचंड, जल्दबाज़।

impetuous *इम् पै˘ ट्यु ॲस a.* acting without consideration अविवेकी; rash जल्दबाज़; moving or acting energetically प्रचंड, तीव्र।

implement[1] *इम् प्लि मॅन्ट n.* tool उपकरण; instrument औज़ार।

implement[2] *इम् प्लि मॅन्ट v.t.* to carry out कार्यान्वित करना।

implicate *इम् प्लि केट v.t.* to involve फंसाना।

implication *इम् प्लि के शॅन n.* being involved in a crime उलझाव; something suggested निहितार्थ।

implicit *इम् प्लि सिट a.* implied अंतर्निहित; unquestioning निर्विवाद।

implore *इम् प्लौः v.t.* to beg प्रार्थना करना, याचना करना।

imply *इम् प्लॉइ v.t.* to involve (में) अंतर्निहित होना।

impolite *इम् पॅ लॉइट a.* discourteous, rude अशिष्ट अभद्र।

import[1] *इम् पौःट v.t.* to bring (goods) into the country (माल) आयात करना।

import[2] *इम् पौःट n. (pl.)* goods imported आयात; importance महत्व।

importance *इम् पौः टॅन्स n.* being important महत्व।

important *इम् पौः टॅन्ट a.* of great consequence महत्वपूर्ण।

impose *इम् पोज़ v.t.* to lay (penalties, tax etc.) लगाना; to enforce लागू करना।

imposing *इम् पो ज़िङग a.* impressive प्रभावशाली।

imposition *इम् पॅ ज़ि शॅन n.* act of imposing आरोपण; that which is imposed लागू की गई वस्तु; deception धोखा।

impossibility *इम् पौ˘ सॅ बि लि टि n.* state of being impossible असंभवता।

impossible *इम् पौ˘ सि ब्ल a.* that cannot be done असंभव।

impostor *इम् पौसॅ टॅः n.* person pretending to be what he is not पाखंडी।

imposture *इम् पौसॅ चॅः n.* fraud committed by an impostor पाखंड।

impotence *इम् पॅ टॅन्स n.* state of being impotent नपुसंकता।

impotent *इम् पॅ टॅन्ट a.* unable to copulate नपुंसक; powerless दुर्बल।

impoverish *इम् पौ˘ वॅ रिश v.t.* to make poor निर्धन कर देना।

impracticability *इम् प्रैक् टि कॅ बि लि टि n.* state of being impracticable अव्यावहारिकता।

impracticable *इम् प्रैक् टि कॅ ब्ल a.* that cannot be put into effect अव्यवहार्य।

impress *इम् प्रैस v.t.* to influence

deeply प्रभावित करना; to make a mark on (पर) चिन्ह लगाना।

impression *इम् प्रै ˘ शॅन n.* effect on mind प्रभाव; vague notion विचार, मत; mark made by pressing छाप, चिन्ह; separate printing of a book संस्करण।

impressive *इम् प्रै ˘ सिव a.* effective प्रभावशाली।

imprint[1] *इम्-प्रिन्ट v.t.* to mark by print or pressure छापना।

imprint[2] *इम् प्रिन्ट n.* lasting effect प्रभाव; mark छाप।

imprison *इम् प्रि ज़न v.t.* to put in prison बंदी बनाना।

improper *इम् प्रौ ˘ पॅः a.* not suitable अनुचित; indecent अभद्र; incorrect असंगत, ग़लत।

impropriety *इम् प्रो ˘ प्रॉइ ॲ टि n.* unsuitability अनौचित्य; incorrectness ग़लती।

improve *इम् प्रूव् v.t.* to make better सुधारना; *v.t.* to become better सुधरना।

improvement *इम् प्रूव् मॅन्ट n.* state of being improved सुधार।

imprudence *इम् प्रू डॅन्स n.* state or quality of being imprudent अविवेक, नासमझी।

imprudent *इम् प्रू डॅन्ट a.* unwise अविवेकी।

impulse *इम् पल्स n.* sudden inclination of act अंतःप्रेरणा; impelling force आवेग।

impulsive *इम् पल् सिव a.* acting on impulse आवेगशील।

impunity *इम् प्यू नि टि n.* exemption from punishment दंड-मुक्ति।

impure *इम् पयुॲः, –प्यौः a.* adulterated, polluted मिलावटी, प्रदूषित; defiled अशुद्ध।

impurity *इम् प्यूॲ रि टि n.* adulteration मिलावट; unholiness अपवित्रता।

impute *इम् प्यूट v.t.* to ascribe (पर) लांछन लगाना।

in *इन prep.* a preposition that expresses inclusion within limits of space, time, circumstance, sphere etc. में, के भीतर।

inability *इन् ॲ बि लि टि n.* incapability अक्षमता; being unable असमर्थता।

inaccurate *इन् ऐ क्यु रिट a.* not accurate अशुद्ध, ग़लत।

inaction *इन् ऐक् शॅन n.* idleness आलस्य; lack of action अकर्मण्यता।

inactive *इन् ऐक् टिव a.* inert निष्क्रिय; idle आलसी।

inadmissible *इन् ॲड् मि सि ब्ल a.* not acceptable अस्वीकार्य; not allowable अमान्य।

inanimate *इन् ऐ नि मिट a.* lifeless निर्जीव; senseless अचेतन; dull सुस्त।

inapplicable *इन् ऐप् लि कॅ ब्ल a.* not applicable अप्रयोज्य।

inattentive *इन् ॲ टैन् टिव a.* careless, neglectful असावधान।

inaudible *इन् औ डि ब्ल a.* not able to be heard अश्राव्य।

inaugural *इन् औ ग्यु रॅल a.* pertaining to inauguration उदघाटन-संबंधी।

inauguration *इन् औ ग्यु रे शॅन n.* beginning, opening उदघाटन।

inauspicious *इन् औस् पि शॅस a.* ill-omened अशुभ, अमांगलिक।

inborn *अन् बोःन a.* implanted by nature सहज; born in जन्मजात।

incalculable *इन कैल् क्यु लॅ ब्ल a.* too great to be calculated गणनातीत; that cannot be reckoned beforehand जिसका पहले से अनुमान न हो सके।

incapable *इन् के पॅ ब्ल a.* incompetent अक्षम, असमर्थ; not capable अशक्त।

incapacity *इन् कॅ पै सि टि n.* powerlessness शक्तिहीनता; inability असमर्थता।

incarnate[1] *इन् काः निट a.* invested with body देहयुक्त, अवतारी; personified मूर्तिमान।

incarnate[2] *इन् काः नेट v.t.* to give human form to साकार रूप में रखना।

incarnation *इन् काः ने शॅन n.* incarnate form अवतार; the taking of human shape अवतरण।

incense[1] *इन् सैन्स v.t.* to make angry चिढ़ाना, क्रुद्ध करना।

incense[2] *इन् सैन्स n.* substance that gives off pleasant fumes when burnt सुगंध, हवन सामग्री।

incentive *इन् सैनॅ टिव n.* encouragement प्रोत्साहन; stimulus उद्दीपन।

inception *इन् सैपॅ शॅन n.* beginning आरंभ।

inch *इन्च n.* one-twelfth of a foot. इंच।

incident *इन् सि डॅन्ट n.* event घटना।

incidental *इन् सि डैनॅ टॅल a.* occasional आकस्मिक।

incite *इन सॉइट v.t.* to instigate उत्तेजित करना।

inclination *इन् क्लि ने शॅन n.* bent झुकाव; natural aptness अभिरुचि; desire इच्छा।

incline *इन् क्लॉइन v.i.* to lean झुकना; to be disposed रुझान होना; *v.t.* to bend मोड़ना; to cause to lean झुकाना।

include *इन् क्लूड v.t.* to add to, to take in सम्मिलित करना।

inclusion *इन् क्लू ज़ॅन n.* act of including अंतर्वेशन, समावेश।

inclusive *इन् क्लू सिव a.* including, enclosing सम्मिलित।

incoherent *इन् को ˘ हिअॅ रॅन्ट a.* inconsistent असंगत; irrelevant असंबद्ध।

income *इन कॅम् n.* profit लाभ; revenue आय।

incomparable *इन् कौमॅ पॅ रॅ ब्ल a.* matchless अनुपम; unique अनोखा।

incompetent *इन् कौमॅ पि टॅन्ट a.* wanting adequate power अक्षम; unqualified अयोग्य।

incomplete *इन् कॅम् प्लीट a .* not complete, imperfect अधूरा।

inconsiderate *इन् कॅन् सि डॅ रिट a.* thoughtless अविवेकी; lacking in regard for the feelings of others दूसरों का ध्यान न रखने वाला।

inconvenient *इन कॅन् वी न्यॅन्ट a.* causing uneasiness असुविधाजनक।

incorporate[1] *इन् कौः पॅ रेट v.t.* to include सम्मिलित करना; to form into a corporation निगमित करना।

incorporate[2] *इन् कौः पॅ रिट a.* included सम्मिलित; corporated निगमित।

incorporation *इन कौः पॅ रे शॅन n.* act of incorporating संयोजन।

incorrect *इन कॅ रैक्ट a.* not correct, faulty अशुद्ध, ग़लत।

incorrigible *इन् कौ˘ रि जॅ बल a.* beyond correction असंशोधनीय।

incorruptible *इन् कॅ रप् टॅ बल a.* not capable of fault अदूषणीय; honest ईमानदार।

increase[1] *इन् क्रीस v.t.* to make greater in size, number etc. बढ़ाना; *v.i.* to grow in size etc. बढ़ना।

increase[2] *n.* growth विस्तार, वृद्धि।

incredible *इन् क्रै˘ डॅ ब्ल a.* that cannot be believed, difficult to believe in अविश्वसनीय।

increment *इन् क्रि मॅन्ट n.* increase वृद्धि; increase in salary वेतन-वृद्धि।

incriminate *इन् क्रि मि नेट v.t.* to charge with a crime (पर) अभियोग लगाना; to blame (पर) दोष लगाना।

incubate *इन् क्यु बेट v.i.* to sit on eggs for hatching अंडे सेना; *v.t.* to hatch (eggs) by sitting on them (अंडे) सेना।

inculcate *इन् कल् केट v.t.* to impress on the mind मन में बैठाना।

incumbent[1] *इन् कम् बॅन्ट n.* one who holds an office पदग्राही।

incumbent[2] *a.* lying on आश्रित।

incur *इन कॅः v.t.* to become liable to (का) दायित्व लेना; to bring upon oneself to suffer झेलना।

incurable *इन क्युअॅ रॅ ब्ल a.* not admitting of cure अचिकित्स्य, असाध्य।

indebted *इन डै˘ टिड a.* owing money ऋणी; grateful आभारी।

indecency *इन् डी सॅन् सि n.* impudence अशिष्टता; unbecomingness अनौचित्य।

indecent *इन् डी सॅन्ट a.* immodest अभद्र; unbecoming अनुचित; obscene अश्लील।

indecision *इन् डि सि ज़ॅन n.* want of decision असमंजस।

indeed *इन् डीड adv.* in fact वास्तव में; undoubtedly निस्संदेह।

indefensible *इन् डि फैनॅ सॅ ब्ल a.* that cannot be excused or justified असमर्थनीय; that cannot be defended अरक्षणीय।

indefinite *इन् डै˘ फ़ि निट a.* uncertain, undetermined अनिश्चित।

indemnity *इन् डै˘म् नि टि n.* security from damage or loss क्षति या हानि से सुरक्षा।

independence *इन् डि पैनॅ डॅन्स n.* freedom स्वतंत्रता; self- reliance स्वावलंबन।

independent *इन् डि पैनॅ डॅन्ट a.* free स्वतंत्र; self-governing स्वावलबी।

indescribable *इन् डि स्क्रॉइ बॅ ब्ल a.* that cannot be described अवर्णनीय।

index *इन् डैक्स n. (pl. indices)* pointer सूचक, संकेत; list सूची; the forefinger तर्जनी।

Indian *इन् डि अॅन, इन् ड्यॅन a.* residing in India भारतीय।

indicate *इन् डि केट v.t.* to point out संकेत करना; to make known सूचित करना।

indication *इन् डि के शॅन n.* act of

indicating संकेत करना; hint संकेत।

indicative *इन् डि कॅ टिव a.* pointing out परिचायक।

indicator *इन् डि के टॅ: n.* that which or one who indicates सूचक।

indict *इन् डॉइट v.t.* to charge with crime अभियोग लगाना।

indictment *इन् डॉइट् मॅन्ट n.* formal charge अभियोग।

indifference *इन् डि फ़ॅ रॅन्स n.* unconcern उदासीनता।

indifferent *इन् डि फ़ॅ रॅन्ट a.* unconcerned उदासीन; neutral निष्पक्ष।

indigenous *इन् डि जै˘ नॅस a.* native born or produced देशज।

indigestible *इन् डि जैसॅ् टॅ ब्ल a.* not digestible अपचनीय।

indigestion *इन् डि जैसॅ् चॅन n.* want of digestion अपच, अजीर्ण।

indignant *इन डिग् नॅन्ट a.* feeling or showing justifiable anger क्रुद्ध।

indignation *इन् डिग् ने शॅन n.* anger क्रोध, क्षोभ।

indigo *इन् डि गो n.* violet blue dye नील।

indirect *इन् डि रैक्ट a.* not direct अप्रत्यक्ष; not straight to the point, round about घुमावदार; (gram.) reported (speech) प्रतिवेदित।

indiscipline *इन डि सि प्लिन n.* want of discipline अनुशासनहीनता।

indiscreet *इन् डिस् क्रीट a.* lacking in caution, not carefully considered असावधानीपूर्ण, नासमझी का।

indiscretion *इन् डिस् क्रै˘ शॅन n.* inattention अनवधान; want of descretion अविवेक।

indiscriminate *इन् डिस् क्रि मि निट a.* disorderly विशृंखल; lacking discrimination अंधाधुंध।

indispensable *इन् डिस् पैन् सॅ ब्ल a.* absolutely necessary अपरिहार्य।

indisposed *इन् डिस् पोज्ड a.* unwell अस्वस्थ; not inclined अनच्छिुक।

indisputable *इन् डिस् प्यू टॅ ब्ल a.* beyond dispute निर्विवाद।

indistinct *इन् डिस् टिङ्क्ट a.* not distinct अस्पष्ट।

individual *इन् डि वि ड्यु ॲल a.* personal व्यक्तिगत।

individualism *इन् डि वि ड्यु ॲ लिज़्म n.* principle of asserting one's independence व्यक्तिवाद।

individuality *इन् डि वि ड्यु ऐ लि टि n.* separate and distinct existence वैयक्तिकता।

indivisible *इन् डि वि ज़ॅ ब्ल a.* that cannot be divided अविभाज्य।

indolent *इन् डॅ लॅन्ट a.* lazy, inactive आलसी, निष्क्रिय।

indomitable *इन् डौ˘ मि टॅ ब्ल a.* not to be overcome दुर्दमनीय, अदम्य।

indoor *इन् डौ: a.* practised or used within a building भीतरी, आभ्यंतरिक।

indoors *इन् डौ:ज़ adv.* in or into a building भवन के अंदर।

induce *इन् ड्यूस* *v.t.* to motivate प्रेरित करना; to instigate भड़काना।

inducement *इन् डॅयूस् मॅन्ट* *n.* incentive अभिप्रेरण; persuation प्रलोभन।

induct *इन् डक्ट* *v.t.* to install प्रतिष्ठापित करना।

induction *इन् डक् शॅन* *n.* installation अधिष्ठापन।

indulge *इन् डल्ज* *v.t.* to please प्रसन्न करना; to gratify तृप्त करना; *v.i.* to yield to a desire लिप्त रहना या होना।

indulgence *इन् डल् जॅन्स* *n.* favour अनुग्रह, कृपा; giving way to one's desires अतिभोग, लिप्तता।

indulgent *इन् डल् जॅन्ट* *a.* characterised by indulgence लिप्त; doing favour कृपालु।

industrial *इन् डस् ट्रि ॲल* *a.* relating to industry औद्योगिक।

industrious *इन् डस् ट्रि ॲस* *a.* hardworking मेहनती।

industry *इन् डस् ट्रि* *n.* any branch of trade or manufacture उद्योग; assiduity अध्यवसाय।

ineffective *इन् इ फ़ैक् टिव* *a.* not effective अप्रभावी; useless निष्फल।

inert *इ नॅ:ट* *a.* inactive निष्क्रिय; having no power of motion गतिहीन, स्थिर।

inertia *इ नॅ: श्यॅ* *n.* motionlessness निश्चेष्टता।

inevitable *इन् ऐॅ वि टॅ ब्ल* *a.* unavoidable अपरिहार्य।

inexact *इन् इग् ज़ैक्ट* *a.* not exact अशुद्ध।

inexorable *इन् ऐक् सॅ रॅ ब्ल* *a.* hard-hearted निष्ठुर; unbending अनमनीय।

inexpensive *इन् इक्स् पै न् सिव* *a.* economical मितव्ययी; cheap सस्ता।

inexperience *इन् इक्स् पिअॅ रि ॲन्स* *n.* want of experience अनुभवहीनता।

inexplicable *इन् ऐक्स् प्लि कॅ ब्ल* *a.* that cannot be explained अव्याख्येय, अपरिभाष्य।

infallible *इन् फ़ै लॅ ब्ल* *a.* not liable to fail अचूक; not able to make a mistake त्रुटिरहित।

infamous *इन् फ़ॅ मॅस* *a.* notorious बदनाम।

infamy *इन् फ़ॅ मि* *n.* being infamous अपकीर्ति; public dishonour बदनामी।

infancy *इन् फ़ॅन् सि* *n.* early childhood बचपन; early stage प्रारंभिक अवस्था।

infant *इन् फ़ॅन्ट* *n.* baby बच्चा, शिशु।

infanticide *इन् फ़ैन् टि सॉइड* *n.* the murder of a child शिशुबध।

infantile *इन् फ़ॅन् टॉइल* *a.* pertaining to infant शिशु-संबंधी; having characteristics of infancy बालोचित।

infantry *इन् फ़ॅन् ट्रि* *n.* soldiers fighting on foot पैदल सेना।

infatuate *इन् फ़ै ट्यु एट* *v.t.* to turn to folly मूढ़ बनाना; to inspire with shallow love मोहित करना।

infatuation *इन् फ़ै ट्यु ए शॅन* *n.* enchantment सम्मोह।

infect *इन् फ़ैक्ट* *v.t.* to corrupt भ्रष्ट करना; to taint संदूषित करना; to fill with disease germs रोगाणु युक्त करना।

infection *इन् फ़ैक् शॅन n.* act of infecting संक्रमण; disease resulting from infection छूत की बीमारी।

infectious *इन् फ़ैक् शॅस a.* infecting with disease संक्रामक; quickly influencing others शीघ्र प्रभावी।

infer *इन् फ़ॅ: (-rr-) v.t.* to conclude निष्कर्ष निकालना; to estimate अनुमान करना।

inference *इन् फ़ॅ रॅन्स n.* that which is inferred or deduced अनुमान; conclusion निष्कर्ष।

inferior *इन् फ़िअॅ रि अॅ: a.* of poor quality घटिया; lower in rank अवर।

inferiority *इन् फ़िअ रि औॅ रि टि n.* poorness in quality घटियापन; degradation अपकर्ष।

infernal *इन् फ़ॅ: नॅल a.* belonging to lower regions नारकीय।

infinite *इन् फ़ि निट a.* endless अनंत, असीम।

infinity *इन् फ़ि नि टि n.* (*maths.*) countless or indefinite number (गणित) अनंत संख्या।

infirm *इन् फ़ॅ:म a.* physically weak कमज़ोर, अशक्त; irresolute अस्थिर।

infirmity *इन् फ़ॅ: मि टि n.* despondency अवसन्नता; unstability अदृढ़ता; weakness दुर्बलता।

inflame *इन् फ़्लेम v.t.* to excite उत्तेजित करना; to cause to flame प्रज्वलित करना; *v.i.* to become excited उत्तेजित होना; to burst into flame जलना।

inflammable *इन् फ़्लै मॅ बल a.* combustible ज्वलनशील; excitable उत्तेजनशील।

inflammation *इन फ़्लॅ मे शॅन n.* state of being inflamed प्रज्वलन; kindling of passions उत्तेजन; swelling with heat and pain प्रदाह, सूजन।

inflammatory *इन् फ़्लै मॅ टॅ रि a.* tending to inflame प्रज्वलनकारी; pertaining to swelling सूजन-संबंधी।

inflation *इन् फ़्ले शॅन n.* undue increase in the quantity of money मुद्रास्फीति, मुद्राप्रसार।

inflexible *इन् फ्लैक् सॅ बल a.* unbending अनमनीय; rigid कड़ा।

inflict *इन् फ़्लिक्ट v.t.* to impose forcibly थोपना; to cause suffering to पीड़ा पहुंचाना।

influence[1] *इन् फ्लु अॅन्स n.* ability or power to affect others प्रभाव।

influence[2] *v.t.* to affect प्रभाव डालना।

influential *इन फ़्लु ऐनॅ शॅल a.* having much influence प्रभावशाली।

influenza *इन फ़्लु ऐनॅ ज़ॅ n.* epidemic virus disease श्लेष्मा ज्वर।

influx *इन् फ्लक्स n.* flowing in अंतःप्रवाह।

inform *इन् फ़ो:म v.t.* to give information to सूचना देना; to tell बताना।

informal *इन् फ़ौ: मॅल a.* unceremonious अनौपचारिक।

information *इन् फ़ॅ: मे शॅन n.* news ख़बर, समाचार; act of informing सूचना।

informative *इन फ़ॅ: मॅ टिव a.* affording information सूचनापूर्ण; instructive शिक्षाप्रद।

informer *इन फ़ौः मॅः n.* one who informs against another मुख़बिर।

infringe *इन फ़्रिन्ज v.t.* to violate उल्लंघन करना।

infringement *इन् फ़्रिन्ज् मॅन्ट n.* violation अतिक्रमण, उल्लंघन।

infuriate *इन् फ्युअॅ रि एट v.t.* to enrage क्रुद्ध करना।

infuse *इन फ़्यूज़ v.t.* to inspire अनुप्राणित करना; to moisten तर करना, भिगोना।

infusion *इन् फ़्यू ज़ॅन n.* act of infusing निषेचन; liquid extract निषेचक।

ingrained *इन् ग्रेन्ड a.* inherent अंतर्निहित; deep-rooted गहरा।

ingratitude *इन् ग्रै टि ट्यूड n.* unthankfulness कृतघ्नता।

ingredient *इन् ग्री ड्यॅन्ट n.* component अवयव, घटक।

inhabit *इन् है बिट v.t.* to dwell in (में) वास करना।

inhabitable *इन् है बि टॅ ब्ल a.* that can be lived in आवास-योग्य।

inhabitant *इन् है बि टॅन्ट n.* resident निवासी।

inhale *इन् हेल v.i.* to breathe in सांस लेना *v.t.* to draw into the lungs सांस-द्वारा खींचना।

inherent *इन् हिअॅ रॅन्ट a.* in-born जन्मजात।

inherit *इन् है˘ रिट v.t.* to get as heir उत्तराधिकार में पाना; to derive from ancestors पूर्वजों से प्राप्त करना।

inheritance *इन् है˘ रि टॅन्स n.* that which is or may be inherited उत्तराधिकार, विरासत।

inhibit *इन् हि बिट v.t.* to prevent रोकना।

inhibition *इन् हि बि शॅन n.* act of restraining अवरोध।

inhospitable *इन हौसॅ् पि टॅ ब्ल a.* not hospitable असत्कारशील।

inhuman *इन् ह्यू मॅन a.* brutal अमानवीय।

inimical *इ नि मि कॅल a.* unfriendly विरोधी; harmful हानिकर।

inimitable *इ नि मि टॅ ब्ल a.* unmatched अद्वितीय; not worth imitating अननुकरणीय।

initial[1] *इ नि शॅल a.* of or related to the beginning प्रारंभिक।

initial[2] *n. (usu. pl.)* first letters of a person's name आद्याक्षर।

initial[3] *(-ll-) v.t.* to put one's initials on आद्याक्षरित करना।

initiate *इ नि शि एट v.t.* to start, to begin सूत्रपात करना, आरंभ करना।

initiative *इ नि शि अॅ टिव n.* first step, lead पहल; ability to act independently स्वतंत्र रूप से कार्य करने की योग्यता।

inject *इन् जैक्ट v.t.* to force in अंतःक्षिप्त करना, इंजेक्शन देना।

injection *इन् जैक् शॅन n.* act of injecting अंतःक्षेप, इंजेक्शन।

injudicious *इन् जू डि शॅस, –जू– a.* not judicious अविवेकी।

injunction *इन् जङ्क् शॅन n.* judicial order आदेश।

injure *इन् जॅः v.t.* to damage क्षति करना; to inflict bodily hurt on घायल करना।

injurious *इन् जुअॅ रि अॅस a.* hurtful, wrongful हानिकर, अनिष्टकर।

injury *इन् जॅ रि n.* hurt क्षति, चोट।

injustice *इन् जस् टिस n.* act of unfairness अन्यायपूर्ण कृत्य; want of justice अन्याय।

ink *इङ्क n.* coloured liquid used for writing and printing स्याही।

inkling *इङ्क लिङ्ग n.* dim notion, slight hint आभास, संकेत।

inland[1] *इन् लॅन्ड, –लैन्ड a.* confined to a country अंतर्देशीय; within a country आंतरिक।

inland[2] *इन् लैन्ड adv.* in the interior of a country अंदर-अंदर।

in-laws *इन् लौज़ n. (pl.)* relatives by marriage ससुरालवाले।

inmate *इन् मेट n.* one of a number of persons living together संवासी।

inmost *इन् मोस्ट a.* secret गुप्त; most inward अंतरतम।

inn *इन n.* public house सराय।

innate *इ नेट a.* inborn जन्मजात; inherent अंतर्भूत।

inner *इ नॅः a.* internal अंदरूनी।

innermost *इ नॅः मोस्ट a.* inmost अंतरतम।

innings *इ निङ्ग्ज़ n. (sing.)* (cricket) duration of batting पारी; period of power प्रभुत्व की अवधि।

innocence *इ नॅ सॅन्स n.* freedom from legal guilt निरपराधता; blamelessness निर्दोषिता।

innocent *इ नॅ सॅन्ट a.* ignorant of evil निर्दोष; knowing nothing of evil or wrong भोला-भाला।

innovate *इ नो ˘ वेट v.t.* to renew नया बनाना; to improve सुधारना।

innovation *इ नो ˘ वे शॅन n.* act of innovating नवोन्मेष।

innovator *इ नो ˘ वे टॅः n.* one who brings new changes प्रवर्तक।

innumerable *इ न्यू मॅ रॅ बल a.* countless असंख्य।

inoculate *इ नौ ˘ क्यु लेट v.t.* to vaccinate टीका लगाना।

inoculation *इ नौ ˘ क्यु ले शॅन n.* vaccination टीकाकरण।

inoperative *इन् औ ˘ पॅ रॅ टिव a.* not working निष्क्रिय; having no effect अप्रभावी।

inopportune *इन् औ ˘ पॅः ट्यून a.* unseasonable असामयिक।

input *इन् पुट n.* amount of power put in लगाई गई शक्ति का परिमाण; data fed into a computer कंप्यूटर में भरी गई सामग्री।

inquest *इङ् क्वैस्ट n.* judicial inquiry कानूनी जांच।

inquire *इन् क्वाॅइअॅः v.t.* to investigate जांच करना; *v.i.* to make an examination अनुसंधान करना।

inquiry *इन् क्वाइअॅ रि n.* investigation जांच; act of enquiring पूछताछ।

inquisition *इन् क्वि ज़ि शॅन n.* judicial inquiry न्यायिक जांच; searching examination परीक्षण।

inquisitive *इन् क्वि ज़ि टिव a.* eager to know जिज्ञासु।

insane *इन् सेन a.* crazy उन्मादी; of unsound mind भ्रांतचित।

insanity *इन् सै नि टि n.* mental disorder उन्माद, विक्षिप्तता।

insatiable *इन् से श्यॅ बल a.* that cannot be satisfied अतोषणीय।

inscribe *इन् स्क्रॉइब v.t.* to engrave उत्कीर्ण करना; to mark चिह्नित करना।

inscription *इन् स्क्रिप् शॅन n.* act of inscribing उत्कीर्णन; record inscribed on stone etc. अभिलेख, शिलालेख।

insect *इन् सैक्ट n.* small invertebrate creature कीट, कृमि।

insecticide *इन् सै ˘क् टि सॉइड n.* insect-killing substance कीटनाशी औषधि।

insecure *इन् सि कयुअॅ: a.* unsafe अरक्षित।

insecurity *इन् सि क्युअॅ रि टि n.* want of safety असुरक्षा।

insensibility *इन् सैनॅ सि बि लि टि n.* lack of feeling असंवेदन; unconsciousness संज्ञाहीनता।

insensible *इन् सैनॅ सि ब्ल a.* unconscious बेसुध; without sensation संवेदन-शून्य।

inseparable *इन् सै ˘ पॅ रॅ ब्ल a.* that cannot be separated अवियोज्य।

insert *इन् सॅ:ट v.t.* to put in सन्निविष्ट करना।

insertion *इन् सॅ: शॅन n.* act of putting in सन्निवेश।

inside[1] *इन् सॉइड n.* the inner side भीतरी भाग।

inside[2] *prep.* within के अंदर; into अंदर की ओर।

inside[3] *a.* of, in, on the inside अंदरूनी; secret गुप्त।

inside[4] *adv.* indoors, within अंदर।

insight *इन् सॉइट n.* imaginative penetration सूक्ष्मदृष्टि।

insignificance *इन् सिग् नि फ़ि कॅन्स n.* unimportance महत्वहीनता; meaninglessness निरर्थकता।

insignificant *इन् सिग् नि फ़ि कॅन्ट a.* unimportant महत्वहीन; meaningless निरर्थक।

insincere *इन् सिन् सिअॅ: a.* not sincere निष्ठाहीन।

insincerity *इन् सिन् सै ˘ रि टि n.* faithlessness निष्ठाहीनता।

insinuate *इन् सि न्यु एट v.t.* to hint इशारा करना; to suggest indirectly परोक्ष रूप से अथवा चालाकी से सुझाना।

insinuation *इन् सि न्यु ए शॅन n.* sarcasm कटाक्ष; coaxing उकसावा; indirect hint परोक्ष संकेत।

insipid *इन् सि पिड a.* tasteless स्वादहीन; uninteresting अरुचिकर।

insipidity *इन् सि पि डि टि n.* tastelessness स्वादहीनता; spiritlessness उत्साहहीनता।

insist *इन् सिस्ट v.t.* to persist in pressing आग्रह करना; to emphasise ज़ोर देना।

insistence *इन सिस् टॅन्स n.* persistence अनुरोध, आग्रह; emphasis बल।

insistent *इन सिस् टॅन्ट a.* persistent आग्रहपूर्ण।

insolence *इन् सॅ लॅन्स n.* impudence गुस्ताख़ी, अविनय।

insolent *इन् सॅ लॅन्ट a.* impudent गुस्ताख, अविनीत।

insoluble *इन् सौ ˘ ल्यु ब्ल n.* that cannot be solved असाध्य, असमाधेय; that cannot be dissolved अघुलनशील।

insolvency *इन् सौलॅ वॅन् सि n.* bankruptcy दिवालियापन।

insolvent *इन् सौलॅ वॅन्ट a.* not able to pay one's debt दिवालिया।

inspect *इन् स्पैॅक्ट v.t.* to examine परीक्षण करना।

inspection *इन् स्पैकॅ शॅन n.* close examination निरीक्षण, परीक्षण।

inspector *इन् स्पैकॅ टॅः n.* one who inspects निरीक्षक।

inspiration *इन् स्पि रे शॅन n.* stimulation प्रेरणा; source of inspiring प्रेरणा-स्रोत।

inspire *इन् स्पॉइॲः v.t.* to induce प्रेरित करना।

instability *इन् स्टॅ बि लि टि n.* want of stability अस्थिरता।

install *इन् स्टौल v.t.* to put in a position or rank नियुक्त करना; to place in an office ceremoniously पदारूढ़ करना।

installation *इन् स्टौ ले शॅन् –स्टॅ– n.* act of installing अधिष्ठापन।

instalment *इन् स्टौल् मॅन्ट n.* one of a series of partial payments किस्त।

instance *इन् स्टॅन्स n.* example दृष्टांत।

instant[1] *इन् स्टॅन्ट n.* moment निमिष, क्षण।

instant[2] *a.* urgent आवश्यक; immediate तात्कालिक।

instantaneous *इन् स्टॅन् टे न्यॅस a.* immediate तात्कालिक।

instantly *इन् स्टॅन्ट् लि adv.* at once तुरंत।

instigate *इन् स्टि गेट v.t.* to provoke उकसाना, भड़काना।

instigation *इन् स्टि गे शॅन n.* instigating, being instigated भड़कावा, उकसाहट।

instil *इन् स्टिल (-ll-) v.t.* to drop in टपकाना; to infuse into the mind चित्त में बैठाना।

instinct *इन् स्टिङ्क्ट n.* impulse प्रवृत्ति; intuition अंतःप्रेरणा।

instinctive *इन् स्टिङ्क् टिव a.* based on instinct प्रवृत्तिमूलक।

institute *इन् स्टि ट्यूट n.* organisation संस्था।

institution *इन स्टि ट्यू शॅन n.* act of establishing प्रतिष्ठापन; organisation संस्था।

instruct *इन स्ट्रक्ट v.t.* to direct हिदायत करना; to teach शिक्षा देना।

instruction *इन स्ट्रक् शॅन n.* direction अनुदेश, हिदायत; act of teaching शिक्षण।

instructor *इन् स्ट्रक् टॅः n.* teacher शिक्षक; one who instructs अनुदेशक।

instrument *इन् स्टु मॅन्ट n.* tool औज़ार; apparatus उपकरण; document दस्तावेज़।

instrumental *इन् स्ट्रु म ॅन् टॅल a.* serving as a means सहायक; relating to musical instrument वाद्य-विषयक।

instrumentalist *इन् स्ट्रु मैनॅ टॅ लिस्ट n.* player of a musical instrument वादक।

insubordinate *इन् सॅ बौः डि निट a.* disobedient अवज्ञाकारी।

insubordination *इन् सॅ बौः डि ने शॅन n.* disobedience अवज्ञा।

insufficient *इन् सॅ फ़ि शॅन्ट a.* inadequate अपर्याप्त।

insular *इन् स्यु लॅः a.* of an island द्वीपीय; narrow-minded संकीर्णमना।

insularity *इन स्यु लै रि टी n.* state of being insular द्वीपीयता; narrow-mindedness मानसिक संकीर्णता।

insulate *इन् स्यु लेट v.t.* to separate, to isolate पृथक् करना; to cover in order to prevent the passage of heat or electricity विद्युत्-ऊष्मारोधी बनाना।

insulation *इन् स्यु ले शॅन n.* act of separating पृथक्करण; resisting flow of heat or electricity तापावरोधन, विद्युत्रोधन।

insulator *इन् स्यु ले टॅः n.* separator पृथक्कारी; non conductor विसंवाहक।

insult[1] *इन् सल्ट n.* dishonour अपमान, तिरस्कार।

insult[2] *इन् सल्ट v.t.* to dishonour अनादर करना।

insupportable *इन् सॅ पौः टॅ बल a.* unbearable असहनीय।

insurance *इन् शुअॅ रॅन्स, –शौ– n.* act or system of insuring बीमा।

insure *इन् शुअॅः, –शौः v.t.* to make sure सुनिश्चित करना; to secure बीमा करना।

insurgent[1] *इन सॅः जॅन्ट a.* rebellious विद्रोही।

insurgent[2] *n.* a rebel विद्रोही व्यक्ति।

insurmountable *इन् सॅः मॉउन् टॅ बल a.* impassable दुस्तर, अलंघ्य।

insurrection *इन् सॅ रैकॅ शॅन n.* rebellion विद्रोह।

intact *इन् टैक्ट a.* undamaged अक्षुण्ण।

intangible *इन् टैन् जि बल a.* that cannot be grasped or touched अमूर्त।

integral *इन् टि ग्रॅल a.* necessary for completeness संपूर्णता के लिए अनिवार्य, अविभाज्य।

integrity *इन् टैगॅ रि टि n.* unimpaired state समग्रता; wholeness संपूर्णता; honesty ईमानदारी।

intellect *इन् टि लैक्ट n.* intelligence प्रज्ञा, बुद्धि।

intellectual[1] *इन् टि लैकॅ ट्यु अॅल a.* of or relating to intellect बौद्धिक।

intellectual[2] *n.* intellectual person बुद्धिजीवी।

intelligence *इन् टै˘ लि जॅन्स n.* intellectual skill प्रज्ञा; news, information सूचना।

intelligent *इन् टै˘ लि जॅन्ट a.* having intellect बुद्धिमान्।

intelligentsia *इन् टै˘ लि जैन्ट् सि अॅ n.* intellectuals as a class बुद्धिजीवी-वर्ग।

intelligible *इन् टै˘ लि जॅ बल a.* easy to understand सुबोध।

intend *इन् टैन्ड v.t.* to fix the mind upon इरादा करना; to purpose प्रयोजन रखना।

intense *इन् टैन्स a.* high in degree अत्यधिक; ardent जोशीला; violent प्रचंड।

intensify *इन् टैनॅ सि फ़ाइ v.t.* to make intense घनीभूत करना; to become more intense घनीभूत होना।

intensity *इन टैनॅ सि टि n.* ardour उत्कटता; acuteness तीव्रता; quality of being intense आधिक्य।

intensive *इन् टैनॅ सिव a.* dense सघन; sharp प्रखर।

intent[1] *इन् टैन्ट n.* purpose अभिप्राय।

intent[2] *a.* concentrating दत्तचित्त; eager उत्सुक।

intention इन् टैन् शॅन *n.* purpose आशय; aim लक्ष्य।

intentional इन् टैन् शॅ नॅल *a.* done on purpose सोद्देश्य, जानबूझकर किया गया।

intercept इन् टॅ: सैप्ट *v.t.* to stop and seize inpassage मार्ग में रोकना; to obstruct (में) बाधा डालना।

interception इन् टॅ: सैपॅ शॅन *n.* act of intercepting अवरोधन।

interchange[1] इन् टॅ: चेन्ज *n.* to give and take mutually परस्पर विनिमय करना; to exchange विनिमय करना।

interchange[2] इन् टॅ: चेन्ज *v.* mutual exchange परस्पर विनिमय।

intercourse इन् टॅ: कौ:स *n.* copulation, coitus संभोग; meeting समागम।

interdependence इन् टॅ: डिपैन् डॅन्स *n.* mutual dependence परस्पर निर्भरता।

interdependent इन् टॅ: डि पैन् डॅन्ट *a.* mutually dependent परस्पर निर्भर।

interest इन् ट्रिस्ट, – टॅ रॅस्ट *n.* right अधिकार; benefit हित; concern सरोकार; disposition towards a thing दिलचस्पी; sum paid for the use of money ब्याज।

interested इन् ट्रिस् टिड, इन् टॅ रॅस् टिड *a.* taking interest रुचि लेने वाला; not impartial पक्षपातपूर्ण; having an interest हितबद्ध।

interesting इन् ट्रिस टिङ्ग, इन् टॅ रॅस् टिङ्ग *a.* arousing interest रुचिकर।

interfere इन् टॅ: फ़िअॅ: *v.i.* to intervene हस्तक्षेप करना; to come in the way विघ्न डालना।

interference इन् टॅ: फ़िअॅ रॅन्स *n.* act of interfering हस्तक्षेप।

interim इन् टॅ रिम *n.* provisional अंतरिम।

interior[1] इन् टिअॅ रिअॅ: *a.* situated within आंतरिक।

interior[2] *n.* the inside आंतरिक भाग; inland areas भीतरी प्रदेश।

interjection इन् टॅ: जैक् शॅन *n.* an exclamatory word or phrase विस्मयादिबोधक।

interlock इन् टॅ: लौकॅ *v.t.* to clasp in each other गूंथना; *v.i.* to be locked together गुंथ जाना।

interlude इन् टॅ: ल्यूड *n.* interval अंतराल; short piece introduced between the acts of a drama विष्कंभक।

intermediary इन् टॅ: मी ड्यॅ रि *n.* mediator मध्यस्थ।

intermediate इन् टॅ: मी ड्यॅट *a.* happening between two others मध्यवर्ती।

interminable इन् टॅ: मि नॅ बॅल *a.* endless अनंत; very long बहुत लंबा।

intermingle इन् टॅ: मिङ् गॅल *v.t.* to mix together परस्पर मिश्रित करना; *v.i.* to be mixed together परस्पर मिश्रित होना।

intern इन् टॅ:न *v.t.* to confine within fixed bounds नज़रबंद कर देना।

internal इन् टॅ: नॅल *a.* inner भीतरी, आंतरिक; of the home affairs of a country देशीय।

international इन् टॅ: नै शॅ नॅल *a.* transcending national limits अंतर्राष्ट्रीय।

interplay इन् टॅः प्ले *n.* mutual action अन्योन्य क्रिया।

interpret इन् टॅः प्रिट *v.t.* to elucidate व्याख्या करना; to explain the meaning of (का) विवेचन करना।

interpreter इन् टॅः प्रि टॅः *n.* person who gives an immediate translation of words spoken in another language दुभाषिया।

interrogate इन् टै ॅ रॅ गेट *v.t.* to put question to प्रश्न करना।

interrogation इन् टै ॅ रॅ गे शॅन *n.* act of interrogating पूछताछ; question mark प्रश्नवाचक चिन्ह।

interrogative[1] इन् टॅ रौ ॅ गॅ टिव *a.* indicating a question प्रश्नात्मक; (*gram.*) expressed as a question प्रश्नवाचक।

interrogative[2] *n.* word used in asking question प्रश्नवाचक शब्द।

interrupt इन् टॅ रप्ट *v.t.* to break continuity of (का) क्रमभंग करना; to obstruct बाधा डालना।

interruption इन् टॅ रप् शॅन *n.* hindrance बाधा, अवरोध; break in continuity क्रमभंग।

intersect इन् टॅः सैक्ट *v.t.* to divide by cutting or crossing काटना; *v.i.* to cut or cross each other एक-दूसरे को काटना।

intersection इन् टॅः सैक् शॅन *n.* intersecting प्रतिच्छेदन; crossroads चौराहा।

interval इन् टॅः वॅल *n.* intermission मध्यांतर।

intervene इन् टॅः वीन *v.i.* to interfere हस्तक्षेप करना।

intervention इन् टॅः वैनॅ शॅन *n.* interference हस्तक्षेप; interposition व्यवधान।

interview[1] इन् टॅः व्यू *n.* meeting of persons face to face साक्षात्कार।

interview[2] *v.t.* to have an interview with (से) साक्षात्कार करना।

intestinal इन् टैसॅ टि नॅल *a.* pertaining to the intestines आंत्र-संबंधी।

intestine इन् टैसॅ टिन *n. (usu. pl.)* lower part of alimentary canal आंत, आंत्र।

intimacy इन् टि मॅ सि *n.* close familiarity घनिष्ठता।

intimate[1] इन् टि मिट *a.* close घनिष्ठ; innermost आभ्यंतर; closely acquainted परिचित।

intimate[2] इन् टि मेट *v.t.* to make known बताना; to show clearly स्पष्ट प्रदर्शित करना।

intimation इन् टि मे शॅन *n.* announcement सूचना, घोषणा; hint संकेत।

intimidate इन् टि मि डेट *v.t.* to frighten भयभीत करना।

intimidation इन् टि मि डे शॅन *n.* act of intimidating संत्रास।

into इन् टु *prep.* के अंदर, में।

intolerable इन् टौ ॅ लॅ रॅ बल *a.* that cannot be endured असह्य।

intolerance इन् टौ ॅ लॅ रॅन्स *n.* quality or state of being intolerant असहिष्णुता।

intolerant इन् टौ ॅ लॅ रॅन्ट *a.* not tolerant असहिष्णु।

intoxicant इन् टौकॅ सि कॅन्ट *n. & a.* intoxicating (agent) मादक (द्रव्य)।

intoxicate इन् टौकॅ सि केट *v.t.* to make drunk मदोन्मत्त करना; to elate excessively अत्यधिक उल्लासित करना।

intoxication *इन् टौक् सि के शॅन n.* drunkenness मादकता।

intransitive *इन् ट्रैन् सि टिव,– ट्रान्– a. (verb)* not taking an object अकर्मक।

interpid *इन् ट्रै ˘ पिड a.* without fear निडर; brave बहादुर।

intrepidity *इन् ट्रि पि डि टि n.* fearlessness निर्भीकता।

intricate *इन् ट्रि किट a.* complicated जटिल; puzzling पेचीदा।

intrigue[1] *इन् ट्रीग v.t.* to conspire षड्यंत्र करना।

intrigue[2] *n.* secret plotting षड्यंत्र; secret love-affair गुप्त प्रेम-संबंध।

intrinsic *इन् ट्रिन् सिक a.* inherent, essential अंतर्भूत, तात्त्विक।

introduce *इन् ट्रॅ ड्यूस v.t.* to bring in (का) सूत्रपात करना; to preface (की) भूमिका लिखना; to make known परिचय कराना।

introduction *इन् ट्रॅ डक् शॅन n.* act of introducing परिचय; preface भूमिका; thing introduced उपक्रम।

introductory *इन् ट्रॅ डक् टॅ रि a.* serving to introduce परिचयात्मक।

introspect *इन् ट्रो ˘ स्पैक्ट v.i.* to look into आत्मनिरीक्षण करना।

introspection *इन् ट्रो ˘ स्पै ˘ क् शॅन n.* act of observing the process of one's own mind अंतर्दर्शन।

intrude *इन् ट्रूड v.t.* to force in घुसेड़ना; *v.i.* to enter without invitation अनुचित रूप से घुस पड़ना।

intrusion *इन् ट्रू ज़ॅन n.* encroachment अतिक्रमण।

intuition *इन् ट्यू इ शॅन, –ट्यू– n.* instinctive understanding अंतर्बोध।

intuitive *इन् ट्यू इ टिव a.* perceived by intuition अंतःप्रज्ञात्मक।

invade *इन् वेड v.t.* to attack (पर) आक्रमण करना; to encroach upon (में) घुसपैठ करना।

invalid[1] *इन् वै लिड a.* void, null अमान्य; not valid अप्रामाणिक।

invalid[2] *इन् वै लिड, –लीड a.* disabled अपंग।

invalid[3] *n.* an invalid person अपंग व्यक्ति।

invalidate *इन् वै लि डेट v.t.* to make of no effect अमान्य करना; to render invalid अप्रामाणिक ठहराना।

invaluable *इन् वै ल्यु अॅ ब्ल a.* priceless अमूल्य।

invasion *इन् वे ज़ॅन n.* attack, assault हमला, चढ़ाई।

invective *इन् वैक् टिव n.* abusive language गाली-गलौज।

invent *इन् वैन्ट v.t.* to create (something) new आविष्कार करना; to make up गढ़ना।

invention *इन् वैन् शॅन n.* that which is invented आविष्कार; act of inventing आविष्करण।

inventive *इन् वैन् टिव a.* able to invent आविष्कारशील।

inventor *इन् वैन् टॅः n.* one who invents आविष्कारक।

invert *इन् वॅःट v.t.* to turn upside down पलटना, औंधा करना; to change the order of (का) क्रम भंग करना।

invest इन् वैस्ट *v.t.* to put (money) in (धन) लगाना; to decorate सजाना।

investigate इन् वैसॅ टि गेट *v.t.* to search अनुसंधान करना; to inquire into (की) जांच-पड़ताल करना।

investigation इन् वैसॅ टि गे शॅन *n.* research अनुसंधान; act of examination जांच-पड़ताल।

investment इन् वैˇ स्ट् मॅन्ट *n.* act of investing पूंजी-निवेश; money invested लगाया गया धन।

invigilate इन् वि जि लैट *v.t.* to supervise निरीक्षण करना।

invigilation इन् वि जि ले शॅन *n.* act of invigilating निरीक्षण।

invigilator इन् वि जि ले टॅः *n.* one who invigilates निरीक्षक।

invincible इन् विन् सि ब्ल *a.* unconquerable अपराजेय।

inviolable इन् वॉइ अॅ लॅ ब्ल *a.* that cannot be violated अनुल्लंघनीय।

invisible इन् वि ज़ॅ ब्ल *a.* not capable of being seen अंतर्धान; that cannot be seen अदृश्य।

invitation इन् वि टे शॅन *v.* act of inviting आमंत्रण; written solicitation निमंत्रण-पत्र।

invite इन् वॉइट *v.t.* to ask politely to come आमंत्रित करना।

invocation इन् वोˇ के शॅन *n.* prayer वंदना; invoking आह्वान।

invoice इन् वौˇ इस *n.* bill बीजक।

invoke इन् वोक *v.t.* to call on (का) आह्वान करना; to ask earnestly for के लिए विनती करना।

involve इन् वौˇल्व *v.t.* to entangle फंसाना; to be necessary for (के लिए) आवश्यक होना।

inward इन् वॅःड *a.* situated within आंतरिक।

inwards इन् वॅःड्ज *adv.* towards the inside अंदर की ओर, अंदर को; into the mind or soul अंतरात्मा में।

irate ऑइ रेट *a.* angry, enraged क्रुद्ध, नाराज़।

ire ऑइअॅः *n.* anger, rage क्रोध, नाराज़गी।

Irish[1] ऑइअॅरिश *a.* of Ireland आयरलैंड का।

Irish[2] *n.* the Irish language आयरलैंड की भाषा; the people of Ireland आयरलैंड के निवासी।

irksome अॅःक् सॅम *a.* tedious बोझिल, उबा देनेवाला।

iron[1] ऑइ अॅन *n.* a common metal लोहा; appliance used for smoothing clothes इस्तरी।

iron[2] *v.t.* to smooth with iron (पर) इस्तरी करना।

ironical ऑइ रौˇ नि कॅल *a.* containing irony व्यंग्यात्मक; saying something meaning the opposite वक्रोक्तिपूर्ण।

irony ऑइअॅ रॅ नि *n.* sarcastic use of words व्यंग्य।

irradiate इ रे डि एट *v.i.* to shine प्रदीप्त होना; *v.t.* to light up प्रकाशित करना।

irrational इ रै शॅ नॅल *a.* not rational तर्कशून्य।

irreconcilable इ रैˇ कॅन् सॉइ लॅ ब्ल *a.* inconsistent असंगत; unfit for agreement समझौते के अयोग्य।

irrecoverable इ रि क वॅः रॅ ब्ल *a.* that cannot be recovered or remedied अपूरणीय।

irrefutable इ रैˇ फ़्यु टॅ ब्ल *a.* that

cannot be refuted अकाट्य।

irregular इ रै ॅ ग्यु लॅः *a.* not regular अनियमित; disorderly क्रमविरूद्ध।

irregularity इ रै ॅ ग्यु लै रि टि *n.* the quality of being irregular अनियमितता।

irrelevant इ रै ॅ लि वॅन्ट *a.* not to the point असंबद्ध; not relevant विसंगत।

irrespective इ रि स्पैॅक् टिव *a.* not having regard (of) निरपेक्ष।

irresponsible इ रिस् पौ ॅन् सॅ बल *a.* without a sense of responsibility अनुत्तरदायी, लापरवाह।

irrigate इ रि गेट *v.t.* to water by means of canals etc. सींचना।

irrigation इ रि गे शॅन् *n.* act of irrigating सिंचाई।

irritable इ रि टॅ बल *a.* easily annoyed चिड़चिड़ा।

irritant[1] इ रि टॅन्ट *a.* irritating उत्तेजक, प्रकोपक।

irritant[2] *n.* irritant substance उत्तेजक पदार्थ; something that irritates the mind उत्तेजक बातें।

irritate इ रि टेट *v.t.* to provoke चिढ़ाना; to stimulate उकसाना।

irritation इ रि टे शॅन *n.* act of irritating उत्तेजना; annoyance चिड़चिड़ाहट; burning sensation जलन।

irruption इ रप् शॅन *n.* sudden increase अचानक वृद्धि; breaking in सेंध।

island ऑइ लॅन्ड *n.* mass of land surrounded by water टापू।

isle ऑइल *n.* island टापू।

isobar ऑइ सो ॅ बाः *n.* line on map connecting places of equal barometric pressure समदाब रेखा।

isolate ऑइ सॉ लेट,–सॅ– *v.t.* to separate from others पृथक् करना।

isolation ऑइ सॅ ले शॅन *n.* separation अलगाव; segregation पार्थक्य।

issue[1] इ स्यू, इ श्यू, इ शू *v.i.* to go out निकलना; to result परिणाम होना; *v.t.* to give or send out निकालना; to publish प्रकाशित करना; to distribute वितरित करना।

issue[2] *n.* a going out निकास, निर्गमन; publication प्रकाशन; discharge स्राव; offspring संतान; topic of discussion विचारणीय-विषय; question, dispute विवाद; outcome, result परिणाम।

it इट *pron.* वह, यह।

Italian[1] इ टैल्यॅन *a.* of Italy इटली का, इटली से संबद्ध।

Italian[2] *n.* language of Italy इटली की भाषा; native of Italy इटली-निवासी।

italic इ टै लिक *a.* sloping (letters, type) तिरछा (लेखन, मुद्रण)।

italics इ टै लिक्स *n. pl.* letters in slanting type तिरछा मुद्रण।

itch[1] इच *n.* irritating sensation खुजली; constant teasing desire बेचैनी।

itch[2] *v.i.* to have an itch खुजली होना।

item ऑइ टॅम *n.* subject विषय; entry in account मद।

ivory ऑइ वॅ रि *n.* hard substance of tusks of elephant हाथी-दांत।

ivy ऑइ वि *n.* climbing, clinging, evergreen plant आइवी, सदाबहार लता।

Jj

J जे the tenth letter of the English alphabet, developed from I, not found in English books before the middle of the seventeenth century. अक्षर 'I' से विकसित अंगेजी वर्णमाला का दसवाँ अक्षर, सत्रहवीं शताब्दी के मध्य तक इस अक्षर के स्थान में अंग्रेजी पुस्तकों में प्राय: I अक्षर का ही प्रयोग होता था; **J-pen** (a broad-pointed nib) चौड़ी नोक की निब (जीभी) जिस पर अक्षर 'J' छपा होता है।

jab *जैब (-bb-) v.t.* to stab भोंक देना।

jabber *जै बॅ: v.t.* to utter indistinctly बड़बड़ करना।

jack[1] *जैक n.* labourer मज़दूर; servant सेवक; machine for raising heavy weights उत्तोलक।

jack[2] *v.t.* to lift with a jack जैक-द्वारा उठाना।

jackal *जै कौल n.* wild dog-like animal सियार।

jacket *जै किट n.* wrapper of a book पुस्तकावरण; short coat जाकेट।

jade *जेड n.* worn-out horse मरियल घोड़ा; a green precious stone हरितमणि।

jail *जेल n.* prison कारागृह, बंदीगृह।

jailer *जै लॅ: n.* officer incharge of a jail कारापाल।

jam[1] *जैम n.* fruit preserved मुरब्बा; block or stoppage due to crowding अवरोध।

jam[2] *(-mm-) v.t.* to press into a small space ठूंसना; to cause to stick together अटकाना, चिपकाना; to apply fiercely ज़ोर से लगाना; to squeeze भींचना, कुचलना; to block up by crowding भीड़ से रोकना; *v.i.* to become stuck अटक जाना; to become unworkable ठप हो जाना।

jar *जा: n.* vessel of glass etc. जार, मर्तबान; conflict संघर्ष; shock झटका; harsh sound कर्कश ध्वनि।

jargon *जा: गॅन n.* chatter अनर्गल वार्तालाप; language used by a particular group वर्ग-बोली।

jasmine, jessamine *जैस् मिन्, जै ˘ सॅ मिन n.* fragrant white flower चमेली।

jaundice[1] *जौन् डिस n.* a disease marked by yellowness of eyes and skin पीलिया; bitterness कटुता; prejudice पक्षपात।

jaundice[2] *v.t.* to affect with jaundice पीलिया ग्रस्त करना।

javelin *जैव् लिन n.* spear thrown in sports भाला, बरछा।

jaw *जौ n.* bony part holding the teeth जबड़ा।

jay *जे n.* a noisy bird of brilliant plumage नीलकंठ।

jealous *जै ˘ लॅस a.* envious ईर्ष्यालु; distrustful, suspicious संशयशील, शकालु; taking watchful care सतर्क, चौकन्ना।

jealousy *जै ˘ लॅ सि n.* envy ईर्ष्या।

jean *जीन n.* strong cotton cloth मज़बूत सूती कपड़ा, जीन; *(pl.)* trousers of strong cotton cloth, usu., blue नीले कपड़े का पाज़ामा।

jeer जिअ॔ः *v.i.* to laugh mockingly मज़ाक उड़ाना।

jelly जै॑ लि *n.* food made of fruit-syrup अवलेह, जेली।

jeopardize जै॑ पॅः डॉइज़ *v.t.* to put in danger खतरे में डालना।

jeopardy जै॑ पॅः डि *n.* danger खतरा।

jerk जॅःक *n.* jolt झटका।

jerkin जॅः किन *n.* a sleeveles jacket मिरज़ई।

jerky जॅः कि *a.* moving or coming by jerks झटकेदार।

jersey जॅः ज़ि *n.* close fitting woollen upper garment जर्सी।

jest[1] जैस्ट *n.* joke हंसी; taunt ताना।

jest[2] *v.i.* to make a jest व्यंग्य करना।

jet जै॑ट *n.* stream of liquid gas etc. धारा, धार; small hole छेद, सुराख; spout टोटी; aircraft propelled by a jet engine जैट विमान; a black mineral संगमूसा, कृष्णाष्म।

Jew जू *n.* one of Hebrew race यहूदी।

jewel[1] जू अॅल *n.* a precious stone रत्न, मणि।

jewel[2] *(-ll-) v.t.* to aborn with jewels रत्नमंडित करना।

jeweller जू अॅ लॅः *n.* one who deals in or makes jewels जौहरी।

jewellery जू अॅ लॅ रि *n.* jewels in general रत्न, रत्नाभूषण।

jingle[1] जिङ् ग़ल *n.* a clinking sound झनकार; short rhyme used in advertising विज्ञापन-गीत।

jingle[2] *v.i.* to produce clinking sound झनझनाना।

job जौबॅ *n.* work काम; specific duty कर्त्तव्य; regular paid position नौकरी।

jobber जौ॑ बॅः *n.* one who buys and sells as a broker दलाल, आढ़तिया; person who jobs ठेके पर काम करनेवाला व्यक्ति।

jobbery जौ॑ बॅ रि *n.* public business done dishonestly भ्रष्टाचार।

jocular जौ॑ क्यु लॅः *a.* humorous विनोदप्रिय; given to jokes हंसी-मज़ाक करनेवाला।

jog जौगॅ *(-gg-) v.t.* to shake धकेलना, हिलाना; to stimulate चेताना; *v.i.* to move by jogs इधर-उधर या ऊपर-नीचे हिलना; to trudge धीरे-धीरे दौड़ना।

join जौ॑ इन *v.t.* to connect जोड़ना; to unite संबद्ध करना; to come into association with साथ देना; *v.i.* to be connected जुड़ना; to unite संबद्ध होना।

joiner जौ॑ इ नॅः *n.* maker of finished woodwork बढ़ई, मिस्तरी; one who joins योजक, जोड़नेवाला।

joint जौ॑ इन्ट *n.* joining जोड़; place where two things meet संधिस्थल।

jointly जौ॑ इन्ट् लि *adv.* together मिलजुलकर।

joke[1] जोक *n.* jest परिहास।

joke[2] *v.i.* to make jokes हंसी-मज़ाक करना।

joker जो कॅः *n.* one who jokes विदूषक, जोकर; extra card in a pack ताश का अतिरिक्त पत्ता।

jollity जौ॑ लि टि *n.* merrymaking आमोद-प्रमोद, राग-रंग।

jolly जौ॑ लि *a.* merry प्रफुल्ल, प्रसन्न; expressing mirth विनोदशील।

jolt[1] जौ॑ल्ट *n.* sudden jerk झटका; आघात।

jolt[2] *v.t.* to shake with a sudden jerk हिचकोले देना।

jostle[1] जौ˘ सल *n.* hustle and bustle धक्कमधक्का।

jostle[2] *v.t.* to push (as in a crowd) धक्का देना।

jot[1] जौ˘ट *n.* a tiny particle कण।

jot[2] *(-tt-) v.t.* to make a quick written note संक्षेप में लिख देना।

journal जॅ: नॅल *n.* daily news-paper दैनिक समाचार-पत्र; diary दैनंदिनी; magazine पत्रिका।

journalism जॅ: नॅ लिज़्म *n.* profession or writing for public jounals पत्रकारिता।

journalist जॅ: नॅ लिस्ट *n.* one who writes for public journals पत्रकार।

journey[1] जॅ: नि *n.* travel यात्रा; excursion सैर।

journey[2] *v.i.* to travel यात्रा करना।

jovial जो व्यॅल *a.* full of jollity उल्लासपूर्ण; joyous प्रसन्नचित।

joviality जो वि ऐ लि टि *n.* liveliness जिंदादिली; humorousness विनोदप्रियता।

joy जौ˘इ *n.* gladness हर्ष, आनंद।

joyful, joyous जौ˘इ फुल जौ˘इ ॲस *n.* full of joy हर्षित, आनंदित।

jubilant जू बि लॅन्ट *a.* shouting for joy उल्लसित।

jubilation जू बि ले शॅन *n.* rejoicing आनंदोत्सव।

jubilee जू बि ली *n.* an occasion of rejoicing आनंदोत्सव का अवसर; a special anniversary of an event esp. the 50th पचासवीं वर्षगांठ।

judge[1] जज *n.* an officer appointed to try cases in a law court न्यायाधीश; one who decides in a dispute, contest etc. निर्णायक; an arbiter पंच।

judge[2] *v.i.* to act as a judge निर्णय करना; *v.t.* to form an opinion about आंकना; to decide तय करना।

judgement जज् मॅन्ट *n.* verdict निर्णय; opinion धारणा; discrimination विवेक।

judicature जू डि कॅ चॅ: *n.* court न्यायालय; system of courts न्याय-व्यवस्था; jurisdiction न्यायाधिकार।

judicial जु डि शॅल, जू– *a.* of or by a court of law न्याय-संबंधी, न्यायिक।

judiciary जु डि शि ॲ रि, जू– *n.* system of courts and judges न्यायतंत्र।

judicious जु डि शॅस, जू– *a.* possessing sound judgement विवेकशील।

jug जग *n.* vessel with a handle जग।

juggle जॅ गल *v.t.* to conjure जादूगरी करना।

juggler जॅग् लॅ: *n.* one who practises jugglery बाज़ीगर।

juice जूस *n.* sap of vegetables or fruits सूप, रस।

juicy जूसि *a.* containing much juice रसदार।

jumble[1] जम् बल *n.* confused mixture घालमेल; confusion अस्तव्यस्तता।

jumble[2] *v.t.* to mix confusedly गड्मड्ड करना।

jump[1] जम्प *n.* leap छलांग; sudden rise अकस्मात वृद्धि।

jump[2] *v.i.* to spring upwards कूदना;

v.t., to pass over with a jump लांघना।

junction *जङ्क् शॅन n.* joining संधि, संयोजन; place or point of union संधि-स्थल।

juncture *जङ्क् चॅः n.* joining, union संधि-स्थल; a point of time समय, अवसर।

jungle *जङ् ग्ल n.* land with dense growth of trees जंगल, वन।

junior[1] जू *न्यॅः a.* lower in standing or rank अवर, कनिष्ठ।

junior[2] *n.* a junior person अवर व्यक्ति।

junk *जङ्क n.* rubbish कूड़ा-करकट, कचरा।

jupiter जू *पि टॅः n.* name of a planet बृहस्पति ग्रह।

jurisdiction *जुअॅ रिस् डिक् शॅन n.* legal authority न्याय-सीमा; limits within which legal authority may be exercised अधिकार-क्षेत्र।

jurisprudence *जुअॅ रिस् प्रू डॅन्स n.* science of knowledge of law न्यायशास्त्र।

jurist *जुअॅ रिस्ट n.* an expert in law क़ानूनविद, विधिवेत्ता।

juror *जु अॅ रॅः n.* member of a jury जूरी का सदस्य।

jury *जुअॅ रि n.* a body of persons sworn to render a verdict on a law case न्यायपीठ।

juryman *जुअॅ रि मॅन n.* member of a jury जूरी का सदस्य।

just[1] *जस्ट a.* fair उचित; in accordance with facts युक्तिसंगत; according to justice न्यायोचित।

just[2] *adv.* exactly वस्तुतः, merely केवल; quite recently अभी-अभी।

justice *जस् टिस n.* judicial decision अदालती निर्णय; judge न्यायाधीश।

justifiable *जस् टि फॉइ अॅ ब्ल a.* that may be justified न्याय; reasonable तर्कसंगत।

justification *जस् टि फ़ि के शॅन n.* rationality औचित्य; reasonableness तर्कसंगतता।

justify *जस् टि फॉइ v.t.* to make just न्यायसंगत बनाना; to prove to be just उचित प्रमाणित करना।

justly *जस्ट् लि adv.* honestly, fairly न्यायतः, उचित रूप में।

jute *जूट n.* a fibre जूट, पटसन।

juvenile *जू वि नॉइल a.* pertaining to youth किशोर-संबंधी; having youth यौवनमय; suited to youth युवकोचित।

Kk

K के the eleventh letter of the English alphabet (it is not pronounced before N), the symbol of potassim in chemistry. अंग्रेजी वर्णमाला का ग्याहवाँ अक्षर, इस अक्षर का उच्चारण 'एन' अक्षर के पूर्व रहने पर नहीं होता है, रसायन शास्त्र में 'पोटाशिअम' के लिए सांकेतिक चिन्ह।

keen *कीन a.* eager इच्छुक; sharp

तेज़; enthusiastic उत्साही।

keenness *कीन् निस n.* eagerness उत्सुकता, उत्कंठा; sharpness तीव्रता; zeal उत्साह।

keep *कीप v.t.* to retain possession of पास रखना; to store सुरक्षित रखना; to maintain बनाए रखना; to fulfil पूरा करना, निभाना; to tend देख-रेख करना।

keeper *की पँः n.* one who or that which keeps रक्षक; attendant देखभाल करनेवाला।

keepsake *कीप् सेक n.* something kept in memory of the giver स्मृतिचिन्ह।

kennel *कै ॅ नॅल n.* hut to shelter a dog कुत्ताघर।

kerchief *कॅः चिफ़ n.* head-cloth ओढ़नी; handkerchief रूमाल।

kernel *कॅ : न्ल n.* seed within a hard shell गुठली; soft inner part of nut गिरी; the core सार।

kerosene *कै ॅ रॅ सीन n.* a thin oil used as fuel मिट्टी का तेल।

ketchup *कै ॅ चॅप n.* sauce of vinegar, potatoes etc. चटनी।

kettle *कै ट्ल n.* a metal container पतीली, केतली।

key[1] *की n.* (*pl.keys*) instrument for locking and unlocking चाबी; a book of answers कुंजी; solution समाधान।

key[2] *v.t.* to lock with a key चाबी से बंद करना; to put a key into (lock) (ताले में) चाबी लगाना।

kick[1] *किक n.* a hit with the foot ठोकर।

kick[2] *v.t.* to hit with the foot ठोकर से मारना।

kid *किड n.* young goat मेमना; child बच्चा।

kidnap *किड् नैप (-pp-) v.t.* to steal (a human being) for ransom (मानव का) अपहरण करना।

kidney *किड् नि n.* the organ which secretes urine गुर्दा।

kill[1] *किल v.t.* to put to death मारना, बध करना; to destroy नष्ट करना; to waste व्यर्थ खोना।

kill[2] *n.* act of killing हत्या, वध; animals killed in hunt शिकार।

kiln *किल्न, किल n.* large oven for baking or drying भट्टा।

kin *किन n.* family, relatives परिजन, सगे-संबंधी।

kind[1] *कॉइन्ड n.* sort क़िस्म, प्रकार।

kind[2] *a.* benevolent कृपालु; gentle सज्जनतापूर्ण।

kindergarten *;किन् डॅः गाः ट्न n.* infant school बाल-विहार।

kindle *किन् ड्ल v.t.* to set fire to सुलगाना; to light चमकाना; to inflame भड़काना।

kindly *कॉइन्ड् लि adv.* in a friendly, considerate way कृपया।

king *किङ्ग n.* monarch सम्राट्, राजा; (chess) the main piece बादशाह।

kingdom *किङ्ग्-डॅम n.* monarchial state साम्राज्य, राज्य।

kinship *किन् शिप n.* blood relationship सगोत्रता; similarity समानता।

kiss[1] *किस् n.* a touch with the lips चुंबन।

kiss[2] *v.t.* to touch with the lips चूमना।

kit *किट n.* small wooden tub कठौता, लकड़ी का टब; material, tools etc. in a container साज़-सामान।

kitchen *कि चिन n.* place where food is cooked रसोईघर।

kite *कॉइट n.* light frame covered with paper for flying in the air पतंग; a bird of the hawk family चील।

kith *किथ n.* relatives रिश्तेदार।

kitten *कि ट्न n.* a young cat बिल्ली का बच्चा।

knave *नेव n.* a rogue दुष्ट, धूर्त; jack at cards (ताश) गुलाम।

knavery *ने वॅ रि n.* villainy, roguery धूर्तता, दुष्टता।

knee *नी n.* joint below thigh घुटना।

kneel *नील v.i.* to rest and fall on knees घुटने टेकना।

knife *नॉइफ़ n.* instrument for cutting चाकू।

knight[1] *नॉइट n.* warrior योद्धा।

knight[2] *v.t.* to confer kinghthood on नाइट की उपाधि देना।

knit *निट (-tt-) v.t.* to weave बुनना।

knock *नौकॅ v.t.* to strike, to hit मारना, प्रहार करना; to rap खटखटाना।

knot[1] *नौ ॅट n.* tightened loop गांठ।

knot[2] *(-tt-) v.t.* to tie बांधना।

know *नो v.t.* to be informed about जानना; to be aware of से सचेत होना; to have under-standing of (की) जानकारी होना।

knowledge *नौ ॅ लिज n.* understanding जानकारी; learning ज्ञान; information सूचना; acquaintance परिचय।

Ll

L ऍल the twelfth letter of the English alphabet, a symbol for 50 in Roman numerals. अंग्रेजी वर्णमाला का बारहवाँ अक्षर, रोमन संख्या में ५० के लिए संकेत।

label[1] *ले ब्ल n.* a card marked and attached to an object लेबिल, नामपत्र।

label[2] *(-ll-) v.t.* to attach a label to लेबिल लगाना।

labial *ले ब्यॅल a.* of the lips ओष्ठसंबंधी।

laboratory *लै बॅ रॅ टॅ रि, लॅ बौ ॅ —n.* a building or room where scientific tests are carried out प्रयोगशाला।

laborious *लॅ बौ रि ॲस a.* hard-working परिश्रमी; tedious कठिन, श्रमसाध्य।

labour[1] *ले बॅ: n.* hard work परिश्रम; working class श्रमिक वर्ग; pain of child birth प्रसव-पीड़ा।

labour[2] *v.i.* to work hard कठिन परिश्रम करना।

laboured *ले बॅःड a.* showing signs of great effort यत्नसिद्धः forced, not natural अस्वाभाविक।

labourer *ले बॅ रॅः n.* working man श्रमिक।

labyrinth *लै बि रिन्थ n.* an intricate network of winding passages भूलभुलैया; complicated situation उलझन।

lac, lakh *लैक n.* the number one hundred thousand एक लाख, सौ हज़ार।

lace[1] *लेस n.* a cord used for fastening shoe etc. फ़ीता, तस्मा; delicate ornamental work made of threads जाली।

lace[2] *v.t.* to fasten with laces फीतों से बांधना।

lacerate *लै-सॅ-रेट v.t.* to tear चीरना, फाड़ना; to rend, to wound चीर-फाड़ करना; to afflict यंत्रणा देना।

lachrymose *लैक्-रि-मोस a.* full of tears अश्रुपूर्ण, साश्रु; shedding tears, given to weeping रुदनकारी।

lack[1] *लैक n.* need, want कमी, अभाव।

lack[2] *v.t.* to have less than enough of (का) अभाव होना।

lackey *लै कि n.* a manservant or footman नौकर, टहलुआ।

lacklustre *लैक्-लॅस्-ट्रॅ: a.* wanting lustre निस्तेज, निष्प्रभ।

laconic *लॅ कौ ॅ निक a.* (speech) terse अल्पाक्षरिक, संक्षिप्त।

lactate *लैक्-टेट v.i.* to secrete milk दुग्ध स्रावित करना।

lactometer *लै क्-टौ-मि-टॅर: n.* apparatus for measuring the density of milk दुग्धमापी।

lactose *लैक्-टोस n.* milk sugar दुग्धशर्करा।

lacuna *लॅ क्यू नॅ n.* (*pl. -nas, -nae-नी)* missing part कमी; gap अंतराल।

lacy *ले-सि a.* like lace, having lace लेसदार, झालरदार।

lad *लैड n.* boy लड़का।

ladder *लै डॅ: n.* a narrow frame with steps or rungs for climbing up or down सीढ़ी।

lade *लेड (p.p./laden) v.t.* to burden, to load लादना।

ladle[1] *लै ड्ल n.* spoon with long handle and big bowl करछुल।

ladle[2] *v.t.* to serve with a ladle करछुल से देना।

lady *ले डि n.* polite name for a woman महिला।

lag *लैग v.i.* to walk or move too slowly धीरे-धीरे चलना; to hang back or linger पीछे रह जाना।

laggard *लै-गॅ:ड n.* one who lags behind फिसड्डी व्यक्ति; weak person शक्तिहीन व्यक्ति।

lagoon *लॅ-गून n.* shallow lake near the sea समुद्र के पास की झील।

lair *ले ॅ अॅ: n.* den मांद।

lake *लेक n.* a large stretch of water surrounded by land झील।

lama *ला मॅ n.* a Buddhist priest of Tibet लामा।

lamb *लैम n.* a young sheep मेमना।

lambaste *लैम्-बेस्ट v.t.* to beat मारना, पीटना; to thrash कूटना; to reprimand डांटना-फटकारना।

lame[1] *लेम a.* limping, crippled in leg लंगड़ा; unconvincing असंतोषजनक, कच्चा।

lame[2] *v.t.* to make lame पंगु बनाना।

lament[1] *लॅ मैन्ट v.i.* to feel or show great sorrow शोक प्रकट करना; *v.t.* to mourn for विलाप करना।

lament[2] *n.* expression of grief विलाप, शोक।

lamentable *लै मॅन् टॅ ब्‌ल a.* distressing शोचनीय; regrettable खेद-योग्य।

lamentation *लै मॅन् टे शॅन n.* act

of lamenting विलाप।

lambkin *लैम्-किन n.* a little lamb छोटा मेमना।

laminate *लै-मि-नेट v.t.* to make into a thin plate पतली परत का रूप देना; to make by putting layers together परत मिलाकर बनाना।

lamp *लैम्प n.* a glass-covered light दीपक, लैंप।

lampoon[1] *लैम् पून n.* a harsh satire कटाक्षपूर्ण रचना।

lampoon[2] *v.t.* to satirise (पर) व्यंग्य करना।

lance[1] *लान्स n.* a spear, a sharp-pointed weapon with a long handle बल्लम।

lance[2] *v.t.* to pierce चुभाना।

lancer *लान् सॅः n.* soldier armed with a lance बल्लमधारी योद्धा।

lancet *लान्-सिट a.* a surgical instrument छुरिका, नश्तर, शल्य-यंत्र।

land[1] *लैन्ड n.* solid part of the earth भूमि; country देश; region क्षेत्र।

land[2] *v.i.* to set on shore from a ship पोत से उतरना; *v.t.* to bring (an aeroplane) to surface from the air (जहाज़ को) उतारना।

landing *लैन् डिङ्ग n.* the flat space at the top of a flight of stairs चौकी; coming ashore from a ship अवतरण।

landscape *लैन्ड् स्केप n.* natural inland scenery परिदृश्य; a picture of landscape प्राकृतिक दृश्य-चित्र।

lane *लेन n.* a narrow road गली; area of road for one stream of traffic एक ही प्रकार के यातायात-हेतु निर्दिष्ट पथ।

language *लैङ् ग्विज n.* human speech भाषा।

languish *लैङ् ग्विश v.i.* to bocome dispirited मुरझाना, क्षीण होना।

lank *लैङ्क a.* flaccid कृश, क्षीण; tall and thin लंबा और पतला; straight and flat (बाल) सीधा और चपटा।

lantern *लैन् टॅःन n.* a container with glass sides for holding a light लालटेन।

lap *लैप n.* front part from the waist to the knees of a sitting person गोदी।

lapse[1] *लैप्स v.i.* to fall to bad ways पतित हो जाना; to end from disuse कालातीत हो जाना।

lapse[2] *n.* a slight mistake त्रुटि, भूल।

lard *लाःड n.* rendered fat of the hog सुअर की चरबी।

large *लाःज a.* big बड़ा; generous उदार।

largesse *लाः-जैं स n.* generous giving उदार दान; gift so given दिया गया दान।

lark *लाःक n.* a small bird that sings clearly and seetly and flies very high भरत, भरुहि।

lascivious *लॅ सि वि अॅस a.* lustful कामुक।

lash[1] *लैश a.* to strike with a lash कोड़ा मारना।

lash[2] *n.* a whip-stroke कोड़े का आघात; a whip चाबुक, कोड़ा।

lass *लैस n.* girl लड़की, किशोरी।

last[1] *लास्ट a.* coming at the end अंतिम; most recent गत, पिछला।

last[2] *adv.* after all others सबके अंत में; on the last occasion पिछली बार।

last[3] *v.i.* to remain in good condition टिकना, बना रहना।

last[4] *n.* that which comes at the end अंतिम वस्तु।

lastly *लास्ट् लि adv.* finally अंतिम तौर से।

lasting *लास् टिङ्ग a.* durable टिकाऊ।

latch *लैच n.* a fastening for a door or gate कुंडी, डंडाला।

late[1] *लेट a.* coming after the appointed time विलंबित; delayed पिछेता; recent पिछला, हाल का; deceased स्वर्गीय; that was recently but now is not भूत-पूर्व।

late[2] *adv.* after proper time विलंब से; recently हाल ही में।

lately *लेट् लि* recently हाल ही में।

latent *ले टॅन्ट a.* hidden गुप्त, अंतर्निहित।

lath *लाथ n.* slip, thin slip of wood छेपट, लकड़ी का पतला लंबा टुकड़ा।

lathe[1] *लेद n.* machine for turning and shaping articles of wood, metal etc. खराद।

lathe[2] *लेद n.* a machine for shaping wood or metal ख़राद मशीन।

lather *ला दॅ:, लै दॅ: n.* froth made by soap and water झाग।

latitude *लै टि ट्यूड n.* the distance north or south of the equator, measured in degrees अक्षाश; freedom from narrow restrictions छूट।

latrine *लॅ ट्रीन n.* lavatory शौचालय।

latter *लै टॅ: a.* the second of two पिछला; later बाद वाला।

lattice *लै टिस n.* a network of bars crossed diagonally जाल, जालक।

laud[1] *लौड v.t.* to praise प्रशंसा करना।

laud[2] *n.* praise प्रशंसा।

laudable *लौ डॅ ब्ल a.* worthy of praise प्रशंसनीय।

laugh[1] *लाफ n.* act or sound expressing delight हंसी।

laugh[2] *v.i.* to express delight हंसना।

laughable *ला फ़ॅ ब्ल a.* ridiculous हास्यास्पद; comical, amusing हास्यकर, मनोरंजक।

laughter *लाफ़् टॅ: n.* act or sound of laughing हंसी, हास्य।

launch[1] *लौन्च v.t.* to set (a newly built vessel) afloat (नया पोत) समुद्र में उतारना; to send off a (rocket) (प्रक्षेपास्त्र) छोड़ना।

launch[2] *n.* act of launching जलावतरण; a power-driven boat नाव।

launder *लौन् डॅ: v.t.* to wash and iron (clothes) (कपड़े) धोना और प्रेस करना।

laundress *लौन् ड्रिस n.* woman who washes the dresses धोबिन।

laundry *लौन् ड्रि n.* a place where clothes are washed धुलाईघर।

laurel *लौ रॅल n.* a shrub with glossy evergreen leaves जयपत्र।

laureate[1] *लौ-रि-इट a.* crowned with a laurel wreath लोरल भूषित।

laureate[2] *n.* a perosn who is honoured for some achievement विशिष्ट सम्मान-प्राप्त व्यक्ति।

lava *लावॅ n.* rock-matter that flows in a molten state from volcanoes लावा।

lavatory *लै वॅ टॅ रि n.* a room where

one can wash one's hands and face प्रच्छालन-कक्ष; flush toilet शौचालय।

lavender *लै-विन्-डरः n.* plant with fragrant pale lilac flowers एक प्रकार का सुगंधित पौधा जिसके फूल पीले रंग के होते हैं।

lavish[1] *लै विश a.* abundant प्रचुर; extravagant अपव्ययी।

lavish[2] *v.t.* to spend abundantly दिल खोलकर ख़र्च करना।

law *लौ n.* any regulation which people must obey क़ानून।

lawful *लौ फुल a.* legal वैध; rightful उचित; agreeable to law न्यायसम्मत।

lawless *लौ लिस a.* illegal अवैध; contrary to law न्याय-विरुद्ध।

lawn *लौन n.* a piece of ground covered with grass घास का मैदान।

lawyer *लौ यँः n.* someone who is expert in matters connected with the law विधिवक्ता, वकील।

lax *लैक्स a.* not strict ढीला; negligent बेपरवाह।

laxative[1] *लैक् सॅ टिव n.* a mild purgative रेचक औषधि।

laxative[2] *a.* causing easy bowel movement रेचक।

laxity *लैक् सि टि n.* state or quality of being lax रेचन; losseness ढिलाई, शिथिलता।

lay[1] *ले v.t.* to put (something) down रखना।

lay[2] *a.* not expert अविशेषज्ञ; relating to persons who are not priests अयाजकीय।

lay[3] *n.* a short narrative poem गीत।

layer *ले अँः n.* single thickness of some substance spread over another परत, तह।

layman *ले मॅन n.* a person who is not expert साधारण व्यक्ति।

laze *लेज़ v.i.* to be idle सुस्त रहना, आलस्य करना।

laziness *ले ज़ि निस n.* state or quality of being lazy आलस्य।

lazy *ले ज़ि n.* indolent आलसी, सुस्त।

lea *ली n.* open country, meadow, pasture खुला मैदान, चरागाह।

leach *लीच v.t.* to drain away by percolation घोलकर बहाना; to percolate through something निथारना।

lead[1] *लैॅड n.* a metal सीसा; thin stick of graphite (पेंसिल का) सुरमा।

lead[2] *लीड v.t.* to guide मार्गदर्शन करना; to be the head or leader of (की) अगुवाई करना।

lead[3] *n.* guidance मार्गदर्शन।

leaden *लैॅ ड्न a.* heavy बोझिल; made of lead सीसे का।

leader *लीडँः n.* person that leads अगुआ; guiding head नेता।

leadership *ली-डरः-शिप n.* state or quality of being a leader नेतृत्व, नायकत्व।

leaf *लीफ़ n.* (*pl. leaves* लीव्ज़) broad green part on the stem of a plant पत्ती; a sheet of paper पन्ना; a thin sheet of metal वर्क़।

leaflet *लीफ़् लिट n.* a small pamphlet पत्रक, पुस्तिका।

leafy *लीफि a.* full of leaves पत्तियों से भरा हुआ।

league *लीग n.* association of nations, groups, individuals संघ।

leak[1] *लीक n.* creak दरार; leacking रिसाव।

leak[2] *v.i.* to escape out through opening रिसना; *v.t.* to give out (information) (रहस्य) प्रकट कर देना।

leakage *ली किज n.* a leaking रिसन।

lean[1] *लीन n.* thin पतला, दुबला।

lean[2] *v.i.* to bend झुकना; to rest in a sloping position तिरछा होना; *v.t.* to cause to rest against झुकाना।

leap[1] *लीप v.i.* to jump कूदना; to pass over or jump लांघना।

leap[2] *n.* act of leaping कूद, उछाल।

learn *लॅःन v.i.* to get knowledge सीखना; *v.t.* to come to know जानना; to memorize रटना।

learned *लॅः निड a.* having much knowledge विद्वान scholarly पंडित।

learner *लॅः नॅः n.* a pupil शिष्य; a beginner नौसिखिया।

learning *लॅः निङ्ग n.* education शिक्षा; erudition विद्वत्ता।

lease[1] *लीस n.* contract for a specified time and fixed payment पट्टा।

lease[2] *v.t.* to give or get by a lease पट्टे पर देना या पाना।

least[1] *लीस्ट a.* smallest possible अल्पतम।

least[2] *adv.* to the smallest extent कम-से-कम मात्रा में।

leather *लैॅ दॅः n.* animal skin prepared for use चमड़ा।

leave[1] *लीव n.* absence from duty अवकाश; period of such absence अवकाश-अवधि; departure विदा।

leave[2] *v.t.* to go away from छोड़ना; to abandon त्यागना; to let remain रहने देना; *v.i.* to depart विदा होना, प्रस्थान करना।

lecture[1] *लै ॅक् चॅः n.* discourse व्याख्यान; reproof फटकार।

lecture[2] *v.i.* to deliver lecture भाषण देना; *v.t.* to scold फटकारना।

lecturer *लैकॅ् चॅ रॅः n.* a college or university teacher प्रवक्ता, व्याख्याता।

ledger *लै ॅ जॅः n.* book containing accounts खाता-बही।

lee *ली n.* shelter आश्रयण शरण; quarter towards which the wind blows ओट, वायुप्रतिकूल-पार्श्व, अनुवात।

leech *लीच n.* a blood-sucking worm जोंक।

leek *लीक n.* vegetable of the onion genus प्याज़ जैसी सब्ज़ी।

left[1] *लैफ़्ट a.* denoting the part opposed to the right of the body बायां।

left[2] *n.* the side opposite to the right वाम, वामपक्ष।

leftist *n.* person following leftism, progressive person वामपंथी व्यक्ति, प्रगतिवादी व्यक्ति।

leg *लैगॅ n.* a limb of the body टांग; support of a table, chair etc. पाया; a stage of a journey मंज़िल।

legacy *लै ॅ गॅ सि n.* bequest वसीयत।

legal *ली गॅल a.* permitted by law कानूनी, वैध।

legality *ली गै लि टि n.* condition; or character of being legal वैधता।

legalize *ली गॅ लॉइज़ v.t.* to make legal कानूनी बनाना।

legend *लै॑ जॅन्ड n.* a story handed down from the past किंवदंती।

legendary *लै॑ जॅन् डॅ रि a.* famous प्रसिद्ध; known only in legends पौराणिक।

leghorn *लै॑-गहौरःन n.* small breed of domestic fowl एक प्रकार की पालतू मुर्गी; hat made of fine straw चटाई का बना टोप।

legible *लै॑ जॅ ब्ल, –जि– a.* readable सुपाठ्य।

legibly *लै॑ जि ब्लि adv.* so as to be read सुपाठ्य रूप में।

legion *ली जॅन n.* division of an army सैन्य-टुकड़ी; a vast number भीड़, विशाल संख्या।

legionary *ली-जॅ-नॅ-रि n.* member of a legion सेना का सदस्य।

legislate *लै॑ जिस् लेट v.i.* to make or enact a law or laws क़ानून बनाना।

legislation *लै॑ जिस् ले शॅन n.* act of making a law or laws विधि-निर्माण; laws or statutes enacted विधान।

legislative *लै॑ जिस् लॅ टिव a.* capable of or pertaining to the enacting of laws विधायी।

legislator *लै॑ जिस् ले टॅः n.* one who makes laws क़ानून-निर्माता।

legislature *लै॑ जिस् ले चॅः n.* lawmaking body विधानमंडल।

legitimacy *लि जि टि मॅ सि n.* state or quality of being legitimate, legality वैधता।

legitimate *लि जि टि मिट a.* accordant with law न्यायसंगत; following by logical or natural sequence तर्कसंगत; born of legally married parents वैध।

leisure[1] *लै॑ ज़ॅः n.* freedom from occupation अवकाश; vacant time ख़ाली समय।

leisure[2] *a.* vacant ख़ाली; फुरसत का।

leisurely[1] *लै॑ ज़ॅः लि a.* unhurried मंथर।

leisurely[2] *adv.* without haste or hurry धीरे-धीरे।

lemon *लै॑ मॅन n.* an acid fruit of the orange kind नींबू।

lemonade *लै॑ मॅ नेड n.* a drink made from lemon juice, sugar and water शिंकजी।

lend *लैन्ड v.t.* to furnish on condition of the thing being returned उधार देना।

length *लै॑ङ्ग्थ n.* state or quality of being long लंबाई, विस्तार; duration of time अवधि।

lengthen *लै॑ङ्ग् थॅन v.t.* to make longer लंबा करना; *v.i.* to become longer लंबा होना।

lengthy *लै॑ ङ्ग् थि a.* somewhat long विस्तृत, बहुत लंबा।

lenience, leniency *लीन् यॅन्स, –यॅन् सि n.* quality of being lenient उदारता।

lenient *लीन् यॅन्ट a.* acting without rigour, mild उदार, कोमल।

lens *लैन्ज़, n.* glass लैंस।

lentil *लैनॅ टिल n.* a kind of bean plant मसूर का पौधा; seed of this plant मसूर।

Leo *ली-ओ n.* the 5th sign of the Zodiac सिंह राशि।

leonine *ली अॅ नॉइन, लि– a.* of a lion सिंह-विषयक; like a lion सिंह जैसा।

leopard *लैॅ पॅःड n.* a large carnivorous animal of the cat genus, with a spotted skin तेंदुआ।

leper *लै ॅ पॅः n.* one affected with leprosy कोढ़ी, कुष्ठरोगी।

leprosy *लैपॅ रॅ सि n.* a foul contagious disease कोढ़, कुष्ठ।

leprous *लैपॅ रॅस a.* affected with leprosy कुष्ठ-पीड़ित।

less[1] *लैसॅ a.* smaller in quantity अपेक्षाकृत कम।

less[2] *n.* smaller quantity, part of amount अपेक्षाकृत कम मात्रा या भाग।

less[3] *adv.* to a smaller extent अपेक्षाकृत कम सीमा तक; not so much इतना नहीं।

less[4] *prep.* with the deduction of, minus को निकालकर।

lessee *लै ॅ सी n.* the person to whom a lease is given पट्टेदार।

lessen *लै ॅ सन v.t.* to make less कम करना, घटाना; *v.i.* to become less कम होना, घटना।

lesser *लै ॅ सॅः a.* not so great as the other लघुतर।

lesson *लै ॅ सन n.* portion which a pupil learns at one time पाठ; example उदाहरण।

lest *लैस्ट conj.* for fear that इस डर से कि; in order that not ताकि नहीं।

let *लै ॅट v.t.* to allow अनुमति देना; to lease पट्टे पर देना।

lethal *ली थॅल a.* fatal प्राणघातक।

lethargic *लै ॅ थाः जिक a.* drowsy निश्चेष्ट; dull सुस्त; wanting in energy शक्तिहीन।

lethargy *लै ॅ थॅः जि n.* morbid drowsiness तंद्रा; dullness सुस्ती।

letter *लै ॅ टॅः n.* a mark used as the representative of sound वर्ण; a written message पत्र; (*pl.*) literature and learning साहित्य व विद्या।

level[1] *लै ॅ वल n.* plane सतह; standard स्तर; rank in a scale of values दरजा।

level[2] *a.* perfectly flat and even समतल; equal in importance or rank समस्तर।

level[3] *(-ll-) v.t.* to make level समतल करना; to demolish गिरा देना; to equalize एकबराबर करना।

lever[1] *ली वॅः n.* a bar used for raising weights etc. उत्तोलक।

lever[2] *v.t.* to move (something) with a lever उत्तोलक से हटाना।

leverage *ली वॅ रिज n.* action or power of a lever उत्तोलन, उत्तोलक की शक्ति।

levity *लै ॅ वि टि n.* lack of seriousness छिछोरापन।

levy[1] *लै ॅ वि v.t.* to raise वसूल करना; to collect एकत्र करना।

levy[2] *n.* act of levying करारोपण; collection, realisation उगाही; amount levied आरोपित राशि; enrolment of troops भरती।

lewd *लूड, ल्यूड a.* indecent अशिष्ट, भद्दा; lustful कामुक।

lexicography *लैकॅ सि कौगॅ रॅ फि n.* dictionary-writing कोश-रचना।

lexicon *लैकॅ सि कॅन n.* a dictionary शब्दकोश।

liability *लॉइ ॲ बि लि टि n.* state of being liable ज़िम्मेदारी, दायित्व; (*pl.*) debts देयधन।

liable *लॉइ ॲ बल a.* answerable उत्तरदायी, ज़िम्मेदार; subject (to) संभाव्य।

liaison *लि ए जॅन, ली–* *n.* an illicit intimacy between a man and a woman जार संबंध; connection संबंध।

liar *लॉइ अ:* *n.* one who utters falsehood झूठा, असत्यवादी।

libel[1] *लॉइ बॅल* *n.* a defamatory writing निंदालेख; written accusation अभियोग-पत्र; defamation परिवाद।

libel[2] *(-ll-)* *v.t.* to defame falsely झूठ के सहारे बदनाम करना।

liberal *लि वॅ रॅल* *a.* generous उदार; bountiful दानशील; broad-minded उदारचेता।

liberalism *लि बॅ रॅ लिज़्म* *n.* the principles and views of liberals उदारवाद।

liberality *लि बॅ रै लि टि* *n.* generosity उदारता।

liberate *लि बॅ रेट* *v.t.* to free मुक्त करना, स्वाधीन करना।

liberation *लि बॅ रे शॅन* *n.* act of liberating विमुक्तिकरण; being liberated मुक्ति-प्राप्ति।

liberator *लि बॅ रे टॅ:* *n.* one who liberates मुक्तिदाता।

libertine *लि बॅ: टॉइन, –टीन,–टिन* *n.* morally dissolute person नैतिक रूप से पतित व्यक्ति।

liberty *लि बॅ: टि* *n.* state or condition of one who is free स्वतंत्रता।

librarian *लॉइ ब्रे˘ अॅ रि अॅन* *n.* the keeper of a library or collection of books पुस्तकालयाध्यक्ष।

library *लॉइ ब्रॅ रि* *n.* a collection of books पुस्तक-संचय; building for a collection of books पुस्तकालय।

licence *लॉइ सॅन्स* *n.* authority or liberty given to do something अनुज्ञा-पत्र; wrong use of freedom स्वच्छंदता।

license *लॉइ सॅन्स* *v.t.* to give a licence to अनुज्ञा देना।

licensee *लॉइ सॅन् सी* *n.* one to whom a licence is granted अनुज्ञापत्रधारी।

licentious *लॉइ सैन् शॅस* *a.* sexually immoral व्यभिचारी; dissolute पतित।

lick[1] *लिक* *v.t.* to pass the tongue over the surface of जीभ से चाटना; to touch lightly हल्का स्पर्श करना।

lick[2] *n.* act of licking चाटने की क्रिया।

lid *लिड* *n.* a movable cover of a vessel or box ढक्कन; eyelid पलक।

lie[1] *लॉइ* *v.i.* to be or put oneself flat in a resting position लेटना; to be resting flat पड़ा रहना; to remain रहना; to exist अस्तित्व रखना; to consist (in) निहित होना।

lie[2] *v.i.* to make an untrue statement झूठ बोलना।

lie[3] *n.* untruth असत्य; false statement असत्य भाषण।

lien *लिअॅन* *n.* legal claim वैध अधिकार।

lieu *ल्यू* *n.* place स्थान।

lieutenant *लैफ़् टै˘ नॅन्ट* *n.* a junior officer in the army or navy लैफ़्टिनेन्ट।

life *लॉइफ़* *n.* time from birth to death जीवनकाल; animate existence जीवन, प्राण; spirit आत्मा; way of living जीवन-शैली; vigour जोश, उत्साह; a biography जीवनी।

lifeless *लॉइफ़् लिस* *a.* deprived of life जीवन-रहित; dead मृत।

lifelong *लॉइफ़् लौ ˇड़्ग a.* lasting through life आजीवन।

lift[1] *लिफ़्ट n.* lifter उत्तोलक, उत्थापक; raising उत्थान; ride in car etc. सवारी।

lift[2] *v.t.* to raise to a higher position उन्नत बनाना; to raise उठाना; to steal चुराना to remove हटाना।

light[1] *लॉइट n.* that by which objects are rendered visible प्रकाश; brightness चमक; enlightenment ज्ञानोदय; flame लपट; way of viewing दृष्टिकोण।

light[2] *a.* bright चमकीला, ज्योतिर्मय; not heavy हलका; easy सरल; easy to digest सुपाच्य; easy to endure सहनीय; gentle मंद।

light[3] *v.t.* to set burning जलाना; to give light to प्रकाशित करना; *v.i.* to take fire जलना; to brighten चमकना, प्रकाशित होना।

lighten *लॉइ ट्न v.i.* to become brighter चमकदार होना; to become light हलका होना; *v.t.* to illuminate प्रकाशित करना; to make lighter हलका करना।

lighter *लॉइ टॅः n.* device for lighting cigarettes etc. लाइटर।

lightly *लॉइट् लि adv.* in a light way हलके से, धीरे से; slightly मामूली सी मात्रा में; with little consideration बिना सोचे-विचारे।

lightening *लॉइट् निड़्ग n.* the sudden and vivid flash that precedes thunder, produced by a discharge of atmospheric electricity आकाशीय विद्युत्।

lignite *लिग्-नॉइट n.* brown coal भूरा कोयला।

like[1] *लॉइक a.* similar अनुरूप।

like[2] *n.* liking पसंद; something similar समान प्रकार।

like[3] *v.t.* to be pleased with पसंद करना; to wish चाहना; to choose चयन करना।

like[4] *prep.* similar to के समान।

likelihood *लॉइक् लि हुड n.* probability संभव्यता।

likely *लॉइक् लि a.* probable संभाव्य; suitable उपयुक्त।

liken *लॉइ क्न v.t.* to compare तुलना करना।

likeness *लॉइक् निस n.* similarity अनुरूपता।

likewise *लॉइक् वॉइज़ adv.* in like manner उसी तरह।

liking *लॉइ किड़्ग n.* inclination पसंद, रुचि; fondness शौक़।

lilac *लॉइ-लॅक n.* European tree of olive family नीलक; light purple colour हलका बैंगनी रंग।

lily *लि लि n.* a bulbous flowering plant कुमुदिनी।

limb *लिम n.* organ अवयव; branch शाखा।

limber[1] *लिम्-बॅरः v.t.* to make flexible लचीला बनाना; *v.i.* to be flexible लचीला होना।

limber[2] *n.* shaft of vehicle गाड़ी का जुआ; detachable fore-part of a guncarriage तोपगाड़ी का अगला भाग।

lime[1] *लॉइम n.* any viscous substance चूना; a sticky substance लासा।

lime[2] *v.t.* to treat with lime चूना लगाना।

lime[3] *n.* a tree of the lemon family चकोतरा।

limelight *लॉइम् लॉइट n.* an intense white light used for lighting the stage तीव्र प्रकाश; great publicity लोकप्रसिद्धि।

limit[1] *लि मिट n.* boundary सीमा, परिसीमा, restriction प्रतिबंध।

limit[2] *v.t.* to bound सीमित करना; to restrain रोक लगाना।

limitation *लि मि टे शॅन n.* act of limiting परिसीमन; restriction बाधा, रुकावट।

limited *लि मि टिड a.* narrow संकुचित; restricted नियंत्रित।

limitless *लि मिट् लिस a.* boundless, having no limits असीम।

line[1] *लॉइन n.* thread-like marking रेखा; route मार्ग, पथ; row of soldiers etc. पंक्ति; method पद्धति; series श्रेणी, क्रम; field of activity पेशा, कार्य-क्षेत्र; railway track रेल-मार्ग; advice सलाह।

line[2] *v.t.* to mark out with lines (रेखा) खींचना; to sketch, रेखांकन करना; to put in line पंक्तिबद्ध करना; *v.i.* to take a place in a line पंक्ति में खड़ा होना।

line[3] *v.t.* to provide with an inside covering अस्तर लगाना।

lineage *लि नि इज n.* descendents in a line from a common progenitor वंशावली।

linen *लि नॅन n.* cloth made of flax क्षोमवस्त्र।

linger *लिङ् गॅः v.i.* to delay विलंब करना; to remain long ठहरना; *v.t.* to spend wearily जैसे-तैसे बिताना।

lingo *लिङ्गो n. (pl. -es)* language not understood विदेशी भाषा; despised language तिरस्कृत भाषा।

lingua franca *लिङ् ग्वॅ फ्रैङ् कॅ n.* language used for communication between people of different mother tongues सामान्य भाषा, लोकभाषा।

lingual *लिङ् ग्वॅल a.* pertaining to the tongue or language जिह्वा अथवा भाषा-संबंधी।

linguist *लिङ् ग्विस्ट n.* person skilled in languages भाषाविद्।

linguistic *लिङ् ग्विस् टिक a.* relating to language भाषा-संबंधी, भाषा-वैज्ञानिक।

linguistics *लिङ् ग्विस् टिक्स n.* the science of language भाषा-विज्ञान।

lining *लॉइ निङ्ग n.* the covering of the inner surface of anything अस्तर।

link[1] *लिङ्क n.* anything connected शृंखला, संपर्क; ring of a chain ज़ंजीर की कड़ी।

link[2] *v.t.* to join, to connect जोड़ना।

linseed *लिन् सीड n.* seed of flax plant अलसी।

lintel *लिन् ट्ल n.* top piece of door or window सरदल।

lion *लॉइ अॅन n.* a carnivorous animal of the cat family शेर।

lioness *लॉइ अॅ निस n.* female lion शेरनी, सिंहनी।

lip *लिप n.* one of the two fleshy parts covering the front teeth अधर, ओठ।

liquefy *लिक् वि फ़ॉइ v.t.* to make liquid द्रव बनाना; *v.i.* to become liquid द्रव बनना।

liquid[1] *लिक् विड a.* fluid तरल; not

solid जो ठोस न हो; clear स्पष्ट।

liquid[2] *n.* fluid द्रव पदार्थ।

liquidate *लिक् वि डेट v.t.* to pay or settle (a debt) (ऋण) चुकाना; to arrange affairs of and dissolve (a company) परिसमाप्त करना; to wipe out, to kill मिटा देना, नष्ट करना।

liquidation *लिक् वि डे शॅन n.* act of liquidating परिशोधन; dissolution विघटन; bankruptcy दिवालियापन।

liquor *लिकॅ: n.* spirituous fluid आसव, मदिरा; beverage पेय पदार्थ।

lisp[1] *लिस्प v.t.* to speak with faulty pronunciation of 's' and 'z' तुतलाना।

lisp[2] *n.* a lisping manner of speech तुतलाहट।

list[1] *लिस्ट n.* a roll or catalogue सूचीपत्र।

list[2] *v.t.* to enlist सूचीबद्ध करना।

listen *लि सन v.i.* to hearken सुनना; to follow advice ध्यान देना।

listener *लिस् नॅ: n.* one who listens श्रोता।

listless *लिस्ट् लिस a.* having no wish इच्छा-रहित; indifferent उदासीन।

lists *लिस्ट्स n. pl.* field for combat अखाड़ा।

literacy *लि टॅ रॅ सि n.* condition of being literate साक्षरता।

literal *लि टॅ रॅल a.* according to the letter शब्दशः; connected with letters आक्षरिक; taking words in their usual sense शाब्दिक।

literary *लि टॅ रॅ रि a.* pertaining to literature साहित्यिक।

literate *लि टॅ रिट a.* able to read and write साक्षर।

literature *लि टॅ रि चॅ: n.* collective writings of a country or period साहित्य, साहित्यिक रचना।

litigant *लि टि गॅन्ट n.* person engaged in a law-suit विवादी, मुक़दमेबाज़।

litigate *लि टि गेट v.t.* to contest in law (पर) मुक़दमेबाज़ी करना; *v.i.* to carry on a lawsuit बाद करना।

litigation *लि टि गे शॅन n.* a lawsuit वाद, मुक़दमा; going to law मुक़दमेबाज़ी।

litre *ली टॅ: n.* metric unit of capacity लीटर (माप)।

litter[1] *लि टॅ: n.* rubbish left scattered about बिखरा हुआ कूड़ा-करकट; young of an animal produced at one birth पशु के एक ब्यांत के बच्चे; portable couch पालकी; straw etc. as bedding for animals तृणशैय्या।

litter[2] *v.t.* to strew with litter कूड़े-करकट से गंदा करना; to bring forth (young) जन्म देना।

litterateur *ली-टे-रा-टरः n.* literary person साहित्यिक व्यक्ति।

little[1] *लि ट्ल a.* small in size or extent लघु, छोटा; small in extent or quantity अनधिक; petty नगण्य; mean तुच्छ।

little[2] *adv.* slightly थोड़ा-सा।

little[3] *n.* a small quantity अल्प मात्रा।

littoral *लि-टॅ-रॅल a.* belonging to the seashore or to lands near the coast समुद्रतटीय, तटवर्ती।

liturgical *लि-टॅरः-जि-कॅल* *a.* pertaining to form of worship पूजापद्धति-संबंधी।

live[1] *लिव* *v.i.* to exist अस्तित्व रखना; to be alive जीवित रहना; to dwell निवास करना; to have life प्राणधारी होना; *v.t.* to lead बिताना।

live[2] *लॉइव* *a.* having life जीवंत; alive जीवित; energetic ओजस्वी; carrying electric current विद्युन्मय; flaming सुलगता हुआ; (of broadcast) transmitted during the actual performance सीधा (प्रसारण)।

livelihood *लॉइव् लि हुड* *n.* means of living आजीविका।

lively *लॉइव् लि* *a.* active सक्रिय; vigorous ओजस्वी; vivid स्पष्ट।

liver *लि वॅः* *n.* the organ which secretes the bile यकृत, जिगर।

livery *लि वॅ रि* *n.* uniform provided for servants नौकरों की वरदी।

living[1] *लि विङ्ग्* *a.* having life जीवंत; existing वर्तमान; alive सप्राण।

living[2] *n.* means of subsistence जीविका।

lizard *लि ज़ःड* *n.* a four-footed tailed reptile छिपकली।

load[1] *लोड* *n.* burden बोझ, भार; amount carried at a time बोझ, खेप; grievous weight शोक-भार।

load[2] *v.t.* to put a load on लादना; to charge (gun) (बंदूक में) गोली भरना; to put a length of film into (a camera) (कैमरे में) रील भरना।

loadstar *लोड्-स्टारः* *n.* pole-star ध्रुवतारा।

loadstone *लोड्-स्टोन* *n.* a magnet चुंबक पत्थर।

loaf[1] *लोफ* *n.* a mass of bread formed by the baker पावरोटी।

loaf[2] *v.i.* to lounge आवारागर्दी करना; to pass time idly आलस्य में समय बिताना।

loafer *लो फ़ः* *n.* a lounger आवारा आदमी।

loan[1] *लोन* *n.* lending उधार; sum of money lent ऋण राशि।

loan[2] *v.t.* to lend उधार देना।

loath *लोथ* *a.* not inclined, reluctant अनिच्छुक।

loathe *लोद* *v.t.* to feel disgust at (से) घृणा रखना।

loathsome *लोद् सॅम* *a.* exciting disgust घिनौना, वीभत्स; disgusting घृणास्पद।

lobby *लौ ˘ बि* *n.* an appartment giving admission to others उपांतिका; an entrance-hall प्रवेश-कक्ष; waiting room प्रतीक्षा-कक्ष।

lobe *लोब* *n.* broadrounded segmental division पिंडक, पिंडिका; soft lower part of the ear कान का कोमल भाग।

lobster *लौ˘ब्-स्टॅरः* *n.* large strong clawed edible crustacean महाचिंगट, समुद्री झींगा।

local *लो कॅल* *a.* pertaining to a particular place स्थानीय, देशीय।

locale *लो ˘ काल* *n.* the scene of a particular event घटना-स्थल।

locality *लो˘ कै लि टि* *n.* area, district, place स्थान।

localize *लो कॅ लॉइज़* *v.t.* to make local स्थानीय बनाना।

locate *लो˘ केट* *v.t.* to attribute to a place स्थान से जोड़ना; to find the place of के स्थान का पता

लगाना; to establish in a place स्थापित करना।

location लो ˘ के शॅन *n.* situation स्थिति; place स्थान; act of locating स्थान-निर्धारण।

lock[1] लौकॅ *n.* a tuft or ringlet of hair लट।

lock[2] *v.t.* to fasten (door, chest etc.) (का) ताला लगाना; to close fast बंद करना; *v.i.* to become locked बंद हो जाना।

lock[3] *n.* a device for fastening door, lid etc. ताला; the mechanism which fires a gun बंदूक का घोड़ा; a condition which makes movement impossible अवरोध।

locker लौ ˘ कॅ: *n.* small cupboard that may be locked तालेदार अलमारी।

locket लौ ˘ किट *n.* a little case worn as an ornament सोने या चांदी का कुंडा, लॉकेट।

locomotive लो कॅ मो टिव *n.* a steam engine वाष्प इंजिन; automatic machine or engine स्वचालित यंत्र या इंजिन।

locus लो-कॅस *(pl.-ci) n.* place, location स्थान, अवस्थिति; the line or surface constituted by all positions of a point or line बिंदुपथ, रेखापथ।

locust लो कॅस्ट *n.* a destructive winged insect टिड्डी।

locution लो ˘-क्यू-शॅन *n.* mode of speaking वाक्शैली, भाषण-शैली; phrase मुहावरा।

lodge[1] लौ ˘ज *n.* abode आवास; tent ख़ेमा, तंबू।

lodge[2] *v.t.* to furnish with a dwelling ठहराना; to place रखना; to infix बैठा देना; *v.t.* to live रहना।

lodging लौ ˘ जिङ्ग *n.* temporary habitation अस्थायी आवास।

loft लौफ्ट *n.* upper room अटारी, मचान; gallery in a hall or church दीर्घा।

lofty लौफ़् टि *a.* high in position उन्नत; haughty अभिमानी।

log लौगॅ *n.* bulky piece of wood लट्ठा, कुंदा; detailed record of voyages of ship, aircraft etc. यात्रा-दैनिकी।

logarithim लौं-गॅ-रिथ्म *n.* the power of a fixed number घात, प्रमापक, लघुगणक।

loggerhead लौ ˘-गरः-है ˘ड *n.* blockhead, dunce मूढ़, स्थूलबुद्धि; apparatus or iron लौह-यंत्र।

logic लौ ˘ जिक *n.* science and art of reasoning तर्कशास्त्र।

logical लौ ˘ जि कॅल *a.* of or according to logic तर्कसम्मत; proved by logic तर्कसिद्ध।

logician लौ ˘ जि शॅन *n.* person skilled in logic तर्कशास्त्री।

loin लौ ˘इन *n.* lower part of the back कटि, नितंब।

loiter लौ ˘इ टॅ: *v.i.* to dawdle आवारागर्दी करना।

loll लौं ˘ल *v.i.* to dangle (the tongue) (जीभ) लपलपाना; to lie lazily about सुस्ती में पड़े रहना; to hang out लटकना; *v.t.* to let hang out लटकाना।

lollipop लौ ˘ लि पौपॅ *n.* a large sweet on a stick for sucking चूसने की मिठाई।

lone लोन *a.* solitary अकेला, एकाकी।

loneliness *लोन् लि निस* *n.* state of being lonely निर्जनता, एकाकीपन।

lonely *लोन् लि* *a.* unaccompanied एकाकी; uninhabited निर्जन।

lonesome *लोन् सॅम* *a.* solitary निर्जन; feeling lonely एकाकी।

long[1] *लौ ॅङ्ग* *a.* not short लंबा; extended दीर्घ।

long[2] *adv.* for a long time लंबे समय तक; at a distant time बहुत दिन पूर्व अथवा पश्चात्।

long[3] *v.i.* to yearn लालायित होना।

longevity *लौनॅं जै ॅ वि टि* *n.* great length of life दीर्घायुता।

longing *लौ ॅङ् गिङ्ग* *n.* yearning तीव्र इच्छा।

longitude *लौनॅं जि ट्यूड* *n.* distance measured in degrees east or west of the standard meridian देशांतर।

look[1] *लुक* *v.i.* to seem प्रतीत होना; to give attention अभिमुख होना।

look[2] *a.* appearance रूप, आकृति; view दृष्टिपात।

loom[1] *लूम* *n.* machine for weaving करघा।

loom[2] *v.i.* to appear indistinctly धुंधला दिखाई देना; to seem ominously close पास ही मंडराना।

loop *लूप* *n.* coil कुंडली; snare फंदा; branch of a railway line रेलवे-शाखा।

loop-hole *लूप होल* *n.* a narrow vertical opening in a wall for defence रंध्र; means of escape बचाव का रास्ता।

loose[1] *लूॅ:स* *a.* unbound बंधनमुक्त; slack शिथिल; unrestrained अव्यवस्थित; vague अस्पष्ट; dissolute लंपट।

loose[2] *v.t.* to set free मुक्त करना; to make loose ढीला करना; to relax शिथिल करना।

loosen *लू स्न* *v.t.* to set free रिहा करना; to make loose ढीला करना; *v.i.* to become loose ढीला होना; to open खुलना।

loot[1] *लूट* *n.* plunder लूटमार।

loot[2] *v.i.* to plunder लूटपाट करना; *v.t.* to plunder लूटना।

lop[1] *लौपॅ* *(-pp-)* *v.t.* to cut off the top or ends of छांटना; to cut away छिन्न-भिन्न कर डालना।

lop[2] *n.* act of lopping काट-छांट।

lord *लौ:ड* *n.* master स्वामी; (cap.) God प्रभु।

lordly *लौ:ड् लि* *a.* like or becoming of a lord राजोचित; haughtly घमंडी।

lordship *लौ:ड् शिप* *n.* state of being a lord आधिपत्य, स्वामित्व।

lore *लौ:, लौ:* *n.* learning विद्या।

lorry *लौ ॅ रि* *n.* a wagon without sides or with low sides ठेला।

lose *लूज़* *v.t.* to miss खो देना; to fail to keep गंवा देना; to waste व्यर्थ व्यय करना; to be defeated in (में) हार जाना; *v.i.* to suffer loss हानि उठाना; to fail असफल होना।

loss *लौ ॅस* *n.* losing हानि; diminution ह्रास; defeat पराजय।

lot[1] *लौ ॅट* *n.* destiny भाग्य; item at auction बोली के लिए वस्तु; an area of land भूभाग; share भाग।

lot[2] *n.* large quantity or number बड़ी मात्रा या संख्या; collection ढेर।

lotion *लो शॅन* *n.* medicinal or cosmetic liquid लोशन।

lottery लौ ॅ टॅ रि *n.* a competition at which prizes are awarded by drawing lots लॉटरी।

lotus लो टॅस *n.* water lily कमल।

loud लॉउड *a.* noisy कोलाहलपूर्ण; making a great sound उच्चस्वर युक्त।

lounge[1] लॉउन्ज़ *v.i.* to loll मटरगश्ती करना; to idle मौज करना।

lounge[2] *n.* state or act of lounging पर्यटन-प्रवृत्ति; entrance or sitting room बरामदा।

louse लॉउस *n.* a parasitic insect living in the hair and skin जूं।

lovable लॅ व ब्ल *a.* worthy of love प्रीतिकर, प्रेम-योग्य।

love[1] लव *n.* fondness प्रणय; affection वात्सल्य।

love[2] *v.t.* to be fond of प्रेम करना; *v.i.* to be in love प्यार होना।

lovely लॅव् लि *a.* loving प्रिय, प्रियकर; beautiful सुंदर, मनोरम।

lover लॅ वः *n.* one who loves प्रेमी।

loving ल विङ्ग *a.* affectionate अनुरागशील।

low[1] लो *a.* not of high rank निम्न; contemptible घृणित; not loud मंद (स्वर); below the surface निचला; depressed उदास; cheap सस्ता।

low[2] *adv.* in a low position निम्न स्थिति में।

low[3] *v.i.* to make the noise of cow रंभाना।

low[4] *n.* sound made by cows रंभाहट।

lower लो ॲः *v.t.* to make low झुकाना; to lessen कम करना; to dilute अपकृष्ट करना; to degrade गिराना; to weaken कमज़ोर करना; *v.i.* to become lower or less कम होना, नीचा होना।

lowliness लो लि निस *n.* humility दीनता; simplicity सादगी; modesty विनम्रता।

lowly लो लि *a.* modest विनयशील; humble दीन; simple सरल, सादा।

loyal लौ ॅइ ॲल *a.* faithful निष्ठावान।

loyalist लौ ॅइ ॲ लिस्ट *n.* one who supports the government in times or revolt राजभक्त।

loyalty लौ ॅइ ॲल् टि *n.* faithfulness निष्ठा; loyal conduct निष्ठापूर्ण आचरण।

lubricant लू ब्रि कॅन्ट *n.* lubricating substance चिकनाई।

lubricate लू ब्रि केट *v.t.* to apply a lubricant to चिकनाना।

lubrication लू ब्रि के शॅन *n.* act of lubricating स्नेहन।

lucent लू सन्ट *a.* bright, shining चमकदार।

lucerne लू सॅःन *n.* clover-like plant used for feeding animals रिजका।

lucid लू सिड,ल्यू– *a.* shining चमकदार; easily understood सुबोधगम्य।

lucidity लू सि डि टि, ल्यू– *n.* brightness चमक; clearness स्पष्टता; quality of being lucid सुबोधगम्यता।

luck लक *n.* fortune भाग्य; chance संयोग।

luckily ल कि लि *adv.* fortunately सौभाग्य से।

luckless लक् लिस *a.* unfortunate अभागा, दुर्भाग्यपूर्ण।

lucky ल कि *a.* fortunate भाग्यशाली; auspicious मंगलप्रद।

lucrative लू क्रॅ टिव *a.* profitable लाभप्रद; bringing in money अर्थकर।

lucre लू कॅः *n.* money, wealth धन, दौलत।

luggage ल गिज *n.* traveller's belongings असबाब, सामान।

lukewarm लूक् वौःम, ल्यूक्– *a.* tepid गुनगुना; indifferent उदासीन।

lull[1] लल *v.t.* to make (one) sleep by patting थपकियां देकर सुलाना; to quiet शांत करना; *v.i.* to become calm शांत होना।

lull[2] *n.* interval of calm शांति-काल।

lullaby ल लॅ बॉइ *n.* song to lull children to sleep लोरी।

luminary लू मि नॅ रि, ल्यू– *n.* a body that gives off light ज्योति-नक्षत्र; a person distinguished for his learning महान विद्वान्।

luminous लू मि नॅस ल्यू– *a.* giving light प्रकाशमान; easily understood सुबोधगम्य।

lump[1] लम्प *n.* mass पिंड; heap ढेर; swelling सूजन।

lump[2] *v.t.* to throw into a confused mass ढेर लगाना; *v.i.* to gather in lump एकत्र होना।

lunacy लू नॅ सि, ल्यू– *n.* insanity पागलपन; mad behaviour पागलपन का व्यवहार।

lunar लू नॅः, ल्यू– *a.* of the moon चंद्रमा-संबंधी, चाँद्र।

lunatic[1] लू नॅ टिक *n.* a mad man पागल व्यक्ति।

lunatic[2] *a.* mad पागल।

lunch[1] *(-eon)* लन्च, लन् शॅन *n.* midday meal मध्याह्न-भोजन।

lunch[2] *v.i.* to take lunch भोजन करना; *v.t.* to provide lunch for भोजन देना।

lung लङ्ग respirating organ in animals फेफड़ा।

lunge[1] लन्ज *n.* a sudden movement forward झपट्टा; a sword-thrust तलवार का वार।

lunge[2] *v.i.* to thrust with a sword तलवार घोंपना; to move forward suddenly झपट्टा मारना।

lurch[1] लॅःच *n.* a sudden roll to one side अचानक एक ओर को लड़खड़ाना।

lurch[2] *v.i.* to move in an awkward manner लड़खड़ाना।

lure[1] ल्यूअॅः *n.* enticement प्रलोभन; bait चारा, चुग्गा।

lure[2] *v.t.* to entice प्रलोभित करना; to attract आकर्षित करना।

lurk लःक *v.i.* to be concealed दुबकना; to lie in wait घात में होना।

luscious ल शॅस *a.* most pleasing in taste सुस्वाद।

lush लश *a.* juicy रसीला; luxuriant प्रचुर।

lust लस्ट *n.* sexual desire कामवासना; strong desire लालसा।

lustful लस्ट् फुल *a.* full of lust कामुक।

lustre लस् टॅः *n.* glow चमक, द्युति; beauty सौंदर्य।

lustrous लस् ट्रॅस *a.* bright, shining चमकदार।

lusty लस् टि *a.* healthy and strong हृष्ट-पुष्ट।

lute लूट, ल्यूट *n.* a stringed musical instrument वीणा।

luxuriance लग् जुअॅ रि अॅन्स, लक् सुअॅ– *n.* abundance प्रचुरता।

luxuriant *लग् जुअँ रि अॅन्ट, लक् सुअँ–* *a.* abundant प्रचुर; richly ornamented (style) अत्यलंकृत (शैली)।

luxurious *लग् जुअँ रि अॅ स, लक् सुअँ–* *a.* furnished with luxuries विलासमय; fond of luxuries विलासप्रिय।

luxury *लक् शॅ रि n.* enjoyment of the best and costliest विलासिता; (*pl.*) things giving such enjoyment विलास-साधन।

lynch *लिन्च v.t.* to put to death without trial बिना मुक़दमे के मार डालना।

lyre *लॉइअँ: n.* an instrument like the harp वीणा।

lyric[1] *लि रिक a.* intended for singing गेय।

lyric[2] *n.* short poem for singing गीतिकाव्य।

lyrical *लि रि कॅल a.* of lyric poetry गेय काव्य से संबंधित; having the qualities of a lyric गेय।

lyricist *लि रि सिस्ट n.* writer of lyrics प्रगीतकार, गीतिकाव्यकार।

Mm

M ऍम the thirteenth letter of the English alphabet, in Roman notation used for 1000. अंग्रेजी भाषा का तेरहवाँ अक्षर, रोमन अंकमाला में १००० के लिए प्रयुक्त अंक।

macabre *मॅ काबॅ: a* horrible भयानक।

mace *मेस n.* a club with a spiked head कीलदार गदा; a staff of office सोटा।

macerate *मै-सॅ-रेट v.t.* to soften by steeping भिगोकर मुलायम करना; *v.i.* to undergo maceration भीगकर मुलायम होना।

machine *मॅ शीन n.* an apparatus consisting of inter-related parts कल, यंत्र।

machinery *मॅ शी नॅ रि n.* machines in general यंत्र-प्रणाली; moving parts of a machine किसी यंत्र के चलने वाले भाग।

mad *मैड a.* insane पागल; very enthusiastic अति उत्साहपूर्ण; excited उत्तेजित; angry क्रुद्ध।

madam *मॅ डॅम n.* courteous form of address to a lady महोदया।

madden *मै डॅन v.t.* to make mad पागल करना।

madrigal *मैड्-रि-गॅल n.* a lyrical peom गीत, कजरी ; a pastrol song ग्राम्यगीत।

maestro *मा ऐ स् ट्रो n.* out-standing musician संगीतज्ञ; master of any art कलाविद।

magazine *मै गॅ ज़ीन n.* periodical publication पत्रिका; a place for storing explosives बारूदखाना, शस्त्रागार; appliance for supplying cartridges automatically to gun मैगज़ीन।

maggot *मै-गॅट n.* a legless grub कीट, कृमि; a fad सनक।

magic[1] *मै जिक n.* enchantment इंद्रजाल, जादू।

magic[2] *a.* done by magic ऐंद्रजालिक; possessing magic जादूभरा।

magical *मै जि कॅल a.* pertaining to magic जादू-संबंधी।

magician *मॅ जि शॅन n.* one versed in magic जादूगर।

magisterial *मै जिस् टिॲ रि ॲल a.* pertaining to a magistrate दंडाधिकारी-संबंधी।

magistracy *मै जिस् ट्रॅ सि n.* body of magistrates दंडाधिकारीगण; office of a magistrate दंडाधिकरण।

magistrate *मै जिस् ट्रिट, –ट्रेट n.* one who has power of putting the law in force दंडाधिकारी।

magnanimity *मैग् नॅ नि मि टि n.* quality of being magnanimous उदारहृदयता।

magnanimous *मैग् नै नि मॅस a.* generous उदार हृदय, विशाल-हृदय।

magnate *मैग् नेट n.* a noble महापुरुष।

magnet *मैग् निट n.* lode-stone चुंबक; person or thing that attracts आकर्षक व्यक्ति या वस्तु।

magnetic *मैग् नै˘ टिक a.* pertaining to magnet चुंबकीय; able to attract आकर्षक।

magnetism *मैग् नि टिज़्म n.* cause of the attractive power of the magnet चुंबकत्व; personal charm and attraction व्यक्तिगत सौंदर्य व आकर्षण।

magnificent *मैग् नि फ़ि सॅन्ट a.* pompous भव्य, शानदार।

magnify *मैग् नि फ़ॉइ v.t.* to enlarge विस्तीर्ण करना; to exaggerate बढ़ा-चढ़ाकर कहना; to give praise to प्रशंसा करना।

magnitude *मैग् नि ट्यूड n.* importance महत्व; size आकार; greatness विशालता, महानता।

magpie *मैग् पॉइ n.* a black and white bird related to the crow मुटरी; person who chatters much बातूनी व्यक्ति।

mahogany *मॅ हौ˘ गॅ नि n.* a tree yielding reddish brown wood तून।

mahout *मॅ हॉउट n.* a man who drives an elephant महावत।

maid *मेड n.* virgin कुमारी; female servant सेविका।

maiden[1] *मे ड्न n.* girl कन्या; a young unmarried woman अविवाहित युवती।

maiden[2] *a.* unmarried अविवाहित; first प्रथम; (cricket) (an over) scoring no runs (ओवर) जिसमें कोई रन न बना हो।

mail[1] *मेल n.* post डाक; train carrying mail डाक-गाड़ी।

mail[2] *v.t.* to post डाक में डालना; to send by post डाक-द्वारा भेजना।

mail[3] *n.* armour made of rings or plates of metal कवच।

main[1] *मेन a* chief प्रधान।

main[2] *n.* principal pipe-line carrying water, electricity etc. मुख्य पाइप लाइन अथवा विद्युत् परिपथ; chief part मुख्य भाग; strength, power शक्ति।

mainly *मेन् लि adv.* chiefly मुख्य रूप से; for the most part अधिकांशतः।

mainstay *मेन् स्टे n.* chief support मुख्य सहारा।

maintain *मेन् टेन, मै˘न्–, मॅन्– v.t.* to keep in existence बनाए रखना;

to keep up, to continue जारी रखना; to preserve सुरक्षित रखना; to assert, to affirm दृढ़तापूर्वक कहना; to support पालन करना।

maintenance *मेन् टि नॅन्स n.* supporting निर्वाह; keeping in working order अनुरक्षण; means of support भरण-पोषण का साधन।

maize *मेज़ n.* staple cereal मक्का।

majestic *मॅ जै ॅस् टिक a.* stately राजसी; sublime तेजस्वी।

majesty *मै जिस् टि n.* grandeur भव्यता; royal state प्रभुसत्ता।

major[1] *मे जॅ: a.* main, chief मुख्य; significant महत्त्वपूर्ण; serious गंभीर; greater बड़ा।

major[2] *n.* army officer next above captain मेजर; one who has come of age वयस्क।

majority *मॅ जौ ॅ रि टि n.* the great number बहुमत; coming of age वयस्कता; excess of votes on one side मतों की बढ़त।

make[1] *मेक v.t.* to construct निर्माण करना; to produce उत्पादन करना; to prepare तैयार करना; to persuade प्रेरित करना।

make[2] *n.* brand मार्का; structure बनावट; type प्रकार।

Maker *मे कॅ: n.* one who makes निर्माता; (cap.) The Creator स्रष्टा, विधाता।

maladjustment *मैल् ॲ जस्ट् मॅन्ट n.* improper adjustment कुसमायोजन।

maladministration *मैल् ॲड् मि नि स्ट्रे शॅन n.* bad administration दुर्व्यवस्था, कुशासन।

malady *मै लॅ डि n.* illness बीमारी।

malaria *मॅ ले ॲ रि ॲ n.* a fever passed on by mosquitoes मलेरिया।

maladroit *मै-लॅ-ड्रौ ॅइट a.* unskillful, clumsy फूहड़, अनाड़ी।

malafide[1] *मे-लॅ-फ़ॉइ-डि a.* illintentioned, having bad designs दुर्भावपूर्ण; treacherous कपटपूर्ण, जाली।

malafide[2] *adv.* in bad faith, treacherously दुर्भावपूर्वक, बेईमानी से।

malaise *मै-लेज़ n.* uneasiness बेचैनी, व्याकुलता; feeling of sickness or discomfort रुग्णता, अनमनापन।

malcontent[1] *मैल् कॅन् टैन्ट a.* dissatisfied असंतुष्ट।

malcontent[2] *n.* a person who is discontented असंतुष्ट व्यक्ति।

male[1] *मेल a.* masculine पुलिंग; pertaining to male sex पुरुषजातीय।

male[2] *n.* male person or animal पुरुष अथवा नर पशु।

malediction *मै-लि-डिक्-शॅन n.* evil speaking, curse शाप, अभिशाप।

malefactor *मै-लि-फ़ैक्-टर: n.* evil doer, criminal दुष्कर्मी, अपराधी।

maleficent *मॅ-लै ॅ-फ़ि-सॅन्ट a.* hurtful अनिष्टकारी, अपकारी।

malice *मै लिस n.* ill-will द्वेष-भावना।

malicious *मॅ लि शॅस a.* bearing ill-will विद्वेषपूर्ण; moved by ill-intention विद्वेषी।

malign[1] *मॅ लॉइन v.t.* to speak evil of निंदा करना; to defame बदनाम करना; to tell lies about के विषय में झूठ बोलना।

malign[2] *a.* evil in influence

अनिष्टकर; harmful हानिकर।

malignancy *मॅ लिग् नॅन सि n.* malice विद्वेष; ill-will दुर्भावना।

malignant *मॅ लिग् नॅन्ट a.* disposed to do harm अहितकर; ill-intentioned दुर्भावनापूर्ण।

malignity *मॅ लिग् नि टि n.* a deep rooted ill-will गहन द्वेषभाव; malignant character विषालुता।

malleable *मै लि ॲ ब्ल a.* capable of being hammered into shape जिसे पीट-पीट कर कोई आकार दिया जा सके; easily trained शिक्षणीय।

malmsey *माम्-ज़ि n.* strong and sweet wine मधुर मदिरा।

malnutrition *मैल् न्यू ट्रि शॅन्, –न्यु– n.* imperfect or faulty nutrition कुपोषण।

malpractice *मैल् प्रैक् टिस n.* misconduct दुराचार; corruption भ्रष्टाचार; neglect of duty कर्त्तव्य-विमुखता।

malt *मौ: ॅल्ट, मौल्ट n.* barley grain prepared for brewing ह्विस्की बनाना, माल्ट।

mal-treatment *मैल् ट्रीट् मॅन्ट n.* ill-treatment दुर्व्यवहार।

mamma *मॅ मा n.* mother माता।

mammal *मै मॅल n.* class of animals that suckle their young स्तनपायी।

mammary *मै-मॅ-रि a.* relating to the breasts स्तन-संबंधी।

Mammon *मै मॅन n.* wealth संपत्ति; (cap.) god of greed कुबेर।

mammoth[1] *मै मॅथ n.* large sized elephant विशालकाय हाथी।

mammoth[2] *a.* collosal विशालकाय।

man[1] *मैन n.* human being नर मनुष्य; person व्यक्ति; human race मानव-जाति; adult male पुरुष; piece use in chess (चैस) पैदल।

man[2] *(-nn) v.t.* to supply with men for service or defence सेवा अथवा रक्षा-हेतु मनुष्य प्रदान करना।

manage *मै निज v.t.* to administer प्रबंध करना; to control नियंत्रित करना; to conduct संचालित करना; *v.i.* to conduct affairs काम चलाना।

manageable *मै नि जॅ ब्ल a.* governable नियंत्रण-योग्य; that can be managed जिसकी व्यवस्था की जा सके।

management *मै निज् मॅन्ट n.* body of managers प्रबंध समिति; act or art of managing प्रबंधन।

manager *मै नि जॅः n.* one who manages प्रबंधक।

managerial *मै नॅ जिॲ रिॲल a.* of managers प्रबंधकों से संबंधित।

mandate *मैन् डेट n.* command अधिदेश; order आदेश; authority given to representatives by voters जनादेश।

mandatory *मैन् डॅ टॅ रि a.* containing a mandate अधिदेश-प्राप्त; compulsory अनिवार्य।

mane *मीन n.* long hair on the back of the neck (of horse etc.) अयाल।

manes *मे नीज़, मा– n. pl.* spirits of the dead पितृ, पितर।

manful *मैन् फुल a.* brave, energetic पराक्रमी।

manganese *मैङ् गॅ नीज़, मैङ् गॅ नीज़ n.* a metallic element मैंगनीज़।

manger *मेन् जॅः n.* trough for food

of horses and cattle नांद।

mangle मैङ् ग्ल *v.t.* to cut up badly, to hack क्षत-विक्षत करना; to spoil विकृत करना।

mango मैन् गो *n. (pl. oes)* a pear-shaped fruit आम; the tree bearing this fruit आम का पेड़।

manhandle मैन् हैन् ड्ल *v.t.* to treat roughly (से) मार-पीट करना; to move by physical strength शारीरिक शक्ति से हटाना।

manhole मैन्-होल *n.* a hole large enough to admit a man प्रवेश-छिद्र।

manhood मैन् हुड *n.* manly quality पुरुषत्व; human nature मनुष्यत्व।

mania मे न्यॅ *n*, violent madness उन्माद; craze सनक; extreme enthusiasm धुन, अति उत्साह।

maniac मे नि ऐक *n.* a mad man पागल व्यक्ति।

manicure मै-नि-क्युअर: *n.* professional treatment for hands and nails नख-प्रसाधन।

manifest[1] मै नि फ़ैस्ट *a.* perceptible व्यक्त, स्पष्ट।

manifest[2] *v.t.* to make clear प्रकट करना; to show clearly स्पष्ट दिखा देना।

manifestation मै नि फ़ैसॅ टे शॅन *n.* clarification स्पष्टीकरण; demonstration प्रदर्शन।

manifesto मै नि फ़ैसॅ टो *n.* public written declaration of intentions, opinion and motives of a party or body घोषणापत्र।

manifold मै नि फ़ोल्ड *a.* various in kind बहुविध, विविध।

manipulate मॅ नि प्यु लेट *v.t.* to falsify झुठलाना; to handle with skill सावधानी से चलाना; to manage (की) व्यवस्था करना।

manipulation मॅ नि प्यु ले शॅन *n.* act of manipulating छल-साधन।

mankind मैन् कॉइन्ड *n.* human race मानव-जाति; (मैन् कॉइन्ड) the male sex पुरुष-जाति।

manlike मैन्-लॉइक *a.* like a man मनुष्यवत्; masculine, manly पुरुषोचित।

manliness मैन् लि निस *n*, manhood पुरुषत्व; bravery पौरुष।

manly मैन् लि *a.* having a man's qualities पुरुषोचित।

manna मैन् *n.* food of Israelites in the wilderness दिव्यान्न।

mannequin मे-नि-किन *n.* dummy figure पुतला, पंजर; woman employed to wear and display clothes कपड़े पहनकर प्रदर्शित करने वाली नौकरानी।

manner मै नॅ: *n.* good behaviour शिष्टाचार; method रीति, ढंग; *(pl.)* habits and customs रीति-रिवाज; *(pl)* social behaviour सामाजिक आचरण; style शैली।

mannerism मै नॅ रिज़्म *n.* artificiality कृत्रिमता; peculiarity of style or manner शैली-वैशिष्ट्य।

mannerly मै नॅ: लि *a.* well-behaved शिष्ट।

manoeuvre[1] मॅ नू वॅ: *n.* startagem चालाकी; piece of dexterous management विदग्धता planned movement (of armed forces) युक्तिचालन; *(pl.)* training exercises प्रशिक्षण-अभ्यास।

manoeuvre² *v.i.* to perform a manoeuvre चालाकी का व्यवहार करना; *v.t.* to cause to perform a manoeuvre चालाकी कराना; to make by manoeuvre चालाकी से बनाना; to manage with skill होशियारी से साधना।

manor *मै नॅः n.* land belonging to a lord जागीर, ज़मींदारी।

manorial *मॅ-नौ˘-रि-अॅल a.* pertaining to a manor जागीर-संबंधी।

mansion *मैन् शॅन n.* a large house विशाल भवन।

mantel *मैन् ट्ल n.* ornamental structure over and in front of fire place कार्नस, अंगीठी।

mantle¹ *मैन् ट्ल n.* a loose cloak लबादा; covering आवरण; a hood for a gas jet गैस लालटेन की बत्ती।

mantle² *v.t.* to cover ढक लेना; to conceal छिपाना।

manual¹ *मैन् यु अॅल a.* of the hand हाथका, दस्ती; physical शारीरिक।

manual² *n.* hand book or handy compendium of large subject नियमावली, गुटका।

manufacture¹ *मैन् यु फैक् चॅः v.t.* to produce, to make निर्माण करना; to invent गढ़ना।

manufacture² *n.* act or process of manufacturing औद्योगिक निर्माण; anything manufactured निर्मित वस्तु।

manufacturer *मैन् यु फैक् चॅ रॅः n.* one who manufactures things उत्पादक, निर्माता।

manumission *मै-न्यू-मि-शॅन n.* release from slavery दास्यमुक्ति, छुटकारा।

manumit *मै-न्यू-मिट (-tt-) v.t.* to release from slavery दासता से मुक्त करना; to set free मुक्त करना।

manure¹ *मॅ न्युअॅः n.* fertilizer खाद।

manure² *v.t.* to enrich with fertilizing substance खाद देना।

manuscript *मैन यु स्क्रिप्ट n.* book etc. written by hand पांडुलिपि।

many *मै˘ नि a.* numerous अनेक।

map¹ *मैप n.* representation of the surface of the earth or of any part of it मानचित्र।

map² *(-pp-) v.t.* to make a map of (का) मानचित्र बनाना।

mar *माः (rr-) v.t.* to damage क्षति पहुचाना।

marathon *मै रॅ थॅन n.* long distance race लंबी दौड़; test of endurance धैर्य की परीक्षा।

maraud *मै-रौड v.i.* to rove in quest or plunder लूटमार करते फिरना।

marauder *मॅ-रौ-डरः n.* one who raids or plunders लुटेरा, उपद्रवी।

marble *माः ब्ल n.* granular crystalline limestone संगमरमर; *(pl)* works of art in marble संगमरमर की कलाकृतियां; small ball of glass, clay etc. used in children's game गोली।

march¹ *माःच n* border सीमांत; border district सीमांत प्रांत; departure प्रस्थान, कूच; (MARCH) the third month of the year मार्च का महीना।

march² *v.i.* to walk in rhythmical military manner क़दम से क़दम मिलाकर चलना; *v.t.* to force to go जाने के लिए बाध्य करना।

mare *मे˘ अॅः n.* female horse घोड़ी।

margarine *मा:-जॅ-रीन, -गॅ- n.* butterlike substance made from vegetable oils and fats कृत्रिम मक्खन।

margin *मा: जिन n.* space round the page of a book हाशिया; edge किनारा; border सीमांत; difference between selling and buying prices क्रय-विक्रय मूल्य का अंतर।

marginal *मा: जि नॅल a.* pertaining to margin सीमावर्ती; barely sufficient मामूली-सा।

marigold *मै रि गोल्ड n.* plant with yellow flowers गेंदा।

marine *मॅ रीन a.* pertaining to navy जलसेना-संबधी; concerned with the sea समुद्रीय।

mariner *मै रि नॅ: n.* sailor पोतवाहक।

marionette *मै-रि-ॲ-नै ॅट n.* puppet moved by strings कठपुतली।

marital *मै रि ट्ल, मॅ रॉइ ट्ल a.* pertaining to marriage वैवाहिक, दांपत्य-संबंधी; relating to husband पति-विषयक।

maritime *मै रि टॉइम a.* pertaining to the sea समुद्री; bordering on the sea तटीय।

mark[1] *मा:क n.* target लक्ष्य, निशाना; stamp मुहर; spot धब्बा; sign चिन्ह; fame प्रसिद्धि।

mark[2] *v.t.* to make a mark on अंकित करना; to indicate लक्षित करना।

marker *मा:-करः n.* person or tool that marks चिन्हक; one who marks the score in games अंकगणक।

market[1] *मा: किट n.* place for buying and selling बाज़ार।

market[2] *v.t.* to buy and sell in a market क्रय-विक्रय करना।

marketable *मा: कि टॅ बल a.* fit for the market विक्रेय।

marksman *मा: क्स मॅन n.* one who shoots well निशानेबाज़।

marl *मारल n.* limy clay used as manure चिकनी मिट्टी।

marmalade *मारः-मॅ-लेड n.* jam फलपाग, मुरब्बा।

maroon[1] *मॅ रून n.* brownish red colour भूरा लाल रंग।

maroon[2] *a.* brownish red भूरे लाल रंग का।

maroon[3] *v.t.* to leave (someone) on deserted island or coast (किसी को) निर्जन द्वीप अथवा समुद्रतट पर छोड़ना; to isolate अलग-थलग कर देना।

marriage *मै रिज n.* wedding विवाह, शादी।

marriageable *मै रि जॅ बल a.* fit for marriage विवाह-योग्य।

marry *मै रि v.t.* to wed (से) शादी करना, विवाह करना; *v.i.* to be wedded विवाह करना।

Mars *मा:स n.* the god of war युद्ध का देवता; a planet मंगल ग्रह।

marsh *मा:श n.* swamp दलदल।

marshal[1] *मा: शॅल n* chief military officer सेनापति।

marshal[2] *(-ll-) v.t.* to arrange in order क्रमबद्ध करना; to conduct (somebody) with ceremony (किसी को) विधिपूर्वक ले चलना।

marshy *मा: शि a.* swampy दलदली।

marsupial *मारः-स्यू-पि-ॲल n.* an order of mammals having a pouch for carrying their young शिशुधानी जीव।

mart मा:ट *n.* market बाज़ार; centre of commerce वाणिज्य-केंद्र।

marten मर:-टॅन *n.* an animal close akin to the weasels नेवले जैसा एक जंतु।

martial मा: शॅल *a.* brave, warlike रणप्रिय बहादुर; of or belonging to war सामरिक, जंगी।

martinet मार:-टि-नैॅट *n.* strict disciplinarian कठोर अनुशासक।

martyr मा: टॅ: *n.* one suffering death for his faith शहीद; one who suffers in one cause कष्ट-भोगी।

martyrdom मा: ट डॅम *n.* self-sacrifice आत्मबलिदान।

marvel[1] मा: वृल *n.* a wonder कौतुक; a wonderful example अद्भुत उदाहरण।

marvel[2] *(-ll-) v.i.* to wonder विस्मित हो जाना।

marvellous मा: वि लॅस *a.* wonderful आश्चर्यजनक, अद्भुत।

mascot मैस्-कॅट *n.* supposed bringer of good luck शुभंकर; a talisman ताबीज़।

masculine मैस् क्यु लिन, मास्– *a.* relating to males पुरुषोचित; denoting male gender (व्या.) पुंलिंग।

mash[1] मैश *n.* grain, bran etc. cooked for animals दलिया; any substance softened and crushed मसला हुआ पदार्थ।

mash[2] *v.t.* to crush मसलना।

mask[1] मास्क *n.* face-cover मुखौटा; disguise छद्मवेश।

mask[2] *v.t.* to disguise छद्मवेश धारण करना; to cover (face) with a mask (चेहरा) मुखौटे से ढंकना।

mason मै सन *n.* brick and stone layer राजगीर।

masonry मै सन् रि *n.* stone-work, brick-work चिनाई; art of mason राजगीरी।

masquerade मास्-कॅ-रेड *n.* assembly of persons wearing masks at a ball नकाबयुक्त सहनृत्य; disguise छद्मवेशधारण; pretence, false show दिखावा, धोखा।

mass[1] मैस *n.* lump of matter पदार्थ पिंड; quantity मात्रा।

mass[2] *v.i.* to gather जमा करना, जमा होना।

massacre[1] मै सॅ कॅ: *n.* indiscriminate slaughter जनसंहार।

massacre[2] *v.t.* to slaughter indicriminately जनसंहार करना।

massage[1] मै साज़ *n.* rubbing of the body मालिश।

massage[2] *v.t.* to apply massage to (की) मालिश करना।

masseur मै सॅ: *n.* one who gives massage अंगमर्दक।

massive मै सिव *a.* large; heavy and solid विशाल, भारी व ठोस; impressive प्रभावशाली।

massy मै सि *a.* solid ठोस; heavy भारी।

mast मास्ट *n.* sail-pole मस्तूल।

master[1] मास् टॅ: *n.* teacher शिक्षक; owner स्वामी; husband पति; expert विशेषज्ञ; employer नियोक्ता; captain of ship कप्तान।

master[2] *v.t.* to overcome वशीभूत करना; to become expert in (की) विशेष योग्यता प्राप्त करना।

masterly मास् टॅ: लि *a.* like a master स्वामिज़नोचित; most excellent अद्वितीय।

masterpiece *मास् टॅः पीस n.* outstanding creation or work सर्वोत्कृष्ट कृति।

mastery *मास् अॅ रि n.* autharity प्रभुत्व; masterly skill and knowledge दक्षता।

masticate *मैस्-टि-केट v.t.* to chew चबाना।

masturbate *मैस्-टरः-बेट v.i.* to stimulate one's own genital organ हस्तमैथुन करना।

mat *मैट n.* a floor covering चटाई; a piece of material used to wipe shoes पायंदाज़।

matador *मै-टॅ-डौः n.* man who kills the bull in bullfights वृषहंता।

match[1] *मैच n.* pairing जोड़; contest प्रतियोगिता; an equal सदृश व्यक्ति; union by marriage विवाह-संबंध।

match[2] *v.i.* to be alike समान होना; to encounter मुक़ाबला करना; *v.t.* to be equal to (के) समान होना; to treat as equal समान मानना।

match[3] *n.* a short stick tipped with material that ignites when rubbed दियासलाई।

matchless *मैच् लिस a.* unique, having no equal अद्वितीय, बेजोड़।

mate[1] *मेट n.* companion साथी, मित्र; husband or wife जीवनसंगी; an officer on a ship सहायक पोताधिकारी; one of a pair of mated animals पशुओं के जोड़े में से एक।

mate[2] *v.t.* to come together for the purpose of having sexual intercourse जोड़ा खाना; *v.t.* to cause to unite for the purpose जोड़ा खिलाना।

mate[3] *n.* checkmate शहमात।

mate[4] *v.t.* to checkmate शहमात देना।

material[1] *मॅ टिअॅ रि अॅल a.* physical भौतिक; corporal दैहिक; essential तात्त्विक।

material[2] *n.* substance from which something can be made पदार्थ; facts, happenings तथ्य, घटना।

materialism *मॅ टिअॅ रि अॅ लिज़्म n.* theory that only material things exist भौतिकवाद; love of material things सांसारिकता, मायाजाल।

materialize *मॅ टिअॅ रि अॅ लॉइज़ v.t.* to cause to assume bodily form मूर्तरूप देना; to execute कार्यान्वित करना; *v.i.* to take a material form कार्यान्वित होना।

maternal *मॅ टॅः नॅल a.* of a mother मातृक; motherly मातृवत्।

maternity *मॅ टॅः नि टि n.* state or relation of mother मातृत्व।

mathematical *मै थि मै टि कॅल a.* pertaining to or done by mathematics गणितशास्त्रीय।

mathematician *मै थि मॅ टि शॅन n.* one versed in mathematics गणितशास्त्री।

mathematics *मै थि मै टिक्स n (pl. or sing)* science of magnitude and numbers गणित।

matinee *मै टि ने n.* public entertainment held in the afternoon अपराह्नकालीन लोकमनोरंजन।

matriarch *मेट्-रि-आःर्क n.* woman who dominates her family कुलमाता।

matricidal *मॅ-ट्रि-सॉइ-डॅल a.* pertaining to muder of one's own mother मातृघातक।

matricide *मे ट्रि सॉइड n.* murder of mother मातृवध; murderer of mother मातृहंता।

matriculate *मॅ ट्रि क्यु लेट v.t.* to be enrolled in a college or university महाविद्यालय अथवा विश्वविद्यालय में भरती होना।

matriculation *मॅ ट्रि क्यु ले शॅन n.* entrance examination प्रवेशिका–परीक्षा।

matrimonial *मै ट्रि मोन् यॅल a.* pertaining to marriage वैवाहिक।

matrimony *मै ट्रि मॅ नि n.* wedlock, marriage परिणय, विवाह।

matrix *मे-ट्रिक्स (pl. -es, -rices) n.* womb गर्भाशय; mould, that in which anything is embedded सांचा।

matron *मै ट्रॅन n.* married woman विवाहिता; one in-charge of nursing and domestic arrangements कार्याधीक्षिका।

matter[1] *मै टॅः n.* material पदार्थ; goods सामान; subject विषय; importance महत्व; affair मामला।

matter[2] *v.i.* to be of importance महत्वपूर्ण होना।

mattock *मै टॅक n.* a digging tool like a pickaxe गैंती, फावड़ा।

mattress *मै ट्रिस n.* bed made of stuffed bag गद्दा।

mature[1] *मॅ ट् यु अॅः a.* fully developed परिपक्व; grown up प्रौढ़; due for payment देय।

mature[2] *v.i.* to develop विकसित होना; to come to ripeness परिपक्व होना; *v.t.* to bring to full development विकसित करना।

maturity *मॅ ट्युअॅ रि टि n.* state of being mature परिपक्वता।

maudlin *मौड़-लिन a.* silly मूर्खतापूर्ण; sickly sentimental भावुकतापूर्ण।

maul[1] *मौल n.* heavy wooden hammer मूसल।

maul[2] *v.t.* to handle roughly (से) बुरा व्यवहार करना; to beat or injure पीटना, चोट पहुंचाना।

maulstick *मौल्-स्टिक n.* stick used by painters as a rest for the hand (चित्रकारी के समय) हाथ टेकने की छड़ी।

maunder *मौन्-डरः v.t.* to wander idly भटकते हुए घूमना-फिरना; to grumble, to mutter लापरवाही से बड़बड़ाना।

mausoleum *मौ सॅ लि अॅम n.* a magnificent tomb मक़बरा, समाधि।

mawkish *मौ किश a.* insipid रूखा; sentimental भावुक।

maxilla *मैक्-सि-लॅ (pl. -lae) n.* upper jaw bone जंभिका, ऊपर का जबड़ा।

maxim *मैक् सिम n.* proverb उक्ति, कहावत; rule of conduct नियम; general truth सूक्ति।

maximize *मैक् सि मॉइज़ v.t.* to raise to the highest degree उच्चतम सीमा तक बढ़ाना।

maximum[1] *मैक् सि मॅम a.* greatest अधिकतम, उच्चतम।

maximum[2] *n.* greatest quantity, degree etc. अधिकतम मात्रा, सीमा आदि।

May *मे n.* fifth month of the year मई मास।

may *मे v. aux.* expresses possibility, permission, opportunity, wish, request etc. संभावना, अनुमति, अवसर, इच्छा, प्रार्थना आदि की अभिव्यक्ति करता है।

mayor *मे˘ अ: n.* the head of a corporation नगरप्रमुख।

maze *मेज़ n.* an area of intricate pathways टेढ़े-मेढ़े मार्गोंवाला प्रदेश; labyrinth भूलभुलैया।

me *मी, मि pron.* first personal objective pronoun मुझको, मुझे।

mead *मीड n.* honey and water fermented and flavoured शहद की मदिरा (मद्यासव)।

meadow *मै˘ डो n.* pasture land चारागाह।

meagre *मी गः a.* scanty, thin थोड़ा, अल्प; insufficient अपर्याप्त।

meal *मील n.* ground grain आटा; food भोजन; occasion for eating भोजन का समय।

mealy *मी लि a.* meal-covered आटे से ढका; soft कोमल।

mean[1] *मीन a.* average माध्य, औसत; intermediate मझला; low in rank or birth नीच।

mean[2] *n.* an average मध्यमान; middle position मध्यस्थिति; (*pl.*) medium माध्यम, साधन।

mean[3] *v.t.* to intend अभिप्राय रखना; to purpose उद्देश्य रखना।

meander *मि ऐन् डः v.i.* to wind about चक्कर लगाना।

meaning *मी निङ्ग n.* sense intended अभिप्राय।

meaningful *मी-निङ्ग्-फुल a.* significant, purposeful अर्थपूर्ण, सार्थक।

meaningless *मी-निङ्ग्-लिस a.* senseless, without significance निरर्थक, निष्प्रयोजन।

meanness *मीन्-निस n.* lowleness नीचता, कमीनापन; baseness अधमता।

means *मीन्ज़ n. (pl.)* resources साधन; money धन; medium माध्यम।

meanwhile *मीन् वॉइल –ह्वॉइल adv.* in the intervening time इसी बीच में।

measles *मी ज़्ल्ज़ n. sing.* a contagious disease in man खसरा।

measurable *मै˘ ज़ॅ रॅ ब्ल a.* that may be measured परिमेय।

measure[1] *मै˘ ज़: n.* size नाप; unit इकाई; extent सीमा; plan योजना।

measure[2] *v.t.* to find length or quantity of नापना; *v.i.* to take measurements नाप लेना; to be of a specified measure नाप में कुछ होना।

measureless *मै˘ ज़ः लिस a.* boundless असीमित।

measurement *मै˘ ज़ः मॅन्ट n.* dimension नाप; act of measuring नपाई।

meat *मीट n.* the flesh of animals used as food मांस।

mechanic[1] *मि कै निक n.* skilled workman मिस्त्री।

mechanic[2] *a.* mechanicalयांत्रिक।

mechanical *मि कै नि कॅल a.* pertaining to machines यांत्रिक; machine like यंत्रवत्।

mechanics *मि कै निक्स n.* science of machinery यांत्रिकी।

mechanism *मै˘ कॅ निज़्म n.* way in which something works क्रियाविधि; system तंत्र।

medal मैʼ ड्ल *n.* piece of metal in the form of coin given as reward पदक।

medallist मैʼ डॅ लिस्ट *n.* one who has gained a medal पदक-प्राप्त व्यक्ति।

maddle मैʼ ड्ल *v.i.* to interfere unnecessarily बाधा डालना।

media मी डि ॲ *n. pl.* see medium

mediaeval, medieval मैʼ डि ई वॅल *a.* of Middle Ages मध्ययुग का।

median मी-डि-ॲन *a.* situated in the middle मध्यस्थ; passing through the middle मध्यगामी।

mediate मी डि एट *v.i.* to act as intermediary मध्यस्थता करना; *v.t.* to settle through mediation मध्यस्थता द्वारा निपटाना।

mediation मी डि ए शन *n.* act of mediating मध्यस्थता।

mediator मी डि ए टॅः *n.* one who mediates मध्यस्थ।

medical मैʼ डि कॅल *a.* relating to the art of physician आयुर्वैज्ञानिक।

medicament मैʼ डि कॅ मॅन्ट, मैʼ डि– *n.* औषध तत्व।

medicinal मैʼ डि सि न्ल *a.* having medical properties औषधीय, औषधगुणयुक्त।

medicine मैʼड् सिन *n.* substance used for treatment of disease औषधि; study of the science of healing चिकित्साशास्त्र।

medico मैʼ डि को *n.* medical practitioner चिकित्सक; student of medical science चिकित्सा विज्ञान का विद्यार्थी।

mediocre मी डि ओ कॅः, मी डि ओ कॅः *a.* ordinary सामान्य; average औसत दर्जे का।

mediocrity मी डि औʼ क्रि टि *n.* middling degree सामान्य अवस्था।

meditate मैʼ डि टेट *v.t.* to consider deeply (पर) विचार करना; *v i.* to be occupied in contemplation मनन करना।

mediation मै डि टे शॅन *n.* deep thought ध्यान मनन।

meditative मैʼ डि टॅ टिव, –टे– *a.* given to meditation मननशील।

medium[1] मी ड्यॅम *n (pl.) media* मी डि ॲ,- *ms)* a middle state मध्यस्थिति; something intermediate in nature or degree मध्यवर्ती वस्तु; an intervening substance माध्यम; an agency, means साधन; means of communicating news संचार-साधन।

medium[2] *a.* about halfway between extremes मंझला, मझोला।

meek मीक *a.* mild, submissive विनम्र, सौम्य।

meet[1] मीट *n.* meeting बैठक।

meet[2] *v.t.* to come face to face with (से) मिलना; to satisfy पूरा करना; *v.i.* to come together भेंट होना।

meeting मी टिङ्ग *n.* an assembly, a gathering सभा; coming together मुलाक़ात, भेंट।

megalith मैʼ-गॅ-लिथ *n.* huge stone महा पाषाण।

megalithic मैʼ-गॅ-लि-थिक *a.* of huge stone महापाषाणीय; belonging to Stone Age पाषाणयुगीन।

megaphone मैʼ गॅ फ़ोन *n.* device for increasing volume of sound ध्वनिप्रवर्धी।

melancholia मैʼ लॅन् को ल्यॅ *n.*

morbid melancholy विषाद-रोग।

melancholic *मै ॅ लॅन् कौ ॅ लिक a.* disordered by melancholy विषादग्रस्त।

melancholy[1] *मै ॅ लॅन् कौ ॅ लि n.* dejection खिन्नता, अवसाद।

melancholy[2] *a.* sad खिन्न, दुखी; low-spirited निराश; causing sadness दुःखद।

melee *मै ॅ-ले n.* confused conflict हंगामा; turmoil, stampede भगदड़।

meliorate *मी-लि-ॲ-रेट v.t.* to make better सुधारना, संवारना; *v.i.* to grow better सुधरना, अच्छा बनना।

mellow *मै ॅ लो a.* soft मृदृ; well matured परिपक्व, समझदार।

melodious *मि लो ड्यॅस a.* sweet-sounding सुरीला।

melodrama *मै ॅ लो ड्रा मॅ n.* an exciting and sensational play उत्तेजक व सनसनीखेज़ नाटक; over dramatic behaviour अतिनाटकीय व्यवहार।

melodramatic *मै ॅ लो ॅ ड्रॅ मै टिक a.* pertaining to melodrama अतिनाटकीय; sensational सनसनीखेज़; emotional भावुकतापूर्ण।

melody *मै ॅ लॅ डि n.* tune लय, राग; sweetness मधुरता।

melon *मै ॅ लॅन n.* juicy guard तरबूज़।

melt *मै ॅल्ट v.i.* to become liquid from solid पिघलना, गलना; *v.t.* to cause to melt गलाना, पिघलाना।

member *मैमॅ् बॅः n.* any of the individuals making up a body or society सदस्य; limb अंग, अवयव।

membership *मैमॅ् बॅः शिप n.* state of being a member सदस्यता; number of members सदस्य-संख्या।

membrane *मै ॅम्-ब्रेन n.* thin flexible solid sheet or film त्वक, झिल्ली।

memento *मि मैनॅ् टो n.* something kept or given as a reminder स्मृतिचिह्न।

memo *मै ॅ मो n.* short for 'memorandum'.

memoir *मै ॅम् वाः n.* short life history संक्षिप्त जीवनवृत्त; record of events इतिहास; *(pl.)* a person's written account of his own life आत्मचरित।

memorable *मै ॅ मॅ रॅ ब्ल a.* deserving to be remembered स्मरणीय; remarkable विलक्षण।

memorandum *मै ॅ मॅ रैन् डॅम n.* *(pl. da, -dums)* something to be remembered; स्मरण-पत्र; representation ज्ञापन-पत्र।

memorial[1] *मॅ मौ रि ॲल n.* monument स्मारक।

memorial[2] *a.* pertaining to memory स्मरण-विषयक।

memory *मै ॅ मॅ रि n.* remembrance स्मृति; faculty of remembering; स्मरण-शक्ति; commemoration यादगार।

menace[1] *मै ॅ नॅस n*, threat धमकी; apprehension भीति; curse अभिशाप।

menace[2] *v.t.* to threaten धमकी देना।

mend *मैन्ड v.t.* to repair मरम्मत करना; to correct ठीक करना; to improve सुधारना।

mendacious *मै ॅन्-डे-शॅस a.* lying, untruthful मिथ्यावादी।

menial[1] *मी न्यॅल, मी नि ॲल a.* degrading तुच्छ; suitable for domestic servants दासोचित।

menial[2] *n.* domestic servant सेवक।

meningitis मै ˇ-निन्-जॉइ-टिस *n.* inflammation of the membranes of the brain गर्दन-तोड़ बुखार, मस्तिष्कावरणशोथ।

menopause मै ˇ-नॅ-पौज़ *n.* ending of menstruation रजोनिवृत्ति।

menses मैनॅ् सि:ज़ *n. pl.* monthly discharge from the uterus ऋतुस्राव।

menstrual मैनॅ् स्ट्रू अॅल *a.* of the menses ऋतुस्राव विषयक।

menstruation मैन् स्ट्रू ए शॅन *n.* periodic discharge from the uterus ऋतुस्राव।

mental मैनॅ् ट्ल *a.* pertaining to mind मानसिक; done in the mind मनोगत।

mentality मैनॅ् टै लि टि *n.* way of thinking मनोवृत्ति; mental power बौद्धिक शक्ति।

mention[1] मैनॅ् शॅन *n.* reference उल्लेख।

mention[2] *v.t.* to make mention of चर्चा करना।

mentor मैनॅ् टॅः *n.* counsellor सलाहकार।

menu मै ˇ न्यू *n.* list of dishes भोज्य-सूची।

mercantile मॅः कॅन् टॉइल *a.* pertaining to merchants वाणिज्य-संबंधी; commercial व्यापारिक।

mercenary मॅः सॅ नॅ रि *a.* working only for money धनार्थी; influenced by greed लालची।

mercerise मॅः सॅ रॉइज़ *v.t.* to give lustre (to cotton fabrics) by treating with chemicals (सूती कपड़ों को) रसायनों-द्वारा चमकीला बनाना।

merchandise मॅः चॅन् डॉइज़ *n.* goods bought and sold माल, सौदा।

merchant मॅः चॅन्ट *n.* trader व्यापारी।

merciful मॅः सि फुल *a.* kind, full of mercy दयालु, कृपालु।

merciless मॅः सि लिस pitiless, cruel क्रूर, निष्ठुर।

mercurial मॅःक्युअॅ-रि-अॅल *a.* containing mercury पारदमय; alert, clever चुस्त, चालाक; unsteady चंचल, अस्थिर।

mercury मॅः क्यु रि *n.* silvery metallic element पारद; (cap.) the planet nearest the sun बुद्ध।

mercy मॅः सि *n.* clemency दया; compassion अनुकंपा।

mere मिअॅः *a.* only केवल; not more than मात्र।

merge मॅःज *v.t.* to absorb मिला लेना; *v.i.* to be absorbed मिल जाना।

merger मॅः जॅः *n.* absorption विलयन; joining together एकीकरण।

meridian मॅ-रि-डि-अॅन *a.* of or at midday दोपहरी का; at culmination or highest point उत्तम सर्वोच्च।

merit[1] मै ˇ रि[illegible] *n.* good quality सद्गुण; worth [illegible]ग्यता; desert अर्हता।

merit[2] *v.t.* to deserve के योग्य होना।

meritorious मै ˇ रि टौ रि अॅस *a.* qualified गुणी; worthy योग्य; praiseworthy प्रशंसनीय।

mermaid मॅः मेड *n.* a woman with a fish's tail in place of legs जलपरी।

merman मॅः मेन *n.* man with a fish's tail in place of legs जलपुरुष।

merriment मै ॅ रि मॅन्ट *n.* joy आनंद आमोद-प्रमोद।

merry मै ॅ रि *a* joyous, cheerful सानंद, प्रसन्न।

mesh[1] मै ॅश *n.* net, network जाली; one of the open spaces in a net जाल या जाली का छिद्र।

mesh[2] *v.t.* to catch in a mesh जाल में पकड़ना या फंसाना।

mesmerism मै ॅज़् मॅ रिज़्म *n.* hypnotism सम्मोहन।

mesmerize मै ॅज़् मॅ रॉइज़ *v.t.* to hypnotize सम्मोहित करना; to hold spell-bound मंत्रमुग्ध करना।

mess[1] मै ॅस *n.* hotel भोजनालय; confusion गड़बड़झाला; trouble परेशानी; dirt गंदगी।

mess[2] *v.i.* to eat meals भोजन करना; *v.t.* to spoil बिगाड़ देना; to put into disorder अस्त-व्यस्त करना।

message मै ॅ सिज *n.* errand समाचार, सूचना; teaching संदेश।

messenger मै ॅसिन् जॅः *n.* message-bearer संदेशवाहक।

messiah मि सॉइ ॲ *n.* Christ ईसा मसीह; Saviour मोक्षदाता, रक्षक।

Messrs मै ॅ-सॅःज *n.* (abbrev. of messieurs) used as the pl. of Mr. सर्वश्री।

metabolism मै ॅ टॅ बॅ लिज़्म *n.* chemical process of living body शरीर की रासायनिक प्रक्रिया।

metal मै ॅ ट्ल *n.* opaque elementary substance धातु; broken stone for making roads रोड़ी, गिट्टी।

metallic मि टै लिक *a.* consisting to metal धातुमय; like metal धातुवत्।

metallurgy मै ॅ टै लॅः जि *n.* science applied to metals (रसा.) धातुकर्म विज्ञान।

metamorphosis मै ॅ टॅ मौः फ़ॅ सिस *n.* transformation रूपांतरण।

metaphor मै ॅ टॅ फ़ॅः *n.* a figure of speech based on comparison रूपक।

metaphysical मै ॅ टॅ फि ज़ि कॅल *a.* pertaining to metaphysics तात्विक; abtruse गूढ़, सूक्ष्म।

metaphysics मै ॅटॅ फि ज़िक्स *n. sing.* branch of philosophy concerned with nature of existence, truth and knowledge तत्वमीमांसा।

mete मीट *v.t.* to apportion बांटना; to measure नापना।

meteor मी ट्यॅः *n.* shooting star उल्का।

meteoric मी-टि-औ ॅ-रिक *a.* of the atmosphere मौसम-संबंधी; swift तीव्र; brilliant चमकीला।

meteorologist मी-टि-ॲ-रौ ॅ-लॅ-जिस्ट *n.* one who studies weather and climate ऋतुविज्ञानी।

meteorology मी ट्यॅ रौ ॅ लॅ जि *n.* study of weather and climate मौसम विज्ञान।

meter मी टॅः *n.* apparatus for measuring मापक।

method मै ॅ थॅड *n.* mode ढंग, विधि; manner कार्यविधि; procedure पद्धति।

methodical मि थौ ॅ डि कॅल *a.* systematic सुव्यवस्थित।

metre मी टॅ: *n.* unit of length in the metric system मीटर; verse rhythm छंद।

metric मैॅ ट् रिक *a.* pertaining to metre मीटर-संबंधी।

metrical मैटॅ् रि कॅल *a.* of metre छंद संबंधी; composed in verse छंदोबद्ध; connected with measurement मापीय।

metropolis मिट्रो ॅ पॅ लिस *n.* capital of a country राजधानी।

metropolitan[1] मै ॅ ट्रो पौ लि टॅन *a.* of a metropolis राजधानी का अथवा उससे संबंधित।

metropolitan[2] *n.* person living in a metropolis राजधानी-निवासी।

mettle मै ॅ-ट्ल *n.* spirit, courage उत्साह, दिलेरी; temperament स्वभाव की विशेषता।

mettlesome मैॅ-ट्ल्-सॅम *a.* high spirited तेजस्वी, साहसी।

mew[1] म्यू *v.i.* to cry as a cat म्याऊँ-म्याऊँ करना।

mew[2] *n.* cat's cry म्याऊँ।

mezzanine मैॅ-ज़ॅ-नीन *n.* room below the stage (प्रेक्षागृह में) रंगभूमि का तहखाना।

mica मॉइ कॅ *n.* a glittering scaly metal अभ्रक।

microfilm मॉइ-क्रॅ-फ़िल्म *n.* photographic film for preserving a microscopic record of a document सूक्ष्म, फ़िल्म, अणुचित्र।

micrology माइ-क्रौॅ-लॅ-जि *n.* study of microscopic objects सूक्ष्म-पदार्थ-विज्ञान, सूक्ष्मविज्ञान।

micrometer मॉइ-क्रौ ॅ-मि-टर: *n.* instrument for measuring minute distances or angles सूक्ष्ममापी।

microphone मॉ इ क्रॅ फोन *n.* sound amplifier ध्वनिविस्तारक।

microscope मॉइ क्रॅ स्कोप *n.* instrument for magnifying minute objects सूक्ष्मदर्शी यंत्र।

microscopic मॉइ क्रॅस् कौ ॅ पिक *a.* very minute अति सूक्ष्म।

microwave मॉइ-क्रॅ-वेव *n.* a very short wavelength सूक्ष्म तरंग।

mid मिड *a.* middle मध्यवर्ती।

midday मिड् डे *n.* noon मध्याह्न।

middle[1] मि ड्ल *a.* intermediate मध्यवर्ती।

middle[2] *n.* middle position मध्यस्थिति; waist कमर।

middleman मि ड्ल् मैन *n.* intermediary बिचौलिया।

middling मिड्-लिङ्ग *a.* mediocre मध्यम श्रेणी का; moderate साधारण।

midget मि-जिट *n.* a small person वामन पुरुष; something very small लघु वस्तु।

midland मिड्-लैन्ड *n.* interior of the country; central part मध्यदेश।

midnight मिड् नॉइट *n.* 12 o' clock at night अर्द्धरात्रि।

mid-off मिड्-औ ॅफ *n.* fielder near the bowler on the 'off' side (क्रिकेट) बल्लेबाज़ के आधे दाएं खड़ा खिलाड़ी।

mid-on मिड्-औ ॅन *n.* fielder near the bowler on the 'on' side (क्रिकेट) बल्लेबाज़ के आधे बाएं खड़ा खिलाड़ी।

midriff मिड्-रिफ़ *n.* the part of a woman's garment that fits over the diaphragm मध्यपट।

midst मिड्स्ट *n.* middle मध्य।

midsummer *मिड़ स मॅः n.* middle of summer मध्यग्रीष्म ऋतु।

midwife *मिड़ वॉइफ़ n.* woman who assists in child birth दाई, धात्री।

might *मॉइट n.* strength, power पराक्रम, शक्ति।

mighty *मॉइ टि* powerful शक्तिशाली; brave, बहादुर; very great अति महान।

migraine *मी ग्रेन n.* severe headache on one side आधासीसी।

migrant *मॉइ-ग्रॅन्ट n.* one who migrates प्रवासी।

migrate *मॉइ ग्रेट v.i.* to change one's abode to another country प्रव्रजन करना।

migration *मॉ इ ग्रे शॅन n.* state or act of migrating प्रव्रजन।

mike *मॉइक n.* see microphone.

milch *मिल्च a.* milk-giving दुधारू।

mild *मॉइल्ड a.* gentle शांत; soft हल्का; calm शांत।

mildew *मिल्-ड्यू n.* disease of plants caused by the growth of minute fungi चेंपा, काई, फफूंदी।

mile *मॉइल n.* measure of distance (1760 yards) मील।

mileage *मॉइ लीज n.* allowance per mile प्रतिमील भत्ता; miles travelled यात्रा की हुई मीलें; distance in miles मीलों में दूरी।

milestone *मॉइल्-स्टोन n.* a stone showing distnace in miles मील का पत्थर; an important stage or event महत्वपूर्ण स्थिति, घटना आदि।

milieu *मी-ल्यू n.* environment वातावरण; surrounding परिवेश।

militant[1] *मि लि टॅन्ट a.* bellingerant युद्धप्रिय; using violence हिंसाकारी।

militant[2] *n.* a person disposed to fight युद्धकर्त्ता।

military[1] *मि लि टॅ रि a.* pertaining to soldiers सैन्य; warlike सामरिक।

military[2] *n.* army सेना।

militate *मि लि टेट v.i.* to fight युद्ध करना।

militia *मि लि शॅ n.* military force of citizens for home service नागरिक सेना।

milk[1] *मिल्क n.* white fluid with which mammals feed their young दूध।

milk[2] *v.t.* to draw milk from दुहना; *v.i.* to yield milk दूध देना, दुधारू होना।

milky *मिल् कि a.* like milk दूधिया।

mill[1] *मिल n.* machine for grinding चक्की।

mill[2] *v.t.* to pass through a mill पीसना।

millennium *मि लै ॅ नि अॅम n.* a period of a thousand years सहस्त्राब्दि; period of peace and happiness स्वर्ण युग।

miller *मि लॅः n.* owner of a mill चक्कीवाला, आटा पीसनेवाला।

millet *मि-लिट n.* a well-known food grain बाजरा।

milliner[1] *मि-लि-नरः n.* one who makes or sells women's headgear, trimmings etc. नारी-वस्त्र-निर्माता।

milliner[2] *मि लि नॅः n.* one who makes head-dresses, hats etc. for females स्त्रियों के शिरोवस्त्रों का निर्माता।

millinery *मि नि नॅ रि n.* occupation of a milliner महिला वस्त्र-निर्माण।

million *मिल् यॅन n.* a thousand thousand दस लाख (1,000,000)।

millionaire *मिल् यॅ ने˘ अॅ: n.* very rich person धनपति।

millipede *मि-लि-पीड n.* a worm with many legs बहुपादधारी कीट।

mime[1] *मॉइम n.* play without dialogue संवादरहित नाटक; farcical play of real life प्रहसन; a buffoon विदूषक, ठिठोलिया।

mime[2] *v.i.* to act as a mime स्वांग भरना।

mimesis *मि-मै˘-सिस n.* imitation or representation in art अनुकरण, निकटतम सादृश्य।

mimic[1] *मि मिक a.* imitative अनुकरणात्मक।

mimic[2] *n.* one who imitates नक़लची, नक़्क़ाल।

mimic[3] *v.t. (-cked, -cking)* to imitate (की) नकल उतारना।

mimicry *मि मिक् रि n.* imitation (often for sport or ridicule) नक़ल।

minaret *मि नॅ रै˘ट n.* tall, slender tower of a mosque मीनार।

mince *मिन्स v.t.* to cut or chop (meat) into very small pieces (मांस) काटना; to soften or moderate (words) बात को हल्का या कम करके बताना।

mind[1] *मॉइन्ड n.* memory स्मृति; remembrance स्मरण; thought, idea विचार; opinion मत; intention इरादा; purpose उद्देश्य; intellect बुद्धि; understanding समझ; attention ध्यान।

mind[2] *v.t.* to take offence at (का) बुरा मानना; to care for (की) चिंता करना; to attend to (पर) ध्यान देना; to be cautious about के बारे में सतर्क रहना, to be concerned about के विषय में चिंतित रहना; *v.i.* to be careful सावधान या सतर्क रहना।

mindful *मॉइन्ड् फुल a.* careful सावधान।

mindless *मॉइन्ड्-लिस a.* stupid मूर्ख, मंदबुद्धि; unmindful लापरवाह।

mine[1] *मॉइन pron.* belonging to me मेरा।

mine[2] *n.* deep hole from which minerals are dug out खान; hidden deposit of explosive बारूदी सुरंग।

miner *मॉइ नॅ: n.* one who works in a mine खनिक।

mineral[1] *मि नॅ रॅल n.* matter got by mining खनिज।

mineral[2] *a.* of minerals खनिज-संबंधी।

mineralogist *मि नॅ रॅ लॅ जिस्ट n.* one who is versed in the science of minerals खनिज-विज्ञानी।

mineralogy *मि नॅ रॅ लॅ जि n.* science of the properties of mineral substances खनिज शास्त्र।

mingle *मिङ् ग्ल v.t.* to mix मिलाना; *v.i.* to be mixed मिल जाना।

miniature[1] *मि न्यॅ चॅ:, मि नि अॅ चॅ: n.* small picture, book or model सूक्ष्म चित्र, पुस्तक या मूर्ति।

miniature[2] *a.* minute लघु, छोटा।

minim *मि-निम n.* (music) the shortest note अर्द्धस्वर; short downstroke in handwriting अक्षरों की नीचे निकली नोक, बिंदुक; least part अल्पतम भाग।

minimal *मि नि मॅल a.* least अल्पतम।

minimize *मि नि मॉइज़ v.t.* to reduce to the minimum घटाना, कम करना।

minimum[1] *मि नि मॅम n. (pl. -ms, minima)* smallest amount न्यूनतम मात्रा।

minimum[2] *a.* least possible अल्पतम।

minion *मिन् यॅन n.* favourite कृपापात्र; servile follower खुशामदी टट्टू।

minister[1] *मि निस् टॅः n.* departmental administrator in a state मंत्री।

minister[2] *v.i.* to give care or aid ध्यान या सहायता देना; to give service सेवा करना।

ministrant *मि-निस्-ट्रॅन्ट a.* administering सेवारत; attendant सेवक।

ministry *मि निस् ट्रि n.* a body of ministers मंत्रिमंडल; act of ministering मंत्रित्व।

mink *मिङ्क n.* small animal of the weasel kind ऊदबिलाव जाति का एक जंतु।

minor[1] *मॉइ नॅः a.* lesser छोटा, लघु; not risky or serious हल्का; under age नाबालिग, अवयस्क।

minor[2] *n.* person under the age of 18 अवयस्क व्यक्ति।

minority *मॉइ नौ˘ रि टि n.* minor's state अवयस्कता; lesser number अल्प संख्या; a class or section numbering less than the one in majority अल्पसंख्यक।

minster *मिन्-स्टॅः n.* an abbey church आश्रम-गिरजा।

mint[1] *मिन्ट n.* an aromatic plant पुदीना।

mint[2] *n.* place where money is coined टकसाल।

mint[3] *v.t.* to coin (money) (सिक्के) ढालना।

minus[1] *मॉइ नॅस prep.* without के बिना।

minus[2] *a.* indicating subtraction ऋणात्मक; negative नकारात्मक।

minus[3] *n.* the sign of subtraction ऋण का चिह्न (–)।

minuscule *मि-नॅस्-क्यूल a.* small cursive script अंग्रेज़ी वर्णमाला के छोटे अक्षर।

minute[1] *मॉइ न्यूट a.* very small बहुत छोटा।

minute[2] *मि निट n.* 60th part of an hour मिनट; *(pl.)* record of proceedings of a meeting विवरण।

minutely *मॉइ न्यूट् लि adv.* closely, carefully सूक्ष्मता से, ध्यानपूर्वक; attending to small details बारीकी से।

minx *मिङ्क्स n.* a pert young girl कुलच्छनी; jade जिद्दी एवं हठी लड़की।

miracle *मि रॅ कॅल n.* marvel चमत्कार; supernatural event अलौकिक घटना।

miraculous *मि रै क्यु लॅस a.* marvellous चमत्कारिक; surprising आश्चर्यजनक।

mirage *मि राज़ n.* deceptive sight of water in a desert मृगमरीचिका; illusion भ्रम।

mire[1] *मॉइअॅः n.* swampy ground दलदल; mud कीचड़।

mire[2] *v.t.* to cause to stick in mire दलदल में फंसाना; to soil with mud सानना, कीचड़ लगाना; *v.i.* to sink in mire कीचड़ या दलदल में पड़ना।

mirror[1] मि रॅ: *n.* looking glass दर्पण।

mirror[2] *v.t.* to reflect प्रतिबिंबित करना।

mirth मॅ:थ *n.* joy, merriment आनंद, आमोद-प्रमोद।

mirthful मॅ:थ फुल *a.* full of mirth आनंदपूर्ण।

misadventure मिस् अॅड् वैनॅ चॅ: *n.* mishap दुर्घटना; ill-luck दुर्भाग्य।

misalliance मिस्-अॅ-लॉइ-अॅन्स *n.* unsuitable alliance बेमेल संबंध; marriage with one of lower rank बेमल विवाह।

misanthrope मिस् अॅन् थ्रोप *n.* hater of mankind मानवद्वेषी।

misapplication मिस्-ऐप-लि-के-शॅन *n.* misuse अनुचित प्रयोग, दुरुपयोग।

misapprehend मिस्-ऐ-प्रि-हैन्ड *v.t.* to take or understand in a wrong sense (का) मिथ्याबोध करना, उलटा या ग़लत समझना।

misapprehension मिस्-अॅ-प्रि-हैॅन्-शॅन *n.* misunderstanding मिथ्या-बोध, भ्रम।

misappropriate मिस् अॅ प्रो प्रि एट *v.t.* to take and use wrongfully दुरुपयोग करना; to embezzle ग़बन करना।

misappropriation मिस् अॅ प्रो प्रि ए शॅन *n.* act of misappropriating दुरुपयोग; embezzlement ग़बन।

misbehave मिस् बि हेव *v.i.* to behave ill बुरा व्यवहार करना।

misbehaviour मिस् बि हेव् यॅ: *n.* bad behaviour, misconduct बुरा व्यवहार।

misbelief मिस्-बि-लीफ़ *n.* belief in false doctrine भ्रांत धारणा।

miscalculate मिस् कैल् क्यु लेट *v.t.* to reckon (amounts etc.) wrongly ग़लत गणना करना।

miscalculation मिस् कैल क्यु ले शॅन *n.* erroneous calculation अशुद्ध गणना।

miscall मिस-कौल *v.t.* to call by a wrong name ग़लत या अशुद्ध नाम से पुकारना।

miscarriage मिस् कै रिज *n.* abortion गर्भपात; failure असफलता, विफलता।

miscarry मिस कै रि *v.i.* (of plan, etc.) to fail (योजना आदि का) विफल होना; (of letters etc.) not to reach the right destination अपवाहित होना; to bring forth young prematurely गर्भपात होना।

miscellaneous मि सि लेन् यॅस *a.* mixed मिश्रित; diverse कई तरह का, विविध।

miscellany मि सै लॅ नि, मि सि– *n.* mixture of various kinds, medley विविधतापूर्ण संग्रह।

mischance मिस् चान्स *n.* bad luck दुर्भाग्य।

mischief मिस् चिफ़ *n.* misconduct दुर्व्यवहार, शरारत; harm हानि; hurt चोट।

mischievous मिस् चि वॅस *a.* full of pranks शरारतपूर्ण; having harmful effect हानिप्रद।

misconceive मिस्-कॅन्-सीव *v.t.* to conceive wrongly मिथ्या अर्थ लगाना; to mistake ग़लत समझना।

misconception मिस् कॅन् सैपॅ शॅन *n.* wrong idea ग़लत धारणा।

misconduct मिस् कौनॅ् डॅक्ट *n.* misbehaviour दुराचरण।

misconstrue मिस्-कॅन्-स्ट्रू *v.t.* to

interpret wrongly (का) अर्थ ठीक न लगाना, ग़लत समझना।

miscreant *मिस् क्रि अॅन्ट n.* a scoundrel, a rascal धूर्त, बदमाश।

misdeed *मिस् डीड n.* evil deed दुष्कर्म।

misdemeanour *मिस-डि-मी-नरः n.* misdeed, bad conduct दुष्कर्म, दुराचरण; petty crime सामान्य अपराध।

misdirect *मिस् डि रैक्ट v.t.* to give the wrong information गुमराह करना।

misdirection *मिस् डि रैक् शॅन n.* wrong direction बहकावा, अपनिदेशन।

miser *मॉइ जॅः n.* money-hoarder कंजूस।

miserable *मि ज़ॅ रॅ बल a.* very unhappy अति दुःखपूर्ण; causing misery दुःखदायी; worthless निकम्मा; squalid घिनौना।

miserly *मॉइ-ज़ॅः-लि a.* niggardly कृपणतापूर्ण।

misery *मि ज़ॅ रि n.* distress मुसीबत; great unhappiness तकलीफ़, विपत्ति; poverty कंगाली।

misfire *मिस् फ़ॉइअॅः v.i.* to (of a gun) to fail to go off (बंदूक) न दगना; (of a motor engine) to fail to ignite (इंजन) चालू न होना।

misfit *मिस् फिट n.* an improper thing or person अनुपयुक्त वस्तु या आदमी।

misfortune *मिस् फौ : चॅन n.* ill-luck दुर्भाग्य।

misgive *मिस्-गिव (-gave, -given) v.t.* to suggest apprehensions, to fill with forebodings अविश्वास करना; *v.i.* to have apprehensive forebodings अशुभ की आशंका करना।

misgiving *मिस् गि विङ्ग n.* doubt संदेह।

misguide *मिस् गॉइड v.t.* to mislead गुमराह करना।

mishap *मिस् हैप n.* minor accident दुर्घटना।

misjudge *मिस् जज v.t.* to judge wrongly ग़लत निर्णय करना।

mislead *मिस लीड v.t.* to lead into error बहकाना; to lead astray भटका देना; to give false information to ग़लत सूचना देना।

mismanagement *मिस् मै निज़ मॅन्ट n.* bad management कुप्रबंध।

mismatch *मिस्-मैच v.t.* to match unsuitably अनुपयुक्त ढंग से जोड़े में रखना।

misnomer *मिस् नो मॅः n.* wrong name मिथ्या नाम।

misplace *मिस् प्लेस v.t.* to put in a wrong place ग़लत जगह रखना।

misprint[1] *मिस् प्रिन्ट n.* mistake in printing छापे की भूल।

misprint[2] *v.t.* to print wrongly ग़लत छापना।

misrepresent *मिस् रैपॅ रि ज़ैन्ट v.t.* to give a false account of (का) अयथार्थ विवरण देना।

misrule *मिस् रुल n.* bad government कुशासन।

miss[1] *मिस n.* unmarried girl कुमारी।

miss[2] *v.t.* to fail to hit चूकना; to lose खोना; to omit छोड़ना।

missile *मि सॉइल n.* a weapon that is thrown or shot प्रक्षेपास्त्र।

mission *मि शॅन n.* special work विशेष कार्य; party of persons sent for special work विशेष कार्यदल; political message राजनीतिक संदेश।

missionary *मि शॅ नॅ रि n.* religious instructor धर्म प्रचारक।

missis, missus *मि-सिस्, -सिज़ n.* mistress of the house स्वामिनी, मालकिन; wife पत्नी।

missive *मि-सिव n.* written message लिखित संदेश।

mist *मिस्ट n.* water vapour in fine drops कुहासा, कुहरा।

mistake[1] *मिस् टेक n.* an error भूल।

mistake[2] *v.t.* to understand or do wrongly ग़लत समझना या करना।

mister *मिस् टॅः n.* title of courtesy to man श्री, श्रीमान, महोदय।

mistletoe *मि-सल्-टो n.* an evergreen shrubby plant आकाश बेल, अमर बेल।

mistreat *मिस्-ट्रीट v.t.* to treat ill (से) दुर्व्यवहार करना।

mistress *मिस् ट्रिस n.* female head of a house गृहस्वामिनी; lady teacher शिक्षिका; beloved प्रेयसि; woman living with a man as a wife उपपत्नी, रखैल।

mistrust[1] *मिस् ट्रस्ट n.* disbelief अविश्वास।

mistrust[2] *v.t.* to disbelieve अविश्वास करना।

misty *मिस् टि a.* full of mist कुहासे वाला।

misunderstand *मिस् अॅन् डॅः स्टैन्ड v.t.* to understand wrongly ग़लत समझना।

misunderstanding *मिस् अॅन् डॅः स्टैन् डिङ्ग n.* mistaken idea ग़लतफ़हमी।

misuse[1] *मिस् यूस n.* improper use or treatment दुरुपयोग।

misuse[2] *मिस् यूज़ v.t.* to use badly (का) दुरुपयोग करना।

mite[1] *मॉइट n.* dot, iota कण; small amount अल्प धन, अल्प मात्रा; a small thing छोटी वस्तु; small child शिशु।

mite[2] *n.* a tick, cattle-louse किलनी, चिचड़ी।

mithridate *मिथ्-रि-डेट n.* an antidote to poison विषमार औषधि, ज़हर मोहरा।

mitigate *मि टि गेट v.t.* to lessen कम करना।

mitigation *मि टि गे शॅन n.* act of mitigating अल्पीकरण।

mitre **मॉइ-टॅः** *n.* bishop's head-dress पादरी का शिरोवस्त्र, किरीट।

mitten *मि-ट्न n.* glove without a separate cover for each finger बिना उंगलियों का दस्ताना; glove for the hand and wrist हाथ व कलाई का दस्ताना; a bosing glove मुक्केबाज़ी का दस्ताना।

mix *मिक्स v.i. & v.t.* to mingle मिलना, मिलाना।

mixture *मिक्स् चॅः n.* mixed product मिश्रित वस्तु; act of mixing मिश्रण।

moan[1] *मोन v.i.* to lament विलाप करना।

moan[2] *n.* a lament विलाप; low sound of pain कराह।

moat[1] *मोट n.* a deep trench खंदक, परिखा, खाई।

moat[2] *v.t.* to surround with a moat के चारों ओर खाई खोदना।

mob[1] मौ ॅब *n.* disorderly crowd भीड़; the common people जनसाधारण।

mob[2] *(-bb-) v.t.* to crowd round के चारों ओर भीड़ लगाना।

mobile *मो बॉइल, –बिल a.* movable चल, गतिशील; often changing परिवर्तनशील।

mobility *मो ॅ बि लि टि n.* being mobile गतिशीलता।

mobilize *मो बि लॉइज़ v.t.* to collect (troops) for active service युद्ध के लिए (सेना) एकत्रित करना; to organise संगठित करना; *v.i.* to become organised संगठित होना।

mock[1] *मौकॅ v.i.* to scoff (at) हंसी उड़ाना; *v.t.* to ridicule उपहास करना।

mock[2] *a.* sham, imitation दिखावटी, कृत्रिम।

mockery *मौ ॅ कॅ रि n.* ridicule मज़ाक; travesty स्वांग, दिखावा।

modality *मो-डै-लि-टि n.* method रीति; terms, style वृत्तित्व; quality of being limited by a condition निश्चयमात्रा।

mode *मोड n.* method विधि; prevailing fashion चालू रिवाज।

model[1] *मौ ॅ ड्ल n.* pattern नमूना; ideal आदर्श।

model[2] *(-ll-) v.t.* to mould गढ़ना, ढालना; to make a model of का नमूना बनाना।

moderate[1] *मौ ॅ डॅ रिट a.* temperate मध्यम; limited सीमित; mild नरम।

moderate[2] *मौ ॅ डॅ रेट v.t.* to pacify शांत करना; to lessen कम करना।

moderation *मौ ॅ डॅ रे शॅन n.* quality of being moderate संयम, संतुलन; freedom from excess अतिहीनता।

modern *मौ ॅ डॅःन a.* new नया; of the present times आधुनिक।

modernity *मौ ॅ डॅः नि टि n.* being modern आधुनिकता।

modernize *मौ ॅ डॅः नॉइज़ v.t.* to adapt to modern ideas, style or language आधुनिकीकरण करना।

modest *मौ ॅ डिस्ट a.* mild नरम; bashful शर्मीला; moderate मामूली, मर्यादित।

modesty *मौ ॅ डिस् टि n.* politeness नरमी; shyness संकोच।

modicum *मौ-डि-कॅम n.* small quantity अल्प परिमाण।

modification *मौ ॅ डि फ़ि के शॅन n.* change परिवर्तन।

modify *मौ ॅ डि फ़ॉइ v.t.* to change बदलना; to make less severe (की) कठोरता कम करना; *(gram.)* to qualify the sense of के अर्थ को संयत करना।

modulate *मौ ॅ ड्यु लेट v.t.* to adjust ठीक करना; to regulate व्यवस्थित करना।

moil *मौ ॅइल v.i.* to toil, to drudge कठोर परिश्रम करना।

moist *मौ ॅ इस्ट a.* damp नम, गीला।

moisten *मौ ॅइ स्न v.t.* to make moist नम करना; *v.i.* to become moist नम होना।

moisture *मौ ॅ इस् चॅः n.* dampness नमी, गीलापन।

molar[1] *मो लॅः n.* a grinding tooth दाढ़।

molar[2] *a.* relating to the grinding teeth दाढ़-विषयक।

molasses *मॅ लै सिज़ n.* treacle शीरा।

mole *मोल* *n.* a small burrowing animal छछूंदर; small, dark spot on the skin तिल।

molecular *मौ˘-लै˘-क्यु-लरः a.* pertaining to smallest particle, atomic आणविक, अणुक।

molecule *मौ˘-लि-क्यूल n.* smallest particle of any substance अणु।

molest *मों˘ लस्ट, मॅ– v.t.* to vex तंग, करना; छेड़खानी करना।

molestation *मों˘ ल˘स् टे शॅन n.* act of molesting छेड़खानी।

molten *मोल्-टॅन a.* melted पिघला हुआ।

moment *मो मॅन्ट n.* instant क्षण।

momentary *मो मॅन् टॅ रि a.* lasting for a moment क्षणिक।

momentous *मों˘ मैं˘न्टस, मॅ– a.* weighty महत्वपूर्ण; important आवश्यक।

momentum *मों˘ मैनॅ् टॅम, मॅ– n.* force of a moving body or machine गति-मात्रा।

monarch *मौं˘ नॅःक n.* supreme ruler राजा।

monarchy *मौ˘ नॅः कि n.* government in which the supreme power is lodged in a single person एकतंत्र।

monastery *मौ˘ नॅस् टॅ रि n.* monkhouse मठ।

monasticism *n.* corporate monastic life वानप्रस्थ, संन्यासभाव; system of living in monastery मठवाद।

Monday *मन् डे,–डि n.* second day of the week सोमवार।

monetary *म नि टॅ रि a.* relating to money आर्थिक।

money *म नि n.* currency मुद्रा; wealth संपत्ति।

monger *मङ्-गरः n.* dealer, trader वणिक, व्यापारी।

mongoose *मौनॅ् गूस n.* a small animal noted for killing snakes नेवला।

mongrel *मङ्-ग्रल a.* mixed in reed संकरजातीय, दोग़ला, मिलाजुला।

monitor *मौ˘ नि टॅः n.* senior pupil in a school appointed to instruct and look after juniors छात्रनायक; a screen in a television studio टेलिविज़न का पर्दा।

monitory *मौ˘-नि-टॅ-रि a.* giving admonition or warning उपदेशात्मक, शिक्षाप्रद।

monk *मङ्क n.* male inhabitant of a monastery मठवासी।

monkey *मङ् कि n.* long tailed quadrumanous animal बंदर।

monochromatic *मौ˘-नॅ-क्रॅ-मै-टिक a.* of one colour or wavelength only एकवर्णी, एक रंग में रंगनेवाला; completely colour-blind वर्णांध।

monocle *मौ-नॅ-कल् n.* a single eyeglass एक आंख का चश्मा।

monocular *मौ˘-नौ˘-क्यु-लरः a.* one eyed काना, एकाक्षी, एकनेत्री।

monody *मौ˘-नॅ-डि n.* mournful ode or poem शोकगीत; song for one voice एकस्वरगीत।

monogamy *मौ˘ नौ˘ गॅ मि, मॅ– n.* the marrying of only one at a time एकविवाह-प्रथा।

monogram *मौ˘ नॅ ग्रैम n.* a design of letters interwoven नाम-चिह्न।

monograph *मौ˘ नॅ ग्राफ़ n.* scholarly writing on a single subject प्रबंध।

monogynous मौॅ-नौॅ-जि-नॅस *a.* having one wife एकपत्नीक; mating with one female एक स्त्री केसरी।

monolatry मौॅ-नौॅ-लॅ-ट्रि *n.* worship of one god एकदेव पूजा।

monolith मौॅ नौॅ लिथ, *n.* single large block of stone एकाश्म।

monologue मौॅ नॅ लौॅ ग *n.* a speech by one person एकालाप।

monopolist मॅ नौॅ पॅ लिस्ट *n.* person who has a monopoly एकाधिकारी।

monopolize मॅ नौॅ पॅ लॉइज़ *v.t.* to hold the monopoly of पर एकाधिकार करना।

monopoly मॅ नौॅ पॅ लि *n.* sole trading power or privilege एकाधिकार।

monosyllable मौॅ नॅ सि लॅ ब्ल *n.* word of a single syllable एकाक्षर।

monosyllabic मौॅ नॅ सि लै बिक *a.* having only one syllable एकाक्षरीय।

monotheism मौॅ नोॅ थी इज़्म *n.* belief in only one God एकेश्वरवाद।

monotheist मौॅ नोॅ थी इस्ट *n.* a believer in only one God एकेश्वरवादी।

monotonous मॅ नौॅ टॅ नॅस *a.* dull नीरस; lacking in variety एकरस; wearisome उबा देनेवाला।

monotony मॅ नौॅ टॅ नि *n.* dullness नीरसता; absence of variety एकरसता।

monsoon मौनॅ सून *n.* seasonal wind मौसमी हवा; season marked by heavy rains बरसात का मौसम।

monster मौनॅ स्टॅः *n.* giant राक्षस, दैत्य; very cruel person अत्यंत क्रूर व्यक्ति; huge person, animal or thing विशालकाय व्यक्ति, पशु आदि।

monstrous[1] मौॅन्-स्ट्रॅस *a.* devilish राक्षसी, नृशंस; horrible विकटरूप, डरावना, भयंकर; enormous विशाल, वृहत; huge, bulky भारी; out of the common course of nature असंगत।

monostrous[2] मौनॅ स्ट्रॅस *n.* huge विशालकाय; horrible डरावना।

month मन्थ *n.* any of the twelve divisons of a year माह, महीना।

monthly[1] मन्थ्लि *a.* done or happening once a month or every month मासिक।

monthly[2] *adv.* once a month प्रतिमाह।

monthly[3] *n.* a magazine published every month मासिक पत्रिका।

monument मौॅ न्यु मॅन्ट *n.* statue, memorial स्मारक।

monumental मौॅ न्यु मैॅन् ट्ल *a.* serving as a monument स्मारकीय; of lasting value स्थायी महत्व का; very great अति महान।

moo मू *v.i.* to low रंभाना।

mood मूड *n.* mental state or feeling मनोदशा, मनःस्थिति।

moody मू डि *a.* bad tempered बदमिज़ाज; gloomy उदास; changeable in mood चंचल मनोदशा वाला।

moon मून *n.* earth's satellite चंद्रमा।

moor[1] मुअॅः, मौः *n.* tract of open, uncultivated land बंजर प्रदेश।

moor[2] *v.t.* to secure (ship) with chains or ropes (जलयानको) बांधना।

moorings मू रिङ्ग्ज़ *n. pl.* chains, ropes etc. by which a ship is moored लंगर; something providing stability टिकने या रुकने का साधन।

moot मूट *n.* discussion वादविवाद, बहस।

mop[1] मौॅप *n.* broom झाड़ू।

mop[2] *(-pp-) v.t.* to wipe or clean झाड़पोंछ करना।

mope मोप *v.i.* to yield to low spirits, to be sad or listless उदास होना, विषण्ण होना।

moral[1] मौॅ रॅल *a.* relating to morality नैतिक; virtuous सदाचारपूर्ण।

moral[2] *n.* practical lesson सीख, शिक्षा; *(pl.)* moral principles नैतिक नियम।

morale मौॅ राल, मॅ– *n.* temper or state of mind as expressed in action हौसला, मनोबल।

moralist मौॅ रॅ लिस्ट *n.* one who teaches morals नैतिक शिक्षक; one who inculcates or practises moral duties नैतिकतावादी।

morality मॅ रै लि टि *n.* moral principles and conduct सदाचार; moral quality नैतिकता; a kind of drama teaching moral lesson नीति-नाटक।

moralize मौॅ रॅ लॉइज़ *v.t.* to give a moral interpretation of नैतिक व्याख्या करना; *v.i.* to deal with moral aspects नीतिगत बात करना।

morbid मौः बिड *a.* diseased बीमार, रुग्ण; gruesome घिनावना या घिनापन।

morbidity मौॅः बिडिटि *n.* diseased state रूग्णता; state of being gruesome घिनावनापन।

more[1] मौः, मौॅः *a.* greater in number or quantity अधिक।

more[2] *adv.* to a greater extent अधिक मात्रा में।

moreover मौः रो वॅः *adv.* besides इसके अतिरिक्त।

morganatic मौरः-गॅ-नै-टिक *a.* of marriage between persons of unequal rank अनुमोल (विवाह)।

morgue मौरःग *n.* place where dead bodies are laid out for identification, mortuary शवगृह, मुर्दाघर।

moribund मौॅ-रि-बन्ड *a.* about to die, in a dying state मृतप्राय, मरणासन्न।

morning मौः निङ्ग *n.* the first part of the day सुबह।

moron मौॅ-रौॅन *n.* feeble-minded person मंदबुद्धि व्यक्ति।

morose मॅ-रोस *a.* gloomy म्लान, उदास; sour-tempered कर्कश, चिड़चिड़ा; severe कठोर।

morphia मौः फ़्यॅ *n.* narcotic extract of opium अफीम का सत्त्व।

morrow मौॅ रो *n.* next day आगामी दिन।

morsel मौः सॅल *n.* tiny piece टुकड़ा; mouthful ग्रास।

mortal[1] मौः ट्ल *a.* subject to death नाशवान, नश्वर; deadly घातक।

mortal[2] *n.* human being मानव-प्राणी।

mortality मौः टै लि टि *n.* state of being mortal नश्वरता; number of deaths मृतकों की संख्या; death-rate मृत्यु-दर।

mortar *v.t.* to bombard with a

mortar (पर) गोलाबारी करना; to join or plaster with mortar चूने से जोड़ना, चूना लगाना।

mortgage[1] *मौ: गिज n.* pledge of property as security for debt बंधक, गिरवी।

mortgage[2] *v.t.* to pledge as security बंधक रखना।

mortagagee *मौ: गॅ जी n.* receiver of pledge गिरवीदार।

mortgator *मौ: गॅ जौ: n.* one who pledges गिरवी रखने वाला।

mortify *मौ: टि फ़ॉइ v.t.* to humiliate अपमानित करना; to subdue by self denial आत्म-त्याग-द्वारा दमन करना; *v.i.* to be affected with gangrene (मांस का) सड़ जाना।

mortuary *मौरः-ट्यु-अॅ-रि n.* morgue शवशाला, मुर्दाघर; payment to the parish priest मृत्यु-कर।

mosaic *मोॅ ज़े इक n.* pattern made by coloured bits of stone पच्चीकारी; this process of decoration पच्चीकारी की विधि।

mosque *मौॅस्क n.* muslim temple मसजिद।

mosquito *मॅस् की टो, मौॅस्– n. (pl.-toes)* stinging gnat मच्छर।

moss *मौॅस् n.* soggy ground or soil दलदल, कीचड़; small plant with no woody material काई, शैवाल।

most[1] *मोस्ट a.* greatest सबसे अधिक।

most[2] *adv.* in the greatest degree सर्वाधिक मात्रा में।

most[3] *n.* greatest number, amount of degree सवधिक संख्या या मात्रा।

mote *मोट n.* particles of dust रजकण, धूलिकण; seed or other particle in wool or cotton (कपड़ों या ऊन में) दाना, गांठ; speck, stain or blemish चित्ती, धब्बा।

motel *मो-टैॅल n.* hotel with accommodation and servicing facilities for cars कार आदि रखने की व्यवस्था वाला होटल।

moth *मौॅथ n.* a nocturnal insect like butterfly शलभ, पतंगा।

mother[1] *मदॅः n.* female parent माता।

mother[2] *v.t.* to act as mother to (की) मां होना।

motherhood *म दॅः हुड n.* state of being a mother मातृत्व।

motherlike *म-दरः-लॉइक a.* like a mother, befitting a mother मातृवत्, मातृसुलभ।

motherly *म दॅः लि a.* like mother मां-जैसा।

motif *मोॅ टीफ़ n.* theme मूल भाव।

motion[1] *मो शॅन n.* a proposal formally made in an assembly प्रस्ताव; gesture चेष्टा; moving from place to place गति।

motion[2] *v.i.* to make a gesture इशारा करना; *v.t.* to direct (somebody) by gesture संकेत-द्वारा बताना।

motionless *मो शॅन् लिस a.* still स्थिर।

motivate *मो टि वेट* to provide with an incentive प्रेरित करना।

motivation *मो टि वे शॅन n.* act of motivating प्रेरणा।

motive *मो टिव n.* intention इरादा; that which causes somebody to act प्रेरणा, उद्देश्य।

motley *मौॅट् लि a.* multi-coloured बहुरंगी; of various sorts पंचमेल।

motor[1] *मो टॅः* *n.* that which imparts motion गति देनेवाला; machine to supply motive power मोटर; motorcar कार।

motor[2] *v.i.* to travel by car मोटरगाड़ी से यात्रा करना; *v.t.* to equip with motor मोटर लगाना; to carry by motor car कार से ले जाना।

motorist *मो टॅ रिस्ट* *n.* person who drives a car मोटर-चालक; person who travel in a car कार-यात्री।

mottle *मौ ॅ-ट्ल* *n.* yarn of two colours दुरंगा सूत; blotched appearance, condition or surface धब्बेदार स्थिति।

motto *मौ ॅ टो* *n. (pl. -es)* a word, phrase or sentence expressing ideals of a group आदर्श-वाक्य।

mould[1] *मोल्ड* *n.* a hollow object in which metal etc. is cast सांचा; pattern for shaping नमूना; character चरित्र; shape, form आकार।

mould[2] *v.t.* to shape आकार देना।

mould[3] *n.* fungoid growth caused by dampness फफूंदी।

mould[4] *n.* loose or surface earth ढीली मिट्टी, बारीक मिट्टी।

mouldy *मोल् डि* *a.* covered with mould फफूंदीदार; stale बासी; old fashioned पुराना, घिसा-पिटा।

moult *मोल्ट* *v.i.* to cast feathers पंख या अन्य आवरण गिराना; *v.t.* to shed गिराना, हटाना (पंख आदि)।

mound *मॉउन्ड* *n.* small hill टीला; heap of earth ढेर।

mount[1] *मॉउन्ट* *n.* hill पहाड़ी।

mount[2] *v.t.* to climb चढ़ना; to get on to (a horse etc.) पर सवार होना; to supply with a horse घोड़ा देना; to put and fix in position (पर) चौखटा चढ़ाना; *v.i.* to increase बढ़ना।

mount[3] *n.* that on which a thing is supported or fitted धारक, आधार; a horse घोड़ा।

mountain *मॉउन् टिन* *n.* high hill पहाड़।

mountaineer *माउन् टि निअॅः* *n.* mountain-climber पहाड़ पर चढ़ने वाला, पर्वतारोही।

mountainous *मॉउन् टि नॅस* *a.* of a mountain पहाड़ी, पर्वतीय।

mourn *मौःन* *v.i.* to lament, to bewail विलाप करना; *v.t.* to feel sorrow for (पर) विलाप करना।

mourner *मौः नॅः* *n.* one who mourns विलाप करनेवाला।

mournful *मौःन् फुल* *n.* sad, sorrowful दुःखी, शोकाकुल।

mourning *मौः निङ्ग* *n.* lamentation मातम, विलाप।

mouse *मॉउस* *n. (pl. mice)* small rodent चूहा।

moustache *मस् टाश* *n.* hair on upper lip मूंछ।

mouth[1] *मॉउथ* *n.* facial opening मुंह।

mouth[2] *v.t.* to speak (words) with too much movement of the jaws (शब्दों को) जबड़ों को बहुत घुमाकर बोलना; to utter pompously कृत्रिमता के साथ बोलना; to take (food) into the mouth (भोजन) मुंह में रखना; to touch with the mouth मुंह से छूना।

mouthful *मॉउथ् फुल* *n.* morsel कौर, निवाला।

movable *मू वॅ ब्ल* *a.* capable of being moved सर्पी; (property) that can be shifted चल (संपत्ति)।

movables मू वॅ ब्ल्ज़ *n. pl.* goods, commodities, furniture चल संपत्ति।

move[1] मूव *n.* change of place and position स्थान-परिवर्तन; something done to achieve purpose कार्यवाही; (chess) player's turn चाल, बारी।

move[2] *v.t.* to change position of हटाना, खिसकाना; to stir emotions of द्रवित करना; to incite भड़काना; to propose for consideration प्रस्तावित करना; *v.i.* to change place or posture हटना; to shake हिलना; to take action कार्यवाही करना।

movement मूव मॅन्ट *n.* act of moving गति; agitation to bring about some desired result आंदोलन।

mover मू वॅः *n.* a person who puts a proposal प्रस्तावक।

movies मू विज़ *n.pl.* cinema pictures चलचित्र।

mow मो *v.t.* to cut down (grass) (घास) काटना।

much[1] मच *a* great in quantity अधिक।

much[2] *adv.* greatly, to a great extent अधिक मात्रा में।

mucilage म्यू-सि-लिज *n.* glue found in plants लासा; any sticky substance चिपचिपा पदार्थ; gum गोंद।

muck मक *n.* dung गोबर; manure खाद; anything worthless कबाड़; rubbish कूड़ाकरकट; mess गंदगी।

mucous म्यू कॅस *a.* like mucus कफ़ जैसा; covered with mucus श्लेष्मा-युक्त।

mucus म्यू कॅस *n.* sticky substance produced by the mucous membrane श्लेष्मा।

mud मड *n.* mire कीचड़।

muddle[1] म ड्ल *n.* confusion, disorder अव्यवस्था, गड़बड़ी।

muddle[2] *v.t.* to confuse भ्रम में डालना; to bewilder घबरा देना; to mismanage अव्यवस्थित करना।

muffle म फ़्ल *v.t.* to wrap, to cover लपेटना, ढकना।

muffler मफ़् लॅः *n.* scarf worn round the neck गुलूबंद।

mug मग *n.* cup or jug जलपात्र।

muggy म-गि *a.* close and damp उमसदार; foggy धुंधभरा।

mulatto म्यू-लै-टो *n.* offspring of a negro and person of European stock (हब्शी और गौरे का) वर्णसंकर।

mulberry मल् बॅ रि *n.* a juicy fruit शहतूत।

mule म्यूल *n.* offspring of an ass and a mare खच्चर।

mulish म्यू-लिश *a.* like a mule खच्चर जैसा; obstinate जिद्दी, हठीला।

mull[1] मल *n.* muddle घालमेल।

mull[2] *v.t.* to bungle गड़बड़ करना।

mullah (मु-ला, म-ला) *n.* Muslim learned in theology मुल्ला, मौलवी।

mullion मल्-यॅन *n.* upright division between the lights of windows वातायन-दंड।

multifarious मॅल् टि फे ॲ रि ॲस *a.* many and varied विभिन्न प्रकार के।

multiform मल्-टि-फ़ौःम *n.* having many forms, polymorphic

बहुरूपी, नानारूपी।

multilateral *मल्-टि-लै-टॅ-रॅल a.* with several parties or participants बहुदेशीय, अनेकराष्ट्रीय; many-sided अनेकभुजीय, बहुपार्श्विक।

multiparous *मल्-टि-पॅ-रॅस a.* producing more than one at a birth बहुप्रसवा, बहुप्रसवीय।

multiple[1] *मल् टि पल a.* having many parts बहुखंडीय।

multiple[2] *n.* quantity which contains another an exact number of times गुणज, अपवर्त्य।

multiped *मल्-टि-पैॅड n.* many footed animal बहुपाद पशु।

multiplex *मल्-टि-प्लैक्स a.* multiple, having many parts or forms अनेक तत्वीय, बहुविध, बहुरूप; cinema hall with many screens कई परदों वाला छविग्रह।

multiplicand *मल्-टि-प्लि-कॅन्ड, मल-टि-प्लि-कैन्ड n.* quantity to be multiplied by another गुण्य राशि।

multiplication *मल् टि प्लि के शन n.* process of multiplying गुणन।

multiplicity *मल् टि प्लि सि टि n.* state of being great in number बहुलता।

multiply *मल् टि प्लॉइ v.t.* to increase many times गुणा करना।

multitude *मल् टि ट्यूड n.* crowd भीड़; the common people जनसाधारण; state of being many बहुलता, आधिक्य।

mum[1] *मम a.* silent चुप।

mum[2] *n.* silence चुप्पी।

mumble *मम् बल v.i.* to speak indistinctly बुदबुदाना।

mummer *म-मॅः n.* actor in a dumb show मूक अभिनेता।

mummy[1] *म मि n.* embalmed dead body ममी, परिरक्षित शव।

mummy[2] *n.* mother माँ, मम्मी।

mumps *मम्प्स n. sing.* disease with painful swellings in the neck कनपेड़ा, गलसुआ।

munch *मन्च v.t.* to chew चबाना; *v.i.* to chew with marked action of the jaws जुगाली करना।

mundane *मन् डेन a.* worldly सांसारिक।

municipal *म्यू नि सि पॅल, म्यु– a.* belonging to the local self-government of a town नगरपालिका-संबंधी।

municipality *म्यू नि सि पै लि टि, म्यु– n.* local self-government of a town नगरपालिका।

munificent *म्यू-नि-फि-सॅन्ट a.* bountiful दानशील, दाता।

muniment *म्यू-नि-मॅन्ट n.* a record making good a claim अधिकार-पत्र; *(pl.)* furnishings, equipment etc. सामान, सामग्री, उपकरण।

munitions *म्यू नि शॅन्स n. pl.* military stores युद्ध-सामग्री।

mural[1] *म्युअॅ रॅल a.* having to do with a wall भित्तीय।

mural[2] *n.* a painting done on a wall भित्तिचित्र।

murder[1] *मॅः डॅः n.* unlawful manslaughter हत्या।

murder[2] *v.t.* to kill मारना, हत्या करना; to spoil बिगाड देना।

murderer *मॅः डॅ रॅः n.* killer हत्यारा, खूनी।

murderous *मॅः डॅ रॅस a.* capable of murder प्राणघातक।

murmur[1] *मॅः मॅः n.* low utterance, grumble गुनगुनाहट, बड़बड़ाहट।

murmur[2] *v.t.* to utter in low tone गुनगुनाना, *v.i.* to grumble बड़बड़ाना।

muscle *म सल n.* the tissue that forms the muscles of the body मांसपेशी।

muscovite *मस्-कॅ-वॉइट n.* common white mica श्वेत अभ्रक।

muscular *मस् क्यु लॅः a.* strong शक्तिशाली; of or relating to the muscles मांसपेशीय।

muse[1] *म्यूज़ v.i.* to ponder ध्यान लगाना, मनन करना।

muse[2] *n.* the goddess of poetry सरस्वती।

museum *म्यू ज़ि ॲम, म्यु– n.* repository of wonderful things अजायबघर।

mush *मश n.* meal boiled in water दलिया; anything pulpy गूदा, गूदेदार वस्तु; sentimentality भावुकता।

mushroom *मश् रूम n.* edible fungus कुकुरमुत्ता।

music *म्यू ज़िक n.* art of harmonious sounds संगीत।

musical *म्यू ज़ि कॅल a.* belonging to music सांगीतिक।

musician *म्यू ज़ि शॅन्, म्यु– n.* one skilled in music संगीतकार।

musk *मस्क n.* strong perfume कस्तूरी।

musket *मस् किट n.* hand-gun बंदूक।

musketeer *मस् कि टिॲः n.* soldier who uses a musket बंदूकधारी सिपाही।

muslin *मस् लिन n.* thin, fine, cotton-cloth मलमल।

must[1] *मस्ट aux.v.* to be obliged आवश्यक होना, अनिवार्य होना; to be certain निश्चित होना।

must[2] *n.* something one must do अनिवार्यता।

must[3] *n.* newly pressed grape juice द्राक्षारस।

mustache *मॅस्-टाश n.* moustache मूँछ।

mustang *मस्-टैङ्ग n.* wild horse मसतुरंग, जंगली घोड़ा।

mustard *मस् टॅःड n.* an oil plant सरसों।

muster[1] *मस् टॅः v.t.* to collect (as troops) एकत्र करना; *v.i.* to assemble एकत्र होना।

muster[2] *n.* assembling of troops सैनिक-सभा।

musty *मस् टि a.* mouldy फफूंददार; stale बासी।

mutation *म्यू टे शन n.* change परिवर्तन।

mutative *म्यु-टॅ-टिव a.* changing, mutable परिवर्तनशील, परिवर्तनीय।

mute[1] *म्यूट a.* dumb गूंगा; silent शांत, चुप।

mute[2] *n.* one who cannot speak गूंगा व्यक्ति।

mutilate *म्यू टि लेट v.t.* to injure or disfigure by cutting a piece from अंगभंग करना, विकृत करना।

mutilation *म्यू टि ले शॅन, म्यु– n.* removal of some essential part अंगच्छेद।

mutinous *म्यू टि नॅस a.* rebellious विद्रोही, बाग़ी।

mutiny[1] *म्यू टि नि n.* revolt against constituted authority ग़दर, बगावत।

mutiny[2] *v. i.* to rise against lawful authority बग़ावत करना।

mutter *म टॅः v.i.* to utter words with compressed lips बड़बड़ाना; *v.t.* to utter with a low murmuring voice बड़बड़ाकर कहना।

mutton *म ट्न n.* flesh of sheep भेड़ का मांस।

mutual *म्यू ट्यु ॲल a.* reciprocal पारस्परिक, आपसी।

muzzle[1] *म ज़्ल n.* mouth and nose of an animal थूथन; cover for mouth and nose मोहरा, छींका; open end of gun नालमुख।

muzzle[2] *v.t.* to put muzzle on (पर) छींका लगाना; to prevent from expressing opinion प्रतिबंधित करना।

my *मॉइ a.* belonging to me मेरा, मेरी।

myalgia *मॉइ-ऐल्-जि-ॲ n.* pain in muscle पेशी-पीड़ा, पुट्ठों में दर्द।

myopia *मॉइ ओ पि ॲ n.* shortsightedness अल्पदृष्टि।

myopic *मॉइ औ ॅ पिक a.* short sighted निकटदृष्टिक।

myosis *मॉइ-ओ-सिस n.* abnormal contraction of the pupil of the eye तारासंकोच।

myriad[1] *मि रि ॲड n.* very great number विशाल संख्या।

myriad[2] *a.* innumerable असंख्य।

myrrh *मॅः n.* an aromatic gum गंधरस।

myrtle *मॅः-ट्ल n.* an evergreen shrub with beautiful and fragrant leaves विलायती मेंहदी, हिना।

myself *मॉइ-सैल्फ़, मि- pron.* used for 'I' or 'me' (for emphasis) मैं स्वयं, स्वयं मैं।

mysterious *मिस् टिअ रि ॲस a.* containing mystery रहस्यमय।

mystery *मिस् टॅ रि n.* something above human intelligence रहस्य; anything inexplicable रहस्यपूर्ण वस्तु।

mystic[1] *मिस् टिक a.* of hidden meaning or spiritual power रहस्यवादी।

mystic[2] *n.* one who seeks union with God and realization of truth रहस्यवादी।

mysticism *मिस् टि सिज़्म n.* belief that knowledge of God is obtainable through prayer and contemplation रहस्यवाद।

mystify *मिस् टि फ़ॉइ v.t.* to perplex intentionally भ्रमित करना।

myth *मिथ n.* a tale with supernatural characters or events पौराणिक कथा; invented story कल्पित कथा; imaginary person or object काल्पनिक व्यक्ति या वस्तु।

mythical *मि थि कॅल a.* relating to myth पुराणकथा-संबंधी; existing only in myth पौराणिक; fictitious कल्पित।

mythological *मि थॅ लौ ॅ जि कॅल a.* relating to or proceeding from mythology पौराणिक; unreal अयथार्थ।

mythology *मि थौ ॅ लॅ जि n.* science or doctrine of myths पुराण विद्या; myths collectively पुराण-संग्रह।

Nn

N ऍन् the fourteenth letter of the English alphabet, (in Chemistry) symbol for nitrogen, an indefinite number in mathematics, (in printing) a measurement equal to half em. अंग्रेजी भाषा का चौदहवाँ अक्षर, (रसायनशास्त्र में) नाइट्रोजन द्रव्य के लिए संकेत, गणित में अज्ञात संख्या, (छापे में) एक परिणाम जो 'एम्' का आधा होता है।

nab *नैब (-bb-) v.t.* to arrest बंदी बनाना; to seize छीनना।

nabob *ने-बौबॅ n.* wealthy person धनाढ्य व्यक्ति।

nadir *ने डिअ: n.* point opposite zenith अधोबिंदु, पादबिंदु; lowest point निम्नतम बिंदु।

nag[1] *नैग n.* a small horse टट्टू।

nag[2] *(-gg-) v.t.* to scold constantly बुरी-भला कहना; to cause pain to कष्ट देना।

nail[1] *नेल n.* the horny substance at the end of the human fingers नाखून; a sharp metal peg कील।

nail[2] *v.t.* to fasten or stud with nails कीलों से जड़ना।

naive *ना ईव, नॉइ– a.* artless भोला-भाला; ingenious निष्कपट।

naivete, naivety *ना ईव् टे, नॉइ n.* artlessness भोला-भालापन।

naked *ने किड a.* bare अनावृत; nude नंगा; evident स्पष्ट।

name[1] *नेम n.* that by which a person or thing is designated नाम; reputation ख्याति; famous person ख्याति प्राप्त व्यक्ति।

name[2] *v.t.* to give name to नाम रखना; to call by name नाम से पुकारना; to mention का उल्लेख करना; to appoint नियुक्त करना; to entitle शीर्षक देना; to nominate मनोनीत करना; to specify निश्चित करना।

namely *नेम् लि adv.* that is to say अर्थात्; for example उदाहरण के तौर पर।

namesake *नेम सेक n.* person or thing with the same name as another नामराशि।

nap[1] *नैप (-pp-) v.i.* to have a short sleep झपकी लेना।

nap[2] *n.* a short sleep झपकी।

nap[3] *n.* a card game ताश का एक खेल।

nape *नेप n.* back of the neck ग्रीवासंधि, घाटिका।

napkin *नैप् किन n.* handkerchief रूमाल।

narcissism *नार-सि-सिज़्म n.* abnormal love and admiration for oneself आत्ममोह, आत्मरति।

narcissus *ना:रसि-सॅस (pl. -es, -ssi) n.* daffodil genus of the Amaryllis family नरगिस, इंदिरापुष्प।

narcosis *नार-को-सिस n.* drowsiness उनींदापन; unconsciousness संज्ञाहीनता।

narcotic *ना: कौॅ टिक n.* a substance which relieves pain and produces sleep नशीली औषधि।

narrate *नै रेट, नॅ–* *v.t.* to tell or relate बताना, सुनाना।

narration *नै रे शॅन, नॅ–* *n.* the telling of a story कथन।

narrative[1] *नै रॅ टिव* *n.* story कथा; account वर्णन।

narrative[2] *a.* in the form of a story कथात्मक।

narrator *नै रे टः, नॅ–* *n.* one who narrates वाचक, वर्णनकर्त्ता।

narrow[1] *नै रो* *a.* not wide or broad संकीर्ण, परिमित; small लघु, छोटा; not liberal अनुदार।

narrow[2] *v.t.* to make narrow संकरा करना; *v.i.* to become narrow संकरा होना।

nasal[1] *ने ज़ॅल* *a.* of the nose, for the nose नाक का, नाकार्थ।

nasal[2] *n.* nasal sound नासिक्य।

nascent *नै सन्ट* *a.* coming into being उदीयमान।

nasty *नास् टि* *a.* dirty गंदा; filthy गर्हित, घिनौना; obscene अश्लील; dangerous ख़तरनाक।

natal *ने-टॅल* *a.* of or connected with birth प्रसव-संबंधी; native जन्मकालीन, जन्मजात।

natant *ने-टॅन्ट* *a.* floating, swimming प्रवहमान, प्लवमान।

nation *ने शॅन* *n.* body of people inhabiting the same country राष्ट्र।

national *नै शॅ नॅल* *a.* pertaining to a nation राष्ट्रीय।

nationalism *नै शॅ नॅ लिज़्म* *n.* strong devotion to one's own nation राष्ट्रप्रेम, राष्ट्रीयता।

nationalist *नै शॅ नॅ लिस्ट* *n.* one who is attached to one's country राष्ट्रवादी।

nationality *नै शॅ नै लि टि* *n.* quality of being national राष्ट्रीयता; national quality or feeling राष्ट्रीय गुण या भावना।

nationalization *नै शॅ नॅ लॉइ ज़ै शॅन* *n.* act of nationalizing राष्ट्रीयकरण।

nationalize *नै शॅ नॅ लॉइज़* *v.t.* to make national राष्ट्रीय बनाना; to bring under national control (का) राष्ट्रीयकरण करना।

native[1] *ने टिव* *a.* inborn जन्मजात; born in a particular place स्थान-विशेष पर जन्मा; found in pure state शुद्ध रूप में प्राप्त; pertaining to the place of one's birth जन्मस्थानीय।

native[2] *n.* one born in a place मूल निवासी।

nativity *नॅ टि वि टि* *n.* birth जन्म।

natural *नै च् रॅल* *a.* pertaining to nature प्राकृतिक; provided by nature प्रकृतिप्रदत्त; not artificial अकृत्रिम; inborn जन्मजात, स्वाभाविक; normal सामान्य; illegitimate अवैध।

naturalist *नै च् रॅ लिस्ट* *n.* one versed in natural science or natural history प्रकृतिविज्ञानी।

naturalize *नै च् रॅ लॉइज़* *v.t.* to admit to citizenship नागरिकता प्रदान करना; to accustom to new climate नई जलवायु का अभ्यस्त बनाना।

naturally *नै च् रॅ लि* *adv.* in a natural manner सहजतः; according to nature स्वभावतः।

nature *ने चॅः* *n.* inborn quality

जन्मजात गुण; disposition प्रवृत्ति; kind, sort प्रकार; the universe with all its phenomena प्रकृति-जगत्; life force जीवनशक्ति; natural scenery प्राकृतिक दृश्य; temperament स्वभाव।

naughty *नौ टि a. (-tier, -tiest)* mischievous उद्दंड; hurtful अनिष्टकारी।

nausea *नौ स्यॅ n.* feeling or inclination to vomit मतली, वमनेच्छा।

nautic(al) *नौ-टि-कॅल a.* of or pertaining to ships, to sailors or to navigation नाविकीय, नौचालन-संबंधी, नौका-विषयक।

naval *ने वॅल a.* pertaining to ships जहाज़ी, नौचालन-संबंधी; pertaining to navy नौसेना-संबंधी।

nave *नेव n.* hub, central part of a wheel through which the axle passes चक्रनाभि।

navigable *नै वि गॅ ब्ल a.* that may be navigated नौगम्य।

navigate *नै वि गेट v.i.* to sail नौचालन करना; *v.t.* to direct the course of (का) संचालन करना।

navigation *नै वि गे शॅन n.* act of navigating नौचालन; art of conducting ships नौचालन-विद्या; sea-voyage नौ-यात्रा।

navigator *नै वि गे टॅः n.* one who directs the course of a ship दिक्चालन-निर्देशक; one who navigates or sails नाविक।

navy *नै वि n.* all the ships of war belonging to a nation जहाज़ी बेड़ा, नौसेना।

nay *ने adv.* no नहीं; not only so but ऐसा ही नहीं अपितु; yet more और भी; in point of fact वास्तव में।

neap *नीप a.* (of tides) of smallest range लघु, नीचा।

near[1] *निअॅः a.* not distant in place, time or degree समीपी; intimate घनिष्ट।

near[2] *prep.* close to के पास।

near[3] *adv.* at or to a short distance पास ही, थोड़ी दूरी पर।

near[4] *v.i.* to approach, to come near पास आना।

nearly *निअॅः लि adv.* closely घनिष्ट रूप से; almost लगभग।

neat *नीट a.* pure शुद्ध; clean निर्मल; without water added अमिश्र।

nebula *नै॑-ब्यु-लॅ (pl. -lae) n.* group of very distant stars आकाशगंगा, नीहारिका; little cloudiness मामूली मेघच्छन्नता; slight opacity of the cornea आंख की फूली।

necessary[1] *नै सि सॅ रि n.* anything indispensable requisite आवश्यक वस्तु।

necessary[2] *a.* such as must be अवश्यंभावी; essential आवश्यक; indispensable अनिवार्य।

necessitate *निसै॑ सि टैट v.t.* to make necessary आवश्यक बनाना।

necessity *नि सै॑ सि टि n.* condition of being necessary आवश्यकता; something that is necessary आवश्यक वस्तु; poverty निर्धनता।

neck *नैकॅ् n.* part of an animal's body between the head and the trunk गर्दन, ग्रीवा।

necklace *नैकॅ् लिस n.* string of beads, precious stones etc. worn round the neck कंठहार।

necklet नै`क्-लिट् *n.* ornament for neck कंठाभूषण।

necromancer नै`क्-रौ`-मैन्-सरः *n.* sorcerer ओझा, पैशाचिक, ऐंद्रजालिक।

necropolis नैं`क्-रौं`-पॅ लिस *n.* graveyard, cemetery समाधिस्थल, कब्रिस्तान।

nectar नैकॅ टः *n.* the fabled drink of the gods अमृत।

need[1] नीड *n.* poverty निर्धनता; misfortune दुर्भाग्य; necessity आवश्यकता।

need[2] *v.t.* to want आकांक्षा करना; to require (की) आवश्यकता होना।

needful नीड़ फुल *a.* necessary, requisite आवश्यक।

needle नी ड़ल *n.* an instrument for inter-weaving thread सुई, सुआ।

needless नीड़-लिस *a.* not needed, unnecessary निष्प्रयोजन, अनावश्यक।

needs नीड़ज़ *adv.* of necessity अनिवार्यतः।

needy नी डि *a.* being in need ज़रूरतमंद; poor निर्धन।

nefandous नि-फैन्-डॅस *a.* abominable घृणास्पद, दुष्टतापूर्ण।

nefarious नि फॅ` ॲ रि ॲस *a.* wicked in the extreme दुष्टतापूर्ण।

negation नि गे शॅन *n.* a denial इंकार; contradiction विरोध।

negative[1] नै` गॅ टिव *a.* implying denial or negation निषेधात्मक; not positive नकारात्मक।

negative[2] *n.* a proposition by which something is denied नकारात्मक कथन।

negative[3] *v.t.* to reject अस्वीकार करना; to prove to be untrue ग़लत सिद्ध करना; to neutralize निष्प्रभावी कर देना।

neglect[1] निग् लैक्ट *v.t.* to treat with no regard उपेक्षा करना; to overlook पर ध्यान न देना; to leave undone अनकिया छोड़ देना।

neglect[2] *n.* want of care or attention उपेक्षा, अवहेलना।

negligence नेगॅ लि जॅन्स *n.* quality of being negligent लापरवाही; neglect उपेक्षा।

negligent नैगॅ लि जॅन्ट *a.* lacking in care लापरवाह।

negligible नैगॅ लि जॅ ब्ल *a.* too small तुच्छ; unimportant महत्त्वहीन।

negotiable नि गो शि ॲ ब्ल *a.* that may be negotiated संधि-वार्ता योग्य।

negotiate नि गो शि एट *v.t.* to arrange by conference; बात-चीत द्वारा व्यवस्था करना; to bargain or discuss सौदा या वार्ता करना।

nagotiation नि गो शि ए शॅन *n.* discussion विचार-विमर्श, वार्ता।

negotiator नि गो शि ए टः *n.* one who negotiates वार्ताकार।

Negress नी ग्रिस *n. (pl.-es)* a Negro woman or girl हबशिन।

Negro नी ग्रो *n. (pl.-es)* member of the black African race हबशी।

neigh[1] ने *v.i.* to utter the cry of a horse हिनहिनाना।

neigh[2] *n.* cry of a horse हिनहिनाहट।

neighbour ने बॅः *n.* one who lives or dwells near another पड़ोसी।

neighbourhood ने बॅः हुड *n.* condition of being neighbours पड़ोस।

neighbourly *ने बॅः लि a.* friendly मित्र-जैसा; helpful सहायक; befitting a good neighbour अच्छे पड़ोसी-जैसा।

neither *नॉइ दॅः, नी– a., conj. & pron.* not either कोई भी नहीं (दो में से)।

Nemesis *नै ॅ-मि-सिस n.* deserved fate नियति Greek goddess of retribution प्रतिरोध देवी।

neolithic *नी-ओ ॅ-लि-थिक a.* of the later or more advanced Stone Age नवपाषाणकालिक, उत्तर पाषाणकालीन।

neon *नी-औ ॅन n.* a colourless inert gas (at atomic no. 10) found in atmosphere (रसा.) एक अक्रिय गैस, (गैसीय तत्व परमाणु क्रमांक १०)।

nephew *नैफ्यू; नैव्यू n.* son of a brother or sister भतीजा या भांजा।

nepotism *नै ॅ पॅ टिज़्म n.* undue patronage of relations भाई-भतीजावाद।

Neptune *नैपॅ ट्यून n.* god of the sea वरूण; name of a planet एक ग्रह का नाम।

nerve *नॅःव n.* one of the fibrous threads in bodies, whose function is to convey sensation and originate motion स्नायु; *pl.* condition of being easily worried or irritated घबराहट, चिड़चिड़ाहट; boldness साहस।

nerveless *नॅःव् लिस a.* wanting strength of will शक्तिहीन, संकल्पहीन।

nervous *नॅः वॅस a.* pertaining to nerves स्नायविक; easily agitated अधीर; timid डरपोक।

nescience *नै ॅश्-यॅन्स, नै ॅ-शॅन्स n.* want of knowledge अज्ञान, अविद्या, नासमझी।

nest[1] *नै ॅस्ट n.* structure prepared for egg-laying by birds निलय, घोंसला, नीड़; shelter, resort आश्रयस्थल; den अड्डा; accumulation, tangled mass समुदाय, झुंड।

nest[2] *v.t.* to put into a nest घोंसले में रखना; *v.i.* to go into a nest घोंसले में जाना।

nether *नै-दरः a.* lower निम्नस्थ, निचला।

nestle *नै ॅ सल v.i.* to settle oneself comfortably चैन से बैठना।

nestling *नैस्ट् लिङ्ग n.* a bird too young to leave the nest घोंसलावासी बच्चा।

net[1] *नै ॅट n.* a fabric or wire जाली; a fabric of string and cord जाल; trap जाल।

net[2] *(-tt-) v.t.* to take in a net जाल में फंसाना; to cover with a net जाल या जाली से ढंकना।

net[3] *a.* remaining after all deductions शुद्ध; final अंतिम।

net[4] *(-tt-) v.t.* to gain as a net profit शुद्ध लाभ के रूप में कमाना।

nettle[1] *नै ॅ-ट्ल n.* common weed with stinging hair बिच्छू-बूटी।

nettle[2] *v.t.* to sting डंक मारना; to sting with annoyance क्रोध दिलाना, खिझाना।

network *नै ॅट्-वर्क n.* system of lines तंत्र; any structure in the form of a net जाली, जाल।

neurologist *न्युअॅ रौ ॅ लॅ जिस्ट n.* one expert in neurology तंत्रिका-विज्ञानी।

neurology *न्युअॅ रौ ॅ लॅ जि n.* science and study of nerves तंत्रिका-विज्ञान।

neurosis *न्युअॅ-रो-सिस् n.* functional derangement through disordered nervous system (चि.) तंत्रिका-रोग, स्नायुरोग; mental disturbance विक्षेप, उन्माद।

neuter[1] *न्यू टॅः a.* neither masculine nor feminine नपुंसक (लिंग)।

neuter[2] *n.* a neuter word नपुंसक लिंग का शब्द; neuter gender नपुंसक लिंग।

neutral *न्यू ट्रॅल a.* indifferent उदासीन; helping neither side in war or quarrel तटस्थ।

neutralize *न्यू ट्रॅ लॉइज़ v.t.* to render neutral or inoperative तटस्थ बनाना।

neutron *न्यूट्-रौ ॅन n.* uncharged particle of about the same mass as proton न्यूट्रान, क्लीवाणु।

never *नै ॅ वॅः adv.* at no time कभी नहीं; not at all बिल्कुल नहीं।

nevertheless *नै ॅ वॅः दॅ लैसॅ conj.* however, in spite of that तिस पर भी, तथापि।

new *न्यू a.* recent in origin नया; fresh ताज़ा; modern आधुनिक; novel नये ढंग का; inexperienced अनुभवरहित; not familiar अनजान।

news *न्यूज़ n. (sing.)* recent or new information ख़बर, समाचार।

next[1] *नै ॅ क्स्ट a.* nearest in place, time, rank or degree दूसरा, अगला।

next[2] *adv.* after this इसके उपरांत।

nib *निब n.* pen-point निब।

nibble[1] *नि ब्ल v.t.* to take little bites of कुतरकर खाना।

nibble[2] *n.* act of nibbling कुतरने की क्रिया।

nice *नॉइस a.* agreeabe बढ़िया; satisfactory संतोषजनक; friendly मैत्रीपूर्ण; kind दयालु; fine उत्तम; careful सावाधानीपूर्ण; subtle सूक्ष्म, बारीकी का।

nicety *नॉइ-सि-टि n.* fineness सूक्ष्मता; refinenment परिष्कारण, संशोधन; exactness of treatment ठीक व्यवहार; delicacy सुकुमारता; delicate management सुव्यवस्था।

niche *निच n.* a recess in a wall ताक, आला; a suitable place or job in life उचित स्थान का कार्य।

nick *निक n.* the precise point निशान, चिह्न; cut कटान; notch दाँता; precise time ऐन मौका।

nickel *नि कल n.* a valuable metal of a white colour गिलट, निकल।

nickname[1] *निक् नेम n.* a name given in contempt or jest उपनाम।

nickname[2] *v.t.* to give a nickname to उपनाम देना।

nicotine *नि कॅ टीन n.* poisonous substance in tobacco निकोटीन।

niece *नीस n.* daughter of one's brother or sister भतीजी, भांजी।

niggard *नि गॅःड n.* a mean, stingy person कमीना, कंजूस व्यक्ति।

niggardly *नि गॅःडॅ लि a.* miserly कंजूस।

nigger *नि-गॅः n.* negro हब्शी; black larva काला डिंभक

nigh[1] *नॉइ adv.* nearly लगभग।

nigh[2] *prep.* near to के पास।

night *नॉइट n.* time of darkness

between sunset and sunrise रात्रि, रात।

nightingale *नॉइ टिङ् गेल n.* small migratory bird that sings at night बुलबुल।

nightly *नाइट् लि a. & adv.* (done) by night or every night रात का, रात के समय।

nightmare *नॉइट् मे ॅ अ: n.* frightening dream दुःस्वप्न।

nighty, nightie *नॉइ-टि n.* nightgown सोते समय पहनने का वस्त्र।

nihilism *नॉइ-इ-लिज़्म, -हि- n.* belief in nothing शून्यवाद, नाशवाद; denial of all reality of all objective growth of truth अनस्तित्ववाद, नास्तिकवाद; nothingness शून्यता; extreme scepticism अतिशय संशयवाद।

nil *निल n.* nothing कुछ नहीं।

nimble *निम् ब्ल a.* quick moving चपल, फुरतीला; sharp (mind) तीव्र (बुद्धि)।

nimbus *निम्-ब्ल (pl.-es, -bi) n.* a rain-cloud जलमेघ, वर्षामेघ; a halo आभाचक्र।

nine *नॉइन n., a.* (the number) next after eight नौ (9)।

nineteen *नॉइन् टीन n.*, a. (the number) next after 18 उन्नीस (19)।

nineteenth *नॉइन्-टीन्थ a.* next after eighteenth उन्नीसवां।

ninetieth *नॉइन्-टि-इथ a.* last of ninety नब्बेवां; equal to one of ninety equal parts नब्बेवां (अंश)।

ninth *नॉइन्थ a.* next after the eighth नवां।

ninety *नॉइन् टि n., a.* (the number) next after 89 नब्बे (90)।

nip *निप (-pp.-) v.t.* to press hard दबाना, कुचलना; to stop the growth of (का) विकास रोकना।

nipple *नि प्ल n.* point of a breast, teat स्तनाग्र।

nitrogen *नॉइ ट्रि जॅन, –ट्रॅ– n.* one of the gases making up the air नत्रजन।

no[1] *नो a.* not any कोई नहीं, कुछ नहीं, not at all बिल्कुल नहीं।

no[2] *adv.* not नहीं।

no[3] *n.* refusal, denial मना, इंकार।

nobility *नो ॅ बि लि टि n.* state or quality of being noble भलमनसाहत; the nobles as a class कुलीन वर्ग।

noble[1] *नो ब्ल a.* free from meanness उत्तम; belonging to aristocracy अभिजात्य वर्ग का।

noble[2] *n.* a person of noble birth कुलीन व्यक्ति।

nobleman *नो-ब्ल्-मॅन n.* one who is noble or of high rank कुलीनपुरुष, महानुभाव।

nobody *नो बॅ डि pron.* no person कोई नहीं; a person of no importance महत्वहीन व्यक्ति।

nocturnal *नौक् टः नॅल a.* of, in, by night रात का, रात में; active by night रात में क्रियाशील।

nod *नौ ॅड (-dd-) v.i.* to make a slight bow (सहमति में) सिर हिलाना; to move up and down ऊपर-नीचे हिलना; *v.t.* to indicate by a nod गर्दन के संकेत से बताना।

node *नोड n.* knot ग्रंथि, गांठ; swelling सूजन; knob घुंडी।

noise *नौ ॅइज़ n.* sound of anykind शोर।

noisy नौ ॅइ ज़ि *a. (-sier, -siest)* full of noise कोलाहलपूर्ण; making much noise कोलाहलकारी।

nomad नौ ॅ मॅड, नो मैड *n.* one who leads a wandering or pastoral life यायावर, ख़ानाबदोश।

nomadic नौ ॅ मै डिक *a.* of nomads भ्रमणशील।

nomenclature नौ ॅ मैन् क्लॅ चॅ:, नो मैन् क्ले चॅ: *n.* system of names नामावली, नामपद्धति।

nominal नौ ॅ मि नल *a.* existing only in name जिसका अस्तित्व केवल नाम का हो; inconsiderable अविचारणीय, बहुत थोड़ा।

nominate नौ ॅ मि नेट *v.t.* to designate or propose for an office नामांकित करना।

nomination नौ ॅ मि ने शॅन *n.* state of being nominated नामांकन; act of nominating नामांकन की क्रिया।

nominee नौ ॅ मि नी *n.* person nominated नामांकित व्यक्ति।

non-alignment नौ ॅन्-अॅ-लॉइन्-मॅन्ट *n.* policy of not taking sides in international politics तटस्थता, गुटनिरपेक्षता।

nonchalance नौनॅ् शॅ लॅन्स *n.* indifference उदासीनता।

nonchalant नौनॅ् शॅ लॅन्ट *a.* indifferent उदासीन।

none[1] नन *pron.* not any, not one कोई नहीं, एक भी नहीं।

none[2] *adv.* in no way किसी रूप में नहीं; in no degree लेशमात्र नहीं।

nonentity नौ ॅ नैनॅ् टि टि *n.* nonexistent thing अस्तित्वहीन वस्तु; person of no importance तुच्छ व्यक्ति।

nonetheless नन् दॅ लैसॅ *adv.* nevertheless फिर भी; however तो भी।

nonpareil[1] नौनॅ् पॅ रै ॅल *a.* unequalled, matchless अद्वितीय।

nonpareil[2] *n.* person or thing unrivalled अद्वितीय व्यक्ति या वस्तु।

nonplus नौनॅ् प्लस, *v.t.* to confound, to bewilder completely हक्का-बक्का कर देना, कर्त्तव्यविमूढ़ करना।

nonsense नौनॅ् सॅन्स *n.* words without meaning बकवास; things of no importance महत्वहीन बात।

nonsensical नौनॅ् सैनॅ् सि कॅल *a.* destitute of sense अर्थहीन; absurd बेहूदा।

nook नुक *n.* out of the way place अलग का स्थान।

noon नून *n.* midday दोपहर।

noose[1] नूस *n.* a running loop फंदा।

noose[2] *v.t.* to catch in a noose फंदे में फंसाना; to make a noose of का फंदा बनाना।

nor नौ: *conj* and not और न।

norm[1] नौ:म *n.* standard मानक; model नमूना।

norm[2] *n.* rule नियम; required standard मानक, प्रतिमान।

normal नौ: मॅल *a.* regular नियमित; usual सामान्य।

normalcy नौ: मॅल् सि *n.* state of being normal सामान्यता, सामान्य स्थिति।

normalize नौ: मॅ लॉइज़ *v.t.* to make normal सामान्य बना देना।

north[1] नौ:थ *n.* a region opposite to the south उत्तर।

north[2] *a.* in, or or from, the north उत्तरी।

north[3] *adv.* to or towards the

north उत्तर की ओर।

northerly¹ *नौः दॅः लि a.* coming from the north उत्तरी।

northerly² *adv.* towards the north उत्तर की ओर।

northern *नौः दॅःन a.* of the north उत्तरी।

nose¹ *नोज़ n.* the organ of smell नाक, नासिका; sense of smell सूंघने की शक्ति।

nose² *v.t.* to discover by smell सूंघ कर पता लगाना।

nosegay *नोज़् गे n.* a bunch of flowers गुलदस्ता।

nosey, nosy *नो-ज़ि a.* inquisitine जिज्ञासु, कुतूहली।

nostalgia *नौसॅ् टैल् जिअॅ n.* homesickness घर की याद; wistful longing for something of the past बीते दिनों की याद।

nostril *नॉ`स् ट्रिल n.* one of the two apertures of the nose नथुना।

nostrum *नौ`स्-ट्रॅम n.* secret, quack or patent mdicine (चि.) गुप्त औषधि, रामबाण।

not *नौ`ट adv.* a word that expresses negation ना, नहीं।

notability *नो-टॅ-बि-लि-टि n.* fame, repute प्रसिद्धि, प्रख्याति; any notable thing स्मरणीय वस्तु; peculiarity विशिष्टता।

notable *नो टॅ ब्‌ल a.* worthy of note ध्यातव्य; remarkable उल्लेखनीय, प्रशंसनीय।

notary *नो-टॅ-रि n.* officer authorised to certify deeds, documents and contract set विपत्र-प्रमाणक, लेख्य-प्रमाणक।

notation *नो-टे-शॅन n.* representation of numbers or quantities अंकन, संकेतन; system of signs or symbols संकेत-पद्धति, अंकन-पद्धति।

notch *नौ`च n.* nick दांता, दंतुरण; indentation खांच, खांचा; narrow pass संकीर्ण पथ, तंग रास्ता।

note¹ *नोट n.* a mark, sign, or token चिह्न; brief record of facts टिप्पणी; a communication in writing पत्र; bank note कागज़ी मुद्रा; *(pl.)* short annotation व्याख्या; fame प्रसिद्धि; notice सूचना।

note² *v.t.* to notice ध्यान देना; to record अंकित कर लेना।

noteworthy *नोट् वॅः दि a.* worthy of observation or notice उल्लेखनीय, ध्यातव्य।

nothing¹ *न थिङ्ग n.* not anything कुछ नहीं।

nothing² *adv.* not at all बिल्कुल नहीं।

notice¹ *नो टिस a.* information सूचना; intimation, warning चेतावनी; heed or attention ध्यान।

notice² *v.t.* to give attention to ध्यान देना; to observe देख लेना।

notification *नो टि फि के शॅन n.* act of notifying सूचना; announcement विज्ञप्ति, घोषणा।

notify *नो टि फ़ॉइ v.t.* to make known ज्ञापित करना; to inform सूचना देना।

notion *नो शॅन n.* idea, opinion mental conception धारणा, विचार।

notional *नो-शॅ-नॅल a.* theoretical सैद्धांतिक; imaginary काल्पनिक, कल्पनापूर्ण; having a full menaing of its own बोधात्मक; of the nature of notion मनोगत, वैचारिक।

notoriety नो ˘ टॅ रॉइ ॲ टि *n.* state of being notorious कुख्याति।

notorious नो ˘ टौ ˘ रि ॲस *a.* widely known (esp. in a bad sense) कुख्यात।

notwithstanding[1] नौ ˘ ट् विद् स्टैन् डिङ्ग *prep.* in spite of के बावजूद।

notwithstanding[2] *adv.* nevertheless, all the same फिर भी।

notwithstanding[3] *conj.* although यद्यपि।

nought नौ ˘ ट *n.* not anything कुछ नहीं; cipher शून्य (0)।

noun नॉउन *n.* a person, thing or idea संज्ञा।

nourish न रिश *v.t.* to feed खिलाना-पिलाना; to supply with nutriment पोषण करना; to encourage बढ़ाना, प्रोत्साहित करना।

nourishment न रिश् मॅन्ट *n.* act of nourishing पोषण; nutrition पोषण आहार।

novel[1] नौ ˘ वॅल *a.* new नया; strange अद्भुत।

novel[2] *n.* a fictitious prose narrative उपन्यास।

novelette नौ ˘ वॅ लैˇट *n.* short novel लघु उपन्यास।

novelist नौ ˘ वॅ लिस्ट *n.* writer of novels उपन्यासकार।

novelty नौ ˘ वॅल् टि *n.* quality of being novel नवीनता; something new कोई नयी वस्तु।

november नो ˘ वैˇम् बॅः *n.* eleventh month of the year नवंबर।

novice नौ ˘ विस *n.* one who is new in any business नौसिखुआ।

now[1] नॉउ *adv.* at the present time अब, इस समय; immediately तुरंत।

now[2] *conj.* since क्योंकि।

nowhere नो वे ˘ ॲः, ह्वे ˘ ॲः *adv.* not in any place कहीं नहीं।

noxious नौ ˘ क्-शॅस *a.* hurtful अनिष्टकारक, अहितकर।

nozzle नौ ˘ ज़्ल *n.* pointed spout टोंटी।

nuance न्यू-ॲन्स *n.* delicate degree or shade of difference सूक्ष्म भेद या अंतर।

nubile न्यू-बॉइल,-बिल *a.* marriageable (woman) विवाह-योग्य (स्त्री); sexually attractive मोहक।

nuclear न्यू क्लि ॲः *a.* relating to nucleus परमाण्वीय; constituting a nucleus नाभिकीय।

nucleus नयू क्लि ॲस *n.* centre केंद्र; core of the atom अणु का केंद्र।

nude[1] न्यूड *a.* naked नग्न, निर्वस्त्र।

nude[2] *n.* a naked figure नग्न मानव-चित्र।

nudity न्यू डि टि *n.* state of being nude नग्नता।

nudge *v.t.* to poke or push gently टबोकना।

nugget न-गिट *n.* lump of gold स्वर्णपिंड।

nuisance न्यू सन्स *n.* that which annoys or is offensive परेशानी का कारण।

null नल *a.* of no force or validity रद्द, अमान्य।

nullification न लि फि के शॅन *n.* act of nullifying निष्प्रभावीकरण।

nullify न लि फॉइ *v.t.* to make null and void निष्प्रभावी करना, रद्द करना।

numb नम *a.* having diminished power of sensation or motion, अवसन्न सुन्न; stupefied स्तब्ध,

संज्ञाशून्य; without feeling भावनारहित।

number¹ *नम् बॅ:* *n.* symbol saying how many संख्या; one issue of a periodical or newspaper पत्रिका का अंक; *(gram.)* classification as to singular or plural (व्या.) वचन।

number² *v.t.* to give a number to पर अंक डालना; to include as part of a total में जोड़ना।

numberless *नम्-बर:-लैस* *a.* innumerable, countless अगणित, असंख्य, संख्यातीत।

numeral *नयू-मॅ-रॅल* *a.* pertaining to, consisting of, or expressing, number संख्यात्मक, संख्यावाचक।

numerator *न्यू मॅ रे टॅ:* *n.* number above the line in a vulgar fraction अंश।

numerical *न्यू मै˘ रि कॅल, न्यु–* *a.* belonging to numbers संख्यात्मक।

numerous *न्यू मॅ रॅस* *a.* great in number, many अनेक, बहुत।

nun *नन* *n.* a female monk ईसाई भिक्षुणी।

nunnery *न नॅ रि* *n.* a convent of nuns भिक्षुणियों का मठ।

nuptial *नप् शॅल* *a.* of marriage वैवाहिक।

nuptials *नप् शॅल्ज़* *n. pl.* marriage विवाह।

nurse¹ *नॅ:स* *n.* woman attendant in a hospital परिचारिका।

nurse² *v.t.* to act as a nurse to (की) परिचारिका का कार्य करना; to look after carefully ढंग से देखभाल करना।

nursery *नॅ: सॅ रि* *n.* place in which children are nursed and taken care of शिशु-सदन; place where trees, plants etc. are propagated free seed पौधशाला।

nurture¹ *नॅ: चॅ:* *n.* education शिक्षा; training प्रशिक्षण; nourishment भोजन, पोषण।

nurture² *v.t.* to bring up पालन-पोषण करना; to educate शिक्षित करना।

nut *नट* *n.* fruit containing a seed or kernel within a covering गिरीदार मेवा; hollow metal collar into which a screw fits ढिबरी।

nutrition *न्यु ट्रि शॅन, न्यू–* *n.* receiving foods भोजन-ग्रहण; act of nourishing पोषण।

nutritious *न्यु ट्रि शॅस, न्यू–* *a.* serving to nourish पोषक (भोजन); promoting growth वृद्धिकारक।

nutritive *न्यू ट्रि टिव* *a.* pertaining to nutrition पोषण-संबंधी।

nuzzle *न-ज़्ल* *n.t.* to sniff सूंघना; to burrow with the nose नाक से खोदना; to touch with the nose नाक से छूना; to rub with the nose नाक से रगड़ना।

nylon *नॉइ-लॅन, -लौ˘न* *n.* a strong elastic synthetic material used in hosiery and textile नाइलॉन।

nymph *निम्फ़* *n.* goddess of the mountains, forests, meadows, or waters परी।

Oo

O ओ the fifteenth letter of the English alphabet, symbol for oxygen Chemistry. अंग्रेजी वर्णमाला का पन्द्रहवाँ अक्षर, रसायन शास्त्र प्राणवायु (ऑक्सीजन या उद्जन) के लिये सांकेतिक अक्षर।

oak *ओक n.* a valuable tree of many species शाहबलूत।

oar *औ:, औ ॅ: n.* a long piece of timber used to propel a boat चप्पू।

oarsman *औ: ज़् मॅन n.* one who rows at the oar नाविक, मल्लाह।

oasis *ओ ए सिस n. (pl.-ses ओ ए सीज़)* fertile spot where there is water in a desert नख़लिस्तान।

oat *ओट n.* a cereal plant valuable for its grain जई।

oath *ओथ n.* solemn declaration शपथ।

obduracy *औबॅ ड्यु रॅ सि n.* state or quality of being obdurate हठ, ज़िद।

obdurate *औबॅ ड्यु रिट a.* stubborn हठी, ज़िद्दी।

obedience *अॅ बी ड्यॅन्स n.* quality of obeying आज्ञाकारिता।

obedient *अॅ बी डॅयन्ट a.* submissive to authority आज्ञाकारी।

obeisance *ओ ॅ बे सॅन्स n.* a bow or courtesy to show respect श्रद्धापूर्ण नमन।

obesity *ओ ॅ बी सि टि n.* opulence, fatness मोटापा।

obey *अॅ बे, ओ ॅ बे v.t.* to comply with की आज्ञा मानना; *v.i.* to submit to authority आज्ञाकारी होना।

obituary *अॅ बि ट्यु अॅ रि a.* printed notice or account of somebody's death निधन-सूचना।

object[1] *औबॅ जिक्ट n.* end लक्ष्य; person or thing to which feeling or action is directed पात्र, विषय, purpose उद्देश्य; material thing वस्तु; *(gram.)* objective case (व्या.) कर्मकारक।

object[2] *अॅब् जैक्ट v.t.* to state in opposition विरोधस्वरूप कहना; *v.i.* to make a protest विरोध करना।

objection *अॅब् जै ॅक् शॅन n.* act of objecting आपत्ति।

objectionable *अॅब् जै ॅक् शॅ नॅ बल a.* justly liable to objections आपत्तिजनक।

objective[1] *अॅब् जै ॅक् टिव, औबॅ- n.* goal लक्ष्य; purpose उद्देश्य; the objective case कर्मकारक।

objective[2] *a.* having existence outside the mind वस्तुगत; real वास्तविक; uninfluenced by personal feelings or opinions तटस्थ, निष्पक्ष; *(gram.)* of the object (व्या.) कर्मवाची।

oblation *ओ ॅ ब् ले शॅन n.* offering made to God or a god नैवेद्य, चढ़ावा, बलि।

obligation *औ ॅ ब् लि गे शॅन n.* that which morally obliges बंधन, आभार; duty कर्त्तव्य; responsibility उत्तरदायित्व।

obligatory *अॅब् लि गॅ टॅ रि a.* imposing an obligation बाध्यकर, अनिवार्य।

oblige ऑ ब्लॉइज *v.t.* to compel विवश करना; to help or gratify with a small service उपकृत करना।

oblique ॲब् लीक, ओ ब्- *a.* slanting तिरछा।

obliterate ॲब् लि टॅ रेट, औबॅ लि- *v.t.* to destroy entirely पूर्णतः विनष्ट करना।

obliteration ॲब् लि टॅ रे शॅन *n.* act of obliterating विनाश, विलोपन।

oblivion ऑ ब्लि वि ऑन *n.* state of being forgotten विस्मरण।

oblivious ॲ ब्लि वि ॲस *a.* having no memory (of) स्मृतिहीन।

oblong[1] औबॅ लौ ङ्ग *a.* of rectangular shape आयताकार।

oblong[2] *n.* a rectangle more long than broad आयत।

obnoxious औबॅ नौक् शॅस, ॲब्- *a.* extremely unpleasant अप्रिय।

obscene औबॅ सीन *a.* normally repugnant अश्लील।

obscenity औबॅ सै नि टि *n.* state or qulaity of being obscene अश्लीलता।

obscure[1] ॲब स्क्युॲ:, औबॅ- *a.* not easily understood गूढ; hidden गुप्त; faint धुंधला।

obscure[2] *v.t.* to conceal छिपाना।

obscurity ॲब स्कुॲ रि टि, औबॅ- *n.* state or quality of being obscure गूढ़ता; something that is obscure गूढ़ विचार, भाव आदि।

observance ॲब् ज़ॅ: वॅन्स *n.* the keeping of a law, custom, festival etc. अनुपालन; a custom or ceremony रिवाज़, रीति, प्रथा।

observant ॲब् ज़ॅ: वॅन्ट *a.* carefully attentive सावधान, सतर्क; mindful of laws, customs etc. अनुपालक।

observation औबॅ ज़ॅ: वे शॅन *n.* watching and noting निरीक्षण; ability to notice अवलोकन-क्षमता; *(usu.pl.)* comment, remark टिप्पणी।

observatory ॲब् ज़ॅ: वॅ टॅ रि *n.* a place for astronomical observations वैधशाला।

observe ॲब् ज़ॅ:व *v.t.* to take notice of अवलोकन करना; to celebrate मनाना; to keep, to follow पालन करना; to comment टिप्पणी-स्वरूप कहना।

obsess ॲब् सैसॅ *v.t.* to occupy the mind continually अभिभूत करना, परेशान करना।

obsession ॲब् सै शॅन *n.* state of being obsessed परेशानी; something that obsesses परेशानी का कारण।

obsolete औ ब् सॅ लीट *a.* out of date पुराना; no longer in use अप्रचलित।

obstacle औबॅ स्टॅ कल *n.* hindrance, inpediment बाधा, रुकावट।

obstinacy औबॅ स्टि नॅ सि *n.* state or quality of being obstinate हठ, ज़िद।

obstinate औबॅ स्टि निट *a.* stubborn हठी, ज़िद्दी।

obstruct ॲब स्ट्रक्ट *v.t.* to block up अवरूद्ध करना।

obstruction ॲब् स्ट्रक् शॅन *n.* act of obstructing अवरोध obstacle बाधा।

obstructive ॲब् स्ट्रक् टिव *a.* hindering बाधक।

obtain *अॅब् टेन v.t.* to acquire प्राप्त करना; *v.i.* to be customary प्रचलित होना।

obtainable *अॅब् टे नॅ ब्ल a.* available प्राप्य।

obtuse *अॅब् टयूस a.* dull मंदबुद्धि; (an angle) of more than 90 degrees अधिक (कोण); blunt, not pointed भोथरा; stupid मूर्ख, भौंदू।

obvious *औबॅ वि अॅस a.* evident स्पष्ट; manifest प्रकट।

occasion[1] *अॅ के ज़ॅन n.* opportunity अवसर; cause, reason कारण; need आवश्यकता।

occasion[2] *v.t.* to be the cause of का कारण बनना।

occasional *अॅ के ज़ॅ न्ल a.* happening only now and then यदा-कदा होनेवाला; produced for some special event अवसर विशेष के लिए।

occasionally *अॅ के ज़ॅ नॅ लि adv.* not regularly यदा-कदा।

occident *औकॅ सि डॅन्ट n.* the west पश्चिम।

occidental *औकॅ सि डैनॅ ट्ल a.* western पाश्चात्य।

occult *औ॑ कल्ट a.* hidden गुप्त, छिपा हुआ; supernatural अलौकिक।

occupancy *औ॑ क्यु पॅन् सि n.* fact of occupying दखल; residing निवास।

occupant *औ॑ क्यु पॅन्ट n.* an occupier दख़लकार।

occupation *औ॑ क्यु पे शॅन n.* act of taking possession क़ब्ज़ा, अधिकार; employment रोज़गार; vocation व्यवसाय।

occupier *औ॑ क्यु पॉइ अः n.* tenant दख़लदार।

occupy *औ॑ क्यु पॉइ v.t.* to take possession of अधिकार में करना; to inhabit में रहना; to take up (time) (समय) लेना।

occur *अॅ कॅः (-rr-) v.i.* to happen घटित होना; to come into the mind ध्यान में आना।

occurrence *अॅ क रॅन्स n.* happening, event घटना।

ocean *ओ शॅन n.* the large area of sea महासागर।

oceanic *ओ शि ऐ निक a.* of the ocean समुद्री, महासागरीय।

octagon *औकॅ टॅ गॅन n.* a plane figure having eight angles and sides अष्टकोण।

octangular *औकॅ टैङ् ग्यू लॅः a.* having eight angles अष्टकोणीय।

octave *औकॅ टिव n.* a stanza of eight lines अष्टपदी।

October *औकॅ टो बॅः n.* tenth month of the year अक्टूबर।

octogenarian[1] *औकॅ टो॑ जि नें॑ अॅ रि अॅन a.* of an age from 80 to 89 अस्सी से नवासी वर्षीय।

octogenarian[2] *a.* person of an age from 80 to 89 अस्सी से नवासी वर्षीय व्यक्ति।

octroi *औकॅ ट्रॉव n.* local tax चुंगी।

ocular *औकॅ यु लॅः a.* of eye or sight आंखों या दृष्टि से संबंधित।

oculist *औकॅ यु लिस्ट n.* specialist in eye diseases नेत्ररोग-विशेषज्ञ।

odd *औ॑ड a.* not even विषम (संख्या); strange अद्‌भुत; unpaired अयुग्म; extra अतिरिक्त।

oddity *औ॑ डि टि n.* singularity अनोखापन; odd person or thing अनोखा व्यक्ति या वस्तु।

odds *औ ॅ ड्ज़ n. pl.* inequalities असमानताएं; difference in favour of one फ़र्क; chances संभावनाएं।

ode *ओड n.* a lyric poem in the form of address संबोध गीत।

odious *ओ डि ॲस a.* hateful, repulsive घृणास्पद।

odium *ओ ड्यॅम n.* widespread dislike घृणाभाव।

odorous *ओ डॅ रॅस a.* fragrant सुगंधित।

odour *ओ डॅः n.* smell गंध।

offence *औ ॅ फ़ैन्स, ॲ- n.* illegal act अपराध; transgression of law कानून का उल्लंघन; displeasure अप्रसन्नता; attacking आक्रमण; insult अपमान।

offend *ॲ फ़ैन्ड v.t.* to displease नाराज़ करना; to insult अपमानित करना; *v.i.* to do wrong, to commit an offence अपराध करना।

offender *ॲ फ़ैन् डॅः n.* one who offends अपराधी।

offensive[1] *ॲ फ़ैन् सिव a.* causing offence अपमानजनक; causing displeasure or annoyance अप्रसन्नताजनक; aggressive आक्रामक।

offensive[2] *n.* act of attacking वार, आक्रमण; a sustained effort अनवरत प्रयत्न।

offer[1] *औ ॅ फ़ॅः v.t.* to present (for acceptance of rejection) प्रस्तुत करना; to tender देना; to propose प्रस्तावित करना; *v.i.* to occur घटित होना, प्रस्तुत होना।

offer[2] *n.* act of offering प्रस्ताव; something offered भेंट, बलि।

offering *औ ॅ फ़ॅ रिङ्ग n.* gift उपहार; oblation भेंट, चढ़ावा।

office *औ ॅ फ़िस n.* place where official or professional work is done कार्यालय; a government department सरकारी विभाग; position पद; duty कर्त्तव्य, कार्य।

officer *औ ॅ फ़ि सॅः n.* person invested with an office अधिकारी।

official[1] *ॲ फ़ि शॅल a.* authoritative आधिकारिक; pertaining to office पदीय।

official[2] *n.* one holding office पदाधिकारी।

officially *ॲ फ़ि शॅ लि adv.* in an official manner or capacity अधिकृत रूप से।

officiate *ॲ फ़ि शि एट v.i.* to perform official duties किसी पद पर काम करना।

officious *ॲ फ़ि शॅस a.* too eager to serve सेवा के लिए उतावला।

offing *औ ॅ फ़िङ्ग n.* the distant part of the sea visible from the shore दृश्य क्षितिज।

offset[1] *औफ़ॅ सै ॅट, औफ़् - v.t. (-tt-)* to compensate क्षतिपूर्ति करना; to counterbalance संतुलित करना।

offset[2] *n.* a method of printing ऑफसैट छपाई।

offshoot *औ ॅफ़् शूट n.* shoot of a plant प्रशाखा।

offspring *औ ॅफ़् स्प्रिङ्ग n.* child or children संतति।

oft *औ ॅफ़्ट adv.* often प्रायः।

often *औ ॅ फ़न, औ- adv.* frequently प्रायः।

ogle[1] *ओ ग़ल v.t. & v.i.* to look amorously (at) प्रेम-भरी दृष्टि से देखना, घूरना, ताकना।

ogle[2] *n.* amorous stare प्रेम-भरी चितवन।

oil[1] औ ॅइल *n.* easily burning liquid तेल।

oil[2] *v.t.* to apply oil to तेल लगाना।

oily औ ॅइलि *a. (lier, -liest)* like oil तेल जैसा; greasy चिकना; too smooth and fawning चापलूसीपूर्ण।

ointment औ ॅइन्ट् मॅन्ट *n.* a grease applied to the skin मरहम।

old ओल्ड *a.* aged बूढ़ा; not new or fresh पुराना; antiquated प्राचीन।

oligarchy औ ॅ लि गॉ: कि *n.* government in which the supreme power is in a few hands अल्पतंत्र।

olive औ ॅ लिव *n.* an evergreen tree जैतून।

olympiad औ ॅ लिम् पि ऐड *n.* period of four years between olympic games ओलिंपिक खेलों के बीच की चार वर्ष की अवधि।

omega ओ मि गॅ *n.* a letter of the Greek alphabet ग्रीक वर्णमाला का अंतिम अक्षर; end अंत।

omelet (te) औमॅ् लिट *n.* dish of eggs beaten and fried with seasoning आमलेट।

omen ओ मै ॅन *n.* a sign of a future event (good or bad) शकुन।

ominous ओ ॅ मि नॅस *a.* suggesting future trouble, inauspicious अमंगलकारी।

omission ओ ॅ मि शॅन *n.* act of omitting अनाचरण; something omitted चूक, त्रुटि।

omit ओ ॅ मिट *(-tt-) v.t.* to pass over or neglect पर ध्यान न देना; to fail to include छोड़ देना।

omnipotence औ ॅम् नि पॅ टॅन्स *n.* almighty or unlimited power सर्वशक्तिमत्ता।

omnipotent औमॅ् नि पॅ टॅन्ट *a.* all-powerful सर्वशक्तिमान।

omnipresence आमॅ् नि प्र ॅ ज़ॅन्स *n.* presence in every place at the same time सर्वव्यापकता।

omnipresent औमॅ् नि प्रै ॅ ज़ॅन्ट *a.* present in all places at the same time सर्वव्यापी।

omniscience औमॅ नि ॅसि ॲन्स *n.* universal knowledge सर्वज्ञता।

omniscient औमॅ् नि सि ॲन्ट *a.* having universal knowledge सर्वज्ञ।

on[1] औनॅ *prep.* above and touching: at पर; near के पास; towards की ओर; concerning के विषय में; during के दौरान।

on[2] *adv.* forward आगे की ओर; continuously अनवरत रूप से; in action चालू हालत में।

once वन्स *adv.* for one time एक बार; formerly पहले; ever कभी।

one[1] वन *a.* single एक; the same वही, समान; united एक जुट।

one[2] *pron.* a person कोई व्यक्ति; a thing कोई वस्तु।

oneness वन् निस *n.* unity एकता; uniformity एकरूपता।

onerous औ ॅ नॅ रॅस *a.* burdensome भारी।

onion अन् यॅन *n.* an edible bulb of pungent flavour प्याज़।

on-looker औनॅ् लु कॅ: *n.* spectator दर्शक।

only[1] ओन् लि *a.* single अकेला; alone मात्र।

only[2] *adv.* for one purpose alone मात्र।

only[3] *conj.* but then, however किंतु, तथापि।

onomatopoeia *औ ॅ नॅ मै टॉ पि अॅ* *n.* formation of a word by using sounds that suggest the object to be named ध्वनि अनुकरणात्मक शब्द।

onrush *औनॅ् रश n.* strong onward rush or flow प्रवाह।

onset *औनॅ् सै ॅट n.* assault हमला, चढ़ाई।

onslaught *औनॅ् स्लौट n.* fierce attack भीषण आक्रमण।

onus *ओ नॅस n.* burden भार; responsibility उत्तरदायित्व।

onward[1] *औनॅ् वॅःड a.* advanced अग्रवर्ती; forward, progressive प्रगतिशील।

onward[2]**, onwards** *औनॅ् वॅःड्ज़ adv.* forward आगे की ओर।

ooze[1] *ऊज़ n.* soft liquid mud कीचड़, पंक।

ooze[2] *v.i.* to pass out slowly रिसना; *v.t.* to emit रिसाना, बाहर फेंकना।

opacity *ओ ॅ पै सि टि n.* quality of being opaque अपारदर्शिता।

opal *ओ पॅल n.* a precious stone displaying variegated colours ओपल, दूधिया पत्थर।

opaque *ओ ॅ पेक a.* not transparent अपारदर्शी।

open[1] *ओ पॅन a.* not covered खुला; not closed खुला।

open[2] *v.t.* to cause to be open खोलना; to unfold खोलना; to start चालू करना; to establish स्थापित करना; to spread out फैलाना; *v.i.* to become open खुलना; to be started चालू होना।

opening *ओ पे निङ्ग n.* opportunity अवसर; beginning आरंभ; first performance प्रारंभिक प्रदर्शन; open space खुली जगह।

openly *ओ पॅन् लि adv.* in an open manner खुले रूप में।

opera *औ ॅ पॅ रॅ n.* a dramatic composition set to music and sung and acted on the stage संगीत-नाटक।

operate *औ ॅ पॅ रेट v.t.* to cause to function चलाना, चालू करना; to manage (का) संचालन करना; *v.i.* to function काम करना, चलना; to carry out a surgical operation शल्यक्रिया करना; to carry out military movements सैनिक कार्यवाही करना।

operation *औ ॅ पॅ रे शॅन n.* act of surgery शल्यक्रिया; strategic military movement सैनिक अभियान; act or method of operating संचालन।

operative *औ ॅ पॅ रॅ टिव a.* in operation चालू; effective लागू; of surgical operations शल्य-क्रियात्मक।

operator *औ ॅ पॅ रे टॅः n.* one who operates प्रचालक।

opine *ओ ॅ पॉइन v.t.* to have the opinion that मानना, सोचना।

opinion *अॅ पिन् यॅन n.* belief विश्वास; view, judgement मत, धारणा; estimation अनुमान।

opium *ओ प्यॅम n.* a narcotic drug अफीम।

opponent *अॅ पो नॅन्ट n.* one who opposes विरोधी व्यक्ति, प्रतिद्वंद्वी।

opportune *औ ॅ पॅः ट्यून a.* timely अवसरोचित; suitable उचित।

opportunism *औ ॅ पॅः ट्यु निज़्म n.*

policy of doing what is expedient अवसरवादिता।

opportunity *औ ॅ पॅः ट्यू नि टि n.* favourable time or chance सुअवसर।

oppose *अॅ पोज़ v.t.* to offer resistance to विरोध करना।

opposite *औ ॅ पॅ ज़िट a.* contrary विरोधी; facing सामने वाला; adverse प्रतिकूल।

opposition *औ ॅ पॅ ज़ि शॅन n.* act of opposing विरोध; resistance प्रतिरोध; party opposing that in power विरोधी दल; contrast प्रतिकूलता।

oppress *अॅ प्रै ॅस v.t.* to harass तंग करना; to govern with tyranny क्रूरतापूर्वक शासन करना; to weigh down दबाना, दमन करना।

oppression *अॅ प्रै ॅ शॅन n.* act of oppressing दमन।

oppressive *अॅ प्रै ॅ सिव a.* hard to endure दमनकारी, असहनीय; unjustly severe अत्याचारी।

oppressor *अॅ प्रै ॅ सॅः n.* one who oppresses दमनकर्त्ता; cruel ruler क्रूर शासक।

opt *औप्ट v.i.* to make a choice चयन करना, विकल्प छांटना।

optic *औपॅ टिक a.* pertaining to sight दृष्टि-संबंधी; relating to the science of optics प्रकाशकीय।

optician *औपॅ टि शॅन n.* person skilled in optics चश्मे का निर्माता।

optimism *औ ॅप् टि मिज़्म n.* hopeful view of things आशावाद।

optimist *औपॅ टि मिस्ट n.* one who believes in optimism आशावादी।

optimistic *औपॅ टि मिस् टिक a.* relating to or characterized by optimism आशान्वित, आशावादी।

optimum[1] *औपॅ टि मॅम n.* the most favourable condition अनुकूलतम परिस्थिति।

optimum[2] *a.* most favourable अनुकूलतम, सर्वोत्तम।

option *औपॅ शॅन n.* choice विकल्प; right to choose चयनाधिकार; thing that is or may be chosen चयन की गई या की जानेवाली वस्तु।

optional *औ ॅप् शॅ नॅल a.* depending on choice वैकल्पिक; not compulsory ऐच्छिक।

opulence *औ ॅप् यु लॅन्स n.* wealth धन-संपत्ति; abundance प्रचुरता, बाहुल्य।

opulent *औपॅ यु लॅन्ट a.* wealthy धनाढ्य, समृद्ध; luxuriant प्रचुर, भरपूर।

oracle *औ ॅ रॅ क्ल n.* prophetic wisdom देववाणी; person regarded as a source of wisdom आप्तपुरूष; shrine देवस्थल, तीर्थ-मंदिर।

oracular *अॅ रै क्ज़ लॅः a.* of or like an oracle देववाणीय, देववाणीसदृश; with a hidden meaning रहस्यपूर्ण, गूढ़ार्थक।

oral *औ रॅल a.* spoken rather than written मौखिक; of or administered through the mouth मुखीय या मुख से दी जाने वाली (औषधि)।

orally *औ रॅ लि adv.* in an oral manner मौखिक रूप से; through the mouth मुखद्वार से।

orange[1] *औ ॅ रिन्ज n.* a citrus fruit संतरा; the tree bearing this fruit संतरे का पेड़; reddish yellow colour नारंगी रंग।

orange[2] *a.* reddish yellow नारंगी।

oration *औ रे शॅन n.* formal speech भाषण, व्याख्यान।

orator *औ˘ रॅ टः n.* skilled or eloquent speaker कुशल वक्ता।

oratorical *औ˘ रॅ टौ˘ रि कॅल a.* of orator or oration भाषण-संबंधी, व्याख्यानीय।

oratory *औ˘ रॅ टॅ रि n.* the art of public speaking भाषणकला।

orb *औःब n.* globe पृथ्वी-मंडल; sphere गोला।

orbit *औः बिट n.* the path of a planet or comet परिक्रमापथ, कक्षा।

orchard *औः चॅःड n.* peice of ground with fruit-trees फलोद्यान।

orchestra *औँः किस् ट्रॅ n.* body of musicians वादकवृंद।

orchestral *औँः कैसॅ ट्रॅल a.* of, for, by an orchestra वाद्यवृंदीय।

ordeal *औः डील n.* severe test, trial by fire and water अग्नि-परीक्षा।

order[1] *औः डॅः n.* command आदेश; request to supply goods आदेश, आदेश-पत्र; way in which things are placed in relation to one another अनुक्रम; obedience to the laws प्रशासनिक व्यवस्था; rank or class in society श्रेणी।

order[2] *v.t.* to command आदेश देना; to arrange व्यवस्थित करना; to direct निर्देशित करना।

orderly[1] *औः डॅः लि a.* in accordance with good order सुव्यवस्थित; regular नियमित।

orderly[2] *n.* an officer's messenger in the army अर्दली।

ordinance *औः डि नॅन्स n.* order given by authority अध्यादेश।

ordinarily *औः डि नॅ रि लि adv.* in an ordinary manner साधारणतः।

ordinary *औः डि नॅ रि a.* average, common सामान्य।

ordnance *औःड् नॅन्स n.* artillery तोपखाना; ammunition गोला-बारूद; military department in charge of ammunition आयुध-विभाग।

ore *औः n.* a metal bearing mineral कच्ची धातु।

organ *औः गॅन n.* instrument or means माध्यम; a musical instrument with sounding pipes वाद्यराज; part of an animal अवयव, अंग।

organic *औः गै निक a.* pertaining to or acting as an organ आंगिक; pertaining to the animal and vegetable world जैव; having a systematic arragnement of parts संगठित।

organism *औः गॅ निज़्म n.* organic structure शरीर-रचना; a body exhibiting organic life जीव।

organization *औः गॅ नॉइ ज़े शॅन n.* act or process of organizing संघटन, व्यवस्थापन।

organize *औः गॅ नॉइज़ v.t.* to establish and systematize संघटित करना; to put into working order सुव्यवस्थित करना; to make preparations for (की) तैयारी करना।

orient[1] *औ रि ॲन्ट n.* East पूर्व।

orient[2] *v.t.* to orientate (भवन आदि) का मुंह पूर्व की ओर करके बनाना।

oriental[1] *औ रि ऐनॅ ट्ल a.* eastern प्राच्य, पूर्वी।

oriental[2] *n.* a native of some eastern country पूर्ववासी।

orientate औ रि ऐन्ँ टेट *v.t.* to orient (भवन आदि) पूर्व की ओर मुंह करके बनाना।

origin औ ॅ रि जिन *n.* source स्त्रोत, मूल; beginning उद्‌गम।

original[1] अॅ रि जॅ न्‌ल *a.* pertaining to origin मूल, मौलिक; first, earliest प्रारंभिक।

original[2] *n.* origin, source मूल रूप।

originality अॅ रि जि नै लि टि *n.* quality or state of being original मौलिकता।

originate अॅ रि जि नेट *v.t.* to give origin toउद्‌भूत करना; to produce निर्मित करना; *v.i.* to have origin उद्‌भूत होना।

originator अॅ रि जि ने टॅः *n.* one who or that which originates प्रवर्तक, जन्मदाता।

ornament[1] औः नॅ मॅन्ट *n.* that which adarns or embellishes आभूषण, अलंकरण।

ornament[2] औः नॅ मैन्ट *v.t.* to decorate अलंकृत करना।

ornamental औ : नॅ मेन्ँ ट्‌ल *a.* pertaining to ornament शोभाकारी, आलंकारिक।

ornamentation औः नॅ मैन्ँ टे शॅन *n.* ornaments or decorations सजावट; beautification अलंकरण।

orphan[1] औः फ़ॅन *n.* child bereaved of father or mother, or of both अनाथ बालक।

orphan[2] *v.t.* to cause to be an orphan अनाथ बनाना।

orphanage औः फ़ॅ निज *n.* home for orphans अनाथालय।

orthodox औः थॅ डॉक्स *a.* conventional परंपरागत; holding accepted views रूढ़िवादी।

orthodoxy औः थॅ डौक्‌ सि *n.* quality or state of being orthodox रूढ़िवादिता।

oscillate औ ॅ सि लेट *v.i.* to swing दोलन करना; *v.t.* to cause to swing दोलन कराना।

oscillation औ ॅ सि ले शॅन *n.* act of oscillating दोलन।

ossify औ ॅ सि फ़ॉइ *v.t.* to make hard like bone अस्थिवत् बनाना; to change into bone अस्थि का रूप देना; to make rigid कठोर बनाना; *v.i.* become hard like bone अस्थिवत् बनना; to be changed into bone अस्थि का रूप लेना; to become rigid कठोर बनना।

ostracize औसॅ ट्रॅ सॉइज़ *v.t.* to banish by ostracism, to expel निर्वासित करना।

ostrich औसॅ ट्रिच *n.* a large running bird of Africa शुतुरमुर्ग।

other[1] अ दॅः *a.* not the same दूसरा; remaining शेष; different भिन्न; more अन्य, और।

other[2] *pron.* other person or thing अन्य व्यक्ति या वस्तु।

otherwise[1] अ दॅः वॉइज़ *adv.* in another way भिन्न प्रकार से; in other conditions अन्य दशाओं में; in other respects अन्य मामलों में।

otherwise[2] *conj.* if not, or else अन्यथा, नहीं तो।

otter औ ॅ टॅः *n.* a fish-eating aquatic mammal ऊदबिलाव।

ottoman औ ॅ टॅ मॅन *n.* a cushioned seat without back or arms, used as a box दिवान।

ounce ऑउन्स *n.* twelfth part of a

pound troy औंस।

our *ऑउअ:* *pron.* of or belonging to us हमारा, हमारे, हमारी।

oust *ऑउस्ट* *v.t.* to drive out of office or power निकाल देना, हरा देना।

out *ऑउट* *adv.* away from home घर से दूर; in the open air खुले में; away from बाहर; no longer in office अपदस्थ; on strike हड़ताल पर; no longer alight बुझी स्थिति में।

out-balance *ऑउट् बै लॅन्स* *v.t.* to outweigh से भारी या महत्वूपर्ण होना।

outbid *ऑउट् बिड* *v.t.* to offer a higher price than (से) बढ़कर बोली बोल देना।

outbreak *ऑउट् ब्रेक* *n.* sudden beginning (of war or disease) आरंभ, प्रकोप।

outburst *ऑउट बॅ:स्ट* *n.* bursting out (of anger, cheers etc.) प्रस्फोटन।

outcast[1] *ऑउट् कास्ट* *n.* one driven out from society जातिच्युत व्यक्ति।

outcast[2] *a.* driven out from home or society बहिष्कृत।

outcome *ऑउट् कम* *n.* result or effect of an event परिणाम, नतीजा।

outcry *ऑउट् क्राइ* *a.* loud shout चीख़, चिल्लाहट; protest विरोध।

outdated *ऑउट् डे टिड* *a.* made out of date पुराना।

outdo *ऑउट् डू* *v.t.* to do more or better than से अच्छा होना, पछाड़ना।

outdoor *ऑउट् डौ:* *a.* existing or being done out of doors बाह्य, बाहरी।

outer *ऑउ टॅ:* *a.* concerning the outside बाह्य।

outfit[1] *ऑउट् फ़िट* *n.* set of garments worn together कपड़ों का जोड़ा।

outfit[2] *(-tt-)* *v.t.* to equip सज्जित करना।

outgrow *ऑउट् ग्रो* *v.t.* to grow too large for से अधिक बढ़ जाना।

outhouse *ऑउट् हॉउस* *n.* an out building उपभवन।

outing *ऑउ टिङ्ग* *n.* short pleasure trip सैर-सपाटा।

outlandish *ऑउट् लैन् डिश* *a.* seeming odd and out of place अजीब, विदेशी।

outlaw[1] *ऑउट् लौ* *n.* fugitive from law अपराधी।

outlaw[2] *v.t.* to ban (पर) प्रतिबंध लगाना; to make illegal अवैध घोषित करना।

outline[1] *ऑउट् लॉइन* *n.* rough sketch रूपरेखा; general plan सामान्य योजना।

outline[2] *v.t.* to sketch चित्रित करना; to summarize संक्षेप में प्रस्तुत करना।

outlive *ऑउट् लिव* *v.i.* to live longer than से अधिक समय तक जीवित रहना।

outlook *ऑउट् लुक* *n.* attitude दृष्टिकोण; future prospect भावी संभावना।

outmoded *ऑउट् मो डिड* *a.* out of fashion अप्रचलित, पुराना।

outnumber *ऑउट् नम् बॅ:* *v.t.* to be greater in number than (से) संख्या में अधिक होना।

outpatient *ऑउट् पे शॅन्ट* *n.* person visiting a hospital for treatment बहिर्रोगी।

outpost *ऑउट् पोस्ट* *n.* observation

post at a distance दूरवर्ती चौकी।

output *ऑउट् पुट n.* quantity of goods produced or work done उत्पादन।

outrage[1] *ऑउट् रेज,-रिज n.* injurious violence नृशंसता।

outrage[2] *v.t.* to offend grossly का घोर अपमान करना; to injure चोट पहुंचाना; to violate भंग करना; to ravish का शील भंग करना।

outright[1] *ऑउट् रॉइट adv.* entirely पूर्णतया; openly स्पष्ट रूप से।

outright[2] *a.* thorough पूरा, समग्र; open, plain स्पष्ट।

outrun *ऑउट् रन v.t.* to run faster than से तेज़ दौड़ना; to go beyond से आगे निकल जाना।

outset *ऑउट् सैˇट n.* start प्रारंभ।

outshine *ऑउट् शॉइन v.t.* to surpass (को) मात कर देना; to shine more brightly than (से) बढ़कर चमकना।

outside[1] *ऑउट् सॉइड a.* external बाह्य।

outside[2] *n.* the external surface बाहरी सतह।

outside[3] *adv.* on or to the outside बाहर की ओर।

outside[4] *prep.* at or on the outside of के बाहर; beyond the limits of की सीमा से परे।

outsider *ऑउट् सॉइ डॅः n.* person outside from a specific group बाहरी व्यक्ति।

outsize *ऑउट् सॉइज़ a.* larger than usual अधिमाप, सामान्य से बड़ा।

outskirts *ऑउट् स्कॅःट्स n.pl.* outlying parts of a town बाह्याचंल, नगरोपांत।

outspoken *ऑउट् स्पो कॅन a.* frank in saying what one thinks स्पष्टवादी।

outstanding *आउट् स्टैन् डिङ्ग a.* eminent विशिष्ट; unresolved अनिर्णीत; still to be paid बक़ाया।

outward[1] *ऑउट् वॅःड a.* situated outside बाह्य; apparent ऊपरी।

outward[2], **outwards** *adv.* towards the outside बाहर की ओर।

outwardly *ऑउट् वॅःड् लि adv.* in appearance देखने में।

outweigh *ऑउट् वे v.t.* to exceed in weight or inportance से अधिक भारी या महत्वपूर्ण होना।

outwit *ऑउट् विट (-tt-) v.t.* to get the better of by cunning से अधिक चालबाज़ होना।

oval[1] *ओ वॅल a.* egg-shaped अंडाकार।

oval[2] *n.* something egg-shape अंडाकार वस्तु।

ovary *ओ वॅ रि n.* female egg-producing organ अंडाशय।

ovation *ओˇ वे शॅन n.* expression of popular acclaim जय जयकार।

oven *अ वॅन n.* small furnace चूल्हा।

over[1] *ओ वॅः prep.* above के ऊपर; on, upon पर; more than से अधिक; across के आर-पार।

over[2] *adv.* above ऊपर की ओर; in excess अधिक; too much हद से ज़्यादा।

over[3] *n.* (cricket) delivery of six balls from one end ओवर।

overact *ओ वॅः रैक्ट v.t.* to act (something) in an exaggerated way अत्याभिनय करना।

overall[1] *ओ वॅ रौल n.* loose fitting garment लबादा।

overall² *a.* including everything, total कुल।

overawe *ओ वॅ: रो v.t.* to fill with fear and subdue आतंकित करना।

overboard *ओ वॅ: बोःड़ adv.* over the side of a ship into the water (जहाज़) पर से।

overburden *ओ वॅ: बॅ: ड़न v.t.* to load with excessive weight भाराक्रांत करना, अधिक बोझ डालना।

overcast *ओ वॅ: कास्ट a.* covered over by clouds मेघाच्छन्न।

overcharge¹ *ओ वॅ: चाःज v.t. & i.* to charge higher price (from) (से) अधिक मूल्य वसूलना।

overcharge² *n.* excessive charge अधिमूल्य।

overcoat *ओ वॅ: कोट n.* heavy coat ओवरकोट।

overcome *ओ वॅ: कम v.t.* to overwhelm अभिभूत कर देना; to be victorious over पर विजयी होना।

overdo *ओ वॅ: डू v.t.* to do too much (की) अति करना; to cook too much बहुत अधिक पका देना।

overdose¹ *ओ वॅ: डोस n.* excessive dose of medicine (ओषधि की) अतिमात्रा।

overdose² *v.t.* to give too large a dose औषधि की अति मात्रा देना।

overdraft *ओ वॅ: ड्राफ़्ट n.* amount of money drawn in excess of deposit जमा से अधिक निकाली राशि।

overdraw *ओ वॅ: ड्रौ v.t.* to exaggerate अतिरंजित करना; to draw a sum in excess of (one's credit balance in a bank) (खाते में जमा) से अधिक धन निकालना।

overdue *ओ वॅ: ड्यू a.* beyond the time fixed विलंबित।

overhaul¹ *ओ वॅ: हौल v.t.* to repair मरम्मत करना; to examine and set in order निरीक्षण करके ठीक करना; to overtake से आगे निकलना।

overhaul² *n.* thorough repairing पूरी मरम्मत।

overhear *ओ वॅ: हिअॅ: v.t.* to hear secretly चुपके से सुनना; to hear by chance संयोग से सुनना।

overjoyed *ओ वॅ: जौॅइड a.* greatly delighted अति प्रसन्न।

overlap¹ *ओ वॅ: लैप (-pp-) v.t.* to go over and beyond the edge of कुछ अंश तक ढक लेना।

overlap² *n.* the ogverlapping part ढकने वाला भाग।

overleaf *ओ वॅ: लीफ़ adv.* on the other side of the leaf पन्ने की दूसरी ओर।

overload¹ *ओ वॅ: v.t.* to put too great a load on अधिक भार से लादना।

overload² *n.* too great a load क्षमता से अधिक भार।

overlook *ओ वॅ: लुक v.t.* to ignore (की) अनदेखी करना; to have a view of from above ऊपर से देखना।

overnight¹ *ओ वॅ: नॉइट adv.* during the night रात के समय; throughout the night रात-भर।

overnight² *a.* lasting a night, done at night रात्रि भर का।

overpower *ओ वॅ: पॉउ अॅ: v.t.* to overcome by superior force पराजित करना।

overrate *औ वॅ: रेट v.t.* to have too high an opinion of को अनावश्यक महत्व देना।

overrule *ओ वॅ: रुल v.t.* to disallow रद्द करना।

overrun *ओ वॅ: रन v.t.&i.* to spread over and occupy रौंद डालना; to go beyond in time से अधिक समय तक चलना।

oversee *ओ वॅ: सी v.t.* to supervise पर्यवेक्षण करना।

overseer *ओ वॅ: सिअॅ: n.* one who supervises पर्यवेक्षक।

overshadow *ओ वॅ: शै डो v.t.* to throw a shadow over पर छाया डालना; to cause to seem less important का महत्व कम करना।

oversight *ओ वॅ: सॉइट n.* failure to notice something दृष्टिभ्रम, चूक।

overt *ओ वॅ:ट, ओˇ वॅ:ट a.* manifest प्रकट।

overtake *ओ वॅ: टेक v.t.* to catch up and pass in the same direction (से) आगे निकल जाना।

overthrow[1] *ओ वॅ: थ्रो v.t.* to cause the fall of (का) तख़्ता उलट देना।

overthrow[2] *n.* defeat पराजय; ruin विनाश।

overtime[1] *ओ वॅ: टॉइम adv.* after the usual hours सामान्य समय के पश्चात्।

overtime[2] *n.* time spent at work after the usual hours अधिसमय।

overture *ओ वॅ: ट्युअॅ: n.* piece of orchestral music वाद्यसंगीत; proposal initiating negotiations संधि-प्रस्ताव।

overwhelm *ओ वॅ: हैˇल्म v.t.* to overpower अभिभूत करना; to overcome by force पराजित करना।

overwork[1] *ओ वॅ: वॅ:क v.i.* to work too hard and too long अतिश्रम करना; *v.t.* to cause to work too hard अतिश्रम कराना।

overwork[2] *ओ वॅ: वॅ:क n.* working to much or too long अतिश्रम।

owe *ओ v.t.&i.* to be under obligation to pay क़र्ज़दार होना; to have duty to render कर्त्तव्य से बंधा होना।

owl *ऑउल n.* a nocturnal bird उल्लू।

own[1] *ओन a.* belonging or relating to oneself अपना, निजी।

own[2] *v.t.* to possess का स्वामी होना; to admit स्वीकार करना।

owner *ओ नॅ: n.* person who owns something स्वामी।

ownership *ओ नॅ: शिप n.* the state of being an owner स्वामित्व।

ox *ऑक्स n. (pl. oxen)* castrated bullock बैल।

oxygen *ऑक् सि जॅन n.* gas necessary for life ऑक्सीजन।

oyster *ऑˇ इस् टॅ: n.* kind of shellfish शुक्ति।

Pp

P पी the sixteenth letter of the English alphabet, chemical symbol for phosphorus. अंग्रेजी वर्णमाला का सोलहवाँ अक्षर फ़ास्फ़ोरस् (स्फुर) नामक तत्व के लिए रासायनिक संकेत।

pace[1] *पेस n.* step पग; walk, gait चाल; rate of movement गति।

pace[2] *v.i.* to step, to walk चलना; *v.t.* to cross by walking चलकर तय

करना।

pacific पॅ सि फ़िक *a.* calm, tranquil शांत, स्थिर; pacifying शांतिप्रद।

pacify पै सि फ़ॉइ *v.t.* to allay शांत करना; to give peace to शांति लाना।

pack[1] पैक *n.* bundle, bale गठरी, बोझ; set of playing cards ताश की गड्डी; band of animals शिकारी कुत्तों, भेड़ियों इत्यादि का समुदाय।

pack[2] *v.t.* to stuff माल से भरना; to make into a bundle गठरी बांधना; *v.i.* to make up bundles गठरी बनाना।

package पै किज *n.* bundle,packet छोटी गठरी; charge for packing गठरी बनाने का भाड़ा।

packet पै किट *n.* small parcel or pack, bundle छोटा पार्सल या पुलिंदा।

packing पै किङ्ग *n.* material used in making a packet बांधने की सामग्री; act of one who packs बांधने का कार्य।

pact पैक्ट *n.* agreement बंधेज; इक़रारनामा; contract ठेका, संधि।

pad[1] पैड *n.* cushion गद्दी; soft saddle काठी; block of blotting paper सोख़्ता या कागज़ की गड्डी; sole of animals पशुओं के पैर के नीचे का कोमल भाग।

pad[2] *(-dd-) v.t.* to make soft with pad गद्देदार बनाना।

padding पै डिङ्ग *n.* material used for stuffing गद्दी।

paddle[1] पै ड्ल *v.i.* to move feet in water पानी में पैर मारना; to row नाव चलाना।

paddle[2] *n.* a short oar छोटा डांड़ा।

paddy पै डि *n.* rice in the husk धान।

page[1] पेज *n.* boy servant छोकरा, लड़का; one side of a leaf of a book पुस्तक के पत्र का एक ओर का भाग।

page[2] *v.t.* to number the pages of (पुस्तक आदि के) पन्ने में अंक डालना।

pageant पै जॅन्ट *n.* pomp आडंबर, लीला; show तमाशा।

pageantry पॅ जॅन् ट्रि *n.* pompous spectacle आडंबर, तड़क-भड़क; show (collectively) तमाशा।

pagoda पॅ गो डॅ *n.* pyramidal temple पगोड़ा, मेरु-मंदिर।

pail पेल *n.* bucket बाल्टी।

pain[1] पेन *n.* anguish दुःख; suffering पीड़ा; distress क्लेश; *(pl.)* trouble, exertion, throes of child birth कष्ट, परेशानी, प्रसव-वेदना।

pain[2] *v.t.* to cause pain to पीड़ा देना दुःख देना।

painful पेन्फुल *a.* distressing, full of pain दुःखदायी।

painstaking पेन्स् टे किङ्ग *a.* diligent, laborious परिश्रमी, उद्यमी।

paint[1] पेन्ट *n.* pigment, colouring matter रंग।

paint[2] *v.t.* to colour रंगना; to portray चित्र बनाना; to describe वर्णन करना।

painter पेन् टॅः *n.* picture-maker, portrayer चित्रकार।

painting पेन् टिङ्ग *n.* picture in paint रंगा हुआ चित्र; art of representing objects by colours चित्रकला।

pair[1] पे अः *n.* set of two जोड़ा; man and his wife दंपती।

pair[2] *v.t.* to join in pairs जोड़ा लगाना

या मिलाना; *v.i.* to be grouped in two's जोड़ों का रूप लेना।

pal *पैल n.* friend मित्र।

palace *पै लिस n.* king's residence राजभवन, महल।

palanquin *पै लॅन् कीन n.* men-borne covered conveyance शिविका, पालकी।

palatable *पै लॅ टॅ ब्ल a.* tasteful, savoury स्वादिष्ट।

palatal *पै लॅ ट्ल a.* pertaining to the palate तालु-संबंधी।

palate *पै लिट n.* roof of the mouth तालु; taste स्वाद।

palatial *पॅ ले शॅल a.* like a palace भवन-जैसा; magnificent भव्य।

pale[1] *पेल n.* enclosure बाड़ा।

pale[2] *a.* wan पीला; dim, not bright धुंधला।

pale[3] *v.i.* to turn pale पीला होना।

palette *पै लिट n.* artist's flat board to mix colours on चित्रकार की रंग मिलाने की पटिया।

palm[1] *पाम n.* inner surface of hand हथेली।

palm[2] *v.t.* to conceal in the palm of hand हथेली में छिपाना।

palm[3] *n.* a tropical tree ताड़ का पेड़; symbol of victory विजय-चिह्न।

palmist *पा मिस्ट n.* one who deals in palmistry हस्तरेखा-सामुद्रिक विद्या में निपुण।

palmistry *पा मिस् ट्रि n.* art of telling fortune by the hand हस्त रेखा-सामुद्रिक विद्या।

palpable *पैल् पॅ ब्ल a.* plain, obvious स्पष्टगोचर, स्पष्ट, प्रत्यक्ष।

palpitate *पैल् पि टेट v.i.* to pulsate, to throb धड़कना, कांपना।

palpitation *पैल् पि टे शॅन n.* pulsation, beating of heart धड़कन।

palsy *पौल् ज़ि n.* paralysis पक्षाघात।

paltry *पौल् ट्रि a.* trivial, worthless तुच्छ; mean नीच।

pamper *पैम् पॅः v.t.* to gratify the wishes of संतुष्ट करना; to indulge too much बहुत अधिक लाड करना।

pamphlet *पैम्फ़् लिट n.* thin, unbound book पैम्फ़्लेट, पर्चा; a short treatise छोटी पत्रिका।

pamphleteer *पैम्फ़् लि टिअः n.* writer of pamphlets पर्चा लिखने वाला, पत्रिकाकार।

panacea *पै नॅ सि अॅ n.* cure for all ills रामबाण।

pandemonium *पैन् डि मो न्यॅम n.* abode of evil spirits पिशाच-निवास; disordely place अव्यवस्थित स्थान; din and uproar बड़ा उपद्रव।

pane *पेन n.* piece of glass in a window कांच की पट्टी।

panegyric *पै नि जि रिक n.* eulogy स्तुति; laudation प्रशंसा।

panel[1] *पै न्ल n.* raised or sunk portion in a door द्वारफलक, दिलहा; a piece of wood on which a picture is painted तैलचित्र बनाने की तख़्ती group of persons forming a team मंडल।

panel[2] *(-tt-) v.t.* to form with panels दिलहा या चौखटा लगाना।

pang *पैङ्ग n.* sharp pain व्यथा, संताप, वेदना।

panic *पै निक n.* terror त्रास, आतंक; sudden fear अकस्मात् भय।

panorama *पै नॅ रॉ मॅ; रै मॅ n.* extensive wiew निरंतर दृष्टिगत दृश्य; a picture of objects in all directions चित्रमाला; wide view इर्द-गिर्द का दृश्य।

pant[1] पैन्ट *v.i.* to gasp हांफना; to yearn तीव्र इच्छा करना।

pant[2] *n.* gasp धड़कन।

pantaloons पै ॅन् टॅ लूनज़ *n. pl.* tightly fitting trousers पतलून।

pantheism पैन् थी इज़्म *n.* the doctrine that the universe is God. विश्वदेवतावाद, सर्वेश्वरवाद।

pantheist पैन् थी इस्ट *n.* one who believes in pantheism सर्वेश्वरवादी।

panther पैन् थॅः *n.* a variety of leopard चीता, तेंदुआ।

pantomime पैन् टॅ मॉइम *n.* dumb-show मूकाभिनय; a theatrical show स्वांग।

pantry पैन् ट्रि *n.* *(pl. pantries)* room for storing food or untensils भंडारघर।

papacy पे पॅ सि *n.* office of the Pope पोप (रोम के सबसे बड़े पादरी) का पद; authority or jurisdiction of the Pope पादरी का अधिकार अथवा कार्यक्षेत्र।

papal पे पल *a.* relating to the Pope पोप-संबंधी।

paper पे पॅः *n.* thin flat sheet used for writing कागज़; newspaper समाचारपत्र; article, essay लेख; documents चिट्ठी-पत्री; set of examination questions प्रश्नपत्र।

par पाः *n.* equality of value सममूल्य; state of equality समता, बराबरी।

parable पै रॅ बल *n.* story with a moral lesson नीतिकथा।

parachute पै रॅ शूट *n.* umbrella-like apparatus used to retard the descent of a falling body पैराशूट, हवाई छतरी।

parachutist पै रॅ शू टिस्ट *n.* one who uses a parachute हवाई छतरी से उतरने वाला सैनिक।

parade[1] पॅ रेड *n.* military display परेड, क़वायद; show, ostentation आडंबर; military exercise सैन्य-व्यायाम; public walk टहलने का मार्ग।

parade[2] *v.t.* to display प्रदर्शित करना; *v.i.* to go about in military procession परेड करना।

paradise पै रॅ डॉइस heaven स्वर्ग; a place of bliss परम आनंद का सुंदर स्थान।

paradox पै रॅ डॉक्स *n.* a seeming contradiction असत्याभास, परस्पर विरूद्ध मत।

paradoxical पै रॅ डौ ॅक् सि कल *a.* of the nature of a paradox असत्याभास रूप का।

paraffin पै रॅ फ़िन *n.* wax like hydrocarbon mixture used in candles मोमबत्ती बनाने का एक प्रकार का पदार्थ, मृद्धसा।

paragon पै रॅ गॅन *n.* a perfect example of excellence, a model आदर्श या अत्युत्तम पदार्थ।

paragraph पै रॅ ग्राफ़ *n.* section of chapter or book अनुच्छेद, प्रकरण।

parallel[1] पै रॅ लै ॅल *a.* continuously at equal distances समानांतर; equal in all essential parts सदृश।

parallel[2] *v.t.* to represent as similar समानांतर करना; to compare तुल्य करना।

parallelism पै रॅ लै ॅ लिज़्म *n.* resemblance, comparison समानता।

parallelogram *पै रॅ लै˘ लॅ ग्रैम n.* a quadrilateral with opposite sides parallel समानांतर चतुर्भुज।

paralyse *पै रॅ लॉइज़ v.t.* to affect with paralysis लकवा मारना; to make ineffectal शक्तिहीन करना।

paralysis *पै रॅ लि सिस n.* a disease with damaged nervous system पक्षाघात, लकवा रोग।

paralytic *पै रॅ लि टिक a.* affected with paralysis लकवा मारा हुआ।

paramount *पै रॅ मॉउन्ट n.* superior to all others सर्वश्रेष्ठ, सर्वोत्तम।

paramour *पै रॅ मुअः n.* an illicit lover अवैध प्रेमी; mistress प्रेमिका।

paraphernalia *पै रॅ फॅः ने ल्यॅ n. pl.* odds and ends सामग्री; equipment साज़-सामान।

paraphrase[1] *पै रॅ फ्रेज़ n.* meaning of a passage in other words टीका; free translation अन्वय।

paraphrase[2] *v.t.* to put into other words संक्षिप्त व्याख्या करना।

parasite *पै रॅ सॉइट n.* animal or plant living on another परोपजीवी जंतु या पौधा।

parcel[1] *पाः सॅल n.* a packet पार्सल; a portion खंड; a bundle पोटली, गठरी।

parcel[2] *(-ll-) v.t.* to divide into portions खंड करना, बांटना।

parch *पाःच v.t.* to roast भूनना; to scorch झुलसाना।

pardon[1] *पाः ड्न v.t.* to forgive, to excuse क्षमा करना।

pardon[2] *n.* forgiveness क्षमा।

pardonable *पाः डॅ नॅ ब्ल a.* excusable क्षमा के योग्य।

parent *पे रॅ अॅ रॅन्ट n.* father or mother माता या पिता; origin उद्गम।

parentage *पे अॅ रॅन् टिज n.* lineage जाति, कुल; parenthood वल्दियत।

parental *पॅ रैन्ॅ ट्ल a.* pertaining to parents पैतृक; affectionate प्रिय।

parenthesis *पॅ रै˘ न् थि सिस n. (pl.-ses)* sentence inserted into another निक्षेपवाक्य, अप्रधान वचन; brackets कोष्ठक ( ) का चिह्न।

parish *पै रिश n.* district under one clergyman पादरी का प्रदेश।

parity *पै रि टि n.* analogy समानता; equality बराबरी।

park[1] *पाःक n.* large enclosed piece of ground पार्क; ground in a town for recreation क्रीडावन, सर्वसामान्य के घूमने का बग़ीचा।

park[2] *v.t.* to inclose in a park पार्क बनाना; to leave (vehicle) for a short time (मोटर आदि) मोटर चौक में खड़ा करना।

parlance *पाः लॅन्स n.* way of speaking संभाषण की शैली; conversation वार्ता।

parley[1] *पाः लि n.* mutual discourse बातचीत; conference संभाषण-सभा।

parley[2] *v.i* to hold discussion सभा करना।

parliament *पाः लॅ मॅन्ट n.* legislative assembly संसद।

parliamentarian *पाः लॅ मैन्ॅ टे˘ अॅ रि अॅन n.* one skilled in parliamentary matters संसदवेत्ता; member of parliament संसद-सदस्य।

parliamentary *पाः लि मैॅन् टॅ रि a.* pertaining to parliament संसदीय।

parlour *पाः लॅः n.* sitting room बैठक।

parody[1] *पै रॅ डि n.* burlesque imitation हास्यानुकृति।

parody[2] *v.t.* to imitate in parody (की) पैरोडी लिखना।

parole[1] *पॅ रोल n.* conditional release of a prisoner पैरोल, सावधि मुक्ति, कारावकाश।

parole[2] *v.t.* to place on parole कारा से मुक्त करना।

parricide *पै रि सॉइड n.* murderer of a parent माता-पिता की हत्या करने वाला; murder of a parent मातृ-पितृहत्या।

parrot *पै रॅट n.* bird with short hooked beak तोता।

parry[1] *पै रि v.t.* to turn aside रोकना; to evade छेकना।

parry[2] *n.* act of parrying छेकान।

parson *पाः स्न n.* clergyman पादरी।

part[1] *पाः ट n.* share अंश; portion भाग; section खंड; role of an actor नाटक के पात्र का नियोग।

part[2] *v.t.* to divide बांटना; to separate अलग करना; *v.i.* to depart विदा होना।

partake *पाः टेक v.i. (p.t.-took, p.p.-taken)* to share भाग लेना, साक्षी होना।

partial *पाः शॅल a.* forming only a part आंशिक; incomplete अपूर्ण; biased पक्षपाती।

partiality *पाः शि ऐ लि टि n.* bias पक्षपात; fondness स्नेह।

participate *पाः टि सि पेट v.i.* to take part हिस्सा लेना; to share साक्षी होना।

participant *पाः टि सि पॅन्ट n.* partaker भाग लेने वाला।

participation *पाः टि सि पे शॅन n.* act of participating हिस्सेदारी, शिरकत।

particle *पाः टि क्ल a.* atom कण; very small quantity लेश।

particular[1] *पॅः टि क्यु लॅः a.* distinct पृथक्; special विशिष्ट; private व्यक्तिगत; careful सावधान; exact निश्चित।

particular[2] *n. (pl.)* detailed account विस्तृत वर्णन।

partisan[1] *पाः टि ज़ैन n.* a partyman पक्षधर।

partisan[2] *a.* prejudiced पक्षपातपूर्ण।

partition[1] *पाः टि शॅन n.* division into parts बंटवारा; section हिस्सा; dividing wall अलगानेवाली दीवार।

partition[2] *v.t.* to divide into sections बंटवारा करना, बांटना।

partner *पाःट् नॅः n.* companion साथी; associate in business सहकारी, साझीदार; husband or wife जीवन-साथी।

partnership *पाःट् नॅः शिप n.* state of being a partner साझेदारी, साझा; joint business सम्मिलित धंधा।

party *पाः टि n. (pl. parties)* a body of individuals दल; company समुदाय, समाज; one of two litigants मुक़दमा करनेवाला; side पक्ष।

pass[1] *पास v.i.* to go by चले जाना; to die मर जाना; to get success परीक्षा में उत्तीर्ण होना; to cease समाप्त हो जाना; to elapse बीत जाना; to happen घटित होना; to be enacted पारित होना; to be current फैलना; *v.t.* to cross पार करना; to undergo with success उत्तीर्ण करना; to circulate घुमाना; to spend बिताना; to hand over देना; to enact पारित करना।

pass[2] *n.* a narrow way दर्रा; permission पास, पार-पत्र; success (in examination) सफलता (परीक्षा में) condition दशा, हालत; thrust वार।

passage *पै सिज n.* act of going past गमन; voyage यात्रा; way through मार्ग; part of a book or speech अवतरण; enactment पारण।

passenger *पै सिन् जः n.* one who travels by public conveyance यात्री मुसाफ़िर।

passion *पै शॅन n.* strong emotion चित का आवेग; ardour भावावेग; love प्रेम।

passionate *पै शॅ निट a.* vehement तीव्र, तीक्ष्ण; irascible क्रोधी; lustful कामुक; moved by passion आवेशपूर्ण।

passive *पै सिव a.* inactive निष्क्रिय; unresisting निश्चेष्ट।

passport *पास् पौःट n.* license to travel abroad पार-पत्र।

past[1] *पास्ट a.* gone by बीता हुआ; belonging to an earlier period पहले का।

past[2] *n.* beyond times भूतपूर्व काल।

past[3] *prep.* beyond के आगे; out of reach of की पहुंच के बाहर; after के बाद।

paste[1] *पेस्ट n.* mixture of flour and water used as an adhesive आटे की लेई, साना हुआ आटा; soft composition लुगदी।

paste[2] *v.t.* to stick with paste लेई से चिपकाना।

pastel *पैस् टैॅल, पॅस् टैॅल n.* coloured chalk रंगीन खड़िया।

pastime *पास् टॉइम n.* game क्रीड़ा, खेल; recreation मन-बहलाव।

pastoral *पास् टॅ रॅल a.* relating to a bishop or shepherd पादरी या गड़रिये से संबंधित; relating to country life ग्रामीण जीवन-संबंधी।

pasture[1] *पास् चॅः n.* grass for food of cattle चारा घास; grazing ground चरागाह।

pasture[2] *v.t.* to feed on grazing चराना; *v.i.* to graze चरना।

pat[1] *पैट (-tt-) v.t.* to tap थपथपाना, ठोकना।

pat[2] *n.*light quick blow, tap थपकी।

pat[3] *adv.* exactly निश्चित रूप से; at a proper time उचित समय पर।

patch[1] *पैच v.t.* to repair, to mend मरम्मत करना।

patch[2] *n.* piece of cloth sewed on garment चिप्पड़, पैबंद।

patent[1] *पे टॅन्ट a.* evident स्पष्ट; manifest प्रत्यक्ष।

patent[2] *n.* writing granting exclusive right to invention पेटेन्ट, एकस्व।

patent[3] *v.t.* to secure a patent for. (आविष्कार की) रजिस्ट्री कराना।

paternal *पॅ टॅः न्ल a.* fatherly, hereditary पैतृक।

path *पाथ n.* way मार्ग; footway पगडंडी।

pathetic *पॅ थैॅ टिक a.* heart-touching हृदयस्पर्शी; full of pathos कारुणिक।

pathos *पे थौ ॅस n.* power of exciting pity करुणा।

patience *पे शॅन्स n.* endurance सहनशीलता; forbearance धैर्य।

patient[1] *पे शॅन्ट a.* having endurance सहनशील; full of patience धैर्ययुक्त; not hasty जल्दी न करनेवाला।

patient[2] *n.* a person under medical treatment रोगी।

patricide *पैट् रि सॉइड n.* murder of father पितृहत्या; murderer of father पितृहंता।

patrimony *पैट् रि मॅ नि n.* property inherited from ancestors पैतृक धन, विरासत।

patriot *पै ट्रि अॅट, पे- n.* person who loves his country देशभक्त।

patriotic *पै ट्रि औं ॅ टिक a.* inspired by the love of one's country देशभक्तिपूर्ण।

partiotism *पै ट्रि अॅ टिज़्म, पे- n.* love of one's country देशभक्ति।

patrol[1] *पॅ ट्रोल (-ll-) v.i.* to go the rounds as a patrol पहरा देना, रक्षा करना; *v.t.* to pass round as a guard (का) पहरा देना।

patrol[2] *n.* marching round by a guard रक्षा के निमित्त चक्कर लगाने की क्रिया; patrolling person or persons पहरेदार।

patron *पे ट्रॅन n.* supporter पोषक; protector संरक्षक।

patronage *पैट्रॅ निज n.* support सहायता; act of patronising संरक्षत्व।

patronize *पैट् रॅ नॉइज़ v.t.* to act as a patron towards आश्रय देना, सहायता देना।

pattern *पै टॅ:न n.* a model सांचा; design नमूना।

paucity *पौ सि टि n.* scarcity कमी; smallness of quantity न्यूनता।

pauper *पौ पॅ: n.* a poor person दरिद्र।

pause[1] *पौज़ n.* short interval or stop विराम, ठहराव।

pause[2] *v.i.* to cease for a time विश्राम करना, ठहरना।

pave *पेव v.t.* to form (surface) with stone or brick (पर) पत्थर या ईंट बैठाना, मार्ग बनाना।

pavement *पेव् मॅन्ट n.* paved floor पत्थर या ईंट का फ़र्श; footpath सड़क की पटरी।

pavilion *पॅ वि ल्यॅन n.* tent तंबू, ख़ेमा; ornamental building for concerts. etc. मंडप।

paw[1] *पौ n.* animal's foot with claws पंजा, चंगुल।

paw[2] *v.t.* to scratch with the paw or paws. पंजे से खुरचना।

pay[1] *पे v.t. (p.t. paid)* to discharge (debt) ऋण चुकाना; to reward बदला देना; to give salary वेतन देना।

pay[2] *n.* salary वेतन।

payable *पे अॅ ब्‌ल a.* justly due देय; that may or ought to be paid शोधनीय।

payee *पे ई n.* person to whom money is paid or is due रुपया पानेवाला।

payment *पे मॅन्ट n.* act of paying भुगतान; discharge of debt चुकौता; amount paid अदा की गई राशि।

pea *पी n.* plant with seeds in pods मटर।

peace *पीस n.* state of quiet शांति; freedom from war अविरोध; harmony मैत्री।

peaceable *पी सॅ बल a.* disposed to peace शांतिप्रिय; calm, unworried अव्याकुल।

peaceful *पीस् फुल a.* free from war, noise, disturbance शांत।

peach *पीच n.* आड़ू।

peacock *पी कौ ॅक n.* a large bird with rich plumage मोर।

peahen *पी हैनॅ n.* female of the peacock मयूरी।

peak *पीक n.* pointed top शिखर; hill's sharp top पहाड़ की चोटी।

pear *पेअॅः n.* a well-known fruit नाशपाती।

pearl *पॅःल n.* a whitish gem मोती।

peasant *पे ॅ ज़ॅन्ट n.* countrymen working on land किसान, खेतिहर।

peasantry *पे ॅ ज़ॅन् ट्रि n.* peasants as a class किसान-वर्ग।

pebble *पै ॅ बल n.* small roundish stone पत्थर की गोली, कंकड़।

peck[1] *पैकॅ n.* measure of two gallons दो गैलन की तौल।

peck[2] *v.i.* to strike (at) with the beak चोंच मारना।

peculiar *पि क्यू ल्यॅः a.* unusual असाधारण; strange, odd विलक्षण।

peculiarity *पि क्यु लि ऐ रि टि n.* distinguishing feature विशेषता; oddity विलक्षणता।

pecuniary *पि क्यु न्यॅ रि a.* relating to money धन-संबंधी, आर्थिक।

pedagogue *पै ॅ डॅ गौगॅ n.* teacher of children बाल-शिक्षक; school master बाल-अध्यापक।

pedagogy *पै ॅ डॅ गौ ॅ गि, -जि n.* science of teaching शिक्षणशास्त्र।

pedal[1] *पै ॅ ड्ल n.* lever to be pressed by the foot पैडल, किसी यंत्र का पैर से चलाने का भाग।

pedal[2] *(-ll-) v.t.* to move with the pedal पैडल से चलाना; *v.i.* to use a pedal पैडल का प्रयोग करना।

pedant *पै ॅ डॅन्ट n.* one who makes a display of his learning विद्याडंबरी।

pedantic *पि डै ॅन् टिक n.* making a vain display of learning पांडित्य दिखलाने वाला।

pedantry *पै ॅ डॅन् ट्रि n.* vain display of learning विद्याडंबर।

pedestal *पै ॅडिस् ट्ल n.* base of a column पाद-पीठ, चौकी; pillar भवन का स्तंभपाद।

pedestrian *पि डै ॅस् ट्रि अॅन n.* one who walks on foot पादचारी या पैदल चलनेवाला यात्री।

pedigree *पै ॅ डि ग्रि n.* lineage, line of ancestors वंशावली।

peel[1] *पील v.t.* to strip off (skin, bark) (से) छिलका या छाल उतारना।

peel[2] *n.* skin of fruit or vegetables छिलका, छाल।

peep[1] *पीप v.i.* to look through a crevice चोरी से देखना, झांकना।

peep[2] *n.* a look through a small opening झांकी।

peer *पिअॅः n.* a nobleman शिष्टजन।

peerless *पि ॅअॅः लिस a.* matchless अनुपम।

peg[1] *पैगॅ n.* nail, pin कील, खूंटी।

peg[2] *(-gg-) v.t.* to fasten with pegs खूंटियों से बांधना, खूंटे से बांधना, स्थिर करना।

pelf *पै ॅल्फ़ n.* money, riches धन-दौलत।

pell-mell *पैलॅ् मै ॅल adv.* in utter confusion व्याकुलता से।

pen[1] *पै ॅन n.* a writing instrument लेखनी।

pen[2] *(-nn-) v.t.* to write लिखना।

penal *पी न्ल a.* relating to punishment दंडविषयक।

penalize *पी नॅ लॉइज़ v.t.* to impose penalty on दंड देना।

penalty *पै ॅ नॅल् टि n.* self-imposed suffering तपस्या; repentance प्रायश्चित्त; punishment दंड।

pencil[1] *पैनॅ् सॅल n.* an instrument of black lead for writing पेंसिल।

pencil[2] *(-ll-) v.t.* to write with a pencil पेंसिल से लिखना अथवा चित्र बनाना।

pending[1] *पैनॅ् डिङग prep.* during के दौरान।

pending[2] *a.* undecided अनिर्णीत; awaiting settlement विचाराधीन।

pendulum *पैनॅ् ड्यु लॅम n.* suspended body swinging to and fro पेंडुलम, दोलक।

penetrate *पै ॅ नि ट्रे ॅट v.t.* to pierce चुभाना; to understand (का) अर्थ समझना; *v.i.* to spread व्याप्त होना।

penetration *पै ॅ नि ट्रे ॅ शॅन n.* act of penetrating प्रवेशन; act of piercing बेधन।

penis *पै ॅ निस n.* male organ of copulation शिश्न, लिंग।

penniless *पै ॅ नि लिस a.* poor निर्धन; having no money दरिद्र।

penny *पै ॅ नि n.* a coin worth one twelfth of a shilling अंग्रेज़ी सिक्का जो प्रायः एक आने के बराबर होता है।

pension[1] *पैनॅ् शॅन n.* allowance paid to retired people पेंशन, पूर्व सेवावृत्ति।

pension[2] *v.t.* to grant pension पेंशन देना।

pensioner *पैनॅ् शॅ नॅः n.* a person who is receiving pension पेंशन पाने वाला व्यक्ति।

pensive *पैनॅ् सिव a.* sadly thoughtful चिंताग्रस्त।

pentagon *पैनॅ् टॅ गॅन n.* figure having five angles पंचकोण, पंचभुज।

peon *पी अॅन n.* office messenger चपरासी।

people[1] *पी प्ल n.* persons in general जन; persons who are forming a state जनता; *(pl.)* race, tribe जाति।

people[2] *v.t.* to fill with people, to populate बसाना, मनुष्यों से पूर्ण करना।

pepper[1] *पै ॅ पॅः n.* a plant and its pungent seed गोल मिर्च।

pepper[2] *v.t.* to put pepper on मिर्च मिलाना।

per *पॅः prep.* by से, द्वारा; for प्रति।

perambulator *पॅ रै ॅम् ब्यु ले टॅः n.* baby carriage बच्चागाड़ी।

perceive *पॅः सीव v.t.* to know through senses जानना; to understand समझना; to observe देखना।

perceptible *पॅः सैपॅ् टि ब्ल* perceivable देखने या समझने योग्य।

per cent *पॅः सैन्ट adv.* in each hundred प्रति सैकड़ा।

percentage *पॅः सॅनॅ् टिज n.* rate per hundred फ़ीसदी, फ़ी सैकड़ा।

perception पॅः सैपॅ शॅन *n.* discernment बोध; knowledge through the senses अनुभव।

perceptive पॅः सैपॅ टिव *a.* having perception प्रत्यक्ष ज्ञानशील।

perch[1] पॅ:च *n.* a fresh water fish मीठे जल की मछली; bird's resting place चिड़ियों के बैठने का अड्डा; measure of 5½ yards 5½ गज़ की नाप।

perch[2] *v.i.* to sit on a perch अड्डे पर बैठना; *v.t.* to place on a perch ऊंचे पर रखना।

perennial[1] पॅ रैनॅ यॅल *a.* lasting through the whole year वर्ष-भर रहने वाली; perpetual, everlasting चिरस्थायी।

perennial[2] *n.* a plant lasting more than two years बारहमासी पौधा।

perfect[1] पॅः फ़िक्ट *a.* complete संपूर्ण; faultless निर्दोष; unspoilt उत्तम; whole अखंड।

perfect[2] पॅः फ़िक्ट, पॅः फ़ैक्ट *v.t.* to accomplish पूर्ण करना; to make faultless निर्दोष बनाना।

perfection पॅः फ़ैकॅ शॅन *n.* the state of being perfect परिपूर्णता, निर्दोषता उत्तमता।

perfidy पॅः फ़ि डि *n.* treachery, violation of trust विश्वासघात।

perforate पॅः फ़ॅ रेट *v.t.* to make holes in छेद करना।

perforce पॅः फ़ौ:स *adv.* by force बलपूर्वक, हठ से।

perform पॅः फ़ौ:म *v.t.* to do करना; to accomplish पूर्ण करना; to act नाटक करना; *v.i.* to play on a musical instrument बाजा बजाना।

performance पॅः फ़ौः मॅन्स *n.* act of perfoming पूर्ति; acting अभिनय; deed कार्य; achievement उपलब्धि।

performer पॅः फ़ौ ˘ मॅः *n.* one who accomplishes कार्य करने वाला; one who performs as an actor or musician नाटक करनेवाला।

perfume[1] पॅः फ़्यूम *n.* fragrance सुंगध; scent इत्र।

perfume[2] पॅः फ़्यूम *v.t.* to put perfume on सुगंधित करना।

perhaps पॅः हैप्स *adv.* possibly कदाचित्, संयोगवश।

peril[1] पै ˘ रिल *n.* hazard विपत्ति; risk आशंका; danger ख़तरा।

peril[2] *(-ll-) v.t.* to expose to danger विपत्ति में डालना।

perilous पै ˘ रि लॅस *a.* dangerous, risky संकटमय।

period पिअॅ रि अॅड *n.* a portion of time समय, कालावधि; era युग; full stop पूर्ण विराम; sentence वाक्य।

periodical[1] पिअॅ रि औ ˘ डि कॅल *n.* magazine published at regular intervals पत्रिका, नियतकालिक पत्रिका, सावधिक पत्र।

periodical[2] *a.* recurring at regular intervals नियतकालिक।

periphery पॅ रि फ़ॅ रि *n.* boundary बाहरी सीमा; circumference परिधि।

perish पै ˘ रिश *v.i.* to die मरना; to decay सड़ना; to be destroyed नाश होना।

perishable पै ˘ रि शॅ ब्ल *a.* liable to perish नाश होने-योग्य।

perjure पॅः ज़ॅः *v.i.* to make a false statement झूठी गवाही देना; to forswear प्रतिज्ञा भंग करना।

perjury पॅः जॅ रि *n.* false swearing

झूठी गवाही या शपथ।

permanence, -cy *पॅ: मॅ नॅन्स,-नान्सि n.* state or quality of being permanent स्थिरता, नित्यता।

permanent *पॅ: मॅ नॅन्ट a.* fixed स्थिर; stable स्थायी; abiding नित्य; lasting टिकाऊ।

permissible *पॅ: मि सि ब्ल a.* allowable आज्ञा पाने-योग्य।

permission *पॅ: मि शॅन n.* act of permitting आज्ञा; authorisation अनुमति।

permit[1] *पॅ: मिट (-tt-) v.t.* to allow आज्ञा देना।

permit[2] *पॅ: मिट n.* written permission or license परमिट, प्रानुमति-पत्र।

permutation *पॅ: म्यु टे शॅन n.* interchange परिवर्तन, उलट-पुलट।

pernicious *पॅ: नि शॅस a.* injurious अपकारक; deadly, destructive नाशक।

perpendicular[1] *पॅ: पैन् डि क्यु लॅ: a.* at right angles लंबरूप; vertical खड़े बल का।

perpendicular[2] *n.* perpendicular line समकोणिक रेखा।

perpetual *पॅ: पै ट्यु अॅल a.* lasting forever नित्य; permanent सतत्; continuous लगातार।

perpetuate *पॅ: पै ट्यु एट v.t.* to make perpetual जारी रखना।

perplex *पॅ: प्लैक्स v.t.* to bewilder व्याकुल करना, घबराना; to puzzle चक्कर में डालना।

perplexity *पॅ: प्लैक् सि टि n.* bewilderment व्यग्रता; intricacy झंझट।

persecute *पॅ: सि क्यूट v.t.* to oppress पीड़ा देना, कष्ट देना; to harass सताना; to treat cruely चोट पहुंचाना।

persecution *पॅ: सि क्यू शॅन n.* oppression, harassment उत्पीड़न।

perseverance *पॅ: सॅ विअॅ रॅन्स n.* continued diligence अध्यवसाय; steadfastness दृढ़ता।

persevere *पॅ: सि विअॅ: v.i.* to proceed diligently अध्यवसाय में लगा रहना; to make constant effort निरंतर प्रयत्न करना।

persist *पॅ: सिस्ट v.i.* to continue steadily दृढ़ रहना।

persistence *पॅ: सिस् टॅन्स n.* perseverance अध्यवसाय; steadiness दृढ़ता।

persistent *पॅ: सिस् टॅन्ट a.* steady दृढ़; persevering आग्रही।

person *पॅ: सॅन n.* individual human being मनुष्य, व्यक्ति; human body मानव-शरीर।

personage *पॅ: सॅ निज n.* notable person श्रेष्ठ पुरुष, संभ्रांत जन।

personal *पॅ: सॅ न्ल a.* individual व्यक्तिगत; private निजी।

personality *पॅ: सॅ नै लि टि n.* distinctive character व्यक्तित्व; a well-known person संभ्रांत व्यक्ति।

personification *पॅ: सौ नि फ़ि के शॅन n.* act of personifying मानवीकरण; embodiment मूर्तीकरण।

personify *पॅ: सौ नि फ़ॉइ v.t.* to represent as a person मानवीकरण करना; to be a model of (का) मूर्तरूप होना।

personnel *पॅ: सॅ नॅल् n.* staff employed in a service कार्यकर्त्ता वर्ग, कर्मचारी-दल।

perspective *पॅ: स्पैक् टिव n.* apparent relation between two aspects परिप्रेक्ष्य; view, prospect दृश्य।

perspiration *पॅः स्पॅ री शॅन n.* sweat पसीना।

perspire *पॅः स्पॉइअॅः v.i.* to sweat पसीना निकलना।

persuade *पॅः स्वेड v.t.* to influence by argument फुसलाना; to prevail on मनाना; to induce उकसाना।

persuasion *पॅः स्वे शॅन n.* act of persuading प्रतीतीकरण; inducement प्रोत्साहन।

pertain *पॅः टेन v.i.* to belong उपांग होना; to have reference (to) संदर्भ रखना; to concern संबद्ध होना।

pertinent *पॅः टि नॅन्ट a.* proper योग्य, ठीक; relevant उचित।

perturb *पॅः टॅःब v.t.* to disquiet, to disturb व्याकुल करना; to agitate घबराना।

perusal *पि रू ज़ॅल n.* reading carefully अध्ययन, वाचन, पठन।

peruse *पॅ रूज़ v.t.* to read carefully चित्त लगाकर पढ़ना।

pervade *पॅः वेड v.t.* to permeate (में) व्याप्त होना।

perverse *पॅः वॅःस a.* perverted विकृत; stubborn दुराग्रही; wicked दुष्ट; intractable उद्दंड।

perversion *पॅः वॅः शॅन n.* being perverted विकृति; moral corruption आचारभ्रष्टता।

perversity *पॅः वॅः सि टि n.* being perverse दुःशीलता; stubbornness दुराग्रह।

pervert *पॅः वॅःट v.t.* to lead astray, to mislead सन्मार्ग से हटाना; to debase, to corrupt दुषित करना।

pessimism *पै˘ सि मिज़्म n.* tendency to see the worst side of things निराशावाद।

pessimist *पै˘ सि मिस्ट n.* one who believes in pessimism निराशावादी।

pessimistic *पै˘ सि मिस् टिक a.* pertaining to pessimism निराश, निराशावादी।

pest *पैस्ॅट n.* plague महामारी; harmful thing नाशकारक वस्तु।

pesticide *पैˇस्टिसैड n.* a chemical use for killing pest कीटनाशक (दवा)।

pestilence *पैसॅ् टि लॅन्स n.* plague प्लेग; epidemic महामारी।

pet[1] *पै˘ट n.* animal kept with affection प्यारा, पालतू जानवर।

pet[2] *(-tt-) v.t.* to treat with affection प्यार करना, पोसना।

petal *पै˘ ट्ल n.* leaf-like part of a flower फूल की पंखुरी, दलपत्र।

petition[1] *पि टि शॅन n.* entreaty, request याचिका, अर्ज़ी, प्रार्थना।

petition[2] *v.t.* to present petition to (को) प्रार्थना-पत्र भेजना।

petitioner *पि टि शॅ नॅः n.* one who petitions निवेदक, अभ्यर्थी।

petrol *पै˘ट्रो ल n.* refined petroleum पेट्रोल।

petroleum *पि ट्रो ल्यॅम n.* mineral oil खनिज तैल।

petticoat *पै˘ टि कोट n.* woman's undergarment पेटीकोट।

petty *पै˘ टि a.* small छोटा; on a small scale अल्प; unimportant तुच्छ, क्षुद्र; mean नीचतापूर्ण।

petulance *पै˘ ट्यु लॅन्स n.* peevishness दुःशीलता।

petulant पै ˘ ट्यु लॅन्ट *a.* peevish कर्कश; irritable चिड़चिड़ा।

phantom फ़ैन् टॅम *n.* apparition प्रेत की छाया; spectre, ghost प्रेत।

pharmacy फ़ा: मॅ सि *n.* preparation and dispensing of drugs औषधि बनाने की विद्या; dispensary औषधालय, दवाख़ाना।

phase फ़ेज़ *n.* stage अवस्था; state स्थिति; aspect पहलू।

phenomenal फ़ि नौ ˘ मि न्ल *a.* relating to phenomena प्रकृतिविषयक; remarkable अद्‌भुत।

phenomenon फ़ि नौ ˘ मि नौनॅ *n.* *(pl. phenomena)* anything remarkable अद्‌भुत पदार्थ; scene दृश्य।

phial फ़ॉइ ॲल *n.* small bottle शीशी, छोटी बोतल।

philanthropic फ़ि लॅन् थ्रौ ˘ पिक *a.* loving mankind सर्वजन-उपकारी, लोकानुरागी; benevolent उदार।

philanthropist फ़ि लैन् थ्रॅ पिस्ट *n.* one devoted to philanthropy मनुष्य मात्र से प्रेम करनेवाला व्यक्ति, जन-हितैषी, समाजसेवी।

philanthropy फ़ि लैन् थ्रॅ पि *n.* love of mankind विश्वप्रेम, लोकोपकार।

philological फ़ि लॅ लौ ˘ जि कॅल *a.* of philology भाषाशास्त्रीय।

philologist फ़ि लौ ˘ लॅ जिस्ट *n.* one who expert in philology भाषाविद्।

philology फ़ि लौ ˘ लॅ जि *n.* linguistic science भाषाविज्ञान।

philosopher फ़ि लौ ˘ सॅ फ़ॅ: *n.* a person versed in philosophy तत्वज्ञानी, दार्शनिक।

philosophical फ़ि लॅ सौ ˘ फ़ि कॅल *a.* given to philosophy दार्शनिक; pertaining to philosophy तत्वविज्ञान-संबंधी।

philosophy फ़ि लौ ˘ सॅ फ़ि *n.* search for knowledge दर्शनशास्त्र; study of realities and general principles तत्व विज्ञान।

phone फ़ोन *n.* telephone फ़ोन, 'टेलीफ़ोन' शब्द का छोटा रूप।

phonetic फ़ॅ नै ˘ टिक *a.* relating to vocal sounds ध्वनि-संबंधी।

phonetics फ़ॅ नै ˘ टिक्स *n. sing.* science of vocal sounds ध्वनि-विज्ञान, स्वर-शास्त्र।

phosphate फ़ौ ˘ स् फ़ेट *n.* any salt of phosphoric acid फ़ॉस फ़ोरस तत्व से बना हुआ लवण, भास्वीय लवण।

phosphorus फ़ौसॅ फ़ॅ रॅस *n.* inflammable element appearing luminous in the dark फ़ास् फ़ोरस, एक जलनेवाला तत्व जो अंधेरे में चमकता है, भास्वर।

photo फ़ो टो *n. (pl. -s)* photograph फ़ोटो।

photograph[1] फ़ो टॅ ग्राफ़,-ग्रैफ़ *v.t.* to take photo of फ़ोटो उतारना।

photograph[2] *n.* picture obtained by photography फ़ोटोचित्र।

photographer फ़ॅ टौ ˘ ग्रॅ फ़ॅ: *n.* one who takes photographs फ़ोटो उतारने वाला।

photographic फ़ो टॅ ग्रै फ़िक *a.* relating to photography फ़ोटो-संबंधी।

photography फ़ॅ टौ ˘ ग्रॅ फ़ि *n.* art of taking photographs फ़ोटो खींचने की कला।

phrase[1] फ़्रेज़ *n.* group of words मुहावरा; expression उक्ति; mode of expression वाक्यशैली।

phrase² *v.t.* to express in words शब्दों में व्यक्त करना।

phraseology *फ़े ज़ि ऑ ॅ लॅ जि n.* choice of words शब्दचयन; manner of expression कथनशैली।

physic¹ *फ़ि ज़िक n.* science of medicine औषधि-शास्त्र; medicine औषधि।

physic² *(-ck-) v.t.* to remedy इलाज करना, देवा देना।

physical *फ़ि ज़ि कॅल a.* material पदार्थ विज्ञान-संबधी; bodily शारीरिक; earthly पार्थिव।

physician *फ़ि ज़ि शॅन n.* medical practitioner डॉक्टर, वैद्य चिकित्सक।

physicist *फ़ि ज़ि सिस्ट n.* one skilled in physics भौतिकशास्त्री।

physics *फ़ि ज़िक्स n. sing.* science dealing with matter and energy भौतिक विज्ञान, पदार्थ-विज्ञान।

physiognomy *फ़ि ज़ि ऑ ॅ नॅ मि n.* science of reading the face आकृति देखकर चरित्र बतलाने की विद्या; face मुख की आकृति।

physique *फ़ि ज़ीक n.* bodily structure शरीर-रचना, डीलडौल।

pianist *पिॲ निस्ट n.* performer on piano पियानोवादक।

piano *प्यै नो, प्या- n. (pl. -s)* a musical instrument पियानो।

pick¹ *पिक v.t.* to pluck तोड़ना; to gather इकट्ठा करना; to select carefully चुनना; to peck at चोंच मारना।

pick² *n.* a pick-axe फावड़ा; selection चुनाव; the best thing सबसे उत्तम पदार्थ।

picket¹ *पि किट n.* pointed stake नोकदार छड़; small group of men on police duty सैन्य दल।

picket² *v.t.* to station (men) as pickets पहरे पर तैनात करना।

pickle¹ *पि क़ल n.* things preserved in brine, vinegar etc. अचार, मुरब्बा; vinegar सिरका।

pickle² *v.t.* to preserve in pickle अचार या मुरब्बा बनाना।

picnic¹ *पिक् निक n.* pleasure excursion पिकनिक, वनभोजन, घर के बाहर का आमोद।

picnic² *(-ck-) v.i.* to take part in picnic पिकनिक में भाग लेना।

pictorical *पिक् टौ रि ॲल a.* forming pictures, graphic सचित्र, चित्रमय।

picture¹ *पिक् चॅः n.* painting चित्र; mental image दृश्य; beautiful object अति सुंदर पदार्थ; cinema चलचित्र।

picture² *v.t.* to represent in a picture (का) चित्र खींचना, स्पष्ट वर्णन करना; to describe graphically चित्रात्मक वर्णन करना।

picturesque *पिक् चॅ रैस्क् a.* graphic (का) चित्र के समान सुंदर; vivid स्पष्ट।

piece¹ *पीस n.* portion भाग; part खंड; coin मुद्रा; gun बंदूक; small composition छोटी रचना; a single object एक अकेली वस्तु।

piece² *v.t.* to mend by patching (पर) चिप्पड़ लगाना; to put together, to join जोड़ना।

pierce *पिॲःस v.t.* to perforate छेदना; to make a way through घुसाना; *v.i.* to enter प्रवेश करना।

piety *पॉइ ॲ टि n.* devotion to God

ईश्वरभक्ति; religiosity धर्म-परायणता; devotion भक्ति।

pig *पिग* *n.* a swine सुअर; a young swine सुअर का बच्चा; mass of unforged metal बिना ढाली गई धातु।

pigeon *पि जिन* *n.* a bird of the dove family कबूतर।

pigmy *पिग् मि* *n.* pygmy बौना।

pile[1] *पॉइल* *n.* beam लट्ठा; heap ढेर; pyre चिता।

pile[2] *v.t.* to heap (up) ढेर लगाना; to amass इकट्ठा करना।

piles *पॉइल्ज़* *n.* a rectum disease, haemorrhoids बवासीर।

pilfer *पिल् फ़ॅः* *v.t.* to steal in small quantities थोड़ा-थोड़ा करके चुराना।

pilgrim *पिल् ग्रिम* *n.* a traveller to a sacred place तीर्थयात्री।

pilgrimage *पिल् ग्रि मिज* *n.* journey to holy place तीर्थयात्रा।

pill *पिल* *n.* small ball of medicine गुटिका, गोली।

pillar *पि लॅः* *n.* column स्तंभ, खंभा, आधार।

pillow[1] *पिलो* *n.* cushion for the head तकिया।

pillow[2] *v.t.* to lay on a pillow, to use as a pillow तकिया लगाना।

pilot[1] *पॉइ लॅट* *n.* one who flies an aircraft पाइलट, विमान-चालक।

pilot[2] *v.t.* to guide मार्ग दिखलाना; to act as pilot to (का) चालक होना।

pimple *पिम् प्ल* *n.* small pus-filled spot on the skin मुंहासा।

pin[1] *पिन* *n.* short, thin, sharp pointed stiff wire with a round head आलपीन; peg खूंटी।

pin[2] *(-nn-)* *v.t.* to fasten with a pin आलपीन से नत्थी करना।

pinch[1] *पिन्च* *v.t.* to nip, to squeeze between thumb and finger चिकोटी काटना; to steal बलपूर्वक धन लेना; to afflict दुःख देना।

pinch[2] *v.* painful squeeze चिकोटी; nip कोंचन, चुभन; amount that can be taken between thumb and finger चुटकी-भर।

pine[1] *पॉइन* *n.* an evergreen tree चीड़ का वृक्ष, देवदार।

pine[2] *v.i.* to languish विलाप करना; to yearn लालायित होना।

pine-apple *पॉइन् ऐ प्ल* *n.* a juicy fruit अनन्नास tree bearing this fruit उसका पेड़।

pink[1] *पिङ्क* *n.* a garden flower एक सुगंधित फूल; light rose colour प्याज़ी रंग।

pink[2] *a.* of light rose colour हल्के गुलाबी रंग का।

pinkish *पिङ् किश* *a.* rather pink हल्का गुलाबी।

pinnacle *पि नॅ क्ल* *n.* pointed turret on roof अटारी, कलश; highest point चरम सीमा; mountain peak पर्वतशिखा।

pioneer[1] *पॉइ अॅ निअॅः* *n.* path maker मार्ग-निर्माता explorer प्रथम अन्वेषक; leader अगुआ, नेता।

pioneer[2] *v.t.* to lead, to guide मार्ग दिखलाना, मार्ग बतलाना।

pious *पॉइ अॅस* *a.* holy पवित्र; godly धार्मिक; devout भक्तिमान।

pipe[1] *पॉइप* *n.* a flute, wind instrument बांसुरी; tube नली; note of a bird पक्षी का गायन; smoking pipe पाइप; windpipe श्वासनली।

pipe² *v.i.* to play on a pipe बांसुरी या सीटी बजाना।

piquant *पी कॅन्ट a.* sharp तीखा; lively सरस; interesting रुचिकर; pungent चटपटा; stimulating उत्तेजक।

piracy *पाइअॅ रॅ सि n.* sea-robbery समुद्री डकैती।

pirate¹ *पाइअॅ रिट n.* sea-robber समुद्री डाकू।

pirate² *v.t.* to rob on the high seas समुद्री जहाज़ पर डाका डालना।

pistol *पिस् ट्ल. n.* small firearm पिस्तौल।

piston *पिस् टॅन n.* a sort of plunger पिस्टन, पिचकारी का डंडा।

pit¹ *पिट n.* deep hole in ground गड्ढा; depression शरीर पर छोटे गर्त; covered hole as a trap for wild animals पशुओं को फंसाने का गड्ढा।

pit² *(-tt-) v.t.* to mark with small dents or scars छोटे गड्ढे बनाना।

pitch¹ *पिच n.* black sticky substance made from coaltar तारकोल; elevation ऊंचाई; elevation of note in music स्वरमान; slope ढाल; throw फेंक; (cricket) ground between the wickets विकटों के बीच का भूभाग।

pitch² *v.t.* to throw फेंकना; to set up भूमि पर गाड़ना, स्थिर करना।

pitcher *पि चॅः n.* large earthen jug घड़ा, मटका।

piteous *पि टि अॅस a.* arousing pity दीन, दयनीय।

pitfall *पिट फ़ौल n.* covered pit for catching animals फंसाने का जाल; hidden danger गुप्त संकट।

pitiable *पि टि अॅ ब्ल a.* deserving pity दया का पात्र, दीन।

pitiful *पि टि फुल a.* full of pity compassionate दयापूर्ण, करुणामय।

pitiless *पि टि लिस a.* hard-hearted, merciless निर्दय, कठोर।

pitman *पिट् मॅन n.* a miner खान में काम करनेवाला श्रमिक।

pittance *पि टॅन्स n.* small allowance क्षुद्र वेतन; inadequate wages अल्प पारिश्रमिक।

pity¹ *पि टि n.* sympathy दया; compassion करुणा।

pity² *v.t.* to feel pity for (पर) दया करना, तरस खाना।

pivot¹ *पि वॅट n.* pin on which some thing turns चूल या कील जिस पर कोई यंत्र घूमता है; main basis प्रधान आधार।

pivot² *v.t.* to furnish with pivot चूल लगाना; to turn on a pivot चूल पर घुमाना।

playcard *प्लै काःड n.* poster विज्ञापन-पत्र।

place¹ *प्लेस n.* spot स्थल; portion of land भूमि; stage स्थिति; rank श्रेणी; calling उद्यम, room स्थान; office पद; residence निवास।

place² *v.t.* to appoint नियुक्त करना; to invest लगाना; to put रखना।

placid *प्लै सिड a.* quiet शांत; mild नम्र; gentle सौम्य।

plague¹ *प्लेग a.* pestilence प्लेग, महामारी; serious trouble उत्पात; calamity विपत्ति।

plague² *v.t.* to cause trouble पीड़ा देना, कष्ट देना।

plain¹ *प्लेन a.* smooth चौरस; level

सपाट; ordinary सामान्य; obvious प्रत्यक्ष; simple सीधा।

plain² *n.* a piece of level land मैदान।

plaintiff प्लेन् *टिफ़ n.* person who brings an action at law अभियोगी, वादी, मुद्दई।

plan¹ प्लैन *n.* scheme योजना; diagram मानचित्र; sketch ढांचा।

plan² *(-nn-) v.t.* to make plan of योजना बनाना।

plane¹ प्लेन *n.* smooth surface चौरस भूमि; stage जीवन-स्थिति; carpenter's tool for smoothing wood बढ़ई का रंदा।

plane² *v.t.* to make smooth with a plane चौरस करना।

plane³ *a.* perfectly level चौरस।

plane⁴ *n.* wing of an aeroplane वायुयान का पंख; aeroplane वायुयान।

planet प्ले *निट n.* heavenly body revolving round the sun नक्षत्र, ग्रह।

planetary प्लै *नि टॅ रि a.* relating to a planet ग्रह-संबंधी।

plank¹ प्लैङ्क *n.* long flat piece of sawn timber लकड़ी का तख़्ता।

plank² *v.t.* to cover with planks तख़्ते लगाना।

plant¹ प्लान्ट *n.* a young or small tree पौधा; establishment equipped with machinery कारख़ाना।

plant² *v.t.* to put (plants) in the ground to grow जमाना; to put firmly स्थिर करना।

plantain प्लैन् *टिन n.* banana tree केले का वृक्ष।

plantation प्लैन् टे *शॅन n.* act of planting रोपाई, वृक्षारोपण; planting खेत; grove उद्यान; colony नव उपनिवेश, बस्ती।

plaster¹ प्लास् *टॅः n.* mixture of lime, water etc. for coating walls भीत पर लगाने का पलस्तर; piece of cloth spread with medicinal substance औषधि का लेप।

plaster² *v.t.* to cover (a wall) with plaster पलस्तर लगाना; to put a plaster on लेप लगाना।

plate¹ प्लेट *n.* a shallow dish प्लेट; a thin sheet of metal पत्तर, चद्दर।

plate² *v.t.* to cover with thin coating of some metal मुलम्मा करना।

plateau प्लै *टो n. (pl.-s)* tableland पठार।

platform प्लैट् *फ़ौःम n.* raised level floor मंच; a structure for speakers at public meetings चबूतरा, मचान।

platonic प्लॅ *टॉ निक a.* pertaining to Plato तत्वज्ञानी, प्लेटो-संबंधी।

platoon प्लॅ *टून n.* body of soldiers पलटन, पैदल सेना।

play¹ प्ले *n.* movement गति; activity क्रियाशीलता; amusement हंसी, विनोद; sport खेल, क्रीड़ा; dramatic piece नाटक; dramatic performance अभिनय; gambling जुआ।

play² *v.i.* to sport खेलना; to perform a play नाटक करना; to gamble जुआ खेलना; to frolic कूद-फांद मचाना; to perform on an instrument of music बाजा बजाना; *v.t.* to execute संपन्न करना; to employ oneself in the game of (कोई खेल) खेलना।

player प्ले *अॅः n.* one who plays a

game खिलाड़ी actor अभिनेता; person who plays a musical instrument वादक।

plea *प्ली n.* defendant's statement तर्क; reason, cause हेतु, कारण; excuse बहाना; request प्रार्थना।

plead *प्लीड v.i.* to argue in support of a claim वकालत करना, पक्ष-समर्थन करना; to make earnest appeal निवेदन करना; plead *v.t.* to bring forward as a plea तर्क के रूप में प्रस्तुत करना।

pleader *प्ली डः n.* advocate अधिवक्ता, वकील।

pleasant *प्लै ॅ ज़न्ट a.* giving pleasure मनोहर, सुहावना।

pleasantry *प्लै ॅ ज़ॅन् ट्रि n.* gaiety आनंद; humour हंसी।

please *प्लीज़ v.t.* to be agreeable to प्रसन्न करना; to delight आनंदित करना; to gratify संतुष्ट करना; to seem good to रुचिकर या अच्छा लगना।

pleasure *प्लै ॅ ज़ः n.* enjoyment आनंद; delight सुख; choice रुचि; will अभिलाषा।

plebiscite *प्लैॅबि सिट, -सॉइट n.* vote by all citizens जनमत-संग्रह।

pledge[1] *प्लैजॅ n.* promise प्रतिज्ञा; hostage, pawn बंधक।

pledge[2] *v.t.* to pawn बंधक रखना; to promise वचन देना; to vow प्रतिज्ञा करना।

plenty *प्लैनॅ् टि n.* abundance बहुतायत; sufficiency प्रचुरता।

plight *प्लॉइट n.* distressing state दुर्दशा।

plod *प्लौ ॅड (-dd-) v.i.* to walk wearity थके क़दमों से चलना; to work slowly धीरे-धीरे काम करना।

plot[1] *प्लौ ॅट n.* piece of ground भूमि; secret plan गुप्त योजना; conspiracy कूट-प्रबंध; outline उपन्यास या नाटक का कथानक।

plot[2] *(-tt-) v.t.* to make a diagram or plan of रूपरेखा या ख़ाका बनाना; *v.i.* to make secret plans कपट प्रबंध करना।

plough[1] *प्लॉउ n.* an instrument for turning up soil हल; *v.t.* break up (land) with a plough हल से (भूमि) जोतना।

plough[2] *v.i.* to use a plough हल से जुताई करना।

ploughman *प्लॉउ मॅन n.* man who guides a plough हलवाहा।

pluck[1] *प्लक v.t.* to pick off तोड़ना; to snatch छीनना; to gather इकट्ठा करना; to twitch ऐंठना।

pluck[2] *n.* courage साहस; short sharp pull झटका।

plug[1] *प्लग n.* stopper डाट; tobacco pressed hard गुल्ली; an electricity device प्लग।

plug[2] *(-gg-) v.t.* to stop with a plug डाट लगाकर बंद करना।

plum *प्लम n.* a stone fruit आलूबुखारा, आलूचा, बेर; tree bearing it आलूबुखारे का पेड़।

plumber *प्लम् बॅः n.* workman who fits pipes for water पानी का नल बैठानेवाला, नलकार।

plunder[1] *प्लन् डॅः v.t.* to take by force, to rob लूटना।

plunder[2] *n.* booty लूट का माल; act of plundering लूटमार।

plunge[1] *प्लन्ज v.t.* to immerse डुबाना; to dive ग़ोता लगाना।

plunge[2] *n.* act of plunging, immersion डुबकी।

plural *प्लु॑ रॅ ल a.* more than one, denoting plurality अनेक, बहुवचन।

plurality *प्लु अॅ रै लि टि n.* state of being plural अनेकता; majority अधिकता।

plus[1] *प्लस a.* to be added अधिक।

plus[2] *n.* the sign + जोड़ने का चिह्न (+)।

ply[1] *प्लॉइ v.t.* to wield काम में लाना; to work at पर काम करना; to supply आपूर्ति करना; to urge अनुरोध करना; to keep busy व्यस्त रखना; *v.i.* to run चालू रहना।

ply[2] *n.* layer परत; strand लड़।

pneumonia *न्यू मो न्यॅ n.* inflammation of lungs न्यूमोनिया, फेफड़ों की सूजन।

pocket[1] *पौ˘ किट n.* small bag inserted in garment पाकिट जेब; pouch खलीता; cavity कोटरिका।

pocket[2] *v.t.* to put into one's pocket जेब में रखना; to appropriate अपने काम में लाना।

pod *पौ˘ड n.* long seed vessel फली।

poem *पो इम n.* composition in verse पद्यकाव्य; piece of poetry कविता।

poesy *पो इ ज़ि n.* poetic composoition काव्य-रचना; poetic art काव्य-कला।

poet *पो इट n.* writer of poems कवि।

poetaster *पो˘ इ टैस् टॅ: n.* petty poet क्षुद्र कवि; rhymer तुक्कड़।

poetess *पो इ टिस n. fem.* female poet कवयित्री।

poetic *पो ऐ˘ टिक a.* pertaining to poetry कविता-संबंधी।

poetics *पो ऐ˘ टिक्स n.* theory of poetry काव्यशास्त्र।

poetry *पो˘ इ ट्रि n.* poem कविता; poetic composition काव्य-रचना; versified composition पद्य, काव्य।

poignacy *पौ˘इ ग्नॅन् सि n.* sharpness तीखापन; keenness तीक्ष्णता; quality of being poignant मार्मिकता।

poignant *पौ˘इ ग्नॅन्ट a.* sharp तीखा; moving मर्मवेधी pungent उत्कट।

point[1] *पौ˘ इन्ट n.* dot बिंदु; sharp end यंत्र की नोक; cape अंतरीप; occasion अवसर; punctuation mark विरामचिह्न unit of scoring अंक; argument तर्क; meaning अर्थ; hint संकेत; moment क्षण, purpose उद्देश्य; stage स्थिति।

point[2] *v.t.* to make pointed नोकदार बनाना; to aim निशाना लगाना; to indicate संकेत करना; to show दिखाना; to fill with mortar सीमेंट से भरना।

poise[1] *पौ˘इज़ v.t.* to balance in weight तौलना; to hold in equilibrium संतुलित रखना; *v.i.* to be balanced संतुलित होना।

poise[2] *n.* equilibrium संतुलन, indecision असमंजस।

poison[1] *पौ˘इ ज़न n.* substance causing death विष, गरल; something harmful हानिकारक वस्तु।

poison[2] *v.t.* to give poison to ज़हर देना; to kill with poison मारना, नष्ट करना; to currupt दूषित करना।

poisonous *पौ˘इ ज़ॅ नस a.* venomous विषैला, ज़हरीला।

poke[1] *पोक v.t.* to push ढकेलना; to

jab कोचना; to stir up कुरेदना।

poke² *n.* nudge धक्का।

polar *पो लॅः n.* pertaining to the pole or poles ध्रुवीय; close to the poles ध्रुव के समीप का।

pole *पोल n.* long piece of wood लंबा डंडा; a measure of 5½ yards 5½ गज़ की नाप; either of the two ends of a magnet ध्रुव चुंबक के दोनों छोर।

police *पॅ लीस n.* body of civil officers for enforcing order पुलिस, आरक्षी।

policeman *पॅ लीस् मॅन n.* a member of police force पुलिस का सिपाही।

policy *पौ॑ लि सि n.* line of conduct नीति dexterity युक्ति; statecraft राज्य-शासन-पद्धति; contract of insurance बीमा-पत्र।

polish¹ *पौ॑ लिश v.t.* to make glossy चमकाना; to refine स्वच्छ करना; *v.i.* to become glossy चमकना।

polish² *n.* substance for polishing पॉलिश; shine चमक; elegance शोभा; refinement शिष्टता।

polite *पॅ लॉइट a.* refined शिष्ट; polished in manners विनीत।

pliteness *पॅ लॉइट् निस n.* refinement शिष्टता; courtesy विनय।

politic *पौ॑ लि टिक a.* showing policy नीति-चतुर; sagacious बुद्धिमान।

political *पॅ लि टि कॅल a.* pertaining to the state राजनीतिक।

politician *पौ॑ लि टि शॅन n.* one versed or engaged in politics राजनीतिज्ञ।

politics *पौ॑ लि टिक्स n. pl. (used as sing.)* science of government राजनीतिशास्त्र।

polity *पौ॑ लि टि n.* system of government राज्यशासनपद्धति, राजतंत्र।

poll¹ *पोल n.* head मस्तक; list of voters निर्वाचकों की नामावली; voting मतदान।

poll² *v.t.* to shear बाल काटना; to receive (votes) वोट पाना; *v.i.* to vote वोट देना।

pollen *पौ॑ लिन n.* fertilizing dust of flowers पराग।

pollute *पॅ ल्यूट v.t.* to corrupt, to desecrate दूषित करना, भ्रष्ट करना।

pollution *पॅ ल्यू शॅन n.* act of polluting प्रदूषण; defilement अपवित्रीकरण।

polo *पो लो n.* game played on horseback पोलो, चौगान।

polygamous *पौ॑ लि गॅ मॅस a.* practising polygamy एक से अधिक पत्नीवाला।

polygamy *पौ॑ लि गॅ मि n.* custom of marrying several persons बहुविवाह।

polyglot¹ *पौ॑ लि ग्लौट n.* person knowing several languages बहुभाषी, बहुभाषाविद्।

polyglot² *a.* knowing several languages बहुभाषाविद्।

polytechnic¹ *पौ॑ लि टैक् निक a.* dealing with various arts and crafts पॉलीटेकनीक, विविधकला-विषयक।

polytechnic² *पौ॑ लि टैक् निक n.* college dealing with various arts and crafts विविधकला विद्यालय।

polytheism पौ ˘ लि थि इज़्म *n.* belief in many gods बहुदेववाद।

polytheist पौ ˘ लि थि इस्ट *n.* person believing in many gods बहुदेवपूजक।

polytheistic पौ ˘ लि थि इस् टिक *a.* pertaining to polytheism बहुदेववादी।

pomp पौम्प *n.* splendid display आडंबर, विभव, ठाटबाट।

pomposity पौम् पौ ˘ सि टि *n.* being pompous आडंबर।

pompous पौम् पॅस *a.* displaying pomp आडंबरी, विभवयुक्त।

pond पौन्ड *n.* pool छोटा तालाब।

ponder पौन् डॅ: *v.t.* to weigh in the mind मन में तौलना to consider विचार करना।

pony पो नि *n.* small horse टट्टू छोटा घोड़ा।

poor पुअॅ: *a.* wretched दीन; paltry तुच्छ; indigent दरिद्र; mean अधम; luckless अभागा; humble विनीत; infertile अनुपजाऊ; needy ज़रूरतमंद; weak निर्बल।

pop[1] पौपॅ *(-pp-) v.i.* to make a small smart sound फट की आवाज होना, धमाका होना; to enter suddenly अचानक आ धमकना; to issue forth at once बाहर निकलना; *v.t.* to put suddenly पटक देना; to offer with a quick sudden motion फुरती से प्रस्तुत करना।

pop[2] *n.* small smart sound फट, फटाक।

pope पोपॅ *n.* head of Roman Catholic Church पोप, रोम का बड़ा पादरी।

poplar पौप् लॅः *n.* name of a tree चिनार।

poplin पौपॅ लिन *n.* shiny cotton cloth पॉपलीन कपड़ा।

populace पौ ˘ प्यु लॅस *n.* the common people साधारण लोग, जनसमूह।

popular पौ ˘ प्यु लॅः *a.* pertaining to the masses लौकिक; liked by the people सर्वप्रिय; prevalent प्रचलित।

popularity पौ ˘ प्यु लै रि टि *n.* quality of being popular लोकप्रियता; social fame प्रसिद्धि।

popularize पौ ˘ प्यु लॅ रॉइज़ *v.t.* to make popular लोकप्रिय या प्रसिद्ध बनाना।

populate पौ ˘ प्यु लेट *v.t.* to fill with inhabitants जनपूर्ण करना, बसाना।

population पौ ˘ प्यु ले ˘ शॅन *n.* people living in a place or country जनसंख्या, आबादी।

populous पौ ˘ प्यु लॅस *a.* thickly populated जनपूर्ण, घना आबाद।

porcelain पौःस् लिन, -लेन् *n.* fine earthenware चीनी के बर्तन।

porch पौ ःच *n.* portico ड्योढी, ओसारा।

pore पौः *n.* tiny opening in the skin रोमकूप।

pork पौःक *n.* pig's flesh as food सुअर का मांस।

porridge पौ ˘ रिज *n.* food of oatmeal boiled in water लपसी, हलुआ।

port पौःट *n.* harbour बंदरगाह।

portable पौः टॅ बल *a.* that may be easily carried ले जाने-योग्य, वहनीय।

portage पौः टिज *n.* act of carrying ढुलाई; transport charges ले जाने का भाड़ा।

portal *पौः ट्‌ल n.* imposing doorway सदर दरवाज़ा।

portend *पौः टैन्ड v.t.* to be an omen of शकुन, बतलाना; to foretell पहिले से सूचना देना।

porter *पौः टॅः n.* doorkeeper द्वारपाल, दरबान; a carrier कुली।

portfolio *पौःट् फो ˘ ल्यो n. (pl. -s)* flat portable case for loose papers खुले पत्र, मानचित्र आदि रखने का बस्ता; office of a minister मंत्री का विभाग।

portico *पौःटि को n. (pl. es)* a covered walk at the entrance of a building, porch द्वार-मंडप, बरसाती।

portion[1] *पा :शॅन, n.* part, share अंश, भाग; dowry दहेज; fate भाग्य।

portion[2] *v.t.* to divide into shares बांटना।

portrait *पौः ट्रिट n.* picture of a person छविचित्र, व्यक्तिचित्र।

portraiture *पौः ट्रि चॅः n.* art of portraying चित्रण, आलेखन, चित्रकारी; portrait चित्र।

portray *पौः ट्रॅ v.t.* to make a picture of (का) चित्र बनाना; to describe vividly वर्णन करना।

portrayal *पौ : ट्रे अॅल n.* act of portraying चित्रलेखन; description वर्णन।

pose[1] *पोज़ v.i.* to assume attitude मुद्रा बनाना, विशेष स्थिति में बैठना; to affect or pretend बनना, दिखावा करना; *v.t.* to puzzle स्तंभित करना, चक्कर में डालना।

pose[2] *n.* position मुद्रा, स्थिति; artistic posture छवि।

position[1] *पॅ ज़ि शॅन n.* place स्थान; situation स्थिति; status पदवी; attitude अंगस्थिति।

position[2] *v.t.* to place in position रखना।

positive *पौ˘ ज़ि टिव a.* definite निश्चित, sure, certain पक्का, greater than zero धनराशि का; affirmative सकारात्मक; constructive रचनात्मक।

possess *पॅ ज़ैसॅ v.t.* to own अधिकार में रखना; to have and hold धारण करना; to be full of (से) युक्त होना; to have possession of अधिकार में लेना; to influence अधिकार में लेना; प्रभावित करना।

possession *पॅ ज़ै ˘ शॅन n.* ownership अधिकार; something possessed अधीन पदार्थ; occupancy आधिपत्य।

possibility *पौ˘ सि बि लि टि n.* state or quality of being possible संभावना।

possible *पौ˘ सि ब्‌ल a.* practicable, probable होने-योग्य, संभाव्य।

post[1] *पोस्ट n.* upright piece of wood, metal etc. खंभा, थूनी।

post[2] *v.t.* to stick on some post खंभे पर लगाना; to fix up in some public place (पर) सार्वजनिक विज्ञापन लगाना।

post[3] *n.* office पद; power, authority अधिकार; postal department डाक विभाग; place where soldier is stationed चौकी।

post[4] *v.t.* to station (soldiers) in a particular spot नियुक्त करना; to place (letter) in the post office (चिट्ठी) छोड़ना; *v.i.* to hasten on वेग से यात्रा करना।

post[5] *adv.* in haste शीघ्रता से।

postage *पोस् टिज n.* charge for the carrying of letters डाक-महसूल।

postal *पोस् ट्ल a.* relating to the carrying of mails डाक-संबंधी।

post-date *पोस्ट् डेट v.t.* to put (on a letter, cheque etc.) a date later than the actual one उत्तरदिनांकित करना।

poster *पोस् टॅः n.* large advertising bill पोस्टर, विज्ञापन; one who posts bills विज्ञापन चिपकानेवाला।

posterity *पौॅस् टैॅ रि टि n.* descendants संतति, वंश; future generations भावी पीढ़ी।

posthumous *पौॅस् थ्यु मॅस a.* coming or happening after death मरणोत्तर।

postman *पौस्ट् मॅन n.* letter-carrier डाकिया, पत्रवाहक।

postmaster *पोस्ट् मास् टॅः n.* official-in-charge of a post-office पत्रपाल, डाकपति।

post-mortem[1] *पोस्ट् मौः टॅम a.* taking place after death मृत्यु के पश्चात्।

post-mortem[2] *n.* medical examination made after death शव-परीक्षा।

post-office *पौस्ट् औॅ फ़िस n.* office in-charge of postal service डाकघर।

postpone *पौस्ट् पोन v.t.* to put off to a later time स्थगित करना, टालना।

postponement *पोस्ट पोन् मॅन्ट n.* act of postponing स्थगन, विलंबन।

postscript *पोस् स्क्रिप्ट n.* addition to letter, book etc. अनुलेख, पत्र, समाप्त करने पर लिखा हुआ, अंश, पुनश्च।

posture *पौसॅ चॅः n.* way of holding the body मुद्रा; attitude of the body आसन; position of the body अंग-विन्यास; condition, state दशा।

pot[1] *पौॅट n.* a metallic or earthenware vessel पात्र, भांड, गमला।

pot[2] *(-tt-) v.t.* to put in a pot पात्र में रखना।

potash *पौॅ टैश n.* alkali used in soap etc. पोटाश, सज्जी, खार।

potassium *पॅ टै श्यॅम n.* white metallic element पोटैशियम, पोटाश का आधारभूत तत्व, दहातु।

potato *पॅ टे टो n. (pl. -es)* plant with tubers आलू का पौधा; one of the tubers आलू।

potency *पो टॅन सि n.* power, might शक्ति; efficacy प्रभावशीलता।

potent *पो टॅन्ट a.* powerful, mighty प्रबल, बलवान।

potential[1] *पोॅ टैनॅ शॅल a.* possible शक्य; latent प्रच्छन्न।

potential[2] *n.* possibility संभावना।

pontentiality *पोॅ टैनॅ शि ऐ लि टि n.* possibility संभावना; latent capacity शक्यता।

potter *पौॅ टॅः n.* maker of earthenware vessels कुम्हार।

pottery *पौॅ टॅ रि n.* earthenware मिट्टी के पात्र; business of the potter कुम्हार का व्यापार।

pouch *पॉउच n.* small bag थैली।

poultry *पोल् ट्रि n.* domestic fowls घरेलू मुर्गी, बत्तख इत्यादि।

pounce[1] *पॉउन्स v.i.* to make a downward swoop झपटना, आक्रमण करना।

pounce[2] *n.* sudden attack झपट्टा।

pound[1] *पॉउन्ड n.* unit of weight

पौंड, आध सेर तौल; monetary unit एक मुद्रा-विशेष।

pound[2] *v.t.* to beat to pieces कूटना; to crush to powder पीसना।

pour *पौः* *v.i.* to flow or issue forth बहना, निकलना; to rain havily ज़ोरदार वर्षा होना; *v.t.* to let flow out बहाना; to emit उगलना।

poverty *पौ॑ वॅः टि* *n.* state of being poor दरिद्रता; want कमी; scarcity अभाव।

powder[1] *पॉउ डॅः* *n.* solid matter in dry fine particles पाउडर; dust बुकनी; gunpowder बारूद।

powder[2] *v.t.* to reduce to dust बुकनी करना; to sprinkle with powder छिड़कना।

power *पॉउ अॅः* *n.* strength शक्ति; energy ऊर्जा; force बल; authority अधिकार; influence प्रभाव; state राज्य; government शासन।

powerful *पॉउ अॅः फुल* *a.* having power, strong शक्तिशाली; forceful बलशाली; influential प्रभावशाली।

practicability *प्रैक् टि क् बि लि टि* *n.* quality or state of being practicable करणीयता, साध्यता।

practicable *प्रैक् टि कॅ ब्ल* *a.* that may be done or effected करने योग्य; feasible संभव।

practical *प्रैक् टि क्ल* *a.* given to action व्यावहारिक; relating to practice अभ्यास-संबंधी, प्रायोगिक; useful उपयोगी; virtual वास्तविक।

practice *प्रैक् टिस* *n.* habit अभ्यास; exercise of any profession व्यवसाय; actual performance क्रिया, कार्य; custom प्रथा।

practise *प्रैक् टिस* *v.t.* to do repeatedly अभ्यास करना; to put into practice कार्यान्वित करना।

practitioner *प्रैक् टि शॅ नॅः* *n.* professional man व्यवसायी।

pragmatic *प्रैग मै टिक* *a.* concerned with practical consequence व्यवहारमूलक।

pragmatism *प्रैग् मॅ टिज़्म* *n.* pedantry पांडित्य का अभिमान; matter of factness व्यवहारवाद।

praise[1] *प्रेज़* *n.* commendation प्रशंसा, स्तुति।

praise[2] *v.t.* to commend, to admire प्रशंसा करना, स्तुति करना।

praiseworthy *प्रेज़् वॅः दि* *a.* deserving praise सराहने-योग्य।

prank *प्रैङ्क* *n.* playful trick क्रीड़ा, खेल।

prattle[1] *प्रै ट्ल* *v.i.* to talk like a child बचकानी बातें करना।

prattle[2] *n.* childish talk बचकानी बात।

pray *प्रे* *v.i.* to offer prayers to God प्रार्थना करना; to entreat विनती करना।

prayer *प्रे॑ अॅः* *n.* act of praying to God प्रार्थना; worship स्तुति, भजन।

preach *प्रीच* *v.i.* to deliver sermon धर्म का उपदेश करना; to give moral advice to नैतिक शिक्षा देना।

preacher *प्री चॅः* *n.* one who preaches धर्मोपदेशक।

preamble *प्री ऐम् ब्ल* *n.* introduction भूमिका।

precaution *प्रि कौ शॅन* *n.* care taken in advance चौकसी, सावधानी।

precautionary *प्रि कौ शॅ नॅ रि a.* for the sake of precaution सतर्कता के तौर पर किया गया।

precede *प्रि सीड* to go before आगे होना, पूर्वकालीन होना।

precedence *प्रि सी डॅन्स, प्रै˘ सि डॅन्स n.* act of preceding पूर्व आगमन; priority प्राथमिकता; superiority श्रेष्ठता।

precedent *प्रै˘ सि डॅन्ट n.* some previous case taken as a rule दृष्टांत, पूर्वोदाहरण, नज़ीर।

precept *प्री सैप्ट n.* rule नियम; maxim नीतिवचन; direction निर्देश; moral instruction उपदेश।

preceptor *प्रि सैपॅ टॅः n.* moral teacher उपदेशक, गुरू।

precious *प्रै˘ शॅस a.* of great value मूल्यवान; costly महंगा; dear प्रिय।

precis *प्रें˘ सी n.* summary संक्षेप; abstract सार।

precise *प्रि सॉइस n.* definite निश्चित; exact यथार्थ।

precision *प्रि सि ज़ॅन n.* exactness यथार्थता; accuracy शुद्धता।

precursor *प्रि कॅः सॅः, प्री- n.* forerunner अग्रदूत, पूर्वगामी।

predecessor *प्री डि सै˘ सॅः n.* previous occupant of a position पूर्वाधिकारी; a thing that has been replaced by another of its kind पूर्ववर्ती वस्तु।

predestination *प्री डैसॅ टि ने शॅन n.* the doctrine that God has ordained everything पूर्वनियति; destiny भाग्य।

predetermine *प्री डि टॅः मिन v.t.* to decide in advance पहले से निर्णय कर लेना।

predicament *प्रि डि कॅ मॅन्ट n.* difficult or awkward situation कठिन परिस्थिति।

predicate *प्रै˘ डि किट n. (gram.)* what is said about the subject in the sentence (व्या.) विधेय।

predict *प्रि डिक्ट v.t.* to foretell भविष्यवाणी करना।

prediction *प्रि डिक् शॅन n.* prophecy भविष्यवाणी।

predominance *प्रि डौ˘ मि नॅन्स n.* superiority प्रबलता, प्रभुता।

predominant *प्रि डौ˘ मि नॅन्ट a.* chief प्रमुख; prevailing प्रबल।

predominate *प्रि डौ˘ मि नेट v.i.* to be the main or controlling element प्रमुख होना, प्रबल होना।

pre-eminence *प्री ऐ˘ मि नॅन्स n.* superiority श्रेष्ठता, उत्कृष्टता।

pre-eminent *प्री ऐ˘ मि नॅन्ट a.* outstanding श्रेष्ठ, उत्कृष्ट।

preface[1] *प्रै˘ फ़िस n.* introduction प्रस्तावना।

preface[2] *v.t.* to provide with a preface (की) भूमिका लिखना।

prefect *प्री फ़ैक्ट n.* student who helps a teacher in maintaining discipline अनुशासनपालक छात्र।

prefer *प्रि फ़ः v.t.* to like better अपेक्षाकृत अधिक पसंद करना।

preference *प्रै˘ फ़ॅ रॅन्स n.* act of preferring पसंद; that which is preferred पसंद की वस्तु; liking something more than another तरजीह।

preferential *प्रै˘ फ़ॅ रैन् शॅल a.* giving preference, relating to preference तरजीही।

prefix[1] प्री फ़िक्स *n.* syllable placed before another to form a new compound word उपसर्ग।

prefix[2] प्री फ़िक्स *v.t.* to add a prefix to उपसर्ग लगाना।

pregnancy प्रैग् नॅन् सि *n.* state of being pregnant गर्भावस्था; the period of remaining pregnant गर्भावस्था की अवधि।

pregnant प्रैग् नॅन्ट *a.* containing unborn young within the body गर्भवती।

prehistoric प्री हिस् टौ ॅ रिक *a.* of the period before recorded history प्रागैतिहासिक।

prejudice प्रै जु डिस *n.* preconceived opinion पूर्वधारणा; bias पक्षपात; injury, harm हानि, क्षति, चोट।

prelate प्रै ॅ लॅट, -लिट *n.* bishop or other churchman of equal or higher rank धर्माधिकारी।

preliminary[1] प्रि लि मि नॅ रि *a.* introductory प्राथमिक।

preliminary[2] *n (pl. -ries) (usu pl.)* preliminary action, measures etc. प्रारंभिक कार्यवाही।

prelude[1] प्रै ॅ ल्यूड *n.* introductory piece of poetry मंगलाचरण; something preparatory प्रस्तावना।

prelude[2] *v.t.* to introduce परिचित कराना; to preface प्रस्तावना लिखना।

premarital प्री मै रि टॅल *a.* occurring before marriage विवाह से पूर्व का।

premature प्रै ॅ मॅ ट्युअॅ: *a.* happening or done before the proper time कालपूर्व।

premeditate प्रि मै ॅ डि टेट, प्री- *v.t.* to consider or plan in advance पूर्वयोजन करना।

premeditation प्रि मै ॅ डि टे शॅन, प्री- *n.* consideration or planning in advance पूर्वचिंतन।

premier[1] प्रै ॅ म्यॅ:, प्री- *a.* first in position or importance सर्वप्रथम, प्रमुख।

premier[2] *n.* prime minister प्रधानमंत्री।

premiere प्रै ॅ मि ऍअॅ: *n.* first performance of a play, film, etc. प्रथम प्रदर्शन।

premium प्री म्यॅम *n.* instalment paid for an insurance policy बीमा शुल्क।

premonition प्री मॅ नि शॅन *n.* foreboding पूर्वबोध।

preoccupation प्री औ ॅ क्यु पे शॅन, प्रि- *n.* mental concentration or absorption मानसिक व्यस्तता।

preoccupy प्री औ ॅ क्यु पॉइ, प्रि- *v.t.* to engross attention of तल्लीन करना।

preparation प्रै ॅ पॅ रे शॅन *n.* act of preparing तैयारी; something prepared तैयार की गई वस्तु।

preparatory प्रि पै रॅ टॅ रि *a.* introductory प्रारंभिक; serving as a preparation उपक्रमात्मक।

prepare प्रि पेॅअॅ: *v.t.* to make ready तैयार करना; to make बनाना; *v.i.* to get ready तैयार होना।

preponderance प्रि पौन् डॅ रॅन्स *n.* quality of being greater in number, strength, influence, etc. प्रधानता, प्राबल्य, प्रमुखता।

preponderate प्रि पौन् डॅ रेट *v.i.* to be of greater power, influence or importance प्रबल, प्रमुख, प्रधान होना।

preposition प्रै˘ पॅ ज़ि शॅन *n.* word used with a noun or pronoun to show its relation with another word पूर्वसर्ग।

prerequisite[1] प्री रैकॅ वि ज़िट *a.* required as a prior condition पूर्वापेक्षित।

prerequisite[2] *n.* something required as prior condition पूर्वापेक्षा।

prerogative प्रि रौ˘ गॅ टिव *n.* exclusive right परमाधिकार, विशेषाधिकार।

prescience प्रै˘ शि अॅन्स *n.* foreknowledge पूर्वबोध।

prescribe प्रि स्कॉइब *v.t.* to lay down as a rule निर्धारित करना; to advise (a medicine) for treatment नुसखे में लिखना।

prescription प्रि स्क्रिप् शॅन *n.* act of prescribing निर्धारण; thing prescribed निर्धारित वस्तु; doctor's written direction नुसख़ा; medicine prescribed निर्धारित औषधि।

presence प्रै˘ ज़ॅन्स *n.* state of being present उपस्थिति।

present[1] प्रै˘ ज़ॅन्ट *a.* now existing विद्यमान; being in the place in question उपस्थित।

present[2] *n.* present time वर्तमान समय।

present[3] प्रि ज़ैन्ट *v.t.* to offer for show or approval प्रस्तुत करना; to make a gift of उपहारस्वरूप देना।

presentation प्रै˘ ज़ॅन् टे शॅन *n.* act of offering a present उपहार प्रदान करना; the gift which is presented भेंट, उपहार; act of presenting प्रस्तुतीकरण।

presently प्रै˘ ज़न्ट् लि *adv.* soon शीघ्र।

preservation प्रै˘ ज़ॅः वे शॅन *n.* act of preserving परिरक्षण।

preservative[1] प्रि ज़ॅः वॅ टिव *n.* something which preserves परिरक्षक।

preservative[2] *a.* tending to preserve, having the quality of preserving परिरक्षी।

preserve[1] प्रि ज़ॅःव *v.t.* to keep safe सुरक्षित रखना; to make a preserve (fruits) (फलों का) मुरब्बा बनाना; to maintain बनाए रखना।

preserve[2] *n.* something that is preserved परिरक्षित वस्तु।

preside प्रि ज़ॉइड *v.i.* to be chairman or president of a meeting सभापति होना।

president प्रै˘ ज़ि डॅन्ट *n.* head of a republic राष्ट्रपति; one who presides सभापति; chief officer of an organisation अध्यक्ष।

presidential प्रै˘ ज़ि डैन् शॅल *a.* of or concerned with the president अध्यक्षीय।

press[1] प्रैसॅ *v.t.* to push against दबाना; to force (पर) दबाव डालना; to squeeze out निचोड़ना; to make smooth by ironing इस्त्री करना; to compel बाध्य करना; to insist ज़ोर देना; to emphasize बल देना; *v.i.* to throng भीड़ लगाना; to hasten जल्दी करना।

press[2] *n.* a printing machine छपाई की मशीन; printing house छापाख़ाना; newspapers collectively समाचार-पत्र; reporters, journalists संवाददाता, पत्रकार; crowd भीड़; stress बल; cupboard अलमारी।

pressure *प्रै॑ शः* *n.* act of pressing दबाव; moral force नैतिक दबाव; distress or difficulty कष्ट, परेशानी; compulsion बाध्यता।

pressurize *प्रै॑ शॅ रॉइज़* *v.t.* to put pressure on (पर) दबाव डालना।

prestige *प्रैस्॑ टीज़* *n.* esteem प्रतिष्ठा।

prestigious *प्रैस्॑ टि जॅस* *a.* relating to prestige प्रतिष्ठा-संबंधी।

presume *प्रि ज़्यूम* *v.t.* to take for granted मानना; to suppose to be true सत्य समझना; to venture (का) साहस करना।

presumption *प्रि ज़म्प् शॅन* *n.* something presumed कल्पना; something which seems likely अनुमान, संभावना; arrogance घमंड, अकड़।

presuppose *प्री सॅ पोज़* *v.t.* to imply (का) अभिप्राय होना; to take for granted मान लेना; to require के लिए आवश्यक होना।

presupposition *प्री सॅ पो ज़ि शॅन* *n.* presupposing पूर्वधारणा।

pretence *प्रि टैन्स* *n.* act of pretending बहाना; simulation दिखावा, ढोंग; pretext बहाना।

prtend *प्रि टैन्ड* *v.t.* to feign का बहाना करना; to simulate का ढोंग करना।

pretension *प्रि टैन् शॅन* *n.* claim true or false दावा; pretext बहाना।

pretentious *प्रि टैन् शॅस* *a.* full of pretension मिथ्याभिमानी, मिथ्या दावेदार।

pretext *प्री टैक्स्ट* *n.* an ostensible reason or motive बहाना।

prettiness *प्रि टि निस* *n.* attractiveness सुंदरता, रम्यता।

pretty[1] *प्रि टि* *a. (-tier, -tiest)* pleasing सुंदर; attractive आकर्षक।

pretty[2] *adv.* fairly, quite बहुत कुछ, काफ़ी हद तक।

prevail *प्रि वेल* *v.i.* to gain the victory or superiority विजय अथवा श्रेष्ठता प्राप्त करना; to be in force लागू होना; to succeed सफल होना; to predominate प्रबल होना, हावी होना।

prevalance *प्रै॑ वॅ लॅन्स* *n.* being prevalent प्रचलन, व्यापकता।

prevalent *प्रै॑ वॅ लॅन्ट* *a.* prevailing व्याप्त, फैला हुआ; predominant प्रबल।

prevent *प्रि वैन्ट* *v.t.* to stop or intercept रोकना; to impede में बाधा डालना।

prevention *प्रि वैन् शॅन* *n.* the act of preventing निवारण, रोकथाम।

preventive *प्रि वैन् टिव्* *a.* tending to prevent निवारक।

previous *प्री व्यॅस* *a.* preceding पूर्ववर्ती, पहला।

prey[1] *प्रे* *n.* a bird or animal hunted by another शिकार; victim पीड़ित, बलि।

prey[2] *v.i. (with 'on' or 'upon')* to seize and devour prey शिकार करना; to make attacks for plunder धावा बोलना; to exert a harmful pressure on mind मस्तिष्क के लिए हानिप्रद होना।

price[1] *प्रॉइस* *n.* cost मूल्य; worth महत्व।

price[2] *v.t.* to fix the price of (का) मूल्य निर्धारित करना; to mark the price of मूल्यांकित करना।

prick¹ प्रिक *n.* slender pointed thing that can pierce कांटा; sharp point नोक; being pricked चुभन; puncture by a prick छेद; sting डंक; remorse पीड़ा।

prick² *v.t.* to pierce with a prick चुभाना; to spur प्रेरित करना; to fill with remorse पीड़ा पहुंचाना।

pride¹ प्राईड *n.* state or quality of being proud अभिमान; inordinate self-esteem दंभ, घमंड, अहंकार; cause of pride अभिमान का आधार।

pride² *v.t.* to indulge (oneself) in pride अभिमान करना।

priest प्रीस्ट *n.* clergyman पुरोहित।

priestess प्रीस् टिस *n.* a female clergy पुजारिन।

priesthood प्रीस्ट् हुड *n.* office of a priest पौरोहित्य; the whole body of priests पुरोहित-वर्ग।

prima facie प्रॉइ मॅ फ़े शि *adv.* at first view or appearance प्रथम द्रष्टया।

primarily प्रॉइ मॅ रि लि *adv.* in the first place प्रथमतः; originally मूलतः।

primary प्रॉइ मॅ रि *a.* first प्रथम; chief प्रधान; original मूल; elementary प्राथमिक।

prime¹ प्रॉइम *a.* foremost मुख्य; first प्रथम; original मूल; fundamental आधारभूत; first in rank or importance etc. सर्वश्रेष्ठ।

prime² *n.* the best part उत्कर्ष; youth यौवन; full health पूर्ण स्वास्थ्य।

primer प्रॉइ मॅः *n.* an elementary education book प्रवेशिका।

primeval प्रॉइ मी वॅल *a.* of the earliest age or time आदि युगीन।

primitive प्रि मि टिव *a.* of the earliest time आदिम, पुरातन; crude अपरिष्कृत; uncivilized असभ्य।

prince प्रिन्स *n.* son of a king राजकुमार।

princely प्रिन्स् लि *a.* splendid शानदार; generous उदार; stately राजसी।

princess प्रिन् सैसॅ *n.* daughter of a king or emperor राजकुमारी।

principal¹ प्रिन् सि पॅल *n.* head प्रधान व्यक्ति; head of an educational institution प्रधानाचार्य; sum of money lent मूलधन।

principal² *a.* first प्रथम; chief प्रधान; most important अत्यधिक महत्वपूर्ण।

principle प्रिन् सॅ प्ल *n.* fundamental law सिद्धांत; uprightness ईमानदारी; element विशिष्ट तत्व; rule of conduct आचार, नियम।

print¹ प्रिन्ट *v.t.* to reproduce in ink छापना; to cause to be reproduced in ink छपवाना; to make a positive picture from (a negative) (नैगेटिव) से फोटो तैयार करना; to stamp (fabric) with coloured design (कपड़े) की छपाई करना।

print² *n.* mark made by pressure छाप, निशान; printed calico छींट; printed matter मुद्रित सामग्री।

printer प्रिन् टॅः *n.* one who prints मुद्रक।

prior¹ प्राइ अॅः *a.* earlier पूर्ववर्ती।

prior² *n.* chief of a religious house मठाध्यक्ष।

prioress प्रॉइ अॅ रिस *n.* female prior

मठाध्यक्षा।

priority *प्रॉइ औ ˘ रि टि n.* being prior प्रथमता; precedence पूर्वता।

prison *प्रि ज़न n.* place of confinement बंदीगृह, कारागार; confinement कैद।

prisoner *प्रि ज़् नॅः n.* one shut up in a prison बंदी।

privacy *प्रॉइ वॅ सि n.* state of being private एकांत।

private *प्रॉइ विट a.* confidential गुप्त; personal व्यक्तिगत; not open to the public असार्वजनिक; not having official character ग़ैर सरकारी।

privation *प्रॉइ वे शॅन n.* lack of the necessaries of life अभाव, असुविधा; hardship कठिनाई; act of depriving वंचन।

privilege *प्रि वि लिज n.* personal favour सुविधा; separate and personal advantage विशेषाधिकार।

prize[1] *प्रॉइज़ n.* reward पुरस्कार, पारितोषिक।

prize[2] *v.t.* to value highly कद्र करना।

probability *प्रौ ˘ बॅ बि लि टि n.* likelihood संभावना।

probable *प्रौ ˘ बॅ ब्ल a.* likely संभावित।

probably *प्रौ ˘ बॅब् लि adv.* possible संभवतया।

probation *प्रौ ˘ बे शॅन, प्रॅ- n.* period of trial परिवीक्षा काल; proof प्रमाण; trial परिवीक्षा।

probationer *प्रौ ˘ बे शॅ नॅः, प्रॅ- n.* one on probation परिवीक्षार्थी।

probe[1] *प्रोब v.t.* to investigate thoroughly जांच-पड़ताल करना।

probe[2] *n.* thorough investigation जांच-पड़ताल।

problem *प्रौबॅ लॅम n.* question proposed for solution प्रश्न; matter difficult to deal with समस्या।

problematic *प्रौबॅ लॅ मै टिक a.* of the nature of a problem समस्यात्मक।

procedure *प्रॅ सी जॅः n.* an established method of doing things कार्यपद्धति।

proceed *प्रो सीड, प्रॅ- v.i.* to go forward अग्रसर होना; to continue in an activity कार्य जारी रखना।

proceeding *प्रॅ सी डिङ्ग, प्रो- n.* course of action कार्यवाही; *(pl.)* official record कार्यवाही की अधिकृत रपट; *(pl.)* legal action कानूनी कार्यवाही।

proceeds *प्रो सीड्ज़ n. pl.* price or profit मूल्य अथवा मुनाफ़ा।

process *प्रो सैसॅ n.* series of action or changes प्रक्रिया; growth, progress प्रगति, विकास; method of operation कार्यविधि; action of law क़ानूनी कार्यवाही।

procession *प्रॅ सै ˘ शॅन n.* train of persons in formal order जुलूस।

proclaim *प्रॅ क्लेम v.t.* to announce publicly घोषणा करना।

proclamation *प्रौक् लॅ मे शॅन n.* an official public announcement घोषणा।

proclivity *प्रॅ क्लि वि टि n.* tendency, inclination प्रवृत्ति, झुकाव।

procrastinate *प्रो ˘ क्रैस् टि नेट v.i.* to delay action टालमटोल करना।

procrastination *प्रो ˘ क्रैस् टि ने शॅन*

n. procrastinating टालमटोल।

proctor *प्रौक् टः* *n.* an official of the college who maintains discipline अनुशासन-अधिकारी।

procure *प्रॅ क्युअॅः* *v.t.* to obtain प्राप्त करना।

procurement *प्रॅ क्युअॅः मॅन्ट* *n.* act of obtaining प्राप्ति।

prodigal *प्रौ डि गॅल* *a.* extravagant, wasteful अपव्ययी।

prodigality *प्रौ˘ डि गै लि टि* *n.* extravagance अपव्ययिता; generosity उदारता।

produce[1] *प्र˘ ड्यूस* *v.t.* to manufacture उत्पादन करना; to supply पूर्ति करना; to exhibit प्रदर्शित करना; to give birth to पैदा करना।

produce[2] *प्रौ˘ ड्यूस* *n.* what is produced उत्पादन; agricultural products कृषि-उत्पादन।

product *प्रौ˘ डॅक्ट* *n.* that what is produced उत्पाद; result परिणाम; number resulting from multiplication गुणनफल।

production *प्रॅ डक् शॅन* *n.* product उत्पाद; act or process of producing उत्पादन।

productive *प्रॅ डॅक् टिव* *a.* having the power of producing उत्पादक।

productivity *प्रौ डक् टि वि टि* *n.* being productive उत्पादकता।

profane[1] *प्रॅ फ़ेन* *a.* vulgar अश्लील; not sacred अपवित्र।

profane[2] *v.t.* to pollute, to desecrate अपवित्र करना।

profess *प्रॅ फ़ैसॅ* *v.t.* to confess publicly खुले-आम स्वीकार करना; to assert दावे के साथ कहना; to pretend ढोंग करना; to declare belief in आस्था दिखलाना; to declare openly खुलेआम दावा करना।

profession *प्रॅ फ़ै˘ शॅन* *n.* occupation पेशा, व्यवसाय; avowal घोषणा।

professional *प्रॅ फ़ै˘ शॅ नॅल* *a.* pertaining to a profession व्यवसाय-संबंधी।

professor *प्रॅ फ़ै˘ सॅः* *n.* teacher of the highest rank in a university प्राध्यापक।

proficiency *प्रॅ फ़ि शॅन् सि* *n.* skill प्रवीणता, निपुणता।

proficient *प्रॅ फ़ि शॅन्ट* *a.* skilled, expert प्रवीण, निपुण।

profile[1] *प्रो फ़ील, -फ़ॉइल* *n.* character sketch रेखाचित्र; side view पार्श्वचित्र।

profile[2] *v.t.* to draw in profile (का) रेखाचित्र बनाना।

profit[1] *प्रौ˘ फ़िट* *n.* advantage, benefit लाभ; financial gain मुनाफ़ा।

profit[2] *v.t.* to benefit लाभ पहुंचाना; financial gain लाभ प्राप्त करना।

profitable *प्रौ˘फ़ि टॅ बॅल* *a.* yielding profit लाभकारी।

profiteer[1] *प्रौ˘ फ़ि टिअॅः* *n.* one who makes excessive profits in times of scarcity मुनाफ़ाखोर।

profiteer[2] *v.i.* to make excessive profits मुनाफ़ाखोरी करना।

profligacy *प्रौफ़् लि गॅ सि* *n.* immorality अनैतिकता, दुश्चरित्रता; wastefulness अपव्ययिता, उड़ाऊपन।

profligate *प्रौफ़् लि गिट* *a.* shamlessly immoral अनैतिक, दुश्चरित्र; reckless लापरवाह; wasteful उड़ाऊ, अपव्ययी।

profound *प्र फ़ॉउन्ड a.* deep अथाह; deep in skill or knowledge गहन; abstruse गूढ़, दुर्बोध।

profundity *प्रॅ फन् डि टि n.* depth गहराई; being profound गांभीर्य।

profuse *प्रॅ फ्यूज़ a.* lavish प्रचुर।

profusion *प्रॅ फ्यू ज़ॅन n.* abundance प्रचुरता।

progeny *प्रौ ˘ जि नि n.* offspring संतान; descendants वंशज; children बच्चे।

programme[1] *प्रो ग्रैम n.* plan of proceedings योजना; broadcast on radio or television कार्यक्रम।

programme[2] *v.t.* to make a programme of (का) कार्यक्रम बनाना।

progress[1] *प्रो ग्रैॅस n.* development विकास, प्रगति।

progress[2] *प्र ˘ ग्रै ˘ स प्रो ˘- v.i.* to improve सुधार होना; to move forward प्रगति करना।

progressive *प्रॅ ग्रै ˘ सिव, प्रो ˘ - a.* advocating progress प्रगतिशील; progressing by degrees उन्नतिशील।

prohibit *प्रॅ हि बिट, प्रो ˘- v.t.* to forbid रोकना, मना करना।

prohibition *प्रो ˘ हि बि शॅन n.* act of prohibitng निषेध; the banning of alcoholic drinks मद्यनिषेध।

prohibitive *प्रो ˘ हि बि टिव, प्र ˘- a.* implying prohibition निषेधक; (of prices) very high अति ऊंचे (मूल्य)।

prohibitory *प्रो ˘ हि बि टॅ रि, प्रॅ- a.* designed to prohibit something निषेधात्मक।

project[1] *प्रौ ˘ ज़ेक्ट n.* scheme योजना; plan परियोजना।

project[2] *प्रौ ˘ ज़ेक्ट v.t.* to plan योजना बनाना; to throw फेंकना; to cause (a shadow, picture, etc.) to fall (on a surface) डालना; *v.i.* to stick out, to jut out बाहर निकला होना।

projectile[1] *प्रॅ ˘जैकॅ टॉइल, प्रौ जिक्- n.* heavy missile प्रक्षेपणास्त्र।

projectile[2] *a.* that can be sent forward or thrown प्रक्षेप्य।

projection *प्रॅ जै ˘क शॅन, प्रो ˘ - n.* act of projecting प्रक्षेपण; something that juts out बाहर निकला भाग।

projector *प्रो ˘ जैकॅ टॅ, प्रॅ- n.* that which casts something forward प्रक्षेपित्र।

proliferate *प्रॅ लि फॅ रेट, प्रो ˘ - v.i.* to grow rapidly प्रचुर मात्रा में उत्पन्न होना; *v.t.* to reproduce rapidly प्रचुर मात्रा में उत्पन्न करना।

proliferation *प्रॅ लि फॅ रे शॅन, प्रो ˘- n.* rapid growth तीव्र बृद्धि।

prolific *प्रॅ लि फ़िक, प्रो ˘- a.* fruitful फलदायक; producing much बहुत उपज देनेवाला।

prologue *प्रो लौगॅ n.* preface, introduction भूमिका; introductory part of a poem मंगलाचरण।

prolong *प्र ˘ लौङ्ग, प्रौ ˘ v.t.* to make longer लंबा करना।

prolongation *प्रो ˘ लौंङ गे शॅन n.* making longer दीर्घीकरण।

prominence *प्रौ मि नॅन्स n.* state of being prominent विशिष्टता।

prominent *प्रौ ˘ मि नॅन्ट a.* eminent विशिष्ट; important महत्वपूर्ण; standing out बाहर निकला हुआ।

promise[1] *प्रौ ˘ मिस n.* pledge, undertaking वादा, प्रतिज्ञा; hope or likelihood of success प्रत्याशा।

promise[2] *v.t.* to give one's word वचन देना; to give cause for expecting आशान्वित करना।

promising *प्रौ ˘ मि सिङ्ग a.* giving promise or grounds for good hopes आशाजनक, होनहार।

promissory *प्रौ ˘ मि सॅ रि a.* containing a promise or binding declaration वचनात्मक, प्रतिज्ञात्मक।

promote *प्रॅ मोट v.t.* to help forward बढ़ावा देना; to encourage प्रोत्साहित करना; move up to higher rank पदोन्नत करना।

promotion *प्रॅ मो शॅन n.* act of promoting पदोन्नयन; encouragement प्रोत्साहन; advancement विकास।

prompt[1] *प्रौम्प्ट a.* ready तत्पर; done without delay त्वरित।

prompt[2] *v.t.* to urge प्रेरित करना; to remind (an actor) of forgotten words अनुबोधन करना।

prompter *प्रौम्प् टॅ: n.* one who prompts, actors अनुबोधक।

prone *प्रोन a.* lying face downwards अधोमुख; inclined इच्छुक, प्रवृत्त।

pronoun *प्रो नॉउन n.* word used instead of a noun सर्वनाम।

pronounce *प्रॅ नॉउन्स v.t.* to declare or affirm घोषणा करना; to utter उच्चारण करना; to give one's opinion अपना मत व्यक्त करना।

pronunciation *प्रॅ नॅन् सि ए शॅन n.* act or mode of pronouncing something उच्चारण, उच्चारण-शैली।

proof[1] *प्रूफ़ n.* evidence प्रमाण; trial परीक्षण; *(print.)* an impression in printing for correction प्रूफ़।

proof[2] *a.* impenetrable अभेद्य; able to resist प्रतिरोध करने-योग्य।

prop[1] *प्रौपॅ n.* pole or beam used as a support टेक, थूनी।

prop[2] *(-pp-) v.t.* to support सहारा देना।

propaganda *प्रौ ˘ पॅ गैन् डॅ n.* spreading of information or ideas to advance a cause प्रचार।

propagandist *प्रौ ˘ पॅ गैन् डिस्ट n.* one who actively spreads propaganda प्रचारक।

propagate *प्रौ ˘ पॅ गेट v.t.* to spread widely प्रसारित करना; to multiply by generation or reproduction उपजाना, बढ़ाना; to diffuse फैलाना।

propagation *प्रौ ˘ पॅ गे शॅन n.* act of propagating प्रसारण; diffusion फैलाव।

propel *प्रॅ पै˘ल, प्रो˘- (-ll) v.t.* to drive forward ठेलना।

proper *प्रौ ˘ पॅ: a.* correct, suitable उपयुक्त; appropriate उचित; decent समुचित; *(gram.)* denoting individual person or place (व्या.) व्यक्तिवाचक।

property *प्रौ ˘ पॅ: टि n.* possession संपत्ति; attribute गुणधर्म; special quality विशेषता।

prophecy *प्रौ ˘ फ़ि सि n.* prediction भविष्यकथन।

prophesy *प्रौ फ़ि सॉइ v.t.* to predict पहले से बता देना; *v.i.* to make a prophecy भविष्यकथन करना।

prophet *प्रौ ˘ फ़िट n.* (*fem. prophetess*) a devinely inspired religious leader पैग़ंबर; a person who predicts the future

भविष्यद्रष्टा।

prophetic *प्रॅ फ़ै ॅ टिक a.* pertaining to a prophet पैग़ंबरी; unfolding future events भविष्यसूचक।

proportion[1] *प्रॅ पौः शॅन n.* comparative relation अनुपात; comparison तुलना; symmetry सममिति; just or equal share अंश।

proportion[2] *v.t.* to adjust in due proportion समानुपातन करना।

proportional *प्रॅ पौ : शॅ न्‌ल a.* proportionate समानुपातिक।

proportionate *प्रॅ पौ : शॅ निट a.* having a due proportion समानुपाती, सापेक्ष।

proposal *प्रॅ पो ज़ॅल n.* that which is proposed प्रस्ताव; offer of marriage विवाह-प्रस्ताव; suggestion सुझाव।

propose *प्र ॅ पोज़ v.t.* to offer for consideration प्रस्तावित करना; to nominate मनोनीत करना; *v.i.* to make a proposal प्रस्ताव करना; to offer onself in marriage विवाह-प्रस्ताव; सुझाव।

proposition *प्रौ ॅ पॅ ज़ि शॅन n.* proposal प्रस्ताव; a statement कथन; a theorem साध्य।

propound *प्रॅ पॉउन्ड v.t.* to put forward for consideration or solution प्रस्तावित करना।

proprietary *प्रॅ प्रॉइ अॅ टॅ रि a.* belonging to a proprietor मालिकाना।

proprietor *प्रॅ प्रॉइ अॅ टॅः n.* an owner स्वामी।

propriety *प्रॅ प्रॉइ अॅ टि n.* state of being proper उपयुक्तता; justness औचित्य; proper behaviour मर्यादा।

prorogue *प्रॅ रोग, प्रो ॅ v.t.* to suspend (a legislative session) (सत्र का) अवसान करना।

prosaic *प्रो ॅ ज़े इक a.* uninteresting नीरस; commonplace सामान्य।

prose *प्रोज़ n.* speech or language not in verse गद्य।

prosecute *प्रौ ॅ सि क्यूट v.t.* to pursue at law (पर) मुकदमा चलाना।

prosecution *प्रौ ॅ सि क्यूशन n.* act of prosecuting अभियोजन।

prosecutor *प्रो ॅ सि क्यू टॅः n.* one who prosecutes अभियोक्ता।

prosody *प्रौ ॅ सॅ डि n.* the rules of metre or versification छंदशास्त्र।

prospect *प्रौसॅ्‌ पैक्‌ट n.* outlook दृष्टिकोण; reasonable hope आशा; expectation अपेक्षा; a distant view परिदृश्य।

prospective *प्रॅस्‌ पैकॅ् टिव a.* hoped for प्रत्याशित; future भावी।

prospsectus *प्रॅस्‌ पैकॅ् टॅस n. (pl. es)* a printed statement of some enterprise proposed विवरण-पुस्तिका।

prosper *प्रौसॅ्‌ पॅः v.i.* to increase in wealth समृद्ध होना; to succed सफल होना।

prosperity *प्रौसॅ्‌ पै ॅ रि टि n.* flourishing state समृद्धि; success सफलता; good fortune सौभाग्य।

prosperous *प्रौसॅ्‌ पॅ रॅस a.* flourishing समृद्ध; successful सफल; fortunate भाग्यशाली।

prostitute[1] *प्रौसॅ्‌ टि ट्यूट n.* a woman who offers sexual intercourse in return for payment वेश्या।

prostitute[2] *v.t.* to put to wrong

use (को) भ्रष्ट करना, दुरूपयोग करना।

prostitution *प्रौसॅ टि ट्यू शॅन n.* practice of prostituting oneself वेश्यावृत्ति; misuse दुरूपयोग।

prostrate[1] *प्रौ ˘स् ट्रेट,-ट्रिट a.* lying flat दंडवत् पड़ा हुआ; overcome पराजित; overthrown गिराया हुआ।

prostrate[2] *प्रौसॅ ट्रेट v.t.* to throw flat on ground गिरा देना; to render helpless असहाय कर देना।

prostration *प्रौसॅ ट्रे शॅन n.* act of lying flat दंडवत् अवस्था; complete exhaustion पूर्ण श्रांति।

protagonist *प्रो˘ टै गॅ निस्ट n.* supporter पक्षपोषक; chief character नायक; principal actor मुख्य अभिनेता।

protect *प्रॅ टैक्ट v.t.* to shield from danger ख़तरे से रक्षा करना।

protection *प्रॅ टैक् शॅन n.* defence रक्षा; shelter शरण, आश्रय; act of protecting बचाव; that which protects रक्षक।

protective *प्रॅ टैक् टिव a.* giving protection संरक्षी; serving as protection रक्षात्मक।

protector *प्रॅ टैक् टः n.* one who protects रक्षक।

protein *प्रो टीन n.* an organic substance found in some foods प्रोटीन।

protest[1] *प्रो टैस्ट n.* formal declaration of dissent प्रतिवाद, विरोध।

protest[2] *प्रॅ टैस्ट v.i.* to make a formal declaration of opposition प्रतिवाद करना; to raise an objection आपत्ति करना; *v.t.* to assert दृढ़तापूर्वक कहना।

protestation *प्रो˘ टेसॅ टे शॅन n.* a solemn declaration गंभीर घोषणा; an act of protest विरोध।

prototype *प्रो टॅ टॉइप n.* an original type or model आदिरूप।

proud *प्राउंड a.* feeling proper pride स्वाभिमानी; boastful घमंडी, दंभी; arrogant अक्खड़; self respecting आत्मसम्मानपूर्ण; stately शानदार।

prove *प्रूव v.t.* to try by experiment प्रमाणित करना; to establish the truth or reality of सिद्ध करना; *v.i.* to be found by experience or trial प्रमाणित होना।

proverb *प्रौ˘ वःब n.* a popular saying लोकोक्ति; maxim कहावत।

proverbial *प्रॅ वः ब्यॅल a.* widely known सर्वविदित; of the nature of a proverb लोकोक्तीय।

provide *प्रॅ वॉइड v.i.* to make preparation तैयारी करना; *v.t.* to supply मुहैया करना; to equip सुसज्जित करना; to stipulate शर्त लगाना; to give प्रदान करना।

providence *प्रौ˘ वि डॅन्स n.* foresight दूरदृष्टि; (cap.) the care which God exercises over His creatures ईश-कृपा; (cap.) God ईश्वर।

provident *प्रौ˘ वि डॅन्ट a.* thrifty मितव्ययी; showing foresight दूरदर्शी।

providential *प्रौ˘ वि डैनॅ शॅल a.* accomplished by divine providence दैवकृत; lucky शुभ।

province *प्रौ˘ विन्स n.* state प्रांत; sphere of action कार्यक्षेत्र।

provincial *प्रॅ विन् शॅल a.* of a province प्रांतीय; narrow-minded

संकीर्णतापूर्ण।

provincialism *प्रॅ विन् शॅ लिज़्म n.* the quality of being provincial प्रांतीयता; narrow-mindedness संकीर्णता।

provision *प्रॅ वि ज़न n.* act of providing व्यवस्थापन; stores provided भंडार; clause in any statute धारा।

provisional *प्रॅ वि ज़ॅ ऩल a.* temporary अस्थायी।

proviso *प्रॅ वॉइ ज़ो n. (pl. -s)* condition शर्त।

provocation *प्रॉ˘ वॅ के शॅन n.* act of provoking उत्तेजन; cause of resentment चिढ़ने का कारण।

provocative *प्रॅ वौ˘ कॅ टिव a.* exciting उत्तेजक।

provoke *प्रॅ वोक v.t.* to irritate चिढ़ाना; to stimulate प्रदीप्त करना; to incite भड़काना।

prowess *प्रॉउ इस n.* bravery वीरता; gallantry शौर्य; boldness and dexterity in war निर्भीकता।

proximate *प्रौक् सि मॅट a.* nearest समीपी; in closest relationship निकट संबंधी।

proximity *प्रौक् सि मि टि n.* state of being proximate निकटता।

proxy *प्रौक् सि n.* authorised agent or substitute अधिकृत कार्यकर्ता अथवा स्थानापन्न व्यक्ति।

prude *प्रूड n.* a person of extreme propriety अति औचित्यवादी व्यक्ति।

prudence *प्रू डॅन्स n.* quality of being prudent विवेक, सावधानी।

prudent *प्रू डॅन्ट a.* sensible and wise विवेकी; सावधान।

prudential *प्रू डैन् शॅल, प्र- a.* marked by prudence विवेकपूर्ण।

prune *प्रून v.t.* to cut away parts of (tree, etc.) छंटाई करना; to take out unnecessary part from अनावश्यक अंश निकाल देना।

pry *प्रॉइ v.i.* to peep narrowly ताक-झांक करना।

psalm *साम n.* sacred song धार्मिक भजन।

pseudonym *स्यू डो निम,-डॅ n.* false or feigned name छद्‌नाम।

psyche *सॉइ कि n.* human soul आत्मा; human mind मानव-मस्तिष्क; mentality मानसिकता।

psychiatrist *सॉइ कॉइ अॅ ट्रिस्ट n.* expert in psychiatry मनश्चिकित्सक।

psychiatry *सॉइ कॉइ अॅ ट्रि n.* treatment of mental illness मनश्चिकित्सा।

psychic *सॉइ किक a.* belonging to the soul आध्यात्मिक; psychological मनोवैज्ञानिक।

psychological *सॉइ कॅ लै˘ जि कॅल a.* pertaining to psychology or science of mind मनोवैज्ञानिक।

psychologist *सॉइ कौ˘ लॅ जिस्ट n.* one who is conversant with psychology मनोविज्ञानी।

psychology *सॉइ कौ˘ लॅ जि n.* that branch of knowledge which deals with the mind मनोविज्ञान।

psychopath *सॉइ को˘ पैथ n.* patient of mental disorder मनोरोगी।

psychosis *सॉइ को सिस n.* severe mental disorder मनोविकृति।

psychotherapy *सॉइ को˘ थै˘ रॅ पि*

n. treatment of disease by psychological methods मनश्चिकित्सा।

puberty *प्यू बॅ: टि n.* sexual maturity तारूण्य।

public[1] *पब् लिक a.* pertaining to a whole community सार्वजनिक; for the use of benefit of all सर्वोपयोगी।

public[2] *n.* people as a whole जनता।

publication *पब् लि के शॅन n.* act of publishing प्रकाशन; announcement घोषणा; something published प्रकाशित सामग्री (पुस्तक आदि)।

publicity *पब् लि सि टि n.* business of advertising प्रचार।

publicize *पब् लि सॉइज़ v.t.* to give publicity to प्रचारित करना।

publish *पब् लिश v.t.* to cause to be printed and offered for sale प्रकाशित करना; to make public सार्वजनिक बनाना।

publisher *पब् लि शॅ: n.* one who publishes (especially books) प्रकाशक।

pudding *पु डिङ्ग n.* a sweet dish पुडिंग।

puddle[1] *पड़ल n.* small, dirty pool डबरा, पोखर।

puddle[2] *v.t.* to make muddy गंदला करना।

puerile *प्यु अॅ रॉइल a.* trivial तुच्छ; suitable only for a child बचकाना।

puff[1] *पफ n.* sudden emission of breath फूंक; a whiff कश; short blast of wind झोंका; pad गदिया; swelling सूजन।

puff[2] *v.i.* to breathe hard after exertion तेज़ी से सांस लेना; to take puffs in smoking कश मारना; *v.t.* to drive with a blast फूँकना; to inflate फुलाना; to inflate with pride घमंड से भरना; to praise extravagantly अति प्रशंसा करना।

pull[1] *पुल v.t.* to draw or move towards oneself खींचना; to remove by drawing out उखाड़ना; to pluck खींचना।

pull[2] *n.* act of pulling खिंचाई; effort परिश्रम; influence प्रभाव, दबाव।

pulley *पु लि n.* grooved wheel घिरनी।

pullover *पुल् ओ वॅ: n.* sweater, jersey स्वेटर, ज़रसी।

pulp[1] *पल्प n.* soft juicy part of a fruit गूदा; soft mass of rags or wood लुगदी।

pulp[2] *v.t.* to crush into pulp लुग़दी बनाना।

pulpit *पुल् पिट a.* raised platform in temple प्रवचन-मंच।

pulpy *पल् पि a.* full of pulp गूदेदार।

pulsate *पल् सेट, पल् सेट v.i.* to beat or throb धड़कना।

pulsation *पल् से शॅन n.* single beat or throb धड़कन; throb फड़कन।

pulse[1] *पल्स n.* regular beat of arteries नब्ज़, नाड़ी-स्पंदन।

pulse[2] *v.i.* to beat or throb स्पंदित होना।

pulse[3] *n* edible seeds of pod-bearing plants दाल।

pump[1] *पम्प n.* machine for raising water or extracting air पंप।

pump[2] *v.t.* to raise, put in, take out with pump पंप से उठाना, रखना, निकालना; *v.i.* to work a pump पंप चलाना।

pumpkin *पम्प् किन n.* a variety of gourd कद्दू।

pun[1] *पन n.* play on words यमक, श्लेष।

pun[2] *(-nn-) v.i.* to make a pun यमक या श्लेष का प्रयोग करना।

punch[1] *पन्च n.* an instrument for driving holes in metal etc. पंच, छेदक; blow or thrust मुक्का।

punch[2] *v.t.* to perforate with a punch पंच से छेद करना; to hit with the fist मुक्का मारना।

punctual *पङ्क् ट्यु ॲल a.* made or done at the exact time समयानुकूल; observant of appointed time समय का पाबंद।

punctuality *पङ्क ट्यु ऐ लि टि n.* quality of being punctual समय की पाबंदी।

punctuate *पङ्क् ट्यु एट v.t.* to insert punctuation marks in में विराम-चिह्न लगाना; to interrupt में रुकावट पैदा करना।

punctuation *पङ्क ट्यु ए शॅन n.* practice of punctuating विराम-चिह्न-विधान।

puncture[1] *पङ्क चॅः n.* act of pricking छेदन; small hole thus made छिद्र।

puncture[2] *v.t.* to pierce with a small point नोक से छेद करना।

pungency *पन् जॅन् सि n.* sharpness तीव्रता; bitterness तीखापन।

pungent *पन् जॅन्ट a.* biting तीक्ष्ण; sharp तीव्र।

punish *प निश v.t.* to inflict penalty on दंड देना; to cause to suffer कष्ट पहुंचाना।

punishment *प निश् मॅन्ट n.* penalty दंड।

punitive *प्यू नि टिव a.* inflicting punishment दंडात्मक।

puny *प्यू नि a.* small and weak छोटा व दुर्बल।

pupil *प्यू प्ल n.* disciple शिष्य; aperture in the iris through which the rays of light pass पुतली।

puppet *प पिट n.* a small figure in human form mechanically worked पुतली; person who is a mere tool अधीन व्यक्ति।

puppy *प पि n.* young dog पिल्ला।

purblind *पॅः ब्लॉइंड* dim-sighted चुंधा।

purchase[1] *पॅः चॅस n.* thing bought ख़रीदी गई वस्तु; buying क्रय, ख़रीद।

purchase[2] *v.t.* to buy ख़रीदना।

pure *प्युअॅ a* unmixed अमिश्रित; clear स्पष्ट; clean साफ़; chaste पवित्र; genuine असली।

purgation *पॅः गे शॅन n.* purification शुद्धि; purging of the bowels विरेचन।

purgative[1] *पॅः गॅ टिव n.* substance having the power to purge विरेचक पदार्थ।

purgative[2] *a.* having the power to purge शोधक, विरेचक।

purgatory *पॅः गॅ टॅ रि n.* place of temporary suffering for the purification of soul शुद्धि का स्थान।

purge *पॅःज v.t.* to make pure or clean पवित्र करना; to evacuate the bowels of रेचन करना।

purification *प्युअॅ रि फ़ि के शॅन n.*

act of purifying शुद्धिकरण।

purify *प्युअ रि फ़ॉइ v.t.* to make pure or clear पवित्र करना; to free from admixture शुद्ध करना; to free from guilt or sin पापरहित करना।

purist *प्युअ रिस्ट n.* one excessively nice in the use of words etc. शुद्धिवादी।

puritan *प्युअ रि टॅन n.* person strict in morals नियमनिष्ठ व्यक्ति।

puritanical *प्युअ रि टै नि कॅल a.* very strict in morals नैतिकतावादी।

purity *प्युअ रि टि n.* state or quality of being pure शुद्धता, शुचिता।

purple *पॅ: पॅल a., n.* (colour) produced by mixing red and blue बैंगनी (रंग)।

purport[1] *पॅ: पॅ:ट n.* general intention or meaning सामान्य आशय अथवा अर्थ।

purport[2] *v.t.* to signify, to imply आशय या अभिप्राय रखना; to claim to be दावा करना।

purpose[1] *पॅ: पॅस n.* end, aim उद्देश्य; intention आशय, प्रयोजन; determination निश्चय।

purpose[2] *v.t.* to have as one's purpose उद्देश्य रखना।

purposely *पॅ: पॅस् लि adv.* intentionally जानबूझकर, सोद्देश्य।

purr[1] *पॅ: n.* pleased noise which a cat makes म्याऊँ; vibrating sound (as that of a car engine) घुरघुर।

purr[2] *v.i.* (of a cat) to make a pleased noise म्याऊँ करना; (of a car-engine) to make a vibrating sound घुरघुर करना।

purse[1] *पॅ:स n.* small money bag बटुआ; money धन।

purse[2] *v.t.* to put in a purse बटुए में रखना।

pursuance *पॅ: स्यु अॅन्स, -स्यू- n.* carrying out पालन।

pursue *पॅ: स्यू v.t.* to chase पीछा करना; to continue जारी रखना; to have as an aim or purpose (का) लक्ष्य रखना।

pursuit *पॅ: स्यूट n.* chase पीछा; attempt to obtain लक्ष्य; occupation धंधा।

purview *पॅ: व्यू n.* scope क्षेत्र; limit सीमा; sphere परिधि।

pus *पस n.* yellowish matter produced by supuration पीव, मवाद।

push[1] *पुश v.t.* to press agaist with force धकेलना; to enforce (पर) ज़ोर देना; to urge प्रोत्साहित करना; to extend बढ़ाना; to press दबाना।

push[2] *n.* act of pushing धक्का; determination निश्चय; vigorous effort or enterprise घोर प्रयत्न।

put *पुट (-tt-) v.t.* to place in any position or situation रखना; to apply लगाना; to propose प्रस्तावित करना; to express अभिव्यक्त करना।

puzzle[1] *प ज़ॅल n.* problem समस्या, पहेली; state of bewilderment उलझन।

puzzle[2] *v.t.* to perplex उलझन में डालना।

pygmy (pigmy) *पिग् मि n.* dwarf बौना।

pyorrhoea *पॉइ अॅ रि अॅ n.* a disease of the gums पायरिया।

pyramid *पि रॅ मिड n.* solid structure built in ancient Egypt पिरामिड।

pyre *पॉइ अॅः n.* large pile of wood for burning a dead body चिता।

python *पॉइ थौनॅ,-थॅन n.* a large snake that crushes its prey अजगर।

Qq

Q क्यू the seventeenth letter of the English alphabet, this letter was absent in the Anglo-Saxon alphabet, it is alsways followed by 'u' in English words, Roman numeral for 500. अंग्रेजी वर्णमाला का सत्रहवाँ अक्षर, अंग्रेजी की प्राचीन लिपि में इसका प्रयोग न था, kw से इस अक्षर का उच्चारण प्रकट होता था, अंग्रेजी के शब्दों में Q के बाद सर्वदा 'u' आता है, रोमन संख्या में ५०० के लिये संकेत।

quack[1] *क्वैक v.i.* to make the cry of a duck बतख़ की तरह टर्राना।

quack[2] *n.* cry of a duck बतख़ का शब्द; pretending physician ठगविद्या करनेवाला, नीमहकीम।

quackery *क्वै कॅ रि n.* pretension to medical skill नीमहकीमी।

quadrangle *क्वौ ँड़ रैङ् ग्ल n.* open four-sided court चौकोर आंगन; a figure with four angles चतुर्भुज।

quadrangular *क्वौ ँ ड्रैङ् ग्यु लॅः a.* four-sided चतुष्कोणीय।

quadrilateral *क्वौ ँड़ रि लै ँ टॅ रॅल a. & n.* four-sided (figure) चार भुजा की (आकृति)।

quadruped *क्वौ ँड़ रू पै ँड n.* four-footed animal चौपाया, चतुष्पद।

quadruple[1] *क्वौ ँड़ रू प्ल a.* four-fold चौगुना।

quadruple[2] *v.t.* to make four-fold चौगुना करना।

quail *क्वेल n.* a small bird like partridge बटेर।

quaint *क्वेन्ट a.* strange, unusual, old-fashioned विचित्र, विलक्षण, पुराने ढंग का।

quake[1] *क्वेक v.i.* to shake, to tremble कांपना, थर्राना।

quake[2] *n.* quaking कंपकंपी, थर्राहट।

qualification *क्वौ ँ लि फि के शॅन n.* ability योग्यता; restriction मर्यादा, विशिष्टता।

qualify *क्वौ ँ लि फ़ॉइ v.i.* to become fit to do a particular thing योग्य बनना; to pass a test or examination परीक्षा या प्रतियोगिता में उत्तीर्ण होना; *v.t.* to moderate, to limit सीमित करना; to make fit योग्य बनाना।

qualitative *क्वौ ँ लि टॅ टि व a.* relating to quality जाति, स्वभाव या गुण-संबंधी।

quality *क्वौ ँ लि टि n.* nature or worth of anything गुण, जाति; rank पद; nature स्वभाव, लक्षण।

quandary *क्वौनॅ डॅ रि n.* perplexity दुविधा, व्याकुलता, घबराहट।

quantitative *क्वौनॅ टि टॅ टिव a.* relating to quantity परिणाम संबंधी।

quantity *क्वौनॅ टि टि n.* amount

परिमाण, विस्तार, मात्रा, अंश।

quantum *क्वौन् टम n.* desired amount आवश्यक परिमाण या मात्रा।

quarrel[1] *क्वौ˘ रॅल n.* angry dispute कलह, झगड़ा; disagreement विवाद।

quarrel[2] *(-ll-) v.i.* to argue or disagree angrily with somebody झगड़ना।

quarrelsome *क्वौ˘ रॅल् सॅम a.* fond of quarrels झगड़ालू, लड़ाका।

quarry[1] *क्वौ ˘ रि n.* place where stone, slate etc. is got out of ground खदान, खान।

quarry[2] *v.i.* to work in a quarry खान से पत्थर निकालना।

quarter[1] *क्वौ ˘ टॅ: n.* fourth of any thing चतुर्थ भाग; post स्थान; direction दिशा; lodgings ठहरने का स्थान।

quarter[2] *v.t.* to divide into four equal parts चार भाग करना; to lodge ठहराना।

quarterly[1] *क्वौ : टॅ: लि a.* coming each quarter तीसरे महीने, होनेवाला, त्रैमासिक।

quarterly[2] *n.* three-monthly magazine त्रैमासिक पत्रिका।

queen *क्वीन n.* wife of a king राजपत्नी; woman who rules a country महारानी, रानी; a piece in chess (शतरंज में) वज़ीर; card with the picture of queen (ताश में) बेगम।

queer *क्विअॅ: a.* strange, very unusual अनूठा, विलक्षण।

quell *क्वैलॅ v.t.* to overcome वश में करना; to suppress दबाना; to allay शांत करना।

quench *क्वैन्च v.t.* to damp down or put out (fire) (आग या प्यास) बुझाना, दबाना, to put an end to (something) शांत करना, चुप कर देना।

query[1] *क्विअॅ रि n. (pl. queries)* question प्रश्न, पूछताछ।

query[2] *v.t.* to ask questions प्रश्न करना।

quest[1] *क्वै˘स्ट n.* search अन्वेषण, खोज, अनुसंधान।

quest[2] *v.t.* to search खोज करना।

question[1] *क्वैसॅ् चॅन n.* enquiry प्रश्न, जांच; point of debate विवाद या विचार का विषय।

question[2] *v.t.* to ask for information प्रश्न पूछना, जांचना; to interrogate पूछताछ करना; to doubt संदेह करना।

questionable *क्वैस् चॅ नॅ बल a.* doubtful संदेहयुक्त, अनिश्चित।

questionnaire *क्वैसॅ् चॅ ने˘ अॅ: n.* a list of questions प्रश्नमाला।

queue *क्यू n.* line of people waiting their turn पंक्ति, क़तार।

quibble[1] *क्वि बल n.* evasive answer वाक्छल, वक्रोक्ति, शब्द-श्लेष।

quibble[2] *v.i.* to indulge in quibble वाक्छल करना, टेढ़ा बोलना, शब्द-श्लेष का प्रयोग करना।

quick[1] *क्विक a.* swift, hasty फुरतीला, प्रस्तुत, तीव्र।

quick[2] *n.* sensitive flesh शरीर का जीवित (मर्म) भाग।

quicksand *क्विक् सैन्ड n.* loose, wet sand नदी या समुद्र का-धसकनेवाला बालू का किनारा।

quicksilver *क्विक सिल् वॅ: n.* mercury पारद, पारा।

quiet[1] क्वॉइ अॅट *a.* calm, silent निश्चल, शांत, सौम्य, चुपचाप।

quiet[2] *n.* calmness शांति, स्थिरता।

quiet[3] *v.t.* to make calm स्थिर करना; *v.i.* to be calm शांत होना।

quilt *क्विल्ट n.* padded coverlet रज़ाई, तोषक, गद्दा, तोषक की खोली।

quinine *क्वि नीन n.* bitter drug for malaria कुनैन।

quintessence *क्विन् टै ˘ सॅन्स n.* purest form शुद्धतम रूप, essential feature मुख्य लक्षण, embodiment मूर्तरूप।

quit *क्विट (-tt-) v.t.* to leave छोड़ना, त्यागना।

quite *क्वॉइट adv.* wholly सर्वथा, पूरी तरह से, बिलकुल।

quiver[1] *क्वि वॅः n.* arrow case तरकस।

quiver[2] *v.i.* to tremble कांपना, थर्राना।

quixotic *क्विक् सौ ˘ टिक a.* idealistic आदर्शपूर्ण; chivalrous वीरतापूर्ण।

quiz[1] *क्विज़ n.* general knowledge test सामान्य ज्ञान-परीक्षा।

quiz[2] *v.t.* to question, to interrogate प्रश्न पूछना।

quorum *क्वौ ˘ रॅम n.* minimum number for a meeting कोरम, किसी सभा के कार्य के लिए सभासदों की निर्दिष्ट संख्या।

quota *क्वो ˘ टॅ n.* assigned share कोटा, अंश, स्थिर भाग।

quotation *क्वो ˘ टे शॅन n.* citation उद्धरण; market rate प्रचलित मूल्य।

quote *क्वो ˘ट v.t.* to cite किसी के शब्द का उद्धरण करना; to state (price) मूल्य बतलाना।

quotient *क्वो शॅन्ट n.* number obtained by dividing one number by another भागफल।

Rr

R आर् the eighteenth letter of the English alphabet, Roman numeral for 80. अंग्रेजी वर्णमाला का अठारहवाँ अक्षर, अस्सी संख्या के लिए संकेत; **The three R's** (*reading, writing and arithmetic*) पढ़ना, लिखना तथा अंकगणित–ये तीन "आर्स्" कहलाते हैं।

rabbit *रे बिट n.* burrowing rodent allied to the hare ख़रगोश।

rabies *रे बीज़ n.* viral disease transmitted by dogs जलातंक।

race[1] *रेस n.* descendant वंश; class वर्ग; sect जाति; running दौड़; contest प्रतिस्पर्धा।

race[2] *v.i.* to run swiftly तेज़ दौड़ना।

racial *रे शॅल a.* pertaining to race or lineage कुल या वंश-संबंधी।

racialism *रे शॅ लिज़्म n.* characteristics of a race किसी जाति की विशिष्टता।

rack[1] *रैक v.t.* to distort मरोड़ना; to torture सताना।

rack[2] *n.* an instrument of torture शिकंजा।

racket *रै किट n.* a confused din शोरगुल; the bat used in tennis टेनिस का बल्ला; dishonest way of getting money तिकड़म, चालाकी।

radiance रे डि *अॅन्स,-ड्यॅन्स n.* lustre कांति; brilliancy चमक।

radiant रे *डि अॅन्ट, -ड्यॅन्ट a.* issuing rays किरणें फैलानेवाला; beaming चमकीला।

radiate रे *डि एट v.t.* to emit rays of (light) विकीर्ण करना; to spread out प्रसारित करना; *v.i.* to sparkle जगमगाना।

radiation रे *डि ए शॅन n.* beamy brightness रश्मि-प्रकाश; spreading out प्रसारण; emission of rays विकिरण।

radical रै *डि कॅल a.* essential तत्वरूप; original असली; fundamental मौलिक; drastic उग्र।

radio[1] रे *डि ओ n.* wireless telegraphy or telephony बिना तार का यंत्र, रेडियो।

radio[2] *v.t.* to transmit by wireless telegraphy बिना तार के (समाचार) भेजना।

radish रै *डिश n.* salad plant with a white or red edible root मूली।

radium रे *ड्यॅम,* रे *डि अॅम n.* an intensely radioactive element रेडियम धातु।

radius रे *डि अॅस,* रे *ड्यॅस n. (pl. radii* रे डि ऑइ) a straight line from the centre of a circle to the circumference अर्द्धव्यास, त्रिज्या।

rag[1] रैग *n.* rough separate fragment चिथड़ा; torn piece of woven material वस्त्रखंड; roofing stone or tile खपरैल।

rag[2] *(-gg-) v.t.* to tease कष्ट देना; to play rough jokes upon भद्दी हंसी करना।

rage[1] रेज *n.* violent anger क्रोध; violence उत्पात; enthusiasm उत्साह।

rage[2] *v.i.* to be furious with anger क्रोध करना।

raid[1] रेड *n.* hostile incursion आक्रमण, धावा; sudden visit by authorities छापा।

raid[2] *v.t.* to make a raid on पर छापा मारना या धावा बोलना *v.i.* to carry out a raid छापा मारना।

rail[1] रेल *n.* horizontal bar of wood or metal छड़; railing घेरा; a railway रेलमार्ग।

rail[2] *v.t.* to inclose with rails छड़ों से घेरना *v.i.* to use abusive language गाली देना।

raling रे *लिङ्ग n.* a fence घेरा, कठघरा।

raillery रे *लॅ रि n.* good humoured teasing दिल्लगी, परिहास, मज़ाक़।

railway रेल् *वे n.* road having iron rails laid in parallel lines on which carriages run रेलपथ।

rain[1] रेन *v.i.* to fall in drops from the clouds वर्षा होना, बरसना; *v.t.* to send down बरसाना।

rain[2] *n.* cloud-water वर्षा।

rainy रे *नि a.* having much rain वर्षावाला।

raise रेज़ *v.t.* to lift उठाना; to construct निर्माण करना; to elevate ऊपर उठाना; to increase बढ़ाना; to bring forward प्रस्तुत करना; to collect एकत्र करना।

raisin रे *ज़्न n.* dried grape किशमिश।

rally[1] रै *लि v.t.* to re-unite समेटना, फिर से जोड़ना; to attack with raillery दिल्लगी करना; *v.i.* to recover strength or vigour शक्ति जुटाना; to come together एकत्र होना।

rally[2] *n.* coming together संगठन; recovery of strength शक्ति-संचय; inprovement during illness स्वास्थ्य-लाभ; (tennis etc.) long exchange of continuous strokes लंबी भिड़ंत; gathering or assembly जमघट।

ram[1] *रैम* *n.* uncastrated male sheep मेढ़ा, भेड़ा।

ram[2] *(-mm-) v.t.* to strike against with force टक्कर मारना; to stuff भर देना।

ramble[1] *रैम् ब्ल* *v.t.* to roam carelessly about घूमना।

ramble[2] *n.* irregular excursion पर्यटन, भ्रमण।

rampage[1] *रैम् पेज* *v.i.* to dash about violently क्रोध में इधर-उधर दौड़ना।

rampage[2] *n.* angry or violent behaviour क्रोधपूर्ण व हिंसात्मक आचरण।

rampant *रैम् पॅन्ट* *a.* unrestrained अनियंत्रित; violent तीक्ष्ण; aggressive आक्रामक।

rampart *रैम् पाःट,-पॅःट* *n.* parapet or bulwark किले की दीवार; defence सुरक्षा।

rancour *रैङ्कॅः* *n.* deep-seated enmity गहरी शत्रुता; malignity विद्वेष।

random *रैन् डॅम* *a.* done without definite object एकाएक किया हुआ।

range[1] *रेन्ज* *v.t.* to place in order क्रम से रखना; *v.i.* to move, to wander घूमना; to vary within limits सीमाओं के बीच होना।

range[2] *n.* scope कार्यक्षेत्र; extent सीमा; series of mountains पर्वत-श्रेणी; reach पहुंच; limit सीमा; variety विभिन्नता; distance covered by a shot गोली की मार; place where shooting is carried on चांदमारी।

ranger *रेन् जॅः* *n.* official connected with a forest or park वनपाल।

rank[1] *रैङ्क* *n.* row, line पंक्ति; official grade पद; a social class वर्ग; high position in society प्रतिष्ठा।

rank[2] *v.t.* to classify वर्गीकृत करना; to put in a class किसी श्रेणी में रखना; *v.i.* to have a place स्थान रखना।

rank[3] *a.* (of plants) growing too luxuriantly अत्यधिक बढ़नेवाला; foul smelling बदबूदार; coarse अशिष्ट, गंवारू; extreme नितांत।

ransack *रैन् सैक* *v.t.* to search thoroughly छान मारना, खोजना; to plunder लूटना।

ransom[1] *रैन् सॅम* *n.* release from captivity by payment रिहाई; price paid for redemption or pardon निष्कृतिधन।

ransom[2] *v.t.* to pay ransom for धन देकर छुड़ाना; to set free in exchange for ransom धन लेकर छोड़ना।

rape[1] *रेप* *n.* sexual assault on बलात्कार; violation उल्लंघन।

rape[2] *v.t.* to make sexual assualt on (से) बलात्कार करना।

rapid *रै पिड* *a.* quick, swift तीव्र।

rapidity *रे पि डि टि* *n.* quickness तीव्रता।

rapier *रे पिअॅः* *n.* a light sword हल्की तलवार।

rapport रै पौः *n.* harmony मेल, घनिष्ठता।

rapt रैप्ट *a.* wholly absorbed तन्मय।

rapture रैप् चॅः *n.* extreme joy or pleasure हर्षातिरेक।

rare रे˘ अॅः *a.* not frequent यदाकदा होनेवाला; uncommon असाधारण; very valuable मूल्यवान; thin विरल।

rascal *रास् कॅल* *n.* a scoundrel धूर्त व्यक्ति।

rash *रैश* *a.* hasty जल्दबाज़; over-bold दुस्साहसी।

rat रैट *n.* a small rodent चूहा।

rate¹ रेट *v.t.* to appraise मूल्यांकन करना; to consider मानना; to fix the value of का मूल्य निर्धारित करना।

rate² *n.* proportion अनुपात; price मूल्य; degree of speed गति की मात्रा; reckoning दर।

rather *रा दॅः* *adv.* more readily अधिक तत्परता से; somewhat कुछ-कुछ।

ratify रै *टि फ़ॉइ* *v.t.* to confirm पुष्टि करना।

ratio रे *शिओ* *n. (pl. ratios)* relation or proportion अनुपात।

ration रै *शॅन* *n.* daily allowance of provisions रसद, राशन।

rational रै *शॅ नॅल* *a.* endowed with reason बुद्धिसंपन्न; reasonable तर्कसंगत; sensible विवेकशील, समझदार।

rationale रै *शिॲ ना लि* *n.* logical basis तर्कसम्मत आधार।

rationality रै *शॅ नै लि टि* *n.* the quality of being rational तर्कसंगतता; the power of reasoning तर्कशक्ति।

rationalize रै *शॅ नॅ लॉइज़* *v.t.* to justify by plausible resoning तार्किक आधार पर उचित बताना।

rattle¹ रै *ट्ल* *v.i.* to clatter खड़खड़ाना; *v.t.* to say or repeat (something quickly) जल्दी-जल्दी कहना या दुहराना।

rattle² *n.*short sharp′ sound खड़खड़।

ravage¹ रे *विज* *n.* devastation विध्वंस।

ravage² *v.t.* to cause violent destruction to तहस-नहस करना।

rave *रेव* *v.i.* to be delirious बड़बड़ाना।

raven रे *व्न* *n.* a black bird like crow काला कौआ।

ravine *रॅ वीन* *n.* a deep narrow valley कंदरा।

raw *रौ* *a.* not manufactured अनिर्मित; uncooked अपक्व; inexperienced अनुभवरहित; untrained अप्रशिक्षित; crude फूहड; cold and damp ठंडा और नम।

ray रे *n.* line of light किरण।

raze *रेज़* *v.t.* to scratch out खुरचना, मिटाना; to lay level with the ground भूमिसात करना।

razor रे *ज़ः* *n.* knife for shaving off hair उस्तरा।

reach *रीच* *v.t.* to extend फैलाना, बढ़ाना; to gain प्राप्त करना; to attain to पर पहुंचना।

react *रि ऐक्ट, री-* *v.i.* to act upon the doer प्रतिकार करना, प्रतिक्रिया करना।

reaction *रि ऐक् शॅन, री-* *n.* reciprocal action प्रतिक्रिया; counteraction विरूद्ध क्रिया।

reactinary *रि ऐक् शॅ नॅ रि, री- a.* implying reaction प्रतिकार करने वाला।

read *रीड v.t. (pt. & p.p. read रै ˘ड)* to look at and understand (written matter) पढ़ना; to learn by reading शिक्षा प्राप्त करना; to utter बोलना; to interpret व्याख्या करना; to study अध्ययन करना; *v.i.* to be able to understand what is written पढ़ने की क्षमता रखना।

reader *री डॅः n.* one who reads पाठक; teacher in university रीडर; textbook for reading in class पाठमाला।

readily *रै ˘ डि लि adv.* promptly शीघ्रता से; cheerfully सुख से।

readiness *रै ˘ डि निस n.* quickness तत्परता; willingness इच्छा।

ready *रै ˘ डि a.* prepared तैयार; willingly disposed उद्यत; present at hand उपस्थित।

real *रिॲल a.* actual वास्तविक; genuine असली।

realism *रिॲ लिज़्म n.* regarding things as they are यथार्थ।

realist *रिॲ लिस्ट n.* person who believes in realism यथार्थवादी।

realistic *रिॲ लिस् टिक a.* pertaining to realism यथार्थवादी।

reality *रि ऐ लि टि, री- n.* state or quality of being real वास्तविकता; actuality सच्चाई।

realization *रि ॲ लॉइ ज़े शॅन n.* full awareness अनुभूति, अहसास; obtaining प्राप्ति; collection वसूली।

realize *रि ॲ लॉइज़ v.t. & i.* to make real वास्तविक बनाना; to convert into money रुपये में बदलना; to acquire प्राप्त करना; to be fully conscious of अनुभव करना; to collect वसूल करना।

really *रिॲ लि adv.* actually वास्तव में; in truth वस्तुतः।

realm *रै ˘ल्म a.* kingdom राज्य; region क्षेत्र।

ream *रीम* 480 sheets of paper रिम (काग़ज़ का)।

reap *रीप v.t.* to cut with a scythe काटना; to gather (harvest) (फ़सल) एकत्र करना; to receive as fruit of previous activity कर्म के फल के रूप में पाना।

reaper *री पॅः n.* a person who reaps लुनेरा; a reaping machine फ़सल कट।

rear[1] *रिॲः n.* back part पिछला भाग; last part of army, fleet etc. सेना, बेड़े आदि का सबसे अंतिम भाग।

rear[2] *v.t.* to bring up पालन-पोषण करना; to raise, to lift up उठाना; *v.i.* to rise on hind legs पिछली टांगों पर खड़ा होना।

reason[1] *री ज़्न n.* justification औचित्य; cause कारण; sanity विवेक; rational ground तर्क।

reason[2] *v.i.* to make use of one's reason बुद्धि से काम लेना; to argue तर्क करना; *v.t.* to say by way of argument तर्कस्वरूप कहना; to persuade by argument समझाना।

reasonable *री ज़ॅ नॅ ब्ल a.* logical तर्कसंगत; able to reason तर्कशील; moderate यथोचित।

reassure *री ॲ शुॲः v.t.* to assure anew पुनः विश्वास दिलाना।

rabate *री बेट n.* deduction छूट।

rebel[1] *रि बैलॅ (-ll-) v.i.* to revolt विद्रोह करना।

rebel[2] *रै ब्ल n.* one who rebels विद्रोही।

rebellion *रि बैलॅ् यॅन n.* act of rebelling, revolt बग़ावत।

rebellious *रि बैलॅ् यॅस a.* pertaining to rebellion विद्रोहमूलक; mutinous बाग़ी।

rebirth *री बॅ:थ n.* being born again पुनर्जन्म; revival पुनरूत्थान।

rebound[1] *रि बॉउन्ड v.i.* to spring or bound back प्रतिक्षिप्त होना; to come back upon oneself स्वयं पर प्रतिघात करना।

rebound[2] *री बॉउन्ड n.* act of rebounding प्रतिक्षेप, उच्छलन।

rebuff[1] *रि बफ़ n.* snubbing झिड़की; defeat पराजय।

rebuff[2] *v.t.* to check रोकना; to snub झिड़कना।

rebuke[1] *रि ब्यूक v.t.* to reprove sharply फटकारना, डांटना।

rebuke[2] *n.* reproof फटकार।

recall[1] *रि कौल v.t.* to call or bring back, to summon back वापस बुलाना; to recollect स्मरण करना।

recall[2] *n.* a call to return वापस बुलाना; ability to remember स्मरण-क्षमता।

recede *रि सीड v.i.* to go back or away पीछे या दूर जाना; to become distant दूरी पर होना।

receipt *रि सीट n.* act of receiving प्राप्ति; a written acknowledgement of something received पावती।

receive *रि सीव v.t.* to accept स्वीकार करना, to take लेना; to get प्राप्त करना; to greet स्वागत करना।

receiver *रि सी वॅ: n.* one who accepts stolen goods चोर-हटिया; earpiece of telephone चोग़ा; official taking public money गृहीता, रिसीवर; person who takes something पानेवाला।

recent *री स्न्ट a.* new नया, ताज़ा; that has lately happened हाल का।

recently *री स्न्ट् लि adv.* lately, not long ago हाल ही में।

reception *रि सैपॅ् शॅन n.* welcome स्वागत; formal social gathering स्वागत-समारोह; signals recieved अभिग्रहण।

receptive *रि सैपॅ् टिव a.* such as to receive readly शीघ्र-ग्रहणकारी।

recess *रि सैसॅ n.* period of retirement अवकाश; vacation अनध्याय; niche ताक़, आला; hollow कोटरिका; hidden place गुप्त स्थान।

recession *रि सैॅ शॅन n.* withdrawal वापसी; period of reduced economic activity व्यापारिक मंदी।

recipe *रै ॅ सि पि n.* medical prescription नुसखा; direction for preparing a dish पाक-विधि; expedient उपाय।

recipient *रि सि पि ॲन्ट n.* one who receives प्रापक।

reciprocal *रि सि प्रॅ कॅल a.* mutual पारस्परिक।

reciprocate *रि सि प्रॅ केट v.t.* to exchange आदान-प्रदान करना; to give and take mutually अदल-बदल करना।

recital *रि सॉइ ट्ल n.* narration विवरण, वृत्तांत; a programme of music संगीत का कार्यक्रम; act of reciting गायन-प्रस्तुति।

recitation रै˘ सि टे शॅन *n.* recital from memory पाठ।

recite रि सॉइट *v.t.* to repeat aloud सुनाना।

reckless रैक् लिस *a.* heedless, careless लापरवाह; rash जल्दबाज़।

reckon रै˘ कॅन *v.t.* to count गिनती करना; to consider मानना; to include सम्मिलित करना; to estimate अनुमान लगाना; to calculate गणना करना।

reclaim रि क्लेम *v.t. & i.* to claim back वापिस मांगना; to make fit for cultivation कृषि-योग्य बनाना; to recover पुनः प्राप्त करना; to reform सुधारना।

reclamation रै˘ क्लॅ मे शॅन *n.* reform सुधार; making fit for cultivation भूमि-सुधार।

recluse रि क्लूस *n.* person who lives alone एकांतवासी।

recognition रै˘ कॅग् नि शॅन *n.* acknowledgement मान्यता; formal identification पहचान।

recognize रै˘ कॅग् नॉइज़ *v.t.* to know again पहचान लेना; to acknowledge formally मान्यता देना; to indicate appreciation of मानना।

recoil[1] रि कौ˘इल *v.i.* to move or start back पीछे हटाना; to rebound वापस निकल जाना।

recoil[2] a starting or falling back वापसी, प्रतिक्षेप।

recollect रै˘ कॅ लैक्ट *v.t.* to remember स्मरण करना।

recollection रै˘ कॅ लैक् शॅन *n.* remembrance स्मरण।

recommend रै कॅ मैन्ड *v.t.* to praise प्रशंसा करना; to speak well of, to make acceptable संस्तुति करना; to advise सलाह देना।

recommendation रै˘ कॅ मैन् डे शॅन *n.* favourable representation संस्तुति।

recompense[1] रै˘ कॅम् पैन्स *v.t.* to compensate क्षतिपूर्ति करना; to make amends for प्रतिफल देना।

recompense[2] *n.* reward पुरस्कार compensation क्षतिपूर्ति।

reconcile रै˘ कॅन् सॉइल *v.t.* to make friendly again से मेलमिलाप कराना; to harmonize में सामंजस्य करना; to accept स्वीकार करना।

reconciliation रै˘ कॅन् सि लि ए शॅन *n.* renewal of friendship मित्रता का नवीनीकरण।

record[1] रि कौःड *v.t.* to preserve in writing अंकित करना; to register पंजीकृत करना।

record[2] रै कौःड *n.* an unbeaten performance कीर्तिमान; official report अभिलेख; facts known ज्ञात तथ्य; a disc for a gramophone ग्रामोफ़ोन रिकार्ड।

recorder रि कौःडॅ *n.* one who records लेखक, कार्यालय का रिकार्ड रखनेवाला।

recount रि कॉउन्ट *v.t.* to tell in detail ब्योरा देना।

recoup रि कूप *v.t.* to compensate क्षतिपूर्ति करना।

recourse रि कौःस *n.* resort to a possible help आश्रय।

recover रि क वॅः *v.t.* to get back वापिस पाना; *v.i.* to grow well स्वस्थ होना।

recovery *रि क वॅ रि n.* act of recovering वसूली; regaining health स्वास्थ्य-लाभ।

recreation *रै˘ क्रि ए शॅन n.* entertainment मनोरंजन; source of recreation मनोरंजन का साधन।

recruit[1] *रि क्रूट n.* newly enlisted soldier रंगरूट; a new member नया सदस्य।

recruit[2] *v.t.* to enlist in the army भर्ती करना; to engage नियुक्त करना।

rectangle *रैक् टैङ् गल n.* a quadrilateral with right angles आयत।

rectangular *रैक् टैङ् ग्यु लॅः a.* shaped like a rectangle आयताकार।

rectification *रैक् टि फ़ि के शॅन n.* act of rectifying समाधान, शुद्धि।

rectify *रैक् टि फ़ॉइ v.i.* to correct सही करना; to purify शुद्ध करना।

rectum *रै˘क् टॅम n.* the lowest part of the large intestine opening at the anus गुदा, मलद्वार।

recur *रि कॅः (-rr-) v.i.* to happen again पुनरावृत्ति होना।

recurrence *रि क रॅन्स n.* return पुनरागमन; repetition पुनरावृत्ति।

recurrent *रि क रॅन्ट a.* recurring from time to time आवर्तक।

red[1] *रै˘ड a.* of a colour resembling that of arterial blood लाल रंग का।

red[2] *n.* colour resembling that of arterial blood लाल रंग।

redden *रै ड्न v.t.* to make red; *v.i.* to become red लाल होना।

reddish *रै डिश a.* somewhat red ललछौहां।

redeem *रि डीम v.t.* to rescue मुक्त करना; to ransom धन देकर छुड़ाना; to free from sin पाप से मुक्त करना; to make up for की कमी पूरी करना।

redemption *रि डैम्प् शॅन n.* deliverance from sin, atonement प्रायश्चित-द्वारा पाप-मुक्ति; release छुटकारा।

redouble *रि ड बल, री- v.t.* to increase बढ़ाना; to intensify घनीभूत करना; *v.t.* to be increased बढ़ना, अधिक होना।

redress[1] *रि ड्रैसॅ v.t.* to remedy उपाय करना; to readjust दुबारा दुरूस्त करना; to rectify शुद्ध करना; to compensate क्षतिपूर्ति करना।

redress[2] *n.* act of redressing सुधार, शुद्धि; compensation क्षतिपूर्ति।

reduce *रि ड्यूस v.t.* to decrease कम करना; to change बदलना; to slim पतला करना।

reduction *रि डक् शॅन n.* act of reducing न्यूनन; diminution कमी; subjugation पराभव।

redundance *रि डन् डॅन्स n.* being redundant फालतूपन।

redundant *रि डन् डॅन्ट a.* superfluous फ़ालतू; not needed अनावश्यक।

reel[1] *रील n.* a bobbin for thread चर्खी; (cinema) length of film रील; a staggering motion लड़खड़ाहट।

reel[2] *v.i.* to stagger लड़खड़ाना।

refer *रि फ़ॅः v.t.* to send भेजना; to assign सौंपना; to submit प्रस्तुत करना; to ascribe से संबद्ध करना; *v.i.* to allude हवाला देना; to make mention ज़िक्र करना।

referee रै ˘ फ़ॅ री *n.* an umpire निर्णयकर्त्ता।

reference रै ˘ फ़ॅ रॅन्स *n.* act of referring निर्देशन; mention ज़िक्र, चर्चा; connection संदर्भ, प्रसंग; testimonial प्रमाण-पत्र; citation उद्धरण।

referendum रै ˘ फ़ॅ रैनॅ डॅम *n.* the referring of a question to the people for final approval जनमत-संग्रह।

refine रि फ़ॉइन *v.t.* to purify शुद्ध करना; to free from defects सुधारना।

refinement रि फ़ॉइन् मॅन्ट *n.* act of refining शुद्धता; fineness of taste or feeling शिष्टता।

refinery रि फ़ॉइ नॅ रि *n.* place and apparatus for refining sugar, metals, etc. परिशोधनशाला।

reflect रि फ़्लैक्ट *v.t.* to throw back (heat, light etc.) परावर्तित करना; to send back an image of प्रतिबिंबित करना; to express प्रकट करना; *v.i.* to meditate चिंतन करना।

reflection रि फ़्लैक् शॅन *n.* act of reflecting परार्वतन; censure निंदा; consideration विचार; meditation ध्यान।

reflective रि फ़्लैक् टिव *a.* throwing back परावर्तक; contemplative चिंतनशील।

reflector रि फ़्लैक् टॅः *n.* one who reflects प्रतिक्षेपक।

reflex[1] री फ्लैक्स *n.* an involuntary action अनैच्छिक क्रिया।

reflex[2] *a.* involuntary अनैच्छिक; reflected परावर्तित।

reflexive रि फ़्लैक् सिव *a*, reflective कर्त्ता-संबंधी।

reform[1] रि फ़ौःम *v.t.* to make better सुधारना; to correct दोष हटाना।

reform[2] improvement सुधार; removal of defects दोषनिवृति।

reformation रै ˘ फ़ॅः मे शॅन *n.* act of reforming सुधार।

reformatory[1] रै ˘ फ़ॅः मॅ टॅ रि *n.* an institution for reclaiming young criminals सुधार-गृह।

reformatory[2] *a.* tending to produce reform सुधारात्मक।

reformer रि फ़ौः मॅः *n.* one who reforms सुधारक।

refrain[1] रि फ़्रेन *v.i.* to abstain (from) (से) अलग रहना।

refrain[2] *n.* burden of a song or poem टेक, स्थायी।

refresh रि फ़्रैशॅ *v.t.* to revive नया करना; to freshen ताज़ा करना।

refreshment रि फ़्रैशॅ मॅन्ट *n.* act of refreshing ताज़गी; light food, drink etc. जलपान।

refrigerate रि फ़्रिजॅ रेट *v.t.* to cool शीतल करना।

refrigeration रि फ़्रिजॅ रे शॅन *n.* freezing, cooling प्रशीतन।

refrigerator रि फ़्रि जॅ रे टॅः *n.* an apparatus for cooling or for making ice शीतक यंत्र, प्रशीतित्र।

refuge रै ˘ फ़्यूज *n.* shelter शरण; place of shelter शरणस्थल।

refugee रैˇ फ़्यू जी *n.* one who seeks refuge शरणार्थी।

refulgence रि फ़ल् जॅन्स *n.* brightness चमक, दीप्ति।

refulgent रि फ़ल् जॅन्ट *a.* shining, bright देदीप्यमान।

refund[1] रि फ़न्ड *v.t.* to pay back लौटाना।

refund[2] री फ़न्ड *n.* repayment धन की वापसी।

refusal रि फ़्यू ज़ॅल *n.* denial of something offered अस्वीकृति; rejection प्रतिषेध।

refuse[1] रि फ़्यूज़ *v.t.* to make refusal of अस्वीकार करना; to deny मना करना; to reject प्रतिषेध करना।

refuse[2] रैॅ फ़्यूस *n.* rubbish, useless matter अवशिष्ट, मल।

refutation रैॅ फ़्यु टे शॅन, -फ़्यू- *n.* disproof खंडन।

refute रैॅ फ़्यूट *v.t.* to disprove खंडन करना; to rebut by argument तर्क से असत्य ठहराना।

regal री गॅल *a.* royal राजकीय, शाही।

regard[1] रि गाःड *v.t.* to notice carefully ध्यान से देखना; to respect आदर करना; to take into account विचार करना; to consider मानना; to relate to से संबद्ध होना।

regard[2] *n.* look दृष्टि; attention ध्यान; respect सम्मान; point, matter मामला।

regenerate री जैॅ नॅ रेट *v.t.* to generate anew फिर से उत्पन्न करना; to bring into a better state सुधारना; to reform morally (में) नैतिक सुधार लाना; *v.i.* to grow again पुनः विकसित होना।

regeneration रि जैॅ नॅ रे शॅन *n.* act of regenerating सुधार, उत्थान; reproduction पुनर्जन्म।

regicide रैॅ जि सॉइड *n.* murder of a king राजहत्या; murderer of a king राजहंता।

regime रे ज़ीम *n.* administration प्रशासन; system व्यवस्था।

regiment रैॅ जि मॅन्ट *n.* unit of army commanded by a colonel सैन्यदल।

regiment[2] रैॅ जि मैन्टॅ *v.t.* to organize, संगठित करना, to discipline नियंत्रित करना।

region री जॅन *n.* area, territory भूभाग; part of the body शरीरांग; tract of land मंडल; sphere क्षेत्र।

regional री जॅ नॅल *a.* pertaining to a region क्षेत्रीय, मंडलीय।

register[1] रैॅ जिस् टॅः *n.* list सूची; record book पंजिका; written record लेखा; range of voice स्वर-विस्तार।

register[2] *v.t.* to enter in register पंजीकृत करना; to record दर्ज करना; to show दर्शाना; to set down in writing लिपिबद्ध करना।

registrar रैॅ जिस् ट्राः *n.* officer charged with keeping registers पंजीयक, कुलसचिव।

registration रैॅ जिस् ट्रे शॅन *n.* act of registering पंजीकरण; getting registered पंजीयन।

registry रैॅ जिस् ट्रि *n.* registration पंजीयन, पंजीकरण; place where registers are kept लेखागार।

regret[1] रि ग्रैॅट (-tt-) *v.i.* to be sorry for दुःखी होना।

regret[2] *n.* sorrow, feeling of sadness खेद।

regular रैॅ ग्यु लॅः *a.* formal औपचारिक; usual सामान्य; systematic यथारीति; orderly यथाक्रम; recurring uniformly नियमित; fixed नियत।

regularity रै˘ ग्यु लै रि टि *n.* state or character of being regular नियमितता।

regulate रै˘ ग्यु लेट *v.t.* to adjust by rule नियमित करना; to direct निर्देश करना; to put in order क्रम में रखना।

regulation रै˘ ग्यु ले शॅन *n.* act of regulating व्यवस्थापन; rule नियम।

regulator रै˘ ग्यु ले टॅः *n.* one who or that which regulates प्रबंधकर्त्ता, नियंत्रक।

rehabilitate री ॲ बि ले टेट *v.t.* to restore to a former capacity or position पूर्व अवस्था में लाना।

rehabilitation री ॲ बि लि टे शॅन *n.* act of restoring forfeited rights or privileges पुनर्निवेशन।

rehearsal रि हॅः सॅल *n.* preparatory performance of a play पूर्व-प्रयोग, नाटक का प्रारंभिक अभिनय।

rehearse रि हॅःस *v.t.* to repeat दुहराना; to practise अभ्यास करना; to say over again पुनः कहना।

reign[1] रेन *v.i.* to govern राज्य करना; to be supreme सर्वोपरि होना।

reign[2] *n.* period of a king's rule राज्यकाल।

reimburse री इम् बॅःस *v.t.* to repay लौटाना।

rein[1] रेन *n.* narrow strap to guide a horse लगाम; means of restraint नियंत्रण।

rein[2] *v.t.* to restrain रोकना; to control नियंत्रित करना।

reinforce री इन् फौःस *v.t.* to strenghten by new assistance सुदृढ़ बनाना।

reinforcement री इन् फौःस् मॅन्ट *n.* act of reinforcing सुदृढ़ीकरण।

reinstate री इन् स्टेट *v.t.* to restore to a former position बहाल करना; to replace पुनः स्थापित करना।

reinstatement री इन् स्टेट् मॅन्ट *n.* restoration to former position बहाली; re-establishment पुनः स्थापन का कार्य।

reiterate री इ टॅ रेट *v.t.* to repeat again and again बार-बार दुहराना।

reiteration री इ टॅ रे शॅन *n.* repetition पुनरावृत्ति।

reject रि जैक्ट *v.t.* to discard अस्वीकार करना; to forsake त्यागना।

rejection रि जै˘क् शॅन *n.* refusal to accept or grant अस्वीकार।

rejoice रि जौ˘इस *v.i.* to be glad प्रसन्न होना; to gladden आनंदित होना; *v.t.* to make joyful आनंदित करना।

rejoin रि जौ˘इन *v.t.* to join again फिर से जोड़ना; to answer to a reply प्रत्युत्तर देना।

rejoinder रि जो इन् डॅः *n.* an answer to reply प्रत्युत्तर।

rejuvenate रि जू वि नेट *v.t.* to restore to youth पुनः युवा बनाना; *v.i.* to become young again पुनः तरुण बनना।

rejuvenation रि जू वि ने शॅन *n.* act of rejuvenating नई जवानी।

relapse[1] रि लैप्स *v.i.* to return to a former state पहली दशा में आना।

relapse[2] *n.* falling back, either in health or morals पतन, पलटा।

relate रि लेट *v.t.* to tell, to recount बताना, विवरण देना; to bring into relation with से संबद्ध करना; to refer to से संबद्ध होना।

relation *रि ले शॅन n.* act of relating संबंध; act of describing वर्णन; reference संदर्भ; connection संबंध, रिश्ता।

relative[1] *रै˘ लॅ टिव a.* having relation or reference सापेक्ष; *(gram.)* showing relation संबंधसूचक।

relative[2] *n.* one allied by blood संबंधी, रिश्तेदार।

relax *रि लैक्स v.t.* to loosen or weaken शिथिल करना; *v.i.* to become loosened or slack शिथिल होना।

relaxation *री लैक् से शॅन n.* act of relaxing शिथिलीकरण; state of being relaxed शिथिलता।

relay[1] *रि ले n.* fresh team or group नई टोली; a broadcast from one station transmitted by another प्रसारण।

relay[2] *v.t.* to transmit (a broadcast) from another station प्रसारित करना।

release[1] *रि लीस v.t.* to liberate मुक्त करना; to allow to be published, seen or known प्रकाशित या प्रदर्शित करना।

release[2] *n.* liberation मुक्ति; releasing प्रकाशन, प्रदर्शन।

relent *रि लैन्ट v.i.* to soften in temper नरम पड़ना।

relentless *रि लैन्ट् लिस a.* pitiless, unmerciful दयाहीन।

relevance *रै˘ लि वॅन्स n.* state or quality of being relevant प्रासंगिकता।

relevant *रै˘ लि वॅन्ट a.* to the purpose प्रासंगिक।

reliable *रि लॉइ ॲ ब्ल a.* trustworthy विश्वसनीय।

reliance *रि लॉइ ॲन्स n.* trust विश्वास; confidence भरोसा।

relic *रै˘ लिक n.* remaining fragment निशानी; memento स्मारक-चिह्न; *(pl.)* remains अवशेष।

relief *रि लीफ़ n.* lessening or ending of pain आराम, चैन; help सहायता; release from duty भार मुक्ति; one who relieves another एवज़, भारग्राही; prominence प्रमुखता; reinforcements कुमुक।

relieve *रि लीव v.t.* to remove or lessen हटाना या कम करना; to release from duty कर्त्तव्यमुक्त करना; to assist सहायता करना।

religion *रि लि जॅन n.* any system of faith and worship धर्म।

religious *रि लि जॅस a.* pertaining to religion धार्मिक; devout धर्मात्मा।

relinquish *रि लिङ् क्विश v.t.* to renounce, to leave छोड़ना, त्याग देना।

relish[1] *रै˘ लिश v.t.* to enjoy the taste of स्वाद लेना; to like पसंद करना।

relish[2] *n.* taste, flavour स्वाद, सुवास; liking पसंद।

reluctance *रि लक् टॅन्स n.* unwillingness अनिच्छा।

reluctant *रि लक् टॅन्ट a.* unwilling अनिच्छुक।

rely *रि लॉइ v.i.* to depend (upon) निर्भर होना; to trust विश्वास करना।

remain *रि मेन v.i.* to continue in a place or condition रहना; to last टिकना; to exist बच जाना।

remainder *रि मैन् डॅः n.* that which

remains बचा हुआ अंश; residue शेष।

remains *रि मैन्ँज़ n. (pl.)* what remains over अवशेष; ruins खंडहर; dead body मृत शरीर।

remand[1] *रि मान्ड v.t.* to send back to jail पुनः जेल भेजना।

remand[2] *n.* being remanded जेल-वापसी।

remark[1] *रि माःक n.* notice निरीक्षण; comment टिप्पणी।

remark[2] *v.t.* to observe, to notice ध्यान से देखना या सुनना; to utter by way of comment टिप्पणीस्वरूप कहना।

remarkable *रि माः कॅ ब्ल a.* worthy of remark विलक्षण; extraordinary असाधारण।

remedial *रि मी ड्यॅल a.* intended to cure उपचारी।

remedy *रै ˘ मि डि n.* that which cures a disease चिकित्सा; means of redress उपाय।

remedy[2] *v.t.* to cure चिकित्सा करना; to repair ठीक करना।

remember *रि मैम् बॅः v.t.* to have in the memory स्मरण रखना; to have (something) in remembrance याद करना; to convey greetings नमस्ते कहना।

remembrance *रि मैमॅ ब्रॅन्स n.* memory स्मृति; memorial स्मारक; token चिह्न।

remind *रि मॉइन्ड v.t.* to put in mind याद दिलाना; to cause to remember याद कराना।

reminder *रि मॉइन् डॅः n.* something that helps somebody to remember something स्मरणपत्र।

reminiscence *रै ˘ मि नि सॅन्स n.* recollection स्मरण।

reminiscent *रै ˘ मि नि सॅन्ट a.* reminding (of) स्मृति रखने या जगानेवाला।

remission *रि मि शॅन n.* abatement कमी, घटाव; pardon क्षमा; remitting or debt ऋण-भुगतान।

remit *रि मिट (-tt-) v.t.* to relax शिथिल करना; to send (money etc.) by post डाक-द्वारा (पैसा आदि) भेजना; to forgive क्षमा करना।

remittance *रि मि टॅन्स n.* act of remitting प्रेषण; the sum or thing remitted भेजा हुआ धन।

remorse *रि मौःस n.* reproach of conscience पश्चाताप, ग्लानि।

remote *रि मोट a.* distant in place of conscience दूरस्थ, दूरवर्ती; widely separated असंबद्ध; slight अल्प।

removable *रि मू वॅ ब्ल a.* that may be removed हटाने-योग्य।

removal *रि मू वॅल n.* act of removing हटाने का कार्य; dismissal पदच्युति; elimination निराकरण।

remove *रि मूव v.t.* to displace हटाना; to dismiss पदच्युत करना।

remunerate *रि म्यू नॅ रेट v.t.* to reward for service मज़दूरी देना।

remuneration *रि म्यू नॅ रे शॅन n.* reward पुरस्कार, पारितोषिक; compensation प्रतिफल।

remunerative *रि म्यू नॅ रॅ टिव a.* profitable लाभकारी।

renaissance *रॅ ने सॅन्स n.* rebirth, revival पुनर्जन्म, पुनरुत्थान।

render *रैन् डॅः v.t.* to give in return लौटाना; to deliver up सौंपना;

to present प्रस्तुत करना; to cause to become बनाना; to translate अनुवाद करना।

rendezvous *रॉन् डि वू n.* place of meeting मिलन-स्थल; appointment पूर्वनिश्चित भेंट।

renew *रि न्यू v.t.* to make new again नया करना; to replace पूर्व अवस्था में लाना; to grow or begin again पुनः प्रारंभ करना; to make valid again नवीकरण करना।

renewal *रि न्यू अॅल n.* renewing नवीकरण; being renewed नवीभवन।

renounce *रि नॉउन्स v.t.* to give up छोड़ना; to disown अपनाने से इनकार करना।

renovate *रै˘ नो˘ वेट,-नॅ- v.t.* to renew नया करना; to restore to freshness अच्छी अवस्था में लाना।

renovation *रै˘ नो˘ वे शॅन n.* renovating नवीकरण।

renown *रि नॉउन n.* reputation, fame यश, कीर्ति।

renowned *रि नॉउन्ड a.* eminent, famous प्रसिद्ध।

rent[1] *रैन्ट n.* money payable yearly for the use of land etc. मालगुजारी; payment for hire किराया।

rent[2] *v.t.* to occupy or use for rent किराये पर लेना; to allow to be used for rent किराये पर देना।

renunciation *रि नन् सि ए शॅन n.* self-denial आत्मत्याग; act of renouncing त्याग।

repair[1] *रि पे˘ अॅः v.t.* to refit मरम्मत करना; to put right again ठीक करना।

repair[2] *n.* repairing मरम्मत।

raparable *रै˘ पॅ रॅ बल् a.* that can be made good क्षतिपूर्ति-योग्य।

repartee[1] *रै˘ पाः टी n.* smart, ready and witty reply व्यंग्य-उक्ति, क्षिप्र उत्तर।

repatriate[1] *री पैट् रि एट v.t.* to restore to one's own country स्वदेश भेजना।

repatriate[2] *n.* repatriated person प्रत्यावर्तित व्यक्ति।

repatriation *री पैट् रि ए शॅन n.* act of returning to one's own country देश-प्रत्यावर्तन।

repay *रि पे v.t.* to pay back or again वापस करना, चुका देना; to pay in return प्रतिदानस्वरूप देना।

repayment *रि पे मॅन्ट n.* act of repaying money वापसी; the sum repaid वापस की हुई राशि।

repeal[1] *रिपील v.t.* to revoke निरस्त करना।

repeal[2] *n.* act of repealing निरसन।

repeat *रि पीट v.t.* to do or utter again फिर से करना या कहना, दुहराना; *v.i.* to recur आवृत्ति करना।

repel *रि पैलॅ (-ll-) v.t.* to drive back पीछे को हटाना; to cause a feeling of dislike in (में) घृणा उत्पन्न करना।

repellent[1] *रिपै˘ लॅन्ट a.* tending to repel विकर्षक; disgusting घृणास्पद।

repellent[2] *n.* something that repels विकर्षक वस्तु।

repent *रि पैन्ट v.i.* to feel regret for something done or left undone पश्चात्ताप करना।

repentance *रि पैनॅ् टॅन्स n.* contrition पश्चात्ताप।

repentant *रि पैनॅ् टॅन्ट a.* repenting पछतावा करनेवाला।

repercussion *री पॅ: क शॅन n.* reverberation प्रतिध्वनि; act of driving behind प्रतिघात; effect प्रभाव।

repetition *रै ॅ पि टि शॅन n.* that which is repeated आवृत्ति; act of doing or uttering a second time पुनरुक्ति, दुहराव।

replace *रि प्लेस v.t.* to put again in the former place पुनः स्थापित करना; to take the place of (का) स्थान लेना।

replacement *रि प्लेस् मॅन्ट n.* replacing प्रतिस्थापन; substitution प्रतिस्थापन।

replenish *रि प्लै ॅ निश v.t.* to fill again फिर से भरना।

replete *रि प्लीट a.* filled परिपूर्ण, भरपूर।

replica *रैपॅ लि कॅ n.* facsimile प्रतिकृति।

reply[1] *रि प्लॉइ v.i.* to answer उत्तर देना *v.t.* to say by way of answer उत्तर में कहना।

reply[2] *n.* response, answer उत्तर।

report[1] *रि पौ:ट v.t.* to give an account of का विवरण देना; to relate कहना, बयान करना; to complain about शिकायत करना; *v.i.* to act as a reporter संवाददाता का कार्य करना; to present oneself उपस्थित या प्रस्तुत होना।

report[2] *n.* an account विवरण; statement बयान; rumour अफ़वाह; repute नाम; sound of an explosion धमाका।

reporter *रि पौ: टॅ: n.* one who reports to the newspaper संवाददाता।

repose[1] *रि पोज़ n.* peace शांति; composure आराम; sleep नींद।

repose[2] *v.i.* to rest आराम करना; *v.t.* to lay at rest आराम से लिटा देना; to place रखना; to lean झुकाना, टेकना।

repository *रि पौ ॅ ज़ि टॅ रि n.* warehouse भंडार-गृह।

represent *रैपॅ रि ज़ेन्ट v.t.* to describe वर्णन करना; to show प्रदर्शित करना; to denote द्योतित करना; to be substitute for (का) प्रतिनिधित्व करना; to symbolize (का) प्रतीक होना।

representation *रैपॅ रि ज़ैनॅ टे शॅन n.* act of representing प्रतिनिधित्व; likeness प्रतिरूप; a polite protest विरोध-पत्र।

representative[1] *रैपॅ रि ज़ैनॅ टॅ टिव n.* one who or that which represents प्रतिनिधि।

representative[2] *a.* showing प्रदर्शक, द्योतक; acting for others प्रतिनिधिक।

repress *रि प्रैस v.t.* to suppress शमन करना; to restrain रोकना।

repression *रि प्रै ॅ शॅन n.* check नियंत्रण; restraint दबाव।

reprimand[1] *रैपॅ रि मान्ड n.* severe reproof for a fault घुड़की, लताड़।

reprimand[2] *v.t.* to administer a sharp rebuke to निंदा करना, झिड़कना।

reprint[1] *री प्रिन्ट v.t.* to print again पुनः मुद्रित करना।

reprint[2] *री प्रिन्ट n.* a second or new edition पुनर्मुद्रण।

reproach[1] *रि प्रोच v.t.* to charge severly with a fault धिक्कारना।

reproach[2] *n.* censure धिक्कार; disgrace तिरस्कार।

reproduce *री प्रॅ ड्यूस v.t.* to produce copy of की प्रतिलिपि प्रस्तुत करना; to bring forth as offspring संतान के रूप में जन्म देना; to grow again पुनः विकसित करना; to create again पुनः बनाना।

reproduction *री प्रॅ डक् शॅन n.* process of reproducing पुनरुत्पादन; copy प्रतिकृति; bringing forth offspring प्रजनन।

reproductive *री प्रॅ डक् टिव a.* reproducing पुनरुत्पादक।

reproof *रि प्रूफ़ n.* blame निंदा; rebuke फटकार।

reptile *रैपॅ टॉइल n.* an animal that moves on its belly, or by means of small short legs रेंगनेवाला जंतु।

republic *रि पब् लिक n.* state in which the supreme power is vested in elected representatives प्रजातंत्र राज्य।

republican[1] *रि पब् लि कॅन a.* pertaining to or consisting of a republic लोकतंत्र-संबधी।

republican[2] *n.* one who favours republican government लोकतंत्रवादी।

repudiate *रि प्यू डि एट v.t.* to reject अस्वीकार करना; to disown परित्याग करना।

repudiation *रि प्यू डि ए शॅन n.* rejection अस्वीकृति, तिरस्कार; disowning परित्याग।

repugnance *रि पग् नॅन्स n.* aversion घृणा।

repugnant *रि पग् नॅन्ट a.* distasteful अरुचिकर, घृणास्पद।

repulse[1] *रि पल्स v.t.* to repel खदेड़ना; to resist successfully प्रतिशोध करना।

repulse[2] *n.* driving back खदेड़ने की क्रिया; rebuff पराजय।

repulsion *रि पल् शॅन n.* feeling of aversion घृणा, अरुचि; act of repulsing हटाने की क्रिया, पराजय।

repulsive *रि पल् सिव a.* repellent प्रतिकारक, पीछे हटानेवाला; forbidding निषेधक।

reputation *रै˘ प्यु टे शॅन n.* repute प्रसिद्धि, ख्याति; good name नेकनामी; fame यश।

repute[1] *रि प्यूट v.t.* to estimate गणना करना; to consider मानना।

repute[2] *n.* reputation यश, कीर्ति।

request[1] *रि क्वैस्ट v.t.* to petition, to demand for प्रार्थना करना।

request[2] *n.* asking प्रार्थना; demand मांग, आकांक्षा; thing asked for मांगी गई वस्तु।

requiem *रै˘क् वि ऐमॅ n.* a service for the dead मृतकों की शांति के लिए प्रार्थना।

require *रि क्वॉइअः v.t.* to need की आवश्यकता रखना; to demand मांगना।

requirement *रि क्वॉइअः मॅन्ट n.* demand मांग, आवश्यकता; something necessary आवश्यक वस्तु।

requisite[1] *रैकॅ वि ज़िट a.* necessary आवश्यक।

requiste[2] *n.* thing needed for some purpose आवश्यक वस्तु।

rquisition[1] *रैकॅ वि ज़ि शॅन n.* demand मांग।

requisition[2] *v.t.* to make a demand upon or for मांगना, प्रार्थना

करना।

requite रि क्वॉइट *v.t.* to repay, to give in return लौटाना, बदले में देना।

rescue[1] रैस् क्यू *v.t.* to deliver from confinement, danger or evil मुक्त करना।

rescue[2] *n.* deliverance निस्तार; liberation मुक्ति।

research[1] रि सॅःच *v.i.* to carry out investigation अनुसंधान करना।

research[2] *n.* critical investigation अनुसंधान, अन्वेषण।

resemblance रि ज़ैमॅ ब्लॅन्स *n.* likeness सादृश्य होना।

resemble रि ज़ैमॅ ब्लॅ *v.t.* to be like के सदृश होना।

resent रि ज़ैन्ट *v.t.* to feel indignation for बुरा मानना; to be angry at (पर) क्रोध करना।

resentment रि ज़ैन्ट् मॅन्ट *n.* deep sense of insult अपमान; indignation नाराज़गी, अप्रसन्नता।

reservation रैॅ ज़ः वे शॅन *n.* concealment छिपाव, दुराव; doubt संदेह; act of reserving आरक्षण।

reserve रि ज़ःव *v.t.* to keep in store बचा रखना; to set apart अलग करना।

rservoir रैॅ ज़ॅः व्वाः *n.* a place where anything is kept in store संग्रह, कोश; an artificial lake to supply a town with water जलाशय।

reside रि ज़ॉइड *v.i.* to have one's abode, to dwell निवास करना।

residence रैॅ ज़ि डॅन्स *n.* abode निवासस्थान।

resident[1] रैॅ ज़ि डॅन्ट *a.* residing निवासी।

resident[2] *n.* one who resides रहने वाला।

residual रि ज़ि ड्यु अॅल *a.* left after a part is taken शेष (भाग)।

residue रैॅ ज़ि ड्यू *n.* remainder अवशेष।

resign रि ज़ॉइन *v.t.* to give up छोड़ना; to surrender सौंपना; to renounce त्यागना; *v.t.* to give up office त्यागपत्र देना।

resignation रैॅ ज़िग् ने शॅन *n.* act of resigning परित्याग; state of being resigned समर्पण।

resist रि ज़िस्ट *v.t.* to withstand रोकना; to struggle against संघर्ष करना; to oppose विरोध करना।

resistance रि ज़िस् टॅन्स *n.* opposition विरोध; hindrance बाधा।

resistant रि ज़िज़् टॅन्ट *a.* making resistance बाधक।

resolute रैॅ ज़ॅ ल्यूट *a.* determined कृतसंकल्प; steadfast दृढ़।

resolution रैॅ ज़ॅ ल्यू शुन *n.* determination निश्चय, संकल्प; solution समाधान; formal expression of opinion प्रस्ताव।

resolve रि ज़ोल्व *v.t.* to analyse विश्लेषण करना; to determine निश्चय करना; to divide into parts विभक्त करना; to solve का समाधान करना।

resonance रैॅ ज़ॅ नॅन्स *n.* state or quality of being resonant प्रतिध्वनि; prolongation of sound by vibrations गूंज।

resonant रैॅ ज़ॅ नॅन्ट *a.* resounding गुंजायमान।

resort[1] रि ज़ौःट *v.i.* to have recourse सहारा लेना; to go frequently प्रायः जाना।

resort[2] *n.* recourse आश्रय; act of resorting गमन; haunt गमन-स्थान।

resound *रि ज़ॉउन्ड v.i.* to echo गूंजना।

resource *रि सौःस n.* any source of aid or support साधन, संबल; means of support उपाय, सहारा।

resourceful *रि सौःस् फुल a.* quick at finding resources उपाय-कुशल; having resources साधन-संपन्न।

respect[1] *रिस् पैक्ट v.t.* to regard आदर करना; to have consideration for का ध्यान रखना।

respect[2] *n.* regard आदर; estimation सम्मान, मान्यता; reference संदर्भ; *(pl.)* regards अभिवादन।

respectful *रिस् पैक्ट् फुल a.* showing respect श्रद्धालु।

respective *रिस् पैक् टिव a.* relating severally each to each अपने-अपने, निजी।

respiration *रैस् पि रे शॅन n.* breathing श्वसन।

respire *रिस् पॉइअः v.i.* to breathe सांस लेना।

resplendent *रिस् प्लैन् डॅन्ट a.* very bright देदीप्यमान।

respond *रिस् पॉन्ड v.i.* to answer उत्तर देना; to react प्रतिक्रिया दिखाना; to act in answer to some action प्रत्युत्तर-स्वरूप कुछ करना।

respondent *रिस् पौन् [illegible] n.* one who responds, defendant प्रतिवादी।

response *रिस् पौन्स n.* answer, reply उत्तर; reaction प्रतिक्रिया।

responsibility *रिस् पौन् सि बि लि टि n.* state of being responsible उत्तरदायित्व।

responsible *रिस् पौन् सॅ ब्ल a.* answerable उत्तरदायी।

rest[1] *रैस्ट v.i.* to be still स्थिर होना; to lie in sleep सोना; to die मरना; to be satisfied संतुष्ट होना; to take rest आराम करना; *v.t.* to give rest to आराम देना; to place on support सहारा देना।

rest[2] *n.* repose विश्राम; remainder अवशेष; ease शांति; faith विश्वास; *(with pl. verb)* others अन्य।

restaurant *रैस् टॅ रॅन्ट n.* establishment for the sale of refreshment भोजनालय।

restive *रैस् टिव a.* stubborn अड़ियल; restless बेचैन; impatient अधीर।

restoration *रैस् टॅ रे शॅन n.* bringing back वापसी; recovery पूर्वावस्था की प्राप्ति; repairing मरम्मत।

restore *रिस् टौः v.t.* to repair मरम्मत करना; to cure स्वस्थ करना; to renew नवीकरण करना; to give back लौटाना।

restrain *रिस् ट्रेन v.t.* to hold back नियंत्रित करना; to restrict प्रतिरोध करना, सीमित करना।

restrict *रिस् ट्रिक्ट v.t.* to limit सीमाबद्ध करना; to curb दबाना।

restriction *रिस् ट्रिक् शॅन n.* limitation सीमा, बंधन; restraint संयम।

restrictive *रिस् ट्रिक् टिव a.* tending to restrict प्रतिबंधक।

result[1] *रि ज़ल्ट v.i.* to rise as a consequence परिणाम होना।

result[2] *n.* consequence परिणाम; effect प्रभाव।

resume[1] *रि ज़्यूम v.t.* to take up again पुनः प्राप्त करना; to begin again दुबारा आरंभ करना; *v.i.* to continue after interruption पुनः चालू होना।

resume[2] *रि ज्यू मे,- ज़्यु- n.* summary सार, संक्षेप।

resumption *रि ज़म्प् शॅन n.* act of resuming पुनर्ग्रहण; fresh start पुनरारंभ।

resurgence *रि सॅः जॅन्स n.* rising again पुररुत्थान।

resurgent *रि सॅः जॅन्ट a.* reviving पुनरुत्थानशील।

retail[1] *री टेल v.t. & i.* to sell in small quantities फुटकर बिक्री करना या होना।

retail[2] *री टेल n.* the sale of commodities in small quantities फुटकर बिक्री।

retail[3] *adv.* by retail खुदरा द्वारा।

retail[4] *a.* connected with or engaged in retail खुदरा।

retailer *री टे लॅः n.* one who retails फुटकर विक्रेता।

retain *रि टेन v.t.* to hold back रोक रखना; to engage services of नौकर रखना।

retaliate *रि टै लि एट v.i.* to revenge प्रतिकार करना; to return injury for injury बदले में चोट करना।

retaliation *रि टे लि ए शॅन n.* return of like for like प्रतिकार।

retard *रि टाःड v.t.* to render slower धीमा करना; to keep back रोकना; to impede development of (का) विकास अवरूद्ध करना।

retardation *रि टॉः डे शॅन n.* diminution in speed गतिरोध; obstruction बाधा।

retention *रि टैन् शॅन n.* maintenance अवधारणा; memory स्मृति; power of retaining धारणा-शक्ति।

retentive *रि टैन् टिव a.* having power to retain धारणा-शक्ति वाला।

reticence *रै˘ टि सॅन्स n.* being reticent अल्पभाषिता।

reticent *रै˘ टि सॅन्ट a.* reserved in speech अल्पभाषी।

retina *रै˘ टि नॅ n.* one of the coats of the eye, where visual impressions are received आंख के पिछले भाग का चित्रपट।

retinue *रै˘ टि न्यू n.* train of attendants नौकर-चाकर, सेवकवृंद।

retire *रि टॉइ अॅः v.i.* to withdraw from business or active life व्यापार या सक्रिय जीवन को त्यागना; *v.t.* to remove from service सेवामुक्त करना।

retirement *रि टॉइअॅः मॅन्ट n.* act of retiring कार्यमुक्ति; retired life अवकाशप्राप्त जीवन।

retort[1] *रि टौःट v.t.* to repay in kind जैसे को तैसा लौटाना; to answer back quickly मुंहतोड़ जवाब देना।

retort[2] *n.* retorting answer मुंह तोड़ जवाब।

retouch *री टच v.t.* to improve by new touches परिष्कृत करना, सुधारना।

retrace *रि ट्रेस v.t.* to go over again पर वापस जाना।

retread[1] *री ट्रै˘ड v.t.* to put a new tread on (a worn tyre) (पुराने टायर पर) नई रबर चढ़ाना।

retread² *n.* renovated tyre रबर चढ़ा टायर।

retreat *रि ट्रीट v.i.* to draw back पीछे हटना।

retrench *रि ट्रैन्च v.t.* to cut down (expenditure) (व्यय) घटाना; *v.i.* to economize अल्पव्यय करना।

retrenchment *रि ट्रैन्च् मॅन्ट n.* economy व्यय में कमी।

retrieve *रि ट्रीव v.t.* to recover पुनः प्राप्त करना; to repair सुधारना; to rescue बचाना।

retrospect *रै ट्रो स्पैक्ट n.* backward view पश्चात् दृष्टि; review of past time सिंहावलोकन; survey of past events बीती बातों की जांच।

retrospection *रि ट्रौ स् पैक् शॅन n.* looking back सिंहावलोकन, पश्चदर्शन।

retrospective *रि ट्रौ स् पैक् टिव a.* looking back पश्चदर्शी; applying to the past पूर्वप्रभावी।

return¹ *रि टॅःन v.i.* to go or come back लौटना; *v.t.* to give or send back लौटाना; to elect चुनना; to reply उत्तर देना।

return² *n.* returning वापसी; profit लाभ; official report विवरणी; recurrence आवृत्ति।

revel¹ *रै वृल (-ll-) v.i.* to feast with noise jollity मद्यपान का उत्सव मनाना; to delight आनंद लेना।

revel² *n.* merriment आमोद-प्रमोद।

revelation *रै वि ले शॅन n.* revealing प्रकटन।

reveller *रै वॅ लॅः n.* one who revels मौज उड़ाने वाला।

revelry *रै वॅल् रि n.* noise festivity, jollity रंगरलियां।

revenge¹ *रि वैन्ज v.t.* to avenge बदला लेना।

revenge² *n.* retaliation for wrong done प्रतिकार।

revengeful *रि वैन्ज् फुल a.* vindictive प्रतिशोधी।

revenue *रै वि न्यू n.* income आय; the annual income of a state राज्य की वार्षिक आय।

revere *रि विअः v.t.* to have deep respect for सम्मान करना; to regard as sacred पुनीत मानना।

reverence *रै वॅ रॅन्स n.* act of respect सत्कार; veneration आदर।

reverend *रै वॅ रॅन्ड a.* worthy of reverence माननीय।

reverent *रै वॅ रॅन्ट a.* showing reverence श्रद्धालु।

reverential *रै वॅ रै न् शॅल a.* marked by reverence श्रद्धापूर्ण।

reverie *रै वि रि n.* day-dream दिवास्वप्न।

reversal *रि वॅः सॅल n.* act of reversing उल्टाव, विपर्यय।

reverse¹ *रि वॅःस a.* opposite विपरीत; inverted उल्टा।

reverse² *n.* the contrary विपर्यय, उल्टा; the back surface पीछे का भाग; misfortune दुर्भाग्य; defeat पराजय।

reverse³ *v.t.* to turn the other way अधोमुख करना; to invert उलटना; to annual रद्द करना; to do the opposite of के विपरीत करना; *v.i.* to go in the opposite direction विपरीत दिशा में जाना।

reversible *रि वॅः सि बृल a.* that can be reversed उलटने अथवा

पलटने योग्य।

revert *रि वॅ:ट v.i.* to return to the original person लौट आना; to return to former state पूर्वस्थिति में लौटना।

review[1] *रि व्यू v.t.* to reconsider पुनर्विचार करना; to inspect निरीक्षण करना; to write reviews of (की) समीक्षा करना।

review[2] *n.* re-examination पुनर्परीक्षण; revision पुनर्निरीक्षण; a critical account समीक्षा।

revise *रि वॉइज़ v.t.* to look over again दुबारा विचार करना; to re-examine दुबारा जांचना; to reconsider and amend faults of पुनः संशोधन करना।

revision *रि वि ज़ॅन n.* act of revising संशोधन; what is revised संशोधित वस्तु।

revival *रि वॉइ वॅल n.* act or reviving पुररुत्थान; restoration to life or vigour पुनरुज्जीवन; restoration to use पुनः प्रचलन।

revive *रि वॉइव v.i.* to return to life पुनर्जीवित होना; to come back into use पुनः प्रचलित होना; to recover new vigour उत्प्राणित होना; *v.t.* to bring again to life पुनर्जीवित करना।

revocable *रै˘ वौ˘ कॅ बल a.* capable of being revoked खंडन करने-योग्य।

revocation *रै˘ वॅ के शॅन n.* repeal निरसन।

revoke *रि वोक v.t.* to repeal रद्द करना; to withdraw हटाना, वापस लेना।

revolt[1] *रि वोल्ट v.i.* to cast off allegiance राजद्रोह करना; to rise against a ruler राजशासन के विरुद्ध उठना; to rise to rebellion बलवा करना।

revolt[2] *n.* rebellion बलवा, राजद्रोह।

revolution *रै˘ वॅ ल्यू शॅन n.* act of revolving चक्कर; rotation परिभ्रमण; overthrow of existing political institutions क्रांति।

revolutionary[1] *रै˘वॅ ल्यू शॅ नॅ रि a.* pertaining to or tending to produce a revolution क्रांतिकारी।

revolutionary[2] *n.* an instigator of a revolution क्रांतिकारी।

revolve *रि वौल्व v.i.* to turn round चक्कर खाना, घूमना; *v.t.* to rotate घुमाना।

revolver *रि वौल् वॅः n.* pistol with revolving mechanism रिवाल्वर।

reward[1] *रि वौःड n.* return for services or for merit पारितोषिक, पुरस्कार; sum of money offered for some service इनाम।

reward[2] *v.t.* to give a reward to इनाम देना।

rhetoric *रै˘ टॅ रिक n.* art of effective speech वाक्पटुता।

rhetorical *रि टौ˘ रि कॅल a.* high flown, showy शब्दाडंबरपूर्ण।

rheumatic *रू मै टिक a.* relating to rheumatism गठिया-संबंधी; caused by rheumatism गठिया-ग्रस्त।

rheumatism *रू मॅ टिज़्म n.* a painful disease with swollen joints गठिया।

rhinoceros *रॉइ नौ सॅ रॅस n. (pl. -es)* a large thick-skinned animal with one or two horns on the nose गैंडा।

rhyme[1] *रॉइम* *n.* sameness of sound of the endings of two or more words तुक।

rhyme[2] *v.i.* to make verses पद्य लिखना।

rhymester *रॉइम् स्टॅः* *n.* one who makes rhymes पद्यकार, तुक्कड़।

rhythm *रि द्‌म* *b.* measured flow of words ताल, लय।

rhythmic, -al *रिद् मिक, - मि कॅल* *a.* pertaining to rhythm तालबद्ध।

rib *रिब* *n.* one of the curved bones in chest पसली; hinged rod of umbrella frame छाते की तीली।

ribbon *रि बॅन* *n.* narrow woven band of silk or stain साटन या रेशम का पतला फ़ीता।

rice *रॉइस* *n.* a cereal plant धान, मूंजी; its seeds as food चावल।

rich *रिच* *a.* wealthy धनी; valuable बहुमूल्य; costly कीमती; ample प्रचुर।

riches *रि चिज़* *n. pl.* wealth धन।

richness *रिच् निस* *a.* quality or state of being rich धनाढ्यता; abundance प्रचुरता।

rick *रिक* *n.* stack of hay etc. गरी, पोरौटी।

rickets *रि किट्‌स* *n.* a disease of childhood causing softening of the bone सूखा रोग।

rickety *रि कि टि* *a.* suffering from rickets सूखा रोगी।

rickshaw *रिक् शौ* *n.* a light two-wheeled carriage drawn by man रिक्शा।

rid *रिड* *v.t.* to make free मुक्त करना।

riddle[1] *रिड़्ल* *n.* puzzle पहेली।

riddle[2] *v.i.* to use riddles पहेली कहना।

ride[1] *रॉइड* *(p.t.* rode *रोड;* *p.p.* ridden *रि ड्‌न)* *v.t.* sit on and control पर सवारी करना; to be carried on पर ले जाया जाना; *v.i.* to go on horseback or in vehicle घोड़ा या गाड़ी से जाना।

ride[2] *n.* journey on horseback or in a vehicle घोड़ा या गाड़ी से यात्रा; a riding track पथ मार्ग।

rider *रॉइ डॅः* *n.* one who rides सवार; supplementry clause अनुवृद्धि।

ridge *रिज* *n.* mountain range पर्वतपृष्ठ; rough top of anything चोटी; any narrow elevation संकर। ऊंचा भाग।

ridicule[1] *रि डि क्यूल* *v.t.* to make fun of उपहास करना; to mock ठिठोली करना।

ridicule[2] *n.* mockery उपहास।

ridiculous *रि डि क्यु लॅस* *a.* deserving to be ridiculed हास्यास्पद; absurd बेहूदा।

rifle[1] *रॉइ फ़्ल* *v.t.* to search and rob खोजकर लूटना; to make spiral grooves in में झिरी काटना।

rifle[2] *n.* a gun with grooved barrel राइफ़ल।

rift *रिफ़्ट* *n.* cleft, fissure दरार, फटन।

right[1] *रॉइट* *a.* just न्याय; true सच्चा; correct सही; of the right hand दाहिनी ओर का।

right[2] *adv* rightly उचित रीति से; correctly सही प्रकार से; to the right side दाहिनी ओर को।

right[3] *n.* justice न्याय; authority अधिकार; truth सत्यता; right hand side दायाँ भाग।

right[4] *v.t.* to do justice to न्याय करना; to put in a proper position उचित स्थान में रखना।

righteous *रॉइ चॅस a.* just न्याय-परायण; holy पवित्र; honest ईमानदार।

rigid *रि जिड a.* not flexible कड़ा; harsh कठोर; strict दृढ़; severe कर्कश।

rigorous *रि गॅ रॅस a.* severe कर्कश; strict दृढ़।

rigour *रि गॅः n.* hardship कठिनता; strictness दृढ़ता; harshness कठोरता।

rim *रिम n.* edge, border किनारा; outer ring of a wheel नेमि।

ring[1] *रिङ्ग n.* circle of metal अंगूठी; circular course चक्रपथ; enclosure for circus performance घेरा, रिंग; ringing sound घंटी।

ring[2] *(rang रैङ्ग; rung रङ्ग) v.t.* to cause (bell) to sound (घंटी) बजाना; to telephone टेलिफ़ोन करना; *v.i.* to give a resonant sound बजना; to resound गूंजना।

ringlet *रिङ्ग् लिट n.* curly lock of hair अलक, बालों का लच्छा।

ringworm *रिङ्ग् वॅःम n.* a skin disease दाद।

rinse *रिन्स v.t.* to wash out धो डालना; to remove soapy water from खंगालना।

riot[1] *रॉइ अॅट n.* violent public disturbance दंगा; disorder अव्यवस्था, उपद्रव।

riot[2] *v.t.* to take part in a riot बलवा करना।

rip *रिप (-pp-) v.t.* to cut or tear apart फाड़ना; *v.i.* to become torn फटना।

ripe *रॉइप a.* mature पक्व, पका हुआ; fully developed पूर्ण विकसित ।

ripen *रॉइ पॅन v.i.* to become ripe पकना; *v.t.* to make ripe पकाना।

ripple[1] *रिप ल n.* small wave on the surface of water लहर।

ripple[2] *v.t.* to move slightly in waves लहराना।

rise[1] *रॉइज़ (p.t. rose रोज़ p.p. risen रि ज़न)* to get up उठना; to stand erect सीधा खड़ा होना; to ascend चढ़ना; to appear above the horizon उगना, निकलना; to come to life जीवित होना; to revolt बलवा करना।

rise[2] *n.* upslope, ascent चढ़ाव; upward progress उन्नति; rising उठान; increase वृद्धि; coming up उदय; origin उद्गम, विकास।

risk[1] *रिस्क v.t.* to take the chance of जोखिम उठाना; to put in danger ख़तरे में डालना।

risk[2] *n.* possibility of loss or injury जोखिम; possibility of danger ख़तरा।

risky *रिस् कि a.* hazardous संकटमय, ख़तरनाक।

rite *रॉइट n.* religious ceremony धार्मिक उत्सक, अनुष्ठान।

ritual[1] *रि ट्यु अॅल, -चु- n.* prescribed order of rites धार्मिक संस्कार।

ritual[2] *a.* concerning rites धार्मिक रीति-संबंधी।

rival[1] *रॉइ वॅल n.* competitor प्रतिस्पर्धी, प्रतिद्वंद्वी।

rival[2] *(-ll-) v.t.* to be a rival of का प्रतिद्वंद्वी होना।

rivalry *रॉइ वॅल् रि n.* keen competition होड़ प्रतिस्पर्धा।

river *रि वँः* *n.* large natural flow of water नदी।

rivet[1] *रि विट* *n.* a metal pin कीलक, रिपट।

rivet[2] *v.t.* to fasten with rivets कीलक से जोड़ना; to concentrate केंद्रित करना।

rivulet *रि व्यु लिट* *n.* small stream नाला।

road *रोड* *n.* open paved way सड़क।

roam *रोम* *v.i.* to wander about aimlessly घूमना-फिरना।

roar[1] *रौः* *n.* loud deep sound as of a lion गर्जन।

roar[2] *v.i.* to make loud deep sound as of a lion गर्जन करना।

roast[1] *रोस्ट* *v.t.* to cook by exposing directly to heat भूनना; *v.i.* to be cooked in this way भुनना।

roast[2] *a.* that has been roasted भुना हुआ।

roast[3] *n.* joint of roasted meat भुना हुआ मांस; operation of roasting भुनने की क्रिया।

rob *रौ ॅब* *(-bb-)* *v.t.* to deprive by force लूटना।

robber *रौॅबँः* *n.* one who robs लुटेरा, डाकू।

robbery *रौॅ बॅ रि* *n.* act of robbing लूटपाट, डकैती।

robe[1] *रोब* *n.* loose outer garment लबादा।

robe[2] *v.t.* to dress कपड़े पहनाना; *v.i.* to put on robes कपड़े पहनना।

robot *रो बौ ॅट* *n.* a man-like mechanical being यंत्र-मानव।

robust *रो बस्ट* *a.* strong and healthy हृष्ट-पुष्ट।

rock[1] *रौकॅ* *v.t.* to sway strongly झुलाना, हिलाना; *v.i.* to be swayed हिलना, झोंके खाना।

rock[2] *n.* large mass of stone चट्टान।

rocket *रौ ॅ किट* *n.* missile प्रक्षेपास्त्र; projectile राकेट।

rod *रौ ॅड* *n.* bar of wood or metal छड़।

rodent *रो डॅन्ट* *n.* a gnawing animal कृतंक।

roe *रो* *n.* a small deer छोटा हिरन।

rogue *रोग* *n.* a knave, a scoundrel दुष्ट।

roguery *रो गॅ रि* *n.* conduct of a rogue दुष्टता।

roguish *रो गिश* *a.* of the nature of a rogue दुष्टतापूर्ण

role *रोल* *n.* part that an actor plays भूमिका; part played in any job कार्य, योगदान।

roll[1] *रोल* *n.* rolling motion लुढ़काव; piece of paper etc. rolled up कागज़ आदि, बेलनाकार लिपटा हुआ; anything rolled round टिकिया; list सूची; official list of people उपस्थिति-पंजिका।

roll[2] *v.i.* to move in the same direction घूमना, लुढ़कना; to go round चक्कर खाना; to revolve on its axis धुरे पर घूमना; *v.t.* to wind round लपेटना; to smooth out with roller पर बेलन फेरना।

roll-call *रौल् कौल* *n.* calling of names हाज़िरी, उपस्थिति।

roller *रो लँः* *n.* a cylinder-shaped object for smoothing or flattening बेलन, रोलर।

romance *रो ॅ मैन्स, रॅ-* *n.* a love affair प्रेम-लीला; tale of chivalry शौर्य-गाथा; idealized tale

अयथार्थपूर्ण कथा।

romantic *रोँ मैन् टिक, रॅ-* *a.* characterised by romance रोमानी; dealing with love प्रेम-प्रसंगयुक्त; unpractical, remote from reality अव्यावहारिक।

romp[1] *रौम्प* *v.i.* to play boisterously प्रगल्भता से खेलना।

romp[2] *n.* a noisy game उछल-कूद, हुड़दंगी खेल-कूद।

rood *रूड* *n.* cross of Christ ईसामसीह के सूली पर चढ़ने का चित्र; quarter of an acre चौथाई एकड़।

roof[1] *रूफ़* *n.* upper covering of a building supported by its walls छत, पाटन; top of anything ऊपर का भाग।

roof[2] *v.t.* to cover with a roof छत से पाटना।

rook[1] *रूक* *n.* a bird of crow family कौआ; cheat धोखेबाज़, ठग।

rook[2] *v.t.* to swindle ठगना।

room *रूम* *n.* apartment in a house कमरा; space स्थान; opportunity अवसर।

roomy *रूमि* *a.* spacious विस्तीर्ण, विशाल।

roost[1] *रूस्ट* *n.* pole on which a bird rests at night अड्डा, बसेरा।

roost[2] *v.i.* to perch बसेरा लेना, बैठना।

root[1] *रूट* *n.* underground part of a plant जड़; origin आधार, कारण; basis from which a word is derived धातु।

root[2] *v.i.* to become established जड़ जमना; *v.t.* to cause to take root की जड़ जमाना।

rope[1] *रोप* *n.* strong thick cord रस्सी।

rope[2] *v.t.* to bind with a rope रस्सी से बांधना।

rosary *रो ज़ॅ रि* *n.* a string of beads for counting prayers सुमिरनी, माला; rose garden गुलाब-उद्यान।

rose *रोज़* *n.* a prickly bush bearing beautiful fragrant flower गुलाब का पौधा; its flower गुलाब; pink colour गुलाबी रंग।

roseate *रो ज़ि अट, -इट* *a.* rose-coloured गुलाबी।

rostrum *रौसॅ ट्रॅम* *n.* public platform मंच।

rosy *रो ज़ि* *a.* rose-coloured गुलाबी; hopeful उज्ज्वल।

rot[1] *रौँट* *n.* decay दुर्गंध, सड़न।

rot[2] *(-tt-)* *v.i.* to undergo decay सड़ना; to perish gradually नाश होना।

rotary *रो टॅ रि* *a.* acting by rotation, revolving घूमनेवाला।

rotate *रोँ टैट* *v.i.* to revolve चक्कर खाना; to move round on axis धुरी पर घूमना; *v.t.* to cause to move round घुमाना।

rotation *रोँ टे शॅन* *n.* act of rotating चक्कर; regular succession नियमित आवर्तन।

rote *रोट* *n.* repetition दुहराव mechanical performance यंत्रवत् क्रिया।

rouble *रू बॅल* *n.* Russian silver coin रूस का सिक्का, रूबल।

rough *रफ़* *a.* of uneven or irregular surface ऊबड़खाबड़; harsh रूखा, कठोर; ill-mannered अशिष्ट; unfinished अपरिष्कृत; approximate लगभग।

round[1] रॉउन्ड *a.* cylindrical बेलनाकार; full, complete पूर्ण; roughly correct लगभग सही।

round[2] *adv.* circularly चक्रवत्; on all sides चारों ओर।

round[3] *n.* round object गोल वस्तु; circumference परिधि; series क्रम; stage स्थिति।

round[4] *v.t.* to make circular गोल करना; to move round के चारों ओर चक्कर लगाना; *v.i.* to become round गोल होना।

rouse रॉउज़ *v.i.* to wake from sleep जगाना; to provoke temper of उत्तेजित करना।

rout[1] रॉउट *v.t.* to put to disorderly flight भगदड़ करना।

rout[2] *n.* assembly of revellers हुड़दंगी भीड़; utter defeat घोर पराजय; disorderly retreat भगदड़।

route रूट *n.* passage taken for a journey मार्ग।

routine[1] रू टीन *n.* regular course of action नियमित कार्यक्रम।

routine[2] *a.* regular, ordinary नैत्य, सामान्य।

rove रोव *v.i.* to wander aimlessly भटकना, घूमना।

rover रो वँ: *n.* wanderer घुमंतू।

row[1] रो *n.* a line of things or persons पंक्ति।

row[2] *v.t.* to move (a boat) by using oars (नाव) खेना; to carry in a boat नाव से ले जाना; *v.i.* to be an oarsman खेवनहार होना।

row[3] *n.* journey or outing in a boat नाव-द्वारा यात्रा अथवा भ्रमण; distance rowed खेयी हुई दूरी।

row[4] रॉउ *n.* uproar हुल्लड़; quarrel झगड़ा; disturbance उपद्रव।

rowdy रॉउ डि *a.* turbulent, noisy उपद्रवी, कोलाहलपूर्ण।

royal रौइँ ॲल *a.* kingly राजसी।

royalist रौ ॅइ ॲ लिस्ट *n.* supporter of a king or queen राजभक्त।

royalty रौ ॅइ ॲल् टि *n.* royal persons राजघराने के सदस्य; royal dignity or power राजसी गौरव अथवा सत्ता; sum paid to the owner of copyright रायॅल्टी।

rub[1] रब *(-bb-) v.t.* to move (one thing) on the surface (of another) घिसना, रगड़ना; to clean or polish साफ़ या चमकदार करना; to massage मालिश करना; to chafe रगड़ना; to remove by friction मिटाना; *v.i.* to come into contact with friction रगड़ खाना; to be worn by friction मिट जाना।

rub[2] *n.* rubbing रगड़; impediment बाधा; difficulty कठिनाई।

rubber र बॅ: *n.* an elastic substance रबड़; person who rubs घिसने या रगड़ने वाला व्यक्ति।

rubbish र बिश *n.* worthless material कूड़ा-करकट; nonsense बकवास।

rubble र बल *n.* fragments of stone etc. मलबा।

ruby रू बि *n.* a precious stone माणिक; deep red colour गहरा लाल रंग।

rude रूड *a.* impolite असभ्य; coarse भद्दा; vulgar गंवारूँ; uneducated अशिक्षित।

rudiment रू डि मॅन्ट *n. (pl.)* basic principles मूल तत्व; an elementary fact प्रारंभिक तथ्य।

rudimentary रू डि मैन्ँ टॅ रि *a.* basic प्रारंभिक मूल।

rue रू *v.t.* to grieve for पर दुःखी होना; to repent of (पर) पश्चाताप करना।

rueful रू *फुल a.* feeling regret दुःखी, उदास।

ruffian रफ़् यॅन *n.* violent lawless person गुंडा।

ruffle र फ़्ल *v.t.* to annoy चिढ़ाना।

rug *रग n.* floor-mat ग़लीचा; a coverlet आच्छादन।

rugged र *गिड a.* rough खुरदरा, ऊबड़-खाबड़; not refined अशिष्ट; wrinkled (face) झुर्रीदार।

ruin[1] रू इन *n.* destruction विनाश; downfall पतन; *(pl.)* remains of a building or city खंडहर।

ruin[2] *v.t.* to destroy नष्ट करना; to spoil बिगाड़ना।

rule[1] *रूल n.* principle सिद्धांत; set of regulations नियम; government शासन; measuring stick पैमाना।

rule[2] *v.t.* to govern शासन करना; to give a decision निर्णय देना।

ruler रू *लॅः n.* one who rules शासक, राजा; stick for measuring or ruling lines पैमाना।

ruling रू *लिङ्ग n.* decision made by an authority व्यवस्था, आदेश, निर्णय।

rum[1] *रम n.* a spirit शराब।

rum[2] *a.* strange विलक्षण; queer भद्दा।

rumble[1] *रम् ब्ल v.i.* to make a sound like thunder गड़गड़ाहट का शब्द करना।

rumble[2] *n.* rumbling sound गड़गड़ाहट।

ruminant[1] रू *मि नॅन्ट a.* (animal) that chews the cud जुगाली करने वाला।

ruminant[2] *n.* cud-chewing animal जुगाली वाला पशु।

ruminate रू *मि नेट v.i.* to chew the cud जुगाली करना; mediate चिंतन करना।

rumination रू *मि ने शॅन n.* chewing the cud जुगाली; meditation चिंतन, मनन।

rummage[1] र *मिज v.i.* to turn things over for search ढूंढ मचाना; *v.t.* to search thoroughly (का) चप्पा-चप्पा छान मारना।

rummage[2] *n.* search छान-बीन।

rummy र *मि n.* a card game ताश का रमी खेल।

rumour[1] *रूमॅः n.* unverified statement अफ़वाह।

rumour[2] *v.t.* to circulate by way of rumour अफ़वाह फैलाना।

run[1] *रन (p.t. ran रैन; p.p. run) v.i.* to move quickly on foot दौड़ना; to rush शीघ्रता करना; to escape बच भागना; to move from one place to another चलना; to function काम करना; to spread फैलना; to flow बहना; to revolve घूमना; to continue चालू रहना; *v.t.* to cross by running दौड़कर पार करना; to expose oneself (to risk) (खतरा) मोल लेना; to cause to run दौड़ाना; to manage चलाना।

run[2] *n.* act of running दौड़; rush झपट्टा; tendency प्रवृत्ति; period अवधि; sequence क्रम; score of one at cricket क्रिकेट का एक 'रन'।

rung रङ्ग *n.* crossbar of a ladder सीढ़ी का डंडा।

runner र नँः *n.* one who runs धावक; messenger संदेशवाहक, हरकारा।

rupee रू पी *n.* coin of India रुपया।

rupture[1] रप् चँः *n.* breach of relation संबंध-विच्छेद; fracture टूटन।

rupture[2] *v.t.* to break तोड़ना; to burst फोड़ना; *v.i.* to break टूटना; to burst फूटना।

rural रू अँ रॅल *a.* pertaining to the countryside देहाती, ग्रामीण।

ruse रूज़ *n.* a trick चाल, धोखा।

rush[1] रश *n.* period of great activity व्यस्तता का समय; sudden attack झपट्टा।

rush[2] *v.t.* to carry along rapidly तेज़ी से ले जाना; to attack suddenly अचानक हमला करना; to cause to move violently तेज़ी से दौड़ाना; *v.i.* to move violently झपटना।

rush[3] *n.* a plant that grows in marshes जलबेंत।

rust[1] रस्ट *n.* reddish-brown coating on iron जंग, मोरचा; a disease of plants रतुआ।

rust[2] *v.i.* to become rusty मोरचा खा जाना; *v.t.* to affect with rust ज़ंग लगाना।

rustic[1] रस् टिक *a.* unsophisticated ग्राम्य, गंवारू।

rustic[2] *n.* a country man गँवार।

rusticate रस् टि केट *v.t.* to expel (a student) from college as punishment (छात्र को) दंडस्वरूप निष्कासित करना।

rustication रस् टि के शॅन *n.* act of rusticating निष्कासन।

rusticity रस् टि सि टि *n.* being rustic गँवारूपन।

rusty रस् टि *a.* covered with rust ज़ंग खाया हुआ।

rut रट *n.* deep groove made by passage of wheels लीक; settled habit पक्की आदत।

ruthless रूथ् लिस *a.* pitiless, cruel निर्दय।

rye रॉइ *n.* a grain used for fodder and bread राई; plant bearing it राई का पौधा।

Ss

S ऍस् the nineteenth letter of the English alphabet, any object shaped like S. Roman numeral for 70 or 70,000. अंग्रेजी वर्णमाला का उन्नीसवाँ अक्षर, इस अक्षर के आकार का कोई पदार्थ, रोमन संख्या में ७० अथवा ७०,००० के लिए संकेत; Collar of S (a collar composed of links in the form of S.) जंजीर या पट्टा जिसमें S अक्षर के आकार की कड़ियाँ गुथी होती हैं।

sabbath सै बॅथ *n.* day of rest and worship विश्राम और पूजा का दिन।

sabotage[1] सै बॅ टाज़ *n.* willful destruction तोड़फोड़।

sebotage[2] *v.t.* to perform an act of sabotage against से तोड़-फोड़ करना।

sabre[1] से बॅ: *n.* sword with curved blade कृपाण, तलवार।

sabre[2] *v.t.* to strike a sabre कृपाण से घायल करना।

saccharin सै कॅ रिन *n.* an artificial sweetener सैकरिन।

saccharine सै कॅ ऱॉइन *a.* resembling sugar श र्करा-जैसा; very sweet अति मधुर।

sack[1] सैक *n.* large bag of hemp बोरी, बोरा; dismissal बरख़ास्तगी; plunder लूट।

sack[2] *v.t.* to rob लूटना; to dismiss from a job बरख़ास्त करना।

sacrament सैक् रॅ मॅन्ट *n.* religious ceremony धार्मिक उत्सव, धार्मिक संस्कार।

sacred से क्रिड *a.* holy पवित्र; divine अलौकिक; religious धार्मिक; adorable पूजनीय।

sacrifice[1] सैक् रि फ़ाईस *n.* offering अर्पण; abandonment त्याग; surrender समर्पण।

sacrifice[2] *v.t.* to offer to a god on an alter बलिदान करना, भेंट चढ़ाना; *v.i.* to make a sacrifice त्याग करना।

sacrificial सैक् रि फ़ि शॅल *a.* pertaining to sacrifice बलिदान-संबंधी।

sacrilege सैक् रि लिज *n.* profanation of sacred things अपवित्रीकरण।

sacrilegious सैक् रि लि जॅस *a.* profane देवत्व का अपहारी।

sacrosanct सैक् रो ˘ सैङ्क्ट *a.* sacred पवित्र; worthy of protection रक्षणीय।

sad सैड *a.* unhappy दुःखी; sorrowful उदास।

sadden सै ड्न *v.t.* to make sorrowful दुःखी करना।

saddle[1] सै ड्ल *n.* rider's seat to be placed on a horse's back काठी।

saddle[2] *v.t.* to put a saddle on (घोड़े) की पीठ पर ज़ीन कसना।

sadism से डिज़्म, सा-, सै- *n.* delight in cruelty परपीड़न-रति।

sadist से डिस्ट *n.* person guilty of sadism पर पीड़न कामुक।

safe[1] सेफ *a.* free from danger निरापद; involving on risk सुरक्षित।

safe[2] *n.* chest for keeping valuables तिजोरी।

safeguard[1] सैफ़् गा:ड *n.* defence, protection बचाव, रक्षा।

safeguard[2] *v.t.* to protect रक्षा करना।

safety सेफ़् टि *n.* security, freedom from danger सुरक्षा।

saffron[1] सैफ़् रॅन *n.* purple flowered crocus केसर, जाफ़रान; orange colour केसरिया रंग।

saffron[2] *a.* of the colour of saffron केसरिया।

sagacious सॅ गे शॅस *a.* gifted with acute समझदार, बुद्धिमान।

sagacity सॅ गै सि टि *n.* quickness of discernment चतुराई; farsightedness दूरदर्शिता।

sage[1] सेज *n.* venerable man ऋषि, संत; a wise man मनीषी।

sage[2] *a.* wise बुद्धिमान।

sail[1] सेल *n.* canvas spread to catch wind and propel a boat पाल; act of sailing खेवन; journey upon the water जल-यात्रा।

sail[2] *v.i.* to travel by water जलयात्रा करना; to move smoothly शांत रूप से चलना; *v.t.* to voyage across नाव से पार करना।

sailor *से लॅः n.* seaman नाविक, मल्लाह।

saint *सेन्ट n.* a holy person संत।

saintly *सेन्ट् लि a.* befitting a saint पुण्यात्मा।

sake *सेक n.* cause कारण; purpose उद्देश्य।

salable *से लॅ ब्ल a.* fit for sale विक्रेय।

salad *से लॅड n.* dish of uncooked vegetables सलाद।

salary *से लॅ रि n.* pay वेतन।

sale *सेल n.* act of selling बिक्री।

salesman *सेल्स् मॅन n.* one who sells विक्रेता।

salient *सेल् यॅन्ट a.* chief, prominent मुख्य।

saline *से लॉइन a.* salty नमकीन, खारा।

salinity *सॅ लि नि टि n.* quality of being saline खारापन।

saliva *सॅ लॉइ वॅ n.* spittle लार।

sally[1] *सै लि n.* leap छलांग; sudden rush झपट्टा; excursion विहार।

sally[2] *v.i.* to make a sally झपट्टा मारना।

saloon *सॅ लून n.* large public room बैठक; a large reception room स्वागत-कक्ष।

salt[1] *सौल्ट, सौ ॅल्ट n.* chloride of sodium नमक; pungency तीखापन; wit बुद्धि।

salt[2] *v.t.* to sprinkle with salt नमक छिड़कना।

salty *सौल् टि a.* tasting of salt नमकीन।

salutary *सै ल्यु टॅ रि a.* wholesome, having a good result लाभकारी, स्वास्थ्यप्रद।

salutation *सैल् यू टै शॅन n.* greeting अभिवादन।

salute[1] *सॅ ल्यूट v.t.* to make salutation to नमस्कार करना; to honour आदर करना।

salute[2] *n.* a gesture of respect अभिवादन, नमन, firing of guns as a mark of honour सलामी।

salvage[1] *सैल् विज n.* rescue of property from loss at sea, or from fire नाशरक्षण; property so saved रक्षित संपत्ति।

salvage[2] *v.t.* to protect from loss क्षति से बचाना।

salvation *सैल् वे शॅन n.* deliverance from sin पापों से मुक्ति, उद्धार।

same *सेम a.* uniform अभिन्न, वही, तुल्य; unchanged अपरिवर्तित; identical वही; aforesaid पूर्वोक्त।

sample[1] *साम् प्ल n.* speciman नमूना।

sample[2] *v.t.* to take or give sample of की बानगी लेना या देना; to try, to test जांच करना; to select छांटना, चुनना।

sanatorium *सै नॅ टौ रि ॲम n.* health-resort आरोग्यआश्रम।

sanctification *सैङ्क् टि फि के शॅन n.* act of sanctifying पवित्रीकरण।

sanctify *सैङ्क् टि फॉई v.t.* to purify from sin पाप से मुक्त करना।

sanction[1] *सैङ्क् शॅन n.* approval अनुमोदन; penalty for breaking law प्रतिबंध।

sanction[2] *v.t.* to authorise आज्ञा देना, अधिकृत करना।

sanctity *सैङ्क् टि टि n.* holiness पवित्रता; purity पवित्रता।

sanctuary *सैङ्क् ट्यु ॲ रि n.* (*pl.-ries*) holy place मंदिर; place of refuge शरणस्थल; a reservation where animals may not be hunted पशुविहार।

sand *सैन्ड n.* minute fragments of stone बालू, रेत।

sandal *सैन् ड्ल n.* shoe consisting of sole attached by straps चप्पल, खड़ाऊं।

sandalwood *सैन् ड्ल् वुड n.* a kind of fragrant wood चंदन।

sandwich[1] *सैन् विज n.* thin slices of bread सैंडविच।

sandwich[2] *v.t.* to place (something) between two objects दो पदार्थो के बीच में (कुछ) रखना।

sandy *सैन् डि a.* like sand बालू जैसा; consisting of sand रेतीला।

sane *सेन a.* of sound mind स्वस्थ चित्त का।

sanguine *सैङ् ग्विन a.* of the colour of blood रक्त वर्ण का; hopeful आशायुक्त; confident विश्वासयुक्त।

sanitary *सै नि टॅ रि a.* hygienic आरोग्यकर; pertaining to health स्वास्थ्य-संबंधी।

sanity *सै नि टि n.* state of being sane स्थिरबुद्धिता; health of mind मानसिक स्वास्थ्य।

sap[1] *सैप n.* the juice that circulates in plants रस; vigour, energy शक्ति।

sap[2] *(-pp-) v.t.* to weaken निर्बल बनाना; to drain away the life and strength of शक्तिहीन करना।

sapling *सैप् लिङ्ग n.* young tree छोटा पौधा।

sapphire *सै फ़ाइअ: n.* a blue precious stone नीलम; deep blue गहरा नीला रंग।

sarcasm *सा: कैज़्म n.* ironical remark व्यंग्य कथन; taunt ताना।

sarcastic *सा: कैस् टिक a.* ironical व्यंग्यपूर्ण, कटु; taunting ताने-भरा।

sardonic *सॉ: डौ ॅ निक a.* scornful निंदापूर्ण।

satan *सै टॅन n.* the Devil शैतान।

satchel *सै चॅल n.* a small bag थैला, झोला।

satellite *सै टॅ लॉइट n.* planet revolving round another उपग्रह; hanger on पिछलग्गू।

satiable *सै श्यॅ ब्ल a.* that can be satisfied तृप्त।

satiate *सै शि एट v.t.* to gratify to the full तृप्त कर देना।

satiety *सॅ टॉइ ॲ टि n.* being satiated तृप्ति अघाव।

satire *सै टॉइअ: n.* irony, sarcasm उपहास, व्यंग्य; work using satire व्यंग्यपूर्ण कृति।

satirical *सॅ टि रि कॅल a.* containing satire व्यंग्यपूर्ण; characterized by satire व्यंग्यात्मक; fond of satire व्यंग्यप्रिय।

satirist *सै टॅ रिस्ट n.* one who writes a satire व्यंग्य-लेखक।

satirize *सै टि रॉइज़ v.t.* to ridicule in a satirical manner व्यंग्य करना।

satisfaction *सै टिस् फ़ैक् शॅन n.* gratification of desire संतोष, तृप्ति।

satisfactory *सै टिस् फ़ैक् टॅ रि a.* satisfying संतोषजनक।

satisfy *सै टिस् फ़ॉइ v.t.* to gratify fully संतुष्ट करना; to convince क़ायल करना; to fulfil पूरा करना।

saturate *सै चॅ रेट v.t.* to impregnate thoroughly with परिपूर्ण करना; to wet thoroughly तरबतर कर देना।

saturation *सै चॅ रे शॅन n.* act of saturating संतुष्टि, संतृप्ति।

Saturday *सै टॅः डे,-डि n.* last day of the week शनिवार।

sauce *सौस n.* chutney चटनी; impudence धृष्टता।

saucer *सौ सॅः n.* shallow vessel for placing a cup of tea on तश्तरी।

saunter *सौन्टॅः v.t.* to stroll बेकार घूमना; to walk in a leisurely manner टहलना।

savage[1] *सै विज a.* wild जंगली; uncivilized अशिष्ट; cruel निर्दय।

savage[2] *n.* member of a savage tribe हबशी।

savagery *सै वि जॅ रि n.* cruelty क्रूरता; barbarity वहशीपन।

save[1] *सेव v.t.* to make or keep safe सुरक्षित रखना; to keep or store for future बचत करना; to hoard (money) (धन) संचित करना; to defend रक्षा करना।

save[2] *prep.* except के सिवाय, के अलावा।

saviour *से व्यॅः n.* one who saves from destruction रक्षक, उद्धारक।

savour[1] *से व्यॅः n.* taste स्वाद; flavour रस; smell गंध।

savour[2] *v.t.* to have a particular smell or taste सुगंधित अथवा स्वादिष्ट होना; to suggest the presence (of) का आभास देना; *v.t.* to give flavour to स्वादिष्ट बनाना; to have flavour of की गंध रखना।

saw[1] *सौ n.* a cutting tool आरा।

saw[2] *v.t.* to cut with a saw आरे से काटना।

say[1] *से v.t.* to speak, to utter बोलना, कहना; to assume कल्पना करना।

say[2] *n.* speech व्याख्यान, कथन; share in decision निर्णय में भागीदारी।

scabbard *स्कै बॅःड n.* sheath for a sword or a dagger म्यान।

scabies *स्कै बीज़ n.* a skin disease causing itching खुज़ली।

scaffold *स्कै फ़ॅल्ड n.* temporary platform for building workmen पाड़; gallows फांसी का तख़्ता।

scale[1] *स्केल n.* hard flake on a fish, reptile, etc. शल्क; thin layer पपड़ी; a graduated measure मापक; ratio of size between a thing and a model or map of it पैमाना; dish of a balance पलड़ा; extent सीमा; (*pl.*) an instrument for measuring weight तराजू।

scale[2] *v.t.* to weigh in scales तराजू में तोलना; to have weight of का वज़न रखना; to climb पर चढ़ना; to remove scales from से शल्क हटाना; *v.i.* to come off in scales पपड़ी के रूप में उतरना।

scalp *स्कैल्प n.* skull खोपड़ी; skin and hair of head सिर की त्वचा और बाल।

scamper[1] *स्कैम् पॅः v.i.* to run about इधर-उधर दौड़ना।

scamper[2] *n.* short, quick run छोटी, तेज़ दौड़।

scan स्कैन *(-nn-) v.t.* to examine minutely सूक्ष्म परीक्षण करना; to scrutinize जांचना।

scandal स्कैन् ड्ल *n.* defamation बदनामी, मानहानि; back-biting चुगुली; malicious talk अपवाद।

scandalize स्कैन् डॅ लॉइज़ *v.t.* to defame बदनाम करना; to shock आघात पहुंचाना।

scant स्कैन्ट *a.* not sufficient अपर्याप्त, स्वल्प।

scanty स्कैन् टि *a.* small in size or amount कम, न्यून।

scapegoat स्केप् गोट *n.* person blamed for other's faults बलि का बकरा।

scar[1] स्काः *n.* mark of a sore or wound घाव का निशान।

scar[2] *(-rr-) v.t.* to mark with scar धब्बा लगाना।

scarce स्कैँ ॲःस *a.* not plentiful अल्प; rare विरल; uncommon दुर्लभ।

scarcely स्कैँ ॲःस् लि *adv.* not quite, almost not मुश्किल से ही।

scarcity स्कैं ॲः सि टि *n.* state of being scarce विरलता, न्यूनता, अल्पता, दुर्लभता।

scare[1] स्कैंॲः *n.* sudden alarm अकारण भय।

scare[2] *v.t.* to terrify डराना; to drive away by frightening डराकर भगाना।

scarf स्काःफ़ *n.* a strip of fabric worn over the shoulders, round the neck or over the hair गुलूबंद, दुपट्टा।

scatter स्कै टॅः *v.t.* to throw here and there फैलाना, छितराना; *v.i.* to go in different directions बिखरना, फैलना।

scavenger स्कै विन् जॅः *n.* person employed to keep the streets clean by removing refuse सफ़ाई कर्मचारी, मेहतर।

scene सीन *n.* place of action घटना-स्थल; subdivision of a play नाटक का दृश्य; view दृश्य; episode घटना; display of strong emotion तमाशा; प्रदर्शन; a stage set for a performance of a play मंचसज्जा।

scenery सी नॅ रि *n.* landscape representation of a scene दृश्यभूमि; the blackcloth etc. used on the stage of a theatre मंच-सज्जा।

scenic सी निक *a.* of the stage नेपथ्य-संबंधी; picturesque सुंदर, चित्रात्मक।

scent[1] सैन्ट *n.* agreeable odour सुगंध; perfume इत्र; trail खोज; clue सुराग़।

scent[2] *v.t.* to smell सूंघना; to fill with fragrance सुगंधित करना; to discover by smelling गंध-द्वारा पता लगाना; to suspect संदेह करना।

sceptic स्कैपॅ टिक *n.* atheist नास्तिक; one who maintains doubt or disbelief संदेहवादी।

sceptical स्कैपॅ टि क्ल *a.* incredulous संश ात्मक।

scepticism स्कैपॅ टि सिज़्म *n.* a disbelieving state of mind संदेहवाद, संशयात्मकता।

sceptre सैपॅ टॅः *n.* ornamental staff as symbol of royal power राजदंड।

schedule[1] शैँ ड् यूल *n.* programme कार्यक्रम; time-table सारणी; table of details or appended table अनुसूची।

schedule[2] *v.t.* to make a list of अनुसूची बनाना।

scheme[1] *स्कीम* *n.* system पद्धति; plan योजना; contrivance उपाय।

scheme[2] *v.i.* to form a plan योजना बनाना; *v.t.* to contrive उपाय करना।

schism *सिज़्म* *n.* faction फूट; group resulting from faction विच्छिन्न संप्रदाय।

scholar *स्कौ ˘लॅः* *n.* learned person विद्वान्; pupil शिष्य।

scholarly *स्कौ ˘ लॅः लि* *a.* learned विद्वान्, विद्वत्तापूर्ण।

scholarship *स्कौ ˘लॅः शिप* *n.* erudition पांडित्य; allowance given to a student छात्रवृत्ति।

scholastic *स्कॅ लैस् टिक* *a.* pertaining to a scholar विद्वान्-संबंधी; educational शिक्षा-विषयक; academic शास्त्रीय।

school *स्कूल* *n.* educational institution विद्यालय, पाठशाला; branch of study शिक्षा की शाखा; group of artists, thinkers etc. with common beliefs संप्रदाय।

science *सॉइ अॅन्स* *n.* systematic knowledge विज्ञान।

scientific *सॉइ अॅन् टि फिक* *a.* pertaining to science वैज्ञानिक।

scientist *सॉइ अॅन् टिस्ट* *n.* one who is versed in science वैज्ञानिक।

scintillate *सिन् टि लेट* *v.i.* to sparkle चमकना।

scintillation *सिन् टि ले शॅन* *n.* lustre, glitter चमक।

scissors *सि जॅःज़* *n. pl.* a cutting instrument कैंची।

scoff[1] *स्कौफ़्* *n.* taunt ताना।

scoff[2] *v.i.* to jeer (at) उपहास करना।

scold *स्कोल्ड* *v.t.* to find fault with दोष निकालना; to rebuke, to reprimand फटकारना।

scooter *स्कू टॅः* *n.* light, motorcycle स्कूटर।

scope *स्कोप* *n.* sphere of action or observation क्षेत्र; opportunity for action गुंजाइश।

scorch *स्कौच* *v.t.* to burn or discolour (surface) with heat झुलसाना।

score[1] *स्कोः, स्कौः* *n.* set of twenty एक कोड़ी (बीस); reckoning गणना; number of points made by a player in certain games खेल के अंक; reason कारण; scratch खरौंच।

score[2] *v.t.* to gain (points) in a game खेल में (अंक या रन) बनाना; to cross out काटना; to mark चिह्नित करना; *v.i.* to keep tally of points अंकों या रनों का हिसाब रखना।

scorer *स्कौ ˘ रॅः* *n.* person who keeps a record of points, goals, runs, etc, scored in a game गणक; player who scores goals, runs etc. गोल या रन बनाने वाला खिलाड़ी।

scorn[1] *स्कौःन* *n.* extreme contempt तिरस्कार; derision घृणा।

scorn[2] *v.t.* to hold in contempt तिरस्कार करना, घृणा करना।

scorpion *स्कौः प्यॅन* *n.* a small animal with a poisonous sting in its long tail बिच्छू।

Scot *स्कौ ˘ट* *n.* native of Scotland स्कॉटलैंड का निवासी।

Scotch[1] *स्कौचॅ* *a.* of Scotland स्कॉटलैंड-संबंधी।

Scotch[2] *n.* people of Scotland

स्कॉटलैंड निवासी; a kind of whisky एक प्रकार की शराब।

scot-free *स्कौ ॅट् फ़्री a.* unharmed सुरक्षित, निरापद।

scoundrel *स्कॉउन् ड्रॅल n.* rogue, rascal दुष्ट।

scourge[1] *स्कॅःज n.* whip कोड़ा; severe affliction महान् कष्ट; calamity विपत्ति।

scourge[2] *v.t.* to flog कोड़े मारना; to punish severely कड़ा दंड देना।

scout[1] *स्कॉउट n.* boy scout बालचर; spy गुप्तचर।

scout[2] *v.i.* to act as a scout बालचर के रूप में काम करना; to act as spy गुप्तचर्या करना।

scowl[1] *स्कॉउल v.i.* to frown त्योरी चढ़ाना।

scowl[2] *n.* a bad-tempered look भ्रूभंग, त्योरी चढ़ी दृष्टि।

scramble[1] *स्क्रैम् ब्ल v.i.* to climb ऊपर चढ़ना; to struggle for something संघर्ष करना; *v.t.* to mix up मिला देना; to cook (eggs) beaten up with milk दूध के साथ फेंटकर (अंडे) पकाना।

scramble[2] *n.* scrambling संघर्ष; rough climb ऊबड़-खाबड़ चढ़ाई; disorderly proceeding अव्यवस्थित कार्यवाही।

scrap *स्क्रैप n.* rejected metal pieces रद्दी, धातु; smallest piece छोटा टुकड़ा।

scratch[1] *स्क्रैच n.* mark of injury खरोंच।

scratch[2] *v.t.* to mark (surface) with something sharp खुरचना, खरोंचना; to draw along घसीटना; to rub घिसना; to cancel रद्द करना; to withdraw वापस लेना; *v.i.* to use the nail or claws नाखूनों या पंजों का प्रयोग करना।

scrawl[1] *स्क्रौल v.t.* to write or draw hastily तेज़ी से लिखना या घसीटना।

scrawl[2] *n.* poor writing घसीट।

scream[1] *स्क्रीम v.i.* to make a sudden cry चीख़ना; *v.t.* to utter in a scream चीख़ कर कहना।

scream[2] *n.* shrill cry चीख़।

screen[1] *स्क्रीन n.* surface on which films are shown चित्रपट; device to shelter from light etc. परदा।

screen[2] *v.t.* to shelter, to hide बचाना, छिपाना; to show (film) चित्रपट पर दिखाना; to scrutinize परखना, जांचना।

screw[1] *स्क्रू n.* a metal peg पेच।

screw[2] *v.t.* to fasten (with a screw) पेच से कसना।

scribble[1] *स्क्रि ब्ल v.t.* to write or draw carelessly घसीट में लिखना या खींचना; *v.i.* to make meaningless marks उलटी-सीधी लकीरें खींचना।

scribble[2] *n.* careless writing घसीट।

script *स्क्रिप्ट n.* handwriting लिखावट; manuscript पांडुलिपि।

scripture *स्क्रिप् चॅः n.* sacred writings of a religion धर्मग्रंथ।

scroll *स्क्रोल n.* roll of paper used for writing काग़ज का खर्रा; ornamental design कटावदार ड़िजाइन।

scrutinize *स्क्रू टि नॉइज़ v.t.* to make thorough examination of सावधानी से जांच करना।

scrutiny *स्क्रू टि नि n.* thorough examination सूक्ष्म जांच; critical investigation समीक्षा; official examination of votes मतपत्रों की जांच।

scuffle[1] *स्क फ़्ल n.* confused brief fight हाथापाई।

scuffle[2] *vi.* to take part in a confused fight हाथापाई करना।

sculptor *स्कल्प् टः n.* one who carves on wood or stone पत्थर या लकड़ी पर नक़्क़ाशी करनेवाला, मूर्तिकार।

sculptural *स्कल्प् चॅ रॅल a.* pertaining to sculpture प्रतिमा-निर्माण-संबंधी।

sculpture *स्कल्प् चः n.* art of carving in relief on stone, wood or clay मूर्तिकला।

scythe[1] *सॉइद n.* a manual reaping implement दांती, दरांती।

scythe[2] *v.t.* to cut with scythe दरांती से काटना।

sea *सी n.* the ocean सागर; large quantity विशाल मात्रा; vast expanse दीर्घ विस्तार।

seal[1] *सील n.* impression attached to a document, significant mark मुहर।

seal[2] *n.* an aquatic flesh-eating mammal मांसाहारी समुद्री स्तनधारी जंतु।

seal[3] *v.t.* to stamp with seal मुहर लगाना; to close up tightly अच्छी तरह बंद करना; to decide तय करना।

seam[1] *सीम n.* the line of sewing where pieces of cloth are joined सीवन; line of junction of two planks संधिरेखा; thin layer परत।

seam[2] *v.t.* to join by a seam सिलाई से जोड़ना।

seamy *सी मि a.* marked with seams सीवनदार; sordid घिनौना।

search[1] *सॅःच n.* act of searching खोज; inquiry जांच।

search[2] *v.t.* to seek out खोजना; to probe जांच करना।

season[1] *सी ज़्न n.* period of the year marked by different climatic conditions ऋतु; time when something is plentiful किसी वस्तु की प्रचुरता का समय; proper time उचित समय।

season[2] *v.t.* to render mature and fit for use परिपक्व बनाना; to add flavouring to स्वादिष्ट बनाना, to make experienced अभ्यस्त बनाना।

seasonable *सी ज़ॅ नॅ ब्ल a.* opportune उचित समय पर होने वाला।

seasonal *सी ज़ॅ नॅल a.* happening only at a particular season मौसमी।

seat[1] *सीट n.* thing to sit on बैठने का आसन, गद्दी; location स्थिति, स्थान; legislative constituency निर्वाचन-क्षेत्र; buttocks चुतड़; bose आधार।

seat[2] *v.t.* to cause to sit बैठाना; to fix firmly जमाना; to provide seats बैठने का स्थान देना।

secede *सि सीड v.i.* to withdraw formally from a larger body पृथक् हो जाना।

secession *सि सै˘ शॅन n.* act of seceding अपगमन, अलगाव।

secessionist *सि सै˘ शॅ निस्ट n.* one favouring secession अलगाववादी।

seclude *सि क्लूड v.t.* to separate from society समूह से अलग करना;

to keep aloof अलग रखना।

secluded *सि क्लू डिड a.* separated from society एकांत अकेला, निर्जन।

seclusion *सि क्लू ज़ॅन n.* privacy एकांतता।

second[1] *सै ॅ कॅन्ड a.* next after first दूसरा।

second[2] *n.* one who follows another अनुयायी; sixtieth part of a minute मिनट का साठवां भाग; inferior goods घटिया माल।

second[3] *v.t.* to support अनुमोदित करना।

secondary *सै ॅ कॅन् डॅ रि a.* next in importance गौण; supplementary अनुपूरक।

seconder *सै ॅ कॅन् डॅः n.* one who supports a resolution प्रस्ताव का अनुमोदक।

secrecy *सी क्रॅ सि n.* privacy एकांतता; concealment गुप्तता।

secret[1] *सी क्रिट a.* concealed छिपा हुआ; remote, quiet शांत।

secret[2] *n.* something kept from view or knowledge गुप्त भेद; the real source मुख्य स्रोत या कारण; something mysterious रहस्यपूर्ण वस्तु।

secretariat (e) *सैकॅ रॅ टे ॅ अॅ रि अॅट n.* secretarys' department सचिवालय।

secretary *सैकॅ रि ट्रि n.* an administrative or executive officer of an organization सचिव, मंत्री।

secrete *सि क्रीट v.t.* to conceal छिपाना; to produce by secretion स्त्रावित करना।

secretion *सि क्री शॅन n.* process of secreting स्त्रवण; matter secreted स्त्राव।

secretive *सिक् रि टिव a.* habitually keeping things secret गोपनशील।

sect *सैक्ट n.* religious party or faction पंथ, संप्रदाय, मत।

sectarian *सैकॅ टे ॅ अॅ रि अॅन a.* pertaining to a particular sect किसी विशेष मत या पंथ-संबंधी।

section *सैकॅ शॅन n.* division अनुभाग, भाग; subdivision of a book अनुच्छेद; part of a whole खंड, अंश।

sector *सैकॅ टॅः n.* field of business activity व्यावसायिक क्षेत्र; military area of operation सैन्य कार्यवाही का क्षेत्र।

secure[1] *सि क्युअॅः a.* safe सुरक्षित; firmly fixed सुदृढ़।

secure[2] *v.t.* to free from anxiety सुरक्षित करना; to obtain प्राप्त क ना; to make strong दृढ़ करना।

security *सि क्युअॅ रि टि n.* safety सुरक्षा; undertaking to obtain release of a prisoner ज़मानत; thing pledged as guarantee प्रतिभूति।

sedan *सि डैन n.* a covered chair carried by two men पालकी।

sedate[1] *सि डेट a.* serious गंभीर; calm शांत।

sedate[2] *v.t.* to soothe by drugs दवा से आराम पहुंचाना।

sedative[1] *सै ॅ डॅ टिव a.* having a soothing effect शामक।

sedative[2] *n.* sedative drug शामक औषध।

sedentary *सै ॅ डॅन् टॅ रि a.* sitting आसीन, बैठा हुआ; accustomed to sitting बैठे रहने का आदी।

sediment *सै ॅ डि मॅन्ट n.* matter

which settles at the bottom of a liquid तलछट।

sedition *सि डि शॅन n.* conduct or speech tending to breach of public piece विद्रोह, विप्लव।

seditious *सि डि शॅस a.* inclined to sedition विप्लवकारी।

seduce *सि ड्यूस n.* to lead astray बहकाना; to tempt लुभाना; to attract आकर्षित करना।

seduction *सि डक् शॅन n.* act of seducing सतीत्व-हरण; tempting to an evil action दुष्प्रेरणा।

seductive *सि डक् टिव a.* alluring लुभावना।

see *सी v.t.* to perceive देखना; to be cognizant of पर ध्यान देना; to find out मालूम करना, ढूंढना; to make sure आश्वस्त करना; to visit भेंट करना; to consult परामर्श करना; to reflect विचार करना; to accompany के साथ जाना; *v.i.* to have the power of sight दृष्टि रखना।

seed[1] सीड *n.* plant's element of life बीज; prime cause मूल कारण; semen वीर्य।

seed[2] *v.t.* to sow with seed बोना; *v.i.* to produce seed बीज उगाना।

seek *सीक v.t. (p.t. & p.p. sought)* to ask for मांगना; to try प्रयास करना; *v.i.* to search खोज करना।

seem *सीम v.i.* to appear जान पड़ना; to look दिखाई पड़ना।

seemly *सीम् ली a.* proper, befitting उपयुक्त, उचित।

seep *सीप v.i.* to tickle through slowly रिसना।

seer *सिअः n.* prophet सिद्धपुरुष, दृष्टा।

seethe *सीद v.i.* to boil उबलना; to be agitated उत्तेजित होना।

segment[1] *सै ँग् मॅन्ट n.* part cut off from something भाग, खंड।

segment[2] *v.t.* to divide into segments विभाजित करना; *v.i.* to be divided into segments विभक्त होना।

segregate *सैगॅ् रि गेट v.t.* to isolate पृथक् करना।

segregation *सैगॅ् रि गे शॅन n.* separation अलगाव, वियोग।

seismic *सॉइज़् मिक a.* pertaining to earthquakes भूकंप-संबंधी।

seize *सीज़ v.t.* to take possession of by force छीनना; to grasp पकड़ना।

seizure *सीज़ॅः n.* act of seizing पकड़; possession by force ज़ब्ती।

seldom *सैलॅ् डॅम adv.* not often यदा-कदा, कभी-कभार।

select[1] *सि लैक्ट v.t.* to choose as the best चुनना।

select[2] *a.* choice चुनिंदा; excellent उत्कृष्ट।

selection *सि लैकॅ् शॅन n.* act of selecting चयन।

selective *सि ल क् टिव a.* capable of selection चयन-योग्य।

self *सैल्फ़ n. (pl. selves)* person's own individuality व्यक्तित्व; one's own interest स्वार्थ; sameness एकता।

selfish *सै ँल् फ़िश a.* devoted to personal profit स्वार्थी।

selfless *सै ँल्फ लिस a.* unselfish स्वार्थरहित।

sell *सै ँल v.t. (p.t. & p.p. sold)* to dispose of in exchange for money बेचना; to deal in (की) दुकान

करना; *v.i.* to be sold बिकना।

seller *सैँ लॅः* *n.* one who sells विक्रेता; something that is sold बिकने वाली वस्तु।

semblance *सैम्ँ ब्लॅन्स* *n.* likeness सादृश्य; false appearance दिखावा।

semen *सी मैनॅ* *n.* male generative fluid of animals वीर्य, शुक्र।

semester *सि मैँस् टॅः* *n.* a half year term अर्द्धवार्षिक सत्र।

seminal *सी मि न्‌ल* *a.* of semen वीर्य-संबधी।

seminar *सैँ मि नाः* *n.* meeting for discussion गोष्ठी।

senate *सैँ निट* *n.* legislative body प्रबंधकारिणी समिति; governing body of a university विश्वविद्यालय की प्रशासनिक समिति।

senator *सैँ नॅ टॅः* *n.* member of a senate समिति-सदस्य।

senatorial[1] *सैँ नॅ टौ रि ॲल* *a.* of a senate or senator प्रशासनिक समितीय अथवा समिति-सदस्यीय।

senatorial[2] *a.* pertaining to senate प्रशासनिक समिति-संबंधी।

send *सेन्ड* *v.t.* to cause to go भेजना; to dispatch प्रेषित करना।

senile *सी नॉइल* *a.* pertaining to old age वृद्धावस्था-संबंधी।

senility *सि नि लि टि* *n.* weakness in old age बुढ़ापे की दुर्बलता।

senior[1] *सी न्यॅः* *a.* superior in age वयोवृद्ध; of a higher rank बड़े पद का।

senior[2] *n.* superior उच्च व्यक्ति; elder person वयोवृद्ध व्यक्ति।

seniority *सी नि औँ रि टि* *n.* condition of being senior वरीयता।

sensation *सैनॅ से शॅन* *n.* feeling अनुभूति; excitement उत्तेजना, सनसनी; strong impression संवेदना।

sensational *सैनॅ से शॅ नॅल* *a.* pertaining to the sense of perception संवेदनात्मक; producing excited interest सनसनीख़ेज़।

sense[1] *सैन्स* *n.* faculty of perception इंद्रिय; mental alertness चेतना; consciousness होश; meaning अर्थ; judgment विवेक, समझ।

sense[2] *v.t.* to perceive, to understand अनुभव करना, समझना।

senseless *सैँन्स् लिस* *a.* foolish मूर्ख, मूर्खतापूर्ण; unconscious बेहोश।

sensibility *सैँन् सि बि लि टि* *n.* sensitiveness संवेदनशीलता।

sensible *सैनॅ सि ब्‌ल* *a.* reasonable, wise समझदार; aware जागरूक, अवगत; perceptible by the senses इंद्रिय-ग्राह्य।

sensitive *सैनॅ सि टिव* *a.* quick to receive impressions संवेदनशील; easily offended तुनकमिज़ाज; emotional भावुक; easily affected नाजुक; responsive to slight changes सूक्ष्मग्राही।

sensual *सैनॅ स्यु ॲल* *a.* lustful कामुक, कामुकतापूर्ण।

sensualist *सैनॅ स्यु ॲ लिस्ट* *n.* a lustful person भोगवादी, कामी।

sensuality *सैनॅ स्यु ऐ लि टि* *n.* indulgence of sensual pleasures कामुकता।

sensuous *सैनॅ स्यु ॲस* *a.* appealing to the senses इंद्रिय-संबंधी।

sentence[1] *सैनॅ टॅन्स* *n.* group of words giving complete meaning वाक्य; penalty imposed by the court दंड।

sentence² *v.t.* to pass sentence on दंड देना।

sentience *सैन् शॅन्स n.* quality of being sentient संवेदन, चेतना।

sentient *सैन् शॅन्ट a.* capable of feeling संवेदनशील।

sentiment *सैन् टि मॅन्ट n.* tendency to be moved by feeling भावुकता; emotion भाव; opinion मत, विचार।

sentimental *सैन् टि मैन् ट्ल a.* having a tendency to be moved by feeling भावुक; full of emotion भावुकतापूर्ण।

sentinel *सैन् टि न्ल n.* sentry संतरी, पहरेदार।

sentry *सैन् ट्रि n.* soldier on watch संतरी।

separable *सै ॅ पॅ रॅ ब्ल a.* capable of being separated वियोज्य, पृथक्करणीय।

separate¹ *सै ॅ पॅ रेट v.t.* to divide अलग करना; to put apart हटाना; *v.i.* to withdraw अलग होना, हटना।

separate² *सै ॅ पॅ रिट a.* divided विभक्त; existing apart अलग।

separation *सै ॅ पॅ रे शॅन n.* disconnection पृथक्करण; being disconnected पृथक्भवन; division विभाजन।

sepsis *सैपॅ सिस n.* pus forming bacteria पूर्ति, पूतिता।

September *सॅप् टै ॅम् बॅ: n.* ninth month of the year सितंबर।

septic *सैपॅ टिक a.* caused by sepsis पूतिक, विषाक्त।

sepulchre *सै ॅ पॅल् कॅ: n.* tomb समाधि, मक़बरा।

sepulture *सै ॅ पॅल् चॅ: n.* burial दफ़न।

sequel *सी क्वॅल n.* consequence परिणाम; continuation, remaining part शेष।

sequence *सी क्वॅन्स n.* succession अनुक्रम; successive order क्रम।

sequester *सि क्वैसॅ टॅ: v.t.* to seclude अलग करना।

serene *सि रीन a.* calm, tranquil शांत; unclouded मेघरहित।

serenity *सि रै ॅ नि टि n.* quality of being serene शांति।

serf *सॅ:फ n.* a land-worker, कृषि-मज़दूर, land slave कृषि दास।

serge *सॅ:ज n.* a strong woollen cloth सर्ज, एक प्रकार का कपड़ा।

sergeant *सा: जॅन्ट n.* non-commissioned army-officer सारजेंट।

serial¹ *सिॲ रि ॲल a.* belonging to a series क्रमिक, आनुक्रमिक; published in instalments धारावाहिक।

serial² *n.* periodical publication or presentation धारावाहिक।

series *सिॲ रीज़ n. (sing. & pl.)* sequence क्रम अनुक्रम; (maths.) a set of numbers forming a progression माला, श्रेणी, शृंखला।

serious *सिॲ रि ॲस a.* sincere गंभीर; of importance महत्वूपर्ण; causing concern चिंताजनक; thoughtful विचारशील।

sermon *सॅ: मॅन n.* moral or religious discourse नीतिवचन, धर्मोपदेश।

sermonize *सॅ : मॅ नॉइज़ v.i.* to talk like a preacher धर्मोपदेशक होना; *v.t.* to preach धार्मिक शिक्षा देना।

serpent *सॅ: पॅन्ट n.* snake सर्प; a treacherous person धूर्त; धोखेबाज़ व्यक्ति।

serpentine *सॅः पॅन् टॉइन n.* winding like a serpent सर्पिल; sly धूर्त, चालाक।

servant *सॅः वॅन्ट n.* one who serves सेवक; employee कर्मचारी।

serve[1] *सॅःव v.t.* to work for (की) नौकरी करना; to perform duties for (की) सेवा करना; to place (food, etc.) on the table (भोजन आदि) परोसना; to be satisfactory for के लिए उपयुक्त होना; to undergo भुगतना; to deliver (a summons, etc.) (समन) तामील करना; to meet the needs of (की) आवश्यकता पूरी करना; *v.i.* to put the ball into play सर्विस करना।

serve[2] *n.* act of serving ball सर्विस।

service[1] *सॅः विस n.* being a servant नौकरी; act of service सेवा; *(pl.)* armed forces सेना; help सहायता; system, organization व्यवस्था; attendance ख़िदमत, टहल; use प्रयोग; maintenance of vehicle रख-रखाव; a set of dishes, cups, etc. बरतन; (tennis) serving सर्विस; legal notification तामील; serving of food खाना परोसने की क्रिया।

service[2] *v.t.* to overhaul पूरी तरह से जांच करके सुधारना।

serviceable *सॅः वि सॅ ब्ल a.* in working order चालू हालत में; durable टिकाऊ।

servile *सॅः वॉइल a.* slavish दासतापूर्ण; cringing लल्लो-चप्पो करनेवाला, खुशामदी।

servility *सॅः वि लि टि n.* servile behaviour or attitude दासता, जी-हुजूरी।

session *सै˘ शॅन n.* meeting of court न्यायालय की बैठक; meeting of Parliament संसद-सत्र; academic term शिक्षण-सत्र।

set[1] *(-tt-) v.t.* to put रखना; to fix बैठाना, जमाना; to apply लगाना; to make ready तैयार करना; to establish स्थापित करना; to allot नियत करना; to arrange (a table) व्यवस्थित करना; to start चालू करना; to settle निश्चित करना; *v.i.* to sink डूबना, छिपना; to become firm कड़ा होना, जमना।

set[2] *a.* fixed स्थिर; prescribed निर्धारित; conventional रूढ़िगत; formal औपचारिक।

set[3] *n.* a group of people with common qualities एक-जैसे लोगों का समूह, गुट; a group of things श्रेणी; receiver for radio or television सैट।

settle *सै˘ ट्ल v.i.* to come to rest बैठना; to subside नीचे जाना, बैठना; to take up residence बसना; *v.t.* to arrange व्यवस्थित करना; to decide तय करना; to pay अदा करना।

settlement *सै˘ ट्ल् मॅन्ट n.* act of settling निपटारा; agreement समझौता; payment भुगतान; decision निर्णय; determination निर्धारण; colony उपनिवेश; subsidence धंसन।

settler *सै˘ट् लॅः n.* colonist उपनिवेशी।

seven[1] *सै˘ व्न n.* the number next to six सात की संख्या (7)।

seven[2] *a.* one more than six सात।

seventeen *सै˘ व्न् टीन n., a.* (the number) next after sixteen सत्रह (17)।

seventeenth *सै ॅ वॅनॅ टीन्थ a.* next after the 16th सत्रहवां।

seventh *सै ॅ वन्थ a.* next after the 6th सातवां।

seventieth *सै ॅ वन् टीथ a.* next after the 69th सत्तरवां।

seventy *सै ॅ वन् टि n., a.* (the number) next after 69 सत्तर (70)।

sever *सै ॅ वॅः v.t.* to cut off काट देना; to break off तोड़ देना; *v.i.* to come apart टूटना, अलग होना।

several *सै ॅ वॅ रॅल a.* a few, some कई; separate अलग; individual व्यक्तिगत; various विभिन्न; different भिन्न।

severance *सै ॅ वॅ रॅन्स n.* severing पृथक्ता; disconnection विच्छेद।

severe *सि विअॅः a.* strict कड़ा; hard to do कठिन; rigorous कठोर; harsh सख़्त, कठोर।

severity *सि वै ॅ रि टि n.* quality of being severe कठोरता, कठिनता।

sew *सा v.t. (p.t. sewed सोड; p.p.* sewn सोन) to fasten with stitches टांकना, सिलना; to make (garment) by stitching (कपड़ा) सिलना; *v.i.* to work with needle सिलाई करना।

sewage *स्यू इज n.* refuse conveyed in sewer गंदा पानी, मलजल।

sewer *स्यु अॅः n.* underground drain for refuse मलप्रणाल, नाला।

sewerage *स्यु अॅ रिज n.* system of drains मलव्यवस्था।

sex *सैक्स n.* state of being male or female लिंग; sexual activity यौन-क्रिया।

sexual *सैक्‌ स्यु अॅल a.* pertaining to sex लैंगिक।

sexuality *सैक्‌ स्यु ऐ लि टि n.* the quality of being sexual लैंगिकता; sexual desire काम-वासना।

sexy *सै ॅक सि n.* inclined to sexual indulgence कामुक; much concerned with sexuality कामोत्तेजक।

shabby *शै बि a.* worn and torn फटा-पुराना, जीर्ण-शीर्ण; poorly dressed फटेहाल; disgraceful घृणित, घिनौना।

shackle[1] *शै कल n.* metal ring for prisoner's wrist or ankle बेड़ी।

shackle[2] *v.t.* to fasten with shackles बेड़ी डालना।

shade[1] *शेड n.* slight darkness छाया; the darker part of a picture चित्र का काला भाग; a slight amount थोड़ी मात्रा; covering for a lamp दीपक का ढकना; ghost भूत, प्रेत।

shade[2] *v.t.* to shield from light ओट में करना; to mark(a picture) with different degrees of shade छायित करना।

shadow[1] *शै डो n.* dark projection of something छाया, परछाई; slight trace आभास; indistinct image अस्पष्ट बिंब; gloom विषाद; inseparable companion अविभाज्य साथी।

shadow[2] *v.t.* to cast shadow over आच्छादित करना; to follow closely के पीछे लगा रहना।

shadowy *शै डो इ a.* having shadow or shade छायादार; like a shadow छायावत्।

shaft *शाफ़्ट n.* handle of a tool or weapon दस्ता, मूठ; a ray of light किरण; pole कड़ी; arrow तीर।

shake[1] *शेक v.i. (p.t. shook शुक, p.p.*

shaken शेकन) to move to and fro or up and down हिलना; to shudder कांपना; *v.t.* to cause to move हिलाना; to dismay भयभीत करना।

shake² *n.* act of shaking झटका; tremor कंपन।

shaky *शे कि* *a.* unsteady अस्थिर, कंपायमान; unreliable अविश्वसनीय।

shallow *शैलो* *a.* not deep उथला; superficial सतही।

sham¹ *शैम (-mm-) v.i.* to pretend बहाना करना।

sham² *n.* pretence दिखावा, बहाना।

sham³ *a.* pretended दिखावटी।

shame¹ *शेम* *n.* feeling of guilt शरम, हया; public disgrace कलंक।

shame² *v.t.* to cause to feel shame लज्जित करना।

shameful *शेम् फुल* *a.* disgraceful लज्जाजनक।

shameless *शेम् लिस* *a.* with no sense of shame निर्लज्ज।

shampoo¹ *शैम् पू* *n.* a lotion for washing hair केशमार्जक; act of washing hair with shampoo केशामार्जन।

shampoo² *v.t.* to wash with shampoo शैंपू से धोना।

shanty *शैन् टि* *a.* roughly built hut झोपड़ी, कुटी।

shape¹ *शेप* *n.* outward form आकार; a pattern नमूना; condition दशा।

shape² *v.t.* to form आकार देना, बनाना; *v.i.* to develop विकसित होना।

shapely *शेप् लि* *a.* of pleasing shape सुघड़, सुंदर।

share¹ *शे ॅ अ:* *n.* portion हिस्सा, भाग; contribution योगदान; unit of ownership in a public company शेयर।

share² *v.t.* to distribute बांटना; to have in common में सहभागी होना।

share³ *n.* blade of a plough फाल।

shark *शा:क* *n.* a large, ferocious fish हांगर, सोर; a swindler ठग, धूर्त।

sharp¹ *शा:प* *a.* able to cut पैना; keen तेज़; pointed नुकीला; abrupt, sudden तीव्र; pungent चरपरा; clever चतुर; crafty चालाक; shrill तीखा; brisk फुरतीला; steep खड़ा।

sharp² *adv.* promptly ठीक समय से।

sharpen *शा: पॅन* *v.t.* to make sharp तेज़ करना; to become sharp तेज़ होना।

sharpener *शा: पॅ नॅ:* *n.* something that sharpens धार तेज़ करने का साधन।

sharper *शा: पॅ:* *n.* a swindler ठग, बेईमान।

shatter *शै टॅ:* *v.t.* to break in pieces चूर-चूर कर देना; to destroy नष्ट करना; *v.i.* to be damaged नष्ट होना।

shave¹ *शेव* *v.t.* to cut close मूंडना, हजामत बनाना; to pare away काटना; *v.i.* to remove hair with a razor हजामत करना।

shave² *n.* act of shaving or being shaved हजामत।

shawl *शौल* *n.* piece of fabric to cover woman's shoulders or to wrap a body शॉल।

she *शी* *pron.* third person singular feminine pronoun वह (स्त्री)।

sheaf *शीफ़* *n. (pl. sheaves शीव्ज़)* a bundle of corn पूला, पूली।

shear *शिअ़:* *v.t.* to cut the wool off (a sheep) (भेड) मूंड़ना।

shears *शिअ़:ज़* *n. pl.* large pair of scissors कैंचा।

shed[1] *शैड* *(-dd-) v.t.* to let fall गिरा देना; to cause to flow बहाना।

shed[2] *n.* roofed shelter सायबान, छप्पर।

sheep *शीप* *n. (pl. sheep)* a grass-eating animal भेड़।

sheepish *शी पिश* *a.* shy संकोची; timid दब्बू; stupid भौंदू।

sheer *शिअ़:* *a.* complete, thorough निरा, कोरा; absolute परिपूर्ण; very thin महीन।

sheet[1] *शीट* *n.* a large piece of cloth or any thin material चादर; wide expanse विस्तार।

sheet[2] *v.t.* to cover with a sheet (पर) चादर डालना।

shelf *शैल्फ़* *n. (pl. shelves शैल्वॅज)* a horizontal board fixed to a wall टांड, ताक।

shell[1] *शैॅल* *n.* hard outer case खोल; husk छिलका; explosive projectile गोला।

shell[2] *v.t.* to take shell from छीलना; to take out of shell छीलकर निकालना; to fire at with shells (पर) गोले बरसाना।

shelter[1] *शैल्ॅ टॅ:* *n.* protection बचाव, पनाह; refuge शरणस्थल।

shelter[2] *v.t.* to give protection to पनाह देना; *v.i.* to take shelter पनाह लेना।

shelve *शैल्व* *v.t.* to put on shelf ताक़ पर रखना; to postpone dealing with टालना; to cease to employ नौकरी से हटा देना।

shepherd *शै ॅ पॅ:ड* *n.* man who tends sheep गड़ेरिया।

shield[1] *शील्ड* *n.* a piece of armour carried on arm ढाल; protective plate कवच; any protective device रक्षा का साधन।

shield[2] *v.t.* to protect, to save बचाना, रक्षा करना।

shift[1] *शिफ़्ट* *v.t.* to cause to move हटाना; to transfer स्थानांतरित करना; *v.i.* to move हटना; to be transferred स्थानांतरित होना।

shift[2] *n.* change परिवर्तन; a group of workmen who start work as another group finishes पाली; time of the working of this group पाली की अवधि; dodge चकमा।

shifty *शिफ़् टि* *a.* deceitful धोखेबाज़; evasive बहानेबाज़।

shilling *शि लिङ्ग* *n.* a former British coin शिलिंग।

shilly-shally[1] *शि लि-शै लि* *v.i.* to waver हिचकिचाना।

shilly-shally[2] *n.* wavering, indecision हिचकिचाहट, अनिर्णय।

shin *शिन* *n.* front of lower leg टांग के नीचे का अगला भाग।

shine[1] *शॉइन* *v.i. (p.t. & p.p. shone शौनॅ)* to give out light चमकना।

shine[2] *n.* brightness चमक।

shiny *शॉइ नि* *a.* bright, glossy चमकदार।

ship[1] *शिप* *n.* a large sea-going vessel जहाज़।

ship[2] *(-pp-) v.t.* to put on, or send by ship जहाज़ पर लादना या भेजना; *v.i.* to embark जहाज़ पर चढ़ना; to take service in ship जहाज़ पर

नौकरी करना।

shipment *शिप् मॅन्ट n.* act of shipping जहाज़ पर लदान; quantity of goods shipped नौभार।

shire *शॉइअॅ: n.* country प्रांत।

shirk *शॅ:क v.t.* to avoid (से) जी चुराना।

shirker *शॅ: कॅ: n.* one who avoids work कामचोर।

shirt *शॅ:ट n.* garment for upper part of body कमीज़।

shiver *शि वॅ: v.i.* to tremble कांपना।

shoal[1] *शोल n.* a large number of fish swimming together मछलियों का झुंड।

shoal[2] *n.* a shallow place in the sea समुद्र में उथला स्थान।

shock[1] *शौकॅ n.* violent impact झटका; emotional disturbance सदमा; collision टक्कर; effect of electric current on nerves बिजली का झटका; nervous weakness दहशत।

shock[2] *v.t.* to horrify भयभीत करना; to disgust (में) घृणा-भाव उत्पन्न करना; to cause shock to (में) दहशत उत्पन्न करना।

shoe[1] *शू n.* an outer covering for the foot जूता; metal rim put on horse's hoof नाल; metal tip शाम।

shoe[2] *v.t.* to provide with shoes जूते पहनाना, नाल लगाना।

shoot[1] *शूट v.t.* to kill with a missile गोली से मारना; to send (missile) (गोली) छोड़ना या दागना; *v.i.* to sprout अंकुरना; to photograph फ़ोटो लेना।

shoot[2] *n.* a young branch टहनी; shooting competition अस्त्र प्रतियोगिता; hunting expedition शिकार।

shop[1] *शौपॅ n.* place where goods are sold दुकान।

shop[2] *(-pp-) v.i.* to visit shops to buy ख़रीददारी करना।

shore *शौ: n.* coast समुद्रतट।

short[1] *शौ:ट a.* not long छोटा; not tall नाटा; not enough अपर्याप्त कम; brief अल्पकालीन।

short[2] *adv.* abruptly अचानक; not far enough पास ही।

shortage *शौ: टिज n.* lack अभाव, कमी।

shortcoming *शौ:ट् कॅ मिङ्ग n.* failure, defect दोष, अवगुण।

shorten *शौ:ट्न v.t.* to make short छोटा या कम करना; to become short कम या छोटा होना।

shortly *शौ:ट् लि adv.* soon शीघ्र ही।

shorts *शौ:ट्स n. pl.* short trousers निकर, हाफ़पैन्ट।

shot *शौ ॅट n.* act of shooting मार; sound made by a fire-arm बंदूक की आवाज़; range पहुंच; marksman निशानेबाज; photograph फ़ोटो।

shoulder[1] *शोल् डॅ: n.* part of the body next to head कंधा।

shoulder[2] *v.t.* to undertake (का) दायित्व लेना; to take on one's shoulders कंधों पर लेना।

shout[1] *शॉउट n.* loud cry चीख़, चिल्लाहट।

shout[2] *v.i.* to cry in a loud voice चिल्लाना, चीख़ना; *v.t.* to say loudly चिल्लाकर कहना।

shove[1] *शव v.t.* to push धकेलना।

shove[2] *n.* a strong push ठेला, धक्का।

shovel[1] *शव्‌ल* *n.* a spade-like instrument बेलचा।

shovel[2] *(-ll-) v.t.* to move with a shovel बेलचे से हटाना।

show[1] *शो* *v.t.* *(p.t. showed, p.p.shown)* to expose to view दिखाना; to display प्रदर्शित करना; to explain समझाना; to prove सिद्ध करना।

show[2] *n.* display प्रदर्शन; exhibition प्रदर्शनी; spectacle दृश्य; entertainment तमाशा; ostentation तड़क-भड़क; pretence दिखावा, बहाना।

shower[1] *शॉउ अ:* *n.* short fall of rain बौछार; outpouring झड़ी; a. kind of bath फुहारा-स्नान।

shower[2] *v.t.* to bestow liberally बरसाना; *v.i.* to take bath in shower फुहारा-स्नान करना।

shrew *श्रू* *n.* an animal like a mouse छछूंदर; a bad tempered woman कर्कशा, लड़ाकी स्त्री।

shrewd *श्रूड* *a.* intelligent बुद्धिमान, समझदार; crafty चालाक।

shriek[1] *श्रीक* *n.* a shrill cry चीख़।

shriek[2] *v.i.* to scream चीख़ना; *v.t.* to utter in a scream चीख़कर कहना।

shrill *श्रिल* *a.* sharp in tone तेज़, तीक्ष्ण (आवाज़)।

shrine *श्रॉइन* *n.* holy place, place of worship पवित्र स्थान, मंदिर।

shrink *श्रिङ्क* *v.i.* *(p.t. shrank, p.p.shrunk)* to become smaller सिकुड़ना; to draw back पीछे हटना; *v.t.* to make smaller सिकोड़ना।

shrinkage *श्रिङ् किज* *n.* process of shrinking सिकुड़न।

shroud[1] *श्रॉउड* *n.* cloth in which a dead body is wrapped कफ़न; a covering आवरण, परदा।

shroud[2] *v.t.* to cover, to hide ढकना, छिपाना।

shrub *श्रब* *n.* a bushy plant झाड़ी।

shrug[1] *श्रग* *(-gg-) v.t.* to raise (shoulders) as sign of indifference (कंधे) उचकाना; *v.i.* to raise shoulders कंधे उचकाना।

shrug[2] *n.* shrugging कंधे उचकाने की क्रिया।

shudder[1] *श डॅ:* *v.i.* to tremble with horror कांप उठना।

shudder[2] *n.* shuddering कंपकंपी।

shuffle[1] *श फ़्ल* *v.i.* to move feet without lifting them पैर घसीटना; to act evasively टाल-मटोल करना; *v.t.* to mix (cards) (पत्ते) फेंटना; to mingle मिलाना; to evade टालना।

shuffle[2] *n.* shuffling घसीटन; change फेर-बदल; mixing मिश्रण।

shun *शन* *(-nn-) v.t.* to avoid (से) बचना; to keep away from (से) दूर रहना।

shunt *शन्ट* *v.t.* to push aside अलग धकेलना; to divert दूसरी ओर मोड़ना; to move (train) to another line (गाड़ी को) दूसरी पटरी पर हटाना।

shut *शट* *(-tt-) v.t.* to close बंद करना; *v.i.* to be closed बंद होना।

shutter *श टॅ:* *n.* movable window screen झिलमिली; device controlling entry of light to the lens of a camera कैमरा-कपाट।

shuttle[1] *श ट्‌ल* *n.* a device used to pass thread of weft through the warp ढरकी, भरनी; holder of the lower thread in a sewing machine शटल; train running to and fro over short distance शटल गाड़ी।

shuttle[2] *v.t., v.i.* to move backwards and forwards like a shuttle आगे-पीछे, इधर-उधर चलना-फिरना या चलाना-फिराना।

shuttlecock *श ट्ल् कौकॅ n.* article used as a ball in badminton चिड़िया।

shy[1] *शाँइ n. (shyer, shyest)* bashful संकोची, लज्ज़ालु; (of animals) easily scared बिदकने या भड़कने वाले (पशु); reluctant अनिच्छुक।

shy[2] *v.i.* to start back in fear बिदकना, भड़कना।

sick *सिक a.* inclined to vomit मिचलीग्रस्त; not well or healthy अस्वस्थ; wearied थका हुआ, तंग आया हुआ।

sickle *सि क्ल n.* reaping hook हंसिया, दरांती।

sickly *सिक् लि a.* unhealthy अस्वस्थ, रुग्ण।

sickness *सिक् निस n.* illness बीमारी; vomiting मचली।

side[1] *साँइड n.* surface सतह; part of body right or left पार्श्व; region क्षेत्र; aspect पहलू; party पक्ष; faction गुट; दल; extremity सिरा; direction दिशा।

side[2] *v.i.* to take up cause (of) पक्ष लेना।

siege *सीज n.* besieging घेराबंदी।

siesta *सि ऐसॅ् टॅ n.* short sleep after midday meal दोपहर की झपकी।

sieve[1] *सीव n.* device for sifting छलनी।

sieve[2] *v.t.* to sift, to strain छानना।

sift *सिफ़्ट v.t.* to pass through a sieve छानना; to examine closely बारीकी से जांच करना।

sigh[1] *साँइ n.* long audible breath आह।

sigh[2] *v.i.* to heave a sigh आह भरना; *v.t.* to utter with a sigh आह भरकर कहना।

sight[1] *साँइट n.* faculty of seeing दृष्टि; seeing दर्शन; thing seen दृश्य; *(pl.)* places of interest दर्शनीय स्थान; range of vision दृष्टि-क्षेत्र।

sight[2] *v.t.* to catch sight of देखना, दिखाई पड़ना।

sightly *साँइट् लि a.* pleasant to look at रमणीय, सुंदर।

sign[1] *साँइन n.* gesture संकेत; mark चिह्न, निशान; symbol प्रतीक।

sign[2] *v.t.* to put signature on (पर) हस्ताक्षर करना; *v.i.* to make gesture संकेत करना।

signal[1] *सिग् नॅल n.* token, sign संकेत।

signal[2] *a.* remarkable उल्लेखनीय।

signal[3] *(-ll-) v.t.* to make signals to (को) संकेत करना; *v.i.* to send information by signals संकेत का प्रयोग करना।

signatory *सिग् नॅ टॅ रि n.* one who signs a document हस्ताक्षरकर्त्ता।

signature *सिग् नॅ चॅः n.* person's name written by himself हस्ताक्षर।

significance *सिग् नि फ़ि कॅन्स n.* importance महत्व।

significant *सिग् नि फ़ि कॅन्ट a.* meaningful अर्थपूर्ण; important महत्वपूर्ण।

signification *सिग् नि फ़ि के शॅन n.* meaning अर्थ, तात्पर्य।

signify *सिग् नि फॉइ v.t. (p.t. signified)* to mean अर्थ रखना; to indicate द्योतित करना; to imply तात्पर्य रखना।

silence[1] *सॉइ लॅन्स n.* absence of noise शांति; lack of speech मौन।

silence[2] *v.t.* to make silent चुप करना; to repress दबाना, दमन करना।

silencer *सॉइ लॅन् सॅ: n.* device to reduce noise of engine exhaust etc. साइलैंसर।

silent *सॉइ लॅन्ट a.* making no sound शांत; not pronounced अनुच्चरित।

silhouette *सि ल्यु ऐ ॅट n.* outline of an object seen against light पार्श्व छायाचित्र।

silk *सिल्क n.* fibre made by silkworms रेशम।

silken *सिल् कॅन a.* made of silk रेशमी; like silk रेशम-जैसा; soft कोमल।

silky *सिल् कि a.* like silk रेशम-जैसा; soft कोमल; smooth चिकना।

silly *सि लि a.* foolish, stupid मूर्ख; indicating folly मूर्खतापूर्ण।

silt[1] *सिल्ट n.* fine sediment deposited by water रेग, गाद।

silt[2] *v.t.* to fill with silt रेगयुक्त करना; to be choked with silt रेग से अवरूद्ध हो जाना।

silver *सिल् वॅ: n.* white precious metal चांदी; silverware चांदी का सामान; silver-coins चांदी के सिक्के।

silver[2] *a.* made of silver चांदी से बना; of the colour of silver श्वेत, चांदी जैसा; bright चमकदार।

silver[3] *v.t.* to coat with silver (पर) चांदी चढ़ाना।

similar *सि मि लॅ: a.* of the same kind सदृश, तुल्य।

similarity *सि मि लै रि टि n.* likeness समानता; resemblance समरूपता।

simile *सि मि लि n.* a figure of speech involving comparison between two things उपमा।

similitude *सि मि लि ट्यूड n.* likeness समानता; comparison तुलना।

simmer *सि मॅ: v.i.* to boil gently खदकना; to be in a state of suppressed anger अंदर-अंदर उबलना, नाराज़ होना।

simple *सिम् पल a.* plain सादा; not complicated सरल; mere निरा, खालिस; guileless सीधा-सादा; stupid मूर्ख; ordinary सामान्य।

simpleton *सिम् पल टॅन n.* foolish person बुद्धू, भोंदू।

simplicity *सिम् प्लि सि टि n.* simpleness सादगी; artlessness निष्कपटता।

simplification *सिम् प्लि फ़ि के शॅन n.* act of simplifying सरलीकरण।

simplify *सिम् प्लि फ़ॉइ v.t.* to make simple सरल बनाना।

simultaneous *सि मल् टे न्यॅस a.* happening at the same time समकालिक।

sin[1] *सिन n.* violation of moral or divine law पाप-कर्म।

sin[2] *(-nn-) v.i.* to commit sin पाप

करना।

since[1] *सिन्स prep.* after से, के बाद।

since[2] *conj.* from the time when के बाद से; because क्योंकि।

since[3] *adv.* from then till now तब से अब तक; ago पहले।

sincere *सिन् सिअॅः a.* honest ईमानदार; genuine सच्चा; unaffected अकृत्रिम; straight-forward निष्कपट।

sincerity *सिन् सैॅ रि टि n.* honesty सच्चाई ईमानदारी; quality of being sincere निष्कपटता।

sinful *सिन् फुल a.* wicked पापी; tending to sin पापमय।

sing *सिङ्ग v.i.* to utter musical sounds गाना; *v.t.* to utter musically गाकर सुनाना।

singe[1] *सिन्ज v.t.* to burn surface of झुलसाना।

singe[2] *n.* a slight burn झुलसन।

singer *सिङ् गॅः n.* one who sings गायक।

single[1] *सिङ् ग्ल a.* only one केवल एक; unmarried अविवाहित; for one person only एक व्यक्ति-हेतु; for a journey in one direction एक ओर की यात्रा-हेतु।

single[2] *n.* a single ticket एकतरफ़ा टिकट; a single run at cricket एक रन; *(pl.)* match between two players only इकहरा मैच।

single[3] *v.t.* (with 'out') to pick चुनना, छांटना।

singular *सिङ् ग्यु लॅः a.* remarkable अद्वितीय, उल्लेखनीय; unusual असाधारण; (gram.) denoting one person or thing एकवचन।

singularity *सिङ् ग्यु लै रि टि n.* strangeness अनोखापन।

singularly *सिङ् ग्यु लॅः लि adv.* peculiarly, strangely अनोखे ढंग से।

sinister *सि निस् टॅः a.* ominous अशुभ, अनिष्टकारी; threatening भयावह; unlucky दुर्भाग्यपूर्ण।

sink[1] *सिङ्क v.i.* (sank, sunk) to be submerged डूबना; to go down below the horizon अस्त होना, छिपना; to decline in value मूल्य में कमी आना; *v.t.* to cause to sink डुबोना; to make by digging खोदकर बनाना (कुआं, आदि)।

sink[2] *n.* a basin in kitchen चहबच्चा।

sinner *सि नॅः n.* one who sins पापी।

sinuous *सि न्यु ॲस a.* winding टेढ़ा-मेढ़ा, घुमावदार।

sip[1] *सिप (-pp-) v.t.* to drink bit by bit चुस्की लगाकर पीना।

sip[2] *n.* act of sipping चुस्की।

sir *सॅः n.* a respectful form of address to a man श्रीमान, महोदय।

siren *सॉइॲ रिन, -रॅन n.* loud hooter used as a warning or as a time-signal भोंपू; mythical nymph who lured sailors to destruction जलपरी; an alluring woman मोहिनी।

sister *सिस् टॅः n.* daughter of same parents बहन; a senior nurse उपचारिका, नर्स; nun मठवासिनी।

sisterhood *सिस् टॅः हुड n.* relation of sister बहनापा; society of women महिला-संघ।

sisterly *सिस् टॅः लि a.* like a sister भगिनीवत्।

sit *सिट (-tt-) v.i.* to be seated बैठना; to incubate अंडे सेना; to be in session अधिवेशन होना; to take examination परीक्षा देना; to fit ठीक बैठना; *v.t.* to cause to sit बैठाना।

site *सॉइट n.* location स्थान; space for a building निर्माण-स्थल।

situation *सि ट्यू ए शॅन n.* a site, a position स्थान, स्थल; state of affairs परिस्थिति; employment, post नौकरी, पद।

six *सिक्स n., a.* (the number) next after five छः (6)।

sixteen *सिक्स् टीन n., a.* six more than ten सोलह (16)।

sixteenth *सिक्स् टीन्थ a.* the last of sixteen सोलहवां।

sixth *सिक्स्थ a.* the last of six छठा, छठवां।

sixtieth *सिक्स् टि ॲथ a.* the last of sixty साठवां।

sixty *सिक्स् टि n., a.* ten times six साठ (60)।

sizable *सॉइ ज़ॅ ब्ल a.* of considerable size विशाल, बड़ा।

size[1] *सॉइज़ n.* degree of largeness आकार; dimension लंबाई-चौड़ाई, विस्तार।

size[2] *v.t.* to arrange according to size आकार-क्रम में रखना।

sizzle[1] *सि ज़्ल v.i.* to make a hissing sound छुन-छुन की ध्वनि करना।

sizzle[2] *n.* hissing sound छुन-छुन की ध्वनि।

skate *स्केट n.* steel blade attached to boot for gliding over ice स्केट।

skate[2] *v.t.* to glide on skates स्केटों पर फिसलना।

skein *स्केन n.* length of yarn coiled into a bundle लच्छी, अंटी।

skeleton *स्कैॅ लि ट्न n.* bony framework of an animal body कंकाल, अस्थिपंजर; any framework or outline ढांचा, रूपरेखा।

sketch[1] *स्कैॅच n.* rough drawing कच्चा खाका; brief account संक्षिप्त वर्णन; a short humorous play हास्य नाटिका।

sketch[2] *v.t.* to make a sketch of (का) नक़्शा बनाना; to give a brief account of (का) संक्षिप्त वर्णन करना; *v.i.* to practise the art of making sketches नक़्शे बनाना।

sketchy *स्कैॅ चि a.* omitting detail संक्षिप्त; incomplete अधूरा।

skid[1] *स्किड (-dd-) v.i.* to slide or slip फिसलना।

skid[2] *n.* act of skidding फिसलने की क्रिया; a piece of wood fixed to a wheel to act as a brake उड़ीक, आंट।

skilful *स्किल् फुल a.* expert निपुण, कुशल; showing skill कौशलपूर्ण।

skill *स्किल n.* dexterity, expertness निपुणता, कौशल।

skin[1] *स्किन n.* the natural outer covering of an animal body त्वचा, खाल; the outer layer of a fruit फल का छिलका; thin film of the top of a liquid milk पपड़ी, मलाई।

skin[2] *(-nn-) v.t.* to remove skin of (की) खाल या छिलका उतारना।

skip[1] *स्किप (-pp-) v.i.* to leap slightly फुदकना, कुदकना; to practise rope jumping रस्सी कूदना; *v.t.* to pass over or omit छोड़ जाना।

skip[2] *n.* act of skipping उछाल, कूद।

skipper *स्कि पॅ: n.* captain of a ship or team कप्तान।

skirmish[1] *स्कॅ: मिश n.* small battle झड़प।

skirmish[2] *v.t.* to take part in a skirmish झड़प में भाग लेना।

skirt[1] *स्कॅ:ट n.* woman's garment hanging from waist घाघरा; lower part of woman's dress पल्ला; outlying part, border किनारा, बाहरी भाग।

skirt[2] *v.t.* to move along the edge of (के) किनारे-किनारे चलना।

skit *स्किट n.* a slight amusing play प्रहसन।

skull *स्कल n.* the body covering of brain खोपड़ी, कपाल।

sky[1] *स्कॉइ n.* the upper atmosphere of the earth आकाश।

sky[2] *v.t.* to hit (a criket ball) high (गेंद) ऊंची उछालना।

slab *स्लैब n.* a thick broad piece पटिया।

slack *स्लैक a.* loose ढीला; sluggish सुस्त; careless असावधान, लापरवाह; not busy निष्क्रिय।

slacken *स्लै कॅन v.t.* to make slack ढीला करना; to make idle सुस्त करना; *v.i.* to become slack ढीला होना; to become idle सुस्त होना।

slacks *स्लैक्स n. (pl.)* loose trousers ढीला-ढाला पाजामा।

slake *स्लेक v.t.* to satisfy, to quench (thirst) (प्यास) बुझाना।

slam[1] *स्लैम (-mm-) v.t.* to shut noisily ज़ोर से बंद करना; to put down violently पटकना।

slam[2] *n.* noisy shutting धम।

slander[1] *स्लान् डॅ: n.* false statement meant to damage a person's reputation झूठी निंदा।

slander[2] *v.t.* to utter slander about (की) झूठी निंदा करना।

slanderous *स्लान् डॅ रॅस a.* tending to slander निंदात्मक।

slang *स्लैङ्ग n.* colloquial language बोलचाल की भाषा, अपरिष्कृत भाषा।

slant[1] *स्लान्ट v.t.* to tilt तिरछा करना, झुकाना; *v.i.* to move obliquely मुड़ना, घूमना।

slant[2] *n.* a tilt झुकाव, तिरछापन; slope ढाल।

slap[1] *स्लैप n.* a blow with an open hand चांटा, तमाचा।

slap[2] *(-pp-) v.t.* to strike with an open hand तमाचा मारना।

slash[1] *स्लैश v.t.* to make a long cut चीर देना; to strike at पीटना; to reduce in length छोटा करना; to criticise severely कड़ी आलोचना करना।

slash[2] *n.* act of slashing अल्पीकरण; long cut चीरा।

slate *स्लेट n.* stone which splits in flat sheets परतदार पत्थर; piece of this stone स्लेट, पटिया।

slattern *स्लै टॅ:न n.* a slut फूहड़ स्त्री।

slatternly *स्लै टॅ:न् लि a.* slovenly, untidy फूहड, बेशऊर।

slaughter[1] *स्लौ टॅ: n.* killing of animals पशुवध; massacre नरसंहार।

slaughter[2] *v.t.* to kill वध करना।

slave[1] *स्लेव n.* a person without freedom or personal rights दास; one dominated by another or some crazy idea किसी व्यक्ति या सनक आदि का गुलाम।

slave[2] *v.i.* to work like a slave दासता में काम करना।

slavery स्ले वॅ रि *n.* condition of a slave दासता; practice of owning slaves दास-प्रथा।

slavish स्ले विश *a.* servile दासतापूर्ण।

slay स्ले *v.t.* to kill वध करना।

sleek स्लीक *a.* glossy चिकना; shiny चमकदार।

sleep[1] स्लीप *v.i.* to slumber सोना।

sleep[2] *n.* slumber नींद।

sleeper स्ली पॅ: *n.* one who sleeps सोने वाला; a berth in a sleeping car शयनिका; a heavy beam स्लीपर, सिलीपट।

sleepy स्ली पि *a.* drowsy उनींदा; inactive निष्क्रिय; apt to make one sleep निद्राकारी।

sleeve स्लीव *n.* part of a garment that covers the arm (वस्त्र की) आस्तीन; cover आवरण।

sleight स्लॉइट *n.* dexterity कौशल; trickery चाल, करतब।

slender स्लैन् डॅ: *n.* slim, narrow पतला; कमज़ोर; slight अल्प थोड़ा।

slice[1] स्लॉइस *n.* thin, flat piece cut off फांक, कतला; share अंश, भाग।

slice[2] *v.t.* to cut into slices फांकों या कतलों के रूप में काटना।

slick स्लिक *a.* sleek चिकना; sly चालाक, शरारती; smooth-tongued मिठबोला।

slide[1] स्लॉइड *v.i.* to slip smoothly सरकाना; to glide फिसलना; *v.t.* to cause to glide फिसलाना; to pass imperceptibly चुपके से खिसकाना।

slide[2] *n.* act of sliding सरकन, फिसलन; smooth surface चिकनी सतह; piece of glass to be viewed under microscope स्लाइड।

slight[1] स्लॉइट *a.* slim, frail पतला, कमज़ोर; small थोड़ा, अल्प।

slight[2] *n.* insult अपमान।

slight[3] *v.t.* to disregard अपमानित करना।

slim[1] स्लिम *a.* slender, thin पतला, छरहरा।

slim[2] *(-mm-) v.i.* to become slim पतला होना, वज़न कम करना।

slime स्लॉइम *n.* greasy, thick liquid mud कीचड़।

slimy स्लॉइ मि *a.* consisting of mud पंकयुक्त; like mud पंकवत्; covered with slime पंकिल।

sling स्लिङ्ग *n.* a leather loop used for throwing stones गोफन, गुलेला; bandage for supporting wounded limb गलपट्टी।

slip[1] स्लिप *(-pp-) v.i.* to slide फिसलना; to move away quietly खिसक जाना; to make a small error साधारण ग़लती करना।

slip[2] *n.* act of slipping सर्पण, सरक; a slight error साधारण ग़लती; pillow-cover खोल; a narrow strip of paper परची।

slipper स्लि पॅ: *n.* a light shoe for indoor use घरेलू प्रयोग की चप्पल।

slippery स्लि पॅ रि *a.* apt to cause slipping फिसलन वाला; hard to hold पकड़ में न आने वाला।

slipshod स्लिप शौ ॅड *a.* slovenly फूहड़िया; careless असावधानीपूर्ण।

slit[1] स्लिट *n.* a long, narrow opening दरार।

slit[2] *(-tt-) v.t.* to make a slit in (में) दरार करना।

slogan स्लो गॅन *n.* distinctive phrase (in advertising or electioneering) नारा।

slope[1] *स्लोप n.* a slant, an inclination up or down ढाल।

slope[2] *v.i.* to have a slope ढालू होना; *v.t.* to cause to slope ढालू बनाना।

sloth *स्लोथ n.* laziness, indolence आलस्य, काहिली; idleness निष्क्रियता।

slothful *स्लोथ् फुल n.* lazy आलसी; inactive निष्क्रिय, निठल्ला।

slough[1] *स्लॉउच n.* swamp, marsh दलदल।

slough[2] *स्लफ़ n.* cast-off skin of snake केंचुली।

slough[3] *v.t.* to shed (skin) (केंचुली) गिराना; *v.i.* to fall off गिरना, अलग हटना।

slovenly *स्ल् वॅन् लि a.* untidy मैला-कुचैला; careless लापरवाह।

slow[1] *स्लो a*, taking a long time धीमा; moving not less than normal speed मंद गतिवाला; dull-witted मंदबुद्धि।

slow[2] *v.i.* to get slow धीमा होना; *v.t.* to make slow धीमा करना।

slowly *स्लो लि adv.* at a slow speed धीमी गति से।

slowness *स्लो निस n.* quality of being slow धीमापन।

sluggard *स्ल गॅःड n.* a slow lazy person सुस्त आलसी व्यक्ति।

sluggish *स्ल गिश a.* lazy सुस्त, आलसी; slow मंदगति; inactive निष्क्रिय।

sluice *स्लुः स n.* a gate or door to control flow of water जलद्वार; flow of water through a sluice-gate जलद्वार से जल-प्रवाह।

slum *स्लम n.* part of a town with dirty, poor unhygienic condition गंदी बस्ती।

slumber[1] *स्लम् बॅः v.i.* to sleep सोना।

slumber[2] *n.* sleep नींद।

slump[1] *स्लम्प n.* sudden decline (of prices) मंदी; sudden fall अकस्मात् पतन।

slump[2] *v.i.* to collapse गिर पड़ना।

slur *स्लॅः n.* a stain कलंक, धब्बा; stigma बदनामी।

slush *स्लश n.* mud कीचड़।

slushy *स्ल शि a.* muddy कीचड़दार।

slut *स्लट n.* a dirty woman of bad reputation गंदी बदनाम स्त्री।

sly *स्लॉइ a.* (slyer, slyest) deceitful धोखेबाज़; playful, mischievous शरारती।

smack[1] *स्मैक n.* taste, flavour स्वाद; heroin अफ़ीम।

smack[2] *v.i.* to taste स्वाद देना; to give suggestion आभास देना।

smack[3] *n.* a small fishing vessel मत्स्य नौका।

smack[4] *n.* a slap चांटा; sound of a blow चटाक-पटाक।

smack[5] *v.t.* to slap चांटा मारना; *v.i.* to make a sound like a blow चपत की ध्वनि उत्पन्न करना।

small[1] *स्मौल a.* little छोटा; unimportant तुच्छ, महत्वहीन।

small[2] *n.* slender part of the back intestine कमर का पतला भाग।

smallness *स्मौल् निस* quality of being small छोटापन।

smallpox *स्मौल् पौक्स n.* a contagious disease चेचक।

smart[1] *स्माःट a.* brisk, active फुरतीला; clever, witty चतुर, हाज़िर-जवाब; well-dressed बना-ठना; severe कड़ा, कठोर।

smart[2] *v.i.* to feel pain टीस लगना।

smart[3] *n.* sharp pain टीस।

smash[1] *स्मैश v.t.* to break violently झटके से तोड़ना; to strike hard कड़ी चोट करना; to destroy नष्ट करना; *v.i.* to break टूटना; to dash (against) टकराना।

smash[2] *n.* heavy blow भारी प्रहार; collision टक्कर।

smear[1] *स्मिअ़ॅ: v.t.* to cover or mark with something oily सानना, पोतना; defame बदनाम करना।

smear[2] *n.* an oily mark दाग़, धब्बा; defamation बदनामी।

smell[1] *समैॅल n.* faculty of perceiving odour घ्राणशक्ति; odour गंध।

smell[2] *v.t.* to perceive by nose सूंघना; to suspect शंका करना; *v.i.* to give out odour महकना, गंध देना; to use the nose गंध का अनुभव करना।

smelt *स्मैल्ट v.t.* to melt (ore) पिघलाना, गलाना; to separate (metal) from ore (धातु) अलग करना।

smile[1] *स्मॉइल n.* expression of pleasure on the face मुस्कान।

smile[2] *v.i.* to wear a smile मुस्काना; to be favourable प्रसन्न होना; *v.t.* to show by smile मुस्कान-द्वारा प्रदर्शित करना।

smith *स्मिथ n.* worker in iron, gold, etc. धातु-कर्मी।

smock *स्मौकॅ n.* loose outer garment लबादा, लंबा कुर्ता।

smog *स्मौगॅ n.* fog mixed with smoke धूम-कोहरा।

smoke[1] *समोक n.* cloudy mass of carbon rising from anything burning धुआं; act of smoking tobacco धूम्रपान।

smoke[2] *v.i.* to give off smoke धुआं छोड़ना; to inhale the fumes of tobacco धूम्रपान करना; *v.t.* to use for smoking (बीड़ी, हुक्का आदि) पीना।

smoky *स्मो कि a.* giving out much smoke धुंधुआता; like smoke धुआं-जैसा; filled with smoke धुआंयुक्त।

smooth[1] *स्मूद a.* not rough चिकना; even of surface हमवार; free from obstacles निर्विघ्न; calm शांत।

smooth[2] *v.t.* to make smooth चिकना करना; to quieten शांत करना।

smother *स्म दॅ: v.t.* to suffocate दम घोंटना; to suppress दबाना; to cover thickly ढकना।

smoulder *स्मोल् डॅ: v.i.* to burn slowly without flame सुलगना; (of feelings) to exist in suppressed state घुटन होना।

smug *स्मग a.* self-satisfied आत्म-संतुष्ट, दंभी।

smuggle *स्म् ग़ल v.t.* to import or export without paying customs duties तस्करी करना; to take secretly चोरी से लेना।

smuggler *स्मग् लॅ: n.* one who smuggles तस्कर।

snack *स्नैक n.* light hasty meal हल्का भोजन।

snag *स्नैग n.* difficulty कठिनाई; obstacle रोड़ा, बाधा।

snail *स्नेल n.* a slow-moving small animal with a shell घोंघा।

snake[1] स्नेक *n.* serpent सर्प।

snake[2] *v.i.* to move like a serpent रेंगना।

snap[1] स्नैप *(-pp-) v.t.* to break तोड़ना; to take a quick photograph of (का) एकाएक फ़ोटो लेना; to bite काटना; to take eagerly झपट लेना; *v.i.* to break टूटना; to make a sharp sound कड़कना; to speak sharply कड़क कर बोलना।

snap[2] *n.* act of snapping तड़क; snapshot आशुचित्र; sound of breaking कड़क; a bite काट, कर्तन; spell (of cold) (ठंड का) दौर।

snap[3] *a.* sudden आकस्मिक; without planning अनियोजित।

snare[1] स्ने ॅअ: *n.* trap with a slip-knot जाल, फंदा temptation ललचाव।

snare[2] *v.t.* to catch in a snare फंसाना।

snarl[1] स्ना:ल *n.* a growl गुर्राहट; *a.* tangle उलझन; confusion गड़बड़झाला।

snarl[2] *v.i.* to growl गुर्राना।

snatch[1] स्नैच *v.t.* to seize quickly छीनना; to take ग्रहण करना।

snatch[2] *n.* grab बलपूर्वक ग्रहण; fragment टुकड़ा; short spell दौर।

sneak[1] स्नीक *v.i.* to slink आंख बचाकर आना-जाना; to act in a mean, underhand manner चालाकी का व्यवहार करना।

sneak[2] *n.* a pettly thief उचक्का; an informer मुख़बिर।

sneer[1] स्निअॅ: *v.i* to express contempt अवहेलना दिखाना।

sneer[2] *n.* expression of contempt तिरस्कार, अवहेलना।

sneeze[1] स्नीज़ *v.i.* to make a sneeze छींकना।

sneeze[2] *n.* sudden outburst of air through the nose and mouth छींक।

sniff[1] स्निफ *v.i.* to inhale with a sharp hiss सूं-सूं करना; (with 'at') to express disapproval अस्वीकृति अभिव्यक्त करना; *v.t.* to smell सूंघना।

sniff[2] *n.* act or sound of sniffing सुड़क।

snob स्नौबॅ *n.* person whose basis of respect and contempt is social and financial status वर्गदंभी।

snobbery स्नौ ॅ बॅ रि *n.* quality of being snobbish वर्गदंभ।

snobbish स्नौ ॅ बिश of or like a snob दंभपूर्ण।

snore[1] स्नौ:, स्नौँ: *v.i.* to breathe noisily when asleep खर्राटे लेना।

snore[2] *n.* noisy breath in sleep ख़र्राटा।

snort[1] स्नौ:ट *v.i.* to make contemptuous noise by driving breath through nostrils फुंकारना, फुफकारना।

snort[2] *n.* act or sound of snorting फुफकार।

snout स्नॉउट *n.* animal's projecting nose थूथन, थूथनी।

snow[1] स्नो *n.* frozen vapour बरफ़, तुषार।

snow[2] *v.i.* to fall as snow बरफ़ गिरना।

snowy स्नो इ *a.* covered with snow बरफ़ीला as white as snow बरफ़ जैसा सफ़ेद।

snub[1] स्नब *(-bb-) v.t.* to treat with

contempt or neglect झिड़कना, अनदेखी करना, कोई महत्व न देना।

snub[2] *n.* snubbing words or behaviour झिड़की, अपमान।

snuff *स्नफ़ n.* powdered tobacco for inhaling through the nose सुंघनी।

snug *स्नग n.* warm, comfortable गर्म, आरामदायक; neat and tide साफ़-सुथरा।

so[1] *सो adv.* to such an extent इतना; in such a manner ऐसे, इस प्रकार; very अत्यंत।

so[2] *conj.* therefore अतः।

soak[1] *सोक v.t.* to drench भिगोना; to absorb सोखना; to steep डुबोना; *v.i.* to lie in liquid भीगना।

soak[2] *n.* soaking शुष्कन।

soap[1] *सोप n.* a detergent compound साबुन।

soap[2] *v.t.* to apply soap on साबुन लगाना।

soapy *सो पि a.* like soap साबुन जैसा; containing soap साबुनयुक्त।

soar *सौः, सौंः v.i.* to fly high ऊंची उड़ान भरना, ऊंचा उड़ना; to increase बढ़ना।

sob[1] *सौब (-bb-) v.i.* to weep with short catches of breath सुबकना।

sob[2] *n.* act or sound of sobbing सुबकी।

sober *सो बॅ a.* not drunk अमत्त; temperate संयमी; serious गंभीर; not showy सादा।

sobriety *सो ब्राइ अॅ टि n.* state of being sober गांभीर्य, सादगी, संयम।

sociability *सो शॅ बि लि टि n.* quality of being sociable मिलनसारी।

sociable *सो शॅ ब्ल a.* friendly, ready to mix with other people मिलनसार।

social *सो शॅल n.* relating to society सामाजिक; gregarious संघचारी; sociable मिलनसार।

socialism *सो शॅ लिज्म n.* system of state ownership of the wealth of a country समाजवाद।

socialist[1] *सो शॅ लिस्ट n.* an advocate of socialism समाजवादी।

socialist[2] *a.* concerned with socialism समाजवादी।

society *सॅ सॉइ अ टि n.* social community समाज; a group formed for a specific purpose संस्था; companionship संग-साथ।

sociology *सो सि औ ॅ लॅ जि n.* study of growth and behaviour of human societies समाजशास्त्र।

sock *सौकॅ n.* a short stocking मौज़ा; removable inner sole of a shoe पैतावां, भीतरी तल्ला।

socket *सौ ॅ किट n.* a hollow into which something fits गर्तिका, साकेट।

sod *सौ ॅ ड n.* a lump of earth with grass तृणभूमि।

sodomite *सौ ॅ डॅ मॉइट n.* one who practises sodomy लौंडेबाज़।

sodomy *सौ ॅ डॅ मि n.* sexual intercourse between males लौंडेबाजी।

sofa *सौ फ़ॅ n.* a long padded seat with raised back and arms सोफ़ा।

soft *सौफ़्ट n.* not hard कोमल, मुलायम; mild विनम्र; subdued धीमा, मंद; quiet शांत; lenient नरम, ढीला; over sentimental अति भावुक; (water) containing few mineral salts मृदु; non-alcoholic अमादक; compassionate दयालु।

soften *सौ ˘ फ्न v.t.* to make soft कोमल बनाना; to make mild विनम्र करना; to mollify शांत करना; to lighten हल्का करना; to mitigate कम करना; to make less loud धीमा या मंद करना; *v.i.* to become soft मुलायम होना; to become lenient नरम होना।

soil[1] *सौ˘इल n.* earth, ground मिट्टी; country देश।

soil[2] *v.t.* to make dirty गंदा करना; *v.i.* to become dirty गंदा होना।

sojourn[1] *सौ ˘ जॅःन, स जॅःन v.i.* to stay for a time ठहरना, कुछ समय के लिए रुकना।

sojourn[2] *n.* short stay ठहराव, प्रवास।

solace[1] *सौ ˘ लॅस v.t.* to console सांत्वना देना।

solace[2] *n.* consolation सांत्वना।

solar *सौ लॅः a.* of the sun सौर, सूर्य का।

solder[1] *सौल् डॅः n.* easily melted alloy used to join metals रांगा, टांका।

solder[2] *v.t.* to join by means of solder झालना, टांके से जोड़ना।

soldier[1] *सोल् जॅः n.* one serving in army सैनिक।

soldier[2] *v.i.* to serve in army सैनिक के रूप में काम करना।

sole[1] *सोल n.* underside of foot पैर का तलवा; under part of boot तल्ला।

sole[2] *v.t.* to fit with sole (में) तल्ला लगाना।

sole[3] *a.* single, only एकमात्र, अकेला।

solemn *सौ ˘ लॅम a.* earnest, grave गंभीर; formal औपचारिक; impressive प्रभावशाली।

solemnity *सॅ लैमॅ नि टि n.* quality of being solemn गंभीरता।

solemnize *सौ ˘ लॅम् नॉइज़ v.t.* to celebrate समारोह मनाना; to make solemn गंभीर बनाना।

solicit *सॅ लि सिट v.t.* to request earnestly विनती करना।

solicitation *सॅ लि सि टे शॅन n.* soliciting विनती, प्रार्थना।

solicitor *सॅ लि सि टॅः n.* a lawyer confined to lower courts only न्यायाभिकर्त्ता।

solicitious *सॅ लि टि टॅस a.* anxious चिंतित; eager उत्कंठित।

solicitude *सॅ लि सि ट्यूड n.* anxiety चिंता; eagerness उत्कंठा।

solid[1] *सौ ˘ लिड a.* not hollow ठोस; compact सुगठित; firm दृढ़ कड़ा; cubic घनाकार; unmixed खालिस, शुद्ध; reliable विश्वसनीय; massive भारी।

solid[2] *n.* a body of three dimensions पिंड; solid substance ठोस पदार्थ।

solidarity *सौ˘ लि डै रि टि n.* unity in support of common interests एकता, एकजुटता।

soliloquy *सॅ लि लॅ क्वि n.* thoughts spoken by a person when alone स्वगत।

solitary *सौ ˘ लि टॅ रि a.* alone, single अकेला; remote दूरस्थ।

solitude *सौ ˘ लि ट्यूड n.* state of being alone अकेलापन; loneliness एकाकीपन; seclusion एकांत; lonely place एकांत स्थान।

solo[1] *सो लो n. (pl. -s-)* music for one performer एकल संगीत-रचना।

solo[2] *a.* performed by one person एकल।

solo[3] *adv.* by oneself अकेले।

soloist *सो लो ˘ इस्ट n.* person who gives a solo एकल गायक या वादक।

solubility *सौ ˘ ल्यु बि लि टि n.* quality of being soluble घुलनशीलता, समाधेयता।

soluble *सौ ˘ ल्यु बल a.* capable of being dissolved in liquid घुलनशील; that can be solved or explained समाधेय।

solution *सॅ ल्यू शॅन n.* answer to a problem समाधान; dissolving विलयन; liquid with something dissolved in it घोल।

solve *सै ˘ल्व v.t.* to work out हल करना; to find answer to समाधान करना।

solvency *सौल् वॅन् सि n.* ability to pay all one's debts ऋण-शोध-क्षमता।

solvent[1] *सौलॅ वॅन्ट a.* able to pay all one's debts ऋणशोधक्षम; able to dissolve विलायक।

solvent[2] *n.* liquid with power of dissolving विलायक द्रव।

sombre *सोमॅ बॅः a.* dark-coloured कालिमामय; gloomy निराशाजनक, विषादपूर्ण।

some[1] *सॅम a.* one or other कोई; unspecified in number or quantity कुछ।

some[2] *pron.* an indefinite number or quantity कुछ।

somebody[1] *सम् बॅ डि pron.* some person कोई (व्यक्ति)।

somebody[2] *n.* a person of importance विशिष्ट व्यक्ति।

somehow *सम् हॉउ adv.* in some way or the other जैसे-तैसे।

someone *सम् वॅन pron.* somebody कोई (व्यक्ति)।

somersault[1] *स मॅः सौल्ट n.* tumbling head over heels कलाबाज़ी।

somersault[2] *v.i.* to turn a somersault कलाबाज़ी खाना।

something[1] *सम् थिङ्ग pron.* an unexpected thing or event कुछ।

something[2] *adv.* somewhat कुछ-कुछ, कुछ सीमा तक।

sometime *सम् टॉइम adv.* at some time कभी-कभी, किसी समय।

sometimes *सम् टॉइम्ज़ adv.* occasionally कभी-कभी।

somewhat *सम् ह्वौ˘ट adv.* slightly, to some degree कुछ-कुछ।

somewhere *सम् ह्वेॲः adv.* in some place कहीं, किसी जगह।

somnambulism *सौमॅ नैम् ब्यु लिज़्म n.* sleep-walking निद्राभ्रमण।

somnambulist *सौमॅ नैम् ब्यु लिस्ट n.* sleep-walker निद्राचारी।

somnolence *सौमॅ नॅ लॅन्स n.* drowsiness निद्रालुता।

somnolent *सौमॅ नॅ लॅन्ट n.* drowsy उनींदा; causing sleep निद्राजनक।

son *सॅन n.* male child पुत्र।

song *सौ˘ङ्ग n.* act of singing गायन; a musical composition गाना।

songster *सौ ˘ङ्ग् स्टॅः n.* a singer गायक।

sonic *सौ˘ निक a.* relating to sound ध्वनि-संबंधी।

sonnet *सौ˘ निट n.* a fourteen-line

poem चतुर्दश-पदी।

sonority सॅ नौ ॅ रि टि *n.* quality of being sonorous निनादिता; being melodious सुरीलापन।

soon सून *adv.* in a short time जल्दी, शीघ्र; early सवेरे; quickly शीघ्रता से, जल्दी से।

soot[1] सूट *n.* a black substance deposited by smoke काजल, कालिख।

soot[2] *v.t.* to cover with soot काजल लगाना।

soothe सूद *v.t.* to make calm शांत करना; to make (pain etc.) less sharp (पीड़ा) कम करना।

sophism सौ ॅ फ़िज़्म *n.* false reasoning intended to deceive, specious argument कुतर्क, भ्रामक तर्क, हेत्वाभास।

sophist सौ ॅ फिस्ट *n.* falacious reasoner कुतर्की, भ्रामक तार्किक।

sophisticate सॅ फ़िस् टि केट *v.t.* to make artificial कृत्रिम बनाना; to spoil बिगाड़ना, भ्रष्ट करना।

sophisticated सॅ फ़िस् टि के टिड *a.* complicated जटिल; artificial कृत्रिम; experienced in worldly ways दुनियादारी में निपुण।

sophistication सॅ फ़िस् टि के शॅन *n.* artificiality कृत्रिमता; worldly wisdom दुनियादारी।

sorcerer सौः सॅ रॅः *n.* magician जादूगर।

sorcery सौ : सॅ रि *n.* witchcraft, magic जादू।

sordid सौ ॅ डिड *a.* mean, squalid नीच, घिनौना; ignoble base पतित, निम्नकोटि का।

sore[1] सौः, सौः *a.* painful पीड़ादायक; sad, grieved दुःखी; resentful नाराज़।

sore[2] *n.* ulcer, boil फोड़ा।

sorrow[1] सौ ॅ रो *n.* grief दुःख, पीड़ा।

sorrow[2] *v.i.* to grieve दुःखी होना।

sorry सौ ॅ रि *a.* feeling grief दुःखी; feeling regret खेदपूर्ण।

sort[1] सौःट *n.* kind, class प्रकार।

sort[2] *v.t.* to arrange in groups श्रेणी के अनुसार रखना।

soul सोल *n.* the spirit आत्मा; example, model नमूना, आदर्श।

sound[1] सॉउन्ड *a.* in good condition अच्छा-खासा, सही-सलामत; healthy स्वस्थ; correct सही; undamaged अक्षत।

sound[2] *v.i.* to make sound ध्वनि करना; to seem प्रतीत होना; *v. t.* to cause to sound बजाना; to convey (some impression) (आभास) देना; to pronounce, to utter उच्चारण करना, बोलना; to find depth of (की) गहराई नापना; to ascertain views of (के) विचार जानना।

sound[3] *n.* what is heard ध्वनि।

soup सूप *n.* liquid food made by boiling meat, vegetables etc. शोरबा।

sour[1] सॉउॲः *a.* acid खट्टा; ill-tempered चिड़चिड़ा; disagreeable अप्रिय; bitter कटु।

sour[2] *v.t.* to make sour खट्टा करना; *v.i.* to become sour खट्टा होना।

source सौःस *n.* origin उद्गम, स्रोत; the starting point of a river निकास; primary cause मूल कारण; means साधन।

south[1] *सॉउथ n.* the direction opposite to north दक्षिण।

south[2] *n.* lying in the south दक्षिण में स्थित; (wind) blowing from south दक्षिणी।

south[3] *adv.* towards the south दक्षिण की ओर।

southerly *स दः लि a.* (of winds) blowing from the south दक्षिणी।

southern *स दॅःन a.* pertaining to the south दक्षिणी।

souvenir *सू वॅ निअॅः n.* a keepsake, memento यादगार, स्मारिका, स्मृति-चिह्न।

sovereign[1] *सॉवॅ रिन n.* king, queen राजा, रानी; a gold coin worth 20 shillings (20 शिलिंग के बराबर) एक स्वर्ण मुद्रा।

sovereign[2] *a.* supreme सर्वश्रेष्ठ; excellent उत्तम; highest सार्वभौम।

sovereignty *सॉवॅ रिन् टि n.* supreme power प्रभुसत्ता; dominion राज्य; independent state स्वतंत्र राज्य।

sow[1] *सो v.t.* (sowed सोड; sown सोन) to place (seed) in the ground बोना; *v.i.* to do sowing बुआई करना।

sow[2] *सॉउ n.* a female pig सुअरी।

space[1] *स्पेस n.* distance दूरी; area, room जगह; period अवधि, समय; expanse विस्तार; region beyond earth's atmosphere अंतरिक्ष।

space[2] *v.t.* to palce at intervals फ़ासले में रखना।

spacious *स्पे शॅस a.* wide, extensive विस्तृत।

spade[1] *स्पेड n.* a tool for digging फावड़ा, कुदाल।

spade[2] *v.t.* to big with a spade फावड़े से खोदना।

span[1] *स्पैन n.* the distance between the tips of the thumb and the little finger when stretched बालिश्त, बित्ता; the distance between the arches of a bridge पुल के मेहराबों के बीच की दूरी; the full width of anything चौड़ाई; extent सीमा।

span[2] *(-nn-) v.t.* to stretch over के ऊपर फैला होना; to measure with hand बालिश्त से नापना।

Spaniard *स्पैन् यॅःड n.* a native of Spain स्पेन का निवासी।

spaniel *स्पैन यॅल n.* a breed of dog with long silky hair and large ears कुत्ते की एक नस्ल।

Spanish[1] *स्पै निश a.* of Spain, pertaining to Spain स्पेन का, स्पेन देश से संबंधित।

Spanish[2] *n.* the language of Spain स्पेन की भाषा; *(pl.)* the people of Spain स्पेन के लोग।

spanner *स्पै नॅः n.* a tool or gripping nut etc. रिंच, पाना।

spare[1] *स्पे ॲः v.t.* to leave unhurt बख़्श देना; to show mercy (पर) दया करना; to abstain from using प्रयोग में न लाना; to do without के बिना काम चलाना; to give away दे देना।

spare[2] *a.* additional अतिरिक्त, फालतू; in reserve सुरक्षित; thin, lean पतला-दुबला; scanty अल्प, अपर्याप्त।

spare[3] *n.* spare part फ़ालतू पुरज़ा।

spark[1] *स्पाःक n.* a small glowing particle चिनगारी; a small flash caused by an electric discharge स्फुलिंग, बिजली के तारों की

चिनगारी; vigour उत्साह; a trace लेश।

spark[2] *v.i.* to give out sparks चमकना, चिनगारी निकलना।

spark[3] *n.* gay and elegant fellow बांका, छैला।

sparkle[1] *स्पाः कुल v.i* to give out flashes of light चपकना, चिनगारी देना।

sparkle[2] *n.* act of sparkling चमक; a small spark छोटी चिनगारी; glitter चमक।

sparrow *स्पै रो n.* a small brownish bird गौरैया।

sparse *स्पाःस a.* scanty अपर्याप्त, कम; thinly scattered छितराया हुआ।

spasm *स्पैज़्म n.* sudden convulsive (muscular) contraction ऐंठनयुक्त जकड़न; sudden burst of activity क्रिया-कलाप का दौरा।

spasmodic *स्पैज़् मॉ डिक a.* occurring in spasms रुक-रुक कर झटके से होनेवाला।

spate *स्पेट n.* flood बाढ़; *n.* sudden rush आधिक्य, प्रचुरता।

spatial *स्पे शॅल a.* pertaining to space, of space स्थान-विषयक।

spawn[1] *स्पौन n.* eggs of fish or frog जलजीवों के अंडे।

spawn[2] *v.i.* (of fish or frog) to cast eggs अंडे देना।

speak *स्पीक (spoke, spoken) v.i.* to utter words बोलना; to talk बातचीत करना; to address an audience भाषण देना; to be able to use a language कोई भाषा बोलने की योग्यता रखना; to express अभिव्यक्त करना।

speaker *स्पी कॅः n.* one who speaks वक्ता; an orator भाषण देनेवाला।

spear[1] *स्पिअॅः n.* a long pointed weapon भाला।

spear[2] *v.t.* to pierce or wound with a spear भाले से बींधना या घायल करना।

spearhead[1] *स्पिअॅः है ॅड n.* the pointed head of a spear भाले की नोक; leader, main force नेता, मुख्य शक्ति।

spearhead[2] *v.t.* to act as a spearhead for नेतृत्व करना।

special *स्पै ॅ शॅल a.* beyond the usual असाधारण; particular विशिष्ट; distinct स्पष्ट; limited सीमित।

specialist *स्पै ॅ शॅ लिस्ट n.* an expert in some field विशेषज्ञ।

speciality *स्पै ॅ शि ऐ लि टि n.* special quality विशेषता; subject on which one has special knowledge विशेष योग्यतावाला विषय।

specialization *स्पै ॅ शॅ लॉइ ज़े शॅन n.* act of specializing विशिष्टीकरण; state of being specialized विशेषज्ञता।

specialize *स्पै ॅ शॅ लॉइज़ v.i.* to become a specialist विशेषज्ञ बनना; *v.t.* to make special विशिष्ट बनाना।

species *स्पी शीज़ n.* a group having some common characteristics जाति, वर्ग; sort क़िस्म, भेद।

specific *स्पि सि फ़िक a.* definite निश्चित; particular विशिष्ट।

specification *स्पै ॅ सि फ़ि के शॅन n.* act of specifying विशिष्ट निर्देशन; detailed description of something विशेष उल्लेख।

specify *स्पै˘ सि फ़ॉइ v.t.* to state definitely or in detail निश्चित रूप से अथवा विस्तार से कहना।

specimen *स्पै˘ सि मिन, -मॅन n.* a sample नमूना; a item in a collection बानगी।

speck *स्पैकॅ n.* a tiny spot or particle धब्बा, दाग़।

spectacle *स्पैक् टॅ क्ल n.* a sight दृश्य; a public dispaly प्रदर्शन, प्रदर्शनी; *(pl.)* eye-glasses चश्मा, ऐनक़।

spectacular *स्पैक् टै क्यु लॅः a.* impressive भव्य, प्रभावशाली; showy दिखाऊ, भड़कीला; magnificent शानदार।

spectator *स्पैक् टे टॅः n.* on-looker दर्शक।

spectre *स्पैक् टॅः n.* ghost भूत; image of something unpleasant काली छाया।

speculate *स्पै˘ क्यु लेट v.i.* to conjecture अटकल लगाना; to engage in risky commercial transactions सट्टेबाजी करना, सट्टा लगाना।

speculation *स्पै˘ क्यु ले शॅन n.* act of speculating अटकलबाज़ी; meditation चिंतन, मनन; risky commercial transaction सट्टेबाज़ी।

speech *स्पीच n.* faculty of speaking वाणी; language भाषा; conversation वार्तालाप; discourse भाषण; way of speaking बोली।

speed[1] *स्पीड n.* swiftness तेज़ी, शीघ्रता; rate of progress गति, चाल।

speed[2] *v.i.* to move quickly तेज़ी से चलना, जल्दी करना; *v.t.* to increase the speed of (की) गति बढ़ाना।

speedily *स्पी डि लि adv.* with speed, quickly तेज़ी से।

speedy *स्पी डि a.* quick, rapid, nimble तीव्र; चपल, फुर्तिला; prompt तात्कालिक।

spell[1] *स्पैलॅ n.* magic formula मंत्र; enchantment जादू; fascination सम्मोहन।

spell[2] *v.t.* to name or write the letters of (a word) in their proper order हिज्जे करना; to indicate संकेत करना।

spell[3] *n.* period of time अवधि, समय; period of activity or duty पारी।

spend *स्पैन्ड v.t.* to pay out व्यय करना; to pass (time) (समय) बिताना; to use up completely ख़त्म करना।

spendthrift *स्पैन्ड् थ्रिफ़्ट n.* wasteful person अपव्ययी व्यक्ति।

sperm *स्पॅःम n.* the seminal fluid of a male animal, semen शुक्राणु, वीर्य।

sphere *स्फ़िअॅः n.* a globe, a ball गोला; range क्षेत्र; status स्तर।

spherical *स्फ़ै˘ रि क्ल a.* shaped like a sphere गोलाकार।

spice[1] *स्पॉइस n.* aromatic pungent vegetable substance मसाला; anything that adds flavour or interest etc. चटपटी सामग्री।

spice[2] *v.t.* to season with spices मसालों से छोंकना; to flavour स्वादिष्ट बनाना।

spicy *स्पॉइ सि a.* flavoured with spices मसालेदार; interesting रुचिकर।

spider *स्पॉइ डॅः n.* a small eight-legged creature which spins web मकड़ी।

spike¹ *स्पॉइक n.* a sharp point नोक; a rob with a sharp point नोकदार छड़; a large nail कील; an ear of corn अनाज की बाल।

spike² *v.t.* to pierce with a spike कील से बींधना; to put spikes on (पर) की लगाना।

spill¹ *स्पिल v.i.* to flow over, to fall out छलकना; *v.t.* to cause or allow to flow over छलकाना; to upset, to cause to fall गिरा देना; to shed (blood) (खून) बहाना।

spill² *n.* fall गिराव, पतन; amount spilt छलकन; a thin strip of wood, twisted paper etc. for lighting fire, candle etc. बत्ती, शलाका।

spin¹ *स्पिन (-nn-) v.i.* to revolve rapidly घूमना; to twist thread सूत कातना; to produce a web जाला बुनना; *v.t.* to make (yarn) from fibres (सूत) कातना; to produce (a web) (जाला) बनाना; to cause to revolve घुमाना; to narrate सुनाना।

spin² *n.* spinning motion चक्रण, घुमाव; turning movement of a diving aircraft वायुयान का घुमावदार उतार।

spinach *स्पि निज n.* a leafy vegetable पालक।

spinal *स्पॉइ न्ल a.* of the spine मेरुदंडीय।

spindle *स्पिन् ड्ल n.* the rob by which thread is twisted in spinning तकला।

spine *स्पॉइन n.* the backbone मेरुदंड, रीढ़; a spiky growth on a plant or on the body of an animal कांटा; a ridge कंटक; back of a book पीठ, पुश्त।

spinner *स्पि नॅ: n.* a person who spins कातनेवाला; the machine that spins कताई-मशीन।

spinster *स्पिन् स्टॅ: n.* unmarried woman अविवाहिता स्त्री।

spiral¹ *स्पॉइ रॅल n.* continuous curve सर्पिल आकार; circular motion सर्पिल गति; coil कुंडली।

spiral² *a.* formed like or running in a spiral घुमावदार, पेचदार; coiling around a fixed line in constantly changing series of planes कुंडलित।

spirit *स्पि रिट n.* the soul आत्मा; a ghost प्रेत; courage साहस; disposition स्वभाव; alcoholic drink मद्यसार; meaning अर्थ, भाव।

spirited *स्पि रि टिड a.* vigorous उत्साही; lively सजीव, उत्प्राणित।

spiritual *स्पि रि ट्यु अॅल, -चु- a.* pertaining to the spirit आत्मिक; relating to the higher soul आध्यात्मिक।

spiritualism *स्पि रि ट्यु अॅ लिज़्म, चु- n.* doctrine of the existence of spirit distinct from matter अध्यात्मवाद।

spiritualist *स्पि रि ट्यु अॅ लिस्ट, -चु- n.* one who believes in spiritualism अध्यात्मवादी।

spirituality *स्पि रि ट्यु ऐ लि टि, -चु- n.* quality of being spiritual आध्यात्मिकता।

spit¹ *स्पिट (-tt-) v.i.* to eject saliva थूकना; *v.t.* to eject from the mouth थूक़कर निकालना।

spit[2] *n.* act of spitting थूकने की क्रिया; spittle, saliva थूक।

spite *स्पॉइट n.* malice द्वेष।

spittle *स्पि ट्ल n* saliva थूक।

spittoon *स्पि टून n.* vessel to spit into पीकदान।

splash[1] *स्प्लैश v.i.* (of a liquid) to fall about in drops छिड़का जाना; to throw water etc. about पानी आदि इधर-उधर उलीचना या फेंकना; *v.t.* to cause to fall about in drops छिड़कना, उलीचना; to scatter बखेरना; to display prominently प्रदर्शित करना; दिखावा करना।

splash[2] *n.* act of splashing छिड़काव; sound of splashing छप-छप; liquid thrown about छींटा, छपाका; a noticeable patch धब्बा; extravagant display दिखावा।

spleen *स्प्लीन n.* an organ in the abdomen तिल्ली; morose temper उदासी, अनमनापन।

splendid *स्प्लैं न् डिड a.* magnificent शानदार, भव्य; excellent उत्तम, उत्कृष्ट।

splendour *स्प्लैन् डः n.* magnificence भव्यता, वैभव; brightness चमक, दीप्ति।

splinter[1] *स्प्लिन् टः n.* a thin fragment किरच, छिपटी।

splinter[2] *v.t.* to break into splinters किरचों या छिपटियों में तोड़ना; *v.i.* to come off as splinters किरचों या छिपटियों में टूटना।

split[1] *स्प्लिट (-tt-) v.i.* to come apart lengthwise चिरना, फटना; to become disunited विभाजित होना; *v.t.* to break lengthwise चीरना, फाड़ना; to divide into shares हिस्सों में बांटना; to make disunited विभाजित करना।

split[2] *n.* act of splitting चीरने या फाड़ने का कार्य; a crack दरार, झिरी; division विभाजन।

spoil[1] *स्पौ ॅइल v.t.* to damage, to ruin नष्ट कर देना; to plunder लूटना; to harm the character of बिगाड़ देना; *v.i.* to be damaged बिगड़ जाना।

spoil[2] *n.* booty लूट, लूट का माल; profit लाभ।

spoke *स्पोक n.* the radial bar of a wheel अर, आरा।

spokesman *स्पोक्स् मॅन n.* one who deputed to speak for others प्रवक्ता।

sponge[1] *स्पन्ज n.* a synthetic substance absorbing liquids स्पंज।

sponge[2] *v.t.* to wipe with sponge स्पंज से पोंछना या सोखना।

sponsor[1] *स्पौन् सॅः n.* an advertiser who pays for a radio or television programme प्रायोजक; one promoting something उन्नायक।

sponsor[2] *v.t.* to act as a sponsor for प्रयोजित करना।

spontaneity *स्पौनॅ टॅ नी इ टि n.* quality of being spontaneous स्वाभाविकता, स्वतः प्रवृत्ति।

spontaneous *स्पौनॅ टे न्यॅस a.* voluntary स्वैच्छिक; natural स्वाभाविक स्वतः स्फूर्त।

spoon[1] *स्पून n.* a utensil with a shallow bowl at the end of a handle चम्मच।

spoon[2] *v.t.* to lift with a spoon चम्मच से उठाना।

spoonful *स्पून फुल n.* the quantity contained by a spoon चम्मच-भर मात्रा।

sporadic स्पॅ रै डिक, स्पौ ॅ- *a.* scattered, occurring here and there छुट-पुट।

sport[1] स्पौःट *n.* fun, amusement मनोरंजन; athletic games खेल-कूद; mockery मज़ाक़; enjoyment आनंद।

sport[2] *v.i.* to play about, to amuse oneself खिलवाड़ करना, मन बहलाना।

sportive स्पौः टिव *a.* playful क्रीड़ाशील, विनोदी।

sportsman स्पौःट्स् मॅन *n.* one who engages in sports खिलाड़ी।

spot[1] स्पौ ॅट *n.* a tiny mark or stain निशान, धब्बा; blemish दोष; pimple मुंहासा place स्थान।

spot[2] *(-tt-) v.t.* to mark with spots धब्बे डालना; to detect खोजना, पता लगाना; to observe देखना।

spotless स्पौ ॅट् लिस *a.* unblemished दोषरहित; pure शुद्ध, साफ़-सुथरा।

spousal स्पॉउ ज़ॅल *n.* marriage विवाह।

spouse स्पॉउज़ *n.* husband or wife पति अथवा पत्नी।

spout[1] स्पॉउट *n.* a narrow tube on a vessel through which liquid is poured out टोंटी; a pipe that takes water down from a roof पनाला; strong jet of water धारा।

spout[2] *v.i.* to gush, to pour out तेज़ी से बाहर निकलना।

sprain[1] स्प्रेन *n.* injury caused by wrenching मोच।

sprain[2] *v.t.* to injure by twisting violently मुड़काना, मोच करना।

spray[1] स्प्रे *n.* fine drops of liquid फुहार; a device for producing fine drops of liquid फुहारा।

spray[2] *n.* a branch, a twig टहनी; floral ornament फूलों का आभूषण।

spray[3] *v.t.* to sprinkle with shower of fine drops छिड़कना।

spread[1] स्प्रै ॅड *v.i.* to stretch फैलना; to become known प्रचारित होना; *v.t.* to apply a thin layer of लगाना; to open out बिछाना; to scatter बिखेरना।

spread[2] *n.* extent विस्तार; increase वृद्धि; a cloth covering for a bed or table पलंगपोश, मेज़पोश।

spree स्प्री *n.* a frolic, a romp मौज-मस्ती, उछल-कूद

sprig स्प्रिग *n.* a small twig टहनी; offshoot शाखा।

sprightly स्प्रॉइट् लि *a.* lively, brisk उत्साहपूर्ण, फुरतीला।

spring[1] स्प्रिङ्ग *v.i.* to leap उछलना; to come into being अस्तित्व में आना; to appear प्रकट होना; to grow उगना; *v.t.* to develop विकसित करना।

spring[2] *n.* a leap उछाल; a source of water सोता, जल-स्रोत; elasticity लचक; piece of metal with much resistance कमानी; the first season of the year बसंत ऋतु।

sprinkle स्प्रिङ् कॅल *v. t.* to scatter in small drops छिड़कना।

sprint[1] स्प्रिन्ट *v.i.* to run a short distance at full speed खूब तेज़ी से दौड़ना।

sprint[2] *n.* a short fast run थोड़ी तेज़ी से दौड़।

sprout[1] स्प्रॉउट *v.i.* to put forth shoots अंकुरित होना; to spring up, to begin to grow उगना।

sprout[2] *n.* a new shoot अंकुर।

spur[1] स्पॅः *n.* a pricking instrument attached to a horseman's heel महमेज़; the spike on a cock's leg कंट, खांग; stimulus प्रेरणा; a projecting part of a mountain range पर्वत-स्कंध।

spur[2] *(-rr-) v.t.* to prick with spurs एड़ लगाना।

spurious स्प्यूअॅ रि अॅस *a.* not genuine नकली।

spurn स्पॅःन *v.t.* to reject with scorn ठुकरा देना, अस्वीकार करना।

spurt[1] स्पॅःट *v.i.* to gush out फूट निकलना; to make a sudden effort झपट्टे से काम करना।

spurt[2] *n.* a gush, a jet तेज़ धार; a short sudden effort झपट्टा।

sputnik स्पुट् निक *n.* an artificial satellite कृत्रिम उपग्रह।

sputum स्प्यू टॅम *n.* saliva, spittle लार, थूक।

spy[1] स्पॉइ *n.* one who watches and reports secretly जासूस, गुप्तचर।

spy[2] *v.i.* to act as a spy जासूसी करना; *v.t.* to catch sight of देखना।

squad स्क्वौॅड *n.* a small party दस्ता, टुकड़ी।

squadron स्क्वौॅड् रॅन *n.* a division of cavalry regiment, fleet or aircraft स्क्वाड्रॅन, दस्ता।

squalid स्क्वौॅ लिड *a.* dirty, uncared-for गंदा, घिनावना।

squalor स्क्वौॅ लॅः *n.* squalid state गंदगी, घिनावनापन।

squander स्क्वौन् डॅः *v.t.* to spend or use wastefully उड़ा देना, अपव्यय करना, गंवाना।

square[1] स्क्वे ॅअॅः *n.* an equilateral rectangle वर्ग; anything is such a shape चौकोर टुकड़ा; open space मैदान, चौक; product of a number multiplied by itself वर्गफल; instrument for drawing right angle गुनिया।

square[2] *a.* of the shape of a square वर्गाकार; honest ईमानदार; even, quits बराबर; level समतल।

square[3] *v.t.* to make square वर्गाकार बनाना; to find square of (का) वर्ग निकालना; to tally मिलान करना; to pay चुकता करना; to bribe घूस देना।

squash[1] स्क्वौशॅ *v.t.* to crush into a pulp भुरता बना देना; to press or squeeze दबाना, भींचना; to repress (का) दमन करना।

squash[2] *n.* juice of crushed fruit फल-रस-पेय; crowd भीड़।

squat स्क्वौट *v.i.* to sit on heels उकड़ूं बैठना; to sit बैठना; to sit with the legs crossed पालथी मारना।

squeak[1] स्क्वीक *v.i.* to make short shrill sound चूं-चूं करना।

squeak[2] *n.* a short shrill sound चूं-चूं की ध्वनि।

squeeze स्क्वीज़ *v.t.* to press दबाना, भींचना to press moisture from निचोड़ना; to pack tightly ठूंसकर भरना; to obtain by extortion तंग करना, विवश करना।

squint[1] स्क्विन्ट *v.i.* to have eyes looking different ways भेंगा होना; to glance side ways कनखी मारना।

squint[2] *n.* squinting position of eye-balls भेंगापन; sideways glance कनखी।

squire *स्क्वॉइअ:* *n.* the chief landowner जमींदार; a young gentleman attending on a knight अनुचर; one who escorts a lady अनुरक्षक।

squirrel *स्क्वि रॅल* *n.* a small rodent with a bushy tail गिलहरी।

stab[1] स्टैब *(-bb-) v.t.* to wound with a sharp pointed weapon छुरे से घायल करना; to push (a knife etc.) into somebody (छुरा) घोपना।

stab[2] *n.* act of stabbing धार-दार हथियार से प्रहार।

stability *स्टॅ बि लि टि* *n.* quality of being stable स्थायित्व।

stabilization *स्टे बि लॉइ ज़े शॅन* *n.* making stable स्थिरीकरण; being stable स्थिरीभवन।

stabilize *स्टे बि लॉइज़, स्टै-* *v.t.* to make stable स्थिर बनाना।

stable[1] *स्टे ब्‌ल* *a.* firm, steady स्थिर, दृढ़।

stable[2] *n.* building for horses अस्तबल।

stable[3] *v.t.* to put into a stable अस्तबल में रखना।

stadium *स्टे ड्यॅम* *n.* a sports ground स्टेडियम, क्रीड़ा-स्थल।

staff[1] *स्टाफ़* *n.* a stick, a pole सोंटा, लाठी, डंडा; personnel कर्मचारीगण।

staff[2] *v.t.* to provide with personnel कर्मचारी प्रदान करना।

stag *स्टैग* *n.* a male deer हिरण।

stage[1] *स्टेज* *n.* a platform मंच; platform of theatre रंगमंच; dramatic art or profession नाट्यकला अथवा व्यवसाय; a step in development अवस्था, स्थिति, चरण; stopping place of a journey पड़ाव; distance between stopping places मंज़िल।

stage[2] *v.t.* to put (a play) on the stage (का) मंचन करना; to arrange in a dramatic manner नाटकीय ढंग से आयोजित करना।

stagger[1] *स्टै गॅ:* *v.i.* to walk unsteadily लड़खड़ाकर चलना; *v.t.* to astound, to startle चौंका देना; to shock धक्का पहुंचाना; to cause to walk or move unsteadily लड़खड़ा देना।

stagger[2] *n.* a reeling movement लड़खड़ाहट।

stagnant *स्टैग् नॅन्ट* *a.* not moving स्थिर; foul, impure गंदा; sluggish मंद, गतिहीन।

stagnate *स्टैग् नेट* *v.i.* to be stagnant स्थिर या गतिहीन होना; to cease to develop विकसित न होना।

stagnation *स्टैग् ने शॅन* *n.* state or quality of being stagnant गतिहीनता, विकासहीनता।

staid *स्टेड* *a.* sober, sedate गंभीर, शांतमना।

stain[1] *स्टेन* *n.* spot, mark धब्बा, निशान; staining material अभिरंजक।

stain[2] *v.t.* to mark, to spot (पर) धब्बे लगाना; to apply staining material to अभिरंजक लगाना; to bring disgrace upon कलंकित करना।

stainless *स्टेन् लिस* *a.* free from stain बेदाग़; so made that it will not stain जंगरोधी।

stair *स्टे ॲ:* *n.* one of a series of steps पैड़ी; *(pl.)* set of steps ज़ीना, सोपान।

stake[1] *स्टेक* *n.* sharpened stick or

post खूंटा; execution by burning अग्निदंड; money risked in gamling बाज़ी की रकम।

stake² *v.t.* to risk (का) जोखिम लेना; to support with stakes खूंटों का सहारा देना; to wager (की) बाज़ी लगाना।

stale¹ स्टेल *a.* not fresh बासी; hackneyed घिसापिटा, पुराना; dull अरुचिकर; tired थका हुआ।

stale² *v.t.* to make stale बासी करना; *v.i.* to become stale बासी होना।

stalemate स्टेल् मेट *n.* (chess) position from which no further move is possible ज़िच; deadlock गतिरोध।

stalk¹ स्टौक *n.* a plant's stem डंठल।

stalk² *v.i.* to walk in a stiff and stately manner शान से अकड़कर चलना; to follow stealthily चोरी-चोरी पीछा करना।

stalk³ *n.* stiff manner of walking गर्वीली चाल; act of stalking game लुक-छिप कर शिकार।

stall¹ स्टौल *n.* a compartment for one animal in a cattle-shed थान; erection for display and sale of goods छोटी दुकान; a seat in a cathedral आसन; front seat in a theatre अग्रिम आसन; a finger sheath अंगुली-त्राण।

stall² *v.t.* to put in a stall थान पर रखना; to delay टालना; to hinder रोकना; *v.i.* (of a motor engine) to stop unintentionally अचानक रुक जाना; (of an aircraft) to lose flying speed (वायुयान की) उड़ने की गति समाप्त होना।

stallion स्टैल् यॅन *n.* uncastrated horse बिना बधिया किया घोड़ा।

stalwart¹ स्टौल् वॅ:ट *a.* strong, sturdy मज़बूत, हृष्ट-पुष्ट; staunch loyal निष्ठावान।

stalwart² *n.* a stalwart person पक्का समर्थक।

stamina स्टै मि नॅ *n.* power of endurance दम-खम, शक्ति।

stammer¹ स्टै मॅ: *v.i.* to speak haltingly हकलाना।

stammer² *n.* halting speech हकलाहट।

stamp¹ स्टैम्प *n.* stamping with the foot पैर की थाप; imprinted mark छाप; appliance for marking मोहर, मुद्रा; a printed piece of paper stuck on letters etc. डाक टिकट; characteristic mark लक्षण।

stamp² *v.i.* to put down foot with force पैर पटकाना; *v.t.* to impress mark on मुद्रांकित करना; to affix postage stamp on (पर) टिकट लगाना; to fix in memory स्मृति में बिठाना।

stampede¹ स्टैम् पीड *n.* sudden rush of panic-stricken animals or people भगदड़।

stampede² *v.i.* to run in panic भगदड़ मचना; *v.t.* to cause stampede (में) भगदड़ मचाना।

stand¹ स्टैन्ड *v.i.* to remain upright खड़ा होना या रहना; to rise to one's feet उठ खड़ा होना; to remain मौजूद होना; to be situated स्थित होना; to cease to move स्थिर रहना; to offer oneself as a candidate चुनाव में खड़ा होना; to be symbol (of) प्रतीक होना; *v.t.* to set in upright position खड़ा करना; to endure सहन करना।

stand² *n.* stopping of motion ठहराव; position taken up मोरचा; a piece of furniture used as support धानी; a stall on which goods are displayed दुकान; place for vehicles to stand अड्डा।

standard¹ *स्टैन् डॅःड n.* a model by which other things are judged मानक; level स्तर; a banner, flag झंडा; a measure माप; class कक्षा।

standard² *a.* usual सामान्य; of recognized authority प्रामाणिक।

standardization *स्टैन् डॅः डॉइ ज़े शॅन n.* act of standardizing मानकीकरण।

standardize *स्टैन् डॅः डॉइज़ v.t.* to regulate by a standard (का) मानकीकरण करना।

standing *स्टैन् डिङ्ग n.* rank or position दरजा या स्थान; reputation ख्याति; duration अवधि।

standpoint *स्टैन्ड् पौ ॅइन्ट n.* point of view दृष्टिकोण।

standstill *स्टैन्ड् स्टिल n.* stoppage विराम।

stanza *स्टैन् ज़ॅ n.* a group of lines of verse forming a unit बंद, छंद।

staple¹ *स्टे पॅल n.* main product मुख्य उपज; fibre रेशा; raw material कच्चा माल; a bent piece of wire for fastening sheets of paper स्टेपल।

staple² *a.* chief, basic मुख्य, प्रधान।

star¹ *स्टाः n.* a twinkling heavenly body तारा; asterisk तारक; an outstanding actor or actress प्रसिद्ध अभिनेता अथवा अभिनेत्री; luck भाग्य; a star shaped badge सितारा।

star² *(-rr-) v.t.* to mark with a star or stars तारांकित करना; *v.i.* to be a famous actor or actress प्रसिद्ध अभिनेता अथवा अभिनेत्री होना।

starch¹ *स्टाःच n.* a white food substance found esp. in grain and potatoes श्वेत सार; a powdered form of this substance used for stiffening linen कलफ़।

starch² *v.t.* to stiffen with starch (पर) कलफ़ लगाना।

stare¹ *स्टे ॅअः v.i.* to look fixedly घूरना; to be obvious or visible स्पष्ट दिखाई देना।

stare² *n.* a fixed gaze टकटकी।

stark¹ *स्टॉःक n.* bleak फीका, निरानंद; absolute निरा, कोरा।

stark² *adv.* completely सरासर, पूर्ण रूप से।

starry *स्टा रि a.* full of stars तारामय; consisting of stars तारों से जड़ा; bright चमकदार।

start¹ *स्टाःट v.t.* to begin प्रारंभ करना; to set going चालू करना; *v.i.* to begin प्रारंभ होना; to make sudden movement चालू होना; to be set up स्थापित होना।

start² *n.* beginning प्रारंभ; abrupt movement प्रस्थान; act of setting शुभारंभ, स्थापना; advantage conceded रिआयत; a sudden movement due to surprise चौंक।

startle *स्टाः ट्ल v.t.* to alarm, to give a fright to चौंकाना।

starvation *स्टाः वे शॅन n.* suffering or death caused by lack of food भूखमरी।

starve *स्टाःव v.i.* to suffer or die

from hunger भूखों मरना; *v.t.* to cause to suffer or die from hunger भूखों मारना।

state[1] स्टेट *n.* condition अवस्था, दशा; place, situation स्थिति; politically organized people राज्य; government सरकार; rank पद; pomp शान, ठाठ-बाट।

state[2] *v.t.* to express in words कहना।

stateliness *स्टेट् लि निस* *n.* splendour, pomp शान।

stately *स्टेट् लि a.* splendid imposing शानदार, भव्य।

statement *स्टेट् मॅन्ट n.* act of stating कथन; expression in words अभिव्यक्ति; account विवरण।

statesman *स्टेट्स् मॅन n.* an eminent politician राजनेता।

static *स्टै टिक n.* motionless स्थिर, गतिहीन।

statics *स्टै टिक्स n. sing.* science dealing with bodies at rest स्थैतिकी, स्थिति-विज्ञान।

station[1] *स्टे शॅन n.* a stopping place for railway trains स्टेशन; rank or social position स्थिति, पद।

station[2] *v.t.* to put in position रखना, तैनात करना।

stationary *स्टे शॅ नॅ रि a.* not moving स्थिर, अचल।

stationer *स्टे शॅ नॅः n.* one who sells stationery लेखन-सामग्री-विक्रेता।

stationery *स्टे शॅ नॅ रि n.* writing materials लेखन-सामग्री।

statistical *स्टॅ टिस् टि कॅल a.* pertaining to statistics सांख्यिकीय।

statistician *स्टै टिस् टि शॅन n.* one expert in statistics सांख्यिकीविद्।

statistics *स्टॅ टिस् टिक्स n.* facts shown in numbers आंकड़े; science that studies such facts सांख्यिकी।

statue *स्टै ट्यू n.* a figure cast in stone or metal मूर्ति, प्रतिमा।

stature *स्ट चॅः n.* bodily height क़द, ऊंचाई; greatness महानता, उच्चता।

status *स्टे टॅस n.* position, rank पद, स्थान; prestige प्रतिष्ठा।

statute *स्टै ट्यूट n.* written law संविधि, क़ानून।

statutory *स्टै ट्यु टॅ रि a.* defined or authorized by statute वैधानिक, क़ानूनी।

staunch *स्टौन्च a.* reliable, trustworthy विश्वसनीय, निष्ठावान।

stay[1] *स्टै v.i.* to remain रहना; to sojourn ठहरना, टिकना; to pause रुकना थमना; to wait प्रतीक्षा करना; to endure चलना, बना रहना; *v.t.* to stop रोकना; to hinder बाधित या अवरुद्ध करना; to postpone स्थगित करना।

stay[2] *n.* sojourning ठहराव; check रोक; restraint बंधन; postponement स्थगन; support टेक, सहारा।

steadfast *स्टैˇड़ फास्ट a.* firm resolute दृढ़, अटल।

steadiness *स्टैˇ डि निस n.* quality of being steady दृढ़ता तत्परता।

steady[1] *स्टैˇ डि a.* firm दृढ़ regular नियमित; temperate धीर, संतुलित।

steady[2] *v.t.* to make firm दृढ़ बनाना; *v.i.* to become steady दृढ़ बनना।

steal *स्टील v.i.* to commit theft चोरी करना; to move silently चोरी-चोरी आना या जाना; *v.t.* to take unlawfully चुराना।

stealthily *स्टील् थि लि adv.* secretly चोरी-छुपे।

steam[1] स्टीम *n.* vapour of boiling shift water भाप; the power of steam वाष्प-शक्ति।

steam[2] *v.i.* to give off steam भाप छोड़ना; to rise in vapour भाप निकलना; to move by steam power वाष्प-निकलना; वाष्प-शक्ति से चलना; *v.t.* to cook or treat with steam भाप से पकाना या भाप देना।

steamer *स्टी मॅः n.* a steamship स्टीमर; vessel in which food is cooked by being steamed भापतापी पात्र।

steed *स्टीड n.* a horse घोड़ा।

steel *स्टील n.* a hard alloy of iron and carbon इस्पात; a weapon of steel, esp. a sword लोहे का शस्त्र, विशेषतया तलवार।

steep[1] *स्टीप a.* sloping sharply तीव्र ढलान वाला।

steep[2] *v.t.* to soak, to saturate भिगोना, तर करना।

steeple *स्टी पल n.* church tower with spire मीनार।

steer *स्टिअॅः v.t.* to guide or direct the course of (का) मार्गदर्शन करना; *v.i.* to respond to guidance दिशा निर्देशन को मानना।

stellar *स्टै˘ लॅः a.* relating to stars तारकीय, नक्षत्रीय।

stem[1] *स्टैमॅ n.* stalk डंठल; trunk तना; a long slender part पतली डंडी; the front part of a ship जलयान का अग्र भाग; the unchanging part of a word धातु, मूल शब्द।

stem[2] *(-mm-) v.i.* to arise पैदा होना, उठना।

stench *स्टैन्च n.* unpleasant smell दुर्गंध, बदबू।

stencil[1] *स्टैन्ँ सिल n.* a thin sheet with letters or patterns cut in it स्टैंसिल; the pattern made from it इससे बनी छाप।

stencil[2] *(-ll-) v.i.* to make a pattern by means of a stencil स्टेंसिल से नमूना या चित्र बनाना।

stenographer *स्टै˘ नौ˘ ग्रॅ फ़ॅ n.* a writer of shorthand आशुलिपिक।

stenography *स्टै˘ नौ˘ ग्रॅ फ़ि n.* shorthand writing आशुलिपि।

step[1] *स्टैपॅ n.* act of stepping क़दम; sound made by stepping पद-चाप; mark made by foot पदचिह्न manner of walking चाल; distance covered by stepping once डग, पग; a rung, a stair सीढ़ी का डंडा, पैड़ी; measure उपाय।

step[2] *(-pp-) v.i.* to move and set down foot चलना; *v.t,* to measure in paces डगों से नापना।

steppe *स्टैपॅ n.* a large treeless plain घास का मैदान।

stereotype[1] *स्टै˘ रि अॅ टॉइप n.* a metal plate for printing cast from set up type मुद्रण-फलक; a fixed pattern घिसा-पिटा, स्थिर नमूना।

stereotype[2] *v.t.* to make stereotype of (को) घिसा-पिटा रूप देना।

stereotyped *स्टै˘ रि अॅ टाइप्ड a.* conventional परंपरागत, रूढ़िबद्ध।

sterile *स्टै˘ रॉइल a.* (woman) not able to produce offspring बांझ; (land) not able to produce any crop बंजर, ऊसर; free from germs जीवाणुरहित।

sterility *स्टै॑ रि लि टि n.* inability to produce offspring बांझपन; inability to produce any crop बंजरपना; being without germs जीवाणुहीनता।

sterilization *स्टै॑ रि लॉइ ज़े शॅन n.* rendering a woman unable to produce offspring बंध्यीकरण; freeing from germs जीवाणुनाशन।

sterilize *स्टै॑ रि लॉइज़ v.t.* to render (a woman) unable to produce offspring बांझ बनाना; to make free from germs जीवाणुरहित बनाना।

sterling[1] *स्टॅ: लिङ्ग a.* genuine, true खरा, असली; of solid worth पक्का; dependable विश्वसनीय।

sterling[2] *n.* genuine British money खरी ब्रिटिश मुद्रा।

stern[1] *स्टॅ:न a.* severe, strict कठोर, कड़ा।

stern[2] *n.* rear part of a ship जलयान का पिछला भाग।

stethoscope *स्टै॑ थॅस् कोप n.* an instrument for listening to heart-beats and breath-sounds etc. स्टैथौस्कोप, परिश्रावक।

stew[1] *स्ट्यू n.* a dish of meat and vegetables cooked slowly धीमी आंच में पकाया भोजन; state of excitement उत्तेजना।

stew[2] *v.t.* to cook slowly in a closed vessel बंद बरतन में धीरे-धीरे पकाना; *v.i.* to be cooked gently धीरे-धीरे पकना।

steward *स्ट्यु अॅ:ड n.* one who manages another's property प्रबंधक; one who organizes the catering in a club etc. खाद्य-प्रबंधक; one who helps to run functions समारोह-संचालक; one who waits on passengers in a ship or aircraft खिदमतगार।

stick[1] *स्टिक n.* a long thin piece of wood लाठी, लकड़ी, डंडा; a wand छड़ी।

stick[2] *v.t.* to stab, to pierce चुभोना, घोंपना; to fasten with gum चिपकाना; to push into or through आर-पार निकालना; *v.i.* to adhere चिपकना; to come to stop अटक जाना, रुक जाना; to be fastened लगना, अटकना।

sticker *स्टि कॅ: n.* an adhesive label चिप्पी, स्टिकर।

stickler *स्टिक् लॅ: n.* a person who insists on something आग्रही।

sticky *स्टि कि n.* adhesive चिपचिपा; difficult जटिल।

stiff *स्टिफ़ n.* not easily bent अनम्य; rigid कठोर; difficult कठिन, जटिल; not easily moved कड़ा; thick, viscous गाढ़ा; excessive अत्यधिक।

stiffen *स्टि फ़ॅन v.t.* to make stiff कड़ा या कठोर बनाना; *v.i.* to become stiff कड़ा या कठोर बनना।

stifle *स्टि फ़्ल v.t.* to suffocate (का) दम घोटना; to suppress दबाना; *v.i.* to feel suffocated दम घुटना।

stigma *स्टिग् मॅ n.* a mark of shame कलंक, लांछन।

still[1] *स्टिल a.* motionless स्थिर, अचल; noiseless चुप, शांत।

still[2] *adv.* to this time अब तक; yet तथापि; motionlessly स्थिर अवस्था में, noiselessly शांत रूप में।

still[3] *v.t.* to silence, to make quiet शांत करना।

still[4] *n.* a single picture from a cinema film अचल चित्र; deep silence नीरवता, सन्नाटा; an apparatus for distilling भभका।

stillness *स्टिल् निस n.* the state or quality of being still शांति, स्थिरता।

stilt *स्टिल्ट n.* a pole with footrest for walking, raised from ground पैरबांसा।

stimulant *स्टि म्यु लॅन्ट n.* drug etc. acting as a stimulus प्रेरक पदार्थ।

stimulate *स्टि म्यु लेट v.t.* to rouse up, to stir up उभारना, उद्दीप्त करना, प्रेरित करना।

stimulus *स्टि म्यु लॅस n.* that which stimulates प्रेरणा, प्रोत्साहन।

sting[1] *सिटङ्ग v.t.* to wound with a sting डंक मारना; to inflict sharp pain तीव्र पीड़ा पहुंचाना; *v.i.* to feel sharp pain तीव्र पीड़ा होना।

sting[2] *n.* pointed tail of insects like wasps etc. डंक; a. cause of mental pain मानसिक वेदना का कारण।

stingy *स्टिन् जि a.* niggardly, miserly कंजूस, मक्खीचूस।

stink[1] *स्टिङ्क v.i.* to give out offensive smell बदबूदार होना।

stink[2] *n.* stench, unpleasant smell बदबू, दुर्गंध।

stipend *स्टॉइ पैन्ड n.* a salary esp., of a clergyman वृत्ति, वज़ीफ़ा।

stipulate *स्टि प्यु लेट v.t.* to put forward as a necessary condition शर्त लगाना।

stipulation *स्टि प्यु ले शॅन n.* provision व्यवस्था; condition शर्त।

stir *स्टॅः (-rr-) v.i.* to move हिलना; to be roused उमड़ना; *v.t.* to cause to move हिलाना; to rouse भड़काना।

stirrup *स्टि रॅप n.* a support hung from a saddle for the rider's feet रकाब।

stitch[1] *स्टिच n.* movement of a needle in sewing सीवन; the amount of thread left by such a movement टांका; sharp pain हूक, पार्श्वशूल।

stitch[2] *v.t.* to sew सिलना; *v.i.* to do needlework सिलाई करना।

stock[1] *स्टौकॅ n.* material stored माल, सामान; reserve भंडार; farm animals पशुधन; reputation प्रतिष्ठा; ancestry वंश; capital of a company मूलधन, पूंजी; tree trunk तना; money lent to the government सरकारी ऋण।

stock[2] *v.t.* to keep, to store (का) भंडारण करना; to supply with livestock पशुधन की आपूर्ति करना; to keep (goods) in readiness for sale बिक्री के लिए रखना।

stock[3] *a.* kept in store for sale बिक्री के लिए उपलब्ध; hackneyed घिसा-पिटा।

stocking *स्टौ˘ किङ्ग n.* a close fitting covering for leg and foot मौज़ा।

stoic *स्टो˘ इक n.* one who endures pain without complaining वैरागी, तापस, साधु।

stoke *स्टोक v.t.* to feed with fuel (में) ईधन झोंकना; *v.i.* to act as stoker ईंधन का काम करना।

stoker *स्टो कॅः n.* one who feeds the fire with fuel ईधन झोंकने वाला।

stomach[1] *स्ट मॅक* *n.* abdomen पेट; appetite भूख; desire इच्छा।

stomach[2] *v.t.* to endure, to put up with बरदाश्त करना।

stone[1] *स्टोन* *n.* a piece of rock पत्थर; gem रत्न, नगीना; hard seed of fruit गुठली; hard deposit formed in kidneys पथरी, अश्मरी; a unit of weight, 14 pounds 14 पाउंड का बट्टा।

stone[2] *v.t.* to throw stones at (पर) पत्थर फेंकना; to take the stones out of (fruit) (फल से) गुठली निकालना।

stony *स्टो नि* *a.* full of stones, covered with stones पथरीला; hard कठोर; cold भावशून्य।

stool *स्टूल* *n.* a backless chair स्टूल, चौकी; excrement विष्टा।

stoop[1] *स्टूप* *v.i.* to lean forward or down झुकना; to lower oneself morally नैतिक रूप से गिरना; *v.t.* to bend forwards and downwards झुकाना।

stoop[2] *n.* stooping position of the body झुकाव।

stop[1] *स्टौपॅ* *(-pp-)* *v.t.* to bring to halt रोकना; to prevent न करने देना; to interrupt (में) रूकावट पैदा करना; to suspend रोक देना; to fill up (an opening) (छेद आदि) भर देना; to bring to an end बंद करना, समाप्त करना; *v.i.* to come to a halt रुकना; to stay ठहरना।

stop[2] *n.* stopping विराम; punctuation mark विरामचिह्न; a. fixed point at which buses etc. stop बस-स्टॉप; (music) a divice for regulating pitch खूंटी।

stoppage *स्टौ ˘ पिज* *n.* ceasing to work रूकावट; state of being stopped अवरोध।

storage *स्टौ रिज* *n.* a place for storing गोदाम, भंडार; act of storing भंडारण, संचयन।

store[1] *स्टौ:, स्टौँ:* *n.* a stock of things भंडार; abundance प्रचुरता; shop दुकान; place for keeping goods गोदाम।

store[2] *v.t.* to lay up बचा रखना; to put in a godown or warehouse गोदाम में रखना।

storey *स्टौ रि* *n.* horizontal division of a building मंज़िल, खंड।

stork *स्टौ:क* *n.* a large wading bird सारस।

storm[1] *स्टौ:म* *n.* violent weather with wind, rain, hail etc. झंझावत, तूफान; an assault on a fortress धावा; violent outbreak उपद्रव, हुल्लड़।

storm[2] *v.i.* to shout angrily (at) गुस्से से चीख़ना; *v.t.* to capture अधिकार में करना; to force an entry into (में) ज़बरदस्ती घुस जाना।

stormy *स्टौ: मि* *a.* like storm, characterised by storm तूफ़ानी; violent प्रचंड।

story *स्टौ रि* *n.* a narrative कहानी।

stout *स्टॉउट* *a.* strong, though मज़बूत, कड़ा; brave, resolute बहादुर, संकल्पशील; fat स्थूलकाय।

stove *स्टोव* *n.* an apparatus for cooking, heating etc. स्टोव, अंगीठी।

stow *स्टो* *v.t.* to pack, put away carefully बांधकर रख देना।

straggle *स्ट्रै गल* *v.i.* to spread in

an irregular manner तितर-बितर हो जाना, बिखर जाना; to drop behind while on the march पिछड़ जाना; to stray away from the main group भटक जाना।

straggler स्ट्रे ग्लॅः *n.* one who straggles भटकैया।

straight[1] स्ट्रेट *a.* without bend सीधा, ऋजु; honest ईमानदार; neat, tidy साफ़-सुथरा; outspoken स्पष्टवादी।

straight[2] *adv.* in a straight line सीधे; without delay तुरंत।

straighten स्ट्रे टॅन *v.t.* to make straight सीधा करना।

straightforward स्ट्रेट फ़ोः वॅःड *a.* honest ईमानदार; without evasion स्पष्ट सीधा-सादा; easy to understand सरल।

straightway स्ट्रेट् वे *adv.* immediately तुरंत।

strain[1] स्ट्रेन *v.t.* to stretch tightly कसकर तानना; to weaken by over-exertion अधिक श्रम से थकाना; to filter छानना; *v.i.* to make great effort ज़ोरदार प्रयत्न करना।

strain[2] *n.* great effort ज़ोरदार प्रयास; stretching force तनाव, खिंचाव, fatigue थकान; great demand मांग; injury from being sprained over-work मोच; घोर परिश्रम।

strait स्ट्रेट *n.* a channel of water connection two seas जलडमरूमध्य।

straiten स्ट्रे टॅन *v.t.* to make narrow संकीर्ण बनाना; to press with poverty ग़रीबी से दबाना।

strand[1] स्ट्रैन्ड *v.i.* to run a ground भूग्रस्त होना; to be left in difficulties परेशानी में छूटना; *v.t.* to cause to run a ground भूग्रस्त करना; to leave in difficulties परेशानी में छोड़ना।

strand[2] *n.* one single string or wire of rope लड़; shore समुद्र-तट।

strange स्ट्रेन्ज *a.* odd अनोखा, अटपटा; uncommon असामान्य; wonderful अद्‌भुत, आश्चर्यजनक; foreign विदेशी; singular अद्वितीय।

stranger स्ट्रेन् जॅः *n.* an unknown person अजनबी; foreigner विदेशी; one unaccustomed अनुभवहीन अथवा नौसिखिया व्यक्ति।

strangle स्ट्रैङ् ग्ल *v.t.* to kill by throttling गला घोंटकर मारना; to suppress दबाना।

strangulation स्ट्रैङ् ग्यु ले शॅन *n.* strangling श्वास-अवरोधन।

strap[1] स्ट्रैप *n.* a strip of leather or other material पट्टा।

strap[2] *(-pp-) v.t.* to hit with a strap पट्टे से मारना; to fasten with a strap पट्टे से बांधना।

strategem स्ट्रै टि जॅम *n.* a plan, a trick चाल, छल।

strategic स्ट्रॅ टी जिक *a.* pertaining to strategy युद्धनीति-विषयक; of value for strategy युद्धनीति की दृष्टि से महत्वपूर्ण।

strategist स्ट्रै टि जिस्ट *n.* one skilled in strategy युद्धनीतिज्ञ।

strategy स्ट्रै टि जि *n.* art of war युद्ध-कौशल; overall plan समूची योजना।

stratum स्ट्रै टॅम, स्ट्रा टॅम *n. (pl.-ta)* layer of rock स्तर।

straw स्ट्रौ *n.* stalks of grain भूसा; a single stalk तिनका।

strawberry स्ट्रौ बॅ रि *n.* a creeping plant with red fruit झरबेरी; its fruit झरबेर।

stray[1] स्ट्रे *v.i.* to wander घूमना; to digress भटकना; to get lost खो जाना।

stray[2] *a.* strayed भटका हुआ; occasional बिरला, कोई-कोई।

stray[3] *n.* a lost child or animal भटका हुआ बच्चा या पशु; an isolated example इक्का-टुक्का मामला।

stream[1] *स्ट्रीम n.* a river, a brook नदी, नाला; steady flow प्रवाह तांता।

stream[2] *v.i.* to flow बहना; to float on air लहराना।

streamer *स्ट्री मॅ: n.* a long, narrow flag पताका।

streamlet *स्ट्रीम् लिट n.* a small stream, brook नदिया, नाला।

street *स्ट्रीट n.* a road in town or village गली, सड़क।

strength स्ट्रै ॅङ्‌थ *n.* quality of being strong शक्ति, बल; toughness मज़बूती, कड़ापन; vehemence प्रचंडता; full number of people लोगों की पूरी संख्या।

strengthen स्ट्रैॅङ् थॅन *v.t.* to make stronger मज़बूत बनाना; *v.i.* to become stronger शक्तिशाली बनना।

strenuous स्ट्रैॅ न्यु ॲस *a.* energetic ज़ोरदार; using great effort अध्यवसायी।

stress[1] *स्ट्रैसॅ n.* emphasis बल; tension तनाव; strain घोर श्रम; fatigue थकान; pressure दबाव; effort प्रयत्न accent बलाघात।

stress[2] *v.t.* to emphasize (पर) बल देना; to put accent on (पर) बलाघात करना।

stretch[1] स्ट्रैचॅ *v.t.* to extend फैलाना; to exert to utmost (पर) पूरा ज़ोर लगाना; to tighten कसना; to reach out आगे बढ़ाना; *v.i.* to extend फैलना; to have elasticity नम्य होना।

stretch[2] *n.* act of stretching तनाव, खिंचाव; expance विस्तार; spell दौर, वार।

stretcher स्ट्रै ॅचॅ: *n.* an appliance on which a disabled person is carried मरीज़ को ले जाने का चौखटा, स्ट्रेचर।

strew स्ट्रू: *v.t.* to scatter बिखेरना।

strict *स्ट्रिक्ट a.* severe कठोर, सख़्त; without exception अपवादरहित; accurate, precise विशुद्ध।

stricture *स्ट्रिक् चॅ: n.* severe criticism कटु आलोचना; constriction निकोचन।

stride[1] स्ट्रॉइड *v.i.* to walk with long steps लंबे डग मारना।

stride[2] *n.* a long step लंबा डग।

strident स्ट्रॉइ डॅन्ट *a.* harsh in tone कर्कश; loud कर्णभेदी।

strife[1] स्ट्रॉइफ *n.* conflict संघर्ष, झगड़ा।

strike[1] *स्ट्रॉइक v.t.* to deal a blow to मारना; to attack आक्रमण करना; to produce (fire) by friction घर्षण-द्वारा (अग्नि) उत्पन्न करना; to hit against टकराना; to enter the mind of (के) मन में आना; to arrive at (पर) पहुंचना; to affect प्रभावित करना; to discover खोज निकालना; to cancel, to cross out काट देना; to indicate (the hour) by strokes बजाना; *v.i.* to deal a blow घूंसा मारना; to make an attack आक्रमण करना; to sound बजना; to cease work हड़ताल करना।

strike[2] *n.* act of stopping work हड़ताल; discovery of oil etc. by drilling तेल की खोज; a sudden attack by aircraft हवाई हमला।

striker *स्ट्राँइ कॅः n.* one who is on strike हड़तालकर्त्ता।

string[1] *स्ट्रिङ्ग n.* a thin cord रस्सी, डोरी; length of wire in violins, guitars etc. तंत्री, तार; series शृंखला, तांता।

string[2] *v.t.* to supply with strings तार या तंत्री से सज्जित करना; to put on a string धागे में गूंथना; to hang on a string डोरी पर लटकाना।

stringency *स्ट्रिन् जॅन् सि n.* severity सख़्ती, कड़ाई।

stringent *स्ट्रिन् जॅन्ट a.* strict, rigid कठोर, सख्त।

strip[1] *स्ट्रिप n.* a long narrow piece पट्टी।

strip[2] *(-pp-) v.t.* to lay bare नंगा करना; to remove outer covering of उघाड़ना; to deprive वंचित करना; *v.i.* to undress कपड़े उतारना, नंगा होना।

stripe[1] *स्ट्राइप n.* a narrow mark, band धारी; mark on a uniform to show rank फ़ीता।

stripe[2] *v.t.* to mark with stripes (पर) धारी बनाना।

strive *स्ट्राइव v.i.* to try hard, to struggle भरसक प्रयत्न करना, संघर्ष करना।

stroke[1] *स्ट्रोक n.* blow प्रहार; sudden action, occurrence घटना; mark of pen घसीट; mark of brush स्पर्श; chime of clock टनटन; single movement of the hand or hands हाथ का घुमाव।

stroke[2] *v.t.* to pass hand lightly over (पर) हाथ फेरना।

stroke[3] *n.* a stroking movement हाथ फेरने की क्रिया।

stroll[1] *स्ट्रोल v.i.* to walk in a leisurely manner टहलना, चहलक़दमी करना।

stroll[2] *n.* a leisurely walk चहलक़दमी।

strong *स्ट्रौ ॅङ्ग a.* powerful शक्तिशाली; robust हृष्ट-पुष्ट; firm दृढ़; difficult to break पक्का, मज़बूत; intense गहन; emphatic ज़ोरदार; not diluted गाढ़ा; ardent प्रगाढ़।

stronghold *स्ट्रौ ॅङ्ग् होल्ड n.* a fort क़िला, गढ; a centre of some beliefs or activities केंद्र।

structural *स्ट्रक् चॅ रॅल a.* pertaining to structure संरचनात्मक।

structure *स्ट्रक् चॅः n.* manner of construction संरचना, बनावट; something constructed निर्माण।

struggle[1] *स्ट्र गल v.i.* to contend resolutely संघर्ष करना; to make great effort भरसक प्रयत्न करना।

struggle[2] *n.* violent effort संघर्ष।

strumpet *स्ट्रम् पिट n.* a prostitute वेश्या।

strut[1] *स्ट्रट (-tt-) v.i.* to walk in a conceited manner इठलाना, अकड़कर चलना।

strut[2] *n.* conceited walk गर्वीली चाल; a rigid support टेक।

stub स्टब *n.* a tree stump ठूंठ; a short piece of pencil पेंसिल का टुकड़ा; a short remaining part of a cigarette सिगरेट का बचा हुआ भाग।

stubble स्ट बल *n.* stumps of cut grain after reaping खूंटी, ठूंठी; short growth of beard दाढ़ी के छोटे बाल।

stubborn स्ट बॅ:न *a.* obstinate हठीला, जिद्दी।

stud[1] स्टड *n.* a nail with a large head गुलमेख; a double-headed button दुहरा बटन।

stud[2] *(-dd-) v.t.* to set with studs जड़ना।

student स्ट्यू डॅन्ट *n.* one who studies at a college etc. विद्यार्थी, छात्र; a studious person अध्येता।

studio स्ट्यू डि ओ *n.* the work, room of an artist, photographer etc. शिल्पशाला; building where film, television or radio shows are made or broadcast प्रसारण-कक्ष, प्रसार-भवन।

studious स्ट्यू ड्यॅस *a.* devoted to study अध्ययनशील।

study[1] स्ट डि *v.i.* to be engaged in learning अध्ययन करना; *v.t.* to examine carefully (का) गूढ़ निरीक्षण करना; to make study of (का) अध्ययन करना; to show concern for के विषय में चिंतित होना।

study[2] *n.* devotion to gaining knowledge अध्ययन; subject studied अध्ययन का विषय; a room for studying in अध्ययनकक्ष; scrutiny जांच।

stuff[1] स्टफ़ *n.* material पदार्थ; raw material कच्चा माल; any substance कोई पदार्थ।

stuff[2] *v.t.* to fill tightly ठूंसकर भरना; to fill (animal's skin) with material (पशु-चर्म में) कुछ भरना; to fill with seasoned mixture (में) मसाला भरना।

stuffy स्ट फ़ि *a.* lacking fresh air घुटन-भरा; dull उबाऊ; conventional परंपरागत।

stumble[1] स्टम् बल *v.i.* to trip and nearly fall ठोकर खाना; to falter लड़खड़ाना।

stumble[2] *n.* act of stumbling ठोकर।

stump[1] स्टम्प *n.* ramnant of a tree ठूंठ; what is left after cutting or breakage अंश, टुकड़ा; (cricket) one of the three upright sticks that form the wicket डंडा, स्टंप।

stump[2] *v.t.* to puzzle चकरा देना; to strike the vicket of (को) आउट करना; *v.i.* to walk clumsily पैर पटककर चलना।

stun स्टन *(-nn-) v.t.* to knock senseless चोट मारकर अचेत करना; to amaze आश्चर्यचकित करना।

stunt[1] स्टन्ट *v.t.* to check growth of (का) विकास रोकना।

stunt[2] *n.* a feat of dexterity of daring करतब; a sensational idea for gaining publicity प्रचार-साधन।

stupefy स्ट्यू पि फ़ॉइ *v.t.* to make stupid मूर्ख बनाना।

stupendous स्ट्यू पैनॅ डॅस *a.* amazing आश्चर्यजनक; huge विशाल।

stupid स्ट्यू पिड *a.* foolish, silly मूर्ख, बुद्धू; slow-witted मंदबुद्धि।

stupidity स्ट्यू पि डि टि *n.* foolishness मूर्खता।

sturdy *स्टॅः डि a.* strong, rigorous तगड़ा, हृष्ट-पुष्ट; strongly built मज़बूत।

sty, stye *स्टॉइ n.* inflammation on the edge of eye-lid अंजनहारी।

style *स्टॉइल n.* manner of writing, speaking etc. शैली; sort प्रकार; fashion in dress फ़ैशन; manner ढंग, तरीक़ा; design बनावट।

subdue *सॅब् ड्यू v.t.* to bring under control वश में करना; to make quieter, softer, gentler धीमा करना।

subject[1] *सब् जिक्ट n.* theme, topic विषयवस्तु; a branch of knowledge as a course of study विषय; *(gram.)* person or thing about which something is said कर्त्ता; one under power of another अधीन व्यक्ति; *(pl.)* citizens प्रजा।

subject[2] *a.* owing allegiance पराधीन; subordinate अधीन; dependent निर्भर; आधारित; liable (to) संभाव्य।

subject[3] *सब् जैक्ट v.t.* to cause to undergo के लिए बाध्य करना; to subdue अधीन करना।

subjection *सब् जैकॅ शॅन n.* subjecting or being subjected आधिपत्य।

subjective *सब् जिक् टिव a.* based on personal feelings आत्मपरक, व्यक्तिनिष्ठ; *(gram.)* of the subject कर्तृपदीय।

subjudice *सब् जू डि सि* under judicial consideration विधि-विचाराधीन।

subjugate *सब् जु गेट v.t.* to subdue अधीन करना; to overecome पराभूत करना।

subjugation *सब् जु गे शॅन n.* act of subjugating आधिपत्य।

sublet *सब् लै ॅट (-tt-) v.t.* to let (property) which is already rented शिकमी देना, उप पट्टे पर देना।

sublimate *सब् लि मेट v.t.* to direct (low instincts and energies) into more desirable channels (का) उदात्तीकरण करना; to refine परिशुद्ध करना।

sublime[1] *सॅब् लॉइम a.* elevated उदात्त; eminent उत्कृष्ट; majestic भव्य।

sublime[2] *n.* that which fills one with reverence उदात्तता।

sublimity *सब् लि मि टि n.* sublime quality उदात्तता, भव्यता।

submarine[1] *सब् मॅ रीन n.* a vessel designed to stay under water पनडुब्बी।

submarine[2] *a.* existing under the surface of the sea अंतःसागरी।

submerge *सॅब् मॅःज v.i.* to go under water डूबना, गोता लगाना; *v.t.* to place under water डुबोना।

submission *सॅब् मि शॅन n.* yielding समर्पण obedience ; आज्ञापालन; humility विनम्रता।

submissive *सॅब् मि सिव a.* willing to obey आज्ञाकारी; meek विनीत विनम्र।

submit *सॅब् मिट v.t.* to put forward प्रस्तुत करना; to put (oneself) under the control of another (की) अधीनता स्वीकार करना; to suggest सुझाव देना; *v.i.* to surrender झुकना, हार मानना।

subordinate[1] स ॅ बौ: डि निट *a.* of lower rank मातहत; less important गौण, कम महत्व का; *(gram.)* dependent अधीन, आश्रित।

subordinate[2] *n.* one who is lower in rank अधीनस्थ कर्मचारी।

subordinate[3] सॅ बौ: डि नेट *v.t.* to treat as subordinate गौण समझना, कम महत्व देना।

subordination सॅ बौ: डि ने शॅन *n.* act of subordinating अधीनीकरण; state of being subordinate अधीनता।

subscribe सॅब् स्क्रॉइब *v.t.* to pay (a sum of money) to a cause चंदे के रूप में देना; to write (one's name) at the foot of a document दस्तावेज़ के नीचे (अपना नाम) लिखना।

subscription सॅब् स्क्रिप्शॅन *n.* act of subcribing अंशदान; the money raised by subcribing चंदा, चंदे की राशि।

subsequent सॅब् सि क्वॅन्ट *a.* later, following उत्तरवर्ती, आगामी।

subservience सॅब् सः व्यॅन्स *n.* quality of being subservient उपयोगिता; servile submissiveness चापलूसी, दासतापूर्ण विनीतता।

subservient सॅब् सः व्यॅन्ट *a.* giving too much respect (to,), servile श्रद्धापूर्ण; useful सहायक।

subside सॅब् सॉइड *v.i.* to sink down धंसना, धसकना; to settle नीचे बैठ जाना; to lessen, to abate कम होना; to come to an end समाप्त होना।

subsidiary सॅब सि ड्यॅ रि *a.* supplementary पूरक; secondary गौण; auxiliary सहायक।

subsidize सब् सि डॉइज़ *v.t.* to give a subsidy to आर्थिक सहायता देना।

subsidy सब् सि डि *n.* money granted as help आर्थिक सहायता।

subsist सब् सिस्ट, सॅब्- *v.i.* to exist, to sustain life बना रहना, जीवित रहना।

subsistence सब् सिस् टॅन्स *n.* the means by which one supports life जीवन-यापन का साधन; livelihood जीविका।

substance सब् स्टॅन्स *n.* matter पदार्थ; essence सार; wealth धन-संपत्ति; a particular kind of matter तत्व; meaning, gist अर्थ, भावार्थ।

substantial सॅब् स्टैन् शॅल *a.* of ample amount पर्याप्त; of a material nature भौतिक; firm, solid दृढ़ ठोस basic, essential तात्त्विक; of real worth वास्तविक; financially sound संपन्न, धनी।

substantially सब् स्टैन् शॅ लि *adv.* considerable पर्याप्त मात्रा में; essentially तत्वतः।

substantiate सॅब् स्टैन् शि एट *v.t.* to establish by proof प्रमाणित करना।

substantiation सॅब् स्टैन् शि ए शॅन *n.* act of substantiating प्रमाणीकरण।

substitute[1] सब् स्टि ट्यूट *n.* person or thing acting for another स्थानापन्न।

substitute[2] *v.t.* to put as a substitute for (की) एवज़ में रखना; *v.t.* to serve as substitute (for) एवज़ के रूप में काम करना।

substitution सॅब् स्टि ट्यू शॅन *n.*

act of substituting प्रतिस्थापन।

subterranean *सॅब् टॅ रे न्यॅन a.* underground भूमिगत।

subtle *स ट्ल n.* elusively thin or tenuous सूक्ष्म; fine or delicate in meaning बारीक; mysterious रहस्यपूर्ण; mentally acute कुशाग्र-बुद्धि; crafty चालाक; complicated जटिल।

subtlety *स ट्ल् टि n.* tenuousness सूक्ष्मता; fineness बारीकी; complicacy जटिलता; mental acuteness विलक्षणता; craftiness चालाकी।

subtract *सॅब ट्रैक्ट v.t.* to take away from, to deduct घटाना।

subtraction *सॅब् ट्रैक् शॅन n.* act of subtracting घटाव।

suburb *सब् अॅःब n.* outlying area of a city उपनगरीय क्षेत्र।

suburban *सॅ बॅः बॅन a.* belonging to the suburbs उपनगरीय; narrow minded संकीर्णतापूर्ण।

subversion *सब् वॅः शॅन n.* act of subverting or being subverted समाप्ति, विनाश।

subversive *सब् वॅः सिव a.* tending to subvert विनाशक, उपद्रवकारी।

subvert *सॅब् वॅःट v.t.* to overthrow उलट देना, पलट देना; to corrupt विकृत करना।

succeed *सॅक् सीड v.i.* to get success सफल होना; to take over a position, rank etc. उत्तराधिकारी होना; *v.t.* to come after के पश्चात् घटित होना।

success *सॅक् सैसॅ n.* a favourable result सफलता; attainment of wealth संपन्नता; a successful person or thing सफल व्यक्ति अथवा वस्तु।

successful *सॅक् सैसॅ फुल a* having success सफल; having attained wealth etc. संपन्न।

succession *सॅक् सै ॅ शॅन n.* coming of one thing after another अनुक्रमण; a series सिलसिला, तांता a succeeding पदारोहण, राज्यारोहण; line of those entitled to succeed one another वंशक्रम।

successive *सॅक् सै ॅ सिव a.* following one after another क्रमिक, आनुक्रमिक।

successor *सॅक् सै ॅ सॅः n.* person who succeeds another in position or rank उत्तराधिकारी।

succour[1] *स कॅः n.* help in distress परेशानी में सहायता।

succour[2] *v.t.* to help in distress परेशानी में सहायता करना।

succumb *सॅ कम v.i.* to yield हार मानना; to die मर जाना।

such[1] *सच a.* of the kind indicated ऐसा, इस प्रकार का; like, similar समान प्रकार की; so very इतना।

such[2] *pron.* such persons or things ऐसे व्यक्ति अथवा वस्तुएं।

suck[1] *सक v.t.* to draw into the mouth चूसना; to hold and disslove in mouth पपोलना; to draw in सोखना।

suck[2] *n.* sucking चूषण; breast-feeding स्तनपान।

suckle *स क्ल v.t.* to feed from the breast स्तनपान कराना।

sudden *स ड्न n.* abrupt आकस्मिक; hurried शीघ्रतापूर्ण।

suddenly *स ड्न् लि adv.* abruptly, unexpectedly अचानक, अकस्मात्।

sue *स्यू, सू v.t.* to prosecute (पर) मुकदमा चलाना; to seek justice from (से) न्याय की प्रार्थना करना; *v.i.* to make an entreaty विनती करना।

suffer *स फ़ः v.t.* to undergo भुगतना, झेलना; to tolerate सहना; *v.i.* to be damaged हानि होना; to be unwell अस्वस्थ होना।

suffice *सॅ फ़ाइस v.i.* to be sufficient पर्याप्त होना।

sufficiency *सॅ फ़ि शॅन् सि n.* sufficient quantity पर्याप्त मात्रा; quality of being sufficient प्रचुरता।

sufficient *सॅ फ़ि शॅन्ट a.* enough, adequate पर्याप्त।

suffix[1] *स फ़िक्स n.* a letter or letters added at the end of a word प्रत्यय।

suffix[2] *v.t.* to add, to annex to the end जोड़ना, प्रत्यय लगाना।

suffocate *स फ़ॅ केट v.t.* to kill by deprivation of oxygen दम घोटकर मारना; to cause difficulty in breathing दम घोटना; *v.i.* to be killed by suffocation दम घुटकर मरना; to have difficulty in breathing दम घुटना।

suffocation *स फ़ॅ के शॅन n.* state of being suffocated घुटन।

suffrage *सफ़् रिज n.* right to vote मताधिकार।

sugar[1] *शु गॅः n.* a sweet vegetable-substance चीनी, शकर।

sugar[2] *v.t.* to sweeten or mix with sugar (में) चीनी डालना, मीठा करना।

suggest *सॅ जैस्ट v.t.* to propose प्रस्तावित करना; to bring into the mind जताना, लक्षित करना; to hint संकेत करना।

suggestion *सॅ जैस् चॅन n.* proposal प्रस्ताव; hint संकेत; idea or plan suggested सुझाव; hypnosis सम्मोहन।

suggestive *सॅ जैस् टिव a.* productive of ideas विचारोत्तेजक; evocative उद्दीपक; tending to suggest something improper अश्लीलतापूर्ण।

suicidal *स्यु इ सॉइ ड़ल a.* of suicide आत्महत्या-संबंधी; harmful to one's own interests आत्मघाती।

suicide *स्यु इ सॉइड n.* self murder आत्महत्या; action destructive to one's interests आत्मघात।

suit[1] *स्यूट n.* a set of clothing सूट; action at law मुक़दमा; a formal request प्रार्थना, विनती; a pack at cards ताश का रंग; asking a woman's hand in marriage विवाह-प्रस्ताव।

suit[2] *v.t.* to make appropriate to उपयुक्त बनाना; to match (से) मेल खाना; to be fitting अनुकूल होना; to satisfy संतुष्ट करना।

suitability *स्यू टॅ बि लि टि n.* quality of being suitable उपयुक्तता।

suitable *स्यू टॅ ब़ल a.* fitting, proper उपयुक्त; becoming उचित, शोभनीय; convenient सुविधाजनक।

suite *स्वीट n.* a set of matching furniture मेल खाता हुआ फर्नीचर; a set of rooms कमरों का सैट; a number of attendants नौकर-चाकर; a musical composition in several parts वाद्य संगीत-रचना।

suitor *स्यू टॅः n.* one who sues वादी; wooer प्रेमी; petitioner प्रार्थी,

आवेदक; one asking for marriage विवाह-प्रस्तावक।

sullen *स लॅन a.* unwilling to talk or be sociable रूठा हुआ; morose उदास, दुःखी dismal निरानंद; dull नीरस।

sulphur *सल् फ़ः n.* light yellow nonmetallic element गंधक।

sulphuric *सल् फ़्युअॅ रिक a.* containing sulphur गंधक-युक्त।

sultry *सल् ट्रि a.* hot and humid उमसदार।

sum[1] *सम n.* amount of money धनराशि; total योग, जोड़; a summary सारांश; an arithmetical problem गणित का प्रश्न।

sum[2] *(-mm-) v.t.* to add up जोड़ना, योग निकालना; to summarize (का) संक्षिप्त विवरण देना।

summarily *स मॅ रि लि adv.* speedily शीघ्रतापूर्वक; abruptly तुरंत।

summarize *स मॅ रॉइज़ v.t.* to make summary of संक्षिप्त करना; to present briefly संक्षेप में प्रस्तुत करना।

summary[1] *स मॅ रि n.* a brief account संक्षेप, संक्षिप्त विवरण।

summary[2] *a.* brief संक्षिप्त; done quickly शीघ्रतापूर्ण; without attention to small matters सरसरे ढंग से किया हुआ।

summer *स मॅः n.* the warmest season ग्रीष्म ऋतु।

summit *स मिट n.* top, peak चोटी।

summon *स मॅन v.t.* to demand attendance of बुला भेजना; to call on पुकारना; to bid (witness) appear in court गवाही के लिए सम्मन देना; to gather up बटोरना।

summons *स मॅन्ज़ n.* an order to appear in court सम्मन, अदालत का बुलावा।

sumptuous *सम्प् ट्यु अॅस a.* lavish महंगा, ख़र्चीला; magnificent वैभवशाली, शानदार।

sun[1] *सन् n.* the luminous body round which the planets move सूर्य; light and warmth from the sun धूप; any fixed star नक्षत्र।

sun[2] *(-nn-) v.t.* to expose to sun's rays धूप में रखना।

Sunday *सन् डि,-डे n.* the first day of the week रविवार।

sunder *सन् डॅः v.t.* to separate अलग करना।

sundary *सन् ड्रि a.* various विभिन्न।

sunny *स नि a.* like the sun सूर्यवत्; warm गर्म; bright उजला; cheerful प्रसन्नचित।

sup *सप (-pp-) v.i.* to take supper रात्रि का भोजन करना; *v.t.* to take by sips सुकड़ना।

superabundance *सॅू प र बन् डॅन्स n.* very great quantity आधिक्य, प्रचुरता।

superabundant *सॅू प र बन् डॅन्ट a.* very abundant प्रचुरतापूर्ण, भरपूर।

superb *स्यू पॅःब a.* excellent, splendid उत्तम, शानदार।

superficial *स्यू पॅः फि शॅल a.* of the surface ऊपरी, पृष्ठकीय; not thorough अगंभीर, छिछला।

superficiality *स्यू पॅः फि शि ऐ लि टि n.* the quality of being superficial छिछलापन, पल्लव ग्राहिता।

superfine *स्यू पॅः फ़ॉइन a.* very fine अति उत्तम, over-refined अति परिष्कृत।

superfluity *स्यू पॅः फ्यु इ टि n.* excess आधिक्य; unnecessary amount फ़ालतू मात्रा।

superfluous *स्यू पॅः फ़्लु अॅस a.* unnecessary फ़ालतू; excessive अति अधिक।

susperhuman *स्यू पॅः ह्यू मॅन a.* beyond ordinary human size or capacity अतिमानवीय; supernatural अलौकिक।

superintend *स्यू पॅः इन् टैन्ड v.t.* to have charge of (का) अधीक्षण करना; to supervise (की) देखभाल करना; to direct (का) संचालन करना।

superintendence *स्यू पॅः इन् टैनॅ डॅन्स n.* superintending देख-रेख, संचालन।

superintendent *स्यू पॅः इन् टैनॅ डॅन्ट n.* a senior police officer अधीक्षक; a manager, controller प्रबंधक, नियंत्रक।

superior *स्यु पिअॅ रि अॅः a.* higher in rank, quality or position उच्च, वरिष्ठ; greater in quality or quantity श्रेष्ठतर, बेहतर।

superiority *स्यु पिअॅ रि औॅ रि टि n.* quality of being superior श्रेष्ठता, उच्चता।

superlative[1] *स्यु पॅ लॅ टिव a.* of the highest quality सर्वश्रेष्ठ; *(gram.)* denoting the quality of being the best of the highest श्रेष्ठतासूचक।

superlative[2] *n. (gram.)* the superlative form उत्तमावस्था।

superman *स्यू पॅः मैन n.* a man of abnormal mental and physical ability अतिमानव।

supernatural *स्यु पॅः नै चॅ रॅल a.* beyond physical laws अलौकिक।

supersede *स्यु पॅः सीड v.t.* to take the palce of (का) स्थान लेना; to set aside, to discard हटा देना, निकाल फेंकना।

supersonic *स्यू पॅः सौॅ निक a.* moving faster than sound पराध्वनिक।

superstition *स्यू पॅः टि शॅन n.* an unreasoning belief in magic, charms etc. अंधविश्वास।

superstitious *स्यू पॅः स्टि शॅस a.* based on or involving superstition अंधविश्वासी।

supertax *स्यू पॅः टैक्ट n.* additional tax अधिकर।

supervise *स्यू पॅः वॉइज़ v.t.* to direct निर्देशित करना; to superintend अधीक्षण करना, संचालन करना।

supervision *स्यू पॅः वि ज़ॅन n.* act of supervising देख-रेख, निरीक्षण।

supervisor *स्यू पॅः वॉइ ज़ॅः n.* one who supervises पर्यवेक्षक, निरीक्षक।

supper *सपॅः n.* the last meal of the day रात्रि का भोजन।

supple *स पॅल a.* pliable सुनम्य; flexible लचीला, ढीला।

supplement[1] *सप् लि मॅन्ट n.* something added to fill up deficiency परिशिष्ट; extra and separate addition to a periodical परिशिष्ट।

supplement[2] *सप् लि मैन्ट v.t.* to add to जोड़ देना; to supply deficiency of पूरा करना।

supplementary *सप् लि मैनॅ टॅ रि a.* additional पूरक।

supplier *स प्लॉइ अॅः n.* person or firm supplying goods प्रदायक, संभरक।

supply[1] सॅ प्लॉइ *v.t.* to furnish आपूर्ति करना; to make available उपलब्ध कराना; to provide प्रदान करना।

supply[2] *n.* stock, store भंडार; supplying आपूर्ति।

support[1] सॅ पौ:ट *v.t.* to hold up संभालना; to sustain पालना, भरण-पोषण करना; to help, to encourage सहारा या प्रोत्साहन देना; to advocate समर्थन करना।

support[2] *n.* favour पक्ष, सहारा; person or thing that supports सहारे का साधन।

suppose सॅ पोज़ *v.t.* to assume मान लेना, कल्पना करना; to imagine, to think समझना, सोचना; to accept as likely (की) संभावना समझना।

supposition स पॅ ज़ि शॅन *n.* assumption कल्पना; conjecture अनुमान।

suppress सॅ प्रैसॅ *v.t.* to crush कुचलना; to put down (का) दमन करना; to conceal छिपाना।

suppression सॅ प्रैसॅ शॅन *n.* suppressing or being suppressed दमन, concealment गोपन।

supremacy सॅ प्रॅ मॅ सि *n.* position of being supreme उच्चता, सर्वश्रेष्ठता।

supreme स्यु प्रीम *a.* highest in authority or rank सर्वोच्च; the greatest possible अधिकतम।

surcharge[1] सॅ: चा:ज *n.* an additional charge अधिशुल्क; additional load अधिभार।

surcharge[2] *v.t.* to overload अधिभार लगाना; to make an additional charge अधिशुल्क लगाना।

sure शुअॅ:, शौ:, शौं: *a.* certain निश्चित; trustworthy विश्वसनीय; without doubt असंदिग्ध।

surely शुअॅ: लि, शौ: -, शौं: *adv.* certainly निश्चित रूप से; undoubtedly निःसंदेह।

surety शुअॅ टि, शौं:टि *n.* security ज़मानत; one who makes himself responsible for another's obligations ज़मानतदार।

surf सॅ:फ *n.* waves breaking on the shore समुद्र की तटीय लहरें।

surface[1] सॅ: फिस exterior बाह्य भाग; the top of a liquid सतह, तल; outward appearance ऊपरी दिखावा।

surface[2] *v.i.* to come to the surface ऊपर आना, उजागर होना; *v.t.* to cause to come to the surface ऊपर लाना; to put a surface on (पर) सतह पर परत चढ़ाना।

surfeit सॅ: फिट *n.* excess अतिरेक, आधिक्य; disgust caused by excess परितृप्ति ऊब।

surge[1] सॅ:ज *n.* a large wave महोर्मि, हिलोरा; a rush of emotion आवेश; sudden increase रेला।

surge[2] *v.i.* to move in large waves हिलोर मारना; to swell उमड़ना।

surgeon सॅ: जॅन *n.* a doctor who performs operations शल्य चिकित्सक, शल्यकार।

surgery सॅ: जॅ रि *n.* medical treatment by operation शल्य-चिकित्सा; science of treating diseases by operation शल्य-विज्ञान; a room for surgical operation शल्य-कक्ष।

surmise[1] सॅ: मॉइज़ *n.* guess, conjecture अनुमान।

surmise[2] *v.t. & v.i.* to guess, to conjecture अनुमान करना; अंदाज़ा लगाना।

surmount *सॅः मॉउन्ट v.t.* to overcome, to get over (पर) विजय पाना।

surname *सॅः नेम n.* family name कुलनाम।

surpass *सॅः पास v.t.* to go beyond (से) बढ़चढ़कर होना; to excel (से) श्रेष्ठ होना; to exceed (से) अधिक होना।

surplus *सॅः प्लॅस n.* what remains over in excess अधिशेष, आवश्यकता से अधिक वस्तु।

surprise[1] *सॅः प्रॉइज़ n.* something unexpected अप्रत्याशित घटना या तथ्य; what takes unawares आश्चर्यजनक बात; astonishment आश्चर्य, अचरज।

surprise[2] *v.t.* to cause surprise to आश्चर्यचकित करना; to astonish अचरज में डालना; to come upon unexpectedly अचानक आ पहुंचना।

surrender[1] *सॅ रैॅन् डॅः v.t.* to yield, to give into (से) हार मानना, समर्पण करना; to give up possession of छोड़ देना, त्याग देना; *v.i.* to cease resistance घुटने टेकना।

surrender[2] *n.* act of surrendering आत्मसमर्पण, हार।

surround *सॅ रॉउन्ड v.t.* to encompass घेरना।

surroundings *सॅ रॉउन् डिङ्ज n. pl.* environment पास-पड़ोस, प्रतिवेश।

surtax *सॅः टैक्स n.* additional tax अधिकर।

surveillance *सॅः वे लॅन्स n.* close watch, supervision निगरानी।

survey[1] *सॅः वे n.* a general view सर्वेक्षण; a map or record नक़्शा, आलेख।

survey[2] *सॅः वे v.t.* to look at as a whole सर्वेक्षण करना; to measure in order to make a map नक्शा बनाने-हेतु भूमापन करना; to examine the condition of (का) निरीक्षण करना।

survival *सॅः वॉइ वॅल n.* continuation of existence उत्तरजीविता, उत्तरजीवन; an old-fashioned person पुराने तौर-तरीकों वाला व्यक्ति।

survive *सॅः वॉइव v.i.* to continue to live बना रहना, जीवित बचना; *v.t.* to outlive के बाद तक जीवित रहना; to come alive through से बच जाना।

suspect[1] *सॅस् पैक्ट v.t.* to doubt the innocence of (पर) संदेह करना; to mistrust (पर) अविश्वास करना; to feel, to believe समझना, महसूस करना।

suspect[2] *सस् पैक्ट a.* of suspected character संदिग्ध।

suspect[3] *n.* suspected person संदिग्ध व्यक्ति।

suspend *सॅस् पैन्ड v.t.* to hang up लटकाना; to cause to cease for a time बंद करना, रोक देना; to debar from an office निलंबित करना; to keep inoperative बंद रखना, स्थगित रखना।

suspense *सॅस् पैॅन्स n.* state of uncertainty अनिश्चय की स्थिति; anxiety, worry चिंता, दुविधा।

suspension *सॅस् पैन्ॅ शॅन n.* state of being suspended प्रलंबन; something suspended लटकी

वस्तु; debarring from an office निलंबन; ceasure for a time आस्थगन।

suspicion *सॅस् पि शॅन n.* suspecting संदेह, शक; slight trace पुट, रमक।

suspicious *सॅस् पि शॅस a.* full of suspicion शक्की, शंकालु; arousing suspicion संदेहजनक।

sustain *सॅस् टेन v.t.* to keep, to hold up संभालना, थामना; to keep going बनाए रखना; to keep alive जीवित रखना; to undergo भुगतना, झेलना।

sustenance *सस् टि नॅन्स n.* that which sustains, food भोजन, जीवनाधार।

swagger[1] *सवै गॅः v.i.* to boast डींग मारना; to strut इठलाना।

swagger[2] *n.* strutting gait इठलाती चाल; boastful manner डींग, अकड़।

swallow[1] *स्वौ लो v.t.* to pass (food or drink) down the throat निगलना; to engulf सटक लेना; to endure सहन करना; to accept credulously आंख मूंदकर विश्वास करना।

swallow[2] *n.* act of swallowing निगरण, निगलने की क्रिया; amount swallowed निगली हुई मात्रा।

swallow[3] *n.* a migratory bird अबाबील।

swamp[1] *स्वौम्प n.* boggy land दलदल।

swamp[2] *v.t.* to entangle in swamp दलदल में फंसाना; to overwhelm अभिभूत करना; to flood आप्लावित करना।

swan *स्वौन n.* a large white-necked water-bird हंस।

swarm[1] *स्वौःम n.* a large cluster of insects दल, झुंडः a vast crowd भीड़, जमघट।

swarm[2] *v.i.* to form a swarm झुंड में होना; to gather in large numbers भीड़ लगाना।

swarthy *स्वौःदि a.* dark-complexioned सांवला।

sway[1] *स्वे v.i.* to swing unsteadily डोलना, हिलना-डुलना; to incline to one side एक ओर झुकना; to fluctuate घटना-बढ़ना; *v.t.* to cause to sway हिलाना; to influence प्रभावित करना।

sway[2] *n.* swaying movement दोलन; rule, dominion शासन, influence प्रभाव।

swear *स्वे ॲः v.t.* to promise on oath शपथपूर्वक वचन देना; to cause to take an oath क़सम खिलाना; *v.i.* to take an oath सौगंध खाना।

sweat[1] *स्वॆ ट n.* perspiration पसीना।

sweat[2] *v.i.* to perspire पसीना आना; to toil कड़ा परिश्रम करना।

sweater *स्वॆ टॅः n.* a knitted jersey स्वेटर।

sweep[1] *स्वीप v.i.* to effect cleaning with broom झाड़ू लगाना; to pass swiftly तेज़ी से निकल जाना; to extend फैलना; *v.t.* to clean with a broom झाड़ू से साफ़ करना; to carry away उड़ा ले जाना।

sweep[2] *n.* act of sweeping झाड़ू बुहारी, साफ़-सफ़ाई; sweeping motion घुमाव; wide curve मोड़; range प्रभाव-क्षेत्र, मार; a chimney-sweeper चिमनी साफ़ करनेवाला; a long oar लंबा डांड।

sweeper *स्वी पॅ:* *n.* a person who sweeps झाड़ू लगानेवाला; a thing that sweeps अपमार्जक।

sweet[1] *स्वीट* *a.* tasting like sugar मीठा; agreeable रुचिकर, सुहावना; charming आकर्षक; fresh ताज़ा; fragrant सुगंधित; tuneful मधुर; beloved प्यारा।

sweet[2] *n.* a small piece of sweet food मिष्टान; sweet course भोजनोपरांत मिष्टान्न का दौर।

sweeten *स्वी ट्न* *v.t.* to make sweet मीठा करना।

sweetmeat *स्वीट् मीट* *n.* sweetened delicacy मिष्ठान्न।

sweetness *स्वीट् निस* *n.* the quality of being sweet मिठास।

swell[1] *स्वै ॅल* *v.i.* to increase in volume बढ़ना; to expand सूजना, फूलना; to bulge out उभरना; to be puffed up प्रफुल्लित होना; *v.t.* to cause to grow in volume बढ़ाना; to puff up प्रफुल्लित करना।

swell[2] *n.*a act of swelling फुलाद, बढ़ाव; bulging उभार; an increase in amount वृद्धि; a long and unbroken wave महातरंग।

swift *स्विफ्ट* *a.* rapid, quick तीव्र; prompt तत्पर।

swim[1] *स्विम (-mm-)* *v.i.* to move and support oneself in water तैरना; to float उतराना; to glide smoothly विसर्पण करना; to feel dizzy चकराना।

swim[2] *n.* act of swimming तैराकी।

swimmer *स्वि मॅ:* *n.* one who swims तैराक।

swindle[1] *स्विन् ड्ल* *v.t.* to cheat ठगना।

swindle[2] *n.* fraud, act of swindling ठगी, झांसा।

swindler *स्विन्ड् लॅ:* *n.* one who swindles झांसिया, ठग।

swine *स्वॉइन* *n.* a pig सूअर; a contemptible person घृणित व्यक्ति।

swing[1] *स्विङ्ग* *v.i.* to move to and fro झूलना, डोलना; to turn घूम जाना; to hang लटकना; to move to and fro in a swing झूले पर झूलना; *v.t.* to cause to move to and fro झुलाना, डोलाना; to cause to turn घुमाना; to brandish घुमाना।

swing[2] *n.* act of swinging दोलन; seat hung to swing on झूला, हिंडोला; fluctuation अस्थिरता, उतार-चढ़ाव; rhythm लय।

swiss[1] *स्विस* *n.* a native of switzerland स्विटजरलैंड का निवासी।

swiss[2] *a.* of switzerland, pertaining to Switzerland स्विटज़रलैंड का या उससे संबंधित।

switch[1] *स्विच* *n.* a device for turning electric current on and off स्विच, बटन; a sudden change भारी परिवर्तन; a flexible twig टहनी; a tress of false hair कृत्रिम बालों का लट।

switch[2] *v.t.* to shift or change बदलना; to affect (current) with switch स्विच-द्वारा (विद्युत) चालू करना; to change abruptly अचानक परिवर्तित करना; *v.i.* to shift बदलना।

swoon[1] *स्वून* *n.* a faint मूर्च्छा, बेहोशी।

swoon[2] *v.i.* to faint मूर्च्छित होना।

swoop[1] *स्वूप* *v.i.* to dive as a hawk झपट्टा मारना।

swoop[2] *n.* act of swooping झपट्टा।

sword सौःड *n.* a weapon with a long blade and hilt तलवार।

sycamore *सि कॅ मौः n.* a kind of fig tree गूलर।

sycophancy *सि कॅ फ़ॅन् सि n.* the quality of being a sycophant चाटुकारिता, चापलूसी।

sycophant *सि कॅ फ़ॅन्ट n.* one using flattery to gain favour चापलूस।

syllabic *सि लै बिक n.* in, of, or in syllables उच्चारण की इकाई से संबधित।

syllable *सि लै ब्ल n.* a separate unit of sound in speech उच्चारण-इकाई।

syllabus *सि लॅ बॅस n.* the outline of a course of study पाठ्यक्रम।

sylph *सिल्फ़ n.* a spirit of the air परी; a slender graceful woman सुंदर तरुणी।

sylvan *सिल् वॅन a.* of forests or trees वृक्षीय, वनीय।

symbol *सिम् बॅल n.* sign चिह्न; a thing representing something प्रतीक।

symbolic *सिम् बौ˘ लिक a.* using or used as a symbol प्रतीकात्मक।

symbolism *सिम् बॅ लिज़्म n.* use of symbols in art and literature प्रतीकवाद।

symbolize *सिम् बॅ लॉइज v.t.* to be a symbol of (का) प्रतीक होना; to use a symbol or sympbols for प्रतीक-द्वारा प्रस्तुत करना।

symmetrical *सि मै˘ ट्रि कॅल a.* having symmetry सममित।

symmetry *सि मि ट्रि n.* proportion between parts सममिति; balance संतुलन।

sympathetic *सिम् पॅ थै˘ टिक a.* showing sympathy, having sympathy सहानुभूतिपूर्ण।

sympathize *सिम् पॅ थॉइज़ v.i.* to feel or express sympathy सहानुभूति रखना।

sympathy *सिम् पॅ थि n.* feeling for another in pain etc. सहानुभूति; compassion दया।

symphony *सिम् फ़ॅ नि n.* a composition for full orchestra वाद्यवृंद रचना; harmony of sounds सुरीलापन।

symposium *सिम् पो ज़्यॅम (pl. -ms, -sia) n.* conference, meeting विचार-गोष्ठी; a book of contributions by several authors on one topic निबंध-संग्रह।

symptom *सिम्प् टॅम n.* a change in physical or mental condition indicating illness or healthiness लक्षण; sign, token चिह्न, आसार।

symptomatic *सिम्प् टॅ मै टिक a.* serving as a symptom (of) लक्षणसूचक।

synonym *सि नॅ निम n.* a word with the same meaning as another पर्याय।

synonymous *सि नौ˘ नि मॅस a.* (word) having the same meaning as another पर्यायवाची, समानार्थी।

synopsis *सि नौ˘प् सिस n.* summary संक्षेप; outline रूपरेखा।

syntax *सिन् टैक्स n. (gram.)* arrangement of words in a sentence वाक्य-रचना।

synthesis *सिन् थै ˘ सिस (pl.-theses) n.* putting together, combination संश्लेषण।

synthetic[1] *सिन् थैˇ टिक a.* produced by synthesis संश्लेषणात्मक; artificial कृत्रिम।

synthetic[2] *n.* a product of synthesis कृत्रिम उत्पादन।

syringe[1] *सि रिन्ज n.* a device for taking up fluids from or injecting them into the body पिचकारी।

syringe[2] *v.t.* to clean or treat with a syringe पिचकारी से धोना या फहारना।

syrup *सि रॅप n.* a solution of sugar and water or sugar and fruit juice चाश्नी, शरबत।

system *सिस् टॅम n.* a complex, whole organization तंत्र; method तरीक़ा; classification वर्गीकरण; plan योजना; order क्रम-व्यवस्था।

systematic *सिस् टॅ मै टिक a.* methodical पद्धतिबद्ध; based on a system व्यवस्थित।

systematize *सिस् टि मॅ टॉइज़ v.t.* to reduce to system सुव्यवस्थित करना; to arrange methodically क्रमबद्ध करना।

Tt

T टी the twentieth letter of the English alphabet, anything shaped like the letter T. अंग्रेजी वर्णमाला का बीसवाँ अक्षर, इस अक्षर के आकार का कोई पदार्थ; **To cross the T's** (to be very precise.) निश्चित या स्पष्ट होना।

table[1] *टे ब्ल n.* a piece of furniture मेज़; food भोजन; an arrangement of facts or figures in columns तालिका।

table[2] *v.t.* to lay on the table for discussion प्रस्तुत करना।

tablet *टैब् लिट n.* a pill टिकिया, गोली; a small pad of writing paper पटिया, तख़्ती; slab पट्टी, फलक।

taboo[1] *टॅ बू n.* prohibition निषेध; thing prohibited वर्जित वस्तु।

taboo[2] *a.* forbidden निषिद्ध।

taboo[3] *v.t.* to place under taboo निषिद्ध करना।

tabular *टै ब्यु लॅः a.* arranged in tables तालिकाबद्ध।

tabulate *टै ब्यु लेट v.t.* to arrange in tables तालिकाबद्ध करना।

tabulation *टै ब्यु ले शॅन n.* act of tabulating सारणीयन।

tabulator *टै ब्यु लॅ टॅः n.* person or machine that tabulates सारणीयक।

tacit *टै सिट a.* silent, implied मौन, अनकहा।

taciturn *टै सि टॅःन a.* saying very little अल्पभाषी।

tackle[1] *टै क्ल n.* equipment साज़-सामान; set of ropes, pulleys etc. रस्से, घिरनी आदि; (football) act of stopping an opponent विरोधी पर क़ाबू।

tackle[2] *v.t.* to grapple (से) भिड़ना; to take in hand हाथ में लेना; to challenge चुनौती देना।

tact *टैक्ट n.* skill in dealing with people or situations व्यवहार-कौशल, सूझ-बूझ।

tactful *टैक्ट् फुल a.* showing tact व्यवहार कुशल।

tactician *टैक् टि शॅन n.* an expert on tactics रणनीतिज्ञ; one who can manage a situation skilfully कार्य-सम्पादन में निपुण व्यक्ति।

tactics *टैक् टिक्स n. (with sing v.)* art of handling troops, ships in battle रणनीति; adroit management of a situation युक्ति, नीति-कौशल।

tactile *टैक् टॉइल a.* relating to the sense of touch स्पर्श-योग्य।

tag[1] *टैग n.* metal tip to a shoe-lace फ़ीते की घुंडी; a label tied to something लेबुल; much quoted saying घिसा-पिटा कथन।

tag *(-gg-) v.t.* to append संलग्न करना; to trail behind (के) पीछे-पीछे चलना।

tail *टेल n.* flexible prolongation of animal's spine पूंछ; portion at the back of something पिछला भाग; lowest part निचला भाग; *(pl.)* reverse side of a coin सिक्के का पृष्ठ भाग।

tailor[1] *टे लॅ: n.* maker of garments दरज़ी।

tailor[2] *v.t.* to make (garments) (कपड़े) सिलना।

taint[1] टेन्ट *n.* defect, flaw दोष; infection छूत।

taint[2] *v.t.* to infect दूषित करना; सड़ाना; *v.i.* to be infected दूषित होना, सड़ना।

take टेक *v.t.* to grasp पकड़ना, लेना; to get प्राप्त करना; to carry ले जाना; to eat or drink ग्रहण करना।

tale *टेल n.* story कहानी; report विवरण; malicious rumour अफ़वाह।

talent *टै लॅन्ट n.* natural ability प्रतिभा, ancient weight or money प्राचीन तौल या मुद्रा।

talisman *टै लिज़् मॅन n.* amulet तावीज़।

talk[1] *टौक v.i.* to speak बोलना; *v.t.* to express in speech कहना; to discuss (पर) विचार विमर्श करना।

talk[2] *n.* speech, lecture भाषण; conversation वार्तालाप; rumour अफ़वाह।

talkative *टौ कॅ टिव a.* fond of talking बातूनी।

tall *टौल a.* above average in height लंबा, ऊंचा।

tallow *टै लो n.* animal fat चरबी।

tally[1] *टै लि n.* account लेखा, हिसाब; a duplicate प्रतिरूप।

tally[2] *v.t.* to correspond अनुरूप होना; to keep record लेखा रखना।

tamarind *टै मॅ रिन्ड n.* a tropical tree इमली का वृक्ष; its fruit इमली।

tame[1] *टेम a.* subdued शांत, सौम्य; lacking in energy निस्तेज; domesticated पालतू uninteresting नीरस; submissive दब्बू।

tame[2] *v.t.* to make tame पालतू बनाना, पालना; to subdue वश में करना।

tamper *टैम् पॅ: v.i.* to meddle, to interfere हस्तक्षेप करना, छेड़-छाड़

करना।

tan[1] टैन *(-nn-) v.i.* to go brown भूरा होना; *v.t.* to cause to go brown भूरा करना; to convert (animal hide) to leather (खाल को) चमड़े का रूप देना।

tan[2] *a.,n.* (of) brown colour of skin भूरे रंग की त्वचा (वाला)।

tangent *टैन् जॅन्ट n.* line that just touches a curve स्पर्शज्या।

tangible *टैन् जॅ ब्ल a.* that can be touched स्पर्शनीय; definite निश्चित concrete ठोस।

tangle[1] *टैङ् गल n.* confused mass उलझन; muddle गुत्थी, जटिल स्थिति।

tangle[2] *v.t.* to twist together उलझाना।

tank *टैङ्क n.* a large container टंकी; a big reservoir तालाब; an armoured fighting vehicle टैंक।

tanker *टैङ् कॅः n.* ship or lorry for carrying liquids तेल-पोत, टंकी-ट्रक।

tanner *टै नॅः n.* one who tans hides चर्म-शोधक।

tannery *टै नॅ रि n.* palce where leather is made चर्म-शोधनशाला।

tantalize *टैन् टॅ लॉइज़ v.t.* to tease by keeping something just out of reach तरसाना, ललचाना।

tantamount *ट्रैन टॅ मॉउन्ट a.* equal, equivalent in value or significance समान, तुल्य।

tap[1] *टैप n.* valve with handle to regulate flow of fluid टोंटी; slight blow थपकी।

tap[2] *(-pp-) v.t.* to draw liquid from (से) द्रव निकालना; to put tap in टोंटी लगाना; to strike gently थपकी देना।

tape[1] *टेप n.* a narrow long strip फीता, पट्टी, टेप।

tape[2] *v.t.* to record on magnetic tape टेप करना, अभिलेखन करना।

taper[1] *टे पॅः v.i.* to become gradually thin towards one end एक सिरे की ओर पतला होता जाना।

taper[2] *n.* a very thin candle पतली मोमबत्ती; a narrowing पतलापन।

tapestry *टै पिस् ट्रि n.* cloth into which design in woven दीवार दरी, चित्र कंबल।

tar[1] *टाः n.* thick black liquid distilled from coal डामर, तार-कोल।

tar[2] *(-rr-) v.t.* to coat with tar (पर) तार-कोल पोतना।

target *टाः गिट n.* mark to be shot at निशाना; thing aimed at लक्ष्य, उद्देश्य; object of criticism आलोचना का विषय; butt उपहास का पात्र।

tariff *टै रिफ़ n.* tax levied on imports सीमा-शुल्क।

tarnish *टॉः निश v.t.* to make discoloured बदरंग करना; to discredit बट्टा लगाना; *v.i.* to become discoloured बदरंग होना।

task[1] *टास्क n.* a piece of work set or undertaken कार्य।

task[2] *v.t.* to assign task to कार्य सौंपना।

taste[1] *टेस्ट n.* flavour स्वाद; sense of tasting ज़ायका; preference पसंद; judgement समझ, निर्णयशक्ति।

taste[2] *v.t.* to find the taste of चखना; *v.i.* to have specific flavour विशिष्ट स्वाद रखना।

tasteful *टेस्ट् फुल a.* showing good taste रुचिकर।

tasty *टेस् टि a.* pleasant to taste स्वादिष्ट।

tatter[1] *टै टॅ: n.* ragged piece चिथड़ा।

tatter[2] *v.t.* to make ragged चिथड़े करना; *v.i.* to become ragged चिथड़ा होना।

tattoo[1] *टॅ टू n.* beat of drum and bugle call ढोल व बिगुल का नाद; military spectacle सेना का प्रदर्शन; mark of tattooing लीला गोदे का चिह्न।

tattoo[2] *v.i.* to mark skin with pricks and colours लीला गोदना।

taunt[1] *टौन्ट v.t.* to reproach contemptuously ताना मारना।

taunt[2] *n.* an insulting reproach ताना, कटाक्ष।

tavern *टै वॅःन n.* an inn, a public house सराय, मधुशाला।

tax[1] *टैक्स n.* compulsory payment imposed by government कर।

tax[2] *v.t.* to impose tax on (पर) कर लगाना।

taxable *टैक् सॅ बल a.* liable to tax कर-योग्य।

taxation *टैक् से शॅन n.* levying of taxes करारोपण।

taxi[1] *टैक् सि n.* motor car that may be hired with driver टैक्सी।

taxi[2] *v.i.* to go in a taxi टैक्सी में जाना।

tea *टी n.* dried leaves of a shrub चाय की पत्ती; a drink made from them चाय (पेय)।

teach *टीच v.t.* to instruct शिक्षा देना; to educate पढ़ाना।

teacher *टी चॅः n.* one who teaches शिक्षक।

teak *टीक n.* a tree and its timber सागौन का पेड़ व लकड़ी।

team *टीम n.* a set of players टीम; a set of people working together टोली; two or more animals working together जोड़ी।

tear[1] *टे ॅ अॅः v.t.* to pull apart, to rend फाड़ना, चीरना; *v.i.* to become split फट जाना।

tear[2] *n.* a hole, a cut, a split खोंच, चीरा।

tear[3] *टिअॅः n.* drop of fluid coming from the eye आंसू।

tearful *टिअॅः फुल a.* inclined to weep रोंआसा; with tears अश्रुपूर्ण।

tease *टीज़ v.t.* to irritate, to annoy चिढ़ाना, परेशान करना; to pull apart fibres of (का) रोआँ उठाना।

teat *टीट n.* nipple स्तनाग्र।

technical *टैक् नि कॅल n.* involving technique तकनीकी।

technicality *टैक् नि कै लि टि n.* a technical quality or state प्राविधिकता।

technician *टैक् नि शॅन n.* one skilled in a particular technique तकनीक जाननेवाला।

technique *टैक् नीक n.* method of performance प्रविधि; skill required by a performer कौशल, निपुणता।

technological *टैक् नॅ लौ ॅ जि कॅल a.* relating to technology प्रौद्योगिकीय।

technologist *टैक् नौ ॅ लॅ जिस्ट n.* one skilled in technology प्रौद्योगिकीविद्।

technology *टैक् नौ ॅ लॅ जि n.* science applied to practical needs

प्रौद्योगिकी।

tedious *टी ड्यॅस a.* causing fatigue or boredom उबाने या थकानेवाला, नीरस।

tedium *टी ड्यॅम n.* monotony नीरसता, ऊब।

teem *टीम v.i.* to abound प्रचुरता में होना; to swarm उमड़ना, बड़ी संख्या में आना।

teenager *टीन् ए जॅः n.* one in his (her) teens किशोर, किशोरी।

teens *टीन्ज़ n. pl.* years of life from 13 to 19 किशोरावस्था।

teethe *टीद v.i.* (of baby) to grow first teeth दूध के दांत निकलना।

teetotal *टी टो ट्ल a.* pledged to abstain from alcohol मद्यत्यागी।

teetotaller *टी टो टॅ लॅः n.* one who abstains from alcoholic drinks मद्यत्यागी।

telecast *टै˘ लि कास्ट n.* a television programme दूरदर्शन-कार्यक्रम।

telecast[2] *v.t.* to broadcast by television दूरदर्शन से प्रसारित करना।

telecommunications *टै˘ लि कॅ म्यू नि के शॅन्ज़ n.* communications by cable, telegraph, telephone, etc. दूरसंचार।

telegram *टै˘ लि ग्रैम n.* message sent by telegraph तार-संदेश।

telegraph[1] *टै˘ लि ग्राफ़, -ग्रैफ़ n.* apparatus for sending messages speedily तार-यंत्र।

telegraph[2] *v.t.* to communicate by telegraph तार-द्वारा भेजना।

telegraphic *टै˘ लि ग्रै फ़िक* sent by telegraph तार-द्वारा प्रेषित; suitable for telegraph तार-योग्य।

telegraphist *टि लै˘ ग्रै फ़िस्ट n.* one who works telegraph तार-यांत्रिक।

telegraphy *टि लै˘ ग्रॅ फ़ि, टै˘- n.* science of telegraph तारसंचार।

telepathic *टै˘ लि पै थिक a.* relating to telepathy दूर-संवेदी।

telepathist *टि लै˘ पॅ थिस्ट, टै˘- n.* one who studies or practises telepathy दूरसंवेदनविद्।

telepathy *टि लै˘ पॅ थि n.* action of one mind on another at a distance दूरसंवेदन।

telephone[1] *टै˘ लि फ़ोन n.* apparatus for communicating sound to hearer at a distance दूरभाष।

telephone[2] *v.t.* to communicate by telephone दूरभाष से कहना; *v.i.* to speak by telephone दूरभाष का प्रयोग करना।

telescope *टै˘ लि स्कोप n.* optical instrument for magnifying distant objects दूरबीन।

telescopic *टै˘ लि स्कौ˘ पिक a.* pertaining to telescope दूरबीनी; acting as a telescope दूरबीन जैसा।

televise *टै˘ लि वॉइज़ v.t.* to transmit by television दूरदर्शन से प्रसारित करना।

television *टै˘ लि वि ज़ॅन n.* system of producing on screen images of distant objects, events etc. दूरदर्शन।

tell *टैलॅ v.t.* to let know बताना; to inform सूचित करना; to order आदेश देना; to count गिनना।

teller *टै˘ लॅः n.* narrator कथक; bank cashier खजाची।

temper[1] *टै मॅ पॅः n.* frame of mind

मानसिकता; anger क्रोध; degree of hardness of steel इस्पात की कठोरता।

temper[2] *v.t.* to moderate कम करना, मंद करना; to harden कठोर बनाना; to bring to proper condition उचित दशा में लाना।

temperament *टैम्‌ पॅ रॅ मॅन्ट n.* natural disposition स्वभाव, प्रकृति।

temperamental *टैम्‌ पॅ रॅ मैन्‌ टॅल a.* caused by temperament स्वाभाविक।

temperance *टैम्‌ पॅ रॅन्स n.* moderation संयमन; abstinence, esp. from alcohol मद्यत्याग।

temperate *टैम्‌ पॅ रिट a.* showing moderation संयमी; neither too hot nor too cold शीतोष्ण।

temperature *टैम्‌ पॅ रि चॅः n.* degree of heat or cold तापमान।

tempest *टैम्‌ पिस्ट n.* violent storm तूफ़ान।

tempestuous *टैम्‌ पैस्‌ ट्‌ययु अॅस a.* stormy तूफ़ानी।

temple[1] *टैम्‌ पल n.* building for worship मंदिर, देवालय।

temple[2] *n.* flat side on either side of forehead कनपटी।

temporal *टैम्‌ पॅ रॅल a.* concerned with time कालिक; earthly, worldly सांसारिक।

temporary *टैम्‌ पॅ र रि a.* not permanent अस्थायी, अल्पकालिक।

tempt *टैम्प्ट v.t.* to attract, to allure लुभाना; to induce प्रेरित करना, उकसाना।

temptation *टैम्प्‌ टे शॅन n.* act of tempting प्रलोभन; thing that tempts प्रलोभन-विषय।

tempter *टैम्प्‌ टॅः n.* one who tempts लुभानेवाला।

ten *टैन्‌ n., a.* (number) next after nine दस (10)।

tenable *टै ॅ नॅ ब्‌ल a.* that can be defended समर्थनीय, प्रतिपाद्य।

tenacious *टि ने शॅस, टै ॅ- a.* holding firmly मज़बूत पकड़ वाला; (of memory) retentive तीव्र (स्मृति)।

tenacity *टि नै सि टि n.* quality of being tenacious तीव्रता।

tenancy *टै नॅन्‌ सि n.* use of house, building or land in return for rent किरायेदारी, काश्तकारी।

tenant *टै ॅ नॅन्ट n.* one who holds house, land etc. on rent or lease किरायेदार, काश्तकार।

tend *टैन्ड v.i.* to be inclined प्रवृत्त होना।

tendency *टैन्‌ डॅन्‌ सि n.* inclination, bent झुकाव, प्रवत्ति।

tender[1] *टैन्‌ डॅः n.* an offer to do work according to a contract निविदा।

tender[2] *v.t.* to make an offer प्रस्तुत करना।

tender[3] *n.* one who tends सेवक, टहलुआ।

tender[4] *a.* not tough or hard मुलायम; easily injured सुकुमार, कोमल; loving स्नेहशील; gentle सौम्य।

tenet *टै ॅ निट्‌ , टी नै ॅट n.* doctrine, belief सिद्धांत, मत।

tennis *टै ॅ निस n.* game played with ball and racket टैनिस।

tense[1] *टैन्स n.* modification of verb to show time of action काल।

tense[2] *a.* stretched tight कसा हुआ, तना हुआ; emotionally strained तनावग्रस्त।

tension *टैन्ँ शॅन n.* state of being stretched कसाव, तनाव; mental strain मानसिक उद्विग्नता।

tent *टैन्ट n.* movable shelter of canvas तंबू, डेरा।

tentative *टैन्ँ टॅ टिव a.* done as a trial, experimental आज़माइशी।

tenure *टै ˘ न्यूअॅ: n.* holding of an office or property धारण; length of time of holding an office कार्यकाल।

term[1] *टॅ:म n.* word, expression शब्द; limited period of time अवधि; period during which courts sit, schools are open etc. सत्र; *pl.* relationship संबंध; *pl.* conditions शर्तें।

term[2] *टॅ:म v.t.* to name, to describe पुकारना, वर्णन करना।

terminable *टॅ: मि नॅ ब्ल a.* that can be terminated समाप्य।

terminal[1] *टॅ: मि न्ल a.* forming an end अंतिम; occurring each term सात्रिक, अवधिक।

terminal[2] *n.* end of a wire used to make an electrical connection सिरा; end of a railway line, bus line etc. अंतिम स्टेशन।

terminate *टॅ: मि नेट v.t.* to bring to an end समाप्त करना; *v.i.* to come to an end समाप्त होना।

termination *टॅ: मि ने शॅन n.* ending समाप्ति।

terminological *टॅ: मि नॅ लौ ˘ जि कॅल a.* of terminology पारिभाषिक शब्दावली से संबंधित।

terminology *टॅ: मि नौ ˘ लॅ जि n.* terms used in a particular science पारिभाषिक शब्दावली।

terminus *टॅ: मि नॅस n. (pl. termini)* the last station of a railway, bus or air journey अंतिम स्टेशन।

terrace *टै ˘ रॅस n.* raised level place चबूतरा; level cut out of a hill पहाड़ी से काटकर बनाया गया चौरस भाग; a row of similar houses joined together भवन-पंक्ति।

terrible *टै ˘ रि ब्ल a.* causing great fear भयानक; serious गंभीर; excessive घोर, भारी।

terrier *टै ˘ रि अॅ: n.* a breed of dog कुत्ते की एक नस्ल।

terrific *टॅ रि फ़िक a.* terrible भयावह; very great अति अधिक।

terrify *टै ˘ रि फ़ॉइ v.t.* to frighten, to fill with fear भयभीत करना, आतंकित करना।

territorial *टै ˘ रि टौ रि अॅल a.* of territory क्षेत्रीय, प्रादेशिक।

territory *टै ˘ रि टॅ रि n.* region क्षेत्र; area of knowledge ज्ञान-क्षेत्र।

terror *टै ˘ रॅ: n.* great fear आतंक; cause of fear भय का कारण।

terrarism *टै ˘ रॅ रिज़्म n.* use of terror to achieve an end आतंकवाद।

terrorist *टै ˘ रॅ रिस्ट n.* person who uses violence for an end आतंकवादी।

terrorize *टै ˘ रॅ रॉइज़ v.t.* to force or oppress by terror or violence आतंकित करना।

terse *टॅ:स a.* concise, expressed in a few words संक्षिप्त।

test[1] *टै ˘ स्ट v.t.* to put to the proof जांचना, परखना।

test² *n.* trial परीक्षण, जांच; examination परीक्षा; criterion कसौटी।

testament *टैस् टॅ मॅन्ट* *n.* a will वसीयत; one of the two main parts of the Bible बाइबिल के दो भागों में से एक।

testicle *टैसॅ टि कल* *n.* either of two male reproductive glands अंडग्रंथि।

testify *टैसॅ टि फॉइ* *v.i.* to give evidence प्रमाण देना; *v.t.* to serve as proof of प्रमाणित करना।

testimonial *टैसॅ टि मो न्यॅल* *n.* certificate of character, ability etc. प्रमाणपत्र।

testimony *टैसॅ टि मॅ नि* *n.* a statement of proof साक्ष्य, गवाही; affirmation कथन, घोषणा।

tete-a-tete *टे टा टेट* *n.* private conversation व्यक्तिगत वार्तालाप।

tether¹ *टै ˘ दॅः* *n.* a rope or chain for fastening a grazing animal रस्सी, पगहा।

tether² *v.t.* to tie up with a tether पगहे से बांधना।

text *टैक्स्ट* *n.* the main part of a book मूल पाठ; a short quotation from the Bible बाइबिल से उदधृत पाठ।

textile¹ *टैक्स् टॉइल* *a.* concerned with weaving वस्त्र-उद्योग-संबंधी।

textile² *n.* woven cloth of fabric वस्त्र, कपड़ा।

textual *टैक्स् ट्यु अॅल* *n.* of a text मूल पाठ-विषयक।

texture *टैक्स् चॅः* *n.* way in which a cloth is woven बुनावट; structure गठन; tissue तंतु।

thank¹ *थैङ्क* *v.t.* to say thanks to धन्यवाद देना; to express gratitude to के प्रति आभार व्यक्त करना।

thank² *n. (used as pl.)* words of gratitude आभार-प्रदर्शन।

thankful *थैङ्क् फुल* *a.* grateful कृतज्ञ, आभारी।

thankless *थैङ्क् लिस* *a.* unrewarding, unprofitable व्यर्थ, अलाभकारी; ungrateful कृतघ्न।

that¹ *दैट* *a.* वह।

that² *dem. pron.* वह, उसने।

that³ *rel. pron.* जो, जिसने, जिसे।

that⁴ *adv.* ताकि।

that⁵ *conj.* कि।

thatch¹ *थैच* *n.* roofing made of straw छप्पर।

thatch² *v.t.* to roof (a house) with straw, reeds etc. (पर) छप्पर डालना।

thaw¹ *थौ* *v.i.* to melt पिघलना; (of person) to become warmer or more genial पसीजना, प्रभावित होना; *v.t.* to cause to melt पिघलाना; to make more genial दयाद्रवित करना।

thaw² *n.* melting द्रवण, पिघलन, गलन।

theatre *थि अॅ टॅः* *n.* place where plays etc are performed नाट्यशाला dramatic works नाट्यकृतियां; large room with tiered seats व्याख्यान-कक्ष; surgical operating room शल्य-कक्ष।

theatrical *थि ऐट् रि कॅल* *a.* of, for the theatre नाट्यशाला-विषयक, नाट्यशाला-हेतु; exaggerated अतिरंजित; showy दिखावटी, कृत्रिम।

theft *थैफ़्ट* *n.* stealing चोरी।

their *दे˘अॅः* *a.* of them उनका।

theirs *देअॅःज* *pron.* belonging to

them उनका।

theism थी इज़्म, थि- *n.* belief in the existence of one God आस्तिकता।

theist थी इस्ट, थि- *n.* a believer in God आस्तिक।

them दैमॅ *pron.* to those (persons or things) उनको, उन्हें।

thematic थि मै टिक *a.* relating to theme विषयगत।

theme थीम *n.* subject विषय।

then[1] दैनॅ *adv.* at that time उस समय; next तत्पश्चात्; in that case ऐसी स्थिति में; also, moreover साथ ही।

then[2] *a.* existing, in office at that time तत्कालीन।

thence दैन्‌स *adv.* from there वहां से; for that reason अतः, उस कारण से।

theocracy थि औॅ क्रॅ सि *n.* government by a deity or priesthood धर्मतंत्र, पुरोहिततंत्र।

theologian थि अॅ लो ज्यॅन *n.* advanced student of theology धर्मविज्ञानी, धर्मतत्त्वज्ञ।

theological थि अॅ लौॅ जि कॅल *a.* concerned with theology धर्मविज्ञान-विषयक।

theology थि औॅ लॅ जि *n.* study of God and religion धर्मविज्ञान, ईश्वरमीमांसा।

theorem थि अॅ रॅम *n.* proposition which can be demonstrated by argument प्रमेय।

theoretical थि अॅ रॅ टि कॅल *a.* concerned with theory only सैद्धांतिक; speculative विचारात्मक।

theorist थि अॅ रिस्ट *n.* person who forms theories सिद्धांतशास्त्री।

theorize थि अॅ रॉइज़ *v.i.* to form theories, to speculate सिद्धांत स्थापित करना।

theory थि अॅ रि *n.* system of rules and principles सैद्धांतिक ज्ञान; rules and reasoning सिद्धांत।

therapy थैॅ रॅ पि *n.* medical treatment उपचार, चिकित्सा।

there देॅअः *adv.* at that place वहां।

thereabouts देॅ अॅ रॅ बॉउट्स *adv.* near that place, number, quantity etc. वहीं कहीं, लगभग उतना।

thereafter देॅ अॅ राफ़् टॅः *adv.* after that तदनंतर।

thereby देॅ अः बॉइ *adv.* by that means उसके द्वारा।

therefore देॅ अः फ़ौः *adv.* for that reason अतः।

thermal थॅः मॅल *a.* pertaining to heat ऊष्मीय।

thermometer थॅः मौॅ मि टॅः *n.* an instrument for measuring temperature तापमापी।

thermos (flask) थॅः मौसॅ (फ़्लास्क) *n.* vacuum flask थर्मस।

thesis थी सिस *n. (pl. theses)* written work submitted for degree or diploma शोध-ग्रंथ।

thick[1] थिक *a.* not thin मोटा; dense घना; viscous गाढ़ा; throaty (voice) भर्राई हुई (आवाज़)।

thick[2] *n.* most crowded part सर्वाधिक भीड़वाला भाग।

thick[3] *adv.* abundantly प्रचुर मात्रा में; rapidly and in large numbers अंधाधुंध, लगातार।

thicken थि कॅन *v.i.* to grow thick मोटा होना; *v.t.* to make thick मोटा

बनाना।

thicket थि किट *n.* thick growth of small trees झुरमुट।

thief थीफ़ *n.* one who steals चोर।

thigh थॉइ *n.* upper part of leg जंघा, रान।

thimble थिम् बल *n.* cap protecting end of finger when sewing अंगुश्ताना।

thin[1] थिन *a.* of little thickness पतला; lacking density: छितराया हुआ; not fat दुबला।

thin[2] *(-nn-) v.t.* to make thin पतला करना; *v.i.* to become thin पतला होना।

thing थिङ्ग *n.* a material वस्तु; *(pl.)* belongings सामान; a fact तथ्य; topic विषय; matter मामला।

think थिङ्क *v.t.* to consider मानना; to believe विश्वास करना; *v.i.* to reflect विचारना; to imagine कल्पना करना; to hold opinion मत रखना।

thinker थिङ् कॅः *n.* a person who thinks विचारक।

third[1] थॅःड *a.* the last of three तीसरा।

third[2] *n.* one of three equal parts तिहाई भाग।

thirdly थॅःड् लि *adv.* in the third place तीसरे स्थान पर।

thirst[1] थॅस्ट *n.* desire to drink प्यास; craving, yearning तीव्र इच्छा।

thirst[2] *v.i.* to have thirst प्यासा होना; to be eager इच्छुक होना।

thirsty थॅःस् टि *a.* wanting some thing to drink प्यासा; eager, desirous इच्छुक।

thirteen[1] थॅः टीन *n.* the number above twelve तेरह की संख्या (13)।

thirteen[2] *a.* one more than twelve तेरह।

thirteenth[1] थॅः टीन्थ *a.* the last of thirteen तेरहवां।

thirtieth[1] थॅः टि इथ *a.* the last of thirty तीसवां।

thirtieth[2] *n.* one of thirty equal parts तीसवां भाग।

thirty[1] थॅः टि *n.* the number three times ten तीस की संख्या (30)।

thirty[2] *a.* three times ten तीस।

thistle थि सल *n.* a prickly wild plant ऊंटकटारा।

thither दि दॅः *adv.* in that direction उस ओर; to that place वहां को।

thorn थौःन *n.* a prickle कांटा।

thorny थौःनि *a.* full of thorns कंटकमय; troublesome कष्टप्रद।

thorough थ रॅ *a.* complete पूर्ण।

thoroughfare थ रॅ फ़ेॲः *n.* a road that the public has the right to use आम रास्ता।

though[1] दो *conj.* in spite of the fact that यद्यपि।

though[2] *adv.* nevertheless, however तथापि।

thought थौट *n.* process of thinking मनन; consideration सोच-विचार; an idea विचार; intention इरादा, मंतव्य।

thoughtful थौट् फुल *a.* considerate लिहाज़ करनेवाला; engaged in meditation मननशील।

thousand[1] थॉउ जॅन्ड *n.* the number ten times a hundred हज़ार की संख्या (1000)।

thousand[2] *a.* ten times a hundred हज़ार।

thrall थ्रौल *n.* slave दास।

thralldom थ्रौल् डॅम *n.* bondage, slavery दासता।
thrash थ्रैस *v.t.* to beat soundly पीटना, छेतना; to defeat soundly बुरी तरह हरा देना।
thread[1] थ्रैॅड *n.* fine cord धागा; yarn सूत; a spiral ridge on a screw पेंच की चूड़ी; theme, meaning कथावस्तु, अर्थ।
thread[2] *v.t.* to put thread in to (में) धागा डालना; to put (beads, pearls, etc.) on a thread (मनके, मोती आदि) धागे में पिरोना।
threadbare थ्रैॅड् बेॅअ: *a.* worn thin जीर्ण, फटा-पुराना; hackneyed, much used घिसा-पिटा।
threat थ्रैॅट *n.* declaration of intention to harm or injure धमकी; a warning of danger खतरे की चेतावनी; a source of danger खतरे का कारण।
threaten थ्रैॅट्न *v.t.* to use threats to or towards धमकी देना; to utter a threat of (की) धमकी देना; *v.i.* to be a source of danger खतरा होना।
three[1] थ्री *n.* the number next above two तीन की संख्या (3)।
three[2] *a.* one more than two तीन।
thresh थ्रैशॅ *v.t.* to beat the grain out कूट-छेत कर दाना निकालना; *v.i.* to beat wheat etc. take out grain कूटने-पीटने का काम करना।
thresher थ्रैॅ शॅ: *n.* threshing machine मड़ाई की मशीन।
threshold थ्रैॅ शोल्ड *n.* stone or plank under a door way दहलीज़; entrance प्रवेश-द्वार; start प्रारंभ।
thrice थ्रॉइस *adv.* three times तीन बार।
thrift थ्रिफ़्ट *n.* economy, frugality मितव्ययिता।
thrifty थ्रिफ़् टि *a.* economical, frugal मितव्ययी।
thrill[1] थ्रिल *n.* a sudden feeling of excitement पुलक, सिहरन।
thrill[2] *v.t.* to cause to feel a thrill पुलकित करना; *v.i.* to feel a thrill पुलकित होना।
thrive थ्राइव *v.i.* to grow well, to flourish फलना-फूलना, समृद्ध होना।
throat थ्रोट *n.* front part of the neck गला, कंठ; gullet हलक़।
throaty थ्रो टि *a.* (of voice) hoarse, guttural भर्राई हुई, बैठी हुई (आवाज़)।
throb[1] थ्रौबॅ *(-bb-) v.i.* to quiver strongly, to pulsate धड़कना, स्पंदित होना।
throb[2] *n.* pulsation, vibration स्पंदन, कंपन।
throe थ्रो *n. (usu pl.)* sharp pain, esp. of child-birth तीव्र पीड़ा, विशेषतया प्रसव-पीड़ा।
throne[1] थ्रोन *n.* the seat of a king or queen राजगद्दी, सिंहासन।
throne[2] *v.t.* to place on throne, to declare king राजगद्दी पर बिठाना, अभिषेक करना।
throng[1] थ्रौॅङ्ग *n.* crowd भीड़।
throng[2] *v.t.* to fill with crowd ठसाठस भर देना, भीड़ से भरना; *v.i.* to crowd इकट्ठा होना, भीड़ लगाना।
throttle[1] थ्रौॅ ट्ल *n.* device to control flow of fuel to an engine उपरोधक।
throttle[2] *v.t.* to strangle गला घोंटना; to suppress दबाना; to control नियंत्रित करना।

through[1] *थ्रू prep.* from end to end of के आर-पार; from one side to the other of से होकर; from beginning to end of के प्रारंभ से अंत तक; by means of के द्वारा as a result of के परिणाम स्वरूप।

through[2] *adv.* from beginning to end आद्योपांत; to the end अंत तक।

through[3] *a.* going nonstop बिना रुके जानेवाला।

throughout[1] *थ्रू ऑउट adv.* in every part सर्वत्र all through सदैव, आद्योपांत।

throughout[2] *prep.* in every part of के प्रत्येक भाग में।

throw[1] *थ्रो v.t.* to fling फेंकना; to cause to fall गिरा देना।

throw[2] *n.* act of throwing फेंक; distance to which something is thrown फेंक की दूरी; a chance (of dice) चाल।

thrust[1] *थ्रस्ट v.t.* to push violently धक्का देना; to stab घोंपना।

thrust[2] *n.* a violent push ज़ोरदार धक्का; lunge, stab प्रहार, घोंप; propulsive force or power उछाल; stress बल; cutting remark कटु कथन।

thud[1] *थड n.* dull, heavy sound धम, धड़ाम का स्वर।

thud[2] *(-dd-) v.i.* to make a dull sound धम की आवाज़ करना।

thug *थग n.* a brutal violent person गुंडा।

thumb[1] *थम n.* short thick finger of the human hand अंगूठा।

thumb[2] *v.t.* to dirty with the thumb अंगूठे से गंदा करना; to signal for lift in a vehicle (अंगूठे से) संकेत करना।

thump[1] *थम्प n.* dull, heavy blow मुक्का, प्रहार, sound of a heavy blow धम का स्वर।

thump[2] *v.t.* to strike with a heavy blow मुक्का मारना; *v.i.* to fall heavily धम से गिरना।

thunder[1] *थन् डॅ: n.* loud noise accompanying lightening गरज़, गड़गड़ाहट।

thunder[2] *v.i.* to rumble with thunder गरजना; to make noise like thunder बादल की तरह गड़गड़ाना; *v.t.* to utter loudly कड़क कर कहना।

thunderous *थन् डॅ रॅस a.* giving out thunder गर्जनशील।

Thursday *थॅ:ज़् डे,-डि n.* fifth day of the week गुरूवार।

thus *दस adv.* in this way इस प्रकार; therefore अतः।

thwart *थ्वौ:ट v.t.* to prevent रोकना।

tiara *टि आ रॅ n.* a jewelled head ornament, coronet मुकुट।

tick[1] *टिक n.* a light sound as made by a watch टिक-टिक की ध्वनि; a tiny creature that sucks the blood of animals चिचड़ी; a small mark (✓) सही का चिह्न (✓)।

tick[2] *v.i.* to make a light sound like that of a watch टिक-टिक करना; *v.t.* to mark with a tick (पर) सही का चिह्न लगाना।

ticket *टि किट n.* card or paper entitling holder to admission, travel etc. टिकट; label लेबुल।

tickle *टि कल v.t.* to touch, poke (part of body) to produce laughter गुदगुदाना; to amuse (का)

मन बहलाना, हंसाना।

ticklish *टिक् लिश a.* sensitive to tickling गुदगुदी अनुभव करनेवाला; tricky, difficult जटिल।

tidal *टॉइ डॅल a.* of a tide or tides ज्वारीय।

tide *टॉइड n.* the regular rise and fall of the sea ज्वार।

tidings *टॉइ डिङ्ग्ज़ n. pl.* news समाचार।

tidiness *टॉइ डि निस n.* neatness स्वच्छता; orderliness सुव्यवस्था।

tidy[1] *टॉइ डि a.* neat साफ़-सुथरा; orderly सुव्यवस्थित।

tidy[2] *v.t.* to put in order सुव्यवस्थित करना।

tie[1] *टॉइ v.t.* to fasten बांधना; to restict सीमित करना; *v.i.* to score the same number of points in a game खेल में बराबर-बराबर अंक प्राप्त करना।

tie[2] *n.* a neck-tie टाई, कंठबंध; a knot गांठ; something used for fastening बंधनी; equal score in a game अंकों की समानता; connecting link कड़ी।

tier *टिअ: n.* a row of seats placed one behind and above another पीछे की ओर क्रमशः उठती हुई कुर्सियों की पंक्ति।

tiger *टॉइ गॅ: n.* a large carnivorous feline animal बाघ।

tight *टॉइट a.* firmly stretched कसा हुआ, तना हुआ; firmly fastened मज़बूत बंधा हुआ; fitting too closely तंग।

tighten *टॉइ ट्न v.t.* to make tight कसना, तानना; *v.i.* to become tight तनना, तंग होना।

tigress *टॉइ ग्रिस n.* a female tiger बाघिन।

tile[1] *टॉइल n.* a piece of baked clay used for covering roofs, floors, walls etc. खपरा, खपरैल।

tile[2] *v.t.* to cover with tiles खपरों से पाटना।

till[1] *टिल prep.* upto the time of के समय तक।

till[2] *n. conj.* to the time that जब तक कि।

till[3] *v.t.* to cultivate, to plough जोतना, जुताई करना।

tilt[1] *टिल्ट v.i.* to come into a sloping position झुकना, तिरछा होना; *v.t.* to incline, to cause to slope झुकाना।

tilt[2] *n.* sloping position झुकाव।

timber *टिम् बॅ: n.* wood used in building इमारती लकड़ी।

time[1] *टॉइम n.* duration including past, present and future समय; a period अवधि; era, age युग; moment क्षण; occasion मौक़ा; opportunity अवसर; leisure अवकाश।

time[2] *v.t.* to measure the duration of का समय नापना; to choose the proper moment for के लिए उचित समय का चयन करना।

timely *टॉइम् लि a.* opportune समयोचित।

timid *टि मिड a.* easily frightened भीरु, डरपोक।

timidity *टि मि डि टि n.* quality of being timid भीरुता।

timorous *टि मॅ रॅस a.* timid भीरु।

tin[1] *टिन n.* a malleable metal टिन, टीन; a can, a canister टिन का

डिब्बा, कनस्तर।

tin² *(-nn-) v.t.* to pack in tins डिब्बों में रखना।

tincture¹ टिङ्क् चॅः *n.* a slight suggestion of taste or colour झलक; a substance dissolved in alcohol घोल।

tincture² *v.t.* to colour, to tint (पर) हल्का रंग चढ़ाना (का) पुट देना।

tinge¹ टिन्ज *n.* slight trace, flavour आभा, झलक।

tinge² *v.t.* to colour, flavour slightly की पुट देना।

tinker टिङ्कॅः *n.* mender of kettles and pans ठठेरा, कसेरा।

tinsel टिन् सॅल *n.* glittering metallic substance for decoration पन्नी; anything sham and showy भड़कीली वस्तु।

tint¹ टिन्ट *n.* colour रंग, वर्ण; shade of colour, tinge आभा; झलक।

tint² *v.t.* to colour, to tinge रंगना।

tiny टॉइ नि *a.* very small बहुत छोटा।

tip¹ टिप *n.* thin, pointed end of something नोक, पतला सिरा।

tip² *(-pp-) v.t.* to put a point on नोकदार बनाना; to cover a tip with something सिरे पर शाम चढ़ाना।

tip³ *n.* gratuity for personal service बख़्शिश; hint संकेत, सुझाव, युक्ति।

tip⁴ *(-pp-) v.t.* to give a tip to बख़्शिश देना।

tip⁵ *n.* place where rubbish is dumped घूरा।

tip⁶ *(-pp-) v.t.* to tilt उलट देना; to touch lightly हल्का-सा छूना; *v.i.* to topple over उलट जाना।

tipsy टिप् सि *a.* slightly drunk हल्के नशे में।

tirade टॉइ रेड *n.* a long outburst of scolding फटकार-भरा भाषण।

tire टॉइअॅः *v.t.* to make weary थका देना; *v.i.* to become weary थक जाना; (with, 'of') to lose interest or linking for something ऊबना।

tiresome टॉइअॅः सॅम *a.* wearysome थकाऊ।

tissue टि स्यू-श्यू *n.* a finely woven fabric महीन कपड़ा; substance of animal body, plant, etc. ऊतक; fine, soft, paper used as handkerchief पतला, मुलायम काग़ज़।

titanic टॉइ टै निक *a.* immense विशाल, भीमकाय।

tithe टाइद *n.* tenth part of a farmer's produce paid as tax for the upkeep of the clergy दशमांश कर।

title टॉइ ट्ल *n.* name of a book पुस्तक का नाम; heading शीर्षक; appellation उपाधि legal right अधिकार।

titular टि ट्यू लॅः *a.* held by virtue of a title औपाधिक; pertaining to title उपाधि-संबंधी nominal नामधारी, नाम का।

toad टोड *n.* animal like large frog भेक, टोड।

toast¹ टोस्ट *n.* a slice of bread browned by heat डबल रोटी का सिका हुआ टुकड़ा; act of toasting शुभकामना।

toast² *v.t.* to drink to the health or success of (के) स्वास्थ्य या सफलता के लिए पीना; to make brown by heating सेंकना; *v.i.* to become brown by heat सिकना।

tobacco टॅ बै को *n.* a plant and its leaves used for smoking, chewing or snuff तंबाकू।

today[1] टॅ डे *adv.* on this day आज; nowadays आजकल।

today[2] *n.* this day यह दिन।

toe[1] टो *n.* a digit of foot पैर की उंगली; the front of an animal's foot खुर, सुम; front of a shoe or sock जूते या मौज़े का पंजा।

toe[2] *v.t.* to touch with the toe पैर से छूना।

toffee टौ ॅ फ़ि *n.* a sticky sweet made of sugar and butter टॉफी।

toga टोगॅ *n.* loose outer garment चोगा।

together टॅ गै ॅ दॅः *adv.* in company साथ-साथ; in one place एक जगह; at the same time एक ही समय; continuously लगातार।

toil[1] टौ ॅइल *n.* hard work कठिन परिश्रम।

toil[2] *v.i.* to work hard कठिन परिश्रम करना।

toilet टौॅइ लिट *n.* a lavatory शौचघर; process of washing, dressing प्रसाधन; articles used for this प्रसाधन-सामग्री।

toils टौ ॅइल्ज़ *n. pl.* snares, nets जाल, चंगुल।

token टो कॅन *n.* a symbol प्रतीक; a metal tag used as a coin or ticket सांकेतिक मुद्रा, सिक्का।

tolerable टौ ॅ लॅ रॅ बल *a.* bearable सहनीय; fairly good संतोषजनक, कामचलाऊ।

tolerance टौ ॅ लॅ रॅन्स *n.* ability to endure opinions or behaviour different from one's own सहनशीलता, सहिष्णुता।

tolerant टौ ॅ लॅ रॅन्ट *a.* having tolerance सहिष्णु, सहनशील।

tolerate टौ ॅ लॅ रेट *v.t.* to endure सहन करना; to allow, to permit होने देना, अनुमति देना।

toleration टौ ॅ लॅ रे शॅन *n.* practice of allowing religious freedom धार्मिक सहिष्णुता।

toll[1] टोॅल *n.* tax paid for the use of a road or a bridge पथकर; loss damage हानि, क्षति।

toll[2] *n.* sound of bell घंटा-नाद।

toll[3] *v.t.* to ring (a bell) at regular intervals घंटा बजाना; *v.i.* to ring with regular strokes बजना।

tomato टॅ मा टो *n. (pl.-es)* a red, juicy fruit टमाटर।

tomb टूम *n.* grave क़ब्र।

tomboy टौमॅ बौ ॅइ *n.* a girl who likes rough, boyish games मरदानी लड़की।

tomcat टौमॅ कैट *n.* a male cat बिलाव, विडाल।

tome टोम *n.* a large, heavy book विशाल ग्रंथ।

tomorrow[1] टॅ मौ ॅ रो *n.* the day after today आने वाला कल।

tomorrow[2] *adv.* on the day after today कल को।

ton टन *n.* a measure of weight टन।

tone टोन *n.* quality of voice स्वर, ध्वनि; quality of musical sound तान, सुर; intonation लहज़ा, स्वर-शैली; healthy condition स्वस्थ स्थिति।

tone[2] *v.t.* to give a particular tone of sound तानबद्ध करना; *v.i.* to be in harmony मेल खाना।

tongs *टौँ ङ्ग्ज n. pl.* large pincers चिमटा, संडसी।

tongue *टङ्ग n.* the muscular organ inside mouth जीभ; language भाषा।

tonic[1] *टौँ निक a.* concerned with tone तान-विषयक; invigorating शक्तिवर्धक।

tonic[2] *n.* medicine that increases general health स्वास्थ्यवर्धक औषधि; keynote मूलस्वर।

to-night[1] *टॅ नॉइट n.* this night आज की रात।

tonight[2] *adv.* on this night आज रात को।

tonne *टन n.* a metric ton मीटरी टन।

tonsil *टौन्ँ सिल n.* gland in throat गुलतुंडिका, टॉन्सिल।

tonsure *टौन्ँ शॅ: n.* the shaving of the top of the head of a person मुंडन।

too टू *adv.* excessively बहुत अधिक; also भी।

tool *टूल n.* an instrument or appliance औज़ार; means to an end साधन; a servile helper कठपुतली, गुलाम।

tooth *टूथ n.* bone-like projection in gums दांत; cog, prong दांता।

toothache *टूथ् एक n.* pain in a tooth दांत-दर्द।

toothsome *टूथ् सॅम a.* pleasant to eat स्वादिष्ट ।

top[1] *टौपँ n.* summit चोटी; highest rank सर्वोच्च पद; lid ढक्कन; the upper surface ऊपरी तल।

top[2] *(-pp-) v.t.* to provide a top for (पर) चोटी लगाना; to reach the top of की चोटी पर पहुंचना; to surpass (से) श्रेष्ठ होना; to cut the tops off (के) सिरे काटना।

top[3] *n.* a child's spinning toy लट्टू।

topaz *टो पैज़ n.* a transparent yellow mineral पुखराज।

topic *टौँ पिक n.* subject for discussion विषय।

topical *टौँ पि कॅल a.* of present interest सामयिक।

topographer *टॅ पौँ ग्रॅ फॅ- n.* an expert in topography स्थलाकृति-विशेषज्ञ।

topographical *टौँ पॅ ग्रै फ़ि कॅल a.* pertaining to topography स्थलाकृतिक।

topography *टॅ पौँ ग्रॅ फ़ि n.* surface features of a place स्थलाकृति; description of these features स्थलाकृति का वर्णन।

topple *टौँ पॅल v.i.* to fall over उलट जाना, गिर जाना; *v.t.* to cause to fall over उलट देना, गिरा देना।

topsy turvy[1] *टौपँ सि टॅ: वि a.* upside down औंधा, उलटा-पुलटा; confused, disordered अस्तव्यस्त।

topsy turvy[2] *adv.* upside down उलट-पुलट स्थिति में।

torch *टौ:च n.* burning brand मशाल; a small portable electric lamp टॉर्च।

torment[1] *टौ: मैन्ट n.* intense suffering यातना।

torment[2] *टौ: मैन्ट v.t.* to torture यातना देना।

tornado *टौ: ने डो n. (pl. -es)* a violent storm तूफ़ान।

torpedo[1] *टौ: पी डो n. (pl.-es)* an under-water missile पनडुब्बी।

torpedo[2] *v.t.* to strike or sink with torpedo पनडुब्बी से आक्रमण करना या डुबोना।

torrent *टौ ˘ रॅन्ट n.* a rushing stream प्रचंड धारा।

torrential *टौ ˘ रैन् शॅल a.* resembling a stream प्रचंड धारा जैसा।

torrid *टौ ˘ रिड a.* very hot अति उष्ण।

tortoise *टौः टॅस n.* a slow-moving reptile with four legs and a hard shell कछुआ।

tortuous *टौ : ट्यु अॅस, -चु- a.* winding टेढ़ा-मेढ़ा।

torture[1] *टौः चॅः n.* severe pain यातना, संताप।

torture[2] *v.t.* to subject to torture यातना देना, सताना।

toss[1] *टौसॅ v.t.* to throw up उछालना; to jerk झटका देना; *v.i.* to throw a coin into the air to decide something सिक्का उछालना।

toss[2] *n.* tossing movement उछाल।

total[1] *टो ट्ल a.* complete, whole, entire संपूर्ण, समूचा।

total[2] *n.* whole amount पूर्ण मात्रा।

total[3] *(-ll-) v.t.* to find the total जोड़ना; *v.i.* to amount to कुल जोड़ होना।

totality *टो ˘ टै लि टि n.* entirety संपूर्णता।

touch[1] *टच v.t.* to come into contact with के संपर्क में आना; to put hand on स्पर्श करना, छूना; to reach तक पहुंचना; to affect emotions of का हृदय छूना; to deal with का ज़िक्र करना; to interfere with के साथ छेड़-छाड़ करना।

touch[2] *n.* act of touching स्पर्श; contact संपर्क; slight stroke हल्की थपकी।

touchy *ट चि a.* easily offended, sensitive नाराज़, उत्तेजित, संवेदनशील।

tough *टफ़ a.* strong मज़बूत, दृढ़; stiff कड़ा, कठोर; difficult कठिन।

toughen *ट फ़ॅन v.t.* to make tough कड़ा बनाना; *v.i.* to become tough कड़ा होना।

tour[1] *टुअॅः n.* travelling round, excursion भ्रमण, यात्रा।

tour[2] *v.i.* to go on excursion भ्रमण करना; *v.t.* to make tour of का भ्रमण करना।

tourism *टुअॅ रिज़्म n.* business of organising tours पर्यटन।

tourist *टुअॅ रिज़्ट n.* a person travelling for pleasure पर्यटक।

tournament *टु अॅः नॅ मॅन्ट, टौः - n.* a contest decided by a series of matches खेलकूद-प्रतियोगिता।

towards *टॅ वॉःड्ज prep.*, in the direction of की ओर; in relation to के संबंध में; near के लगभग; for the purpose of के हेतु।

towel[1] *टॉउ अॅल n.* cloth for drying something तौलिया, गमछा।

towel[2] *(-ll-) v.t.* to dry or rub with a towel तौलिये से पोंछना।

tower[1] *टॉउ अॅः n.* a tall narrow building मीनार; fortress क़िला।

tower[2] *v.i.* to rise to a great height ऊंचा उठना।

town *टॉउन n.* centre of population larger than a village क़सबा।

township *टॉउन् शिप a.* small town क़सबा।

toy[1] *टौ ˘इ n.* a child's plaything खिलौना।

toy[2] *v.i.* to trifle ख़िलवाड़ करना।

trace[1] *ट्रेस n.* track left by something खोज, निशान; indication संकेत; minute quantity अल्प मात्रा।

trace[2] *v.t.* to draw out खींचना; to copy by means of tracing paper अनुरेखित करना; to find, to discover ज्ञात करना; to find the track of (का) सुराग़ पा लेना; to describe वर्णन करना (के) विकास की रूपरेखा प्रस्तुत करना।

traceable *ट्रे सॅ ब्ल a.* capable of being traced खोजने-योग्य।

track[1] *ट्रैक n.* a path made by use मार्ग; direction दिशा; a set of railway lines रेलपथ; a path laid out for races दौड़-पट्टी, दौड़-मार्ग; trail खोज।

track[2] *v.t.* to follow trail of खोज पर चलना; to find by following trail खोज निकालना, ढूंढ लेना।

tract[1] *ट्रैक्ट n.* a wide expance विस्तृत भूभाग।

tract[2] *n.* pamphlet, treatise पुस्तिका।

traction *ट्रैक् शॅन n.* action of drawing, pulling कर्षण, खिंचाव।

tractor *ट्रैक् टॅः n.* a motor vehicle for pulling ट्रैक्टर।

trade[1] *ट्रैड n.* commerce व्यापार; buying and selling क्रय-विक्रय; any profitable pursuit लाभकारी धंधा।

trade[2] *v.i.* to engage in trade व्यापार करना; to buy and sell क्रय-विक्रय करना; *v.t.* to exchange की अदला-बदली करना।

trader *ट्रेड़ॅः n.* a merchant व्यापारी।

tradesman *ट्रेड़्जिमॅन n.* shop-keeper दुकानदार; a skilled worker कुशल कारीगर।

tradition *ट्रॅ डि शॅन n.* the handing down from generation to generation of ideas, beliefs, customs, etc. परंपरा।

traditional *ट्रॅ डि शॅ नॅल a.* pertaining to tradition परंपरागत, पारंपरिक।

traffic[1] *ट्रै फिक n.* the movement of vehicles on roads and streets यातायात; illicit trade अवैध व्यापार।

traffic[2] *(-ck-) v.i.* to trade in illicit goods अवैध वस्तुओं का व्यापार करना।

tragedian *ट्रॅ जी ड्यॅन n.* writer of tragedy त्रासदीकार; actor in tragedy त्रासदी-अभिनेता।

tragedy *ट्रै जि डि n.* a play concerned with suffering and having a sad ending दुःखांत नाटक; a sad or calamitous event दुःखद घटना।

tragic *ट्रै जिक a.* of tragedy दुःखांत; calamitous अनर्थकारी, विपत्तिपूर्ण।

trail[1] *ट्रेल n.* track मार्ग; trace खोज, चिह्न thing that trails पुछल्ला; a rough path पगडंडी।

trail[2] *v.t.* to drag behind one घसीटना; to hunt by following tracks खोज के आधार पर पीछा करना; *v.i* to be drawn behind घसीटना; to move wearily धीरे-धीरे से चलना।

trailer *ट्रे लॅः n.* a vehicle pulled by another यान के पीछे लगा यान; extracts from a film shown to advertise it in advance फिल्म की झलकियां।

train[1] *ट्रेन* *n.* line of railway coaches joined to locomotive रेलगाड़ी; a series, succession क्रम, तांता; attendants following an important person परिकर।

train[2] *v.t.* to give teaching and practice प्रशिक्षण देना; to cause (plants) to grow in a particular way पोधों को विशेष ढंग से बढ़ाना; to aim (gun, etc.) बंदूक से निशाना लगाना।

trainee *ट्रे नी* *n.* one who is being trained प्रशिक्षणार्थी।

training *ट्रे निङ्ग* *n.* practical education प्रशिक्षण।

trait *ट्रेट* *n.* a distinguishing feature विशेषता, लक्षण।

traitor *ट्रे टः* *n.* one guilty of treason विश्वासघाती, देशद्रोही।

tram *ट्रैम* *n.* vehicle running on rails laid on roadway ट्रामगाड़ी।

trample *ट्रैम् पल* *v.t.* to tread heavily on कुचलना, रौंदना।

trance *ट्रान्स* *n.* unconsciousness बेहोशी; ecstasy आत्मविस्मृति।

tranquil *ट्रैङ् क्विल* *a.* calm, quiet शांत।

tranquility *ट्रैङ् क्वि लि टि* *n.* tranquil state शांति।

tranquillize *ट्रैङ् क्वि लाइज़* *v.t.* to make calm शांत करना।

transact *ट्रैन् ज़ैक्ट, ट्रान्-* *v.t.* to carry through संपादित करना।

transaction *ट्रैन् जैक् शॅन, ट्रान्-* *n.* the act of transacting संपादन; business transacted संपादित कार्य।

transcend *ट्रेन् सैन्ड ट्रान्-* *v.t.* to go beyond the range of (human experience, understanding, etc.) मानव के अनुभव, समझ आदि से बढकर होना।

transcendent *ट्रेन् सैनॅ डॅन्ट, ट्रान्-* *a.* surpassing, excelling (human experience, etc.) अनुभवातीत।

transcribe *ट्रैन् स्क्रॉइब ट्रान्-* *v.t.* to copy in writing की लिखित प्रतिलिपि तैयार करना।

transcription *ट्रैन् स्क्रिप् शॅन, ट्रान्-* *n.* transcribing प्रतिलिपि-लेखन; something trancribed प्रतिलिपि।

transfer[1] *ट्रैन्स् फ़ः, ट्रान्स्-* *n.* movement from one situation to another स्थानांतरण।

transfer[2] *(-rr-)* *v.t.* to move or send from one situation to another स्थानांतरित करना।

transferable *ट्रैन्स् फॅ रॅ बल, ट्रान्स्-* *a.* that can be transferred स्थानांतरणीय।

transfiguration *ट्रैन्स् फ़ि ग्यु रे शॅन, ट्रान्स-* *n.* transfiguring रूपांतरण।

transfigure *ट्रैन्स् फ़ि गॅः, ट्रान्स्-* *v.t.* to alter the appearance of रूपांतरित करना।

transform *ट्रैन्स् फ़ोःम, ट्रान्स्-* to change in appearance or nature (का) रूप बदल देना।

transformation *ट्रैन्स फॅ मे शॅन, ट्रान्स्-* *n.* being transformed रूपांतरण।

transgress *ट्रेन्स् ग्रैसॅ, ट्रान्स्-* *v.t.* to go beyond अतिक्रमण करना; to break (law, agreement, etc.) भंग करना; *v.i.* to sin पाप करना।

transgression *टैन्स् ग्रै ॅ शॅन, ट्रान्स्-* *n.* transgressing अतिक्रमण, उल्लंघन; sin पाप।

transit *ट्रैन् जिट, ट्रान्-* *n.* the passing of something from one place to another परिवहन; conveying or being conveyed प्रेषण।

transition *ट्रैन् जि शॅन्, ट्रान्-* *n.* change from one state to another परिवर्तन।

transitive *ट्रैन् जि टिव़, ट्रान्-* *n.* (of a verb) having an object सकर्मक क्रिया।

transitory *ट्रैन् जि टॅ रि, ट्रान्-* *n.* not lasting long अस्थायी।

translate *ट्रैन्स् लेट, ट्रान्स* *v.t.* to turn from one language into another अनुवाद करना।

translation *ट्रैन्स् ले, ट्रान्स्-* *n.* act of translating अनुवाद; something translated अनूदित अंश।

transmigration *ट्रैन्ज़् मॉइ ग्रे शॅन, ट्रान्ज़्-* *n.* passage (of soul) into another body देहांतरण, पुनर्जन्म।

transmission *ट्रैन्ज़् मि शॅन, ट्रान्ज़्-* *n.* transference संचारण, प्रेषण।

transmit *ट्रैन्ज़् मिट, ट्रान्ज़्- (-tt-)* *v.t.* to pass on प्रेषित करना; to communicate पहुंचाना।

transmitter *ट्रैन्ज़् मि टॅः, ट्रान्ज़्-* *n.* somebody or something that transmits प्रेषक।

transparent *ट्रैन्स् पे˘ अॅ रॅन्ट, ट्रान्स्-* *a.* that can be seen through पारदर्शी; obvious स्पष्ट।

transplant *ट्रैन्स् प्लान्ट, ट्रान्स्-* *v.t.* to move and plant in another place प्रतिरोपित करना।

transport[1] *ट्रैन्स् पौःट, ट्रान्स्-* *v.t.* to carry from one place to another ले जाना; to enrapture आनंदविभोर करना।

transport[2] *n.* conveying or being conveyed परिवहन; means of carrying परिवहन-साधन।

transportation *ट्रैन्स् पौ : टे शॅन* *n.* transporting परिवहन।

trap[1] *ट्रैप* *n.* device for catching animals ढका हुआ गड्ढा; U shaped section of a brain pipe पाइप का U के आकार का मोड़।

trap[2] *(-pp-)* *v.t.* to take in a trap जाल मे फंसाना; to capture by trick धोखा देकर पकड़ना।

trash *ट्रैश* *n.* worthless material कूड़ा-करकट।

travel[1] *ट्रै व़ल (-ll-)* *v.i.* to make a journey यात्रा करना; to move, to go चलना।

travel[2] *n.* travelling यात्रा।

traveller *ट्रै वॅ लॅः* *n.* person on a journey यात्री।

tray *ट्रे* *n.* a flat receptacle of wood, metal, etc. used for carrying small articles ट्रे।

treacherous *ट्रै चॅ रॅस* *a.* disloyal विश्वासघाती; unreliable अविश्वसनीय; deceitful धोखेबाज़।

treachery *ट्रै चॅ रि* *n.* betrayal विश्वासघात; deceit धोखा।

tread[1] *ट्रै˘ड* *v.t.* to set foot on (पर) पैर रखना या चलना; to trample कुचलना, रौंदना; to oppress दमन करना।

tread[2] *n.* act or manner of stepping पदचाप; treading गमन, चलने की क्रिया; upper surface of step पैड़ी का ऊपरी तल; part of rubber tyre in contact with ground टायर का बाहरी भाग।

treason *ट्री ज़न* *n.* disloyalty

निष्ठाहीनता; betrayal of trust विश्वासघात।

treasure[1] ट्रै˘ ज़ः *n.* stored wealth भंडार, ख़ज़ाना; riches धन-दौलत।

treasure[2] *v.t.* to store up संचित करना; to prize बहुमूल्य समझना; to cherish संजोना।

treasurer ट्रै˘ ज़ॅ रः *n.* official in charge of funds कोषाध्यक्ष।

treasury ट्रै˘ ज़ॅ रि *n.* place for treasure ख़ज़ाना; government department in charge of finance राजकोष।

treat[1] ट्रीट *v.t.* to deal with बरताव करना; पेश आना; to regard समझना, मानना; to give medical care to इलाज करना; (with 'of') to discourse on विवेचन करना; to entertain at one's expense की आवभगत करना।

treat[2] *n.* a special pleasure मनोरंजन, आनंद; feast दावत।

treatise ट्री टिज़ *n.* a long essay dealing with a particular subject प्रबंध, विस्तृत निबंध।

treatment ट्रीट् मॅन्ट *n.* act or manner of treating व्यवहार; manner of handling संपादन; a doctor's dealing with an illness इलाज।

treaty ट्री टि *n.* a signed contract between states संधि, समझौता।

tree ट्री *n.* a large plant पेड़; a diagram showing the descent of a family वंशवृक्ष।

trek[1] ट्रैकॅ (-kk-) *v.i.* to make a long, difficult journey on foot पैदल लंबी व कठोर यात्रा करना, पैदल चलना।

trek[2] *n.* a long, difficult journey on foot लंबी, कठोर पैदल यात्रा।

tremble ट्रैम्ँ ब्ल *v.i.* to shiver कांपना; to shake हिलना; to feel anxiety चिंतित होना।

tremendous ट्रि मैन्ँ डॅस *a.* vast, immense विशाल; amazing आश्चर्यजनक।

tremor ट्रै ˘ मॅः *n.* shaking कंपन; minor earthquake भूकंप का हलका झटका।

trench[1] ट्रैन्च *n.* a long, narrow ditch खाई, खंदक।

trench[2] *v.t.* to surround with a trench के चारों ओर खाई खोदना; to cut grooves in (में) खांचा बनाना।

trend ट्रैन्ड *n.* direction, tendency रूख़, प्रवृत्ति।

trespass[1] ट्रैसँ पॅस *v.i.* to intrude on property of another अनाधिकार प्रवेश करना; to encroach अतिक्रमण करना।

trespass[2] *n.* act of trespassing अतिक्रमण।

trial ट्राइ अॅल *n.* act of testing जांच, परीक्षण; severe affliction मुसीबत, संकट; court-hearing मुक़दमा।

triangle ट्राइ ऐङ् ग्ल *n.* a figure with three angles त्रिभुज।

triangular ट्राइ ऐङ् ग्यु लॅः *a.* in the shape of a triangle त्रिभुजाकार।

tribal ट्राइ ब्ल *a.* of a tribe or tribes जनजातीय।

tribe ट्राइब *n.* a primitive race जनजाति; a large family descended from one ancestor वंश।

tribulation ट्रि ब्यु ले शॅन *n.* misery, trouble, affliction मुसीबत, संकट।

tribunal ट्राइ ब्यू न्ल, ट्रि- *n.* a court

of justice न्यायालय; body appointed to inquire into and decide a specific matter न्यायाधिकरण।

tributary[1] *ट्रि ब्यु टॅ रि n.* stream flowing into another सहायक नदी।

tributary[2] *a.* auxiliary सहायक; contributory सहयोगी, सहकारी; paying tribute करदायी।

trick[1] *ट्रिक n.* deception धोखा; feat of skill चाल, चालाकी; illusion भ्रम; knack तरीक़ा।

trick[2] *v.t.* to cheat, to deceive धोखा देना।

trickery *ट्रि कॅ रि n.* deception धोखा।

trickle *ट्रि·क्ल v.i.* to flow gently or in small drops टपकना; *v.t.* to cause to flow in small drops टपकाना।

trickster *ट्रिक् स्टॅः n.* a cheat, one who practises trickery कपटी, धोखेबाज़।

tricky *ट्रि कि a.* crafty चालाक; difficult, involved जटिल।

tricolour[1] *ट्रि कॅ लॅः a.* three coloured तिरंगा।

tricolour[2] *n.* tricolour flag तिरंगा झंडा।

tricycle *ट्रॉइ सि क्ल n.* three-wheeled cycle तिपहिया साइकिल।

trifle[1] *ट्रॉइ फ़्ल n.* something insignificant नगण्य वस्तु; small amount अल्पमात्रा।

trifle[2] *v.i.* to toy खिलवाड़ करना; not to treat seriously मज़ाक में लेना।

trigger *ट्रि गॅः n.* catch or lever of a gun लिबलिबी, घोड़ा।

trim[1] *ट्रिम a.* neat, tidy साफ़-सुथरा।

trim[2] *n.* decoration सज्जा; state of being trim साफ़-सुथरापन।

trim[3] *(-mm-) v.t.* to prune छाटना; to decorate सजाना; to adjust संवारना; to put in good order सुव्यवस्थित करना।

trinity *ट्रि नि टि n.* a group of three त्रिक, त्रयी; state of being three त्रित्व।

trio *ट्री ओ n.* a set of three त्रिक, त्रयी।

trip[1] *ट्रिप (-pp-) v.t.* to cause to stumble गिरा देना; to cause to mistake ग़लती कराना; *v.i.* to skip फुदकना; to dance नाचना; to stumble ठोकर खाना; to mistake चूक जाना।

trip[2] *n.* a short journey for pleasure सैर stumble लड़खड़ाहट; nimble step फुदकन; error भूल-चूक।

tripartite *ट्राईं पाः टॉइट a.* having three parts त्रिपक्षीय, त्रिभागीय।

triple[1] *ट्रि प्ल a.* threefold तिगुना।

triple[2] *v.t., v.i.* to treble तिगुना करना या होना।

triplicate[1] *ट्रिप् लि किट a.* threefold तिगुना।

triplicate[2] *n.* one of a set of three copies तीन प्रतियों में से एक।

triplicate[3] *v.t.* to make threefold तिगुना करना।

triplication *ट्रिप लि के शॅन n.* making threefold त्रिगुणन।

tripod *ट्रॉइ पौ ॅड n.* stool, stand, etc. with three legs तिपाई।

triumph[1] *ट्रॉइ ॲम्फ़ n.* victory, success विजय, सफलता; joy in a victory विजयोल्लास।

triumph[2] *v.i.* to achieve victory or success विजय या सफलता प्राप्त करना; to exult खुशी मनाना।

triumphal *ट्रॉइ अम् फ़ल a.* of victory विजय-संबंधी; for victory विजय-हेतु।

triumphant *ट्रॉइ अम् फॅन्ट a.* having triumphant विजयी; showing joy in victory विजयोल्लसित।

trivial *ट्रि वि ॲल a.* trifling नगण्य; slight हल्का।

troop[1] *ट्रुप n.* a group of persons or animals दल, टोली; a unit of cavalry रिसाला; *(pl.)* soldiers सैनिक।

troop[2] *v.i.* to move in a troop टोली में चलना।

trooper *ट्र पॅः n.* a horse-soldier घुड़सवार सैनिक।

trophy *ट्रो फि n.* prize, award पुरस्कार, पारितोषिक; memorial of victory विजय-स्मारक।

tropic *ट्रॉ˘ पिक n.* one of the two imaginary circles between the equator and the poles कर्क अथवा मकर रेखा।

tropical *ट्रॉ˘ पि कॅल a.* pertaining to the tropics उष्ण कटिबंधीय; very hot अति उष्ण।

trot[1] *ट्रॉ˘ट (-tt-) v.i.* (of a horse) to move at medium pace दुलकी चलना; *v.t.* to cause a horse to move thus दुलकी चलाना।

trot[2] *n.* the pace between a walk and a canter दुलकी।

trouble[1] *ट्र ब्‌ल n.* disturbance व्यवधान; worry चिंता; a difficulty कठिनाई।

trouble[2] *v.t.* to cause worry to चिंतित करना; to annoy परेशान करना; *v.i.* to take pains कष्ट उठाना।

troublesome *ट्र बल् सॅम a.* causing trouble कष्टप्रद, चिंताजनक, असुविधाजनक।

troupe *ट्रूप n.* a company of performers मंडली।

trousers *ट्रॉउ ज़ॅःस n. pl.* two legged outer garment covering the body from waist to ankles पतलून, पायजामा।

trowel *ट्रॉउ ॲल n.* flat-bladed tool for spreading mortar करनी।

truce *ट्रूस n.* temporary cessation of fighting युद्धविराम।

truck *ट्रक n.* a wheeled vehicle for moving goods ट्रक।

true *ट्रू a.* in accordance with facts तथ्यात्मक; faithful निष्ठावान; exact, correct सही, शुद्ध; genuine खरा, असली।

trump[1] *ट्रम्प n.* card of suit temporarily ranking above others तुरुप।

trump[2] *v.t.* to play a trump card on (पर) तुरुप मारना।

trumpet[1] *ट्रम् पिट n.* a brass wind instrument तुरही।

trumpet[2] *v.i.* to blow a trumpet तुरही बजाना; to make a noise like a trumpet तुरही जैसा शोर करना; *v.t.* to advertise loudly ज़ोर-ज़ोर से प्रचार करना।

trunk *ट्रङ्क n.* main stem of a tree पेड़ का तना; a person's body excluding head and limbs धड़; box for clothes बक्स, संदूक; the snout of an elephant हाथी की सूंड।

trust[1] ट्रस्ट *n.* confidence विश्वास; firm belief आस्था; reliance भरोसा; responsibility दायित्व; combination of producers for mutual benefit न्यास; property held for another धरोहर।

trust[2] *v.t.* to rely on (पर) भरोसा करना; to believe in का विश्वास करना; to expect, to hope आशा करना; to entrust सौंपना।

trustee *ट्रस् टि n.* a person who holds property in trust for another न्यासी।

trustful *ट्रस्ट् फुल a.* inclined to trust विश्वासी।

trustworthy *ट्रस्ट् वॅः दि a.* reliable भरोसे का; dependable निर्भर करने योग्य; honest ईमानदार।

trusty *ट्रस् टि n.* faithful निष्ठावान; reliable विश्वसनीय।

truth *ट्रूथ n.* state of being true सच्चाई; something that is true वास्तविकता।

truthful *ट्रूथ् फुल a.* accustomed to speak the truth सत्यवादी; accurate, exact सही, सच।

try[1] *ट्रॉइ v.i.* to attempt, to endeavour प्रयत्न करना; *v.t.* to test जांचना, परखना; to strain दबाव डालना; to put on trial in a law court मुक़दमा चलाना।

try[2] *n.* effort प्रयत्न।

trying *ट्राइ इङ्ग a.* upsetting चिंताजनक; annoying परेशान करनेवाला; difficult दुष्कर।

tryst *ट्रिस्ट n.* appointment to meet पूर्व निश्चित भेंट; place appointed मिलन-स्थल।

tub *टब n.* open, wooden vessel like bottom half of barrel टब, नांद; small, round container गोल बरतन; bath स्नान।

tube *ट्यूब n.* a long, hollow cylinder नली; flexible cylinder with cap to hold paste etc. ट्यूब; underground railway भूमिगत रेल-प्रणाली।

tuberculosis *ट्यु बॅः क्यु लो सिस n.* a wasting disease of the lungs क्षेय रोग, तपेदिक़।

tubular *ट्यू ब्लु लॅः a.* like a tube नलिकाकार।

tug *टग (-gg-) v.t.* to pull hard ज़ोर से खींचना; to drag घसीटना।

tuition *ट्यु इ शॅन n.* private teaching अनुशिक्षण।

tumble[1] *टम् ब्ल v.i.* to fall गिर जाना; to roll about लुढ़कना, करवटें बदलना; *v.t.* to cause to fall गिरा देना; to throw carelessly फेंक देना।

tumble[2] *n.* a fall गिराव, पतन; state of disorder अव्यवस्था।

tumbler *टम्ब् लॅः n.* a flat bottomed drinking glass गिलास; acrobat कलाबाज।

tumour *ट्यू मॅः n.* an abnormal growth in or on the body अर्बुद।

tumult *ट्यू मल्ट n.* violent uproar तीव्र कोलाहल, शोर।

tumultuous *ट्यु मल् ट्यु अस a.* noisy कोलाहलपूर्ण।

tune[1] *ट्यून n.* melody धुन; correctness of pitch स्वरसंगति; harmony सामंजस्य, ताल-मेल।

tune[2] *v.t.* to put in tune समस्वरित करना; to adjust the mechanism of की ट्यूनिंग करना।

tunnel[1] *ट न्‌ल n.* underground passage सुरंग।

tunnel[2] *(-ll-) v.i.* to make a tunnel सुरंग बनाना; *v.t.* to make a tunnel through के आर-पार सुरंग बनाना।

turban *टॅ: बॅन n.* man's head dress पगड़ी, साफ़ा।

turbine *टॅ: बॉइन, -बिन n.* an engine driven by a stream of water, steam or gas टरबाइन।

turbulence *टॅ: ब्यु लॅन्स n.* disorder गड़बड़ी अशांति; violence उग्रता, उपद्रव।

turbulent *टॅ: ब्यु लॅन्ट a.* disturbed अशांत; disorderly अस्त-व्यस्त; violent उग्र।

turf *टॅ:फ n.* top layer of soil matted with grass तृणभूमि।

turkey *टॅ: कि n.* a large bird reared for food पीरू।

turmeric *टॅ: मॅ रिक n.* हल्दी।

turmoil *टॅ: मौ ˘ इल n.* confusion घबराहट; commotion खलबली; agitation हलचल।

turn[1] *टॅ:न v.i.* to revolve घूमना; to change direction मुड़ना; to change बदल जाना; *v.t.* to cause to go round घुमाना; to alter direction of मोड़ना; to convert परिवर्तित करना; to shape on lathe गढ़ना, खरादना।

turn[2] *n.* act of turning घुमाव; revolution चक्कर; a change in direction मोड़; a bend मोड़; a change of state परिवर्तन; period, spell पारी।

turner *टॅ: नॅ: n.* person who works with a lathe खरादी।

turnip *टॅ: निप n.* a plant with an edible root शलजम।

turpentine *टॅ: पॅन् टॉइन n.* an oil used in painting तारपीन।

turtle *टॅ: ट्‌ल n.* sea tortoise समुद्री कच्छप।

tusk *टस्क n.* long side tooth sticking out from the closed mouth गजदंत, खांग।

tussle[1] *ट स्‌ल n.* a struggle संघर्ष।

tussle[2] *v.i.* to struggle संघर्ष करना।

tutor *ट्‌ यू टॅ: n.* private teacher निजी शिक्षक।

tutorial[1] *ट्‌यु टौ रि अॅल a.* pertaining to a tutor शिक्षकीय।

tutorial[2] *n.* a period of instruction by a tutor निजी शिक्षक के शिक्षण का समय।

twelfth[1] *टवैल्फ़्त a.* the last of twelve बारहवां।

twelfth[2] *n.* one of twelve equal parts बारहवां भाग।

twelve[1] *ट्‌वैल्व n.* the number next above eleven बारह की संख्या (12)।

twelve[2] *n.* one more that eleven बारह।

twentieth[1] *ट्‌वैन्‌ टि इथ a.* last of twenty बीसवां।

twentieth[2] *n.* one of twenty equal parts बीसवां भाग।

twenty[1] *टवैन्‌ टि a.* twice ten बीस (20)।

twenty[2] *n.* the number twice ten बीस की संख्या।

twice *टवॉइस adv.* two times दो बार।

twig *ट्‌विग n.* a small branch टहनी।

twilight *ट्‌वॉइ लॉइट n.* faint light before sunrise or after sun-set धुंधला प्रकाश।

twin[1] *ट्विन n.* one of two born together जुड़वां जोड़े में से एक।

twin[2] *a.* being a twin जुड़वां।

twinkle[1] *ट्विङ् क्ल v.i.* to shine with a wavering light झिलमिलाना; to sparkle चमकना।

twinkle[2] *n.* act of twinkling झिलमिलाहट, चमक।

twist[1] *ट्विस्ट v.t.* to wind together गूथना; to bend out of shape ऐंठ या मरोड़ देना; to wrench मुड़काना; to distort विकृत करना; to wind ऐंठना; *v.i.* to curve मुड़ना, घूमना।

twist[2] *n.* act of twisting ऐंठन; a wrench मरोड़; distortion विरूपण।

twitter[1] *ट्वि टॅः n.* chirping चहक, चहचहाहट।

twitter[2] *v.i.* to chirp चहकना।

two[1] *टूँ n.* the number next above one दो की संख्या (2)।

two[2] *a.* next above one दो।

twofold *टू फ़ोल्ड a.* double दोगुना।

type[1] *टॉइप n.* class श्रेणी; sort प्रकार pattern नमूना; block bearing a letter used for printing टाइप।

type[2] *v.t.* to print with type-writer टंकित करना।

typhoid *टॉइ फौ ॅइड n.* acute fever affecting intestines आंत्रज्वर, मियादी बुख़ार।

typhoon *टॉइ फून n.* violent storm प्रचंड तूफ़ान।

typhus *टॉइ फ़स n.* fever with dark spots on body तंद्रिक ज्वर।

typical *टि पि क्ल a.* true to type प्रारूपिक characteristic विशिष्ट।

typify *टि पि फ़ाइ v.t.* to serve as type/model of (का) प्रारूप होना।

typist *टॉइ पिस्ट n.* one who operates type-writer टंकक।

tyranny *टि रॅ नि n.* harsh and unjust rule तानाशाही, निरंकुशता; oppression अत्याचार, नृशंसता।

tyrant *टॉइ रॅन्ट n.* a cruel, harsh ruler तानाशाह, निरंकुश शासक।

tyre *टॉइॲः n.* rubber ring over rim of road vehicle टायर।

Uu

U यू The fifth vowe। and the twenty-fisrt letter of the English alphabet. अंग्रेजी भाषा का पाँचवाँ स्वर तथा इक्कीसवाँ अक्षर, इसका उच्चारण 'अ', 'उ', 'यु' तथा 'यू' होता है

udder *अ डॅः n.* milk-secreting organ of a cow etc. अयन।

uglify *अग् लि फ़ॉइ v.t.* to make ugly कुरूप बनाना, बिगाड़ना।

ugliness *अग् लि निस n.* quality of being ugly कुरूपता।

ugly *अग्लि a.* unpleasant to look at कुरूप, भद्दा, dangerous ख़तरनाक।

ulcer *अल् सॅः n.* an infected spot on the body फोड़ा, व्रण।

ulcerous *अल् सॅ रॅस a.* of ulcer व्रणीय, having an ulcer व्रणयुक्त।

ulterior *अल् टिॲः रि ॲः a.* concealed, hidden गुप्त; situated beyond बाह्य, remote दूरस्थ, undisclosed परोक्ष।

ultimate *अल् टि मिट a.* last अंतिम, most significant सर्वोच्च महत्व का।

ultimately *अल् टि मिट्लि adv.* finally अंततः।

ultimatum *अल् टि मे टॅम n.* final terms offered अंतिमेत्थम, अंतिम शर्त।

umbrella *अम् ब्रै ˘ लॅ n.* a covered light framework used to give protection against rain, sun, etc. छाता।

umpire[1] *अम् पॉइअॅः n.* referee निर्णायक।

umpire[2] *v.t., v.i.* to act as umpire (in) (में) निर्णायक होना।

unable *अन् ए ब्ल a.* not able असमर्थ।

unanimity *यू नॅ नि मि टि n.* state of being unanimous मतैक्य, सर्वसम्मति।

unanimous *यू नैनि मॅस a.* in complete agreement सर्वसम्मत।

unaware *अन् अॅ वें अॅः a.* not knowing, ignorant अनभिज्ञ, अनजान।

unawares *अन् अॅ वे ˘ अॅःज़ adv.* unknowingly अनजाने में; unexpectedly अकस्मात्।

unburden *अन् बॅः ड्न v.t.* to relieve of a load का बोझ उतारना।

uncanny *अन् कै नि a.* weird, mysterious अलौकिक रहस्यमय।

uncertain *अन् सॅः ट्न a.* changing constantly अपरिवर्तनशील; doubtful अनिश्चित, संदिग्ध; irresolute ढुलमुल।

uncle *अङ् क्ल n.* brother of father ताऊ, चाचा, brother of mother मामा।

uncouth *अन् कूथ a.* rough, clumsy भद्दा, boorish गंवार, vulgar असभ्य।

under[1] *अन् डॅः prep.* below के नीचे, less than से कम, subordinate to के मातहत, included in में शामिल, in the time of के समय में, known by की जानकारी में।

under[2] *adv.* in lower place or condition नीचे, नीचे की ओर।

under[3] *a.* lower नीचे वाला।

undercurrent *अन् डॅः क रॅन्ट n.* current running under the surface अंतर्धारा।

underdog *अन्डॅः डौगॅ n.* one who is ill-used दलित व्यक्ति।

undergo *अन् डॅः गो, v.t.* to experience, to pass through भुगतना, सहना, से गुज़रना।

undergraduate *अन् डॅः ग्रै ड्यु इट n.* a student who has not yet taken a degree पूर्वस्नातक।

underhand *अन् डॅः हैन्ड a.* sly, secret चालाकीपूर्ण, गुप्त।

underline *अन् डॅः लॉइन v.t.* to put line under रेखांकित करना, to emphasize पर बल देना।

undermine *अन् डॅः मॉइन v.t.* to make a tunnel under के नीचे सुरंग बनाना, to weaken gradually दुर्बल या क्षीण करना।

underneath[1] *अन् डॅ नीथ adv.* below नीचे।

underneath[2] *prep.* under के नीचे।

understand *अन् डॅः स्टैन्ड v.t.* to grasp the meaning of (का) अर्थ समझना, to take for granted मानना।

undertake *अन् डॅः टेक v.t.* to make oneself responsible for (का) दायित्व लेना; to enter upon चालू करना, to promise वचन देना।

undertone *अन् डॅः टोन n.* low tone मंद स्वर, underlying quality आंतरिक गुण।

underwear *अन् डॅः वेॲं n.* underclothing अधोवस्त्र, अंतरीय।

underworld *अन् डॅः वॅःल्ड n.* criminals and their associates अपराधी वर्ग, निम्नवर्ग; abode of the dead अधोलोक।

undo *अन् डॅ v.t.* to ruin नष्ट करना, to unfasten, to open खोलना।

undue *अन् ड्यू a.* improper अनुचित, excessive बहुत अधिक।

undulate *अन् ड्यू लेट v.i.* to move up and down like waves लहराना, लहरदार होना।

undulation *अनड्ययू ले शॅन n.* act of undulating तरंगण, लहराने की क्रिया।

unearth *अनॲःथ v.t.* to dig up खोदकर निकालना; to discover खोजना।

uneasy *अन् ई ज़ि a.* restless बेचैन, अशांत; anxious चिंतित।

unfair *अन् फ़ॅॲः a,* unjust अनुचित, अन्यायपूर्ण।

unfold *अन् फोल्ड v.t.* to open, to spread out खोलना, फैलाना; to reveal प्रकट करना।

unfortunate *अन् फौः चॅ निट a.* unlucky दुर्भाग्यपूर्ण, regrettable खेदजनक।

ungainly *अन् गेन् लि a.* awkward, clumsy भद्दा।

unhappy *अन् है पि a.* sorrowful दुःखद, दुःखपूर्ण; not suitable अनुपयुक्त।

unification *यु नि फ़ि के शॅन n.* act of unifying एकीकरण; state of being unified एकीभवन।

union *यू न्यॅन n.* joining into one संयोजन, state of being joined एकता, federation संघ।

unionist *यू न्यॅ निस्ट n.* supporter of union संघवादी।

unique *यू नीक a.* having no equal अद्वितीय।

unison *यूनि ज़न n.* the same pitch स्वरैक्य, harmony सामंजस्य।

unit *यू निट n.* single thing or person इकाई, standard quantity मात्रक; group of people or things with one purpose श्रेणी।

unite *यूनॉइट v.t.* to join into one एक करना मिलाना; to connect जोड़ना; to associate से मिलना, *v.i.* to become one एक होना, to combine जुड़ जाना, मिलना।

unity *युनिटि n.* state of being one एकता; harmony सामंजस्य, uniformity एकरूपता।

universal *यूनिवॅः सॅल a.* relating to all things or all people विश्वव्यापी।

universality *यूनिवॅः सैॅलिटि n.* quality of being universal विश्वव्योपकता।

universe *यूनि वॅःस n.* the whole of creation, sun, stars and everything that exists विश्व, ब्रह्मांड।

university *यू नि वॅः सि टि n.* an educational institution for higher studies विश्वविद्यालय।

unjust *अन् जस्ट a.* unfair अन्यायी, अन्यायपूर्ण।

unless *अन् लैसॅ conj.* if not यदि नहीं।

unlike[1] *अन् लॉइक a.* not similar

असमान।

unlike² *prep.* different from से भिन्न।

unlikely *अन् लॉइक् लि a.* improbable असंभाव्य।

unmanned *अन् मैन्ड a.* not provided with a crew कर्मीदल रहित।

unmannerly *अन् मै नॅः लि a.* rude, ill-bred अशिष्ट, असभ्य।

unprincipled *अन् प्रिन् सि प्ल्ड a.* dishonest बेईमान; without any principles सिद्धांतहीन।

unreliable *अन् रि लॉइ अॅ ब्ल a.* that cannot be relied upon अविश्वसनीय।

unrest *अन् रैस्ट n.* disturbed condition अशांति; restlessness बेचैनी।

unruly *अन् रु लि a.* badly behaved, disorderly उपद्रवी, उच्छृखंल; uncontrolled अनियंत्रित।

unsettle *अन् सॅ : टल v.t.* to upset, to distress अशांत करना; to disturb अस्तव्यस्त करना।

unsheathe *अन् शीद v.t.* to take out of the sheath म्यान से निकालना।

until¹ *अन् टिल prep.* upto the time of तक।

until² *conj.* to the time that जब तक कि।

untoward *अन् टो ॅ अॅःड a.* inconvenient असुविधाजनक; unfortunate दुर्भाग्यपूर्ण।

unwell *अॅन् वैलॅ a.* not well अस्वस्थ।

unwittingly *अन् वि टिङ्ग् लि adv.* unknowingly अनजाने में।

up¹ *अप adv.* to a higher position ऊपर की ओर; completely पूर्ण रूप से finished समाप्त।

up² *prep.* to a higher level of के ऊपर, along के साथ-साथ।

upbraid *अप् ब्रेड v.t* to reproach फटकारना।

upheaval *अप् ही वॅल n.* a violent disturbance उथल-पुथल।

uphold *अप् होल्ड v.t* to support संभालना, to maintain कायम रखना।

upkeep *अप् कीप n* act, process or cost of keeping something in good repair अनुरक्षण, मरम्मत।

uplift¹ *अप् लिफ़्ट v.t.* to lift up ऊपर उठाना; to improve सुधारना।

uplift² *n.* lifting up उत्थान; improvement सुधार, विकास।

upon *अॅपौॅन prep.* on पर, के ऊपर।

upper *अप् पॅः a.* higher, situated above ऊपरी, ऊपर वाला।

upright *अप् रॉइट a.* erect खड़ा, सीधा; honest सच्चा, ईमानदार।

uprising *अप् रॉइ ज़िङ्ग, - n.* a revolt उपद्रव।

uproar *अप् रौः n.* tumult कोलाहल; disturbance गुलगपाड़ा।

uproarious *अप् रौ रि अॅस a.* very noisy कोलाहलपूर्ण।

uproot *अप् रूट v.t.* to pull out by the roots उखाड़ना।

upset *अप् सै ॅट (-tt-) v.t.* to turn upside down उलटना, to distress परेशान या चिंतित करना।

upshot *अप् शौ ॅट n.* outcome, result परिणाम।

upstart *अप् स्टाःट n.* one who has gained power or wealth quickly कल का नवाब।

up-to-date *अप् टॅ डेट a.* of the present time सामयिक; of the newest sort आधुनिकतम, नवीनतम।

upward अप् वॅ:ड *a.* moving up उर्ध्वगामी।

upwards अप् वॅ:ड्ज़ *adv.* towards a higher place ऊपर की ओर।

urban ॲ: बॅन *a.* concerned with a town नगरीय।

urbane ॲ:बेन *a.* civilized, refined सुसभ्य, शिष्ट।

urbanity ॲ: बै नि टि *n.* refinement सौम्यता; politeness सुसभ्यता, विनम्रता।

urchin ॲ: चिन *n.* a mischievous young boy नटखट लड़का।

urge[1] ॲ:ज *v.t* to exhort earnestly समझाना, to entreat विनती करना; to drive on प्रेरित करना।

urge[2] *n.* strong desire तीव्र इच्छा अथवा हाजत।

urgency ॲ: जॅन् सि *n.* quality or state of being urgent अत्यावश्यकता।

urgent ॲ: जॅन्ट *a.* pressing अत्यंत महत्त्वपूर्ण, needing attention at once अति आवश्यक।

urinal यू ॲ रि न्‌ल *n.* place for urination मूत्रालय, a vessel into which urine may be passed मूत्रपात्र।

urinary यु ॲ रि नॅ रि *a.* of urine मूत्रीय।

urinate युॲ रि नेट *v.i.* to discharge urine लघुशंका करना।

urination युॲ रि नेशॅन *n.* act of urinating मूत्र-त्याग।

urine युॲ रिन *n.* the waste fluid that is passed out of the body मूत्र।

urn ॲ:न *n.* a metal vessel for serving tea and other liquids कलश;, a vessel for the ashes of the dead भस्म-कलश, अस्थि-कलश।

usage यू ज़िज *n.* act of using प्रयोग; custom प्रथा, method of using प्रयोग का ढंग।

use[1] यूस *n.* value उपयोगिता, ability to use प्रयोग करने की क्षमता, right to use प्रयोगाधिकार, profit लाभ।

use[2] *v.t.* to employ काम में लाना, to consume प्रयोग-द्वारा समाप्त करना, to treat (से) व्यवहार करना।

useful यूसॅ फुल *a.* of use उपयोगी; helpful सहायक, serviceable प्रयोज्य।

usher[1] अ शॅ: *n.* one showing people to seats प्रवेशक।

usher[2] *v.t.* to act as an usher to अंदर ले जाना; to introduce (का) सूत्रपात करना, to announce घोषित करना।

usual यू जु ॲल *a.* normal, ordinary सामान्य।

usually यू जु ॲ लि *adv.* as a rule नियमत; generally सामान्यत:।

usurer यू ज़ॅ रॅ: *n.* person whose business is usury सूदखोर।

usurp यू ज़ॅ:प *v.t.* to seize wrongfully हड़पना, हथियाना।

usurpation यू जॅ: पेशॅन *n.* act of usurping अनाधिकार ग्रहण।

usury यूजॅ रि, -ज़ॅ:- *n.* lending of money at excessive interest सूदखोरी, excessive interest ब्याज की ऊंची दर।

utensil यू टैन्ँ स्‌ल, -सिल *n.* vessel बरतन, implement in domestic use घरेलू उपकरण।

uterus यू टॅ रॅस *n. (pl. uteri)* womb गर्भाशय।

utilitarian *यू टि लि टैˇ ॲ रि ॲन a.* useful rather than beautiful उपयोगी।

utility *यू टि लि टि n.* usefulness उपयोगिता, benefit लाभ, something useful उपयोगी वस्तु।

utilization *यू टि लॉइ ज़े शॅन n.* act of utilising उपयोग, प्रयोग।

utilize *यू टि लॉइज़ v.t.* to make use of प्रयोग करना।

utmost[1] *अट् मोस्ट a.* farthest दूरतम, greatest अधिकतम।

utmost[2] *n.* greatest possible amount अधिकतम मात्रा।

utopia *यू टो प्यॅं n.* an imaginary state where everything is perfect आदर्श राज्य।

utopian *यू टो पि ॲन a.* ideally perfect आदर्श, impracticable अव्यावहारिक।

utter[1] *अ टॅः v.t.* to make (sound) with the mouth मुंह से (ध्वनि) उत्पन्न करना; to say कहना, to put (false money etc.) into circulation (जाली मुद्रा) चलाना।

utter[2] *a.* complete, absolute पूर्ण, निरा।

utterance *अ टॅ रॅन्स n.* way of speaking बोली, something said कथन; expression अभिव्यक्ति।

utterly *अ टॅः लि adv.* completely पूर्णतया।

Vv

V वी the twenty-second letter of the English alphabet, used as a Roman numeral representing 5 or fifth, representing an object or mark having the shape of the letter (V), short from for "verb". अंग्रेजी वर्णमाला का बाईसवाँ अक्षर, रोमन संख्या में ५ अंक या पाँचवें के लिए प्रयुक्त, अक्षर (V) के आकार की वस्तु या चिन्ह को दिखलानेवाला, 'verb' का छोटा सा रूप।

vacancy *वे कॅन् सि n.* emptiness ख़ालीपन; unfilled post रिक्त पद।

vacant *वे कॅन्ट a.* unoccupied ख़ाली, रिक्त; showing lack of understanding समझ-रहित।

vacate *वॅ केट v.t.* to leave empty ख़ाली करना; to give up (a job, a house etc.) (पद, मकान आदि) त्यागना।

vacation *वॅ के शॅन n.* a holiday अवकाश; act of vacating परित्याग।

vaccinate *वैक् सि नेट v.t.* to inject with a vaccine टीका लगाना।

vaccination *वैक् सि ने शॅन n.* inocculation with a vaccine टीकाकरण।

vaccinator *वैक् सि ने टॅः n.* one who inocculates with a vaccine टीका लगाने वाला।

vaccine *वैक् सीन n.* substance used for inocculation टीका-द्रव्य।

vacillate *वै सि लेट v.i.* to waver डावांडोल होना; to hesitate हिचकिचाना।

vacuum *वै क्यु ॲम n. (pl. vacuums, vacua)* space completely empty of substance or gas शून्य, निर्वात।

vagabond[1] *वै गॅ बौन्ड n.* person with no fixed home आवारा, घुमक्कड़ व्यक्ति।

vagabond[2] *a.* roving घुमंतू

vagary *वे गॅ रि n.* whim, eccentricity सनक, मौज।

vagina *वॅ जॉइ नॅ* passage from womb to exterior योनि।

vague *वेग a.* not clear अस्पष्ट।

vagueness *वेग् निस n.* quality of being vague अस्पष्टता।

vain *वेन a.* useless व्यर्थ; foolish मूर्ख, मूर्खतापूर्ण; conceited दंभी, अहंकारी।

vainglorious *वेन् ग्लौ रि ॲस a.* boastful दंभी।

vainglory *वेन् ग्लौ रि n.* boastfulness दंभ, अहंकार।

vainly *वेन् लि adv.* fruitlessly व्यर्थ।

vale *वेल n.* valley घाटी।

valiant *वैल् यॅन्ट a.* brave दिलेर, वीरतापूर्ण।

valid *वै लिड a.* sound उचित; accpetable according to law वैध।

validate *वै लि डेट v.t.* to make valid मान्य बनाना।

validity *वॅ लि डि टि n.* soundness ठोसपना; legal force वैधता; reasonableness तर्कसंगतता।

valley *वै लि n.* river, basin घाटी।

valour *वै लॅः* an bravery शौर्य, वीरता, साहस।

valuable *वै ल्यु ॲ ब्ल a.* of great value उपयोगी, मूल्यवान।

valuation *वै ल्यु ए शॅन n.* estimating the worth of something मूल्यांकन; estimated worth अनुमानित मूल्य।

value[1] *वै ल्यू n.* worth महत्व; utility उपयोगिता; price मूल्य; (pl.) principles सिद्धांत।

value[2] *v.t.* to estimate value of (का) मूल्य आंकना; to hold in respect सम्मान करना।

valve *वाल्व n.* वाल्व।

van *वैन n.* a covered vehicle for goods बंद गाड़ी; a railway carriage बंद माल डिब्बा।

vanish *वै निश v.i.* to disappear लुप्त हो जाना।

vanity *वै नि टि n.* excessive pride, conceit मिथ्याभिमान; worthlessness सारहीनता।

vanquish *वैङ् क्विश v.t.* to overcome पराजित करना।

vaporize *वे पॅ रॉइज़ v.t.* to convert into vapour वाष्प में बदल देना; *v.i.* to be converted into vapour वाष्प में बदल जाना।

vaporous *वे पॅ रॅस a.* like vapour वाष्प जैसा; containing vapour वाष्पमय।

vapour *वे पॅः n.* gaseous form of a substance वाष्प।

variable *वेॅ ॲ रि ॲ ब्ल a.* changeable परिवर्तनीय, परिवर्तनशील।

variance *वेॅ ॲ रि ॲन्स n.* disagreement अनबन; difference of opinion मतभेद।

variation *वेॅ ॲ रि ए शॅन n.* alteration परिवर्तन; extent of change विभिन्नता।

varied *वेॅ ॲ रिड a.* diverse विभिन्न; modified परिवर्तित।

variety *वॅ रॉइ ॲ टि n.* diversity विविधता; sort, kind प्रकार।

various *वे˘ अ रि अस a.* of several kinds विविध; different विभिन्न।

varnish[1] *वाः निश n.* a liquid applied to wood to make it glossy रोग़न।

varnish[2] *v.t.* to cover with varnish रोग़न करना।

vary *वे˘ अ रि v.t.* to make different बदल देना; *v.i.* to become different बदल जाना।

vasectomy *वै सैकॅ टौ मि n.* opertion performed on men to cause sterility नसबंदी।

vaseline *वै सि लीन n.* a jelly-like petrolium-pruduct वैसलीन।

vast *वास्ट a.* immense विशाल।

vault[1] *वौल्ट n.* an arched ceiling मेहराबी छत; cellar तहख़ाना।

vault[2] *n.* a leap aided by hands हाथों की सहायता से कूद।

vault[3] *v.i.* to make a vault कूदना।

vegetable[1] *वै˘ जि टॅ ब्ल n.* edible plant साग, शाक; part of plant used as food सब्जी, तरकारी।

vegetable[2] *a.* having to do with plants शाकसंबंधी; made from plants वनस्पति से निर्मित।

vegetarian[1] *वै˘ जि टे˘ अ रि अन n.* one who does not eat meat शाकाहारी।

vegetarian[2] *a.* of vegetables निरामिष।

vegetation *वै˘ जि टे शॅन n.* plants collectively पेड़-पौधे, वनस्पति।

vehemence *वी अ मॅन्स n.* quality of being vehement तीव्रता; vigour उत्साह, जोश।

vehement *वी अ मॅन्ट a.* vigorous ओजपूर्ण; impetuous प्रचंड, उग्र; forceful प्रबल।

vehicle *वी इ क्ल n.* means of conveying वाहन, सवारी; means of expression अभिव्यक्ति का माध्यम।

vehicular *वि हि क्यु लॅः a.* related to vehicles यानीय; consisting of vehicles यानयुक्त।

veil[1] *वेल n.* light material to cover face or head ओढ़नी, दुपट्टा; mask, cover परदा, नक़ाब।

veil[2] *v.t.* to cover with a veil ढकना, छिपाना, (पर) परदा डालना।

vein *वेन n.* tube in body taking blood to heart शिरा; a rib in a leaf शिरा; a seam of mineral in rock धारी, पट्टी; mood मनोदशा।

velocity *वि लौ˘ सि टि n.* speed गति, वेग।

velvet *वैलॅ विट n.* soft silky fabric with a thick short pile मख़मल।

velvety *वैलॅ वि टि a.* of or like velvet मख़मली; soft मुलायम।

venal *वी नॅल a.* guilty of taking or willing to take, bribes घूसखोर; corrupt भ्रष्ट।

venality *वी नै लि टि n.* quality of being venal घूसख़ोरी, भ्रष्टता।

vender, vendor *वैनॅ डॅः n.* one who sells विक्रेता।

venerable *वै˘ नॅ रॅ ब्ल a.* worthy of reverence आदरणीय, श्रद्धेय।

venerate *वै˘ नॅ रेट v.t.* to regard with great respect आदर करना, श्रद्धाभाव रखना।

veneration *वै˘ नॅ रे शॅन n.* deep respect श्रद्धा, समादर।

vengeance *वैनॅ जॅन्स n.* revenge प्रतिशोध।

venial *वी नि अॅल a.* excusable क्षम्य; not serious, minor लघु, गौण, छोटी- मोटी (त्रुटि)।

venom *वै˘ नॅम n.* poison विष; spite, malice विद्वेष, बैर।

venomous *वै˘ नॅ मॅस a.* poisonous विषैला; spiteful द्वेषपूर्ण।

vent *वैन्ट n.* a narrow hole छेद, सूराख; outlet (for feelings) निकास।

ventilate *वैनॅ टि लेट v.t.* to supply with fresh air हवादार बनाना; to bring into discussion प्रकाश में लाना, अभिव्यक्त करना।

ventilation *वैनॅ टि ले शॅन n.* ventilating or being ventilated वातापूर्ति हवादारी।

ventilator *वैनॅ टि ले टॅः n.* a device for ventilating वातायनी, हवाकश।

venture[1] *वैनॅ चॅः n.* risky undertaking जोखिम।

venture[2] *v.t.* to risk जोखिम में डालना; *v.i.* to dare साहस करना।

venturesome *वैनॅ चॅः सॅम a.* ready to take risks साहसिक; risky जोखिम-भरा।

venturous *वैनॅ चॅ रॅस a.* adventurous साहसी।

venue *वै˘ न्यू n.* meeting-place सभा-स्थल; location स्थान।

veracity *वॅ रै सि टि n.* truthfulness सच्चाई, वास्तविकता।

verendah *वॅ रैन् डॅ n.* open partly enclosed porch on outside of house दालान, बरामदा।

verb *वॅःब n. (gram.)* part of speech expressing action or being *(व्या.)* क्रिया।

verbal *वॅः बॅल a.* concerning words शाब्दिक; spoken (rather than written मौखिक; relating to a verb क्रिया-संबंधी।

verbally *वॅः बॅ लि adv.* orally मौखिक रूप में।

verbatim[1] *वॅः बे टिम a.* literal शाब्दिक।

verbatim[2] *adv.* word for word शब्दशः।

verbose *वॅः बोस a.* wordy, having more words than needed शब्दबहुल, शब्दाडंबरपूर्ण।

verbosity *वॅः बौ˘ सि टि n.* quality of being verbose शब्दाडंबर, शब्दबहुलता।

verdant *वॅः डॅन्ट a.* green and fresh हरा-भरा।

verdict *वॅः डिक्ट n.* decision of a jury अभिनिर्णय; opinion मत।

verge *वॅःज n.* edge किनारा; grass-border घासदान किनारा; brink सीमा, छोर।

verification *वै˘ रि फि के शॅन n.* act of verifying सत्यापन; search for proof प्रमाणन।

verify *वै˘ रि फ़ॉइ v.t.* to check the truth of सत्यापित करना; to test the accuracy of जांच करना।

verisimilitude *वै˘ रि सि मि लि ट्यूड n.* lifelikeness सत्याभास।

veritable *वै˘ रि टॅ ब्लि a.* real, genuine वास्तविक सच्चा।

vermillion[1] *वॅः मिल् यॅन n.* bright red colour गहरा लाल रंग।

vermillion[2] *a.* bright red गहरा लाल।

vernacular[1] *वॅः नै क्यु लॅः n.* language of a country or district सामान्य भाषा, जनसाधारण की भाषा।

vernacular[2]*a.* native देशी; of vernacular भाषागत।

vernal *वॅ: नॅल a.* of spring वासंतिक, वसंतकालीन।

versatile *वॅ: सॅ टॉइल a.* clever at many different things बहुमुखी।

versatility *वॅ सॅ टि लि टि n.* quality of being versatile बहुमुखी प्रतिभा-संपन्नता।

verse *वॅ:स n.* stanza छंद; poetry काव्य; line of poetry पद्यपंक्ति।

versed *वॅ:स्ट a.* skilled, expert निष्णात, प्रवीण।

versification *वॅ: सि फ़ि के शॅन n.* art of versifying पद्यरचना; metre छंद।

versify *वॅ: सि फ़ॉइ v.t.* to turn into verse पद्यबद्ध करना; *v.i.* to write verse पद्यरचना करना।

version *वॅ: शॅन n.* account from one person's point of view कथन, बयान; translation अनुवाद।

versus *वॅ: सॅस prep.* against बनाम, विरूद्ध।

vertical *वॅ: टि क्ल a.* upright खड़ा, ऊपर सीधा।

verve *वॅ:व n.* enthusiasm उत्साह; vigour ओज।

very *वै ॅ रि a.* identical वही; truly such यही; extreme बिल्कुल।

vessel *वै ॅ स्ल n.* a container for holding a liquid बरतन; a ship जहाज़ जलयान; duct वाहिका।

vest[1] *वैस्ॅट n.* undergarment for the trunk फतूही।

vest[2]*v.t.* to furnish (से) संपन्न करना; to endow प्रदान करना; to clothe (को) कपड़े पहनाना।

vestige *वैसॅ् टिज n.* a small trace अवशेष, निशानी।

vestment *वैस्ॅट् मॅन्ट n.* robe worn by clergy परिधान, चोग़ा।

veteran[1] *वै ॅ टॅ रॅन n.* a person with long experience अनुभवी व्यक्ति।

veteran[2]*a.* old hand experienced अनुभवी, पुराना।

veterinary *वै ॅ टॅ रि नॅ रि a.* of, concerning, the health of animals पशुचिकित्सा-संबंधी।

veto[1] *वी टो n. (pl.-es)* power to reject or disallow something निषेधाधिकार।

veto[2] *v.t.* to enforce veto against निषिद्ध करना, (की) मनाही करना।

vex *वैक्स v.t.* to annoy तंग करना; to distress परेशान करना।

vexation *वैकॅ् से शॅन n.* annoyance परेशानी; source of annoyance परेशानी का कारण।

via *वॉइअॅ prep.* by way of के मार्ग से, से होकर।

viable *वॉइ अॅ ब्ल a.* workable व्यवहार्य; capable of surviving and growing जीवन-क्षम।

vial *वॉइ अॅल n.* small bottle शीशी।

vibrate *वॉइ ब्रेट v.i.* to move to and fro rapidly कंपायमान होना; (of sunds) to quiver आवाज़ का कांपना; *v.t.* to cause to move to and fro rapidly कंपायमान करना; to cause to quiver कंपाना।

vibration *वॉइ ब्रे शॅन n.* act of vibrating कंपन।

vicar *वि का: n.* clergyman in charge of a parish पुरोहित।

vicarious *वि के ॅअॅ रि अॅस a.* performed, suffered, etc. in place of another प्रतिनिधि मूलक; taking the place of another स्थानापन्न; felt by imagining oneself in another's place परानुभूतिमूलक।

vice *वाइस* *n.* an immoral habit व्यसन; immoral conduct अनैतिक आचरण; sexual immorality चरित्रहीनता; a fault दोष, बुराई।

viceroy *वॉइस् रौ ॅइ* *n.* (fem. vicereine) ruler on behalf of a sovereign वाइसराय।

vice-versa *वॉइ सि वॅ: सॅ* *adv.* the other way round विलोमतः।

vicinity *वि सि नि टि* *n.* closeness समीपता; neighbourhood पड़ोस।

vicious *वि शॅस* *a.* wicked दुष्ट, धूर्त; spiteful द्वेषपूर्ण; ferocious खतरनाक।

vicissitude *वि सि सि ट्यूड* *n.* change of fortune भाग्य का फेर; ups and downs उतार-चढ़ाव।

victim *विक् टिम* *n.* one harmed or killed शिकार; animal or person slain as a sacrifice बलिभाजन।

victimize *विक् टि मॉइज* *v.t.* to make a victim of को शिकार बनाना, हानि पहुंचाना; to punish unfairly अकारण दंडित करना।

victor *विक् टॅ:* *n.* conqueror, winner विजेता।

victorious *विक् टौ रि ॲस* *a.* triumphant विजयी।

victory *विक् टॅ: रि* *n.* success in a contest or battle विजय।

victuals *वि ट्ल्ज़* *n. pl.* food, provisions खाद्य, खाद्य-सामग्री।

vie *वॉइ* *v.i.* to compete होड़ लगाना, मुक़ाबला करना।

view[1] *व्यू* *n.* act of seeing अवलोकन; scene, prospect दृश्य; picture चित्र, तस्वीर; opinion मत, धारणा।

view[2] *v.t.* to look at देखना; to survey पर्यवलोकन करना; to consider विचार करना; मानना।

vigil *वि जिल* *n.* wakefulness through the night रतजगा; watchfulness रखवाली।

vigilance *वि जि लॅन्स* *n.* watchfulness निगरानी, रखवाली।

vigilant *वि जि लॅन्ट* *a.* watchful सतर्क, चौकस।

vigorous *वि गॅ रॅस* *a.* strong शक्तिशाली; energetic ओजस्वी।

vile *वॉइल* *a.* shameful, disgusting घिनावना, नीचतापूर्ण; despicable घृणित, घृणा-योग्य।

vilify *वि लि फ़ॉइ* *v.t.* to speak ill of की निंदा करना; to slander बदनाम करना।

villa *वि लॅ* *n.* large, luxurious, country house देहाती बंगला; a detached suburban house उपनगरीय भवन।

village *वि लिज* *n.* a small group of houses in country area गांव, देहात।

villager *वि लि जॅ:* *n.* village-dweller देहाती, ग्रामीण।

villain *वि लॅन* *n.* a wicked person खल, दुष्ट; chief wrong-doer (in drama or novel) खलनायक।

vindicate *विन् डि केट* *v.t.* to clear of blame दोषमुक्त करना; to justify उचित बताना; to establish the truth of सच सिद्ध करना।

vindication *विन् डि के शॅन* *n.* act of vindicating दोष-मुक्ति।

vine *वॉइन n.* climbing plant bearing grapes अंगूर की बेल।

vinegar *वि नि गॅ: n.* acid liquor सिरका।

vintage *विन् टिज n.* the grape harvest द्राक्षा-संचयन; wine अंगूरी शराब।

violate *वॉइ ॲ लेट v.t.* to break (law, agreement, etc.) भंग करना; उल्लंघन करना; to commit rape on (से) बलात्कार करना; to profane अपवित्रत करना।

violation *वॉइ ॲ ले शॅन n.* act of violating उल्लंघन; rape बलात्कार; desecration अपवित्रीकरण।

violence *वॅइ ॲ लॅन्स n.* state of being violent हिंसा; intensity तीव्रता, उग्रता; use of force बल-प्रयोग।

violent *वॉइ ॲ लॅन्ट a.* marked by violence हिंसात्मक; involving physical attack आक्रामक; intense तीव्र, उग्र।

violet *वॉइ ॲ लिट n.* a small plant with bluish-purple or white flowers बनफ़्शा; purple blue colour बैंगनी रंग।

violin *वॉइ ॲ लिन n.* a four stringed musical instrument वायलिन।

violinist *वॉइ ॲ लि निस्ट n.* a violin-player वायलिन-वादक।

virgin[1] *वॅ: जिन n.* a girl who has not had sexual intercourse कुंआरी, अक्षत यौवना।

virgin[2] *n.* without experience of sexual intercourse अक्षत; pure पवित्र; untilled (land) बिना जोती हुई भूमि।

virginity *वॅ: जि नि टि n.* state of being virgin कौमार्य; chastity शुचिता, पवित्रता।

virile *वि रॉइल a.* (man) capable of copulation संभोग-शक्तियुक्त; strong, forceful शक्तिशाली।

virility *वि रि लि टि n.* sexual power संभोग-क्षमता; masculine strength पौरुष।

virtual *वॅ: ट्यु ॲल a.* so in effect, though not in appearance or name वास्तविक।

virtue *वॅ: चू -ट्यू- n.* moral goodness नैतिकता; a specific good quality सद्गुण; merit योग्यता।

virtuous *वॅ: ट्यु ॲस, -चु- a.* morally good नेक, सद्गुणी; chaste पावन, शुद्ध।

virulence *वि रु लॅन्स, -र्‌यु- n.* quality of being virulent विषाक्तता; harmfulness हानिप्रदता; malice द्वेषभाव।

virulent *वि रू लॅन्ट, -र्‌यु- a.* poisonous विषाक्त; malicious द्वेषपूर्ण।

virus *वॉइ रॅस n.* poisonous element causing infectious diseases विषाक्त तत्व।

visage *वि ज़िज n.* the human face चेहरा।

visibility *वि ज़ि बि लि टि n.* degree of clarity of atmosphere दृश्यता; distance at which something can be seen दृष्टिसीमा।

visible *वि ज़ि बल a.* that can be seen दृश्यमान, दृष्टिगोचर।

vision *वि ज़ॅन n.* sight दृष्टि; imagination कल्पना; dream स्वप्न; insight अंतर्दृष्टि।

visionary[1] *वि ज़ॅ नॅ रि a.* belonging to a vision काल्पनिक, अवास्तविक; impractical अव्यावहारिक; dreamy

स्वप्निल; idealistic आदर्शवादी।

visionary² *n.* a dreamer स्वप्न-दृष्टा; impractical person अव्यावहारिक व्यक्ति।

visit¹ *वि ज़िट n.* act of visiting भेंट; stay ठहराव; official call दौरा।

visit² *v.t.* to go to see से मिलने जाना; to stay as a guest with के यहां ठहरना; *v.i.* to make a visit दौरा करना।

visitor *वि ज़ि टः n.* a guest मेहमान; a tourist पर्यटक; one who comes for a visit भेंटकर्ता।

vista *विस् टॅ n.* view दृश्य।

visual *वि ज़्यु अॅल a.* concerned with seeing दृष्टि-विषयक; visible दृश्य।

visualize *वि ज़्यु अॅ लॉइज़ v.t.* to form mental image of की सजीव कल्पना करना।

vital *वॉइ ट्ल a.* necessary for life प्राणाधार; of great importance अति आवश्यक animated सजीव।

vitality *वॉइ टै लि टि n.* liveliness, energy जीवन-शक्ति।

vitalize *वॉइ टॅ लॉइज़ v.t.* to give life to जीवन प्रदान करना; to lend vigour to शक्ति देना।

vitamin *वॉइ टॅ मिन, वि- n.* विटामिन।

vitiate *वि शि एट v.t.* to spoil बिगाड़ना; to corrupt भ्रष्ट करना।

vivacious *वि वे शॅस a.* gay आनंदपूर्ण; sprightly फुरतीला।

vivacity *वि वै सि टि n.* quality of being vivacious ज़िंदादिली; gaiety आनंदमयता।

viva-voce¹ *वॉइ वॅ वो सि adv.* by word of mouth मौखिक रूप में।

viva-voce² *a.* oral मौखिक।

viva-voce³ *n.* oral examination मौखिक परीक्षा।

vivid *वि विड a.* bright चमकदार; lively सजीव; clear स्पष्ट।

vixen *विक् सॅन n.* a female fox लोमड़ी; a spiteful woman कर्कशा।

vocabulary *वॅ कै ब्यु लॅ रि, वोˇ- n.* list of words शब्द-सूची; stock of words शब्द-भडांर।

vocal *वो कॅल a.* of voice वाणी-विषयक; spoken कथित; expressive of feelings by speaking मुखर, मुखरित।

vocalist *वो कॅ लिस्ट n.* a singer गायक।

vocation *वोˇ के शॅन n.* profession, trade व्यवसाय; special aptitude विशेष रूझान।

vogue *वोग n.* fashion प्रचलन।

voice¹ *वौˇइस n.* sound that comes from the mouth आवाज़; quality of sound स्वर; expression अभिव्यक्ति; opinion मत, विचार।

voice² *v.t.* to express अभिव्यक्त करना।

void¹ *वौˇइड a.* empty रिक्त, खाली; not legally bound रद्द।

void² *v.t.* to make invalid रद्द करना; to empty out ख़ाली करना।

void³ *n.* empty space शून्य, रिक्ति।

volcanic *वौल् कै निक a.* of or like a volcano ज्वालामुखीय।

volcano *वौल् के नो n. (pl.-es)* a mountain discharging lava, gases, ashes etc. ज्वालामुखी।

volition *वोˇ लि शॅन n.* power of willling संकल्प-शक्ति; act of willing संकल्प।

volley¹ *वौˇ लि n.* simultaneous discharge of a number of missiles बौछार; rush of oaths, questions, etc. झड़ी; act of volleying उड़ती गेंद पर मार।

volley[2] *v.t* to discharge दाग़ना; (tennis) to return (ball) before it hits ground टप्पा लगने से पहले गेंद को लौटाना; *v.i.* to be dischrged दाग़ना, बौछार होना।

volt *वोल्ट n.* unit of electric potential वोल्ट।

voltage *वोल टिज n.* electric force measured in volts वोल्टता।

volume *वॉ ल्यूम n.* a large amount ढेर, राशि; loudness ध्वनि की तीव्रता; space occupied आयतन; bulk, mass मात्रा; book पुस्तक; part of book bound in one cover जिल्द।

voluminous *वॅ ल्यू मि नॅस a.* extensive विशाल, भारी।

voluntarily *वॉ लॅन् टॅ रि लि adv.* in a voluntary manner स्वेच्छा से।

voluntary *वॉ लॅन् टॅ रि a.* done by free will स्वैच्छिक।

volunteer[1] *वॉ लॅन् टिअॅ: n.* one who offers to do something of his own free will स्वयंसेवक।

volunteer[2] *v.t.* to give of offer voluntarily स्वेच्छा से देना; *v.i.* to offer oneself of one's own free will स्वयं को प्रस्तुत करना।

voluptuary *वॅ लप् ट्यु अॅ रि n.* one given to luxury and sexual pleasures विषयासक्त, भोगी।

voluptuous *वॅ लप् ट्यू अॅस a.* full of sexual pleasure भोगपूर्ण; giving sexual plelasure विलासप्रद; seeking sexual pleasure विलासप्रिय; sexually attractie कामोत्तेजक; showing sexual desire कामुक।

vomit[1] *वॉ मिट v.t.* to eject through the mouth मुंह से उलट देना; *v.i.* to eject contents of stomach through the mouth उलटी करना।

vomit[2] *n.* act of vomiting वमन-क्रिया; matter vomited उलटी, वमन।

voracious *वॅ रे शॅस a.* greedy लालची; very hungry अति भूखा; desiring much तीव्र इच्छावाला।

votary *वो टॅ रि n.* (fem. votaress) a person devoted to some pursuit, service or cause भक्त, अनुयायी।

vote[1] *वोट n.* formal expression of choice मतदान; right to express this choice मताधिकार; ballot मतपत्र; decision reached by voting चुनाव का निर्णय।

vote[2] *v.i.* to express choice by ballot मत देना; *v.t.* to grant by vote स्वीकृत करना।

voter *वो टॅ: n.* person who votes मतदाता; one who has the right to vote मताधिकारी।

vouch *वॉउच v.i.* (with 'for') to guarantee आश्वासन देना; to make oneself responsible दायित्व लेना।

voucher *वॉउ चॅ: n.* a documentary record of an expense paid व्यय की रसीद।

vouchsafe *वॉउच् सेफ v.t.* to condescend, to grant or do (something) देने या करने की कृपा करना।

vow[1] *वॉउ n.* pledge or solemn promise व्रत, प्रतिज्ञा।

vow[2] *v.t.* to promise solemnly, to take a vow for का व्रत लेना।

vowel वॉउ अॅल,-इल *n.* a speech sound made without contact of tongue, teeth or lips स्वर।

voyage[1] वौ ॅइ इ जॅः *n.* one who undertakes a voyage समुद्र-यात्रा।

voyage[2] *v.i.* to make a voyage समुद्र-यात्रा करना।

voyager वौ ॅइ इजॅः *n.* one who undertakes a voyage समुद्र-यात्री।

vulgar वल् गॅः *a.* coarse, ill-mannered भद्दा, अशिष्ट; obscene अश्लील; common सामान्य।

vulgarity वल् गै रि टि *n.* coarseness गंवारपन, अभद्रता; obscenity अश्लीलता।

vulnerable वल् नॅ रॅ ब्ल *a.* liable to be hurt or wounded छेद्य; open to attack जिस पर वार किया जा सके।

vulture वल् चॅः *n.* a large bird that feeds on carrion गिद्ध।

Ww

W डबल्यू the twenty third letter of the English alphabet, with the sound of a consonant when beginning a syllable and of a vowel if it does not begin a syllable. अंग्रेजी वर्णमाला का तेइसवाँ अक्षर, इसका उच्चारण किसी सिलेब्ल या मात्रा के आदि में व्यञ्जन, अन्यथा स्वर होता है।

wade वेड *v.i.* to walkthrough water or something that hinders progress पानी आदि में होकर गुज़रना; to walk with difficulty कठिनाई से चलना।

waddle वौ ॅ-ड्ल *v.i.* to walk with a rolling gait डगमगाकर चलना; to toddle इठलाती चाल चलना।

waft[1] वौफ़्ट, वौफ़्ॅट, वाफ़्ट *v.t.* to carry lightly and smoothly through air or over water हवा या पानी-द्वारा फैलाना।

waft[2] *n.* breath or puff of air महक, गमक।

wag[1] वैग *(-gg-) v.i.* to move rapidly from side to side हिलना; *v.t.* to cause to move rapidly from side to side हिलाना।

wag[2] *n.* wagging movement दोलन, हिलने की क्रिया।

wage[1] वेज *v.t.* to engage in में लगना; to carry on चालू रखना।

wage[2] *n.(usu. pl.)* payment for work done मज़दूरी।

wager[1] वे जॅः *n.* a bet शर्त।

wager[2] *v.i.* to bet शर्त लगाना, बाज़ी लगाना।

wagon वै गॅन *n.* a four-wheeled vehicle for heavy loads चौपाहिया गाड़ी; railway freight-truck मालडिब्बा।

wail[1] वेल *v.i.* to mourn, to cry out in grief or pain बिलखना, रोना, विलाप करना।

wail[2] *n.* mournful cry विलाप।

wain वेन *n.* wagon बैलगाड़ी, मालगाड़ी का डिब्बा।

waist वेस्ट *n.* part of the body between hips and ribs कमर।

waistband वेस्ट्-बैन्ड *n.* band on a

garment fitting round the waist कमरबंद।

waistcoat *वेस्ट्-कोट* *n.* a short sleeveless garment worn under the coat वास्कट।

wait[1] *वेट* *v.i.* to stay in one place प्रतीक्षा करना; to delay acting थोड़ी देर रुकना; to act as attendant सेवा-टहल करना; *v.t.* to postpone टालना।

wait[2] *n.* act of waiting प्रतीक्षा; period of waiting प्रतीक्षाकाल।

waiter *वे टॅः* *n.* attendant on guests at a hotel बैरा।

waitress *वेट्-रिस* *n.* a female waiter परिचारिका, सेविका।

waive *वेव* *v.t.* to forgo छोड़ देना; not to insist on पर ज़ोर न देना; to put aside हटा देना।

wake[1] *वेक* *v.t.* to rouse from sleep जगाना; to rouse from inactivity सचेत करना; *v.i.* to stop sleeping जगना; to rise into action सचेत होना, क्रियाशील होना।

wake[2] *n.* vigil जागरण; all night watch beside corpse शव की पूरी रात की रखवाली।

wake[3] *n.* track left behind in water by a moving ship अनुजल।

wakeful *वेक् फुल* *a.* sleepless निद्रारहित; on the watch सजग, चौकन्ना।

walk[1] *वौक* *v.i.* to move on foot at ordinary pace चलना; *v.t.* to cause to move on foot चलाना; to go over on foot चलकर पार करना।

walk[2] *n.* act of walking सैर, भ्रमण; gait चाल; journey on foot पदयात्रा; path मार्ग; profession पेशा, व्यवसाय।

wall[1] *वौल* *n.* solid upright erection of brick, stone, etc. दीवार; barrier रोक।

wall[2] *v.t.* to surround with a wall दीवार से घेरना; to block up with a wall दीवार से रोकना।

wallet *वौ˘ लिट* *n.* a small folding case that fits the pocket or handbag थैली।

wallop *वौ-लॅप* *v.t.* to strike with force (पर) आघात करना; to beat soundly बुरी तरह पीटना।

wallow *वौ˘ लो* *v.i.* to roll around (in mud) लोट-पोट करना; to revel मस्ती लूटना, गुलछर्रे उड़ाना।

walnut *वौल् नट* *n.* an edible nut with a hard shell अखरोट; the tree bearing this अखरोट का पेड़; its wood अखरोट की लकड़ी।

walrus *वौल्-रॅस* *n.* an aquatic webfooted carnivorous animal, sea horse समुद्री घोड़ा।

wan *वौनॅ* *a.* pale, looking ill पीला, विवर्ण।

wand *वौन्ड* *n.* a thin rod छड़ी।

wander *वौन्ँ डॅः* *v.i.* to roam, to ramble घूमना; to go astray भटकना; to deviate विषय से हट जाना।

wane[1] *वेन* *v.i.* (of the moon) to decrease in size घटना, छोटा होना; to decline ह्रास होना।

wane[2] *n.* decline, decrease ह्रास, अवनति।

want[1] *वौन्ट* *v.t.* to need की आवश्यकता होना; to desire की इच्छा रखना; to lack का अभाव होना।

want[2] *n.* need आवश्यकता; deficiency अभाव; desire इच्छा।

wanton *वौनॅ् टॅन a.* dissolute लंपट; without motive उद्देश्यहीन; unrestrained संयमहीन।

war[1] *वौः n.* fighting between nations युद्ध; state of hostility शत्रुता; conflict संघर्ष।

war[2] *(-rr-) v.i.* to make war लड़ना, युद्ध करना।

warble[1] *वौः ब्ल v.i.* to sing with a trilling sound कूजना।

warble[2] *n.* trilling sound कूजन।

warbler *वौः ब्लॅः n.* bird that warbles गायक पक्षी।

ward[1] *वौःड n.* one who is under the care of a guardian आश्रित; a divison (of city, hospital etc.) वार्ड; guardianship संरक्षकत्व।

ward[2] *v.t.* to protect रक्षा करना।

warden *वौः ड्न n.* a person in charge of a hostel, college etc. वार्डन, रक्षक।

warder *वौः डॅः n.* jailer जेलर, कारापाल।

wardrobe *वौःड् रोब n.* piece of furniture for hanging clothes in कपड़ों की अलमारी; a person's supply of clothes वस्त्र, कपड़े।

wardship *वौःर्ड-शिप n.* protection, custody अभिरक्षा।

ware *वेॅ अॅः n. (pl.)* goods, articles सामान, वस्तुएं।

warehouse *v.t.* to deposit in a warehouse गोदाम में रखना; to store up जमा करना।

warfare *वौः फ़ेॅअॅः n.* making war संग्राम condition of being at war युद्ध की स्थिति।

warlike *वौः लॉइक a.* fond of war युद्धप्रिय; ready for war युद्ध के लिए तत्पर; valiant बहादुर।

warm[1] *वौःम a.* moderately hot गुनगुना; (of clothing) serving to maintain heat गरम कपड़े; affectionate स्नेहपूर्ण; enthusiastic उत्साहपूर्ण; hearty हार्दिक; sympathetic सहानुभूतिपूर्ण।

warm[2] *v.t.* to make warm गरम करना; *v.i.* to become warm गरम होना।

warmth *वौःम्थ n.* mild heat गरमी, गरमाहट; cordiality हार्दिकता; emotion भावुकता।

warn *वौःन v.t.* to put on guard सचेत करना; to admonish चेतावनी देना; to give advance information to पूर्वसूचना देना।

warning *वौः निङ्ग n.* notice of danger etc. पूर्वसूचना; admonition चेतावनी।

warrant[1] *वौ ॅ रन्ट n.* authority अधिकार; document giving authority आज्ञापत्र।

warrant[2] *v.t.* to guarantee (का) ज़िम्मा लेना; to authorize अधिकार देना।

warrantee *वौ ॅ रॅन् टी n.* person given a warranty व्यक्ति जिसे आश्वस्त किया गया हो।

warrantor *वौ : रॅन् टॅः n.* person giving warranty आश्वासनदाता।

warranty *वौ ॅ रॅन् टि n.* authority अधिकार; assurance आश्वासन।

warren *वौ-रिन, -रॅन n.* an area of land where rabbits have their burrows खरगोशों का बाड़ा; a confused mass of streets गलियों की भूल-भुलैया।

warrior *वौ˘ रि ॲ:* *n.* fighter योद्धा।

wart *वौ:ट* *n.* small hard growth on skin मस्सा।

wary *वे˘ॲ रि* *a.* watchful, cautious सतर्क, चौकस।

wash[1] *वौशॅ* *v.t.* clean with water धोना; *v.i.* to be washable पानी में धुलने-योग्य होना।

wash[2] *n.* act of washing धुलाई; clothes washed at one time धुलाई के कपड़े; bath स्नान; thin coating पतला लेप।

washable *वौ˘ शॅ ब्‌ल* *a.* that can be washed without damage धुलाई-योग्य।

washer *वौ˘ शॅ:* *n.* washing machine धुलाई की मशीन; a flat ring of metal, rubber, etc. that fits under a nut वाशर।

wasp *वौ˘ स्प* *n.* a winged stinging insect भिड़, ततैया।

waspish *वौ˘स्‌-पिश* *a.* spiteful, virulent तुनकमिज़ाज, चिड़चिड़ा।

wassail *वौ˘-सल,-सेल* *n.* drinking about मद्यपानोत्सव; festive occasion, revelry रंगरेलियां, उत्सव; drinking or festive song मद्यपानगीत, उत्सवगान।

wastage *वैस्‌ टिज* *n.* amount wasted छीजन; loss हानि।

waste[1] *वेस्ट* *a.* worthless, useless निरर्थक, व्यर्थ; barren (land) बंजर भूमि।

waste[2] *n.* act of wasting बरबादी; what is wasted नष्ट पदार्थ; desert ऊसर।

waste[3] *v.t.* to use extravagantly नष्ट करना, व्यर्थ उड़ाना; to fail to take advantage of का लाभ न उठाना; to lay desolate उजाड़ देना; *v.i.* to dwindle क्षीण होना, घटना; to pine away घुलना, दुर्बल होना, सूख जाना।

wasteful *वेस्ट्‌ फुल* *a.* extravagant अपव्ययी; causing waste विनाशकारी।

watch[1] *वौचॅ* *v.t.* to observe closely निरीक्षण करना, अवलोकन करना; to guard रखवाली करना; *v.i.* to be on watch पहरे पर होना; to keep awake जागते रहना।

watch[2] *n.* close observation अवलोकन; wakefulness चौकसी; guard चौकीदार; spell of duty पहरा; portable time-piece for the wrist घड़ी।

watchful *वौचॅ्‌ फुल* *a.* wide awake सतर्क, चौकस।

watchword *वौचॅ्‌ वॅ:ड* *n.* a slogan or rallying cry नारा, संकेतशब्द।

water[1] *वौ टॅ:* *n.* liquid found in rivers, lakes, seas etc. पानी; body of water जलाशय; tear आंसू; urine मूत्र।

water[2] *v.t.* to put water on or into (पर या में) पानी डालना; to irrigate सींचन; to give water (to an animal) पशु को पानी पिलाना; to add water to में पानी मिलाना *v.i.* to salivate मुंह में पानी भर आना (of eyes) to fill with tears आंखों में आंसू आ जाना।

waterfall *वौ टॅ: फौल* *n.* perpendicular descent of water of river जल-प्रपात।

water-melon *वौ टॅ: मै˘ लॅन* *n.* a large fruit with juicy flesh तरबूज़।

waterproof[1] *वौ टॅ: प्रूफ a.* not letting water through जलसह।

waterproof[2] *n.* waterproof garment जलसह वस्त्र।

waterproof[3] *v.t.* to make waterproof जलसह बनाना।

watertight *वौ ॅ टॅ: टॉइट a.* made in such a way that water cannot penetrate जलरोधी; flawless दोषहीन, त्रुटिरहित।

watery *वौ ॅ टॅ रि a.* like water जलवत्; of water जलीय; (of eyes) running with water अश्रुमय।

watt *वौॅट n.* unit of electic power वाट।

wave[1] *वेव n.* a ridge on the surface of water लहर; a waving movement संकेत, इशारा; vibration तरंग।

wave[2] *v.t.* to move to and fro हिलाना; to signal by waving हाथ हिलाकर संकेत करना; *v.i.* to be in curves घुंघराले होना।

waver *वे वॅ: v.i.* to hesitate हिचकिचाना; to be unsteady अस्थिर होना।

wax[1] *वैक्स n.* soft material made by bees मोम; substance used for sealing लाख।

wax[2] *v.t.* to put wax on मोम लगाना; *v.i.* to increase बढ़ना।

way *वे n.* path मार्ग; manner ढंग, तरीका; means साधन; direction दिशा; progress प्रगति; condition दशा।

wayfarer *वे फ़ेॅअ रॅ: n.* traveller on foot राही, पथिक।

waylay *वे ले v.t.* to ambush की घात में बैठना; to wait for and stop की तलाश में होना व रोकना।

wayward *वे वॅ:ड a.* wilful हठी, जिद्दी; capricious तरंगी, मौजी।

weak *वीक a.* not strong कमज़ोर, निर्बल; lacking in ability अयोग्य, अक्षम; irresolute ढुलमुल।

weaken *वी कॅन v.t. & i.* to make or become weak कमज़ोर बनाना या बनना।

weakling *वीक् लिड्ग n.* a feeble creature कमज़ोर प्राणी।

weakness *वीक् निस n.* state of being weak कमज़ोरी; fault or defect of character चारित्रिक दोष; fondness, special liking शौक़, चस्का।

weal *वील n.* well-being कल्याण, हित, सुख-शांति।

wealth *वैल्थ n.* riches धन-दौलत, abundance प्रचुरता, बाहुल्य।

wealthy *वैल् थि a.* having wealth धनी, धनाढ्य।

wean *वीन v.t.* to accustom (a baby or a young animal) to food other than its mother's milk मां का दूध छुड़ाना; to cause (somebody) to turn away (from bad habit) किसी से बुरी आदत छुड़ाना।

weapon *वैॅ पॅन n.* an implement to fight with हथियार।

wear *वेॅ अ: v.t.* to have on the body पहनना; to show प्रदर्शित करना; *v.i.* to last चलना।

weary[1] *विअॅ रि a.* tired थका-मांदा; tiring थकान।

weary[2] *v.t. & i.* make or become weary थकाना या थकना।

weary[3] *a.* exhausted श्रांत, क्लांत; causing weariness थकाऊ, उबाऊ;

tasteless अरुचिकर, नीरस।

weary[4] *v.t.* to make weary श्रांत करना, थकाना; to reduce the patience of उबा देना।

weather[1] *n.* day-to-day climatic condition of a place वैॅ दः मौसम।

weather[2] *v.t.* to expose to open air खुली हवा में रखना; to endure झेलना, सहना।

weave *वीव* *v.t.* to interlace (threads) to make fabric बुनना; *v.i.* to work at a loom बुनाई का काम करना।

weaver *वी वॅः* *n.* a person who weaves at a loom बुनकर, जुलाहा।

web *वैबॅ* *n.* woven fabric कपड़ा; net spun by spider मकड़ी का जाला; membrane between toes of ducks, bats, etc. पदजाल।

webby *वै ॅ-बि* *a.* having a web झिल्लीदार; like a web झिल्ली के समान।

wed *वै ॅड (-dd-)* *v.t.* to marry (से) विवाह करना; to unite जोड़ना, मिलाना; *v.i.* to get married शादी करना।

wedding *वै ॅ डिङ्ग* *n.* marriage ceremony विवाहोत्सव, विवाह।

wedge[1] *वैजॅ* *n.* a v-shaped piece of wood or metal फन्नी, पच्चर।

wedge[2] *v.t.* to fasten with a wedge में पच्चर लगाना।

wedlock *वै ॅड़ लौकॅ* *n.* marriage विवाह।

Wednesday *वैन्ज़् डे, -डि* *n.* fourth day of the week बुधवार।

weed[1] *वीड* *n.* a wild plant अपतृण; a thin sickly person or animal पतला-दुबला व्यक्ति या पशु।

weed[2] *v.t.* to clear of weeds निराना; (with `out') to remove (something undesirable) अनावश्यक वस्तु को निकाल फेंकना।

week *वीक* *n.* period of seven days सप्ताह।

weekly[1] *वीक् लि* *a.* happening once a week साप्ताहिक।

weekly[2] *adv.* once a week प्रत्येक सप्ताह।

weekly[3] *n.* a periodical published once a week साप्ताहिक पत्रिका।

weep *वीप* *v.i.* (wept) to shed tears रोना; to grieve दुःखी होना, विलाप करना।

weevil *वी विल* *n.* small beetle harmful to grain etc. घुन।

weigh *वे* *v.t.* to find weight of तोलना; to consider सोचना, विचारना; *v.i.* to have weight वज़नदार होना।

weight *वेट* *n.* heaviness वज़न; piece of metal of known weight बाट; something heavy बोझा; importance महत्व।

weightage *वे-टिज* *n.* price paid for the weighing of goods तोलन-व्यय; importance बढ़त।

weighty *वे टि* *a.* of great weight भारी; important महत्वपूर्ण।

weir *विअॅः* *n.* a dam across a river (नदी का) सेतु, बांध; fence of stakes set in stream for catching fish (मछली पकड़ने की) बाड़।

weird *विअॅःड* *a.* uncanny अलौकिक; strange अनोखा।

welcome[1] *वैलॅ कॅम* *a.* received gladly सुखद; freely permitted अनुमत।

welcome[2] *n.* freindly greeting

अभिनंदन; reception स्वागत।

welcome[3] *v.t.* to greet with pleasure स्वागत करना।

weld[1] *वैल्ड* *v.t.* to unite (metal) by fusion वैल्ड करना; to unite closely जोड़ना, मिलाना; *v.i.* to be capable of being welded जुड़ने योग्य होना।

weld[2] *n.* welded joint जोड़।

welfare *वैल् फ़ॅ अॅ:* *n.* well-being कल्याण।

well[1] *वैलॅ* *a.* in good health स्वस्थ; suitable उपयुक्त।

well[2] *adv.* in a satisfactory manner भली-भांति; skilfully निपुणता से; intimately घनिष्टतापूर्वक; suitably औचित्यपूर्वक; fully पूर्ण रूप से; to a considerable degree पर्याप्त रूप में।

well[3] *n.* a hole sunk into the earth for water कुआं; source स्त्रोत।

well[4] *v.i.* to flow, to spring बहना, उमड़ना।

wellignton *वैॅलिङ्ग्-टॅन* *n.* a kind of long boot worn by men लंबा मर्दाना जूता।

well-known *वैॅल्-नोन* *a.* fully known सुपरिचित; celebrated सुप्रसिद्ध; notorious कुख्यात।

well-read *वैॅल्-रैॅड* *a.* of wide reading, learned विद्वान।

well-timed *वैॅल्-टॉइम्ड* *a.* oppourtune, keeping accurate time समयानुकूल।

well-to-do *वैॅल्-टु-डु* *a.* prosperous, well-off संपन्न, धनी, खाता-पीता।

welt *वैॅल्ट* *n.* band or strip of leather चमड़े का फ़ीता; lash चाबुक; a strip of leather sewed round the upper of a boot (जूते की) पट्टी, गोट।

welter *वैॅल्-टर:* *n.* state of turmoil विक्षोभ; agitation, surging mass आंदोलन, हंगामा; confusion असमंजस।

wen *वैॅन* *n.* a sebaceous cyst अर्बुद, गिल्टी।

wench *वैॅन्श* *n.* a damsel, girl छोकरी, लड़की; maid-servant नौकरानी।

west[1] *वैस्ट* *n.* the direction of the setting sun पश्चिम; part of country etc. lying to this side पश्चिमी भाग; occident पाश्चात्य जगत।

west[2] *a.* of the west पश्चिमी; coming from the west पछुवां।

west[3] *adv.* towards the west पश्चिम की ओर।

westerly[1] *वैसॅ टॅ: लि* *a.* situated towards the west पश्चिमी; coming from the west पछुवां।

westerly[2] *adv.* towards the west पश्चिम की ओर।

western *वैसॅ टॅ:न* *a.* of, in the west पश्चिमी; characteristic of the west पाश्चात्य।

wet[1] *वैॅट* *a.* having water or other liquid on a surface गीला; soaked in liquid तर; rainy बरसाती।

wet[2] *(-tt-)* *v.t.* to make wet गीला क.।

wetness *वैॅट् निस* *n.* quality of being wet गीलापन।

whack *हैक* *v.t.* to strike hard (with staff) (लाठी से) प्रहार; *v.i.* to strike चोट करना।

whale *हेल,* *n.* a large fish-shaped sea-animal वेल, हेल।

wharfage ह्वौ: -फ़िज *n.* dues paid for using a wharf घाट-शुल्क, घाट-भाड़ा।

what[1] ह्वौ ॅट, वौ ॅट *a.* which कौनसा, कौनसे; how much कितना ? how great, how much कितना अधिक; as much as जितना।

what[2] *pron.* which thing जो वस्तु; that which जो; which thing क्या, कौन वस्तु।

what[3] *interj.* exclamation of surprise, anger etc. क्या ! उफ !, अरे!

whatever ह्वौ ॅट् ऐ ॅ वं:, वौ ॅट्- *pron.* anthing which जो कुछ भी; no matter what कुछ भी।

wheat ह्वीट, वीट *n.* (plant producing) grain from which flour is made गेहू का पौधा।

wheedle वी ड्ल *v.t.* to coax, to flatter फुसलाना, चापलूसी करना।

wheel[1] ह्वील, वील *a.* circular frame or disc पहिया; act of turning चक्र, घुमाव।

wheel[2] *v.t.* to cause to turn घुमाना; to cause to move लुढ़काना; to cause to change course मोड़ना; *v.i.* to turn घूमना; to go on a wheel लुढ़कना; to change course मुड़ना।

whelm है ॅल्म *v.t.* to plunge deep, to submerge डुबो देना; to overpower अभिभूत करना।

whelp है ॅल्प *n.* (contemptuously) young man छोकरा; young of a lion सिंहशावक; young of a dog, puppy पिल्ला।

when[1] हैनॅ, वेनॅ *adv.* at which time कब; at the time that जब।

when[2] *conj.* at the which time that जिस समय; although यद्यपि; since क्योंकि।

whence हैन्स, वैन्स *adv.* from where जहां से, कहां से।

whenever हैनॅ ऐ ॅ वं:, वैनॅ- *adv. conj.* at whatever time जब कभी।

where[1] ह्वे ॅ अ:, वे ॅ अ: *adv.* at what place कहां; at or to the place in which जहां।

where[2] *conj.* in or at what place जहां।

whereabout, whereabouts हे ॅअर:-अ-बॉउट, -बॉउट्स *adv.* about where, near what? कहां

whereas हे ॅअ ए-ऐज़ *conj.* when in fact, but on the contrary जबकि।

whereat हे ॅअ:-ऐट *conj.* at or upon which जिस पर, जहां।

wherein हे ॅअ :-इन् *adv.* in which place or respect किस बात में, किस दृष्टि से।

whereupon हे ॅअर:-अ-पौ ॅन *conj.* upon which जिसपर; at or after which जिसके बाद।

wherever हे ॅअ:-ऐ ॅ-वर: *adv.* at whatever place जहां कहीं।

whet हैॅट, वैॅट (-tt-) *v.t.* to sharpen तेज़ करना; to stimulate उकसाना, उत्तेजित करना, प्रोत्साहित करना।

whether है ॅ दं:, वै ॅ- *conj.* if यदि; even if भले ही।

which[1] ह्चिव विच, *pron.* कौनसा; जो।

which[2] *a.* कौनसा।

whichever, whichsoever ह्चिव्-ऐ ॅ-वर:, ह्चिव्-सो-ऐ ॅ-वर: *pron.* everyone which, any one, no matter which जो कोई, चाहे जो।

whiff ह्विफ *n.* slight inhalation सांस, फूंक, sudden puff of air (हवा का)

झोंका; puff of smell गंध, गमक।

while[1] *ह्वॉइल, वॉइल n.* period of time समय।

while[2] *conj.* during the time that जिस समय, for as long as जब जब तक; whereas जबकि; although यद्यपि।

while[3] *v.t.* (with 'away') to spend (time) idly समय गंवाना, मस्ती में काटना।

whim *ह्विम विम n.* sudden passing fancy सनक, झक, मौज।

whimper *ह्विम्-परः v.i.* to express grief with a whining voice रिरियाना; *v.t.* to utter; low whining tone रिरियाकर कहना।

whimsical *ह्विम् ज़ि कॅल, विम्- a.* quaint अनोखा; full of whims झक्की, सनकी।

whine[1] *ह्वॉइन, वॉइन v.i.* to make a thin complaining cry क्याऊँ-क्याऊँ करना, रोना-चिल्लाना; *v.t.* to utter with a whine रोते हुए कहना।

whine[2] *n.* long drawn complaining cry चिल्लाहट।

whip[1] *ह्विप, विप (-pp-) v.t.* to thrash छेतना; to beat फेंटना; to strike with a whip कोड़े मारना।

whip[2] *n.* lash attached to a handle कोड़ा।

whipcord *ह्विप्-कौ ःड n.* cord for makng whips चाबुक की डोरी।

whir *हॅः n.* sound from rapid whirling motion भिनभिनाहट।

whirl[1] *हॅःल, वॅःल n.i.* to turn around rapidly घूमना; to move rapidly in a circular course चक्कर खाना; *v.t.* to cause to turn around घुमाना; to cause to move in a circular course चक्कर खिलाना।

whirl[2] *n.* whirling movement घुमाव, चक्कर; giddiness चकराहट, घबराहट।

whirligig *हॅः लि गिग, वॅः- n.* spinning top लट्टू; merry-go-round चक्रदोला।

whirlpool *हॅःल् पूल, वॅःल्- n.* eddy भंवर।

whirlwind *हॅःल विन्ड, वॅःल्- n.* violent current of air with a spiral motion चक्रवात, बगूला।

whisk[1] *विस्क v.t.* to brush lightly झाड़ना; to remove quickly तेज़ी से उठा ले जाना; to beat to a froth फेंटना।

whisk[2] *n.* light brush कूंचा; egg-beating implement फेंटनी।

whisker *विस् कॅः n.* the stiff hair at the side of an animal's mouth पशु की मूंछ; *(pl.)* hair allowed to grow on the sides of a man's face गलमुच्छे।

whisky *ह्विस् कि, विस्- n.* an alcoholic drink distilled from malted grain ह्विस्की।

whisper[1] *ह्विस् पॅः, विस् v.t.* to speak or say (something) softly फुसफुसा कर कहना; *v.i.* to make a murmuring sound मरमराना; to rustle सरसराना।

whisper[2] *n.* a sound made softly फुसफुस; a low rustling sound सरसराहट।

whistle[1] *ह्वि सल, वि- v.i.* to produce a shrill sound सीटी बजाना; *v.t.* to summon by whistle सीटी-द्वारा बुलाना; to signal by whistling सीटी से संकेत करना।

whistle[2] *n.* a shrill sound सीटी की आवाज़; instrument to make such sound सीटी।

white[1] *ह्वॉइट, वॉइट a.* of the colour of snow सफ़ेद; pale पीला; having a light coloured skin गोरा।

white[2] *n.* colour of snow सफ़ेद रंग; clothing of thin colour सफ़ेद पोशाक; clear fluid round the yolk of an egg अंडे की सफ़ेदी; white man गोरा।

whiten *ह्वॉइ ट्नॅ, वाइ- v.t.* to make सफ़ेद करना; *v.i.* to become white सफ़ेद होना।

whitewash[1] *ह्वॉइट् वौशॅ, वॉइट्- n.* substance for whitening walls etc. सफ़ेदी, कलई।

whitewash[2] *v.t.* to coat with whitewash सफ़ेदी करना; to cover up छिपाना।

whither *ह्वि दॅः, वि- adv.* where कहां।

whitish *वॉइ टिश, ह्वॉइ- a.* almost white सफ़ेद-सा।

whittle *ह्वि-ट्ल v.t.* to cut or pare with a knife चाकू से काटना या छीलना; to reduce the amount bit by bit थोड़ा-थोड़ा करके कम करना *v.i.* to cut or pare a piece of wood लकड़ी काटना या छीलना।

whiz (z) *ह्विज़ v.i.* to make a hissing sound सनसनाना।

who *हू interr. pron.* कौन, किसने; rel. pron. जो, जिसने।

whoever *हू ऐ ॅ वॅः pron.* anyone who जो कोई, जो भी।

whole[1] *होल a.* complete, entire संपूर्ण; not broken साबुत, समूचा।

whole[2] *n.* complete thing or system संपूर्ण वस्तु अथवा व्यवस्था।

whole-hearted *होल्-हॉ:-टिड a.* hearty, generous, sincere हार्दिक, एकनिष्ठ।

wholesale[1] *होल् सेल n.* selling of goods in large quantities थोक बिक्री।

wholesale[2] *a.* relating to bulk-selling थोक-संबंधी, थोक का; extensive व्यापक, विशाल।

wholesale[3] *adv.* in large quantities थोक में, बहुत अधिक।

wholesaler *होल् से लॅः n.* one who trades on wholesale basis थोक व्यापारी।

wholesome *होल् सॅम a.* producing good effect हितकारी; favourable to health स्वास्थ्यकर।

wholly *हो लि adv.* entirely पूर्णतया।

whom *हूम pron.* किसे, किसको; जिसे, जिसको।

whore *हौः, हौँः n.* a prostitute वेश्या।

whose *हूज़ pron.* किसका, जिसका।

why *हवॉइ, वॉइ adv.* for what reason क्यों; for which reason, because of which जिस लिए, जिस कारण से।

wick *विक n.* stip of thread feeding flame of lamp or candle with oil दीपक की बत्ती।

wicked *वि किड a.* evil, sinful दुष्ट, पापी; very bad धूर्त, बदमाश; mischievous नटखट, शरारती।

wicker *वि कॅः n.* flexible twigs that can be woven into baskets etc. खपची, लचीली टहनी।

wicket *वि किट n.* small gate छोटा फाटक; (cricket) set of three stumps and bails विकिट।

wide[1] *वॉइड a.* broad चौड़ा; spacious

विस्तृत; liberal उदार।

wide[2] *adv.* to the full extent पूर्णरूप से; far from the intended target लक्ष्य से दूर; to a great distance दूर तक।

widen *वॉइ ड्न v.t.* to make wide or wider चौड़ा करना; *v.i.* to become wide or wider चौड़ा होना।

widespread *वॉइड् स्प्रैॅड a.* extending over a wide area व्यापक, दूर तक फैला हुआ।

widow[1] *वि डो n.* a woman whose husband is dead विधवा।

widow[2] *v.t.* to make a widow of विधवा बनाना।

widower *वि डो अॅ: n.* man whose wife is dead विधुर।

width *विड्थ n.* breadth चौड़ाई।

wield *वील्ड v.t.* to hold and use प्रयोग में लाना; to brandish घुमाना, चलाना; to manage संभालना, नियंत्रित करना।

wife *वॉइफ़ n. (pl. wives)* a man's partner in marriage पत्नी।

wig *विग n.* artificial hair for the head बालों की टोपी, विग।

wight *वॉइट n.* a human being प्राणी।

wigwam *विग्-वैम n.* a hut कुटिया।

wild *वॉइल्ड a.* not tamed जंगली; uncivilized असभ्य; excited उत्तेजित।

wilderness *विल् डॅ: निस n.* desert, waste place बीहड़; state of desolation उजाड़।

wile *वॉइल n.* trick चाल, छल-कपट।

will[1] *विल n.* mental faculty of making decision संकल्पशक्ति; purpose उद्देश्य; volition संकल्प-व्यापार; determination संकल्प; wish इच्छा; legal document for disposal of property after death वसीयत-नामा।

will[2] *v.t.* to have a wish इच्छा रखना; *v.t.* to wish चाहना।

willing *वि लिङ्ग a.* ready तत्पर; given or done freely स्वैच्छिक।

willingness *वि लिङ्ग् निस n.* readiness तत्परता।

willow *वि लो n.* a tree with long thin, flexible branches भिंसा; its wood इसकी लकड़ी।

wily *वॉइ-लि a.* full of craft and cunning धूर्त, चालाक।

wimble *विम्-ब्ल n.* an instrument for boring holes बरमा, बरमी।

wimple *विम्-प्ल n.* a head dress worn by nuns शिरोवस्त्र।

win[1] *विन (-nn-) v.t.* to get by labour or effort प्राप्त करना; to reach पहुंचना; to allure लुभाना, ललचाना; to be successful in में सफल होना; *v.i.* to be victorious विजयी होना; to be successful सफल होना।

win[2] *n.* victory विजय।

wince *विन्स v.i.* to shrink सिकुड़ जाना; to hesitate झिझकना; to be startled चौंक जाना।

winch *विन्च n.* reel पेचक; roller चर्ख़ी; crank of wheel, axil पहिये की धुरी।

wind[1] *विन्ड n.* air in motion समीर; breath सांस; gas formed in the stomach अफारा।

wind[2] *v.t.* to cause to be breathless का सांस फुलाना; to get the scent of की गंध पा लेना।

wind[3] *वॉइन्ड v.t.* to twist लपेटना; to make into a ball or coil का गोला

या लच्छी बनाना; to move in a spiral manner घुमाना; to tighten the spring of (a watch) घड़ी में चाबी या कूक देना।

windbag *विन्ड्-बैग* *n.* person who talks a lot but says nothing important बातूनी, गप्पी व्यक्ति।

winder *वॉइन्-डरः* *n.* one who winds मोड़नेवाला; instrument for winding चाबी भरने का यंत्र; clock or watch key घड़ी की चाबी।

windlass *विन्ड्-लॅस* *v.t.* a hand winch for pulling and lifting बेलन-चरखा।

windmill *विन्ड्-मिल* *n.* a mill driven by the wind पवनचक्की।

window *विन् डो* *n.* an opening in a wall to admit light, air etc. खिड़की।

windy *विन् डि* *a.* with much wind तूफ़ानी।

wine *वॉइन* *n.* fermented juice of grape etc. अंगूरी शराब।

wing *विङ्ग* *n.* either of the two organs of a bird by which it flies पंख; the surface supporting an aircraft in the air वायुयान का पंख।

wink[1] *विङ्क* *v.i.* to move the eyelid पलक झपकना; to give a hint, to convey amused understanding आंख से इशारा करना; to blink टिमटिमाना; to connive अनदेखी करना; *v.t.* to make (the eyes) wink (आंखो को) जल्दी-जल्दी झपकाना।

wink[2] *n.* act of winking झपक; a hint given by means of the eye आंख का इशारा; an instant पलभर।

winner *वि नॅः* *n.* one who wins विजेता।

winnow *वि नो* *v.t.* to separate (grain) from chaf by means of a stream of air ओसाना, बरसाना।

winsome *विन् सॅम* *a.* charming आकर्षक।

winter[1] *विन् टॅः* *n.* the coldest season शीत ऋतु।

winter[2] *v.i.* to pass the winter जाड़ा बिताना।

wintry *विन् ट्रि* *a.* cold, chilly शीतल, ठंडा; of winter शीतकालीन; lacking warmth भावशून्य।

wipe[1] *वॉइप* *v.t.* to rub so as to clean पोंछना।

wipe[2] *n.* act of wiping पोंछन।

wire[1] *वॉइअॅः* *n.* metal drawn into thin strand तार; telegram तार।

wire[2] *v.t.* to fasten with wire तार से बांधना; to provide with wire तार लगाना; to send by telegraph तार द्वारा भेजना।

wireless[1] *वॉइअॅ लिस* *a.* without the use of wires बेतार का।

wireless[2] *n.* radio, radio set रेडियो।

wiring *वॉइअॅ रिङ्ग* *n.* system of wires for electric current बिजली के तार।

wisdom *विज़् डॅम* *n.* quality of being wise समझदारी, बुद्धिमानी।

wisdom-tooth *विज़्-डॅम-टूथ* *n.* a back tooth अक्ल दाढ़।

wise *वॉइज़* *a.* sensible, having intelligence and knowledge समझदार, बुद्धिमान।

wish[1] *विश* *n.* desire इच्छा; thing desired इच्छित वस्तु।

wish[2] *v.t.* to desire चाहना; *v.i.* to

have a desire इच्छुक होना।

wishful *विश् फुल a.* desirous आकांक्षी, इच्छुक।

wisp *विस्प n.* small bundle of straw or hay घास का गट्ठर; small broom पतली झाड़ू; tuft or shred गुच्छा; thin strand or fibre तंतु।

wistful *विस्ट् फुल a.* longing, yearning उत्कंठित; sadly pensive उदासीपूर्ण।

wit *विट n.* alertness of mind बुद्धि की प्रखरता; clever and humorous expression of ideas वाग्विदग्धता; person gifted with quickness of mind हाज़िर-जवाब व्यक्ति।

witch *विच n.* a woman having evil supernatural powers जादूगरनी; a hag डाइन; an alluring girl or woman मोहिनी।

witchcraft *विच् क्राफ़्ट n.* sorcery, use of magic जादू-टोना।

witchery *वि चॅ रि n.* witchcraft जादू-टोना; fascination, charm आकर्षण।

with *विद prep.* in the company of के साथ; as a means of के द्वारा; in the care of की देखरेख में; against विरूद्ध।

withal *वि-दौल adv.* besides के अतिरिक्त; with all or the rest सब के साथ।

withdraw *विद् ड्रौ v.t.* to draw back खींच लेना, पीछे हटाना; to take back वापस लेना to take out निकालना; *v.i.* to move back पीछे हटना, वापस जाना।

withdrawal *विद् ड्रौ अॅल n.* taking out निकासी; moving back वापसी; taking back वापसी।

withe *विद, विथ n.* a flexible twig लचीली टहनी।

wither *वि दॅः v.i.* to fade मुरझाना; *v.t.* to cause to fade मुरझा देना।

withhold *विद् होल्ड- v.t.* to keep back रोक रखना; to refrain from giving देने से इनकार करना।

within[1] *विद् इन prep.* inside of, not beyond के अंदर, से अधिक नहीं।

within[2] *adv.* indoors घर में; inside अंदर।

within[3] *n.* inner side, inner part भीतरी भाग।

without[1] *विद् ऑउट prep.* not with, lacking से रहित, के बिना।

without[2] *adv.* outside बाहर की ओर।

without[3] *n.* outer side or part बाह्य भाग।

withstand *विद् स्टैन्ड v.t.* to resist, to oppose का विरोध करना to hold out against का सामना करना।

witless *विट्-लिस a.* destitute of wit बुद्धिहीन; silly मूर्ख; thoughtless विचारहीन; indiscreet विवेकहीन।

witness[1] *विट् निस n.* one who sees something प्रत्यक्ष-दर्शक; testimony गवाही; one who gives testimony गवाह; one attesting signature प्रमाण कर्त्ता।

witness[2] *v.i.* to give testimony गवाही देना; *v.t.* to see देखना; to attest प्रमाणित करना।

witticism *वि टि सिज़्म n.* witty remark चुटीला कथन।

witty *वि टि a.* clever and amusing (person) वाग्विदग्ध, हाज़िरजवाब; characterized by wit चुटीला, मज़ेदार।

wizard *वि ज़ॅःड n.* a magician

जादूगर।

wobble *वौ ˘ बल v.i* to rock हिलना, लड़खड़ाना; to be uncertain अस्थिर होना; *v.t.* to cause to rock हिलाना, लड़खड़ा देना।

woe *वो n.* grief, sorrow शोक, विषाद।

woebegone *वो-बि-गौ ˘न a.* dismal, sad, उदास; beset with woe विषादमय।

woeful *वो फुल n.* sorrowful शोकपूर्ण; miserable दुःखी।

wolf *वुल्फ n.* a wild predatory dog-like animal भेड़िया।

woman *वु मॅन n.* adult human female नारी, स्त्री; the female sex स्त्री-जाति।

womanhood *वु मॅन् हुड n.* state of being woman नारीत्व।

womanish *वु मॅ निश n.* effeminate ज़नाना, स्त्रैण।

womanize, ise *वु-मॅ-नॉइज़ v.t.* to make effeminate स्त्रैण बनाना; *v.i.* to consort with women, esp. prostites व्यभिचार करना, वेश्यागमन करना।

womb *वूम n.* female organ of conception गर्भाशय।

wonder[1] *वन् डॅः n* astonishment आश्चर्य; a marvel अजूबा; a miracle चमत्कार।

wonder[2] *v.i.* to marvel आश्चर्य करना; *v.t.* to be doubtful about के विषय में अनिश्चित होना।

wonderful *वन् डॅः फुल a.* causing wonder आश्चर्यजनक; remarkable very fine अत्युत्तम।

wondrous *वॅन्-ड्रॅस a.* wonderful आश्चर्यजनक, अद्‌भुत; excellent अत्युत्कृष्ट।

wont[1] *वौन्ट a.* accustomed आदी।

wont[2] *n.* custom habit रिवाज, आदत।

wonted *वौ ˘न्-टिड़ a.* accustomed अभ्यस्त; usual सामान्य।

woo *वू v.t.* to court, to seek the love of (से) प्रणय-निवेदन करना; to coax फुसलाना।

wood *वुड n.* timber लकड़ी; fire-wood ईंधन; *(pl.)* a tract of land with growing trees जंगल।

wooden *वु डॅन a.* made of wood लकड़ी का।

woodland *वुड् लॅन्ड n.* land covered with wood वनस्थली, वन।

woof *वूफ़ n.* the threads that cross the warp in weaving बाना।

wool *वुल n.* soft hair of sheep, goat etc. ऊन; yarn made from this ऊनी धागा।

woollen[1] *वु लॅन a.* made of wool ऊनी।

woollen[2] *n* fabric made of wool ऊनी कपड़ा; *(pl.)* clothes made of wool ऊनी वस्त्र।

word[1] *वॅःड n.* a meaningful unit of speech शब्द; message संदेश; brief remark टिप्पणी, कथन; a promise वचन, वादा; information सूचना; command आदेश।

word[2] *v.t.* to express in words शब्दों में व्यक्त करना।

wordy *वॅः डि a.* verbose शब्दाडंबरपूर्ण।

work[1] *वॅःक n.* labour श्रम; employment व्यवसाय; activity कार्य; task नियत कार्य; thing done कृत्य; production of art कृति; *(pl.)* factory कारख़ाना।

work[2] *v.t.* to cause to operate चालू करना, चलाना; to make, to shape बनाना, ढालना; *v.i.* to labour श्रम करना; to operate चलना; to engage in some activity काम करना; to be occupied in business धंधे में लगना।

workable *वॅः कॅ ब्ल* *a.* that can be made to work व्यवहार्य।

workaday *वॅः कॅ डे* *a.* plain, ordinary सादा, सामान्य।

worker *वॅः कॅः* *n.* a wage-earner मज़दूर।

workman *वॅःक् मॅन* *n.* manual worker मज़दूर।

workmanship *वॅःक् मॅन् शिप* *n.* skill of a workman शिल्प, कारीगरी।

workshop *वॅःक् शौपॅ* *n.* place where things are made कारख़ाना।

world *वॅःल्ड* *n.* the universe विश्व; the planet earth भूलोक; mankind मानव-जाति; human society मानव-समाज, जगत्, दुनिया; society समाज; an area of interest रुचि-क्षेत्र।

worldling *वॅःल्ड्-लिङ्ग* *n.* one devoted exclusively to worldly pleasures सांसारिक आनंद में लिप्त व्यक्ति।

worldly *वॅःल्ड् लि* *a.* earthly पार्थिव; mundane सांसारिक; materialistic भौतिक।

worm *वॅःम* *n.* small limbless creeping creature कीड़ा, कृमि; a weak spineless person कमीना आदमी; the spiral part of a screw पेंच की चूड़ी।

wormwood *वॅःम् वुड* *n.* a bitter herb नागदौन; bitterness कटुता।

worn *वौःन* *a.* that has been worn, showing effects of wear घिसा हुआ, फटा हुआ; exhausted वृद्ध, थका-मांदा; hackneyed घिसा-पिटा।

worry[1] *व रि* *n.* anxiety चिंता; a cause of anxiety चिंता का कारण।

worry[2] *v.i.* to be concerned चिंतित होना; *v.t.* to trouble परेशान करना।

worsen *वॅः सॅन* *v.t.* to make worse बिगाड़ना; *v.i.* to become worse बिगड़ना।

worship[1] *वॅः शिप* *n.* act of worshipping पूजा, उपासना; admiration प्रशंसा; a title of respect श्रीमन्।

worship[2] *(-pp-)* *v.t.* to adore पूजा करना; to love and admire के प्रति प्रेम व प्रशंसा का भाव रखना।

worshipper *वॅः शि पॅः* *n.* adorer, devotee पुजारी, उपासक।

worst[1] *वॅःस्ट* *n.* the highest degree of badness, most evil state or effect सबसे बुरी बात।

worst[2] *a.* bad or evil in the highest degree सब से बुरा।

worst[3] *v.t.* to defeat पराजित करना।

worsted *वुः स्टिड* *n.* woollen yarn ऊनी धागा; cloth made from this yarn ऊनी कपड़ा।

worth[1] *वॅःथ* *n.* value, merit गुण; virtue गुणवत्ता; usefulness उपयोगिता; excellence उत्कृष्टता।

worth[2] *a.* having a certain value निश्चित मूल्य का; deserving of के लायक; possessing का स्वामी।

worthless *वॅःथ् लिस* *a.* of no use व्यर्थ, निरर्थक।

worthy *वॅः दि* *a.* deserving (of) के योग्य; deserving respect सम्मान्य।

would-be *वुड्-बी* *a.* wishing to be

इच्छुक; intended to be होने वाला।

wound[1] *वुन्ड* *n.* injury, hurt from cut, stab etc. घाव, ज़ख्म; a hurt to feelings ठेस।

wound[2] *v.t.* to hurt, to injure घायल करना; to pain ठेस पहुंचाना।

wrack *रैक* *n.* sea weed cast ashore (किनारे पर पड़ा हुआ) समुद्री शैवाल।

wraith *रेथ* *n.* apparition of a person about to die or newly dead प्रेत, प्रेतात्मा।

wrangle[1] *रैङ् ग्ल* *v.i.* to quarrel noisily लड़ना झगड़ना; to dispute बहस करना।

wrangle[2] *n.* noisy quarrel लड़ाई-झगड़ा dispute बहस, वाद-विवाद।

wrap[1] *रैप* *(-pp-)* *v.t.* to cover by putting something round लपेटना; to conceal छिपाना।

wrap[2] *n.* a loose garment आवरण; a shawl शाल. चादर।

wrapper *रैं पः* *n.* a loose cover for a book आवरण; a strip of paper wrapped round a periodical of sending by post कागज़ की लपेटन।

wrath *रौथ, रौथॅ* *n.* anger क्रोध।

wreath *रीथ* *n.* a circle of interwoven flowers माला।

wreathe *रीद* *v.t.* to form into a wreath गूथना; to surround घेरना; to wind round लपेटना।

wreck[1] *रैकॅ* *n.* distruction of ship पोतभंग; wrecked ship पोतावशेष; ruin भग्नावशेष, विनाश।

wreck[2] *v.t.* to cause to wreck of भग्न करना, नष्ट करना।

wreckage *रैˇ किज* *n.* the remains of something wrecked पोतावशेष, भग्नावशेष।

wrecker *रैˇ-कॅः* *n.* person who causes a wreck ध्वंसकर्त्ता; one who criminally ruins anything तोड़-फोड़ करनेवाला।

wren *रैनॅ* *n.* a small song bird पिटपिटी, फुदकी।

wrench[1] *रैन्च* *n.* a violent twist मरोड़; sprain मोच; spanner रिन्च; grief of parting बिछुड़ने की पीड़ा।

wrench[2] *v.t.* to twist violently मरोड़ना, ऐंठना; to distort तोड़-मरोड़ देना; to sprain मोच देना।

wrest *रैस्ट* *v.t.* to take by force छीनना; to twist मरोड़ना।

wrestle *रैˇ स्ल* *v.i.* to struggle with an opponent so as to throw him to the ground कुश्ती लड़ना; to strive संघर्ष करना।

wrestler *रैसॅ लॅः* *n.* one who wrestles कुश्ती लड़ने वाला, पहलवान।

wretch *रैचॅ* *n.* a poor, miserable person अभागा व्यक्ति।

wretched *रैˇ चिड* *a.* miserable, unhappy दुःखी, अभागा।

wrick *रिक* *n.* sprain (हलकी) मोच, मरोड़।

wriggle[1] *रि ग्ल* *v.i.* to move with twisting action रेंगना; to squim कुलबुलाना।

wriggle[2] *n.* twisting movement रेंगने की क्रिया; squim कुलबुलाहट।

wring *रिङ्ग* *v.t.* to twist ऐंठना; to squeeze out निचोड़ना; to extort ऐंठ लेना।

wrinkle[1] *रिङ् क्ल* *n.* crease in the skin झुर्री; fold सिलवट; pucker शिकन।

wrinkle[2] *v.t.* to cause wrinkles in

में सिलवट डालना, झुर्री पैदा करना; *v.i.* to become wrinkled झुर्री या शिकन पड़ना।

wrist *रिस्ट n.* joint by which the hand is united to the arm कलाई, मणिबंध।

writ *रिट n.* a written command from law court हुक्मनामा।

write *रॉइट v.t.* to set down in words लिखना to compose की रचना करना; to communicate in writing लिखकर भेजना; *v.i.* to form words on paper लिखना; to be an author लेखन-कार्य करना; to send a letter पत्र भेजना।

writer *रॉइ टः n.* one who writes लिखनेवाला; an author लेखक।

writhe *रॉइद v.i.* to twist the body in pain छटपटाना, तड़पना।

wrong[1] *रौँग a.* incorrect ग़लत, अशुद्ध; not suitable अनुपयुक्त; unjust अन्यायपूर्ण; illegal अवैध; not moral अनैतिक; sinful पापपूर्ण।

wrong[2] *adv.* in the wrong way ग़लत ढग से।

wrong[3] *v.t.* to do wrong to से अन्याय करना।

wrongful *रौ ङ्ग फुल a.* unjust अन्यायपूर्ण; unlawful अवैध।

wry *रॉइ a.* twisted, contorted टेढ़ा, तोड़ा-मरोड़ा; sardonic व्यंग्यपूर्ण।

X एक्स the twenty-fourth letter of the English alphabet pronounced like 'z' at the beginning of a word and ks. elsewhere; as a Roman numeral it stands for 10, the first unkonwn quantity (x) in algebra. अंग्रेजी वर्णमाला का चौबीसवाँ अक्षर, शब्द के आदि में इस अक्षर का उच्चारण "ज्" तथा अन्य स्थान में "क्स्" होता है, रोमन संख्या में यह १० के लिए प्रयुक्त होता है, बीजगणित में (x) पहिली अज्ञात संख्या के लिये यह प्रयुक्त होता है।

xerox[1] *ज़ी रौक्स n.* a photocopy छायाप्रति।

xerox[2] *v.t.* to photocpoy (की) छायाप्रति बनाना।

Xmas *क्रिस् मॅस n.* Christmas बड़ा दिन।

x-ray[1] *ऐक्स रे n.* एक्स किरण।

x-ray[2] *a.* pertaining to x-ray एक्स-किरणीय।

x-ray[3] *v.t.* to photograph by x-rays एक्सकिरण फ़ोटो लेना।

xylophagous *ज़ाइ लौं फॅ गॅस a.* wood-eating काष्ठ-भक्षी।

xylophilous *ज़ाइ लॉ फि लॅस a.* fond of eating wood काश्ठ-प्रेमी।

xylophone *ज़ॉइ लॅ फोन n.* a musical instrument of wooden bars which sound when struck काष्ठ-तरंग।

Yy

Y वाई the twenty-fifth letter of the English alphabet, a Roman numeral for 150, the letter is a vowel after a consonant and a consonant after a vowel. अंग्रेजी वर्णमाला का पचीसवाँ अक्षर, रोमन् संख्या में १५० के लिये प्रयुक्त होता है, व्यन्जन के बाद इसका उच्चारण स्वर का तथा स्वर के बाद इसका उच्चारण व्यन्जन का होता है।

yacht[1] *यॉट n.* a light sailing boat हलकी नौका।

yacht[2] *v.i.* to travel in a yacht नौका-विहार करना।

yak *यैक n.* long-haired ox of Central Asia सुरागाय, चमर।

yap[1] *यैप (-pp-) v.i.* (of small dogs, etc.) to utter sharp short barks भौं-भौं करना; to talk idly बकसाव करना।

yap[2] *n.* a shrill bark भौं-भौं।

yard *या:ड n.* a unit of length (36 inches) गज़; enclosed area अहाता।

yarn *या:न n.* spun thread सूत, तागा; a tale कहानी, क़िस्सा।

yawn[1] *यौन v.i.* to open the mouth wide in sleepiness जम्हाई लेना; to be wide open चौड़ा होना।

yawn[2] *n.* act of yawning जम्हाई।

Year *यिअ:, यॅ: n.* twelve months वर्ष।

yearly[1] *यिअ: लि, यॅ:- a.* taking place every year वार्षिक।

yearly[2] *adv.* every year, once a year प्रतिवर्ष।

yearn *यॅ:न v.i.* to feel longing लालायित होना।

yearning *यॅ: निङ्ग n.* longing, desire लालसा, इच्छा।

yeast *यीस्ट n.* substance used as fermenting agent ख़मीर।

yell[1] *यैलॅ v.i.* to cry out in loud shrill tone चिल्लाना; *v.t.* to say in loud shrill tone चिल्लाकर कहना।

yell[2] *n.* a loud shrill cry चिल्लाहट, पुकार।

yellow[1] *यैं लो a.* of the colour of lemons पीला।

yellow[2] *n.* the colour of lemons पीला रंग।

yellow[3] *v.t.* to cause to become yellow पीला करना; *v.i.* to become yellow पीला होना।

yellowish *यैं लो इश a.* rather yellow पीला-सा, कुछ-कुछ पीला।

Yen *यैंन n.* Japanese monetary unit यैन, जापानी मुद्रा।

yeoman *यो मॅन n.* a small farmer छोटा ज़मींदार।

yes *यैसॅ adv.* of agreement or consent हाँ, सचमुच।

yesterday[1] *यैसॅ टॅ: डे, -डि n.* the day just pasted बीता हुआ दिन।

yesterday[2] *adv.* on the day just pasted कल; recently हाल में।

yet[1] *यैंट adv.* upto the present time अब तक; in addition इसके अतिरिक्त; still अभी तक।

yet[2] *conj.* nevertheless तथापि।

yield[1] *यील्ड v.t.* to produce पैदा करना; to provide प्रदान करना; to give up, to surrender समर्पित करना, त्याग देना; *v.i.* to submit आत्मसमर्पण करना; to surrender हार मानना।

yield² *n.* amount produced उपज, पैदावार; profit लाभ; result परिणाम।

yoke¹ *योक* *n.* a wooden bar put across the necks of oxen pulling a cart etc. कड़ी, जुआ; bond or tie बंधन, संबंध; a mark of servitude दासता; a pair of oxen बैलों की जोड़ी; part of a garment that fits the shoulders वस्त्र का कंधोंवाला भाग।

yoke² *v.t.* to put a yoke on (पर) जुआ रखना, जीतना; to join together जोड़ना, युग्मित करना।

yolk *योक* *n.* the yellow part of an egg अंडे की ज़रदी।

younder¹ *यौन् डॅः* *a.* that can be seen over there वहाँ का, वह वाला।

younder² *adv.* over there, in that direction वहाँ, उस ओर।

young¹ *यङ्ग* *a.* not old छोटा; immature अपरिपक्व, अनाड़ी; at an early stage of growth नवोदित।

young² *n.* offspring संतान, बच्चे।

youngster *यङ्ग्स्टॅः* *n.* a young person not yet mature enough छोकरा, लौंडा।

youth *यूथ* *n.* state or time of being young यौवन, तरुणाई; young man जवान युवक; young people नौजवान लोग।

youthful *यूथ् फुल* *a.* young युवा, तरुण।

Zz

Z जेड् the twenty-six and the last letter of the English alphabet, it has the sound of s, z, or sh अंग्रेजी वर्णमाला का छब्बीसवाँ तथा अन्तिम अक्षर, इसका उच्चारण स, ज्, तथा श होता है।

Zany *ज़े नि* *a.* funny in an unusual way बेहूदा, हास्यपूर्ण

zeal *ज़ील* *n.* great enthusiasm जोश, उत्साह।

zealot *ज़ैं लॅट* *n.* enthusiast उन्मादी; fanatic supporter कट्टर समर्थक।

zealous *ज़ैं लॅस* *a.* full of zeal, ardent जोशपूर्ण, उत्साही।

zebra *ज़ी ब्रॅ* *n.* striped African animal like a horse ज़ेबरा।

zenith *ज़ैं निथ* *n.* point of the sky exactly overhead शिरोबिंदु; the highest point चरम बिंदु, पराकाष्ठा।

zephyr *ज़ैं फ़ॅः* *n.* west wind पछुवाँ हवा; gentle breeze मंद समीर।

zero *ज़िअॅ रो* *n.* the figure 0, शून्य; nothing कुछ नहीं; freezing point हिमांक।

zest *ज़ैस्ट* *n.* enjoyment मज़ा, आनंद; enthusiasm उत्साह, जोश।

zigzag¹ *ज़िग् ज़ैग* *n.* line or course with sharp turns in alternate directions टेढ़ी-मेढ़ी रेखा।

zigzag² *a.* formed in a zigzag टेढ़ा-मेढ़ा।

zigzag³ *(gg)* *v.i.* to go in a zigzag टेढ़ा-मेढ़ा जाना।

zinc *ज़िड्क* *n.* a bluish-white metal जस्ता।

zip[1] *ज़िप* *n.* a whizzing sound सनसनाहट; a kind of fastener ज़िप।

zip[2] *(pp) v.t.* to open or close by means of a zip ज़िप से बंद करना या खोलना।

zodiac *ज़ो डि ऐक* *n* राशिचक्र।

zonal *ज़ो नॅल* *a.* of or pertaining to a zone मंडलीय।

zone *ज़ोन* *n.* one of the five climatic belts into which the earth is divided कटिबंध; any belt-like area क्षेत्र, मंडल।

zoo *जू* *n.* place where live animals are kept for exhibition चिड़ियाघर, जंतुशाला।

zoological *ज़ॉ अॅ लॉ जि कॅल, ज़ु* *a.* of zoology प्राणि-विज्ञान विषयक।

zoologist *ज़ॉ ऑ लॅ जिस्ट, ज़ु-* *n.* an expert in zoology प्राणि-विज्ञानी।

zoology *ज़ॉ ऑ लॅ जि, ज़ु-* *n.* scientific study of animals प्राणि-विज्ञान।

zoom[1] *ज़ूम* *n.* sudden upward flight of an aircraft वायुयान की तेज़ ऊर्ध्व उड़ान; the humming sound made by such a flight ऐसी उड़ान की गूँज।

zoom[2] *v.i.* (of an aircraft) to rise steeply (वायुयान का) तेज़ी से ऊपर उठना; to move with a fast roaring noise शोर करते हुए तेज़ी से गुज़रना; to soar ऊँचा उठना।

हिन्दी-अंग्रेजी

HINDI-ENGLISH

HINDI ALPHABETS

and their romanised transliterations

अ	आ	इ	ई	उ	ऊ	ऋ
a	ã	i	i	u	ü	r
ए	ऐ	ओ	औ	अं	अः	
e	ai	o	au	am	ah	
क	ख	ग	घ	ङ		
ka	kha	ga	gha			
च	छ	ज	झ	ञ		
c	ch	ja	jha			
ट	ठ	ड	ढ	ण		
ta	tha	da	dha			
त	थ	द	ध	न		
ta	tha	da	dha	na		
प	फ	ब	भ	म		
pa	fa/pha	ba	bha	ma		
य	र	ल	व	श		
ya	ra	la	va	s		
ष _		स	ह			
s/s/sh		sa	ha			

संयुक्त व्यञ्जन

क्ष	त्र	ज्ञ
ksha	tra	Jna

Abbreviations used :

अ.	अंग्रेजी English	प्र. प्रत्यय
अ.	अरबी Arabic	वि. विशेषण Adjective
फ./फा.	फारसी Persian	क्रि. क्रिया Verb
स्त्री.	स्त्रीलिंग Feminine	स. क्रि. सकर्मक क्रिया
पु.	पुंल्लिग Masculine	अ. क्रि. अकर्मक क्रिया
बहु.	बहुवचन Plural	

अ

अ *(a)* the first letter and vowel of Devnagri alphabet.

अंक *(ank)* पु. digit; mark; issue; number; act (drama); embrace; lap.

अंकगणित *(ankganit)* पु. arithmetic.

अंकन *(ankan)* पु. numbering; notation; brand; tagging; imprinting; making; description; writing; drawing.

अंकित *(ankit)* वि. marked; labelled; tagged; written; numbered; drawn; painted.

अंकुर *(ankur)* पु. villus (pl. villi); shoot; off-shoot; sign.

अंकुरण *(ankuran)* पु. germination; sprouting.

अंकुरित *(ankurit)* वि. sprouted; germinated; budded.

अंकुश *(ankus)* पु. elephant goad; hook; uncus; prod; restraint; control.

अंकेक्षक *(ankeksak)* पु. auditor.

अंकेक्षण *(ankeksan)* पु. audit.

अंग *(ang)* पु. organ; limb; body; division; department; part; branch; area; side; aspect.

अँगड़ाई *(angrāi)* स्त्री. stretching of limbs; twisting of body.

अँगना, आँगन *(angana)* पु. courtyard.

अँगरखा *(angarkha)* पु. loose upper male garment.

अंगराग *(amgarāg)* पु. cosmetics.

अंगार, अँगारा *(angāra)* पु. ember; cinder.

अंगीकार *(angikāra)* पु. acceptance (as one's own).

अँगीठी *(amgithi)* स्त्री. brazier; ingle; fire place; grate.

अंगुल *(angul)* पु. (स्त्री. उँगली) digit; a finger's breadth.

अंगुलत्राण *(angultrān)* पु. thimble.

अंगुली, अँगुली *(amguli)* स्त्री. finger: digit.

अंगुश्ताना *(angustāna)* पु. (फा.) thimble.

अँगूठा *(amguthā)* पु. thumb.

अँगूठी *(amguthi)* स्त्री. finger-ring.

अंगूर *(angur)* पु. grape.

अँगोछा *(amgochā)* पु. towel.

अंचल *(ancal)* पु. circle; zone; region.

अंजन *(anjan)* पु. collyrium; eyesalve.

अंजर-पंजर *(anjar-panjar)* पु. physical frame; skeleton; joints of the body; parts of a machine.

अंजलि *(anjali)* स्त्री. hollow of the palm.

अंजाम *(anjām)* पु. (फा.) result; consequence; end; completion.

अंजीर *(anjir)* पु. (फा.) fig.

अंट-शंट *(ant-śant)* वि. absurd; incoherent irrelevant; inconsistent; random.

अंड-बंड *(and band)* वि. miscellaneous; meaningless; nonsense; incoherent; irrelevant.

अंडा (andā) पु. egg.

अंडाकार *(andākār)* वि. oval; oviform.

अंतःकरण *(antahkaran)* पु. conscience.

अंतः पुर *(antahpur)* पु. harem.

अंतः प्रेरणा *(antahprerna)* स्त्री. urge; inspiration.

अंत *(ant)* पु. end; fall; destruction; edge; result; death.

अँतड़ी *(amtri)* स्त्री. intestine.

अंततः *(antatah)* क्रि. वि. at long last; finally; ultimately; eventually.

अंततोगत्वा *(antatogatvā)* क्रि. वि. at long last; finally: ultimately; eventually.

अंतरंग *(antarang)* वि. internal; inner; intimate; private.

अंतर *(antar)* पु. difference; distance.

अंतरात्मा *(antarātma)* स्त्री. conscience. soul.

अंतराल *(antarāl)* पु. interval; space.

अंतरिक्ष *(antariks)* पु. space; sky.

अंतरिक्ष यात्री *(antariksh-yātri)* पु. astronaut.

अंतरिक्ष यान *(antariksh-yān)* पु. spaceship.

अंतरिक्ष विज्ञान *(antariksh-vijnan)* पु. meteorology.

अंतरिम *(antarim)* वि. interim.

अंतरीकरण *(antikaran)* पु. stagger (archit).

अंतरीप *(antarip)* पु. cape.

अंतर्गत *(antargat)* वि. included.

अंतर्जात *(antarjāt)* वि. innate.

अंतर्जातीय *(antarjātiya)* वि. intercaste.

अंतर्दृष्टि *(antar-driśti)* स्त्री. insight.

अंतर्देशीय *(antardeśiya)* वि. interstate; inland; (inland letter).

अंतर्द्वंद्व *(antardvand)* पु. inner conflict.

अंतर्धान *(antardhān)* पु. disappearance.

अंतर्ध्वंस *(antardhavas)* पु. sabotage.

अंतर्निहित *(antarnihit)* वि. implicit; inherent.

अंतर्मुखी *(antarmukhi)* वि. introvert.

अंतर्यामी *(antaryāmi)* वि. pervading the innerself.

अंतर्राष्ट्रीय *(antarrāśtriya)* वि. international; global.

अंतर्वस्त्र *(antarvastra)* पु. underwear; undergarment.

अंतर्विरोध *(antarvirodh)* पु. self-contradiction.

अंतर्निहित *(antarnihit)* वि. latent; concealed; rendered invisible.

अंतस्तल *(antastal)* पु. heart of hearts; mind.

अंतिम *(antim)* वि. final; last; ultimate; terminal.

अंतेवासी *(antevasi)* पु. resident pupil.

अंदर *(andar)* क्रि. पु. (फ़ा.) within; in; inside.

अंदरूनी *(andaruni)* वि. (फ़ा.) internal; inward.

अंदाज़ *(andāz)* पु. फ़ा. estimate; guess; style; mode: gesture.

अंदाज़न *(andāzan)* क्रि. पु. (फ़ा.) roughly; approximately.

अंदाजा *(andāzā)* पु. (फ़ा.) estimate; guess: conjecture; surmise.

अंधकार *(andhākar)* पु. darkness.

अंधड़ *(andhar)* पु. violent duststorm.

अंधता *(andhata)* स्त्री. blindness.

अंधविश्वास *(andhvisvās)* पु. superstition; orthodoxy.

अंधा *(andhā)* पु. a blind person.

अंधाधुंध *(andhādhund)* क्रि. वि. indiscriminately; racklessly; excessively.

अंधानुकरण *(andhānukarn)* पु. blind imitation.

अंधापन *(andhāpan)* पु. blindness.

अँधियारा *(amdhiyārā)* see. अंधकार

अंधेर *(amdher)* पु. complete lawlessness.

अँधेरा *(amdherā)* पु. darkness.

अंबर *(ambar)* पु. sky; cloud; garment.

अंबार *(ambār)* पु. (फ़ा.) heap; bulk.

अंबुधि अंबुनिधि *(ambudhi; ambunidhi)* पु. ocean.

अंश *(ams)* पु. share; part; portion; degree (of an angle); division; fragment; fraction; ingredient; contribution; passage.

अंशकालिक *(amśakalik)* वि. part-time.

अंशतः *(amstah)* क्रि. वि. partly.

अंशदान *(amśadān)* पु. contribution.

अंशदायी *(amśadāi)* वि. contributory

अकड़ *(akar)* स्त्री. rigidity; stiffness; intractibility; strut; conceit; haughtiness.

अकड़बाज़ *(akarbāz)* वि. haughty; arrogant.

अकथनीय *(a-kathaniya)* वि. indescribable; ineffable; unutterable.

अकर्मक *(a-karmak)* वि. intransitive.

अकर्मण्य *(a-karmanya)* वि. indolent; idle.

अकर्मण्यता *(a-karmanyatā)* स्त्री. indolence; inertness; idleness; inactivity.

अकल्पनीय *(a-kalpaniya)* वि. unimaginable; inconceivable.

अकल्पित *(akalpit)* वि. unimagined.

अकसर *(aksar)* क्रि. वि. (अ.) often; usually.

अकस्मात् *(akasmāt)* क्रि. वि. accidentally; suddenly.

अकाट्य *(akātya)* वि. indisputable; irrefutable.

अकादमी *(akādmi)* स्त्री. academy.

अकारण *(akāran)* वि. without any pretext; groundless; causeless; unprovoked.

अकाल[1] *(akāl)* पु. famine.

अकाल[2] *(akāl)* वि. untimely.

अकिंचन[1] *(akincan)* पु. poorman; pauper.

अकिंचन[2] *(akincan)* वि. poor; destitute.

अकुलाना *(akulāna)* अ. क्रि. to feel restless or uneasy.

अकुलाहट *(akulāhat)* स्त्री. uneasiness; restlessness.

अकुशल *(akushal)* वि. unskilled.

अकुशलता *(akushaltā)* स्त्री. inefficiency; incompetence.

अकृतज्ञ *(akritjna)* वि. ungrateful; thankless.

अकृत्रिम *(akritrim)* वि. natural; genuine; unsophisticated; unaffected.

अकेला *(akelā)* वि. alone; lonely; lonesome; solitary; sole.

अकेले *(akele)* क्रि. वि. alone; without a companion.

अक्खड़ *(akkhar)* वि. contumacious; rude and rough; headstrong; fearless.

अक्खड़पन *(akkharpan)* पु. contumacy; haughtiness; fearlessness; rudeness; incivility.

अक़्ल *(akal)* स्त्री. (अ.) wisdom; intellect; intelligence;

अक़्लमंद *(akalmand)* वि. (अ.) sagacious; intelligent; wise.

अक़्लमंदी *(akalmandi)* स्त्री. (अ.) sagacity; intelligence.

अक्षम्य *(akshamya)* वि. inexcusable; unforgivable; unpardonable.

अक्षय *(akshay)* वि. everlasting; endless; inexhaustible; eternal.

अक्षर[1] *(akshar)* पु. syllable; character; sort (print); letter.

अक्षर² *(akshar)* वि. undecaying; imperishable.

अक्षरशः *(aksharśah)* क्रि. वि. in toto; literaly; verbatim.

अक्षांश *(akshāṁś)* पु. latitude.

अक्षुण्ण *(akshun)* वि. unbroken; unimpaired; intact; whole ; undiminished.

अखंड *(akhand)* वि. undivided; unbroken; whole; complete; indivisible; non-stop; irrevocable.

अख़बार *(akhbār)* पु. (अ.) newspaper.

अखबारनवीस *(akhbārnavis)* पु. (अ.) journalist.

अख़बारनवीसी *(akhbārnavisi)* स्त्री. (अ) journalism.

अखरना *(akharnā)* अ. क्रि. to be unpleasant; to be disagreeble; to make one feel sore; to be troublesome; to be oppressive.

अखरोट *(akhrot)* पु. walnut.

अखाड़ा *(akhārā)* पु. arena; place for exercise; congregation or abode of sadhus.

अखिल *(akhil)* वि. entire; whole; complete.

अगम *(agam)* वि. unattainable; inacessible; incomprehensible.

अगम्य *(agamya)* वि. impassable; beyond reach; inapproachable; incomprehensible.

अगर *(agar)* क्रि. वि. (फ़ा.) if.

अगरबत्ती *(agarbatti)* स्त्री. incense-stick.

अगला *(agalā)* वि. following; next; forthcoming; approaching; coming.

अगवानी *(agavāni)* स्त्री. welcome; reception.

अगाध *(agādh)* वि. profound; unfathomable; immense.

अगुआ *(aguā)* पु. leader; pioneer; forerunner.

अगोचर *(agocar)* वि. imperceptible.

अग्नि *(agni)* स्त्री. fire.

अग्निकांड *(agnikānd)* पु. arson; conflagration.

अग्निदाह *(agnidāh)* पु. cremation.

अग्र *(agra)* वि. pre-eminent; topmost; chief; fornt; first; best.

अग्रगण्य *(agraganya)* वि. leading; prominent.

अग्रगामी *(agragāmi)* वि. pioneering; foregoing; preceding.

अग्रजा *(agrajā)* स्त्री. elder sister.

अग्रणी *(agrani)* वि. foremost: leading: outstanding: prominent.

अग्रदूत *(agradüt)* पु. herald: pioneer: forerunner; harbinger.

अग्रलेख *(agralekh)* पु. editorial (journ).

अग्रसर *(agrasar)* वि. going ahead; leading.

अग्रसारण *(agrasāran)* पु. forwarding.

अग्रसारित *(agrasārit)* वि. forwarded.

अग्राह्य *(agrāhāya)* वि. unacceptable; inadmissible; ineligible; incomprehensible.

अग्रिम *(agrim)* वि. advance; first; foremost; superior.

अग्रेषण *(agreśan)* पु. forwarding.

अघ *(agha)* पु. sin; misdeed.

अघाना *(aghāna)* अ. क्रि. to be satisfied.

अचंभा *(acambhā)* पु. astonishment; wonder; surprise.

अचंभित *(acambhit)* वि. astonished; amazed; wonder-struck.

अचरज *(acaraj)* पु. astonishment; surprise.

अचल *(a-cal)* वि. constant; firm; stable; immobile; stationary.

अचलता *(a-calata)* स्त्री. firmness; immovability.

अचानक *(acanak)* क्रि. वि. suddenly.

अचार *(acār)* पु. pickles.

अचिंत *(a-cint)* वि. thoughtless; carefree.

अचिंत्य *(a-cintya)* वि. inconceivable; unknowable; beyond imagination; beyond hope; sudden.

अचिर[1] *(a-cir)* वि. prompt; recent; new; momentary.

अचूक *(a-cuk)* वि. effective; unfailing.

अचेत *(a-cet)* वि. unconscious.

अचेतन[1] *(a-cetan)* पु. lifeless object.

अचेतन[2] *(a-cetan)* वि. inanimate.

अच्छा[1] *(acchā)* वि. good; nice; fine; excellent; pleasant; pleasing; genuine; pure; righteous; agreeable; proper; suitable; befitting; satisfactory; favourable.

अच्छा[2] *(acchā)* क्रि. वि. well; nicely; excellently.

अच्छाई *(acchāi)* स्त्री. goodness; virtue; merit; excellence; advantage.

अच्छापन *(acchāpan)* पु. see अच्छाई।

अच्युत *(a-cyut)* वि. infallible; unerring; immutable.

अछूत[1] *(a-chüt)* वि. untouchable.

अछूत[2] *(a-chüt)* पु. man of low caste.

अछूता *(a-chütā)* वि. unpolluted; untouched; fresh; unused; unharnessed; unexplored.

अजगर *(ajagar)* पु. python; a huge snake.

अजनबी[1] *(ajnabi)* वि. (फ़ा.) exotic: unknown; unfamiliar: alien.

अजनबी[2] *(ajnabi)* पु. (फ़ा.) stranger.

अजब *(ajab)* वि. (अ.) wonderful; strange; peculiar; marvellous.

अजर *(a-jar)* वि. ever young; undecaying; free from old age.

अजा *(azā)* स्त्री. she-goat; goddess Durga.

अजायबघर *(ajāyb-ghar)* पु. museum.

अजिर *(ajir)* पु. courtyard; arena; wind; body; matter of senses.

अज़ीज़ *(aziz)* पु. (फा.) dear.

अजीब *(ajib)* वि. peculiar; marvellous; strange; wonderful.

अजीर्ण *(a-jirn)* पु. constipation; indigestion; dyspepsia.

अजूबा *(ajübā)* पु. (अ.) wonder.

अजेय *(ajey)* वि. invincible; unconquerable.

अज्ञात *(a-jnāt)* वि. unknown; incognito.

अज्ञान *(a-jnān)* पु. ignorance.

अज्ञानता *(a-jnānata)* स्त्री. ignorance.

अज्ञानी *(a-jnāni)* वि. unwise: ignorant.

अज्ञेय *(a-jney)* वि. unknowable; unfit to be know.

अटकना *(ataknā)* अ. क्रि. to get stuck up; to be held up; to quarrel.

अटकल *(atkal)* स्त्री. conjecture; guess; speculation.

अटकाना *(atkānā)* स. क्रि. to detain; to hinder; to prevent; to delay; to connect; to link; to obstruct.

अटखेली *(atakheli)* see अठखेली

अटपटा *(atpatā)* वि. incongruous; absurd; unpleasant; unsavoury.

अटल *(a-tal)* वि. resolute; steadfast; firm; unwavering; immovable; irrevocable; unalterable.

अटूट *(a-tut)* वि. unbreakable; unbroken; continuous; firm.

अट्टहास, -हास्य *(attahās)* पु. horse

laugh; guffaw.

अठखेली *(athkheli)* स्त्री. frolic; merriment.

अड़ंगा *(arangā)* पु. impediment; obstacle.

अड़चन *(arcan)* स्त्री. hitch; hindrancne; obstacle; difficulty.

अड़ना *(arnā)* अ. क्रि. to be obstinate; to stick; to insist; to halt; to be restive.

अड़ाना *(arānā)* स. क्रि. to cause to obstruct; to press forward.

अडिग *(a-dig)* वि. steady; unflinching.

अड़ियल *(ariyal)* वि. stubborn: inflexible; mulish.

अड़ोस-पड़ोस *(arōs-parōs)* पु. neighbourhood.

अड्डा *(adda)* पु. meeting place; stand (for vehicles); base.

अणु *(anu)* पु. atom; molecule.

अणुबम *(anu-bam)* पु. atom bomb.

अतः, अतएव *(atah; at-ev)* अ. therefore; hence.

अतल *(a-tal)* वि. bottomless; fathomless; unffathomable.

अता-पता *(atā-patā)* पु. clue; whereabout; trace.

अति *(ati)* वि. excessive; too much; very much; extreme; absolute.

अतिकर *(ati-kar)* पु. surtax.

अतिक्रम *(ati-kram)* अतिक्रमण पु. transgression; violation; infringement.

अतिचार *(ati-cār)* पु. trespass; profanation; outrage; violation.

अतिचारी *(ati-cāri)* वि. outrageous; intrusive; profane.

अतिथि *(atithi)* पु. guest.

अतिथिपरायण *(atithi-parāyan)* वि. hospitable.

अतिथि-सत्कार *(atithi-satkār)* पु. hospitality.

अतिमानव *(ati-mānav)* पु. superman.

अतिमानवीय *(ati-mānaviya)* वि. superhuman.

अतिरंजना *(ati-ranjana)* स्त्री. exaggeration.

अतिरंजित *(ati-ranjit)* वि. exaggerated.

अतिरिक्त *(ati-rikt)* वि. additional; accessory; extra; superfluous; surplus; auxiliary.

अतिरेक *(ati-rek)* पु. superfluity; excess; exuberance; plenty; abundance; surplus; redundancy.

अतिवादी *(ati-vādi)* पु. extremist.

अतिशय *(ati-śay)* पु. excessive.

अतिशयता *(ati-śayatā)* स्त्री. surplusage; excessiveness.

अतिशयोक्ति *(ati-sayokti)* स्त्री. hyperbole.

अतिसार *(ati-sār)* पु. dysentry; diarrhoea.

अतींद्रिय *(atindriya)* वि. imperceptible; supersensible; supersensuous; extrasensory; transcendental.

अतीत *(atit)* वि. past.

अतीव *(ativ)* पु. excessive.

अतुल *(a-tul)* अतुलनीय, अतुलित, अतुल्य वि. unequalled; unparalleled; matchless; immeasurable; immense; unique.

अतृप्त *(a-trpt)* वि. unsatiated; unsatisfied.

अत्यंत *(aty-ant)* वि. much; immese.

अत्यधिक *(aty-adhik)* वि. very much; too much.

अत्यल्प *(aty-alp)* वि. very little; meagre.

अत्याचार *(aty-ā-cār)* पु. tyranny; atrocity; excess; outrage; oppression.

अत्याचारी *(aty-a-cari)* वि. atrocious; tyrannous; outrageous; oppressive.

अत्यावश्यक *(aty-āvasyak)* वि. urgent.

अत्युक्ति *(aty-ukti)* स्त्री. hyperbole.

अथक *(a-thak)* वि. untiring; unceasing; ceaseless; indefatigible.

अथवा *(athavā)* वि. either; or.

अथाह *(a-thāh)* वि. very deep; unfathomable; bottomless.

अदक्ष *(adaksh)* वि. inefficient; incompetent.

अदद *(adad)* पु. (अ.) piece; number; article; item.

अदना *(adnā)* वि. (अ.) low; inferior; insignificant; worthless; trifling; trivial.

अदब *(adab)* पु. (अ.) respect; regard; civility; etiquette; politeness; courtesy; literature.

अदम्य *(a-damya)* वि. irresistible; irrepressible.

अदरक *(adrak)* पु. ginger.

अदल-बदल *(adal-badal)* स्त्री. barter; interchange.

अदा *(adā)* स्त्री. (अ.) blandishment; coquetry; posture; graceful manner.

अदाकार *(adakār)* पु. actor; performer.

अदायगी *(adāygi)* स्त्री. payment; performance.

अदालत *(adālat)* स्त्री. court of low.

अदालती *(adālati)* वि. judicial; legal.

अदावत *(adāvat)* स्त्री. (अ.) animosity; enmity; hostility; rivalry.

अदूरदर्शिता *(adürdarsitā)* स्त्री. shortshightedness.

अदूरदर्शी *(adürdarsi)* वि. wanting in foresight; unwise; ignorant.

अदृश्य *(a-drisya)* वि. invisible.

अदृष्ट *(a-drist)* पु. fate; fortune; calamity; unforseen trouble.

अदृष्ट *(a-drișt)* वि. unforeseen; unseen.

अद्धा *(addhā)* पु. half of a bottle; half of any measure; counterfoil.

अद्भुत *(adbhut)* वि. marvellous; fantastic; wonderful.

अद्यतन *(adyatan)* वि. modern; latest

अद्वितीय *(a-dvitiya)* वि. unique; matchless.

अधःपतन, *(adhāh-patan)* अधःपात पु. degeneration; degradation; downfall; deterioration.

अधकचरा *(adhākacrā)* वि. half-ripe; immature; incomplete; half-baked; unassimilated.

अधखिला *(adh-khila)* वि. half-bloomed.

अधखुला *(adh-khulā)* वि. half-uncovered; half-open

अधम[1] *(adham)* वि. vile; mean; base.

अधम[2] *(adham)* पु. miscreant; villain.

अधमरा *(adh-marā)* वि. half-dead.

अधर *(a-dhar)* पु. lip; empty space.

अधर्म *(a-dharm)* पु. sinful; unrighteousness; immorality; irreligion; injustice.

अधर्मी *(a-dharmi)* वि. irreligious; sinful.

अधार्मिक *(a-dharmik)* वि. irreligious; profane; unrighteous; sacrilegeous.

अधिक *(adhik)* वि. much; extra; additional; surplus; abundant.

अधिकतम *(adhikatam)* वि. maximum; utmost.

अधिकतर *(adhikatar)* क्रि. वि. mostly.

अधिकता *(adhikatā)* स्त्री. excess; sufficiency; profusion.

अधिकरण *(adhi-karan)* पु. tribunal locative case (grammar); organ; agency; organization.

अधिकांश *(adhikāns)* वि. most; more than half.

अधिकाधिक *(adhikādhik)* वि. utmost; maximum; more and more.

अधिकार *(adhi-kār)* पु. right; mastery; claim; power; authority; command; jurisdiction; entitlement.

अधिकारी *(adhi-kāri)* पु. officer: owner; proprietor: authority.

अधिकृत *(adhi-krit)* वि. authorised; occupied; accredited; official.

अधिकोष *(adhikos)* पु. bank.

अधिक्रम, अधिक्रमण *(adhikram)* पु. supersession; encroachment.

अधिक्षेत्र *(adhiksetra)* पु. jurisdiction.

अधिगत *(adhi-gat)* वि. attained; acquired; gained; obtained; achieved.

अधिग्रहण *(adhi-grahan)* पु. acquisition.

अधिदेश *(adhi-des)* पु. mandata.

अधिनायक *(adhināyak)* पु. dictator; leader.

अधिनायकत्व *(adhi-nāyakatva)* पु. dictatroship.

अधिनायकवाद *(adhi-nāyakvad)* पु. dictatorism.

अधिनायकीय *(adhi-nāyakiya)* वि. dictatorial.

अधिनियम *(adhi-ni-yam)* पु. act of legislature.

अधिनिर्णय *(adhi-nirnay)* पु. award.

अधिपत्र *(adhi-patra)* पु. warrant

अधिप्रभार *(adhi-prabhār)* पु. surcharge.

अधिभार *(adhi-bhar)* पु. surcharge: incumbrance: overweight.

अधिमानव *(adhi-mānav)* पु. superman.

अधिमास *(adhi-mās)* पु. leap month.

अधियाचन *(adhi-yācan)* पु. requisition.

अधियुक्त *(adhi-yuktā)* वि. employed.

अधियोद्धा *(adhi-yodhā)* अधियोजक पु. employer.

अधियोजन *(adhi-yojan)* पु. employment.

अधिराज्य *(adhi-rājya)* पु. suzerian state.

अधिलाभ *(adhi-lābh)* पु. super profit; bonus.

अधिवक्ता *(adhi-vaktā)* पु. advocate.

अधिवर्ष *(adhi-varṣa)* पु. leap year

अधिवेशन *(adhi-veśan)* पु. session.

अधिशासी *(adhi-śasi)* पु. executive.

अधिशुल्क *(adhi-śulk)* पु. premium.

अधिशोषण *(adhi-śosan)* पु. absorption.

अधिष्ठाता *(adhi-śthātā)* पु. president; chief; presidingdeity; dean.

अधिष्ठान *(adhi-sthān)* पु. abode; establishment, installation.

अधिष्ठापन *(adhi-sthāpan)* पु. installation.

अधिसंख्यक *(adhi-san-khyak)* वि. supernumerary.

अधिसूचना *(adhi-sucanā)* स्त्री. notification.

अधीक्षक *(adhiksak)* पु. superintendent.

अधीक्षण *(adhikśan)* पु. superintendence.

अधीन *(adhin)* वि. subordinate.

अधीनता *(adhinatā)* पु. subjection;

subordinating: dependence.

अधीनस्थ *(adhinasth)* वि. subordinate; dependent.

अधीर *(a-dhir)* वि. fidgety; restive; nervous; impatient; anxious.

अधीरता *(a-dhiratā)* स्त्री. impatience; perplexity; anxiety; petulance; nervousness.

अधूरा *(adhūrā)* वि. incomplete; imperfect.

अधूरापन *(adhūrāpan)* पु. incompleteness; imperfection.

अधेड़ *(adher)* वि. middle-aged.

अधोगति *(adhogati)* स्त्री. downfall; degradation; decline; decay; degeneration.

अधोगामी *(adhogāmi)* वि. descending; going downwards.

अधोमुख, *(adhomukh)* वि. facing downwards; dejected; depressed; drooped; prone.

अध्यक्ष *(adhy-aks)* पु. chairman; president

अध्यात्म *(adhy-ātm)* पु. spiritual contemplation.

अध्यादेश *(adhy-ā-des)* पु. ordinance.

अध्यापक *(adhy-āpak)* पु. teacher.

अध्यापन *(adhy-āpan)* पु. teaching.

अध्यापिका *(adhy-āpika)* स्त्री. lady-teacher.

अध्याय *(adhy-āy)* पु. chapter.

अध्येता *(adhy-eta)* पु. student; scholar.

अनंत *(an-ant)* वि. infinite; unending; eternal; unlimited; infinity; eternity.

अनंतर *(an-antar)* क्रि. वि. afterwards; later on.

अनगढ़ *(an-garh)* वि. crude; grotesque.

अनगिनत *(an-ginat)* वि. countless; innumerable; untold.

अनचाहा *(an-cāhā)* वि. undesired; unwanted.

अनजान *(an-jān)* वि. unacquainted; unknown; ignorant.

अनदेखा *(an-dekhā)* वि. unseen.

अनधिकार *(an-adhi-kār)* वि. unauthorised.

अनधिकृत *(anadhikrit)* वि. unauthorised; unoccupied.

अनन्नास *(anannās)* पु. pine-apple.

अनन्य *(an-anya)* वि. exclusive; matchless; unique.

अनन्यता *(an-anyatā)* स्त्री. uniqueness; exclusiveness.

अनपच *(an-pac)* अपच पु. indigestion.

अनपचा *(an-pacā)* वि. undigested; unassimilated.

अनपढ़ *(an-parh)* वि. illiterate; uneducated.

अनपेक्षित *(an-pêksit)* वि. not expected; not required; unwanted.

अनबन *(anban)* स्त्री. estrangement; rift; discord.

अनबूझ *(an-būjh)* अबूझ वि. unintelligible.

अनभिज्ञ *(an-abhi-jna)* वि. unacquainted; ignorant; unaware.

अनभिज्ञता *(an-abhi-jnatā)* स्त्री. ignorance; unawareness; unacquaintedness.

अनभ्यस्त *(anbhyast)* वि. unaccustomed.

अनमना *(an-manā)* वि. absent minded; unattentive; indifferent; indisposed.

अनमेल *(an-mel)* वि. incommensurate; discordant; inharmonious; heterogeneous; ill-matched.

अनमोल *(an-mol)* वि. invaluable; priceless.

अनम्य *(anamya)* वि. stiff; unbending; rigid; inflexible.

अनम्र *(anamra)* वि. impertinent; impudent; disrespectful; immodest.

अनर्गल *(an-argal)* वि. unrestrained; incoherent; absurd; meaningless.

अनर्थ *(an-arth)* पु. calamity; absurdity; absolutely; contrary meaning.

अनल *(anal)* पु. fire.

अनवरत *(an-ava-rat)* वि. continuous; incessant.

अनशन *(an-asan)* पु. fast; hunger strike.

अनश्वर *(a-nasvar)* वि. everlasting; immortal.

अनसुना *(an-sunā)* वि. unheard.

अनहोनी *(an-honi)* वि. improbable; impossible; miraculous.

अनागत *(an-ā-gat)* वि. yet to come; future: not attained: unknown.

अनाचार *(an-ā-cār)* पु. licentiousness; misconduct; malpractice; immorality; corruption.

अनाज *(anāj)* पु. corn; grain; cereal.

अनाड़ी *(anāri)* वि. unskilful

अनाथ *(a-nāth)* पु. orphan.

अनाथ *(a-nath)* वि. helpless; orphaned.

अनाथालय *(anāthālaya)* अनाथाश्रम पु. orphanage.

अनादर *(an-ā-dar)* पु. disrespect; disregard; insult.

अनादि *(an-ādi)* वि. eternal; everlasting.

अनाप-शनाप *(anāp-śanāp)* वि. absurd; slipslop; irrelevant.

अनाम *(a-nām)* अनामक वि. anonymous; nameless.

अनामिका *(a-nāmika)* स्त्री. ring finger.

अनायास *(an-ā-yās)* क्रि. वि. suddenly; spontaneously; involuntarily.

अनार *(anār)* पु. pomegranate.

अनावरण *(an-ā-varan)* पु. exposure; unveiling.

अनावर्तक, अनावर्ती *(an-ā-vrti)* वि. non-recurring.

अनावश्यक *(a-nāvaśyak)* वि. unnecessary; unimportant; useless; redundant.

अनावृत *(an-ā-vrit)* वि. non-recurring; unrepeated; uncovered; unveiled.

अनावृष्टि *(anāvriśti)* स्त्री. drought; want of rain.

अनासक्त *(anāsakt)* वि. unattached, detached.

अनासक्ति *(anāsakti)* स्त्री. detachment.

अनास्था *(anāstha)* स्त्री. lack of devotedness.

अनिंद्य *(a-nindya)* अनिंदनीय वि. flawless; irreproachable; unimpeachable.

अनिच्छा *(an-ichā)* स्त्री. unwillingnes; reluctance.

अनित्य *(a-nitya)* वि. ephemeral; transient.

अनिद्रा *(a-nidrā)* वि. insomnia; sleeplessness.

अनियंत्रित *(aniyantrit)* वि. unrestrained; uncontrolled.

अनियत *(aniyat)* वि. indeterminate; indefinite.

अनियमित *(a-ni-yamit)* वि. irregular.

अनिर्णीत *(a-nir-nit)* वि. pending: inconclusive: undecided.

अनिर्दिष्ट *(anirdiśta)* वि. unspecified; unprescribed.

अनिर्वचनीय *(a-nirvacaniya)* वि. indescribable; inexpressible; ineffable.

अनिवार्य *(a-ni-vārya)* वि. compulsory; unavoidable; inevitable; obligatory; mandatory.

अनिवार्यता *(a-ni-vāryatā)* स्त्री. inevitability.

अनिश्चय *(a-niś-cay)* पु. uncertainty; indecision; incertitude.

अनिश्चित *(a-niś-cit)* वि. undecided; uncertain; unsettled; indefinite.

अनिश्ट *(an-ist)* पु. calamity.

अनीति *(a-niti)* स्त्री. impropriety; immorality; high-handedness.

अनुकंपा *(anu-kampā)* स्त्री. kindness; mercy.

अनुकरण *(anu-karan)* पु. imitation; emulation; mimicry; copy.

अनुकरणशील *(anukaransil)* वि. imitative.

अनुकरणीय *(anu-karaniya)* वि. imitable.

अनुकूलता *(anu-kūlata)* स्त्री. favourableness; agreeability; suitability; befittingness; conformity; congeniality.

अनुकृति *(anu-kriti)* स्त्री. emulation; imitation; copy.

अनुक्रम *(anu-kram)* पु. sequence; succession.

अनुगामी *(anu-gāmi)* पु. follower.

अनुगूँज *(anu-gumj)* स्त्री. re-echo

अनुग्रह *(anu-grah)* पु. favour; grace; benignity; obligation; kindness.

अनुचर *(anu-car)* अनुचारी पु. follower; attendant.

अनुचित *(anu-cit)* वि. unbecoming; improper; unjustified; undue.

अनुज *(anuj)* पु. younger brother.

अनुजा *(anujā)* स्त्री. younger sister.

अनुज्ञा *(anu-jnā)* स्त्री. licence; permission.

अनुज्ञापत्र *(anujnāpatra)* पु. licence; permit.

अनुत्तरदायित्व *(anuttardayitva)* पु. irresponsibility.

अनुत्तरित *(anuttarit)* वि. unreplied; unresponded; unanswered.

अनुत्तीर्ण *(anuttirna)* वि. unsuccessful.

अनुदान *(anu-dān)* पु. grant.

अनुदार *(anu-dār)* वि. illiberal; conservative.

अनुदारता *(anudārta)* स्त्री. conservatism.

अनुनय *(anu-nay)* पु. persuation; entreaty; mollification.

अनुनाद *(anu-nād)* पु. resonance; echo.

अनुनासिक *(anu-nāsik)* वि. nasal.

अनुपजाऊ *(anupjāu)* वि. unproductive; barren.

अनुपम *(an-upam)* वि. unparalleled; matchless; incomparable; unique.

अनुपमता *(anupamatā)* स्त्री. matchlessness; uniqueness.

अनुपयुक्त *(anupayukt)* वि. unsuitable; unfit; improper.

अनुपयुक्तता *(anupayuktā)* स्त्री. unsuitability; unfitness; impropriety.

अनुपयोग *(anupayog)* पु. without use.

अनुपयोगी *(anupayogi)* वि. unavailing; useless; unserviceable.

अनुपस्थित *(anupasthit)* वि. absent.

अनुपस्थिति *(anupasthiti)* स्त्री. absence.

अनुपात *(anu-pāt)* पु. proportion; ratio.

अनुपालन *(anupālan)* पु. compliance; adherence; obedience.

अनुपूरक *(anu-purak)* वि. supplementary.

अनुप्राणित *(anu-prānit)* वि. inspired; animated; enlivened.

अनुप्रास *(anu-prās)* पु. alliteration.

अनुबंध *(anu-bandh)* पु. annexure; contract; addendum.

अनुभव *(anu-bhav)* पु. experience.

अनुभवहीन *(anubhav-hina)* वि. lack of experience.

अनुभवहीनता *(anubhav-hinta)* स्त्री. lack of experience.

अनुभवी *(anu-bhavi)* वि. experienced.

अनुभूत *(anu-bhut)* वि. tried; proven; experimented.

अनुभूति *(anu-bhuti)* स्त्री. perception; feeling; realisation; sensibility.

अनुमति *(anu-mati)* स्त्री. permission.

अनुमान *(anu-mān)* पु. estimate; surmise; guess; supposition; presumption.

अनुमानित *(anu-mānit)* वि. approximate; estimated.

अनुमोदक *(anu-modak)* पु. seconder.

अनुयायी *(anu-yāyi)* पु. follower; adherent; disciple.

अनुरक्त *(anu-rakt)* वि. infatuated: enamoured.

अनुरक्ति *(anu-rakti)* स्त्री. infatuation.

अनुराग *(anu-rāg)* पु. affection; attachment.

अनुरागी *(anu-rāgi)* वि. affectionate; devoted.

अनुरूप *(anu-rūp)* वि. conformable; resemblant; analogous; similar.

अनुरोध *(anu-rodh)* पु. entreaty; solicitation; earnest; request.

अनुर्वर *(anur-var)* वि. unproductive; inferitle; sterile; barren.

अनुवाद *(anu-vād)* पु. translation.

अनुवादित *(anu-vādit)* अनूदित वि. translated.

अनुशंसा *(anuśamsa)* स्त्री. recommendation.

अनुशासक *(anu-śāsak)* पु. disciplinarian.

अनुशासन *(anu-śāsan)* पु. disciplined.

अनुशासनहीनता *(anu-śāsan-hinatā)* स्त्री. indiscipline.

अनुशासित *(anu-śāsit)* वि. disciplined.

अनुष्ठान *(anu-sthān)* पु. ceremony; ritual; rite; religious performance.

अनुसंधान *(anu-san-dhān)* पु. research; investigation.

अनुसंधानकर्ता *(anusandhān-kartā)* पु. researcher; investigator.

अनुसरण *(anu-saran)* पु. pursuance.

अनुसूचित *(anu-sucit)* वि. scheduled.

अनुसूची *(anu-suci)* स्त्री. schedule.

अनुस्वार *(anu-svār)* पु. nasal sound.

अनूठा *(anuthā)* वि. unique; unprecedented; wonderful; extraordinary; uncommon.

अनूदित *(anüdit)* see अनुवादित

अनूप *(anüp)* वि. unique; unequalled.

अनेक *(an-ek)* वि. numerous; many.

अनेकता *(anekatā)* स्त्री. पु. अनेकत्व diversity; plurality.

अनैतिक *(a-naitik)* वि. depraved; immoral.

अनैतिकता *(a-naitikata)* वी. depravity; immorality.

अनोखा *(anokhā)* वि. peculiar; queer; unique; novel; marvellous.

अनोखापन *(anokhāpan)* पु. peculiarity; queerness; novelty; uniqueness.

अनौचित्य *(anaucitya)* पु. indecency; impropriety.

अनौपचारिक *(a-naupcārik)* वि. unofficial; informal; unceremonious.

अन्न *(ann)* पु. corn; grain.

अन्नदाता *(anna-datā)* पु. bread-giver.

अन्य *(anya)* वि. other; different; another.

अन्यत्र *(anyatra)* क्रि. वि. elsewhere.

अन्यथा *(anyathā)* क्रि. वि. otherwise.

अन्यमनस्क *(anya-manask)* वि. out of sorts; absent-minded.

अन्यमनस्कता *(anya-manaskatā)* स्त्री. absent-mindedness.

अन्याय *(a-ny-āy)* पु. injustice.

अन्यायपूर्ण *(anyāypuran)* अन्यायमूलक वि. unjust.

अन्यायी *(a-ny-āyi)* unjust; unfair.

अन्योक्ति *(anyökti)* स्त्री. allegory.

अन्वय *(anv-ay)* पु. concordance; acord; agreement; natural order or sequence of words in a sentence; logical connection of cause and effect or proposition and conclusion; lineage; prose order; paraphrase.

अन्वीक्षण *(anv-iksan)* पु. microscopic examination; investigation.

अन्वेषक *(anv-eṣak)* अन्वेषी पु. explorer; enquirer; researcher.

अन्वेषण *(anv-eṣan)* पु. exploration; research; investigation.

अन्वेषित *(anv-esit)* वि. enquired; explored; investigated.

अपंग *(apang)* वि. crippled; disabled.

अपकर्ष *(apa-karś)* पु. deterioration; downfall; degeneration.

अपकार *(apa-kār)* पु. disservice.

अपकीर्ति *(apa-kirti)* स्त्री. disrepute; disgrace; infamy; ignominy.

अपक्व *(a-pakva)* वि. raw; inripe; immature.

अपच *(a-pac)* पु. dyspepsia; indigestion.

अपटु *(a-patu)* वि. unskilled; inexpert; incompetent; inefficient.

अपठित *(a-pathit)* वि. unread; unseen.

अपढ़ *(a-parh)* वि. uneducated; unlettered.

अपथ्य *(a-pathya)* वि. unwholesome.

अपदस्थ *(a-padasth)* वि. deposed; dismissed.

अपनत्व *(apnatva)* see अपनापन ।

अपना *(apnā)* वि. one's own; personal; private.

अपनाना *(apnānā)* स. क्रि. to treat as one's own; to adopt; to own.

अपनापन *(apnāpan)* अपनत्व पु. feeling of ownness; affinity; cordiality.

अपमान *(apa-mān)* पु. insult; disrespect; disgrace; affront; derogation.

अपमानकारी *(apamānkāri)* अपमानजनक वि. libellous; insulting; humiliating; derogatory.

अपमानित *(apa-mnit)* वि. disgraced; insulted; disrespected; humiliated.

अपमिश्रण *(apmisran)* पु. adulteration.

अपमिश्रित *(apmisrit)* पु. adulterated.

अपयश *(apa-yaś)* पु. disrepute; infamy; disgrace.

अपराजित *(a-parā-jit)* वि. undefeated; unvanquished.

अपराजेय *(a-parā-jey)* वि. invincible.

अपराध *(apa-rādh)* पु. guilt; crime; of fence.

अपराधपूर्ण *(aprādh-purna)* वि. criminal; offensive; guilty.

अपराध-विज्ञान *(aprādh-vijnan)* पु. criminology.

अपराधी *(apa-rādhi)* पु. culprit; offender; criminal.

अपराहं *(aparâhna)* पु. afternoon.

अपरिग्रह *(aparigrah)* पु. non-possession; possessionlessress renunciation.

अपरिचित *(a-pari-cit)* वि. unacquainted.

अपरिपक्व *(aparipakva)* वि. immature; unripe.

अपरिमित *(apari-mit)* वि. limitless; enormous.

अपरिवर्तनीय *(aparivartaniya)* वि. inconvertible; unchangeable.

अपरिवर्तित *(aparivartit)* वि. unchanged; unmodified; unaltered.

अपरिष्कृत *(apariskrit)* वि. unrefined; crude; unsophisticated; coarse.

अपरिहार्य *(apari-hārya)* वि. indispensable; inevitable; unavoidable.

अपरोक्ष *(aproksh)* वि. direct; overt.

अपर्याप्त *(a-paryāpta)* वि. inadequate; insufficient.

अपर्याप्तता *(aparyāptatā)* स्त्री. inadequacy; insufficiency.

अपलक *(a-palak)* वि. unwinking; sleepless.

अपवाद *(apa-vād)* पु. exception.

अपवाह *(apa-vāh)* पु. drainage.

अपविचार *(apavicār)* पु. bad idea.

अपवित्र *(a-pavitra)* वि. unholy; impious; desecrated; profane.

अपवित्रता *(a-pavitrata)* स्त्री. unholiness; impiety; desecratedness.

अपवृद्धि *(apa-vriddhi)* स्त्री. unnatural growth; aggravation.

अपव्यय *(apa-vyay)* पु. extravagance.

अपव्ययी *(apa-vyayi)* वि. extravagant; prodigal.

अपशकुन *(apa-śakun)* पु. ill-omen.

अपशब्द *(apa-śabd)* पु. abusive language.

अपस्मार *(apa-smār)* पु. epilepsy.

अपहरण *(apa-haran)* पु. kidnapping; abduction.

अपहर्ता *(apa-hartā)* पु. kidnapper; abductor.

अपहृत *(apa-hrit)* वि. abducted; kidnapped.

अपाच्य *(apācya)* वि. indigestible.

अपाठ्य *(apthya)* वि. illegible.

अपात्र *(a-pātr)* वि. undeserving; inworthy; ineligible.

अपार *(a-pār)* वि. boundless; immense.

अपार्दर्शक *(a-pārdarśak)* वि. opaque.

अपारदर्शिता *(apārdarśitā)* स्त्री. opacity.

अपारदर्शी *(apārdarsi)* see. अपारदर्शक

अपार्थिव *(a-pārthiva)* वि. spiritual; celestial; unearthy.

अपाहिज *(apāhij)* वि. crippled; disabled.

अपितु *(api-tu)* क्रि. वि. but.

अपुष्ट *(a-puśt)* वि. unconfirmed; unauthenticated.

अपूर्ण *(a-purn)* वि. incomplete; imperfect; inconclusive.

अपूर्णता *(a-purnatā)* स्त्री. incompleteness; imperfection.

अपूर्व *(a-purv)* वि. unprecedented.

अपेक्षा *(apêksa)* स्त्री. expectation.

अपेक्षाकृत *(apekshākrit)* क्रि. वि. comparatively.; relatively.

अपेक्षित *(apêksit)* वि. expected; required; requisite.

अप्रकाशित *(apra-kāśit)* वि. unpublished; unlighted; undisclosed.

अप्रकाश्य *(apra-kāśya)* वि. unfit for publication or disclosure.

अप्रचलन *(apra-calan)* पु. non-currency; obsolescence.

अप्रचलित *(apra-calit)* वि. out-dated; obsolete; out-moded.

अप्रतिम *(apratim)* वि. matchless; unequalled.

अप्रत्यक्ष *(apraty-aks)* वि. indirect; conert.

अप्रत्याशित *(apraty-āśit)* वि. unexpected.

अप्रधान *(apra-dhān)* वि. secondary; subsidiary; minor.

अप्रयुक्त *(aprayukta)* वि. unused; unconsumed.

अप्रसन्न *(a-pra-sann)* वि. displeased; unhappy.

अप्रसन्नता *(a-pra-sannatā)* स्त्री. displeasure; unhappiness.

अप्राप्त *(a-prâpt)* वि. unachieved; unobtained.

अप्राप्य *(a-prâpya)* वि. unobtainable; unattainable; not available.

अप्रामाणिक *(a-pramānik)* वि. unauthentic; unauthoritative.

अप्रासंगिक *(a-prāsangik)* वि. out of context; irrelevant.

अप्रिय *(a-priya)* वि. unpleasant; disagreeable; undesirable.

अप्सरा *(apsarā)* स्त्री. fairy; nymph.

अफरा *(aphrā)* पु. indigestion; accumulation of wind in stomach.

अफ़वाह *(afvāh)* पु. rumour.

अफ़सर *(afsar)* पु. officer.

अफ़साना *(afsāna)* पु. tale; story.

अफ़सोस *(afsos)* पु. sorrow; grief.

अफ़ीम *(afim)* स्त्री. opium.

अफ़ीमची *(afimci)* पु. opium addict.

अब *(ab)* क्रि. वि. now

अबद्ध *(a-baddh)* वि. free; not in bondage.

अबरक *(abrak)* पु. mica.

अबला *(a-balā)* स्त्री. women.

अबूझ *(a-bujh)* वि. insolvable; unintelligible.

अबोध *(a-bodh)* वि. ignorant; innocent.

अभद्र *(a-bhadra)* वि. indecorous; indecent; undignified.

अभय *(a-bhay)* वि. fearless; undaunted.

अभागा *(a-bhāgā)* वि. unlucky; unfortunate.

अभाव *(a-bhāv)* पु. dearth; want; deficiency; scarcity; absence.

अभावग्रस्त *(abhāvgrast)* वि. scarcity; stricken; scarcity.

अभिकथन *(abhi-kathan)* पु. allegation: assertion.

अभिकर्ता *(abhi-kartā)* पु. agent.

अभिचार *(abhi-cār)* पु. exorcism; black magic; sorcery: incantation

अभिजात *(abhi-jāt)* पु. aristocrat; noble.

अभिजात्य *(abhi-jātya)* वि. aristocratic; victorious.

अभिज्ञ *(abhi-jna)* वि. well-versed.

अभिज्ञता *(abhi-jnatā)* स्त्री. familiarity; conversance; awareness.

अभिज्ञात *(abhi-jnāt)* वि. recognised.

अभिज्ञान *(abhijnan)* पु. recognition; recollection; identification.

अभिज्ञापन *(abhijnāpan)* पु. announcement.

अभिनंदन *(abhi-nandan)* पु. reception; greeting; ceremonious welcome; ovation; commemoration.

अभिनंदित *(abhi-nandit)* वि. honoured; greeted.

अभिनय *(abhi-nay)* पु. stage performance; acting.

अभिनव *(abhi-nav)* वि. novel; quite new.

अभिनिर्णय *(abhinirnay)* पु. verdict.

अभिनीत *(abhi-nit)* वि. enacted; staged.

अभिनेता *(abhi-netā)* पु. actor.

अभिनेत्री *(abhi-netri)* स्त्री. actress.

अभिनेय *(abhi-neya)* वि. stageable.

अभिनेयता *(abhi-nayatā)* स्त्री. stageability.

अभिन्न *(a-bhinn)* वि. intimate; close; identical; integral.

अभिन्नता *(a-bhinnatā)* स्त्री. sameness; oneness; identify.

अभिपुष्टि *(abhi-pušti)* स्त्री. confirmation; affirmance.

अभिप्राय *(abhi-prây)* पु. intention; motive; motif; implication; purport.

अभिभावक *(abhi-bhāvak)* पु. guardian.

अभिभाषण *(abhi-bhāśan)* पु. address.

अभिभूत *(abhi-bhut)* वि. overpowered; overwhelmed.

अभिमान *(abhi-mān)* पु. vanity; pride.

अभिमानी *(abhi-māni)* वि. arrogant; proud.

अभियंता *(abhi-yanta)* पु. engineer.

अभियान *(abhi-yān)* पु. drive; campaign; expedition.

अभियुक्त *(abhi-yukt)* पु., वि. accused.

अभियोक्ता *(abhi-yoktā)* पु. accuser.

अभियोग *(abhi-yog)* पु. accusation; charge; impeachment.

अभियोगी *(abhi-yogi)* पु. accuser.

अभियोजक *(abhi-yojak)* पु. prosecutor.

अभियोजन *(abhi-yojan)* पु. prosecution.

अभिराम *(abhi-ram)* वि. lovely; beautiful; delightful; charming.

अभिरुचि *(abhi-ruci)* स्त्री. taste; liking; interest.

अभिलाषित *(abhi-lāśit)* वि. desired; cherished.

अभिलाषा *(abhi-lāśa)* स्त्री. wish; desire.

अभिलाषी *(abhi-lāśi)* वि. desirous; wishing

अभिलेख *(abhi-lekh)* पु. record.

अभिलेखागार *(abhi-lekhāgār)* पु. archives.

अभिवादन *(abhi-vādan)* पु. salutation; felicitation.

अभिव्यंजक *(abhi-vyanjak)* वि. expressive.

अभिव्यंजना *(abhi-vyanjanā)* स्त्री. menifestation; expression.

अभिव्यंजित *(abhi-vyanjit)* वि. expressed.

अभिव्यक्त *(abhi-vy-akt)* वि. expressed; manifested.

अभिव्यक्ति *(abhi-vy-akti)* स्त्री. menifestation; expression.

अभिशाप *(abhi-śāp)* पु. calumny; curse; anathema.

अभिषेक *(abhi-sek)* पु. consecration; coronation.

अभिसार *(abhi-sar)* पु. rendezvous.

अभिसारिका *(abhi-sārika)* स्त्री. a woman who meets her lover clandestinely.

अभी *(abhi)* क्रि. वि. just now; yet; still; beginning.

अभीप्सा *(abhipsā)* स्त्री. aspiration.

अभीप्सित *(abhipsit)* वि. aspried; desired.

अभीष्ट *(abhîst)* वि. cherished; desired.

अभूतपूर्व *(abhut-purva)* वि. unprecedented.

अभेद्य *(a-bhedya)* वि. impenetrable; impregnable.

अभ्यंतर *(abhy-antar)* वि. interior; inner; internal.

अभ्यर्थन *(abhy-arthan)* पु. solicitation; prayer; welcome; reception.

अभ्यर्थी *(abhy-arthi)* पु. candidate.

अभ्यस्त *(abhy-ast)* वि. habituated; accustomed.

अभ्यागत *(abhy-ā-gat)* पु. guest; visitor.

अभ्यास *(abhy-ās)* पु. practice; drill.

अभ्युदय *(abhy-uday)* पु. prosperity advent; rise.

अभ्र *(abhra)* पु. sky; cloud.

अभ्रक *(abhrak)* पु. mica.

अमंगल *(a-mangal)* पु. evil; inauspiciousness; disaster.

अमंगलकारी *(amangal-kāri)* वि. inauspicious; disaster.

अमर *(a-mar)* पु. immortal; eternal

अमरूद *(amrud)* पु. guava.

अमर्यादित *(a-maryādit)* वि. improper; intemperate; undignified; unlimited.

अमल *(a-mal)* पु. execution; action; application; enforcement; practice.

अमला *(amlā)* फ. staff retinue; para phernalia.

अमली *(amali)* वि. practical.

अमानत *(amānat)* स्त्री. deposit; something given in trust.

अमानतदार *(amānat-dār)* पु. trustee.

अमानवीय *(amānāviya)* वि. cruel; inhuman.

अमानुषिक *(a-mānusik)* वि. beastly; inhuman.

अमान्य *(a-mānya)* वि. invalid; unacceptable.

अमावस, अमावस्या *(amāvas; amāvasya)* स्त्री. the last day of the dark fortnight.

अमिट *(a-mit)* वि. indelible.

अमित *(a-mit)* वि. enormous; immense; boundless; limitless.

अमीन *(amin)* पु. a junior officer appointed for land survey and revenue collection; bailiff.

अमीर *(amir)* वि. wealthy; noble

अमीरी *(amiri)* स्त्री. richness; wealthness: nobility.

अमुक *(amuk)* वि. so and so; such and such.

अमूर्त *(a-mürt)* वि. abstract; intangible; incorporeal.

अमूल्य *(a-mulya)* वि. valuable; precious; invaluable.

अमृत *(a-mrit)* पु. nectar.

अमोघ *(a-mogh)* वि. sure; unfailing; infallible.

अम्मा *(amma)* स्त्री. mother.

अम्ल *(amla)* पु. acid.

अम्लता *(amlata)* स्त्री. sourness; acidity.

अम्लान *(a-mlān)* वि. unfaded; bright; clear; fresh.

अयश *(a-yas)* पु. infamy; disgrace.

अयोग्य *(a-yogya)* वि. unqualified; ineligible; unworthy; unfit; incompetent; unable.

अयोग्यता *(a-yogyatā)* स्त्री. disqualification; unworthiness; unfitness; inability; incompetence.

अरक़, अर्क़ *(araq)* पु. distilled extract; essence.

अरण्य *(aranya)* पु. forest; jungle.

अरमान *(armān)* पु. aspiration.

अरसिक *(a-rasik)* वि. inaesthetic.

अराजक *(a-rājak)* वि. anarchical; chaotic.

अराजकता *(a-rājakatā)* स्त्री. anarchy; chaos; lawlessness.

अराजकतावाद *(arājaktāvad)* पु. anarchism.

अराजपत्रित *(arāj-patrit)* वि. nongazetted.

अरारूट, अरारोट *(arārut; arārota)* पु. arrow-root.

अरि *(ari)* पु. enemy; foe.

अरिष्ट *(a-rist)* पु. misfortune; disaster.

अरुचि *(a-ruci)* स्त्री. disinterestedness; dislike; aversion.

अरुचिकर *(aruci-kar)* वि. uninteresting; disagreeable; tasteless.

अरुणिमा *(arunimā)* स्त्री. reddish glow.

अरुणोदय *(arunodaya)* पु. dawn; daybreak.

अर्क़ *(arq)* see अरक़

अर्गल *(argal)* अर्गला स्त्री. drawbar.

अर्चन *(arcan)* पु. worship; adoration.

अर्चना *(arcanā)* स्त्री. see अर्चन.

अर्ज़ *(arz)* स्त्री. (अ.) request; supplication; width.

अर्जन *(arjan)* पु. earning; acquisition.

अर्जित *(arjit)* वि. acquired; earned.

अर्जी *(arzi)* स्त्री. (अ.) application; petition.

अर्थ *(arth)* पु. meaning; wealth; money.

अर्थदंड *(arth-dand)* पु. fine; penalty.

अर्थव्यवस्था *(arth-vyavastha)* स्त्री. economy.

अर्थशास्त्र *(arth-sāstra)* पु. economics.

अर्थशास्त्री *(arth-śastri)* पु. economist.

अर्थहीन *(arth-hin)* वि. meaningless.

अर्थी *(arthi)* स्त्री. bier.

अर्दली *(ardali)* पु. orderly; attendant.

अर्ध *(ardh)* वि. half.

अर्धविराम *(ardh-viram)* पु. semi-colon.

अर्धचंद्र *(ardh-candra)* पु. half-moon; crescent.

अर्धवृत्त *(ardh-vrit)* पु. semi-circle.

अर्धसप्ताहिक *(ardh-saptahik)* वि. bi-weekly.

अर्धांगिनी *(ardh-āngini)* स्त्री. wife.

अर्पण *(arpan)* पु. surrender; offer.

अर्पित *(arpit)* वि. surrendered: offered.

अर्ह *(arha)* वि. competent: qualified.

अर्हता *(arhata)* स्त्री. qualification; competence.

अलंकरण *(alan-karan)* पु. decoration; ornamentation; adornment.

अलंकार *(alan-kār)* पु. ornament; embellishment; figure of speech; rhetoric.

अलंकृत *(alan-krit)* वि. decorated; ornamented.

अलख[1] *(a-lakh)* वि. imperceptible; invisible.

अलख[2] *(a-lakh)* पु. God

अलग *(a-lag)* वि. different; aloof.

अलगाव *(algāv)* पु. segregation; separation; isolation.

अलबेला *(albelā)* वि. frivolous; foppish.

अलभ्य *(a-labhya)* वि. rare; unattainable.

अलमारी *(almāri)* स्त्री. almirah; cupboard.

अलविदा *(alvidā)* स्त्री. (अ.) good bye.

अलस *(alas)* वि. idle; sluggish; lazy.

अलसता *(alsatā)* स्त्री. lethargy.

अलसाना *(alsānā)* अ. क्रि. to feel lazy; to be slack or sluggish.

अलसी *(alsi)* स्त्री. linseed.

अलाप, आलाप *(alāp)* पु. augmentation; tuning the voice for singing.

अलाभकर *(alābh-kar)* वि. unprofitable; uneconomical; unremunerative.

अली *(ali)* स्त्री. female friend.

अलिखित *(alikhit)* वि. unrecorded; unscripted; unwritten.

अलौकिक *(a-laukik)* वि. unworldly; supernatural.

अलौकिकता *(alaukikta)* स्त्री. supernaturalness; unworldliness.

अलप *(alpa)* वि. small; little; minute.

अल्पकालिक *(alpa-kālik)* वि. temporary; short-lived; ephemeral.

अल्पतम *(alpatam)* वि. minimal; minimum.

अल्पता *(alpata)* स्त्री. minuteness; smallness; insignificance.

अल्पबुद्धि *(alpabudhi)* वि. silly; idiotic.

अल्पभाषी *(alp-bhāshi)* वि. reserved; taciturn.

अल्पमत *(alp-mat)* पु. minority.

अल्पायु *(alpāyu)* स्त्री. young age.

अल्पाहार *(alpāhār)* पु. abstemiousness; abstinence; meagre diet.

अल्पाहारी *(alpāhāri)* वि. abstemious; abstinent.

अल्लाह *(allāh)* पु. (अ.) God.

अल्हड़ *(alhar)* वि. childishly carefree.

अल्हड़पन *(alharpan)* पु. carefree disposition.

अवकाश *(ava-kāś)* पु. leave; vacation; holiday; leisure.

अवगत *(ava-gat)* वि. informed; apprised.

अवगाहन *(ava-gāhan)* पु. bathing; immersion; profound study.

अवगुंठन *(ava-gunthan)* वि. veil; concealment.

अवगुण *(ava-gun)* पु. demerit; defect; vice; fault.

अवचेतन *(ava-cetan)* वि. subconscious.

अवज्ञा *(avajna)* स्त्री. disobedience.

अवतरण *(ava-taran)* पु. descent; landing; passage; incarnation.

अवतरित *(ava-tarit)* वि. descended; incarnated.

अवतार *(ava-tār)* पु. incarnation.

अवतीर्ण *(ava-tirn)* वि. incarnated; descended.

अवधारणा *(ava-dhāranā)* स्त्री. conception.

अवधि *(ava-dhi)* स्त्री. period; duration; term; tenure.

अवनत *(ava-nat)* वि. bent; depressed.

अवनति *(avanati)* स्त्री. degradation; decadence; downfall; degeneration.

अवनि, अवनी *(avani)* स्त्री. earth.

अवमान *(avamān)* पु. humiliation; disrespect; contempt.

अवमूल्यन *(ava-mulyan)* पु. devaluation.

अवयव *(ava-yav)* पु. portion; part;

limb; component; ingredient; constituent; organ.

अवयस्क *(avyasak)* वि. minor.

अवयस्कता *(avyasaktā)* स्त्री. minority.

अवर *(avar)* वि. junior; inferior.

अवरुद्ध *(ava-ruddh)* वि. hindered; obstructed; impeded; closed; frozen; stalled; muffled; blocked.

अवरोध *(ava-rodh)* पु. hindrance; obstruction; impediment; restraint; obstacle.

अवरोधक *(ava-rodhak)* वि. arresting; censorious.

अवरोह *(ava-roh)* पु. descension.

अवरोही *(avarohi)* वि. falling; descending; regressive.

अवर्णनीय *(avarnaniya)* वि. ineffable; indescribable.

अवलंब *(ava-lamb)* अवलंबन पु. support; dependence.

अवलि, अवली *(avali)* स्त्री. row; line.

अवलेह *(ava-leh)* पु. jelly; confection.

अवलोकन *(ava-lokan)* पु. observation; scanning; examination.

अवशिष्ट *(ava-śiṣt)* वि. remaining; residuary; residual.

अवशेष *(ava-ses)* पु. residue; remainder; remains; remnant; vestige.

अवशोषक *(avśoshak)* वि. absorption.

अवशोषण *(avśoshan)* पु. absorption.

अवश्यंभावी *(avaśyambhavi)* वि. inevitable.

अवश्य *(a-vaśya)* अवश्यमेव क्रि. वि. certainly; necessarily; definitely; surely.

अवसर *(ava-sar)* पु. chance; opportunity; occasion.

अवसाद *(avsād)* पु. gloom; languor; lassitude; dejection; melancholy; depression.

अवसान *(avasān)* पु. end; termination; terminal; death.

अवस्था *(ava-sthā)* स्त्री. state; condition.

अवस्थिति *(ava-sthiti)* स्त्री. location.

अवहेलना *(ava-helanā)* अवहेला स्त्री. neglect; desiregard; contempt.

अवांछनीय *(avānchniya)* वि. unwanted; unwelcome; undesired.

अवाक् *(avāk)* वि. stunned; wonderstruck; speechless; tongue-tied.

अवास्तविक *(avāstavik)* वि. unreal; fake.

अविकल *(avikal)* वि. unabridged; intact; indentical.

अविकसित *(avikasit)* वि. undeveloped.

अविचल *(avi-cal)* वि. motionless; steady; firm; resolute.

अविचारित *(avi-chārit)* वि. not well thought out; off hand; hasty.

अविचारी *(avi- cāri)* वि. injudicious; thoughtless.

अविजित *(avi-jit)* वि. unconquered; unvanquished.

अविद्यमान *(avidyamān)* वि. non-existent.

अविद्या *(a-vidyā)* स्त्री. ignorance; nescience.

अविनय *(avi-nay)* स्त्री. impolite; immodest; impertinent.

अविनयी *(avi-nayi)* वि. impolite; immodest; impertinent.

अविनाशी *(avi-naśi)* वि. immortal; indestructible; imperishable.

अविनीत *(avi-nit)* वि. impolite; impertinent.

अविभक्त *(avi-bhakt)* **अविभाजित** वि. undivided.

अविरल *(avi-ral)* वि. continuous; uninterrupted; incessant.

अविराम *(aviram)* वि. non-stop; incessant; continuous.

अविलंब *(avi-lamb)* क्रि. वि. without delay; at once; forwith.

अविवाहित *(avi-vāhit)* वि. unmarried; celibate.

अविवेक *(avi-vek)* पु. indiscretion; imprudence; indiscrimination.

अविश्वसनीय *(avi-śvasniya)* वि. unreliable; untrustworthy; unbelievable; incredible.

अविश्वास *(avi-svas)* पु. distrust; disbelief; lack of confidence.

अविस्मरणीय *(a-vismarniya)* वि. unforgettable.

अवैतनिक *(avaitnik)* वि. honorary.

अवैध *(a-vaidh)* वि. illegal; unlawful; illegitimate; illicit.

अवैधानिक *(a-vaidhanik)* वि. unconstitutional.

अव्यक्त *(a-vyakt)* वि. imperceptible; indistinct; obscure; not apparent or manifest; latent.

अव्यवस्था *(a-vyavastha)* स्त्री. disorder; lawlessness; disarray; confusion; chaos.

अव्यवस्थित *(a-vyavsthit)* वि. disorderly; unsystematic; chaotic.

अव्यावसायिक *(avyavsayik)* वि. nonprofessional.

अव्यावहारिक *(a-vyavaharik)* वि. not feasible; impractical; impracticable.

अशक्त *(a-sakt)* वि. feeble; weak; invalid.

अशक्तता *(aśaktata)* स्त्री. disability; infirmity; invalidity.

अशर्फ़ी *(asrafi)* स्त्री. (फ़ा.) a gold coin.

अशांत *(a-śant)* वि. agitated; restless; unquiet; disturbed.

अशांति *(a-santi)* स्त्री. unrest; agitation; disturbance; turbulence.

अशासकीय *(asaskiya)* वि. non-official.

अशिक्षा *(a-siksa)* स्त्री. illiteracy; absence of education.

अशिक्षित *(a-śiksit)* वि. illiterate; uneducated.

अशिष्ट *(a-śist)* वि. ill-mannered; rudeimpolite; immodest; vulgar.

अशिष्टता *(a-śistatā)* स्त्री. impoliteness; rudeness; ill-manners; valgarity.

अशुद्ध *(a-śuddh)* वि. impure; incorrect.

अशुद्धि *(a-śuddhi)* पु. mistake; error; inaccuracy.

अशुभ *(a-śubh)* वि. inauspicious; evilomened.

अशोभनीय *(a-śobhaniya)* वि. undignified; unseemly; unbecoming.

अश्क *(aśk)* पु. (फ़ा.) tears.

अश्मरी *(aśmari)* स्त्री. calculas.

अश्रु *(aśru)* पु. tear.

अश्लील *(a-ślil)* वि. obscene; vulgar.

अश्लीलता *(a-ślilatā)* स्त्री. obscenity; vulgarity.

अश्व *(aśva)* पु. horse.

अश्वशाला *(aśvaśālā)* स्त्री. stable.

अश्वारोहण *(asvārohan)* पु. horseman; cavalier.

अष्टपाद *(aśtapād)* वि. octopus.

अष्टबाहु *(aśt-bāhu)* पु. octopus.

अष्टभुज *(aśt-bhuj)* पु. octagon.

असंगठित *(asangathit)* वि. unorganised.

असंगत *(a-sangat)* वि. inconsistent; irrelevant; incoherent; anomalous; incompatible; discordant; incongruous.

असंगति *(a-sangati)* स्त्री. incoherence; irrelevance; anomaly; inconsistency; incongruity; incompatibility.

असंतुलन *(asantulan)* पु. disequilibrium; imbalance.

असंतुलित *(asantulit)* वि. erratic; unbalanced.

असंतुष्ट *(a-san-tust)* वि. discontented; dissatisfied; aggrieved.

असंतोष *(a-san-toś)* पु. discontentment; dissatisfaction; unrest.

असंदिग्ध *(a-san-digdh)* वि. definite; certain; doubtless; indubitable.

असंबद्ध *(a-sam-baddh)* वि. incoherent; irrelevant; disconnected.

असंभव *(a-sam-bhav)* वि. impossible.

असंयत *(a-sam-yat)* वि. immoderate; intemperate: unrestrained.

असंयमित *(a-sam-yamit)* वि. unrestrained.

असत्य *(a-satya)* वि. false; unture.

असत्यता *(a-satyatā)* स्त्री. falsehood; untruth.

असफल *(a-safal)* वि. unsuccessful.

असफलता *(a-safaltā)* स्त्री. failure.

असबाब *(asbāb)* पु. (अ.) luggage; baggage; goods and chattles; belongings.

असभ्य *(a-sabhya)* वि. uncivilized; savage discourteous; ill-bred

असभ्यता *(a-sabhyatā)* स्त्री. uncivility; savageness: indecency; vulgarity.

असमंजस *(a-sam-anjas)* पु. dilemma; fix.

असम *(a-sam)* वि. uneven; unequal; unmatching; dissimilar.

असमता *(a-samatā)* स्त्री. inequality: disparity: unevenness.

असमय *(a-samay)* क्रि. वि. untimely; out of season; inopportunely.

असमर्थ *(a-sam-arth)* वि. incompetent; incapable; unable; disabled.

असमर्थता *(a-sam-arthatā)* स्त्री. incompetence; incapability; inability.

असमान *(a-samān)* वि. uneven; unequal; dissimilar.

असमानता *(a-samāntā)* स्त्री. disparity; inequality; dissimilarity.

असम्मत *(a-sam-mat)* वि. dissenting.

असम्मति *(a-sam-mati)* स्त्री. disagreement; discordance.

असर *(asar)* पु. (अ.) effect; influence; impression.

असल *(asl)* वि. (अ.) original; pure; real; genuine.

असलियत *(asliyat)* स्त्री. (अ.) reality; bonafides; fact.

असली *(asli)* वि. real; true; pure; genuine.

असह *(asah)* वि. unbearable; intolerable.

असहनशील *(a-sahansil)* वि. intolerant.

असहनीय *(a-sahniya)* वि. intolerable; unbearable; unendurable.

असहमत *(a-sahmat)* वि. disagreeing; dissenting.

असहमति *(a-sahmati)* स्त्री. disagreement.

असहयोग *(a-sahyog)* पु. non-cooperation.

असहिष्णु *(a-sahisnu)* वि. intolerant; unenduring.

असह्य *(a-sahya)* वि. intolerable; unbearable.

असांसद *(asāmsad)* वि. unparliamentary.

असाधारण *(a-sādhāran)* वि. unusual; extra-ordinary; exceptional; uncommon.

असाधारणता *(a-sadharantā)* स्त्री. unusualness: uncommonness.

असाध्य *(a-sadhya)* वि. incurable; impracticable; incorrigible.

असाध्यता *(asādhyatā)* स्त्री. incorrigibility; incurability.

असामाजिक *(a-sāmājik)* वि. unsocial; unsocialble; anti-social.

असामान्य *(a-sāmānya)* वि. uncommon; exceptional; extra-ordinary.

असार *(a-sār)* वि. unsubstantial; worthless; immaterial.

असावधान *(a-sāvadhan)* वि. careless; negligent.

असावधानी *(a-sāvadhani)* स्त्री. negligence; carelessness.

असि *(asi)* स्त्री. sword.

असीम *(a-sim)* वि. boundless; unlimited; infinite.

असीमित *(a-simit)* वि. boundless; unlimited; infinite.

असुंदर *(a-sundar)* वि. ugly; charmless.

असुर *(asur)* पु. demon; devil.

असुरक्षा *(a-suraksha)* स्त्री. insecurity.

असुरक्षित *(a-surakshit)* वि. insecure; unsafe.

असुविधा *(a-suvidhā)* स्त्री. inconvenience.

अस्त *(ast)* वि. set; sunk.

अस्तबल *(astabal)* पु. (अ.) stable.

अस्तर *(astar)* पु. lining of a garment; inner coating or colour or varnish.

अस्तव्यस्त *(asta-vyast)* वि. scattered; confused; helter-skelter.

अस्तव्यस्तता *(astavyastatā)* स्त्री. disorderliness; confusion.

अस्ताचल *(astācal)* पु. the western mountain behind which the sun is supposed to set.

अस्तित्व *(astitva)* पु. existence; entity; being.

अस्त्र *(astra)* पु. weapon; missile.

अस्त्र-शस्त्र *(astra-śastra)* पु. arms and weapons; weaponary; armament.

अस्त्रशाला *(astr-śālā)* स्त्री. arsenal; armoury.

अस्त्रगार *(astrāgār)* पु. see अस्त्रशाला.

अस्थायी *(a-sthāyi)* वि. temporary.

अस्थि *(asthi)* स्त्री. bone.

अस्थि-पंजर *(asthi-panjar)* पु. skeleton of bones.

अस्थिर *(a-sthir)* वि. instable; unsteady; fickle; wavering; variable.

अस्थिरता *(a-sthiratā)* स्त्री. instability; inconsistancy; fickleness.

अस्पताल *(aspatāl)* पु. hospital.

अस्पताल गाड़ी *(aspatāl-gāri)* स्त्री. ambulance.

अस्पष्ट *(a-spaśt)* वि. obscure; vague; ambiguous; indistinct; blurred; confusing.

अस्पष्टता *(a-spastatā)* स्त्री. ambiguity; vagueness; indistinctness.

अस्पृश्य *(a-spriśya)* वि. untouchable.

अस्पृश्यता *(a-sprśyatā)* स्त्री. untouchability.

अस्मिता *(asmitā)* स्त्री. pride; vanity.

अस्वस्थ *(asvasth)* वि. unhealthy; indisposed.

अस्वस्थता *(asvasthatā)* स्त्री. illness; indisposition.

अस्वाभाविक *(asvasbhāvik)* वि. unnatural.

अस्वाभाविकता *(asvabhāviktā)* स्त्री.

unnaturalness.

अस्वीकृत *(a-svikrit)* वि. refused; rejected.

अस्वीकृति *(a-svikriti)* स्त्री. non-acceptance; rejection.

अहंकार *(ahamkār)* पु. egotism.

अहंकारी *(ahamkari)* वि. egoistical; vain.

अहमियत *(ahmiyat)* स्त्री. importance; significance.

अहलकार *(ahlkār)* पु. (अ.) clerk; functionary.

अहस्तांतरणीय *(a-hastātantarniya)* वि. non-transferable.

अहस्तांतरित *(a-hastāntrit)* वि. not transferred.

अहाता *(ahāta)* पु. (अ.) enclosure; compound; precincts; premises.

अहिंसा *(a-himsā)* स्त्री. non-violence.

अहिंसात्मक *(ahimsatmak)* वि. non-violent.

अहित *(a-hit)* पु. damage; harm; injury.

अहितकर *(ahitkar)* वि. harmful; injurious.

अहेर *(aher)* पु. hunting.

अहेरी *(aheri)* पु. hunter; stalker.

आ

आ *(ā)* the second letter and second vowel of Devnagri alphabet.

आँकड़े *(āmkre)* पु. data; statistics; figures.

आँकना *(āmkanā)* स. क्रि. to assess; to estimate; to evaluate; to appraise.

आँख *(āmkh)* स्त्री. eye.

आँगन *(āmgan)* पु. courtyard.

आँच *(āmc)* स्त्री. fire; harm.

आँचल *(āmcal)* पु. the extreme part of sari; region; border.

आंचलिक *(āmcalik)* वि. regional; zonal.

आँत *(āmt)* स्त्री. intestine.

आँतरिक *(āntarik)* वि. internal; domestic.

आंदोलन *(āndolan)* पु. movement; agitation; campaign; drive.

आँधी *(āmdhi)* स्त्री. dust storm; windstorm.

आँवला *(āmvla)* पु. emblic myrobalan.

आंशिक *(āmsik)* वि. partial; fractional; fragmentary.

आँसू *(āmsu)* पु. tear.

आइंदा *(āinda)* क्रि. वि (फा.) in future.

आईना *(āinā)* पु. (फा.) mirror; looking glass.

आकर *(ā-kar)* पु. treasure.

आकर्षक *(ā-karsak)* वि. attractive; charming.

आकर्षण *(ā-karsan)* पु. attraction; charm.

आकर्षित *(ā-karsit)* वि. attracted; charmed.

आकलन *(ā-kalan)* पु. estimate; calculation.

आकस्मिक *(ākasmik)* वि. sudden; abrupt; accidental.

आकस्मिकता *(ākasmikatā)* स्त्री. contingency; suddenness.

आकांक्षा *(ā-kanksā)* स्त्री. aspiration.

आकांक्षी *(ā-kanksi)* वि. aspirant.
आकार *(ā-kār)* पु. size; form; shape.
आकाश *(ā-kās)* पु. sky; space.
आकाशगंगा *(ākās-gangā)* स्त्री. milky way.
आकाशवाणी *(ākāsvāni)* स्त्री. oracle; radio voice from sky.
आकुल *(ākul)* वि. uneasy; restless; distressed.
आकुलता *(ākulatā)* स्त्री. worry; uneasiness; restlessness.
आकृति *(ā-kriti)* स्त्री. figure; shape; form.
आक्रमण *(ā-kraman)* पु. attack; invasion; aggression; assault.
आक्रमणकारी *(ākrmankāri)* वि. aggressor; invador.
आक्रामक[1] *(ā-krāmak)* पु. invader; aggressor.
आक्रामक[2] *(ā-krāmak)* वि. aggressive.
आक्रामकता *(ākrāmaktā)* स्त्री. aggressiveness.
आक्रोश *(ā-kroś)* पु. wrath; anger; resentment.
आक्षेप *(ā-ksep)* पु. accusation; allegation; charge.
आख़िरकार *(ākhirkār)* क्रि. वि. after all; in the end; at last; ultimately.
आख़िरी *(ākhiri)* वि. (अ.) ultimate; last; final.
आखेट *(ā-khet)* पु. hunting.
आख्या *(ā-khyā)* स्त्री. remark; report.
आगंतुक *(āgantuk)* पु. visitor.
आग *(āg)* स्त्री. fire; passion; lust.
आगज़नी *(āgzani)* स्त्री. arson.
आगमन *(ā-gaman)* स्त्री. arrival.
आगा *(āga)* पु. frontage; front; face.
आगामी *(ā-gāmi)* वि. forthcoming; ensuing; next; future; subsequent.
आगार *(ā-gār)* पु. depository; treasury; store house.
आगाह *(āgāh)* वि. (फ़ा.) apprised; warned; cautioned.
आगे *(āge)* क्रि. वि. forward; onward; ahead; in front; in future.
आग्नेयास्त्र *(āgneyastra)* पु. fire-arms; fire-emitting missile.
आग्रह *(ā-grah)* पु. insistence; pertinance.
आघात *(ā-ghāt)* पु. accent (ling.); shock; blow; stroke; hit; impact.
आचमन *(ā-caman)* पु. sipping water from the palm of the hand.
आचरण *(ā-caran)* पु. conduct; behaviour; practice.
आचार *(ā-cār)* पु. moral conduct; behaviour.
आचार-विचार *(ācār-vicār)* पु. manners and morals.
आचारसंहिता *(ācār-samhitā)* स्त्री. moral code.
आचार्य *(ā-cārya)* पु. professor; teacher; preceptor.
आच्छादन *(ā-chādan)* पु. covering roof.
आच्छादित *(ā-cchādit)* वि. covered.
आज *(aj)* क्रि. वि. today; at present.
आजकल *(ājkal)* क्रि. वि. now-a-days.
आजन्म *(ā-janm)* क्रि. वि. since birth; as long as one is alive.
आज़माइश *(āzmāis)* स्त्री. (फ़ा.) test; trial.
आज़ाद *(āzād)* वि. (फ़ा.) independent; free.
आज़ादी *(āzādi)* स्त्री. (फ़ा.) freedom; independence.
आजीवन *(ā-jivan)* वि. lifelong.
आजीविका *(ā-jivikā)* स्त्री. livelihood.
आज्ञा *(ā-jnā)* स्त्री. order; command.

आज्ञाकारिता *(ājnākāritā)* स्त्री. obedience.

आज्ञाकारी *(ājnākāri)* वि. obedient.

आज्ञापालक *(agnā-pālak)* वि. obedient.

आटा *(ātā)* पु. flour.

आडंबर *(ādambar)* पु. imposture; affection.

आड़ *(ar)* स्त्री. screen; cover; coverage; barricade.

आड़ा *(ārā)* वि. transverse; horizontal; oblique.

आड़ू *(arü)* पु. peach.

आढ़तिया *(ārhatiyā)* पु. commission agent; broker

आतंक *(ā-tank)* पु. terror; panic.

आतंकवाद *(ātank-vad)* पु. terrorism

आतंकित *(ā-tankit)* वि. terrorised; panicstricken; panicky.

आततायी *(ā-tatāyi)* पु. tyrant; oppressor.

आतिशबाज़ी *(ātisbāzi)* स्त्री. (फ़ा.) fire works; display of fire works.

आतिथेय *(ātitheya)* पु. host.

आतिथ्य *(ātithya)* पु. hospitality.

आतुर *(ā-tur)* वि. eager; impatient; rash; hasty; restless.

आतुरता *(ā-turata)* स्त्री. impatience; eagerness; rashness; hastiness; restlessness.

आत्म *(ātm)* वि. pertaining to the soul; own; personal.

आत्मकथा *(ātm-kathā)* स्त्री. autobiography.

आत्मकेंद्रित *(ātm-kendrit)* वि. autocentric; egocentric.

आत्मगौरव *(ātm-gaurav)* पु. self-dignity.

आत्मघात *(ātm-ghāt)* पु. suicide.

आत्मचरित *(ātm-carit)* autobiography.

आत्मनिरीक्षण *(ātm-nirikshan)* पु. introspection; self-analysis.

आत्मनिर्भर *(ātm nirbhar)* वि. self-reliant; self-sufficient.

आत्म-प्रशंसा *(ātm-prasamsā)* स्त्री. self-praise.

आत्मबल *(ātm-bal)* पु. will power.

आत्मरक्षा *(ātm-rakshā)* स्त्री. self-defence.

आत्मविश्वास *(ātm-visvās)* पु. self-confidence.

आत्मशुद्धि *(ātm-śuddhi)* स्त्री. self-purification.

आत्मसंयम *(ātm-samyam)* पु. self-restraint.

आत्मसमर्पण *(ātm-samarpan)* पु. resignation; capitulation; surrender.

आत्महत्या *(ātm-hatyā)* स्त्री. suicide.

आत्मा *(ātmā)* स्त्री. soul; spirit.

आत्माभिमान *(ātmā-bhimān)* पु. self-respect.

आत्मानुभूति *(ātmānubhuti)* स्त्री. self-realisation.

आत्मिक *(ātmik)* वि. spiritual.

आत्मीय *(ātmiya)* पु. relatives; kith and kin.

आत्मीयता *(ātmiyatā)* स्त्री. intimacy; close affinity; cordiality.

आत्मोत्कर्ष *(ātmotkarśa)* पु. eudaemonia; self-elevation.

आत्मोन्नति *(ātmonnati)* स्त्री. self-elevation.

आदत *(ādat)* स्त्री. (अ.) habit; custom.

आदम *(ādam)* पु. (अ.) adam; man.

आदमखोर *(ādamkhor)* पु. (अ.) man-eater; cannibal.

आदमी *(ādmi)* पु. (अ.) man; person; adult; husband.

आदमीयत *(ādmiyat)* स्त्री. humanity.

आदर *(ā-dar)* पु. regard; esteem;

honour; respect; reverence.

आदरणीय *(ā-daraniy)* वि. respectable; honourable.

आदर-सत्कार *(ādar-satkār)* पु. hospitality.

आदर्श *(ā-darś)* पु. ideal; model.

आदर्शवाद *(ādarś-vād)* पु. idealism.

आदान *(ā-dān)* पु. receiving; taking; accepting; borrowing.

आदाब *(ādāb)* पु. (फा.) salutation; compliment.

आदि *(ādi)* पु. beginning; origin; source.

आदिक *(ādik)* वि. initial.

आदिम *(ādim)* वि. primitive; aboriginal.

आदिवासी[1] *(ādivāsi)* पु. aborigine.

आदिवासी[2] *(ādivāsi)* वि. aboriginal.

आदी *(ādi)* वि. (अ.) habituated; accustomed.

आदेश *(ā-deś)* पु. command; behest; order.

आद्यक्षर *(ādyakshar)* पु. initials.

आद्योपांत *(ādyopānt)* क्रि. वि. from beginning to end.

आधा *(ādhā)* वि. half.

आधार *(ā-dhār)* पु. base; basis; ground; foundation.

आधारभूत *(ā-dhār-bhūt)* वि. fundamental; basic.

आधार-स्तम्भ *(ādhār-stambh)* पु. main support.

आधारित *(ā-dhārit)* वि. based; founded.

आधिकारिक *(ādhikārik)* वि. authoritative; official.

आधिक्य *(ādhikya)* पु. excess; surplus; abundance; plenty.

आधिपत्य *(ādhipatya)* पु. supremacy dominion; sovereignty

आधुनिक *(ādhunik)* वि. modern.

आधुनिकता *(ādhunikatā)* वि. modernity.

आधुनिकीकरण *(ādhunikikaran)* पु. modernisation.

आध्यात्मिक *(ādhyātmik)* वि. spiritual.

आनंद *(ā-nand)* पु. bliss; happiness; pleasure; joy; delight.

आनंदमय *(ānand-maya)* वि. blissful; delightful.

आनंदित *(ā-nandit)* वि. happy; delighted.

आन *(ān)* स्त्री. prestige; honour; dignity.

आनन *(ānan)* पु. face; mouth.

आनन-फानन *(ānan-fānan)* क्रि. वि. instantaneously; at once.

आना *(ānā)* अ. कि. to come; to reach; to arrive.

आना-कानी *(ānākāni)* स्त्री. evasion; hesitation.

आनुपातिक *(ānupātik)* वि. proportionate.

आनुवंशिक *(ānuvamśik)* वि. hereditary.

आनुवंशिकता *(ānuvanśikta)* स्त्री. heredity.

आप *(āp)* सर्व. you; one's self.

आपत्काल *(āpatkāl)* पु. emergency.

आपत्ति *(a-patti)* स्त्री. objection.

आपत्तिजनक *(āpattijanak)* वि. objectionable.

आपदा *(ā-padā)* स्त्री. calamity; peril; suffering; distress; adversity.

आपसदारी *(āpasdāri)* स्त्री. mutuality; brotherhood; fraternity.

आपसी *(āpasi)* वि. reciprocal; mutual.

आपा *(āpā)* पु. ego; vanity; arrogance; consciousness; one's own entity; self.

आपात *(ā-pat)* पु. catastrophe; emergency.

आपातिक *(āpātik)* वि. emergent; contingent.

आपूर्ति *(ā-pürti)* स्त्री. supply.

आपेक्षिक *(āpekśik)* वि. relative.

आप्लावन *(ā-plāvan)* पु. inundation; immersion.

आप्लावित *(ā-plāvit)* वि. inundated; immersed.

आफ़त *(āfat)* स्त्री. (अ.) trouble; distress; calamity; misfortune.

आफ़ताब *(āftāb)* पु. (फ़ा.) the sun.

आब *(āb)* स्त्री. brilliance; water.

आबकारी *(ābkāri)* स्त्री. (फ़ा.) excise; distillery.

आबद्ध *(ā-baddh)* वि. bound; enclosed.

आबनूस *(ābnüs)* पु. ebony.

आबपाशी (āb-pāsi) स्त्री. (फ़ा.) irrigation.

आबरू *(ābrü)* स्त्री. (फ़ा.) chastity; honour; dignity.

आबहवा *(āb-hawā)* स्त्री. (फ़ा.) climate.

आबाद *(ābād)* वि. (फ़ा.) populated; inhabited; flourishing; prosperous.

आबादी *(ābādi)* स्त्री. population; habitation; colony.

आभा *(ā-bhā)* स्त्री. splendour; lustre; tint; tinge.

आभार *(ā-bhār)* पु. obligation; gratitude; thankfulness.

आभारी *(ā-bhāri)* वि. grateful; obliged; thankful.

आभास *(ā-bhās)* पु. glimpse; inkling; semblance.

आभूषण *(ā-bhüsan)* पु. ornament; jewellery; decoration; embellishment.

आभूषित *(ā-bhüsit)* वि. ornamented; decorated; embellished.

आमंत्रण *(āmantran)* पु. invitation.

आमंत्रित *(ā-mantrit)* वि. invited.

आम[1] *(ām)* पु. mango.

आम[2] *(ām)* वि. (अ.) commom; general; public.

आमद *(āmad)* स्त्री. (फ़ा.) aproach; arrival; income.

आमदनी *(āmadani)* स्त्री. (फ़ा.) income

आमना-सामना *(āmnā-sāmnā)* पु. confrontation; encounter; coming face to face.

आमरण *(āmaran)* क्रि. वि. till death.

आमादा *(āmāda)* वि. (फ़ा.) bent upon; intent; adamant; determined.

आमाशय *(āmāsaya)* पु. stomach.

आमिष *(āmiś)* पु. meat.

आमुख *(ā-mukh)* पु. preamble; preface.

आमूल[1] (*ā-mül*) वि. fundamental; radical.

आमूल[2] *(ā-mül)* क्रि. वि. completely.

आमोद *(ā-mod)* पु. joy; pleasure; delight; amusement; merriment.

आय *(āye)* स्त्री. income; earning; receipt; proceeds; revenue.

आयकर *(āyekar)* पु. income tax.

आयत *(āyāt)* पु. rectangle.

आयतन *(ā-yatan)* पु. volume; bulk; capacity.

आयताकार (*āyatākār*) वि. rectangular.

आय-व्ययक (āye-vyayak) पु. budget.

आया *(āyā)* स्त्री. nurse.

आयात (*ā-yāt*) पु. import.

आयातित *(ā-yātit)* वि. imported.

आयाम *(ā-yām)* पु. amplitude; width; extension; expansion.

आयु *(āyu)* स्त्री. age.

आयुक्त (*ā-yukt*) पु. commissioner.

आयुध *(ā-yudh)* पु. armament; arms; weapon.

आयुधशाला *(āyudhsālā)* **आयुधागार** *(ayudhagar)* पु. arsenal; armoury.

आयुर्विज्ञान *(ayurvijnan)* पु. medical science.

आयुर्वेद *(āyurved)* पु. the Indian medical system; medical science.

आयोग *(ā-yog)* पु. commission.

आयोजक *(ā-yojak)* पु. sponsor; convener; organiser.

आयोजन *(ā-yojan)* पु. sponsoring; convening; planning; organising; arrangenment.

आयोजित *(ā-yojit)* वि. arranged; convened; sponsored; organised.

आरंभ *(ā-rambh)* पु. beginning; start; outset; commencement; inception; origin.

आरंभिक *(ā-rambhik)* वि. preliminary; initial; elementary.

आरक्षक *(ā-raksak)* पु. reservation; protection.

आरक्षित *(ā-raksit)* वि. reserved.

आरती *(ārati)* स्त्री. ceremonial adoration with kindled lamps.

आरसी *(ārsi)* स्त्री. mirror; looking glass.

आरा *(ārā)* पु. saw.

आराधाक *(ā-rādhak)* पु. worshipper; adorer; devotee.

आराधना *(ā-rādhaṇā)* पु. worship; adoration.

आराम *(ārām)* पु. (फ़ा.) rest; relief; comfort; ease.

आरामतलब *(ārāmtalab)* वि. (फ़ा.) indolent; easy going; slothful.

आरामदेह *(ārāmdeh)* वि. comfortable.

आरी *(āri)* स्त्री. small saw; table-saw.

आरूढ़ *(ā-rürh)* वि. ascended; mounted.

आरेख *(ārekh)* पु. diagram.

आरेखन *(ārekhan)* पु. drawing.

आरोग्य *(ārogya)* पु. health; freedom from disease.

आरोग्यशाला *(ārogyaśālā)* स्त्री. nursing home; sanitorium.

आरोप *(ā-rop)* पु. allegation; charge; projection; imposition; superimposition.

आरोपण *(ā-ropan)* पु. superimposition; imposition; transplantation.

आरोहण *(ā-rohan)* पु. ascent; embarkation; progression.

आरोही *(ā-rohi)* पु. rider.

आर्थिक *(ārthik)* वि. economic; pecuniary; financial.

आर्द्र *(ārdra)* वि. damp; wet; moist; humid.

आर्द्रता *(ardrata)* स्त्री. dampness; humidity; wetness.

आलंकारिक *(ālankarik)* वि. ornamental; decorative; figurative; rhetorical.

आलंबन *(a-lamban)* पु. dependence; support; foundation; base.

आलय *(ālay)* पु. house; abode; dwelling place; assylum.

आलस, आलस्य *(ālas; ālasya)* पु. laziness; sloth; lethargy.

आलसी *(ālsi)* वि. lazy; lethargic.

आला *(ālā)* पु. niche; recess.

आलाप *(ā-lāp)* पु. preliminary modulation of vioce for singing conversation; dialogue.

आलिंगन *(ā-lingan)* पु. embrace; clasp; hug.

आलीशान *(āliśan)* वि. (अ.) grand; magnificent; stately; superb;

imposing.

आलू *(ālu)* पु. potato.

आलूचा *(ālūcā)* पु. plum.

आलू बुख़ारा *(ālūbukhārā)* पु. dried plum.

आलेख *(ā-lekh)* पु. sketch; graph; treatise; plan; dictation; script; document; record.

आलेखन *(ālekhan)* पु. graphic representation; writing; painting; sketching; dictation.

आलोक *(ā-lok)* पु. light; lustre; enlightenment.

आलोकित *(ālokit)* वि. lit; lighted; illuminated.

आलोचक *(ālocak)* पु. critic; reviewer.

आलोचना *(ā-locanā)* स्त्री. criticism; observation; review.

आलोचनात्मक *(ālocanātmak)* वि. critical.

आलोड़न *(ā-loran)* पु. act of shaking; stirring; churning.

आलोड़ित *(ā-lorit)* वि. stirred; shaken; agitated.

आवंटन *(ā-vantan)* पु. allotment.

आवक *(āvak)* पु. arrival; incoming goods.

आवभगत *(āvbhagat)* स्त्री. hospitality; reception; welcome.

आवरण *(ā-varan)* पु. cover; wrapper; sheath; mask; coat; screen.

आवर्तक *(ā-vartak)* वि. recurring.

आवर्तन *(ā-vartan)* पु. recurrence; rotation; revolution; repetition.

आवर्ती *(ā-varti)* वि. recurring; recurrent; recursive.

आवश्यक *(āvaśyak)* वि. necessary; important; essential; obligatory; inevitable.

आवश्यकता *(āvasyakatā)* स्त्री. want; need; inevitability; necessity; requirement.

आवागमन *(āvāgaman)* पु. transmigration; coming and going; transport.

आवाज़ *(āvāz)* स्त्री. (फ़ा.) voice; sound; report; call.

आवारगी *(āvārgi)* आवारागर्दी *(āvārāgardi)* स्त्री. (फ़ा.) profligacy; loafing; vagrancy.

आवारा *(āvārā)* पु. (फ़ा.) vagabond; vagrant; loafer.

आवास *(ā-vās)* पु. dwelling place; residence; abode.

आवासी *(ā-vāśi)* वि. residential.

आवाह्न *(ā-vāhan)* पु. call; summoning; invocation.

आविर्भाव *(āvir-bhāv)* पु. emergency; advent; apearance; manifestation.

आविर्भूत *(āvir-bhut)* वि. emerged; manifested; risen.

आविष्करण *(āvis-karan)* आविष्कार पु. invention.

आविष्कर्त्ता *(āvis-kartā)* आविष्कार पु. inventor.

आविष्कृत *(āvis-krit)* वि. invented.

आवृत्ति *(ā-vritti)* स्त्री. frequency: repetition; recurrence; reversion: reprint.

आवेग *(ā-veg)* पु. impetus; impluse; passion; emotion.

आवेदक *(ā-vedak)* पु. applicant; petitioner.

आवदेन *(ā-vedan)* पु. application.

आवेश *(ā-ves)* पु. intense emotion; frenzy; passion; agitation.

आशंका *(ā-sanka)* स्त्री. apprehension; fear; doubt.

आशंकित *(ā-śankit)* वि. apprehensive.

आशय *(ā-śay)* पु. meaning; purport; intention; intent.

आशा *(āsā)* स्त्री. hope; aspiration.

आशाजनक *(āsājanak)* वि. hopeful.

आशातीत *(āśātit)* वि. beyond hope or expectation; unexpected.

आशावान *(āśāvān)* वि. optimistic; hopeful.

आशाहीन *(āśāhin)* वि. disappointed; disgusted; hopeless.

आशिक़ *(āśiq)* पु. (अ.) lover.

आशिक़ी *(āśiqi)* स्त्री. (अ) love-making; amorousness.

आशीर्वचन *(ā-sirvaccm)* **आशीर्वाद** पु. blessing words of benediction.

आशु *(āsu)* वि. quick; prompt; speedy; extempre.

आशुलिपि *(āśulipi)* स्त्री. shorthand; stenography.

आश्चर्य *(āscarya)* पु. surprise; astonishment; wonder.

आश्चर्यचकित *(āscaryacakit)* वि. surprised; wonder-struck; astonished.

आश्चर्यजनक *(āścaryajank)* वि. wonderful; surprising.

आश्रम *(ā-śram)* पु. hermitage; convent.

आश्रय *(ā-śray)* पु. shelter; patronage.

आश्रित *(ā-śṛit)* पु. refugee; dependant; protege.

आश्वस्त *(ā-śvast)* वि. assured; convinced.

आश्वासन *(ā-śvāsan)* पु. assurance; guarantee.

आसक्त *(ā-sakt)* वि. attached; addicted; fascinated; charmed; infatuated.

आसक्ति *(ā-sakti)* स्त्री. attachment; fascination; infatuation.

आसन *(āsan)* पु. posture; seat.

आसन्न *(ā-sann)* वि. impending; imminent; proximate; adjacent.

आसपास *(ās-pās)* क्रि. वि. near about; in the vicinity; all round; on all sides.

आसमान *(āsmān)* पु. sky; firmament.

आसमानी *(āsmāni)* वि. azure; sky-blue.

आसरा *(āsrā)* पु. shelter; reliance; support.

आसान *(āsān)* वि. (फ़ा.) easy; convenient; simple; facile.

आसानी *(āsāni)* स्त्री. convenience; facility; ease.

आसार *(āsār)* पु. (अ.) sign; symptom; breath of a wall.

आसीन *(āsin)* वि. seated.

आसुरी *(āsuri)* वि. devilish; diabolic; demonic.

आस्तिक *(āstik)* वि. theistic; devout.

आस्तीन *(āstin)* स्त्री. (फा.) sleeve.

आस्था *(ā-sthā)* स्त्री. belief; faith.

आस्वादन *(ā-svādan)* पु. relishing; tasting

आह *(āh)* स्त्री. sigh.

आहट *(āhat)* स्त्री. light sound.

आहत *(ā-hat)* वि. injured; wounded; hurt; offended; punch marked.

आहार *(ā-hār)* पु. food; meal; diet.

आहार-विज्ञान *(āhār-vijnān)* पु. dietetics.

आहिस्ता *(āhistā)* क्रि. वि. (फ़ा.) gently; slowly.

आहुति *(ā-huti)* स्त्री. oblation offered to God.

आहूत *(āhüt)* वि. invited; summoned; called.

आह्वान *(ā-hvān)* पु. invocation; summon.

इ

इ (*i*) the third letter and vowel of Devnagri alphabet.

इंगित (*ingit*) पु. indication; hint; sign; gesture; beckoning.

इंतक़ाम, इंतिक़ाम (*intaqām; intiqām*) पु. (अ.) revenge.

इंतज़ाम, इंतिज़ाम (*intazām; intizām*) पु. (अ.) arrangement.

इंद्रजाल (*indrājāl*) पु. white magic; jugglery; conjuration.

इंद्रधनुष (*indra-dhanuśa*) पु. rainbow.

इंद्रलोक (*indralok*) पु. heaven.

इंद्रिय (*indriya*) स्त्री. sense.

इंद्रियगोचर (*indriyagocar*) वि. perceptible; capable of being ascertained through senses.

इंसान (*insān*) पु. (अ.) man; human being.

इंसानियत (*insāniyat*) स्त्री. (अ.) humanity; gentlemanliness.

इंसानी (*insāni*) वि. (अ.) human.

इंसाफ़ (*imsāf*) पु. (अ.) fair deal; justice.

इकट्ठा (*ikatthā*) वि. collected; gathered; united.

इकतरफ़ा (*iktarfā*) वि. ex-parte; unilateral; one sided.

इकतारा (*iktārā*) पु. one-stringed musical instrument.

इकरार (*iqrār*) पु. (अ.) agreement; promise; bond.

इकरारनामा (*iqrār-nāmā*) पु. (अ.) deed of agreement; written agreement.

इकलौता (*iklautā*) वि. only; single.

इकाई (*ikāi*) स्त्री. unit.

इच्छा (*iccha*) स्त्री. desire; wish; will.

इच्छाचारी (*icchācāri*) वि. libertine; self willed.

इच्छापत्र (*icchāpatra*) पु. will; testament.

इच्छाशक्ति (*icchā-sakti*) स्त्री. will power.

इच्छित (*icchit*) वि. willed; desired; aspired; wished for.

इच्छुक (*icchuk*) वि. desirous; willing; wishing.

इजलास (*ijlās*) पु. (अ.) court; session.

इज़हार (*izhār*) पु. (अ.) manifestation; expression; demonstration.

इजाज़त (*ijāzat*) स्त्री. (अ.) permission.

इजाफ़ा (*izāfā*) पु. (अ.) addition; augmentation; increase; enhancement.

इज़्ज़त (*izzat*) स्त्री. (अ.) prestige; honour; respect; dignity.

इज़्ज़तदार (*izzatdār*) वि. (अ.) reputed; esteemed; respectable.

इठलाना (*ithlānā*) अ. क्रि. to strut; to act affectedly; to assume swaggering airs.

इतना[1] (*itnā*) वि. this much; so much; as this.

इतना[2] (*itnā*) क्रि. वि. too much; so much.

इतमीनान (*itminān*) पु. (अ.) assurance; conviction; trust; confidence; relief.

इति (*iti*) स्त्री. end; conclusion; termination.

इतिहास (*iti-hās*) पु. history.

इतिहासकार (*itihāskār*) पु. historian.

इत्तफ़ाक (*ittafāq*) पु. (अ.) coincidence;

chance; unity.

इत्तला, इत्तिला *(ittilā)* स्त्री. (अ.) intimation; information; notice.

इत्यादि *(ity-ādi)* अ. etcetera; so on and so forth.

इत्र *(itr)* पु. (अ.) perfume; scent; essence.

इत्रदान *(itr-dān)* पु. cassolette; scentcase.

इधर *(idhar)* क्रि. वि. this side; this way; here; these days; at present.

इन *(in)* वि. these.

इनक़लाब *(inqalāb)* पु. (अ.) revolution.

इनक़लाबी *(inqalābi)* वि., पु. revolutionary.

इनकार *(inkār)* पु. (अ.) refusal; denial.

इनाम *(inām)* पु. (अ.) prize.; reward.

इनायत *(onāyat)* स्त्री. (अ.) obligation; favour; grace; bestowal.

इबादत *(ibādat)* स्त्री. (अ.) worship; adoration.

इबारत *(ibārat)* स्त्री. (अ.) text, writing style; mode of writing.

इमदाद *(imdād)* स्त्री. (अ.) aid; help.

इमला *(imlā)* पु. dictation.

इमली *(imli)* स्त्री. tamarind.

इमाम *(imām)* पु. (अ.) Muslim high priest.

इमारत *(imārat)* स्त्री. (अ.) building.

इमारती *(imārati)* वि. (अ.) pertaining to building.

इम्तहान, इम्तिहान *(imtahān)* पु. (अ.) examination; test; trial.

इरादा *(irādā)* पु. (अ.) idea; intention.

इलज़ाम *(ilzām)* पु. (अ.) allegation; accusation; charge.

इलाका *(ilāqā)* पु. (अ.) circle; territory; sphere; district; zone; region; locality; area.

इलाज *(ilāj)* पु. (अ.) treatment; remedy; cure.

इलायची *(ilāyci)* स्त्री. (अ.) cardamon.

इल्तिजा *(iltijā)* स्त्री. (अ.) request; entreaty.

इल्म *(ilm)* पु. (अ.) knowledge; learning; skill.

इशारा *(isārā)* पु. (अ.) signal; sign; hint; indication; gesture.

इश्क *(iśq)* पु. (अ.) love; amour.

इश्तहार, इश्तिहार *(istahār)* पु. (अ.) poster; hand-bill; advertisement.

इष्ट *(ist)* वि. adored; favourite; favoured.

इस *(is)* सर्व. this; it .

इसरार *(isrār)* पु. (अ.) insistence; entreaty.

इसलाम *(islam)* पु. (अ.) Muslim religion.

इस्तग़ासा, इस्तिगासा *(istagāsā)* पु. (अ.) prosecution; criminal proceedings.

इस्तरी, इस्तिरी *(istri)* स्त्री. press; smoothing iron.

इस्तीफ़ा *(istifa)* पु. (अ.) resignation.

इस्तेमाल *(istemāl)* पु. (अ.) use; application; consumption

इस्पात *(ispāt)* पु. (अ.) steel.

ई

ई *(i)* the fourth letter and the fourth vowel of the Devnagri alphabet.

ईंट *(imt)* स्त्री. brick.

ईंधन *(indhan)* पु. fuel; firewood; tinder.

ईख *(ikh)* स्त्री. sugarcane.

ईजाद *(ijād)* स्त्री. (अ.) invention.

ईमान *(imān)* पु. (अ.) faith; belief; honesty; integrity; fairplay.

ईमानदार *(imāndār)* वि. (अ.) honest; faithful; upright; just; sincere.

ईमानदारी *(imāndāri)* स्त्री. honesty; integrity; faithfulness; sincerity.

ईर्ष्या *(irśyā)* स्त्री. jealousy; envy.

ईर्ष्यालु *(irśyālu)* वि. jealous; envious.

ईश्वर *(iśvar)* पु. God.

ईश्वरनिष्ठ *(iśvarnistha)* वि. theistical.

ईश्वरवाद *(iśvar-vād)* पु. theism.

ईश्वरीय *(iśvariya)* वि. Godly; divine.

ईसवी *(isvi)* वि. pertaining to Christ.

ईसा *(isā)* पु. Jesus Christ.

ईसाई *(isāi)* पु. Christian.

उ

उ *(u)* the fifth letter and vowel of the Devnagri alphabet.

उँगली *(umgli)* स्त्री. finger.

उँडेलना *(umdelnā)* स. क्रि. to pour.

उऋण *(urin)* वि. free from debt; debt free.

उकताना *(uktana)* अ. क्रि. to be fed up; to be tired (of); to get bored.

उकसाना *(uksānā)* स. क्रि. to incite; to instigate; to provoke; to raise.

उकसाहट *(uksahat)* स्त्री. instigation; excitement; provocation.

उक्त *(ukt)* वि. stated above; mentioned above; aforesaid; spoken; said.

उक्ति *(ukti)* वि. saying; statement; expression; utterance; remark; dictum.

उखड़ना *(ukharnā)* अ. क्रि. to be uprootd; to be dislodged; to be dislocated.

उखाड़ना *(ukhārnā)* स. क्रि. to uproot; to eradicate; to dig out; to dislodge.

उगना *(ugnā)* अ. क्रि. to grow; to germinate; to rise (of sun).

उगाना *(ugānā)* स. क्रि. to grow; to cause to germinate; to raise;to produce.

उगाहना *(ugāhnā)* स. क्रि. to collect; to realise; to raise.

उगाही *(ugāhi)* स्त्री. collection; realization; levy; recovery.

उग्र *(ugra)* वि. fierce; violent; aggressive.

उग्रता *(ugratā)* स्त्री. aggressiveness.

उग्रवाद *(ugravād)* पु. extremism; radicalism.

उग्रवादी *(ugravādi)* पु. extremist; radicalist.

उघड़ना *(agharnā)* अ. क्रि. to be uncovered; to be exposed; to be disclosed.

उघाड़ना *(ughārnā)* स. क्रि. to uncover; to expose; to disclose.

उचकना *(ucaknā)* अ. क्रि. to stand on tip-toe.

उचकाना *(uckānā)* स. क्रि. to raise up; to lift up.

उचक्का *(ucakkā)* पु. sneak-thief; pilferer; swindler; shop-lifter.

उचक्कापन *(ucakkāpan)* पु. swindling.

उचटना *(ucatnā)* अ. क्रि. to be weary; to feel dejected; to be interrupted; to come off.

उचित *(ucit)* वि. proper; right; appropriate; suitable; fair; reasonable; advisable.

उच्च *(ucc)* वि. tall; high; superior; lofty; elevated; noble.

उच्चतम *(uccatam)* वि. highest; best; supreme.

उच्चता *(uccatā)* स्त्री. elevation; loftiness; superiority.

उच्चारण *(uc-cāran)* पु. pronunciation.

उच्छृंखल *(uc-chrankhal)* वि. unrestrained; licentious; wanton; impertinent; disorderly; undisciplined.

उच्छ्वास *(uc-chvās)* पु. exhalation; expiration; sigh.

उछलना *(uchalnā)* अ. क्रि. to jump; to leap; to spring; to rebound.

उछाल *(uchāl)* स्त्री. leap; jump; rebound; throw; toss.

उछालना *(uchālna)* स. क्रि. to toss.

उजड़ना *(ujarnā)* अ. क्रि. to be ruined or destroyed; to be deserted; to lie waste.

उजड्ड *(ujadd)* वि. ill-mannered; boorish; rude; rough; uncivilised; clumsy.

उजड्डता *(ujaddata)* स्त्री. see. उजड्डपन

उजड्ड-पन *(ujaddāpan)* पु. rudeness; boorishness; incivility; roughness.

उजरत *(ujrat)* स्त्री. (अ.) remuneration.

उजला *(ujlā)* वि. bright; clean; white.

उजाड़ *(ujār)* वि. desolate; deserted; devastated; barren.

उजाड़ना *(ujārnā)* स. क्रि. to destroy; to ruin; to render desolate; to devastate; to spoil; to root up.

उजाला *(ujālā)* पु. light; brightness; splendour.

उज्ज्वल *(uj-jval)* वि. splendid; bright; radiant; clear; luminous; beautiful; white.

उज्ज्वलता *(uj-jvalatā)* स्त्री. splendour; brightness; shine; lustre.

उठना *(uthnā)* अ. वि. to rise; to get up; to be rented out; to expire; to pass away; to stand up; to be ready; to grow; to develop.

उठाईगिरी *(uthāigiri)* स्त्री. pilferage.

उठाऊ *(uthāū)* वि. portable.

उठान *(uthān)* पु. ascent; elevation; rise; height; blossoming youth.

उठाना *(uthānā)* स. क्रि. to lift up; to raise; to wake up; to bear; to remove; to erect; to pick up; to take up.

उड़द *(urad)* see. उरद

उड़नखटोला *(urankhatolā)* पु. legendary flying cot.

उड़नतस्तरी *(urantaśtari)* स्त्री. flying saucer.

उड़नदस्ता *(urandastā)* पु. flying squad.

उड़ना *(urnā)* अ. क्रि. to fly ; to get dim; to fade; to vanish; to explode.

उड़ान *(urān)* स्त्री. flight.

उड़ाना *(urānā)* स. क्रि. to squander; to fly; to let fly; to steal; to kidnap.

उतना *(utnā)* वि. क्रि. वि. that much; to that extent.

उतरन *(utran)* स्त्री. old; worn out clothes; cast off clothes.

उतरना *(utarnā)* अ. क्रि. to get down; to alight; to go down; to fall or diminish; to be dislocated.

उतार *(utār)* पु. descent; fall; depreciation.

उतार-चढ़ाव *(utār-carhāv)* पु. fluctuations; rise and fall; ups and downs; variation.

उतारना *(utārna)* स. क्रि. to unload; to bring down; to dislocate; to cause to disembark; to copy; to take across.

उतावला *(utāvlā)* वि. impatient; excessively eager; head strong.

उतावलापन *(utāvlāpan)* पु. impatience; rashness; hastiness; haste.

उत्कंठा *(ut-kanthā)* स्त्री. curiosity; eagerness; longing; craving..

उत्कट *(ut-kat)* वि. intense; excessive; gigantic; richly endowed.

उत्कर्ष *(ut-karś)* पु. crescendo; apotheosis; ascendence; exaltation; excellence; prosperity; eminence.

उत्कीर्ण *(ut-kirn)* वि. engraved; carved.

उत्कृष्ट *(ut-krist)* वि. excellent; outstanding; paramount; superior; highest.

उत्कृष्टता *(ut-kriśtatā)* स्त्री. eminence; superiority; excellence.

उत्कोच *(utkoc)* पु. bribe; graft.

उत्खनन *(ut-khanan)* पु. excavation.

उत्तम *(uttam)* वि. best; excellent.

उत्तमता *(uttamatā)* स्त्री. excellence; fineness.

उत्तर *(uttar)* पु. north; reply; answer defence.

उत्तरदायित्व *(uttardāyitva)* पु. accountability; responsibility; obligation.

उत्तरदायी *(uttar-dāyi)* वि. responsible; accountable; answerable.

उत्तराधिकार *(uttarādhikār)* पु. inheritance; succession.

उत्ताप *(uttāp)* पु. excessive hot; distress; affliction; ferment.

उत्ताल *(ut-tāl)* वि. violent; high.

उत्तीर्ण *(ut-tirn)* वि. passed; successful; crossed.

उत्तुंग *(ut-tung)* वि. lofty; high.

उत्तेजक *(ut-tejak)* वि. provocative; stimulating; inciting.

उत्तेजना *(ut-tejnā)* स्त्री. provocation; excitement; agitation; stimulation.

उत्तेजनाप्रद *(uttejnāprad)* वि. provocative; stimulating; exciting.

उत्तेजित *(ut-tejit)* वि. excited; provoked.

उत्तोलक *(ut-tolak)* पु. lift; lever; crane.

उत्थान *(ut-thān)* पु. rise; uplift.

उत्पत्ति *(ut-patti)* स्त्री. production; creation; origin; birth.

उत्पन्न *(ut-pann)* वि. produced; born; originated.

उत्पात *(ut-pat)* पु. mischief; nuisance riot; violence.

उत्पाती *(ut-pāti)* वि. mischievous; naughty.

उत्पाद *(ut-pād)* पु. produce; yield; product; output.

उत्पादक *(ut-pādak)* पु. producer; originator.

उत्पादकता *(ut-pādakatā)* स्त्री. productivity; fertility.

उत्पादन *(ut-pādan)* पु. production; output; produce; yield; generation.

उत्पीड़क *(u-pirak)* पु. oppressor; persecutor.

उत्पीड़न *(ut-piran)* पु. oppression; persecution; harassment.

उत्पीड़ित *(ut-pirit)* वि. oppressed; persecuted; harassed.

उत्प्रेरित *(utprerit)* वि. catalysed; activated; indued.

उत्फुल्ल *(ut-phull)* वि. blossomed; delighted; buoyant.

उत्फुल्लता *(utphullata)* स्त्री. delightfulness; blossoming; buoyancy.

उत्सर्ग *(ut-sarg)* पु. abandonment; sacrifice.

उत्सव *(ut-sav)* पु. festival; celebration; festivity.

उत्साह *(ut-sāh)* पु. enthusiasm; zeal.

उत्साहवर्धक *(utsāhvardhak)* वि. encouraging; inspiring.

उत्साहवर्धन *(utsāhvardhan)* पु. encouragement; inspiration.

उत्साही *(ut-sāhi)* पु. enthusiast.

उत्सुक *(ut-suk)* वि. eager; curious; keen; anxious.

उत्सुकता *(ut-sukatā)* स्त्री. curiosity; eagerness; anxiousness.

उथल-पुथल *(uthal-puthal)* स्त्री. turmoil; upheaval.

उथला *(uthlā)* वि. shallow.

उदधि *(uda-dhi)* पु. ocean; sea.

उदय *(ud-ay)* पु. rise; emergence.

उदर *(udār)* पु. stomach; abdomen.

उदात्त *(ud-ātt)* वि. sublime; lofty; noble.

उदार *(ud-ār)* वि. liberal; generous; magnificent; tolerant.

उदारता *(ud-āratā)* स्त्री. generosity; magnanimity; liberality; leniency.

उदास *(ud-ās)* वि. sad; gloomy; dejected.

उदासी *(ud-āsi)* स्त्री. sadness; dejection; gloom; melancholy; sullenness.

उदासीन *(ud-āsin)* वि. indifferent; disinterested; apathetic.

उदासीनता *(ud-āsinatā)* स्त्री. indifference; disinterestedness; apathy.

उदाहरण *(ud-ā-haran)* पु. illustration; example; instance; precedent.

उदित *(udit)* वि. ascended; risen; emerged.

उदीयमान *(udiyamān)* वि. promising; rising; ascending.

उद्गम *(ud-gam)* पु. source; fountainhead; origin; rising; coming up.

उद्गार *(ud-gār)* पु. expression of inner feelings; effusion.

उद्घाटन *(ud-ghātan)* पु. inauguration; uncovering; revelation.

उद्घोष *(ud-ghośa)* पु. proclamation.

उद्दंड *(ud-dand)* वि. insolent; impertinent; rude; rebellious.

उद्दीपक *(ud-dipak)* पु. stimulant; stimulus.

उद्दीपन *(ud-dipan)* पु. stimulation;

stimulus; provocation.

उद्देश *(uddeś)* पु. subject of discussion; purpose; example; clarification; determination.

उद्देश्य *(ud-deśya)* पु. end; purpose; aim; subject; object; motive.

उद्धारण *(ud-dhāraṅ)* पु. quotation; excerpt; citation; extract.

उद्धार *(ud-dhār)* पु. salvation; deliverance; rescue; riddance; redemption; restoration; unplift.

उद्धृत *(ud-dhrit)* वि. quoted; cited.

उद्बोध *(ud-bodh)* पु. enlightenment.

उद्बोधन *(ud-bodhan)* पु. awakening; consciousness; evocation.

उद्भव *(ud-bhav)* पु. origin; birth; descent.

उद्भूत *(udbhut)* वि. born; produced; emerged.

उद्यत *(ud-yat)* वि. ready; prepared.

उद्यम *(ud-yam)* पु. enterprise; venture; business; pursuit; diligence.

उद्यमी *(ud-yami)* वि. enterprising; diligent; industrious.

उद्यान *(ud-yān)* पु. park; garden; orchard.

उद्योग *(ud-yog)* पु. industry; labour; effort; endeavour.

उद्योगपति *(ud-yogpati)* पु. industrialist.

उद्विग्न *(ud-vign)* वि. agitated; perturbed; unquiet; troubled.

उद्वेग *(ud-veg)* पु. uneasiness; restlessness perturbation; agitation.

उद्वेलन *(udvelan)* पु. perturbation; agitation; surgency; turmoil.

उधाड़ना *(udhārna)* अ. क्रि. to be unsewn; to be ripped; to be untwisted; to be unrolled; to be unravelled.

उधार[1] *(udhār)* क्रि. वि. on that side; that way; there.

उधार[2] *(udhār)* पु. credit; loan; debt.

उधेड़ना *(udherna)* स. क्रि. to unsew; to open up; to excoriate; to unroll.

उन्नत *(un-nat)* वि. elevated; developed; high; lofty; improved; advanced.

उन्नति *(un-nati)* स्त्री. progress; rise; promotion; improvement; advancement; elevation; uplift; betterment.

उन्नयन *(un-nayan)* पु. progress; development; upliftment.

उन्मत्त *(un-matt)* वि. intoxicated; drunk; delirious.

उन्माद *(un-mād)* पु. mania; lunacy; intoxication; insanity; hysteria.

उन्मादी *(un-mādi)* वि. insance; frenzied; hysterical; intoxicated.

उन्मुक्त *(un-mukt)* वि. unrestrained; liberated; free; open.

उन्मूलन *(un-mulan)* पु. uprooting; eradication; abolition; extermination.

उपकरण *(upa-karan)* पु. equipment; apparatus; appliance; paraphernalia.

उपकार *(upa-kār)* पु. good; benefaction.

उपकारी *(upa-kari)* वि. beneficial; favourable; obliging; helping; benevolent.

उपकुलपति *(upkulpati)* पु. vice-chancellor.

उपकृत *(upkrit)* वि. grateful; obliged.

उपग्रह *(upa-grah)* पु. satellite.

उपचार *(upa-cār)* पु. treatment; remedy.

उपज *(upaj)* स्त्री. output; yield; produce; product; harvest.

उपजाऊ *(upjāū)* वि. fertile; productive.

उपजाऊपन *(upajāūpan)* पु. fertility; productivity.

उपदेश *(upa-deś)* पु. precept; sermon; preaching; teaching.

उपद्रव *(upa-drav)* पु. riot; disturbance; mischief.

उपद्रवी *(upa-dravi)* वि. riotious; rowdy; mischievous; naughty; unruly.

उपनगर *(upa-nagar)* पु. suburb.

उपनगरीय *(upa-nagariya)* वि. suburban.

उपनाम *(upa-nām)* पु. pen-name; nick-name.

उपनियम *(up-niyam)* पु. bye-law.

उपनिवेश *(upa-niveś)* पु. colony.

उपन्यास *(upa-nyās)* पु. novel.

उपन्यासकार *upa-nyāskār)* पु. novelist.

उपपति *(upapati)* पु. paramour; lover.

उपपत्नी *(upa-patni)* स्त्री. mistress; keep; concubine.

उपभुक्त *(upbhukta)* वि. used; consumed.

उपभोक्ता *(upa-bhoktā)* पु. consumer; user.

उपभोग *(upabhog)* पु. consumption; use.

उपमंत्री *(up-mantri)* पु. deputy- minister.

उपमहाद्वीप *(upa-mahādvip)* पु. subcontinent.

उपमा *(upa-mā)* स्त्री. simile; comparison; analogy.

उपयुक्त *(upa-yukt)* वि. appropriate; proper; suitable.

उपयुक्तता *(upa-yuktatā)* स्त्री. appropriateness; suitability.

उपयोग *(upa-yog)* पु. use; utilisation; utility; exploitation; consumption.

उपयोगिता *(upa-yogitā)* स्त्री. utility; usefulness.

उपयोगी *(upa-yogi)* वि. useful; helpful; serviceable.

उपरांत *(uparānt)* क्रि. वि. after; afterwards.

उपराज्यपाल *(up-rājyapāl)* पु. deputy governor.

उपराष्ट्रपति *(uparāśtrapati)* पु. vice-president.

उपरिलिखित *(upari-likhit)* वि. above mentioned.

उपर्युक्त *(uparyukt)* वि. above-mentioned; aforesaid.

उपलक्ष्य *(upa-laks)* पु. object; occasion.

उपलब्ध *(upa-labd)* वि. available.

उपलब्धि *(upa-labdhi)* स्त्री. achievement; accomplishment; realization; attainment; finding.

उपला *(uplā)* पु. dung-cake.

उपवन *(upa-van)* पु. garden; park; park land.

उपवाक्य *(up-vakya)* पु. fast.

उपविभाग *(up-vibhag)* पु. sub-division; subordinate department.

उपशाखा *(up-sākhā)* स्त्री. sub-branch; subsidiary branch.

उपसंपादक *(up-sampādak)* पु. sub-editor.

उपसंहार *(up-samhār)* पु. epilogue; conclusion; finale.

उपसभापति *(up-sabhāpati)* पु. vice president; vice-chairman.

उपसमिति *(up-samiti)* स्त्री. sub-committee.

उपसर्ग *(upa-sarg)* पु. prefix.

उपस्थित *(upa-sthit)* वि. present.

उपस्थिति *(upa-sthiti)* स्त्री. presence; attendance; roll-call.

उपहार *(upa-hār)* पु. present; gift.

उपहास *(upa-hās)* पु. mockery; derision; ridicule.

उपहासास्पद *(upa-hāsāspad)* वि. ridiculous; ludicrous; laughable.

उपादान *(upādān)* पु. ingredient; matter; factor.

उपादेय *(upādeya)* वि. useful; beneficial.

उपाधि *(upādhi)* स्त्री. degree; epithet; title.

उपाय *(upay)* पु. means; measure; way; device; remedy; cure.

उपार्जन *(upārjan)* पु. earning; acquisition.

उपालंभ *(upālambh)* पु. reproach; complaint.

उपासक *(upāsak)* पु. worshipper; adorer.

उपासना *(upāsanā)* स्त्री. worship; devotion; service.

उपास्य *(upāsya)* वि. adorable; worth worshipping.

उपेक्षा *(upeksā)* स्त्री. neglect; negligence; disregard.

उपेक्षित *(upeksit)* वि. neglected; ignored; discarded; disregarded.

उफनना *(uphananā)* अ. क्रि. to boil over; to express distress.

उफान *(uphān)* पु. boiling up; turmoil.

उबकाई *(ubkāi)* स्त्री. nausea; feeling of vomiting.

उबटन *(ubtan)* पु. a cosmetic paste annointed over the body.

उबरना *(ubarnā)* अ. क्रि. to get riddance; to be liberated; to be free.

उबलना *(ubalnā)* अ. क्रि. to boil; to simmer.

उबारना *(ubārnā)* स. क्रि. to emancipate; to liberate; to salvage.

उबाल *(ubāl)* पु. simmering; boiling; seething.

उबालना *(ubālnā)* स. क्रि. to boil.

उबासी *(ubāsi)* स्त्री. yawn.

उभय *(ubhay)* वि. both; the two.

उभयचर *(ubhayacar)* पु. amphibious.

उभरना *(ubharnā)* अ. क्रि. to emerge; to bulge out; to protrude.

उभार *(ubhār)* पु. bulging; bulge; projection; protrusion.

उभारना *(ubhārnā)* स. क्रि. to raise up; to provoke.

उमंग *(umang)* स्त्री. zeal; aspiration.

उमड़ना *(umarnā)* अ. क्रि. to swell; to burst; to flood; to overflow.

उमस *(umas)* स्त्री. sultriness; sultry weather.

उम्मीद *(ummid)* स्त्री. (फ़ा.) expectation; hope

उम्मीदवार *(ummidvār)* पु. candidate.

उम्र *(umra)* स्त्री. (अ.) age; lifetime.

उरद *(urad)* पु. a kind of pulse; black gram.

उर्वर *(urvar)* उर्वर वि. productive; fertile.

उर्वरक *(urvarak)* पु. fertiliser.

उर्वरता *(urvaratā)* स्त्री. productivity; fertility.

उलझन *(uljhan)* स्त्री. complication; fix; perplexity; entanglement.

उलझाना *(uljhānā)* स. क्रि. to complicate; to entangle; to involve.

उलझाव *(uljhāv)* पु. involvement; entanglement; complication.

उलटना *(ulatnā)* स. क्रि. to overturn; to capsize; to reverse; to subvert; to turn over.

उलट-फेर *(ulat-pher)* पु. upsetting; shuffling; changes.

उलटा *(ultā)* वि. reverse; topsy-turvy; opposite; contrary; inverted.

उलटी *(ulti)* स्त्री. vomit; vomiting.

उलाहना *(ulāhnā)* पु. complain; reproach.

उल्का *(ulkā)* स्त्री. falling star; meteor; shooting star.

उल्लंघन *(ul-langhan)* पु. violation; transgression.

उल्लसित *(ul-lasit)* वि. joyous; jubilant; radiant.

उल्लास *(ul-lās)* पु. jubiliation; joy; delight; meriment.

उल्लू *(ullü)* पु. owl; idiot.

उल्लेख *(ul-lekh)* पु. mention; reference.

उल्लेखनीय *(ul-lekhaniya)* उल्लेख वि. remarkable; worthy; of being mentioned.

उस *(us)* सर्व., वि. he or she; that; it.

उसाँस *(usams)* स्त्री. sigh.

उसूल *(usül)* पु. (अ.) principle.

उस्तरा *(ustrā)* पु. (फा.) razor.

ऊ

ऊ *(ü)* the sixth letter and vowel of the Devnagri alphabet.

ऊँघ *(ümgh)* स्त्री. drowsiness.

ऊँघना *(ümghna)* अ. क्रि. to doze; to be sleepy.

ऊँच-नीच *(ümc-nic)* स्त्री. pros and cons; ups and downs; good and evil; high and low.

ऊँचा *(ümca)* वि. elevated; loft; high; loud; tall; great; eminent.

ऊँचाई *(ümcai)* स्त्री. height; altitude; elevation; loftiness.

ऊँट *(ümt)* पु. camel.

ऊटपटांग *(ütpatāmg)* वि. absurd; incoherent; ridiculous; abslipslop; senseless; meaningless.

ऊत *(üt)* वि. idiot; stupid; issueless.

ऊतक *(ütak)* पु. tissue.

ऊधम *(üdham)* पु. clamour; row; uproar; hurly-burly; mischief.

ऊधमी *(üdhami)* वि. mischievous; naughty; rowdy.

ऊन *(ün)* स्त्री. wool.

ऊपर *(üpar)* अ. on; upon; above; upward; over; on the top.

ऊपरी *(üpari)* वि. upper; superficial; showy; insincere; extra.

ऊब *(üb)* स्त्री. boredom; monotony; disgust.

ऊबड़-खाबड़ *(übar-khābar)* वि. uneven; rough and rugged.

ऊबना *(übnā)* अ. क्रि. to feel bored; to feel irked.

ऊर्जा *(ürjā)* स्त्री. energy; vigour and vitality; power.

ऊर्मि *(ürmi)* स्त्री. wave; ripple; flow.

ऊलजलूल *(ül-jalül)* वि. slipslop; absurd; irrelevant; ridiculous; foolish.

ऊष्मा *(üsmā)* स्त्री. warmth; heat.

ऊसर *(üsar)* वि. barren or fallow land.

ऊहापोह *(ühāpoh)* पु. consideration of the pros and cons.

ऋ

ऋ (*r*) the seventh letter and vowel of the Devnagri alphabet.

ऋजु (*rju*) *वि.* straight; simple.

ऋण (*rn*) *पु.* debt.

ऋणग्रस्त (*rn-grast*) *वि.* indebted.

ऋणपत्र (*rn-patr*) *पु.* bond; pronote.

ऋतु (*rtu*) *स्त्री.* season; menstruation.

ऋषि (*rsi*) *पु.* sage; seer; hermit.

ए

ए (*e*) the eighth letter and vowel of the Devnagri alphabet.

एक (*ek*) *वि.* one; single; lone.

एकक (*ekak*) *पु.* unit; singlet.

एकछत्र (*ekchatr*) *वि.* having absolute authority; autocratic.

एकजान (*ekjān*) *वि.* complete union; completely identified.

एकतरफ़ा (*ek-tarfā*) *वि.* ex-parte; onesided; unilateral.

एकता (*ekatā*) *स्त्री.* unity; oneness; solidarity; integrity.

एकतारा (*ekatārā*) *पु.* one-stringed musical instrument.

एकत्र (*ekatr*) *क्रि. वि.* together; collected in one place.

एकत्रित (*ekatrit*) *वि.* accumulated; gathered; collected; assembled.

एकत्व (*ekatva*) *पु.* unity; oneness.

एकदम (*ekdam*) *क्रि. वि.* immediately; instantly; suddenly; in one breath.

एकमंज़िला (*ek-manjilā*) *वि.* having only one storey; single storeyed.

एकमत (*ek-mat*) *वि.* unanimous.

एकरस (*ekras*) *वि.* monotonous; constant; similar.

एकरसता (*ekrastā*) *स्त्री.* uniform; identical.

एकरूप (*ekrup*) *वि.* uniform; identical.

एकरूपता (*ekrüptā*) *स्त्री.* uniformity; identity.

एकल (*ekal*) *वि.* lone; solitary; singular.; single.

एकलिंगता (*ek-lingtā*) *स्त्री.* unisexualism.

एकलिंगी (*ek-lingi*) *वि.* unisexual.

एकवचन (*ek-vachan*) *वि.* singular.

एकसमान (*ek-samān*) *वि.* uniform; constant.

एकसमानता (*ek-samāntā*) *स्त्री.* uniformity; constancy.

एकसूत्रता (*ek-sütratā*) *स्त्री.* co-ordination; integration.

एकस्वरता (*ek-svartā*) *स्त्री.* unison; monotony.

एकांकी (*ekānke*) *पु.* one-act play.

एकांगी (*ekāngi*) *वि.* one-sided; biased; partial.

एकांत[1] (*ekānt*) *पु.* seclusion; isolation; solitude; privacy.

एकांत[2] *(ekānt)* वि. lonely; exclusive.

एकांतता *(ekāntatā)* स्त्री. seclusion; secludedness; privacy; solitude.

एकांश *(ekāns)* पु. unit; item.

एका *(ekā)* पु. unity, solidarity; oneness.

एकाएक *(ekā-ek)* क्रि. वि. suddenly; unexpectedly; unawared; all of a sudden.

एकाकी *(ekāki)* वि. lonely; solitary; single.

एकाकीपन *(ekākipan)* पु. feeling of loneliness.

एकाग्र *(ekāgr)* वि. concentrated.

एकाग्रता *(ekagratā)* स्त्री. concentration.

एकाधिक *(ekādhik)* वि. more than one; very few.

एकाधिकार *(ekādhikār)* पु. monopoly.

एकाधिपत्य *(ekādhiptya)* पु. autocracy; monopoly.

एकार्थक *(ekārthak)* वि. synonymous.

एकीकरण *(ekikaran)* पु. unification.

एकीकृत *(ekikrit)* वि. unified; integrated.

एकीभूत *(ekibhüt)* वि. unified; collected; together; consolidated.

एड़ *(er)* स्त्री. spur.

एड़ी *(eri)* स्त्री. heel.

एतबार *(etbār)* पु. (अ.) confidence; trust; faith.

एतराज़ *(etrāz)* पु. (अ.) objection; protest; opposition.

एलान *(elān)* पु. (अ.) announcement; declaration.

एवं *(evam)* अ. and; also.

एवज़ *(evaz)* पु. (अ.) substitution; substitute.

एहसान *(ehsān)* पु. (अ.) obligation.

एहसास *(ehsās)* पु. (अ.) feeling; consciousness; realisation.

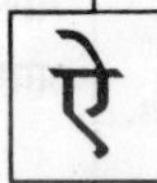

ऐ *(ai)* the ninth letter and vowel of the Devnagri alphabet.

ऐंचातानी *(aincātāni)* स्त्री. tugging and pulling; manipulation and manoeuvring struggle inspired by selfish motive.

ऐंठ *(aimth)* स्त्री. twist; ply; convolution; conceit; vanity; stiffness; perk; obstinacy.

ऐंठन *(aimthan)* स्त्री. twist; contortion; torsion; convolution.

ऐंठना *(aimthana)* स. क्रि. to contort; to twist; to extort; to fleece; to cramp; to be conceited.

ऐंठू *(aimthü)* वि. arrogant; perky; obstinate; conceited.

ऐच्छिक *(aicchik)* वि. voluntary; optional.

ऐतिहासिक *(aitihāsik)* वि. historic; historical.

ऐतिहासिकता *(aitihāsiktā)* स्त्री. historicity.

ऐनक *(ainak)* पु. (अ.) spectacles; eyeglasses.

ऐब *(aib)* पु. (अ.) defect; vice; flaw; fault.

ऐयाश *(aiyās)* वि. (अ.) voluptuous; debauch.

ऐयाशी *(aiyāsi)* स्त्री. debauchery; lewdness; sensuality

ऐरा-ग़ैरा *(airā-gairā)* वि. alien; rabble; inferior; having no status; insignificant.

ऐश *(aiś)* पु. (अ.) sensuous pleasure; merriment; luxury.

ऐश्वर्य *(aiśvarya)* पु. glory and grandeur; prosperity; opulence.

ऐसा *(aisā)* क्रि. वि., वि. such; of this type; so.

ऐहिक *(aihik)* वि. mundane; secular; temporal.

ओ

ओ *(o)* the ninth letter and vowel of the Devnagri alphabet.

ओंठ *(omth)* पु. lip.

ओकाई *(okāi)* स्त्री. nausea; feeling of vomiting.

ओखली *(okhli)* स्त्री. mortar.

ओछा *(ochā)* वि. mean; petty; trifling; short; small; shallow.

ओछापन *(ochāpan)* पु. meanness; pettiness.

ओज *(oj)* पु. lustre; splendour; prowess; vigour.

ओजस्विता *(ojasvitā)* स्त्री. virility.

ओजस्वी *(ojasvi)* वि. virile; rigorous.

ओझल *(ojhal)* वि. out of sight; evanescent.

ओझा *(ojhā)* पु. exorcist.

ओट *(ot)* स्त्री. cover; shelter; screen.

ओठ *(oth)* पु. lip.

ओढ़ना[1] *(orhnnā)* स. क्रि. to cover oneself with; to own up.

ओढ़ना[2] *(orhnnā)* पु. covering; covering sheet.

ओढ़नी *(orhni)* स्त्री. woman's mantle.

ओर *(or)* स्त्री. side; direction.

ओला *(olā)* पु. hailstone; hail.

ओस *(os)* स्त्री. dew.

ओहदा *(ohdā)* पु. (अ.) post; designation; rank.

औ *(au)* the tenth letter and vowel of the Devnagri alphabet.

औंधा *(aumdhā)* क्रि. वि. upside down; with the face downward.

औक़ात *(auqāt)* स्त्री. (अ.) capability; status.

औचित्य *(aucitya)* पु. appropriateness; proprietry; validity; justification.

औज़ार *(auzār)* पु. (अ.) instrument; tool.

औटाना *(autānā)* स. क्रि. to boil.

औद्योगीकरण *(audyogikaran)* वि. industrialisation.

औपचारिक *(aupacārik)* वि. formal; ceremonial.

औपचारिकता *(aup-cāriktā)* स्त्री. formality; ceremony; ceremonialism.

और *(aur)* वि. different; other; else.

औरत *(aurat)* स्त्री. (अ.) woman; wife; maid servant.

औलाद *(aulad)* स्त्री. (अ.) offspring; descendants; children.

औषध, औषधि *(auśadh)* स्त्री. medicine; drug.

औषधशाला *(auśadh-śālā)* स्त्री. pharmacy.

औषधालय *(auśdhālayā)* पु. dispensary.

औसत *(ausat)* वि. (अ.) average.

औसान *(ausān)* पु. (फा.) presence of mind; wits.

क

क *(ka)* the first consonants in Devnagri alphabet.

कंकड़ *(kankar)* पु. small piece of stone; pebble.

कंकण *(kankan)* पु. bangle; a bracelet.

कंकरीट *(kankrit)* पु. mixture of gravel; lime; cement and sand; concrete.

कंकाल *(kankāl)* पु. skeleton.

कंगन *(kangan)* पु. bracelet.

कंगाल *(kangāl)* पु. poor; miserable.

कंगाली *(kangāli)* स्त्री. misery; poverty.

कँगूरा *(kamgūrā)* पु. tower; parapet wall; ornament on crowns.

कंघा *(kanghā)* पु. comb.

कंचन *(kancan)* पु. wealth; gold.

कंचुक *(kancuk)* पु. brassieres; skin of a snake.

कंजूस *(kanjūs)* अ. parsimonious; miserly.

कँटीला *(kamtilā)* अ. prickly; thorny.

कंठ *(kanth)* पु. neck; the throat.

कंठस्थ *(kanthasth)* अ. learnt by heart.

कंठाग्र *(kanthāgra)* अ. learnt by heart.

कंद *(kand)* पु. esculent tuber root; sugar candy.

कंदरा *(kandarā)* स्त्री. cave.

कंधा *(kandhā)* पु. shoulder.

कंपन *(kampan)* पु. shiver; a thrill.

कंपायमान *(kampāyamān)* अ. oscillating; quivering.

कंबल *(kambal)* पु. rug; blanket.

ककड़ी *(kakri)* स्त्री. cucumber.

कक्ष *(kaks)* पु. chamber; room.

कक्षा *(kaksā)* स्त्री. class room; orbit.

कचरा *(kacrā)* पु. sweepings; rubbish

कचहरी *(kacahri)* स्त्री. court of justice; assembly.

कचूमर *(kacūmar)* पु. anything well-crushed.

कचोट *(kacot)* स्त्री. lingering agony.

कच्चा *(kaccā)* अ. unripe; immature.

कछुआ *(kachua)* पु. tortoise; turtle.

कटकटाना *(katkatānā)* वि. to grind teeth.

कटना *(katnā)* वि. to be cut; to pass away time; to be ashamed; to complete; to die in battle.

कटाई *(katāi)* स्त्री. act of cutting; harvesting.

कटाक्ष *(katāks)* पु. ogling; a side-look; taunt.

कटार *(katār)* स्त्री. large knife; dagger.

कटु *(katu)* अ. sharp; unpleasant; bitter.

कटोरदान *(katordān)* पु. brass lid for keeping articles of food.

कटोरा *(katorā)* पु. big bowl; cup.

कटौती *(katauti)* स्त्री. deduction; reduction.

कट्टर *(kattar)* अ. strict; fanatic.

कठिन (kathin) अ. hard; difficult.

कठोर (kathor) अ. rough; hard; unkind.

कड़वा (karvā) अ. unpleasant; bitter.

कड़ा (karā) अ. पु. stiff; hard; stony; a ring of metal.

कड़ाही (karāhi) पु. big boiling pan.

कढ़ाई (karhai) स्त्री. the art of embroidery.

कण (kan) पु. jot; particle; a small fragment of rice or wheat.

क़तई (qatai) क्रि. अ. altogether; wholly; completely.

कतरना (katarnā) वि. to cut; to clip; to chip.

कतरा (katrā) पु. drop; fragment.

कतराना (katrānā) वि. to cause, to be cut out; to avoid and encounter.

कताई (katāi) स्त्री. spinning.

कतार (qatār) स्त्री. row; line.

कत्ल (qatl) पु. slaughter; murder.

कथन (kathan) पु. mention; statement; saying.

कथनी (kathani) स्त्री. speech; narration.

कथा (kathā) स्त्री. tale; fable; religious discourse.

कथानक (kathānak) पु. small story; the plot.

कथोपकथन (kathopakathan) पु. conversation; dialogue.

कथ्य (kathya) पु. subject matter.

कद (kad) पु. height; size.

कदम (qadam) पु. footstep; step; pace.

कदाचित (kadācit) अ. may be possible; by chance.

कदापि (kadāpi) अ. seldom.

कद्दावर (kaddāvar) क्रि. tall staturee; giant like.

कद्दू (kaddu) पु. pumpkin.

कद्र (qadr) स्त्री. merit; appreciation; respect.

कनखी (kankhi) स्त्री. glance of the eye; ogle; leer.

कनस्तर (kanastar) पु. canister.

कनात (qanāt) स्त्री. screen of canvas; walls of a tent.

कनी (kani) स्त्री. small particle; uncooked grain of rice.

कन्नी (kanni) स्त्री. edge; border; ends of kite; tool of a mason.

कन्या (kanyā) स्त्री. girl; virgin; daughter.

कपट (kapat) पु. guile; fraud; hypocrisy.

कपड़ा (kaprā) पु. cloth; fabric.

कपाट (kapāt) पु. screen door; leaf.

कपाल (kapāl) पु. the head; skull; begging bowl.

कपास (kapās) स्त्री. cotton.

कपूत (kapüt) पु. son of bad character; undutiful son.

कपूर (kapür) पु. camphor.

कप्तान (kaptān) पु. captain.

कफ़ (kaf) पु. a cuff.

कफ़न (kafan) पु. coffin; pall; shroud.

कब (kab) अ. at what time; when.

कबड्डी (kabaddi) पु. Indian outdoor game.

कबाड़ (kabār) पु. worthless articles; rubbish.

कबाड़ी (kabāri) पु. one who sells old and broken articles.

कबीला (qabilā) पु. tribe.

कबूतर (kabutar) पु. pigeon.

कबूल (qabul) पु. agreement; consent; confession.

कब्ज (qabz) पु. constipation.

कब्जा *(qabzā)* पु. grip; possession.

कब्र *(qabr)* स्त्री. grave.

कब्रिस्तान *(qabaristān)* पु. cemetery; graveyard.

कभी *(kabhi)* पु. seldom; sometimes.

कमजोर *(kamzor)* वि. feeble; weak.

कमबख्त *(kambakht)* वि. unlucky; illfated; cursed.

कमनीय *(kamaniya)* वि. desirable; beautiful.

कमर *(kamar)* स्त्री. waist.

कमल *(kamal)* पु. lotus flower.

कमाई *(kamāi)* स्त्री. earnings; wages.

कमाऊ *(kamāu)* वि. laborious; earning member.

कमान *(kamān)* पु. bow; arch; command.

कमाना *(kamānā)* स. क्रि. to earn; to process.

कमानी *(kamāni)* स्त्री. spring of steel.

कमाल *(kamāl)* पु. perfection; excellence.

कमी *(kami)* स्त्री. decline; deficiency; shortage.

कमीज़ *(qamiz)* स्त्री. shirt.

कमीन *(kamin)* अ. क्रि. low-born; mean.

कमीना *(kaminā)* अ. क्रि. mean; wicked.

कयामत *(qayāmat)* स्त्री. day of resurrection; last day of judgement.

कर *(kar)* पु. tusk of an elephant; hand; tax.

करतब *(kartab)* पु. work; performance; skill; jugglery.

करतार *(kartār)* पु. master; husband; the Creator.

करतूत *(kartüt)* स्त्री. misdeed; evil doing.

करना *(karnā)* स. क्रि. to act; to perform.

करनी *(karni)* स्त्री. action; deed.

करवट *(karvat)* स्त्री. sleeping on the side; turning from one side to the other side.

करामात *(karāmāt)* स्त्री. wonderful feat; miracle.

करार *(qarār)* पु. contract; agreement.

करारा *(karārā)* अ. क्रि. hard; rigid; crisp; befitting (reply).

कराहना *(karāhnā)* स. क्रि. to cry in pain; to moan.

करिश्मा *(karismā)* पु. magic; miracle.

करीना *(qarinā)* पु. manner; mode; orderliness.

करीब *(qarib)* क्रि. close by; near.

करुण *(karun)* अ. क्रि. merciful; touching.

करुणा *(karunā)* स्त्री. mercy; pity; tenderness of feeling.

करोड़ *(karor)* अ. क्रि. ten million.

कर्कश *(karkas)* अ. क्रि. husky; cruel.

क़र्ज़ *(qarz)* पु. debt; loan.

कर्ण *(karn)* पु. ear; hypotenuse; helm of a ship.

कर्तव्य *(kartavya)* पु. duty.

कर्ता *(kartā)* पु. the Creator.

कर्म *(karma)* पु. act; work; occupation; fate; grammatical object.

कर्मठ *(karmath)* अ. क्रि. active; energetic.

कर्मण्य *(karmanya)* अ. क्रि. hard working; laborious.

कलंक *(kalank)* पु. aspersion; blame.

कलंकित *(kalankit)* अ. क्रि. blemished; defamed.

कल *(kal)* अ. क्रि. melodious; yesterday; tomorrow; comfort; machine or its part.

कलई *(qalai)* स्त्री. tin; white wash; external grandeur.

कलपना *(kalpana)* स. क्रि. to grieve; to lament.

कलफ़ *(kalaf)* पु. starch; pimple or spot on the face.

कलम *(kalam)* स्त्री. pen.

कलसा *(kalsā)* पु. waterpot; jar.

कलह *(kalah)* पु. scramble; quarrel.

कला *(kalā)* स्त्री. division; moon's phase.

कलाई *(kalāi)* पु. fore-arm; wirst.

कली *(kali)* स्त्री. bud; gusset.

कलुष *(kalus)* पु. impurity; sin; dirty; sinful.

कलूटा *(kalütā)* अ. क्रि. of black complexion; sun-burnt.

कलेजा *(kaleja)* पु. heart; liver.

कल्पना *(kalpanā)* स्त्री. supposition; imagination.

कल्पनातीत *(kalpanātit)* अ. क्रि. beyond imagination; unimaginable.

कल्याण *(kalyān)* पु. welfare; good fortune.

कल्लोल *(kallol)* पु. frolic; play.

कवच *(kavac)* पु. armour; helmet.

कवयित्री *(kavayitri)* स्त्री. poetess.

कवायद *(qavāyad)* पु. military exercise; drill.

कवि *(kavi)* पु. poet.

कविता *(kavitā)* स्त्री. poem; peotry.

कवित्व *(kavitva)* पु. poetic genius.

कश *(kaś)* पु. lash; whip; pulling; flogging.

कशमकश *(kaśamakaś)* स्त्री. tension.

कशीदा *(kaśidā)* पु. embroidery.

कष्ट *(kaśt)* पु. distress; pain; trouble.

कसक *(kasak)* स्त्री. griping pain; strain.

कसकना *(kasakanā)* स. क्रि. to cause a pain (or strain).

कसना *(kasanā)* स. क्रि. to tighten; to fix firmly.

कसबा *(qasbā)* पु. town.

कसम *(qasam)* स्त्री. oath.

कसर *(kasr)* स्त्री. deficiency; draw back.

कसरत *(kasrat)* स्त्री. physical exercise.

कसाई *(kasāi)* पु. butcher.

कसाव *(kasāv)* पु. astringency; tightness.

कसूर *(qasür)* पु. error; fault.

कसैला *(kasailā)* अ. क्रि. pungent; astringent.

कसौटी *(kasauti)* स्त्री. touch stone trial.

कहकहा *(qahqahā)* पु. a boisterous laugh.

कहना *(kahnā)* स. क्रि. to say; to utter.

कहा *(kahā)* पु. order; precept; saying.

कहानी *(kahāni)* स्त्री. tale; story.

कहावत *(kahāvat)* स्त्री. saying; proverb.

काँच *(kāmc)* पु. glass.

काँटा *(kāmtā)* पु. thorn; fishing hook.

काँटेदार *(kāntedār)* अ. क्रि. prickly; thorny.

कांड *(kāmd)* पु. sectional division; chapter; incident.

कांत *(kānt)* पु. lover; husband; pleasing; lovely.

कांति *(kānti)* स्त्री. beauty; loveliness; lustre.

काँपना *(kāmpnā)* स. क्रि. to shiver; to shudder.

काँसा *(kāmsā)* पु. bronze.

काइयाँ *(kāiyan)* अ. क्रि. shrewd; cunning.

काई *(kāi)* स्त्री. lichen; moss.

काक *(kāk)* पु. crow; cunning fellow.

काग़ज़ *(kāgaz)* पु. paper; written document.

काग़ज़ी *(kāgazi)* अ. क्रि. made of paper; paper-dealer.

काजल *(kājal)* पु. lampblack for use on eyes; soot.

काजू *(kājū)* पु. cashew-nut.

काट *(kāt)* पु. act of cutting; cut; bite; wound.

काटना *(kātnā)* स. क्रि. to cut; to bite; to reap; to trim.

काठ *(kāth)* पु. timber; wood.

काठी *(kāthi)* स्त्री. structure; frame; saddle.

काढ़ना *(kārhnā)* स. क्रि. to embroider.

कातना *(kātnā)* स. क्रि. to spin.

कार्तिक *(kārtik)* पु. the eighth month of Hindu calender.

कातिल *(qātil)* पु. murderer.

कान *(kān)* पु. ear.

काना *(kānā)* अ. क्रि. one eyed; partly rotten (fruit).

कानून *(qānūn)* पु. law.

कापी *(kāpi)* स्त्री. exercise book.

काफिर *(kāfir)* पु. disbeliever in Mohammedanism, cruel, pitiless.

काफिला *(kāfila)* पु. caravan.

काफ़ी *(kāfi)* अ. क्रि. sufficient; enough; coffee.

काबू *(qābū)* पु. possession; control.

काबिल *(qābil)* अ. क्रि. qualified; able.

काम *(kām)* पु. task; employment; job; desire.

कामकाजी *(kāmkāji)* अ. क्रि. busy; active; laborious.

कामगार *(kāmgār)* पु. labourer; worker.

कामचलाऊ *(kāmcalāu)* अ. क्रि. adhoc.

कामचोर *(kāmcor)* अ. क्रि. inactive; lazy; shirker.

कामधंधा *(kām-dhandhā)* पु. occupation; work; daily work.

कामना *(kāmanā)* स्त्री. wish; desire.

कामयाब *(kāmyāb)* अ. क्रि. successful.

कामिनी *(kāmini)* स्त्री. beautiful lady; lustful woman.

कामी *(kāmi)* अ. क्रि. loving; lustful.

कामुक *(kāmuk)* अ. क्रि. sensual; amorous.

कायदा *(qāydā)* पु. regulation; practice.

कायम *(qāyam)* अ. क्रि. settled; established.

कायर *(kāyar)* अ. क्रि. timid; coward.

कायल *(qāyl)* अ. क्रि. convinced by argument.

काया *(kāyā)* स्त्री. the body; person.

कारखाना *(kārkhānā)* पु. mill; factory; workshop.

कारगर *(kārgar)* अ. क्रि. effective.

कार *(kār)* पु. cause; purpose; reason.

कारतूस *(kārtus)* पु. cartridge.

कारनामा *(kārnāmā)* पु. deed; doing.

कारबार *(kārbār)* पु. business; profession; occupation.

कारवाँ *(kārvām)* पु. caravan.

कारागृह *(kārāgreh)* पु. jail; prison.

कारावास *(kārāvās)* पु. imprisonment; captivity.

कारिंदा *(kārindā)* पु. one who works for some one; an agent.

कारिस्तानी *(kāristāni)* स्त्री. trickery; cunningness.

कारीगर *(kārigar)* पु. mechanic; craftsman; artisan.

कारोबार *(kārobār)* पु. occupation; business.

कार्य *(kārya)* पु. work; vocation; job.

कार्यकर्ता *(kārya-kartā)* पु. employee; worker.

कार्यकुशल *(kāryakusal)* अ. क्रि. efficient.

कार्यक्रम *(kārya-kram)* पु. programme.

कार्यवाहक *(kārya-vāhak)* अ. क्रि. officiating; acting.

कार्यवाही *(kāryavāhi)* स्त्री. proceedings.

कार्यसूची *(kārya-suci)* स्त्री. agenda.

कार्यान्वित *(kāryānvit)* अ. क्रि. executed.

कार्यालय *(kāryālay)* पु. office.

कालकोठरी *(kāl-kothari)* स्त्री. solitary cell.

काला *(kālā)* अ. क्रि. dark; black.

कालिख *(kālikh)* स्त्री. lampblack; stain; soot; blackness.

कालिमा *(kālimā)* स्त्री. blemish; blackness.

क़ालीन *(qālin)* पु. carpet.

काल्पनिक *(kālpanik)* अ. क्रि. unreal; imaginary.

काव्य *(kāvya)* पु. poetry.

काश *(kās)* पु. Had God willed thus! May it happen!

काश्त *(kāśt)* स्त्री. tenancy; cultivation.

काहिल *(kāhil)* अ. क्रि. indolent; lazy.

किंचित *(kincit)* अ. क्रि. somewhat; perhaps.

किंतु *(kin-tu)* पु. but.

किंवदंती *(kimvadanti)* स्त्री. false report; rumour.

किचकिच *(kic-kic)* स्त्री. useless prattling; quarrel.

कितना *(kitnā)* अ. क्रि. how much.

कितने *(kitne)* अ. क्रि. how many.

किधर *(kidhar)* अ. क्रि. where.

किनारा *(kinārā)* पु. side; edge; bank.

किफ़ायत *(kifāyat)* स्त्री. thrift; economy.

किरण *(kiran)* स्त्री. ray of light; beam.

किरायेदार *(kirāyedār)* पु. hirer; tenant.

किराना *(kirānā)* पु. grocery.

किराया *(kirāyā)* पु. hire; rent; fare.

किलकना *(kilaknā)* स. क्रि. to shout in joy.

किलकारी *(kilkāri)* स्त्री. sound of joy.

किला *(qilā)* पु. castle; fort; tower.

किवाड़ *(kivār)* स्त्री. a door-leaf.

किशमिश *(kiśmiś)* स्त्री. small stoneless raisins; currants.

किशोर *(kiśor)* अ. क्रिं. youthful; adolescent.

किश्ती *(kiśti)* स्त्री. boat.

किसान *(kisān)* पु. peasant; farmer; cultivator.

किस्त *(qist)* स्त्री. portion of debt; instalment.

किस्म *(qism)* स्त्री. kind; sort; type.

किस्सा *(qissā)* पु. tale; story.

किचड़ *(kicar)* पु. clay; mud.

कीटाणु *(kitānu)* पु. germ.

कीड़ा *(kirā)* पु. worm; insect.

कीमत *(qimat)* स्त्री. cost; price; worth.

कीर्ति *(kirti)* स्त्री. fame; reputation.

कील *(kil)* स्त्री. pin; peg; nail.

कुंआरा *(kun-ārā)* अ. क्रि. unmarried; bachelor.

कुंकुम *(kunkum)* स्त्री. saffron.

कुँजड़ा *(kumjrā)* पु. vegetable vendor.

कुंजी *(kumji)* स्त्री. key.

कुंठा *(kunthā)* स्त्री. frustration.

कुंडल *(kundal)* पु. large ring worn on the ears.

कुंद *(kund)* पु. lotus flower.

कुआँ *(kuam)* पु. well.

कुकरे *(kukre)* पु. trachoma.

कुकर्म *(ku-karm)* पु. sin; misdeed.

कुख्यात *(ku-khyāt)* अ. क्रि. defamed; of bad repute.

कुचलना *(kucalnā)* स. क्रि. to tread; to crush.

कुछ *(kuch)* पु. क्रि. some; a little; anything.

कुटनी *(kutni)* स्त्री. procuress; a bawd.

कुटिल *(kutil)* अ. क्रि. cruel; crooked.

कुटी *(kuti)* स्त्री. hut; cottage.

कुटीर *(kutir)* पु. cottage.

कुटुंब *(kutumb)* पु. family.

कुढ़ना *(kurhnā)* स. क्रि. to grudge; to be angry.

कुतरना *(kutarnā)* स. क्रि. to nibble; to gnaw.

कुतूहल *(kutühal)* पु. eagerness; curiosity.

कुत्ता *(kuttā)* पु. dog.

कुत्सित *(kutsit)* अ. क्रि. shabby; contemptible.

कुदरत *(qudrat)* स्त्री. the nature; power; God.

कुनबा *(kunbā)* पु. household; family.

कुपित *(kupit)* अ. क्रि. angry; offended; irate.

कुबड़ा *(kubrā)* अ. क्रि. household; family.

कुमक *(kumak)* स्त्री. reinforcement; aid; assistance.

कुमार *(kumār)* पु. boy; son; unmarried.

कुमुद *(kumud)* पु. lily; red lotus.

कुम्हलाना *(kumhlānā)* स. क्रि. to wither; to shrivel; to fade.

कुम्हार *(kumhār)* पु. potter.

कुरबानी *(qurbāni)* स्त्री. sacrifice.

कुरेदना *(kurednā)* स. क्रि. to scratch; to scrape.

कुर्सी *(kursi)* स्त्री. chair.

कुल *(kul)* अ. क्रि. all; entire; complete; lineage; dynasty.

कुलटा *(kulatā)* स्त्री. unchaste woman.

कुलबुलाना *(kulbulānā)* स. क्रि. to rumble; to creep; to be restless.

कुली *(quli)* पु. labourer; coolie.

कुलीन *(kulin)* अ. क्रि. well born; of noble descent; of gentle blood.

कुल्ला *(kullā)* पु. rinsing and washing of mouth; gargle.

कुल्हाड़ा *(kulhārā)* पु. exe; hatchet.

कुशल *(kuśal)* अ. क्रि. expert; skilful; safety; prosperity.

कुशाग्र *(kuśāgr)* अ. क्रि. sharp; penetrating.

कुशासन *(kuśāsan)* पु. maladministration.

कुश्ती *(kuśti)* स्त्री. duel; wrestling.

कुष्ठ *(kusth)* पु. leprosy.

कुसुम *(kusum)* पु. flower.

कुसूर *(qusür)* पु. ommission; fault.

कुहकना *(kuhakanā)* स. क्रि. to twiter; to coo.

कुहरा *(kuhrā)* पु. fog; mist.

कुहराम *(kuhrām)* पु. uproar; lamentation.

कुहासा *(kuhāsā)* पु. fog; mist.

कूकना *(küknā)* स. क्रि. to sob; cry of a pea cock.

कूच *(küc)* पु. departure; march.

कूचा *(kücā)* पु. a narrow path lane.

कूट *(küt)* अ. क्रि. false; counterfeit.

कूटना *(kütnā)* स. क्रि. to pound; to crush to beat.

कूड़ा *(kürā)* पु. sweepings; rubbish

कूढ़ *(kürh)* अ. क्रि. dull-headed; stupid.

कूदना *(küdnā)* स. क्रि. to leap; to jump.

कूबड़ *(kübar)* पु. hunch; hump.

कूल्हा *(külhā)* पु. bones of the hip; hip.

कृतकृत्य *(krit-kritya)* अ. क्रि. successful; happy.

कृतघ्न *(kritaghna)* अ. क्रि. thankfull; grateful.

कृतज्ञ *(kritajya)* अ. क्रि. indebted; grateful.

कृतार्थ *(kritarth)* अ. क्रि. satisfied; gratified; obliged.

कृति *(kriti)* स्त्री. a work.

कृती *(kriti)* अ. क्रि. creative; creator.

कृत्य *(kritya)* पु. duty; performance; work.

कृत्रिम *(kritrim)* अ. क्रि. bogus; artificial; fictitious.

कृदंत *(kridant)* पु. participle.

कृपण *(kripan)* अ. क्रि. stingy; miser.

कृपया *(kripayā)* पु. favourable; kindly; please.

कृपा *(kripā)* स्त्री. grace; kindness; pity.

कृपालु *(kripālu)* अ. क्रि. compassionate; kind.

कृश *(kriś)* अ. क्रि. thin; lean.

कृषक *(kriśak)* पु. peasant; farmer.

कृषि *(kriśī)* स्त्री. agriculture; farming.

कृष्ण *(kriśna)* अ. क्रि. dark; black; lord Krishna.

केंचुआ *(kemcuā)* पु. earthworm.

केंचुली *(kemculi)* स्त्री. slough of a snake.

केंद्र *(kendra)* पु. centre.

केंद्रक *(kendrak)* पु. a nucleus.

केंद्रित *(kendrit)* अ. क्रि. concentrated; centralised.

केंद्रीकरण *(kendrikaran)* पु. centralisation.

केंद्रीय *(kendriya)* अ. क्रि. central.

केतली *(ketli)* पु. kettle.

केला *(kelā)* पु. banana.

केलि *(keli)* स्त्री. frolic; pastime; sport.

केवट *(kevat)* पु. boat man.

केवड़ा *(kevrā)* पु. the fragrance flowers of screnpine.

केवल *(keval)* अ. क्रि. alone; only; mere.

केसर *(kesar)* स्त्री. the tendrils of a flower; saffron.

केसरी *(kesari)* पु. lion.

कैंची *(qaimci)* स्त्री. scissors; shears.

कैंसर *(kensar)* पु. cancer.

कै *(qai)* स्त्री. vomiting; nausea.

कैद *(qaid)* स्त्री. imprisonment.

कैफियत *(kaifiyat)* स्त्री. statement; description; remarks.

कैसा *(kaisā)* अ. क्रि. of what sort; how.

कोंपल *(kompal)* स्त्री. new sprout; tender leaf.

कोई *(koi)* क्रि. anybody; a few; someone .

कोख *(kokh)* स्त्री. womb.

कोट *(kot)* पु. fort; citadel; a coat.

कोटा *(kotā)* पु. quota.

कोटि *(koti)* स्त्री. rank; category; ten million.

कोठरी *(kothri)* स्त्री. small room; cabin.

कोठा *(kothā)* पु. big room; ware house.

कोठी *(kothi)* पु. mansion; bunglow.

कोड़ा *(korā)* पु. lash; whip.

कोढ़ *(korh)* पु. leprosy.

कोण *(kon)* पु. corner; angle.

कोतवाली *(kotvāli)* स्त्री. main police station.

कोताही *(kotāhi)* स्त्री. want; deficiency.

कोप *(kop)* पु. anger; wrath.

कोफ्त *(koft)* स्त्री. tedium.

कोमल *(komal)* अ. क्रि. tender; mild; soft.

कोयल *(koyl)* स्त्री. cuckoo.

कोयला *(koylā)* पु. coal.

कौल *(qaul)* पु. agreement; contract; promise.

कौशल *(kauśal)* पु. art; welfare; skill.

क्या *(kyā)* वि. what.

क्यों *(kyom)* पु. why.

क्रम *(kram)* पु. system; chain; series.

क्रमशः *(kramshah)* क्रि. by degrees; respectively.

क्रमांक *(kramānk)* पु. roll nunber.

क्रमिक *(kramik)* अ. क्रि. serial; successive.

क्रांति *(krānti)* स्त्री. revolution.

क्रिया *(kriyā)* स्त्री. activity; action; work; verb.

क्रियात्मक *(kriyātmak)* पु. i.e., active; functional.

क्रियान्वित *(kriyānvit)* स्त्री. implementation.

क्रियाविधि *(kriyāvidhi)* स्त्री. procedure.

क्रियाशील *(kriyāsil)* अ. क्रि. active.

क्रिस्तान *(kristān)* पु. Christian.

क्रीड़ा *(krirā)* स्त्री. amusement; sport.

क्रुद्ध *(kruddh)* अ. क्रि. infuriated; angry; wrathful.

क्रूर *(krūr)* अ. क्रि. unkind; ruthless; cruel.

क्रोध *(krodh)* पु. fret; anger.

क्रोधित *(krodhit)* अ. क्रि. resentful; angry.

क्रोधी *(krodhi)* अ. क्रि. wrathful; hightempered.

क्लांति *(klanti)* स्त्री. fatigue; weariness.

क्लिष्ट *(kliśt)* अ. क्रि. difficult.

क्लेश *(kleś)* पु. trouble; suffering; pain.

क्षण *(ksan)* पु. an instant; moment.

क्षणिक *(ksanik)* अ. क्रि. momentary.

क्षत *(ksat)* अ. क्रि. hurt; wounded.

क्षति *(ksati)* स्त्री. harm; injury; wastage.

क्षतिपूर्ति *(ksatipūrti)* स्त्री. reimbursement; compensation.

क्षमता *(ksamatā)* स्त्री. fitness; ability; competence.

क्षमा *(ksama)* स्त्री. forgiveness; mercy.

क्षम्य *(ksamya)* अ. क्रि. forgivable.

क्षय *(ksay)* पु. decrease; loss; erosion.

क्षार *(kśār)* पु. alkali; alkaline; salty.

क्षितिज *(ksitig)* पु. horizon.

क्षीण *(ksin)* अ. क्रि. weak; feeble.

क्षुद्र *(ksudra)* अ. क्रि. contemptible; small.

क्षुब्ध *(ksubdh)* अ. क्रि. impatient; angry.

क्षेत्र *(ksetr)* पु. ground; field.

क्षेत्रफल *(ksetra-phal)* पु. area.

क्षेम *(ksem)* स्त्री. protection; welfare.

क्षोभ *(ksobh)* पु. excitement; agitation distress.

ख

ख (*kha*) the second consonant in Devnagri alphabets.

खँखारना (*khamkhārnā*) स. क्रि. to hawk; to make effort before spitting.

खंजर (*khanjar*) पु. poniard; dagger.

खंड (*khand*) पु. part; section.

खंडन (*khandan*) पु. denial; repudiation.

खँडहर (*khandhar*) पु. debris; the ruins.

खंडित (*khandit*) अ. क्रि. destroyed; broken.

खंदक (*khandaq*) पु. a moat round a fort; a deep ditch.

खंभा (*khambhā*) पु. post; pillar.

खचाखच (*khacā-khac*) अ. क्रि. वि. overcrowded.

खच्चर (*khaccar*) पु. mule.

खज़ाँची (*khazānci*) पु. treasurer.

खज़ाना (*khazānā*) पु. treasury; treasure.

खटकना (*khataknā*) स. क्रि. to throb; to feel disgusted.

खटका (*khatkā*) पु. fear; doubt; knocking.

खटखटाना (*khatkhatānā*) स. क्रि. to knock; to tap.

खटपट (*khatta-pat*) स्त्री. strife; wrangling; quarrel.

खटमल (*khatt-mal*) पु. a bed bug.

खटाई (*khatāi*) स्त्री. sourness; tartness.

खटाखट (*khatā-khat*) स्त्री. sound of beating; constant cliking; quickly.

खटास (*khatās*) स्त्री. tartness; sourness.

खट्टा (*khattā*) अ. क्रि. tart; sour.

खड़ा (*kharā*) अ. क्रि. erect; standing; upright.

खड्ड (*khadd*) पु. deep pit.

खत (*khat*) पु. letter; handwriting.

खतरनाक (*khatarnāk*) अ. क्रि. risky; dangerous.

खतरा (*khatrā*) पु. risk; danger.

खता (*khatā*) स्त्री. error; mistake.

खत्म (*khatm*) अ. क्रि. end; complete; finished.

खदेड़ना (*khadernā*) स. क्रि. to drive away.

खद्दर (*khaddar*) पु. hand-spun cloth.

खनकना (*khanaknā*) स. क्रि. to clink; to jingle.

खनिक (*khanik*) पु. miner.

खनिज (*khanij*) अ. क्रि. mineral substance.

खपत (*khapat*) स्त्री. consumption; sale.

खपना (*khapnā*) स. क्रि. to be used; to be consumed.

खफा (*khafa*) अ. क्रि. angry; enraged; displeased.

खबर (*khabar*) स्त्री. information; news.

खबरदार (*khabardār*) अ. क्रि. careful; cautious.

खब्त (*khabt*) पु. madness; mania.

खामियाज़ा (*khamiyāzā*) पु. compensation; loss.

खरगोश (*khargos*) पु. hare; rabbit.

खरबूज़ा (*kharbūzā*) पु. melon.

खरा (*kharā*) अ. क्रि. pure; sincere; candid.

खराब *(kharāb)* अ. क्रि. spoiled; bad; wicked; defected.

खरीद *(kharid)* स्त्री. purchase; buying.

खरीदना *(kharidnā)* स. क्रि. to purchase; to buy.

खरीदार *(kharidār)* पु. purchaser.

खरीफ *(kharif)* स्त्री. crop which is reaped in autumn

खरोंचना *(kharomcnā)* स. क्रि. to scrape; to scratch.

खर्च *(kharc)* पु. expenditure; expense.

खर्चीला *(kharcila)* अ. क्रि. extravagant; lavish; costly; expensive.

खर्रा *(kharrā)* पु. genuine; pure.

खर्राटा *(kharrātā)* पु. snoring.

खलबली *(khalbali)* स्त्री. alarm; agitation; commotion.

खलल *(khalal)* पु. confusion; interruption.

खलिहान *(khalihān)* पु. grainary; barn.

खसखस *(khas-khas)* पु. mawseed; poppy seed.

ख़सम *(khasam)* पु. husband; master.

खसरा *(khasrā)* पु. measles.

खसोटना *(khasotnā)* स. क्रि. to pull out; to scratch.

खस्ता *(khastā)* अ. क्रि. very brittle; crisp.

खाँड *(khānd)* स्त्री. unrefined sugar.

खाँसना *(khāmsanā)* स. क्रि. to cough.

खाँसी *(khāmsi)* स्त्री. cough.

खाई *(khāi)* स्त्री. dike; ditch; trench.

खाक *(khāk)* स्त्री. dirt; ashes; anything trivial.

खाका *(khākā)* पु. map; diagram; sketch.

खाकी *(khāki)* अ. क्रि. dusky; brown.

खाट *(khāt)* स्त्री. bedstead; cot.

खाड़ी *(khāri)* स्त्री. bay; gulf.

खाता *(khātā)* पु. ledger; account.

खातिर *(khātir)* स्त्री. hospitality; for.

खातिरी *(khātiri)* स्त्री. hospitality.

खाद *(khād)* स्त्री. manure; fertilizer.

खाद्य *(khādya)* पु. food; edible.

खान *(khān)* स्त्री. mine.

ख़ानदान *(khāndān)* पु. family.

खाना *(khānā)* स. क्रि. to eat; eatable.

ख़ाना *(khānā)* पु. house; compartment; shelf.

खानाबदोश *(khānā-bados)* पु. rover; an idle scamp.

खामी *(khāmi)* स्त्री. defect.

खामोश *(khāmoś)* अ. क्रि. taciturn; silent.

खारा *(khārā)* अ. क्रि. salty brackish.

खारिज *(khārij)* अ. क्रि. expelled; dismissed; discharged.

खारिश *(khāriś)* स्त्री. itch; scab.

खाल *(khāl)* स्त्री. skin. hide.

खालिस *(khālis)* अ. क्रि. unmixed; pure.

खाली *(khāli)* अ. क्रि. void; empty; vacant.

खास *(khās)* अ. क्रि. peculiar; special; proper.

खासा *(khāsā)* अ. क्रि. good; noble.

खासियत *(khāsiyat)* स्त्री. quality; characteristics.

खिंचाव *(khimcāv)* पु. tightness; attraction.

खिचड़ी *(khicri)* स्त्री. a dish prepared from rice and pulse boiled together; a mixture; hotch-potch.

खिड़की *(khirki)* स्त्री. window.

खिताब *(khitāb)* पु. title.

खिदमत *(khidmat)* स्त्री. duty; service.

खिन्न *(khinn)* अ. क्रि. wearied; sad;

glum; gloomy.

खिलखिलाना *(khilkhilānā)* स. क्रि. to laugh loudly.

खिलना *(khilnā)* स. क्रि. to blow; to blossom.

खिलवाड़ *(khilvār)* स्त्री. pastime; frolic.

खिलाड़ी *(khilāri)* पु. player; sportsman.

खिलाफ *(khilaf)* अ. क्रि. contrary; opposite; against.

खिलौना *(khilaunā)* पु. toy.

खिल्ली *(khilli)* स्त्री. jest; joke.

खिसकना *(khisaknā)* स. क्रि. to slip away; to move slowly.

खिसियाना *(khisiyānā)* स. क्रि. to grin; to giggle.

खींचना *(khimcnā)* स. क्रि. to wrest; to pull; to haul.

खीज/खीझ *(khijh)* स्त्री. anger; vexation.

खीरा *(khirā)* पु. cucumber.

खुजली *(khujli)* स्त्री. itch; eczema.

खुजाना *(khujānā)* स. क्रि. to scratch.

खुद *(khud)* क्रि. self; of one's own accord.

खुदगरज़ *(khudgarz)* अ. क्रि. selfseeking; selfish.

खुदरा *(khudrā)* अ. क्रि. small coins retail.

ख़ुदा *(khudā)* पु. God; the almighty.

खुदाई *(khudāi)* स्त्री. providence; digging.

खुफिया *(khufiyā)* अ. क्रि.secret; a spy.

खुरचना *(khurcanā)* स. क्रि.to scrape to scratch.

खुरदरा *(khurdarā)* अ. क्रि. coarse; rough.

खुराक *(khurāk)* स्त्री. diet; dose.

खुर्दबीन *(khurd-bin)* स्त्री. microscope.

खुलना *(khulnā)* स. क्रि. to be unravelled; to be opened; to be untied.

खुलासा *(khulāsā)* पु. brief; summary; gist; brief.

खुल्लम-खुल्ला *(khullam-khullā)* अ. क्रि. without reservation; publicly.

खुश *(khuś)* अ. क्रि. pleased; merry; happy.

खुशकिस्मत *(khuś-kiśmat)* अ. क्रि. for tunate.

खुशखबरी *(khuś-khabri)* स्त्री. glad findings; happy news .

खुशनसीब *(khuś-naśib)* अ. क्रि. fortunate.

खुशबू *(khuśbü)* स्त्री. odour; fragrance.

खुशमिज़ाज *(khuś-mijāz)* अ. क्रि. cheerful; good-tempered.

खुशहाल *(khuś-hāl)* अ. क्रि. prosperous; in good circumstances.

खुशामद *(khuśāmad)* स्त्री. false praise; flattery.

खुशी *(khuśi)* स्त्री. delight; cheerfulness; happiness.

खुश्क *(khuśk)* अ. क्रि. withered; dry.

खुश्की *(khuśki)* स्त्री. brought; dryness.

खूँख्वार *(khümkhvār)* अ. क्रि. ferocious; cruel.

खूँटी *(khümti)* स्त्री. stubble.

खून *(khün)* पु. murder; blood.

खूनी *(khüni)* पु. murderer; assassin.

खूबसूरत *(khübsürat)* अ. क्रि. handsome; beautiful.

खूबी *(khübi)* स्त्री. goodness; speciality; merit.

खेत *(khet)* पु. field; farm.

खेतिहर *(khetihar)* पु. peasant; farmer.

खेती *(kheti)* स्त्री. agriculture; farming.

खेद *(khed)* पु. sorrow; gloominess; regret.

खेमा *(khemā)* पु. tent; pavilion.

खेल *(khel)* पु. fun; game; sport.

खेलना *(khelnā)* स. क्रि. to sport; to play; to stage.

खैर *(khair)* स्त्री. welfare; happiness; all right; well.

खैरात *(khairāt)* स्त्री. alms; charity.

खैरियत *(khairiyat)* स्त्री. safety; welfare.

खोखला *(khokhlā)* अ. क्रि. empty; hollow.

खोज *(khoj)* स्त्री. search; investigation; discovery.

खोजना *(khojnā)* अ. क्रि. to seek; to search; to investigate; to discover.

खोटा *(khotā)* अ. क्रि. faulty; defective.

खोदना *(khodnā)* स. क्रि. to scratch; to big.

खोना *(khonā)* स. क्रि. to lose; to squander.

खोपड़ी *(khopri)* स्त्री. the pate; skull.

खोलना *(kholnā)* अ. क्रि. to unfold; to open; to unbind.

खौफ *(khauf)* पु. dread; fear.

खौलना *(khaulnā)* स. क्रि. to bubble; to boil.

ख्याति *(khyāti)* स्त्री. renown; fame; repute.

ख्याल *(khyāl)* पु. attention; thought; idea; opinion.

ख्वाब *(khvab)* पु. dream.

ख्वाहमख्वाह *(khvām-khah)* पु. without any purpose; uselessly.

ख्वाहिश *(khvāhis)* स्त्री. desire; wish.

ग

ग *(ga)* the third consonant in Devnagri alphabets.

गंज *(ganj)* स्त्री. pile; bladness.

गंजा *(ganjā)* अ. क्रि. scald-headed; bald.

गठबंधन *(gatha-bandhan)* पु. a custom in marriage ceremony in which the skirts of bride-groom's and bride's mantles are tied together.

गंदगी *(gandagi)* स्त्री. impurity; dirtiness.

गंदा *(gandā)* अ. क्रि. filthy; dirty; nasty.

गंदला *(gandalā)* अ. क्रि. dirty; muddy.

गंध *(gandh)* स्त्री. odour; smell; scent.

गंभीर *(gambhir)* अ. क्रि. sober; grave; reserved.

गँवाना *(gamvānā)* स. क्रि. to waste; to lose.

गँवार *(gamvār)* अ. क्रि. vulgar; ill-bred.

गँवारू *(gamvārü)* अ. क्रि. rude; rusic.

गऊ *(gaü)* पु. cow; gentle.

गज *(gaj)* पु. elphant; yard; yard-stick.

गज़ब *(gazab)* स्त्री. calamity.

गटकना *(gatknā)* स. क्रि. to eat; to swallow.; to gulp.

गट्ठर *(gatthar)* पु. big bundle; package.

गठन *(gathan)* स्त्री. construction.

गठरी *(gathri)* स्त्री. parcel; bundle.

गठिया *(gathiyā)* स्त्री. sack; pains in the joints; rheumatism.

गठीला *(gathilā)* अ. क्रि. full of knots; robust.

गड़गड़ाना *(gargarānā)* स. क्रि. to rumble; to gurgle.

गड़पना *(garapanā)* स. क्रि. to glut; to swallow.

गड़बड़ *(garbar)* स्त्री. confusion; hinddle.

गड्डी *(gaddi)* स्त्री. pack; bundle.

गड्ढा *(gaddhā)* पु. ditch; hollow.

गढ़ *(garh)* पु. castle; stronghold.

गढ़ना *(garhnā)* स. क्रि. to form; to mould.

गण *(gan)* पु. multitude; union.

गणतंत्र *(ganatantra)* पु. Republic.

गणना *(gananā)* स्त्री. calculation; counting.

गणराज्य *(ganarājya)* पु. a government by the people.

गणिका *(ganikā)* स्त्री. dancing girl; prostitute.

गणित *(ganit)* पु. mathematics.

गति *(gati)* स्त्री. movement; speed; condition.

गतिमान *(gatimān)* अ. क्रि. on the move; moving.

गदर *(gadr)* पु. rebellion.

गदगद *(gadgad)* अ. क्रि. overwhelmed; very happy; greatly delighted.

गद्दा *(gaddā)* पु. bed cushion.

गद्दार *(gaddār)* पु. अ. क्रि. traitor.

गद्दी *(gaddi)* स्त्री. stuffed pad; cushion.

गद्य *(gadya)* पु. prose.

गधा *(gadhā)* पु. donkey; stupid fellow.

गन्ना *(gannā)* पु. sugarcane.

गप *(gap)* स्त्री. a gossip; chat.

गपोड़ *(gapor)* पु. a gossiper.

गफ *(gaf)* अ. क्रि. thick; dense; compact.

ग़फ़लत *(gaflat)* स्त्री. mistake; carelessness.

गबन *(gaban)* पु. misappropriation of money; embezzlement.

गम *(gam)* पु. woe; sorrow.

गमला *(gamlā)* पु. flower-pot.

गमी *(gami)* स्त्री. the period of observing mourning; death.

गरज *(garaj)* स्त्री. thunder; roar.

गरज़ *(garz)* स्त्री. concern; need.

गरजना *(garajnā)* स. क्रि. to bluster; to roar.

गरदन *(gardan)* स्त्री. neck.

गरम *(garam)* अ. क्रि. burning; warm; hot; woollen (cloth).

गरमागरम *(garmā-garam)* अ. क्रि. heated; hot; fresh.

गरमागरमी *(garma-garmi)* स्त्री. exchange of hot words.

गरमाना *(garmānā)* स. क्रि. to heat up; to be in excitement.

गरमी *(garmi)* स्त्री. heat; anger; summer.

गरिमा *(garimā)* स्त्री. grace; dignity.

गरिष्ठ *(gariśth)* अ. क्रि. indigestible; heavy.

गरीब *(garib)* अ. क्रि. humble; poor.

गरूर *(garür)* पु. pride; vanity.

गर्त *(gart)* पु. pit; crack in a wall.

गर्द *(gard)* स्त्री. dust; dirt.

गर्दन *(gardan)* स्त्री. neck.

गर्दिश *(gardis)* स्त्री. bad days; difficult time.

गर्भ (garbha) पु. pregnancy; the womb.

गर्भाधान *(garbā-dhān)* पु. conception; impregnation.

गर्भाशय *(garbhāśay)* पु. uterus; womb.

गर्भिणी *(garbhini)* अ. क्रि. pregnant.

गर्व *(garv)* पु. conceit; pride; vanity.

गर्हित *(garhit)* अ. क्रि. wicked; detestable.

ग़लत *(galat)* अ. क्रि. incorrect; wrong; untrue.

ग़लतफहमी *(galat-fahmi)* स्त्री. misunderstanding.

ग़लती *(galti)* स्त्री. error; mistake.

गलना *(galnā)* स. क्रि. to be dissolved; to decay.

गला *(galā)* पु. throat; neck.

गली *(gali)* स्त्री. lane; street.

गलीचा *(galicā)* पु. carpet.

गल्प *(galp)* स्त्री. small tale.

गल्ला *(gallā)* पु. cash-box; daily income of a shop kept in a chest.

गँवाना *(ganvānā)* स. क्रि. to waste; to suffer.

गवाह *(gavāh)* पु. deponent; witness.

गवाही *(gavāhi)* स्त्री. testimony; evidence .

गवैया *(gavaiyā)* पु. singer.

गश्त *(gast)* स्त्री. beat; patrol.

गहन *(gahan)* अ. क्रि. deep; profound.

गहना *(gahnā)* पु. ornament; jewellery; to handle.

गहरा *(gahrā)* अ. क्रि. profound; deep.

गहराई *(gahrāi)* स्त्री. depth; profoundity.

गहराना *(gahrānā)* स. क्रि. to be deep; to excavate.

गाँठ *(gamth)* स्त्री. knob; knot; tie.

गांभीर्य *(gāmbhirya)* पु. gravity; depth; importance.

गाँव *(gamv)* पु. village.

गाज *(gāj)* स्त्री. roar; thunderbolt; lighting.

गाजर *(gājar)* स्त्री. carrot.

गाड़ना *(gārnā)* स. क्रि. to lay; to bury; to pitch.

गाड़ी *(gāri)* स्त्री. car; cart; carriage.

गाढ़ा *(gārhā)* अ. क्रि. dense; thick; close; hand woven cloth.

गाना *(gānā)* स. क्रि. to chant; to sing; song.

गाफिल *(gāfil)* अ. क्रि. careless; stupid; negligent.

गाय *(gay)* स्त्री. cow; meek and humble.

गायक *(gāyak)* पु. singer.

गायन *(gāyan)* पु. chant; singing.

गायब *(gāyab)* पु. lost; vanished.

गाल *(gāl)* पु. cheek.

गाली *(gāli)* स्त्री. rebuke; abuse.

गावदी *(gāvdi)* अ. क्रि. dull headed; stupid.

गाहक *(gāhak)* पु. client; purchaser; customer.

गिचपिच *(gic-pic)* अ. क्रि. not clearly written; illegible.

गिड़गिड़ाना *(girgirānā)* स. क्रि. to implore; to whine.

गिद्ध *(giddh)* पु. vulture.

गिनती *(gi..ti)* स्त्री. calculation; reckoning.

गिनना *(ginanā)* स. क्रि. to count; regard to estimate.

गिरगिट *(girgit)* पु. chameleon; opportunist.

गिरजाघर *(girjāghar)* पु. church.

गिरना *(girnā)* स. क्रि. to come down; to fall; to drop.

गिरफ्तार *(giraftar)* अ. क्रि. seized; arrested.

गिरवी *(girvi)* अ. क्रि. pledged; mortgaged.

गिरावट *(girāvat)* स्त्री. lapse; spill.

गिरोह *(giroh)* पु. gang.

गिला *(gilā)* पु. accusation; complaint.

गिलाफ *(gilāf)* पु. pillow-cover.

गीत (git) पु. song.

गीदड़ *(gidar)* पु. jackal; coward.

गीला *(gilā)* अ. क्रि. wet.

गुंजन *(gunjan)* पु. humming sound.

गुंजाइश *(gunjāiś)* स्त्री. capacity; accommodation.

गुंजार *(gunjār)* पु. buzzing.

गुंडा *(gundā)* पु. rogue; wicked.

गुंबद *(gumbad)* पु. vault; dome.

गुच्छा *(gucchā)* पु. bunch; tuft.

गुज़र *(guzar)* स्त्री. passing of time.

गुज़रना *(guzarnā)* स. क्रि. to cross over; to pass away.

गुज़ारना *(guzārnā)* स. क्रि. pass time.

गुज़ारा *(guzārā)* पु. livlihood; subsistence.

गुट *(gut)* पु. group; faction.

गुड़ *(gur)* पु. raw sugar; jaggery.

गुड़िया *(guriyā)* स्त्री. doll.

गुड्डी *(guddi)* स्त्री. kite doll.

गुण *(gun)* पु. quality; attainment.

गुणन *(gunan)* पु. calcualtion; mulitiplication.

गुणा *(gunā)* पु. multiplication.

गुत्थमगुत्था *(guttham-guthā)* पु. entanglement; scuffle.

गुत्थी *(gutthi)* स्त्री. entanglement; knot.

गुदगुदा *(gudgudā)* अ. क्रि. fleshy; soft.

गुदगुदाना *(gudgudānā)* स. क्रि. to titillate; to tickle.

गुनगुना *(gungunā)* अ. क्रि. slightly warm.

[illegible]ना *(gungunānā)* स. क्रि. to [illegible] to hum.

गुनहगार *(gunahgār)* अ. क्रि. guilty; sinful; criminal.

गुना *(gunā)* multiple quantity.

गुनाह *(gunāh)* पु. gilt; sin; fault.

गुप्त *(gupt)* अ. क्रि. hidden; concealed; confidential.

गुप्तचर *(guptacar)* पु. a spy detective.

गुफा *(gupphā)* स्त्री. cave.

गुबार *(gubār)* पु. dust; vexation.

गुब्बारा *(gubbārā)* पु. balloon.

गुम *(gum)* अ. क्रि. hidden; missing; lost.

गुमान *(gumān)* पु. imagination; doubt; pride.

गुमाश्ता *(gumāśtā)* पु. manager; agent.

गुर *(gur)* पु. simplified method; formula.

गुरदा *(gurdā)* पु. kidney.

गुरु *(guru)* पु. teacher; spiritual guide.

गुरुता *(gurutā)* स्त्री. weight; heaviness; greatness; gravity.

गुरुत्वाकर्षण *(grurtvā-karśan)* पु. gravitation.

गुरुघंटाल *(gurughantāl)* अ. क्रि. very crafty; great knave.

गुर्गा *(gurgā)* पु. servant; spy; low fellow.

गुर्राना *(gurrānā)* स. क्रि. to snarl; to roar; to growl.

गुलछर्रे *(gulchharre)* पु. revelry; merry-making.

गुलाब *(gulāb)* पु. rose.

गुलाबी *(gulābi)* अ. क्रि. pink; rosy; light red colour.

गुलाम *(gulām)* पु. slave.

गुसलखाना *(gusal-khānā)* पु. a bathroom.

गुस्ताख *(gustākh)* अ. क्रि. rude; arrogant.

गुस्सा *(gussā)* पु. rage; anger.

गुस्सैल *(gussail)* अ. क्रि. choleric; furious.

गूँगा *(gümgā)* अ. क्रि. dumb.

गूँज *(gümj)* स्त्री. buzzing; echo.

गूँजना *(gümjanā)* स. क्रि. to buzz; to resound; to echo.

गूंधना *(gümdhnā)* स. क्रि. to knead.

गूढ़ *(gurh)* अ. क्रि. obscure; secret.

गूदड़ *(güdar)* पु. bundle of old tattered clothes; rags.

गूदा *(gudā)* पु. pulp; essential portion of a thing.

गृह *(grh)* पु. house; residence.

गृहस्थ *(grhasth)* पु. householder.

गृहस्थी *(grhasthi)* स्त्री. household; family.

गृहिणी *(grhiṇi)* स्त्री. wife.

गेरुआ *(geruā)* अ. क्रि. red brown.

गेहुआँ *(gehuām)* अ. क्रि. of the colour of wheat.

गेहूँ *(gehum)* पु. wheat.

गैर *(gair)* अ. क्रि. alien; other.

ग़ैरत *(gairat)* स्त्री. modesty; emulation.

गोंद *(gomd)* पु. gum; wood-gum.

गो *(go)* स्त्री. a cow.

गो *(go)* पु. though.

गोचर *(gochar)* अ. क्रि. visible.

गोता *(gotā)* पु. immersion; dive.

गोद *(god)* स्त्री. lap.

गोदना *(godnā)* स. क्रि. to puncture.

गोदाम *(godām)* पु. storehouse; warehouse.

गोदी *(godi)* स्त्री. the lap; dock.

गोपी *(gopi)* स्त्री. cowherd's wife.

गोबर *(gobar)* पु. cow-dung.

गोया *(goya)* पु. as if.

गोरा *(gorā)* अ. क्रि. fair-skinned; white.

गोलंदाज *(golandaz)* पु. marksman; gunner.

गोल *(gol)* अ. क्रि. globular; round.

गोला *(golā)* पु. ball; connon ball.

गोलार्ध *(golārdh)* पु. hemisphere.

गोली *(goli)* पु. pill; bullet; tablet.

गोशाला *(gośālā)* स्त्री. cow-shed; enclosure cattle.

गोश्त *(gost)* पु. flesh.

गोष्ठी *(gośthi)* स्त्री. assembly; discourse.

गौ *(gau)* अ. क्रि. a cow.

गौण *(gaun)* अ. क्रि. secondary; inferior.

ग़ौर *(gaur)* अ. क्रि. white; fair.

ग़ौर *(gaur)* पु. considration; pondering.

गौरव *(gaurav)* पु. heaviness; pride; glory.

ग्रंथ *(granth)* पु. book; volume.

ग्रीष्म *(grisma)* पु. the summer.

ग्लानि *(glāni)* स्त्री. lassitude; repentance.

ग्वाला *(gvālā)* पु. cowkeeper; milkman.

घ

घ *(gha)* the forth consonant in Devnagri alphabets.

घंटा *(ghantā)* पु. gong; bell; hour.

घंटी *(ghanti)* स्त्री. small bell.

घटक *(ghatak)* पु. intermediary; messenger.

घटना *(ghatanā)* स्त्री. happening; incident; to decrease; to decline.

घटा *(ghatā)* स्त्री. gathering of clouds.

घटिया *(ghatiyā)* अ. क्रि. low in price; cheap; of bad quality.

घड़ा *(gharā)* पु. an earthen pot; jug.

घड़ी *(ghari)* स्त्री. time; space of 24 hours; watch.

घन *(ghan)* पु. cloud; sledgehammer; cubid.

घना *(ghanā)* अ. क्रि. thick; close.

घनिष्ठ *(ghanisth)* अ. क्रि. most intimate; close.

घपला *(ghaplā)* पु. bungling.

घबराना *(ghabrānā)* स. क्रि. to be confused; to be nervous.

घमंड *(ghamand)* पु. pride; conceit.

घमासान *(ghamāsān)* अ. क्रि. fierce.

घर *(ghar)* पु. house; home.

घराना *(gharānā)* पु. family.

घरेलू *(gharelū)* अ. क्रि. domestic; private.

घसीटना *(ghasitnā)* स. क्रि. to trail; to drag.

घहरना *(ghahranā)* स. क्रि. to thunder.

घाघ *(ghāgh)* अ. क्रि. shrewd; cunning.

घाटा *(ghātā)* पु. deficit; loss.

घात *(ghāt)* स्त्री. killing; ambush; opportunity.

घातक *(ghātak)* अ. क्रि. fatal; savage; murderer.

घायल *(ghāyal)* अ. क्रि. hurt; wounded.

घांव *(ghāv)* पु. injury; wound.

घास *(ghās)* स्त्री. grass.

घासलेट *(ghāslet)* पु. vegetable oil; inferior stuff.

घिनौना *(ghinaunā)* अ. क्रि. hateful; odious.

घिसना *(ghisnā)* स. क्रि. to be worn out; to rub.

घूँघराले *(ghūmghrāle)* अ. क्रि. curly.

घुग्घू *(ghugghū)* पु. owl; fool.

घुटना *(ghutnā)* स. क्रि. to be suffocated; knee.

घुट्टी *(ghutti)* स्त्री. a medicine which is given to infants to clear out the bowels.

घुड़ *(ghur)* पु. horse.

घुड़की *(ghurki)* स्त्री. reprimand; threat; rebuking.

घुन *(ghun)* पु. wood-worn.

घुन्ना *(ghunnā)* अ. क्रि. one who conceals his emotions; malicious.

घुप्प-अंधेरा *(ghupp-andherā)* अ. क्रि. pitch dark.

घुमक्कड़ *(ghumakkar)* अ. क्रि. rover; wanderer.

घुमड़ना *(ghumarnā)* स. क्रि. gathering of clouds in the sky.

घुमाव *(ghumāv)* पु. curvature; a turning; twist.

घुलना *(ghulnā)* स. क्रि. to be lean and thin; to be dissloved in a liquid; to be melted.

घुसना *(ghusnā)* स. क्रि. to pierce; to enter; to thurst into.

घुसपैठ *(ghus-paith)* स्त्री. access; entrance; infiltration.

घुसाना *(ghusānā)* स. क्रि. to pile; to poke; to penetrate.

घुसेड़ना *(ghusernā)* स. क्रि. to pierce; to thrust in; to stuff in.

घूँसा *(ghūmsā)* पु. blow with the fist; boxing.

घूँघट *(ghūmghat)* पु. veil which conceals woman's face.

घूँघर *(ghūmghar)* पु. curl of hair; curly.

घूँट *(ghūmt)* पु. a sip; draught.

घूमना *(ghūmnā)* स. क्रि. to wander;

to roam; to stroll.

घूरना *(ghürnā)* स. क्रि. to ogle; to stare; to frown.

घूरा *(ghürā)* पु. rubbish; sweepings.

घूस *(ghüs)* स्त्री. emolument; bribe.

घृणा *(ghrna)* स्त्री. hatred; dislike.

घृणित *(ghrnit)* अ. क्रि. despicable; one who is hated.

घृत *(ghrt)* पु. clarified butter; ghee.

घेरना *(ghernā)* स. क्रि. to encircle; to ecompass; to enclose.

घेरनी *(gherni)* स्त्री. handle of a spinning wheel.

घेरा *(gherā)* पु. circumference; enclosure; fence.

घेवर *(ghevar)* पु. a kind of sweetmeat.

घोंघा *(ghomghā)* पु. conch; slug; snail; foolish; worthless.

घोंसला *(ghomslā)* पु. a nest.

घोटना *(ghotnā)* स. क्रि. to rub for smoothening; to cream up; to earn to memory.

घोटाला *(ghotālā)* पु. scandal; bungling; confusion.

घोड़ा *(ghorā)* पु. horse; hammer of a gun.

घोड़ी *(ghori)* स्त्री. a mare; a song sung at the time of marriage.

घोर *(ghor)* अ. क्रि. horrible; terrible; awful.

घोल *(ghol)* पु. solution.

घोलना *(gholnā)* स. क्रि. to mix; to dissolve.

घोषणा *(ghośanā)* स्त्री. announcement; a declaration.

च

च *(ca)* the first consonants in Devnagri alphabets.

चंगा *(canga)* अ. क्रि. healthy; sound; healed.

चंगुल *(cangul)* पु. grasp; claw.

चंचरीक *(cancarik)* पु. buzzing bee.

चंचल *(cancal)* अ. क्रि. restless; unsteady; flickering.

चंचलता *(cancalatā)* स्त्री. unsteadiness; inconsistancy.

चंट *(cant)* अ. क्रि. willy; cunning; cheat.

चंड *(cand)* अ. क्रि. violent; fierce; powerful.

चंडाल *(candāl)* पु. low born; outcaste; cruel.

चंडालिका *(candālikā)* स्त्री. an epithet of Hindu Goddes Druga.

चंदन *(candan)* पु. sandalwood.

चंदराना *(candrānā)* स. क्रि. to deceive; to beguile.

चँदला *(camdlā)* अ. क्रि. bald-headed.

चंदा *(canda)* पु. moon; contribution; subscription.

चंद्र *(candra)* पु. the moon.

चंद्रमा *(candramā)* पु. the moon .

चंद्रिका *(candrikā)* स्त्री. moonlight; moonbeams.

चंपत *(campat)* अ. क्रि. disappearing; vanishing.

चंपा *(campā)* पु. the tree Michelia champacca which bears fragrant yellow flowers.

चंपू *(campü)* पु. a literary work which is composed in prose and verse.

चँवर *(camvar)* पु. whisk; flapper made of the tail of a yak.

चक *(cak)* पु. plot of land.

चकई *(cakai)* स्त्री. whirling toy like pulley; female of a ruddy goose.

चकती *(cakti)* स्त्री. patch of leather; a round plate of metal.

चकता *(caktā)* पु. blotch on the skin.

चकनाचूर *(caknācur)* अ. क्रि. broken into fragments; much weary.

चकबंदी *(cakbandi)* स्त्री. marking the boundaries of land.

चकमक *(caqmaq)* पु. a kind of hard stone; flint.

चकमा *(cakmā)* पु. deception; trick.

चकराना *(cakrānā)* स. क्रि. to revolve; to feel dizzy; to be confused.

चकल्लस *(cakallas)* स्त्री. turnoil; fust.

चकाचौंध *(cakācaumdh)* स्त्री. dazzling effects of light on the eyes.

चकित *(cakit)* अ. क्रि. suprised; astonished; amazed.

चक्कर *(cakkar)* पु. multitude; circle; whirl; wheel; vertigo.

चक्की *(cakki)* स्त्री. mill; grinding mill.

चक्र *(cakr)* पु. wheel; circular object.

चक्राकार *(cakrākār)* अ. क्रि. circular.

चक्षु *(caksu)* पु. eye.

चखना *(cakhnā)* स. क्रि. to taste.

चखाना *(cakhānā)* स. क्रि. to cause to taste.

चचा *(cacā)* पु. paternal nucle.

चची *(caci)* स्त्री. paternal aunt.

चचेरा *(cacerā)* अ. क्रि. descended from the paternal uncle; cousin brother.

चचोड़ना *(cacornā)* स. क्रि. to sip by pressing under the teeth.

चट *(cat)* अ. क्रि. quickly; instantly.

चटक *(catak)* स्त्री. splendour; brilliance; sharp; bright.

चटकना *(catkanā)* स. क्रि. to snap; to make a sound of breaking up.

चटकनी *(catkani)* स्त्री. click; bolt of a door.

चटक-मटक *(catak-matak)* स्त्री. gaudiness; wantonness; ornamentation.

चटकीला *(catkilā)* अ. क्रि. of rich colour; shining; brilliant; glittering.

चटचट *(catcat)* स्त्री. a cracking sound.

चटखनी *(catkhani)* स्त्री. tower bolt; a bolt.

चटनी *(catni)* स्त्री. sauce.

चटपटा (catpatā) अ. क्रि. delicious; saucy.

चटाई *(catāi)* स्त्री. act of licking; mat.

चटाक *(catāk)* स्त्री. a crackling sound.

चटुल *(catul)* अ. क्रि. agile; fickle; clever.

चटोरा *(catorā)* अ. क्रि. fond of spicy food greedy.

चट्टान *(cattān)* स्त्री. cliff; rock.

चट्टा-बट्टा *(cattā-battā)* पु. toy for children.

चढ़ना *(carhnā)* स. क्रि. to ascend; to rise; to go up; to attack.

चढ़ाई *(carhai)* स्त्री. invasion; ascent; assult; attack.

चढ़ावा *(carhāvā)* पु. offering to a god; religious gift.

चणक *(canak)* पु. gram.

चतुरंग *(caturang)* पु. chess; an army consisting of pedestrians;

chariots; horses and elephants.

चतुरंगिणी *(caturangini)* अ. क्रि. having four divisions of an ancient Indian army.

चतुर *(catur)* अ. क्रि. dexterous; ingenious; expert; clever.

चतुर्दिक *(caturdik)* पु. four quarters; on all sides.

चतुर्भुज *(caturbhuj)* अ. क्रि. quadrilateral; four sided figure.

चतुर्भुजी *(caturbhuji)* स्त्री. the four armed female; Vaishnava cult.

चतुर्मास *(catur-mās)* पु. four months of the rainy season.

चतुर्मुख *(catur-mukh)* अ. क्रि. four faced; God Brahma.

चतुर्विधि *(catur-vidhi)* अ. क्रि. of four types; four-fold.

चतुराई *(caturāi)* स्त्री. ingenuity; cleverness.

चना *(canā)* पु. gram.

चपटा *(captā)* अ. क्रि. flat.

चपड़ा *(caprā)* पु. shellac; kind of red insect.

चपत *(capat)* पु. slap; push; loss.

चपरनाती *(capar-nāti)* पु. foolish; stupid.

चपरासी *(caprāsi)* पु. peon.

चपल *(capal)* अ. क्रि. variable; unsteady; clever.

चपलता *(capalatā)* स्त्री. variability; nimbleness; unsteadiness.

चपला *(capalā)* स्त्री. goddess Lakshmi; lighting.

चपाती *(capāti)* स्त्री. a thin cake or bread (of the Indian style).

चपेट *(capet)* स्त्री. blow; slap; sudden misfortune.

चप्पल *(cappal)* अ. क्रि. a sandal; a slipper.

चप्पा *(cappā)* पु. fourth part; small portion.

चप्पू *(cappü)* पु. oar; paddle.

चबाना *(cabānā)* स. क्रि. to masticate; to chew; to munch.

चबारा *(cabārā)* पु. room in the upper most storey of a house.

चबूतरा *(cabütrā)* पु. stand; platform; stage; dais.

चमक *(camak)* पु. brilliancy; shining flash.

चमकना *(camaknā)* स. क्रि. to flash; to sparkle; to giltter.

चमकनी *(camakni)* स्त्री. irritable woman.

चमकाना *(camakānā)* स. क्रि. to furnish; to varnish; to sparkle.

चमकीला *(camkilā)* अ. क्रि. glittering; glossy; clear; splendid.

चमगादड़ *(camgādar)* पु. bat; vampire.

चमचम *(cam-cam)* स्त्री. kind of Bengali sweetmeat; glittering; bright.

चमचमाना *(camcamānā)* स. क्रि. to glitter; to shine; to brighten.

चमचमाहट *(camcamāhat)* पु. brightness; glow; glitter.

चमचा *(camcā)* पु. large spoon; flatterer.

चमड़ा *(camrā)* पु. skin; leather.

चमत्कार *(camatkār)* पु. wonder; marvel; surprise.

चमन *(caman)* पु. bed of a garden; small garden.

चमर *(camar)* पु. tail of a yak used as a flapper to whisk off flies.

चमाचम *(camācam)* क्रि. brightly; shining.

चमार *(camār)* पु. shoemaker; skinner; cobbler.

चमेली *(cameli)* स्त्री. the jasmine plant; fragrant flower.

चम्मच *(cammac)* पु. spoon.

चयन *(cayan)* पु. work of collecting or picking; selection.

चयनिका *(cayanikā)* स्त्री. collection.

चर *(car)* पु. secret messenger; spy; sound made when tearing cloth.

चरई *(carai)* स्त्री. manger.

चरक *(carak)* पु. spy; a secret messenger; a traveller; white leprosy on Indian system of medicine.

चरकटा *(carkatā)* पु. chaff-cutter; non entity.

चरका *(carkā)* पु. a slight wound; loss; trick; fraud.

चरख़ *(carkh)* पु. revolving wheel; lathe.

चरख़ा *(carkhā)* पु. revolving wheel; spinning wheel.

चरखी *(carkhi)* स्त्री. winch; reel.

चरचराना *(carcarānā)* स. क्रि. to crackle; to sputter.

चरण *(caran)* पु. foot; the line of poetry; root.

चरणामृत *(carnāmrit)* पु. ambrosia of the feet.

चरपरा *(carparā)* अ. क्रि. hot; pungent; acrid.

चरबी *(carbi)* स्त्री. grease; fat; tallow.

चरम *(caram)* अ. क्रि. final; last; ultimate.

चरमराना *(carmarānā)* स. क्रि. to produce a creaking sound.

चरवाई *(carvāi)* स्त्री. job wages paid for grazing cattle.

चरवाना *(carvānā)* स. क्रि. to cause to graze.

चरवाहा *(carvāhā)* पु. shepherd; herdsman.

चरस *(caras)* पु. large bucket of leather used in irrigation; intoxicating drug prepared from the flowers of hemp.

चरसी *(carsi)* पु. one who smokes.

चरागाह *(carāgāh)* पु. pasturage; meadow.

चराचर *(carācar)* अ. क्रि. sentient and lifeless; movable and immovable.

चराना *(carānā)* स. क्रि. to graze; to make a fool of .

चरित *(carit)* पु. conduct; character; biography.

चरितार्थ *(caritārth)* अ. क्रि. gratified; successful.

चरित्र *(caritr)* पु. conduct; custom; character.

चरित्रांकन *(caritrānkan)* पु. characterisation.

चर्चा *(carcā)* स्त्री. discussion; mention.

चर्चरी *(carcari)* स्त्री. song sung in the spring season; clapping of hands.

चर्पटी *(carpati)* स्त्री. a kind of thin cake.

चर्म *(carm)* पु. skin; leather.

चलन *(calan)* पु. motion; use; method; custom.

चलना *(calnā)* स. क्रि. to go; to walk; to proceed.

चलनी *(calni)* स्त्री. a sieve.

चलाऊ *(calāū)* अ. क्रि. lasting; durable.

चलायमान *(calāyamān)* अ. क्रि. movable; wavering; unsteady.

चश्मा *(caśmā)* पु. spectacles; eyeglasses; fountain; spring.

चसका *(caskā)* पु. ardent desire; relish; habit.

चस्पाँ *(caspām)* अ. क्रि. stuck; fixed; affixed.

चहकना *(cahaknā)* स. क्रि. to warble; to be talkative; to chirp.

चहचहाना *(cahcahānā)* स. क्रि. to warble; to chirp.

चहलकदमी *(cahalqadmi)* स्त्री. walking of a person at a slow pace.

चहलपहल *(cahal-pahal)* स्त्री. mirth; merriment; hustle-bustle.

चहारदीवारी *(cahār-divāri)* स्त्री. four surrounding walls of a house.

चहेता *(cahetā)* पु. dear; beloved.

चहेती *(caheti)* स्त्री. beloved.

चाँटा *(camtā)* पु. slap; blow.

चांडाल *(candāl)* पु. sinful person.

चाँद *(cāmd)* पु. moon.

चाँदनी *(camdni)* स्त्री. moonlight; bedsheet.

चाँदी *(cāmdi)* स्त्री. silver.

चाँप *(cāmp)* स्त्री. pressure thrust; lock of a gun.

चांसलर *(cānsalar)* पु. the highest officer of a University; Chancellor.

चाक *(cāk)* पु. wheel; potter's wheel; circular mark.

चाकर *(cākar)* पु. servant; menial; waiter.

चाकरनी *(cākrani)* स्त्री. house maid; female servant.

चाकरी *(cākri)* स्त्री. service; attendance.

चाकू *(cāqū)* पु. knife.

चाचा *(cācā)* पु. paternal uncle.

चाट *(cāt)* स्त्री. spicy preparation of fruits; vegetables etc.

चाटना *(cātnā)* स. क्रि. to lap; to lick.

चाटु *(cātu)* पु. favourable conversation.

चाणक्य *(canakya)* पु. famous stateman of ancient India.

चातक *(cātak)* पु. kind of cuckoo which is supposed to drink drops of rain.

चातुरी *(cāturi)* स्त्री. clerverness; art.

चातुर्य *(cāturya)* पु. skill; cleverness.

चादर *(cādar)* स्त्री. sheet; plate; bedsheet.

चान्द्रायण *(cāndrāyan)* पु. Hindu fast which is observed for one month.

चाप *(cāp)* पु. bow; semi-circle; pressure sound of stepping.

चापना *(cāpnā)* स. क्रि. to press.

चापलूस *(cāplūs)* अ. क्रि. servile; flattering; obsequious.

चापलूसी *(cāplūsi)* स्त्री. adulation; flattery.

चापी *(cāpi)* पु. archer; the god Shiva.

चाबना *(cābnā)* स. क्रि. to masticate; to chew.

चाबी *(cābi)* स्त्री. key.

चाबुक *(cābuk)* पु. whip; lash.

चाम *(cām)* पु. skin; hide; leather.

चामुंडा *(cāmundā)* स्त्री. apithet of Hindu Goddess Durga.

चाय *(cāy)* स्त्री. tea.

चारखाना *(cārkhānā)* पु. chequered cloth.

चारण *(cāran)* पु. bard; panogyrist; wandering minstrel.

चारदीवारी *(cār-divāri)* स्त्री. enclosure.

चारपाई *(cārpāi)* स्त्री. bedstead; cot; bed.

चारपाया *(cārpāyā)* पु. quadruped.

चारा *(cārā)* पु. food for cattle; fodder; pasture.

चारु *(cāru)* अ. क्रि. attrractive; elegant; beautiful.

चारुता *(cārutā)* स्त्री. beauty.

चारों ओर *(cārun-or)* क्रि. about; around; on all sides.

चाल *(cāl)* स्त्री. walk; movement; step.

चालक *(cālāk)* अ. क्रि. driver.

चालाक *(cālāk)* अ. क्रि. sharp; clever; cunning.

चालान *(cālān)* पु. invoice; a challan.

चालू *(cālü)* अ. क्रि. tenable; current; prevalent; cunning.

चाव *(cāv)* पु. ardent desire; eagerness.

चावल *(cāval)* पु. rice.

चाशनी *(cāśni)* स्त्री. syrup; taste.

चाह *(cāh)* पु. desire; will; love; liking.

चाहत *(cāhat)* स्त्री. longing; fondness; affection.

चाहना *(cāhnā)* स. क्रि. to desire; to love; to need; to want.

चाहे *(cāhe)* पु. either or.

चिउँटा *(ciumtā)* पु. black ant of bigger species.

चिउँटी *(ciumti)* स्त्री. ant.

चिंघाड़ *(cinghār)* स्त्री. shrillery.

चिंघाड़ना *(cinghārnā)* स. क्रि. to scream; to trumpet like an elephant .

चिंतक *(cintak)* अ. क्रि. musing; thinker.

चिंतन *(cintan)* पु. study; thinking; reflection.

चिंता *(cintā)* स्त्री. anxiety; worry; care.

चिंत्य *(cintya)* अ. क्रि. reflective; thinkable.

चिकन *(cikan)* स्त्री. embroidered fine muslin.

चिकना *(ciknā)* अ. क्रि. smooth; glossy; clean; slippery.

चिकनाई *(ciknāi)* स्त्री. gloss; smoothness; oiliness.

चिकनापन *(ciknāpan)* पु. greasiness; smoothness.

चिकित्सक *(cikitsak)* पु. doctor; physician.

चिकित्सा *(cikitsā)* स्त्री. treatment; medication.

चिकित्सालय *(cikitsālay)* पु. dispensary; hospital.

चिकोटी *(cikoti)* स्त्री. pinch; twitch.

चिट्ठा *(cittha)* पु. detailed report; account book.

चिट्ठी *(citthi)* स्त्री. letter.

चिड़चिड़ा *(circirā)* अ. क्रि. peevish; irritable.

चिड़िया *(ciriyā)* स्त्री. bird; sparrow.

चिढ़ *(cirh)* स्त्री. vexation; irritation; hatred.

चिढ़ना *(cirhnā)* स. क्रि. to be irritated.

चिढ़ाना *(cirhānā)* स. क्रि. to tease; to huff.

चित *(cit)* अ. क्रि. supine; attention; mind.

चितकबरा *(citkabrā)* अ. क्रि. spotted.

चितवन *(citvan)* स्त्री. glance; look.

चिता *(citā)* स्त्री. funeral pyre.

चितेरा *(citerā)* पु. painter.

चित्त *(citt)* पु. mind; supine.

चित्ती *(citti)* स्त्री. scar; spot.

चित्र *(citr)* पु. painting; picture.

चित्रण *(citran)* पु. drawing; portrayal.

चिथड़ा *(cithrā)* पु. rag; shred.

चिथाड़ना *(cithārnā)* स. क्रि. to tear to pieces.

चिनगारी *(cingāri)* स्त्री. spark; ember.

चिनाई *(cināi)* स्त्री. bilge and cantline; brick-laying.

चिपकना (*cipaknā*) स. क्रि. to stick; to cling.

चिपचिपा (*cipcipā*) अ. क्रि. waxy; limy; gummy.

चिपचिपाना (*cipcipānā*) स. क्रि. to feel sticky.

चिपटना (*cipatnā*) स. क्रि. to stick; to adhere to.

चिपटा (*ciptā*) अ. क्रि. stuck; flat.

चिबुक (*cibuk*) पु. chin.

चिमटना (*cimatnā*) स. क्रि. to embrace; to cling; to hold fast.

चिमटा (*cimtā*) पु. tongs; pincers.

चिमनी (*cimni*) स्त्री. chimney; funnel.

चिरंजीव (*cirañjiv*) अ. क्रि. blessed with longevity; son.

चिरंतन (*cirantan*) अ. क्रि. ever lasting perpetual.

चिर (*cir*) अ. क्रि. lasting for a long time; ever.

चिरना (*cirnā*) स. क्रि. to be sawed.

चिराग (*cirāg*) पु. light; lamp.

चिरौंजी (*ciraunji*) स्त्री. name of a tree; edible nut.

चिलगोज़ा (*cilgozā*) पु. fruit of the pine tree.

चिलचिलाना (*cilcilānā*) स. क्रि. to shine scorchingly.

चिलम (*cilam*) स्त्री. part of hubble-bubble which contains the fire.

चिलमची (*cilamaci*) स्त्री. metal basin to wash hands.

चिल्ल-पों (*cillpom*) स्त्री. scream; cry; noise.

चिल्लाना (*cillānā*) स. क्रि. to cry out; to shout.

चिल्लाहट (*cillāhat*) स्त्री. clamour; scream.

चिह्न (*cihn*) पु. sign; mark.

चिह्नित (*cihnit*) अ. क्रि. marked. stained; spotted.

चीं (*cim*) स्त्री. chirp.

चींटी (*cimti*) स्त्री. ant.

चीख (*cikh*) स्त्री. scream; shreek.

चीख़ना (*cikhnā*) अ. क्रि. to shreek; to scream.

चीज़ (*ciz*) स्त्री. commodity; thing.

चीता (*citā*) पु. panther; leopard.

चीत्कार (*citkār*) स्त्री. shouting; uproar.

चीथड़ा (*cithrā*) पु. rag.

चीनी (*cini*) स्त्री. chinese (language); sugar; a chinese.

चीर (*cir*) पु. cloth; bark of tree; rag.

चीरना (*cirnā*) स. क्रि. to rip; to cleave; to tear.

चीरा (*cirā*) पु. surgical operation.

चील (*cil*) स्त्री. kite; eagle.

चुंगल (*cungal*) पु. claw; talon; handful.

चुंगी (*cungi*) स्त्री. cess; octroi.

चुंधियाना (*cumdhiyānā*) स. क्रि. to see dimly; to be dazzled.

चुंबक (*cumbak*) पु. loadstone; magnet.

चुंबन (*cumban*) पु. kissing; kiss.

चुंबित (*cumbit*) अ. क्रि. kissed; loved.

चुकंदर (*cuqandar*) पु. beet root; beet; sugar beet.

चुकाना (*cukānā*) स. क्रि. to settle; to pay off.

चुगना (*cugnā*) स. क्रि. to pick up food with beak.

चुग़ल-ख़ोर (*cugalkhor*) पु. tell tale; back biter.

चुगली (*cugli*) स्त्री. whispering; backbiting.

चुगाई (*cugāi*) स्त्री. act of picking.

चुगाना (*cugānā*) स. क्रि. to cause to pick.

चुटकी *(cutki)* स्त्री. pinch.

चुटकुला *(cutkulā)* पु. joke.

चुड़ैल *(curail)* स्त्री. hag; witch.

चुनना *(cunanā)* स. क्रि. to extract; to pick; to gather.

चुनरी *(cunri)* स्त्री. a piece of coloured cloth worn by women.

चुनाँचे *(cunāmce)* फा. thus; therefore.

चुनाव *(cunāv)* पु. pick; choice; election; selection.

चुनिंदा *(cunindā)* अ. क्रि. selected.

चुनौती *(cunauti)* स्त्री. a challenge.

चुप *(cup)* अ. क्रि. quiet; silent.

चुपचाप *(cup-cāp)* क्रि. quietly; silently.

चुपड़ना *(cuparnā)* स. क्रि. to besmear; to flatter.

चुप्पा *(cuppā)* अ. क्रि. secretive.

चुप्पी *(cuppi)* स्त्री. silence.

चुभना *(cubhnā)* स. क्रि. to be pierced; to feel pain.

चुमकारना *(cumkārnā)* स. क्रि. to coax; to fondle; to produce a kissing sound.

चुराना *(curānā)* स. क्रि. to steal; to pinch.

चुलबुला *(culbulā)* अ. क्रि. restless; gay; fidgeting; fickleness.

चुल्ली *(culli)* स्त्री. fire place; chimney of stove.

चुल्लू *(cullü)* पु. hollowed palm; handful of liquid.

चुस्की *(cuski)* स्त्री. suck; sip.

चुसना *(cusnā)* स. क्रि. to be sucked.

चुसनी *(cusni)* स्त्री. a child's coral; feeding bottle.

चुसाना *(cusānā)* स. क्रि. to cause to be sucked.

चुस्त *(cust)* अ. क्रि. tight; narrow; active; smart.

चुस्ती *(custi)* स्त्री. agility; smartness.

चुहटना *(cuhatnā)* स. क्रि. to crush with feet; to trample.

चुहल *(cuhal)* स्त्री. merriment; jollity.

चुहिया *(cuhiyā)* स्त्री. small mice.

चूँ *(cüm)* पु. shirping of a small bird.

चूँकि *(cümki)* फा. for this; because.

चूकना *(cüknā)* स. क्रि. to slip; to err; to miss.

चूज़ा *(cüza)* पु. chicken.

चूड़ा *(cüra)* स्त्री. top; creast; bracelet.

चूड़ी *(cüri)* स्त्री. ring; bangle.

चून *(cün)* पु. wheat-meal; flour.

चूना *(cünā)* स. क्रि. to drap; to leak; mortar; lime.

चूमना *(cümnā)* स. क्रि. to kiss.

चूरन *(cüran)* पु. digestive powder.

चूरमा *(cürmā)* पु. sweetmeat made of crushed bread.

चूरा *(cürā)* पु. sawdust; broken part.

चुर्ण *(cürn)* पु. digestive powder; powder.

चूल्हा *(cülhā)* पु. stove; fire place.

चूसना *(cüsnā)* स. क्रि. to sip; to suck; to drink.

चूहा *(cühā)* पु. mouse; rat.

चूहेदानी *(cühedāni)* स्त्री. rat trap.

चेचक *(cecak)* स्त्री. small-pox.

चेट *(cet)* पु. a servant.

चेटी *(ceti)* स्त्री. female servant.

चेतना *(cetanā)* स्त्री. feeling; consciousness; to understand; to think.

चेताना *(cetānā)* स. क्रि. to acquaint; to awaken; to tease.

चेतावनी *(cetāvni)* स्त्री. warning; alarm.

चेरी *(ceri)* स्त्री. female slave.

चेला *(celā)* पु. disciple; pupil.

चेष्टा *(cesṭā)* स्त्री. bodily action; spirit; effort.

चेहरा *(cehrā)* पु. face; countenance; front part of a thing.

चैत *(cait)* पु. first month of the Hindu calender.

चैतन्य *(caitanya)* अ. क्रि. perceiving; sensitive; conscious; intelligence

चैन *(cain)* पु. rest; tranquillity; relief.

चोंगा *(comgā)* पु. funnel; telephone's receiver.

चोंच *(comc)* स्त्री. neb; bill; beak.

चोखा *(cokhā)* अ. क्रि. pure; clear; keen; fine.

चोगा *(cogā)* पु. long coat; gown.

चोचला *(coclā)* स्त्री. coquettishness; playfulness.

चोट *(cot)* स्त्री. hurt; stroke; blow; attack.

चोटी *(coti)* स्त्री. braided hair of a woman; crown; braid.

चोर *(cor)* पु. burglar; thief.

चोरी *(cori)* स्त्री. burglary; theft.

चोली *(coli)* स्त्री. blouse; bodice; brassieres.

चौंकना *(caumknā)* स. क्रि. to start up in sleep; to be alarmed.

चौंकाना *(caumkānā)* स. क्रि. to alarm to startle.

चौंगा *(caungā)* पु. wheedling; bait.

चौंधियाना *(caumdhiyānā)* स. क्रि. to flash; to daze.

चौ *(cau)* an allomorph of four.

चौक *(cauk)* पु. square plot of ground; courtyard; centre of four road.

चौकी *(cauki)* स्त्री. stool; bench for sitting; police station.

चौकीदार *(cauki-dār)* पु. sentry; guard; watchman.

चौकीदारी *(cauki-dāri)* स्त्री. the business of watchman.

चौगान *(caugān)* पु. game of polo.

चौड़ा *(caurā)* अ. क्रि. wide; broad.

चौथा *(cauthā)* अ. क्रि. the forth; fourth lunar day; forth day of somebody's death.

चौथाई *(cauthāi)* अ. क्रि. fourth part.

चौथापन *(cauthā-pan)* पु. fourth stage of life; old age.

चौदस *(caudas)* स्त्री. fourteenth day of a lunar month according to Hindu calendar.

चौधरी *(caudhari)* पु. headman of a village; foreman.

चौपड़ *(caupar)* पु. a game which is played with three long dices.

चौपाई *(caupāi)* स्त्री. metre or verse consisting of four lines.

चौबाइन *(caubāin)* स्त्री. the wife of a chaube.

चौबारा *(caubārā)* पु. open room built on the roof of a house.

चौबे *(caube)* पु. a subcaste among Brahmans.

चौमंज़िला *(cau-manzilā)* अ. क्रि. built of four storeys.

चौसर *(causar)* पु. game played with long dices.

चौहान *(cauhān)* पु. caste among Rajputs.

च्यवन *(cyavan)* पु. dripping; oozing; the name of a sage.

च्यवनप्राश *(cyavn-parās)* पु. an Ayurvedic medicine.

च्युत *(cyut)* अ. क्रि. dropped; fallen; degraded.

च्युति *(cyuti)* स्त्री. falling; perishing.

छ

छ *(cha)* member of the second pentad of consonants in Devnagri alphabet.

छँटना *(chamtnā)* स. क्रि. to be separated on being cut; to be removed; to be lean and thin.

छँटा हुआ *(chamtā huā)* अ. क्रि. selected; cunning.

छँटाई *(chamtāi)* स्त्री. retrenchment the work or wages for cleaning.

छँटनी *(chamtani)* स्त्री. retrenchment .

छंद *(chand)* पु. metre; stanza.

छंदोबद्ध *(chando-badh)* अ. क्रि. in the form of a verse.

छकड़ा *(chakrā)* पु. wooden car; cart.

छकना *(chaknā)* स. क्रि. to be satisfied; to be intoxicated.

छकाना *(chakānā)* स. क्रि. to satiate; to intoxicate; to cheat.

छक्का *(chakkā)* पु. a group of six; the sixth at cards; a six in cricket.

छगन *(chagan)* पु. baby; darling.

छछूँदर *(chachümdar)* स्त्री. mole; muskrat.

छछूंदरी *(chachumdari)* स्त्री. a vole.

छज्जा *(chajjā)* पु. terrace; balcony.

छटंकी *(chatamki)* स्त्री. a weight of one small portion.

छटकना *(chataknā)* स. क्रि. to slip off; to keep aloof.

छटपटाना *(chatpatānā)* स. क्रि. to toss; to struggle; to be restless.

छटपटी *(chatpati)* स्त्री. restlessness; struggling.

छटाँक *(chatāmk)* स्त्री. one sixteenth of approximately a kilogram.

छटा *(chatā)* स्त्री. brilliance; glory; sixth.

छटाव *(chatāv)* पु. separation.

छठ *(chath)* स्त्री. the sixth day of fortnight in a lunar month.

छठी *(chathi)* स्त्री. ceremony performed on the sixth day after child birth.

छड़ी *(chari)* स्त्री. rod; cane; stick.

छत *(chat)* स्त्री. roof; ceiling.

छतरी *(chatri)* स्त्री. umbrella.

छत्ता *(chattā)* पु. a covered footpath; carridor; bee hive.

छत्र *(chatr)* पु. umbrella; parasol.

छत्रक *(chatrak)* पु. temple; pavilion.

छत्रधारी *(chatradhāri)* अ. क्रि. carrying an umbrella; prince.

छद्म *(chadma)* पु. pretext; trick; fraud.

छद्मी *(chadmi)* अ क्रि. crafty; impersonating.

छनकना *(chanakanā)* स. क्रि. to emit a hissing sound.

छनना *(channā)* पु. filter.

छनाई *(chanāi)* स्त्री. percolation.

छपाई *(chapāi)* स्त्री. stamping; printing.

छपाका *(chapākā)* पु. the sound produced by striking against water.

छपाना *(chapānā)* स. क्रि. to cause to be printed.

छप्पर *(chappar)* पु. booth; thatched roof.

छबड़ा *(chabrā)* पु. a shallow basket.

छबि *(chabi)* स्त्री. aspect; beauty.

छबीला *(chabilā)* अ. क्रि. handsome; graceful.

छरहरा *(charahrā)* अ. क्रि. light; swift; slim and smart.

छर्रा *(charrā)* पु. small shot.

छल *(chal)* पु. deception.

छलकना *(chalaknā)* स. क्रि. to spill out; to overflow.

छलनी *(chalni)* स्त्री. strainer; sieve.

छलाँग *(chalāng)* स्त्री. spring; vault; jumping.

छलावा *(chalāvā)* पु. shadow of a ghost; magic.

छलिया *(chaliyā)* अ. क्रि. पु. artful; crafty; cunning.

छल्ला *(challā)* पु. ring worn on the fingers; bangle .

छवि *(chavi)* स्त्री. features; beauty; brilliance.

छाँटना *(chāmtnā)* स. क्रि. to sort out; to select; to cut.

छांदोग्य *(chāndogya)* पु. an Upanishad of (Hindi classic) Samaveda.

छाँव *(chāmv)* स्त्री. shadow; shade.

छाँह *(chāmh)* स्त्री. reflection; shadow; shade.

छाछ *(chāch)* स्त्री. butter-milk.

छाज *(chāj)* पु. winnowing basket; thatch.

छाजन *(chājan)* पु. covering; cloth.

छाता *(chātā)* पु. umbrella.

छाती *(chāti)* स्त्री. chest; breast; bosom.

छात्र *(chātr)* पु. pupil; scholar; student.

छात्रावास *(chātrāvās)* पु. boarding house; hostel.

छान *(chān)* स्त्री. frame work for thatching with straw.

छानना *(chānnā)* स. क्रि. to strain; to filter; to investigate.

छान-बीन *(chān-bin)* search; investigation; critical research.

छाना *(chānā)* स. क्रि. to thatch; to cover; to spread; to dominate.

छाप *(chāp)* स्त्री. stamp; print; impression; brand.

छापना *(chāpnā)* स. क्रि. to stamp; to imprint; to impress .

छापा *(chāpā)* पु. impression; stamp; seal.

छापाखाना *(chāpākhānā)* पु. printing press.

छाया *(chāyā)* स्त्री. shade; shadow.

छार *(chār)* पु. ashes; dirt.

छाल *(chāl)* स्त्री. rind; bark; skin.

छाला *(chālā)* पु. blister; pimple.

छालिया *(chaliya)* स्त्री. betel nut.

छावनी *(chavni)* स्त्री. thatch; encampment; cantonment.

छावा *(chāvā)* पु. boy; son.

छिः *(chi)* स्त्री. a word used to express contempt.

छिंकाना *(chimkānā)* स. क्रि. to cause someone to sneeze.

छिछला *(chichlā)* अ. क्रि. thin; shallow.

छिछली *(chichli)* स्त्री. play of ducks and drakes.

छिछोरा *(chichorā)* स. क्रि. trivial; petty.

छिटकना *(chitaknā)* स. क्रि. to be scattered; to be dispersed.

छिटकाना *(chitkānā)* स. क्रि. to spread all round; to scatter.

छिटकी *(chitki)* स्त्री. speck.

छिड़कना *(chiraknā)* स. क्रि. to spill; to sprinkle; to patter.

छिड़काव *(chirkāv)* पु. act of sprinkling .

छिड़ना *(chirnā)* स. क्रि. to begin; to commence.

छितरना *(chitarnā)* स. क्रि. to be scattered.

छिद्र *(chidra)* पु. hole; gap; slot; defect .

छिनना *(chinnā)* स. क्रि. to be snatched away; to be taken by force.

छिनाल *(chināl)* अ. क्रि. स्त्री. adulterous; sluttish.

छिन्न *(chinn)* अ. क्रि. cut; divided.

छिपकली *(chipkali)* स्त्री. lizard.

छिपना *(chipnā)* स. क्रि. to be concealed; to be hidden.

छिपाना *(chipānā)* स. क्रि. to cover; to hide; to conceal.

छिपाव *(chipāv)* पु. hiding; secrecy.

छिलका *(chilkā)* पु. rind; crust; peel.

छिलना *(chilnā)* स. क्रि. to be rubbed away; to be excoriated.

छींक *(chimk)* स्त्री. a sneeze .

छींकना *(chimknā)* स. क्रि. to sneeze.

छींट *(chimt)* स्त्री. drops of water.

छींटना *(chimtnā)* स. क्रि. to scatter; to diffuse.

छींटा *(chimtā)* पु. slap; casual glance; spot made by a drop water.

छीका *(chikā)* पु. net of strings for hanging..

छीछड़ा *(chichrā)* अ. क्रि. tough flesh of an animal.

छीछालेदर *(chichāledar)* स्त्री. embarrassment.

छीज *(chij)* स्त्री. diminution; waste.

छीनना *(chinnā)* स. क्रि. to take possession; to extort; to snatch.

छीना-झपटी *(chinā-jhapati)* स्त्री. extortion; forcible seizing.

छीबर *(chibar)* स्त्री. thick calico.

छीलना *(chilnā)* स. क्रि. to peel; to pare; to scrap.

छुआछूत *(chüāchüt)* स्त्री. untouchability.

छुईमुई *(chui-mui)* स्त्री. sensitive; mimosa plant.

छुगनू *(chuganü)* पु. smallbells attached to an ornament.

छुटकारा *(chutkārā)* पु. escape; exemption; riddance.

छुटपन *(chutpan)* पु. infancy; childhood.

छुट्टा *(chuttā)* अ. क्रि. free; alone; not bound.

छुट्टी *(chutti)* स्त्री. leave; vacation; holiday.

छुड़वाना *(chrvānā)* स. क्रि. to cause someone freed; to leave.

छुड़ाव *(churāv)* पु. discharge.

छुपना *(chupnā)* स. क्रि. to hide oneself.

छुरा *(churā)* पु. razor; dagger.

छुरी *(churi)* स्त्री. knife; small dagger.

छुहारा *(chuhārā)* पु. dry date palm.

छू *(chü)* पु. the act of blowing or uttering; an incantation; to disappear from sight; to fly away; to vanish.

छूट *(chüt)* स्त्री. remission; discount; rebate.

छूटना *(chütnā)* अ. क्रि. to lag; to be dismissed; to get rid of.

छूत *(chüt)* स्त्री. touch; infection; contagion.

छूना *(chünā)* स. क्रि. to touch; to feel;.

छेक *(chek)* पु. hole; division.

छेड़खानी *(cherkhāni)* स्त्री. act of provoking; teasing.

छेड़छाड़ *(cherchār)* स्त्री. teasing; provocation.

छेड़ना *(chernā)* स. क्रि. to irritate; to excite; to tease.

छेद *(ched)* पु. aperture; breach; hole.

छेदक *(chedak)* अ. क्रि. boring or cutting; divisor.

छेदना *(chednā)* स. क्रि.to perforate; to drill; to bore.

छैला *(chailā)* पु. fap; spark; dandy.

छोकरा *(chokrā)* पु. boy; lad.

छोकरी *(chokri)* स्त्री. girl.

छोटा *(chotā)* अ. क्रि. little; narrow; junior.

छोटी इलायची *(choti-ilāici)* स्त्री. cardamom.

छोड़ना *(chorанā)* स. क्रि. to relinquish; to remit; to let go; to leave.

छोर *(chor)* पु. border; end; the edge

छोरा *(chorā)* पु. boy; lad.

छोला *(cholā)* पु. gram.

छौंकना *(chumknā)* पु. to fry.

छौना *(chaunā)* पु. young one.

ज

ज *(ja)* the third of the second pentad of the consonants in Devnagri alphabet.

जंग *(jang)* स्त्री. battle; fight.

जंग *(zang)* पु. rust.

जंगम *(jangam)* अ. क्रि. movable; moving; living.

जंगल *(jangal)* पु. forest; woods; wilderness.

जंगली *(jangli)* अ. क्रि. wild; savage; uncivilised.

जंगी *(jangi)* अ. क्रि. military; warlike; martial.

जंघा *(janghā)* स्त्री. thigh.

जंजाल *(janjāl)* पु. perplexity; embarrassment; entanglement.

ज़ंजीर *(zañjir)* स्त्री. shackle; chain.

जंतु *(jantu)* पु. animal; creature.

जंभाई *(jambhāi)* स्त्री. yawning.

जकड़ना *(jakarnā)* स. क्रि. to tighten; to grasp.

ज़खीरा *(zakhirā)* पु. a treasure; collection; store-house.

ज़ख्म *(zakh n)* पु. injury; wound.

ज़ख्मी *(zakhmi)* अ. क्रि. injured; wounded; hurt.

जग *(jag)* पु. the universe; world.

जगत *(jagat)* पु. the universe; world.

जगदंबा *(jagdambā)* स्त्री. Hindu goddess Durga.

जगदीश *(jagadiśa)* पु. Hindu Lord of the Universe.

जगना *(jagnā)* स. क्रि. to be awakened; to be careful.

जगमगाना *(jagmagānā)* स. क्रि. to glitter; to shine; to twinkle.

जगह *(jagah)* स्त्री. place; locality; space.

जगाना *(jagānā)* स. क्रि. to raise; to awake.

जघन्य *(jaghanya)* अ. क्रि. abominable; detested; low.

जच्चा *(jaccā)* स्त्री. woman in maternity.

जज़्ब *(jazb)* अ. क्रि. assimilated; absorbed.

जज़्बा *(jazbā)* पु. feeling; emotion.

जटिल *(jatil)* अ. क्रि. very difficult; intricate.

जठर *(jathar)* पु. womb; stomach.

जड़ *(jar)* स्त्री. root; senseless; material.

जड़ता *(jaratā)* स्त्री. immovableness; stiffness.

जड़ना *(jarnā)* स. क्रि. to fit; to join; to set with jewels.

जड़ाऊ *(jarau)* अ. क्रि. studded or set with jewels.

जड़ाना *(jarānā)* स. क्रि. to cause to be set.

जड़ी *(jari)* स्त्री. a medicinal plant.

जताना *(jatānā)* स. क्रि. to make known; to remind.

जत्था *(jatthā)* पु. gang; a band.

जन *(jan)* पु. mankind; a person; people.

जनक *(janak)* पु. father; originator; the father of Sita.

जनजाति *(janajāti)* पु. a tribe.

जनता *(janatā)* पु. public; masses.

जननी *(janani)* स्त्री. mother.

जनाना *(zanānā)* अ. क्रि. female; female ward.

जनाब *(janāb)* अ. क्रि. पु. your honour; your highness; mister.

जनार्दन *(janārdan)* पु. an epithet of Hindu Lord Vishnu.

जनेऊ *(janeü)* पु. sacred thread of Hindu religion.

जनोक्ति *(janokti)* स्त्री. proverb.

जन्म *(janm)* पु. birth; production; origin.

जन्मोत्सव *(janamotsav)* पु. birthday celebration.

जप *(jap)* पु. prayer.

जपना *(japnā)* स. क्रि. to repeat silently name of any deity; to mutter prayers.

जपमाला *(japmālā)* स्त्री. a rosary for counting prayers.

जब *(jab)* क्रि. when; at whatever time.

जबड़ा *(jabrā)* पु. jaw.

जबरदस्त *(zabardast)* अ. क्रि. strong; powerful; violent.

जबरन *(jabran)* क्रि. forcible; with force.

ज़बह *(zabah)* पु. slaughter.

ज़बहा *(zabahā)* पु. spirit; courage.

ज़बान *(zabān)* स्त्री. tongue; language.

ज़बानी *(zabāni)* अ. क्रि. by word of mouth; vocal.

जवाब *(javāb)* पु. answer.

जवाबदेह *(javābdeh)* अ. क्रि. accountable; liable; subject to.

ज़बून *(zabün)* अ. क्रि. bad; wicked.

ज़ब्त *(zabt)* अ. क्रि. confiscated; forfeited.

ज़ब्ती *(zabti)* स्त्री. forfeiture; forfeit.

जब्र *(jabra)* पु. oppression; force.

जमघट *(jamghat)* पु. throng; crowd; assembly.

जमदग्नि *(jamdagni)* पु. the name of a sage.

जमना *(jamnā)* स. क्रि. to be coagulated; to be frozen; to be fixed.

जमवट *(jamavat)* स्त्री. the wooden foundation of a well.

जमहाई *(jamahāi)* स्त्री. gaping; yawning.

जमा *(jamā)* अ. क्रि. accumulated; collected; stored.

जमाई *(jamāi)* पु. son-in-law.

जमात *(jamāt)* पु. assembly; class.

जमादार *(jamādār)* पु. head of soldiers; person on guard.

ज़मानत *(zamānat)* स्त्री. bond; surety; bail.

ज़मानती *(zamānati)* पु. surety; guarantor.

ज़माना *(zamānā)* पु. time; world; age; period.

जमाव *(jamāv)* पु. crowd; accumulation.

ज़मींकन्द *(zamimkand)* पु. the yam.

ज़मींदार *(zamindār)* पु. cultivator; land-lord.

ज़मीन *(zamin)* स्त्री. land; the earth; soil; ground.

ज़मीनी *(zamini)* अ. क्रि. earthly; pertaining to the earth.

जम्बुक *(jambuk)* पु. jackal.

जम्बूद्वीप *(jambüdvip)* पु. one of the seven divisions of the world as described in the Hindu Puranas.

जम्बूरा *(jambürā)* पु. swivel; small pliers.

जम्हाई *(jamhāi)* स्त्री. yawning.

जयंत *(jayant)* अ. क्रि. victorious; triumphant.

जयंती *(jayanti)* स्त्री. jubilee; goddess Durga.

जय *(jay)* स्त्री. victory; conquest.

जयकार *(jayakār)* स्त्री. cheers; rejoicings.

जयघोषणा *(jaya-ghośanā)* स्त्री. declaration of victory.

जयद्रथ *(jayadrath)* पु. brother-in-law of king Duryodhana.

जयध्वज *(jayadhvaj)* पु. name of an ancient king of Avanti; flag of victory.

जयपत्र *(jayapatra)* पु. bond of victory.

जयमंगल *(jaya-mangal)* पु. the elephant on which a king mounts.

जयश्री *(jayśri)* स्त्री. goddess of victory.

जयस्तंभ *(jaya-stambha)* पु. the monument erected to commemorate a victory.

जया *(jayā)* स्त्री. epithet of goddess Durga; green grass.

ज़र *(zar)* पु. riches; wealth.

जरा *(jarā)* पु. senility; old age.

ज़रा *(zarā)* अ. क्रि. little; less.

जराग्रस्त *(jarā-grast)* अ. क्रि. aged; old.

जराभीरु *(jarā-bhiru)* पु. cupid.

जरासंध *(jarāsandh)* पु. name of an ancient king of an Indian state.

ज़रिया *(zariyā)* पु. connection; means; agency.

ज़री *(zari)* स्त्री. cloth woven with gold thread.

ज़रूर *(zarür)* क्रि. of course; certainly; necessarily.

ज़रूरत *(zarürat)* स्त्री. need; want; necessity.

ज़रूरी *(zarüri)* अ. क्रि. necessary; needful; important.

ज़र्क-बर्क *(zarq-barq)* अ. क्रि. shining; brilliant.

जर्जर *(jarjar)* अ. क्रि. old; decrepit;

worn out.

जर्जरित (*jarjarit*) अ. क्रि. tattered; crushed.

ज़र्दी (*zardi*) स्त्री. yellowness; paleness.

ज़र्रा (*zarrā*) पु. particle; an atom.

जर्राह (*jarrāh*) पु. surgeon; anatomist.

जर्राही करना (*jarrāhi karnā*) स. क्रि. to operate.

जलंधर (*jalandhar*) पु. the name of a demon; dropsy.

जल (*jal*) पु. water; aqua.

ज़लज़ला (*zalzalā*) पु. earthquake.

जलन (*jalan*) स्त्री. inflammation; burning sensation; jealousy.

जलना (*jalnā*) स. क्रि. to flame; to burn.

जलनिधि (*jal-nidhi*) पु. sea; ocean.

जलपक्षी (*jal-paksi*) पु. aquatic bird.

जलपात्र (*jal-pātra*) पु. urn; flagon.

जलपान (*jal-pān*) पु. breakfast; light refreshment.

जलप्रणाली (*jal-pranāli*) स्त्री. device of water.

जलप्रपात (*jal-prapāt*) पु. waterfall.

जलप्रवाह (*jal-pravah*) पु. torrent; act of throwing something into water.

जलप्रलय (*jal-pralay*) पु. destruction by water.

जलप्लावन (*jal-plāvan*) पु. flood.

जलबेंत (*jal-bent*) पु. water-cane.

जलभँवर (*jal-bhanvar*) पु. water bee.

जलमय (*jal-maya*) अ. क्रि. watery.

जलमानुष (*jal-mānus*) पु. merman.

जलयन्त्र (*jal-yantra*) पु. an appliance to raise water; water wheel.

जलवायु (*jal-vāyu*) स्त्री. climate.

जलशास्त्र (*jal-śāstra*) पु. hydromechanics.

जलसा (*jalsā*) पु. meeting; function; social gathering.

जलसेना (*jal-senā*) स्त्री. navy.

जलस्तंभ (*jal-stambh*) पु. lighthouse water-sprout.

जलाना (*jalānā*) स. क्रि. to light; to kindle; to burn; to scold.

ज़लालत (*zalālat*) स्त्री. meanness.

जला-भुना (*jalā-bhunā*) अ. क्रि. hot-tempered.

जलार्द्र (*jalā-rādr*) अ. क्रि. moist; wet.

जलाल (*jalāl*) पु. splendour; glory; power.

जलावतन (*jalā-vatan*) पु. exile; exiled.

जलाशय (*jalāśaya*) पु. tank; lake.

ज़लील (*zalil*) अ. क्रि. wretched; base; mean.

जलूस (*jalūs*) पु. procession.

जलेबी (*jalebi*) स्त्री. a kind of sweetmeat.

जल्दी (*jaldi*) स्त्री. quickness; hurry.

जल्प (*jalp*) पु. babbling.

जल्पना (*jalpanā*) स. क्रि. to brag; to boast.

जल्लाद (*jallād*) पु. executioner; cruel person.

जवनिका (*javanikā*) स्त्री. theatrical screen.

जवाँमर्द (*javām-mard*) स्त्री. gallantry; brave; hero.

जवान (*javān*) अ. क्रि. young; youthful; brave; soldier or sepoy.

जवानी (*javāni*) स्त्री. youth.

जवाब (*javāb*) answer; reply; retaliation.

जवाबी (*javābi*) अ. क्रि. requiring a reply; pertaining to answer.

जवाहर (*javāhar*) पु. jewel; gem.

जश्न *(jaśna)* पु. merriment; festivity; festival.

जस्ता *(jastā)* पु. zinc.

जहन्नुम *(jahannum)* पु. hell.

ज़हमत *(zahmat)* स्त्री. afflication; trouble; injury.

ज़हर *(zahar)* पु. venom; poison.

ज़हरमोहरा *(zahar-mohrā)* पु. the bezoar; a kind of green stone supposed to be and antidote to poison.

ज़हरीला *(zahrilā)* अ. क्रि. poisonous; venomous.

जहाँ *(jahām)* क्रि. wherever.

जहाँगीरी *(jahāngiri)* स्त्री. kind of bracelet.

जहाँपनाह *(jahām-panāh)* पु. the protector of the world; His Imperial Majesty.

जहाज़ *(jahāz)* पु. ship; vessel; sail.

जहाज़ी *(jahāzi)* अ. क्रि. marine; nautical; sailor.

जहान *(jahān)* पु. the world.

जहानी *(jahāni)* अ. क्रि. worldly; terrestrial.

जहालत *(jahālat)* स्त्री. ignorance; barbarity; stupidity.

जहीं *(jahim)* क्रि. wherever; at whatsoever place.

ज़हीन *(zahin)* अ. क्रि. intelligent; sagacious; wise.

जहेज़ *(jahez)* पु. dowry; gift in marriage.

जाह्नु *(jāhnu)* पु. name of a sage who adopted the river Ganges as his daughter.

जाँघ *(jāmgh)* स्त्री. thigh.

जाँघिया *(jānghiyā)* पु. lower underwear; short drawers.

जाँच *(jāmc)* पु. trial; investigation.

जाँचना *(jāmcnā)* स. क्रि. to ascertain; to examine; to try; to investigate.

जागना *(jāgnā)* स. क्रि. to get up from bed; to awake; to be careful.

जागता हुआ *(jāgtā-huā)* क्रि. vigilant unwinking.

जागरण *(jāgaran)* पु. watch; vigil; wakefulness.

जागरित *(jāgarit)* अ. क्रि. wide-awake; watchful; alert.

जागरूक *(jāgarūk)* अ. क्रि. wakeful; vigilant.

जागीर *(jāgir)* स्त्री. rent-free grant given as a reward property.

जागृति *(jāgrti)* स्त्री. wakefulness; and awakening.

जाज्वल्यमान *(jājvalyamān)* अ. क्रि. shining; lustrous.

जाट *(jāt)* पु. a tribe in India.

जाड़ा *(jārā)* पु. winter; cold.

जाड्य *(jādya)* पु. lack of sensation.

जातक *(jātak)* पु. child; newborn baby.

जात-पात *(jāt-pāt)* स्त्री. caste and community.

जाता *(jātā)* स्त्री. girl; daughter.

जाति *(jāti)* स्त्री. race; sex; caste; community.

ज़ाती *(jāti)* अ. क्रि. personal; individual.

जातीय *(jātiya)* अ. क्रि. pertaining to tribe or caste.

जातीयता *(jātiyatā)* स्त्री. communal feeling.

जादू *(jādū)* पु. juggling; magic; spell; charm.

जादूगर *(jādūgar)* पु. juggler; magician; conjurer.

जादूगरनी *(jādūgarni)* स्त्री. witch.

जादूगरी *(jādūgari)* स्त्री. magic; sorcery; a charm.

जान *(jān)* स्त्री. understanding; life; spirit.
जानकार *(jānkār)* अ. क्रि. conversant; knowing; experienced.
जानकी *(jānaki)* स्त्री. daughter; Sita.
जानदार *(jāndār)* अ. क्रि. animate; having life.
जानना *(jānanā)* स. क्रि. to know; to understand.
जान-पहचान *(jān-pehcān)* स्त्री. acquaintance.
जानवर *(jānvar)* पु. animal; beast.
जाना *(jānā)* स. क्रि. to go; to depart.
जानु *(jānu)* पु. the knee.
जानी *(jāni)* अ. क्रि. dear; beloved.
जाप *(jāp)* पु. rosary for prayers.
जापक *(jāpak)* पु. one who repeats the names of a deity.
जाफ़रान *(zāfrān)* पु. saffron.
जाबालि *(jā-bāli)* पु. the preceptor of Hindu king Dasharatha.
ज़ाब्ता *(zābtā)* पु. regulation; rule.
जाम *(jām)* अ. क्रि. jammed; jam; a peg.
जामन *(jāman)* पु. rennet used in coagulating milk.
जामा *(jāmā)* पु. garment; raiment; robe.
जामाता *(jāmātā)* पु. son-in-law.
जामुन *(jāmun)* पु. black plum; jambo.
जाम्बवती *(jāmb-vati)* स्त्री. one of the wives of Lord Krishna.
जाम्बवंत *(jāmb-vant)* पु. minister of ancient Hindu King Sugreeva.
ज़ायका *(zāyqā)* पु. relish; taste.
जायदाद *(jāydād)* स्त्री. property.
ज़ाया *(jāyā)* अ. क्रि. waste; ruined.
जार *(jār)* पु. a lover; and adulterer.
जारण *(jāran)* पु. burning; reducing to ashes.
जारी *(jāri)* अ. क्रि. proceeding; running.
जाल *(jāl)* पु. mesh; net; network; plot.
जाला *(jālā)* पु. net; cobweb.
ज़ालिम *(zālim)* अ. क्रि. tyrannical; cruel; oppressive.
जाली *(jāli)* स्त्री. net; frandulant; unanthentic.
जासूस *(jāsūs)* पु. emissary; spy.
ज़ाहिर *(zāhir)* अ. क्रि. obvious; clear; plain; manifest.
जाहिल *(jāhil)* अ. क्रि. foolish; ignorant; illiterate; rude.
ज़िंदगी *(zindagi)* स्त्री. फा. life; span of life.
ज़िंदा *(zindā)* वि. फा. alive; living.
जिंस *(jims)* स्त्री. अ. commodity; cereals.
जिगर *(jigar)* पु. फा. liver; spirit; courage.
जिज्ञासा *(jijñāsā)* स्त्री. curiosity; inquisitiveness.
जिज्ञासु *(jijñāsu)* वि. inquisitive; curious.
जिठानी *(jithāni)* स्त्री. wife of husband's elder brother.
जितना *(jitnā)* वि. as much.
जितने *(jitne)* वि. as many.
ज़िदी *(ziddi)* स्त्री. अ. obstinacy; stubbornness.
जिधर *(jidhar)* क्रि. वि. in whichever direction; wherever.
जिन, जिन्न *(jin; jinn)* पु. अ. ghost; one of the spirits of lower type.
ज़िम्मेदार *(zimmedār)* वि. अ. responsible; answerable.
ज़िम्मेदारी *(zimmedāri)* स्त्री. अ. responsibility.
ज़िम्मेवार *(zimmevār)* वि. अ. respon-

sible.

जिरह *(jirah)* स्त्री. अ. cross-examination; cross-question.

ज़िरहबक्तर *(zirahbaktar)* पु. अ. armour.

ज़िला *(zilā)* पु. अ. district.

ज़िलाधीश *(zilādhis)* पु. district magistrate of collector.

जिलाना *(jilānā)* स. क्रि. to restore to life; to give life to; to revive.

जिल्द *(jild)* स्त्री. अ. binding of book cover; a volume; skin; hide.

जिल्दबंदी *(jildbandi)* स्त्री. अ. bookbinding.

जिल्दसाज़ *(jild-sāz)* पु. अ. bookbinder.

जिल्दसाज़ी *(jild-sāzi)* स्त्री. अ. bookbinding.

जिस *(jis)* सर्व. an oblique form of; which who.

जिसका *(jiskā)* सर्व. whose.

जिसको *(jisko)* सर्व. whom.

जिस जगह *(jis-jagah)* क्रि. वि. where.

जिसमें *(jis-men)* क्रि. वि. wherein.

जी *(ji)* पु. mind; heart.

जीजा *(jijā)* पु. brother-in-law (sister's husband).

जीजी *(jiji)* स्त्री. elder sister.

जीत *(jit)* स्त्री. victory; success; triumph; conquest; advantage.

जीतना *(jitnā)* स. क्रि. to win; to conquer.

जीना *(jinā)* अ. क्रि. to live; to be alive.

ज़ीना *(zinā)* पु. फा. staircase.

जीभ *(jibh)* स्त्री. tongue.

जीमना *(jimnā)* स. क्रि. to eat; to take (food).

जीर्णता *(jirnatā)* स्त्री. senescence; senility.

जीर्णशीर्ण *(jirn-sīrn)* वि. tattered; worn out; ruined.

जीव *(jiv)* पु. life; soul; creature; living being; organism.

जीवन *(jivan)* पु. life.

जीवनचरित *(jivan-carit)* पु. biography.

जीवनदायक *(jivandāyak)* वि. life-giving.

जीवनी *(jivani)* स्त्री. biography.

जीवनीकार *(jivani-kār)* पु. biographer.

जीवरसायन *(jiv-rasāyan)* पु. biochemistry.

जीवविज्ञान *(jiv-vijnān)* पु. biology.

जीवाणु *(javānu)* पु. bacteria.

जीवाणुनाशक *(jivānu-nāsak)* वि. bectericidal.

जीवाणु विज्ञान *(jivānu-vijnān)* पु. bacteriology.

जीवात्मा *(jivātmā)* पु. individual soul enshrined in the human body.

जीविका *(jivikā)* स्त्री. livelihood; subsistence.

जीवित *(jivit)* वि. living; alive.

जुकाम *(zukām)* पु. cold; catarrh.

जुग-जुग *(jug-jug)* क्रि. वि. for ages; for ever.

जुगत *(jugat)* स्त्री. means; device; measure; contrivance; skill.

जुगल *(jugal)* पु. pair; couple.

जुगलबंदी *(jugal-bandi)* स्त्री. duet

जुगाड़ *(jugār)* पु. improvisation; manipulation; procurement.

जुगाली *(jugāli)* स्त्री. rumination.

जुगुप्सा *(jugupsā)* स्त्री. dislike; aversion; disgust; abhorrence.

जुझारू *(jujhārū)* वि. combatant; berserk.

जुटना *(jutnā)* अ. क्रि. to unite; to flock; to be engaged in work; to assemble.

जुटाना *(jutānā)* स. क्रि. to collect; to unite closely together; to combine.

जुड़ना *(jurnā)* अ. क्रि. to be attached or added; to collect (as gathering).

जुड़वाँ *(jurvām)* वि. twin.

जुतना *(jutnā)* अ. क्रि. to be yoked; to be tilled; to be engaged in a drudgery.

जुताई *(jutāi)* स्त्री. ploughing; tillage.

जुदा *(judā)* वि. फा. separate; distinct.

जुदाई *(judāi)* स्त्री. separation; parting.

जुर्म *(jurm)* पु. अ. crime; offence.

जुर्माना *(jurmānā)* पु. अ. fine; penalty.

जुर्रत *(jurrat)* स्त्री. अ. courage; audacity; effrontery.

जुर्राब *(jurrāb)* स्त्री. socks; stockings.

जुलाब *(julāb)* पु. purgative.

जुलाहा *(julāhā)* पु. weaver.

जुलूस *(julūs)* पु. अ. procession.

जुल्म *(zulm)* पु. अ. injustice; oppression; tyranny.

जूँ *(jūm)* स्त्री. bouse.

जूझना *(jūjhnā)* अ. क्रि. to fight; to combat; to struggle.

जूठन *(jūthan)* स्त्री. leavings (of food; drink etc.).

जूठा *(jūthā)* वि. defiled by eating or drinking.

जूड़ी *(jūri)* स्त्री. ague; malarial fever.

जूता *(jūtā)* पु. a pair of shoes; shoes; slippers; sandals.

जूही *(jūhi)* स्त्री. jasmine.

जेठ *(jeth)* पु. husband's elder brother; third month of the Indian calendar.

जेठानी *(jethāni)* स्त्री. wife of husband's elder brother.

जेब *(jeb)* पु. अ. pocket.

जेबकतरा *(jeb-qatrā)* पु. pick-pocket.

जेल *(jel)* पु. prison; gaol; jail.

जैसा *(jaisā)* क्रि. वि. as; like; such as.

जैसे *(jaise)* क्रि. वि. as; as if; according as; for example; for instance.

जोंक *(jomk)* स्त्री. leech.

जो *(jo)* सर्व. who; which; what; that.

जोखिम *(jokhim)* पु. risk; danger.

जोगी *(jogi)* पु. ascetic; mendicant.

जोड़ *(jor)* पु. addition; total; sum; joint; patch; match; seam.

जोड़ना *(jornā)* स. क्रि. to join; to unite; to bind; to connect; to attach; to add; to collect; to amass; to assemble; to hoard.

जोड़ा *(jorā)* पु. pair; couple; suit.

जोड़ी *(jori)* स्त्री. pair; couple.

जोत *(jot)* स्त्री. tillage; land-holding; right to till a land; yoke strap.

जोतना *(jotnā)* स. क्रि. to plough; to till; to yoke; to harness; to work.

जोताई *(jotāi)* स्त्री. act or wages of tilling etc.

ज़ोर *(zor)* पु. फा. strength; prowess; force; stress; strain; emphasis.

ज़ोरदार *(zordār)* वि. फा. powerful; strong; influential.

जोरू *(jorū)* स्त्री. wife.

जोश *(joś)* पु. फा. zeal; fervour; vigour enthusiasm.

जोशीला *(jośīlā)* वि. zealous; spirited; vigorous; enthusiastic.

जौ *(jau)* पु. barley.

जौहर *(jauhar)* पु. valour; skill; valiance.

जौहरी *(jauhri)* पु. jeweller.

ज्ञात *(jñāt)* वि. known.

ज्ञातव्य *(jñātavya)* वि. knowable; worth knowing.

ज्ञाता *(jñātā)* पु. one who knows; scholar; learned person.

ज्ञान *(jñāna)* पु. knowledge; learning.

ज्ञानी *(jñāni)* वि. wise; learned; scholarly.

ज्ञानेंद्रिय *(jñānendriya)* पु. sense organ.

ज्ञापन *(jñāpan)* पु. memorandum; act or state of giving information or instruction.

ज्ञापित *(jñāpit)* वि. made known; informed; notified.

ज्ञेय *(jñeya)* वि. perceptible; knowable.

ज्या *(jyā)* स्त्री. bow-string; (in geom.) the chord of an arc; sine.

ज़्यादती *(zyādati)* स्त्री. excess; high-handedness; injustice.

ज़्यादा *(zyādā)* वि. more; many; much; abundant; excessive; extra.

ज्यामिति *(jyāmiti)* स्त्री. geometry.

ज्येष्ठ[1] *(jyeśth)* वि. eldest; senior most.

ज्येष्ठ[2] *(jyeśth)* पु. third lunar month.

ज्येष्ठता *(jyeśthatā)* स्त्री. state of being eldest; seniority.

ज्येष्ठा *(jyeśthā)* स्त्री. elder sister; dearest wife; Ganges; middle finger; lizard

ज्यों *(jyom)* क्रि. वि. as; as if.

ज्योति *(jyoti)* स्त्री. light; flame; lustre; vision; luminosity.

ज्योतिष *(jyotis)* पु. astrology.

ज्योतिषी *(jyotisī)* पु. astrologer.

ज्योत्स्ना *(jyotsnā)* स्त्री. moonlight.

ज्वर *(jvar)* पु. fever.

ज्वलंत *(jvalant)* वि. brilliant; shining; apparent; evident.

ज्वार *(jvār)* स्त्री. millet; tide.

ज्वार-भाटा *(jvār-bhātā)* पु. flood tide and ebb-tide.

ज्वालामुखी *(jvālā-mukhi)* पु. volcano.

झ

झ *(jha)* the fourth letter of Devnagri alphabets.

झंकार *(jhamkār)* पु. tinkling; jingling; clinking sound.

झंकारना *(jhamkārnā)* अ. क्रि. to produce tinkling; jingling sound.

झंकृत *(jhamkrt)* वि. tinkled; jingled.

झंझट *(jhanjhat)* पु. botheration; annoying situation; mess; trouble; imbroglio.

झंझावात *(jhanjhāvāt)* पु. storm.

झंडा *(jhaṇḍā)* पु. flag; banner; standard.

झंडी *(jhaṇḍi)* स्त्री. bunting.

झक *(jhak)* स्त्री. whim; craze; eccentricity.

झकझक *(jhak-jhak)* स्त्री. higgling; dispute; long-drawn discussion.

झकझोरना *(jhakjhornā)* स. क्रि. to shake violently.

झकोरना *(jhakornā)* स. क्रि. to shake; to put in motion; to derive or beat (as wind or rain); to gush through.

झक्की[1] *(jhakkī)* पु. crazy; eccentric; whimsical.

झक्की[2] *(jhakkī)* पु. crazy person; whimsical person; crack.

झक्कीपन *(jhakkīpan)* पु. craziness;

whimsicality; essentricity.

झगड़ना *(jhagarṇā)* अ. क्रि. to quarel; to dispute; to argue; to altercate; to scramble.

झगड़ा *(jhagrā)* पु. quarrel; dispute; altercation; strife.

झगड़ालू *(jhagrālū)* वि. quarrelsome; contankerous; disputatious.

झटका *(jhatkā)* पु. jerk; jolt.

झटपट *(jhatpat)* क्रि. वि. speedily; quickly; promptly.

झड़ना *(jharnā)* अ. क्रि. to drop; to fall; to fall off.

झड़प *(jharap)* स्त्री. skirmish; brawl; contention; altercation; wordy duel.

झड़पना *(jharapnā)* अ. क्रि. to fight; to contend.

झड़बेरी *(jharberi)* स्त्री. wild plum; bush.

झड़ी *(jhari)* स्त्री. continuous or incessant downpour; uninterrupted occurrence.

झनक *(jhanak)* स्त्री. tinkling clinking / jingling sound.

झनझनाना *(jhanjhanānā)* अ. क्रि. to clang; jingle; tinkle; clink; to be benumbed or cramped.

झनझनाहट *(jhanjhanāhat)* स्त्री. jingling; tinkling; numbness.

झपकाना *(jhapkānā)* स. क्रि. to wink; to blink.

झपकी *(jhapki)* स्त्री. nap or doze; blink.

झपटना *(jhapatnā)* अ. क्रि. to dash; to run; to make a sudden swoop; to pounce; to snatch or snap (at); to grab.

झपट्टा *(jhapaṭṭā)* पु. swoop; pounce.

झबरा *(jhabrā)* वि. having long hair; hairy; shaggy.

झमेला *(jhamelā)* पु. botheration; mess; entanglement; imbroglio; complicated affair.

झरझर *(jharjhar)* स्त्री. sound produced by the flow of water; murmur.

झरना *(jharnā)* पु. fall; spring; streamlet.

झरोखा *(jharokhā)* पु. small window; aperture; latticed screen.

झलक *(jhalak)* स्त्री. glimpse; glance; semblance; tinge.

झलकना *(jhalaknā)* अ. क्रि. to be reflected; to appear faintly; to carry a semblance.

झलाई *(jhalāi)* स्त्री. soldering; welding; charges for soldering.

झल्लाना *(jhallānā)* अ. क्रि. to be annoyed; to be enraged; to shout peevishly; to be irritated; to fret and fume.

झल्लाहट *(jhallāhat)* स्त्री. fretting and fuming; tantrums.

झाँकना *(jhāṁknā)* अ. क्रि. to peep; to peer.

झाँकी *(jhāṁki)* स्त्री. tableau; pageant; scene; glance; glimpse; public display of decorated idols of Hindu gods.

झाँझ *(jhāṁjh)* स्त्री. cymbal; sistrum.

झाँसा *(jhāṁsā)* पु. deception; hoax; trickery; dodge; hoodwink.

झाड़[1] *(jhār)* पु. bush; shrub.

झाड़[2] *(jhar)* स्त्री. dusting; reprimand; rebuke; exorcism.

झाड़न *(jhāran)* स्त्री. duster; sweepings; rubbish.

झाड़ना *(jhārnā)* स. क्रि. to dust; to clean; to sweep; to extort; to reprimand; to scold; to exercise; to shake off; to knock off; to show off.

झाड़-फ़ानूस *(jhār-fānus)* पु. chandelier.

झाड़ू *(jhārū)* स्त्री. broom.

झाबा *(jhābā)* पु. a big basket; pannier.

झालर *(jhālar)* स्त्री. flounce; frill; festoon.

झिकझिक *(jhik-jhik)* स्त्री. useless wrangling; discussion.

झिझक *(jhijhak)* स्त्री. hitch; hesitation; shyness.

झिझकना *(jhijhaknā)* अ. क्रि. to hesitate; to feel shy.

झिड़कना *(jhiraknā)* स. क्रि. to rebuke; to reprimand; to scold; to snub.

झिड़की *(jhirkī)* स्त्री. rebuke; reproof; snub.

झिरी *(jhirī)* स्त्री. aperture; small hole; cleft; fissure; slit; recess; chink.

झिलमिलाना *(jhilmilānā)* अ. क्रि. to flicker; to shimmer; to twinkle.

झिलमिलाहट *(jhilmilāhat)* स्त्री. twinkle; shimmer; flicker.

झिल्ली *(jhillī)* स्त्री. thin skin; pellicle; membrane; film.

झींगुर *(jhiṁgur)* पु. cricket.

झीना *(jhīnā)* वि. thin; sparsely woven.

झुँझलाना *(jhuṁjhalānā)* अ. क्रि. to be irritated or annoyed; to be peevish or fretful.

झुँझलाहट *(jhuṁjhalāhat)* स्त्री. irritation; annoyance; peevishness; fretfulness.

झुंड *(jhuṇḍ)* पु. flock; herd; crowd; group; horde.

झुकना *(jhuknā)* स. क्रि. to bend. to hang down; to droop; to be bent down; to stoop; to lean; to incline; to bow; to submit; to yield.

झुकाना *(jhukānā)* स. क्रि. to bend; to cause to drop; to tilt; to cause to stoop; to force to accept defeat; to force to yield; to cause to lean.

झुकाव *(jhukāv)* पु. stoop; bowing down; bent; inclination; twist; tilt; trend.

झुठलाना *(jhuthlānā)* स. क्रि. to be lie; to falsify.

झुमका *(jhumkā)* पु. pendant of an ear-ring; a kind of ear-ring.

झुरमुट *(jhurmut)* पु. clump of trees etc.; cluster of shrubs; shadowy grove; shrubbery.

झुर्री *(jhurrī)* स्त्री. wrinkle.

झुलसना *(jhulasnā)* अ. क्रि. to be scorched; to be charred.

झुलसाना *(jhulsānā)* स. क्रि. to scorch; to singe; to sear.

झुलाना *(jhulānā)* स. क्रि. to swing; to rock.

झूठ *(jhūth)* पु. lie; falsehood; misrepresentation; untruth.

झूठा *(jhuthā)* वि. telling lies; untrue; false; fictitious; faithless.

झूमना *(jhūmnā)* अ. क्रि. to sway to and fro; to nod the head in a gay mood or intoxication.

झूमर *(jhūmar)* पु. ornament worn on head and ear; a kind of folk dance; rocking toy; ring of people; boats etc.

झूलना *(jhūlnā)* अ. क्रि. to swing; to dangle; to oscillate.

झेंप *(jheṁp)* स्त्री. blush; shyness; bashfulness.

झेंपना *(jheṁpnā)* अ. क्रि. to feel abashed; to blush; to feel embarrassed.

झोंकना *(jhoṁkanā)* स. क्रि. to throw; to thrust or pour (something) into furnace; to spend blindly.

झोंका *(jhoṁkā)* पु. gust; breeze; current (of wind); wave; undulation.

झोंपड़ी *(jhoṁpri)* स्त्री. hut; cottage.

झोला *(jholā)* पु. wallet; bag; kit; knapsack.

ट *(ṭa)* the first letter of the third pentad of the Devnagri Alphabet.

टंकक *(ṭaṇkak)* पु. typist.

टंकण *(ṭaṇkan)* पु. typewriting; typing; soldering; mintage; coinage.

टंकणयंत्र *(ṭankan-yantra)* पु. typewriter

टंकशाला *(ṭanksālā)* पु. mint.

टँकाई *(ṭankāi)* स्त्री. work or state of stitching or soldering; charges for stitching; pecking.

टंकित *(ṭankit)* वि. typed.

टंकित्र *(ṭankitra)* पु. typewriter.

टंकी *(ṭanki)* स्त्री. cistern; reservoir; tank.

टँगना *(ṭaṁgnā)* अ. क्रि. to hang; to be hung; to be suspended; to be in a state of uncertainty or indecision.

टंटा *(ṭaṇṭā)* पु. quarrel; wrangling; altercation; meaningless complication; botheration; trouble; disturbance.

टकटकी *(ṭakṭaki)* स्त्री. gaze; stare; fixed look.

टकराना *(ṭakrānā)* अ. क्रि. to collide; to be knocked; to clash; to quarrel; to encounter; स. क्रि. to bring into collision; to dash against; to knock (against).

टकसाल *(ṭaksāl)* स्त्री. mint; mint house.

टकसाली *(ṭaksālī)* वि. of or pertaining to a mint.

टका *(ṭakā)* पु. an old Indian copper coin equal to two pice or paises.

टक्कर *(ṭakkar)* स्त्री. collision; clash; quarrel; encounter.

टखना *(ṭakhanā)* पु. ankle.

टटोलना *(ṭatolnā)* स. क्रि. to grope; to feel; to sound (somebody).

टट्टी *(ṭaṭṭi)* स्त्री. latrine; stool; faeces; screen (made of bamboo parings; straw or reeds etc.)

टट्टू *(ṭaṭṭū)* स्त्री. undersized horse; pony.

टन *(ṭan)* पु. tinkling sound; peal; chime; ton (measure of weight).

टनटन *(ṭantan)* स्त्री. tinkling sound; sound of bells; chime.

टपकन *(ṭapkan)* स्त्री. dripping.

टपकना *(ṭapaknā)* अ. क्रि. to fall as drops; to trickle; to drip; to leak.

टपका *(ṭapkā)* पु. mango fallen from the tree when ripe; drop; continuous dropping; dripping; leakage.

टपरा *(ṭaprā)* पु. hut; cottage; thatch.

टप्पर *(ṭappar)* पु. thatch; shed; canopy; awning.

टप्पा *(ṭappā)* पु. bound; range (of a ball; bullet etc.); spring; leap; jump; a form of light classical Hindustani music employing very quick movements.

टमटम *(ṭamṭam)* स्त्री. (अ.) a tumtum; an open horse-carriage.

टरकाना *(ṭarkānā)* स. क्रि. to put off; to evade; to dispose of summarily; to parry.

टर्रटर्र *(ṭarr-ṭarr)* स्त्री. croak; deep

hoarse sound.

टर्राना *(ṭarrānā)* अ. क्रि. to croak; to grumble haughtily.

टलना *(ṭalnā)* अ. क्रि. to move; to stir; to be displaced; to slip away; to make off; to get out of the way; to be postponed; to be disobeyed.

टसुआ *(ṭasuā)* पु. tear.

टहल *(ṭahal)* स्त्री. drudgery; menial sevice; attendance.

टहलना *(ṭahalnā)* अ. क्रि. to stroll; to walk.

टहलुआ *(ṭahluā)* टहलुवा, टहलू पु. drudge; menial worker; lackey.

टाँकना *(ṭāṁknā)* पु. to stitch; to cobble; to solder; to roughen (the surface of a stone mill); to jot down; to record; to write down.

टाँका *(ṭaṁkā)* पु. stitch; solder; patch.

टाँग *(ṭāṁg)* स्त्री. leg.

टाँगना *(ṭāṁgnā)* स. क्रि. to hang; to suspend.

टाट *(ṭāṭ)* पु. sackcloth; gunny.

टाप *(ṭāp)* स्त्री. hoof (of a horse); tramp (of a horse); a bamboo frame for catching fish; hood (of tonga etc.)

टापना *(ṭāpnā)* अ. क्रि. to paw; to trample; to be left helpless; to be impatient; restless; or agitated; to repent.

टापू *(ṭāpū)* पु. island; isle.

टालना *(ṭālnā)* स. क्रि. to post-pone; to put off; to evade by subterfuge; to prevaricate; to avert; to avoid; to ignore; to fail to observe.

टिकट *(ṭikaṭ)* स्त्री. ticket; postage stamp.

टिकट-घर *(ṭikaṭ-ghar)* पु. booking office.

टिकट-बाबू *(ṭikaṭ-bābu)* पु. booking clerk.

टिकना *(ṭiknā)* अ. क्रि. to stick fast; to remain firm; to stay; to stop; to halt; to last; to continue.

टिकाऊ *(ṭikāu)* वि. lasting; durable.

टिकाऊपन *(ṭikāūpan)* पु. durability.

टिकाना *(ṭikānā)* स. क्रि. to cause to stand; to station; to encamp; to put (one) up; to lodge.

टिकिया *(ṭikya)* स्त्री. pill; tablet; small cake.

टिड्डी *(ṭiddī)* स्त्री. locust.

टिपाई *(ṭipāi)* स्त्री. copying; jotting down.

टिप्पण *(ṭippan)* पु. note; annotation; gloss; commentary.

टिप्पणी *(ṭippanī)* स्त्री. annotation; note; remark; comment.

टिप्पस *(ṭippas)* पु. manipulation; device to fulfil one's ends.

टिमटिमाना *(ṭimṭimānā)* अ. क्रि. to glimmer; to twinkle.

टीका[1] *(ṭikā)* पु. mark put on the forehead; inoculation; vaccination; ceremony before marriage; an ornament worn on the forehead.

टीका[2] *(ṭikā)* स्त्री. commentary; annotation.

टीकाकार *(ṭikākār)* पु. commentutor. annotator.

टीन *(ṭina)* स्त्री. a malleable white metal; tinplate; tin.

टीम-टाम *(ṭīm-ṭām)* स्त्री. ostentation; frippery; finishing touches; dressing.

टीस *(ṭīs)* स्त्री. shooting pain; mental agony; anguish.

टुंडी *(ṭuṇḍī)* स्त्री. navel.

टुकड़ा *(ṭukṛā)* पु. piece; fragment part; portion; division; a bit of bread.

टुकड़ी *(ṭukṛī)* स्त्री. troop; a corps (of an army). group; party; band.

टुच्चा *(ṭuccā)* वि. tow; mean; ignoble; worthless; petty; insignificant.

टुटन *(ṭūṭan)* स्त्री. twisting pain.

टूटना *(ṭūṭnā)* अ. क्रि. to be broken; fractured; cracked; damaged etc; to break; to be severed or sundered; to be dissolvd (as partnership); closed abolished etc.; to have twisting pain; to be changed (as money).

टूट-फूट *(ṭūt-phūt)* स्त्री. break-age; damage; wear and tear; damages.

टूटा-फूटा *(ṭūṭā-phutā)* वि. broken to pieces; damaged; demolished; worn out.

टेक *(ṭek)* स्त्री. prop; stay; support; resolve; determination; burden of a song; refrain.

टेकना *(ṭekanā)* स. क्रि. to support; to prop; to set down; to rest; to place.

टेढ़ा *(ṭerhā)* वि. bent; curved; crooked; difficult; intricate; oblique; slanting; skew.

टेढ़ापन *(ṭerhāpan)* पु. crookedness; intricacy.

टेर *(ṭer)* स्त्री. loud call; cry for help; high pitch (music).

टेरना *(ṭernā)* स. क्रि. to call aloud; to summon; to sing loudly; to produce a sound; to call for help.

टेसू *(ṭesū)* पु. the tree butea frondosa and its flower.

टोंटी *(ṭomṭī)* स्त्री. spout; tap; nozzle.

टोकना *(ṭoknā)* स. क्रि. to object; to question; to interrogate; to in tervene; interrupt; to challenge; to accost.

टोकरा *(ṭokrā)* पु. a large basket; coop.

टोकरी *(ṭokrī)* स्त्री. basket.

टोटका *(ṭotkā)* पु. totem; witchcraft; sorcery.

टोटा *(ṭotā)* पु. loss; damage; want; deficiency; scarcity; butt end (of a cigarette etc.)

टोना *(ṭonā)* पु. totem; witchcraft; sorcery; spell.

टोपा *(ṭopā)* पु. large-size headwear (worn during winter).

टोपी *(ṭopī)* स्त्री. cap; cover.

टोली *(ṭolī)* स्त्री. band; batch; troupe; herd; group.

टोह *(ṭoh)* स्त्री. search; reconnaissance; whereabouts; sounding; hunt-out.

टोहना *(ṭohnā)* स्त्री. क्रि. to grope; to search; to trace; to feel for; to touch; to reconnoitre.

ठ *(tha)* the second letter of the third pentad of the Devnagri alphabets.

ठंड *(ṭhaṇḍ)* स्त्री. cold; chill.

ठंडा *(ṭhaṇḍā)* वि. cold; cool; soothed; extinguished; passionless; unresponsive.

ठंडाई *(ṭhaṇḍai)* वि. cooling drink.

ठक-ठक *(ṭhak-ṭhak)* स्त्री. repeated knock or tapping sound.

ठकुराई *(ṭhakurāī)* ठाकुरी स्त्री. rank or status of thakur; the region or land which is under a thakur; lordliness; supremacy; haughtiness.

ठग *(ṭhag)* पु. cheat; swindler.

ठगई *(ṭhagai)* स्त्री. cheating; dupery.

ठगना *(ṭhagnā)* स. क्रि. to cheat; to swindle.

ठगी *(ṭhagī)* स्त्री. cheating; trickery; swindling.

ठटरी *(ṭhatri)* स्त्री. skeleton; bier.

ठट्ठा *(ṭhaṭṭhā)* पु. banter; fun; joke; jest.

ठठेरा *(ṭhaṭherā)* पु. tinker; brazier.

ठठोली, ठिठोली *(ṭhaṭholī)* स्त्री. jesting; fun.

ठनना *(ṭhananā)* अ. क्रि. to be determined or resolved; to come to hostilities.

ठप *(ṭhapp)* क्रि. वि. at a stand still; reduced to a state of inactivity.

ठप्पा *(ṭhappā)* पु. die; stamp; impression; broad silver lace; mould.

ठमक *(ṭhamak)* स्त्री. halt; gait with thumping steps.

ठर्रा *(ṭharrā)* पु. mountry liquor.

ठलुआ *(ṭhaluā)* वि. out of employment; idle.

ठसक *(ṭhasak)* स्त्री. swagger; coquetry; dignity; vanity; affectation; uppishness.

ठसका *(ṭhasakā)* पु. kind of dry cough; push; shock.

ठसाठस *(ṭhasā-ṭhas)* वि. packed; filled to capacity.

ठहरना *(ṭhaharnā)* अ. क्रि. to stop; to stay; to wait; to stabilise.

ठहराना *(ṭhaharānā)* स. क्रि. to cause to stand or stay; to top; to cause to lodge.

ठाँये *(ṭhāṁy)* स्त्री. sound of a gun shot.

ठाँव *(ṭhāṁv)* पु. place; station; residence.

ठाकुर *(ṭhākur)* पु. deity; god; lord; master; chief; leader; landlord; highly honoured person.

ठाट, ठाठ *(ṭhāṭ)* पु. pomp; splendour; maginficence; joy; luxury; style; fashion.

ठाट-बाट *(ṭhāṭ-bāṭ)* पु. pomp and show.

ठाठदार *(ṭhāṭh-dār)* वि. pompous; gorgeous; magnificent; glorious.

ठानना *(ṭhānanā)* स. क्रि. to resolve; to determine.

ठिकाना *(ṭhikānā)* पु. abode; place.

ठिठकना *(ṭhiṭhaknā)* अ. क्रि. to stop short; to stand amazed.

ठीक[1] *(ṭhīk)* क्रि. properly; correctly; truly; rightly; well; suitably; usefully.

ठीक[2] *(ṭhīk)* वि. right; true; correct; accurate; fit; good (health); proper; suitable; useful.

ठीक-ठाक *(ṭhīk-ṭhāk)* वि. fit; proper; accurate.

ठीकरा *(ṭhīkrā)* पु. broken piece of earthen ware.

ठुकराना *(ṭhukrānā)* स. क्रि. to kick away; to put aside contemptuously; to reject; to turn down.

ठुड्डी *(ṭhuḍḍi)* स्त्री. chin; parched grain that does not expand or swell.

ठुमकना *(ṭhumaknā)* अ. क्रि. to strut; to walk with dancing gait; to take steps in such a manner in dancing that the bells may give systematic jingling sound.

ठुमका (*ṭhumkā*) पु. delicate or slow jerk of the feet.

ठूँठ (*ṭhūṁṭh*) पु. stump (of a tree); an amputated hand or arm.

ठूँसना (*ṭhūṁsnā*) स. क्रि. to stuff; to thrust in; to eat greedily.

ठेंगा (*ṭheṁgā*) पु. thumb (used only to show contempt).

ठेका (*ṭhekā*) पु. contract.

ठेकेदार (*ṭheke-dār*) पु. contractor.

ठेकेदारी (*ṭheke-dāri*) स्त्री. contractorship.

ठेलना (*ṭhelnā*) स. क्रि. to push and move.

ठेला (*ṭhelā*) पु. bullock cart; wheel barrow; trolley; violent push.

ठेस (*ṭhes*) स्त्री. knock; emotional shock; blow.

ठोंकना (*ṭhomknā*) स्त्री. to beat; to hammer; to drive (a nail); to pat.

ठोकर (*ṭhokar*) स्त्री. stumbling; knock.

ठोस (*ṭhos*) वि. solid; sound.

ठौर (*ṭhaur*) पु. place; opportunity.

ड

ड (*da*) the third letter of the pentad of Devnagri alphabets.

डंक (*ḍaṅk*) पु. sting; nib (of a pen).

डंका (*ḍaṅkā*) पु. kettle drum.

डंगर[1] (*ḍaṅgar*) पु. quadruped; cattle.

डंगर[2] (*ḍaṅgar*) वि. lean and thin; stupid; foolish.

डंठल (*ḍaṇṭhal*) पु. stem; stalk.

डंड (*ḍaṇḍ*) पु. rod; an athletic exercise.

डंडा (*ḍaṇḍā*) पु. stick; staff; club; bar.

डंडी (*ḍaṇḍī*) स्त्री. pole or shaft (of a vehicle); lever; handle; beam of a scale; stem; stalk; branch.

डकराना (*ḍakrānā*) अ. क्रि. to bellow (as an ox); to weep loudly

डकार (*ḍakār*) पु. belch; burp.

डकारना (*ḍakāranā*) अ. क्रि. to belch; to swallow down; to embezzle.

डकैत (*ḍakait*) पु. decoit; robber.

डकैती (*ḍakaiti*) स्त्री. decoity; robbery; piracy.

डग (*ḍag*) पु. pace; step in walking.

डगमग (*ḍagmag*) वि. tottering; trembling; staggering; unsteady; wavering.

डगमगाना (*ḍagmagānā*) अ. क्रि. to falter; to stagger; to waver; to lurch.

डगर (*ḍagar*) स्त्री. path; track.

डटना (*ḍaṭnā*) अ. क्रि. to stand firmly.

डढ़ियल (*ḍarhiyal*) वि. having a long beard.

डपट (*ḍapat*) स्त्री. reprimand.

डपटना (*ḍapaṭnā*) स. क्रि. to rebuke; to reprimand.

डफली (*ḍaphlī*) स्त्री. tabor; tambourine.

डबडबाना (*ḍabḍabānā*) अ. क्रि. to be tearful; to be filled with tears.

डब्बा (*ḍabbā*) पु. a tiny box.

डर (*ḍar*) पु. terror; fear; fright; scare; doubt; apprehension.

डरना (*ḍarnā*) अ. क्रि. to be afraid; to fear; to apprehend.

डराना (*ḍarānā*) स. क्रि. to frighten; to terrify; to scare; to threaten.

डरावना (*ḍarāvnā*) वि. terrible; horrible; frightful; dreadful.

डलिया (*ḍaliyā*) स्त्री. small open basket.

डली (*ḍali*) स्त्री. lump; piece.

डसना (*ḍasnā*) स. क्रि. to bite; to sting.

डाँट (*ḍāmṭ*) स्त्री. reprimand; scolding.

डायन (*ḍāin*) स्त्री. witch; quarrelsome ugly woman; hag; sorceress.

डाक (*ḍāk*) स्त्री. mail; post.

डाकखाना (*ḍāk-khānā*) पु. post of fice.

डाकपाल (*ḍākpāl*) पु. postmaster.

डाका (*ḍākā*) पु. robbery; dacoity.

डाकिया (*ḍākiyā*) पु. postman.

डाक्टर (*ḍākṭar*) पु. (अं.) doctor; a medical practitioner; doctorate in any subject.

डांटना (*ḍāṭnā*) स. क्रि. to stuff; to stop up; to scold; to reprimand.

डाढ़ (*ḍāṛh*) स्त्री. molar.

डाढ़ी (*ḍāṛhī*) स्त्री. beard.

डायरी (*ḍāyrī*) स्त्री. diary.

डाल (*ḍāl*) स्त्री. branch.

डालना (*ḍālnā*) स. क्रि. to put in; to pour; to thrust upon; to put on.

डाली (*ḍāli*) स्त्री. small branch; twig; small basket; basket in which presents are kept.

डाह (*ḍāh*) स्त्री. envy; jealousy; malic.

डिगाना (*ḍigānā*) स. क्रि. to cause to stumble; to shake (from faith etc.); to remove; to shift; to cause to budge.

डिबिया (*ḍibiyā*) स्त्री. small box or casket; case.

डिब्बा (*ḍibbā*) पु. box; chest; railway compartment.

डींग (*ḍiṁg*) स्त्री. bragging; boasting.

डीलडौल (*ḍil-ḍaul*) पु. stature; size. shape; physique; body.

डुगडुगी (*ḍugḍugī*) स्त्री. small kettle-drum.

डुबकी (*ḍubkī*) स्त्री. dip; dive; act of diving; plunge.

डुबाना (*ḍubānā*) to plunge; to drown; to dip; to ruin.

डुलाना (*ḍulānā*) स. क्रि. to cause to move; to shake; to swing; to make unsteady or shaky; to take out for a walk etc.

डूबना (*ḍubnā*) अ. क्रि. to sink; to be drowned; to set (as sun); to be destroyed; to be ruined; to be absorbed; be engrossed; be lost (in business or study or thought etc.); to sink; to faint.

डेरा (*ḍerā*) पु. camp; temporary abode; encampment.

डैना (*ḍainā*) पु. wing (of bird).

डोंगी (*ḍoṁgi*) स्त्री. a small boat; dug-out.

डोर (*ḍor*) स्त्री. string; thread; the kite-flying thread; support;

डोरा (*ḍorā*) पु. cord; string for sewing or stitching.

डोरी (*ḍori*) स्त्री. string; cord.

डोल (*ḍol*) पु. bucket; round shallow pail.

डोलना (*ḍolnā*) अ. क्रि. to swing; to oscillate; to walk about; to move about; to waver; to swerve.

डौल (*ḍaul*) पु. shape; form; build; appearance; method; device; type.

ड्योढ़ी (*ḍyoṛhī*) स्त्री. main gate of a house; vestibule; threshold.

ढ

ढ *(ḍha)* the fourth letter of the third pentad of the Devnagri alphabets.

ढंग *(ḍhaṅg)* पु. manner; procedure; mode; method; sign; demeanour.

ढँढोरची *(ḍhaṁḍhorcī)* पु. drummer.

ढँढोरा *(ḍhaṁḍhorā)* पु. proclamation by beat of drum.

ढकना[1] *(ḍhaknā)* पु. cover; lid.

ढकना[2] *(ḍhaknā)* to cover.

ढकेलना *(ḍhakelnā)* स. क्रि. to push; to thrust forward; to shove.

ढकोसला *(ḍhakoslā)* पु. hypocrisy; sham; humbug; imposture.

ढर्रा *(ḍharrā)* पु. method; mode. style; attitude; behaviour.

ढलकना *(ḍhalaknā)* अ. क्रि. to flow down; to roll; to trickle down.

ढलकाना *(ḍhalkānā)* स. क्रि. to shed; to pour; to cause to roll down; to spill (milk etc.).

ढलना *(ḍhalnā)* अ. क्रि. to be moulded or cast.

ढलाई *(ḍhalāī)* स्त्री. casting; moulding; the cost of casting; mintage; brassage.

ढलान *(ḍhalān)* पु. slope; descent.

ढहना *(ḍhahnā)* अ. क्रि. to fall or tumble down; to be destroyed or razed; to be reduced to ruins; to crash down; to collapse.

ढाँचा *(ḍhāṁcā)* पु. frame-work; setup; frame; plan; skeleton; carcass.

ढाढ़स *(ḍhāṛhas)* पु. solace; consolation.

ढाना *(ḍhānā)* स. क्रि. to knock down. to pull down; to raze (a building etc.) to demolish; to topple down.

ढाबा *(ḍhābā)* पु. thatched roofing of hut; kind of hotel.

ढाल *(ḍhāl)* स्त्री. slope; style; fashion; mode; shield.

ढालना[1] *(ḍhālnā)* स. क्रि. to pour out; to drink.

ढालना[2] *(ḍhālnā)* स. क्रि. to mould or cast.

ढाली *(ḍhālī)* पु. soldier wearing armour.

ढालू *(ḍhālū)* वि. sloping; declivous.

ढिंढोरची *(ḍhindhorčhi)* पु. one who proclaims by beat of drum.

ढिंढोरा *(ḍhiṁdhorā)* पु. public proclamation by beat of drum.

ढिठाई *(ḍhiṭhāī)* स्त्री. impudence; obduracy; audacity; temerity.

ढिलाई *(ḍhilāi)* स. क्रि. the state of sluggishness; relaxation; looseness; sloth; indolence; idleness; leniency.

ढीठ *(ḍhiṭh)* वि. obstinate; stubborn; impudent; impertinent; bold; daring; fearless; shameless.

ढीठता *(ḍhiṭhātā)* स्त्री. (पु. ढीठपन) impertinence; obduracy.

ढील *(ḍhīl)* स्त्री. laxity; slackness; leniency; undue delay; looseness.

ढीला *(ḍhīlā)* वि. loose; slack; not strict; lenient.

ढीलापन *(ḍhilāpan)* पु. act or state of looseness; sluggishness.

ढुलकना *(ḍhulaknā)* अ. क्रि. to roll

down; to spill; to be inclined.

ढुलना *(ḍhulnā)* अ. क्रि. to be carried (load etc.).

ढुलमुल *(ḍuhlmul)* वि. shaking; tottering; wavering; unsteady.

ढेर *(ḍher)* पु. heap; pile; accumulation; bulk.

ढेला *(ḍhelā)* पु. clod; lump of earth; piece of brick; stone etc.

ढोंग *(ḍhoṁg)* पु. hypocrisy; imposture; dissimulation.

ढोंगी[१] *(ḍhoṁgī)* पु. hypocrite; impostor.

ढोंगी[२] *(ḍhoṁgī)* वि. hypocritical; fradulent.

ढोना *(ḍhonā)* स. क्रि. to carry; to bear on shoulder or head.

ढोर *(ḍhor)* पु. cattle.

ढोल *(ḍhol)* पु. drum.

ढोलक *(ḍholak)* स्त्री. small drum; kettle drum.

ढोलकिया[१] *(ḍholkiyā)* पु. one who plays on a small drum; drummer.

ढोलकी *(ḍholkī)* स्त्री. small drum.

त

त *(ta)* the first letter of the fourth pentad of Devnagri alphabets.

तंग *(taṅg)* वि. (फ़ा.) strait; narrow; tight; distracted; troubled; vexed; fed up; distressed; poor; badly off.

तंगदस्त *(taṅgdast)* वि. (फ़ा.) short of money.

तंगदस्ती *(taṅgdastī)* स्त्री. (फ़ा.) shortage of money.

तंगहाल *(taṅghāl)* वि. (फ़ा.) distressed; destitute.

तंगी *(taṅgī)* स्त्री. straitness; narrowness; tightness; closeness; distress; difficulty; scarcity; poverty.

तंतु *(tantu)* पु. thread; cord; rope; string; fibre; cobweb; filament; tissue.

तंतुवाद्य *(tantu-vādya)* पु. stringed musical instrument.

तंत्र *(tantra)* पु. model; type; system; frame work; charm; spell; sorcery.

तंत्रिका *(tantrikā)* स्त्री. kind of creeper; nerve; fibre; wire; string of a musical instrument.

तंत्रिका विज्ञान *(tantrika-vijnan)* पु. neurology.

तंत्री *(tantrī)* पु. one who plays on a stringed instrument; practitioner of enchantments.

तंदुरुस्त *(tandurüst)* वि. sound in body; healthy; vigorous.

तंदुरुस्ती *(tandurüsti)* स्त्री. health; bodily vigour.

तंद्रा *(tandrā)* स्त्री. lassitude; weariness; exhaustion; drowsiness; sleepiness; sluggishness

तंद्रालु *(tandrālu)* वि. sleepy; drowsy; lethargic.

तंद्रिल *(tandril)* वि. drowsy; sleepy.

तंबाकू *(tambākü)* पु. tobacco.

तंबूरा *(tambürā)* पु. a four-stringed musical instrument.

तक़दीर *(taqdīr)* स्त्री. (अ.) luck; fortune; fate; destiny; lot.

तकना *(taknā)* स. क्रि. to stare; to look.

तकनीक *(taknik)* स्त्री. technique.

तकनीकी *(takniki)* वि. technical.

तक़रार *(takrār)* स्त्री. (अ.) contention; dispute; controversy; altercation; quarrel; wrangling.

तक़रीर *(taqrir)* स्त्री. (अ.) speech; lecture.

तकली *(takli)* स्त्री. small spindle.

तकलीफ़ *(taklīf)* स्त्री. (अ.) pain; agony; difficulty; trouble; distress; inconvenience; suffering; ailment.

तकल्लुफ़ *(takalluf)* पु. (अ.) formality.

तकिया *(takiyā)* पु. (फ़ा.) pillow; cushion; abode of a faqir.

तकुआ *(takuā)* पु. spindle.

तख़्त *(takht)* पु. (फ़ा.) throne; seat made of planks.

तख़्ता *(takhtā)* पु. (फ़ा.) plank; board.

तख़्ती *(takhtī)* स्त्री. small wooden plate; school boy's small board for writing.

तगड़ा *(tagrā)* वि. robust; stout; strong; powerful.

तचना *(tacnā)* अ. क्रि. to be scorched; to be exposed to severe heat; to be grieved.

तट *(taṭ)* पु. bank (of a river); coast; shore; beach.

तटबंध *(taṭbandh)* पु. embankment; dike.

तटवर्ती *(taṭvartī)* पु. coastal; pertaining to a coast or bank; littoral.

तटस्थ *(tattastha)* वि. neutral; non-aligned.

तटस्थता *(tattasthatā)* स्त्री. non-alignment; neutrality.

तटीय *(taṭīya)* वि. pertaining to a bank; neutrality.

तड़क *(taṛak)* स्त्री. cracking; snapping; crack-mark.

तड़क-भड़क *(taṛak-bharak)* स्त्री. pomp and show; pageantry; glitter; pompousness; ostentation; tawdriness.

तड़का *(taṛkā)* पु. early morning; dawn; browning spices in heated oil or ghee.

तड़प *(taṛap)* स्त्री. tossing or rolling about in agony; restlessness; restivity; anxious eagerness or ardent desire; yearning; longing; smart.

तड़पना *(taṛapnā)* अ. क्रि. to toss or roll about in agony; to be restless; to writhe in pain; to be anxiously eager (for); to be eagerly desirous; to long (for).

तड़पाना *(taṛpānā)* स. क्रि. to render restless; to torment; to cause writhing pain.

तड़ाग *(taṛāg)* पु. pond; tank.

तड़ातड़ *(taṛātaṛ)* क्रि. वि. with successive reports; with promptitude; instantaneously.

तड़ित् *(tarit)* स्त्री. lightening.

तड़ी *(taṛi)* स्त्री. braggadocio; slap; blow; fraud; deceit; bluff; ascendancy; overbearing conduct; show of superiority.

ततैया *(tataiyā)* स्त्री. wesp; chilli.

तत्काल *(tatkāl)* क्रि. वि. at once; immediately; instantaneously.

तत्कालीन *(tatkālin)* वि. the then; contemporary.

तत्त्व *(tattva)* पु. element; essence; substance; reality; truth.

तत्त्वज्ञान *(tattva-jnān)* पु. knowledge of the truth of reality; philosophy.

तत्त्वतः *(tattvaṭah)* क्रि. वि. essentially; materially.

तत्पर *(tatpar)* वि. ready; prepared; exclusively engaged (in).

तत्परता *(tatpartā)* स्त्री. readiness; preparedness; devotion; concentration; alacrity; promptness.

तत्पश्चात् *(tatpascāt)* क्रि. वि. there after; hence-forth.

तथा *(tathā)* क्रि. वि. so; and; also; as well as; so; thus; in that manner.

तथाकथित *(tathā-kathit)* वि. so called.

तथ्य *(tathyā)* पु. truth; reality; fact; data; substance.

तदनंतर *(tadanantar)* क्रि. वि. immediately after that; there upon; then; thereafter.

तदनुकूल *(tadanukūl)* क्रि. वि. conforming to that; consistent with that; accordingly.

तदनुसार *(tadanusār)* क्रि. वि. accordingly.

तदबीर *(tadbīr)* स्त्री. (अ.) device; contrivance; way; means; plan.

तन *(tan)* पु. (अ.) body.

तनख़्वाह *(tankhāh)* स्त्री. (फ़ा.) pay; salary.

तनना *(tannā)* अ. क्रि. to be pulled tight; to be stretched; to stand erect in an affected manner; to be tense; to run into temper.

तनया *(tanayā)* स्त्री. daughter.

तनाव *(tanāv)* पु. tension; tautness; hostility; rivalry; state or quality of being stretched; tenseness.

तनुज *(tanuj)* पु. son.

तन्मय *(tanmay)* वि. completely engrossed or absorbed (in).

तन्मयता *(tanmayatā)* स्त्री. state of being fully engrossd or absorbed (in); trance; concentration.

तप *(tap)* पु. religious austerity; bodily mortification; penance asceticism; tenacity; perseverance.

तपन *(tapan)* स्त्री. warming; heating; burning; mental distress; grieving; pining; heat; warmth; burning sensation.

तपना *(tapnā)* अ. क्रि. to be heated; to burn with pain or grief; to be angry; to be irritated; to pass through experience; to be seasoned; to practise self; mortification.

तपस *(tapas)* पु. sun; ascetic; hermit.

तपस्या *(tapasyā)* स्त्री. penance; austerity; self-mortification.

तपस्विनी *(tapasvinī)* स्त्री. female devotee; female ascetic.

तपस्वी *(tapasvī)* पु. ascetic; hermit.

तपाना *(tapānā)* स. क्रि. to heat; to warm; to tease; to irritate; to inflict suffering (on one's body).

तपेदिक *(tapediq)* स्त्री. (फ़ा.) tuberculosis.

तप्त *(tapt)* वि. heated; burnt; redhot; flushed with rage; distressed; pained; afflicted.

तफ़रीह *(tafrīh)* स्त्री. (अ.) amusement; merriment; recreation.

तफ़सील *(tafsīl)* स्त्री. (अ.) details; particulars.

तबदील *(tabdīl)* वि. (अ.) changed; altered; exchanged.

तबदीली *(tabdīlī)* स्त्री. (अ.) change alteration; exchange.

तबला *(tablā)* पु. (अ.) small tambourine; a percussion instrument.

तबादला *(tabādlā)* पु. (अ.) transfer; exchange; barter.

तबाह *(tabāh)* वि. (फ़ा.) ruined; destroyed; undone.

तबीयत *(tabīyat)* स्त्री. (अ.) state of mental or physical health; nature; disposition; temperament.

तम *(tam)* पु. darkness; gloom.

तमक *(tamak)* स्त्री. rage; passion.

तमतमाना *(tamtamānā)* अ. क्रि. to redden with anger or heat; to become or grow red (in the face); to glow; to sparkle.

तमन्ना *(tamannā)* स्त्री. (अ.) wish; desire; longing; aspiration.

तमाचा *(tamācā)* पु. (फ़ा.) slap; thump.

तमाम *(tamām)* वि. (अ.) all; whole; entire; finished; ended.

तमाशा *(tamāśā)* पु. (अ.) entertainment; show; sight; spectacle; anything strange or curious; fun; jest; joke (fig.)

तमीज़ *(tamīz)* स्त्री. (अ.) etiquette; decorum; discrimination; sense or ability to do a particular work; discernment; discretion.

तय *(tay)* वि. decided; settled; fixed.

तरंग *(tarang)* स्त्री. wave; billow; ripple; emotion; ecstasy; fancy; whim; caprice; melody.

तरंगित *(tarangit)* वि. wavy; tossing with waves; rippling; overflowing tremulous; waving; high spirited; ecstatic.

तर *(tar)* वि. (फ़ा.) moist; damp; wet; soaked; fresh.

तरकश *(tarkas)* पु. (फ़ा.) quiver.

तरकारी *(tarkārī)* स्त्री. vegetable.

तरकीब *(tarkīb)* स्त्री. (अ.) means; device; contrivance; mode; method.

तरक़्क़ी *(taraqqī)* स्त्री. (अ.) progress; improvement; advancement; elevation; promotion; increase; increment.

तरजीह *(tarjīh)* स्त्री. (अ.) preference; precedence; priority.

तरतीब *(tartīb)* स्त्री. (अ.) order; arrangement; system.

तरना *(tarnā)* अ. क्रि. to be ferried; to pass; to attain salvation.

तरफ़ *(taraf)* स्त्री. (अ.) side; direction; party; group.

तरफ़दारी *(tarafdārī)* स्त्री. (फ़ा.) partiality; partisanship, bias.

तरबूज़ *(tarbūz)* पु. (फ़ा.) watermelon.

तरमीम *(tarmim)* स्त्री. (अ.) amendment; modification.

तरल *(taral)* वि. liquid; fluid.

तरलता *(tarlatā)* तरलाई स्त्री. fluidity; liquidity; tremulousness; unsteadiness; fickleness.

तरस *(taras)* पु. pity; compassion; mercy.

तरसना *(tarasnā)* अ. क्रि. to pine; to long or desire eagerly.

तरह *(tarah)* स्त्री. sort; kind; manner; mode.

तराई *(tarāī)* स्त्री. land lying at the foot of a watershed or on the banks of a river; foothill; act of wetting or soaking (a plastered wall or roof etc.).

तराज़ू *(tarāzū)* स्त्री. (फ़ा.) scales; balance.

तराना *(tarānā)* पु. (फ़ा.) song; mode of singing.

तरावट *(tarāvat)* स्त्री. moisture; freshness; coolness.

तराशना *(tarāśnā)* स. क्रि. to trim; to pare; to chisel; to cut; to carve;

to shape; to fashion.

तरी *(tarī)* स्त्री. (फ़ा.) moisture; dampness; humidity; wetness.

तरीक़ा *(tarīqā)* पु. (अ.) means; device; method; mode; manner.

तरु *(tarū)* पु. tree.

तरुण *(taruṇ)* वि. young; youthful; juvenile; newly-born or produced (tree etc.).

तरुणी *(trunī)* स्त्री. young or youth ful women.

तरेड़ *(tarer)* स्त्री. crack; crevice.

तरेरना *(tarernā)* स. क्रि. to look in oblique manner.

तरोताज़ा *(tarotāzā)* वि. (फ़ा.) fresh; refreshed; revived.

तर्क *(trk)* पु. argument; contention; plea; science of reasoning; logic; discussion; disputation

तर्कशास्त्र *(tarksāstrā)* पु. logic; science of reasoning.

तर्कसंगत *(tark-sangat)* वि. logical; justifiable; approapriate.

तर्कहीन *(trk-hina)* वि. illogical.

तर्ज़ *(tarz)* स्त्री. (अ.) manner; mode; style; form; shape; fashion; tune.

तर्पण *(tarpan)* पु. state of being pleased or satisfied; gratification; presenting libations to the gods; or to the names of deceased an cestors.

तल *(tal)* पु. bottom; base; surface.

तलछट *(talchat)* स्त्री. sediment; dregs; silt.

तलवा *(talvā)* पु. sole of shoe.

तलवार *(talvār)* स्त्री. sword; sabre.

तलहटी *(talhaṭī)* स्त्री. sub-mountian region.

तला *(talā)* पु. bottom; lowest part; base; sole of a shoe.

तलाक़ *(talāq)* पु. (अ.) divorce.

तलाक़नामा *(talāqnāmā)* पु. divorce deed.

तलाश *(talāś)* स्त्री. (तु.) search; quest.

तलाशना *(talāśnā)* स. क्रि. to search; to investigate.

तलाशी *(talāśī)* पु. तु. search.

तली *(talī)* स्त्री. bottom.

तलैया *(talaiyā)* स्त्री. small tank or pond.

तल्लीन *(tallin)* वि. absorbed; engrossed; immersed.

तल्लीनता *(tallinatā)* स्त्री. concentration; deep devotion; deep involvement; absorption.

तवा *(tavā)* पु. iron plate for baking bread; frying pan; gramophone record.

तवायफ़ *(tavāyaf)* स्त्री. (अ.) prostitute; harlot.

तशरीफ़ *(taśrīf)* वि. (अ.) honour; prestige; elderliness.

तश्तरी *(taśtarī)* स्त्री. (फ़ा.) plate; saucer.

तसल्ली *(tasallī)* स्त्री. (अ.) consolation; comfort; solace; contentment; satisfaction.

तसवीर *(tasvīr)* स्त्री. (अ.) picture; painting; photograph.

तस्करी *(taskarī)* स्त्री. smuggling; theft; robbery.

तह *(tah)* स्त्री. (फ़ा.) layer; stratum; fold; plait; bottom.

तहक़ीक़ात *(tahqīqāt)* स्त्री. (अ.) inquiry; investigation.

तहख़ाना *(tahkhānā)* पु. (फ़ा.) cellar; cell.

तहज़ीब *(tahzīb)* स्त्री. (अ.) etiquette; civilization; culture.

तहलका *(tahalkā)* पु. (अ.) commotion; excitement; stir.

तहस-नहस *(tahs-nahas)* वि. destroyed; ruined; devastated.

तहसील *(tahsīl)* स्त्री. (अ.) subdivision of a district; office or court of a tahsildar.

ताँता *(tāmtā)* पु. series; influx; succession.

ताई *(tāi)* स्त्री. wife of father's elder brother; aunt.

ताईद *(tāīd)* स्त्री. confirmation; support.

ताऊ *(tāū)* father's elder brother; uncle.

ताक[1] *(tāk)* पु. look; glance; gaze; watch; look-out.

ताक़[2] *(tāq)* पु. (अ.) niche; shelf.

ताक़त *(tāqat)* स्त्री. (अ.) capability; ability; power; strength; might; force.

ताक़तवर *(tāqatvar)* वि. (अ.) forceful; strong; mighty; vigorous.

ताकना *(tāknā)* स. क्रि. to look at; to stare at; to watch for.

ताज *(tāj)* पु. (अ.) crown; diadem; tiara; cret; tuft; plume.

ताज़गी *(tāzgī)* स्त्री. (फ़ा.) freshness; newness.

ताजपोशी *(tājposhī)* स्त्री. coronation; crowning.

ताज़ा *(tāzā)* वि. (फ़ा.) fresh; new; raw; green; recent.

ताज्जुब *(tājjub)* पु. (अ.) wonder; astonishment; amazement; surprise.

ताड़ *(tār)* पु. palm-tree of fan palm.

ताड़ना[1] *(tārnā)* स. क्रि. to conjecture; to guess; to understand; to perceive; to discover; to find out; to chide; to reprimand.

ताड़ना[2] *(tārnā)* स्त्री. reprimand; admonition; rebuke.

ताड़ी *(tārī)* स्त्री. fermented juice of palm-tree; taddy.

तात्कालिक *(tātkālīk)* वि. instantaneous; immediate; simultaneous; contemporary.

तात्पर्य *(tātparyā)* पु. objet; intent; import; sum and substance.

तात्त्विक *(tāttvik)* पु. elemental; fundamental; essential; substantial.

तानना *(tānanā)* स. क्रि. to tighten; to pitch (as tent); to string up.

ताना *(tānā)* पु. warp; taunt; sarcastic remark.

ताना-बाना *(tānā-bānā)* पु. warp and woof.

तानाशाह *(tānāsāh)* पु. (फ़ा.) dictator; tyrant.

तानाशाही *(tānāsāhi)* स्त्री. (फ़ा.) dictatorship; dictatorial rule; arbitrariness.

ताप *(tāp)* पु. warmth; temperature; fever; affliction; pain; agony; heat.

तापना *(tāpnā)* अ. क्रि. to warm oneself (at or over a fire); to bask (in the sun or before fire).

तापमान *(tāpmān)* पु. temperature.

तापस *(tāpas)* पु. ascetic.

तापसी *(tāpasī)* वि. pertainging to asceticism.

ताबड़-तोड़ *(tābar-tor)* क्रि. वि. in quick succession; immediately.

ताबूत *(tābūt)* पु. (अ.) bier; coffin.; cist.

ताबेदार *(tābedār)* वि. (अ.) dependent; obedient; subservient; servile.

ताबेदारी *(tābedāri)* स्त्री. (फ़ा.) subservience; servility.

तामसिक *(tāmasik)* वि. dark; pertaining to ignorance.

तामीर *(tāmīr)* पु. (अ.) construction; building.

तामील *(tāmil)* स्त्री. (अ.) execution; service.

ताम्र *(tāmr)* पु. copper.

तार *(tār)* पु. wire; chord; telegraphic message; telegram; uninterrupted series.

तारक *(tārak)* पु. liberator; deliverer; saviour; protector; star; planet.

तारघर *(tārghar)* पु. telegraph office.

तारतम्य *(tāratmya)* पु. sequence; compatibility of values; harmony.

तारना *(tārnā)* स. क्रि. to enable (one) to cross; to free; to rid; to deliver.

तारपीन *(tārpīn)* पु. turpentine.

तारांकित *(tārānkit)* वि. marked with an asterisk; starred.

तारा *(tārā)* पु. star; luck; pupil of the eye; pearl.

तारिका *(tārikā)* स्त्री. film star; actress; star.

तारीख़ *(tārīkh)* स्त्री. (अ.) date; history; chronicle.

तारीफ़ *(tārīf)* स्त्री. (अ.) praise; commendation; speciality or significant quality; introduction (of a person).

तारुण्य *(tāruṇya)* पु. youth; youthfulness.

तार्किक[1] *(tārkik)* पु. dialectician; logician.

तार्किक[2] *(tārkik)* वि. logical; rational; logistic.

ताल *(tāl)* पु. pond; tank.

ताल-मेल *(tāl-mail)* पु. harmony; coordination; adjustment.

ताला *(tālā)* पु. lock.

तालाबंदी *(tālābandi)* स्त्री. lock-out;

तालाब *(tālāb)* पु. pond; pool; tank.

ताली *(tāli)* स्त्री. key; clapping (of hands); applause.

तालीम *(tālīm)* स्त्री. (अ.) education; instruction.

तालू *(tālū)* पु. palate;.

ताव *(tāv)* पु. hat; anger; sheet of paper.

तावीज़ *(tāvīz)* पु. (अ.) amulet.

ताश *(tāś)* पु. playing cards; game of cards.

तासीर *(tāsīr)* स्त्री. (अ.) impression; effect.

तिकड़म *(tikṛam)* पु. manipulation; manoeuvre; device; expedient.

तिकड़ी *(tikṛī)* स्त्री. three of cards; trio; group of three.

तिकोना *(tikonā)* वि. three-cornered; triangular.

तिक्त *(tikt)* वि. bitter; pungent; acrid.

तिगुना *(tigunā)* वि. three fold; three times; triple.

तिजारत *(tijārat)* पु. (अ.) trade; commerce; business.

तिजारती *(tijāratī)* वि. commercial; pertaining to trade; mercantile.

तिजोरी *(tijorī)* स्त्री. (अ.) iron safe; chest.

तितर-बितर *(titar-bitar)* वि. scattered; dispersed.

तितली *(titlī)* स्त्री. butterfly.

तिथि *(tithi)* स्त्री. date.

तिनका *(tinkā)* स्त्री. grass; straw.

तिपाई *(tipāi)* स्त्री. tripod.

तिबारा *(tibārā)* क्रि. वि. for the third time.

तिमाही *(timāhi)* वि. quarterly.

तिमिर *(timir)* पु. darkness; gloom.

तिरंगा *(tiraṅgā)* वि. tri-coloured.

तिरछा *(tirchā)* वि. slanting; oblique; awry; askew.

तिरछापन *(tirchāpan)* पु. slant; skewness; obliquity; obliqueness.

तिरना *(tirnā)* अ. क्रि. to float.

तिरपाल *(tirpāl)* terpaulin.

तिरस्कार *(tiras-kār)* पु. contempt; opprobrium; disregard.

तिरस्कार्य *(tiaraskārya)* वि. contemptible.

तिरस्कृत *(tiras-kṛt)* वि. disregarded; insulted; condemned.

तिराहा *(tirāhā)* पु. junction of three roads of paths.

तिरोहित *(tirôhit)* वि. vanished; disappeard; removed or withdrawn from sight; covered; concealed; hidden.

तिल *(til)* पु. the sesamum plant; mole; pupil of the eye.

तिलक *(tilak)* पु. mark on the forehead; ornament worn of forehead.

तिलचटा *(tilcaṭṭā)* पु. cockroach.

तिलमिलाना *(tilmilānā)* अ. क्रि. to writhe in agony; to be dazzled; to fret and fume.

तिलमिलाहट *(tilmilāhat)* स्त्री. restlessness; tossing about; rage.

तिलांजलि *(tilānjali)* स्त्री. a handful of water mixed with sesamum seeds offered to the deceased ancestors; abandonment; giving up once and for all.

तिलिस्म *(tilism)* वि. (अ.) talisman; mystry; a structure based on a spell.

तिलिस्मी *(tilismī)* वि. (अ.) magical; mystical; talismanic.

तिल्ली *(tillī)* स्त्री. spleen; spleenitis; kernel of sesamum.

तिहरा *(tihrā)* वि. triple; triplicate; threefold.

तिहाई *(tihāī)* वि. third part; one third.

तीक्ष्ण *(tīkṣṇ)* वि. sharp; pungent; violent; vehement; quick; keen; intelligent; penetrating.

तीक्ष्णता *(tīksnātā)* स्त्री. sharpness; pungency.

तीखा *(tīkhā)* वि. biting; sharp.

तीखापन *(tīkhāpan)* स्त्री. bitterness; sharpness.

तीतर *(tītar)* पु. patridge.

तीमारदार *(tīmārdār)* पु. (फा.) attendant; a person attending on a patient.

तीमारदारी *(tīmārdārī)* स्त्री. (फा.) attendance or nursing (of a patient).

तीरंदाज़ *(tirandāz)* पु. (फा.) bowman; archer.

तीरंदाज़ी *(tīrandāzi)* स्त्री. (फा.) archery; bowmanship.

तीर[1] *(tir)* पु. shore; bank.

तीर[2] *(tir)* पु. (फा.) arrow; shaft.

तीर्थ *(tirth)* पु. place of pilgrimage.

तीर्थयात्रा *(tīrthyatrā)* स्त्री. pilgrimage.

तीर्थयात्री *(tīrth-yātrī)* पु. pilgrim.

तीर्थाटन *(tīrthātan)* पु. pilgrimage.

तीली *(tīlī)* स्त्री. (फा.) matchstick; skewer; wooden or iron bar or wire (as of a bird-cage; etc.); spoke.

तीव्र *(tīvrā)* वि. much; exceeding; excessive; sharp; keen; acute; intense; fast.

तीव्रता *(tīvrātā)* स्त्री. violence; sharpness; fastness; acuteness; intensity.

तीसरा *(tīsrā)* वि. third.

तुक *(tuk)* स्त्री. rhyme; harmony; coordination; propriety; suitability.

तुकबंदी *(tukbandi)* स्त्री. rhyming; versification; crude-poetry.

तुकांत *(tukānt)* वि. having terminal alliteration; rhymed.

तुच्छ *(tucch)* वि. petty; worthless; insignificant; contemptible; smal; little; trivial.

तुच्छता *(tucchatā)* स्त्री. pettiness; worthlessness; despicableness; insignificance; meanness; triviality.

तुड़ाना *(turānā)* स. क्रि. to cause to break; to break; rend; tear; to change (a coin or currency note in to smaller ones).

तुतलाना *(tutlānā)* अ. क्रि. to lisp.

तुतलाहट *(tutlāhat)* स्त्री. lisping.

तुनकना *(tunaknā)* अ. क्रि. to be petulant or pettish; to get into temper.

तुनक-मिज़ाज *(tunak-mizāj)* वि. fretful; peevish; touchy; irritable; petulant.

तुम *(tum)* सर्व. you.

तुम्हारा *(tumhārā)* सर्व. your; yours.

तुम्हीं *(tumhī)* सर्व. you alone; you only.

तुम्हें *(tumhen)* सर्व. to you; unto you.

तुरंग *(turang)* पु. horse.

तुरंगशाला *(turangshālā)* स्त्री. stable.

तुरंगी *(turangī)* पु. horse rider.

तुरंत *(turant)* क्रि. वि. at once; quickly; forthwith; instantly.

तुलना[1] *(tulnā)* स्त्री. comparison.

तुलना[2] *(tulnā)* अ. क्रि. to be weighed.

तुलनात्मक *(tulnātmak)* वि. comparative.

तुलवाई *(tulvāi)* स्त्री. act of weighing; the price paid for weighment.

तुलवाना *(tulvānā)* स. क्रि. to have (a thing) weighed.

तुला *(tulā)* स्त्री. balance or scale; pair of scales; libra; the seventh sign of the zodiac.

तुल्य *(tulya)* वि. equal (to); equivalent; resembling; similar; analogous (to).

तुषार *(tusār)* वि. frost.

तुष्ट *(tust)* वि. satisfied; contented; pleased; glad.

तुष्टता *(tustatā)* वि. satisfacton; appeasement; gratification.

तुष्टि *(tusti)* स्त्री. satisfaction; gratification; contentment; pleasure; delight.

तुष्टीकरण *(tustīkaran)* पु. placation; appeasement.

तू *(tü)* सर्व. thou.

तू-तड़ाक *(tü-tarāk)* स्त्री. uncivil and rude language.

तू-तू, मैं-मैं *(tü-tü; main-main)* स्त्री. altercation; squabble.

तूती *(tütī)* स्त्री. a kind of musical instrument resembling a flute or clarionet.

तूफ़ान *(tüfān)* पु. (अ). storm; tempest; hurricane.

तूफ़ानी *(tūfānī)* वि. (अ.) stormy; tempestuous; (fig.) riotous; boisterous; violent.

तूल *(tül)* पु. cotton cloth of red colour; dark red colour; length; prolixity; heap.

तूलिका *(tülikā)* स्त्री. painter's brush.

तृण *(tṛn)* पु. grass; blade of grass; straw.

तृप्त *(tṛpt)* वि. satiated; satisfied.

तृप्ति *(tṛpti)* स्त्री. satisfaction; satiety.

तृषा *(tṛśā)* स्त्री. thirst.

तृष्णा *(tr̥śṇā)* स्त्री. thirst; strong desire; eagerness; longing; greed; craving.

तेंदुआ *(tenduā)* पु. leopard.

तेग़ *(teg)* स्त्री. (फ़ा.) sword; scimitar.

तेज़[1] *(tej)* पु. splendour; glory; refulgence.

तेज़[2] *(tej)* वि. (फ़ा.) sharp; acute; fast; violent; fiery; pungent; acrid; swift; quick; smart; intelligent; quick-witted; effective; efficacious (as medicine); dear; costly.

तेजपात *(tejpāt)* पु. leaf of the laurus cassia.

तेजवंत *(tejvanta)* वि. virile; glorious; strong; mighty; shining; brilliant.

तेजवान् *(tajvān)* वि. luminous; refulgent; brilliant; impressive; glorious.

तेजस्वी *(tejasvī)* वि. brilliant; splendid; bright.

तेज़ाब *(tezāb)* पु. (फ़ा.) acid.

तेज़ाबी *(tezābī)* वि. (फ़ा.) acidic.

तेज़ी *(tezī)* स्त्री. (फ़ा.) sharpness; haste; quickness; pungency; dearness; intensity.

तेरा *(terā)* सर्व. thy; thine; yours.

तेल *(tel)* पु. oil.

तेवर *(tevar)* पु. oilman.

तेवर *(tevar)* पु. angry look; frown; eyebrow.

तैनात *(taināt)* वि. (अ.) appointed; posted; engaged.

तैनाती *(tainātī)* स्त्री. appointment; posting; deployment; engagement.

तैयार *(taiyār)* वि. (अ.) willing; prepared; ready; finished; completed.

तैयारी *(taiyārī)* स्त्री. (अ.) preparation; preparedness; readiness; arrangement.

तैरना *(tairnā)* अ. क्रि. to swim; to float.

तैराक *(tairāk)* पु. swimmer.

तैराकी *(tairākī)* स्त्री. swimming.

तैल *(tail)* पु. oil.

तैश *(tais)* पु. (अ.) rage; wrath.

तैसा *(taisā)* वि. of that manner; of like manner; similar.

तोंद *(toṁd)* स्त्री. protuberant belly; potbelly; paunch; tummy.

तोंदल *(toṁdal)* वि. pot-bellied.

तोड़ *(tor)* पु. breaking; breach; fracture; rupture; antidote; countermeasure.

तोड़ना *(toṛnā)* स. क्रि. to break; to tear; to rend; to pluck (fruit etc.); to fracture; to violate (a vow or law etc.); to disband; to sever; to sunder (a tie; or friendhsip etc.).

तोड़-फोड़ *(toṛ-foṛ)* स्त्री. breaking and smashing; sabotage.

तोतला *(tatlā)* वि. lispring; lisper.

तोता *(totā)* पु. parrot; matchlock (of a gun).

तोप *(top)* स्त्री. (तु.) cannon.

तोपख़ाना *(topkhānā)* पु. (तु.) artillery

तोपची *(topci)* पु. (तु.) gunner.

तोबा *(tobā)* स्त्री. (अ.) vow to sin no more; vow to desist from doing something again.

तोरण *(toran)* पु. arch; gateway; decorations of a gateway; festoon.

तोलना *(tolnā)* स. क्रि. to weigh.

तोहफ़ा *(tohfā)* पु. (अ.) gratuitous gift; present.

तौर *(taur)* पु. (अ.) manner; mode;

conduct; demeanour.

तौर-तरीक़ा *(tour-tarikā)* पु. way of acting; manner; deportment.

तौल *(taul)* स्त्री. weight or quantity measured by the balance; standard weight or measure of weight.

तौलना *(taulnā)* स. क्रि. to weight; to balance; to judge; to estimate.

तौलाई *(taulāi)* स्त्री. weighment; price paid for having (a thing) weighed.

त्यक्त *(tyakt)* वि. left; abandoned; forsaken; deserted.

त्याग *(tyāg)* पु. abandonment; deserting; parting; renunciation; sacrifice; abdication; resignation.

त्यागना *(tyāgnā)* स. क्रि. to abandon; to give up; to rellinquish; to renounce.

त्यागी *(tyāgī)* पु. renouncer; recluse.

त्याज्य *(tyājya)* वि. abandonable; worth abandoning.

त्यों *(tyoṁ)* क्रि. वि. thus; so; then; at the same time.

त्योरी *(tyorī)* स्त्री. eye-brow; frwn; angry look.

त्योहार *(tyohār)* पु. festival; festivity.

त्रसित, त्रस्त *(trast)* वि. harrowed; oppressed; tormented.

त्राण *(trān)* पु. protection; defence; salvation; deliverance; shelter; help; protection for the body; guard; armour.

त्राणकर्ता *(trān-kartā)* पु. protector; saviour.

त्राता *(trātā)* पु. protector; defender; saviour.

त्रास *(trās)* स्त्री. alarm; fear; dread; terror; scare; affliction; pain; torment; torture.

त्रासदी *(trāsadi)* स्त्री. tragedy.

त्राहि *(trāhi)* अ. save ! deliver ! mercy !

त्राहिमाम *(trāhimān)* अ. protect me; save me.

त्रिकोण *(trikon)* पु. triangular object; trinagle.

त्रिज्या *(trijyā)* स्त्री. radius.

त्रिदोष *(tridosh)* पु. disorder of the three humours of the body.

त्रिभुज *(tribhuj)* पु. triangle.

त्रिभुवन *(tribhuvan)* पु. three worlds (heaven; earth and the lower region).

त्रिमूर्ति *(trimūrti)* स्त्री. trinity; the Hindu triad (Brahma; Vishnu and Shiva).

त्रिया *(triyā)* स्त्री. woman.

त्रिलोक *(trilok)* पु. three worlds (heaven; earth and the lower region).

त्रुटि *(truti)* स्त्री. error; mistake; flaw; defect.

त्रुटिपूर्ण *(trutipūran)* वि. erroneous; defective.

त्रेता *(tretā)* पु. the second yug or silver age of the Hindus (comprising 1;296;000 years).

त्रैलोक्य *(trailokya)* वि. pertaining to the three-worlds.

त्वक् *(tvak)* पु. the skin; bark.

त्वचा *(tvacā)* स्त्री. skin; hide; bark; rind.

त्वरित *(tvarit)* वि. quick; swift; speedy; accelerted.

थ

थ *(tha)* the second letter of the fourth pentad of the Devnagri alphabets.

थकना *(thaknā)* अ. क्रि. to be tired; to be wearied; to be fatigued; to be fed up; to be exhausted.

थकान *(thakān)* स्त्री. weariness; fatigue; exhaustion; lassitude.

थकाना *(thakānā)* स. क्रि. to weary; to tire; to fatigue; to exhaust; to enervate.

थकावट *(thakāvat)* स्त्री. fatigue; weariness; exhaustion.

थक्का *(thakkā)* पु. anything congealed or conglomerated; clot; lump.

थन *(than)* पु. uddar; teat.

थपकना *(thapaknā)* स. क्रि. to pat; to strike or pat gently with the palm.

थपकी *(thapki)* स्त्री. pat; tap.

थपथपाना *(thapthapānā)* अ. क्रि. to pat with the palm.

थपेड़ा *(thapeṛā)* पु. blow; stroke; buffet.

थप्पड़ *(thappaṛ)* पु. slap.

थमना *(thamnā)* अ. क्रि. to stop.

थमाना *(thamānā)* स. क्रि. to entrust; to recline.

थरथराना *(thartharānā)* अ. क्रि. to vibrate; to tremble; to shudder.

थरथराहट *(thartharāhat)* स्त्री. vibration; quivering; trembling.

थर्राना *(tharrānā)* अ. क्रि. to tremble; to shudder; to vibrate; to quiver.

थल *(thal)* पु. dry ground; land.

थलचर *(thalchar)* पु. terrestrial animal.

थाती *(thāti)* स्त्री. anything given in charge; trust; accumulated wealth; riches.

थान *(thān)* पु. full length of cloth; place; stall; abode; residence.

थाना *(thānā)* पु. police station.

थानेदार *(thanedār)* पु. officer in charge of police station; police sub-inspector.

थानेदारी *(thānedarī)* स्त्री. the office or functions of a police-inspector.

थामना *(thāmnā)* स. क्रि. to hold; to grasp; to clutch; to seize; to catch; to prop; to support.

थाल *(thāl)* पु. large round flat plate or dish of metal.

थाली *(thālī)* स्त्री. small Indian metal plate.

थाह *(thah)* स्त्री. depth; bottom.

थिगली *(thigli)* स्त्री. patch stitched on clothes to cover holes.

थिरकना *(thiraknā)* (अ.) क्रि. to dance nimbly; to move or dance with expressive action and gesture.

थू *(thū)* (अ.) fie!; pooh!; damn!.

थूक *(thūk)* पु. spit; saliva; sputum.

थूकना *(thūknā)* (अ.) क्रि. to spit; to expel from mouth.

थूथनी *(thūthnī)* स्त्री. snout of an animal; muzzle.

थैला *(thailā)* पु. largle bag; sack.

थैली *(thaili)* स्त्री. small bag; sack; purse or money bag.

थोक *(thok)* वि. wholesale.

थोक विक्रेता *(thokvikretā)* पु. wholesaler.

थोड़ा *(thorā)* वि. little; scanty; small.

थोथा *(thothā)* वि. unsubstantial; immaterial; hollow; empty; worthless; meaningless; senseless.

थोपना *(thopnā)* स. क्रि. to plaster; to impose.

द

द *(da)* the third letter of the fourth pentad of the Devnagri alphabets.

दंग *(daṅg)* वि. (फ़ा.) wonderstruck; astonished; amazed.

दंगल *(daṅgal)* पु. (फ़ा.) a wrestling tournament.

दंगा *(daṅgā)* पु. disturbance; riot; row.

दंगेबाज़ *(daṅge-bāz)* वि. riotous; rowdy.

दंड *(daṇḍ)* पु. stick; staff; rod; sceptre; wand; fine; penalty; punishment.

दंडनीय *(daṇḍniyā)* वि. punishable; culpable.

दंड-विधान *(daṇḍ-vidhān)* पु. penal code.

दंड-विधि *(daṇḍ-vidhi)* स्त्री. criminal law.

दंडात्मक *(daṇḍātmak)* वि. punitive; penal.

दंडित *(daṇḍit)* वि. punished; fined.

दंत *(dant)* पु. tooth.

दंतकथा *(dant-kathā)* स्त्री. legend; anecdote; fable.

दंत-चिकित्सक *(dant-ċikitsak)* पु. dentist; dental surgeon.

दंत-चिकित्सा *(dant-ċikitsā)* स्त्री. dentistry.

दंपती *(dampati)* पु. couple; husband and wife.

दंभ *(dambh)* पु. conceit; vainglory; vanity.

दंभी *(dambhi)* वि. conceited; vainglorious.

दक़ियानूस[1] *(daqiyānüs)* वि. (अ.) old-fashioned; conservative; obscurant.

दक़ियानूस[2] *(daqiyānüs)* पु. (अ.) obscurantist; conservative.

दक़ियानूसी *(daqiyānüsi)* वि. (अ.) obscurantist; conservative.

दक्खिन *(dakkhin)* पु. south; right.

दक्ष *(daks)* वि. expert; dexterous; adroit; skilful.

दक्षता *(dakṣatā)* स्त्री. competence; efficiency; dexterity.

दक्षिण *(dakṣin)* पु. south; right.

दक्षिणा *(daksinā)* स्त्री. fee or present to the officiating priest.

दख़ल *(dakhal)* पु. (अ.) access; posession; occupation; intervention.

दग़ा *(dagā)* पु. (फ़ा.) deceit; deception; treachery; perfidy; cheating.

दग़ाबाज़ *(dagābāz)* वि. (फ़ा.) deceitful; treacherous; fraudulent.

दग़ाबाज़ी *(dagābāzi)* स्त्री. treachery; deceitfulness; fraud.

दग्ध *(dagdh)* वि. burnt; scorched; tormented; pained distressed.

दढ़ियल *(darhiyal)* वि. bearded.

दत्तक *(dattak)* पु. adopted son.

दत्तचित्त *(datt-čit)* वि. fully attentive; concentrated.

ददौरा *(dadaurā)* पु. dump.

दधि *(dadhi)* पु. curd.

दधिसुत *(dadhisut)* पु. lotus; moon; pearl; poison.

दनदनाना *(dandanānā)* अ. क्रि. to go as fast as a shot; to shoot forth.

दनादन *(danādan)* क्रि. वि. non stop; incessantly.

दफ़न *(dafan)* पु. (अ.) burial.

दफ़नाना *(dafnānā)* स. क्रि. (अ.) to bury.

दफा *(dafā)* स्त्री. time; turn; section; in a code of law.

दफ़्तर *(daftar)* पु. (फ़ा.) office.

दफ़्तरी *(daftarī)* पु. (फ़ा.) bookbinder; one who keeps office and office papers in order.

दफ़्ती *(daftī)* स्त्री. (अ.) board; cardboard; mill-board.

दबंग *(dabaṅg)* वि. fearless; bold; domineering.

दबना *(dabnā)* (अ.) क्रि. to be pressed down; to be buried; to bend (under pressure of weight); bo be subdued; to yield; to be pacified; to be concealed; to be hushed up.

दबाना *(dabānā)* स. क्रि. to press down; to stroke (the limb); to suppress; to repress; to subdue; to dominate; to hush up; to restrain; to curb; to check.

दबाव *(dabāv)* पु. suppression; in fluence; restraint; compulsion; pressure; duress.

दबोचना *(dabočanā)* स. क्रि. to seize suddenly; to grasp.

दब्बू *(dabbū)* वि. tame; of meek or submissive nature.

दब्बूपन *(dabbūpan)* पु. submissiveness; tameness.

दम *(dam)* पु. breath; moment; life; stamina; endurance; puff.

दमक *(damak)* स्त्री. glow; brilliance; flash; glimmer.

दमकना *(damaknā)* (अ.) क्रि. to shine; to glimmer; to glitter.

दमकल *(damkal)* पु. fire engine; fire extinguisher.

दमदार *(damdār)* वि. strong; forceful.

दमन *(daman)* पु. suppression; repression; subjugation; self-restraint.

दमनकारी *(damankārī)* वि. oppressive; suppressive; repressive.

दमनात्मक *(damanātmak)* वि. coercive; oppressive; suppressive.

दमा *(damā)* पु. (फ़ा.) asthma.

दया *(dayā)* स्त्री. mercy; pity; compassion.

दयामय *(dayāmay)* वि. merciful; kind; compassionate.

दयालु *(dayālu)* वि. merciful; compassionate; kind-hearted; generous.

दयालुता *(dayālutā)* स्त्री. kindness; mercy; compassion.

दयावान् *(dayāvān)* दयाशील वि. compassionate; merciful; kind; generous.

दरख्वास्त *(dar-khāst)* स्त्री. (फ़ा.) request; application; petition.

दरगाह *(dar-gāh)* स्त्री. (फ़ा.) shrine.

दरजा *(darjā)* पु. (अ.) rank; standard; class.

दरबान *(darbān)* पु. (फ़ा.) doorkeeper; gate-keeper; porter.

दरबार *(dar-bār)* पु. (फ़ा.) royal court; hall of audience.

दरबारी *(dar-bāri)* पु. (फ़ा.) courtier.

दरवाज़ा *(darvāzā)* पु. (फ़ा.) door; gate.

दराज़ *(darāz)* स्त्री. (फ़ा.) drawes.

दरार *(darār)* स्त्री. crevice; crack; breach; rift; fissure; cleavage.

दरिंदा *(darindā)* पु. (फ़ा.) flesh eating animal; carnivore.

दरिद्र *(daridra)* वि. poor; wretched.

दरिद्रता *(daridratā)* स्त्री. penury; poverty; misery; destitution.

दरिद्री *(daridrī)* वि. poor; wretched.

दरिया *(dariyā)* स्त्री. (फ़ा.) river.

दरियादिल *(dariyādil)* वि. (फ़ा.) liberal; large-heated; magnanimous.

दरियादिली *(driyādilī)* स्त्री. large-heartedness; magnanimity; liberality.

दरी *(darī)* स्त्री. cotton carpet.

दर्जन *(darjan)* पु. dozen.

दर्जा *(darjā)* पु. (अ.) degree; class; category; grade; status.

दर्जिन *(darjin)* स्त्री. (फ़ा.) female tailor; wife of a tailor.

दर्ज़ी *(darzī)* पु. (फ़ा.) tailor.

दर्द *(dard)* पु. (फ़ा.) pain; ache; affliction.

दर्दनाक *(dardnāk)* वि. (फ़ा.) painful; piteous; tragic.

दर्प *(darp)* पु. pride; arrogance; vanity; haughtiness.

दर्पण *(darpaṇ)* पु. mirror; looking glass.

दर्रा *(darrā)* पु. (फ़ा.) mountain pass.

दर्शक *(darśak)* पु. spectator; visitor.

दर्शन *(darśan)* पु. visit; sight; view; appearance; meeting; philosophical system.

दर्शनशास्त्र *(darśan-sāstra)* पु. philosophy.

दर्शनीय *(darśanīya)* वि. worth seeing.

दल *(dal)* पु. petal; leaf; team; party; faction; batch; swarm; herd; group.

दलदल *(daldal)* पु. marsh; swamp; bog.

दलना *(dalnā)* स. क्रि. to grind coarsely; to mill; to cursh.

दलबंदी *(dalbandī)* स्त्री. party formation; groupism; party-politics; factionalism.

दलबदलू *(dalbadlū)* पु. defectionist; defector.

दलाल *(dalāl)* पु. (अ.) broker; commission-agent.

दलाली *(dalālī)* स्त्री. (फ़ा.) business of broker; commission of a broker; brokerage.

दलित *(dalit)* वि. crushed; downtrodden; oppressed.

दलील *(dalīl)* स्त्री. (अ.) plea; argument.

दवा *(davā)* स्त्री. (अ.) medicine; drug.

दवाखाना *(davākhānā)* पु. (अ.) dispensary; hospital.

दवात *(davāt)* स्त्री. ink-pot.

दशक *(daśak)* पु. a group of ten; decade.

दशमलव *(daśamlav)* पु. decimal.

दशा *(daśā)* स्त्री. state; condition.

दशाब्द *(daśābda)* पु. decade.

दशाब्दी *(daśābdi)* स्त्री. see दशाब्द.

दस्त *(dast)* पु. (फ़ा.) loose stools; hand.

दस्तक *(dastak)* स्त्री. knock or rap.

दस्तकार *(dastakār)* पु. (फ़ा.) handicraftman; artisan.

दस्तकारी *(dastakāri)* स्त्री. (फ़ा.) handicraft; craftsmanship.

दस्तख़त *(dastakhat)* पु. (फ़ा.) signature.

दस्ता *(dastā)* पु. (फ़ा.) handle; helve; haft; quire of paper; a squad (of troops etc).

दस्ताना *(dastānā)* पु. (फ़ा.) handglove.

दस्तावर *(dastāvar)* वि. (फ़ा.) purgative; laxative.

दस्ती *(dastī)* वि. (फ़ा.) carried or delivered by hand.

दस्तूर *(dastūr)* पु. (फ़ा.) custom; fashion; system; routine.

दस्यु *(dasyu)* पु. thief; robber; bandit; pirate.

दस्युता *(dasyutā)* स्त्री. robbery; dacoity; banditry.

दहकना *(dahaknā)* (अ.) to burn with red hot flame; to blaze.

दहकाना *(dahkānā)* स. क्रि. to cause to blaze.

दहन *(dahan)* पु. burning; combustion; inflammation.

दहनशील *(dahanśila)* वि. combustible; inflammable.

दहना *(dahnā)* स. क्रि. to burn; to persecute; to torture; अ. क्रि. to be burnt.

दहलना *(dahalnā)* (अ.) क्रि. to tremble with fear; to be alarmed or terrified.

दहला *(dahlā)* पु. (फ़ा.) playing card with ten pips.

दहलाना *(dahlānā)* स. क्रि. to overawe; to terrify.

दहलीज़ *(dahlīz)* स्त्री. (फ़ा.) doorstill; threshold.

दहशत *(dahśat)* स्त्री. (फ़ा.) fear; fright; terror; dismay; alarm.

दहाड़ *(dahār)* स्त्री. roar; loud cry.

दहाड़ना *(dahārnā)* (अ.) क्रि. to roar; to cry or shout aloud.

दही *(dahī)* पु. curds.

दहेज़ *(dahez)* पु. dowry.

दाँत *(dāṁt)* पु. tooth.

दाँता *(dāṁtā)* पु. notch; cog or tooth (of a wheel or saw etc.)

दाँती *(dāṁti)* स्त्री. sickle; scythe.

दांपत्य[1] *(dāmpatya)* पु. matrimonial relationship.

दाँपत्य[2] *(dāmpatya)* वि. conjugal; marital.

दाँव *(dāṁv)* पु. opportunity; chance; time; turn; trick (wrestling); trick; stratigem.

दाँव-पेच *(dāṁv-penč)* पु. manoeuvres; tactics.

दाई *(dāī)* स्त्री. nurse; midwife.

दाख़िल *(dākhil)* वि. (फ़ा.) admitted; entered; inserted.

दाख़िल-ख़ारिज *(dākhil-khārij)* पु. mutation; change of name of owner.

दाख़िला *(dākhilā)* पु. (फ़ा.) entry; admission.

दाग़ *(dāg)* पु. (फ़ा.) spot; stain; stigma; blemish.

दाग *(dag)* पु. cremation; lighting the pyre.

दाग़दार *(dāgdār)* वि. specked; scared; carked; branded; stained.

दाग़ना *(dāgnā)* स. क्रि. to brand; to canterize; to fire (a gun etc.).

दाग़ी *(dāgī)* वि. (फ़ा.) marked; spotted; stained; branded; disgraced.

दाड़िम *(dārim)* पु. pomegranate.

दाढ़ *(dārh)* स्त्री. molar.

दाढ़ी *(dārhī)* स्त्री. beard.

दाता *(dātā)* पु. giver; donor.

दादा *(dādā)* पु. paternal grandfather; elder brother; leader of a gang; gangster; hoodlum.

दादागीरी *(dādāgiri)* स्त्री. gangsterism; hooliganism; heroship.

दान *(dān)* पु. act of giving; donation; charity.

दानव *(dānav)* पु. giant; demon.

दाना *(dānā)* पु. (फ़ा.) corn; seed.

दानी[1] *(dānī)* पु. donor; benefactor.

दानी[2] *(dānī)* वि. munificent; generous; charitable.

दानेदार *(dāne-dār)* वि. (फ़ा.) granular; granulated.

दाब़ *(dāb)* पु. pressure; suppression; dominance.

दाबना *(dābnā)* स. क्रि. to press; to keep under control; to bury.

दाम *(dām)* पु. price; value; money.

दामाद *(dāmād)* पु. son-in-law.

दामिनी *(dāminī)* स्त्री. lightning.

दायरा *(dāyrā)* पु. (अ.) circle; ring; range; jurisdiction; scope.

दायाँ *(dāyām)* वि. right.

दायित्व *(dāyitva)* पु. responsibility; onus.

दारिद्रय *(dāridrya)* पु. poverty; indigence.

दारुण *(dārun)* वि. severe; frightful; horrible; terrible; dire.

दारू *(dārū)* स्त्री. (फ़ा.) alcohol; liquor.

दार्शनिक[1] *(dārśanik)* पु. philosopher.

दार्शनिक[2] *(dārśanik)* वि. philosophical pertaining to philosophy.

दार्शनिकता *(dārśaniktā)* स्त्री. philosophical attitude.

दाल *(dāl)* स्त्री. pulse.

दालान *(dālān)* पु. verandah.

दाँव *(dāv)* पु. attempt; wrestling bout; opportune time; remedy; trick; winning move.

दाँव-पेच *(dāv-pech)* पु. trickery.

दावत *(dāvat)* स्त्री. (अ.) feast; banquet; invitation.

दावतनामा *(dāvatnāmā)* पु. written invitation.

दावा *(dāvā)* पु. (अ.) lawsuit claim contention; assertion.

दास *(dās)* पु. slave; servant; vassal.

दासता *(dāsatā)* स्त्री. slavery; vassal age.

दास-प्रथा *(dās-prathā)* स्त्री. slavery.

दासी *(dāsī)* स्त्री. female or maid servant; chambermaid.

दाह *(dāh)* पु. burning; sensation of burning; heat; cremation.

दाहक *(dāhak)* वि. burning; causing heat; inflammatory.

दाह-कर्म *(dāh-karm)* पु. cremation.

दाह-क्रिया *(dāh-kriyā)* स्त्री. cremation.

दाहना *(dāhnā)* स. क्रि. to burn; to torture; to torment.

दाह-संस्कार *(dāh-saṁskār)* पु. funeral rites.

दाहिना *(dāhinā)* वि. situated at the right hand.

दाहिने *(dāhine)* क्रि. वि. to the right.

दिक़्क़त *(diqqat)* स्त्री. (अ.) difficulty; trouble.

दिखना *(dikhnā)* (अ.) क्रि. to be seen; to appear; to be visible.

दिखलाना *(dikhlānā)* स. क्रि. to show; to demonstrate; to exhibit; to display.

दिखाना *(dikhānā)* स. क्रि. to show; to display; to exhibit; to demonstrate.

दिखावट *(dikhāvaṭ)* स्त्री. mere show; ostentation.

दिखावटी *(dikhāvaṭī)* वि. showy; pretentious; artificial.

दिखावा *(dikhāvā)* पु. show; ostentation; pretension; imposture.

दिग्दर्शन *(digdarśan)* पु. a general outline or survey of the subject; direction; guidance.

दिग्विजय *(digvijay)* स्त्री. universal conquest.

दिग्सूचक *(digsučak)* स्त्री. compass.

दिठौना *(diṭhaunā)* पु. a patch or a black mark put on the forehead of a child to guard against the influence of a malignant eye.

दिन *(din)* पु. day; day time.

दिनकर *(dinkar)* पु. the sun.

दिनचर्या *(din-čaryā)* स्त्री. daily routine.

दिनांक *(dinānk)* पु. date.

दिनांकित *(dainānkit)* वि. dated.

दिमाग़ *(dimāg)* पु. (अ.) brain; mind; intellect.

दिमाग़ी *(dimāgi)* वि. (अ.) mental; related to the mind.

दिया *(diyā)* पु. earthen lamp.

दियासलाई *(diyāsalāi)* स्त्री. match-stick.

दिल *(dil)* पु. (फ़ा.) heart; courage.

दिलकश *(dilkas)* वि. (फ़ा.) attractive.

दिलखुश *(dil-khus)* वि. (फ़ा.) pleasant.

दिलचस्प *(dilčaspa)* वि. (फ़ा.) interesting.

दिलचस्पी *(disčaspi)* वि. (फ़ा.) interest.

दिलजोई *(diljoi)* स्त्री. (फ़ा.) consolation; xolace.

दिलदार *(dildār)* वि. (फ़ा.) of a good heart and loving nature; amorous; large-hearted.

दिलपसंद *(dilpasand)* वि. (फ़ा.) favourite.

दिलफेंक *(dilphenk)* वि. (फ़ा.) of romantic disposition; flirtacious.

दिलरुबा *(dilrubā)* वि. (फ़ा.) charming; bewitching; enchanting.

दिलासा *(dilāsā)* पु. consolation; solace;

दिली *(dilī)* वि. hearty; cordial.

दिलेर *(diler)* स्त्री. (फ़ा.) courageous; daring; brave.

दिलेरी *(dilerī)* स्त्री. (फ़ा.) courageous-ness; bravery.

दिल्लगी *(dillagī)* स्त्री. jest; joke; fun.

दिल्लगीबाज़ *(dillagībāz)* वि. jocular; jocose.

दिवंगत *(divaṁgat)* वि. deceased; late.

दिवस *(divas)* पु. day.

दिवाकर *(divākar)* पु. the sun.

दिवाला *(divālā)* पु. bankruptcy; insolvency.

दिवालिया *(divāliyā)* पु. bankrupt; insolvent.

दिवास्वप्न *(divāsupna)* पु. day dreaming; reverie.

दिव्य *(divya)* वि. celestial; supernatural; divine; brilliant; charming; beautiful.

दिशा *(diśā)* स्त्री. direction; side; trend.

दिसावर *(disāvar)* पु. foreign country; foreign mart.

दिसावरी *(disāvarī)* वि. imported; belonging to another country.

दिहाड़ी *(dihāṛī)* स्त्री. work-day; daily working hours of a labourer; daily wages of a labourer.

दीक्षांत *(dikshānt)* पु. conclusion of a phase of education.

दीक्षांत-समारोह *(dikshānt-samāroh)*

पु. convocation.

दीक्षा *(dīkṣā)* स्त्री. initiation.

दीक्षार्थी *(dīkṣārthi)* पु. catechumen; postulant.

दीक्षित *(dīkṣit)* वि. initiated.

दीखना *(dikhanā)* (अ.) क्रि. to be visible; to appear; to be in sight.

दीदी *(dīdī)* स्त्री. elder sister.

दीन *(dīn)* वि. poor; miserable; humble.

दीनता *(dinatā)* स्त्री. misery; poverty; humility; meekness.

दीप *(dīp)* पु. lamp; lantern; light.

दीपक *(dīpak)* पु. lamp; lantern.

दीपावलि, दीपावली *(dipāvali)* स्त्री. Hindu festival of lights; row of lights.

दीपिका *(dīpikā)* स्त्री. small lamp; moonlight.

दीप्त *(dīpt)* वि. blazing; flaming; shining; bright; brilliant; acute; gorgeous; illuminated.

दीप्ति *(dīpti)* स्त्री. brightness; splendour; brilliance; lustre; luminosity; glow.

दीमक *(dīmak)* स्त्री. white ant; termite.

दीया *(dīyā)* पु. lamp.

दीयासलाई *(dīyāsalaī)* स्त्री. match stick.

दीर्घ *(dīrgh)* वि. long; big; large.

दीर्घकाय *(dīrghkāya)* वि. gigantic; tall and bulky.

दीर्घता *(dīrghatā)* स्त्री. length; largeness; bigness.

दीर्घसूत्री *(dīrghsutri)* वि. slow; dilatory; procrastinating.

दीर्घा *(dīrghā)* स्त्री. corridor; gallery.

दीर्घायु *(dīrghāyu)* वि. long-living.

दीर्घायुता *(dīrghāyutā)* स्त्री. longevity.

दीवट *(divat)* स्त्री. lamp-stand.

दीवान *(dīvān)* पु. (फ़ा.) royal court; court minister; collected works of a poet.

दीवाना *(dīvānā)* वि. (फ़ा.) mad; insane; nymipholeptic; crazy.

दीवानापन *(divānāpan)* पु. nympholepsy; craziness; insanity.

दीवानी *(divānī)* वि. (फ़ा.) pertaining to a civil court as opposed to the criminal one; mad (female).

दीवार *(dīvār)* स्त्री. (फ़ा.) wall.

दीवाली *(diwāli)* see दीपावली

दु:ख *(dukh)* पु. trouble; pain; grief; distress; suffering.

दु:खद *(dukhad)* वि. painful; grievous; troublesome; unfortunate; sorrowful.

दु:खी *(dukhī)* वि. sad; aggrieved; troubled; afflicted.

दु:साध्य *(dussādhya)* वि. difficult to be performed or accomplished; difficult to be managed or dealt with; arduous.

दु:साहस *(dussāhas)* पु. audacity; temerity.

दु:स्वप्न *(dusvapna)* पु. nightmare.

दुआ *(duā)* स्त्री. (अ.) prayer; blessing; benediction.

दुकान *(dukān)* स्त्री. (फ़ा.) shop.

दुकानदार *(duukāndār)* पु. (फ़ा.) shopkeeper.

दुकानदारी *(dukāndārī)* स्त्री. (फ़ा.) shopkeeping.

दुखड़ा *(dukhṛā)* पु. tale of woes; sorrowful story.

दुखना *(dukhnā)* (अ.) क्रि. to pain to ache.

दुखाना *(dukhānā)* स. क्रि. to trouble;

to cause pain; to torment; to hurt.

दुखित *(dukhit)* वि. distressed; griefstricken.

दुखिया *(Dukhiya)* वि. aflicted; in pain or distress.

दुग्ध *(dugdh)* पु. milk; milky juice of plants; sap.

दुग्धशाला *(dugdhsālā)* स्त्री. dairy.

दुतकार *(dutkār)* स्त्री. reproof; reprimand; upbraiding.

दुतकारना *(dutkārnā)* स. क्रि. to reprimand; to rebuke slightingly.

दुतरफ़ा *(dutarfā)* वि. bilateral; two sided.

दुधमुँहा[1] *(dudhmumhā)* वि. suckling.

दुधमुँहा[2] *(dudhmumhā)* पु. suckling baby; infant.

दुधार, दुधारू *(dudhār; dudhārü)* वि. milch; giving milk.

दुनिया *(duniyā)* स्त्री. (अ.) world.

दुनियादार *(duniyādār)* वि. (अ.) absorbed in worldly affairs; worldly; worldly wise.

दुनियादारी *(duniyādāri)* स्त्री. (अ.) worldly wisdom; worldliness.

दुपट्टा *(dupaṭṭā)* पु. a kind of mantle or piece of linen in which there are two layers; a cloth loosely worn over the shoulder.

दुपहर *(dupahar)* पु. noon; mid-day.

दुबकना *(dubaknā)* (अ.) क्रि. to cower; to crouch; to be concealed; to lurk.

दुबला *(dublā)* वि. slim; lean; thin.

दुभाषिया *(dubhāsiyā)* पु. interpreter; one who knows two languaes.

दुम *(dum)* स्त्री. (फ़ा.) tail; hindmost part.

दुमदार *(dumdār)* वि. (फ़ा.) having a tail; pointed at the back.

दुरभिसंधि *(durabhi-sanādhi)* स्त्री. conspiracy; secret plot.

दुराग्रह *(durāgreh)* पु. contumacy; importunity; obduracy; pertinacity; undue insistence; fanaticism.

दुराग्रही *(durāgrehi)* वि. obdurate; pertinacious; mulish; importunate; unduly insistent.

दुराचार *(durācār)* पु. misconduct; moral-turpitude; depravity.

दुराचारी *(duracari)* वि. wicked; immoral; licentious.

दुराव *(durāv)* पु. concealment.

दुराशा *(durāsā)* स्त्री. hoping against hope; false hope.

दुरूपयोग *(durupyog)* पु. misuse; abuse.

दुरूस्त *(durust)* वि. (फ़ा.) proper; sound; mended; repaired; fit; correct.

दुरूह *(dur-ūh)* वि. abstruse; recondite; unintelligible.

दुरूहता *(dur-ūhtā)* स्त्री. abstruseness; unintelligibility.

दुर्गंध *(durgandh)* स्त्री. bad smell; stench; stink; obnoxious smell; bad odour.

दुर्ग *(dur-g)* पु. fort; castle ; citadel.

दुर्गति *(dur-gati)* स्त्री. distress; misery; poverty.

दुर्गम *(dur-gam)* वि. difficult to be traversed or travelled over; impassable; hard to be understood.

दुर्गुण *(dur-gun)* पु. defect; fault; flaw; vice.

दुर्घटना *(dur-ghatnā)* स्त्री. accident; mishap.

दुर्जन *(dur-jan)* पु. bad man; villain; scoundrel.

दुर्जनता *(dur-jantā)* स्त्री. wickedness;

villainy; rascality.

दुर्जेय *(dur-jeya)* वि. invincible; difficult to be conquered or won.

दुर्दम *(dur-dam)* वि. indomitable; irrepressible; unyielding; difficult to subdue.

दुर्दम्य *(dur-damya)* वि. impregnable; invincible; recalcitrant.

दुर्दशा *(durdaśā)* स्त्री. sad plight; misery; adversity.

दुर्दांत *(dur-dānt)* वि. invincible; impregnable.

दुर्बल *(durbal)* वि. of little strength; weak; feeble; thin; slender; emaciated; lean.

दुर्बलता *(durbaltā)* स्त्री. weakness; feableness; thinness; debility.

दुर्बुद्धि *(durbudhi)* वि. evil minded; wicked; silly; foolish; stupid.

दुर्बोध *(dur-bodh)* वि. unintelligible; abstruse; obscure.

दुर्भावना *(durbhāvanā)* स्त्री. evil thought; bad inclination.

दुर्भिक्ष *(durbhiksh)* पु. famine.

दुर्लंघ्य *(durlanghya)* वि. impassable; difficult to cross; insurmountable.

दुर्लभ *(durlabh)* वि. difficult to be obtained or found; scarce; rare.

दुर्लभता *(durlabhtā)* स्त्री. scarcity; unavailability; rarity.

दुर्वचन *(dur-vačan)* पु. bad or harsh language; abuse.

दुर्विनीत *(dur-vinita)* वि. ill-mannered; impudent.

दुर्वृत्त *(dur-vritt)* वि. depraved; wicked; evil-minded.

दुर्व्यवस्था *(dur-vyavsthā)* स्त्री. mismanagement.

दुर्व्यवहार *(dur-vyavahār)* स्त्री. illtreatment; misconduct; misbehaviour.

दुर्व्यसन *(dur-vyasan)* पु. bad propensity; vice; addiction.

दुलत्ती *(dulatti)* स्त्री. kick with the two hind legs (as by an ass or a horse).

दुलराना *(dularānā)* स. क्रि. to fondle; to caress.

दुलहन, दुलहिन *(dulhan)* स्त्री. bride.

दुलहा *(dulhā)* पु. bridegroom.

दुलहिन *(dulhin)* see दुलहन

दुलार *(dulār)* पु. fondling affection.

दुलारना *(dulārnā)* स. क्रि. to fondle; to show affection to; to love; to pet; to caress.

दुलारा *(dulārā)* वि. beloved; darling.

दुविधा *(duvidhā)* स्त्री. dilemma; fix.

दुशाला *(duśāla)* पु. shawl; double shawl.

दुश्चरित्र[1] *(duś-čaritra)* पु. misdoing; ill conduct; depravity; profligacy.

दुश्चरित्र[2] *(duś-čaritra)* वि. degenerate; profligate.

दुश्चिंता *(duś-cinta)* स्त्री. anxiety.

दुश्मन *(duśman)* पु. (फ़ा.) enemy; foe.

दुष्कर *(duśkar)* वि. difficlt to be performed or accomplished; hard to be done.

दुष्कर्म *(duśkarm)* पु. evil act; misdeed; sin; vice.

दुष्ट[1] *(duṣṭ)* वि. wicked; bad; vile; knavish; malevolent.

दुष्ट[2] *(duṣṭ)* पु. scoundrel; rascal; scamp.

दुष्टता *(duṣtatā)* स्त्री. badness; wickedness; viciousness; knavery; malevolence; mischievousness.

दुष्टात्मा *(duśtātmā)* वि. of bad nature; evil-minded; wicked; malicious.

दुस्सह *(dussah)* वि. unbearable; intolerable.

दुस्साध्य *(dussādhya)* वि. hardened; difficult to treat.

दुस्साहस *(dussāhas)* पु. recklessness.

दुहत्था *(duhatha)* वि. provided with two handles.

दुहना *(duhnā)* स. क्रि. to milk; to squeeze; to exploit.

दुहरा *(duhrā)* वि. two-fold; double folded.

दुहराना *(duhrānā)* स. क्रि. to repeat; to revise.

दुहाई *(duhāī)* स्त्री. cry for help or mercy of justice; complaint; appeal; invocation.

दूत *(dūt)* पु. courier; messenger; emissary; ambassador; envoy.

दूतावास *(dūtāvās)* पु. embassy; consulate.

दूध *(dūdh)* पु. milk; milky juice of certain plants.

दूधिया[1] *(dūdhiyā)* वि. milk white; milky; containing or abounding in milk; juicy.

दूधिया[2] *(dūdhiyā)* पु. milk-vendor; white ash colour.

दून *(dūn)* स्त्री. valley.

दूना *(dūnā)* वि. double; twice as much.

दूभर *(dūbhar)* वि. onerous; burdensome; difficult to be borne; difficult; arduous.

दूरंदेश *(dūrandeś)* वि. (फा.) farsighted

दूरंदेशी *(dūrandeśī)* स्त्री. (फा.) farsightedness.

दूर *(dūr)* क्रि. वि. away; beyond; far off.

दूरगामी *(dūrgāmī)* वि. far-reaching.

दूरदर्शक *(dūrdarśak)* पु. telescope.

दूरदर्शन *(dūrdarśan)* television.

दूरदर्शिता *(dūrdarsītā)* स्त्री. farsightedness; farsight; sagacity; prudence.

दूरदृष्टि *(dūr-dṛsti)* स्त्री. farsightedness.

दूरबीन *(dūrbina)* स्त्री. telescope; field-glass.

दूरभाष *(dūrbhas)* पु. telephone.

दूरमुद्रक *(dūrmudrak)* पु. teleprinter.

दूरमुद्रण *(dūrmudran)* पु. teleprinting.

दूरलेख *(dūrlekh)* पु. telegram.

दूरलेखी *(dūrlekhi)* वि. telegraphic.

दूरवर्ती *(dūr-verti)* वि. far removed; remote; distant.

दूरवीक्षक *(dūrvikshak)* पु. telescope.

दूरसंचार *(dūr-sanćar)* पु. tele-communication.

दूरी *(dūrī)* स्त्री. distance; remoteness.

दूल्हा *(dūlhā)* पु. bridegroom.

दूषण *(dūṣan)* पु. fault; blemish; defect; contamination; pollution; stigma; defilement; prostitution.

दूषित *(dūṣit)* वि. blemished; defiled; spoiled; contaminated; polluted; stigmatic; defective; corrupted; vitiated; sulllied.

दूसरा *(dūsrā)* वि. second; next; another; different.

दूहना *(dūhnā)* स. क्रि. to milk.

दृढ़ *(dirḥ)* वि. fixed; firm; tough; strong; irrevocable; confirmed; firmly fastened; shut fast; tense; fortis.

दृढ़ता *(diṛatā)* स्त्री. firmness; strength; resoluteness; toughness.

दृश्य¹ *(dṛśyā)* वि. visible; spectacular; visual.

दृश्य² *(dṛśyā)* पु. scene; spectacle; scenery; sight.

दृश्यता *(dṛśyāta)* स्त्री. visulality; visibility.

दृष्टांत *(drāstānt)* पु. example; instance; illustration; (in rhet.) a figure of speech in which an assertion or statement is illustrated by example.

दृष्टा *(drāstā)* पु. seer.

दृष्टि *(dṛṣṭi)* स्त्री. eye-sight; vision.

दृष्टिकोण *(dṛṣṭikon)* पु. point of view.

दृष्टिगत *(dṛṣṭigat)* वि. seen; perceived; viewed.

दृष्टिगोचर *(drṣṭi-gočar)* वि. visible; perceptible.

दृष्टिपात *(dṛṣṭi-pāt)* पु. look; glance; act of seeing.

दृष्टिहीन *(dṛṣṭi-hin)* वि. nerve blind.

देखना *(dekhnā)* स. क्रि. to see; to look; to observe; to perceive; to search; to feel (as pulse); to supervise; to manage; to weigh well; to consider.

देखभाल, देखरेख *(dekh-bhāl)* स्त्री. care; supervision; observation.

देदीप्यमान *(dedīpyamān)* वि. shining intensely; resplendent; brilliant.

देन *(den)* स्त्री. act of giving; gift; contribution.

देनदार *(dendār)* पु. debtor.

देनदारी *(dendāri)* स्त्री. liability; indebtedness.

देना *(denā)* स. क्रि. to give; to grant; to lay (eggs); to pay (a debt etc.); to confer; to bestow; to entrust; to assign.

देय¹ *(dey)* पु. worth-giving; to be paid; payable; due.

देय² *(dey)* पु. dues.

देयता *(deyatā)* स्त्री. indebtedness; liability.

देर *(der)* स्त्री. delay; period of time; a long while.

देरी *(derī)* स्त्री. delay.

देव *(dev)* पु. deity; god; a respectable person; a huge fellow of thing.

देवता *(devatā)* पु. deity; a god; divinity; image of a deity; idol.

देवत्व *(devatvā)* पु. godhood; godliness; divinity.

देवदार *(devdār)* पु. devdar; cedar.

देवदासी *(devdāsī)* स्त्री. temple dancer; dancing girl dedicated to a deity.

देवदूत *(devdūt)* पु. angel.

देवर *(devar)* पु. husband's younger brother.

देवरानी *(devrānī)* स्त्री. wife of husband's younger brother.

देवलोक *(devlok)* पु. abode of gods.

देववाणी *(dev-vāni)* स्त्री. oracle; Sanskrit; language of gods.

देवसभा *(davsabhā)* स्त्री. pantheon.

देवस्थान *(devsthān)* पु. abode of gods; temple.

देवांगना *(davāṁganā)* स्त्री. god's spouse; a celestial damsel; goddess.

देवालय *(davālay)* पु. temple; pagoda;

देवी *(devī)* स्त्री. a female deity; a respectful title applied to a lady.

देश *(deś)* पु. place; region; country; part; portion; province; protion of a body or region.

देशत्याग *(deś-tyāg)* पु. expatriation.

देशद्रोह *(deś-droh)* पु. treason.

देशद्रोही *(deś-drohi)* पु. traitor; fifth columnist.

देश-निकाला *(deś-nikālā)* पु. expatriation; exile; banishment.

देशप्रेम *(deś-prem)* पु. patriotism.

देशप्रेमी[1] *(deś-premi)* पु. patriot.

देशप्रेमी[2] *(deś-premi)* वि. patriotic.

देशभक्त *(deś-bhakt)* पु. patriot.

देशभक्ति *(deś-bhakti)* स्त्री. patriotism.

देशवासी *(deś-vāsi)* पु. compatriot.

देशांतर *(deśāntar)* पु. another country; longitude.

देशांतरण *(deśāntran)* पु. migration; transmigration.

देशांतरित *(deśāntarit)* वि. transmigrated.

देशाटन *(deśātan)* पु. roaming or wandering through a country; touring in a country or countries.

देशी *(deśī)* वि. belonging to a province; local; indigenous.

देशीय *(deśīya)* वि. domestic; native.

देसावर *(desāvar)* पु. foreign country; place from which goods are sent for.

देसावरी *(desāvarī)* वि. of or belonging to a foreign country; imported.

देह *(deh)* स्त्री. body.

देहांत *(dehānt)* पु. death.

देहात *(dehāt)* पु. village.

देहाती[1] *(dehātī)* वि. rural; pertaining to a village; rustic; uncivilized.

देहाती[2] *(dehātī)* पु. villager.

देहावसान *(dehāvasān)* पु. death demise.

दैत्य *(daityā)* पु. demon. evil spirit.

दैनिक *(dainik)* वि. daily; diurnal.

दैनिकी *(dainikī)* स्त्री. daily diary.

दैन्य *(dainyā)* पु. poverty; indigent; humbleness; meekness; depression; miserable state.

दैव *(daiv)* पु. fate; destiny; luck; fortune.

दैवयोग *(daivyog)* पु. accident; chance.

दैशिक *(daiśik)* वि. relating to the country; indigenous.

दैहिक *(daihik)* वि. physical; corporeal.

दोआब *(doāb)* पु. tract of country between two rivers.

दोग़ला *(doglā)* वि. cross-bred; hybrid.

दोज़ख़ *(dozakh)* पु. (फ़ा.) hell.

दो तरफ़ा *(do-tarfa)* see दुतरफ़ा

दोनों *(donoṁ)* सर्व. वि. both.

दोमट *(domat)* स्त्री. loam.

दोयम *(doyam)* वि. (फ़ा.) second rate; second (in order of merit).

दोलक *(dolak)* पु. pendulum; oscillator.

दोष *(doś)* पु. defect; fault; demerit; crime ; sin; guilt; blame; blemish; weak-point; error.

दोषपूर्ण *(dośpürna)* वि. defective; faulty.

दोषमुक्त *(doś-mukta)* वि. guiltless; acquitted.

दोषमुक्ति *(dośmukti)* स्त्री. acquittal.

दोषारोपण *(dośāropan)* पु. accusation; charge.

दोषी[1] *(doṣi)* वि. faulty; defective; wicked; guilty.

दोषी[2] *(doṣī)* पु. sinner; guilty person; one who is at fault.

दोस्त *(dost)* पु. (फ़ा.) friend.

दोस्ताना[1] *(dostānā)* पु. (फ़ा.) friendship; friendliness.

दोस्ताना[2] *(dostānā)* पु. (फ़ा.) friendly; worthy of a friend.

दोस्ती *(dosti)* स्री. (फा.) friendship; amity.

दोहरा *(dohrā)* वि. bouble; having two folds; dual.

दोहा *(dohā)* पु. couplet.

दौड़ *(daur̤)* स्री. race.

दौड़ना *(daur̤anā)* (अ.) क्रि. to run; to run about.

दौड़ाना *(daur̤ānā)* स. क्रि. to cause to run; to run (brush etc.)

दौर *(daur)* पु. going round; moving in a circle; round (of wine etc.)

दौरा *(daurā)* पु. going round; a revolution; a turn; tour; fit; attack of a disease.

दौरान *(daurān)* पु. (अ.) duration; period.

दौलत *(daulat)* स्री. wealth; riches; opulence; good fortune; prosperity; happiness.

दौलतख़ाना *(daulatkhānā)* पु. (अ.) residence.

दौलतमंद *(daulatmand)* वि. (अ.) wealthy; opulent; rich; prosperous.

दौहित्र *(douhitrā)* पु. daughter's son; grandson.

द्युति *(dyuti)* स्री. light; brightness; splendour; radiance; lustre.

द्युत *(dyūt)* पु. gambling.

द्युतक्रीड़ा *(dyūt-krirā)* स्री. gambling.

द्योतक *(dyotak)* वि. bringing into light; making clear; significant; indicative; exponent.

द्योतन *(dyotan)* पु. indication; signification.

द्रव *(drav)* पु. fluid; liquid; liquid substance.

द्रवण *(dravaṇ)* पु. melting.

द्रवणांक *(dravanānk)* पु. melting point.

द्रवता *(dravatā)* स्री. liquidity; fluidity.

द्रवित *(dravit)* वि. melted; liquified; moved (by emotion).

द्रव्य *(dravya)* पु. thing; material; matter; elementary substance, any possession; wealth; goods; property; money.

द्रष्टव्य *(draśtavya)* वि. visible; perceptible; pleasing to sight; lovely; beautiful.

द्रष्टा *(draśtā)* पु. spectator; witness; viewer.

द्राक्षा *(drākṣā)* स्री. grape; vine.

द्रुत *(drut)* वि. quick; swift; speedy; dissolved; melted.

द्रुतगामी *(drutgāmi)* वि. fast moving; quick; light-footed.

द्रोह *(droh)* पु. malice; hostility.

द्रोही *(drohi)* वि. hostile; disloyal; treacherous; perfidious.

द्वंद्व *(dvandva)* पु. pair; couple; duel; pair of conflicting ideas; thoughts and tendencies; struggle; strife.

द्वंद्व युद्ध *(dvandva-yudh)* पु. duel fighting.

द्वंद्वात्मक *(dvandvātmak)* वि. conflicting.

द्वार *(dvār)* पु. door; gate entrance; an aperture of the human body; opening.

द्वारपाल *(dvārpāl)* पु. porter; gatekeeper.

द्वारा *(dvārā)* क्रि. वि. through; through the medium or agency (of).

द्विगुणित *(dvigunit)* वि. doubled.

द्विज *(dvija)* पु. Brahman religious man.

द्वित्व *(dvitva)* पु. duplication; repetition; duplication of a consonant in a word.

द्विपक्षी, द्विपक्षीय *(dvi-pakshi)* वि. bilateral; dipartite.

द्विरूक्ति *(dvi-rukti)* स्त्री. repetition; reiteration.

द्विवार्षिक *(dvi-varśik)* वि. biennial.

द्विविध *(dvi-vidh)* वि. of two kinds of types.

द्विविधा *(dvi-vidhā)* स्त्री. dilemma; suspense; uncertainty; quandary.

द्वीप *(dvip)* पु. island; isle.

द्वेष *(dveś)* पु. malice; spite; malignity hostility; hatred; malevolence.

द्वेषपूर्ण *(dveś-pūran)* वि. malicious.

द्वेषी *(dveśi)* वि. malicious; hostile; inimical.

द्वैत *(dvait)* पु. duality; duplicity; discrimination; pair; couple; dualism.

ध

ध *(dha)* the fourth letter of the fourth pentad of the Devnagri alphabets.

धंधा *(dhandhā)* पु. occupation; vocation; business; trade; work in general.

धँसना *(dhaṁsnā)* (अ.) क्रि to sink; to pierce; to stick; to enter; to run (into); to penetrate.

धँसाना *(dhaṁsānā)* स. क्रि. to cause to sink; to pierce; to stick; to thrust.

धक *(dhak)* स्त्री. palpitation.

धकापेल[1] *(dhakāpel)* स्त्री. shoving and pushing; jostling.

धकापेल[2] *(dhakāpel)* क्रि. वि. vigorously; vehemently.

धकियाना *(dhakiyānā)* स. क्रि. to push about; to thrust ahead.

धकेलना *(dhakelnā)* स. क्रि. to shove; to push; to jostle.

धक्कमधक्का *(dhakkamdhakkā)* पु. shoving and pushing; jostling.

धक्का *(dhakkā)* पु. push; shock; jog; jolt; loss; damage; setback.

धज्जी *(dhajjī)* स्त्री. strip; shred; rag; tatter.

धड़ *(dhar)* पु. trunk (of the body); body; stem; trunk (of the tree).

धड़कन *(dharkan)* स्त्री. palpitation; throb; pulsation.

धड़कना *(dharkanā)* (अ.) क्रि. to throb; to palpitate.

धड़काना *(dharkānā)* स. क्रि. to frighten; to alarm; to terrify; to cause to beat or palpitate.

धड़धड़ाना *(dhardharānā)* (अ.) क्रि. to make a rattling or banging sound; to knock at the door violently.

धड़ल्ले से *(dharalle-se)* क्रि. वि. fearlessly; without hesitation or hitch.

धड़ा *(dharā)* पु. counter-balance; counter balancing weight; tare; weight of five seers; faction; block; bloc.

धड़ाधड़ *(dharādhar)* क्रि. वि. one after another; in quick succession; incessantly; with the quick succession of rattling sounds; quickly with loud report; with a crash.

धड़ाबंदी *(dharābandi)* स्त्री. counterpoise; counterbalancing; factionalism.

धड़ाम *(dharām)* स्त्री. crash; thud.

धतूरा *(dhatūrā)* पु. stramonium.

धधकना *(dhadhakanā)* (अ.) क्रि. to burn fiercely; to flare up.

धधकाना *(dhadhakārā)* स. क्रि. to cause to blaze of flare up.

धन *(dhan)* पु. property; wealth; money; capital; plus.

धनराशि *(dhanrāsi)* स्त्री. amount; sum.

धनवान *(dhan-vān)* वि. rich; wealthy.

धनाढ्य *(dhanadhya)* वि. opulent; rich; wealthy.

धनादेश *(dhanādes)* पु. money-order; draft (issued by bank).

धनिक *(dhanik)* वि. rich; wealthy.

धनिकतंत्र *(dhaniktantra)* पु. plutocracy.

धनिया *(dhaniyā)* पु. coriander seed.

धनी *(dhani)* वि. rich; opulent; wealthy.

धनु *(dhanu)* पु. bow; ninth sign of the zodiac.

धनुर्धर *(dhanurdhar)* पु. archer; bowman.

धनुष *(dhanus)* पु. bow; arch.

धन्य¹ *(dhanya)* (अ.) 'well done'; 'bravo'; fortunate ! what happiness!.

धन्य² *(dhanya)* वि. blessed; fortunate; lucky; happy; praiseworthy.

धन्यवाद *(dhanyavād)* पु. expression of gratitude; thanks.

धब्बा *(dhabbā)* पु. stain; blot; stigma; slur; blemish.

धम *(dham)* स्त्री. thud.

धमकाना *(dhamkānā)* (अ.) क्रि. to threaten; to menace; to intimidate.

धमकी *(dhamki)* स्त्री. threat; menace.

धमन-भट्टी *(dhaman-bhattī)* स्त्री. blast furnace.

धमाका *(dhamāka)* पु. explosion; crack; crash; blast.

धमाचौकड़ी *(dhamācaukri)* स्त्री. noise; tumult; bustle; turmoil; gambol; frolic.

धरती *(dharti)* स्त्री. the earth; ground; land; soil.

धरना¹ *(dharnā)* स. क्रि. to place; to put; to keep; to catch; to seize; to apprehend; to hold; to pledge.

धरना² *(dharnā)* पु. sitting doggedly to enforce compliance of a demand.

धरपकड़ *(dhar-pakar)* स्त्री. mass arrests.

धरा *(dharā)* स्त्री. the earth.

धरातल *(dharātal)* पु. surface of the earth; surface.

धराशायी *(dharāsāyi)* वि. fallen on the ground; razed to the ground; fallen flat.

धरित्री *(dharitrī)* स्त्री. the earth.

धरोहर *(dharōhar)* स्त्री. deposit; trust (money or article); inheritance; inherited property etc.

धर्म *(dharm)* पु. essential or inherent quality; attribute; duty; prescribed course of conduct; religion.

धर्मग्रंथ *(dharm-granth)* पु. sacred book or scripture.

धर्मच्युत *(dharm-cyut)* वि. deviated from religion or duty.

धर्मज्ञ *(dharmajna)* वि. well-versed in theology.

धर्म-तंत्र *(dharm-tantra)* पु. theocracy.

धर्मनिंदा *(dharm-nindā)* स्त्री. blasphemy.

धर्मनिरपेक्ष *(dharm-nirpeksha)* वि. secular.

धर्मनिरपेक्षता *(dharm-nirpekśtā)* स्त्री. secularism.

धर्मनिष्ठ *(dharm-niśth)* वि. religious minded; devout.

धर्मनिष्ठा *(dharm-nisthā)* स्त्री. piety; devotedness; religious faith.

धर्मपत्नी *(dharm-patni)* स्त्री. lawful wife.

धर्मपरायण *(dharm-parāyan)* वि. religious; religious-minded; devout.

धर्मपरायणता *(dharm-parāyanatā)* स्त्री. religiousity.

धर्मभीरू *(dharm-bhirū)* वि. god-fearing; scrupulous.

धर्मयुद्ध *(dharm-yuddha)* पु. religious war; crusade.

धर्मशाला *(dharmsālā)* स्त्री. inn; hostelry.

धर्मशास्त्र *(dharm-śāstra)* पु. theology.

धर्मांध *(dharmāndh)* वि. fanatic.

धर्मांधता *(dharmāndhatā)* स्त्री. fanaticism; bigotry.

धर्माडंबर *(dharmādambar)* पु. religiosity.

धर्मात्मा¹ *(dharmātmā)* वि. religious; pious; righteous; saintly.

धर्मात्मा² *(dharmātmā)* पु. good or noble person; virtuous man; saint.

धर्मार्थ *(dharmārtha)* वि. charitable.

धर्मिणी *(dharminī)* स्त्री. wife.

धर्मोपदेश *(dharmopadeśa)* पु. sermon; religious discourse; catechesis.

धर्मोपदेशक *(dharmopadeshak)* पु. religious preacher; ecclesiast.

धवल *(dhaval)* वि. white; clean; unsullied; bright.

धवलता *(dhavaltā)* स्त्री. whiteness; brightness; clearness; fairness.

धसक *(dhasak)* स्त्री. depression; sagging; sinking; pungent smell emitted by dry leaf; chillies etc.

धसकन *(dhaskan)* स्त्री. depression; sagging; sinking.

धसकना *(dhaskanā)* अ. क्रि. to be depressed; to sag; to feel jealous.

धसका *(dhaskā)* पु. a disease of lungs (in animals); dry cough; bronchitis.

धसना *(dhasanā)* अ. क्रि. to be ruined or destroyed; to sink; to penetrate.

धाँधली *(dhāṁdhli)* स्त्री. chaotic condition; disorder; trick; cheating; arbitrary conduct; arbitrariness.

धाक *(dhāk)* स्त्री. sway; control; awe.

धाकड़ *(dhākar)* वि. daring; dashing; bold; dauntless; influential; commanding.

धागा *(dhāgā)* पु. thread.

धातु *(dhātu)* स्त्री. metal; constituent element or essentail ingredient of the body; verbal root.

धातु-विज्ञान *(dhātu-vijnān)* पु. metallurgy.

धान *(dhān)* पु. rice in the husk; paddy; rice-plant.

धानी *(dhānī)* वि. light green.

धान्य *(dhānya)* पु. cereal.

धान्यागार *(dhānyāgār)* पु. granary; barn.

धाम *(dhām)* पु. a dwelling place; abode; residence; seat of a deity; place of pilgrimage; sacred place.

धार *(dhār)* स्त्री. flow; stream; current; sharp edge.

धारक *(dhārak)* पु. holder; bearer; debter

धारण *(dhāran)* पु. holding; bearing; wielding; wearing; keeping; maintenance; retention.

धारणा *(dhāranā)* स्त्री. idea; view; concept; notion; impression; power of retention; receptive power of mind.

धारदार *(dhārdār)* वि. sharp.

धारा *(dhārā)* स्त्री. stream; current; line of descending fluid; flow; continuous line or series.

धाराप्रवाह *(dhārāpravāh)* वि. fluent; non-stop; incessant.

धारी *(dhāri)* स्त्री. stripe; line.

धारीदार *(dhāridār)* वि. lined; streaked; striped.

धार्मिक *(dhārmik)* वि. religious; pious; pertaining to religion; scriptural; theological.

धावा *(dhāvā)* पु. sortie; attack; assault; raid; charge.

धिक्कार *(dhikkār)* पु. reproach; censure; curse; condemnation.

धिक्कारना *(dhikkārnā)* स. क्रि. to reproach; to censure; to curse; to damn.

धींगामुश्ती *(dhimga-musti)* स्त्री. dealing; high handedness.

धीमा *(dhīmā)* वि. slow; faint; dim; dull; tardy; slow; lazy; inactive; gentle; mild; soft.

धीमे *(dhīme)* क्रि. वि. slowly; mildly; in a low tone.

धीर¹ *(dhīr)* वि. patient; firm; grave; sober; strongminded; steady; resolute.

धीर² *(dhīr)* पु. consolation; solace; patience.

धीरज *(dhiraj)* पु. patience; fortitude; steadiness; consolation; composure.

धीरता *(dhiratā)* स्त्री. patience; fortitude; composure.

धीरे *(dhīre)* क्रि. वि. slowly; mildly.

धीरे-धीरे *(dhīre-dhīre)* क्रि. वि. slowly; mildly.

धुंध *(dhundh)* स्त्री. haze; dimness; mist; fog; dust cloud; dimsightedness; purblindness.

धुँधलका *(dhuṁdhalkā)* पु. twilight; darkishness.

धुँधला *(dhumdhalā)* वि. hazy; misty; foggy; darkish; smoky; blurred; vague; dull; dim.

धुँधुलाना *(dhuṁdhlānā)* (अ.) क्रि. to 'be hazy; misty or foggy; to become dull or dim; to be blurred.

धुँधलापन *(dhuṁdhlāpan)* पु. haziness; dimness.

धुआँ *(dhuāṁ)* पु. smoke.

धुआँधार *(dhuaṁdhār)* वि. torrential; violent; fluent; eloquent; incessant and excessive.

धुकर-पुकर *(dhukar-pukar)* स्त्री. suspense; palpitation.

धुत *(dhut)* वि. steeped; stupefied; besotted; intoxicated.

धुन *(dhun)* स्त्री. assiduity; application perseverance; ardent desire; ardour; mania; fad; craze.

धुनना *(dhunnā)* स. क्रि. to card or comb; to beat thoroughly.

धुनाई *(dhunāi)* स्त्री. carding; combing; wages of carding; beating;

thrashing.

धुरंधर *(dhurandhar)* वि. pre-eminent; learned; leading; foremost; chief.

धुरा *(dhurā)* प. axle.

धुलना *(dhulnā)* (अ.) क्रि. to be washed or cleansed; to become free of blemishes.

धुलवाना *(dhulvānā)* स. क्रि. to get washed; to have cleansed.

धुलवाई *(dhulvāī)* स्त्री. work of getting something washed; charges paid for washing.

धुलाई *(dhulāī)* स्त्री. washing; a wash; washing charges.

धुलाना *(dhulānā)* स. क्रि. to cause to be washed or cleaned; to get (a thing) washed.

धुनी *(dhūnī)* स्त्री. fire lit by a Hindu ascetic; burning of incense; fumigation.

धूप[1] *(dhūp)* स्त्री. sunlight; sunshine; heat of the sun.

धूप[2] *(dhūp)* स्त्री. incense; a fragrant substance.

धूप-घड़ी *(dhūp-ghari)* स्त्री. sundial.

धूपदान *(dhūpdān)* पु. incense pot; incensory.

धूपदानी *(dhūpdāni)* स्त्री. small censer; incensory.

धूम *(dhūm)* स्त्री. bustle; tumult; celebrity; display; pomp; fanfare; fame; eclat; boom.

धूमकेतु *(dhūm-ketu)* पु. leg comet.

धूमधाम *(dhūm-dhām)* स्त्री. pomp and show; eclat; fanfare.

धूमिल *(dhūmil)* वि. dim; blurred; vague; smoky; smoke-coloured.

धूम्र *(dhūmra)* पु. smoke.

धूम्रपान *(dhumrapan)* पु. smoking.

धूर्त[1] *(dhūrt)* पु. cheat; knave; rascal; rogue.

धूर्त[2] *(dhūrt)* वि. deceitful; roguish.

धूर्तता *(dhūrtatā)* स्त्री. knavery; fraudulence; cunningness; cheating; rascality; roguery.

धूल *(dhūl)* स्त्री. dust.

धूसर *(dhūsar)* वि. dust-coloured; grey; dusty.

धृष्ट *(dhrst)* वि. impudent; shameless; insolent; arrogant.

धृष्टता *(dhusṛatā)* स्त्री. impudence; insolence; arrogance; audacity.

धैर्य *(dhairya)* पु. patience; fortitude; steadiness; firmness.

धैर्यवान *(dhairyvān)* वि. patient.

धोखा *(dhokhā)* पु. fraud; cheating; deception; delusion; blunder; mistake; false appearance.

धोखा-धड़ी *(dhokhā-dhari)* स्त्री. fraud; deception; sharp practice.

धोखेबाज़ *(dhokhe-bāz)* वि. deceitful.

धोखेबाज़ी *(dhokhe-bāzi)* स्त्री. deceit; fraud; imposture; cheating.

धोती *(dhoti)* स्त्री. loose garment for legs cotton saree.

धोना *(dhonā)* स. क्रि. to wash; to cleanse; to launder; to remove.

धोबिन *(dhobin)* स्त्री.washerwoman; launderess; washerman's wife.

धोबी *(dhobī)* पु. washerman; launderer.

धौंकनी *(dhauṁkanī)* स्त्री. bellows; blower; blow-pipe.

धौंस *(dhauṁs)* स्त्री. threat; bluster; awesome demeanour; brow-beating; over-whelming influence; awe; sway.

धौल-धप्पड़ *(dhaul-dhapper)* पु. slapping and boxing; exchange of blows.

ध्यान *(dhyān)* पु. attention; advertency; heed; thinking;

reflection. consideration; care; meditation; contemplation; concentration of mind.

ध्रुव *(dhruv)* वि. firm; resolute.

ध्रुवतारा *(dhruv-tārā)* पु. pole star.

ध्रुवीकरण *(dhruvkaran)* पु. polarisation.

ध्रुवीय *(dhruvīya)* वि. polar.

ध्वंस *(dhvams)* पु. destruction; demolition; ruin; devastation; sabotage.

ध्वंसक *(dhvaṁsak)* पु. destroyer; devastator.

ध्वंसन *(dhvaṁsan)* पु. destruction; devastation.

ध्वंसात्मक *(dhvaṁsātmak)* वि. destructive.

ध्वंसावशेष *(dhvansāvśeśa)* पु. wreckage; rubble; ruins; remains; debris.

ध्वज *(dhvaj)* पु. flag; banner.

ध्वजा *(dhvajā)* स्त्री. flag; banner.

ध्वजारोहण *(dhvajārohan)* पु. hoisting of a flag.

ध्वनि *(dhvani)* स्त्री. sound; echo; voice; implied meaning; suggested sense.

ध्वनित *(dhvanit)* वि. sounded; implied; suggested; hinted.

ध्वनिरोधी *(dhvanirodhi)* वि. sound-proof.

ध्वनि-विज्ञान *(dhvani-vijnān)* पु. phonetics; phonology; acoustics.

ध्वन्यात्मक *(dhvanayātmak)* वि. phonetic.

ध्वन्यार्थ *(dhvanyārtha)* पु. suggested meaning; implied sense.

ध्वस्त *(dhvast)* वि. fallen; ruined; dilapidated; destroyed; devastated.

न

न *(na)* the fifth letter of the fourth pentad of the Devnagri alphabets.

नंग-धड़ग *(nang-dharang)* वि. stark naked; nude.

नंगा *(naṅgā)* वि. naked; nude; bare; uncovered; without ornament.

नंगापन *(naṅgāpan)* पु. shamelessness; nakedness.

नंदलाल *(nand-lāl)* पु. Lord Krishna.

नंदिनी *(nandinī)* स्त्री. daughter; goddess Durga; the Ganges.

नंदी *(nandī)* वि. speaker of a prelude or benediction in drama; name of the door-keeper of Shiva; his chief attendant; or of the bull which he rides.

नंदोई *(nandoī)* पु. the husband of husband's sister.

नंबरी *(numbarī)* वि. notorious; bearing a number; numbered.

नककटा, नकटा *(nakkatā)* वि. noseclipt; noseless; flatnosed; snubnosed; shameless.

नकचढ़ा *(nakcaṛhā)* वि. fastidious; peevish; illtempered.

नक़द *(naqad)* पु. cash money.

नक़दी *(naqdī)* स्त्री. cash money; ready money; hard cash.

नक़ब *(naqab)* स्त्री. (अ.) house-breaking; burglary.

नक़ल *(naql)* स्त्री. (अ.) imitation; copy; duplicate transcript; mimicry.

नक़लची *(naqalcī)* पु. (अ.) one who copies by unfair means; imitator; mimic.

नक़ली *(naqlī)* वि. (अ.) imitated; imitation; fabricated; spurious; artificial; counterfeit; false; fake; dummy.

नक़ाब *(naqāb)* स्त्री. mask; veil; visor; vizard.

नकारना *(nakārnā)* स. क्रि. to negate; to deny; to refuse; to rejected to dishonour (a cheque).

नकारात्मक *(nakārātmak)* वि. negative; implying refusal or denial.

नकेल *(nakel)* स्त्री. nose-string; nose halter.

नक़्क़ारख़ाना *(naqqārkhānā)* पु. (फ़ा.) kettle-drum chamber.

नक़्क़ारची *(naqqārcī)* पु. (फ़ा.) kettle-drummer.

नक़्क़ाल *(naqqāl)* पु. (अ.) cheat; imitator; mimic; mimicker.

नक़्क़ाशी *(naqqāsī)* स्त्री. (अ.) carving; engraving.

नक़्शा *(naqśā)* पु. (अ.) map; mode; pattern; structure; design; plan; sketch; draft; chart.

नक़्शानवीस *(naqsā-navis)* पु. draftsman.

नक़्शानवीसी *(naqsā-navisi)* स्त्री. draftmanship.

नक्षत्र *(nakśatra)* पु. star.

नक्षत्र-विद्या *(nakśatra-vidyā)* स्त्री. astronomy.

नख *(nakh)* पु. nail; a pear-like fruit.

नख़रा *(nakhrā)* पु. (फ़ा.) coquetry; feminine airs and graces; unwillingness.

नख़रेबाज़ *(nakhrebāz)* वि. (फ़ा.) coquettish.

नख़लिस्तान *(nakhalistān)* वि. (फ़ा.) oasis.

नग *(nag)* पु. precious stone; gem; jewel; mountain; piece; article.

नगर *(nagar)* पु. city; town.

नगर-निगम *(nagar-nigam)* पु. municipal corporation.

नगर-निगमाध्यक्ष *(nagar-nigamādhyaksh)* पु. mayor.

नगर-निवासी *(nagar-nivāsi)* पु. citizen.

नगरपालिका *(nagar-pālikā)* स्त्री. municipality.

नगर-प्रमुख *(nagar-pramukh)* पु. mayor.

नगरवासी *(nagar-vāsi)* पु. inhabitant of a city; citizen.

नगरीकरण *(nagarikaran)* पु. urbanisation.

नगरीय *(nagarīya)* वि. urban; of or pertaining to the city.

नगाड़ा *(nagārā)* पु. kettle drum.

नगीना *(nagīnā)* पु. precious stone; gem; jewel.

नग्न *(nagna)* वि. naked; nude; bare; uncovered.

नग्नता *(nagnatā)* स्त्री. nakedness; nudeness; shamelessness.

नचाना *(nacānā)* स. क्रि. to cause to dance; to make (one) dance; to spin (a top; etc.)

नज़दीक *(nazdik)* क्रि.वि. near; in the vicinity.

नज़र *(nazar)* स्त्री. (अ.) sight; eyesight; vision; look; glance.

नज़रबंद[1] *(nazarband)* वि. (अ.) under detention.

नज़रबंद[2] *(nazarband)* पु. (अ.) internee; detenu.

नज़रबंदी *(nazarbandi)* स्त्री. (अ.) detention; internment.

नज़राना *(nazrānā)* पु. gift; present.

नज़रिया *(nazariyā)* पु. view point.

नज़ला *(nazlā)* पु. (अ.) catarrah; cold.

नज़ाकत *(nazākat)* स्त्री. (फ़ा.) tenderness; delicacy; elegance; grace.

नजात *(nazāt)* स्त्री. (फ़ा.) liberation; riddance; deliverance; salvation.

नज़ारा *(nazārā)* पु. (अ.) scene; sight; view; spectacle.

नज़्म *(nazm)* स्त्री. (अ.) poem; verse.

नट *(nat)* पु. actor; acrobat.

नटखट *(naṭkhaṭ)* वि. naughty; mischievous.

नटी *(nati)* स्त्री. actress; wife of the stage-manager.

नत *(nat)* वि. bent; curved; tilted; bowed.

नति *(nati)* स्त्री. bend; curvature; inclination; bias; modesty; humbleness.

नतीजा *(natījā)* पु. (फ़ा.) result; consequence; effect; conclusion.

नत्थी *(nathī)* वि. tagged; attached.

नथ *(nath)* स्त्री. nose-ring.

नथना[1] *(nathna)* (अ.) क्रि. to be tagged; to be pierced.

नथना[2] *(nathnā)* पु. nostril.

नथनी *(nathnī)* स्त्री. small nose-ring.

नद *(nad)* पु. a big river.

नदी *(nadī)* स्त्री. river.

ननद *(nanad)* स्त्री. husband's sister.

ननदोई *(nandoi)* पु. husband of the husband's sister.

ननसाल *(nanasāl)* स्त्री. mother's paternal home.

ननिहाल *(nanihāl)* स्त्री. the house or family of maternal grandfather.

नन्हा *(nanhā)* वि. small; tiny; little; young.

नपना *(napnā)* पु. measuring device.

नपुंसक[1] *(napuṁsak)* पु. hermaphrodite (neither man nor woman); eunuch; impotent person.

नपुंसक[2] *(napuṁsak)* वि. impotent; cowardly; neuter (gender).

नपुंसकता *(napuṁsaktā)* स्त्री. impotency; cowardliness; unmanliness; being a eunuch.

नफ़रत *(nafrat)* स्त्री. (अ.) contempt; disgust; hatred.

नफ़ा *(nafā)* पु. (अ.) profit; gain.

नफ़ासत *(nafāsat)* स्त्री. (अ.) delicacy; refinement; sophistication.

नफ़ीरी *(nafīrī)* स्त्री. (फ़ा.) clarinet.

नफ़ीस *(nafīs)* वि. (अ.) nice; fine; excellent; exquisite; dainty.

नब्ज़ *(nabz)* स्त्री. (अ.) pulse.

नभ *(nabh)* पु. sky; firmament.

नभचर[1] *(nabhčar)* वि. sky-faring.

नभचर[2] *(nabhčar)* पु. one who moves in the sky; bird.

नम *(nam)* वि. moist; damp; wet.

नमक *(namak)* पु. (फ़ा.) salt.

नमकहराम *(namak-haram)* वि. ungrateful; disloyal.

नमकहरामी *(namak-harāmi)* स्त्री. (फ़ा.) imgratitude; ungratefulness.

नमकहलाल *(namak-halāl)* वि. (फ़ा.) grateful; faithful; loyal.

नमकहलाली *(namak-halāli)* स्त्री. (फ़ा.) gratitude; gratefulness; loyalty.

नमकीन *(namkīn)* वि. salty; saltish; salted; saline; brackish.

नमन *(naman)* पु. bending; flexure; deference; salutation; obeisance.

नमनीय *(namaniya)* वि. flexible; worthy of respect; respectable;

adorable; elastic.

नमस्कार *(namaskār)* पु. salutation; obeisance.

नमस्ते *(namaste)* स्त्री. a term of greeting or salutation.

नमाज़ *(namāz)* स्त्री. (फ़ा.) formal prayer (offered by muslims).

नमाज़ी *(namāzi)* पु. (फ़ा.) one meticulously regular in prayer; a devout Muslim.

नमित *(namit)* वि. bowed; bent down; caused to stoop.

नमी *(namī)* स्त्री. moisture; dampness; humidity.

नमीदार *(namīdār)* वि. humid; moist.

नमूना *(namūnā)* पु. (फ़ा.) specimen; sample; pattern; model; design; example; ideal.

नम्य *(namya)* वि. flexible; elastic.

नम्यता *(namyata)* स्त्री. plasticity; elasticity; flexibility.

नम्र *(namr)* वि. modest; humble; meek.

नम्रता *(namratā)* स्त्री. modesty; humility; meekness; politeness.

नम्रतापूर्ण *(namratāpūrna)* वि. humble; modest.

नम्रतापूर्वक *(namratāpūrvak)* क्रि. वि. humbly; meekly; submissively.

नय *(nay)* पु. policy; diplomacy; humility; farsightedness; leadership.

नयन *(nayan)* पु. eye.

नयनाभिराम *(nayanābhirām)* वि. lovely to behold; charming; beautiful; attractive.

नया *(nayā)* वि. new; novel; recent; fresh; unused; inexperienced; modern; unacquainted.

नयापन *(nayāpan)* पु. newness; novelty.

नर *(nar)* पु. man; male.

नरक *(narak)* पु. hell; infernal region; inferno; dirty and obnoxious place.

नरकुल *(narkul)* पु. reed.

नरगिस *(nargis)* स्त्री. (फ़ा.) narcissus plant and its flower.

नरम *(narm)* वि. soft; gentle; delicate; kind; merciful; moderate.

नरमी *(narmī)* स्त्री. softness; gentleness; kindness; moderateness.

नरहत्या *(nar-hatyā)* स्त्री. homicide; genocide.

नरेश *(naresa)* पु. king; prince.

नरोत्तम *(narottam)* पु. superhuman.

नर्क *(narak)* पु. hell; infernal region.

नर्तक *(nartak)* पु. male dancer.

नर्तकी *(nartakī)* स्त्री. female dancer.

नर्तन *(nartan)* पु. dance.

नर्म, नरम *(naram)* वि. (फ़ा.) soft; flexible; delicate; tender; mild; gentle; polite.

नर्मी, नरमी *(narmi)* स्त्री. softness; tenderness; mildness; politeness.

नल *(nal)* पु. pipe; tube; water-pipe; hydrant.

नलकी *(nalkī)* स्त्री. narrow pipe; tube; tubule.

नलकूप *(nalkūpa)* पु. tube-well.

नलकी *(nalakī)* स्त्री. tube; tubule. conduit; quiver.

नलिनी *(nalini)* स्त्री. lotus; lily.

नली *(nali)* स्त्री. tube; pipe; barrel (of gun); spout.

नवजात *(navjāt)* वि. newly born; nascent.

नवनीत *(navnit)* पु. butter.

नवम *(navam)* वि. ninth.

नवयुवक *(nava-yuvak)* पु. young man.

नवयुवती *(nava-yuvati)* स्त्री. young woman.

नवयौवन *(vava-yauvan)* पु. prime of youth.

नवयौवना *(nava-yauvanā)* स्त्री. girl just grown up to puberty; young woman.

नवागत *(navāgat)* वि. recently arrived; newcomer; guest.

नवाना *(navānā)* स. क्रि. to bend; to bow; to cause to submit.

नवाब *(navāb)* पु. (अ.) Muslim nobleman or ruler; baron; title of some Muslim rulers; aristocrat.

नवाबी[1] *(navābi)* वि. (अ.) relating to a Nawab; aristocratic.

नवाबी[2] *(navābi)* स्त्री. luxurious and lavish living; arbitrary conduct in the manner of a nawab.

नवासा *(navāsā)* पु. daughter's son.

नवीकरण *(navīkaran)* पु. renewal; renovation; rejuvenation.

नवीन *(navin)* वि. new; novel; original.

नवीनतम *(navīntam)* वि. latest; most modern.

नवीनता *(navīnatā)* स्त्री. newness; novelty; freshness; modernity; modernism.

नवीनीकरण *(navīnīkaran)* पु. renewal; rejuvenation.

नवोदा *(navodā)* स्त्री. a newly married woman; a bride.

नवोदित *(navodit)* वि. nascent; rising; young.

नशा *(naśā)* पु. intoxication; drunkenness; intoxicating substance; habit of drinking or taking intoxicants.

नशाख़ोर *(naśākhor)* वि. inebriate; given to addiction.

नशाखोरी *(naśākhorī)* स्त्री. addiction to intoxicants; inebriation.

नशाबंदी *(naśābandi)* स्त्री. prohibition.

नशीला *(naśīlā)* वि. inebriant; intoxicating; intoxicated.

नशेबाज़ *(naśebāz)* पु. inebriate; habitual drunkard.

नशेबाज़ी *(naśebāzi)* स्त्री. drug addiction alcoholism.

नश्तर *(naśtar)* पु. (फ़ा.) lancet; fleam; surgical knife.

नश्वर *(naśvar)* वि. perishable; destructible; transient; short-lived; mortal.

नश्वरता *(naśvaratā)* स्त्री. perishableness; transitoriness; evanescence.

नष्ट *(naśṭ)* वि. destroyed; ruined annihilated; dead; perished; wasted.

नस *(nas)* स्त्री. vein; sinew; tendent; nerve; fibre.

नसबंदी *(nasbandi)* स्त्री. vasectomy.

नसल *(nasal)* स्त्री. breed; lineage; race.

नसीब *(nasīb)* पु. (अ.) luck; fate; destiny.

नसीहत *(nasīhat)* स्त्री. (अ.) teaching; precept; preaching; admonition; advice.

नसूड़िया *(nasuria)* वि. ominous; sinister; inauspicious.

नस्ल *(nasal)* पु. (अ.) breed; pedigree; geneology; offspring; progeny.

नहर *(nahar)* स्त्री. canal; channel; waterway.

नहला *(nahlā)* पु. playing card with nine pips; the nine in playing cards.

नहलाना *(nahlānā)* स. क्रि. to bathe;

to give bath.

नहान *(nahān)* पु. bath; a festival day for taking bath.

नहाना *(nahānā)* (अ.) क्रि. to bathe; to take a bath; to be smeared (with); to be soaked or drenched (in).

नहीं *(nahim̐)* क्रि. वि. no; not; nay.

नाँद *(nāmd)* स्त्री. manger; trough.

ना *(nā)* क्रि. वि. (फ़ा.) no; not; nay.

नाइन *(nāin)* स्त्री. barber's wife; a woman of barber caste.

नाई *(nāi)* क्रि. वि. like; as.

नाई *(nāi)* पु. barber.

नाउम्मेद *(nā-ummed)* वि. (फ़ा.) hopeless; despaired; despondent; desperate; dejected; disappointed.

नाक *(nāk)* स्त्री. nose; mucus.

नाक-नक़्श *(nāk-naqśa)* पु. features; facial cut.

नाका *(nākā)* पु. extremity (of a road etc.); entrance to a road; or pass etc.; check-post.

नाकाबंदी *(nākābandi)* स्त्री. stop page of entry; shutting up a road etc.; blockade.

नाकाम *(nākām)* वि. (फ़ा.) unsuccessful; fruitless; ineffective; infructuous.

नाकामयाब *(nākāmayāb)* वि. (फ़ा.) unsuccessful.

नाकामयाबी *(nākāmayābi)* स्त्री. (फ़ा.) failure.

नाकामी *(nākāmi)* स्त्री. (फ़ा.) failure; worthlessness.

नाकारा *(nākārā)* वि. (फ़ा.) useless; worthless; unserviceable; good for nothing.

नाखुदा *(nākhuda)* पु. (फ़ा.) captain of a ship.

नाखुश *(nākhus)* वि. (फ़ा.) displeased; annoyed; unhappy.

नाखून *(nākhün)* पु. (फ़ा.) nail.

नाग *(nāg)* पु. hooded snake; cobra; serpent or snake in general; elephant.

नागफनी *(nāgphani)* स्त्री. the prickly pear; cactus.

नागर *(nāgar)* वि. relating to a city; urban; civil; civilian; clever; sharp.

नागवार *(nāgavār)* वि. (फ़ा.) unpleasant; intolerable.

नागरिक[1] *(nāgarik)* वि. living in a city or town; pertaining to city or town; civil; civililan.

नागरिक[2] *(nāgarik)* पु. citizen; civilian.

नागरिकता *(nāgarikatā)* स्त्री. citizenship; urbanity.

नागरिकशास्त्र *(nāgariksāstra)* पु. civics.

नागरिक सेना *(nāgarik senā)* स्त्री. militia.

नागरीकरण *(nāgarikaran)* पु. urbanisation; transcription into Devnagri.

नाग़ा *(nāgā)* स्त्री. absence from work.

नाच *(nāc)* पु. dance.

नाचना *(nācnā)* (अ.) क्रि. to dance; to caper or frisk about; to run about; to move about; to act upon the instigation or dictates of an other.

नाचीज़ *(nāchiza)* वि. (फ़ा.) trifling; worthless.

नाज़ *(nāz)* पु. (फ़ा.) coquetry; airs; pride; conceit.

नाजायज़ *(nājāyaz)* वि. improper; undue; unjust; unlawful; illegitimate; illegal.

नाज़ुक *(nāzuk)* वि. (फ़ा.) delicate; tender; thin; slender; slim; fragile; frail; subtle; critical.

नाटक *(nātak)* पु. play; drama; acting; show; pretence.

नाटककार *(nāṭak-kār)* पु. playwright; dramatist.

नाटकीय *(nātakiya)* वि. dramatic; histrionic.

नाटकीयता *(nātakiyatā)* स्त्री. theatricalism; theatricality; dramatism.

नाटा *(nātā)* वि. dwarfish; shortstatured.

नाट्यकला *(nātyākalā)* स्त्री. dramatic art; dramaturgy; histrionicism.

नाट्यकार *(nātyakār)* पु. playwrighter; dramatist.

नाट्यमंदिर *(nāṭyamandir)* पु. theatre.

नाट्यशाला *(nātyashālā)* पु. theatre

नाट्यशास्त्र *(nātya-sastra)* पु. dramatic science; dramaturgy; dramatics.

नाड़ा *(nārā)* पु. umbilical cord; tape inserted in the upper part of the trousers for binding it round the waist; trouser's string.

नाड़ी *(nāri)* स्त्री. artery; vein; pulsebeat.

नाता *(nātā)* पु. connection; relation; kinship.

नातिन *(nātin)* स्त्री. grand daughter.

नाती *(nāti)* पु. grandson.

नातेदार *(nātedār)* पु. relative; kinsman.

नातेदारी *(nātedāri)* स्त्री. relationship; kinship.

नाथ *(nāth)* पु. lord; master; husband; nose-string (of an ox etc.).

नाथना *(nāthnā)* स. क्रि. to bore the nose (of an animal); to put a string or rope in the nose hole (of an animal).

नाद *(nād)* पु. sound.

नादान *(nādān)* वि. (फ़ा.) innocent; foolish; unwise; unskilful; inefficient; ignorant.

नादानी *(nādāni)* वि. (फ़ा.) ignorance; innocence; stupidity; foolishness; unskilfulness.

नादिरशाही[1] *(nādirśāhi)* स्त्री. (अ.) tyranny; highhandedness; oppression like that of Nadir Shah.

नादिरशाही[2] *(nādirshāhi)* वि. (अ.) tyrannous; oppressive; cruel (like Nadir Shah).

नाना *(nānā)* पु. maternal grandfather; several.

नानी *(nāni)* स्त्री. maternal grandmother.

नाप *(nāp)* स्त्री. measure; measurement.

नापना *(nāpnā)* स. क्रि. to measure.

नापसंद *(nāpasand)* वि. not liked; not to one's liking; repulsive; disagreeable; displeasing; unacceptable; disapproved.

नापाक *(nāpāk)* वि. (फ़ा.) not sacred; unholy; impure; unclean; dirty; filthy; polluted; defiled; lewd; licentious; unchaste.

नाबालिग़ *(nābāligh)* वि. (फ़ा.) minor.

नाबालिग़ी *(nābālighi)* स्त्री. (फ़ा.) minority (in age).

नाभि *(nābhi)* स्त्री. the navel; the navel of a wheel; umbilicus; hub; centre; central point; focus.

नाभिक *(nabhik)* पु. nucleus.

नाभिकीय *(nābhikiya)* वि. nuclear.

नाभिकेंद्र *(nābhikendra)* वि. (फ़ा.) focal point; focus.

नामंजूर *(nā-manzur)* वि. (फ़ा.) not accepted or granted; not sanctioned; rejected; disapproved.

नाम *(nām)* पु. name; title; nomenclature; appellation; designation; reputation; fame; renown.

नामकरण *(nāmkaran)* पु. naming; giving a name; nomenclature; the ceremony of naming a child after birth.

नामज़द *(nām-zad)* वि. (फ़ा.) nominated.

नामज़दगी *(nām-jadgi)* स्त्री. (फ़ा.) nomination.

नामपट्ट *(nām-pat)* पु. sign board; name-plate.

नामर्द *(nā-mard)* वि. (फ़ा.) impotent emasculate; cowardly.

नामांकन *(nāmankan)* पु. nomination; inscription of name; enrolment.

नामांकित *(nāmānkit)* वि. nominated; enrolled.

नामाकूल *(nāmākul)* वि. (फ़ा.) impertinent; improper; inappropriate; unreasonable; irrational.

नामावली *(nāmāvali)* स्त्री. list of names.

नामी *(nāmi)* वि. of good repute.

नामी-गिरामी *(nāmī-gārāmī)* वि. famous; renowned; reputed; eminent.

नामुनासिब *(nā-munāsib)* वि. (फ़ा.) improper; unsuitable; unbecoming. indecent.

नामुमकिन *(nāmumkin)* वि. (फ़ा.) impossible

नामोनिशान *(nāmo-nishān)* पु. trace; mark.

नायक *(nāyak)* पु. leader; guide; chief; master; head; lord; military official of a low rank; hero.

नायन *(nāyan)* स्त्री. barber's wife; woman; of the barber caste.

नायब *(nāyab)* पु. (अ) assistant. deputy; delegate.

नायबी *(nāybī)* स्त्री. assistantship. deputyship.

नायाब *(nāyab)* वि. (फ़ा.) rare; not easily available.

नायिका *(nāyika)* स्त्री. heroine (of a literary composition); beloved or wife (in the poems of erotic sentiment).

नारंगी *(nārangī)* स्त्री. orange.

नारा *(nārā)* पु. slogan

नाराज़ *(nārāz)* वि. (फ़ा.) displeased; offended; annoyed.

नाराज़ी *(nārāzī)* स्त्री. (फ़ा.) displeasure; annoyance.

नारियल *(nāriyal)* पु. coconut.

नारी *(nāri)* स्त्री. woman; female.

नारीत्व *(naritva)* पु. womanhood.

नारेबाज़ *(nārebāz)* पु. sloganeer; slogan-monger.

नारेबाज़ी *(nārebāzī)* स्त्री. sloganeering

नाल¹ *(nāl)* स्त्री. hollow tubular stalk (as of lotus); tube; pipe; barrel; navel-string.

नाल² *(nāl)* पु. gambling den; amount paid to the person who arranges for gambling.

नाल³ *(nāl)* पु. (अ.) orse-shoe.

नाला *(nālā)* पु. big drain; gutter; rivulet.

नालायक़ *(nālāyak)* वि. (फ़ा.) unworthy; unfit; incompetent; mischievous; stupid.

नालायक़ी *(nālāyakī)* स्त्री. (फ़ा.) unworthiness; worthlessness; unfitness; incompetence; stupidity.

नालिश *(nāliś)* law-suit; complaint.

नाली *(nāli)* स्त्री. drain; drain-pipe; sewer; thin pipe; conduit.

नाव *(nāv)* स्त्री. boat; ferry.

नाविक *(nāvik)* पु. sailor; seaman; boatman.

नाश *(nāś)* पु. annihilation; destruction; ruin; devastation; waste; wastefulness.

नाशक[1] *(nāśak)* वि. destructive; devastating; fatal; wasteful.

नाशक[2] *(nāśak)* पु. remover; dispeller; antidote; killer.

नाशवान *(nāśvān)* वि. perishable; mortal.

नाश्ता *(nāstā)* पु. (फा.) breakfast; light repast; refreshment.

नासमझ *(nāsamajh)* वि. (फा.) innocent; ignorant; unwise.

नासमझी *(nāsamjhī)* स्त्री. (फा.) innocence; ignorance; folly; stupidity.

नासा *(nāsā)* स्त्री. nose; nostril.

नासिका *(nāsikā)* स्त्री. nose; trunk of an elephant.

नास्तिक *(nāstik)* पु. atheist.

नास्तिकता *(nāstikatā)* स्त्री. atheism; infidelity.

निंदक *(nindak)* पु. censurer; slanderer.

निंदनीय *(nindanīya)* वि. blameworthy; blameable; reprehensible; censurable.

निंदा *(nindā)* स्त्री. blame; censure; slander; reproof; condemnation; backbiting.

निंदित *(nindit)* वि. blamed; censured; reproved; slandered; calumniated.

निंदिया *(nindiya)* स्त्री. sleep.

निंद्य *(nīndya)* वि. censurable; contemptible.

निंबू *(nimbū)* **निंबूक** पु. lemon.

निःशंक[1] *(niḥ-śaṇk)* वि. free from doubt or suspicion; fearless; bold; daring.

निःशंक[2] *(niḥ-śaṇk)* क्रि. वि. without misgiving or apprehension; fearlessly; unhesitatingly.

निःशब्द *(niḥ-śabd)* वि. silent; speechless; calm; quiet.

निःशुल्क *(niḥ-sulk)* वि. duty-free; free of fee.

निःसंकोच *(niḥ-sankoc)* क्रि. वि. unhesitatingly; without reserve or shyness.

निःसंदेह *(niḥ-sandeh)* क्रि. वि. indubitably; certainly; without doubt.

निःस्पृह *(niḥ-sprh)* वि. free from desire; out of coveting; selfless; having no selfish motives.

निःस्वार्थ *(niḥ- svārth)* वि. unselfish; selfless; without any selfishness.

निःस्वार्थता *(niḥ-svārthatā)* स्त्री. selflessness; unselfishness.

निकट *(ni-kaṭ)* वि. near; close; proximate.

निकटतम *(nikat-ṭam)* वि. nearest.

निकटता *(ni-kaṭatā)* स्त्री. proximity; nearness; closeness; closeness intimacy.

निकटवर्ती *(ni-kaṭvarti)* वि. near; proximate; close; living near; neighbouring; adjacent.

निकम्मा *(nikammā)* वि. unemployed; idle; useless; worthless; good for nothing; unworthy; incapable; worthless.

निकलना *(nikalnā)* (अ.) क्रि. to come out; to appear; to rise; to get out; to escape; to be solved; to be worked out; to emanate; to be extracted; to emerge; to issue or be isued; to slink away; to be published; to be brought out; to passs away; to elapse; to turn out.

निकलवाना *(nikalvānā)* स. क्रि. to cause to take out; issue; expel etc.

निकाय *(ni-kāy)* पु. guild; association; group; class; flock; heap; collection; assemblage.

निकालना *(nikālnā)* स. क्रि. to take out; to separate; to remove; to oust; to expel; to eradicate; to eliminate; to deduct; to exclude; to discharge; to dismiss; to withdraw; to take away; to retract; to draw; to solve; to publish; to extract.

निकास *(nikās)* पु. origin; extraction; gate; exit; outlet; vent; source.

निकासी *(nikāsi)* स्त्री. clearance; departure; out-put; produce; turnout.

निकाह *(nikāh)* पु. (अ.) marriage; matrimony.

निकृष्ट *(ni-kṛśt)* वि. low; base; vile; inferior; inferiormost.

निकृष्टता *(ni-kṛstatā)* स्त्री.lowness; baselessness; vileness; contemptibleness.

निकेत *(ni-ket)* निकेतन पु. house; habitation; mansion; abode; residence.

निखट्टू[1] *(nikhaṭṭu)* वि. idle; unearning; unemployed; indolent; lazy.

निखट्टू[2] *(nikhaṭṭu)* पु. idle fellow; idler; one who earns nothing; unemployed person.

निखट्टूपन *(nikhaṭṭupan)* पु. idleness; indolence; laziness.

निखरना *(nikharnā)* (अ.) क्रि. to be cleaned; to be cleansed; to be come clear or elegant.

निखार *(nikhār)* पु. brightness; lustre; elegance.

निखारना *(nikhārnā)* स. क्रि. to cleanse; to clean; to bleach; to brighten; to make clean.

निगम *(ni-gam)* पु. corporation.

निगरानी *(nigrānī)* स्त्री. (फा.) watch; guard; supervision; wardship; surveillance.

निगलना *(nigalnā)* स. क्रि. to swallow; to gulp; to devour.

निगह *(nigāh)* स्त्री. (फा.) glance; sight; kind glance; favourable attention; watch; guard; observation; attention.

निगाह *(nigāh)* see निगह

निगोड़ा *(nigoṛā)* वि. idle; indolent; worthless; wretched; unfortunate

निग्रह *(ni-grah)* पु. control; restraint self-control; self-repression.

निग्रही *(ni-grahī)* पु. one who restrains.

निचला *(niclā)* पु. lower.

निचाई *(nicāi)* स्त्री. lowness; declivety; slope.

निचान *(nicān)* पु. lowness; low land; declivity; slope.

निचुड़ना *(nicuṛnā)* (अ.) क्रि. to be squeezed or pressed; to be extracted; to flow out gently; to trickle; to ooze; to drop.

निचोड़ *(nicor)* पु. esence; substance; gist; that which is squeezed or pressed out; extract.

निचोड़ना *(nicoṛnā)* स. क्रि. to squeeze; to press; to wring; to extract; to squeeze out; to press out; to wring out; to exploit.

निछावर *(nichāvar)* वि. sacrifice; giving up; propitiatory offering made to ward off an evil eye; thing or money offered as above.

निज *(nij)* वि. own; one's own.

निज़ाम *(nizām)* पु. (अ.) administration; management; order.

निजी *(nijī)* वि. one's own; personal individual; relating to particular persons' private; unofficial.

निठल्ला[1] *(niṭhallā)* वि. idle; indolent; lazy; out of work or employment; unemployed.

निठल्ला[2] *(nithallā)* पु. idler.

निठल्लापन *(niṭhallāpan)* पु. laziness; idleness; unemployment.

निठुर *(niṭhur)* वि. cruel; hard; obdurate; ruthless; hard-hearted.

निठुरता *(nithurtā)* स्त्री. hardheartedness; cruelty; ruthlessness; obduracy; relentlessness.

निडर *(niḍar)* वि. fearless; dauntless; bold; daring; intrepid.

निडरता *(niḍartā)* स्त्री. fearlessness; dauntlessness.

निढाल *(niḍhāl)* वि. languid; wearied; spiritless.

नितंब *(nitamb)* पु. buttock; hip.

नित *(nit)* क्रि. everyday; daily.

नितांत[1] *(ni-tānt)* वि. extraordinary; excessive; absolute; complete.

नितांत[2] *(ni-tānt)* क्रि. वि. absolutely; excessively; quite.

नित्य[1] *(nitya)* वि. everlasting; eternal; regular.

नित्य[2] *(nitya)* क्रि. वि. everyday; daily; constantly; always.

नित्यता *(nityatā)* स्त्री. eternity; perpetuity.

नित्यप्रति *(nityaprati)* क्रि. वि. everyday; daily.

निथरना *(nitharnā)* (अ.) क्रि. to be dacanted; to be made clear or clean; (by letting the feculen matter subside).

निथार *(nithār)* पु. decantation; feculent matter subsiding beneath the water etc.

निथारना *(nithārnā)* स. क्रि. to decant; to make clear or clean; to purify (water or liquid by letting the feculent matter subside).

निदर्शक[1] *(ni-darśak)* पु. demonstrator; illustrator.

निदर्शक[2] *(ni-darśak)* वि. pointing out; proclaiming; indicative; showing.

निदर्शन *(ni-darśan)* पु. demonstration; exemplification; instance; example; figure; illustration.

निदान[1] *(ni-dān)* क्रि. वि. in the end; at last; eventually; finally; consequently.

निदान[2] *(ni-dān)* पु. primary cause; the first or essential cause; (in medicine) diagnosis.

निदान गृह *(nidān-grih)* पु. clinic.

निदान-शास्त्र *(nidān-sāstra)* स्त्री. diagnostics .

निदेश *(ni-deś)* पु. direction; directive; instruction.

निदेशक[1] *(ni-deśak)* पु. director.

निदेशक[2] *(ni-deśak)* वि. directive.

निदेशालय *(ni-deśālay)* पु. office of the director; directorate.

निदेशिका *(ni-desikā)* स्त्री. directory.

निद्रा *(nidrā)* स्त्री. sleep; slumber.

निद्राचार *(nidrācār)* पु. somnambulism.

निद्रारोग *(nidrārog)* पु. narcolepsy.

निद्रालु *(nidrālu)* पु. sleepy; drowsy; slumberous; somnolent.

निद्रित *(nidrit)* वि. sleeping; asleep.

निधड़क *(nidhaṛak)* क्रि. वि. fearlessly; boldly; dauntlessly.

निधन *(ni-dhan)* पु. death; demise.

निधि *(nidhi)* स्त्री. treasure; fund.

निनाद *(ninād)* पु. loud sound; noise; reverberation; resonance.

निनादित *(ni-nādit)* वि. echoing; resonant; producing sound.

निपट *(nipaṭ)* क्रि. वि. sheer; mere; quite; completely; absolutely; very much; extremely; exceedingly.

निपटना *(nipaṭnā)* see निबटना

निपटान *(niptān)* पु. disposal; settlement.

निपटाना *(niptānā)* see निबटाना

निपटारा *(nipṭārā)* see निबटारा

निपात *(ni-pāt)* पु. destruction; fall; degradation; death; throw.

निपुण *(ni-puṇ)* वि. clever; adroit; expert; skilful; dexterous.

निपुणता *(ni-puṇatā)* स्त्री. cleverness; adroitness; skilfulness; dexterity; expertness.

निपोरना *(niporṇā)* स. क्रि. to grin.

निबंध *(ni-bhandh)* पु. treatise; essay.

निबंधकार *(ni-bandhkār)* पु. eassayist.

निबंधन *(ni-bandhan)* पु. act of fastening; binding together; linkage; connection; composition; writing.

निबंधलेखक *(nibandh-lekhak)* see निबंधकार

निब *(nib)* स्त्री. nib

निबटना *(nibaṭnā)* (अ.) क्रि. to be completed; to be finished; to be disposed of; to be relieved; to be settled or decided.

निबटाना *(nibṭānā)* स. क्रि. to complete; to finish; to dispose of; to decide; to settle; to repay (debt etc.).

निबटारा *(nibṭārā)* निबटाव, निबटेरा पु. disposal; relief; settlement; termination.

निबद्ध *(ni-baddh)* वि. bound; tied; joined or fastened together; intertwined; set or inlaid; composed; written.

निबाह *(nibāh)* पु. subsistence; maintenance; livelihood; carrying on; pulling on; acommodation; adjustment.

निबाहना *(nibāhnā)* स. क्रि. to subsist; to sustain; to maintain; to support; to carry on; to pull on; to fulful; to accomplish to keep (one's) promise etc.; to accommodate; to adjust.

निबौली *(nibauli)* स्त्री. the fruit of the margosa (neem) tree.

निभना *(nibhnā)* to be fulfilled; to be accomplished; to be performed; to be effected; to maintain mutual relations; to subsist; to sustain; to be accommodated.

निभाना *(nibhānā)* स. क्रि. to fulfil; to accomplish; to perform; to continue mutual relations (with); to accommodate; to maintain; to sustain; to carry on; to pull on; to manage.

निभाव *(nibhāv)* पु. adjustment; accommodation.

निमंत्रण *(ni-mantraṇ)* पु. invitaiton.

निमंत्रित *(ni-mantrit)* वि. invited.

निमग्न *(ni-magn)* वि. absorbed; engrossed; submerged.

निमज्जन *(nimajjan)* पु. dip; plunge; immersion; submersion.

निमज्जित *(nimajjit)* वि. submerged; immersed; sunken; bathed.

निमित्त *(nimitt)* पु. cause; reason; purpose; aim; pretext; factor; instrument.

निम्न *(nimn)* वि. low; depressed; lower; below; normal; mean; following; given; below.

निम्नलिखित *(nimn-likhit)* वि. following; mentioned below; undermentioned.

नियंता *(ni-yantā)* पु. controller; sustainer; ruler; governor.

नियंत्रक *(ni-yantrak)* पु. controller.

नियंत्रण *(ni-yantran)* पु. check; restraint; restriction; control.

नियंत्रित *(ni-yantrit)* वि. controlled; restrained; checked; restricted; regulated; tamed; brought under control.

नियत *(ni-yat)* वि. prescried; fixed; decided; settled; allotted; scheduled.

नियति *(ni-yati)* स्त्री. destiny; fate; luck; fortune.

नियतिवाद *(ni-yativād)* पु. determinism; fatalism.

नियम *(ni-yam)* पु. rule; law; regulation.

नियमतः *(ni-yamatah)* क्रि. वि. in accordance with a rule.

नियमन *(niyaman)* पु. regulation; control; restriction; limitation; regularisation.

नियमबद्ध *(niyam-baddh)* वि. bound by rule or rules; regulated; regular.

नियमावली *(niyamāvali)* स्त्री. rules and regulations.

नियमित *(ni-yamit)* वि. bound by rules; regulated; regular; conforming to rules; regularise.

नियमितता *(ni-yamitatā)* स्त्री. regularity.

नियमितीकरण *(ni-yamitikaran)* पु. decasualisation; regularisation.

नियमोल्लंघन *(niyamollanghan)* पु. breach of law.

नियामक[1] *(ni-yāmak)* पु. regulator; controller; ruler; manager; director.

नियामक[2] *(ni-yāmak)* वि. regulative; directive.

नियामत *(niyāmat)* पु. rare gift; divine blessing.

नियुक्त *(ni-yukt)* वि. appointed; employed; posted; fixed; settled.

नियुक्ति *(ni-yukti)* स्त्री. appointment; employment; engagement; posting.

नियोक्ता[1] *(ni-yoktā)* वि. appointing.

नियोक्ता[2] *(ni-yoktā)* पु. employer; appointer; appointing authority.

नियोजक *(ni-yojak)* पु. employer.

नियोजन *(ni-yojan)* पु. employment; planning.

नियोजित *(ni-yojit)* वि. employed; planned.

निरंकुश *(nir-ankuś)* वि. uncontrolled unfettered; unrestrained; unruly; self-willed; autocratice; despotic.

निरंकुशता *(nir-ankuśata)* स्त्री. arbitrariness; selfwilledness; unruliness; despotism; absolutism.

निरंतर[1] *(nir-antar)* वि. continuous; perpetual; uninterrupted; incessant.

निरंतर[2] *(nir-antar)* क्रि. वि. always;

ever; constantly; continually incessantly; continuously.

निरक्षर *(nir-aksar)* वि. illiterate; uneducated.

निरक्षरता *(nir-akśaratā)* स्त्री. illiteracy.

निरखना *(nirakhnā)* स. क्रि. to look at; to see; to observe; to view; to inspect; to scan; to examine closely.

निरपराध *(nir-apa-rādh)* निरपराधी वि. guiltless; innocent; faultless.

निरपवाद *(nir-apa-vād)* वि. unexceptional; blameless.

निरपेक्ष *(nir-pêkṣ)* वि. absolute; independent; neutral indifferent; unconcerned; careless; negligent; without expectation; disinterested.

निरभिमान *(nirabhimān)* वि. free from conceit; devoid of pride; humble.

निरर्थक *(nir-arthak)* वि. meaning less; nonsensical; useless; vain; unprofitable; non-significant; vain.

निरस्त *(nir-ast)* वि. cancelled; repealed.

निरस्त्र *(nir-astra)* वि. weaponless; unarmed; disarmed.

निरस्त्रीकरण *(nir-astrīkaran)* पु. disarmament.

निरस्त्रीकृत *(nir-astrīkrt)* वि. disarmed.

निरा *(nirā)* वि. pure; unalloyed; entire; complete.

निराई *(nirāi)* स्त्री. weeding; wages paid for weeding.

निराकरण *(nirākaran)* पु. refutation; repudiation; contradiction; removal; cancellation; abrogation.

निराकार[1] *(nir-ā-kār)* पु. formless; God; the universal spirit; Almighty; Brahma.

निराकार[2] *(nir-ā-kār)* वि. formless; shapeless; incorporeal.

निरादर *(nir-ā-dar)* पु. dishonour; disrespect; humiliation.

निराधार *(nir-ā-dhār)* वि. false; hollow; baseless; groundless; unfounded; without support or prop.

निराना *(nirānā)* स. क्रि. weed out.

निरापद *(nir-ā-pad)* वि. secure; safe; protected; without calamity; trouble free.

निरामिष *(nir-āmis)* वि. without meat; fleshless; vegetarian.

निरालंब *(nir-ā-lamb)* वि. helpless; having no shelter or support; destitute; baseless.

निराला *(nirālā)* वि. strange; unique; uncommon; extraordinary; peculiar; curious; odd.

निरावरण *(nir-ā-varan)* वि. without covering; uncovered; unveiled; exposed.

निराश *(nir-āś)* वि. hopeless; disappointed; desperate; frustrated.

निराशा *(nir-āsā)* स्त्री. hopelessness; despair; frustration; disappointment.

निराशाजनक *(nir-āsājanak)* वि. disappointing; hopeless; depressing.

निराशावाद *(nir-āśāvād)* पु. pessimism

निराशावादी[1] *(nir-āśāvādi)* पु. pessimist.

निराशावादी[2] *(nir-āśāvādi)* वि. pessimistic.

निराश्रित *(nir-ā-śrit)* वि. destitute.

निराश्रितता *(nir-ā-śritatā)* वि. destitution.

निराहार *(nir-ā-hār)* वि. fasting; abstaining from food; foodless.

निरीक्षक *(nir-īksak)* पु. inspector; invigilator; observer.

निरीक्षण *(nir-īksan)* पु. inspection; invigilation; observation.

निरीश्वर *(nirīshvar)* पु. Godless; atheistic.

निरीश्वरवाद *(nirīshvarvād)* पु. atheistic doctrine; atheism.

निरीह *(nir-īh)* वि. desireless; indiferent; simple; innocent; harmless.

निरूत्तर *(nir-uttar)* वि. unable to answer back; answerless; without a reply; silenced.

निरूत्साह[1] *(nir-ut-sāh)* वि. lacking spirit or courage; spiritless.

निरूत्साह[2] *(nir-ut-sah)* वि. lack of enthusiasm; spiritlessness.

निरूत्साहित *(nir-ut-sahit)* वि. discouraged; disheartened.

निरूद्देश्य *(nir-ud-desya)* वि. aimless.

निरूद्ध *(ni-ruddh)* वि. obstructed; hindered; checked; restrained; blocked.

निरूपक[1] *(nirupak)* पु. one who represents; explains etc.

निरूपक[2] *(nirupak)* वि. explanatory; determining; demonstrative; characterising; representative.

निरूपण *(ni-rupan)* पु. critical appreciation; evaluation; representation; explanation; characterisation; portrayal.

निरूपित *(ni-rupit)* वि. ıepresented; explained; evaluated; investigated; determined; demonstrated.

निरोग *(nirog)* see नीरोग।

निरोध *(no-rodh)* पु. restraint; check; control; prevention; hindrance; obstruction; detention; constraint; condom.

निरोधक *(ni-rodhak)* वि. restraining; controlling; detaining; preventive; obstructing; hindering.

निर्गत *(nir-gat)* पु. gone out; gone forth; issued; come forth; come out; appeared; gone away; departed.

निर्गम *(nir-gam)* पु. going forth or out; going away; door; outlet; exit; clearance; issue.

निर्गुण *(nir-guṇ)* पु. devoid of all properties; without attributes.

निर्गुणी *(nir-gunī)* वि. devoid of good qualities or virtues.

निर्जन *(nir-jan)* वि. solitary; lonely (place); unpeopled; uninhabited; unfrequented; deserted; desolate.

निर्जनता *(nir-jantā)* स्त्री. loneliness; desolation; state of being deserted or uninhabited; solitude.

निर्जल *(nir-jal)* वि. without water; waterless; dry.

निर्जलन *(nir-jalan)* पु. dehydration.

निर्जीव *(nir-jiv)* वि. inanimate; lifeless; dead; spiritless.

निर्झर *(nir-jhar)* पु. waterfall; cataract; cascade.

निर्णय *(nir-nay)* पु. verdict; judgement; decision; sentence; determination; settlement; conclusion.

निर्णयात्मक *(nirnayātmak)* वि. decisive; conclusive.

निर्णायक[1] *(nir-nāyak)* पु. judge referee; umpire.

निर्णायक[2] *(nir-nāyak)* वि. decisive;

conclusive; crucial.

निर्णीत *(nir-nīt)* वि. decided; judged; concluded.

निर्दय *(nir-day)* वि. ruthless; merciless; cruel; heartless.

निर्दयता *(nir-dayatā)* स्त्री. ruthlessness; mercilessness; pitilessness.

निर्दयी *(nir-dayī)* वि. pitiless; merciless; cruel.

निर्दलीय *(nir-daliya)* वि. non-party; independent; non-partisan.

निर्दिष्ट *(nir-dist)* वि. assigned; determined; specified.

निर्देश *(nir-deś)* पु. direction instruction.

निर्देशक[1] *(nir-deśak)* पु. directive; guiding; indicative; suggestive.

निर्देशक[2] *(nir-deśak)* पु. director; guide.

निर्देशन *(nir-deśan)* पु. indication; directon; guidance; reference.

निर्देशिका *(nir-deśīkā)* स्त्री. directory; manual.

निर्दोष *(nir-doś)* वि. faultless. defectless; flawless; guiltless; innocent; sinless; blameless.

निर्दोषता *(nir-dosatā)* स्त्री. flawlessness faultlessness; blamelessness; innocence.

निर्दोषिता *(nir-dositā)* स्त्री. innocence.

निर्द्वंद्व[1] *(nir-dvandva)* वि. uncontested; undisputed; indifferent; to independent.

निर्द्वंद्व[2] *(nir-dvandva)* क्रि. वि. freely; without any obstruction or obstacle.

निर्धन *(nir-dhan)* वि. poor; indigent.

निर्धनता *(nir-dhanatā)* स्त्री. poverty; indigence.

निर्धारक[1] *(nir-dhārak)* पु. determinant; determiner; assessor.

निर्धारक[2] *(nir-dhārak)* वि. determinative; determinant.

निर्धारण *(nir-dhāran)* पु. determination; decision; fixation; assessment.

निर्धारित *(nir-dhārit)* वि. determined; ascertained; fixed; settled; assessed; laid down; prescribed.

निर्धारिती *(nir-dhāritī)* पु. assessee.

निर्निमेष[1] *(nir-ni-meś)* वि. with fixed look; unwinking.

निर्निमेष[2] *(nir-ni-meś)* क्रि. वि. without blinking; without a wink.

निर्बल *(nir-bal)* वि. weak; feeble; frail; powerless.

निर्बलता *(nir-balatā)* स्त्री. weakness; feebleness; powerlessness.

निर्बाध *(nir-bādh)* वि. unobstructed; unhindered.

निर्बाधित *(nir-bādhitā)* वि. unrestricted.

निर्बुद्धि *(nir-buddhi)* वि. stupid; foolish.

निर्भय *(nir-bhay)* वि. fearless; intrepid; dauntless; free from all dangers.

निर्भयता *(nir-bhayatā)* स्त्री. dauntlessness; intrepidity; fearlesness.

निर्भर *(nir-bhar)* वि. dependent.

निर्भरता *(nir-bharatā)* स्त्री. dependence; reliance.

निर्भीक *(nir-bhīk)* वि. fearless; dauntless.

निर्भीकता *(nir-bhīktā)* स्त्री. fearlessness; dauntlessness.

निर्मम *(nir-mam)* वि. cruel; heartless; ruthless; devoid of affection or attachment.

निर्ममता *(nir-mamtā)* स्त्री. cruelty; heartlessness; ruthlessness.

निर्मल *(nir-mal)* वि. pure; clear;

clean; stainless; unsullied, without a blemish; chaste; without illwill; innocent; guileless.

निर्मलता *(nir-maltā)* स्त्री. clearness; spotlessness; stainlessness; blemishlessness; chastity; purity; innocence.

निर्मलीकरण *(nir-malikaran)* पु. purificartion.

निर्माण *(nir-mān)* पु. erection; construction; creation; formation; composition; manufacture.

निर्माणाधीन *(nir-mānādhin)* वि. under construction.

निर्माणात्मक *(nir-mānaātmak)* वि. formative; constructive.

निर्माता *(nir-mātā)* पु. constructor; builder; creator; producer; manufacturer.

निर्मित *(nir-mit)* पु. constructed; built; formed; prepared; made; manufactured.

निर्मूल *(nir-mūl)* वि. eradicated; completely uprooted; destroyed or ruined; baseless; unfounded; rootless.

निर्मूलन *(nir-mülan)* पु. eradication; uprootment; extirpation; extermination (pol.).

निर्मोह *(nir-moh)* निर्मोही वि. free from attachment; without affection.

निर्यात *(nir-yāt)* पु. export.

निर्यातक *(nir-yātak)* पु. exporter.

निर्लज्ज *(nir-lajj)* वि. shameless; brazenfaced; immodest; impudent.

निर्लज्जता *(nir-lajjatā)* स्त्री. shamelessness; immodesty.

निर्लिप्त *(nir-lipt)* वि. unconnected; unconcerned; not involved; indifferent; detached.

निर्लिप्ता *(nir-liptā)* स्त्री. non-attachment; detachment.

निर्लेप *(nir-lep)* वि. faultless; unblemished; pure; stainless; unsmeared; unanointed.

निर्वसन *(nir-varsan)* वि. unclothed; naked; nude.

निर्वस्त्र *(nir-vastra)* वि. nude.

निर्वस्त्रता *(nir-vastratā)* स्त्री. nudity.

निर्वाचक *(nir-vāčak)* पु. elector.

निर्वाचन *(nir-vāčan)* पु. election.

निर्वाचित *(nir-vācit)* वि. elected.

निर्वाण *(nir-vān)* पु. emancipation; salvation.

निर्वात *(nir-vāt)* पु. vacuum.

निर्वासन *(nir-vāsan)* वि. expulsion; banishment; exile; expatriation; deportation.

निर्वासित *(nir-vāsit)* वि. expelled; exiled; expatriated; banished; deported.

निर्वाह *(nir-vāh)* पु. maintenance; subsistence; performance; discharge; adjustment; accommodation.

निर्विकार *(nir-vi-kār)* वि. unchanged; unchangeable; immutable; passionless; dispassionate; stolid.

निर्विघ्न[1] *(nir-vi-ghna)* वि. uninterrupted unobstructed; free from impedements.

निर्विघ्न[2] *(nir-vi-ghan)* क्रि. वि. without any untoward incident.

निर्विरोध[1] *(nir-virodh)* वि. unopposed; uncontested; unanimous.

निर्विरोध[2] *(nir-virodh)* क्रि. वि. without any oppossition unanimously.

निर्विवाद[1] *(nir-vi-vād)* वि. undisputed; not contradicted; universally acknowledged; uncontrovertible.

निर्विवाद[2] *(nir-vi-vād)* क्रि. वि. without any dispute or controversy; undisputedly.

निर्वैयक्तिक *(nir-vaiyaktik)* वि. impersonal.

निर्वैयक्तिकता *(nir-vaiyaktikata)* स्त्री. impersonal approach; non-individuality; objectivity; non-subjectivity.

निलंबन *(ni-lamban)* पु. suspension.

निलंबित *(ni-lambit)* वि. suspended.

निवारक *(ni-vārak)* वि. preventive; removing; setting aside; interdictory; prohibitive; precautionary.

निवारण *(ni-vāran)* पु. eradication; prevention; preclusion; release; liberation; prohibition; removal.

निवाला *(nivālā)* पु. (फ़ा.) mouthful; morsel.

निवास *(ni-vās)* पु. living; dwelling residing; residence; abode habitation; resting place; house.

निवासी *(ni-vāsī)* पु. resident; inhabitant.

निविड़ *(ni-viṛ)* वि. thick; dense; deep; impervious.

निविड़ता *(ni-viṛtā)* स्त्री. thickness; density; imperviousness.

निविदा *(ni-vida)* पु. tender.

निर्वृत्ति *(nir-vṛtti)* स्त्री. freedom from work; disencumbrance; completion; resignation; discontinuance of worldly acts; retirement; renunciation.

निवेदक *(ni-vedak)* पु. applecant; supplicant.

निवेदन *(ni-vedan)* पु. request; submission; application; supplication; petition.

निवेदित *(ni-vedit)* वि. requested; submitted; delivered; presented.

निशा *(nisā)* स्त्री. night.

निशाकर *(niśākar)* पु. moon.

निशाचर *(niśāchar)* पु. demon; goblin; fiend; devil; evil spirit.

निशान *(niśān)* पु. (फ़ा.) sign; mark; trace; clue; ensign; flag; banner; standard; emblem; stain; blemish; scar; impression.

निशाना *(niśānā)* पु. (फ़ा.) butt; target; mark; aim.

निशानी *(niśāni)* स्त्री. (फ़ा.) token of remembrance; memento; keepsake; memorial; sign; token; trace; clue; impression.

निशानेबाज़ *(niśānebāz)* पु. marksman; expert shot.

निशानेबाज़ी *(niśānebāzi)* स्त्री. marks manship.

निशि *(niśi)* स्त्री. night.

निश्चय *(niś-cāy)* पु. determination; resolution; resolve; decision; certainty; positiveness; positive conclusion; certitude.

निश्चयात्मक *(niś-cayātmak)* वि. definite; certain; positive; decisive.

निश्चल *(niś-cal)* वि. immovable; steady; fixed; still; invariable; unchangeable.

निश्चलता *(niś-caltā)* स्त्री. immovability; steadiness; invariableness; changelessness; quiescence (psych.) .

निश्चायक[1] *(niś-cāyak)* पु. one who ascertain or determines.

निश्चायक[2] *(niś-chāyak)* वि. decisive; conclusive; definite.

निश्चिंत *(niś-ciṇt)* वि. carefree; free from worry.

निश्चिंतता *(niś-cintatā)* स्त्री. quietude; freedom from worry.

निश्चित *(niścit)* वि. certain; definite; determined; determinate.

निश्चेष्ट *(niśceśt)* वि. incapable of motion; motionless; still; effortless.

निश्चेष्टता *(niś-ceśtatā)* स्त्री. unconsciousness; inertia.

निश्छल *(nis-chal)* वि. guileless; straightforward.

निश्छलता *(niś-chaltā)* स्त्री. guilelessness; straight-forwardness; sincerity.

निश्शंक *(niś-shank)* वि. fearless; dauntless.

निश्शेष *(nis-śes)* पु. balance; residue.

निषंग *(ni-śang)* पु. quiver; sword; infatuation.

निषिद्ध *(ni-śiddh)* वि. forbidden; prohibited; banned.

निषेध *(ni-śedh)* पु. prohibition; inhibition; ban; taboo.

निषेधाज्ञा *(ni-śedhājnā)* स्त्री. prohibitory order.

निषेधात्मक *(ni-śedhātamak)* वि.Prohibitory; prohibitive.

निषेधादेश *(ni-śedhādes)* पु. interdiction.

निष्कंटक[1] *(niś-kantak)* वि. troublefree; unobstructed; smooth; secure; free from danger or nuisance.

निष्कंटक[2] *(niś-kantak)* क्रि. वि. unobstructedly; smoothly; securely; without fear or enmity; opposition or obstacle.

निष्कपट *(niś-kapat)* वि. guiltless; sincere; straightforward; honest.

निष्कपटता *(niś-kapatatā)* स्त्री. guiltlessness; sincerity; honesty; straightforwardness.

निष्कर्ष *(niś-kars)* पु. conclusion; inference; essence; chief or main point; gist; epitome.

निष्काम *(niś-kām)* वि. free from wish or desire; disinterested; unattached.

निष्कासन *(niś-kāsan)* पु. expulsion; ejectment; eviction; removal; ostracism.

निष्कासित *(niś-kāsit)* वि. expelled; truned out; ejected; ostracised.

निष्क्रिय *(niś-kriy)* वि. inactive inert; passive; idle; effortless; indolent.

निष्क्रियता *(niś-kriyatā)* स्त्री. inaction; inactivity; inertia; passivity; idleness; indolence.

निष्चेष्ट *(niś-cesta)* see निष्क्रिय।

निष्ठा *(ni-śthā)* स्त्री. firm adherence; faith; devotion; allegiance; loyalty; fidelity.

निष्ठापूर्वक *(ni-śthāpurvak)* क्रि. वि. conscientiously; faithfully.

निष्ठावान् *(ni-śthāvān)* वि. loyal; faithful; having allegiance; devoted.

निष्ठुर *(ni-śthur)* वि. merciless; ruthless; hard-hearted; pitiless; cruel; brutal; harsh.

निष्ठुरता *(ni-śthuratā)* स्त्री. ruthlessness; mercilessness; brutality; cruelty; harshness.

निष्णात *(ni-śnāt)* वि. well versed; conversant; expert.

निष्पंद *(niś-paṇd)* वि. unflickering; motionless; still steady; fixed.

निष्पक्ष *(niś-paks)* वि. unbiased; impartial; neutral; non-aligned.

निष्पक्षता *(niś-paksatā)* स्त्री. unbiasedness; partiality; newtrality.

निष्पत्ति *(nis-paṭṭi)* स्त्री. ripeness; maturity; perfection; consummation; full development; execution; implementation; completion; accomplishment; attainment; achievement.

निष्पादक *(nis-pādak)* पु. executor; maker; performer.

निष्पादन *(nis-pādan)* पु. execution; implementation; performance; performative function.

निष्पादित *(niś-pādit)* वि. executed; implemented; performed; accomplished.

निष्पाप *(niś-pāp)* वि. sinless; guiltless; free from vice.

निष्प्रभावी *(niś-prā-bhāvī)* पु. neutral.

निष्प्रभावीकरण *(niś-prā-bhāvīkaran)* पु. neutralisation.

निष्प्रयोजन *(niś-prā-yojan)* वि. aimless; vain; fruitless; useless.

निष्प्राण *(niś-prān)* वि. lifeless; inanimate; dead; spiritless; without vigour; dull; insentient.

निष्फल *(niś-phal)* वि. fruitless; unsuccessful; futile; vain; infructuous.

निस्तब्ध *(ni-śtabdh)* स्त्री. motionless; stunned; quiet; silent.

निस्तब्धता *(ni-sṭabdhatā)* स्त्री. noiselesness; quietness; motionlessness.

निस्तार *(nis-tār)* पु. riddance; liberation; release; rescue; escape; acquittal; salvation; relief; going across.

निस्तारक *(niś-tārak)* पु. one who carries across or one who brings someone across; rescurer; releaser; saviour.

निस्तारण *(niś-tāran)* पु. deliverance; lilberation; salvage; passing or converying across; disposal; accomplishment.

निस्तेज *(niś-tej)* वि. lustreless; spitless.

निस्पंद *(ni-śpand)* वि. without vibration; unwavering; steady.

निस्पृह *(nispṛh)* वि. above all desires.

निस्पृहता *(nispṛhatā)* क्रि. वि. desirelessness; unambitiousness.

निस्संकोच *(nissankoč)* क्रि. वि. unhesitatingly.

निस्संतान *(nis-san-tān)* वि childless; issueless.

निस्संदेह *(nis-sandeh)* क्रि. वि. doubtlessly; undoubtedly; surely; certainly.

निस्सहाय *(nis-sahāy)* वि. helpless.

निस्सार *(nis-sār)* वि. unsubstantial; meaningless; worthless vain.

निःस्वार्थ[1] *(nisvārtha)* वि. selfless; unselfish.

निःस्वार्थ[2] *(nisvārtha)* क्रि. वि. without any self interest; selflessly.

निःस्वार्थता *(nisvārthatā)* स्त्री. selflessness.

निहत्था *(nihatthā)* वि. without arms; unarmed.

निहायत *(nihāyat)* क्रि. वि. (अ.) very much; exteremely; excessively.

निहारना *(nihārnā)* स. क्रि. to look at; to see.

निहाल *(nihāl)* वि. pleased; delighted; fully satisfied; gratified.

निहित *(ni-hit)* वि. latent; inherent; implicit; tacit; vested.

निहोरना *(nihoranā)* स. क्रि. to solicit; to beseech.

निहोरा *(nihorā)* पु. entreaty; solicitation.

नींद *(niṁd)* स्त्री. sleep.

नींव *(nimv)* स्त्री. foundation; base.

नीच *(nic)* वि. mean; base; vile; inferiour; low; lowly.

नीचता *(nicatā)* स्त्री. wileness; baseness; meanness; lowliness.

नीचा *(nicā)* वि. low; low lying; inferior.

नीचे *(nice)* क्रि०. वि. beneath; down; below; in the lower part or portion.

नीति *(niti)* स्त्री. policy; craftiness; diplomacy; tactics.

नीतिज्ञ *(nitijna)* पु. moralist; statesman; politician; diplomat.

नीतिपरक *(nitiparak)* वि. didactic.

नीतिवादी[1] *(nitivādi)* पु. moralist; follower of moralism.

नीतिवादी[2] *(nitivādi)* वि. pertaining to moralism.

नीतिशास्त्र *(nitisāstra)* पु. moral science; ethics.

नीतिशास्त्रीय *(nitisastria)* वि. ethical.

नीबू *(nibu)* पु. lemon.

नीम[1] *(nim)* पु. margosa tree; neem tree.

नीम[2] *(nim)* वि. (फा.) half; semi; pseudo.

नीम-हकीम *(nim-hakim)* पु. quack; mountbank.

नीयत *(niyat)* स्त्री. (अ.) motive; intention.

नीर *(nir)* पु. water.

नीरज *(niraj)* पु. lotus.

नीरजा *(nirajā)* वि. dust-free.

नीरद *(nirad)* पु. cloud.

नीरव *(ni-rav)* वि. noiseless; soundless; silent; quiet; calm.

नीरवता *(ni-ravatā)* स्त्री silence; calmness; noiselessness; soundlessness.

नीरस *(ni-ras)* वि. tasteless; flavourless; insipid; sapless; without juice; wanting in charms; charmless; uninteresting; prosaic; withered or dried up; dry; (fig.) lacking aesthetic sense.

नीरसता *(ni-rasatā)* स्त्री. tastelessness; insipidness; saplessness; charmlessness; lack of aesthetic sense; prosaicism; monotony.

नीरोग *(ni-rog)* वि. free from sickness or disease; healthy.

नील *(nil)* पु. indigo.

नीलकंठ *(nilkanth)* पु. epithet of Siva; peacock.

नीलगाय *(nilgāi)* स्त्री. blue bull.

नीलम *(nilam)* नीलमणि स्त्री. saphire.

नीला *(nilā)* वि. blue; azure.

नीलापन *(nilāpan)* पु. blueness.

नीलाम *(nilām)* पु. auction; public sale.

नीलामी *(nilāmi)* वि. auction.

नीलिमा *(nilimā)* स्त्री blueness; blueishness.

नीवी *(nivi)* स्त्री. knot of the garment worn round a woman's waist; waist-cord.

नीहार *(ni-hār)* पु. fog; mist; frost.

नीहारिका *(ni-hārikā)* स्त्री. nebula.

नुक़्ताचीनी (*nuqtācini*) स्त्री. (अ.) fault finding; criticism.

नुक़सान *(nuqsān)* पु. (अ.) loss; harm; damage.

नुकसानदेह *(nuqsāndeh)* वि. harmful; disadvantageous.

नुकीला *(nukilā)* वि. pointed; sharp.

नुकीलापन *(nikilāpan)* पु. pointedness; sharpness.

नुक्कड़ *(nukkar)* पु. corner.

नुक्स *(nuqs)* पु. (अ.) fault; flaw; defect; deficiency.

नुनखरा *(nunkharā)* वि. saltish; saline; brachish.

नुनखरापन *(nunkharāpan)* पु. saltishness; salineness; brakishness.

नुमाइंदगी *(numāindagi)* स्त्री. (फ़ा.) representation; delegacy.

नुमाइंदा *(numāindā)* पु. (फ़ा.) representative; delegate.

नुमाइश *(numāis)* स्त्री. (फ़ा.) exhibition.

नुमाइशी *(numāisi)* स्त्री. (फ़ा.) showy; ostensible; ostentatious; relating or pertaining to an exhibition; meant for show; display or exhibition.

नुमायाँ *(numāyān)* वि. (फ़ा.) manifest; glaring; apparent; obvious.

नुसख़ा *(nuskhā)* पु. (अ.) recipe; prescription.

नूतन *(nūtan)* वि. new; modern.

नूतनता *(nūtanatā)* स्त्री. newness; novelty.

नूपुर *(nūpur)* पु. ornament for the feet; anklet.

नूर *(nür)* पु. (अ.) light; splendour; brilliance; lustre; resplendence.

नृत्य *(nṛtya)* पु. dance.

नृत्यकला *(nṛtyakalā)* स्त्री. art of dancing.

नृत्यरचना *(nṛtyarachnā)* स्त्री. choreography.

नृत्यरूपक *(nṛtya-rüpak)* पु. ballet.

नृत्यशाला *(nṛtya-shālā)* स्त्री. dancing hall.

नृप *(nṛp)* पु. king; monarch.

नृशंस *(nṛsams)* वि. cruel; tyrannous; atrocious.

नृशंसता *(nṛśamsatā)* स्त्री. cruelty; tyranny; atrocity; brutality.

नेक *(nek)* वि. (फ़ा.) good; noble; gentle; virtuous.

नेकनामी *(naknāmi)* स्त्री. (फ़ा.) good name; reputation.

नेकनीयत *(nekniyat)* स्त्री. (फ़ा.) well-intentioned; well-meaning; honest; sincere.

नेकनीयती *(nekniyati)* स्त्री. (फ़ा.) goodness of intention; good faith; bonafides; honesty; sincerity.

नेकी *(neki)* स्त्री. (फ़ा.) goodness; bonafides; beneficence; benevolence; charity.

नेग *(neg)* पु. customary presents given on festive occasion.

नेता *(netā)* पु. (स्त्री. नेत्री) leader; pioneer.

नेतागीरी *(netāgiri)* स्त्री. leadership.

नेतृत्व *(netṛtva)* पु. leadership; guidance.

नेत्र *(netra)* पु. eye.

नेत्रगोलक *(netrgolak)* स्त्री. eye ball.

नेत्रदान *(netrdān)* पु. donation of eyes.

नेपथ्य *(nepathya)* पु. green room of a theatre; back stage; decoration; equipment; dress; costume.

नेवला *(nevlā)* पु. mongoose.

नेस्तनाबूद *(nestnābūd)* वि. (फ़ा.) completely destroyed; devastated.

नैतिक *(naitik)* वि. moral; ethical.

नैतिकता *(naitikatā)* स्त्री. morality.

नैन *(nain)* पु. eye.

नैपुण्य *(naipunya)* पु. dexterity; adroitness.

नैया *(naiyā)* स्त्री. boat.

नैराश्य *(nairāśya)* पु. hopelessness; despair; frustration; dejection.

नैवेद्य *(naivedya)* पु. offering of eatables presented to a deity; oblation.

नैसर्गिक *(naisargik)* वि. natural; inborn; innate; spontaneous.

नैहर *(naihar)* पु. married woman's parental home.

नोक *(nok)* स्त्री. (फ़ा.) point; tip; end.

नोक-झोंक *(nok-jhoṅk)* स्त्री. (फ़ा.) sarcastic exchanges or comments altercation.

नोकदार *(nokdār)* वि. (फ़ा.) pointed; sharp.

नौकर *(naukar)* पु. (फ़ा.) domestic attendant; servant; employee.

नौकरशाह *(naukarsāh)* पु. bureaucrat.

नौकरशाही *(naukarsāhi)* स्त्री. bureaucracy.

नौकरानी *(naukarāni)* स्त्री. maidservant.

नौकरी *(naukari)* स्त्री. service; employment; job.

नौका *(naukā)* पु. boat; ferry.

नौका-विहार *(naukā-vihār)* पु. boating.

नौचालक *(nau-cālak)* पु. navigator.

नौचालन *(nau-cālan)* पु. navigation.

नौजवान *(naujavān)* पु. youngman; youth.

नौजवानी *(naujavāni)* स्त्री. young age; youth.

नौटंकी *(nautanki)* स्त्री. kind of folk drama.

नौनिहाल *(naunihāl)* पु. growing or rising generation; youth; young people; child; baby.

नौबत *(naubat)* स्त्री. (फ़ा.) ominous turn; situation; occasion; state of affairs; large kettle drum.

नौ-विज्ञान *(nau-vijnān)* पु. nautical science.

नौशा *(nausā)* पु. (फ़ा.) bridegroom.

नौसादार *(nausādar)* पु. sal-ammoniac; ammonium chloride.

नौसिखिया[1] *(nausikhiyā)* पु. beginner; novice; fresher.

नौसिखिया[2] *(nausikhiyā)* वि. inexperienced.

नौसेना *(nausenā)* स्त्री. navy.

नौ-सेनापति *(nau-senāpati)* पु. chief of naval staff; admiral.

नौ-सैनिक[1] *(nau-sainik)* पु. naval soldier.

नौ-सैनिक[2] *(nau-sainik)* वि. naval.

न्याय *(ny-āy)* पु. justice; equity.

न्यायकर्ता *(ny-āykartā)* पु. judge.

न्यायतंत्र *(ny-āytantra)* पु. judiciary.

न्यायपरता *(ny-āyparatā)* स्त्री. justness; fairness; equitability.

न्यायपरायण *(ny-āy-parāyan)* स्त्री. just; fair; equitable.

न्यायपराणता *(ny-āy-parāyanatā)* स्त्री. justness; righteousness; equitability.

न्यायपालिका *(ny-āy-pālikā)* स्त्री. judiciary.

न्यायपीठ *(ny-āy-pitha)* पु. bench.

न्यायप्रिय *(ny-āy-priya)* वि. justice-loving.

न्यायमूर्ति *(ny-āy-murti)* पु. justice; a judge of supreme court.

न्याययवादी *(ny-āy-vādi)* पु. attorney.

न्यायशास्त्र *(ny-āy-sāstra)* पु. jurisprudence.

न्याय संगत *(ny-āy-sangat)* वि. just; justified; lawful.

न्यायाधीश *(ny-āyādhis)* पु. judge; justice.

न्यायालय *(ny-āyālaya)* पु. court of law.

न्यायिक *(ny-āyik)* वि. judicial.

न्यायोचित *(nyāyocit)* वि. just; equitable; fair; right.

न्यारा *(nyārā)* वि. separate; different; distinct; extraordinary; uncommon.

न्यून *(ny-ün)* वि. less; lower; inferior; deficient; wanting; small.

न्यूनतम *(ny-ünatam)* वि. minimum; minimal.

न्यूनता *(ny-ünatā)* स्त्री. shortage; paucity; scarcity; want; deficiency.

न्यूनीकरण *(ny-ünikaran)* पु. abatement.

न्योछावर *(nyochāvar)* see निछावर

न्योतना *(nyoutanā)* स. क्रि. to invite.

न्योता *(nyotā)* पु. invitation.

प

प *(pa)* the first letter of the fifth pentad of the Devnagri alphabets.

पंक *(paṅk)* पु. mud; mire; slime.

पंकज *(paṅkaj)* पु. lotus.

पंकिल *(paṅkil)* वि. muddy; slimy.

पंक्ति *(paṅkti)* स्त्री. queue; line; row; rank.

पंख *(paṅkh)* पु. wing; feather; arm of a fan.

पँखड़ी *(paṁkhri)* स्त्री. petal.

पंखा *(paṅkhā)* पु. fan.

पंगत *(paṅgat)* पंगति स्त्री. row of people siting at a meal; community meal.

पंगु *(paṅgu)* वि. lame; crippled.

पंगुता *(paṅgutā)* स्त्री. lameness.

पंच *(pañc)* पु. assemble of (originally) five men; member of the panchayat; body of arbitrators; juror; arbitrator.

पंचकोण *(pañckona)* पु. pentagon.

पंचनामा *(pañcnāmā)* पु. arbitration bond.

पंचनिर्णय *(pañcnirnay)* पु. judgement of an arbitrator.

पंचफैसला *(pañcfaisalā)* पु. arbitration.

पंचमी *(pañcamī)* स्त्री. fifth day of fortnight of a lunar month.

पंचमेल *(pañc-mel)* वि. having five different ingredients.

पंचशील *(pañc-sila)* पु. the five chief principles of conduct of Buddhism; the five basic principles or international conduct designed to achieve and consolidate worldpeace.

पंचांग *(pañcāng)* पु. almanac; Hindu calendar.

पंचायत *(pañcāyat)* स्त्री. village assemble; arbitration.

पंचायती *(pañcāyati)* वि. pertaining to community; common; public.

पंछी *(pañchī)* पु. bird.

पंजर *(pañjar)* पु. skeleton; frame; cage.

पंजा *(pañjā)* पु. a collection of five things; the five fingers of toes; claw; paw; the fore-part of foot wear.

पंजिका *(pañjikā)* स्त्री. small register.

पंजीकरण *(pañjīkaran)* पु. registration.

पंजीकृत *(pañjīkṛt)* वि. registered.

पंजीयक *(pañjiyak)* पु. registrar.

पंडाल *(pañdāl)* पु. huge pavilion; marquee.

पंडित *(pañdit)* पु. learned person; a title of respect of Hindus who are learned in the Brahmanical theology; a leaned man.

पंडिताई *(pañditaī)* स्त्री. scholarship; the function or profession of a pandit.

पंडिताऊ *(pañditāu)* वि. pedantic; befittnig a 'pandit'; doctrinaire.

पंडितानी *(pañditāni)* स्त्री. wife of a Brahmin or learned man.

पंथ *(pañth)* पु. path; road; sect; cult.

पकड़ *(pakaṛ)* स्त्री. the act of holding or gripping; grip or hold; grasp; catch; seizure.

पकड़-धकड़ *(pakaṛ-dhakaṛ)* स्त्री. apprehension; seizure; round of arrests.

पकड़ना *(pakaṛnā)* स. क्रि. to catch; to hold; to grasp; to overtake; to capture; to apprehend.

पकना *(paknā)* (अ.) क्रि. to ripen; to be cooked; to turn grey or white (hair); to suppurate; to mature.

पकवान *(pakvān)* पु. preservable dressed food; fried delicacy.

पकवाना *(pakvānā)* स. क्रि. to cause to cook or dress.

पकाना *(pakānā)* स. क्रि. to cook; to boil; to ripen; to season.

पकौड़ा *(pakaurā)* स्त्री. a kind of fried snack.

पकौड़ी *(pakauṛi)* स्त्री. a kind of dish made of peasemeal; pastry filled with pease-meal.

पक्का *(pakkā)* वि. ripe; permanent; lasting; expert; strong; fixed; firm; fast.

पक्व *(pakva)* वि. cooked; roasted; ripel mature.

पक्कवता *(pakvatā)* स्त्री. repeness.

पक्ष *(paks)* पु. side; wing; fortnight; aspect; party; favour.

पक्षकार *(pakśkār)* पु. party

पक्षधर *(pakśdhar)* पु. supporter.

पक्षपात *(pakśpāt)* पु. partiality; favouritism.

पक्षपाती *(pakśpāti)* वि. partial; partisan.

पक्षाघात *(paksāghāt)* पु. paralysis.

पक्षी *(pakśi)* पु. bird.

पक्षी विज्ञान *(pakśi-vyjnān)* पु. ornithology.

पख *(pakh)* स्त्री. impediment; obstacle; hindrance.

पखवाड़ा *(pakhvārā)* पु. fortnight.

पखारना *(pakhārnā)* स. क्रि. to wash; to cleanse.

पखेरू *(pakhrü)* पु. bird.

पग *(pag)* पु. pace; step.

पगडंडी *(pagdaṇḍi)* स्त्री. footpath; track.

पगड़ी *(pagṛi)* स्त्री. turban; gratification money for letting out a house.

पगना *(pagnā)* (अ.) क्रि. to be soaked in some syrup.

पगला *(paglā)* वि. mad; insane.

पगाना *(pagānā)* स. क्रि. to soak in syrup.

पगार *(pagār)* पु. wages; salary; wet earth or clay for building purposes; boundary; enclosure.

पचना *(pacnā)* अ. क्रि. to be digested.

पचाना *(pacānā)* स. क्रि. to digest; to do away with dishonestly or wrongfully; to embezzle; to assimilate.

पच्चीकारी *(paccikārī)* स्त्री. mosaic-work; inlay work.

पछड़ना *(pacharnā)* (अ.) क्रि. to be beaten down or defeated; to be knocked down; to be floored; to be overshadowed; to be overtaken; to be left behind; to be surpassed.

पछताना *(pachtāna)* (अ.) क्रि. to repent.

पछतावा *(pachtāvā)* पु. repentance; remorse.

पछाड़ *(pachār)* स्त्री. falling back in a swoon.

पछाड़ना *(pachārnā)* स. क्रि. to throw down; to knock down; to defeat.

पट *(paṭ)* पु. garment; raiment; cloth; screen; a door panel; shutter.

पटकना *(paṭaknā)* स. क्रि. to throw down; to topple; to knock down; to abate; go down or subside (as swelling or tumour).

पटबीजना *(paṭbījnā)* पु. glow-worm.

पटरा *(paṭrā)* पु. plank.

पटरानी *(paṭrāni)* स्त्री. queen consort; chief queen.

पटरी *(paṭrī)* स्त्री. small wooden plank; bank of a canal; rail; railtrack.

पटल *(paṭal)* पु. roof; thatch; table; wooden plank; layer; (tech.) desk in parliament or legislative assembly; screen; counter; board.

पटवारी *(paṭvārī)* पु. a government functionary at the village level; who keeps land records.

पटसन *(paṭsan)* पु. jute; hemp.

पटाका *(paṭākā)* पु. cracker; slap.

पटाक्षेप *(paṭākshep)* पु. fall of curtain.

पटाखा *(paṭākhā)* पु. cracker.

पटाना *(paṭānā)* स. क्रि. to get settled; to settle; to persuade; to bring round.

पटाव *(paṭāv)* पु. roofing covering; covered place.

पटिया *(paṭiyā)* स्त्री. wooden or stone slan; slip of board tablet; slate.

पटु *(paṭu)* वि. skilled; dexterous; ingenius.

पटुता *(paṭutā)* वि. skilfulness; cleverness; ingenuity.

पट्ट *(paṭṭ)* पु. plate; board; plank.

पट्टा *(paṭṭa)* पु. title deed; lease; dog-collar; belt.

पट्टाकर्त्ता *(paṭṭākartā)* पु. leasor.

पट्टाधारी *(paṭṭādhāri)* पु. lease-holder.

पट्टिका *(paṭṭika)* स्त्री. flipper; rule; panel; fillet; pallet.

पट्टी *(paṭṭi)* स्त्री. wooden plate (for beginners to write on); misquidance; strap; strip.

पट्ठा *(paṭṭhā)* पु. wrestler; lace; broad brocade; sinew; robust youth.

पठन *(paṭhan)* पु. reading; studying; recitation.

पठन-पाठन *(paṭhan-pāṭhan)* पु. reading and teaching.

पठनशील *(paṭhan-sila)* वि. studious.

पठनीय *(paṭhaniya)* वि. readable; worth reading.

पठाना *(paṭhānā)* स. क्रि. to send (someone).

पठार *(paṭhār)* पु. plateau; table-land.

पठित *(paṭhit)* वि. studied; read.

पड़ताल *(partāl)* स्त्री. investigation;

remeasurement; checking.

पड़ती *(parti)* स्त्री. fallow land.

पड़ना *(parnā)* अ. क्रि. to drop; to participate; to halt; encamp; camp; to lie down; to fall.

पड़ाव *(parāv)* पु. halting place; camp; encampment.

पड़ोस *(paros)* पु. neighbourhood; vicinity.

पड़ोसी, पड़ौसी *(parosi)* वि. neighbour.

पड़ोसिन *(parosin)* स्त्री. female neighbour.

पढ़ना *(parhnā)* स. क्रि. to read; to make out; to decipher; to study.

पढ़वाना *(parhvānā)* स. क्रि. to cause (one) to be taught; to cause to be read.

पढ़ाई *(parhai)* स्त्री. study; tuition fee; education; learning.

पढ़ाना *(parhānā)* स. क्रि. to teach; to instruct; to coach; to cause to read.

पतंग *(patang)* पु. sun; bird; paper kite; moth; insect.

पतंगबाज़ *(patangbāz)* पु. kite-flier.

पतंगबाज़ी *(patangbāzi)* स्त्री. kiteflying.

पतंगा *(patangā)* पु. moth; insect; spark (of fire).

पत *(pat)* स्त्री. prestige; honour; dignity.

पतझड़, पतझर *(patjhar)* पु. autumn.

पतन *(patan)* पु. downfall; fall; degradation; decline; degeneration.

पतनशील *(patan-sila)* वि. tending to fall; decadent.

पतनाला *(patnālā)* see पनाला।

पतनोन्मुख *(patanonmukh)* वि. tending to fall; falling.

पतला *(patlā)* वि. thin; fine; flimsy; liquid; diluted.

पतलापन *(patlāpan)* पु. thinness; leanness; tenuousness; wateriness.

पतलून *(patlūn)* स्त्री. pantaloon; trousers.

पतवार *(patvār)* स्त्री. rudder; helm

पता *(patā)* पु. whereabouts; address; information; knowledge.

पताका *(patākā)* स्त्री. flag; banner.

पति *(pati)* पु. husband.

पतित *(patit)* वि. fallen; degraded; wicked; sinful.

पतिधर्म *(patidharm)* पु. devotion to husband.

पतिभक्ति *(pati-bhakti)* स्त्री. fidelity to husband.

पतियाना *(pati-ānā)* स. क्रि. to trust; to rely; to believe.

पतिव्रता *(pati-vratā)* स्त्री. faithul wife; virtuous wife.

पतीली *(patili)* स्त्री. cooking vessel; kettle.

पतोहू *(patohū)* स्त्री. son's wife; daughter-in-law.

पत्तन *(pattan)* पु. port; town; city.

पत्तल *(pattal)* स्त्री. leaf-plate; food served on a leaf-plate.

पत्ता *(pattā)* पु. leaf; playing card.

पत्ती *(patti)* स्त्री. small leaf; leaf or thick plate (of metal); share.

पत्तीदार[1] *(pattidār)* वि. leafy.

पत्तीदार[2] *(pattidār)* पु. share-holder; partner.

पत्थर *(patthar)* पु. stone.

पत्नी *(patni)* स्त्री. wife.

पत्नीव्रत *(patnivrat)* पु. vow to be loyal to one's wife; fidelity to one's wife.

पत्र *(patr)* पु. leaf; letter.

पत्रक *(patrak)* पु. card; leaflet; chit.

पत्रकार *(patrakār)* पु. journalist.

पत्रकारिता *(patrakāritā)* स्त्री. journalism.

पत्र-पत्रिका *(patra-patrikā)* स्त्री. periodicals; magazines.

पत्रपेटी *(patra-peti)* स्त्री. letter-box.

पत्र-मित्र *(patra-mitra)* पु. penfriend; pen pall.

पत्रवाहक *(patr-vāhak)* पु. bearer of letter; postman.

पत्रा *(patrā)* पु. almanac.

पत्राचार *(patrācār)* पु. correspondence.

पत्रावली *(patrā-vali)* स्त्री. scroll; scroll-work; collection of letters.

पत्रिका *(patrikā)* स्त्री. magazine; periodical; journal.

पत्री *(patrī)* स्त्री. note; letter; document.

पथ *(path)* पु. path; way; road; route.

पथकर *(pathkar)* पु. toll; toll tax; road toll.

पथप्रदर्शक *(path-pradarsak)* पु. guide.

पथप्रदर्शन *(path-pradarsan)* पु. guidance.

पथभ्रष्ट *(path-bhrastha)* वि. fallen; stray; misguided.

पथराना *(pathrānā)* (अ.) क्रि. to become hard like stone; to be petrified; to harden into stone.

पथराव *(pathrāv)* पु. stoning; pelting stones.

पथरी *(pathrī)* स्त्री. stone; bladder-stone.

पथरीला *(pathrila)* वि. stone; rocky.

पथिक, पथी *(pathik)* पु. traveller; wayfarer.

पथ्य¹ *(pathya)* वि. light (meal; diet); proper; suitable; wholesome.

पथ्य² *(pathya)* पु. wholesome food; diet conducive to health.

पद *(pad)* पु. foot; footstep; step; pace; stride; place; line of stanza; verse; designation; status; rank; post.

पदक *(padak)* पु. medal.

पदचिह्न *(pad-cinh)* पु. foot-print; foot-mark.

पदच्युत *(pad-cyut)* वि. dismissed; discharged from office; degraded.

पदच्युति *(pad-cyuti)* स्त्री. dismissal; degradation.

पदत्याग *(pad-tyāg)* पु. abandonment of office; abdication; resignation.

पदत्राण *(pad-trān)* पु. shoe; footwear.

पददलित *(pad-dalit)* वि. trodden under foot; down-trodden.

पदवी *(padvī)* स्त्री. title; appelation.

पदाघात *(padāghāt)* पु. blow with the feet; kick; accent.

पदाधिकारी *(padādhikārī)* पु. officer; office-bearer; official.

पदार्थ *(padārṭh)* पु. thing; object; material; matter.

पदार्पण *(padārpan)* पु. arrival; stepping-in.

पदावनत *(padāvanat)* वि. demoted; degraded.

पदावनति *(padāvanati)* स्त्री. reversion; demotion; downgrading.

पदावली *(padāvali)* स्त्री. series of verses or words; phraseology; collection of devotional songs.

पदासीन *(padāsīna)* वि. occupying an office.

पदेन *(paden)* क्रि. वि. ex-officio; by

virtue of an office.

पदोन्नत *(padonnat)* वि. promoted.

पदोन्नति *(padonnati)* स्त्री. promotion; rise in rank or status.

पद्धति *(paddhati)* स्त्री. method; system.

पद्म *(padma)* पु. lotus.

पद्य *(padya)* पु. verse; poetry.

पद्यकार *(padyakār)* पु. versifier.

पधारना *(padhārnā)* (अ.) क्रि. to arrive; to go; to set out.

पनघट *(panghat)* पु. place for drawing water; village well.

पनडुब्बी *(pandubbī)* स्त्री. sub-marine.

पनबिजली *(panbijlī)* स्त्री. hydroelectricity.

पनस *(panas)* पु. jacktree and its fruits; thorn; a kind of snake.

पनही *(panhī)* स्त्री. footwear.

पनाला *(panālā)* पु. gutter; drain.

पनाह *(panāh)* पु. (फो.) refuge; shelter.

पनीर *(panīr)* पु. (फो.) cheese.

पन्ना *(pannā)* पु. emerald; leaf of a book; sheet; folio; beverage prepared from baked mango; tamarind and cumin seed etc.

पन्नी *(pannī)* स्त्री. plated multicoloured paper; metalic paper; kind of coloured paper.

पपड़ी *(papṛī)* स्त्री. crust; scab; scale; dry incrustation formed on a healing wound.

पपीता *(papītā)* पु. papaya.

पय *(pay)* पु. drinkable; water.

पयस *(payas)* पु. milk.

पयाम *(payām)* पु. (फा.) message.

पयोद *(payod)* पु. cloud.

पयोधर *(payodhar)* पु. cloud; breast.

परंतु *(paran-tu)* अ. but; however.

परंपरा *(param-parā)* स्त्री. tradition; convention.

परंपरागत *(param-parāgat)* वि. traditional; orthodox; customary.

परंपरावाद *(param-parāvad)* पु. conservatism; traditionalism; orthodoxy.

परंपरावादी *(param-parāvadī)* पु. traditionalist; conformist.

पर[1] *(par)* अ. but; yet; still.

पर[2] *(par)* वि. other; not one's own; posterior; different.

पर[3] *(par)* पु. on; upon; above.

पर[4] *(par)* पु. (फा.) feather; wing.

परकटा *(parkātā)* वि. with feathers cut off; wing-clipped.

परकार *(parkār)* स्त्री. divider.

परकीया *(parkīyā)* स्त्री. adulteress; (in traditional Indian poetics one of the three types of heroines.)

परकोटा *(parkotā)* पु. precinct; boundary; rampart.

परख *(parakh)* पु. test; examination; trial; distinguishing faculty; probation.

परखचा *(parakhachā)* पु. fragment; shred.

परखना *(parakhnā)* स. क्रि. to test; to examine.

परखवाना *(parakhavānā)* स. क्रि. to cause to be tested or examined.

परखी *(parkhī)* स्त्री. gadget for testing corn packed in sacks.

परगना *(parganā)* पु. (फा.) subdivision.

परगनाधीश *(parganādhish)* पु. subdivisional officer.

परचा *(parcā)* पु. (फा.) piece of paper; chit; question paper.

परची *(parcī)* स्त्री. slip; chit.

परचून *(parcūn)* पु. provisions; grocery.

परचूनिया *(parcūniyā)* पु. grocer; retailer of provisions.

परछाईं *(parchāīm)* स्त्री. shadow; reflection.

परजीवी *(parjīvī)* वि. parasitic.

परतंत्र *(par-tantra)* वि. dependent.

परतंत्रता *(par-tantratā)* स्त्री. dependence; subjection.

परती *(partī)* स्त्री. fallow land.

परदा *(pardā)* पु. (फ़ा.) curtain; screen; secret; mystery; veil.

परदादा *(pardādā)* पु. paternal great-grandfather.

परदादी *(pardādī)* स्त्री. paternal great-grandmother.

परदेश, परदेस *(pardeś)* पु. foreign country; another country.

परदेशी, परदेसी *(pardesī)* पु. foreigner; stranger; alien.

परनाना *(parnānā)* पु. maternal great grandfather.

परनानी *(parnānī)* स्त्री. (maternal) great grandmother.

परनाला *(parnālā)* पु. drain pipe; gutter.

परनिंदा *(parnindā)* स्त्री. censure.

परपीड़क *(par-pīrak)* पु. oppressor.

परपोता *(parpotā)* पु. great grandson.

परम *(param)* वि. highest; best; most; chief; principal; extreme (limit); ultimate; absolute.

परमगति *(paramgati)* स्त्री. salvation; emancipation.

परमधाम *(param-dhām)* पु. heaven.

परमपद *(param-pad)* पु. highest state or position; liberation; salvation.

परमाणु *(paramanū)* पु. atom.

परमात्मा *(paramātmā)* पु. God.

परमानंद *(paramānad)* पु. beatitude; ultimate pleasure; supreme bliss; God.

परमार्थ *(paramārth)* पु. highest good; the best end; salvation; ultimate reality.

परमावश्यक *(paramāvśyak)* वि. most essential; most urgent.

परमेश्वर *(parmeśvar)* पु. God.

परला *(parlā)* वि. of the other side or end; next in order.

परलोक *(parlok)* पु. the other world.

परलोकगमन *(parlok-gaman)* पु. demise.

परवरिश *(parvariś)* स्त्री. (फ़ा.) bringing up; fostering; nurture.

परवर्ती *(par-varti)* वि. later; subsequent.

परवश *(parvasa)* वि. under another's control dependent; subservient.

परवशता *(paarvaśatā)* स्त्री. dependence on another; subjection; subservience.

परवाना *(parvānā)* पु. (फ़ा.) warrant; order; moth.

परसना *(parasnā)* स. क्रि (फ़ा.) to serve (food); to touch; to feel by touch.

परसों *(parsoṁ)* (अ.) day before yesterday; day after tomorrow.

परस्त्रीगमन *(par-strīgaman)* पु. adultery.

परस्त्रीगामी *(par-strīgāmī)* वि. adulterer.

परस्पर *(paras-par)* क्रि. वि. mutually; reciprocally.

परस्परता *(paras-partā)* स्त्री. mutuality; reciprocity.

परहित *(parhit)* पु. denevolence; benefaction; beneficence.

परहितवाद *(parhitvād)* पु. altruism.

परहितवादी *(parhitvādi)* पु. altruist.

परहेज़ *(parhez)* पु. (फ़ा.) abstinence; avoidance; control of the passions; regimen.

पराकाष्ठा *(parā-kāsthā)* स्त्री. climax; culminating point; extremity; extreme.

पराक्रम *(parākram)* पु. bravery; valiance. gallantry; heroism.

पराक्रमी *(parâkramī)* वि. brave; valiant; heroic; gallant.

पराग *(parāg)* पु. pollen.

पराजय *(parā-jay)* स्त्री. defeat.

पराजित *(parā-jit)* वि. defeated; vanquished.

पराधीन *(parā-dhin)* वि. dependent on another.

पराधीनता *(parā-dhintā)* स्त्री. dependence on another; subjection; subjugation.

पराभाव *(parā-bhāv)* पु. defeat; overthrow; debacle.

पराभूत *(parā-bhūt)* वि. defeated; overthrown.

परामनोविज्ञान *(para-manovignān)* पु. parapsychology

परामर्श *(parā-marś)* पु. advice; counsel; consultation.

परामर्शदाता *(parā-marśdātā)* पु. adviser; counsel; consultant.

परायण *(parāyan)* स्त्री. absorbed; devoted.

परायणता *(parāyantā)* स्त्री. absorption; devotion.

पराया *(parāyā)* वि. belonging to another; not one's own; alien; foreign.

परावर्तक[1] *(parā-vartak)* पु. reflector.

परावर्तक[2] *(parā-vartak)* वि. reflecting; causing reflection.

पराश्रय *(parā-śray)* पु. dependence on others; subjection.

पराश्रित *(parāśṛit)* स्त्री. dependent; subjection or subjugation.

पराश्रितता *(parāsṛitatā)* स्त्री. dependence.

परास्त *(parāst)* वि. defeated; vanquished; overthrown.

परिंदा *(pariṇḍā)* पु. (फ़ा.) bird.

परिकल्पना *(pari-kalpanā)* स्त्री. speculation; hypothesis.

परिकल्पित *(pari-kalpit)* वि. presumed; envisaged.

परिक्रमा *(pari-kramā)* स्त्री. going round a person or an idol as an indication of reverence; circumambulation.

परिखा *(pari-khā)* स्त्री. foss; moat.

परिगणना *(pari-gananā)* स्त्री. calculation; schedule.

परिगणित *(pari- ganit)* वि. calulated; scheduled; enumerated.

परिग्रह *(pari-grah)* पु. taking; acceptance; receipt; possession; property; wife.

परिग्रहण *(pari-grahan)* पु. accession.

परिचय *(pari-cāy)* पु. acquaintance; introduction; familiarity.

परिचय-पत्र *(pari-cay-patra)* पु. letter of introduction.

परिचर्चा *(pari-cārcā)* स्त्री. discussion; symposium.

परिचर्या *(pari-caryā)* स्त्री. attendance; nursing.

परिचायक *(pari-cāyak)* पु. one who introduces.

परिचारक *(pari-cārak)* पु. male attendant.

परिचारिका *(pari-cārikā)* स्त्री. female attendant; nurse; hostess; chamber maid.

परिचारित *(pari-cārit)* वि. circulated.

परिचालन *(pri-cālan)* पु. steering; operation; circulation.

परिचित *(pari-cit)* वि. acquainted; familiar.

परिच्छेद *(pari-cched)* पु. section or chapter of a book.

परिजन *(pari-jan)* पु. family; household members; attendants; followers; retinue.

परिणत *(pari-ṇat)* वि. changed; transformed; metamorphosed.

परिणति *(pari-ṇati)* स्त्री. change; transformation; culmination; metamorphosis; result.

परिणय *(pari-ṇay)* पु. marriage wedding; wedlock.

परिणय-सूत्र *(pari-ṇay-sutra)* पु. bond of marriage.

परिणाम *(pari-ṇām)* पु. result; consequence.

परितप्त *(pari-tapta)* वि. hot; heated; afflicted; anguished.

परितप्ति *(pari-tapti)* स्त्री. heating; excessive heat; excessive suffering.

परिताप *(pari-tāp)* पु. scorching heat; pain; agony; repentance; penitence.

परितुलन *(pari-tulan)* पु. collation.

परितोष *(pari-tos)* पु. complete satisfaction; delight; gratification.

परित्यक्त *(pari-tyakt)* वि. quitted; deserted.

परत्यिक्ता *(pari-tyaktā)* स्त्री. abandoned woman.

परित्याग *(pari-tyāg)* पु. desertion; abandonment; renunciation.

परिधान *(pari-dhān)* पु. dress; clothes; garment; costume; robes.

परिधि *(pri-dhi)* स्त्री. circumference; periphery; boundary; ambit; perimeter.

परिपक्व *(pari-pakva)* वि. ripe; developed; matured.

परिपक्कवता *(pari-pakkvatā)* स्त्री. ripeness; maturity; full development.

परिपक्वासथा *(pari-pakāvāsthā)* स्त्री. maturity.

परिपत्र *(pari-patr)* पु. circular; circular letter.

परिपाटी *(pari-pāti)* स्त्री. convention; custom; tradition; succession; arrangement; usage.

परिपालक *(pari-pālak)* पु. implementer; executer; preserver.

परिपालन *(pari-pālan)* पु. execution; implementation; maintenance.

परिपालनीय *(pari-pālaniya)* वि. worth executing or implementing.

परिपालयिता *(pari-palīyitā)* पु. executant.

परिपालित *(pari-pālit)* वि. executed; maintained; implemented.

परिपूरक *(pari-pūrak)* वि. supplementary.

परिपूरित *(pari-pūrit)* वि. supplemented; fully accomplished; filled; infused or informed.

परिपूर्ण *(pari-pūrn)* वि. perfect; complete; full; replete; brimful; infused; imbued.

परिपूर्णता *(pari-pūrnatā)* स्त्री. repletion; brimfulness; perfection; completeness.

परिप्रेषक *(pari-presāk)* पु. despatcher; sender.

परिप्रेषण *(pari-presān)* पु. despatch; sending.

परिभाषा *(pari-bhāsā)* स्त्री. definition.

परिभाषित *(pari-bhāsit)* वि. defined.

परिभाष्य *(pari-bhāsya)* वि. definable.

परिमाण *(pari-māṇ)* पु. measure; weight; quantity; circumference; volume; amount.

परिमाप *(pari-māp)* पु. measurement; dimension; scale; perimeter.

परिमापी *(pari-māpī)* पु. perimeter.

परिमार्जन *(pari-mārjan)* पु. improvement; cleansing; purging; refinement; moderation.

परिमार्जित *(pari-marjit)* वि. improved; cleaned; purged; refined; moderated.

परिमित *(pari-mit)* वि. limited; measured; moderate.

परिमिति *(pari-miti)* स्त्री. limit; perimeter.

परिमेय *(pari-meya)* वि. measurable; limited.

परिरक्षक *(pari-rakshak)* पु. preserver; shielder; custodian; defender.

परिरक्षण *(pari-rakshan)* पु. guarding in every respect; shielding; preservation; custody.

परिवर्तन *(pari-vartan)* पु. exchange; change; alteration; conversion.

परिवर्तनशील *(pari-vartanśil)* वि. changeable.

परिवर्तनशीलता *(pari-vartanśiltā)* स्त्री. variability; changeability.

परिवर्तनीय *(pari-vartanīya)* वि. changeable; variable; alterable; interchangeable; convertible.

परिवर्तित *(pari-vartit)* वि. exchanged; changed; altered; converted.

परिवर्धित *(pari-vardhit)* वि. enlarged; developed; grown.

परिवहन *(pari-vahan)* पु. transport; transportation.

परिवहनीय *(pari-vahanīya)* वि. transportable.

परिवाद *(pari-vād)* पु. complaint; censure; scandal; calumny.

परिवादी *(pari-vādī)* पु. complainant; scandal-monger; calumniator.

परिवार *(pari-vār)* पु. family; class; house-hold; kins.

परिवेश *(pari-veś)* पु. environment; surrounding.

परिवेष्टन *(pari-veṣṭan)* पु. encirclement; wrapping; enclosure.

परिवेष्टित *(pari-vestit)* वि. enclosed; wrapped; surrounded.

परिव्यय *(pari-vyay)* पु. cost; expenditure; disbursement.

परिवाजक *(pari-vrājak)* पु. wandering religious mendicant; ascetic.

परिशीलन *(pari-silan)* पु. critical study; perusal.

परिश्रम *(pari-śram)* पु. labour; hard work; exertion; diligence.

परिश्रमी *(pari-śramī)* वि. industrious; hard-working; diligent; laborious.

परिष्करण *(pari-skaran)* पु. finishing; retouching; refinement.

परिष्कार *(pari-śkār)* पु. refinement; embellishment; decoration.

परिष्कृत *(pari-śkṛt)* वि. purified; adorned; decorated; improved; refined; sophisticated.

परिष्कृति *(pari-śkṛti)* स्त्री. refinement; purification.

परिसर *(pari-sar)* पु. environs; premises; enclave.

परिसीमन *(pari-siman)* पु. delimitation.

परिसीमा *(pari-śimā)* स्त्री. extreme limit; precincts; boundary line.

परिसीमित *(pari-sīmit)* वि. limited; demarked.

परिस्थिति *(pari-sthiti)* *स्त्री.* circumstances; situation.

परिस्थितिगत *(pari-sthitigat)* *वि.* circumstantial.

परिहार *(pari-hār)* *पु.* rectification; abstention; avoidance; evasion; atonement; expiation; remission.

परिहार्य *(pari-hārya)* *वि.* avoidable.

परिहास *(pari-hās)* *पु.* joke; fun; ridicule.

परी *(parī)* *स्त्री.* (*फा.*) fairy; elf; beautiful woman; nymph.

परीक्षक *(parīkṣak)* *पु.* examiner; investigator; tester.

परीक्षण *(parīkṣan)* *पु.* examination; test; trial.

परीक्षा *(parīkṣā)* *स्त्री.* trial; ordeal; test; examination.

परीक्षार्थी *(parīkṣārthi)* *पु.* examinee.

परीक्षित *(parīkṣit)* *वि.* audited; examined; tested; tried.

परुष *(paruṣ)* *वि.* hard; rough; coarse; rigid.

परुषता *(paruṣatā)* *स्त्री.* hardness; rigidity.

परे *(pare)* *क्रि. वि.* at a distance; beyond; away.

परेशान *(pareśān)* *वि.* (*फा.*) worried; troubled; harassed.

परेशानी *(pareśānī)* *स्त्री.* (*फा.*) worry; harassment; trouble.

परेषक *(pareśak)* *पु.* consignor; consigner.

परेषण *(pareśan)* *पु.* consignment.

परेषणी *(pareśanī)* *पु.* consignee.

परोक्ष *(parokṣ)* *वि.* imperceptible; indirect.

परोपकार *(paropkār)* *पु.* benevolence; philanthropy.

परोपकारी[1] *(paropkarī)* *वि.* benevolent; munificent.

परोपकारी[2] *(paropkarī)* *पु.* philanthropist; benevolent person.

परोपजीवी *(paropjivī)* *पु.* parasite.

परोसना *(parosnā)* *स. क्रि.* to serve (food); to dish up.

परोसा *(parosā)* *पु.* dish of one man's meal.

पर्चा *(parcā)* *पु.* slip of paper; chit; paper; question paper.

पर्ची *(parcī)* *स्त्री.* slip of paper.

पर्ण *(parṇ)* *पु.* folio; leaf.

पर्णशाला *(parṇsālā)* *स्त्री.* hut made of leaves; bower.

पर्दा *(pardā)* see परदा

पर्यटक *(pary-aṭak)* *पु.* tourist.

पर्यटन *(pary-aṭan)* *पु.* tourism.

पर्यवेक्षक *(pary-avêkṣak)* *पु.* supervisor.

पर्यवेक्षण *(pary-avêkṣan)* *पु.* supervision.

पर्याप्त *(pary-āpt)* *वि.* enough; sufficient; ample; plentiful; adequate

पर्याप्तता *(pary-āptatā)* *स्त्री.* sufficiency; adequacy.

पर्याय *(pary-āy)* *पु.* synonym.

पर्यायवाचक *(pary-āyvācak)* पर्यायवाची *वि.* synonymous.

पर्यावरण *(pary-ā-varan)* *पु.* environment.

पर्व *(parv)* *पु.* festival; knot; section; node.

पर्वत *(parvat)* *पु.* mountain.

पर्वतारोहण *(parvtārohan)* *पु.* mountaineering.

पर्वतारोही *(parvtārohi)* *पु.* mountaineer.

पर्वतीय *(parvtīya)* *वि.* mountainous; hilly; belonging to mountains.

पलंग *(palaṅg)* *पु.* bedstead; bed.

पलंग-पोश *(palang-posh)* पु. bed-sheet.

पल *(pal)* पु. measure of time equal to twenty-four seconds; moment; instant.

पलक *(palak)* स्त्री. eye-lash; eyelid.

पलटन *(paltan)* स्त्री. platoon; large number.

पलटना *(palaṭnā)* स. क्रि. to alter; to over-turn; to turn; barter; to return; to change; to alter; to turn over.

पलटा *(palṭā)* पु. iron pan or ladle with a long handle; relapse; return.

पलड़ा *(palṛā)* पु. pan of balance.

पलथी *(palthī)* स्त्री. cross-legged sitting posture; squatting.

पलना[1] *(palnā)* अ. क्रि. to be brought up; to be nourished; to be reared.

पलना[2] *(palnā)* पु. cradle.

पलस्तर *(palastar)* पु. (अ.) plaster.

पलायन *(palāyan)* पु. fleeing; escape; abscondence.

पलायनवाद *(palāyanvād)* पु. escapism.

पलायनवादी[1] *(palāyanvādī)* वि. pertaining to escapism.

पलायनवादी[2] *(palāyanvādī)* पु. escapist or follower of escapism.

पलाश *(palāś)* पु. kind of tree or its leaves; its purple coloured flowers.

पलीत *(palīt)* वि. wicked; roguish; shabby.

पलीता *(palītā)* पु. wick; igniter; guncotton.

पल्लव *(pallav)* पु. new tender leaf; sprout; shoot.

पल्लवग्राही[1] *(pallav-grāhi)* वि. superficial (in knowledge) smattering.

पल्लवग्राही[2] *(pallav-grāhi)* पु. person with superficial knowledge; amateur; smatterer.

पल्ला *(pallā)* पु. end of garment; end of a saree etc.; piece of cloth; pan of a balance; door panel.

पल्लू *(pallū)* पु. end of a (female garment; broad border.

पल्लेदार *(palledār)* पु. porter; carrier of heavy burden.

पल्लेदारी *(palledārī)* स्त्री. calling of a porter; wages paid for porterage.

पवन *(pavan)* पु. air; breeze; wind.

पवन-चक्की *(pavan-cākki)* स्त्री. windmill.

पवित्र *(pavitr)* वि. sacred; sacrosanct; holy; pure; sinless; free from sensual properties.

पवित्रता *(pavitrātā)* स्त्री. purity; cleanness; sanctity.

पशु *(paśu)* पु. animal; cattle; beast.

पशु-चिकित्सक *(paśu-cīkitsak)* पु. veterinary doctor.

पशु-चिकित्सा *(paśu-cīkitsa)* स्त्री. veterinary science or therapy.

पशुता *(paśutā)* स्त्री. animality; bestiality; beastliness.

पशुधन *(paśu-dhan)* पु. livestock.

पशु-पालन *(paśu-pālan)* पु. cattle-breeding; animal husbandry.

पश्चात् *(paścāt)* क्रि. वि. after; afterwards; behind.

पश्चाताप *(paścātap)* पु. regret; repentance.

पश्चिम *(paścim)* पु. west; occident.

पश्चिमी *(paścimī)* वि. pertaining to west; western; occidental.

पश्चिमोत्तर *(paścmotār)* वि. north-western.

पसंद *(pasand)* स्त्री. (फ़ा.) liking; choice; preference.

पसरना *(pasarnā)* अ. क्रि. to be spread out; to stretch out; to stretch oneself.

पसली *(paslī)* स्त्री. rib.

पसाना *(pasānā)* स. क्रि. to remove the scum of (boiling rice); to pour off (the water in which some edible has been boiled).

पसारना *(pasārnā)* स. क्रि. to expand; to spread; to stretch out.

पसीजना *(pasījnā)* अ. क्रि. to perspire; to ooze; to be compassionate.

पसीना *(pasīnā)* पु. perspiration; sweat.

पसोपेश *(paso-peś)* पु. hitch; indecision; perplexity; quandary.

परस्त *(past)* वि. (फ़ा.) defeated; weary; completely fatigued and exhausted.

पहचान *(pahcān)* स्त्री. recognition; identity; identification mark.

पहचानना *(pahcānanā)* स. क्रि. to recognise.

पहनना *(pahannā)* स. क्रि. to put on; to wear.

पहनाना *(pahanānā)* स. क्रि. to clothe.

पहनावा *(pahnāvā)* पु. dress; garment; costume.

पहर *(pahr)* पु. measure of time equal to three hours.

पहरा *(pahrā)* पु. guard; watch.

पहरेदार *(pahredar)* पु. watchman; sentry; guard.

पहरेदारी *(pahredari)* स्त्री. watchmanship.

पहल[1] *(pahl)* स्त्री. beginning; commencement; initiative.

पहल[2] *(pahl)* पु. facet.

पहलवान *(pahlvān)* पु. (फ़ा.) wrestler.

पहलवानी *(pahlvānī)* स्त्री. (फ़ा.) wrestling.

पहला *(pahlā)* वि. first; primary; former.

पहलू *(pahlū)* पु. (फ़ा.) side; flank; aspect; facet.

पहले *(pahale)* क्रि. वि. in the beginning; before; previously; in olden times.

पहले-पहल *(pahale-pahl)* क्रि. वि. first of all; for the first time.

पहाड़ *(pahāṛ)* पु. mountain.

पहाड़ा *(pahāṛā)* पु. multiplication table.

पहाड़ी[1] *(pahāṛī)* वि. pertaining to the hill; hilly; living on or near a mountain; mountainous.

पहाड़ी[2] *(pahāṛī)* स्त्री. hillock.

पहिया *(pahiyā)* पु. wheel.

पहुँच *(pahuṁc)* पु. reach; access; arrival; approach.

पहुँचना *(pahuṁcanā)* अ. क्रि. to reach; to arrive.

पहुँचा *(pahuṁcā)* पु. wrist.

पहुँचाना *(pahuṁcānā)* स. क्रि. to carry; to convey.

पहुँची *(pahuṁcī)* स्त्री. wrist ornament.

पहेली *(pahelī)* स्त्री. puzzle; quiz; riddle.

पांडित्य *(pāṇḍitya)* पु. scholarship; learning.

पांडित्यपूर्ण *(pāṇḍitya-purn)* वि. aureate; scholarly.

पांडुलिपि *(pāṇḍu-lipi)* स्त्री. manuscript.

पाँव *(pāṁv)* पु. foot.

पाई *(pāī)* स्त्री. small vertical line used in writing or printing in Devnagri characters; full stop; old copper coin.

पाक[1] (*pāk*) वि. (फ़ा.) holy; sacred; pure; clean.

पाक[2] (*pāk*) पु. cooking; maturation; Pakistan.

पाक-कला (*pāk-kala*) स्त्री. art of cooking; culinary art.

पाकशास्त्र (*pāk-sāstra*) पु. cookery.

पाकेटमार (*pāket-mār*) पु. pickpocket.

पाक्षिक (*pākṣik*) वि. biweekly; fortnightly.

पाखंड (*pākhand*) पु. hypocrisy; simulation; imposture.

पाखंडी[1] (*pākhaṇḍi*) पु. hypocrite; dissembler; impostor.

पाखंडी[2] (*pākhaṇḍī*) वि. dissembling; hypocritical.

पख़ाना (*pākhānā*) पु. latrine; faeces; human excrement; stool.

पागना (*pāgnā*) स. क्रि. to dip in or coat with syrup.

पागल (*pāgal*) वि. mad; insane; lunatic.

पागलपन (*pāgalpan*) पु. foolishness; madness; lunacy; insanity.

पागलख़ाना (*pāgalkhānā*) पु. lunatic asylum.

पाचक (*pācak*) वि. digestive; causing digestion.

पाचन (*pāchan*) पु. digestion.

पाजामा (*pājāmā*) पु. pyjamas; Indian trousers.

पाजी[1] (*pājī*) वि. mean; wicked; vile; crooked.

पाजी[2] (*pājī*) पु. scoundrel; rascal.

पाटना (*pātnā*) स. क्रि. to cover; to roof; to stock; to heap.

पाठ (*pāṭh*) पु. reading; religious text; lesson; text; recitation; version.

पाठक (*pāṭhak*) पु. reader; pupil; subcaste among Brahmans; reciter; teacher.

पाठदोष (*pāṭh-dōs*) पु. textual error.

पाठन (*pāṭhan*) पु. teaching.

पाठशाला (*pāṭhśāla*) स्त्री. school.

पाठ्य (*pāṭhya*) वि. readable; worth reading; legible.

पाठयक्रम (*pāṭhyakram*) पु. syllabus; course of study; curriculum.

पाणि (*pāṇi*) पु. hand.

पाणिग्रहण (*pāṇigrahan*) पु. marriage; wedding.

पाणिग्रहीत (*pāṇi-grahit*) वि. married.

पात (*pāt*) पु. fall; shedding; collapse; destruction; mode; leaf.

पातक (*pātak*) पु. sin.

पातकी[1] (*pātakī*) वि. sinner; evildoer.

पातकी[2] (*pātakī*) वि. sinful.

पातगोभी (*pāt-gobhi*) स्त्री. cabbage.

पाताल (*pātāl*) पु. underworld; hell; the lower region.

पाती (*pātī*) स्त्री. leaf; dried leaf; letter.

पात्र (*pātr*) पु. utensil; container; character (in a play etc.).

पात्रता (*pātratā*) स्त्री. eligibility.

पाथेय (*pātheya*) पु. provisions for a journey.

पाद (*pād*) पु. foot or leg; quarter; fourth part; a verse of line; fart.

पाद-टिप्पणी (*pād-tippāni*) स्त्री. foot note.

पादप (*pādap*) पु. tree.

पाद-प्रहार (*pād-prahār*) पु. kick.

पादरी (*pādrī*) पु. Christian missionary; clergy; priest; vicar.

पादाघात (*pāda-ghāt*) वि. kick.

पादुका (*pādukā*) स्त्री. wooden shoe (sandal); shoe.

पान[1] (*pān*) पु. drinking; drinking

spirituous liquors; drink; beverage.

पान[2] *(pān)* पु. betel-leaf.

पानगोष्ठी *(pāngosthi)* स्त्री. cocktail.

पाना[1] *(pānā)* स. क्रि. to get; to acquire; to obtain; to receive; to attain; to achieve.

पाना[2] *(pānā)* पु. spanner.

पानी *(pānī)* स्त्री. water; acqua.

पानीदार *(pānīdār)* वि. lustrous; respectable; honourable.

पाप *(pāp)* पु. sin; vice; evil.

पापकर्म *(pāpkarm)* पु. sin; sinful deed.

पापड़ *(pāpaṛ)* पु. thin crisp cake made of ground pulses.

पापाचार *(pāpācār)* पु. sinful conduct.

पापाचारी *(pāpācārī)* पु. sinner.

पापात्मा *(pāpātma)* वि. sinful; unholy.

पापी[1] *(pāpī)* पु. sinner.

पापी[2] *(pāpī)* वि. sinful; immoral.

पाबंद *(pāband)* वि. (फ़ा.) tied; fettered; habituated; to; accustomed.

पाबंदी *(pābandī)* स्त्री. (फ़ा.) restriction; control; ban; binding; obligation.

पामर[1] *(pāmar)* वि. low; wicked; crooked; mean; sinful.

पामर[2] *(pāmar)* पु. rascal; knave; scoundrel.

पायँ *(pāyaṁ)* पु. foot.

पायँचा *(pāyaṁcā)* पु. one of the two legs of pyjama or pants.

पायजामा *(pāijāma)* see पाजामा।

पायदान *(pāydān)* पु. foot-board; door-mat.

पायदार *(pāydār)* वि. (फ़ा.) durable; lasting.

पायदारी *(pāydarī)* स्त्री. (फ़ा.) durability.

पायल *(pāyal)* स्त्री. anklet; ankle ornament.

पाया *(pāyā)* पु. (फ़ा.) leg of a piece of furniture; pillar post; prop; support.

पारंगत *(pāramgat)* वि. expert; wellversed; well conversant.

पारंपरिक *(pāramparik)* वि. traditional; conventional.

पार *(pār)* पु. (opposite) bank; shore etc.; across.

पारखी *(pārakhī)* पु. connoisseur.

पारगमन *(pārgaman)* पु. going across; transit.

पारगामी *(pārgāmī)* वि. pervasive; pervading; going across.

पारद *(pārad)* पु. mercury.

पारदर्शक *(pārdarsak)* वि. transparent.

पारदर्शकता, पारदर्शिता *(pārdarśīta)* स्त्री. transparency.

पारदर्शी *(pārdarśī)* वि. transparent.

पारपत्र *(pārpatra)* पु. passport.

पारमार्थिक *(pāramārthik)* वि. relating to a high and spiritual object; spiritual; charitable; transcendental; ultra-mundane.

पारलौकिक *(pārlaukik)* वि. relating to the next world; transcendental; ultra-mundane.

पारस *(pāras)* पु. philosopher's stone; touchstone; an object of unusual merits.

पारसाल *(pārsāl)* पु. last year.

पारस्परिक *(pārasparik)* वि. mutual; reciprocal.

पारस्परिकता *(pārasparikatā)* स्त्री. reciprocity; mutuality.

पारा *(pārā)* पु. mercury.

पारायण *(pārâyan)* पु. perusal of a

religious book; thorough reading.

पारावार *(pārâvar)* पु. sea; ocean; bank; limit.

पारित *(pārit)* वि. passed.

पारितोषिक *(pāritoṣik)* पु. reward (in terms of money); prize.

पारिभाषिक *(pāribhāṣik)* स्त्री. pertaining to definition; technical.

पारिभाषिकी *(pāribhāṣikī)* स्त्री. terminology.

पारिवारिक *(pārivārik)* वि. pertaining to a family; domestic.

पारिवारिकता *(pārivārikata)* स्त्री. family feeling; domesticity.

पारिश्रमिक *(pāriśramik)* पु. remuneration.

पारिस्थितिक *(pāristhitik)* वि. ecological; circumstantial.

पारिस्थितिकी *(pāristhitikī)* स्त्री. ecology.

पारी *(pārī)* स्त्री. turn; shift; innings.

पार्थक्य *(pārthakya)* पु. separation; difference; separateness; isolation.

पार्थक्यवाद *(pārthakyavād)* पु. separatism.

पार्थक्यवादी *(pārthakyavādī)* पु. separatist.

पार्थिव *(pārthiv)* पु. relating to earth; springing or derived from the earth; earthen; earthly.

पार्श्व *(pārśva)* पु. armpit; side; part of the body below the armpit; wing; flank; back.

पार्श्वगायक *(pārśva-gāyak)* पु. play back singer.

पार्श्वसंगीत *(pārśva-sāngit)* पु. background music.

पार्षद *(pārṣad)* पु. member of an assembly; retinue (of a god); concillor.

पालक *(pālak)* पु. protector; foster parent.

पालकी *(pālki)* स्त्री. palanquin.

पालतू *(pāltū)* वि. domesticated; tame; pet.

पालथी *(pālthī)* स्त्री. cross-legged sitting posture; squatting posture.

पालन *(pālan)* पु. upbringing; compliance; observance; protection.

पालन-पोषण *(pālan-poshān)* पु. upbringing nurture; fostering.

पालना[1] *(pālnā)* स. क्रि. to bring up; to rear; to observe; to comply; to tame; to domesticate; to keep (vow).

पालना[2] *(pālnā)* पु. cradle; crib.

पाला *(pālā)* पु. frest; opportunity (in dealing with); line of demarcation (in kabaddi etc.).

पावक *(pāvak)* पु. fire; the Sun; god of fire; god Varuna.

पावती *(pāvatī)* स्त्री. receipt.

पावन *(pāvan)* वि. holy; sacred; immaculate; pure.

पावनता *(pāvantā)* वि. holiness; sanctity; immaculation; purification; purity.

पावस *(pāvas)* स्त्री. rainy season.

पाश *(pāś)* स्त्री. tie; bond; chain; fetter; trap or net; noose; snare; lock.

पाशविक *(pāśavik)* वि. brutal; beastlike; beastly.

पाशविकता *(pāśviktā)* स्त्री. brutality; bararianism; barbarousness.

पाश्चात्य *(pāścātya)* वि. belonging to west; western; occidental; hinder; posterior; later.

पाषाण *(pāṣān)* पु. stone.

पासंग *(pāsaṅg)* पु. (फ़ा.) counterweight; make-weight.

पास *(pās)* क्रि. वि. near; nearby; at hand.

पासा *(pāsā)* पु. dice.

पाहुना *(pāhunā)* पु. guest; son-in-law.

पिंगल *(piṅgal)* पु. prosody.

पिंगलशास्त्र *(piṅgal-sāstra)* पु. science of prosody.

पिंजर *(piñjar)* पु. skeleton; physical frame.

पिंजरा *(piñjrā)* पु. cage.

पिंड *(piṇḍ)* पु. clod; lump; ball of rice of flour offered to the spirits of deceased ancestors.

पिंडली *(piṇḍlī)* स्त्री. calf of the leg.

पिंडी *(piṇḍī)* स्त्री. small lump; small round mass of anything; round skein of thread; crook.

पिक *(pik)* पु. cuckoo.

पिघलना *(pighalnā)* अ. क्रि. to melt; to be liquefied; to show pity; to be moved by emotion; to thaw.

पिघलाना *(pighalānā)* स. क्रि. to melt; to soften; to cause to move.

पिचकना *(picaknā)* अ. क्रि. to shrivel; to be squeezed; to subside; to deflate; to sag.

पिचकाना *(picakānā)* स. क्रि. to cause to sink or go down; to reduce the swelling of; to cause to deflate or shrink.

पिचकारी *(picakārī)* स्त्री. syringe; spray gun.

पिछड़ना *(picharṇā)* अ. क्रि. to lag behind.

पिछड़ा *(picharā)* वि. backward.

पिछड़ापन *(pacharāpan)* पु. backwardness.

पिछलगा *(pachalagā)* पु. follower; dependent; lackey.

पिछवाड़ा *(pichvāṛā)* पु. backyard; rear; hind part.

पिटना *(piṭnā)* अ. क्रि. to be defeat; to be beaten.

पिटाई *(pitāī)* स्त्री. act of beating; wages for beating or thrashing; good beating; defeat.

पिटारा *(pitārā)* पु. large basket; big chest or box.

पिता *(pitā)* पु. father; originator.

पितामह *(pitāmah)* पु. paternal grandfather.

पितामही *(pitāmahī)* स्त्री. paternal grand-mother.

पितृघात *(pitṛghāt)* पु. patricide.

पितृघाती *(pitṛghātī)* पु. patricide.

पितृत्व *(pitṛtva)* पु. fatherhood; paternity.

पित्ता *(pittā)* पु. gall bladder.

पित्ताशय *(pittāśaya)* पु. gall-bladder.

पित्ती *(pittī)* स्त्री. urticaria; skin rash.

पिद्दी *(piddī)* स्त्री. brown-backed Indian robin; insignificant creature.

पिनक *(pinak)* स्त्री. opium-induced; drowsiness; intoxicated state.

पिपासा *(pipāsā)* स्त्री. thirst; desire; greed; yearning; craving.

पिपासित, पिपासु *(pipāsu)* वि. thirsty; possessed of a yearning or craving.

पिपीलिका *(pipīlikā)* स्त्री. ant.

पियक्कड़ *(piyakkaṛ)* पु. drunkard.

पिया *(piyā)* पु. husband.

पिरोना *(pironā)* स. क्रि. to thread; to string.

पिलपिला *(pilpilā)* वि. flabby flaccid; soft; pulpy.

पिलाना *(pilānā)* स. क्रि. to cause to drink; to put through; to fill through.

पिल्ला *(pillā)* पु. pup; puppy.

पिशाच *(piśāc)* पु. devil; hell-hound; demon; malevolent spirit.

पिष्टपेषण *(pisṭ-pesān)* पु. useless labour; repetition.

पिसना *(pisnā)* अ. क्रि. to be ground (powdered); crushing.

पिसवाना *(pisvānā)* स. क्रि. to cause to be ground or powdered.

पिसाई *(pisāi)* स्त्री. grinding; grinding charges.

पिस्ता *(pistā)* पु. pistachio nut.

पिस्तौल *(pistaul)* स्त्री. pistol.

पिस्सू *(pissū)* पु. flea.

पीक *(pik)* स्त्री. spittle of chewed betel-leaf.

पीकदान *(pikdān)* पु. cuspidor; spittoon.

पीछा *(pichā)* पु. rear; back part; pursuit; chase.

पीछे *(piche)* क्रि. वि. behind; on the backside; after; afterwards.

पीटना *(pitnā)* स. क्रि. to beat; to thrash; to defeat; to knock; to dash; to bang.

पीठ[1] *(pith)* पु. seat made of wood; steel; etc.; seat; stand; base; bench.

पीठ[2] *(piṭh)* स्त्री. back; upper portion; back part.

पीड़न *(piṛan)* पु. oppression; torment.

पीड़ा *(pirā)* स्त्री. pain; ache; agony; tribulation.

पीड़ित *(piṛit)* वि. pained; oppressed; afflicted; distressed.

पीढ़ा *(piṛhā)* पु. low stool; pedestal.

पीढ़ी *(piṛhi)* स्त्री. generation; small wooden seat.

पीत[1] *(pit)* स्त्री. yellow; pale.

पीत[2] *(pit)* स्त्री. yellow colour; topaz; sulphur.

पीतता *(pitatā)* स्त्री. yellowness; pallor.

पीतल *(pital)* पु. brass.

पीताश्म *(pitaśm)* पु. topaz.

पीना *(pinā)* स. क्रि. to sip; to drink; to tolerate; endure.

पीप *(pip)* स्त्री. pus.

पीपल *(pipal)* स्त्री. an Indian creeper and its fruit used in medicine.

पीपा *(pipā)* पु. can; canister; tin; cask; barrel; drum; pontoon.

पीर[1] *(pir)* स्त्री. (फ़ा.) spiritual guide; Muslims' saint.

पीर[2] *(pir)* स्त्री. pain; affliction.

पीलवान *(pilvān)* पु. elephant driver.

पीला *(pilā)* वि. yellow; pale; pallid.

पीलापन *(pilāpan)* पु. yellowness.

पीलिया *(piliyā)* पु. jaundice.

पीसना *(pisnā)* स. क्रि. to powder; to grind; to gnaw (teeth) .

पीहर *(pihar)* पु. married woman's parental house.

पुंज *(puñj)* पु. heap; accumulation; collection; bulk.

पुंस्त्व *(puṃsatva)* पु. masculinity; manhood; virility.

पुआ *(puā)* पु. a kind of sweet flourcake.

पुआल *(puāl)* पु. paddy-straw.

पुकार *(pukār)* स्त्री. call; cry; petition; roll-call.

पुकारना *(pukārnā)* स. क्रि. to call; to cry out; to call for help; to proclaim.

पुखराज़ *(pukhrāj)* पु. topaz.

पुख़्ता *(pukhtā)* वि. (फ़ा.) strong; solid; firm; lasting; mature; expert.

पुचकारना *(pucakārnā)* स. क्रि. to fondle; to caress.

पुच्छल *(pucchal)* वि. tailed; having a tail.

पुच्छलतारा *(pucchal-tārā)* पु. comet; meteor.

पुजारी *(pujārī)* पु. worshipper; adorer; priest.

पुट *(puṭ)* पु. plating; slight mixture; seasoning; light touch.

पुट्ठा *(puṭṭhā)* पु. hip; rump; back portion of binding of a book.

पुड़िया *(puṛiyā)* स्त्री. small paper packet.

पुण्य *(puṇya)* पु. virtuous action; good deed; fruit or reward of virtue; virtue; religious merit.

पुण्यात्मा[1] *(puṇyātmā)* वि. puresouled; righteous; virtuous.

पुण्यात्मा[2] *(puṇyātmā)* पु. righteous person.

पुतला *(piutlā)* पु. effigy.

पुतली *(piutlī)* स्त्री. pupil of the eye. puppet; doll.

पुताई *(putāi)* स्त्री. white-wash; white-washing.

पुत्र *(putr)* पु. son.

पुत्रवती *(putrvati)* स्त्री. a woman blessed with a son.

पुत्रवधू *(putrvadhu)* स्त्री. daughter-in-law.

पुत्री *(putrī)* स्त्री. daughter.

पुदीना *(pudīnā)* पु. mint.

पुनः *(punaḥ)* क्रि. वि. again; oncemore.

पुनः स्थापन *(punaḥ-sthāpna)* पु. re-instatement; resettlement; restoration; re-establishment.

पुनरागम, पुनरागमन *(punara-gaman)* पु. coming again; return; reoccurrence.

पुनरावर्तन *(punarā-vartan)* पु. recapituation; relapse; recrudescence; repetition.

पुनरावर्ती *(punarā-varti)* वि. repetitive; returning; recurrent.

पुनरावलोकन *(punarā-vlokan)* पु. revision; reperusal; retrospection.

पुनरावृत्ति *(punarā-vriti)* स्त्री. repetition; return; recapitulation; circumlocution.

पुनरीक्षक *(punaraikshak)* पु. reviewer.

पुनरीक्षण *(punarikshan)* पु. review; revision.

पुनरुक्त *(punarukt)* वि. repeated; retold; reiterated.

पुनरुक्ति *(punarokti)* स्त्री. repetition; tautology.

पुनरुज्जीवन *(punarujjivan)* पु. resurrection; resuscitation; revival; regeneration.

पुनरुत्थान *(punar-uthan)* पु. renaissance; revival; resurgence; resurrection.

पुनरुत्पादन *(punar-utpadan)* पु. reproduction.

पुनरुद्धार *(punar-udhar)* पु. restoration; renovation; revival.

पुनर्गठन *(punar-gathan)* पु. reorganisation.

पुनर्जनन *(punar-jānan)* पु. regeneration; reproduction.

पुनर्जन्म *(punar-janma)* पु. rebirth; reincarnation.

पुनर्जागरण *(punar-jāgaran)* पु. renaissance; reawakening.

पुनर्गिमन *(punar-giman)* पु. re-issue; re-emergence.

पुनर्निर्माण *(punar-nirmān)* पु. reconstruction.

पुनर्निर्वाचन *(punar-nirvācān)* पु. re-election.

पुनर्परीक्षण *(punar-parikshan)* पु. re-examination; retrial.

पुनर्मिलन *(punar-milan)* पु. re-union.

पुनर्मुद्रण *(punar-mudran)* पु. re-impression; re-print.

पुनर्वास *(punar-vās)* पु. re-habilitation.

पुनर्विचार *(punar-vicār)* पु. re-consideration; revision.

पुनर्वितरण *(punar-vitaran)* पु. redistribution.

पुनर्व्यवस्था *(punar-vyasthā)* स्त्री. reorganisation.

पुनर्स्थापना *(punar-sthāpan)* पु. replacement; re-installation.

पुनि *(puni)* क्रि. वि. again.

पुनीत *(punīt)* वि. pure; holy; sacred; pious.

पुर *(pur)* पु. town; city.

पुरखा *(purkhā)* पु. ancestor; forefather.

पुरजन *(purjan)* पु. inhabitants of a town.

पुरज़ा *(purzā)* पु. (फ़ा.) scarp (of paper); piece; bit; chit; component; part of machine; prescription.

पुरस्कार *(puraskār)* पु. prize; award; reward.

पुरस्कृत *(puraskrit)* वि. rewarded.

पुराण *(purān)* पु. Hindu mythology.

पुरातन *(purā-tan)* वि. ancient; archaic; antique.

पुराना *(purānā)* वि. old; ancient; worn out; experienced; out-of date; old-fashioned.

पुरालेख *(purā-lekh)* पु. epigraph.

पुरालेख विद्या *(purā-lekh-vidyā)* स्त्री. epigraphy.

पुरालेखागार *(purā-lekhāgār)* पु. archives.

पुरालेखी *(purā-lekhī)* वि. archival.

पुरी *(puri)* स्त्री. city; town.

पुरुष *(puruṣ)* पु. man; person (in grammar).

पुरुषत्व *(puruśatva)* पु. manhood; manliness; valour; masculinity.

पुरुषार्थ *(puruśarth)* पु. (human) effort or exertion.

पुरुषार्थी *(puruśarthī)* वि. industrious; painstaking; laborious.

पुरोहित *(purohit)* पु. Hindu-priest; pastor.

पुल *(pul)* पु. bridge.

पुलकन *(pulakan)* पु. titillation.

पुलकना *(pulaknā)* अ. क्रि. to experience a thrill of joy; to be delighted.

पुलकित *(pulākit)* वि. having the hair of the body erect; thrilled with joy.

पुलाव *(pulāv)* पु. spiced rice preparation.

पुलिंदा *(pulindā)* पु. bundle; sheaf; packet.

पुल्लिंग *(pulling)* पु. masculine gender.

पुश्त *(puśt)* स्त्री. (फ़ा.) generation; back; back portion.

पुश्ता *(puśtā)* पु. (फ़ा.) embankment; buttress.

पुश्तैनी *(puśtainī)* वि. ancestral; hereditary.

पुष्ट *(pusṭ)* वि. nourished; strong; robust; sturdy; confirmed; well-built.

पुष्टिता *(pusṭatā)* स्त्री. confirmation; strength.

पुष्टि *(pusṭi)* स्त्री. confirmation; affirmation.

पुष्टिकारक *(pusṭikārāk)* वि. nutritious.

पुष्टीकरण *(puṣṭīkaraṇ)* पु. confirmation.

पुष्प *(puṣp)* पु. flower.

पुष्पराग *(puṣprāg)* पु. topaz.

पुष्पांजलि *(puṣpānjali)* स्त्री. floral tribute.

पुष्पित *(puṣpit)* वि. bearing flowers flowered; luxuriant.

पुस्तक *(puṣtak)* स्त्री. book.

पुस्तकाध्यक्ष *(puṣtaka-dhyaksh)* पु. librarian

पुस्तकालय *(puṣtakālay)* पु. library.

पुस्तिका *(pustikā)* स्त्री. booklet; handbook.

पुस्तकीय *(pustakīya)* वि. pertaining to a book; found in the books; bookish.

पुहुप *(puhup)* पु. flower.

पूँछ *(pūṁch)* स्त्री. tail; back portion.

पूँजी *(pūṁji)* स्त्री. capital; assets; wealth.

पूँजीकरण *(pūṁjikaraṇ)* पु. capitalization.

पूँजीपति *(pūnjipati)* पु. capitalist.

पूँजीवाद *(pūnjivād)* पु. capitalism.

पूँजीवादी[1] *(pūnjivādī)* वि. capitalistic.

पूँजीवादी[2] *(pūnjivādī)* पु. one who believes in capitalism; follower of capitalism.

पूआ *(pūā)* पु. sweet fried small cake.

पूछ *(pūch)* स्त्री. inquiry; value; importance; respect.

पूछगछ, पूछताछ *(pūchtāch)* स्त्री. investigation; enquiry.

पूछना *(pūchnā)* स. क्रि. to enquire; to question; to interrogate; to respect.

पूजक *(pūjak)* पु. worshipper; votary; adorer; devotee.

पूजन *(pūjan)* पु. worship.

पूजना *(pūjanā)* वि. to worship; to adore.

पूजनीय *(pūjanīya)* वि. venerable; honourable; adorable.

पूजा *(pūjā)* स्त्री. worship; veneration; adoration; honour.

पूज्य *(pūjya)* वि. venerable; adorable, deserving honour.

पूत *(pūt)* पु. son.

पूरक[1] *(pūrak)* पु. supplement.

पूरक[2] *(pūrak)* वि. supplementary; complementary.

पूरब *(pūrab)* पु. seat.

पूरबी *(pūrabī)* वि. eastern.

पूरा *(pūrā)* वि. full; whole; all; entire; complete; fulfilled; thorough.

पूरित *(pūrit)* वि. filled; completed.

पूर्ण *(pūrṇ)* वि. full; filled; complete; all; entire; perfect.

पूर्णता *(pūrṇatā)* स्त्री. fullness; absoluteness; perfection.

पूर्णमासी *(pūrṇmasī)* see. पूर्णिमा

पूर्णविराम *(pūraṇ-virām)* पु. full stop.

पूर्णिमा *(pūrṇimā)* स्त्री. day of full moon.

पूर्ति *(pūrti)* स्त्री. fulfilment; filling up; supply.

पूर्व[1] *(pūrv)* वि. first; previous; former; foregoing.

पूर्व[2] *(pūrv)* पु. east.

पूर्व[3] *(pūrv)* क्रि. वि. before; beforehand.

पूर्वज *(pūrvaj)* पु. ancestor; forefather; predecessor.

पूर्वदिनांकन *(pūrv-dināṁkan)* पु. antedating.

पूर्वदिनांकित *(pūrv-dināṁkit)* वि. antedated.

पूर्वनिर्धारण *(pūrv-nirdhāran)* पु. predetermination.

पूर्वनिर्धारित *(pūrv-nirdhārit)* वि. predetermined.

पूर्ववत् *(pūrv-vat)* क्रि. वि. as before.

पूर्ववर्ती[1] *(pūrv-varti)* वि. existing before; preceding; foregoing.

पूर्ववर्ती[2] *(pūrv-varti)* पु. antecedent; predecessor.

पूर्वानुमान *(pūrvānumān)* पु. forecast; prognosis; anticipation.

पूर्वापेक्षा *(pūrvāpeksā)* स्त्री. pre-requisite.

पूर्वाभास *(pūrvāsbhās)* स्त्री. prolepsis; aura; anticipation; fore-shadowing; presage; premonition; foreboding.

पूर्वाभिनय *(pūrvābhinaya)* पु. rehearsal.

पूर्वाभ्यास *(pūrv-bhyās)* स्त्री. rehearsal.

पूर्वार्द्ध, पूर्वार्ध *(pūrv-ārdh)* पु. first half.

पूर्वाह्न *(pūrvāhān)* पु. forenoon.

पूला *(pūlā)* पु. small bundle of grass or straw; sheaf.

पूस *(pūs)* पु. tenth month of Indian calendar.

पृथक् *(pṛthak)* वि. separate; different.

पृथक्करण *(prthakkarān)* पु. separation; severance; isolation; segregation.

पृथकता *(pṛthakatā)* पु. state or quality of being different; separateness; aloofness.

पृथक्तावाद *(pṛthaktāvad)* पु. isolationism; separatism.

पृथ्वी *(pṛthvī)* स्त्री. world; earth.

पृथ्वीलोक *(pṛthvīlok)* पु. the mortal world.

पृष्ठ *(pṛṣṭh)* पु. back; hinder part; upper side; outer surface; page.

पृष्ठभूमि *(pṛsth-bhūmi)* स्त्री. background.

पृष्ठांकन *(pṛsthānkan)* पु. endorsement.

पृष्ठांकित *(pṛṣthānkit)* वि. endorsed.

पेंदा *(pemdā)* पु. base; bottom.

पेंदी *(pemdī)* स्त्री. bottom; anus; root or carrot or radish.

पेच *(pec)* पु. (फ़ा.) screw; trick (in wrestling); turn; winding; complication; intricacy; part of a machine.

पेचकस *(peckas)* पु. (फ़ा.) screw driver.

पेचिश *(peciś)* स्त्री. (फ़ा.) dysentery.

पेचीदगी *(pecīdagī)* स्त्री. complication; intricacy; complexity.

पेचीदा *(pecīdā)* वि. (फ़ा.) complicated; intricate.

पेट *(peṭ)* पु. belly; stomach; abdomen.

पेटी *(peṭī)* स्त्री. small box or chest; belt; girdle.

पेटू[1] *(peṭū)* वि. gluttonous.

पेटू[2] *(peṭū)* पु. glutton; gourmand.

पेटूपन *(peṭūpan)* पु. gluttony.

पेठा *(peṭhā)* पु. white gourd; kind of sweetmeat prepared of (white) gourd.

पेड़ *(peṛ)* पु. tree.

पेडू *(peṛū)* पु. part of the body lying between the navel and the pubic region.

पेय *(pey)* वि. drinkable; potable.

पेरना *(pernā)* स. क्रि. to crush; to torment; to exploit.

पेलना *(pelnā)* स. क्रि. to thrust in; to penetrate; to impel.

पेश *(peś)* वि. presented; forwarded.

पेशकश *(peśkaś)* स्त्री. (फ़ा.) proposal; request.

पेशकार *(peśakar)* पु. (फ़ा.) court clerk.

पेशगी *(peśagī)* स्त्री. (फ़ा.) advance; earnest money.

पेशबंदी *(peśabandī)* स्त्री. (फ़ा.) forestalling; anticipation; arrangement.

पेशा *(peśā)* पु. (फ़ा.) occupation; trade; profession; vocation; calling.

पेशानी *(peśānī)* स्त्री. (फ़ा.) forehead.

पेशाब *(peśāb)* पु. (फ़ा.) urine.

पेशाबख़ाना, पेशाबघर *(peśab-ghar)* पु. (फ़ा.) urinal.

पेशी[1] *(peśī)* स्त्री. (फ़ा.) hearing of law suit.

पेशी[2] *(peśī)* स्त्री. muscle.

पेशेवर *(peśevar)* वि. (फ़ा.) professional.

पेषक *(peśāk)* पु. grinder.

पेषण *(peśan)* पु. pulverisation; grinding; milling.

पैंठ *(paiṁṭh)* स्त्री. periodical market; marketing day.

पैकर *(paikar)* पु. (फ़ा.) retailer.

पैग़ंबर *(paigambar)* पु. (फ़ा.) prophet.

पैग़ाम *(paigām)* पु. (फ़ा.) message.

पैठ *(paiṭh)* स्त्री. access; reach; insight.

पैठना *(paiṭhanā)* अ. क्रि. to have access; to enter.

पैतरा *(paitrā)* पु. wrestling trick; stratagem; tactics; manoeuvre.

पैतरेबाज *(paitrebāz)* पु. person who knows the way of wrestling or using the arms; strategist; dodger.

पैतृक *(paitṛk)* वि. paternal; ancestral; hereditary; parental.

पैदल[1] *(paidal)* पु. footman; infantryman; pedestrain; chessman; pawn.

पैदल[2] *(paidal)* वि. pedestrian.

पैदल[3] *(paidal)* क्रि. वि. on foot.

पैदा *(paidā)* वि (फ़ा.) born; created; produced; grown; earned.

पैदाइश *(paidāiś)* स्त्री (फ़ा.) birth; production.

पैदाइशी *(paidāiśī)* वि. inborn; natural.

पैदावार *(paidāvār)* स्त्री. yield; production.

पैना *(painā)* वि. sharp; pointed; keen.

पैमाइश *(paimāiś)* स्त्री. (फ़ा.) measurement; survey (of land).

पैमाना *(paimānā)* पु. (फ़ा.) scale; measure; peg (for drinking liquor).

पैर *(pair)* पु. foot; foot-mark; footprint; threshing floor; barn.

पैरवी *(pairavī)* स्त्री. (फ़ा.) pursuit; advocacy.

पैबंद *(paiband)* पु. patch.

पैशाचिक *(paiśacik)* वि. fiendish; demonic.

पैसा *(paisā)* पु. paisa; money; wealth.

पोंगा[1] *(poṁgā)* वि. stupid; foolish.

पोंगा[2] *(poṁgā)* पु. simpleton.

पोंगापंथी[1] *(poṁgā-panthī)* स्त्री. idiocy; stupidity.

पोंगापंथी[2] *(poṁgā-panthī)* वि. foolish; stupid.

पोंछना[1] *(poṁchanā)* स. क्रि. to wipe; to cleanse; to rub out; to efface.

पोंछना[2] *(poṁchanā)* पु. duster; wiper.

पोत *(pot)* पु. ship; boat.

पोतना *(potanā)* स. क्रि. to whitewash; to smear; to coat.

पोतभार *(potbhār)* पु. cargo.

पोतवाह *(potvāh)* वि. sailor.

पोता *(potā)* पु. grandson; rent; revenue; testicle; daubing cloth or brush.

पोती *(poti)* स्त्री. grand-daughter.

पोथा *(pothā)* पु. voluminous book.

पोथी *(pothī)* स्त्री. book; booklet.

पोदीना *(podinā) see* पुदीना

पोपला *(poplā)* वि. empty; toothless; shrivelled.

पोल *(pol)* स्त्री. emptiness; hollowness; illusion.

पोला *(polā)* वि. empty; soft; flabby; hollow.

पोशाक *(pośāk)* स्त्री. (फ़ा.) dress; uniform apparel; attire; costume.

पोशीदगी *(pośīdagī)* स्त्री. secrecy; privacy.

पोशीदा *(pośīdā)* वि. (फ़ा.) secret; hidden concealed.

पोषक[1] *(poṣak)* पु. one who feeds or nourishes.

पोषक[2] *(poṣak)* वि. nourishing; nutritive.

पोषण *(poṣan)* पु. bringing up; rearing; fostering; support; protection; nutrition; nourishment.

पोषित *(poṣit)* वि. supported; reared; brought up; nourished.

पोस्त *(post)* पु. (फ़ा.) poppy plant; poppy seed; skin; hide.

पौ *(pau)* स्त्री. early dawn.

पौआ *(pauā)* पु. quarter of a seer; quarter measure; bottle of liquor; support; backing.

पौत्र *(pautr)* पु. grand-son.

पौत्री *(pautri)* स्त्री. grand-daughter.

पौद *(paud)* स्त्री. seedling; sapling; young plant; generation.

पौदघर *(paudghar)* स्त्री. nursery.

पौधा *(paudhā)* पु. young plant; sapling.

पौर *(paur)* पु. citizen; municipal councillor; outer verandah in a house.

पौराणिक *(paurāṇik)* वि. mythological.

पौरुष *(pauruṣ)* पु. heroism; valour; manliness; masculinity; virility.

पौष्टिक *(pauṣṭik)* वि. nutritive; nutritious; restorative; alimentary.

पौष्टिकता *(paustikatā)* स्त्री. nutritiveness; nourishment.

प्याऊ *(pyāū)* स्त्री. water-booth; free water-kiosk.

प्याज़ *(pyāz)* पु. (फ़ा.) onion.

प्यादा *(pyādā)* पु. (फ़ा.) foot-soldier; footman; pedestrian; pawn (in chess).

प्यार *(pyār)* पु. love; affection; amour.

प्यारी *(pyārī)* वि. dear; beloved; lovely; pleasing.

प्याला *(pyālā)* पु. (फ़ा.) cup.

प्याली *(pyālī)* स्त्री. small cup.

प्यास *(pyās)* स्त्री. thirst; longing; craving; greed.

प्यासा *(pyāsā)* वि. thirsty.

प्रकंप *(pra-kamp)* पु. vibration; quivering; trembling.

प्रकंपित *(pra-kampit)* वि. vibrated; quivered; trembled; shivered.

प्रकट *(pra-kat)* वि. manifest; apparent; revealed; obvious; evident; ostensible.

प्रकरण *(pra-karan)* पु. context; chapter; episode; topic; case.

प्रकल्पना *(pra-kalpanā)* स्त्री. presumption; supposition; hypothesis.

प्रकांड *(pra-kānd)* वि. outstanding; eminent; profound.

प्रकार *(pra-kār)* *वि.* description; manner; way; method; kind; type.

प्रकारांतर *(pra-kārāntar)* *पु.* different method or manner.

प्रकाश *(pra-kāś)* *पु.* light.

प्रकाशक *(pra-kāśak)* *पु.* illuminator; publisher.

प्रकाशन *(pra-kāśan)* *पु.* publication.

प्रकाश-स्तंभ *(pra-kāś-stamb)* *पु.* lighthouse.

प्रकाशित *(pra-kāśit)* *वि.* lighted; illumined; revealed; published.

प्रकीर्ण *(pra-kirṇ)* *वि.* spread out; scattered; dispersed; miscellaneous.

प्रकृति *(pra-kṛti)* *स्त्री.* temperament; disposition; nature.

प्रकृतिस्थ *(pra-kṛtisth)* *वि.* composed; normal; calm and cool; natural.

प्रकोप *(pra-kop)* *पु.* wrath; rage; fury; epidemic; attack.

प्रकोष्ठ *(pra-kostha)* *पु.* fore-arm; part above the wrist; courtyard; room near the gate of a palace; lobby; chamber.

प्रक्रिया *(par-kriyā)* *स्त्री.* process; procedure.

प्रक्षालन *(pra-kṣālan)* *पु.* washing up.

प्रक्षालित *(pra-kṣālit)* *वि.* washed; cleansed; bleached.

प्रक्षेप *(pra-kṣep)* *पु.* throwing; casting; interpolation; projection.

प्रक्षेपक *(pra-kṣepak)* *पु.* projector.

प्रक्षेपण *(pra-kṣepaṇ)* *पु.* throw; hurling; projection.

प्रखर *(pra-khar)* *वि.* sharp; acute; fierce.

प्रखरता *(pra-kharatā)* *स्त्री.* sharpness; acuteness.

प्रख्यात *(pra-khyāt)* *वि.* famous; reputed; eminent; renowned.

प्रगति *(pra-gati)* *स्त्री.* progress; advancement; development.

प्रगतिवाद *(pra-gati-vād)* *पु.* progressivism.

प्रगतिवादी *(pra-gati-vādi)* *पु.* progressivist.

प्रगतिशील *(pra-gatiśila)* *वि.* progressive.

प्रगाढ़ *(pra-gāṛh)* *वि.* dense; thick; profound; deep.

प्रगाढ़ता *(pra-gāṛhatā)* *स्त्री.* profundity; denseness.

प्रगति *(pra-gati)* *पु.* lyrical song; lyric.

प्रगीतिकार *(pria-gitikar)* *पु.* lyrist; lyricist.

प्रचंड *(pra-caṇḍ)* *वि.* excessively violent; furious.

प्रचंडता *(pra-caṇdatā)* *स्त्री.* violence; furiousness; fierceness; passionateness; virulence.

प्रचलन *(pra-calan)* *पु.* custom; usage; currency.

प्रचलित *(pra-calit)* *वि.* in usage; current; in force.

प्रचार *(par-cār)* *पु.* prevalence; currency; propaganda; publicity.

प्रचारक *(pra-cārak)* *पु.* propagator; propagandist.

प्रचुर *(pracur)* *वि.* abundant; plentiful; copious; ample.

प्रचुरता *(pracuratā)* *स्त्री.* abundance; plenty; ampleness; copiousness.

प्रच्छन्न *(pra-chann)* *वि.* covered; hidden; disguised; covert; latent.

प्रच्छन्नता *(pra-chanata)* *स्त्री.* covertness; concealment; latency; stealthiness; secrecy.

प्रजनन *(pra-janan)* पु. reproduction; bringing forth; breeding.

प्रजा *(pra-jā)* स्त्री. subjects; public.

प्रजातंत्र *(pra-jātanṭr)* पु. democracy.

प्रजातांत्रिक *(pra-jāntāntrik)* वि. democratic.

प्रजाति *(pra-jāti)* स्त्री. race.

प्रजातीय *(pra-jātya)* वि. racial.

प्रज्ञ *(pra-jña)* वि. wise; intelligent; learned.

प्रज्ञता *(pra-jñatā)* स्त्री. wisdom; intelligence; learning.

प्रज्ञा *(pra-jñā)* स्त्री. intelligence; discrimination; understanding.

प्रज्ञावान् *(pra-jñāvān)* वि. highly intelligent; intellectual.

प्रज्वलन *(pra-jvalan)* पु. ignition; setting on fire; burning; blazing.

प्रज्वलित *(pra-jvalit)* वि. burning; flaming; ignited; burnt; blazed; bright; shining.

प्रण *(praṇ)* पु. determination; pledge; vow; resolution.

प्रणय *(pra-ṇay)* पु. love; affection; amour.

प्रणाम *(pra-ṇām)* पु. salutation.

प्रणाली *(pra-ṇāli)* स्त्री. system; method; mode; channel.

प्रणेता *(pra-ṇetā)* पु. author; composer; writer; promulgator; precursor.

प्रताप *(pra-tāp)* पु. courage; heroism; glory; dignity; benedictory influence.

प्रति[1] *(prati)* स्त्री. copy; print.

प्रति[2] *(prati)* क्रि. वि. for; towards.

प्रतिकार *(prati-kār)* पु. compensation; revenge; retaliation; retribution; treatment; counteraction.

प्रतिकूल *(prati-kūl)* वि. unfavourable; adverse; repugnant; prejudicial.

प्रतिकृति *(prati-kṛti)* स्त्री. prototype replica; image; reproduction.

प्रतिक्रिया *(prati-kriyā)* स्त्री. reaction; repercussion.

प्रतिक्रियात्मक *(prati-kriyātāmak)* वि. reactionary.

प्रतिक्रियावादी[1] *(prati-kriyāvādi)* वि. reactionary.

प्रतिक्रियावादी[2] *(prati-kriyāvādi)* पु. reactionist.

प्रतिगामी *(prati-gāmi)* वि. regressive; retrogressive.

प्रतिच्छाया *(prati-chāyā)* स्त्री. reflection; shadow; facsimile; image; picture.

प्रतिज्ञा *(prati-jñā)* स्त्री. pledge; vow.

प्रतिज्ञा-पत्र *(pratignā-patra)* पु. written pledge; covenant; bond; promissory note.

प्रतिदान *(prati-dān)* पु. barter; exchange; giving back; return; redemption.

प्रतिदिन *(prati-din)* क्रि. वि. daily; everyday.

प्रतिद्वंद्वी[1] *(prati-dvandvi)* पु. antagonist; rival; contestant.

प्रतिद्वंद्वी[2] *(prati-dvandvi)* वि. opponent; rival; antagonistic.

प्रतिध्वनि *(prati-dhvani)* स्त्री. echo; reverberation.

प्रतिनिधि *(prati-ni-dhi)* पु. proxy; representative; delegate; agent.

प्रतिपक्ष *(prati-pakṣ)* पु. contesting or opposite party; opinion expressed by the opposite party; antithesis.

प्रतिपक्षी *(prati-pakṣi)* पु. opponent; adversary; adverse party.

प्रतिपादन *(prati-pādan)* पु. exposition; commencement; presentation; treatment.

प्रतिफल *(prati-phal)* पु. result; return; reward; yield.

प्रतिबंध *(prati-bandh)* पु. ban; restriction; check; condition; prohibition.

प्रतिबद्ध *(prati-baddh)* वि. committed; restricted.

प्रतिबद्धता *(prati-baddhatā)* स्त्री. commitment.

प्रतिबिंब *(prati-bimb)* पु. reflection; image.

प्रतिबिंबित *(prati-bimbit)* वि. reflected.

प्रतिभा *(prati-bhā)* स्त्री. genius; talent.

प्रतिभावान् *(prati-bhāvān)* वि. brilliant; talented.

प्रतिभाशाली *(prati-bhā-sāli)* वि. brilliant; gifted.

प्रतिभू *(prati-bhū)* पु. surety; bail.

प्रतिभूति *(prati-bhūti)* स्त्री. security; bail; security deposit; surety.

प्रतिमा *(prati-mā)* स्त्री. idol; statue; icon; image.

प्रतिमान *(prati-mān)* पु. model; exemplar; norm; pattern.

प्रतिमूर्ति *(prati-mūrti)* स्त्री. image; icon; idol; prototype; replica; embodiment.

प्रतियोगिता *(prati-yogitā)* स्त्री. competition; contest.

प्रतियोगी[1] *(prati-yogī)* पु. competitor; rival; opponent.

प्रतियोगी[2] *(prati-yogī)* वि. competitive.

प्रतिरक्षण *(prati-rakṣan)* पु. see प्रतिरक्षा

प्रतिरक्षा *(prati-rakṣā)* स्त्री. defence; immunity.

प्रतिरूप *(prati-rūp)* पु. specimen; duplicate form; prototype; image; representative; pattern; model; counterpart.

प्रतिरोध *(prati-rodh)* पु. ban; hindrance; obstruction; counteraction; resistance; opposition.

प्रतिरोधक[1] *(prati-rodhak)* पु. resistor; obstructor.

प्रतिरोधक[2] *(prati-rodhak)* पु. resistant; contestant; antagonistic; causing obstruction.

प्रतिरोधन *(prati-rodhan)* पु. resistance.

प्रतिरोधी *(prati-rodhī)* वि. resistive; obstructive; resistant; antagonistic; counteractive; hostile.

प्रतिलिपि *(prati-lipi)* स्त्री. copy; facsimile; duplicate; transcript; reproduction.

प्रतिलेख *(prati-lekh)* पु. transcript.

प्रतिवर्ष *(prati-varśa)* क्रि. per annum.

प्रतिवाद *(prati-vād)* पु. counterstatement; refutation; protest; controversy.

प्रतिवादी *(prati-vadi)* पु. defendant; respondent.

प्रतिशत *(prati-śat)* क्रि. per cent.

प्रतिशोध *(prati-śodh)* पु. revenge; vengeance; retribution.

प्रतिशोधी *(prati-śodhi)* पु. avenger.

प्रतिष्ठा *(prati-ṣthā)* स्त्री. fame; glory; renown; installation; establishment; dignity, status, prestige.

प्रतिष्ठान *(prati-ṣthān)* पु. fixing; placing, site; situation; institute; establishment; foundation.

प्रतिष्ठापन *(prati-ṣthāpan)* वि. fixing; placing; installation consecration.

प्रतिष्ठित *(prati-ṣthit)* वि. honourable;

established; installed.

प्रतिस्पर्धा *(prati-spardhā)* पु. rivalry; competition.

प्रतिहिंसक[1] *(prati-hiṃsak)* पु. one who retaliates; retaliator.

प्रतिहिंसक[2] *(prati-hiṃsak)* वि. revengefull; retaliatory.

प्रतिहिंसा *(prati-hiṃsā)* वि. counter-violence; reprisal.

प्रतीक *(pratīk)* पु. symbol; signifier emblem.

प्रतीकवाद *(pratīkvād)* पु. symbolism.

प्रतीकवादी *(pratīkvādī)* पु. symbolist.

प्रतीकात्मक *(pratīkātmak)* वि. allegorical; symbolic.

प्रतीक्षा *(pratîkṣā)* स्त्री. wait; waiting; expectation.

प्रतीक्षालय *(pratîkṣālya)* पु. waiting room.

प्रतीक्षित *(pratîkṣit)* वि. awaited.

प्रतीत *(pratît)* स्त्री. apparent; experienced.

प्रतीति *(pratîti)* स्त्री. knowledge; ascertainment; clear or distinct perception or apprehension; conviction; assurance; confidence; appearance.

प्रत्यंग *(praty-aṅg)* पु. minor parts of the body.

प्रत्यंचा *(praty-añcā)* स्त्री. bow-string.

प्रत्यक्ष *(praty-akṣ)* वि. visible; perceptible; obvious; apparent; direct.

प्रत्यय *(praty-ay)* पु. idea; belief; credit; credence; confidence; faith; testimony; suffix.

प्रत्याख्यान *(pratyākhyan)* पु. rebuttal; confutation; repudiation; denunciation.

प्रत्यादेश *(praty-ā-deś)* पु. refutation; warning; command; order; refusal.

प्रत्याशा *(praty-āśā)* स्त्री. hope; expectation anticipation.

प्रत्याशित *(praty-āśit)* वि. anticipated.

प्रत्याशी *(praty-āśī)* पु. candidate.

प्रत्युत *(praty-ut)* क्रि. वि. but; even then; on the other hand; on the contrary.

प्रत्युत्तर *(praty-uttar)* पु. rejoinder; reply; retort.

प्रत्युत्पन्न *(party-up-pann)* वि. readywitted; prompt; reborn.

प्रत्युत्पन्नमति *(praty-ut-pannmatī)* वि. ready minded; sharp; readywitted; ingenious.

प्रत्येक *(praty-ek)* वि. each; every.

प्रथम *(pratham)* वि. first; foremost; chief; principal.

प्रथमतः *(prathamatāh)* क्रि. वि. firstly; first of all; in the first place.

प्रथमा *(prathamā)* स्त्री. (gram.) nominative case.

प्रथा *(prathā)* स्त्री. custom; convention; usage; practice; system.

प्रदत्त *(pradatt)* वि. given away; bestowed; gifted; paid; paid up.

प्रदर *(pra-dar)* पु. leucorrhoea.

प्रदर्शक *(pra-darśak)* पु. demonstrator; exhibitor; showman.

प्रदर्शन *(pra-darśan)* पु. display; exhibition; demonstration; performance; show.

प्रदर्शनकारी *(pra-darśankari)* पु. showman; exhibitor demonstrator.

प्रदर्शनी *(pra-darśānī)* स्त्री. exhibition; exposition.

प्रदर्शित *(pra-darśit)* वि. exhibited; displayed; demonstrated; shown.

प्रदान *(pra-dān)* पु. gift; grant; bestowal.

प्रदाह *(pra-dāh)* पु. ignition; burning; inflammation; combustion.

प्रदीप *(pra-dīp)* पु. lamp; light; lantern.

प्रदीपन *(pra-dīpan)* पु. illumination; glow; lustre.

प्रदीप्त *(pra-dipt)* वि. lighted; illuminated; rediant; shining; roused.

प्रदूषक *(pra-dūsak)* पु. pollutant.

प्रदूषण *(pra-dūṣaṇ)* पु. pollution.

प्रदेश *(pra-deś)* पु. region; territory; province.

प्रधान[1] *(pra-dhān)* पु. chief; head; leader; president.

प्रधान[2] *(pra-dhān)* वि. prominent; leading; chief.

प्रधानता *(pra-dhānatā)* स्त्री. prominence; importance.

प्रधानाचार्य *(pra-dhānācārya)* पु. principal.

प्रधानाध्यापक *(pradhānādhyāpak)* पु. headmaster.

प्रपंच *(pra-pañc)* पु. illusory creation; delusion; mundane affairs; worldly affairs; artifice manipulation.

प्रपत्र *(pra-patra)* पु. form; proforma.

प्रपात *(pra-pāt)* पु. waterfall; cataract.

प्रपितामह *(pra-pitāmah)* पु. paternal great grandfather.

प्रपौत्र *(pra-pautr)* पु. great grandson.

प्रपौत्री *(pra-pautrī)* स्त्री. great granddaughter.

प्रफुल्ल *(pra-phull)* वि. delighted; joyful; elated; blossomed; bloomed.

प्रबंध *(pra-bandh)* पु. arrangement; management; literary composition; dissertation; thesis; treatise.

प्रबंधक, प्रबंधकर्त्ता *(pra-bandhak)* पु. organiser; manager; executive.

प्रबंधकाव्य *(pra-bandh-kavya)* पु. epic.

प्रबंधकीय *(pra-bandhkiya)* वि. managerial.

प्रबल *(pra-bal)* वि. very strong; mighty; cogent; powerful; vigorous; forceful; staunch; potent.

प्रबलता *(pra-balatā)* स्त्री. strength; forcefulness; prominence.

प्रबुद्ध *(pra-buddh)* वि. awakened; conscious; learned; enlightened; illuminated.

प्रबोध *(pra-bodh)* पु. awakening; consciousness; real knowledge.

प्रबोधन *(pra-bodhan)* पु. enlightenment; awakening; exhortation.

प्रभा *(pra-bhā)* स्त्री. light; radiance; lustre; glory; aura.

प्रभात *(pra-bhāt)* पु. day-break; dawn.

प्रभाती *(pra-bhātī)* स्त्री. morning song.

प्रभारी *(pra-bhāri)* पु. in-charge.

प्रभाव *(pra-bhāv)* पु. influence; effect; impact; impression.

प्रभावकारी *(pra-bhāv-kāri)* वि. effective; influential.

प्रभावपूर्ण *(pra-bhāv-puran)* वि. influential; effective.

प्रभावशाली *(pra-bhāv-sālī)* वि. effective; influential; impressive.

प्रभावहीन *(pra-bhāvhin)* वि. unimpressive; devoid of influence.

प्रभावित *(pra-bhāvit)* वि. influenced.

प्रभावी *(pra-bhāvī)* वि. effective;

dominant.

प्रभु *(pra-bhu)* पु. God; ruler; king; lord; master; sovereign.

प्रभुता *(pra-bhutā)* स्त्री. lordship; supremacy; sovereignty; greatness; importance; glory.

प्रभुत्व *(pra-bhutva)* पु. dominance; domination; sway; power; authority.

प्रभुत *(pra-bhūt)* वि. abundant; ample; plentiful.

प्रमत्त *(pra-matt)* वि. drunk; intoxicated; inattentive; gone crazy with power and pelf; tipsy.

प्रमाण *(pra-māṇ)* पु. measure; proof; testimony; authority.

प्रमाणन *(pra-māṇan)* पु. certification.

प्रमाण-पत्र *(pra-māṇ-patra)* पु. certificate; testimonial.

प्रमाणित *(pra-māṇit)* वि. proved; authenticated; certified.

प्रमाणीकरण *(pra-māṇikaran)* पु. attestation certification; authentication.

प्रमाणीकृत *(pra-māṇīkrt)* वि. attested; certified; authenticated.

प्रमाद *(pra-mād)* पु. negligence; carelessness; inadvertence; intoxication; insanity.

प्रमादी *(pra-mādī)* वि. negligent; careless; vain ; perfunctory.

प्रमुख *(pra-mukh)* वि. chief; cardinal.

प्रमुखता *(pra-mukhatā)* स्त्री. superiority; predominance; prominence; salience.

प्रमुद, प्रमुदित *(pra-mudit)* वि. delighted; happy; full of joy.

प्रमेय *(pra-mey)* पु. theorem.

प्रमेह *(pra-meh)* पु. diabetes.

प्रमोद *(pra-mod)* पु. merriment; joy; entertainment.

प्रमोदी *(pra-modī)* वि. jolly; delightful.

प्रयत्न *(prayatna)* पु. effort; attempt; endeavour; trial.

प्रयाण *(pra-yāṇ)* पु. setting out; departure; march (of army); death.

प्रयास *(pra-yās)* पु. effort; endeavour; attempt.

प्रयुक्त *(pra-yukt)* वि. used; employed; applied; consumed.

प्रयोक्ता *(pra-yoktā)* पु. user; consumer; experimenter.

प्रयोग *(pra-yog)* पु. use; employment; application; experiment.

प्रयोगशाला *(pra-yog-sāla)* स्त्री. laboratory.

प्रयोगात्मक *(pra-yogātmak)* वि. experimental; practical.

प्रयोजक *(pra-yojak)* पु. experimentalist; employer; one who unites; motivator; moneylender.

प्रयोजन *(pra-yojan)* पु. intention; motive; purpose; signification; use.

प्ररूप *(pra-rūp)* पु. type.

प्रलयंकार *(pra-layaṇkar)* वि. catastrophic; devastating; calamitous; disastrous.

प्रलय *(pra-lay)* स्त्री. universal dissolution or destruction; devastation; annihilation; deluge; devastating flood.

प्रलाप *(pra-lāp)* पु. delirium; incoherent talk (due to sorrow or grief); prattle.

प्रलापी *(pra-lāpī)* वि. prattling talking incoherently; delirious.

प्रलोभन *(pra-lobhan)* पु. temptation;

allurement; inducement.

प्रवंचक *(pra-vañcak)* पु. cheat.

प्रवंचना *(pra-vañcanā)* स्त्री. deceit; fraud; trickery.

प्रवक्ता *(pra-vaktā)* पु. spokesman; lecturer.

प्रवचन *(pra-vacan)* पु. (religious) discourse; sermon.

प्रवर *(pra-var)* वि. best; excellent; senior; superior.

प्रवर्तक *(pra-vartak)* पु. pioneer; innovator; one who inspires; promoter; propagator.

प्रवर्तन *(pra-vartan)* पु. pioneering; prompting; inciting; propagation; promotion; induction.

प्रवर्धन *(pra-vardhan)* amplification; magnification; development; progress; increase.

प्रवाद *(pra-vād)* पु. rumour; slander' calumny; expression; challenge.

प्रवादी *(pra-vādī)* पु. rumour monger; slanderer; calumniator.

प्रवास *(pra-vās)* पु. dwelling abroad; migration.

प्रवासी *(pra-vāsī)* पु. emigrant.

प्रवाही *(pra-vahi)* वि. fluent; flowing.

प्रविधि *(pra-vi-dhi)* स्त्री. technique.

प्रविष्टि *(pra-viṣṭi)* स्त्री. entrance; entry (in the register etc.); posting; particulars to be entered (in the register etc.).

प्रवीण *(pra-viṇ)* वि. proficient; skilled.

प्रवृत्त *(pra-vṛtt)* वि. engaged (in) ; occupied (with).

प्रवृत्ति *(pra-vṛtti)* स्त्री. trend; tendency.

प्रवेश *(pra-veś)* पु. entrance; entry; admission; access; approach.

प्रवेश-पत्र *(pra-veś-patra)* पु. pass; admission card; entry permit; visa.

प्रवेशिका *(pra-veśikā)* स्त्री. preliminary test; A.B.C. book; first reader.

प्रशंसक *(pra-śaṃsak)* पु. admirer; eulogist; fan.

प्रशंसनीय *(pra-śaṃsanīya)* वि. praiseworthy; laudable.; admirable commendable.

प्रशंसा *(pra-sāṃsā)* स्त्री. praise; admiration; commendation.

प्रशंसात्मक *(pra-śaṃsātmak)* वि. laudatory; appreciative.

प्रशंसित *(pra-śaṃsit)* वि. praised; admired; commended.

प्रशंस्य *(pra-śaṃsya)* see. प्रशंसनीय

प्रशस्त *(pra-śast)* वि. praised; commended; excellent; best; vast; spacious; broad; expansive.

प्रशस्ति *(pra-śāsti)* स्त्री. praise; admiration; panegyric; introduction; preface.

प्रशांत *(pra-śānt)* वि. tranquillized; composed; calm; quiet.

प्रशासक *(pra-śāsak)* पु. administrator.

प्रशासन *(pra-śāsan)* पु. administration.

प्रशासनिक *(pra-śāsanik)* वि. administrative.

प्रशिक्षक *(pra-śikṣask)* पु. instructor; trainer.

प्रशिक्षण *(pra-śiksan)* पु. training.

प्रशिक्षित *(pra-śikṣit)* वि. trained.

प्रशिक्षु *(pra-śikṣu)* पु. intern; trainee.

प्रश्न *(praśn)* पु. question; interrogation; query.

प्रश्नपत्र *(praśnpatra)* पु. question paper.

प्रश्नवाचक *(praśna-vācāk)* वि. interrogative.

प्रश्नावली *(praśnāvali)* स्त्री. list of questions.

प्रश्नोत्तर *(praśnottar)* पु. question and answer; catechism.

प्रश्रय *(pra-śray)* पु. support; patronage; backing; shelter.

प्रसंग *(pra-saṅg)* पु. context; reference; sexual intercourse; coition.

प्रसंगाधीन *(pra-saṅgadhin)* वि. under reference.

प्रसंविदा *(praśamvida)* स्त्री. covenant.

प्रसन्न *(pra-sann)* वि. pleased; happy; delighted; glad; cheerful; pure; clear.

प्रसन्नता *(prasannatā)* स्त्री. cheerfulness; clearness; purity; happiness; pleasure.

प्रसव *(pra-sav)* पु. delivery; birth.

प्रसव-पीड़ा *(pra-sav-pirā)* स्त्री. labour pain.

प्रसाद *(pra-sād)* पु. offering to an idol; meant for distribution; clearness; purity; boon; blessing; food left by a spiritual teacher; lucidity of literary style; pleasure; grace.

प्रसाधन *(pra-sādhan)* पु. make-up; toilet; dressing equipment; adornment; decoration.

प्रसार *(pra-sār)* पु. spread; stretch extension; expansion; propagation.

प्रसारक *(pra-sārak)* वि. expansive; extensive.

प्रसारण *(pra-sāraṇ)* पु. broadcast; expansion; propagation.

प्रसारित *(pra-sārit)* वि. broadcast; expanded; extended; propagated.

प्रसिद्ध *(pra-siddh)* वि. famous; well-known; reputed; renowned.

प्रसिद्धि *(pra-siddhi)* स्त्री. fame; renown; repute.

प्रसूत *(pra-sūt)* वि. born; brought forth; delivered.

प्रसूति *(pra-sūti)* स्त्री. delivery; childbirth; maternity; woman who delivers child.

प्रस्तर *(pra-star)* पु. stone; rock.

प्रस्ताव *(pra-stav)* पु. resolution; proposal; offer; motion; suggestion.

प्रस्तावक *(pra-stāvak)* पु. proposer; mover.

प्रस्तावना *(pra-stāvanā)* स्त्री. prologue; introduction; preface; preamble.

प्रस्तावित *(pra-stāvit)* वि. proposed.

प्रस्तुत *(pra-stut)* वि. presented; submitted; relevant; ready; produced; under study or discussion; offered.

प्रस्तुति *(pra-stuti)* स्त्री. presentation; submission; production.

प्रस्तुतीकरण *(pra-stutikaran)* पु. presentation.

प्रस्थान *(pra-sthān)* पु. departure; march.

प्रस्फुटन *(pra-sphuṭan)* पु. opening up; blooming; manifestation.

प्रहर *(pra-har)* पु. eighth part of a day; three hours.

प्रहरी *(pra-hari)* पु. watchman; bellman; sentinel; one who announces the hours by striking a bell.

प्रहसन *(pra-hasan)* पु. farce; farcical play.

प्रहार *(pra-hār)* पु. stroke; blow; assault.

प्रहेलिका *(pra-helikā)* स्त्री. riddle; puzzle; conundrum; enigma.

प्रहलाद *(pra-hlād)* पु. bliss; delight;

sound; snake; an ancient country; son of Hirnyakashyapa in Hindu mythology.

प्रांजल (*prâñjal*) वि. lucid; clear; upright; honest; plain.

प्रांजलता (*prâñjalatā*) स्त्री. lucidity; clarity.

प्रांत (*prânt*) पु. province; territory; edge; border.

प्रांतीय (*prântīya*) वि. pertaining to a province; provincial.

प्रांतीयता (*prântiyatā*) स्त्री. provincialism; regionalism.

प्राकृत[1] (*prākṛt*) स्त्री. an ancient language of India.

प्राकृत[2] (*prākṛt*) वि. pertaining to nature; natural; original; uncivilized; uneducated; ordinary.

प्राकृतिक (*prākṛtik*) वि. natural; derived from nature; pertaining to human nature.

प्राक्कथन (*prākkathan*) पु. foreword.

प्रागैतिहासिक (*prāgaitihāsik*) वि. prehistoric.

प्राग्ज्ञान (*prāgnān*) पु. foreknowledge.

प्राचार्य (*prâcārya*) पु. principal.

प्राची (*prācī*) स्त्री. the east; the eastern quarter; the orient.

प्राचीन (*prācīn*) वि. ancient; old; outdated; antique.

प्राचीनता (*prācīnatā*) स्त्री. antiguity; oldness; ancientness.

प्राचीर (*prācīr*) पु. surrounding wall of city; fort etc. parapet; bulwark rampart.

प्राचुर्य (*prācūrya*) पु. abundance; plenty; exuberance.

प्राण (*prâñ*) पु. life; winds of the body; vital air; vital breath; vitality; soul; spirit.

प्राणघातक (*prâñ-ghātak*) वि. fatal; murderous.

प्राणदंड (*prâñ-dand*) पु. capital punishment.

प्राणदान (*prâñ-dān*) पु. restoration of life; gift of life; sacrifice of one's life.

प्राणप्यारा (*prân-pyāra*) वि. beloved.

प्राणांत (*prâñant*) पु. death; end of life.

प्राणांतक (*prâñāntak*) वि. fatal; mortal; causing death.

प्राणायाम (*prâñāyām*) पु. exercising control over the process of breathing.

प्राणी (*prânī*) पु. living creature; animal.

प्राणीविज्ञान (*prānī-vignān*) पु. zoology.

प्रातः[1] (*prātah*) पु morning.

प्रातः[2] (*prātah*) क्रि. वि. early in the morning; at dawn.

प्रातःकाल (*prāt-kal*) पु. morning; daybreak.

प्राथमिक (*prāthamik*) वि. first; elementary; primary; occurring in the first place.

प्राथमिकता (*prāthamikatā*) वि. precedence; priority.

प्रादुर्भाव (*prādur-bhāv*) पु. coming into existence; origin; birth; manifestation; appearance; becoming visible.

प्रादेशिक (*prādeśik*) वि. regional; territorial; provincial.

प्रादेशिकता (*prādeśikatā*) स्त्री. regionalism; territoriality.

प्राध्यापक (*prâdhy-āpak*) पु. lecturer.

प्रापक (*prâpak*) पु. payee.

प्राप्त (*prâpt*) वि. got; obtained; acquired; procured.

प्राप्तकर्त्ता (*prâptkartā*) receiver; recipient.

प्राप्तांक *(prâptānk)* पु. marks scored; marks obtained.

प्राप्ति *(prâpti)* स्त्री. gain; advantage; profit; income; receipt; act of receiving proceeds; acquisition; procuration; attainment; yield.

प्राप्तिकर्त्ता *(prâptikartā)* पु. recipient.

प्राप्य *(prâpya)* वि. attainable; procurable; acquirable; available.

प्राप्यता *(prâpyatā)* स्त्री. availability.

प्रामाणिक *(prāmāṇik)* वि. authoritative; authentic.

प्रामाणिकता *(prāmāṇikatā)* स्त्री. authenticity; genuineness.

प्रायः *(prâyaḥ)* क्रि. almost; more or less; generally; usually; often.

प्रायद्वीप *(prāyadvip)* पु. peninsula.

प्रायशः *(prâyaśah)* क्रि. वि. very often; usually; mostly; generally.

प्रायश्चित्त *(prâyaś-citt)* पु. expiation; atonements; penitence.

प्रायोगिक *(prâyogik)* स्त्री. pertaining to experiment; practical; experimental; applied.

प्रारंभ *(prârambh)* पु. commencement; beginning; starting point; inception; initiation.

प्रारंभिक *(prârambhik)* वि. initial; starting; preliminary; elementary; original; introductory.

प्रारब्ध *(prârabdh)* पु. destiny; fate; lot.

प्रारूप *(prârūp)* पु. draft; outline; proforma.

प्रार्थना *(prârthanā)* स्त्री. request; solicitation; prayer; petition; application.

प्रार्थना-पत्र *(prârthanā-patra)* पु. application.

प्रार्थनीय *(prârthaniya)* वि. worth making a request; worth soliciting.

प्रार्थित *(prârthit)* पु. requested; applied for; solicited.

प्रार्थी *(prârthi)* पु. one who prays or requests; applicant; petitioner; supplicator.

प्रालेख *(prâlekh)* पु. draft.

प्रावधान *(prāvdhān)* पु. provision.

प्राविधिक *(prāvidhik)* वि. technical.

प्राश्निक[1] *(prāshnik)* वि. pertaining to a question.

प्राश्निक[2] *(prāshnik)* interrogator; paper-setter.

प्रासंगिक *(prāsaṅgik)* वि. relevant; occasional; incidental; contingent.

प्रासंगिकता *(prāsaṅgikatā)* स्त्री. contingency; relevance.

प्रासाद *(prāsād)* पु. palace; palatial building.

प्रिय[1] *(priya)* वि. dear; darling; beloved; lovable; lovely; pleasing; pleasant; favourite.

प्रिय[2] *(priya)* वि. lover; husband.

प्रियतम[1] *(priyatam)* पु. husband.

प्रियतम[2] *(priyatam)* वि. dearest.

प्रियतमा *(priyatamā)* स्त्री. wife; beloved.

प्रियभाषी *(priya-bhasi)* वि. sweet-tongued; mealy-mouthed.

प्रिया *(priyā)* स्त्री. wife; beloved; darling.

प्रीतम *(pritam)* पु. lover; beloved.

प्रीति *(priti)* स्त्री. love; affection.

प्रीतिभोज *(priti-bhoj)* पु. banquet; feast.

प्रेक्षक *(prêkṣak)* पु. spectator; observer.

प्रेक्षागार *(prêkṣāgār)* पु. theatre; auditorium.

प्रेत *(prêt)* पु. ghost; goblin.

प्रेतात्मा *(prêtātmā)* पु. spirit; ghost; apparitional soul.

प्रेम *(prem)* पु. love; affection; attachment.

प्रेमपात्र *(prem-pātra)* वि. beloved; dear.

प्रेमालाप *(premālāp)* पु. love-talk; cordial talk.

प्रेमिका *(premikā)* पु. woman who loves someone; beloved (female).

प्रेमी *(premi)* पु. lover.

प्रेरक *(prêrak)* वि. inspiring; motivating.

प्रेरणा *(prêraṇā)* स्त्री. inducement; inspiration; incentive; drive.

प्रेरित *(prêrit)* वि. induced; inspired; motivated; prompted.

प्रेषक *(prêṣak)* पु. despatcher; consignor; sender; remitter.

प्रेषण *(prêṣan)* पु. despatch; consignment; transmission.

प्रेषित *(prêṣit)* वि. despatched; consigned; transmitted

प्रेषिती *(prêṣitī)* पु. addressee; consignee.

प्रोत्साहन *(prôtsāhan)* पु. encouragement; boosting up; incentive.

प्रोत्साहित *(prôtsāhit)* वि. encouraged; given incentive.

प्रोन्नत *(prônnat)* वि. raised; elevated; projected; advanced.

प्रौढ़ *(praûṛh)* वि. full grown; adult; mature.

प्रौढ़ता *(praûṛhatā)* स्त्री. maturity; adulthood.

प्रौढ़ा *(praurhā)* स्त्री. grown-up woman.

प्रौद्योगिकी *(praudyogikī)* स्त्री. technology.

प्लव *(plav)* पु. floating; swimming; thrust; small boat.

प्लावन *(plāvan)* पु. submersion; plunge; inundation; flood; deluge.

प्लावित *(plāvit)* वि. inundated; flooded; submerged.

प्लीहा *(plīhā)* पु. spleen; disease of the spleen.

फ

फ *(pha)* the second letter of the fifth pentad of the Devnagri alphabets.

फंदा *(phandā)* पु. noose; snare; loop; trick; ruse; subterfuge.

फँसना *(phaṁsnā)* अ. क्रि. to be noosed; to be ensnared; to be embroiled; to be involved; to be entangled.

फँसाना *(phaṁsānā)* स. क्रि. to ensnare, to entrap, to bait; to embroil; to get stuck up or blocked (as money etc.); to implicate; to entangle; to decoy.

फ़कीर *(faqīr)* पु. (अ.) beggar; mendicant.

फ़कीरी *(faqīrī)* स्त्री. (अ.) beggary; mendicity.

फक्कड़ *(phakkar)* वि. indigent and carefree; reckless and extravagant.

फक्कड़पन *(phakkaṛpan)* पु. carefreeness, carefree manner, indigence.

फ़ख़ *(fakhr)* पु. (फ़ा.) pride.

फ़ज़ीहत *(fazīhat)* स्त्री. (अ.) disgrace; insult; ignominy; infamy; heinous and hated quarrel or wrangle; embarrassment; discomfiture.

फटकना *(phatakanā)* स. क्रि. to winnow; to dust; to shake or knock off (as dust from clothes).

फटकार *(phaṭkār)* स्त्री. scolding; reprimand; rebuke; chiding.

फटकारना *(phaṭkārnā)* स. क्रि. to scold; chide; reprimand; to give (cloth) jerk; to beat (clothes) on a stone (in washing).

फटना *(phaṭnā)* अ. क्रि. to be torn; to be split; be rent; be cracked; be broken; to turn or become sour; to explode; to burst.

फटाफट *(phaṭāphaṭ)* क्रि. वि. quickly.

फटीचर *(phaṭīcar)* वि. shabby; shabbily dressed; despicable; abominable.

फटेहाल *(phaṭe-hāl)* वि. in a ragged or shabby condition; in a miserable plight.

फटेहाली *(phaṭe-hālī)* स्त्री. raggedness.

फड़क, फड़कन *(pharak)* स्त्री. thrill; throb; palpitation; pulsation.

फड़कना *(pharakanā)* अ. क्रि. to flutter; to twitch convulsively (as the eyelids etc.); to be thrilled; to be greatly delighted; to palpitate; to throb; to pulsate.

फड़फड़ाना *(pharpharānā)* स. क्रि. to flutter; to put in a flutter; to flutter.

फड़फड़ाहट *(pharpharāhaṭ)* स्त्री. flutter.

फ़तह *(fatah)* स्त्री. (अ.) victory; triumph; conquest.

फ़न *(fan)* पु. (अ.) art; craft; skill.

फ़नकार *(fankar)* पु. (अ.) artist.

फफूँद, फफूँदी *(phaphūṁdī)* स्त्री. fungus; mould.

फफोला *(phapholā)* पु. blister; vesicle; eruption; scald.

फबती *(phabtī)* स्त्री. pleasantry; fun; jest; sarcastic remark; banter; dig.

फबना *(phabanā)* अ. क्रि. to become; befit; to be suitable; apt; appropriate; to look elegant; graceful; beautiful.

फ़रज़ंद *(farzand)* पु. (फ़ा.) son.

फ़रमाइश *(farmāiś)* स्त्री. (फ़ा.) thing desired or ordered; will; request; order.

फ़रमाइशी *(farmāiśī)* वि. made to order; requested; on specific request.

फ़रमान *(farmān)* पु. (फ़ा.) order; command; royal letter; charter; edict.

फ़रमाना *(farmānā)* स. क्रि. to order; command; to affirm; to declare.

फरसा *(pharsā)* पु. hatchet; axe; halberd.

फ़रार *(farār)* वि. (अ.) at large; absconding; fugitive.

फ़रियाद *(fariyād)* स्त्री. (फ़ा.) cry for help or redress; petition; complaint.

फ़रियादी *(farivadī)* पु. (फ़ा.) complainant; plaintiff; seeker of redress or justice.

फ़रेब *(fareb)* पु. (फ़ा.) fraud; treachery; duplicity; wiliness; double dealing; deception.

फ़रेबी *(farebī)* वि. (फ़ा.) fraudulent; deceptive.

फ़र्क़ *(fraq)* पु. (अ.) distinction; difference.

फ़र्ज़ *(farz)* पु. (अ.) obligation; onus; duty.

फ़र्ज़ी *(farzī)* वि. (अ.) hypothetical; supposititious; fictitious; imaginary; supposed.

फर्राटा *(pharrāṭā)* पु. fluency; promptitude fastness; haste.

फ़र्श *(farś)* पु. (अ.) floor; carper; pavement.

फल *(phal)* पु. fruit; gain; profit; advantage; result; effect; consequence; reward; requital; recompense; ironhead (of a spear; arrow etc.); blade of knife etc; plough-share; product or quotient.

फलक *(phalak)* पु. board; slab or tablet; sheet of paper; blade; sky

फलतः *(phalat)* क्रि. वि. as a result; consequently.

फलदायक *(phaldāyak)* वि. fruitful; fructuous; profitable; advantageous; productive efficacious; effective.

फलदार *(phaldār)* वि. fruit-bearing; fruitful; (weapon) having a sharp head or blade.

फलना *(phalnā)* अ. क्रि. to bear fruit; to be fulfilled; to thrive; to prosper; to break out into blisters; pimples etc.

फलप्रद *(phalprad)* वि. fruitful; bearing-fruit; efficacious.

फलस्वरूप *(phal-svarupa)* क्रि. वि. consequently; as a result.

फलाँग *(phalāṁg)* स्त्री. leap; jump; spring; long stride.

फलाँगना *(phalāṁgnā)* अ. क्रि. to spring; leap; jump.

फलाहार *(phalāhar)* पु. fruitarian diet.

फलित ज्योतिष *(phalit-jyotisa)* पु. astrology.

फली *(phalī)* स्त्री. pod of a leguminous plant.

फ़व्वारा *(favvārā)* पु. (अ.) fountain.

फ़सल *(fasal)* स्त्री. (अ.) harvest; crop; season; time.

फ़साद *(fasād)* पु. (अ.) riot; disturbance; quarrel; brawl.

फ़सादी *(fasādī)* वि. (अ.) riotous; quarrelsome; rowdy.

फ़साना *(fasānā)* पु. (फा.) story; long narrative.

फहरना *(phaharnā)* अ. क्रि. to fly (as a flag); to wave; flutter.

फहराना *(phahrānā)* स. क्रि. to cause to flutter; to wave; to hoist.

फाँक *(phāṁk)* स्त्री. piece; slice; fillet; fragment; paring.

फाँकना *(phāṁkanā)* स. क्रि. to put (something powdery) into the mouth.

फाँदना *(phāṁdanā)* (अ.) क्रि. to leap; to spring; to jump; to skip.

फाँस *(phāṁs)* स्त्री. noose; snare; splinter; knot; trap.

फाँसना *(phāṁsanā)* स. क्रि. to ensnare; to entrap; to embroil; entangle; involve; implicate.

फाँसी *(phāṁsī)* स्त्री. death by hanging; execution.

फ़ाक़ा *(fāqā)* पु. (अ.) starvation; going without food.

फागुन *(phāgun)* पु. the twelfth month of the Hindu calendar.

फाटक *(phāṭak)* पु. main gate; entrance.

फाड़ना *(phāṛanā)* स. क्रि. to tear off; to rend; to split; to open (mouth); to pull apart.

फानूस *(fānūs)* पु. (फ़ा.) chandilier.

फ़ायदा *(fāydā)* पु. (अ.) advantage; benefit; profit; gain; good result; utility; improvement.

फ़ायदेमंद *(fāyde-mand)* वि. (फ़ा.) profitable; beneficial; advantageous; efficacious.

फालतू *(fāltū)* वि. surplus; spare; extra; superfluous; useless; worthless.

फालिज *(fālij)* पु. (अ.) paralysis.

फावड़ा *(phāvṛā)* पु. mattock; spade.

फ़ासला *(fāslā)* पु. (अ.) gap; distance.

फाहा *(phāhā)* पु. flock of cotton; lint.

फ़िक़रा *(fiqrā)* पु. (अ). sentence.

फ़िक्र *(fiqr)* स्त्री. (अ.) care; concern; worry; anxiety.

फ़िक्रमन्द *(fiqrmand)* वि. (अ.) worried; anxious.

फिटकरी *(phiṭkarī)* स्त्री. alum.

फ़िदा *(fidā)* वि. (अ.) enamoured; infatuated; charmed; attracted; devoted (to).

फिरंगी *(firaṅgī)* पु. European; Englishman.

फिर *(phir)* क्रि. वि. again; afterwards; thereafter; in future.

फ़िरक़ा *(firqā)* पु. (अ.) sect; community.

फ़िरक़ापरस्त *(firqā-prasat)* वि. (अ.) sectarian.

फिरक़ापरस्ती *(firqā-parasatī)* स्त्री. (अ.) sectarianism.

फिरना *(phirnā)* (अ.) क्रि. to go round; to promenade; to ramble; to turn back; to return; to revolve; to go back (on); to turn (from).

फिर भी *(phir-bhi)* क्रि. वि. even then; inspite of that.

फिर से *(phir-se)* क्रि. वि. afresh; anew.

फ़िराक़ *(firāq)* पु. separation.

फिरौती *(phirautī)* स्त्री. act of returning; ransom; money presented in reciprocation.

फ़िलहाल *(filhāl)* क्रि. वि. (अ.) at present; for the present; for the time being.

फिस *(phis)* वि. useless; fizzled out; turned useless.

फिसड्डी *(phisaddī)* वि. backward; sluggish; trailing behind; worthless.

फिसलन *(phisalan)* स्त्री. slipperiness.

फिसलना *(phisalna)* अ. क्रि. to slip; to slide; to skid.

फीका *(phīkā)* वि. tasteless; vapid; insipid; pale; dim; faint.

फीकापन *(phīkāpan)* पु. tastelessness; dimness; insipidity.

फ़ीता *(fītā)* पु. (पुर्त.) lace; ribbon; tape (for measurement); strap.

फ़ील *(fīl)* पु. (फ़ा.) elephant; bishop (chess) .

फूँकना *(phuṁknā)* अ. क्रि. to burn.

फुँकनी *(phuṁknī)* स्त्री. blow pipe (of goldsmith etc.).

फुंकवाना *(phuṁkavānā)* स. क्रि. to cause to burn.

फुंकार *(phuṁkār)* स्त्री. hissing.

फुँदना *(phuṁdnā)* पु. tassel; rosette.

फुंसी *(phuṁsī)* स्त्री. pimple; small boil; whelk.

फ़ुजूल *(fuzūl)* वि. (अ.) unnecessary; futile; useless.

फ़ुजूलख़र्च *(fuzu-kharč)* वि. (अ.) extravagant; prodigal; spendthrift.

फ़ुजूलख़र्ची *(fuzu-kharcī)* स्त्री. (अ.) extravagance; prodigality.

फुटकर *(phuṭkar)* वि. miscellaneous.

फुदकना *(phudaknā)* अ. क्रि. to jump; to skip; to hop; to skip or dance about.

फुनगी *(phunagī)* स्त्री. sprout; shoot; extremity; tip; summit; cockade.

फुप्फुस *(phup-phus)* पु. lung.

फुफकार *(phuphkār)* स्त्री. hissing (of snake).

फुफकारना *(phuphkārnā)* अ. क्रि. to hiss; to make a hissing sound.

फुरती *(phurtī)* स्त्री. smartness; quickness; promptness; agility.

फुरतीला *(phurtīlā)* वि. agile; active; smart.

फुरतीलापन *(phurtīlāpan)* पु. agility; activeness; smartness; promptness.

फुरसत *(fursat)* स्त्री. (अ.) leisure; respite; spare time.

फुर्ती *(phurtī)* see फुरती

फुर्सत *(fursat)* see फुरसत

फुलझड़ी *(phulijhaṛī)* स्त्री. a kind of fire-work; (fig) stray remark made on purpose; a provoking remark uttered in a lighter vein.

फुलवारी *(phulvārī)* स्त्री. small flower-garden.

फुलाना *(phulānā)* स. क्रि. to cause to swell; puff out; to inflate.

फुसफुस *(phusphus)* स्त्री. whisper.

फुसफुसाना *(phusphusānā)* अ. क्रि. to whisper; to speak in a low tone.

फुसफुसाहट *(phusphusāhat)* स्त्री. whisper; whispering sound.

फुसलाना *(phusalānā)* स. क्रि. to coax; to cajole; to inveigh; to intice; to wheedle; to seduce; to allure.

फुहार *(phuhār)* स्त्री. drizzle.

फुहारा *(phuhārā)* पु. spring; gush; fountain; shower.

फूँक *(phūṁk)* स्त्री. breath of air; blow; puff; whiff.

फूँकना *(phūkanā)* स. क्रि. to puff; to blow; to blow or breathe (a charm or incantation); to blow up (fire etc); to set on fire; inflame; to squander away; to waste.

फूँकनी *(phūṁkni)* स्त्री. blow-pipe.

फूट *(phūt)* स्त्री. crack; split; rift; chasm; discord; dissension; large cucumber that splits up on ripening.

फूटना *(phūṭanā)* अ. क्रि. to break; crack; split; to erupt; to explode; to sprout; to shoot; to come out; to appear.

फूफा *(phūphā)* पु. husband of father's sister; uncle.

फूफी *(phūphī)* स्त्री. paternal aunt; father's sister.

फूल *(phūl)* पु. flower; blossom; ashes left after cremation.

फूलगोभी *(phū-gobhī)* स्त्री. cauliflower.

फूलदान *(phū-dān)* पु. flower vase.

फूलदार *(phū-dār)* वि. flowery; embroidered.

फूलना *(phūlnā)* अ. क्रि. to blossom; to flower; to bloom; to swell out; to be puffed.

फूहड़¹ *(phūhār)* वि. unmannerly; slovenly; coarse-grained.

फूहड़² *(phuhar)* स्त्री. illiterate; slut; slattern.

फूहड़पन *(phūharpan)* पु. slovenliness; untidiness.

फेंकना *(phemkanā)* स. क्रि. to throw; fling; cast; hurl; to drop; to mislay; to throw carelessly; to spend uselessly.

फेंटना *(phemṭanā)* स. क्रि. to beat up; to batter; to shuffle; to whisk.

फेन *(phen)* पु. froth; foam; lather.

फेनिल *(phenil)* वि. frothful; foamy; full of lather.

फेफड़ा *(phepharā)* पु. lung.

फेर *(pher)* पु. turn; twist; curvature; dilemma; to recant; perplexity; ruse; trick; subterfuge; circuitous route; detour.

फेरना *(phernā)* स. क्रि. to turn; to turn round; to turn away; to reject; to send back; to turn over; to reverse; invert; to pass (brush etc.) over.

फेरबदल *(pher-badal)* स्त्री. alteration; modification.

फेरा *(pherā)* पु. circuit; round; circumambulation; matrimonial rite according to which the bride and the bridegroom move round the sacred fire; trip.

फेरी *(pherī)* स्त्री. going round; circumambulation; hawking; pedling.

फेरीवाला *(pheriwala)* पु. hawker; pedler; itinerant merchant.

फ़ेहरिस्त *(fehrist)* स्त्री. (अ.) list inventory.

फैलना *(phailnā)* अ. क्रि. to be spread; to be diffused; to be scattered; to expand; to extend; to stretch; to become public.

फैलाना *(phailānā)* स. क्रि. to spread; to stretch; to expand; to lengthen; to draw out; to diffuse; to publicise.

फैलाव *(phailāv)* पु. stretch; expansion; publicity.

फ़ैसला *(faislā)* पु. (अ.) judgement; decision; adjudication; settlement; conclusion.

फ़ोकट *(phokaṭ)* वि. free; free of charge; gratis; without any substance.

फोड़ना *(phoṛanā)* स. क्रि. to break to pieces; to explode; to split; to induce (a person) to defect.

फोड़ा *(phorā)* पु. boil. tumour; abscess; ulcer.

फ़ौज *(fauj)* स्त्री. (अ.) army; crowd.

फ़ौजदार *(faujdār)* पु. army chief; police inspector.

फ़ौजदारी *(faujdārī)* स्त्री. (अ.) criminal fighting; assault; criminal breach of peace; penal offence.

फ़ौजी[1] *(faujī)* वि. (अ.) of or belonging to the army; martial

फ़ौजी[2] *(faujī)* पु. (अ.) soldier.

फ़ौरन *(fauran)* क्रि. वि. quickly; immediately; at once.

फ़ौलाद *(faulād)* पु. (अ.) steel.

फ़ौलादी *(faulādī)* वि. (अ.) made of steel; strong; stout; sturdy.

फ़ौवारा *(fauvārā)* see फव्वारा।

ब

ब *(ba)* the third letter of the fifth pentad of the Devnagri alphabets.

बंकिम *(baṅkim)* वि. oblique; curved; coquettish; showy.

बँगला[1] *(baṁglā)* पु. small bungalow.

बँगला[2] *(bamglā)* स्त्री. Bengali language.

बंजर *(bañjar)* पु. waste land; unproductive land.

बँटना *(bamṭanā)* अ. क्रि. to be divided or shared; to be distributed; to be partitioned.

बँटवाना *(bamṭvānā)* स. क्रि. to cause to be shared; to be distributed or to be divided.

बँटवारा *(bamṭvārā)* पु. distribution; division; partition of property etc.

बंटाढ़ार *(banṭāḍhār)* पु. complete destruction; devastation; ruination; undoing.

बंद[1] *(band)* वि. bound; tied up; fastened; imprisoned; closed; shut; prevented; hindered; stopped; discontinued; banned.

बंद[2] *(band)* वि. closure; bund; bank; knot; string; strap; body joint.

बंदगोभी *(band-gobhi)* स्त्री. cabbage.

बंदनवार *(bandanvār)* पु. festoon of leaves of mango tree etc.

बंदर *(bandar)* पु. monkey; ape.

बंदरगाह *(bandargāh)* पु. (फ़ा.) sea port; harbour.

बंदरघुड़की *(bandar-ghurki)* स्त्री. falsethreat; inpotent threat.

बंदा *(bandā)* पु. (फ़ा.) slave or servant; devotee.

बंदिश *(bandiś)* स्त्री. (फ़ा.) tying; binding; restriction; composition; construction (in poetry).

बंदी *(bandī)* पु. prisoner; captive.

बंदीकरण *(bandīkaran)* पु. capture; incarceration.

बंदीगृह *(bandī-grih)* पु. jail; prison house.

बंदूक़ *(bandūq)* स्त्री. (फ़ा.) gun; musket.

बंदूक़ची *(bandūqacī)* पु. musketeer; gunner; gunman.

बंदोबस्त *(bandobast)* पु. (फ़ा.) arrangement; administration; survey and settlement of land.

बंध *(bandh)* पु. string; cord; knot; construction; composition; dam; tie; frame; ligature.

बंधक *(bandhak)* पु. binder; pawn; pledge; mortage; surety; hostage.

बंधन *(bandhan)* पु. fastening; binding; tying; obstacle; hindrance; ckeck; restraint; bondage.

बँधना *(bandhanā)* अ. क्रि. to be bound; fastened etc; to be restricted or regulated.

बंधु *(bandhu)* पु. friend; wel स. wishser; kinsman; relation; kindred; brother.

बँधुआ *(bandhuā)* वि. captive; bonded.

बंधुजन *(bandhu-jan)* पु. kinsfolk; kinsmen.

बंधुता *(bandhutā)* स्त्री. fraternity; fraternalism; kinship; affinity.

बंधुत्व *(bandhutvā)* पु. brotherhood; fraternity.

बंध्यकरण *(bandhyakaran)* पु. sterilization; gelding; castration.

बंध्यता *(bandhyatā)* स्त्री. sterility; infertility; barrenness.

बंध्या *(bandhyā)* स्त्री. sterile woman.

बंबा *(bambā)* पु. hand-pump; waterpipe.

बंसी *(bamṣi)* स्त्री. flute; pipe; fishing hook.

बक *(bak)* पु. heron or crane; hypocrite; simulator.

बक-झक *(bak-jhak)* स्त्री. silly talk; nonsense; babble; jabbering.

बकतर *(baktar)* पु. (फ़ा.) armour.
बकतरबंद *(baktarband)* वि. (फ़ा.) armoured.
बकना *(baknā)* (अ.) क्रि. to babble; to indulge in silly talk.
बकबक *(bakbak)* see बकझक।
बकरा *(bakrā)* पु. he-goat.
बकलस *(bakalas)* पु. buckle; fibula.
बकवाद *(bakvād)* स्त्री. nonsensical or foolish talk; twaddle; tattle; gabble.
बकसुआ *(baksuā)* पु. buckle; fibula.
बक़ाया[1] *(baqāyā)* वि. (अ.) remaining; outstanding.
बक़ाया[2] *(baqāyā)* पु. arrears; remainder; balance.
बकोटना *(bakoṭanā)* स. क्रि. to lacerate or tear with the nails; scratch.
बक्की *(bakkī)* वि. talkative; chatty; voluble; loquacious.
बखानना *(bakhānanā)* स. क्रि. to explain; to expound ; to describe; to eulogize; to sing the praises of.
बख़िया *(bakhiyā)* स्त्री. (फ़ा.) fine sewing with double stitching; back-stitching.
बखुद *(bakhud)* क्रि. वि. (फ़ा.) by oneself.
बखूबी *(bakhūbi)* क्रि. वि. (फ़ा.) well; properly; duly; thoroughly; completely.
बखेड़ा *(bakheṛā)* पु. entanglement; complication; quarrel; dispute.
बख़्तर *(bakhtar)* see बकतर।
बख़्शना *(bakhśanā)* स. क्रि. to give; to grant; to bestow; to forgive; to pardon; to excuse; to spare.
बख़्शीश *(bakhśiś)* स्त्री. (फ़ा.) donation; reward; gratuity; pardon; forgiveness; tip.
बग़ल *(bagal)* स्त्री. (फ़ा.) armpit; flank; side.
बगला *(bagalā)* पु. heron.
बगावत *(bagāvat)* स्त्री. (अ.) revolt; rebellion.
बगिया *(bagiyā)* स्त्री. small garden.
बग़ीचा *(bagīcā)* पु. garden.
बगुला *(bagulā)* पु. heron.
बगूला *(bagūlā)* पु. (फ़ा.) whirlwind.
बग़ैर *(ba-gair)* क्रि. वि. (फ़ा.) without.
बग्घी *(bagghī)* स्त्री. four-wheeled carriage; victoria.
बघारना *(baghāranā)* स. क्रि. to season (vegetable; pulses; etc.) with onion and spices in heated oil or ghee.
बचकाना *(backānā)* वि. childish; immature; puerile.
बचकानापन *(backānāpan)* पु. childishness; puerility.
बचत *(bacat)* स्त्री. residue; remainder; surplus; balance; savings; profit; gain.
बचना *(bacanā)* अ. क्रि. to be saved; to be left; to remain; to escape; to avoid.
बचपन *(bacapan)* पु. infancy; childhood.
बचपना *(bacapanā)* पु. childhood; childishness or childlike action; puerility.
बचाना *(bacānā)* स. क्रि. to preserve; to protect; to shield; to save; to spare; to retain unused or unspent.
बचाव *(bacāv)* पु. protection; rescue; defence; safeguard; shielding; avoidance; escape.
बच्चा *(baccā)* पु. young one of a creature; child; infant.
बच्चागाड़ी *(baccā-gārī)* स्त्री. perambulator.

बच्ची *(baccī)* स्त्री. little girl; female child.

बच्चेदानी *(bacce-dāni)* स्त्री. uterus.

बछिया *(bachiyā)* स्त्री. heifer.

बछेड़ा *(bacheṛā)* पु. colt.

बछेड़ी *(bacheṛī)* स्त्री. heifer; female colt.

बजना *(bajnā)* अ. क्रि. to produce sound; to ring; to be struck; to sound.

बजरा *(bajrā)* पु. millet; doubledeck boat.

बजरी *(bajrī)* स्त्री. gravel.

बजवाना *(bajvānā)* स. क्रि. to cause to ring or play.

बजा *(bajā)* वि. (फ़ा.) proper; suitable; fit; becoming; right; just; true.

बज़ाज़ *(bazāz)* पु. (अ.) clothmerchant; draper; clothier.

बजाना *(bajānā)* स. क्रि. to play (on a musical instrument); to perform or execute; to beat (a drum; gong); to strike.

बजाय *(ba-jāy)* क्रि. वि. (फ़ा.) in place of; in lieu of; instead of.

बटन *(baṭan)* स. क्रि. switch; button.

बटना *(baṭana)* पु. to twine into rope.

बटमार *(baṭmār)* पु. highwayman; robber; brigand.

बटमारी *(baṭmārī)* स्त्री. waylaying; robbery; brigandage.

बटवाना *(batvānā)* स. क्रि. to cause to divide or distribute; to cause to make into a rope.

बटाना *(baṭānā)* स. क्रि. to get shared or divided; to get made into a rope.

बटिया *(baṭiyā)* स्त्री. footpath; small; smooth piece of stone; small pestle.

बटी *(baṭi)* स्त्री. globule; pill; tablet.

बटुआ *(baṭuā)* पु. a small bag with divisions; purse.

बटेर *(baṭer)* स्त्री. quail.

बटोरन *(baṭoran)* स्त्री. sweepings.

बटोरना *(baṭoranā)* स. क्रि. to gather up; to assemble; to accumulate; to collect; to glean; to pick.

बटोही *(baṭohī)* पु. way-farer; traveller.

बट्टा *(baṭṭā)* पु. discount; loss.

बड़बड़ *(baṛbaṛ)* स्त्री. grumbling; murmuring; muttering; useless talk.

बड़प्पन *(baṛappan)* पु. greatness; dignity; magnanimity.

बड़बड़ाना *(baṛbaṛānā)* अ. क्रि. to grumble; to murmur; to talk to one-self in anger.

बड़बड़िया *(baṛbaṛiyā)* वि.. given to muttering.

बड़भागी *(baṛbhāgi)* वि. lucky; fortunate.

बड़वाग्नि *(baṛavâgni)* स्त्री. बड़वानल (*baravânal*) पु. the submarine fire; sea-fire.

बड़हल *(baṛhal)* स्त्री. jack-fruit.

बड़ा[1] *(baṛā)* वि. large; big; huge; grand; eminent; exalted; elder; superior.

बड़ा[2] *(baṛā)* क्रि. वि. very excessively; exceedingly; highly.

बड़ा[3] *(baṛā)* पु. saltish perparation of urd-pulse; elderly person; influential person.

बड़ाई *(baṛāī)* स्त्री. largeness; greatness; bigness; vastness; bulkiness; praise; laudation.

बड़ी *(baṛī)* स्त्री. dried up tiny round cakes of ground pulse; potatoes etc. large.

बड़ी माता *(baṛī-mātā)* स्त्री. small pox.

बढ़ई *(baṛhaī)* पु. carpenter.

बढ़ईगीरी *(baṛhaī-girī)* स्त्री. carpentry.

बढ़त *(baṛhat)* स्त्री. progression; lead; advantage; excess.

बढ़ती *(baṛhatī)* स्त्री. advancement; progress; promotion; enhancement; increase in riches of family; surplus.

बढ़ना *(baṛhanā)* अ. क्रि. to increase; to be enlarged; to be enhanced; to be extended; to be prolonged; to advance; to make headway; to grow.

बढ़ाना *(baṛhānā)* स. क्रि. to promote; to advance; to increase; to enhance; to enlarge; extend; stretch; to raise; to close (shop etc.); to put off (lamp etc.); to extend.

बढ़ाव *(baṛhāv)* पु. increase; augmentation; advancement; extension; enlargement; expansion; growth; development.

बढ़ावा *(baṛhāvā)* पु. inducemen incitement; encouragement, incentive; stimulus; motivation; abetment.

बढ़िया *(baṛhiyā)* वि. superior; excellent; of good quality.

बढ़ोतरी *(baṛhotrī)* स्त्री. increase; increment; advancement; promotion.

बतख़ *(batakh)* स्त्री. duck.

बतलाना *(batlānā)* बताना स. क्रि. to explain; to point out; to direct; to indicate; to state; to tell.

बतियाना *(batiyānā)* अ. क्रि. to talk; to speak; to converse.

बत्ती *(battī)* स्त्री. wick; candle; lamp; lantern; light.

बद *(bad)* वि. (फ़ा.) bad; wicked; vile; depraved.

बदअमनी *(bad-amani)* स्त्री. (फ़ा.) disturbance; disquiet;unrest.

बदइंतज़ाम *(bad-intazām)* वि. (फ़ा.) incompetent in management; maladministered.

बदइंतज़ामी *(bad-intazāmī)* स्त्री. (फ़ा.) bad management; misgovernment; maladmini-stration.

बदक़िस्मत *(bad-qismat)* वि. (फ़ा.) unfortunate; ill-fated.

बदक़िस्मती *(bad-qismatī)* स्त्री. (फ़ा.) misfortune; bad luck.

बदचलन *(bad-cālan)* वि. (फ़ा.) depraved; immoral.

बदतमीज़ *(bad-tamiz)* वि. (फ़ा.) unmannerly; uncivilised; rude; impudent.

बदतमीज़ी *(bad-tamizī)* स्त्री. (फ़ा.) unmannerliness; uncivilisedness; rudeness; impudence.

बदतर *(badtar)* वि. (फ़ा.) worse.

बदतहज़ीब *(bad-tahzib)* see बदतमीज़।

बददिमाग़ *(bad-dimāg)* वि. (फ़ा.) haughty; arrogant; conceited; ilस.tempered; bad tempered.

बददिमाग़ी *(bad-dimāgī)* स्त्री. (फ़ा.) arrogance; conceitedness.

बददुआ *(bad-duā)* स्त्री. (फ़ा.) curse; malediction.

बदन *(badan)* पु. (फ़ा.) body.

बदनसीब *(bad-nasib)* वि. (फ़ा.) unfortunate; ill-fated.

बदनसीबी *(bad-nasibi)* स्त्री. (फ़ा.) misfortune; ill-luck.

बदनाम *(badnām)* वि. (फ़ा.) defamed; infamous.

बदनामी *(badnāmī)* स्त्री. (फ़ा.) disrepute; infamy; notoriety; slander.

बदनीयत *(bad-niyat)* वि. (फ़ा.) ill-intentioned; having bad designs.

बदनुमा *(badnūmā)* वि. (फ़ा.) awkward; ugly.

बदबू *(badabū)* स्त्री. (फ़ा.) foul smell; stink; bad odour.

बदबूदार *(badabūdār)* वि. (फ़ा.) foul smelling; stinking.

बदमज़ा *(bad-mazā)* वि. (फ़ा.) unpleansat; disagreeable; distasteful; unsavoury.

बदमाश[1] *(bad-māś)* वि. (फ़ा.) of a bad profession or way of life; immoral; wicked.

बदमाश[2] *(bad-māś)* पु. (फ़ा.) villain; rascal; miscreant.

बदमाशी *(bad-māśī)* स्त्री. (फ़ा.) bad way of living; loose conduct; villainy; rascality; wickedness.

बदमिज़ाज *(bad-mizāj)* वि. (फ़ा.) ill-tempered; tetchy; short-tempered; petulant.

बदमिज़ाजी *(bad-mizājī)* स्त्री. (फ़ा.) ill-temper; short-temper; petulance; tantrum.

बदरंग *(bad-rang)* वि. (फ़ा.) discoloured; faded; tarnished; forced out of countenance; grown pallid; (card-game) of a colour different from that of the card moved.

बदल *(bdal)* पु. change; exchange; alteration; modification.

बदलना *(badalnā)* अ. क्रि. to be substituted; to be transferred; to be transformed; to assume another form; to change; to alter; to exchange; to barter; to replace; to substitute.

बदलवाना *(badalvānā)* स. क्रि. to cause to be exchanged; to get changed; to get replaced.

बदला *(badlā)* पु. change; substitution; exchange; revenge; vengeance; retalisation; recompense; return.

बदलाव *(badlāv)* पु. change.

बदशक्ल *(bad-śakal)* वि. (फ़ा.) ugly; grotesque; deformed.

बदशगुन *(bad-śagun)* वि. (फ़ा.) inauspicious; ominous.

बदसलीक़ा *(bad-saliqā)* वि. (फ़ा.) unmannerly; slovenly.

बदसलूक़ी *(bad-salūqī)* स्त्री. (फ़ा.) ill treatment; maltreatment.

बदसूरत *(bad-surat)* वि. (फ़ा.) ugly; grotesque.

बदसूरती *(bad-suratī)* वि. (फ़ा.) ugliness; grotesqueness.

बदस्तूर *(badastur)* क्रि. वि. (फ़ा.) as usual; as ever before; in the customary way.

बदहज़मी *(bad-hazmi)* स्त्री. (फ़ा.) indigestion.

बदहवास *(bad-havās)* वि. (फ़ा.) stupefied; bewildered; stunned.

बदहवासी *(bad-havāsi)* स्त्री. (फ़ा.) stupefaction; bewilderment.

बदहाल *(badahāl)* वि. (फ़ा.) miserable; destitute.

बदी *(badī)* स्त्री. (फ़ा.) badness; evil; wickedness.

बदौलत *(badaulat)* क्रि. वि. (फ़ा.) by means (of); through; owing (to); due (to); by virtue (of).

बद्ध *(baddh)* वि. bound; tied; enclosed; restrained; checked; withheld; killing.

बधाई *(badhāī)* स्त्री. song of congratulations; congratulations; greeting; felicitation.

बधावा *(badhāvā)* पु. congratulation; presents sent ceremoniously as a mark of felicitation.

बधिक *(badhik)* पु. killer; slaughterer; executioner; hunter.

बधिया *(badhiyā)* पु. castrated animal.

बधिर *(badhir)* पु. deaf man.

बधिरता *(badhiātā)* स्त्री. deafness;

बधू *(badhu)* see वधू

बनजारन *(banjaran)* स्त्री. nomadic woman.

बनजारा *(banjārā)* पु. nomad; nomadic grocer.

बनना *(bannā)* अ. क्रि. to be composed; to be made; to be prepared; to be produced; fabricated; created; to be built; to become; to feign; to assume airs; to be befooled.

बनमानुस *(ban-mānus)* पु. chimpanzee.

बनवाना *(banavānā)* स. क्रि. to cause to be made; to cause someone to make (anything).

बनाना *(banānā)* स. क्रि. to make; to build; to prepare; to make ready; to form.

बनाम *(ba-nām)* क्रि. वि. (फ़ा.) in the name (of); to the address (of); versus.

बनावट *(banāvat)* स्त्री. structure; construction; formation; workmanship; artifice; show; display; get-up; artificiality; texture; fabric.

बनावटी *(banāvaṭī)* वि. fictitious; unreal; showy; artificial; counterfeit; sham; spurious.

बनाव-सिंगार *(banāv-simhār)* पु. make-up.

बनिता *(banita)* स्त्री. wife; woman.

बनिया *(baniyā)* पु. merchant; trader; shopkeeper.

बबूल *(babūl)* पु. acacio tree.

बम[1] *(bam)* पु. shaft; large kettle-drum.

बम[2] *(bam)* पु. bomb.

बमबारी *(bambāri)* बमवर्षा स्त्री. bombing; bombardment.

बयान *(bayān)* पु. (अ.) description; declaration; exposition; statement; account.

बयाना *(bayānā)* पु. earnest-money; advance.

बयाबान *(bayābān)* पु. (फ़ा.) forest; desert land.

बरकत *(barkat)* स्त्री. (फ़ा.) affluence; increase; abundance; grace; good luck; gain.

बरख़ास्त *(bar-khāst)* वि. (फ़ा.) dismissed; discharged; dissolved.

बरख़ास्तगी *(bar-khāstagī)* स्त्री. (फ़ा.) dismissal; termination.

बरखुरदार[1] *(bar-khurdār)* वि. (फ़ा.) prosperous; flourishing; fortunate.

बरखुरदार[2] *(bar-khurdār)* पु. (फ़ा.) so .; issue.

बरछा *(barchā)* पु. spear; lance.

बरछी *(barchī)* स्त्री. small spear; dagger; javelin.

बरतन *(bartan)* पु. vessel; domestic utensil.

बरतना *(baratnā)* स. क्रि. to have personal relation or dealings with; to deal with; to use; employ; apply; make use of.

बरताव *(bartāv)* पु. behaviour; treatment; dealing.

बरदाश्त *(bar-dāśt)* स्त्री. (फ़ा.) endurance; patience; forbearance.

बरबस *(barbas)* क्रि. वि. forcibly; willynilly; without any reason; in vain; unexpectedly; all of a sudden.

बरबाद *(bar-bād)* वि. (फ़ा.) ruined; destroyed; wasted.

बरबादी *(bar-bādī)* स्त्री. (फ़ा.) destruction; ruination; waste.

बरमा *(barmā)* पु. drill; auger; a kind of gimlet or borer worked with string.

बरस *(baras)* पु. year.

बरसगाँठ *(baras-gānth)* स्त्री. birth anniversary.

बरसना *(barasnā)* अ. क्रि. to rain; to fall; to give vent to anger.

बरसात *(barsāt)* स्त्री. rainy seasson.

बरसाती[1] *(barsātī)* वि. belonging to the rainy season; rainy.

बरसाती[2] *(barsātī)* स्त्री. rain coat; a room on the roof of a house to sleep during the rains; portico.

बरसाना *(barsānā)* स. क्रि. to cause to rain; to shower.

बरसी *(barsī)* स्त्री. death-anniversary.

बरात *(barāt)* स्त्री. marriage procession; marriage party.

बराती *(barātī)* पु. one who joins a marriage procession; member of a marriage party.

बराबर[1] *(bar-ābar)* वि. (फ़ा.) even; equal; parallel; etc.; matching.

बराबर[2] *(bar-ā-bar)* क्रि. वि. (फ़ा.) constantly; continuously; ever.

बराबर-बराबर *(bar-ā-bar-bar-ābar)* क्रि. वि. (फ़ा.) equally; on the basis of parity; in close proximity.

बराबरी *(barābarī)* स्त्री. equality; parity; rivalry; competition.

बरामद *(bar-āmad)* वि. (फ़ा.) recovered; seized.

बरामदगी *(bar-āmadgī)* स्त्री. (फ़ा.) recovery.

बरामदा *(barāmadā)* पु. (फ़ा.) verandah

बरी *(barī)* वि. (अ.) acquitted; absolved; discharged.

बरौनी *(baraunī)* स्त्री. eye-lashes.

बर्तन *(bartan)* see बरतन।

बर्ताव *(bartāv)* see बरताव।

बर्फ़ *(barf)* स्त्री. (फ़ा.) snow; ice.

बर्फ़ीला *(barfīlā)* वि. icy; snowy.

बर्बर *(barbar)* वि. barbarian; savage; uncultured.

बर्बरता *(barbartā)* स्त्री. barbarism; savagery.

बर्बरतापूर्ण *(barbartāpurna)* वि. barbarous.

बर्राना *(barrānā)* अ. क्रि. to gobble; to talk in sleep or fever.

बल[1] *(bal)* पु. kink; twist; contortion.

बल[2] *(bal)* पु. strength; might; power; force; army; potency; vigour; vitality; emphasis; stress; accent.

बलग़म *(balgam)* पु. (अ.) phlegm.

बलबूता *(balbutā)* पु. capacity; strength.

बलवंत *(balvant)* वि. powerful; strong; vigorous; potent.

बलवती *(balvatī)* वि. strong.

बलवर्धक *(balvardhak)* वि. invigorating; nutritious; energising.

बलवा *(balvā)* पु. (अ.) riot; rebellion.

बलवान् *(balvān)* बलशाली वि. strong; powerful.

बला *(balā)* स्त्री. (अ.) calamity; affliction vile or hateful thing; misfortune; evil spirit.

बलात् *(balāt)* क्रि. वि. forcibly; all of a sudden; suddenly.

बलात्कार *(balātkār)* पु. forcible or oppressive act; outrage; rape; criminal assault.

बलात्कारी *(balātkārī)* पु. raper; rapist.

बलि *(bali)* स्त्री. sacrificial beast (in a ritual); sacrifice for a cause.

बलिदान *(balidān)* पु. sacrifice of a beast to please a deity; sacrifice of one's life.

बलिदानी[1] *(balidanī)* वि. sacrificing.

बलिदानी[2] *(balidanī)* पु. sacrificer.

बलिष्ठ *(baliśt)* वि. strongest; most powerful; very strong.

बलिहारी *(balihāri)* स्त्री. exclamation in affectionate praise and wonder; feeling of offering or submitting oneself.

बली *(balī)* वि. strong; powerful; mighty.

बलूत *(balūt)* पु. (अ.) oak.

बलैया *(balaiyā)* स्त्री. blessings.

बल्कि *(balki)* क्रि. वि. (फ़ा.) on the contrary; rather; but; etc.

बल्लम *(ballam)* पु. spear; lance.

बल्ला *(ballā)* पु. bat (in cricket); racket; pole.

बल्ली *(ballī)* स्त्री. pole; beam; pole or bamboo with which a boat is propelled.

बल्लेबाज़ *(ballebāz)* पु. batsman.

बल्लेबाज़ी *(ballebāzī)* स्त्री. batting; batsmanship.

बवंडर *(bavaṇdar)* पु. whirlwind; hurricane; typhoon; uproar.

बवाल *(bavāl)* पु. anything painful or distressing; mess.

बवासीर *(bavāsīr)* स्त्री. (अ.) piles.

बसना *(basnā)* अ. क्रि. to dwell; to inhabit; to be populated.

बसाना *(basānā)* स. क्रि. to cause to dwell; to rehabilitate; to people; to colonize.

बसीला *(basīlā)* वि. odorous; foul in smell.

बसूली *(basūlī)* स्त्री. a mason's tool for cutting bricks or stone.

बसेरा *(baserā)* पु. night's lodging; nest; bird's resting place during night; abode; dwelling; nocturnal stay.

बस्ता *(bastā)* पु. bag; school bag; portfolio; bundle.

बस्ती *(bastī)* स्त्री. inhabited place; settlement; satellite town; colony.

बहकना *(bahaknā)* अ. क्रि. to be misled; to go astray; to be excited or intoxicated.

बहकाना *(bahkānā)* स. क्रि. to mislead; to deceive; delude; to instigate.

बहकावा *(bahkāvā)* पु. misleading; delusion; inveiglement; trick; ruse.

बहन *(bahn)* see बहिन।

बहना *(bahnā)* स. क्रि. to flow; to blow; to ooze.

बहनोई *(bahnoī)* पु. sister's husband; brother-in-law.

बहरा *(bahrā)* वि. deaf.

बहरापन *(bahrāpan)* पु. deafness.

बहलना *(bahalnā)* अ. क्रि. to be amused or entertained.

बहलाना *(bahlānā)* स. क्रि. to amuse; to entertain.

बहलाव *(bahlāv)* पु. diversion; amusement; recreation; entertainment.

बहलावा *(bahlāvā)* पु. allurement; enticement; false hope.

बहस *(bahs)* स्त्री. (अ.) discussion; argument; debate; contention; pleading.

बहादुर *(bahādur)* वि. (फ़ा.) brave; valiant; bold.

बहादुरी *(bahādurī)* स्त्री. bravery; valour; boldness.

बहाना[1] *(bahānā)* स. क्रि. to cause to flow; to squander; to sell cheap.

बहाना[2] *(bahānā)* पु. (फ़ा.) excuse; pretext.

बहानेबाज़ *(bahāne-bāz)* पु. (फ़ा.) pretender.

बहानेबाज़ी *(bahāne-bāzī)* स्री. (फ़ा.) pretention; making an excuse.

बहार *(bahār)* स्री. (फ़ा.) spring or blooming season; delight; merriment; jubilance; elegance; beauty; glory; etc.

बहाली *(ba-hālī)* स्री. (फ़ा.) reinstatement; restoration.

बहाव *(bahāv)* पु. flow; drift; course of a river; flush; flux.

बहिन *(bahin)* स्री. sister.

बहिरंग *(bahirang)* वि. outer; external; outward; unessential; extraneous.

बहिर्गमन *(bahir-gamaṇ)* पु. exit; going out.

बहिश्त *(bahiśt)* पु. heaven.

बहिष्कार *(bahiṣkār)* पु. exclusion; expulsion; removal; boycott.

बहिष्कृत *(bahiṣkrit)* वि. excluded or expelled; removed; boycotted.

बही *(bahī)* स्री. book of accounts; ledger.

बही-खाता *(bahī-khāta)* पु. ledger; account book; record-book; book keeping.

बहुअर्थक *(bahu-arthak)* वि. polysemantic; polysemous.

बहुआयामी *(bahu-ayāmi)* वि. variegated; having many plans or levels.

बहुज्ञ *(bahugva)* वि. versatile; scholarly; learned.

बहुज्ञता *(bahugvatā)* स्री. state of being wel स.versed in many things; versatility; polymathy.

बहुत[1] *(bahut)* वि. much; abundant; plentiful; immense; many.

बहुत[2] *(bahut)* क्रि. वि. very; extremely.

बहुतायत *(bahutāyat)* स्री. muchness; abundance; plenty.

बहुतेरा *(bahuterā)* वि. very much; enough; in many ways.

बहुतेरे *(bahutere)* वि. many; numerous.

बहुधंधी *(bahu-dhandhi)* वि. engaged in many jobs; busy in multifarious activities.

बहुधा *(bahudhā)* क्रि. वि. often; frequently; usually; in many ways.

बहुपतित्व *(bahu-patitva)* पु. polyandry.

बहुपत्नीक *(bahu-patnik)* पु. polygamist.

बहुपत्नीप्रथा *(bahu-patīnprathā)* स्री. polygamy.

बहुभाषी[1] *(bahu-bhāshi)* पु. polyglot; multilinguist.

बहुभाषी[2] *(bahu-bhāshi)* वि. multilingual; talkative; loquacious.

बहुभुज *(bahu-bhuj)* पु. polygon.

बहुमत *(bahu-mat)* पु. many different opinions; majority opinion; majority.

बहुमुखी *(bahu-mukhi)* वि. versatile.

बहुमूल्य *(bahu-mulya)* वि. costly; precious; invaluable.

बहुरंगी *(bahu-rangi)* वि. multicoloured; many-hued.

बहुरूपिया[1] *(bahu-rupiyā)* पु. person who assumes various characters and disguises; mimic; imposter.

बहुरूपिया[2] *(bahu-rupiyā)* वि. multimorphic.

बहुल *(bahul)* वि. abundant; plentiful.

बहुलता *(bahulata)* स्री. immensity; multiplicity; abundance;

plenty.

बहुवचन *(bahu-vacan)* पु. the plural number.

बहुविद्याविज्ञान *(bahu-vidyavignān)* पु. polymathy.

बहुविध *(bahu-vidh)* वि. multifarious; variegated.

बहुविधता *(bahu-vidhatā)* स्त्री. multifariousness; variety.

बहुविवाह *(bahu-vivāh)* पु. polygamy; polyandry.

बहुशः *(bahuśah)* क्रि. वि. repeatedly; again and again; many a time; frequently.

बहुश्रुत *(bahuśrut)* वि. polymathic; well-informed.

बहू *(bahū)* स्त्री. son's wife; daughter-law; bride; wife.

बहेलिया *(baheliyā)* पु. fowler; hunter.

बाँकपन, बाँकपना *(bāṁkpan)* पु. curvedness; wantonness; crookedness; dandyism; foppishness.

बाँका *(bāṁka)* वि. bent; curved; wanton; dandyish; foppish; showy; chivalrous; gallant.

बाँकुरा *(bāṁkurā)* वि. brave; heroic; clever; crooked; sharp.

बाँग *(bāṁg)* स्त्री. (फ़ा.) sound; voice; crowing of a cock at dawn; call for prayer by the mullah from a mosque.

बांचना *(bāṁcnā)* स. क्रि. to read out; decipher.

बाँझ[1] *(bāṁjh)* वि. barren(woman); unfertile; sterile.

बाँझपन *(bāṁjhpan)* पु. barrenness; unproductiveness; sterility.

बाँट *(bāṁt)* स्त्री. act of dividing or distributing; part; portion; share; dealing out (cards).

बाँटना *(bāṁṭnā)* स. क्रि. to divide; to apportion; to distribute; to deal out.

बाँदी *(bāṁdī)* स्त्री. maid-servant; bondmaid; female serf.

बाँध *(bāṁdh)* पु. embankment; dam; barrage; dike.

बाँधना *(bāṁdhnā)* स. क्रि. to bind; to fasten; to tie; to wrap around; to pack; to fold; to imprison.

बांधव *(bāndhav)* पु. fraternal relations; kith and kin; brethren.

बाँबी *(bāṁbī)* बाँमी स्त्री. snake's hole; ant hill.

बाँस *(bāṁs)* पु. bamboo; pole; spinal chord.

बाँसुरी *(bāṁsurī)* स्त्री. pipe; flute.

बाँह *(bāṁh)* स्त्री. arm; sleeve.

बाअदब *(bā-adab)* वि. (फ़ा.) respectful.

बाएँ *(bāyen)* क्रि. वि. to the left; on the left hand side.

बाक़ायदा *(bāqāyadā)* वि. (फ़ा.) systematic; regular.

बाक़ी *(bāqī)* वि. (अ.) remaining; left over.

बाग *(bāg)* स्त्री. reins; bridle.

बाग़ *(bāg)* पु. (फ़ा.) garden; park.

बागडोर *(bāg-dor)* स्त्री. reins.

बाग़बान *(bāg-bān)* पु. (फ़ा.) gardener; horticulturist.

बाग़बानी *(bāg-bānī)* स्त्री. (फ़ा.) gardening; horticulture.

बाग़ी *(bāgī)* वि. (अ.) rebellious; revolting.

बग़ीचा *(bāgīcā)* पु. (फ़ा.) small garden; park.

बाघ *(bāgh)* पु. lion; tiger.

बाज़ *(baz)* पु. (फ़ा.) hawk; falcon.

बाजरा *(bājrā)* पु. species of millet; plant of millet.

बाजा *(bājā)* पु. musical instrument.

बाज़ार *(bāzār)* पु. (फ़ा.) market; market-place; bazar.

बाज़ारू *(bāzārū)* वि. pertaining to the market; low; vulgar.

बाजी *(bāzi)* स्त्री. elder sister.

बाज़ी *(bazi)* स्त्री. (फ़ा.) stake; bet; wager; play; performance; turn.

बाज़ीगर *(bāzigār)* पु. (फ़ा.) juggler; magician; conjurer.

बाज़ीगरी *(bāzigāri)* स्त्री. jugglery; conjuring; conjury.

बाट[1] *(bāt)* स्त्री. way; path; course; twine; coil; twist.

बाट[2] *(bāt)* पु. measure of weight.

बाड़ा *(bāṛā)* पु. enclosed space; enclosure; fold.

बाढ़ *(bāṛh)* स्त्री. growth; inundation; flood; abundance; plenty; profit; gain.

बाण *(bāṇ)* पु. arrow.

बात *(bāt)* स्त्री. speech; conversation; talk; discourse; thing; matter; fact; point; counsel; discussion; negotiation; utterance; statement; commitment; word; happening; excuse.

बातचीत *(bātcit)* स्त्री. talks; conversation; discourse; negotiations; dialogue.

बातूनी *(bātūni)* वि. talkative loquacious; garrulous.

बादल *(bādal)* पु. cloud.

बादशाह *(bādśah)* पु. (फ़ा.) king; monarch; sovereign; king in the playing cards or chess.

बादशाहत *(bādśāhat)* स्त्री. kingship; reign.

बादाम *(bādām)* पु. (फ़ा.) almond.

बादामी *(bādāmi)* वि. almond coloured; brown; almond shaped; made of or containing almonds.

बाधक *(bādhak)* वि. obstructive; hindering; impeding; resistant.

बाधा *(bādhā)* स्त्री. obstruction; hindrance impediment; bar; handicap; interference; interruption; trouble; disturbance; obsession (of an evil spirit; etc.)

बाधित *(bādhit)* वि. restricted; handicapped; barred; impeded; obstructed; obsessed.

बाध्य *(bādhya)* वि. restricted; checked; obliged; compelled.

बाध्यता *(bādhyatā)* स्त्री. duress; coercion;; obligation.

बानक *(bānak)* पु. guise; appearance; form; shape.

बानगी *(bānagi)* स्त्री. specimen; sample; fore-taste.

बानर *(bānar)* पु. monkey.

बाप *(bāp)* पु. father.

बाबा *(bābā)* पु. (फ़ा.) father; grandfather; old man; sage; ascetic.

बाबू *(bābū)* पु. educated man; gentleman; clerk.

बायाँ *(bāyaṁ)* वि. left.

बायें *(bāyeṁ)* क्रि. वि. to the left; in the opposite camp.

बारंबार *(bārambār)* क्रि. वि. again and again; repeatedly; time and again; frequently.

बारंबारता *(bārambārtā)* स्त्री. frequency.

बार[1] *(bar)* स्त्री. time; delay; turn.

बार[2] *(bar)* पु. association of lawyers; profession of lawyers; liquor shop; dancing hall.

बार-बार *(bār-bār)* क्रि. वि. again and again; time and again.

बारहबाट *(bārah-bāt)* वि. scattered all round; cast to winds; at sixes and sevens; thrown into confusion.

बारहसिंगा *(bārā-simhā)* पु. stag.

बारात *(bārāt)* see बरात।

बाराती *(bārātī)* see बराती।

बारिश *(bāriś)* स्त्री. (फ़ा.) rain; shower; rainy season.

बारी *(bārī)* स्त्री. turn; day of the cyclic fever.

बारी-बारी *(bārī-bārī)* से क्रि. वि. turn by turn.

बारीक *(bārīk)* वि. (फ़ा.) thin; fine; slender; subtle.

बारीकी *(bārīkī)* स्त्री. (फ़ा.) fineness; minuteness; subtlety.

बारूद *(bārūd)* स्त्री. (फ़ा.) gun powder

बारूदख़ाना *(bārūdkhanā)* पु. (फ़ा.) magazine; arsenal; armoury.

बाल *(bāl)* पु. hair.

बालक *(bālak)* पु. child; boy; ignorant person.

बालकपन *(bālakpan)* पु. boyhood.

बालटी *(bālṭi)* स्त्री. bucket.

बालपन *(bālpan)* पु. childhood.

बालम *(bālam)* पु. husband; beloved; sweetheart;.

बाला *(bālā)* स्त्री. adolescent girl; young woman.

बालानशीन *(bālā-naśin)* वि. (फ़ा.) honourable; distinguished; the best; the finest.

बालिका *(bālikā)* स्त्री. female child; young girl.

बालिग़ *(bālig)* वि. (अ.) adult.

बालिश्त *(bāliśt)* पु. (अ.) span measured by the extended thumb and little finger.

बाली *(bālī)* स्त्री. ear-ring; ear or spike of corn.

बालुका *(bālukā)* स्त्री. sand.

बालू *(bālū)* स्त्री. sand; silica.

बाल्टी *(bālṭī)* see बालटी।

बाल्यकाल *(bālyakāl)* पु. childhood.

बाल्यावस्था *(bālyavastha)* स्त्री. age of childhood.

बावड़ी *(bāvṛī)* स्त्री. deep pucca well with steps.

बावरची *(bāvarcī)* पु. (फ़ा.) cook; butler.

बावरचीख़ाना *(bāvarcīkhānā)* पु. (फ़ा.) cook-house; kitchen.

बावला *(bāvalā)* वि. mad; insane; deranged; crazy.

बावलापन *(bavlāpan)* पु. madness; craziness; insanity.

बावली *(bāvalī)* स्त्री. small tank with steps all round.

बावेला *(bāvelā)* पु. furore; ballyo; uproar; tumult.

बाशिंदा *(bāśindā)* पु. (फ़ा.) dweller; resident; inhabitant; denizen.

वाष्पीकरण *(baśpikaran)* पु. evaporation; vaporization.

बास[1] *(bās)* पु. dwelling; residing; lodge; dress.

बास[2] *(bās)* स्त्री. foul smell; obnoxious odour.

बासा[1] *(bāsā)* वि. stale; kept overnight.

बासा[2] *(bāsā)* पु. habitat; dwelling place.

बासी *(bāsī)* see बासा।

बाहर *(bāhar)* क्रि. वि. outside; without; beyond; away.

बाहरी *(bāhrī)* वि. external; outward; outer; foreign.

बाहु *(bāhu)* स्त्री. arm.

बाहुपाश *(bāhu-pās)* पु. embrace; arm girdle.

बाहुबल *(bāhu-bal)* पु. strength of arm; muscular strength.

बाहुल्य *(bāhulya)* पु. abundance;

plenty; exuberance.

बाह्य *(bāhya)* वि. outer; external; outward; foreign; strange.

बाह्यतः *(bahyatāh)* क्रि. वि. externally.

बिंदी *(bindī)* स्त्री. dot; cypher; small vermilion mark on forehead.

बिंदु *(bindu)* पु. drop of water; detached particle; (geom.) point; zero; cipher; bull's eye (in shooting.)

बिंब *(bimb)* पु. reflection; shadow; image; disc.

बिकना *(bikanā)* अ. क्रि. to be sold; to sell; to be blind follower; to be enslaved.

बिकवाना *(bikavānā)* स. क्रि. to get sold; to cause to sell.

बिकाऊ *(bikāū)* वि. saleable; for sale.

बिक्री *(bikrī)* स्त्री. sale; circulation; act of selling; marketing; disposal.

बिखरना *(bikharnā)* अ. क्रि. to be strewn or dispersed; to be scattered or diffused (light); to spill.

बिखराना *(bikharānā)* see बिखेरना।

बिखराव *(bikhrāv)* पु. scattering; diffusion; disunity; disintegration.

बिखेरना *(bikhernā)* स. क्रि. to scatter; to strew; to diffuse; to spill.

बिगड़ना *(bigarnā)* अ. क्रि. to be disfigured or deformed; to be spoilt; to be disordered; to be damaged; to become vicious; wicked or unruly; to be enraged.

बिगड़ैल *(bigṛail)* वि. short-tempered; peevish.

बिगाड़ *(bigār)* पु. disfigurement; defacement; disorder; defect; damage; harm; injury; rift; discord.

बिगाड़ना *(bigāṛanā)* स. क्रि. to ruin; spoil; mar; to vitiate; to damage; to put out of order.

बिगुल *(bigul)* पु. (अ.) bugle.

बिचरना *(bicarnā)* अ. क्रि. to go in a leisurely manner; to walk about; to roam; to loiter; to ramble.

बिचला *(bicalā)* वि. middle; intervening; of middle class; moderate.

बिचौलिया *(bicauliyā)* पु. middleman; intermeddler; intermediary; go-between; broker.

बिच्छू *(bicchū)* पु. scorpion; a kind of grass.

बिछवाना *(bichvānā)* स. क्रि. to cause to be spread; to have (a carpet etc.) spread.

बिछाना *(bichānā)* स. क्रि. to spread; to spread out; to extend; to lay.

बिछुड़ना *(bichuṛanā)* अ. क्रि. to separate; to part company.

बिछोह *(bichoh)* पु. painful separation; parting.

बिछौना *(bichaunā)* पु. bed; bedding.

बिजली *(bijlī)* स्त्री. lightening; thunderbolt; electricity.

बिजलीघर *(bijlīghar)* पु. powerhouse; powerstation.

बिजूका, बिजूखा *(bijūkā)* पु. scarecrow.

बिटिया *(biṭiyā)* स्त्री. little daughter; girl.

बिठलाना, बिठाना *(biṭhlānā)* स. क्रि. to cause to sit; to seat; to fix; to take (a woman) as kept.

बिड़ाल *(biṛāl)* पु. he-cat.

बितंडा *(bitaṁdā)* पु. mess.

बिताना *(bitānā)* स. क्रि. to pass or spend.

बिदकना *(bidakanā)* अ. क्रि. to be scared; to shirk (from); to shy;

to be alarmed; to be startled; to be provoked.

बिदकाना *(bidakānā)* स. क्रि. to scare; to startle; to cause to recede or draw back.

बिदा *(bidā)* स्त्री. farewell; permission to depart; departure.

बिदाई *(bidāī)* स्त्री. farewell; farewell function; departure; present made by a host to a visitor; ceremonial farewell.

बिनती *(binatī)* स्त्री. request; importunity; submission.

बिनना *(binanā)* स. क्रि. to pick out (bad ones); to knit; to weave.

बिनवाना *(binavānā)* स. क्रि. to cause to be knitted or woven.

बिना[1] *(binā)* स्त्री. (अ.) cause; plea.

बिना[2] *(binā)* क्रि. वि. without.

बिनाई *(bināī)* स्त्री. knitting; weaving; picking; charges for weaving or knitting; charges for picking.

बिफरना *(bipharnā)* वि. to be visibly annoyed; to be provoked; to be startled.

बिरला *(birlā)* वि. rare.

बिरवा *(birvā)* पु. sapling;seedling.

बिरही *(birahī)* पु. lover in pangs of separation.

बिराजना *(birājanā)* अ. क्रि. to be seated gracefully; to look fine.

बिरादराना *(birādārānā)* वि. (फ़ा.) brotherly; fraternal.

बिरादरी *(birādārī)* स्त्री. (फ़ा.) community; brotherhood; fraternity.

बिल *(bil)* पु. hole; bill; bill of exchange.

बिलखना *(bilakhanā)* अ. क्रि. to weep bitterly; to lament; to wail.

बिलगाना *(bilgānā)* स. क्रि. to separate; to detach; to be separated.

बिलगाव *(bilagāv)* पु. separation parting; detachment; disintegration.

बिलना *(bilanā)* अ. क्रि. to be rolled into flat cakes.

बिलबिलाना *(bilbilānā)* अ. क्रि. to writhe; to wriggle; to be restless with pain; to toss about in torment.

बिलाव *(bilāv)* पु. tom-cat.

बिल्कुल *(bilkul)* क्रि. वि. entirely; wholly; solely; absolutely; quite.

बिल्ला *(billā)* पु. male cat; badge; insignia.

बिल्ली *(billī)* स्त्री. female cat; latch.

बिवाई *(bivāī)* स्त्री. kibe or chap on the heel; chilblain.

बिसरना *(bisarnā)* अ. क्रि. to be forgotten.

बिसराना *(bisaranā)* स. क्रि. to forget.

बिसात *(bisāt)* स्त्री. (अ.) capacity or power; sheet etc. that is spread out; chess-cloth; dice-board; etc.

बिसातख़ाना *(bisāt-khānā)* पु. (अ.) departmental store; small wares store; general store; haberdashery.

बिसाती *(bisātī)* पु. (अ.) vendor of small wares; general merchant.

बिसूरना *(bisurnā)* अ. क्रि. to cry slowly; to sob; to wail.

बिस्तर *(bistar)* पु. (फ़ा.) bed; bedding.

बिस्तरबंद *(bistarband)* पु. (फ़ा.) hold-all.

बिस्मिल्लाह *(bismillāh)* स्त्री. (अ.) beginning.

बिहँसना *(bihaṁsanā)* अ. क्रि. to smile; to laugh.

बींधना *(bīṁdhanā)* स. क्रि. to perforate; to bore through; to pierce.

बीच *(bīc)* पु. middle; midst; centre.

बीच-बचाव *(bīc-bacāv)* पु. interposition; intervention; mediation.

बीचोबीच *(bīco-bīc)* क्रि. वि. exactly in the middle.

बीज *(bīj)* पु. seed; cause; source; origin.

बीजक *(bījak)* पु. list; invoice; inventory; bill.

बीजगणित *(bīj-ganit)* पु. algebra.

बीजमंत्र *(bīj-mantra)* पु. keynote.

बीजारोपण *(bījāropan)* पु. sowing; initiation.

बीतना *(bitanā)* अ. क्रि. to pass; to elapse; to expire; to befall; to fappen; to occur.

बीनना *(bīnanā)* स. क्रि. to pick to gather; to pluck; to pickout; to select; to glean.

बीनाई *(bīnāi)* स्त्री. vision; eye-sight.

बीभत्स *(bībhats)* वि. abhorrent; loathsome; horrid; sinful; rotten.

बीमा *(bīmā)* पु. (फ़ा.) insurance.

बीमार[1] *(bīmār)* वि. (फ़ा.) sick; ill; ailing; unwell; indisposed.

बीमार[2] *(bīmār)* पु. (फ़ा.) patient.

बीमारी *(bimari)* स्त्री. (फ़ा.) illness; ailment; sickness; disease.

बीवी *(bīvī)* स्त्री. (फ़ा.) wife; lady.

बीहड़ *(bīhar)* वि. uncultivated; uneven(land); rugged; rough; arduous; difficult to do; cut off; detached; dense; thick.

बुज़दिल *(buzdil)* वि. (फ़ा.) cowardly; timid.

बुज़दिली *(buzdilī)* स्त्री. (फ़ा.) cowardice; timidity.

बुजुर्ग[1] *(buzurg)* पु. (फ़ा.) respectable man; elderly man; ancestor.

बुजुर्ग[2] *(buzurg)* वि. (फ़ा.) aged; elderly; venerable.

बुजुर्गी *(buzurgī)* स्त्री. (फ़ा.) elderliness; agedness; respectability.

बुझना *(bujhanā)* अ. क्रि. to be put out; to be extinguished; to be cooled; to be pacified; to be quenched.

बुझाना *(bujhānā)* स. क्रि. to put out; to extinguish; to quench; to cool by putting into water; to pacify; to gratify.

बुड्ढा[1] *(buḍḍhā)* वि. old; aged.

बुड्ढा[2] *(buḍḍhā)* पु. old man.

बुढ़ापा *(buṛhāpā)* पु. old age; senility.

बुढ़िया *(buṛhiyā)* स्त्री. old woman.

बुत *(but)* पु. (फ़ा.) idol; image; statue.

बुदबुदाना *(budbudānā)* अ. क्रि. to effervesce; to buddle; to gabble; mutter.

बुदबुदाहट *(budbudahat)* स्त्री. effervescence; muttering; gabbering.

बुद्धि *(buddhi)* स्त्री. perception; comprehension; intelligence; wisdom; mind; intellect; sense.

बुद्धिगम्य *(budhi-gamya)* वि. intelligible; understandable; perceptible.

बुद्धिजीवी *(budhi-jivī)* पु. mental worker.

बुद्धिमत्ता *(budhi-mattā)* स्त्री. wisdom; sagacity; intelligence.

बुद्धिमान *(budhi-mān)* वि. intelligent; brilliant; wise; prudent; sensible; sagacious.

बुद्धिमानी *(budhi-mānī)* स्त्री. intelligence; widom; sagacity; prudence.

बुद्धू *(buddū)* वि. dull; stupid; foolish; blockheaded.

बुद्धपना *(buddhūpanā)* पु. foolishness; stupidity; dullardness.

बुध *(budh)* पु. wednesday; mercury (planet).

बुनना *(bunanā)* स. क्रि. to weave; to knit; to intertwine.

बुनवाना *(bunavānā)* स. क्रि. to cause to be woven; to get (a thing) woven.

बुनवाई *(bunavāī)* स्त्री. act of weaving; wages for weaving.

बुनाई *(bunāī)* स्त्री. weaving; knitting; design of weaving or knitting; weaving charges.

बुनावट *(bunāvat)* स्त्री. design or texture.

बुनियाद *(buniyād)* स्त्री. (फ़ा.) basis; ground; foundation.

बुनियादी *(buniyādī)* वि. (फ़ा.) pertaining to foundation; basic; fundamental.

बुरा *(burā)* वि. bad; evil; evilminded; immoral; villainous; ugly; ill-looking; disagreeably unpleasant; odious; hateful; faulty; defective; vicious.

बुराई *(burāī)* स्त्री. evil deeds; badness; wickendness; accusation; evil; vice; flaw; fault; defect.

बुरादा *(burādā)* पु. (फ़ा.) filings; saw-dust.

बुर्ज *(burj)* पु. (अ.) bastion; turret; tower.

बुलंद *(buland)* वि. (फ़ा.) very high; lofty; elevated; exalted.

बुलंदी *(bulandī)* स्त्री. (फ़ा.) loftiness; height.

बुलबुल *(bulbul)* स्त्री. (अ.) nightingale.

बुलबुला *(bulbulā)* पु. bubble.

बुलवाना *(bulvānā)* स. क्रि. to cause to talk; to cause to be sent for; to send for; to convene; to summon.

बुलाना *(bulānā)* स. क्रि. to call; to send for; to convene; to summon; to invite.

बुलावा *(bulāvā)* पु. call; invitation; summons.

बुवाई *(buvāī)* स्त्री. sowing; wages paid for sowing; method of sowing.

बुहारना *(buhārnā)* स. क्रि. to sweep.

बुहारी *(buhārī)* स्त्री. broom; mop.

बूँद *(būṁd)* स्त्री. drop.

बूँदा-बाँदी *(būṁdā-bāndi)* स्त्री. intermittent rain; drizzle.

बू *(bū)* स्त्री. (फ़ा.) foul smell; sṭink.

बूचड़खाना *(būcār-khānā)* पु. slaughter-house.

बूझ *(būjh)* स्त्री. perception; understanding; intelligence; comprehension; riddle; faculty of guessing the future correctly.

बूझना *(būjhanā)* स. क्रि. to understand; perceive; make out; comprehend; to reach the depth of; to guess correctly; to pose(a riddle) for solution.

बूटेदार *(būte-dar)* वि. embroidered.

बूढ़ा *(būṛhā)* वि. old; aged; senile.

बूढ़ी *(būṛhī)* स्त्री. old woman.

बूता *(būtā)* पु. strength; power; ability; capacity; capability.

बृहत् *(bṛhat)* वि. large; big; bulky; strong.

बेंच *(beṁc)* स्त्री. (अ.) bench in general; seats of judges in courts; seats allotted to a party for its members in Parliament; etc.

बेअक़्ल *(be-aqla)* वि. (फ़ा.) stupid; senseless; foolish.

बेअदब *(be-adab)* वि. (फ़ा.) ilस.behaved; unmannerly; disrespectful; rude; impolite; impudent.

बेअदबी *(be-adabī)* स्त्री. (फ़ा.) incivility; rudeness; disrespect; impudence; impoliteness.

बेआबरू . *(be-ābru)* वि. (फ़ा.) dishonoured; disgraced; humiliated; insulted.

बेइंतिहा *(be-intahā)* वि. (फ़ा.) endless; without end.

बेइंसाफ़ी *(be-insāfī)* स्त्री. (फ़ा.) injustice; wrong; inequality.

बेइज़्ज़त *(be-izzat)* वि. (फ़ा.) without honour or dignity; disgraced; humiliated; insulted.

बेइज़्ज़ती *(be-izzatī)* स्त्री. (फ़ा.) dishonour; disgrace; ignominy.

बेईमान *(be-imān)* वि. (फ़ा.) corrupt; dishonest; unscrupulous.

बेईमानी *(be-imānī)* स्त्री. (फ़ा.) dishonesty; breach of trust; unfair dealing.

बेक़द्री *(be-qadri)* स्त्री. (फ़ा.) disgrace; dishonour; disrespect.

बेक़रार *(be-qarār)* वि. (फ़ा.) restless; uneasy; disturbed in mind; impatient.

बेक़रारी *(be-qarari)* स्त्री. (फ़ा.) restlessness; uneasiness; impatience.

बेकल *(be-kal)* वि. (फ़ा.) perturbed; restless; uneasy.

बेकली *(be-kali)* स्त्री. (फ़ा.) restlessness; perturbed state of mind; uneasiness; disquiet.

बेकस *(bekas)* वि. (फ़ा.) helpless; hapless; destitute.

बेकसी *(bekasi)* स्त्री. (फ़ा.) helplessness; destitution.

बेक़सूर *(be-qasur)* वि. (फ़ा.) innocent; faultless; guiltless.

बेक़ाबू *(be-qābu)* वि. (फ़ा.) out of control; beyond control.

बेक़ायदा *(be-qāyada)* वि. (फ़ा.) unarranged; irregular; without order.

बेकार[1] *(bekār)* वि. (फ़ा.) idle; unemployed; unserviceable; good for nothing; useless.

बेकार[2] *(bekār)* क्रि. वि. (फ़ा.) to no purpose; for no rhyme or reason.

बेकारी *(bekārī)* स्त्री. (फ़ा.) the state of being unemployed; unemployment.

बेखटक *(be-khatak)* बेखटके क्रि. वि. without apprehension or doubt; fearlessly; unhesitatingly.

बेख़बर *(be-khabar)* वि. (फ़ा.) uninformed; unaware; oblivious.

बेख़बरी *(be-khabari)* स्त्री. (फ़ा.) oblivion; obliviousness; unawareness; ignorance.

बेखुदी *(be-khudi)* स्त्री. (फ़ा.) senselessness.

बेग़म *(begam)* स्त्री. (तु.) lady; title of king's wife or chieftain's wife; etc.; playing card with queen's picture.

बेग़रज़ *(begaraz)* वि. (फ़ा.) selfless; having no selfish motive or interest.

बेगाना *(begānā)* वि. (फ़ा.) not related; alien; unknown.

बेगार *(bagār)* स्त्री. (फ़ा.) forced labour without payment.

बेगुनाह *(begunāh)* वि. (फ़ा.) guiltless: innocent.

बेगुनाही *(begunāhi)* स्त्री. (फ़ा.) guilt· lessness; innocence.

बेग़ैरत *(beghairat)* वि. (फ़ा.) shameless; having no self-respect.

बेघर *(be-ghar)* वि. homeless; without hearth and home.

बेचना *(becanā)* स. क्रि. to sell.

बेचारा *(bė-cāra)* वि. (फ़ा.) without remedy or resources; helpless; destitute.

बेचैन *(be-cāin)* वि. uneasy; restless or disturbed.

बेचैनी *(be-cāinī)* स्त्री. (फ़ा.) uneasiness; restlessness; disquietude.

बेजा *(bejā)* वि. (फ़ा.) improper; unfair.

बेजोड़ *(bejor)* वि. unparalleled; unmatched; matchless; unprecedented; incongruous; inharmonious; dicordant.

बेटा *(beṭā)* पु. son.

बेटी *(beṭī)* स्त्री. daughter.

बेड़ा *(berā)* पु. fleet of boats or ships; flotilla; raft of timbers; plants etc.

बेड़ी *(berī)* स्त्री. fetters; shackles; boat; small fleet; bondage.

बेडौल *(be-daul)* वि. disproportionate; shapeless; ilस.fashioned; ugly; clumsy; unsymmetrical.

बेढंगा *(be-dhanga)* वि. ilस.mannered; ilस.behaved; ilस.arranged; unsystematic; ugly; unshapely.

बेढ़ब *(be-dhab)* वि. ugly; unshapely; unmannerly; rude; unmanageable; crooked; unsystematic.

बेतरतीब *(be-tartib)* वि. (फ़ा.) disorderly; ill-arranged; unsystematic.

बेतरतीबी *(be-tartibi)* स्त्री. (फ़ा.) disorderliness; absence of system; method or order.

बेतहाशा *(be-tahāsā)* क्रि. वि. (फ़ा.) at top speed; very swiftly; wildly; recklessly; indiscreetly; rashly.

बेताब *(be-tāb)* वि. (फ़ा.) restless; uneasy; impatient; restive.

बेताबी *(be-tābi)* स्त्री. (फ़ा.) restlessness; uneasiness; impatience.

बेतुका *(be-tukā)* वि. absurd; nonsensical; incoherent; irrelevant.

बेतुकापन *(be-tukāpan)* पु. absurdity; irrelevance; ridiculousness; incongruity.

बेदख़ल *(be-dakhal)* वि. (फ़ा.) dispossessed; evicted; ousted; forced out.

बेदख़ली *(be-dakhalī)* स्त्री. (फ़ा.) dispossession; ejectment; eviction.

बेदर्दी *(be-dardi)* स्त्री. (फ़ा.) cruelty; inhumanity; mercilessness.

बेदाग़ *(be-dāg)* वि. (फ़ा.) blotless; spotless; clean; stainless; without blemish; innocent; guiltless.

बेदिल *(be-dil)* वि. (फ़ा.) dejected; heartless.

बेधड़क *(be-dharak)* क्रि. वि. fearlessly; dauntlessly; recklessly; rashly.

बेधना *(bedhanā)* स. क्रि. to pierce; to perforate; to bore; to wound; to stab.

बेपनाह *(bepanāh)* वि. (फ़ा.) shelterless; homeless; very much; excessive.

बेपरदगी, बेपर्दगी *(be-pardagi)* स्त्री. (फ़ा.) nakedness; encroachment on privacy; exposure; insult.

बेपरदा *(bepardā)* वि. (फ़ा.) unveiled; barefaced; having no privacy; exposed.

बेफ़िक्र *(be-fikra)* वि. (फ़ा.) carefree.

बेफ़िक्री *(be-fikri)* स्त्री. (फ़ा.) freeness from care or anxiety; carefreeness.

बेबस *(bebas)* वि. (फ़ा.) powerless; helpless.

बेबसी *(bebasi)* स्त्री. (फ़ा.) helplessness; powerlessness.

बेबाक़ *(bebāq)* वि. (फ़ा.) forthright; intrepid; dauntless; cleared off.

बेमतलब *(be-matlab)* क्रि. वि. (फ़ा.) purposelessly; irrelevantly.

बेमिसाल *(be-misāl)* वि. (फ़ा.) unparalleled; unprecedented; unique.

बेमेल *(be-mel)* वि. without unison; unharmonious; incongruous; incoherent.

बेर¹ *(ber)* पु. jujube tree and its fruit; plum.

बेर² *(ber)* स्त्री. time; turn.

बेरहम *(beraham)* वि. (फ़ा.) pitiless; merciless; curel.

बेरहमी *(berahami)* स्त्री. (फ़ा.) hard-heartedness; cruelty; mercilessness.

बेरी *(berī)* स्त्री. jujube tree; plum tree.

बेरुख़ी *(berukhi)* स्त्री. (फ़ा.) indifference; neglect.

बेरोक *(berok)* वि. unobstructed unhindered; unhampered.

बेरोज़गार *(berozgār)* वि. (फ़ा.) unemployed.

बेरोज़गारी *(berozgāri)* स्त्री. (फ़ा.) unemployment.

बेल *(bel)* स्त्री. wood apple and its fruit; creeper; climber; vine; lace.

बेलगाम *(be-lagām)* वि. (फ़ा.) unbridled; licentious; intemperate loose-tongued.

बेलचा *(belcā)* पु. (फ़ा.) shovel.

बेलन *(belan)* पु. cylinder of wood; rolling-pin; roller.

बेलना *(belnā)* स. क्रि. to roll.

बेलाग *(belāg)* वि. without stain or blemish; faultless; without any favour regard; irreproachable; frank; forthright; straight forward.

बेवक़ूफ़ *(bevaquf)* वि. (फ़ा.) foolish; stupid.

बेवक़ूफ़ी *(bevaqufi)* स्त्री. (फ़ा.) stupidity; foolishness; want of understanding; ignorance.

बेवक़्त *(be-vaqta)* वि. (फ़ा.) untimely; inopportune.

बेवफ़ा *(be-vafā)* वि. (फ़ा.) faithless; perfidious; treacherous; disloyal.

बेवफ़ाई *(be-vafāi)* स्त्री. (फ़ा.) disloyalty; faithlessness; infidelity.

बेवा *(bevā)* स्त्री. (फ़ा.) widow.

बेशक *(beśak)* क्रि. वि. (फ़ा.) undoubtedly; doubtlessly; indeed; certainly; of course.

बेशर्म *(beśarm)* वि. (फ़ा.) shameless; impudent; immodest.

बेशर्मी *(beśarmi)* स्त्री. (फ़ा.) shamelessness; immodesty; impudence.

बेशुमार *(beśumār)* वि. (फ़ा.) countless; numberless; innumerable.

बेसब्र *(besabra)* वि. (फ़ा.) impatient; restive; fidgety.

बेसब्री *(besabri)* स्त्री. (फ़ा.) impatience; restivity; fidgetiness.

बेसहारा *(besahāra)* वि. (फ़ा.) helpless; without support.

बेसुध *(besudh)* वि. in a swoon; senseless; fainted; unaware; bewildered; absent-minded.

बेहद *(behad)* वि. (फ़ा.) boundless; endless; too much; excessive.

बेहया *(behayā)* वि. (फ़ा.) shameless; immodest.

बेहयाई *(behayāi)* स्त्री. (फ़ा.) shamelessness; impudence.

बेहाल *(behāl)* वि. (फ़ा.) in a sad plight; in a bad shape or state; afflicted; distressed.

बेहिसाब *(behisāb)* वि. (फ़ा.) countless; beyond calculation; incalculable.

बेहूदगी *(behūdagī)* स्त्री. (फ़ा.) impudence; smuttiness; valgarity.

बेहूदा *(behūdā)* वि. (फ़ा.) impudent; nonsensical; smutty; vulgar.

बेहूदापन *(behūdāpan)* पु. smuttiness; obscenity.

बेहोश *(behoś)* वि. (फ़ा.) unconscious; senseless.

बेहोशी *(behośī)* स्त्री. (फ़ा.) unconsciousness; senselessness.

बैंगन *(baiṁgan)* पु. brinjal.

बैंगनी *(baiṁgnī)* वि. of the colour of brinjal; purple; violet.

बैठक *(baiṭhak)* स्त्री. sitting room; drawing room; sitting; meeting; a kind of exercise.

बैठना *(baiṭhanā)* अ. क्रि. to sit; to be seated; to settle; to cling; to sink down; to settle down; to be adjusted; to appear (in some examination) to cave in; to crash down; to sink; to fit in.

बैठाना *(baiṭhānā)* स. क्रि. to set; to cause to settle down; to cause to sit down; to cause to be seated; to place; to establish.

बैनाम *(bai-nām)* पु. (अ.) saledeed.

बैर *(bair)* पु. enmity; hostility; animosity; ill-will.

बैरागी *(bairāgī)* पु. recluse.

बैल *(bail)* पु. bullock; ox; blockhead; fool.

बैलगाड़ी *(bailgari)* स्त्री. bullock-cart.

बैसाख *(baisākh)* पु. the second month according to the Hindu calendar.

बैसाखी *(baisākhjī)* स्त्री. a festival falling on the first day of Baisakh; crutch.

बोआई *(boāī)* स्त्री. sowing; wages paid for sowing.

बोआना *(boānā)* स. क्रि. to cause to sow.

बोझ, बोझा *(bojhā)* पु. load; burden.

बोझिल *(bojhil)* वि. heavy; massive; burdensome.

बोटी *(boṭī)* स्त्री. small bit; slice or morsel of flesh or meat; chop of flesh.

बोतल *(botal)* स्त्री. bottle.

बोदा *(boda)* वि. weak; feeble; lowspirited; dulस.headed; stupid.

बोध *(bodh)* पु. knowledge; understanding; sense; perception; enlightenment.

बोधक[1] *(bodhak)* वि. causing to know; informing; signifying.

बोधक[2] *(bodhak)* वि. indicator; one who cause to know or teach.

बोधगम्य *(bodh-gamya)* वि. comprehensible; understandable.

बोधगम्यता *(bodh-gamyatā)* स्त्री. intelligibility; intelligible; comprehensibility.

बोना *(bonā)* स. क्रि. to sow; to plant; dwarf.

बोरा *(borā)* पु. gunny bag; sack.

बोरिया *(boriyā)* स्त्री small sack or gunny bag.

बोरी *(borī)* स्त्री. small gunny bag.

बोल *(bol)* पु. utterance; phrase; sentence; speech; talk etc. opening words of song; taunt.

बोल-चाल *(boस.cāl)* स्त्री. talk; conversation; parlance; mode of speech.

बोलती *(bolatī)* स्त्री. power of speech; act of speaking.

बोलना *(bolanā)* अ. क्रि. to speak; to talk.

बोलबाला *(bol-bālā)* पु. influence; vogue; domination; sway.

बोली *(bolī)* स्त्री. speech (in general); dialect; bid (at an auction); jeer; taunt.

बौखलाना *(boukhalānā)* अ. क्रि. to talk nonsense out of passion or anger; to lose temper; to lose one's self-control in anger.

बौखलाहट *(boukhalāhat)* स्त्री. frenzy; fury; menutal agitation; wild folly.

बौछार *(bauchār)* स्त्री. heavy shower of rain; volley.

बौद्ध[1] *(bauddh)* वि. pertaining to Buddhism.

बौद्ध[2] *(bauddh)* पु. Buddhist; follower of Lord Buddha and his religion.

बौद्धिक *(bauddhik)* वि. intellectual; mental.

बौद्धिकता *(bauddhikata)* स्त्री. intellectualism.

बौना[1] *(baunā)* वि. dwarfish.

बौना[2] *(baunā)* पु. dwarf.

बौर *(baur)* पु. blossom of the mango tree.

बौराना *(baurānā)* अ. क्रि. to become crazy; to go off one's head; to blossom.

ब्याज *(byāj)* स्त्री. interest (on money).

ब्याजख़ोर *(byāj-khor)* पु. usurer.

ब्याजखोरी *(byāj-khorī)* स्त्री. usury.

ब्याह *(byah)* पु. marriage; wedding.

ब्याहना *(byahana)* पु. to marry; to wed; to give or to take in marriage.

ब्योरा *(byorā)* पु. detailed account; details; particulars; description.

ब्योरेवार *(byore-vār)* क्रि. वि. in detail.

ब्रह्मचर्य *(brahmcārya)* पु. celibacy.

ब्रह्मचारी *(brahmcārī)* पु. celibate.

ब्रह्मांड *(brahmānd)* पु. universe; cosmos; the uppermost point of the skull.

भ *(bha)* the fourth letter of the fifth pentad of the Devnagri alphabets.

भंग[1] *(bhang)* see भंजन।

भंग[2] *(bhang)* वि. dismissed; discharge; dissolved.

भंग[3] *(bhang)* स्त्री. hemp plant.

भंगिमा *(bhangimā)* स्त्री. gesture; pose; posture; curvature; obliquity.

भंगी *(bhangi)* पु. sweeper; scavenger.

भंगुर *(bhangur)* वि. fragile; brittle; transitory; transient.

भंगुरता *(bhanguratā)* स्त्री. brittleness; fragility; transience; perishability.

भंजक *(bhañjak)* पु. one who breaks; breaker.

भंजन *(bhañjan)* पु. separation; demolition; destruction; iconoclasm; fracture; breach.

भंडा *(bhaṇḍā)* पु. utensil; secret.

भंडाफोड़ *(bhaṇḍāphor)* पु. exposure; disclosure.

भंडार *(bhandār)* पु. treasury; depository; repository; storeroom; storage.

भंडारण *(bhandāran)* पु. storage.

भंडारा *(bhandārā)* पु. feast.

भंडारी *(bhandārī)* पु. store-keeper; cook; stockist.

भंड़ैती *(bhanmraitī)* स्त्री. buffoonery; clownage.

भँवर *(bhamvar)* पु. whirlpool; vortex; eddy.

भँवरा *(bhamvrā)* पु. black-bee; bumble-bee.

भकोसना *(bhakosnā)* स. क्रि. to devour; to swallow hastily.

भक्त[1] *(bhakt)* वि. attached or devoted; loyal; faithful.

भक्त[2] *(bhakt)* पु. devotee; worshipper; follower.

भक्ति *(bhakti)* स्त्री. devotion; loyalty; service; worship; homage; attachment; affection; reverence.

भक्तिपरायण *(bhakti-parāyan)* वि. devoted; given to devotion.

भक्तिपूर्ण *(bhakti-purna)* वि. devotional.

भक्षक *(bhakṣak)* पु. voracious eater; devourer; glutton; eater; consumer.

भक्षण *(bhakṣan)* पु. eating; feeding; devouring.

भक्षी *(bhakṣī)* पु. eater.

भक्ष्य[1] *(bhakṣya)* वि. edible; eatable.

भक्ष्य[2] *(bhakṣya)* पु. edible; food.

भगंदर *(bhagandar)* पु. fistula in the anus.

भगदड़ *(bhagdar)* स्त्री. stampede; panic.

भगवान् *(bhagavān)* स्त्री. The Supreme Being; God.

भगाना *(bhagānā)* स. क्रि. to cause to flee or escape; to cause to run away; to chase out; to elope; to kidnap; to abduct; to drive off; to remove; to dispel.

भगिनी *(bhaginī)* स्त्री. sister.

भगोड़ा *(bhagorā)* पु. absconder; fugitive; run-away; deserter.

भग्न *(bhagn)* वि. broken; shattered.

भग्नावशेष *(bhagnāvśes)* पु. remains; ruins; debris; relics.

भग्नाशा *(bhagnaśa)* स्त्री. despair; frustration; disppointment; dejection.

भजन *(bhajan)* पु. worship; adoration; hymn; devotional song.

भजना *(bhajanā)* स. क्रि. to worship; to repeat (God's name) with devotion.

भटकना *(bhaṭaknā)* अ. क्रि. to go astry; to lose the path; to wander about aimlessly; to be confused or perplexed; to be bewildered.

भटकाना *(bhaṭkānā)* स. क्रि. to cause to stray; to mislead; to bewilder.

भटकाव *(bhaṭkāv)* पु. aberration.

भट्ट *(bhaṭṭ)* पु. bard; scholarly Brahman.

भट्ठा *(bhaṭṭā)* पु. brick kiln.

भट्ठी *(bhaṭṭhī)* स्त्री. furnace; small kiln; oven; distillery.

भड़क *(bharak)* स्त्री. ostentation; glitter.

भड़कदार *(bharakdār)* वि. ostentatious; gaudy.

भड़कना *(bharaknā)* अ. क्रि. to be blown into flame; blaze up; to get excited or enraged; to flare up; to be startled; to be scared or alarmed.

भड़काना *(bharkānā)* स. क्रि. to blow up into a flame; to kindle; to inflame; to provoke or incite; to intensify; to aggravate; to startle; scare; frighten.

भड़कीला *(bhaṛkīlā)* वि. glittering; showy; gaudy; ostentatious.

भड़कीलापन *(bhaṛkīlāpan)* पु. ostentation; tawdriness; gaudiness; flamboyance.

भड़ास *(bhaṛās)* स्त्री. accumulated grudge; stored-up spite; pent up feelings.

भड़ुआ *(bhaṛuā)* पु. attendant on a dancing girl; one who lives on the earnings of a prostitute; pimp; procurer; good for nothing fellow.

भतीजा *(bhatījā)* पु. nephew.

भतीजी *(bhatījī)* स्त्री. brother's daughter; niece.

भत्ता *(bhattā)* पु. allowance.

भद्दा *(bhaddā)* वि. clumsy; awkward; unseemly; slovenly; shoddy; improper; inapt; unsuitable.

भद्दापन *(bhaddāpan)* पु. awkwardness; clumsiness; vulgarity; untowardness.

भद्र *(bhadra)* वि. gentle; noble; polite; courteous; benevolent; virtuous; urbane.

भद्रता *(bhadratā)* स्त्री. courtesy; affability; gentleness; goodness; nobility; urbanity.

भनक *(bhanak)* स्त्री. low or distant sound; hum; inkling; clue.

भनभनाना *(bhanbhanānā)* अ. क्रि. to buzz; to hum.

भनभनाहट *(bhanbhanāhaṭ)* स्त्री. hum; buzz.

भन्नाना *(bhannānā)* अ. क्रि. to be infuriated; to flare up.

भबका *(bhabakā)* पु. retort; alembic; blast of furnace; sudden emission of stench.

भबकी *(bhabakī)* स्त्री. hollow threat.

भभक *(bhabhak)* स्त्री. flare (of a lamp; lantern; fire); sudden burst into flame; foul smell; stench; sudden emission of stench.

भभकना *(bhabhaknā)* अ. क्रि. to flare up; to burst suddenly into flame; to blaze; to be provoked; to burst into a fit of fury.

भभका *(bhabhkā)* see भबका।

भभूत *(bhabhūt)* स्त्री. sacred ashes.

भयंकर *(bhayaṅkar)* वि. fearful; frightful; terrible; horrible; dangerous.

भयंकरता *(bhayaṅkartā)* स्त्री. dreadfulness; fearfulness; terribleness.

भय *(bhay)* पु. fear; fright; dread; horror.

भयकर *(bhayakar)* वि. terrifying; threatening; frightening; intimidating.

भयभीत *(bhayabhīt)* वि. afraid; frightened; scared.

भयाकुल *(bhayākūl)* वि. fear-stricken; terrified; scared; horrified.

भयाक्रांत *(bhayākrant)* वि. horror stricken; terrified.

भयातुर *(bhayātyur)* see भयाकुल।

भयानक *(bhayānak)* वि. dreadful; fearful; frightening; horrible; terrible.

भयानकता *(bhayānaktā)* स्त्री. dreadfulness; terribleness.

भयावह *(bhayāvah)* पु. terrible.

भरण *(bharaṇ)* पु. nourishing; alimentation; feeding.

भरण-पोषण *(bharaṇ-pośan)* पु. maintenance; subsistence; alimentation.

भरती *(bhartī)* स्त्री. filling; insertion; stuffing etc.; admission; enrolment; enlistment; recruitment.

भरना *(bharnā)* स. क्रि. to pour; to fill up; to close; to choke; to make good to compensate; to fill up (vacancy etc.); to accumulate; heap up; stack; to fill; to excite; to instigate; to suffer; bear; endure; to be filled up; to be healed up (as a wound); to be replete (with); to abound in; to be choked.

भरपाई *(bhar-pai)* स्त्री. quittance; payment in full; receipt in full.

भरपूर[1] *(bhar-pur)* वि. full; brimful; overflowing.

भरपूर[2] *(bhar-pur)* क्रि. fully; completely thoroughly; well; very well; abundantly; excessively.

भरपेट *(bhar-pet)* वि. to the fullest satisfaction; in the fullest measure; to full capacity.

भरम *(bhram)* पु. illusion; secret.

भरमाना *(bharmānā)* स. क्रि. to confuse; to bewilder; to cause to wander; to cause to stray; to allure; to tempt; to mislead; to misdirect.

भरमार *(bharmār)* स्त्री. abundance; plentifulness; glut.

भरवाना *(bharvānā)* स. क्रि. to cause to fill.

भरसक *(bharsak)* वि. utmost; best possible.

भराई *(bharāī)* स्त्री. act of filling; stuffing; packing; charges paid therefor; nogging.

भरापूरा *(bharāpurā)* वि. wealthy; prosperous flourishing; thriving; abounding; having a large family fleshy.

भराव *(bharāv)* पु. filling; wadding padding; packing material.

भरोसा *(bharosā)* पु. support; help; hope; assurance; trust; faith; confidence.

भर्तार *(bhartār)* पु. husband.

भर्त्सना *(bhartsanā)* स्त्री. reproach; condemnation; censure; upbraiding.

भर्राना *(bharrānā)* अ. क्रि. to go hoarse or husky; whizz; to be choked.

भलमनसाहत *(bhalmansāhat)* स्त्री. gentlemanliness; civility; urbanity; decorum; noble behaviour.

भला[1] *(bhalā)* वि. good; virtuous; righteous; guiltless.

भला[2] *(bhalā)* पु. well-being; good; welfare.

भलाई *(bhalāī)* स्त्री. good; goodness; virtue; merit; benevolence. kindness; welfare; prosperity.

भला-चंगा *(bhalā-chāṇgā)* वि. healthy; hale and hearty; sound; satisfactory.

भला-बुरा *(bhalā-burā)* पु. pros and cons; good points and bad points; one's own interest; admonition; reproach; good and evil.

भलामानस *(bhalāmānas)* पु. gentleman.

भवदीय *(bhavadiya)* क्रि. वि. yours.

भवन *(bhavan)* पु. building; house; residence.

भवनिष्ठ *(bhavniśth)* क्रि. वि. yours faithfully.

भवितव्यता *(bhavitavyatā)* स्री. the inevitable fate; destiny.

भविष्य *(bhaviśya)* पु. the future.

भविष्यत् *(bhaviśyat)* पु. future.

भविष्यवक्ता *(bhaviśya-vaktā)* पु. prophet; fortuneteller; soothsayer.

भविष्यवादी *(bhaviśya-vadī)* पु. futurist; prophet.

भव्य *(bhavya)* वि. grand; gorgeous; splendid; grandiose; magnificent.

भव्यता *(bhavyatā)* स्री. splendour; grandiosity; magnificence.

भस्म *(bhasm)* स्री. ashes; cinders; medicinal powder obtained by burning metals.

भस्मसात् *(bhasmsāt)* वि. reduced to ashes; burnt to ashes.

भस्मावशेष *(bhasmāअśesh)* पु. residue in the form of ashes.

भस्मी *(bhasmī)* स्री. dust of lime; coal; etc.

भस्मीभूत *(bhasmībhūt)* वि. burnt to ashes.

भाँग *(bhāmg)* स्री. intoxicating hemp.

भांड *(bhāṁḍ)* पु. vessel; earthenware.

भाँड *(bhāṁṛ)* पु. jester; buffoon; clown; one who cannot keep a secret; blab.

भांडार *(bhāṇḍār)* पु. stock; stockroom; godown.

भाँति *(bhāṁti)* स्री. manner; mode; variety; kind; sort; class; type; design.

भाँपना *(bhāṁpnā)* स. क्रि. to guess; to make out; to look through the reality of ; to divine.

भाँवर *(bhāṁvar)* स्री. circumambulation of sacrificial fire by the bride and bridegroom at the time of marriage.

भाई *(bhāī)* पु. brother; relative; kinsman; member of the same caste or fraternity; a form of address to equals and the dear ones.

भाईचारा *(bhāīchāra)* पु. brotherhood; fraternity; fraternisation; fraternal understanding.

भाग *(bhāg)* पु. part; portion; fraction; distribution; partition; side; division; lot; fate; luck; share.

भागना *(bhāganā)* अ. क्रि. to run; to flee; to abscond; to escape; to go away; be gone; to make off; to elope(with).

भाग-दौड़ *(bhāg-daur)* स्री. running about; strenuous efforts; haste.

भागफल *(bhāg-fal)* पु. quotient.

भागी *(bhāgī)* पु. sharer; partner; accomplice.

भागीदार *(bhāgī-dār)* पु. co-partner; co-sharer.

भागीदारी *(bhāgīdārī)* स्री. partnership.

भाग्य *(bhāgya)* पु. fortune; luck; destiny.

भाग्यवश *(bhāgyavaś)* क्रि. वि. luckily; fortunately.

भाग्यवाद *(bhāgyavād)* पु. fatalism.

भाग्यवादी[1] *(bhāgyavādī)* वि. pertaining to fate; fatalistic.

भाग्यवादी[2] *(bhāgyavādī)* पु. fatalist.

भाग्यवान् *(bhāgyavān)* वि. fortunate; lucky.

भाग्यहीन *(bhāgyahin)* वि. unlucky; unfortunate; wretched.

भाजन *(bhājan)* पु. utensil; vessel;

container; one who deserves.

भाज्य *(bhājya)* वि. divisible.

भाटा *(bhāṭā)* पु. ebb-tide; low tide.

भाड़ *(bhāṛa)* पु. parcher's oven.

भाड़ा *(bhāṛā)* पु. rent; hire; fare; freight.

भात *(bhāt)* पु. boiled rice; marriage ceremony where bridegroom's father dines with bride's father.

भादों *(bhādoṁ)* पु. sixth month of the Hindu calendar.

भान *(bhān)* पु. consciousness; awareness; inkling.

भानजा *(bhānjā)* पु. nephew (sister's son).

भानजी *(bhānjī)* स्त्री sister's daughter; niece.

भाना *(bhānā)* स. क्रि. to be agreeable to; to look good or befitting; to like.

भानु *(bhānu)* पु. the sun.

भाप *(bhāp)* स्त्री. steam; vapour.

भाभी *(bhābhī)* स्त्री. sister-in-law (elder brother's wife).

भामिनी *(bhāminī)* स्त्री. pretty woman.

भार *(bhār)* पु. load; burden; charge; trust; responsibility; onus; weight; encumbrance; mass.

भारत *(bhārat)* भारतवर्ष पु. India.

भारतवासी *(bhāratvāsī)* पु. Indian; native of India.

भारतविद् *(bhārat-vid)* पु. Indologist.

भारत-विद्या *(bhārat-vidyā)* स्त्री. Indology.

भारती *(bhāratī)* स्त्री. speech; goddess Saraswati; Mother India.

भारतीय *(bhāratīyā)* वि. born in India; Indian.

भारी *(bhārī)* वि. heavy; weighty; massive; unwieldy; great; grand; difficult; hard; large; big; bulky.

भारीपन *(bhārīpan)* पु. heaviness; weightiness; massiveness.

भार्या *(bhāryā)* स्त्री. wife; spouse.

भाल *(bhāl)* पु. forehead; lance; spear.

भाला *(bhālā)* पु. large spear; lance; javelin.

भालू *(bhālū)* पु. bear.

भाव[1] *(bhāv)* पु. disposition; temperament; emotion; sentiment; purpose; signification; meaning; gist; gesture; gesticulation.

भाव[2] *(bhāv)* पु. rate; quotation.

भावना *(bhāvanā)* स्त्री. meditation; contemplation; speculation; fancy; feeling; emotion; sentiment.

भावनात्मक *(bhāvanātmak)* वि. full of sentiment; speculative.

भावपक्ष *(bhāvpaksh)* पु. theme; thought; subject matter.

भावप्रवण *(bhāअ.pravan)* वि. sentimental; emotional.

भावप्रवणता *(bhāअ.pravanatā)* स्त्री. sentimentality; emotional disposition.

भाववाचक *(bhāअ.vācāk)* वि. abstract (gram).

भावविभोर *(bhāअ.vibhor)* वि. overwhelmed with emotion; steeped in emotion.

भावात्मक *(bhāvātmak)* वि. emotional; sentimental.

भावात्मकता *(bhāvātmakatā)* स्त्री. affectivity; emotionality.

भावानुवाद *(bhāvānuvād)* पु. paraphrase; free translation.

भावार्थ *(bhavārāth)* पु. broad explanation; exposition; inherent meaning; obvious purport; sense; substance; gist.

भावी *(bhāvī)* वि. what must take place or is destined to happen; predestined; inevitable; prospective.

भावुक *(bhāvuk)* वि. emotional; sentimental; impulsive.

भावुकता *(bhāvukatā)* स्त्री. sentimentality; impulsiveness; emotionality.

भावोत्कर्ष *(bhāvotkarsh)* पु. emotional excellence or elevation; emotional upsurge.

भावोन्मत्त *(bhāvanmatt)* वि. overwhelmed with emotion; emotioncrazy.

भाषण *(bhāṣāṇ)* पु. speech; lecture; address; conversation.

भाषा *(bhāṣā)* स्त्री. language; speech.

भाषाई *(bhāṣāī)* वि. linguistic.

भाषागत *(bhāṣāgat)* वि. linguistic.

भाषा-विज्ञान *(bhāṣā-viygān)* पु. philology; linguistics.

भाषा-विज्ञानी *(bhāṣā-viyanī)* पु. linguist; philologist.

भाषाविद् *(bhāṣā-vid)* पु. linguist; philologist.

भिंडी *(bhiṇḍī)* स्त्री. lady's finger.

भिक्षा *(bhikṣā)* स्त्री. begging; alms; charity.

भिक्षाटन *(bhikṣātan)* पु. mendicancy.

भिक्षावृत्ति *(bhikṣāvrtī)* स्त्री. beggary; mendicancy.

भिक्षु *(bhikṣu)* भिक्षुक पु. beggar; mendicant; religious mendicant; esp. Buddhist; friar.

भिखमंगा *(bhikhmaṁgā)* पु. beggar; pauper.

भिखारिणी, भिखारिन *(bhikhārin)* स्त्री. female; beggar; beggar woman.

भिखारी *(bhikhārī)* पु. beggar; mendicant.

भिगोना *(bhigānā)* पु. to wet; to drench.

भिजवाना *(bhijvānā)* स. क्रि. to cause to send; to cause to be sent; to cause to wet.

भिड़ंत *(bhirant)* स्त्री. clash; skirmish collision; confrontation; encounter; grappling.

भिड़ *(bhir)* स्त्री. wasp.

भिड़ना *(bhiṛanā)* अ. क्रि. to come into collision; to collide; to clash; to contend; to fight; to be locked in a wordy duel; to grapple.

भित्ति *(bhitti)* स्त्री. wall; reef.

भिनकना *(bhinaknā)* अ. क्रि. to buzz; to be covered with flies; to be extremely shabby.

भिनभिनाना *(bhinbhinānā)* अ. क्रि. to buzz; to hum.

भिनभिनाहट *(bhinbhināhaṭ)* स्त्री. buzzing sound.

भिन्न[1] *(bhinn)* पु. different; fraction.

भिन्न[2] *(bhinn)* वि. separate; separated; broken; split; divided; other; different; diverse.

भिन्नता *(bhinntā)* स्त्री. dissimilarity; distinction; difference.

भिश्ती *(bhiśtī)* पु. water-carrier.

भींचना *(bhīṁcnā)* स. क्रि. to squeeze; to press hard; to grasp tightly; to embrace tightly; to tighten; to hold close together.

भीख *(bhīkh)* स्त्री. begging; mendicity; charity; alms.

भीगना *(bhīgnā)* अ. क्रि. to be wet or drenched; to be soaked.

भीड़ *(bhīṛ)* स्त्री. multitude; crowd; throng; concourse; rabble; mob; excess; calamity; crisis; congestion.

भीतर *(bhitār)* क्रि. वि. in; inside; within.

भीतरी *(bhītarī)* वि. internal; inner; inward; hidden; secret; unexpressed.

भीति *(bhīti)* स्त्री. fear; apprehension; dread; terror; fright.

भीमकाय *(bhīmkaya)* वि. gigantic.

भीरु *(bhīru)* वि. timid; cowardly.

भीरुता *(bhīrutā)* स्त्री. timidity; cowardice.

भीषण *(bhīṣaṇ)* वि. fearful; frightening; awful; terrible; gruesome; tremendous.

भीषणता *(bhīṣaṇatā)* स्त्री. gruesomeness; awfulness.

भुक्खड़ *(bhūkkar)* वि. gluttonous; voracious; famished (with hunger); starved; hungry.

भुक्त *(bhukt)* वि. experienced; consumed.

भुखमरा *(bhukmarā)* वि. starved; hungry; famished.

भुखमरी *(bhukmarī)* स्त्री. starvation; hunger; famine.

भुगतना *(bhugatnā)* स. क्रि. to suffer; to undergo; to bear; to endure; to pay the penalty of; to suffer consequences of.

भुगतान *(bhugtān)* पु. payment; delivery; settlement; disposal; acquittance.

भुजंग *(bhujang)* पु. snake; serpent.

भुजबल *(bhujbal)* पु. physical strength; strength of the arms; prowess.

भुजा *(bhujā)* स्त्री. arm; hand; side of a geometrical figure.

भुनगा *(bhunagā)* पु. gnat; maggot; insect; insignificant creature or person.

भुनना *(bhunanā)* अ. क्रि. to be parched; to be roasted; to be changed into small coins; to be slaughtered with guns etc.

भुनभुनाना *(bhunbhunānā)* अ. क्रि. t mumble; to gabble; grumble; to express indignation indistinctly.

भुनवाना *(bhunavānā)* स. क्रि. to get parched; to get changed into currency of smaller denomination.

भुनाना *(bhunānā)* स. क्रि. to get something parched; to change (into smaller denomination currency).

भुरभुरा *(bhurbhurā)* वि. crisp; friable.

भुलक्कड़ *(bhulakkar)* वि. forgetful; temperamentally prone to forgetting.

भुलाना *(bhulānā)* स. क्रि. to forget; to mislead; to bewilder; to delude.

भुस *(bhus)* पु. straw; chaff.

भू *(bhū)* स्त्री. earth; world; land; ground; soil.

भूकंप *(bhūkamp)* पु. earthquake.

भूखंड *(bhūkhand)* पु. territory; plot; tract of land.

भूख *(bhūkh)* स्त्री. appetite; hunger.

भूखा *(bhūkhā)* वि. hungry; famished; starving; desirous; craving; poor; destitute.

भूगर्भ *(bhū-garbha)* पु. interior of the earth.

भूगर्भशास्त्र *(bhū-garbhśastra)* पु. geology.

भूगर्भशास्त्री *(bhū-garbhśastrī)* पु. geologist

भूगर्भशास्त्रीय *(bhū-garbhśastryīa)* वि. geological.

भूगोल *(bhūgol)* पु. geography.

भूचाल *(bhūcāl)* see भूकंप।

भूत¹ *(bhūt)* वि. past; gone by; been; become; produced; former; old.

भूत² *(bhūt)* पु. ghost; evil spirit; a creature; matter; element; past; past tense.

भूतकाल *(bhūtkāl)* पु. (gram.) past tense; the past.

भूतपूर्व *(bhūt-purva)* पु. ex; former; past; previous.

भूतल *(bhū-tal)* पु. surface of the earth; the ground.

भूदान *(bhūdān)* पु. gift of land.

भूदानी *(bhūdānī)* पु. donor of land.

भूधर *(bhū-dhar)* पु. mountain; hill.

भूनना *(bhūnanā)* स. क्रि. to roast; to broil; to parch; to scorch; to fry; to annihilate (with gun etc.); to blast; to reduce to ashes.

भूभाग *(bhū-bhag)* पु. region; place; spot; territory.

भूमंडल *(bhū-maṇḍal)* पु. terrestrial globe; the earth.

भूमध्यरेखा *(bhū-madhuarekhā)* स्त्री. equator.

भूमि *(bhūmi)* स्त्री. earth; world; ground; soil; land; place; site; region; country.

भूमिका *(bhūmikā)* स्त्री. preface; introduction; (drama) role of an actor.

भूमिगत *(bhūmigat)* वि. underground; subterranean; secret; fallen on the earth.

भूरा¹ *(bhūrā)* वि. brown; grey.

भूरा² *(bhūrā)* पु. brown colour.

भूरापन *(bhūrā-pan)* पु. brownness.

भूल *(bhūl)* स्त्री. forgetfulness; oversight; neglect; illusion bewilderment; slip; mistake; error; omission; failure; fault.

भूल-चूक *(bhūl-chūk)* स्त्री. errors and omissions; act of commission or omission.

भूलना *(bhūlnā)* अ. क्रि. to be forgotten; to err; to go astray; to forget; to omit; to miss.

भूलोक *(bhūlok)* पु. earth; the habitation of mortals.

भूषण *(bhūṣaṇ)* पु. ornament; jewellery; decoration; embellishment.

भूसा *(bhūsā)* पु. chaff; husk.

भूसी *(bhūsī)* स्त्री. husk; bran.

भृकुटि, भृकुटी *(bhṛkuṭī)* स्त्री. eyebrow; frown.

भृत्य *(bhṛtya)* पु. slave; servant; attendant.

भेंगा *(bhemgā)* वि. squint-eyed.

भेंगापन *(bhemgāpan)* पु. squint; cross eye.

भेंट *(bhemt)* स्त्री. meeting; interview; visit; gift; present; offering.

भेंटवार्ता *(bhemt-vārtā)* स्त्री. interview.

भेजना *(bhejnā)* स. क्रि. to send; to cause to go; to transmit; to remit; to despatch; to consign.

भेजा *(bheja)* पु. brain.

भेड़ *(bheṛ)* स्त्री. sheep; simpleton; timid person.

भेड़-चाल *(bheṛ-cāl)* स्त्री. mobmentality.

भेड़ा *(bheṛā)* पु. ram; male sheep.

भेड़िया *(bheṛiyā)* पु. wolf.

भेद *(bhed)* पु. difference; distinction; kind; sort; species; variety; secrecy; secret; mystery; hidden meaning; implication; dissension; disunion; division; schism; split.

भेदभाव *(bhed-bhāv)* पु. partitionship; partiality; discrimination; differentiation.

भेदिया *(bhediyā)* पु. one who knows the secret; spy; secret agent.

भेरी *(bherī)* स्त्री. siren; drum.

भेष *(bheś)* पु. appearance; exterior appearance; guise; get-up.

भेंगा *(bhaingā)* वि. squint-eyed; cross-eyed.

भैंस *(bhaiṁs)* स्त्री. she-buffalo.

भैंसा *(bhaiṁsā)* पु. he-buffalo.

भैया *(bhaiyā)* पु. brother; mode of address for equals and youngsters.

भोंकना *(bhoṁknā)* अ. क्रि. to stab; to stick; to thrust; to drive in; to pierce; to prick; to bark.

भोंडा *(bhoṇḍā)* वि. ill-shaped; uncouth; grotesque; coarsegrained; indecent; crude; ugly; unsymmetrical.

भोंडापन *(bhoṇḍāpan)* पु. grotesqueness; ugliness; indecency; crudeness; crudity.

भोंदू *(bhoṁdū)* वि. silly; boobyish; simple; stupid.

भोंपू *(bhoṁpū)* पु. kind of musical insturment; siren; a horn.

भोग *(bhog)* पु. perception (of joy or sorrow); enjoyment; suffering; sexual enjoyment; carnal pleasure; use; application; utility; result of good or evil (deeds).

भोगना *(bhoganā)* स. क्रि. to experience (pleasure or pain); to enjoy; to suffer; to undergo; to derive sexual pleasure; to copulate.

भोगी *(bhogī)* वि. enjoying; using; given to carnal pleasure; voluptuous; pleasure-seeking; sex indulgent.

भोग्य *(bhogya)* वि. enjoyable; that is to be endured or experienced.

भोज *(bhoj)* वि. banquet; feast.

भोजन *(bhojan)* पु. food; victuals; meal; diet.

भोजनालय *(bhojanalyā)* पु. mess; dining hall; restaurant.

भोजपत्र *(bhoj-patra)* पु. birch tree; the leaf and the bark of a tree.

भोज्य *(bhojya)* वि. suitable or fit to be eaten; eatable; edible.

भोथरा *(bhothrā)* वि. obtuse; blunt.

भोर *(bhor)* पु. break of day; dawn; early morning.

भोला *(bholā)* वि. natural; simple; artless; guileless; harmless; innocent; simple minded; silly; stupid; gullible.

भोलापन *(bholāpan)* पु. simpleness; simple-heartedness; innocence.

भोला-भाला *(bholā-bhālā)* वि. innocent; ingenuous; honest and simple.

भौं *(bhauṁ)* स्त्री. eyebrow.

भौंकना *(bhauṁknā)* अ. क्रि. to bark; to talk nonsensically or foolishly.

भौंरा *(bhauṁrā)* पु. a large black bee; a top.

भौंह *(bhauṁh)* स्त्री. eyebrow.

भौचक *(bhaucak)* वि. stunned; aghast; nonplussed; dumbfounded.

भौचक्का *(bhaucakkā)* see भौचक।

भौतिक *(bhautik)* वि. appertaining to the corporal elements; elemental; made of matter; mundane; worldly; physical; material.

भौतिकवाद *(bhautikvād)* पु. materialism.

भौतिकवादी *(bhautikvādī)* वि. materialistic.

भौतिकी *(bhautikī)* स्त्री. physics.

भ्रम *(bhram)* पु. illusion; misconception; doubt; suspicion; apprehension; confusion misunderstanding.

भ्रमजनक *(bhramjanak)* वि. illusory.

भ्रमण *(bhraman)* पु. roaming about; ramble; excursion; travel; going round.

भ्रमणकारी *(bharmaṇkārī)* वि. itinerant; traveller.

भ्रमणशील *(bharmaṇśil)* वि. roving; rambling; itinerant.

भ्रमर *(bhramar)* पु. large black bee; the bumble bee.

भ्रमरी *(bhramari)* स्त्री. female black bee.

भ्रमात्मक *(bhramātmak)* वि. illusory; illusive.

भ्रमित *(bhramit)* वि. illusioned; confused; mistaken; strayed; misled.

भ्रष्ट *(bhraṣt)* वि. depraved; vicious; dissolute; fallen; degraded; debased; corrupt; spoilt; decayed; ruined; broken.

भ्रष्टता *(bhraṣtata)* स्त्री. corruptness; corruption; depravity; state of being spoilt; wantonness.

भ्रष्टाचार *(bhraṣtacār)* पु. corruption; depravity; bribery; wantonness.

भ्रष्टाचारी *(bhraṣtacārī)* वि. corrupt; wanton; depraved.

भ्रांत *(bhrānt)* वि. perplexed; confused; gone astray; fallen into error.

भ्रांति *(bhrānti)* स्त्री. delusion; wrong notion; false idea or impression; uncertainty; suspense; confusion.

भ्राता *(bhrātā)* पु. brother.

भ्रातृत्व *(bhrātav)* पु. fraternity; brotherhood.

भ्रातृभाव *(bhrātṛbhāv)* पु. fraternal feeling; affection.

भ्रातृ-हत्या *(bhrātṛ-haytyā)* स्त्री. fratricide.

भ्रामक *(bhramak)* वि. misleading; deceptive; false; fallacious; causing doubt or suspicion; confusing.

भ्रू *(bhru)* पु. eyebrow; pleasing movement of the eyebrows.

म *(ma)* ; the fifth and final letter of the fifth pentad of the Devnagri alphabets.

मँगता *(maṁgtā)* पु. beggar; mendicant.

मंगल[1] *(maṅgal)* वि. auspicious; propitious; conferring happiness.

मंगलकलश *(mangal-kalaś)* पु. benediction; good wishes.

मंगलकारक, मंगलकारी *(mangal-karak)* वि. auspicious; propitious; benedictory; beneficial.

मंगलकार्य *(mangal-kārya)* पु. festive occasion; auspicious ceremony.

मंगलगान *(mangal-gān)* पु. auspicious song.

मंगलध्वनि *(mangal-dhvani)* स्त्री. tumultuous sound of auspicious songs etc.; music at the time of marriage or other auspicious occasions.

मंगलप्रद *(mangal-prad)* वि. benedictory.

मंगलवार *(mangal-vār)* पु. Tuesday.

मंगलसूचक *(manga स.sūcak)* वि. mangal-sucak auguring good luck; auspicious.

मंगलाचरण *(mangalā-caran)* वि. invocation.

मँगवाना *(maṁgvānā)* स. क्रि. to cause to be sent for; to send for; to cause to be fetched.

मँगाना *(mamgana)* स. क्रि. to cause to bring; to order; to send for.

मंगेतर[1] *(maṁgetar)* स्त्री. fiance or fiancee.

मंगेतर[2] *(maṁgetar)* वि. betrothed.

मंच *(mañc)* पु. dias; stage; platform; raised platform; scaffold; forum; rostrum.

मंचन *(mañcan)* पु. staging.

मंचीय *(mañciya)* वि. pertaining to the stage; theatrical.

मँजना *(maṁjanā)* अ. क्रि. to be rubbed; wiped; cleaned or polished; to be practised; to be exprienced; to be seasoned; to get proficient.

मंजरी *(mañjarī)* स्त्री. shoot; sprout spring; cluster of flowers or blossoms.

मंज़िल *(manzil)* स्त्री. inn; destination; storey; (fig.) stage.

मंज़िल *(maṁzil)* पु. a kind of cymbal.

मंजु *(mañju)* वि. beautiful; lovely; charming; pretty.

मंजुल *(mañjul)* वि. beautiful; charming; lovely.

मंजुलता *(mañjulatā)* स्त्री. prettiness; beauty.

मंजूरी *(maṃzūrī)* स्त्री. approval; grant; sanction; acceptance.

मँझधार *(manjh-dār)* स्त्री. midstream; mid-current.

मँझला *(maṁjhlā)* वि. middle.

मँझोला *(maṁjholā)* वि. of medium size; middling.

मंडन *(maṇḍan)* पु. ornamentation; adornment; embellihment; corroboration; confirmation.

मंडप *(maṇḍap)* पु. open hall; temporary hall erected on ceremonial occasions; arbour; bower; tent; pavilion; canopy; building consecrated to a deity; temple.

मँडराना *(maṁḍarānā)* अ. क्रि. to fly round; to hover; to hang around; to gather thick(as clouds).

मंडल *(maṇḍal)* पु. circle; ring; coil; wheel; disc; halo; disk of the sun or moon; region; country; territory; zone; division; company; assembly; association; orbit (of a planet etc.); multitude; collection.

मंडली *(maṇḍalī)* स्त्री. team; party; association; floc; company (of singers); gang; circle; band; troupe; coterie.

मंडित *(maṇḍit)* वि. adorned; ornamented; decorated; corroborated; supported; veneered.

मंडूक *(maṇḍūk)* पु. frog.

मंत्र *(mantra)* पु. incantation; charm; spell; means; contrivance; a passage of the Vedas; a Vedic hymn; esoteric formula.

मंत्रगान *(mantragān)* पु. chant.

मंत्रणा *(mantraṇā)* स्त्री. consultation; deliberation; advice; counsel; conspiracy.

मंत्रमुग्ध *(mantra-mugdh)* वि. charmed; spell-bound.

मंत्रालय *(mantrālay)* पु. ministry.

मंत्रित्व *(mantritva)* पु. ministership.

मंत्रिमंडल *(mantri-mandal)* पु. cabinet of ministers.

मंत्री *(mantrī)* पु. minister; adviser; counsellor; secretary.

मंथन *(manthan)* पु. churning; agitating; stirring or shaking about; deep pondering over something; contemplation.

मंथर *(manthar)* वि. slow; tardy; lazy; sluggish.

मंद *(mand)* वि. slow; tardy; dim; faint; low soft; inactive; sluggish; dull; slack; weak.

मंदता *(mandatā)* स्त्री. dullness; dimness; slowness.

मंदबुद्धि *(mand-budhi)* वि. dull-witted; silly; foolish; stupid; dullard; laggard; retarded.

मंदा *(mandā)* वि. cheap; slow; tardy.

मंदिर *(mandir)* पु. temple; palace; mansion.

मंदी *(mandī)* स्त्री. slowness; tardiness; fall in prices; depression in price; slump in market.

मंशा *(maṃśā)* स्त्री. (अ.) motive; purpose; intention; purport; tenor; implication.

मंसूबा *(maṃsūbā)* पु. contrivance; plan; design; intention; will; desire; project; scheme.

मकई *(makaī)* स्त्री. maize.

मकड़ा *(makṛā)* पु. male spider.

मकड़ी *(makṛī)* स्त्री. female spider.

मकतब *(maktab)* पु. (अ.) school.

मकर *(makar)* पु. crocodile; name of the tenth sign of zodiac; the sign Capricorn.

मकररेखा *(makar-rekhā)* स्त्री. tropic of Capricorn.

मक़सद *(maqsad)* पु. (अ.) intention; motive; object; aim; desire; wish; intended sense; meaning; purport.

मक़सूद *(maqsūd)* वि. (अ.) desired; aimed; intended.

मकान *(makān)* पु. (अ.) house; home; abode; residence; dwelling.

मक्का *(makkā)* स्त्री. maize.

मक्कार *(makkār)* वि. (अ.) deceitful. cunning; crafty.

मक्खन *(makkhan)* पु. butter.

मक्खी *(makkhī)* स्त्री. fly; honey bee; the sight (of a gun).

मक्खीचूस *(makkhī-chūs)* वि. miserly; niggardly.

मख़मल *(makhmal)* स्त्री. (फ़.) velvet.

मख़मली *(makhmalī)* वि. (फ़) of velvet; velvety; soft; delicate.

मखाना *(makhānā)* पु. a kind of dry fruit (prepared by parching lotus seeds).

मखौल *(makhaul)* पु. mockery; joke; jest.

मगन *(magan)* वि. delighted; glad; happy; immersed; absorbed; deeply engaged; deeply in love; rapt; enamoured.

मगर[1] *(magar)* पु. crocodile.

मगर[2] *(magar)* क्रि. वि. (फ़.) but; however; yet.

मगरमच्छ *(magarmach)* पु. crocodile.

मग़रूर *(magrūr)* वि. (अ.) proud; vain; arrogant.

मग्न *(magnā)* वि. drowned; sunk;

busy; absorbed; immersed; delighted; glad; happy.

मचना *(macna)* अ. क्रि. to be caused; to be occasioned; to happen.

मचलना *(macalnā)* अ. क्रि. to be wayward; to be refractory; to insist; to pester; to be cross; to sulk.

मचली *(macalī)* स्त्री. nausea; a tendency towards vomiting.

मचान *(macān)* पु. raised platform (for shooting wild animals).

मचाना *(macānā)* स. क्रि. to cause; to make; to raise up; stir up.

मच्छर *(macchar)* पु. mosquito.

मच्छरदानी *(maccharā-dānī)* स्त्री. mosquito net.

मछली *(machlī)* स्त्री. fish; ear-ring made in the form of a fish; muscle or tendon.

मज़दूर *(mazdūr)* पु. (फ़.) hired lobourer; worker; workman; wage-earner.

मज़दूरी *(mazdūrī)* स्त्री. (फ.) bodily labour; work; wages; remuneration.

मज़बूत *(mazbūt)* वि. (अ.) firm; fixed; fast; durable; lasting; strong; sturdy.

मज़बूर *(majbūr)* वि. (अ.) compelled; helpless.

मज़बूरी *(majbūrī)* स्त्री. compulsion; helplessness.

मजमा *(majmā)* पु. (अ.) crowd; gathering; assembly.

मज़मून *(mazmūn)* पु. (अ.) subject; topic.

मजलिस *(majlis)* स्त्री. (अ.) assembly; congregation; meeting; convention; congress; council; conference.

मज़हब *(mazhab)* पु. (अ.) belief; creed; religion; faith.

मज़हबी *(mazhabī)* वि. of or relating to a religion or sect; religious.

मज़ा *(mazā)* पु. (अ.) joy; delight; pleasure; taste; flavour; relish.

मज़ाक़ *(mazāq)* पु. (अ.) joke; jest; fun.

मज़ाक़िया *(mazāqiyā)* वि. (अ.) humorous; jolly; jocular.

मज़ार *(mazār)* पु. (अ.) tomb; grave.

मज़ेदार *(mazedār)* वि. (अ.) delicious; savoury; tasty; enjoyable packed with fun and frolic; humoursome.

मझधार *(majh-dhār)* पु. mid-stream; mid-current.

मझला *(majhalā)* वि. middle; medium.

मटकना *(maṭakanā)* अ. क्रि. to strut; to swagger.

मटका *(maṭakā)* पु. large earthen jara; big pitcher.

मटकाना *(maṭakānā)* स. क्रि. to make coquettish gestures with.

मटमैला *(maṭmailā)* वि. dusty; dust coloured; soiled.

मटर *(matar)* स्त्री. pea.

मटरगश्ती *(maṭargaśtī)* स्त्री. stroll; promenade; rambling; roving; vagrancy; vagabondage.

मटियामेट *(maṭiyā-met)* वि. completely destroyed; ruined; razed; devastated.

मट्ठा *(maṭṭhā)* पु. butter-milk.

मठ *(maṭh)* पु. monastery; abbey; temple; pagoda; priory; cloister.

मठाधीश *(maṭhā-dhiś)* पु. head of a monastery; abbot.

मढ़ना *(maṛhnā)* स. क्रि. to gild; to framel; to mount; to impose; to impute.

मढ़वाना *(maṛhvānā)* स. क्रि. to cause to be mouted or framed; to cause to be gilded.

मढ़ी *(maṛhī)* स्त्री. hutment; small monastery or temple.

मणि *(maṇi)* स्त्री. precious stone; gem; jewel; anything best of its kind.

मणिश्र *(maṇiśra)* पु. crystal.

मत *(mat)* पु. vote; opinion; judgement; belief; thought; idea; doctrine; tenet; sect; faith; creed.

मतदाता *(matdātā)* पु. voter.

मतदान *(matdān)* पु. polling; voting.

मतपत्र *(mat-patra)* पु. ballot; ballot paper.

मतभेद *(mat-bhed)* पु. difference of opinion; dissension; disagreement.

मतलब *(matlab)* पु. (अ.) aim; purpose; motive; meaning; self-interest; concern.

मतलबी *(matlabī)* पु. (अ.) selfish; self-seeking self-concerned.

मतली *(matlī)* स्त्री. nausea.

मतवाला *(matvala)* वि. intoxicated; drunk; wild; wayward; tipsy; passionate.

मतवालापन *(matvālāpan)* पु. intoxicatedness; drunkenness; waywardness; tipsiness.

मताधिकार *(matādhikār)* पु. franchise; suffrage.

मति *(mati)* स्त्री. intellect; understanding; sense; opinion; view.

मतिभ्रम *(mati-bhram)* पु. delusion; confusion of mind; hallucination.

मतिमंद *(mati-mand)* वि. dull; imbecile; backward; retarded.

मतैक्य *(mataikya)* पु. unanimity.

मत्था *(mathā)* पु. forehead.

मत्स्य *(matsya)* पु. fish.

मत्स्यपालन *(matsya-pālan)* पु. fish-culture; fish-farming.

मथना *(mathnā)* स. क्रि. to churn; to stir round; to ponder; to consider.

मथनी *(mathnī)* स्त्री. churner.

मद[1] *(mad)* पु. intoxication; drunkenness; delight; rapture; passion; pride; arrogance; juice that oozes from and elephant's temples.

मद[2] *(mad)* स्त्री. column; head; account-head.

मदद *(madad)* स्त्री. (अ.) assistance; help; aid; rescue; reinforcement.

मददगार *(madad-gār)* पु. (अ.) assistant; helper; supporter.

मदरसा *(madrasā)* पु. (अ.) school; institution of higher education during Muslim period.

मदहोश *(madahoś)* वि. (फ़ा.) dead drunk; intoxicated; out of senses; confounded; stupefied; unconscious senseless.

मदहोशी *(madahośī)* स्त्री. (फ.) drunkenness; senselessness; intoxicatedness.

मदारी *(madārī)* पु. conjurer; juggler; trickster.

मदिरा *(madirā)* स्त्री. spirituous liquor; wine.

मदिरालय *(madirālaya)* पु. bar; public drinking house.

मदोन्मत्त *(madonmat)* वि. intoxicated with spirituous liquor; drunk; intoxicated with passion; pride or wealth.

मद्धिम *(maddhim)* वि. middle; moderate; medium; ordinary; common; dull; faint; faded (as colour etc.).

मद्य *(madya)* पु. liquor; wine; alchohol.

मद्य-निषेद्य *(madya-nisedh)* पु. prohibition.

मद्यपान *(madya-pān)* पु. drinking; intoxication.

मधु *(madhu)* पु. honey; spirituous liquor; any sweet intoxicating drink; juice or nectar of flowers.

मधुकर *(madhukar)* पु. large black bee.

मधुप *(madhūp)* पु. large black bee; honey-bee.

मधुमास *(madhumās)* पु. spring.

मधुमेह *(madhu-meh)* पु. diabetes.

मधुर *(madhur)* वि. sweet; pleasant; pleasing; melodious; mellifluous; charming; attractive.

मधुरता *(madhuratā)* स्त्री. sweet-ness; pleasantness; mellifluence; melodiousness.

मधुरभाषी *(madhurbhāsī)* वि honey-tongued; sweet-spoken.

मधुशाला *(madhusālā)* स्त्री. bar; public drinking house; tavern.

मध्य *(madhya)* पु. middle; centre; medium tempo; middle octave; interlude.

मध्यकालीन *(madhya-kālīn)* वि. medieval.

मध्यम *(madhyam)* वि. medium; intermediate; slow; dim; fair; passable; mediocre; so-so.

मध्यमा *(madhyamā)* स्त्री. middle finger.

मध्यमार्ग *(madhy-mārg)* पु. via media; middle course; golden mean.

मध्ययुगीन *(madhya-yugīn)* see मध्यकालीन।

मध्यवर्ती *(madhya-varti)* वि. lying in the middle; central; intermediary.

मध्यस्थ *(madhyasth)* पु. middle man; mediator; arbitrator.

मध्यस्थता *(madhyasthatā)* स्त्री. mediatorship; arbitration.

मध्यांतर *(madhyāntar)* पु. recess; interval.

मध्याह्न *(madhyāhan)* पु. mid-day; noon.

मन *(man)* पु. mind (considered as the seat of perception and passion); inclination; psyche; heart; soul; spirit; disposition; mood; temper; desire; longing; weight equal to forty seers.

मनका *(mankā)* पु. bead; rosary.

मनगढ़ंत *(man-garhant)* वि. fabricated; concocted.

मनचला *(man-calā)* वि. fickle-minded; fidgety; frivolous.

मनचाहा *(man-cāhā)* वि. desired or wished; favourite; done of one's own accord; to one's own wish.

मनन *(manan)* पु. deliberation; reflection; meditation.

मननशील *(manansīl)* वि. thoughtful; meditative; contemplative.

मनपसंद *(manpasand)* वि. favourite; to one's liking; after one's own heart.

मनभावन *(man-bhāvan)* वि. charming; attractive; pleasing; favourite; beloved.

मनमाना *(man-mānā)* वि. pleasing one's own mind; arbitrary; licentious; self-willed.

मनमानापन *(man-mānāpan)* पु. arbitrariness.

मनमानी *(man-māni)* स्त्री. arbitrariness; arbitrary conduct; self-will; wilfulness.

मनमुटाव *(man-mutāv)* पु. estrangement; antagonism; rift; rupture; bad blood; ilस.feeling.

मनमौजी *(man-mauji)* वि. whimsical; self-willed; capricious.

मनमौजीपन *(man-māujipan)* पु. capriciousness; whimsicality.

मनवांछित *(man-vānchit)* वि. desired.

मनसूबा *(mansūbā)* पु. (अ.) plan; design; intention; project; scheme.

मनस्ताप *(manastāp)* पु. mental pain; anguish; remorse; affliction; mental agony.

मनस्वी *(mansavī)* पु. intelligent; high-souled; high-minded; thoughtful; contemplative; single-minded.

मनहूस *(manhūs)* वि. (अ.) illomened; inauspicious; ilस.fated; gloomy.

मनाना *(manana)* स. क्रि. to persuade; to prevail upon; to propitiate; to assuage; to appease; to invoke; to call upon (god); to celebrate; to perform.

मनाही *(manāhi)* स्त्री. prohibition; ban; forbiddance.

मनीषी *(maniṣi)* वि. wise; learned; intelligent; clever; prudent; thoughtful.

मनुज *(manuj)* पु. human being; man.

मनुजता *(manujatā)* स्त्री. humanity.

मनुष्य *(manuśyā)* पु. man.

मनुष्यता *(manuśyatā)* स्त्री. manhood; humanity; aggregate of human qualities.

मनुहार *(manuhār)* स्त्री. appeasement; pacification; flattery; adulation; persuation.

मनोकामना *(mano-kāmanā)* स्त्री. heart's desire; wish.

मनोज *(manoj)* पु. Cupid; the god of love.

मनोज्ञ *(manogna)* वि. pleasing; lovely; beautiful; charming.

मनोनियोग *(mano-niyog)* पु. application of mind; attention.

मनोनीत *(manonita)* वि. taken by the mind; nominated.

मनोबल *(manobal)* पु. moral strength; morale.

मनोयोग *(manoyog)* वि. close attention; concentration; single-mindedness.

मनोरंजक *(mano-ranjak)* वि. interesting; amusing; recreative; entertaining.

मनोरंजन *(mano-ranjan)* पु. amusement; recreation; entertainment.

मनोरथ *(manorath)* पु. wish; desire; longing.

मनोरम *(mano-ram)* वि. attractive; pleasing; charming; lovely; beautiful.

मनोरमता *(mano-ramatā)* स्त्री. loveliness; comeliness.

मनोवांछित *(mano-vānchit)* वि. desired; wished; longed for.

मनोविकार *(mano-vikār)* पु. emotion; feeling; passion; psychic disorder; mental disorder.

मनोविकारी *(mano-vikārī)* वि. psychiatric.

मनोविज्ञान *(mano-vignān)* पु. psychology.

मनोवैज्ञानिक *(mano-vaignānik)* पु. psychological.

मनोव्यथा *(mano-vyathā)* स्त्री. mental agony; anguish; affliction.

मनोहर *(manohar)* वि. captivating; fascinating; alluring; beautiful; lovely; charming.

मनौती *(manauti)* स्त्री. appeasement; offering promised to a deity for fulfilment of some desire.

मन्मथ *(manmath)* पु. Cupid; lovegod.

ममता *(mamatā)* स्त्री. affection; attachment.

मयंक *(mayaṅk)* पु. moon.

मयस्सर *(mayassar)* वि. (अ.) attainable; available.

मयूर *(mayūr)* पु. peacock.

मयूरी *(mayūrī)* स्त्री. pea-hen.

मरज़ी *(marzī)* स्त्री. (अ.) desire; wish; inclination; pleasure; assent; consent.

मरण *(maraṇ)* पु. death; demise; expiration; mortality.

मरणासन्न *(maraṇāsan)* वि. on the verge of death; moribund.

मरणोत्तर *(maraottar)* वि. posthumous.

मरतबान *(martabān)* पु. jar.

मरना *(marnā)* अ. क्रि. to die; to expire; to fade; to wither; to labour or toil hard; to suffer hardship; to be dead or out (as in a game); to be absorbed.

मरमर *(marmar)* पु. marble.

मरमरा *(marmarā)* वि. brittle.

मरमरी *(marmarī)* वि. of marble; made of marble; like marble.

मरम्मत *(marammat)* स्त्री. (अ.) repair; mending; (fig.) punishment given with the object of mending someone.

मरहम *(marham)* पु. (अ.) ointment; balm.

मरहमपट्टी *(marhampatī)* स्त्री. dressing; bandage.

मरियल *(mariyal)* वि. sickly; feeble; rickety.

मरीचिका *(marīcikā)* स्त्री. mirage; illusion.

मरीज़ *(marīz)* पु. (अ.) sick person; patient.

मरु *(maru)* पु. desert.

मरुस्थल *(marusthal)* पु. desert land.

मरोड़ *(maror)* स्त्री. turn; bend; twist; convolution; contortion; wrench.

मरोड़ना *(marornā)* स. क्रि. to turn; to bend; to twist; to contort; to wring.

मरोड़ा *(marorā)* पु. convolution; dysentery.

मर्कट *(markat)* पु. monkey.

मर्ज़ *(marz)* पु. (अ.) ailment; disease.

मर्ज़ी *(marzi)* स्त्री. (अ.) wish; desire.

मर्त्यलोक *(martyalok)* पु. world; habitation of mortals; earth.

मर्द *(mard)* पु. (फ.) man; male; brave and strong man; husband.

मर्दानगी *(mardānagī)* स्त्री. (फ.) manliness; bravery; courage; prowess.

मर्दाना *(mardānā)* वि. (अ.) male; man-like; maculine brave; valorous; manful.

मर्दुमशुमारी *(mardum-śumārī)* स्त्री. (फ.) census.

मर्म *(marm)* पु. implied meaning; quintessence; secret; mystery; core or vital part of the body; weak; vulnerable or mortal point; secret recess (of the heart; etc.).

मर्मज्ञ *(marmagna)* वि. knowing mysteries; familiar with the most secret or recondite portions of subject; deeply versed.

मर्मभेदी *(marmbhedī)* वि. moving;

touching; poignant; excessively painful; heart-rending.

मर्मांतक *(marmātak)* वि. poignant; heartrending; mortal.

मर्यादा *(maryādā)* स्त्री. limit boundary; ambit; propriety of conduct; decorum; decency; established usage; social code; custom; rank; station; dignity.

मर्यादित *(maryādit)* वि. limited; limited by propriety; dignified.

मल *(mal)* पु. rubbish; dirt; filth; any excretion of the body; excrement; faeces.

मलद्वार *(maldvar)* पु. anus.

मलना *(malnā)* स. क्रि. to rub; to massage; to anoint; to smear.

मलबा *(malbā)* पु. rubbish; refuse; debris.

मलमल *(malmal)* स्त्री. muslin.

मलवाना *(malvānā)* स. क्रि. to have or get (a thing) rubbed; to cause to be massaged.

मलाई *(malāī)* स्त्री. kneading; rubbing; the wages paid for kneading or rubbing; cream of milk.

मलाल *(malāl)* पु. (अ.) grief; anguish; remorse; compunction.

मलाशय *(malāśaya)* पु. rectum.

मलिन *(malin)* वि. dirty; filthy; tarnished; stained; obscured; dull or dim (light etc.); sad; downcast; melancholy; sombre.

मलिनता *(malinatā)* स्त्री. dirtiness; filthiness; impurity; squalor; sadness; sombreness.

मलीन *(malīn)* वि. dirty; shabby; melancholy.

मलेरिया *(maleriyā)* पु. malaria.

मल्ल *(mall)* पु. professional wrestler or boxer.

मल्लाह *(mallāh)* पु. (अ.) sailor; mariner; boatman.

मवेशी *(maveśī)* पु. cattle.

मशक़्क़त *(maśaqqat)* स्त्री. (अ.) toil; hard labour.

मशगूल *(maśgūl)* वि. (अ.) busy; occupied; absorbed.

मशवरा *(maśvarā)* पु. (अ.) consultation; advice; counsel.

मशहूर *(maśahūr)* वि. (अ.) famous; wel स.known; celebrated; reputed; notorious.

मशाल *(maśāl)* स्त्री. (अ.) torch.

मशालची *(maśalcī)* पु. (अ.) torchbearer.

मसका *(maskā)* पु. butter; flattery; adulation.

मसख़रा[1] *(maskharā)* वि. (अ.) funny; humoursome.

मसख़रा[2] *(maskharā)* पु. (अ.) jester; joker; buffoon; clown.

मसख़रापन *(maskharāpan)* पु. buffoonery; jesting; funniness; clownage.

मस्जिद *(masjid)* स्त्री. (अ.) mosque.

मसनद *(masnad)* पु. (अ.) bolster; big pillow.

मसनूई *(masnui)* वि. (अ.) artificial; contrived.

मसरूफ़ *(masrūf)* वि. (अ.) busy; occupied.

मसलना *(masalnā)* स. क्रि. to rub to pieces; to press hard; to bruise; to crush.

मसला *(maslā)* पु. (अ.) issue; question; problem.

मसहरी *(masahrī)* स्त्री. mosquitonet.

मसान *(masān)* पु. cremation ground; crematory.

मसाना *(masānā)* पु. (अ.) urinary bladder.

मसाला *(masālā)* पु. spicery; spices; condiments; material; ingredients; etc.

मसि *(masi)* स्त्री. ink.

मसीह *(masīh)* पु. (अ.) Jesus Christ.

मसीहा *(masīhā)* पु. (फ.) Messiah; one endowed with powers to revive the dead.

मसूड़ा, मसूढ़ा *(masūṛā)* पु. gum (of the teeth).

मसोसना *(masosanā)* (अ.) क्रि. to suppress (an emotion etc.).

मसौदा *(masaudā)* पु. (अ.) draft.

मस्त *(mast)* वि. intoxicated; drunk; carefree; overjoyed; delighted.

मस्तक *(mastak)* पु. head; forehead.

मस्तिष्क *(mastiṣk)* पु. cerebrum; brain.

मस्ती *(mastī)* स्त्री. joy; sexual excitement; intoxication; youthful vigour.

मस्तूल *(mastūl)* पु. (पुर्त.) mast.

मस्सा *(massā)* पु. wart.

महँगा *(mahaṁgā)* वि. dear; expensive; costly.

महँगाई *(mahaṁgāī)* स्त्री. dearness; expeniveness; costliness.

महंत *(mahant)* पु. head of a monastery; abbot; monk.

महक *(mahak)* स्त्री. fragrance; odour; aroma.

महकदार *(mahakdār)* वि. fragrant; odoriferous; aromatic.

महकना *(mahaknā)* अ. क्रि. to give out sweet smell or fragrance.

महकमा *(mahakmā)* पु. (अ.) department.

महकाना *(mahkānā)* स. क्रि. to exhale (scent); to perfume; to scent.

महज़ *(mahz)* वि. (अ.) mere; only; sheer.

महतारी *(mahtārī)* स्त्री. mother.

महत् *(mahat)* वि. great; big; large; huge; high; eminent; distinguished; intense; gross; thick; dense.

महत्तम *(mahattam)* वि. greatest; biggest; maximum; maximal.

महत्ता *(mahattā)* स्त्री. greatness; magnitude; importance; significance.

महत्त्व *(mahattva)* पु. importance; significance; greatness; magnitude.

महत्वपूर्ण *(mahattvapuran)* वि. important; significant; material.

महत्वाकांक्षा *(mahatvā-kānkshā)* स्त्री. ambition; aspiration.

महत्त्वाकांक्षी *(mahatvā-kānkshī)* वि. ambitious; aspiring.

महफ़िल *(mahfil)* स्त्री. (अ.) assembly; congregation; private gathering; recreational assembly.

महबूब *(mahbūb)* पु. (अ.) lover.

महबूबा *(mahbūbā)* स्त्री. (अ.) beloved.

महराब *(mahrāb)* स्त्री. (अ.) arch.

महल *(mahal)* पु. (अ.) palace; palatial mansion.

महल्ला *(mahallā)* पु. (अ.) ward (in a town or city); locality.

महसूल *(mahsūl)* पु. (अ.) tax; duty; custom; portage; revenue; commission; freight.

महा *(mahā)* वि. ample; excessive; great; illustrious; mighty.

महाकाय *(mahākāvya)* वि. large; mammoth; gigantic; bulky.

महाकाव्य *(maha-kāvya)* पु. epic.

महाजन *(mahājan)* पु. merchant; tradesman; money-lender; a great or eminent man; a very distinguished person.

महात्मा *(mahātmā)* पु. saintly person; saint; enlightened soul.

महान *(mahān)* महान् वि. great; eminent.

महानगर *(mahānagar)* पु. metropolis.

महानता *(mahānatā)* स्त्री. greatness; eminence; nobility.

महापौर *(mahāpaur)* पु. mayor.

महामना *(mahāmanā)* वि. high-minded noble-minded; magnanimous.

महामात्य *(mahāmātya)* पु. prime minister; premier.

महामारी *(mahāmārī)* स्त्री. an epidemic.

महारत *(mahārat)* स्त्री. (अ.) practice; expertise.

महारथी *(mahārathī)* पु. great warrior; leading luminary in any field of knowledge or activity.

महाराज *(mahārāj)* पु. great king; supreme sovereign; respectful address; cook.

महाराजा *(maharajā)* पु. king of kings; potentate.

महालेखापाल *(mahalekhāpāl)* पु. accountant general.

महावट *(mahāvat)* स्त्री. winter rains.

महावत *(mahāvat)* पु. mahout; elephant-driver.

महावर *(mahāvar)* पु. red colour used by ladies to beautify their feet.

महाविद्यालय *(mahāvidyālaya)* पु. college.

महाशय *(mahāsay)* पु. gentleman.

महासंघ *(mahāśangh)* पु. federation; confederation.

महासचिव *(mahā-sāciv)* secretary general.

महासागर *(mahā-sagar)* पु. ocean.

महि *(mahi)* स्त्री. earth.

महिमा *(mahimā)* स्त्री. greatness; glory; dignity; exaltation.

मही *(mahī)* स्त्री. earth; ground; soil.

महीन *(mahīn)* वि. fine; thin; soft.

महीना *(mahīnā)* पु. month; menses.

महोत्सव *(mahotsava)* पु. great festival; great rejoicing; big celebration.

महोदय *(mahôday)* पु. an honorific term; sir; gentleman.

महोदया *(mahôdayā)* स्त्री. madam.

माँ *(māṁ)* स्त्री. mother.

माँग *(māṁg)* स्त्री. request; requirement; want; demand; parting of the hair (on the head).

माँगना *(māṁganā)* स. क्रि. to ask for; to request for; to demand; to claim.

माँग-पत्र *(māṁg-patra)* पु. memorandum of demands; order form; indent.

मांगलिक *(māṅgalik)* वि. bendictory; auspicious; propitious.

माँझना *(māṁjhanā)* स. क्रि. to cleanse; to scrub; to polish; to practise; to exercise.

माँद *(māṁd)* स्त्री. den.

माँदा *(māṁdā)* वि. (फ.) fatigued; tired; ailing; indisposed.

मांस *(māṁs)* पु. flesh; meat.

मांसपेशी *(māṁs-pesi)* स्त्री. muscle.

मांसाहारी *(maṁsāhāri)* वि. nonvegetarian; carnivorous.

माकूल *(māqūl)* वि. (अ.) proper; appropriate; fair; reasonable; fit; suitable.

माखन *(mākhan)* पु. butter.

माचिस *(mācis)* स्त्री. match-box.

मातम *(mātam)* पु.(अ.) grief; mourning; lamentation.

मातम-पुरसी *(matam-pursi)* स्त्री. condolence.

मातहत *(mātahat)* वि. subordinate; subservient.

मातहती *(mātahatī)* स्त्री. subordination; subservience.

माता *(mātā)* स्त्री. mother; respectful term of address to an elderly woman; smal स.pox.

मातुल *(mātul)* पु. maternal uncle; mother's brother.

मातृ *(mātr)* स्त्री. mother.

मातृत्व *(mātṛtva)* पु. maternity; motherhood.

मातृ-भाषा *(mātṛ-bhāsā)* स्त्री. mother-tongue.

मातृ-भूमि *(mātṛ-bhumi)* स्त्री. mother land; home land.

मात्र *(mātr)* क्रि. वि. only; merely; sheerly.

मात्रा *(mātrā)* स्त्री. measure; quantity; dose (of medicine); the length of time required to pronounce a syllable; duration; vowe स.mark in Devnagri script.

मात्रिक *(mātrik)* वि. or pertaining to a vowe स.mark; based on the number of Matras; durative.

माथा *(māthā)* पु. forehead.

माथा-पच्ची *(māthā-pāci)* स्त्री. taxing of brains; mental over-exertion.

मादक *(mādak)* वि. intoxicating; stupefying.

मादकता *(mādaktā)* स्त्री. intoxication; drunkenness.

मादा *(mādā)* स्त्री. (फ.) female.

माधुर्य *(mādhurya)* पु. sweetness; pleasantness.

माध्यम *(mādhyam)* वि. means; medium; vehicle.

मानक *(mānak)* पु. standard;norm.

मानकीकरण *(mānakikaran)* पु. standardization.

मानचित्र *(mānčitra)* पु. map; chart.

मानदंड *(māndand)* पु. standard; criterion.

मानद *(mānad)* वि. honorary.

मानदेय *(manadeya)* पु. honorarium.

मानता *(mānatā)* स्त्री. importance; recognition; reckoning (as great; powerful etc.).

मानना *(mānana)* स. क्रि. to admit; to accept; to confess; to acknowledge; to respect; revere; esteem; to assume; to suppose; to take for granted; to obey; to agree; to condescend; to acquiesce.

माननीय *(mānanīya)* वि. honourable, venerable; respectable.

मानव *(mānav)* पु. human being.

मानवजाति *(māna अ.jātī)* स्त्री. human species; mankind.

मानवजाति विज्ञान *(mānav-jāti-vigynān)* पु. ethnology.

मानवजाति विज्ञानी *(mānav-jātī-vigyani)* पु. ethnologist.

मानवजातीय ***(mānavjātiya)*** **वि. ethnic.**

मानवता ***(mānavatā)*** **स्त्री. humanity; mankind; human quality.**

मानवतावाद *(mānavatāvād)* पु. humanism.

मानवपूजा *(mānav-pujā)* स्त्री. anthropolatry.

मानवप्रेम *(mānav-prem)* पु. philanthropy.

मानवविज्ञान *(mānav-vignān)* पु. anthropology.

मानवविज्ञानी *(mānav-vignānī)* पु.

anthropologist.

मानविकी *(mānavikī)* स्त्री. humanities.

मानवीकरण *(mānavikaran)* पु. humanization; personification.

मानवीय *(mānavīya)* वि. pertaining to mankind; humanitarian; human.

मानवोचित *(mānavočit)* वि. befitting a human being.

मानस *(mānas)* पु. mind; heart; soul; psyche; man; human being.

मानसिक *(mānasik)* वि. of or pertaining to the mind; mental; psychic.

मानहानि *(mānhāni)* स्त्री. insult; defamation; contempt.

मानी *(mānī)* वि. haughty; proud; self-respecting; entitled to respect; highly honoured.

मानुष *(mānuś)* पु. man.

मानुषिक *(mānusik)* वि. of or pertaining to mankind.

मानुषी[1] *(mānusī)* स्त्री. woman.

मानुषी[2] *(mānusī)* वि. of or pertaining to mankind.

मानो *(māno)* क्रि. वि. supposing; as though; as if; as it were.

मान्य *(mānya)* वि. valid; tenable; acceptable; honourable; venerable; respectable.

मान्यता *(mānyatā)* स्त्री. recognition; acceptability; validity.

माप *(māp)* पु. measure; measurement; size; dimension.

मापक *(māpak)* पु. measurer; surveyor; meter.

मापतौल *(māptaul)* पु. measurement; a system of measures and weights; complete assessment of weight; measure etc.

मापदंड *(māp-dand)* पु. yardstick; standard; touchstone; criterion.

मापना *(māpana)* स. क्रि. to measure; to survey; to scale.

माफ़ *(māf)* वि. (अ.) excused; condoned; forgiven; pardoned.

माफ़िक *(māfiq)* वि. (अ.) suitable; agreeable; favourable; befitting.

माफ़ी *(māfī)* स्त्री. (अ.) forgiveness; pardon; exemption; condonation.

मामला *(māmalā)* पु. matter; occurrence; happening; business; affair; case; cause or suit (in law).

मामा *(māmā)* पु. maternal uncle.

मामी *(māmī)* स्त्री. maternal aunt.

मामूली *(māmūlī)* वि. (अ.) ordinary; common-place; customary; usual; a little; negligible; marginal.

मायका *(māyakā)* पु. paternal house of a married woman.

माया *(māyā)* स्त्री. divine and formless power of the Supreme Being; extraordinary or supernatural power; magical or wonderful power; enchantment; illusion of magic; delusion; prosperity; opulence; riches.

मायावी[1] *(māyāvī)* पु. magician ; juggler.

मायावी[2] *(māyāvī)* वि. deceptive; deceitful.

मायूस *(māyūs)* वि. (अ.) frustrated; disappointed; dejected.

मायूसी *(māyūsī)* स्त्री. (अ.) disappointment; despair.

मारना *(mārnā)* स. क्रि. to kill; slay; slaughter; to beat; to strike; to hit; to counteract; to turn ineffective (poison etc.); to overcome conquer; defeat; to destroy; ruin; to win in a game of cards or chess; to master; to subdue; tame; mortify (affections; appetites or lusts).

मारपीट *(mārpit)* स्त्री. scuffle; exchange of blows; mutual fighting.

मार्ग *(mārg)* पु. way; road; path; route; course; means; contrivance; transit; passage.

मार्गदर्शक *(mārg-darśak)* पु. guide; conductor; pilot.

मार्गदर्शन *(mārg-darśan)* पु. guidance; pilotage.

मार्मिक *(mārmik)* वि. vital; affecting the vital parts; poignant; touching; moving.

माल *(māl)* पु. (अ.) goods; stock; merchandise; dainty; delicious dish; household goods or effects; riches; money; property; wealth; rent or revenue (from land).

मालकिन *(mālkin)* स्त्री. lady owner; land lady; mistress.

मालगाड़ी *(mālgāṛī)* स्त्री. (अ.) goods train.

मालगुज़ारी *(mālguzārī)* (अ.) land revenue.

मालगोदाम *(mālgodām)* पु. warehouse; store-house; godown.

मालटा *(mālatā)* पु. a kind of citrus fruits.

मालदार *(māldār)* वि. (अ.) wealthy; rich; moneyed.

मालभाड़ा *(mālbhārā)* पु. freight; freight charges.

माला *(mālā)* स्त्री. row; line; series; wreath; garland; collection; group; string (of beads etc.).

मालिक *(mālik)* पु. (अ.) proprietor; owner; master; the Supreme Being; husband.

मालिन *(mālin)* स्त्री. wife of gardener; female gardener or flower-seller.

मालिन्य *(mālinya)* पु. sullenness; rancour; estrangement; uncleanliness; dirtiness; pollution; impurity.

मालिश *(māliś)* स्त्री. (अ.) shampooing; massage.

माली[1] *(mālī)* पु. gardener; florist; flower-seller.

माली[2] *(māli)* वि. financial; fiscal; economic.

मावा *(māvā)* पु. milk inspissated by boiling.

मास *(mās)* पु. month; meat.

मासिक *(māsik)* वि. monthly; happening every month.

मासिकधर्म *(māsik-dharm)* पु. monthly course; menstruation.

मासूम *(māsūm)* वि. (अ.) innocent; guiltless; simple; pitiable; deserving mercy.

मासूमियत *(masumiyat)* स्त्री. (अ.) innocence; harmlessness; guiltlessness.

माह *(māh)* पु. (फ.) month.

माहवारी *(māhvarī)* स्त्री. (फ़ा.) monthly course; menstruation.

माहिर *(māhir)* वि. (अ.) skilful; proficient; expert.

माहौल *(māhaul)* पु. atmosphere; environment; milieu.

मिक़दार *(miqdār)* स्त्री. (अ.) quantity; measure.

मिचना *(micnā)* अ. क्रि. to be shut or closed.

मिचलाना *(miclānā)* अ. क्रि. to feel like vomiting; to feel nausea.

मिचली *(miclī)* स्त्री. nausea; qualm.

मिचौनी, मिचौली *(micaunī)* स्त्री. the game of hide and seek.

मिज़ाज *(mizāj)* पु. (अ.) nature; temperament; diposition; health; pride; haughtiness.

मिटना *(miṭanā)* अ. क्रि. to be effaced or erased; to be destroyed; to be annihilated; to be undone; to be extinct.

मिटाना *(miṭānā)* स. क्रि. to efface; to erase; to rub or to blot out; to destroy; to ruin.

मिट्टी *(miṭṭī)* स्त्री. earth; clay; dust.

मिट्टी का तेल *(mitti-ka-tel)* पु. kerosene.

मिठाई *(miṭhāī)* स्त्री. sweetmeat; sweets.

मिठास *(miṭhās)* स्त्री. sweetness.

मितभाषी *(mitbhasi)* वि. temperate in speech; teciturn.

मितव्ययिता *(mit-vyatitā)* स्त्री. economy; thriftiness.

मितव्ययी *(mit-vyayi)* वि. economical; thrifty; frugal.

मित्र *(mitr)* पु. friend; ally; comrade.

मित्रता *(mitratā)* स्त्री. friendship; intimacy.

मिथ्या[1] *(mithyā)* वि. false; untrue; feigned; spurious; sham; illusory; fake.

मिथ्या[2] *(mithyā)* पु. untruth; falsehood; illusion.

मिथ्याचार *(mithyācār)* पु. imposture.

मिन्नत *(minnat)* स्त्री. (अ.) entreaty; request; humble and earnest supplication.

मिमियाना *(mimiyānā)* अ. क्रि. to bleat; to speak submissively; to speak cringingly.

मियाद *(miyād)* see मीआद।

मियादी *(miyādī)* see मीआदी।

मियान *(miyān)* स्त्री. (फा.) scabbard; sheath.

मिरगी *(mirgī)* स्त्री. epilepsy.

मिर्च *(mirc)* स्त्री. chillies; pepper.

मिलता-जुलता *(miltā-jultā)* वि. resembling partially; almost identical or similar.

मिलन *(milan)* पु. union; contact; meeting.

मिलनसार *(milansār)* वि. sociable; friendly; affable.

मिलना *(milnā)* अ. क्रि. to be mixed; to be mingled; to be blended; to join; to unite; to come together; to come into contact; to meet; to be discovered; to be revealed; to be found; to be obtained; to come to hand; be acquired; to defect; to harmonize; to correspond.

मिलवाना *(milvānā)* स. क्रि. to cause to be joined; to cause to be united; to cause to be reconciled.

मिलाई *(milāī)* स्त्री. act of mixing; act of causing a meeting; visit (esp. paid to a prisoner of a patient).

मिलान *(milān)* पु. reconciliation (of accounts); comparison; tallying of accounts; collation; matching.

मिलाना *(milānā)* स. क्रि. to mix; mingle; to blend; to connect; to join; to unite; to introduce (one person to another); to reconcile; to reconcile (accounts); to compare; to cause (someone) to defect to one's side; to tune.

मिलाप *(milāp)* पु. rapproachement; reconciliation; union; unity; social converse.

मिलावट *(milāvat)* स्त्री. adulteration.

मिलावटी *(milāvatī)* वि. adulterated; spurious.

मिलीभगत *(milībhagat)* स्त्री. collusion; league; sinister alliance.

मिश्र *(miśra)* वि. mixed; blended; combined; having an alloy.

मिश्रण *(miśraṇ)* पु. combination; mixture; blend; adulteration.

मिश्रित *(miśrit)* वि. mixed; mingled; blended.

मिश्री *(miśrī)* वि. candy.

मिष्टभाषी *(miṣṭ-bhasī)* वि. softspoken; honey-tongued.

मिष्टान्न *(miṣṭānn)* पु. confectionary; sweetmeat.

मिसाल *(misāl)* स्त्री. (अ.) example; precedent.

मिस्तरी *(mistrī)* स्त्री. artisan; craftsman; mechanic.

मीआद *(mīyvād)* स्त्री. (अ.) limit of time; period; term; usance.

मीआदी *(mīyādī)* वि. lasting for a certain period.

मीचना *(mīcnā)* स. क्रि. to shut or close (the eyes).

मीज़ान *(mīzān)* स्त्री. (अ.) total; balance; pair of scales.

मीठा[1] *(mīṭhā)* पु. sweet; pleasant; agreeable; slow; slight; mild.

मीठा[2] *(mīṭhā)* पु. sweets.

मीत *(mīt)* पु. friend.

मीन *(mīn)* स्त्री. fish; twelfth sign of the zodiac; pisces.

मीन-मेख *(mīn-mekh)* पु. uncharitable criticism; fault-finding.

मीनार *(mīnār)* स्त्री. (अ.) tower; minaret; steeple.

मीमांसक *(mīmāṃsak)* पु. exponent; commentator.

मीमांसा *(mīmāṃsā)* स्त्री. reflection; consideration; investigation of truth; name of one of the six systems of Hindu philosophy in which vedic rituals are stipulated; interpretative exposition; scholarly commentary.

मुंडन *(muṇḍan)* पु. shaving of the head; tonsure.

मुँडना *(muṁḍnā)* अ. क्रि. to be shaved; (fig.) to be fleeced; to be swindled.

मुँडाई *(muṁḍāī)* स्त्री. shaving charges; act of shaving.

मुँडाना *(mumḍānā)* स. क्रि. to get shaved; to have tonsured.

मुँड़ासा *(mimṛāsā)* पु. a kind of turban.

मुँडेर *(muṁḍer)* स्त्री. parapet.

मुँदना *(muṁdanā)* अ. क्रि. to be shut or closed; to be covered or hidden.

मुंशी *(muṃsī)* पु. (अ.) scribe; clerk; teacher of Persian of Urdu.

मुंसिफ़ *(muṃsif)* पु. (अ.) an officer of judiciary; officer of the civil court below the rank of a subjudge.

मुँह *(muṁh)* पु. mouth; face; countenance; aperture; orifice; opening.

मुँहज़ोर *(muṁh-zor)* वि. insolent; impertinent; impudent.

मुँहज़ोरी *(muṁh-zorī)* स्त्री. insolence; impudence; high spiritedness; hard-mouthedness.

मुंहतोड़ *(muṁh-tor)* वि. apt; befiting; crushing; incontrovertible; retaliatory.

मुँहफट *(mumh-fat)* वि. loose tongued; outspoken.

मुँहासा *(mumhāsā)* पु. pimple.

मुअत्तल *(muattal)* वि. (अ.) suspended; held in abeyance.

मुअत्तली *(muattalī)* पु. (अ.) suspension.

मुआयना *(muāyanā)* पु. (अ.) inspection; visit.

मुआवज़ा *(muāvazā)* पु. (अ.) compensation; recompense; remuneration; indemnity.

मुक़दमा *(muqadmā)* पु. (अ.) law-suit; suit; cause.

मुक़दमेबाज़ *(muqadmebāz)* पु. (अ.) litigant.

मुक़द्दर *(muqaddar)* पु. (अ.) fate; destiny; luck.

मुकम्मल *(mukammal)* वि. (अ.) complete; entire; whole; accomplished.

मुकरना *(mukaranā)* अ. क्रि. to deny; to go back upon one's word.

मुक़र्रर *(muqarrar)* वि. (अ.) settled; fixed; established; appointed; posted.

मुक़ाबला *(muqābalā)* पु. (अ.) encounter; confrontation; comparison; competition; collation; equality.

मुक़ाम *(muqām)* पु. (अ.) halt; stay; place; site; residence.

मुकुट *(mukuṭ)* पु. diadem; crown.

मुक्का *(mukkā)* पु. punch; thump; blow of fist.

मुक्केबाज़ *(mukke-bāz)* पु. boxer; pugilist.

मुक्केबाज़ी *(mukke-bāzī)* स्त्री. fisticuffs; pugilism; boxing.

मुक्त *(mukt)* वि. set free; liberated; released; absolved; thrown; cast; discharged; hurled; unfettered; exonerated.

मुक्ता *(muktā)* स्त्री. pearl.

मुक्ति *(mukti)* स्त्री. release; liberation; deliverance; salvation; absolution of the soul from metempsychosis; emancipation.

मुख *(mukh)* स्त्री. mouth; face; front; fore-part; facade; opening; aperture.

मुख़तार *(mukhtār)* पु. (अ.) legal agent.

मुखपत्र *(mukhpatra)* पु. manifesto; organ.

मुखपृष्ठ *(mukhpristh)* पु. title page; front page.

मुखबंध *(mukh-bandh)* पु. preface.

मुख़बिर *(mukhbir)* पु. (अ.) spy; reporter; informer.

मुखर *(mukhar)* वि. talkative; garrulous; loquacious; vociferous; noisy; making a continuous sound; cheeky; explicit; outspoken.

मुखरता *(mukhartā)* स्त्री. vociferousness; talkativeness; outspokenness; explicitness.

मुख़ालफ़त *(mukhālafat)* स्त्री. (फ़ा.) opposition; antagonism.

मुखावरण *(mukhāvaran)* पु. mask; cover-design.

मुखिया *(mukhiyā)* पु. chief; leader.

मुखौटा *(mukhauṭā)* पु. mask.

मुख़्तसर *(mukhtasar)* वि. (अ.) brief.

मुख्य *(mukhya)* वि. chief; principal; main; major; important; prominent; cardinal.

मुख्यतः *(mukhyatāh)* क्रि. वि. primarily; mainly; chiefly; predominantly; pre-eminantly.

मुख्यता *(mukhyātā)* स्त्री. pre-eminence; distinction; prominence.

मुख्यमंत्री *(mukhya-mantri)* पु. chief minister.

मुख्यालय *(mukhyālaya)* पु. headquarters.

मुग्ध *(mugdh)* वि. fascinated; perplexed; infatuated.

मुग्धता *(mugdhatā)* स्त्री. fascination; infatuation.

मुजरिम *(mujarim)* पु. (अ.) criminal; offender.

मुटापा *(muṭāpā)* पु. fatness; plumpness; obesity.

मुट्ठी *(muṭṭhī)* स्त्री. fist; grasp (of the hand); handful; a measure equal to the breadth of fist.

मुठभेड़ *(muṭh-bher)* स्त्री. collision; clash; skirmish; meeting; encounter; confrontation.

मुठिया *(muthiyā)* स्त्री. handle or hilt; the round plump stick with which a cotton carder strikes the string of his bow.

मुड़ना *(muṛnā)* अ. क्रि. to be turned; to be twisted; to bend; to turn; to turn back.

मुदर्रिस *(mudarris)* पु. (अ.) school teacher.

मुदित *(mudit)* वि. pleased; delighted; happy.

मुद्दई *(muddaī)* पु. (अ.) plaintiff.

मुद्दत *(muddat)* स्त्री. (अ.) period; length of time; duration; usance.

मुद्दा *(muddā)* पु. (अ.) object; purport; intention; issue; theme.

मुद्रक *(mudrak)* पु. printer.

मुद्रण *(mudraṇ)* पु. printing; marking; sealing; stamping.

मुद्रणालय *(mudraṇālaya)* पु. printing press.

मुद्रांकन *(mudrānkan)* पु. stamping; sealing.

मुद्रा *(mudrā)* स्त्री. seal; signet; stamp; ring embedded with name or personal mark; currency; money; coins; mien; countenance; pose; posture.

मुद्रित *(mudrit)* वि. sealed; stamped; printed; marked; closed.

मुनादी *(munādī)* स्त्री. (अ.) proclamation.

मुनाफ़ा *(munāfā)* पु. (अ.) gain; profit.

मुनाफ़ाख़ोर *(munāfākhor)* पु. (अ.) profiteer.

मुनाफ़ाख़ोरी *(munāfākhorī)* स्त्री. profiteering.

मुनासिब *(munāsib)* वि. (अ.) proper; suitable; reasonable.

मुनि *(muni)* पु. ascetic; hermit.

मुनीम *(munīm)* पु. clerk of a merchant; accountant.

मुफ़लिस *(muflis)* वि. (अ.) poor; indigent.

मुफ़लिसी *(muflisī)* स्त्री. (अ.) poverty; pauperdom.

मुफ़्त *(muft)* वि. (फ.) free of charge; gratis.

मुबारक *(mubārak)* वि. (अ.) auspicious; blessed; fortunate.

मुबारकबाद *(mubārakbād)* स्त्री. (अ.) congratulations; felicitations.

मुमकिन *(mumkin)* वि. (अ.) possible; feasible.

मुरग़ा *(murgā)* पु. cock.

मुरग़ी *(murgī)* स्त्री. hen.

मुरझाना *(murjhānā)* अ. क्रि. to wither; fade; droop; to become dejected or dispirited.

मुरदा[1] *(murdā)* पु. (फ.) corpse; dead body.

मुरदा[2] *(murda)* वि. (फ.) dead; lifeless.

मुरब्बा *(murabbā)* पु. (अ.) jam; square; conserve.

मुराद *(murād)* स्त्री. (अ.) wish; longing; desire; inclination; object; purport; tenor.

मुरौवत *(murauvat)* स्त्री. (अ.) gentility; obligingness; benevolence; politeness; affability.

मुर्ग़ *(murg)* **मुर्ग़ा** *(murgā)* see मुरग़ा।

मुर्ग़ी *(murgī)* स्त्री. see मुरग़ी।

मुलम्मा *(mulammā)* पु. (अ.) gilding; gilt; plating; veneer; coating; external show; ostentation.

मुलाक़ात *(mulāqāt)* स्त्री. (अ.) meeting; visit; interview; acquaintance.

मुलाज़मत *(mulāzamat)* स्त्री. (अ.) employment; service.

मुलाज़िम *(mulāzīm)* पु. (अ.) employee; servant; attendant.

मुलायम *(mulāyam)* वि. (अ.) soft; tender; delicate.

मुलायमियत *(mulāyamiyat)* स्त्री. (अ.) softness; tenderness; gentleness; generosity.

मुल्क *(mulk)* पु. (अ.) country; territory; region.

मुशायरा *(muśayarā)* पु. (अ.) poetic symposium.

मुश्किल[1] *(muśkil)* वि. (अ.) difficult; hard; tough.

मुश्किल[2] *(muśkil)* स्त्री. (अ.) difficulty; hardship.

मुष्टि *(musṭi)* स्त्री. fist; fist-blow.

मुसकराना *(muskarānā)* अ. क्रि. to smile.

मुसकान *(muskān)* स्त्री. smile.

मुसकाना *(muskānā)* see मुसकराना

मुसलमान *(musalmān)* पु. (अ.) Mohammedan; Muslim.

मुसाफ़िर *(musāfir)* पु. (अ.) traveller; wayfarer. passenger.

मुसीबत *(musībat)* स्त्री. (अ.) trouble; difficulty; calamity; misfortune; disaster.

मुस्टंडा[1] *(musṭaṇḍā)* वि. strong- bodied; stout.

मुस्टंडा[2] *(musṭaṇḍā)* पु. rough and robust fellow.

मुस्तक़िल *(mustaqil)* वि. (अ.) stable; permanent; confirmed.

मुस्तैद *(mustaid)* वि. (अ.) ready; prepared; alert; active; agile; vigilant.

मुस्तैदी *(mustaidī)* स्त्री. (अ.) readiness; alertness; promptitude; vigilance.

मुहताज *(muhtāj)* वि. (अ.) dependent; needy; indigent; destitute; poor.

मुहब्बत *(muhabbat)* स्त्री. (अ.) love; affection; fondness.

मुहर *(muhar)* स्त्री. seal; stamp; gold coin.

मुहरा *(muharā)* पु. front part; prey; victim; a pawn or piece of chess.

मुहर्रिर *(muharrir)* पु. (अ.) clerk; scribe.

मुहलत *(muhlat)* स्त्री. (अ.) grace period; leave of absence from work.

मुहल्ला *(muhallā)* पु. locality; ward; street.

मुहाना *(muhānā)* पु. mouth of a river; estuary.

मुहावरा *(muhāvrā)* पु. (अ.) idiom; phrase; practice; habit.

मुहावरेदार *(muhāvaredār)* वि. idiomatic.

मुहिम *(muhim)* स्त्री. (अ.) expedition; campaign; arduous job.

मुहूर्त *(muhūrt)* पु. auspicious moment; auspicious beginning.

मूँग *(mūṁg)* स्त्री. a kind of lentil; green pluse.

मूँगफली *(mūṁgfali)* स्त्री. pea-nut.

मूँगा *(mūṁgā)* पु. coral.

मूँछ *(mūṁch)* स्त्री. moustache; whiskers.

मूँज *(mūṁj)* स्त्री. a kind of long fibre (of which ropes are made).

मूँड़ *(mūṁr)* पु. head.

मूँड़ना *(mūṁdanā)* स. क्रि. to shave; to tonsure; to cozen; to cheat; to fleece.

मूँदना *(mūṁdnā)* स. क्रि. to close; to shut; to cover; to hide.

मूक *(mūk)* वि. dumb; mute; speechless; dummy.

मूक अभिनय *(mūk-abhinaya)* पु. pantomime; mummery.

मूक अभिनेता *(mūk-abhinetā)* पु. mime.

मूठ *(mūth)* स्त्री. hilt; handle; act of sorcery; grip; knob.

मूढ़ *(mūṛh)* वि. foolish; silly; stupid; stupefied; infatuated.

मूढ़ता *(mūṛhatā)* स्त्री. stupidity; simplicity; folly.

मूतना *(mūtnā)* अ. क्रि. to discharge urine; to make water; to piss.

मूत्र *(mūtra)* पु. urine; piss.

मूत्राशय *(mūtrāśya)* पु. urinary bladder; vesica.

मूर्ख *(mūrkh)* वि. stupid; foolish; idiotic.

मूर्खता *(mūrkhatā)* स्त्री. stupidity; folly; idiocy; silliness.

मूर्च्छा *(mūrcchā)* स्त्री. swoon; fainting; unconsciousness; fit; trance.

मूर्च्छित *(mūrchit)* वि. fainted; swooned; out of senses.

मूर्ति *(mūrti)* स्त्री. image; figure; form; idol; statue; icon.

मूर्तिकला *(mūrti-kalā)* स्त्री. sculpture.

मूर्तिकार *(mūrti-kār)* पु. sculptor.

मूर्तिपूजा *(mūrti-pujā)* स्त्री. image-worship; idolatry; iconolatry.

मूर्तिभंजक *(mūrti-bhanjik)* पु. iconoclast.

मूर्तिशास्त्र *(mūrti-śastra)* पु. iconology.

मूल[1] *(mūl)* वि. original.

मूल[2] *(mūl)* पु. root; ground work; beginning; origin; source; cause; original text; principal (sum).

मूलतः *(mūltāh)* क्रि. वि. basically; fundamentally; primarity.

मूली *(mūlī)* स्त्री. radish.

मूल्य *(mūlya)* स्त्री. cost; price; worth; value.

मूल्य-निर्धारण *(mūlya-nirdhāran)* पु. evaluation; assessment.

मूल्यवान *(mūlyavān)* मूल्यवान् वि. costly; valuable; precious.

गूल्यांकन *(mūlyānkan)* पु. assessment; evaluation; appraisal.

मूल्यांकित *(mūlyānkit)* वि. valued; denominated.

मूषक *(mūṣak)* पु. rat; mouse.

मूसल *(mūsal)* स्त्री. pestle; pounder.

मूसलाधार *(mūslādhār)* वि. heavy or torrential (rain).

मूसली *(mūslī)* स्त्री. small pestle.

मृग *(mṛg)* पु. deer; antelope.

मृगछौना *(mṛgchannā)* पु. fawn.

मृगतृष्णा *(mṛg-trśna)* स्त्री. mirage; unaccomplishable desire.

मृगया *(mṛgayā)* स्त्री. hunting.

मृगी *(mrigi)* स्त्री. female deer; a hind.

मृत *(mṛt)* वि. dead; deceased; defunct; extinct.

मृतक[1] *(mṛtak)* पु. dead body; corpse.

मृतक[2] *(mṛtak)* वि. deceased.

मृत्यु *(mṛtyu)* स्त्री. death; demise.

मृत्युलोक *(mṛtyulok)* पु. the mortal world.

मृदु *(mṛdu)* पु. soft; delicate; tender; benign.

मृदुता *(mṛduatā)* स्त्री. softness; tenderness.

मृदुल *(mṛdul)* वि. soft; tender; delicate; gentle; mild.

मृदुलता *(mṛdulatā)* स्त्री. softness; sweetness; mildness; gentleness.

मेंड *(meṁṛ)* स्त्री. hedge (raised to separate fields); border; balk.

मेंह *(meṁh)* पु. rain.

मेंहदी *(meṁhdī)* स्त्री. myrtle; henna.

मेखला *(mekhalā)* स्त्री. belt; girdle; waist-band.

मेघ *(megh)* पु. cloud.

मेज़ *(mez)* पु. table.

मेज़बान *(mezbān)* पु. (फ.) host.

मेढक *(meḍhak)* पु. frog.

मेढ़ा *(meṛhā)* पु. ram; tud.

मेथी *(methī)* स्त्री. the plant finugreek and its seed.

मेदा *(medā)* पु. (अ.) stomach.

मेधा *(medhā)* स्त्री. mental vigour or power; intellect; understanding.

मेधावी *(medhāvī)* वि. possessed of extraordinary mental power; intelligent; brilliant.

मेम *(mem)* स्त्री. lady; madame; queen (in playing cards).

मेमना *(memnā)* पु. lamb; kid.

मेरा *(merā)* सर्व. my; mine.

मेल *(mel)* पु. reconciliation; agreement; concord; intimacy; amity; friendship; rapprochement; mixture combination; match; kind; quality; mail (train); mode; scale.

मेल-जोल *(mel-jol)* पु. reconciliation; compromise; friendship.

मेला *(melā)* पु. crowd; multitude; throng; large concourse of people; fair.

मेवा *(mevā)* पु. (फ.) dry fruit.

मेहतर *(mehtar)* पु. (फ.) sweeper; scavenger.

मेहतरानी *(mchtrānī)* स्त्री. wife of a sweeper; sweeper woman.

मेहनत *(mehnat)* स्त्री. (अ.) labour; toil; hard work; industry; exercise.

मेहनतकश *(mehnatkas)* वि. (अ.) hard working painstaking.

मेहनती *(mehnatī)* वि. laborious; diligent; hard-working.

मेहमान *(mehmān)* पु. (फ.) guest.

मेहरबान *(mehrbān)* वि. (फ़) kind; compassionate.

मेहरबानी *(meharbānī)* स्त्री. (फ.) kindness; compassion; favour.

मैं *(maiṁ)* सर्व. I; me.

मैत्री *(maitrī)* स्त्री. friendship; intimacy; cordiality.

मैदान *(maidān)* पु. (फ.) extensive plain; plains; field; playground; battle- field.

मैना *(mainā)* स्त्री. myna.

मैया *(maiyā)* स्त्री. mother.

मैल *(mail)* पु. dirt; filth; scum; rancour; sullenness; grudge; grouse.

मैला *(mailā)* वि. dirty; filthy; foul; unclean.

मैलापन *(mailāpan)* पु. dirtiness; filthiness.

मोक्ष *(mokṣ)* पु. emancipation; deliverance; freedom; salvation; release from worldly existence; final beatitude.

मोचक *(mocak)* वि. redemptive.

मोचन *(mocan)* पु. release; liberation; deliverance redemption.

मोची *(mocī)* पु. shoemaker; cobbler.

मोज़ा *(mozā)* पु. (फ) stockings; socks.

मोटा *(moṭā)* वि. fat; plump; corpulent; thick; coarse; rough.

मोटाई *(moṭāī)* स्त्री. fatness; plumpness; corpulence; thickness.

मोटापन, मोटापा *(moṭāpan)* मोटापा पु. fatness; plumpness; thickness; obesity.

मोठ *(moṭh)* स्त्री. lentil.

मोड़ *(moṛ)* पु. turn; bend; twist; turning point; (fig.) a new direction; orientation; fold.

मोड़ना *(moṛnā)* स. क्रि. to turn; to turn back; to bend; to twist; to fold.

मोती *(moti)* पु. pearl.

मोतीझरा *(motījharā)* पु. typhoid.

मोम *(mom)* पु. wax.

मोमजामा *(momjāmā)* पु. oil cloth.

मोमबत्ती *(mombatti)* स्त्री. candle stick.

मोर *(mor)* पु. peacock.

मोरचा *(morcā)* पु. rust; battle-front.

मोरचाबंदी *(morcābandi)* स्त्री. stratagem; battle-array; deployment of army.

मोरनी *(mornī)* स्त्री. pea-hen.

मोह *(moh)* पु. attachment; love; affection; infatuation; delusion of mind.

मोहक *(mohak)* वि. infatuating; charming; fascinating; seductive.

मोहभंग *(mohbhang)* पु. disillusionment; disenchantment.

मोहरा *(mohrā)* पु. chessman; opening the mouth of a container; van; vanguard; forepart of an army.

मोहित *(mohit)* वि. fascinated; charmed; enamoured; infatuated; deluded.

मोहिनी[1] *(mohinī)* वि. fascinating; charming.

मोहिनी[2] *(mohinī)* स्त्री. illusion; charm; spell.

मौका *(mauqā)* पु. (अ.) chance; occasion; opportunity; place of occurrence; situation; site.

मौखिक *(maukhik)* वि. oral; viva voce (test) verbal

मौखिकी *(maukhikī)* वि. oral; verbal.

मौज *(mauj)* स्त्री. (अ.) whim; caprice; fancy; delight; ecstasy; wave; surge.

मौज़ा *(mauzā)* पु. (अ.) village; socks.

मौजूँ *(mauzūṁ)* वि. (अ.) reasonable; befitting; suitable.

मौजूद *(maujaūd)* वि. (फ.) present; existing.

मौजूदगी *(maujūdagī)* स्त्री. (फ.) existence; presence.

मौजूदा *(maujūdā)* वि. (अ.) existing; current; present.

मौत *(maut)* स्त्री. (फ.) death; demise.

मौन[1] *(maun)* वि. mumsilent; speechless.

मौन[2] *(maun)* पु. silence; taciturnity.

मौरूसी *(maurūsī)* वि. (अ.) hereditary; patrimonial.

मौलिक *(maulik)* वि. radical; primordial; fundamental.

मौलिकता *(maulikatā)* स्त्री. originality.

मौसम *(mausam)* पु. (अ.) season; weather; opportune time.

मौसमविज्ञान *(mausam-vygan)* पु. meteorology.

मौसमी (*mausamī*) वि. (अ.) seasonal; of the season.

म्याऊँ (*myāṁv*) स्त्री. mew.

म्यान (*myān*) स्त्री. (फ.) sheath; scabbard.

म्लान (*mlān*) वि. languid; weary; gloomy.

म्लेच्छ (*mlecch*) वि. lowly; unclean dirty; shabby.

य

य (*ya*) the first of the four semivowels of the Devnagri alphabets.

यंत्र (*yantra*) पु. instrument; mechanical contrivance; machine; amulet; talisman; mystical diagram.

यंत्रचालित (*yantra-cālit*) वि. mechanized; machine-operated.

यंत्रणा (*yantrāṇā*) स्त्री. pain; anguish; affliction; torture.

यंत्रमानव (*yantra-manāv*) पु. robot.

यंत्रवत् (*yantra-vat*) क्रि. वि. like a machine; mechanically.

यंत्रविद् (*yamtra-vid*) पु. engineer.

यंत्रित (*yantrit*) वि. mechanised.

यकायक (*yakāyak*) क्रि. वि. all at once; suddenly; immediately.

यक़ीन (*yaqīn*) पु. (अ.) confidence; faith; trust; certainty; assurance; belief.

यक़ीनन (*yaqīnan*) क्रि. वि. (अ.) certainly; surely.

यकृत (*yakrit*) पु. liver.

यक्ष्मा (*yakṣmā*) पु. tuberculosis; consumption.

यज्ञ (*yajña*) पु. religious ceremony in which oblations were offered; sacrifice.

यज्ञोपवीत (*yajño-pavit*) पु. sacrificial hall; house or place for keeping the sacrificial fire.

यज्ञशाला (*yajñā-śālā*) स्त्री. sacred thread; a Hindu ceremony in which a child is introduced to wearing the sacred thread.

यती (*yatī*) पु. ascetic; monk.

यतीम (*yatīm*) पु. (अ.) orphan.

यतीमख़ाना (*yatīm-khānā*) पु. (अ.) orphanage.

यत्न (*yatn*) पु. effort; endevour; means; device; care.

यत्नपूर्वक (*yatn-purvak*) क्रि. वि. with care; with effort or attempt.

यत्र-तत्र (*yatr-tatr*) अ. here and there; there and every where.

यथा (*yathā*) अ. as; according to; thus; for example; for instance.

यथायोग्य (*yathā-yojua*) क्रि. वि. according as one deserves.

यथार्थ (*yathārth*) वि. accurate; realistic.

यथार्थतः (*yathārthtah*) क्रि. वि. truly; rightly; exactly; realistically.

यथार्थता (*yathârthatā*) स्त्री. reality; correctness; accuracy; exactness; exactitude.

यथार्थवाद (*yathārthvād*) पु. realism.

यथार्थवादी (*yatharthvādī*) वि. realistic.

यथेष्ट (*yathêṣṭ*) वि. according to wish or desire; sufficient; enough; adequate; requisite.

यथोचित *(yathochit)* वि. befitting; due; proper; appropriate; reasonable; rightful.

यदा-कदा *(yadā-kadā)* क्रि. वि. now and then; occasionally; sometimes.

यदि *(yadi)* क्रि. वि. if; in case; provided that.

यद्यपि *(yadyapi)* क्रि. वि. even if; although; though.

यम *(yam)* पु. the god of death; selfrestraint; self-control; twin.

यमदूत *(yamdūt)* पु. messenger of death.

यमपुरी *(yampuri)* स्त्री. infernal world.

यमलोक *(yamlok)* पु. see यमपुरी।

यव *(yav)* पु. barley; corn.

यवन *(yavan)* पु. Mohammadan.

यश *(yaś)* पु. glory; splendour; praise; reputation.

यशस्वी *(yaśasvi)* वि. reputed; renowned; glorious celebrated.

यशोगान *(yasogyan)* पु. encomium; eulogy.

यष्टि *(yaṣṭi)* स्त्री. stick; staff; branch; twig; arm; creeper; sugarcane.

यह[1] *(yah)* सर्व. he; she; this; it.

यह[2] *(yah)* वि. this.

यहाँ *(yahāṁ)* सर्व. here; at this place.

यही *(yahī)* सर्व. certainly this.

यहूदिन *(yahūdin)* स्त्री. Jewess.

यहूदी *(yahūdī)* पु. Jew.

यांत्रिक[1] *(yāntrik)* वि. mechanical; working like a machine.

यांत्रिक[2] *(yāntrik)* पु. mechanist.

यांत्रिकता *(yāntrikatā)* स्त्री. mechanism.

यांत्रिकी *(yāntrikī)* स्त्री. mechanics.

यांत्रिकीकरण *(yāntrikīkaran)* पु. mechanization.

या *(yā)* क्रि. वि. or; either.

याचक *(yācak)* क.पु. beggar; mendicant.

याचकता *(yācakatā)* स्त्री. begging; mendicancy.

याचिका *(yācikā)* स्त्री. petition; request.

याजक *(yājak)* पु. sacrificer; sacrificing priest.

यातना *(yātanā)* स्त्री. torment; torture.

यातायात *(yātâyāt)* पु. traffic; transport.

यात्रा *(yātrā)* स्त्री. journey; travel; wayfaring; trip; tour; pilgrimage; march.

यात्री *(yātrī)* पु. traveller; wayfarer; passenger; pilgrim.

याद *(yād)* स्त्री. (फा.) remembrance; recollection; memory; commemoration.

यादगार *(yādgār)* स्त्री. (फ़ा.) monument; memorial; memento.

याददाश्त *(yād-dāśt)* स्त्री. (फ़ा.) memory.

यानी *(yānī)* क्रि. वि. (अ.) that is to say; viz.; i.e.

यापन *(yāpan)* पु. spending or passing (time).

याम *(yām)* पु. period of three hours; time; restraint; progress; conveyance; road.

यामिनी *(yāminī)* स्त्री. night.

यायावर[1] *(yāyavār)* वि. frequently travelling; vagrant; nomadic; itinerant.

यायावर[2] *(yāyavār)* पु. nomad; wanderer.

यार *(yār)* पु. (फ़ा.) friend; companion; paramour; lover; supporter.

यारी *(yārī)* स्त्री. friendship; romantic intimacy; illicit love.

युक्त *(yukt)* वि. joined; united; connected; attached; combined; included; fitted with; befitting; suitable; proper.

युक्ति *(yukti)* स्त्री. means; contrivance; device; argument; plea; union; junction; combination; artifice; tactics; manoeuvre; skill.

युक्तिसंगत *(yuktiśangat)* वि. reasonable; rational.

युग *(yug)* पु. period; era; epoch; age of the world according to Puranas; pair; couple.

युगल *(yugal)* पु. pair; couple; duet.

युगांतर *(yugāntar)* पु. succeeding epoch; advent of a new epoch.

युत *(yut)* वि. mixed.

युद्ध *(yuddh)* पु. war; battle; combat.

युद्धक्षेत्र *(yuddh-chātra)* पु. battlefield; war zone.

युद्धविराम *(yuddh-virām)* पु. ceasefire; armistice; truce.

युयुत्सु *(yuyutsu)* स्त्री. belligerence; bellicosity; pugnacity.

युवक *(yuvak)* पु. youth; youngman.

युवती *(yuvatī)* स्त्री. young woman; damsel.

युवराज *(yuvrāj)* पु. heir-apparent; crown-prince.

युवराश्री *(yuvrāśri)* स्त्री. princess.

युवा *(yuvā)* वि. young.

युवावस्था *(yuvā-vasthā)* स्त्री. young age; youth.

यों *(yom)* अ. thus; in this way.

योग *(yog)* पु. compound; yoga system of philosophy; concentration of mental faculties; device; remedy; (arith.) addition; (astro.) conjunction.

योगक्षेम *(yog-ksem)* पु. welसbeing

योगदान *(yogdān)* पु. contribution; participation.

योगफल *(yogfal)* पु. sum; total.

योगासन *(yogāsan)* पु. posture of performing yoga practices.

योगी *(yogī)* पु. follower of the yoga sysem of philosophy; Shiva.

योग्य *(yogya)* पु. qualified; able; proper; fit; suitable; deserving; capable; eligible; meritorious; worthy.

योग्यता *(yogyatā)* स्त्री. suitability; propriety; fitness; ability; capability; quality; qualification; eligibility; competence; worthiness; merit.

योग्यतापूर्वक *(yogyatāpurvak)* क्रि. वि. ably; efficiently.

योजक *(yojak)* पु. connecter; copula.

योजन *(yojan)* पु. joining; uniting; fixing; measure of distance.

योजना *(yojanā)* स्त्री. scheme; plan; project.

योजनाबद्ध *(yojanāvadh)* वि. planned; programmed.

योजित *(yojit)* वि. planned; employed; used; joined; connected; united; arranged.

योद्धा *(yoddhā)* पु. fighter; warrior; soldier; combatant.

योनि *(yoni)* स्त्री. place of birth or origin; female organ of generation; vagina; one class out of 84 lakh classes of creatures according to Puranas; sex.

यौगिक *(yougik)* वि. relating to the religious practice of yoga philosophy.

यौगिक² *(yougik)* पु. compound.

यौन *(yaun)* वि. sexual.

यौन-विज्ञान *(yaun-vyhgan)* पु. sexology.

यौनाचार *(yaunācār)* पु. sex indulgence.

यौवन *(yauvan)* पु. youth; puberty.

र

र *(ra)* the second of the semi-vowels of the Devnagri alphabets.

रंक *(raṅk)* पु. beggar; pauper; poor person.

रंग *(raṅg)* पु. glamour; beauty; amusement; mode; manner; whim; mood; influence; colour; hue; dye; complexion; trump in playing cards; suit; kind; category; gaiety.

रंग-ढंग *(raṅg-dhaṅg)* पु. manners; demeanour; conduct.

रंगत *(raṅgat)* स्त्री. colour; complexion; tint; condition.

रंगदार *(raṅgdār)* वि. coloured.

रंगना *(raṁgnā)* स. क्रि. to colour; to dye; to paint; to write excessively; to infatuate; to influence.

रंग-बिरंगा *(raṅg-biraṅgā)* वि. of various colours; multicoloured; colourful; of diverse kinds; variegated.

रंगभूमि *(raṅg-bhumi)* स्त्री. place of amusement; stage; theatre.

रंगमंच *(raṅg-mañch)* पु. stage for acting.

रंगमहल *(raṅg-mahal)* पु. private apartment; the apartment meant for amorous sport.

रंगरूट *(raṅgrūt)* पु. recruit.

रंगरूप *(raṅgrūp)* पु. physical appearance; looks; complexion and figure.

रँगरेली *(raṅg-relī)* स्त्री. rejoicing; merriment; pleasure; revelry.

रँगवाई *(raṁgvāī)* स्त्री. act of getting (clothes) dyed; charges paid for dyeing.

रँगवाना *(raṁgvānā)* स. क्रि. to cause to be dyed; to get dyed.

रंगशाला *(raṁgsālā)* स्त्री. theatre; place of making mirth or enjoyment.

रंगसाज़ *(raṁgsāj)* पु. (फ़ा.) painter; colourman.

रंगसाज़ी *(raṁgsāzī)* स्त्री. (फ़ा.) mixing or making colours; painting.

रँगाई *(raṁgāī)* स्त्री. act of colouring or dyeing; charges paid for colouring etc.

रँगाना *(raṁgānā)* स. क्रि. to cause to be coloured or dyed; to get dyed.

रंगारंग *(raṁgāraṅg)* वि. of various colours; of different sorts; variegated; colourful.

रंगीन *(raṅgīn)* वि. (फ़ा.) coloured; painted; colourful; gay; lively; jovial.

रंगीनी *(raṅgīnī)* स्त्री. being coloured; being of various colours; elegant or colourful make-up; colourfulness; sportiveness; gaiety; mirthfulness.

रँगीला *(raṁgīlā)* वि. gay; merry; jovial; gaudy; showy; colourful.

रंज *(rañj)* पु. (फ़ा.) sorrow; grief; affliction; sadness; gloominess.

रंजन *(rañjan)* पु. act of colouring; dyeing or painting; entertainment; amusement.

रंजिश *(rañjiś)* स्त्री. (फ़ा.) animosity; ill-feeling; malice; estrangement.

रंजीदा *(rañjīdā)* वि. (फ़ा.) grieved; sorrowful; sad; gloomy.

रँडापा *(raṇḍāpā)* पु. widowhood.

रंडी *(randi)* स्त्री. harlot; prostitute.

रँडुआ *(raṁḍuā)* पु. widower.

रँदना *(raṁdanā)* स. क्रि. to plane.

रंदा *(randā)* पु. carpenter's plane.

रंध्र *(randhra)* पु. hole; aperture; stomata; orifice; pore.

रँभाना *(raṁbhānā)* अ. क्रि. to low.

रई *(raī)* स्त्री. churning staff; churner.

रईस *(raīs)* पु. (अ.) rich or wealthy man; nobleman.

रईसी *(raīsī)* स्त्री. state of being wealthy.

रक़म *(raqam)* स्त्री. (अ.) amount; capital; sum.

रकाब *(rakāb)* स्त्री. stirrup.

रकाबी *(rakābī)* स्त्री. dish; plate; platter.

रक़ीब *(raqīb)* पु. (अ.) rival.

रक्त *(rakt)* पु. blood; red colour.

रक्तचाप *(raktchāp)* पु. blood- pressure.

रक्तपात *(raktpāt)* पु. bloodshed.

रक्षक *(rakṣak)* पु. protector; preserver; guardian; keeper; guard; escort.

रक्षण *(rakṣaṇ)* पु. act of guarding; protection; preservation.

रक्षा *(rakṣā)* स्त्री. defence; protection.

रक्षात्मक *(rakṣātmāk)* वि. protective; defensive.

रक्षित *(rakṣit)* वि. protected; preserved; secured.

रक्षी *(rakṣī)* पु. guard; protector; watch; sentinel.

रखना *(rakhanā)* स. क्रि. to put; to place; to lay; to take into possession; to keep; to employ; to appoint; to keep as wife or husband.

रखवाना *(rakhvānā)* स. क्रि. to cause to be kept; to have (a thing) placed in charge or custody; to cause to employ or appoint; to cause to maintain.

रखवाला *(rakhvālā)* पु. guard; keeper; custodian; caretaker; watchman.

रखवाली *(rakhvālī)* स्त्री. protection; safe guarding; custody; watch; guard; care; watchmanship.

रखाना *(rakhānā)* स. क्रि. to cause to keep; to guard; to watch; to take care of; to maintain.

रखेल, रखेली *(rakhail)* स्त्री. concubine; keep (girl).

रग *(rag)* स्त्री. artery; vein; nerve.

रगड़ *(ragar)* स्त्री. rubbing; abrasion; friction; rub; bruise.

रगड़ना *(ragaṛnā)* स. क्रि. to rub; to bruise.

रगड़ा *(ragṛā)* पु. mark of friction or rubbing; rubbing; a rub; quarrel or animosity which lasts for some time; bruise; toil.

रचना *(racnā)* स्त्री. formation; structure; fabrication; literary production; composition creation; fabric; construction.

रचनाकार *(racnākār)* पु. composer;

author; creator maker.

रचनात्मक *(racnātamak)* वि. constructive; formative.

रचयिता *(racayitā)* पु. author; composer; creator; maker.

रचित *(racit)* वि. made; formed; created; composed; constructed; stained.

रज *(raj)* स्त्री. dust; pollen of flowers; second of the three constituent qualities of all substances; menstruation.

रजकण *(rajkan)* पु. dust particles.

रजत[1] *(rajat)* पु. silver.

रजत[2] *(rajat)* वि. silvery; made of silver.

रजतपट *(rajatpat)* पु. silver-screen; cinema; screen.

रजनी *(rajanī)* स्त्री. night.

रजनीपति *(rajanīpatī)* पु. moon.

रजवाहा *(rajvāhā)* पु. distributory; small canal.

रजस्वला *(rajsalavā)* स्त्री. woman during the menses.

रज़ा *(razā)* स्त्री. (अ.) wish; will; desire; permission; consent.

रज़ाई *(rajāī)* स्त्री. quilt.

रज़ामंद *(razāmand)* वि. (अ.) willing; agreeable.

रज़ामंदी *(razāmandī)* स्त्री. (अ.) willingness; consent.

रजोधर्म *(razo-dhram)* पु. menstruation.

रज्जु *(rajju)* पु. rope; cord; string.

रटंत *(raṭant)* स्त्री. cramming; learning by heart or repetition.

रट *(raṭ)* स्त्री. constant repetition; reiteration.

रटना *(raṭnā)* स. क्रि. to cram; to repeat; to learn by heart.

रण *(raṇ)* पु. battle; war.

रणकौशल *(raṇkauśal)* पु. war strategy; tactics of war.

रणक्षेत्र *(rankśhetra)* पु. battle-field.

रणपोत *(ranpot)* पु. battleship.

रणभूमि *(raṇbhumi)* स्त्री. battleground; field of battle.

रणभेरी *(raṇbherī)* स्त्री. battle bugle; war trumpets.

रणस्थल *(raṇasthal)* पु. battle-field.

रत *(rat)* वि. engaged; absorbed; busy.

रतजगा *(ratjagā)* पु. vigil.

रति *(rati)* स्त्री. sexual union; coition; copulation; (in lit.) sentiment of love; name of the goddess of love personified as wife of Cupid.

रतौंधी *(rataumdhī)* स्त्री. night-blindness; nyctalopia.

रत्न *(ratn)* पु. jewel; gem; precious stone; most outstanding personality.

रत्नाकर *(ratnākar)* पु. sea; ocean.

रथ *(rath)* पु. chariot.

रथवान *(rathvān)* पु. charioteer.

रद्द *(radd)* वि. (अ.) rejected; cancelled; annulled.

रद्दा *(raddā)* पु. stratum (of a wall); layer (of bricks).

रद्दी[1] *(raddī)* वि. (अ.) waste; worthless; inferior.

रद्दी[2] *(raddi)* स्त्री. (अ.) waste material or product; waste-paper.

रद्दोबदल *(raddobadal)* स्त्री. (अ.) change; alteration; modification; reshuffling.

रपटन *(rapaṭan)* स्त्री. slipperiness.

रपटना[1] *(rapaṭnā)* अ. क्रि. to slip; to slide; to act or move rapidly.

रपटना[2] *(rapaṭnā)* वि. slippery.

रपटाना *(rapṭānā)* स. क्रि. to cause to

move rapidly.

रफ़ू *(rafū)* पु. (अ.) darning.

रफ़ूगर *(rafū-gar)* पु. (अ.) darner.

रफ़ू-चक्कर *(rafū-chakkar)* पु. mischieveous disappearance.

रफ़्तार *(raftār)* स्त्री. (फ़ा.) pace; speed; velocity.

रबड़ *(rabaṛ)* स्त्री. rubber tree and the product made from its juice.

रबड़ी *(rabṛī)* स्त्री. thickened milk.

रबी *(rabī)* स्त्री. (अ.) the spring harvest.

रमण *(ramaṇ)* पु. pleasing or delightful act; sexual union; cohabitation; walk; stroll; saunter.

रमणा, रमणी *(ramanī)* स्त्री. charming woman; beautiful young woman; damsel.

रमणीक *(ramaṇīk)* वि. beautiful; lovely; pleasant; charming; winsome; attractive.

रमणीकता *(ramaṇīkyatā)* स्त्री. beauty; charm; prettiness; attractiveness.

रमणीय *(ramaṇiya)* स्त्री. charming; beautiful; lovely.

रमणीयता *(ramaṇīkyatā)* स्त्री. beauty; charm; loveliness; prettiness.

रमना *(ramanā)* अ. क्रि. to be absorbed; to be devoted; to roam; to wander about.

रव *(rav)* पु. noise; tumult; uproar; sound; echo; hum; buzz.

रवन्ना *(ravannā)* पु. passage permit; waybill.

रवानगी *(ravānagī)* स्त्री. departure; setting out.

रवाना *(ravānā)* वि. (फ़ा.) set out; departing.

रवानी *(ravānī)* स्त्री. fluency; flow.

रवि *(ravi)* पु. the Sun.

रविवार *(ravivār)* पु. Sunday.

रवैया *(ravaiya)* पु. behaviour; conduct; manner. fashion.

रश्मि *(raśmi)* स्त्री. ray of light; beam.

रस *(ras)* पु. sap; juice; soup; broth; relish (one of the six senses); (in lit.) pleasure; delight; happiness.

रसज्ञ *(rasajna)* पु. one who knows Rasa or true essence; one who understands and appreciates poetry; connoisseur.

रसज्ञता *(rasajnatā)* स्त्री. connoisseurship; capability to relish or appreciate; aesthetic sense.

रसद *(rasad)* स्त्री. (फ़ा.) supplies of food which travellers or soldiers carry with them; food stuff; ration; provisions.

रसना *(rasnā)* स्त्री. tongue; rein; rope; cord.

रसरंग *(rasraṅg)* पु. enjoyment derived from love; sport of love; sexual union.

रसहीन *(ras-hīn)* वि. sapless; insipid; unsavoury; dry; dull.

रसातल *(rasātal)* पु. lowest of the seven regions under the earth; nether world; lower world or hell in general.

रसायन *(rasāyan)* पु. chemistry; alchemy.

रसायनज्ञ *(rasāyanajna)* पु. chemist.

रसायन विज्ञान *(rasāyan-vignan)* पु. chemistry.

रसायनवेत्ता *(rasāyan-vetā)* पु. chemist.

रसायनशाला *(rasāyan-śālā)* स्त्री. chemical laboratory.

रसायनशास्त्र *(rasāyan-śastra)* पु. chemistry.

रसायनशास्त्री *(rasāyan-śastrī)* पु. chemist; scholar of chemistry.

रसास्वादन *(rasā-svādan)* पु. relishing; enjoyment of any poetic sentiment in literature.

रसिकता *(rasikatā)* स्त्री. sense of taste; quality of being aesthetic.

रसिया *(rasiyā)* पु. epicure; man of amorous disposition; type of folk song.

रसीद *(rasīd)* स्त्री. (फ़ा.) receipt.

रसोइया *(rasoiyā)* पु. cook.

रसोई *(rasoī)* स्त्री. cooked or dressed food; kitchen.

रसौली *(rasaulī)* स्त्री. tumour.

रस्म *(rasm)* स्त्री. (अ.) custom; practice; ceremony; ritual; formality.

रस्मी *(rasmī)* स्त्री. customary; formal; ceremonial.

रस्साकशी *(rassakasi)* स्त्री. tug-of war; tussle.

रस्सी *(rassī)* स्त्री. rope; cord.

रहज़न *(rahzaṇ)* पु. (फ़ा.) highway man.

रहन *(rahn)* पु. (फ़ा.) mortgage; pledge; pawn; way of living.

रहन-सहन *(rahn-shan)* पु. mode of living.

रहना *(rahanā)* अ. क्रि. to dwell; to live; to reside; to exist; to stay; to remain.

रहम *(raham)* पु. (अ.) mercy; kindness; pity; compassion.

रहमत *(rahmat)* स्त्री. (अ.) mercy; kindness; compassion.

रहस्य *(rahasya)* पु. secret; mystery in spiritualism.

रहस्यपूर्ण *(rahasya-purn)* वि. mysterious; secretive.

रहस्यवाद *(rahasya-vad)* पु. mysticism.

रहस्यवादी[1] *(rahasyavādī)* वि. mystical.

रहस्यवादी[2] *(rahasyavādī)* पु. mystic.

रहित *(rahit)* वि. devoid; without; void(of); separated (from); free (from).

राँगा *(rāṁgā)* पु. pewter.

राँड *(raṁḍ)* स्त्री. widow.

राई *(rāī)* स्त्री. mustard-like oil seed; small particle.

राक्षस *(rākṣas)* पु. demon; devil; monster.

राक्षसी[1] *(rākṣasī)* वि. demon-like; devilish; monstrous.

राक्षसी[2] *(rākṣasī)* स्त्री. female demon.

राख *(rākh)* स्त्री. ashes.

राग *(rāg)* पु. love; affection; attachment; colour (particularly red); melodic mode or structure with a fixed sequence of notes; melody; passion; emotion.

राग-द्वेष *(rāg-dveṣ)* पु. love and hatred.

राज *(rāj)* पु. kingdom; state; rule; government; mason.

राज़ *(rāz)* पु. (फ़ा.) secret.

राजकीय *(rājakiya)* वि. royal; kingly. official; governmental.

राजकुमार *(rājkumār)* पु. king's son; prince.

राजकुमारी *(rājkumārī)* स्त्री. king's daughter; princess.

राजकुल *(rājkul)* पु. king's family; royal race or dynasty.

राजगद्दी *(rājgaddi)* स्त्री. king's throne; royal throne.

राजगीर *(rājgīr)* पु. mason.

राजगीरी *(rājgīrī)* स्त्री. masonary.

राजतंत्र *(rājtantra)* पु. monarchy.

राजतंत्रीय *(rājtantrīya)* पु. monarchial.

राजतिलक *(rājtilak)* पु. coronation.

राजदूत *(rājdūt)* पु. king's envoy; ambassador.

राजदूतावास *(rājdūtāvās)* पु. embassy; diplomatic mission.

राजद्रोही[1] *(rāj-drohī)* पु. traitor; rebel; seditionist.

राजद्रोही[2] *(rāj-drohī)* वि. seditious.

राजधानी *(rājdhanī)* स्त्री. capital city.

राजनय *(rājnay)* पु. diplomacy.

राजनयिक *(rājnayik)* पु. diplomat.

राजनीति *(rājnīti)* स्त्री. statesman ship; politics.

राजनीतिक *(rājnītik)* वि. political.

राजनीतिज्ञ *(rājnitijna)* पु. politician.

राजनीतिशास्त्र *(rājnitiśastra)* पु. political science.

राजनेता *(rājnetā)* पु. statesman.

राजपत्र *(rājpatra)* पु. gazzette.

राजपत्रित *(rājpatrit)* वि. gazzetted.

राजपथ *(rājpath)* पु. national highway.

राज-पाट *(rāj-pāt)* पु. royal throne and kingdom.

राजभक्त *(rājbhakt)* पु. loyalist; one loyal to the ruler.

राजभक्ति *(rājbhaktī)* स्त्री. loyalty towards the king or the state.

राजभवन *(rājbhavan)* पु. place of king; royal mansion or residence.

राजमहल *(rājmahal)* पु. royal residence; palace.

राजमार्ग *(rājmārg)* see राजपथ।

राजमुकुट *(rājmukut)* पु. diadem; crown.

राजयक्ष्मा *(rājyaksmā)* पु. tuberculosis.

राजवंश *(rājvan's)* पु. royal race or family; dynasty.

राजशाही *(rājsāhī)* वि. royal.

राजस्व *(rāzasva)* पु. revenue of a king or state.

राजा *(rājā)* पु. king; sovereign; monarch; ruler.

राज़ी *(rāzī)* वि. (अ.) willing; agreeable; pleased; contented.

राज़ीनामा *(rāzīnāmā)* पु. (अ.) agreement; written consent; rapprochement.

राज्य *(rājyā)* पु. kingdom; royalty; sovereignty; reign; country; kingdom; dominion; realm; unit of a federation of states; state; polity.

राज्यतंत्र *(rājyatantra)* पु. monarchy; system of administration; or government.

राज्य-परिषद् *(rājya-priśad)* स्त्री. council of States; Upper House.

राज्यपाल *(rājya-pāl)* पु. Governor of a State.

राज्यमंडल *(rājya-mandal)* पु. confederation; confederacy.

राज्यसभा *(rājya-sabhā)* स्त्री. Council of states; state assembly.

राज्याभिषेक *(rājyābhiśek)* पु. coronation.

रात *(rāt)* स्त्री. night.

रार *(rār)* स्त्री. quarrel; fray; dispute.

रात्रि *(rātri)* स्त्री. night.

रात्रिचर[1] *(rātri-cār)* वि. nocturnal.

रात्रिचर[2] *(rātri-cār)* पु. demon; nocturnal-being.

रात्रि भोजन *(rātri-bhojan)* पु. dinner.

रान *(rān)* स्त्री (फ़ा.) thigh.

रानी *(rānī)* स्त्री. king's wife; queen.

रामबाण *(rāmbān)* पु. unfailing remedy; sure cure; panacea.

रामराज्य *(rām-rajya)* पु. golden rule; welfare-state; reign of Lord Rama.

राय *(rāy)* स्त्री. counsel; advice; opinion.

राल *(rāl)* स्त्री. resin; saliva; spittle.

राशि *(rāśi)* स्त्री. heap; mass; pile; accumulation; fraction; sign of the zodiac; amount; quantity.

राष्ट्र *(rāstṛa)* पु. nation; country people.

राष्ट्रगान *(rāstṛa-gān)* पु. national anthem.

राष्ट्रपति *(rāstṛa-pati)* पु. president of a country.

राष्ट्रभाषा *(rāstṛa-bhāsā)* स्त्री. national language.

राष्ट्रमंडल *(rāstṛa-mandal)* पु. Commonwealth of nations.

राष्ट्रवाद *(rāstravād)* पु. nationalism.

राष्ट्रवादी[1] *(rāstṛavādi)* वि. nationalistic.

राष्ट्रवादी[2] *(rāstṛavādi)* पु. nationalist.

राष्ट्रसंघ *(rāstṛa-sangh)* पु. League of Nations.

राष्ट्रीय *(rāṣtriya)* वि. national.

राष्ट्रीयकरण *(rāstṛiyakaran)* पु. nationalisation.

राष्ट्रीयकृत *(rāstṛiyakṛt)* वि. nationalised.

राष्ट्रीयता *(rāstṛiyatā)* स्त्री. nationalism.

रास्ता *(rāstā)* पु. (फा.) road; way; path; passage; course; route; approach.

राह *(rāh)* स्त्री. (फा.) see रास्ता।

राहगीर *(rāhgir)* पु. (फा.) traveller; wayfarer; pedestrian.

राहज़न *(rāhzan)* पु. (फा.) highwayman.

राहज़नी *(rāhjani)* स्त्री. (फा.) highway robbery.

राहत *(rāhat)* स्त्री. (अ.) rest; ease; relief; freedom; from toil or trouble etc.

राही *(rāhi)* see राहगीर।

रिआया *(riāyā)* स्त्री. (अ.) subjects; people.

रिक्त *(rikt)* वि. empty; vacant.

रिक्तता *(riktatā)* वि. emptiness; vacancy.

रिक्ति *(rikiti)* स्त्री. vacancy.

रिझाना *(rijhānā)* स. क्रि. to please; to captivate; to charm.

रिपु *(ripu)* पु. enemy; foe; opponent.

रिपुता *(riputā)* स्त्री. enmity; hostility.

रिमझिम *(rim-jhim)* स्त्री. drizzling.

रियासत *(riyāsat)* स्त्री. (अ.) state of being wealthy; nobleness; estate; regality; princely state.

रियासती *(riyāsāti)* वि. of or belonging to a state or estate.

रिश्ता *(ristā)* पु. (फा.) relation; relationship; affinity.

रिश्तेदार *(riśtedār)* पु. (फा.) relative; relation; kinsman.

रिश्तेदारी *(riśtedāri)* स्त्री. (फा.) relationship; kinship.

रिश्वत *(riśvat)* स्त्री. (अ.) bribe.

रिश्वतख़ोर *(riśvatkhor)* पु. (अ.) one who takes bribe.

रिहा *(rihā)* वि. (फा.) released; liberated; set free.

रिहाइश *(rihāiś)* स्त्री. residence; lodging.

रिहायशी *(rihāysi)* वि. residential.

रिहाई *(rihāi)* स्त्री. liberation; freedom; release; acquittal.

रीछ *(rich)* पु. bear.

रीझना *(rījhnā)* अ. क्रि. to be inclined; to be infatuated; to be charmed.

रीठा *(rīṭhā)* पु. soap-wart; soap-nut.

रीढ़ *(rīṛh)* वि. back-bone; spine.

रीढ़दार *(rīṛh-dār)* वि. spiny; vertebral.

रीत *(rīt)* वि. custom; practice; convention; vogue; mode.

रीता *(rītā)* वि. empty; void.

रीतापन *(rītāpan)* पु. emptiness; vacancy; voidness.

रीति *(rīti)* स्री. custom; fashion; practice; convention; style.

रीति-रिवाज *(rīti-rivaj)* पु. customs and practices.

रूंड *(rūnḍ)* पु. headless body; tree devoid of branches; leaves; etc.; torso.

रूआँ *(ruāṁ)* पु. soft thin hair of the body.

रुआँसा *(ruāṁsā)* वि. on the verge of weeping.

रूआब *(ruāb)* पु. commanding or awe-inspiring presence; dignity; awe; great influence.

रूई *(ruī)* स्री. cotton.

रूकना *(ruknā)* अ. क्रि. to stop; to halt; to rest; to be hindered; to stay; to pause.

रुकवाना *(rukvānā)* स. क्रि. to cause to be stopped.

रुकावट *(rukāvaṭ)* स्री. obstruction; check; hindrance; bar; barricade; blockade; resistance; interruption.

रुख़[1] *(rukh)* पु. (फ़ा.) face; countenance; facet; aspect; direction; trend; facade; attitude.

रुख़[2] *(rukh)* क्रि. वि. (फ़ा.) in the direction; towards.

रुख़सत *(rukhsat)* स्री. (अ.) permission; departure; leave.

रुखाई *(rukhai)* स्री. roughness; dryness; rudeness; indifference.

रुग्ण *(rugṇ)* वि. diseased; sick; unwell; indisposed; morbid.

रुग्णता *(rugṇatā)* स्री. sickness; indisposition; illness; diseased condition.

रुचि *(ruci)* स्री. liking; taste; interest; relish; fancy.

रुचिकर *(rucikar)* वि. causing pleasure; interesting; tasteful; relishing.

रुचिर *(rucir)* वि. agreeable; lovely; pleasant; winsome.

रुचिरता *(ruciratā)* स्री. agreeableness; pleasantness.

रुझान *(rujhān)* पु. inclination; aptitude; trend.

रुतबा *(rutbā)* पु. (अ.) rank position; status.

रुदन *(rudan)* पु. weeping; wailing; lamentation.

रुद्ध *(ruddh)* वि. obstructed; hindered; choked; closed.

रुधिर *(rudhir)* पु. blood.

रुधिर-विज्ञान *(rudhir-vygan)* पु. haematology.

रुधिर-स्त्राव *(rudhir-śtrāv)* पु. haemorrhage.

रुनझुन *(runjhun)* स्री. tinkling sound.

रुपया *(rupayā)* पु. rupee; money.

रुलाई *(rulāī)* स्री. act of weeping; readiness to weep; verge of weeping or crying.

रुलाना *(rulānā)* स. क्रि. to cause to weep; to make (one) cry or weep.

रुष्ट *(ruṣṭ)* वि. enraged; wrathful;

displeased; offended.

रुष्टता *(ruṣṭatā)* स्त्री. state of being angry or offended; displeasure; annoyance.

रुँधना *(rūṁdhnā)* स. क्रि. to obstruct or restrain; to block; to surround.

रूखा *(rūkhā)* वि. rough; coarse; dry; harsh; blunt; curt; unsympathetic.

रूखापन *(rūkhāpan)* पु. dryness; curtness; bluntness; roughness; inconsiderateness; coldness.

रूठना *(rūṭhanā)* अ. क्रि. to be irritated; to be vexed; to be offended or displeased.

रूढ़ि *(rūṛhi)* स्त्री. tradition; convention; usage.

रूढ़िगत *(rūṛhigat)* वि. stereotyped; conventional.

रूढ़िग्रस्त *(rūṛhigrast)* वि. conventionalistic; convention bound; conservative.

रूढ़िवाद *(rūrhivād)* पु. conservatism; traditionalism; conventionalism.

रूढ़िवादी *(rūṛhivādī)* वि. conservative; conventionalistic.

रूप *(rūp)* पु. appearance; form; shape; way; method; beauty; grace; image; mould; type; version.

रूपक *(rūpak)* पु. image; likeness; silver ornament; play; drama; allegory; metaphor.

रूबरू *(rūbarū)* क्रि. वि. (फ़ा.) face to face.

रूपरेखा *(rūprekhā)* स्त्री. sketch; outline; synopsis; blue-print.

रूपवंत *(rūpvant)* वि. having a beautiful form or figure; handsome.

रूपवती *(rūpvatī)* वि. beautiful or well formed (woman).

रूपवान् *(rūpvān)* see रूपवंत।

रूप-विज्ञान *(rūp-vignān)* पु. morphology.

रूप-सज्जा *(rūp-sajjā)* स्त्री. makeup.

रूपसी *(rūpsī)* स्त्री. very beautiful woman.

रूपांतर *(rūpāntar)* पु. change of appearance or form; adaptation.

रूपांतरण *(rūpantraṇ)* पु. transformation; commutation; modification; metamorphosis.

रूपांतरित *(rūpāntarit)* वि. commuted; transformed.

रूपोश *(rūpoś)* वि. (फ़ा.) veiled; absconding.

रूमाल *(rūmāl)* पु. (फ़ा.) handkerchief.

रूसना *(rūsnā)* अ. क्रि. to get displeased; to be angry; to sulk.

रूह *(rūh)* स्त्री. (अ.) soul; spirit; vital principle; spirit or essence.

रेंकना *(reṁkanā)* अ. क्रि. to bray.

रेंगना *(reṁganā)* अ. क्रि. to creep; to crawl.

रेखा *(rekhā)* स्त्री. line; mark; newly grown whiskers in early youth.

रेखांकन *(rekhānkaṇ)* पु. drawing of lines; line work.

रेखांकित *(rekhānkit)* वि. underlined.

रेखागणित *(rekhā-ganit)* पु. geometry.

रेखाचित्र *(rekha-chitr)* पु. sketch; line drawing; figure; plan-design; outline map.

रेगमाल *(regmāl)* पु. (फ़ा.) sand paper.

रेगिस्तान *(regiśtan)* पु. sandy region or tract; desert.

रेगिस्तानी *(regiśtani)* वि. sandy; of or

pertaining to a desert.

रेचक *(recāk)* वि. purgative; cathartic.

रेचन *(recān)* पु. purgation; purging of bowels.

रेज़गारी *(rezgārī)* स्त्री. small coin; change (of money).

रेणु *(reṇu)* रेणुका *(reṇukā)* स्त्री. dust; sand; a grain of dust or sand; an atom; a small particle.

रेत *(ret)* स्त्री. earth; sand.

रेतना *(retnā)* स. क्रि. to rub or smoothen with a file; to file or sharpen; to rasp.

रेता *(retā)*see रेत।

रेती *(retī)* स्त्री. file; rasp.

रेतीला *(retīlā)* वि. sandy.

रेल-पेल *(rel-pel)* स्त्री. crowd; throng; rush; abundance; profusion; exuberance; jostle; melee; stampede.

रेवड़ *(revaṛ)* पु. flock (of goats or sheep).

रेशम *(reśam)* पु. (फ़ा.) silk.

रेशमी *(reśami)* वि. silken; made or woven of silk.

रेशा *(reśā)* पु. (फ़ा.) fibre; grain; staple.

रेशेदार *(reśedār)* वि. (फ़ा.) fibrous.

रेह *(reh)* स्त्री. fossil alkali (used for washing and making soap); impure nitrate of soda; saline soil.

रेहन *(rehn)* पु. (फ़ा.) pledging pawning; mortgage.

रैन *(rāin)* स्त्री. night

रोंगट *(romgatā)* पु. hair (of the body).

रोएँदार *(royen-dār)* वि. hairy; woolly.

रोक *(rok)* स्त्री. ban; check; restraint; prevention; obstacle; stay; barrier; prohibition; embargo.

रोकड़ *(rokaṛ)* स्त्री. cash; ready money.

रोकड़िया *(rokaṛiyā)* पु. cash keeper; cashier; treasurer.

रोकना *(roknā)* स. क्रि. to hinder; to impede; to retard; to prevent; to intercept; to obstruct; to resist; to protect; to detain; to hold.

रोग *(rog)* पु. ailment; sickness; disease.

रोगग्रस्त *(rog-grast)* वि. sick; diseased; ill.

रोगनाशक *(rog-nāśak)* वि. curative; preventive; prophylactic.

रोग-विज्ञान *(rog-vignān)* पु. pathology.

रोगाणु *(rogānū)* पु. germs which cause diseases.

रोगिणी *(rogiṇī)* स्त्री. diseased female.

रोगी *(rogī)* पु. patient.

रोगी-गाड़ी *(rogī-gaṛī)* स्त्री. ambulance.

रोचक *(rocak)* वि. interesting; engaging; entertaining; pleasant.

रोचकता *(rocakatā)* स्त्री. appealableness; agreeableness; pleasantness.

रोज़ *(roz)* पु. (फ़ा.) day.

रोज़गार *(rozgār)* पु. (फ़ा.) profession; vocation; occupation; employment.

रोज़नामचा *(roznāmcā)* पु. (फ़ा.) daybook; diary; daily account book.

रोज़मर्रा *(rozmarā)* क्रि. वि. (फ़ा.) daily; every day.

रोज़ाना *(rozānā)* क्रि. वि. (फ़ा.) every day; daily.

रोज़ी *(rozī)* स्त्री. (फ़ा.) means of subsistence; livelihood.

रोज़ी-रोटी *(rozī-roṭī)* स्त्री. livelihood.

रोड़ा *(roṛā)* पु. a fragment of stone or brick etc.; obstruction; hindrance.

रोड़ी *(roṛī)* स्त्री. gravel rubble; hardcore.

रोदन *(rodan)* पु. weeping; wailing; lamentation.

रोधक *(rodhak)* वि. obstructive; prohibitive.

रोधन *(rodhan)* पु. obstruction; impediment; obstacle; hindrance.

रोना *(ronā)* अ. क्रि. to weep; wail; lament.

रोपण *(ropan)* पु. act of setting up or erecting; act of raising; planting or sowing.

रोपना *(ropanā)* स. क्रि. to set up; to erect; to raise; to plant; to sow; to transplant.

रोब *(rob)* पु. (अ.) awe; terror; awful influence of one's greatness or power; sway; dignity; impressiveness.

रोबदार *(robdār)* वि. (अ.) aweinspiring; influential.

रोबीला *(robīlā)* see रोबदार।

रोम *(rom)* पु. thin and fine hair of the body; pore.

रोमकूप *(romkūp)* पु. pore of the skin.

रोमांच *(romānc)* पु. thrill (of rapture; horror; surprise; horripilation.

रोमांचक *(romāncak)* वि. thrilling.

रोमांचित *(romāncit)* वि. thrilled; horripilated.

रोली *(rolī)* स्त्री. mixture of turmeric and lime which is used in marking tilak on forehead.

रोशन *(rośan)* वि. (फ़ा.) bright; shining; lighted.

रोशनदान *(rośandān)* पु. (फ़ा.) hole for admitting light; skylight; ventilator.

रोशनाई *(rośanāī)* स्त्री. ink.

रोशनी *(rośanī)* स्त्री. light; illumination.

रोष *(roṣ)* पु. anger; wrath; rage.

रौंदना *(rauṁdanā)* स. क्रि. to trample; to tread down; to crush.

रौनक़ *(raunaq)* स्त्री. (फ़ा.) brightness; lustre; splendour; hustle and bustle; crowd or throng.

ल *(la)* the third of the semi-vowel series of the Devnagri alphabets.

लँगड़ा *(laṁgṛā)* पु. cripple; lame man; a species of mango.

लँगड़ाना *(laṁgṛānā)* अ. क्रि. to limp.

लँगड़ापन *(laṁgṛāpan)* पु. lameness.

लंगर *(laṅgar)* पु. (फ़ा.) anchor; public kitchen alms-house; privy cover worn by the wrestlers.

लंगूर *(laṅgūr)* पु. long tailed black faced monkey; baboon.

लँगोट, लँगोटा *(laṁgoṭ)* पु. a strip of cloth worn to protect the private parts; loin cloth.

लँगोटी *(laṁgoṭī)* स्त्री. small loin cloth.

लंघन *(laṅghan)* पु. violation; transgression; fast.

लंघनीय *(laṅghanīya)* वि. that can

be traversed or passed over; passable.

लंपट *(lampat)* वि. lascivious; disolute; libertine; lewd; profligate.

लंपटता *(lampaṭatā)* स्त्री. dissoluteness; lewdness; lasciviousness; profligacy; debauchery.

लंबा *(lambā)* वि. long; lengthy; tall; great; large; spiacious.

लंबाई *(lambāī)* स्त्री. length; tallness; height.

लंबित *(lambit)* वि. prolonged; lengthened; penduline; pending .

लंबी *(lambī)* see. लंबा।

लंबोदर¹ *(lambodar)* वि. pot-bellied; long-bellied; paunchy; gluttonous.

लंबोदर² *(lambodar)* पु. epithet of god Ganesh; glutton.

लकड़दादा *(lakaṛ-dādā)* पु. great great grand-father.

लकड़बग्घा *(lakar-bagghā)* पु. hyena.

लकड़हारा *(lakaṛ-hārā)* पु. woodman; woodcutter.

लकड़ी *(lakaṛī)* स्त्री. wood; timber; firewood; fuel; crutches.

लक़वा *(laqvā)* पु. (अ.) paralysis.

लकीर *(lakīr)* स्त्री. line; streak.

लकुटी *(lakuṭī)* स्त्री. small stick or cane.

लक्षण *(laksan)* पु. distinctive mark; sign; symptom; token; any mark or feature of the body (indicating good or bad luck); feature; character; attribute.

लक्षित *(lakṣit)* वि. denoted; indicated; implied; seen; observed; beheld; discerned; discovered; known (from signs); indicated; implied; marked; distinguished.

लक्ष्मी *(lakṣmī)* स्त्री. fortune; prosperity; wealth; grace; splendour; lustre; woman symbolising fortune and prosperity; Lakshmi; goddess of wealth.

लक्ष्य *(lakṣya)* स्त्री. target; aim; object; goal; implication or implied meaning.

लक्ष्यपूर्ति *(laksyapūrti)* स्त्री. fulfilment of the aim.

लक्ष्यवेध *(laksyaved)* पु. hitting the target.

लक्ष्यसिद्धि *(laksyasidhi)* स्त्री. attainment of one's aim or goal.

लखना *(lakhanā)* स. क्रि. to see; behold; perceive; to understand; to mark out; to keep an eye on.

लखपति *(lakhpatī)* पु. millionaire; wealthy person.

लगन *(lagan)* स्त्री. devotion; perseverance; application; auspicious hour.

लगना *(lagnā)* अ. क्रि. to be close; be contiguous; to be fastened; to be stitched; to be attached; to be joined; to hang about; to haunt; to be invested; to be spent; to gall; pinch; rub; to affect; to have the intended or natural effect; to take root; to become rooted; to be burnt or scorched (as food in cooking); to be related; to seem; to appear.

लगभग *(lagbhag)* क्रि. वि. almost; about; nearly.

लगातार *(lagātār)* क्रि. वि. constantly; continuously; regularly.

लगान *(lagān)* पु. land revenue; rent.

लगाना *(lugānā)* स. क्रि. to put together (figures); to sum up; to add; to put in order; to arrange; to plant; to set; to put (to work); to apply; to use; to employ; to engage; to construe; to infuse or imbue.

लगाम *(lagām)* स्त्री. (फ़ा.) reins; bridle.

लगाव *(lagāv)* पु. bond; link; contact; relation; attachment; affection; inclination; propensity.

लग्न[1] *(lagn)* वि. adhered or clung to; stuck; held fast.

लग्न[2] *(lagn)* वि. the rising of the sun or of the planets; an auspicious or lucky moment; wedding ceremony.

लघु *(laghu)* वि. little; small; diminutive; sober; trifling; trivial.

लघुतम *(laghutam)* वि. minimum; lowest; smallest.

लघुता *(laghutā)* स्त्री. smallness; littleness; insignificance; absence of dignity; humiliation.

लघुशंका *(laghuśankā)* स्त्री. urination.

लचक *(lacak)* स्त्री. flexibility; elasticity; resilience.

लचकदार *(lacakdār)* वि. elastic; flexible.

लचकना *(lacaknā)* अ. क्रि. to bend; to be bent; to receive a sprain or strain.

लचकाना *(lacakānā)* स. क्रि. to cause to bend; to bend.

लचकीला *(lacakīlā)* वि. flexible; elastic; resilient.

लचर *(lacar)* वि. untenable; weak; ineffective.

लचीला *(lacīlā)* वि. flexible; elastic.

लचीलापन *(lacīlāpan)* पु. flexibility; elasticity.

लच्छेदार *(lachedār)* वि. having fine shreds; amusing; fascinating.

लजाना *(lajānā)* अ. क्रि. to feel shy; to blush.

लजालू *(lajālū)* वि. bashful.

लज़ीज *(lazīz)* वि. (अ.) tasty; delicious.

लजीला *(lajīlā)* वि. shy; bashful; modest.

लजीलापन *(lajīlāpan)* पु. bashfulness.

लज़्ज़त *(lazzat)* स्त्री. (अ.) taste; flavour; relish.

लज्जा *(lajjā)* स्त्री. shame; modesty; shyness.

लज्जालु *(lajjālu)* वि. baskful; modest; shy.

लज्जाशील *(lajjaśīl)* वि. of modest disposition;modest; bashful.

लज्जित *(lajjit)* वि. ashamed; abashed.

लट *(laṭ)* स्त्री. curl; ringlet; lock of hair; matted or tangled hair.

लटकना *(laṭaknā)* अ. क्रि. to hang in air; to be in a suspense; to keep in a state of indecision; to be delayed; to sling; to lop.

लटका *(laṭkā)* पु. formula; tip; device; affected movement or mannerism.

लटकाना *(laṭkānā)* स. क्रि. to hang; to suspend; to tilt; to keep (one) waiting; to delay.

लटा *(laṭā)* वि. wicked; mean; weak; emaciated; improverished.

लट्टू *(laṭṭū)* पु. spinning top.

लट्ठ *(laṭṭh)* पु. staff; cudgel.

लट्ठबाज़ *(laṭṭhbāz)* वि. skilled in wielding a cudgel; quarrelsome.

लट्ठा *(laṭṭhā)* पु. beam; log; rafter; coarse kind of long cloth; a kind of white cloth; measuring rod or pole measuring 5{1}/4 of hand space.

लठिया *(laṭhiyā)* स्त्री. small stick.

लड़ *(laṛ)* स्त्री. string (of pearls; etc.); strand (of a rope or cord); row; line; series.

लड़कपन *(laṛakpan)* पु. boyhood; childhood; childishness.

लड़का *(laṛka)* पु. boy; son.

लड़की *(laṛki)* स्त्री. girl; maid; daughter.

लड़खड़ाना *(laṛkharānā)* अ. क्रि. to stagger; to stumble; to stutter; to falter (in speech).

लड़खड़ाहट *(larkharāhat)* स्त्री. staggering; stumbling.

लड़ना *(laṛnā)* अ. क्रि. to fight; to quarrel; to collide (with); to wreste; to make war; to give battle; to debate; to argue; to contend; to struggle.

लड़ाई *(laṛāī)* स्त्री. fighting; battle; war; wrestling; duel; quarrel; brawl; wordy duel; dispute; discord; histility; struggle.

लड़ाई-झगड़ा *(laṛāī-jhagṛā)* पु. broil; altercation; quarrel; enmity; hostility.

लड़ाका *(laṛākā)* वि. pugnacious; quarrelsome; contentious; bellicose.

लड़ाकू *(laṛākū)* वि. used in battle; (arms' ships etc.); warlike; quarrelsome; bellicose.

लड़ाना *(laṛānā)* स. क्रि. to cause to fight; to make (two persons or animals) fight; to instigate; to collide; to cause to wrestle.

लड़ी *(laṛī)* स्त्री. string (of pearls; or flowers; etc.) chain; strand (of rope or cord).

लड्डू *(laḍḍū)* पु. ball-shaped sweetmeat.

लत *(lat)* स्त्री. addiction.

लता *(latā)* स्त्री. vine; creeper; branch.

लताड़ *(latāṛ)* स्त्री. scolding; reprimand; rebuke.

लताड़ना *(latāṛnā)* स्त्री. to scold or to reprimand.

लतीफ़ा *(latīfā)* पु. (अ.) witty anecdote; witticism; pleasantry; jest; joke.

लत्ता *(lattā)* पु. scrap of cloth; rag; tatter; cloth.

लथपथ *(lath-path)* वि. soaked; saturated; drenched; clogged; besmeared.

लथेड़ना *(latheṛnā)* स. क्रि. to draggle; to smear.

लदना *(ladanā)* अ. क्रि. to be loaded; to be laden; to be borne; to be carried; to be finished; to be over.

लदवाना *(ladvānā)* स. क्रि. to cause to be loaded to cause to load.

लदान *(ladān)* पु. act of loading.

लद्धड़ *(laddhaṛ)* वि. lethargic; slothful.

लपकना *(lapaknā)* अ. क्रि. to rush forth; to go out with gusto; to catch; take a catch (a ball; etc.).

लपट *(lapaṭ)* स्त्री. flame; blaze; blast of fragrance; smell; fragrance; blister.

लपलपाना *(laplapānā)* अ. क्रि. to be resilient or flexible (as a cane); to resile; to brandish (as sword); to bring out again and again (tongue).

लपलपाहट *(laplapāhaṭ)* स्त्री. resilience; flexibility.

लपसी *(lapsī)* स्त्री. glutinous kind of food; sticky substance.

लपेट *(lapeṭ)* स्त्री. folding; twisting;

covering; fold; coil; plait; girth; circumference; compass.

लपेटना *(lapeṭānā)* स. क्रि. to wind or to twine; to roll up; to fold or wrap; (fig.) to involve; to implicate.

लफ़ंगा¹ *(lafaṅgā)* पु. (फ़ा.) loafer; vagabond.

लफ़ंगा² *(lafaṅgā)* वि. (फ़ा.) roguish; vagabondish.

लफ़्ज *(lafz)* पु. (अ.) word.

लफ़्फ़ाज़ *(laffāz)* वि. (अ.) verbose; talkative.

लफ़्फ़ाज़ी *(laffāzi)* स्त्री. (फ़ा.) verbosity; talkativeness; use of high sounding phraseology.

लब *(lab)* पु. (फ़ा.) lip.

लबरेज़ *(labrez)* वि. (फ़ा.) full to the brim.

लबादा *(labādā)* पु. (फ़ा.) cloak; gown; robe; apron.

लबालब *(labālab)* क्रि. वि. upto the brim.

लब्धि *(labdhi)* स्त्री. acquirement; attainment; achievement; (arith.) quotient.

लभ्य *(labhāya)* वि. attainable; obtainable; within reach.

लमहा *(lamhā)* पु. (अ.) moment.

लय¹ *(lay)* पु. merger; immersion; fusion; dissolution; extinction; destruction.

लय² *(lay)* स्त्री. tempo; rhythm; tune.

लरज़ना *(larzanā)* अ. क्रि. to shake; to quiver; to tremble; to be frightened.

ललक *(lalak)* स्त्री. craving; yearning; longing.

ललकना *(lalaknā)* अ. क्रि. to long or crave; to yearn.

ललकार *(lalkār)* स्त्री. challenge; boost to fight.

ललकारना *(lalkārnā)* स. क्रि. to hold out a challenge; to throw the gaunlet to; to halloo.

ललचना *(lalacanā)* अ. क्रि. to be tempted or allured.

ललचाना *(lalcānā)* स. क्रि. to tempt; to allure; अ. क्रि. see ललचाना।

ललना *(lalanā)* स्त्री. woman; beautiful lady.

लला *(lalā)* पु. dear child (boy).

ललाट *(lalāṭ)* पु. forehead.

ललाम *(lalāṁ)* वि. beautiful; lovely; charming; handsome.

ललित *(lalit)* वि. lovely; beautiful; elegant; graceful.

ललितकला *(lalitkalā)* स्त्री. fine art.

लल्लो-चप्पो *(lallo-cāppo)* स्त्री. wheedling; adulation; flattery; coaxing; huggery.

लवण *(lavan)* पु. salt.

लवणता *(lavaṇatā)* स्त्री. salinity; beauty.

लवलीन *(lavalīn)* वि. absorbed; engrossed.

लश्कर *(laśkar)* पु. (फ़ा.) host; multitude; army.

लसदार *(lasdār)* वि. sticky; adhesive; glutinous.

लसलसा *(laslasā)* वि. adhesive; glutinous; sticky.

लसलसाना *(laslasānā)* अ. क्रि. to be viscous; to be sticky.

लसीला *(laslīā)* वि. adhesive; viscous.

लसीलापन *(laslīāpan)* पु. adhesiveness; stickiness.

लस्सी *(lassī)* स्त्री. cold drink made of churned curd mixed with water and sugar.

लहँगा *(lahaṁgā)* पु. loose skirt or petticoat.

लहक *(lahak)* स्त्री. flame; blaze; glare; glitter; flash.

लहकना *(lahaknā)* अ. क्रि. to bend or wave; to rise up into a flame; to blaze up.

लहकाना *(lahkānā)* स. क्रि. to cause to warble or quiver; to incite; to instigate; to blow up (a fir).

लहज़ा *(lahzā)* पु. (अ.) tone; accent; intonation; delivery.

लहर *(lahar)* स्त्री. wave; ripple; surge; caprice; fancy; ecstasy; transport; rapture.

लहरदार *(lahardār)* वि. wavy; undulatory; sinuous.

लहरा *(lahrā)* पु. wave; recreation; merry-making; tune; spell of rain.

लहराना *(lahrānā)* अ. क्रि. to shimmer; to fluctuate; to undulate; to be in ecstasy.

लहरियादार *(lahirādār)* वि. corrugated; wavy; meandering; having a wavy pattern.

लहलहाना *(lahlahnānā)* अ. क्रि. to be verdant; to flourish or bloom; to wave; to undulate.

लहसुन *(lahsun)* पु. garlic.

लहू *(lahū)* पु. blood.

लहू-लुहान *(lahū-lūhān)* वि. smeared in blood; soaked in blood.

लाँघना *(lāṁghanā)* स. क्रि. to jump or spring over; to cross; to go beyond; to pass over; to transgress; to violate.

लांछन *(lāñchan)* पु. blame; slur; stigma; blemish; slander.

लाक्षणिक *(lākṣaṇik)* वि. expressing indirectly or figuratively; metaphorical; allegorical; symbolical; acquainted with marks or signs.

लाक्षणिकता *(lākṣaṇikatā)* स्त्री. metonymy.

लाक्षा *(lākṣā)* स्त्री. a kind of red dye; lac; shellac.

लाख *(lakh)* वि. a hundred thousand; lac.

लाग *(lāg)* स्त्री. attachment; affection; competition; enmity; hostility; rancour; support.

लाग-डाट *(lāg-dāt)* स्त्री. rancour; rivalry; competition.

लागत *(lāgat)* स्त्री. cost.

लागू *(lāgū)* वि. applied; enforced; applicable.

लाचार *(lācār)* वि. (अ.) helpless; destitute; hopeless; compelled; obliged; constrained.

लाचारी *(lācārī)* स्त्री. (अ.) helplessness; inability.

लाज *(lāj)* स्त्री. shame; sense of decency; shyness; bashfulness; modesty; honour.

लाजवंती *(lājvantī)* स्त्री. modest; coy; blushing woman; the plant touch-me-not.

लाजवाब *(lāj-javāb)* वि. (अ.) peerless; unique; speechless; silent.

लाज़िम *(lāzim)* लाज़िमी वि. inevitable; obligatory; compulsory.

लाठी *(lāṭhi)* स्त्री. staff; stick; cudgel.

लाड़ *(lāṛ)* पु. affection; caress endearament; fondling.

लाड़ला *(lāṛalā)* वि. darling; dear; beloved.

लात *(lāt)* स्त्री. leg; kick.

लादना *(lādanā)* स. क्रि. to load; to burden; to saddle (one) with (responsibility).

लानत *(lānat)* स्त्री. (अ.) curse; condemnation; reproach; rebuke; censure.

लानत-मलामत *(lānat-malāmat)* स्त्री. (अ.) reproof; reproach; curse.

लाना *(lānā)* स. क्रि. to bring; to fetch; to bring forward; to present; to produce.

लापता *(lāpatā)* वि. (अ.) missing; absconding.

लापरवाह *(lāparvāh)* वि. (अ.) careless; carefree; negligent; inattentive; heedless.

लापरवाही *(lāparvāhī)* स्त्री. (अ.) carelessness; negligence; heedlessness.

लाभ *(lābh)* पु. advantage; benefit; gain; profit.

लाभकर *(lābhkar)* वि. profitable; beneficial; advantageous.

लाभांश *(lābhāṇs)* पु. dividend; bonus.

लाम *(lām)* पु. army; war-front.

लामबंदी *(lāmbandī)* स्त्री. mobilization (of army).

लामिसाल *(lamisāl)* वि. (अ.) matchless; peerless; unique.

लायक़ *(lāyaq)* वि. (अ.) worthy; able; capable; competent.

लार *(lār)* स्त्री. saliva; spittle; string; series; row; train.

लाल[1] *(lal)* पु. son; darling; pet;ruby.

लाल[2] *(lal)* वि. red; ruddy.

लालच *(lālac)* पु. temptation; greed.

लालची *(lālaci)* वि. greedy; avaricious.

लालन-पालन *(lālan-pālan)* पु. rearing; upbringing.

लाल फ़ीताशाही *(la स.fitāśāhi)* स्त्री. red tapism.

लाल बुझक्कड़ *(lā स.bhujākkar)* वि. ignorant fool who thinks himself wise enough to answer every question.

लालसा *(lālasā)* स्त्री. longing; ardent desire; yearning.

लालायित *(lālāyit)* वि. eager; tempted; enamoured.

लालित्य *(lālitya)* पु. gracefulness; grace; beauty; charm; delicacy.

लालिमा *(lālimā)* पु. redness; reddishness.

लाली *(lālī)* स्त्री. redness; ruddishness; a darling daughter; rouge; lipstick.

लावण्य *(lāvaṇya)* पु. beauty; loveliness; charm.

लावारिस *(lāvāris)* वि. (अ.) heirless; having or leaving no heir; to which there is no heir; (property); unclaimed.

लाश *(lāś)* स्त्री. dead body; corpse carcass.

लासानी *(lā-sānī)* वि. (अ.) matchless; uncomparable; peerless.

लिंग *(ling)* पु. mark; spot; sign; token; genital organ; phallus deity representing Shiva; gender; sign of gender or sex.

लिए *(liye)* क्रि. वि. for; for the sake (of); on account (of).

लिखत *(likhat)* स्त्री. writing.

लिखत-पढ़त *(likhat-parhat)* स्त्री. documentation; document, written deed.

लिखना *(likhanā)* स. क्रि. to write; to register; to note down; to copy; to compose (a work etc.).

लिखवाना *(likhavānā)* स. क्रि. to cause to be written or recorded.

लिखाई *(likhāī)* स्त्री. act of writing; wages or remuneration for writing or copying; art or business of writing.

लिखाना *(likhānā)* स. क्रि. to cause to write; to dictate.

लिखा-पढ़ा *(likhā-parhā)* *वि.* educated; literate.

लिखा-पढ़ी *(likhā-parhī)* *स्त्री.* correspondence; written agreement.

लिखावट *(likhāvaṭ)* *स्त्री.* manner of writing; handwriting.

लिखित *(likhit)* *वि.* written; recorded.

लिटाना *(liṭānā)* *स. क्रि.* to cause to lie down; to lay (one) down.

लिथड़ना *(litharṇā)* *अ. क्रि.* to be besmeared.

लिपटना *(lipaṭanā)* *अ. क्रि.* to cling (to); to adhere (to); to twine or coil (round); to embrace; to concentrate on a work.

लिपटाना *(lipaṭānā)* *स. क्रि.* to fold to wrap (round) to twine or wind (round etc.); to embrace.

लिपना *(lipanā)* *अ. क्रि.* to be washed over; to be white-washed; to be smeared; to be plastered or coated.

लिपवाना *(lipavānā)* *स. क्रि.* to cause to plaster; to cause to smear.

लिपाई *(lipāī)* *स्त्री.* act or plastering; wages paid for plastering.

लिपि *(lipi)* *स्त्री.* writing; script.

लिपिक *(lipik)* लिपिकार *पु.* scribe; clerk.

लिपिबद्ध *(lipibadh)* *वि.* written; recorded.

लिप्त *(lipt)* *वि.* attached; involved; engrossed.

लिप्यंतरण *(lipyantran)* *पु.* transcription; transliteration.

लिप्सा *(lipsā)* *स्त्री.* ardent desire for getting or regaining; lure; greed.

लिफ़ाफ़ा *(lifāfā)* *पु.* *(अ.)* cover of a letter; envelope; wrapper; outward case; outward show.

लिबास *(libās)* *पु.* *(अ.)* apparel; clothes; dress; attire.

लियाक़त *(liyāqat)* *स्त्री.* *(अ.)* skill; ability; merit; propriety; fitness.

लिसलिसा *(lislisā)* *वि.* viscous.

लिहाज़ *(lihāz)* *पु.* *(फा.)* respect; deference; regard; consideration; shame; hesitation.

लिहाज़ा *(lihāzā)* *क्रि. वि.* *(अ.)* therefore; thus; consequently.

लिहाफ *(lihāf)* *पु.* *(अ.)* quilt.

लीक *(lik)* *स्त्री.* mark (of a cart wheel); wheeस.track; rut; track; trace; established practice; custom; rule.

लीख *(līkh)* *स्त्री.* tiny louse.

लीचड़ *(licar)* *वि.* sluggish; slothful; clumsy; stingy.

लीन *(līn)* *वि.* completely absorbed; completely merged; devoted; engrossed; vanished; disappeard.

लीपना *(līpanā)* *स. क्रि.* to plaster; to coat; to smear.

लीपा-पोती *(līpā-potī)* *स्त्री.* plastering and white washing; patching up

लीला *(līlā)* *स्त्री.* play; sport; stage representation (of the deeds of divine incarnations); mysterious acts or happenings.

लुंगी *(luṅgi)* *स्त्री.* cloth-sheet worn round legs.

लुंज *(luṁj)* *वि.* crippled (parson).

लुंजपुंज *(luṁj-puṁj)* *वि.* flaccid and feeble; without muscles; mangled and mutilated.

लुका-छिपी *(lūkā-cipī)* *स्त्री.* hide and seek; clandestine existence.

लुकाना *(lukānā)* *स. क्रि.* to hide; to conceal.

लुगदी *(lugdī)* स्त्री. pulp.

लुगाई *(lūgāī)* स्त्री. woman; wife.

लुच्चा *(luccā)* वि. base; depraved; lewd.

लुटना *(luṭanā)* अ. क्रि. to be plundered; to be robbed; to be deprived.

लुटाना *(luṭānā)* स. क्रि. to squander; to give away liberally; to sell at a very cheep rate.

लुटिया *(luṭiyā)* स्त्री. small round utensil.

लुटेरा *(luṭerā)* पु. plunderer; robber; bandit; free booter.

लुढ़कना *(lurhaknā)* अ. क्रि. to roll down; to topple over; to tumble down.

लुत्फ़ *(lutf)* पु. (अ.) fun; pleasure; enjoyment; elegance; grace; beauty.

लुप्त *(lupt)* वि. dropped; elided; obsolete; out of use; extinct.

लुब्ध *(lubdh)* वि. charmed; attracted; covetous; greedy; avaricious.

लुभाना *(lubhānā)* अ. क्रि. to be allured;tempted; to tantalize; to allure to tempt.

लुभावना *(lubhāvanā)* वि. charming; attractive; alluring.

लुहार *(luhār)* पु. blacksmith.

लू *(lū)* स्त्री. hot wind of summer; sun-stroke.

लूट *(lūt)* स्त्री. plunder; robbery; booty; spoil.

लूटना *(lūṭanā)* स. क्रि. to plunder; to rob; to charge exorbitantly; to extort.

लूला *(lūlā)* वि. handless; crippled; handicapped.

लेई *(leī)* स्त्री. adhesive paste prepared from fine flour.

लेकिन *(lekin)* क्रि. वि. but; however; yet.

लेख *(lekh)* पु. handwriting; written document; article.

लेखक *(lekhak)* पु. writer; author.

लेखन *(lekhan)* पु. writing; painting; sketching.

लेखनी *(lekhanī)* pen.

लेखा *(lekhā)* पु. account; calculation; return.

लेखाकार *(lekhākār)* पु. accountant.

लेखा-जोखा *(lekhā-jokhā)* पु. calculation of accounts.

लेखा-परीक्षक *(lekhā-pariksak)* पु. auditor.

लेखा-परीक्षण *(lekhā-pariksan)* पु. auditing.

लेखा-परीक्षा *(lekhā-pariksā)* स्त्री. audit.

लेखा-बही *(lekhā-bahī)* स्त्री. account book; cash-book.

लेखिका *(lekhikā)* स्त्री. authoress.

लेटना *(leṭanā)* अ. क्रि. to repose; rest; to lie down; to lie prostrate.

लेन-देन *(len-den)* पु. money-transaction; money-lending.

लेना *(lenā)* स. क्रि. to hold; grasp; lay hold of; to get; obtain; to buy; purchase; to seize; capture; take possession of; to borrow.

लेना-देना *(lenā-denā)* पु. transaction; dealing; concern.

लेप *(lep)* पु. smearaing; plastering; coating; plaster in general; ointment; liniment.

लेपना *(lepanā)* स. क्रि. to coat; to anoint.

लैंगिक *(laiṅgik)* वि. sexual; phallic.

लोई *(loi)* स्त्री. a kind of woollen blanket; small ball of doughed flour to be spread into bread.

लोक *(lok)* पु. the world; the earth; people or subjects.

लोककथा *(lok-kathā)* लोकगाथा स्त्री. popular legend; folk-tale.

लोकगीत *(lokgīt)* पु. folk song.

लोकतंत्र *(loktantra)* पु. democracy.

लोकतांत्रिक *(loktāntrik)* वि. democratic.

लोकनाट्य *(loknātya)* पु. folk-drama.

लोकनिधि *(loknidhī)* स्त्री. public fund.

लोकनीति *(loknitī)* स्त्री. folk-ethics; public policy.

लोकनृत्य *(lok-nrtya)* पु. folk-dance.

लोकप्रिय *(lokpriya)* वि. popular.

लोकप्रियता *(lokpriyatā)* स्त्री. popularity.

लोकमत *(lokmat)* पु. public opinion.

लोकसंपर्क *(lok-sampark)* पु. public relations.

लोकसभा *(loksabhā)* स्त्री. House of the people; House of Commons.

लोकसाहित्य *(lok-sāhitya)* पु. folkliterature.

लोकसेवक *(lok-sevak)* पु. public servant.

लोकसेवा-आयोग *(lok-sevā-āyog)* पु. Public Service Commission.

लोकहित *(lok-hit)* पु. public welfare; public interest.

लोकाचार *(lokācār)* पु. common practice; popular or general custom.

लोकातीत *(lokātīt)* वि. extra-mundane; transcendent (al).

लोकोक्ति *(lokākit)* स्त्री. proverb; popular saying.

लोकोत्तर *(lokottar)* वि. supernatural; transcendental; extra-worldly.

लोकोपकार *(lokopakār)* पु. public welfare; philanthropy.

लोकोपकारी¹ *(lokopakārī)* वि. pertaining to public good; philanthropic; humanitarian.

लोकोपकारी² *(lokopakārī)* पु. philanthropist.

लोकोपयोगी *(lokopayogī)* वि. useful for people in general.

लोच *(loc)* स्त्री. flexibility; elasticity.

लोचदार *(locdār)* वि. elastic; flexible.

लोचन *(locan)* पु. eye.

लोटना *(loṭnā)* अ. क्रि. to welter; to roll.

लोट-पोट *(lot-pot)* स्त्री. rolling or tossing about.

लोटा *(loṭā)* पु. a small round metal utensil.

लोढ़ा *(loṛhā)* पु. stone pestle; pounder.

लोप *(lop)* पु. omission; dropping; extinction; elision.

लोपन *(lopan)* पु. concealment; extinction.

लोभ *(lobh)* पु. eagerness; desire; longing; temptation; covetousness; greediness; avarice.

लोभी *(lobhī)* वि. covetous; greedy; avaricious.

लोम *(lom)* पु. hair on the body of men or animal; fur.

लोमहर्षक *(lomharsak)* वि. horripilating; thrilling.

लोमड़ी *(lomrī)* स्त्री. fox.

लोरी *(lorī)* स्त्री. lullaby.

लोलुप *(lolup)* वि. covetous; greedy; very desirous; very eager.

लोलुपता *(lolupatā)* स्त्री. covetousness; greed; eager desire or longing.

लोहा *(lohā)* पु. iron.

लोहार *(lohār)* पु. blacksmith.

लोहित *(lohit)* वि. red; red-coloured;

scarlet.

लोहिया *(lohiyā)* पु. iron-seller.

लाहू *(lohū)* पु. blood.

लौंग *(laumg)* स्त्री. clove; nose-stud.

लौ *(lau)* स्त्री. flame; glow; devotion; ardent desire; longing; craving.

लौकिक *(laukik)* वि. wordly; mundane; customary.

लौट *(laut)* स्त्री. return.

लौटना *(lauṭanā)* अ. क्रि. to return; to turn back; to go back on one's word; turn; to change.

लौटाना *(lauṭānā)* स. क्रि. to return; to send back.

लौह[1] *(lauh)* पु. iron; weapon; arm.

लौह[2] *(lauh)* वि. made of iron or copper; red.

व *(va)* the fourth of the semi-vowel series of the Devnagri alphabets.

वंग *(vang)* पु. name of Indian State Bengal

वंचक *(vañcak)* पु. cheat; deceiver; sharper; jackal; domesticated mongoose.

वंचना[1] *(vañcanā)* स्त्री. cheating; deception; deceit; fraud.

वंचना[2] *(vañcanā)* स. क्रि. to deceive; to cheat.

वंचित *(vañcit)* वि. deprived; devoid; deceived; cheated.

वंदन *(vandan)* पु. reverence; worship; praise; salutation; invocation.

वंदना *(vandanā)* स्त्री. adoration; salutation; invocation.

वंदनीय, वंद्य *(vandaniya)* वि. worthy of worship; adorable; worthy of reverence.

वंध्य *(vandhya)* वि. unproductive; sterile; fruitless; faulty; defective.

वंध्यकरण *(vandhyakaran)* पु. sterilization.

वंध्यता *(vandhyatā)* स्त्री. sterility.

वंध्या *(vandhyā)* स्त्री. sterile woman or cow.

वंश *(vaṃś)* पु. species; lineage; dynasty; family.

वंशगत *(vaṃśgat)* वि. ancestral; lineal.

वंशज *(vaṃśaj)* पु. progeny; descendant.

वंश-परंपरा *(vaṃś-paramparā)* स्त्री. lineage; family tradition.

वंशवृत्त *(vaṃśvrit)* पु. genealogy.

वंशानुक्रम *(vaṃśā-nukram)* पु. genealogy; family succession; pedigree.

वंशानुगत *(vaṃśanugat)* see वंशगत।

वंशावली *(vaṃśavali)* स्त्री. pedigree.

वंशी *(vaṃśī)* स्त्री. flute; pipe.

वकालत *(vakālat)* स्त्री. (अ.) legal practice; pleadership; advocacy.

वकालत-नामा *(vakālat-nāmā)* पु. power of attorney.

वकील *(vakīl)* पु. (अ.) attorney; pleader; lawyer; counsellor.

वक़्त *(vaqt)* पु. (अ.) time; opportunity.

वक्तव्य *(vaktavya)* पु. speech; statement; condemnation.

वक्ता *(vaktā)* पु. spokesman; speaker; lecturer; learned person.

वक्तृत्व *(vaktṛatva)* पु. ability to speak well; eloquence; elocution.

वक्र *(vakr)* वि. curved; curled; bent; crooked; cunning; cruel.

वक्रगति *(vakrgatī)* वि. reserve.

वक्रोक्ति *(vakrokti)* स्त्री. pun; equivocation; insinuation.

वक्ष *(vakṣa)* पु. breast; bosom; chest.

वक्षस्थल *(vakṣ-sthal)* पु. breast chest.

वग़ैरह *(vagairah)* क्रि. वि. etcetera.

वचन *(vacan)* पु. speech; utterance; promise; (gram). number.

वचनबद्ध *(vacan-badh)* वि. committed.

वचनबद्धता *(vacan-badhatā)* स्त्री. commitment.

वचनभंग *(vacanbhang)* पु. breach of promise.

वज़न *(vazan)* पु. (अ.) load; weight; importance; value.

वज़नदार *(vazandār)* वि. (अ.) heavy; weighty; important.

वज़नी *(vazanī)* वि. heavy; important.

वज़ह *(vajah)* स्त्री. reason; cause; source.

वज़ीफ़ा *(vazīfā)* पु. (अ.) scholarship; stipend.

वज़ीर *(vazīr)* पु. (अ.) minister; secretary; ambassador; a chessman.

वज्र *(vajra)* पु. Lord Indra's weapon; lightening; thunderbolt; any fatal weapon.

वज्रपात *(vajrapāt)* पु. the fall of a thunderbolt; a stroke of lightening.

वज्राघात *(vajrāghāt)* पु. calamity; stroke of lightening or thunderbolt.

वट *(vaṭ)* पु. banyan tree.

वणिक् *(vaṇik)* पु. merchant; trader.

वतन *(vatan)* पु. (अ.) native country; native place.

वत्स *(vats)* पु. child; offspring.

वत्सल *(vatsal)* पु. affectionate.

वत्सलता *(vatsalatā)* स्त्री. fondness; affection.

वदन *(vadan)* पु. mouth; face; countenance.

वध *(vadh)* पु. murder; slaughter.

वधशाला *(vadhśālā)* स्त्री. slaughter home.

वधु *(vadhū)* स्त्री. bride; wife.

वन *(van)* पु. forest;woods; garden.

वनमानुष *(van-mānush)* पु. chimpanzee.

वनराज *(van-rāj)* पु. lion; king of forest.

वनरोपण *(van-ropan)* पु. afforestation.

वनवर्धन *(van-vardhan)* पु. selviculture.

वनवास *(van-vas)* पु. exile; banishment.

वनवासी *(van-vāsī)* पु. one who lives in a forest; an exile.

वनविज्ञान *(van-vijnān)* पु. forestry.

वनस्थली *(vanasthalī)* स्त्री. woodland.

वनस्पति *(vanaspati)* स्त्री. vegetation.

वनस्पति-विज्ञान *(vanaspati-vijnān)* पु. botany.

वनिता *(vanitā)* स्त्री. woman.

वन्य *(vanya)* वि. growing or produced in woods; wild; uncultured; savage.

वफ़ा *(vafā)* पु. (अ.) dutifulness; faithfulness; loyality; fulfilment of a promise.

वफ़ादार *(vafādār)* वि. (अ.) faithful; honest; true; loyal.

वफ़ादारी *(vafādārī)* स्त्री. (अ.) faithfulness; fidelity; loyalty; sincerity; dutifulness.

वबाल *(vabāl)* पु. (अ.) difficulty; burden; curse.

वमन *(vaman)* पु. vomiting; vomit.

वय *(vay)* पु. age; youth; bird; vitality; health.

वयस्क[1] *(vayask)* वि. relating to age; mature; major; adult (in law).

वयस्क[2] *(vayask)* पु. adult; major.

वयस्कता *(vayaskatā)* स्त्री. adulthood.

वयोवृद्ध *(vayo-vridh)* वि. old; elderly; venerable.

वर *(var)* पु. selection; choice; bridegroom; husband; boon; blessing; gift; present.

वरक़ *(varaq)* पु. (अ.) sheet of paper; leaf of a book; foil of gold or silver; petal.

वरज़िश *(varziś)* स्त्री. (फ़ा.) exercise; physical labour.

वरण *(varaṇ)* पु. choice; selection; choice of a partner for marriage; request; protection; riddance.

वरदान *(vardān)* पु. favour; blessing; boon.

वरदी *(vardī)* स्त्री. (अ.) uniform.

वरन् *(varan)* अ. but; on the other hand.

वरना *(varnā)* क्रि. वि. otherwise; else.

वरम *(varam)* पु. (अ.) swelling.

वराह *(varāh)* पु. boar; hog; pig.

वरिष्ठ *(variṣṭh)* वि. great and respectable; senior; high etc.

वरिष्ठतता *(variṣṭhtatā)* स्त्री. seniority.

वरीयता *(varīyatā)* seniority.

वरुण *(varuṇ)* पु. Vedic god of water; the planet Neptune.

वर्ग *(varg)* पु. class; community; species; party; faction; group; square.

वर्गहीन *(varghin)* प. classless.

वर्गीकरण *(vargīkaraṇ)* पु. classification; grouping.

वर्गीकृत *(vargikṛt)* वि. classified.

वर्जन *(varjan)* पु. prohibition; restriction; avoidance.

वर्जनीय *(varjanīya)* वि. worth deserting or forsaking; restricted; worth prohibiting; improper; undesirable.

वर्जित *(varjit)* वि. forbidden; left; remaining; devoide; excluded unacceptable; prohibited.

वर्ण *(varṇ)* पु. colour; dye; caste.

वर्णक्रम *(varṇkarm)* पु. alphabetical arrangement; spectrum.

वर्णन *(varṇan)* description; account; colouring; writing; praise; mention.

वर्णनात्मक *(varṇātmak)* वि. descriptive.

वर्णनीय *(varṇanīya)* वि. fit to be described.

वर्णमाला *(varṇmālā)* स्त्री. alphabet.

वर्णव्यवस्था *(varṇvyavasthā)* स्त्री. caste system.

वर्णसंकर *(varṇsaṁkar)* वि. from parents of different castes.

वर्णाश्रम *(varanāśram)* पु. Hindu system of communities.

वर्तनी *(vartanī)* स्त्री. spelling (of a word).

वर्तमान *(vartamān)* वि. existing; current; in force; present.

वर्तिका *(vartikā)* स्त्री. wick (of a

lamp); stick; pointed brush.

वर्तुल *(vartul)* वि. round; circular; orbiculate.

वर्दी *(vardi)* uniform.

वर्द्धन, वर्धन *(vardhan)* पु. act of increasing or growing; increase; growth.

वर्म *(varm)* पु. (अ.) inflammation; swelling.

वर्ष *(varṣ)* पु. year.

वर्षगाँठ *(varṣ-gānth)* स्त्री. birth anniversary; birthday.

वर्षण *(varṣaṇ)* पु. falling of rain.

वर्षा *(varṣā)* स्त्री. rains; monsoon.

वल्कल *(valkal)* पु. bark of a tree; garment made of bark.

वल्द *(vald)* पु. (अ.) son (of).

वल्दियत *(valdiyat)* स्त्री. (अ.) fathers name; parentage.

वल्मीक *(valmik)* पु. ant-hill.

वल्लभ[1] *(vallabh)* पु. beloved; dear; chief.

वल्लभ[2] *(vallabh)* पु. beloved person; husband.

वल्लरि, वल्लरी *(vallari)* स्त्री. creeper; sprout.

वश *(vaś)* पु. power; capacity; control.

वशीकरण *(vaśīkaran)* पु. overcoming by charms; spell etc.; means of subjugating or fascinating.

वशीभूत *(vaśībhūt)* subjudigated; undercontrol; fascinated; enchanted.

वसंत *(vasant)* पु. spring season.

वसन *(vasan)* पु. cloth; clothes; dress; garment; apparel; attire; dwelling; residing.

वसा *(vasā)* स्त्री. fat; marrow; pith.

वसीअत, वसीयत *(vasīyat)* स्त्री. (अ.) will; testament; bequest; legacy.

वसीयतनामा *(vasīyat-nāmā)* पु. (अ.) will.

वसुंधरा *(vasundharā)* स्त्री. the earth.

वसूल *(vasūl)* वि. (अ.) received; collected (funds; etc.).

वसूली *(vasūlī)* स्त्री. receipt; realisation; recovery; collection.

वस्तु *(vastu)* स्त्री. thing; material; object; article.

वस्तुतः *(vastutaha)* क्रि. वि. actually; in reality.

वस्तुनिष्ठ *(vastunisth)* वि. objective.

वस्तुस्थिति *(vastu-sthiti)* स्त्री. reality.

वस्त्र *(vastra)* पु. cloth; clothes.

वह *(vah)* सर्व. that; he; she.

वहन *(vahan)* पु. carrying; bearing; conveying.

वहम *(vaham)* पु. (अ.) false doubt or notion; superstition.

वहशत *(vahśat)* स्त्री. savagery; embarrassment; excitement.

वहशी *(vahsī)* वि. barbarous; savage; rustic.

वहशीपन *(vahśīpan)* पु. savagery; barbarousness; madness.

वहाँ *(vahām̐)* क्रि. वि. there.

वहीं *(vahīm)* क्रि. वि. at that very place; there itself.

वही *(vahi)* सर्व. that very one; the same; he himself; the same.

वह्नि *(vahni)* पु. fire.

वांछनीय *(vāñchanīya)* वि. desirable; worthy of desire.

वांछनीयता *(vāñchanīyatā)* स्त्री. desirability.

वांछित *(vāñchit)* वि. wished; desired.

वाक़ई *(vāqaī)* क्रि. वि. (अ.) really; actually.

वाक़िफ़ *(vāqif)* वि. (अ.) conversant; familiar.

वाक़फ़ीयत *(vāqafiyat)* स्त्री. (अ.) acquaintance; knowledge; familiarity.

वाक् *(vāk)* स्त्री. speech; expression; saying.

वाक्पटु *(vāk-patu)* वि. eloquent; skilled in speech.

वाक्पटुता *(vāk-patutā)* स्त्री. eloquence.

वाक्य *(vākya)* पु. sentence.

वाग्जाल *(vāg-jāl)* पु. equivocation; multiloquence; grandiloquence.

वाग्दान *(vāg-dan)* पु. betrothal; engagement.

वाङ्मय *(vāṅmay)* पु. literature; treatise.

वाचक *(vacak)* पु. reader; speaker; messenger; important word; noun; name.

वाचन *(vācan)* पु. perusal; statement; narration.

वाचनालय *(vācanālya)* पु. reading room.

वाचाल *(vācāl)* वि. talkative; garrulous.

वाचालता *(vācālatā)* स्त्री. talkativeness; loquaciousness; garrulity.

वाजिब *(vājib)* वि. (अ.) reasonable; proper.

वाटिका *(vāṭikā)* स्त्री. small garden.

वाणिज्य *(vānijya)* पु. commerce; trade.

वाणिज्यदूत *(vānijya-dut)* पु. commercial counsel.

वाणी *(vāṇī)* स्त्री. voice; words; speech; tongue; the goddess of speech; Saraswati.

वात *(vāt)* पु. air; air as one of the three humours of body; gout.

वातानुकूलन *(vātānukulān)* पु. air-conditioning.

वातानुकूलित *(vātānukulit)* वि. air-conditioned.

वातायन *(vātāyan)* पु. ventilator; window.

वातावरण *(vātāvaran)* पु. atmosphere; environment.

वात्सल्य *(vātsalya)* पु. affection or tenderness towards offspring.

वाद *(vād)* पु. discussion; controversy; suit; case; dispute; theory.

वादक *(vādak)* पु. musician; speaker; debator on religious scriptures etc.; a special style of beating drum.

वादन *(vādan)* पु. playing upon a musical instrument.

वाद-विवाद *(vād-vivād)* पु. dispute; controversy; discussion.

वादा *(vādā)* पु. (अ.) promise; pledge for repayment of debt.

वादी *(vādī)* पु. plaintiff; appellant; complainant; (music) keynote; expounder of a theory.

वाद्य *(vādya)* पु. musical instrument.

वाद्यवृंद *(vādya-vrṇd)* पु. orchestra.

वाद्यसंगीत *(vādya-saṁgita)* पु. instrumental music.

वानर *(vānar)* पु. monkey; ape.

वापस *(vāpas)* वि. (फ़ा.) returned.

वापसी *(vāpsī)* स्त्री. return; retreat.

वाम *(vām)* वि. left; opposite; adverse; wicked. vile; bad.

वामन *(vāman)* वि. dwarfish; bent; mean; low.

वामपंथ *(vām-panth)* पु. leftism.

वामपंथी *(vām-panthī)* पु. leftist; follower of leftism.

वामा *(vāmā)* स्त्री. woman; goddess Durga; Lakshmi; Saraswati; Gauri; mother of Tirthankar Parshvanath.

वायदा *(vāydā)* पु. (अ.) promise.

वायस *(vāyas)* पु. crow.

वायु *(vāyu)* स्त्री. air; breath.

वायुमंडल *(vāyumandal)* पु. atmosphere.

वायुमिति *(vāyumiti)* स्त्री. aerometrics.

वायुयान *(vāyuyān)* पु. aeroplane.

वायुलेखी *(vāyu-lekhi)* पु. aerograph.

वायुविज्ञान *(vāyu-vygnan)* पु. aerology.

वायुसेना *(vāyusenā)* स्त्री. air-force.

वायुमार्ग *(vāyumarg)* पु. air-route.

वार *(vār)* पु. day (of the week); assault; attack; blow; lid; door.

वारदात *(vārdāt)* स्त्री. (अ.) incident; occurrence.

वारना *(vārnā)* स. क्रि. to wave (anything) round or over one as a means of averting evil etc.; to sacrifice.

वारांगणा वारांगना *(vārānganā)* स्त्री. prostitute; harlot.

वारा-न्यारा *(vāra-nyārā)* पु. huge gains; heavy profits; settlement; reconciliation; termination.

वारि *(vāri)* पु. water; rain; circle.

वारिज *(vārij)* पु. lotus; fish; conch.

वारिद *(vārid)* पु. cloud.

वारिस *(vāris)* पु. (अ.) heir; successor.

वारुणी *(vāruṇi)* स्त्री. wine.

वार्त्ता, वार्ता *(vārtā)* स्त्री. conversation; talk; speech; rumour.

वार्त्ताकार, वार्ताकार *(vārtākār)* पु. speaker; talker.

वार्त्तालाप *(vārtālāp)* पु. conversation; parley; talk.

वार्षिक *(vārṣik)* वि. annual; yearly.

वालिद *(vālid)* पु. (अ.) father.

वालिदा *(vālidā)* स्त्री. (अ.) mother.

वालदैन *(vāldain)* पु. (अ.) parents.

वावैला *(vāvailā)* पु. (अ.) wailing.

वाष्प *(vāsp)* पु. steam; vapour; tear.

वास *(vās)* पु. dwelling; living; residence; home; house; smell; flavour.

वासना *(vāsanā)* स्त्री. desire; longing; craving; lust.

वासर *(vāsar)* पु. day.

वासी *(vāsī)* वि. resident; inhabitant.

वास्तव *(vāstav)* पु. substance; reality; fact; truth.

वास्तविक *(vāstavik)* वि. actual; real; true; factual; substantial.

वास्तविकता *(vāstavikatā)* स्त्री. reality.

वास्ता *(vāstā)* पु. (अ.) relationship; connection; friendship.

वास्तु *(vāstu)* पु. building; site; foundation of a house.

वास्तुकला *(vāstukalā)* स्त्री. architecture.

वास्तुविद *(vāstuvid)* पु. architect.

वास्ते *(vāste)* क्रि. (अ.) for the sake (of); on account (of); by reason (of); on or in behalf of.

वाह *(vāh)* क्रि. वि. (फा.) well done ! fine ! excellent !

वाहक *(vāhak)* पु. porter; carrier; charioteer; rider; bearer; conductor.

वाहन *(vāhan)* पु. conveyance; carriage vehicle.

वाहवाही *(vāhvāhi)* स्त्री. (फा.) cheers; applause.

वाहिनी *(vāhinī)* स्त्री. army; a division of army.

वाहियात *(vāhiyāt)* वि. (फा.) useless;

nonsensical; worthless; vulgar.

विंदु *(vindu)* पु. see बिंदु।

विकट *(vi-kaṭ)* वि. difficult; ticklish; formidable; horrible; dreadful; huge; ugly.

विकराल *(vi-karāl)* वि. dreadful; horrible; frightful; formidable.

विकर्षण *(vi-karśan)* पु. pulling under; dragging; dislike; hatred; disinclination; repulsion; aversion.

विकल *(vi-kal)* वि. restless; uneasy; maimed; scared; discouraged; incomplete; belittled.

विकलता *(vi-kalatā)* स्त्री. scare; uneasiness; discouragement.

विकलांग *(vi-kalāng)* वि. multimated; maimed; disabled.

विकल्प *(vi-kalp)* पु. option; alternative; uncertainty; ambiguity.

विकसित *(vi-kasit)* वि. developed; budded; blown; bloomed.

विकार *(vi-kār)* पु. perversion; defilement; disorder; deterioration; disease.

विकास *(vi-kas)* पु. budding; blooming; development; evolution; growth.

विकासवाद *(vikāsvād)* पु. evolutionism.

विकासशील *(vikāsīl)* वि. developing.

विकीर्ण *(vi-kīrn)* वि. scattered; dishevelled; full; famous.

विकृत *(vi-kṛt)* वि. defiled; corrupted; deformed; disfigured; transformed; unnatural; incomplete; agitated.

विकृति *(vi-kṛti)* स्त्री. changed form; disfigurement; modification; transformation; deformation; corruption; abnormal or sudden event disease; excitement; lust; animosity; abortion.

विक्रम *(vi-kram)* स्त्री. valour; power; bravery; movement; manner; way; path; stability.

विक्रमी *(vi-kramī)* वि. valiant; heroic; related to Vikram.

विक्रांत *(vi-krānt)* वि. valiant; mighty; pre-eminent; heroic; radiant; effulgent.

विक्रेता *(vi-kretā)* पु. salesman; seller; vendor; dealer.

विक्षत *(vikshat)* वि. wounded; hurt; injured.

विक्षिप्त *(vi-kṣipt)* वि. mad lunatic; crazy; bewildered; perplexed; thrown; scattered.

विक्षिप्तता *(vi-kṣiptatā)* स्त्री. lunacy; bewilderment; restlessness.

विक्षुब्ध *(viksubdha)* स्त्री. agitated; disturbed; restless; indignant.

विक्षेपण *(vi-kṣepaṇ)* पु. dissemination; throwing; despatch; shaking; pulling bowstring; hindrance.

विक्षोभ, विक्षोभण *(vikśobn)* पु. agitation; perturbation; disorder; disturbance; mental restlessness.

विख्यात *(vi-khyāt)* वि. famous; renowned; designated; recognised.

विगत *(vi-gat)* वि. past; last; destitute or deprived; dead.

विगलित *(vi-galit)* वि. dissolved; melted (heart); disappeared; oozy; oozing.

विग्रह *(vi-grah)* पु. analysis; quarrel; discord; war; battle; shape; form; body; statue; idol; enlargement; extension; division.

विग्रही *(vi-grahī)* वि. warlike; bellicose; idolatrous.

विघटन *(vi-ghaṭan)* पु. breaking up; destruction; ruin; disintegration.

विघटनकारी *(vi-ghaṭankārī)* वि. destructive; disruptive.

विघ्न *(vi-ghna)* पु. obstacle; impediment; disturbance; hindrance; obstruction; disruption.

विघ्नकारी *(vi-ghnakārī)* वि. causing obstacle or interruption; impeding; hindering; disturbing.

विचरण *(vi-caraṇ)* पु. wandering; walk; saunter; ramble; tour.

विचरना *(vi-carnā)* अ. क्रि. to wander; to walk; to saunter.

विचलित *(vi-calit)* वि. moved or deviated (from promise; principle or place); unsteady; fickle; troubled; disturbed; restless.

विचार *(vi-cār)* पु. reflection; deliberation; pondering; view; thought; idea; consideration.

विचारिक *(vi-cārak)* पु. thinker; philosopher.

विचारगोष्ठी *(vi-cār-gośthi)* स्त्री. seminar.

विचारणीय *(vi-cāraṇīya)* वि. needing consideration or deliberation; doubtful; under consideration; verifiable.

विचारधारा *(vi-cār-dhārā)* स्त्री. ideology.

विचारना *(vi-cārnā)* स. क्रि. to think; deliberate.

विचारपूर्ण *(vi-cār-puran)* स्त्री. thoughtful; reflective.

विचारपूर्वक *(vi-car-purvak)* क्रि. वि. thoughtfully.

विचार मग्न *(vicār-magan)* वि. engrossed in thought; pensive; in a reverie.

विचारवान् *(vicārvān)* वि. thoughtful; considerate.

विचार-विमर्श *(vicār-vimarś)* पु. deliberation .

विचारशील *(vicārsīl)* पु. considerate; deliberative; reflective; thoughtful.

विचारहीन *(vicārhin)* वि. thoughtless.

विचाराधीन *(vicārādhin)* वि. under-consideration.

विचारोत्तेजक *(vicārotejak)* वि. stimulating; thought-provoking.

विचित्र *(vi-citr)* वि. unusual; strange; peculiar; queer; curious; wonderful; surprising.

विचित्रता *(vi-citratā)* स्त्री. unusualness; strangeness; wonderfulness; peculiarity.

विच्छिन्न *(vi-cchinn)* वि. cut off or split; torn asunder; separated; ceased; ended; crooked.

विच्छेद *(vi-cched)* पु. cutting; splitting; amputation; brokenness; break; separation; cessation; end.

विछोह *(vi-choh)* पु. separation.

विजन *(vi-jan)* पु. lonely place; wilderness; lack of witness.

विजय *(vi-jay)* स्त्री. victory; conquest; success.

विजयचिन्ह *(vi-jay-cīnha)* पु. trophy.

विजया *(vi-jayā)* स्त्री. goddess Durga; triumphal festivity.

विजयी *(vi-jayī)* वि. victorious; successful.

विजातीय *(vi-jātīya)* वि. of different caste; tribe or kind; heterogeneous.

विजित *(vi-jit)* वि. conquered; defeated; vanquished.

विजेता *(vi-jetā)* पु. conqueror; victor; winner.

विज्ञ *(vi-jña)* वि. conversant; expet; learned.

विज्ञप्ति *(vi-jñāpti)* स्त्री. notice; communique; act of informing; pamphlet; notification.

विज्ञान *(vi-jñān)* पु. science.

विज्ञापन *(vi-jñāpan)* पु. advertisement; handbill; announcement.

विज्ञापनदाता *(vi-jñāpandātā)* पु. advertiser.

विज्ञापित *(vi-jñāpit)* वि. advertised; informed; made known; notified.

विटप *(viṭap)* पु. tree.

विडंबना *(vi-ḍambanā)* स्त्री. mockery; scoff; irony; ridicule.

वितरण *(vi-taraṇ)* पु. distribution; disbursement; delivery.

वितरित *(vi-tarit)* वि. distributed; disbursed; delivered.

वित्त *(vitt)* पु. wealth; property; finance; authority; power.

वित्तीय *(vittīya)* वि. financial.

विदग्ध *(vi-dagdh)* वि. learned; skilled; burnt.

विदग्धता *(vi-dagdhatā)* स्त्री. learnedness; scholarship; skill; hedonism.

विदा *(vidā)* स्त्री. (अ.) parting; departure; permission to leave; knowledge; learning; wisdom.

विदारक *(vidārak)* वि. tearing; rending.

विदित *(vidit)* वि. known; learnt; renowned; informed; consentient; promised.

विदीर्ण *(vi-dīrṇ)* वि. torn; broken; killed; spread; opened.

विदुषी *(viduṣī)* स्त्री. wise or learned women.

विदूषक *(vi-dūṣak)* पु. jester; buffoon.

विदेश *(vi-deś)* पु. foreign country.

विदेशी *(vi-deśī)* पु. foreinger.

विद्यमान *(vidyamān)* वि. existent; present; prevalent; real; extant.

विद्यमानता *(vidyamānatā)* स्त्री. existence; presence.

विद्या *(vidyā)* स्त्री. knowledge; learning; education; science; skill.

विद्यार्थी *(vidyārathi)* पु. student; pupil.

विद्यालय *(vidyālaya)* पु. school.

विद्युतीकरण *(vidyutikaran)* पु. electrification.

विद्युत् *(vi-dyut)* स्त्री. lighting; electricity.

विद्युत्दर्शी *(vi-dyutdarsī)* पु. electroscope.

विद्युदणु *(vi-dyutdanu)* पु. electron; proton.

विद्रुम *(vi-drum)* पु. coral; young sprout or shoot.

विद्रुप[1] *(vidrūp)* वि. disfigured; ugly.

विद्रुप[2] *(vidrūp)* पु. the taunt; sarcasm.

विद्रोह *(vi-droh)* पु. rebell; revolt; sedition.

विद्रोही *(vi-drohī)* वि. relating to rebellion; rebellious; insurgent.

विद्वत्ता *(vidvattā)* स्त्री. scholarship; learning; knowledge; erudition.

विद्वत्तापूर्ण *(vidvattāpurn)* वि. scholarly; learned; erudite.

विद्वान्[1] *(vidvān)* पु. scholarly; learned; erudite.

विद्वान्[2] *(vidvān)* पु. scholar; learned person.

विद्वेष *(vidveṣ)* पु. hostily; spite;

illwill; enmity.

विधना *(vidhanā)* स्त्री. destiny.

विधर्म¹ *(vi-dharm)* पु. different religion; injustice; irreligion.

विधर्म² *(vi-dharm)* वि. unjust; unrighteous.

विधर्मी *(vi-dharmī)* वि. irreligious; belonging to different religion; converted.

विधवा *(vidhavā)* स्त्री. widow.

विधा *(vi-dhā)* स्त्री. mode; manner; style; kind; form; section; part.

विधाता *(vi-dhātā)* पु. creator; Hindu god Brahma; maker; legislator; law-maker.

विधान *(vi-dhān)* पु. law; regulation; arrangement; making; doing.

विधायक¹ *(vi-dhāyak)* वि. performing; disposing; doing; making; constructive; arranging; managing; establishing a rule or law.

विधायक² *(vi-dhāyak)* पु. member of legislative assembly (legislative council).

विधि *(vi-dhi)* स्त्री. manner; method; process; law; religious act or ceremony; rite.

विधिक *(vi-dhik)* वि. pertaining to law; applicable in the form of law; legal; in accordance with law.

विधिज्ञ *(vi-dhijna)* पु. legal expert; lawyer.

विधिपूर्वक *(vi-dhipuravak)* क्रि. वि. according to rule or law; duly; formally.

विधिवत् *(vi-dhivat)* क्रि. वि. according to law; in conformity to prescribed rules; in due form; duly; methodically; formally.

विधिवेत्ता *(vi-dhivetā)* पु. jurist; law expert.

विधिशास्त्र *(vi-dhi-śastra)* पु. jurisprudence; secience of law.

विधिशास्त्री *(vi-dhi-śastri)* पु. jurist.

विधुर *(vidhur)* पु. widower.

विधेयक *(vi-dheyak)* पु. legislation.

विध्वंस *(vi-dhvaṃs)* पु. devastation; ruin; destruction; animosity; rancour; hatred; humiliation; dishonour; enmity.

विध्वंसक¹ *(vi-dhvaṃsak)* पु. one who spells devastation; destroyer.

विध्वंसक² *(vi-dhvaṃsak)* पु. devastating; destructive; vile.

विध्वस्त *(vi-dhvast)* वि. ruined; destroyed; scattered.

विनत *(vi-nat)* वि. bent down; bowed; humble; modest; inclined; sunk down; curved; depressed.

विनती *(vi-natī)* स्त्री. request; entreaty.

विनम्र *(vi-namra)* वि. modest; humble; courteous; submissive.

विनम्रता *(vi-namratā)* स्त्री. humbleness; meekness; courtesy; modesty.

विनय *(vi-nay)* स्त्री. polite conduct; good breeding or manners; modesty; humility.

विनयशील *(vi-naysīl)* वि. modest; humble.

विनयी *(vi-nayī)* वि. humble; submissive.

विनष्ट *(vi-naṣṭ)* वि. utterly lost or ruined; perished.

विनाश *(vi-nāś)* पु. destruction; ruin; bad condition; utter loss; annihilation; clamity; breakdown.

विनाशकारी *(vi-nāśkārī)* वि. destructive.

विनिमय *(vi-ni-may)* पु. barter; exchange.

विनियम *(vi-ni-yam)* पु. regulation; prohibition; control; restraint.

विनियोग *(vi-ni-yog)* पु. investment; approtionment; distribution; division; use; application; employment; appropriation.

विनिवेश *(vi-niveś)* पु. entry; admission; settlement; impression.

विनीत *(vi-nīt)* वि. modest; humble; meek; decent; refined; plain; simple; carried away; removed; spread.

विनोद *(vi-nod)* पु. amusement; humour; removal; recreation; earnest desire.

विनोदपूर्ण *(vi-nod-purna)* वि. humorous; jolly.

विनोदप्रिय *(vi-nod-priya)* वि. jocular.

विनोदी *(vo-nodī)* वि. amusing; jovial; humorous; jolly.

विन्यास *(vi-ny-ās)* पु. putting down; placing; laying down; arrangement; adjustment.

विपक्ष *(vi-pakṣ)* पु. opposite party; opposition.

विपक्षी[1] *(vi-pakṣī)* वि. opponent.

विपक्षी[2] *(vi-pakṣī)* पु. enemy; member of the opposition party; rival.

विपत्ति *(vi-patti)* स्त्री. calamity; misfortune; hardship; disaster; oppression.

विपथ *(vi-path)* पु. different way or path; wrong course; indulgence in wrong deeds.

विपदा *(vi-padā)* स्त्री. calamity; grief.

विपद् *(vi-pad)* स्त्री. calamity; misfortune; distress.

विपन्न *(vi-pann)* वि. afflicted; distressed; poor; fallen into adversity; ruined; destroyed; decayed.

विपन्नता *(vi-pannatā)* स्त्री. misfortune; ruin; trouble.

विपरीत *(vi-parît)* वि. opposite; reverse; unfavourable; adverse; disagreeable.

विपरीतता *(vi-parîtatā)* स्त्री. opposition; contrariety.

विपर्यय *(vi-pary-ay)* पु. transposition; reversion.

विपिन *(vipin)* पु. forest; jungle; garden.

विपुल *(vi-pul)* वि. extensive; large; abundant.

विपुलता *(vi-pultā)* स्त्री. extensiveness; largeness; abundance.

विप्र *(vipr)* पु. Brahman; priest; man of knowledge; moon.

विप्रलंभ *(vi-pra-lambh)* पु. separation; feeling or sentiment of lovers in separation; disunion.

विप्लव *(vi-plav)* पु. tumult; affray; insurgency; insurrection; revolt.

विफल *(vi-phal)* वि. fruitless; unsuccessful; useless; worthles; ineffective.

विफलता *(vi-phalatā)* स्त्री. fruitlessness; unprofitableness; failure; uselessness.

विभक्त *(vi-bhakt)* वि. divided; separated; different; decorated; ornamented; measured.

विभक्ति *(vi-bhakti)* स्त्री. (gram.) inflection; division; partition; inherited share; separation.

विभा *(vi-bhā)* स्त्री. lustre; splendour; beauty.

विभाग *(vi-bhāg)* पु. department; division; section; part; portion or share in general; chapter;

management.

विभागाध्यक्ष *(vi-bhāgādhyaksha)* पु. head of the department.

विभागीय *(vi-bhāgīya)* वि. departmental.

विभाजक *(vi-bhājak)* पु. one who divides; divider; distributor.

विभाजन *(vi-bhājan)* पु. act of dividing into shares; division; partition.

विभाजित *(vi-bhājit)* वि. divided; distributed; broken; fragmented.

विभाज्य *(vi-bhājya)* वि. divisible.

विभिन्न *(vi-bhinn)* वि. various; different.

विभिन्नता *(vi-bhinnatā)* स्त्री. variation.

विभीषिका *(vi-bhīṣikā)* स्त्री. means of terrifying; terror; dread.

विभु *(vi-bhu)* वि. supreme; grand; pervasive.

विभूषित *(vi-bhūṣit)* वि. ornamented; adorned; decorated.

विभेद *(vi-bhed)* पु. difference; subdivision; distinction.

विभोर *(vibhor)* वि. engrossed; absorbed; overjoyed; overwhelmed.

विभ्रम *(vi-bhram)* पु. delusion; doubt; hallucination; misunderstanding.

विमर्श *(vi-marś)* पु. critical study; thorough review; deliberation; consultation; consideration.

विमल *(vi-mal)* वि. free from dirt; spotless; flawless; clean; transparent.

विमाता *(vi-mātā)* स्त्री. step mother.

विमान *(vi-mān)* पु. aeroplane; heavenly car (of gods moving; through the skies); bier of a Mahatma; decorated with garlands; open palanquin carried on men's shoulders.

विमान चालक *(vi-mān-cālak)* पु. pilot.

विमान-चालन *(vi-mān-cālan)* पु. aviation; pilotage.

विमानन *(vi-mānan)* पु. aviation.

विमानशाला *(vi-mānśālā)* स्त्री. hanger for aircraft repairs.

विमुक्त *(vi-mukt)* वि. set free; released; liberated; devoid; discharged.

विमुक्ति *(vi-mukti)* स्त्री. release; riddance; exemption.

विमुख *(vi-mukh)* वि. indifferent; adverse; devoid; with the face averted or turned away; disappointed.

विमूढ़ *(vi-murṭh)* वि. foolish; dull of understanding; stupid; tempted; seduced.

विमोचन *(vi-mocan)* पु. freedom; redeem; release.

वियुक्त *(vi-yukt)* वि. detached; dissociated; separated (from); deserted (by).

वियोग *(vi-yog)* पु. disjunction; separation (especially of lovers); bereavement; pangs of separation.

वियोगी *(vi-yogī)* वि. separated from the beloved one.

विरक्त *(vi-rakt)* वि. detached (from the world); indifferent; unconcerned; void of attachment to wordly objects.

विरक्ति *(vi-rakti)* स्त्री. detachment; feeling of renunciation; weariness from the world.

विरह *(vi-rah)* पु. separation; agony of separation; absence.

विरहानल *(virahānal)* पु. agony of

parted lovers.

विरहिणी *(vi-rahiṇī)* स्री. a woman in the pangs of separation from her husband or lover.

विरही *(vi-rāhī)* वि. separated from one's beloved.

विराजना *(vi-rājnā)* अ. क्रि. to look splendid; to shine; to be present; to grace an occasion or place; to be seated.

विराट *(vi-rāṭ)* वि. colossal; gigantic.

विराम *(vi-rām)* पु. cessation; discontinuance; pause in or at the end of the sentence; full stop; rest; repose; halt; interval; intermission.

विरासत *(virāsat)* स्री. (अ.) inheritance; legacy; heritage.

विरुद *(virud)* पु. eulogy; fame; glory.

विरुदावली *(virudāvali)* स्री. a collection of epithets; eulogy.

विरुद्ध *(vi-ruddh)* वि. opposed; contrary; adverse; inimical; hostile.

विरुप *(vi-rūp)* वि. deformed; defaced; ugly; of different types; changed; graceless.

विरुपता *(vi-rūpatā)* स्री. ugliness; deformity; variety.

विरेचक *(vi-recak)* वि. purgative.

विरचेन *(vi-recan)* पु. evacuation of the bowels; purgation; purgative.

विरोध *(vi-rodh)* पु. opposition; contradiction; enmity; discord; rift; restriction; repugnancy; conflict; protestation.

विरोधी *(vi-rodhī)* वि. adverse; hostile; contradictory; contrary; opposite.

विलंब *(vi-lamb)* पु. delay; lethargy.

विलंबित *(vi-lambit)* वि. delayed; suspended; dependent; of slow tempo (music).

विलक्षण *(vi-lakṣaṇ)* वि. peculiar; strange; unique; distinct; prodigious; quaint.

विलक्षणता *(vi-lakṣaṇatā)* स्री. peculiarity; uniqueness; distinctiveness; remarkability; oddity; prodigiousness.

विलग *(vi-lag)* वि. separate; detached.

विलय *(vi-lay)* पु. merger; annihilation; destruction; liquefaction; blend; absorption.

विलसित *(vi-lasit)* वि. sportive; manifested; overjoyed; elated; adorned.

विलाप *(vi-lāp)* पु. lamentation; wailing.

विलायत *(vilāyat)* स्री. (अ.) foreign country.

विलायती *(vilāyatī)* वि. European; foreign.

विलास *(vi-lās)* पु. enjoyment; luxury; amorous playfulness; wantonness.

विलासिता *(vi-lāsitā)* स्री. luxury.

विलासिनी *(vi-lasini)* स्री. fair damsel; lustful lady; prostitute.

विलासी *(vi-lāsī)* वि. lustful; debauched; shining; radiant; sportive.

विलीन *(vilina)* वि. dissolved; melted; merged; vanished; disappeared; dead.

विलुप्त *(vi-lupt)* वि. extinct; vanished; disappeared; destroyed ruined; kidnapped; abducted.

विलेय *(vi-leya)* वि. soluble.

विलेयता *(vi-leyatā)* वि. solubility.

विलोकन *(vi-lokan)* पु. observation; notice; consideration; contemplation

विलोकना *(vilokanā)* स. क्रि. to see; to observe; to search.

विलोकनीय *(vi-lokanīya)* वि. seeable; viewable; noticeable; worth seeing.

विलोप *(vi-lop)* पु. disappearance; extinction; destruction; damage; obstruction; injury; omission; cancellation.

विलोपित *(vi-lopit)* वि. effaced; omitted; eliminated; cancelled.

विलोम *(vi-lom)* पु. reverse; created by reverse order.

विवर, विविर *(vi-var)* पु. hole; burrow; slit; cave; cavity; gap.

विवरण *(vi-varan)* पु. description; narration; particulars; details; commentary.

विवरणिका *(vi-varaṇikā)* स्त्री. report; brochure.

विवश *(vi-vaś)* वि. obliged; helpless; compelled; weak; powerless.

विवशता *(vi-vaśatā)* स्त्री. absence of will; helplessness; compulsion; cause of compulsion.

विवाचक *(vi-vācak)* पु. arbitrator.

विवाचन *(vi-vācan)* पु. arbitration.

विवाद *(vi-vād)* पु. dispute; discussion; quarrel; controversy.

विवादग्रस्त *(vi-vādgrast)* वि. controversial; disputed.

विवादात्मक *(vi-vādātmak)* वि. disputable; controversial.

विवादास्पद *(vi-vādāsped)* वि. controversial; debatable.

विवादी[1] *(vi-vādī)* वि. disputant; discordant.

विवादी[2] *(vi-vādī)* पु. disputer.

विवाह *(vi-vāh)* पु. marriage; nuptials; marriage celebration.

विवाहिता *(vi-vāhitā)* स्त्री. married woman.

विविध *(vi-vidh)* वि. of various sorts or kinds; miscellaneous; variegated.

विविधता *(vi-vidhatā)* स्त्री. variety; miscellany.

विवेक *(vi-vek)* पु. power of discrimination; discretion; real knowledge.

विवेकरहित *(vi-vek-rahit)* वि. indiscreet; imprudent.

विवेकी *(vi-vakī)* वि. discreet; wise.

विवेचक *(vi-vecak)* पु. critic; discriminant.

विवेचन *(vi-vecan)* पु. critical study; review; evaluation; argumentation; expatiation; profound thought.

विशद *(vi-śad)* वि. elaborate; detailed; clear cut; lucid; clean; pure; free from anxiety; calm; stable; charming.

विशाल *(viśāl)* वि. large; big; grand; great.

विशालता *(vi-śaltā)* स्त्री. greatness; largeness; extension.

विशिष्ट *(vi-śiṣṭ)* वि. special; specific; prominent; typical .

विशिष्टत: *(vi-sishtatah)* क्रि. वि. paricularly; in particular.

विशिष्टता *(viśiṣṭatā)* स्त्री. speciality; peculiarity.

विशुद्ध *(viśudha)* वि. completely cleansed or purified; genuine real; pious; free from vice; faultless; without a blemish; pure.

विशुद्धता *(vi-śudhatā)* स्त्री. purity; genuineness.

विशुद्धि *(vi-śudhi)* स्त्री. complete purity; faultessness; genuineness; rectification.

विशुद्धिकरण *(vi-śudhikaran)* पु. purification.

विश्रंखल *(vi-śṛnkhal)* वि. disorderly; chainless; uncontrolled.

विश्रंखलता *(vi-śṛnkhalatā)* स्त्री. disorderliness; disarray.

विशेष *(vi-śeṣ)* वि. particular; special.

विशेषज्ञ *(vi-śeshagna)* पु. expert; specialist.

विशेषज्ञता *(vi-śeshagnatā)* स्त्री. specialisation

विशेषण *(vi-śeṣaṇ)* वि. attribute; epithet; *(gram.)* adjective.

विशेषतः *(vi-śeṣtah)* क्रि. वि. specially.

विशेषता *(vi-śeṣatā)* स्त्री. speciality; singularity; attribute; quality.

विशेषाधिकार *(vi-śeṣadhikār)* पु. privilege.

विश्रांत *(vi-śrānt)* वि. restful; abated; calmed; tired; exhausted.

विश्रांति *(vi-śrānti)* स्त्री. rest; repose; tiredness; interval; intermission; gap.

विश्राम *(vi-śram)* पु. relaxation; rest; interval; intermission; tranquility.

विश्लेषण *(vi-śleṣaṇ)* पु. analysis; separation; disintegration.

विश्लेषणात्मक *(vi-śleṣaṇātmak)* वि. analytical.

विश्लेषित *(vi-śleṣit)* वि. analysed; separated.

विश्व *(viśva)* पु. universe; the world.

विश्वकोष *(viśvakośa)* पु. encyclopaedia.

विश्वविद्यालय *(viśva-vidyālaya)* पु. university.

विश्वसनीय *(vi-śvasanīya)* वि. reliable; credible; trustworthy; confidential.

विश्वसनीयता *(vi-śvasanīyatā)* स्त्री. reliability; credibility; trustworthiness.

विश्वस्त *(vi-śvast)* वि. reliable; assured.

विश्वस्तता *(vi-śvastatā)* स्त्री. reliability; fidelity.

विश्वास *(vi-śvās)* पु. belief; faith; trust; assurance; confidence.

विश्वासघात *(vi-śvāsghat)* पु. breach of trust; disloyalty; infidelity; treachery; treason.

विश्वासघाती *(vi-śvāsghātī)* वि. treacherous; disloyal.

विश्वासी[1] *(vi-śvāsī)* वि. trustful.

विश्वासी[2] *(vi-śvāsī)* पु. believer.

विष *(viṣ)* पु. poison; venom; (fig.) destructive or harmful element.

विषण *(viṣaṃ)* वि. gloomy; melancholy; demoralised; disheartened.

विषनाशक *(viṣh-nāsak)* वि. alexipharmic; anti-poison.

विषम *(vi-sam)* वि. uneven; odd (number); hard; difficult; adverse; dangerous; fearful; intense.

विषमता *(vi-ṣamatā)* स्त्री. unevenness; dissimilarity; contrast; difference; hardship; difficulty; intensity.

विषय *(vi-ṣay)* पु. subject; topic; theme; matter; content; sexual intercourse; sensual pleasure; pleasures of senses; wordly pleasures.

विषयक *(vi-ṣayak)* वि. cocerning; related (to); pertaining (to).

विषविज्ञान *(viṣ-vijnan)* पु. toxicology.

विषविज्ञानी *(viṣ-vijnāni)* पु. toxicolosist.

विषाक्त *(vi-śakta)* वि. poisonous.

विषाणु *(viṣaṇu)* पु. virus.

विषाद *(vi-ṣad)* पु. gloominss; despondency; melancholia.

विषुवत् रेखा *(viṣuvat-rekhā)* स्त्री. equator.

विषैला *(viṣailā)* वि. poisonous.

विषैलापन *(viṣailāpan)* पु. poisonousness; venomousness; vituperativeness; toxicity.

विसंगत *(vi-saṁgat)* वि. incongruous; inconsistent.

विसंगति *(vi-saṁgati)* स्त्री. incongruity; inconsistency.

विसर्जन *(vi-sarjan)* पु. donation; end; finish; excretion; throwing; adjournment; disposal of an idol; abandoment; dispersal; dismissal.

विसर्जित *(vi-sarjit)* वि. remitted; disposed; dispersed.

विस्तार *(vi-stār)* पु. dimension; extent; extension; details.

विस्तीर्ण *(vi-stīrṇa)* वि. spread out; expanded; spacious.

विस्तृत *(vi-stṛt)* वि. spread; extended; detailed; elaborate; spacious.

विस्फोट *(vi-sphoṭ)* पु. explosion; blast (noise); noise of such explosion.

विस्फोटक *(vi-sphotak)* पु. explosive material.

विस्मय *(vi-smay)* पु. wonder; surprise; doubt; uncertainty.

विस्मयकारी *(vi-smaykārī)* वि. wonderful; surprising; amazing; sensational.

विस्मरण *(vi-smaraṇ)* पु. forgetting; oblivion.

विस्मित *(vi-smit)* वि. amazed; surprised; wonderstruck.

विस्मृत *(vi-smṛt)* वि. forgotten.

विस्मृति *(vi-smṛti)* स्त्री. forgetfulness; oblivion.

विहंग *(vi-haṅg)* पु. bird; arrow; cloud; sun; moon; a snake; planet.

विहंगम *(vi-haṅgam)* पु. bird.

विहान *(vihān)* पु. dawn; early morning.

विहार *(vi-hār)* पु. roaming or walking about for pleasure etc; monastery; consecration for a sacrifice; sexual enjoyment; pleasure; sport; play; playground; palace; extension; extent.

विहीन *(vi-hīn)* वि. wanting; lacking; completely abandoned; low; mean; devoid (of).

विह्वल *(vi-hval)* वि. perturbed; restless; confounded; bewildered; scared; distressed; disappointed.

विह्वलता *(vi-hvalatā)* स्त्री. perturbation; restlessness; bewilderment.

वीक्षा *(vîkshā)* स्त्री. observation; perception; inspection.

वीणा *(vīnā)* स्त्री. Indian flute; lyre; lightning.

वीणावादिनी *(vīnā-vādini)* स्त्री. goddess Saraswati.

विथि, वीथी *(vīthi)* स्त्री. way; road; gallery; row; runway; balcony.

वीर *(vīr)* वि. mighty; brave; adventurous; fearless.

वीरगति *(vīrgati)* स्त्री. heroic end; death in battle.

वीरता *(vīratā)* स्त्री. bravery; adventure; fearlessness; excellence; heroic deed.

वीरांगना *(virānganā)* स्त्री. heroine;

brave woman.

वीरान *(vīrān)* वि. (फ़ा.) desolate; uninhabited; (fig.) devoid of glamour or grace; devastated.

वीराना *(vīrānā)* पु. (फ़ा.) uninhabited place; desolate place; forest.

वीर्य *(vīrya)* पु. semen; virility; valour; heroism; vigour; strength.

वृंद *(vrnd)* पु. multitude; assemblage; bunch; chorus.

वृंदगान *(vrndgān)* पु. chorus; choral song.

वृंदवाद्य *(vṛnd-vādya)* पु. orchestra.

वृक्ष *(vṛks)* पु. tree; plant; vegetation.

वृत *(vṛt)* वि. wedded; selected; covered; hidden; encircled; surrounded; consented; accepted; requested; spoiled; served; round.

वृत्त *(vṛtt)* पु. report; account; metre; circle; circumference; history; news; vacation; profession; conduct; good deeds; prescribed rules; change.

वृतांत *(vitanta)* पु. report; account; opportunity; event; happening; news; description.

वृत्ति *(vrtti)* स्त्री. mental disposition; attitude; typical condition of mind in Yoga; work; business; profession; stipend; remuneration; commentary; nature.

वृथा *(vṛthā)* वि. improper; false; useless; purposeless.

वृद्ध *(vṛddh)* वि. old; grown up; elderly; wise; learned.

वृद्धता *(vṛddhatā)* स्त्री. old age; senility.

वृद्धा *(vṛddhā)* स्त्री. old woman.

वृद्धि *(vṛddhi)* स्त्री. growth; rise; enhancement; enlargement; addition; progress; increment; interest; profit.

वृहत् *(vṛhat)* वि. great; big; heavy.

वे *(ve)* सर्व. they; those.

वेग *(veg)* पु. impulse; passion; velocity; speed; quickness; haste; expulsion of the faeces.

वेणी *(veṇī)* स्त्री. braid of hair.

वेतन *(vetan)* पु. salary; pay; remuneration; wages; labour charges.

वेदना *(vedānā)* स्त्री. torture; pain; agony.

वेदी *(vedī)* स्त्री. a place prepared for wedding ceremony; altar.

वेध *(vedh)* पु. piercing; penetration; perforation; hole; depth of a pit; observation.

वेधशाला *(vedhsālā)* स्त्री. observatory.

वेला *(velā)* वि. time; occasion.

वेश *(veś)* पु. dress; costume; uniform; external appearance.

वेश्या *(veśyā)* स्त्री. prostitute; harlot; whore.

वेश्यालय *(veśyālya)* पु. brothel.

वेष्टन *(veṣṭan)* पु. anything that encloses or wraps; enclosure; cover; veil.

वैकुंठ *(vaikuṇṭh)* पु. heaven.

वैज्ञानिक *(vaijnānik)* पु. scientist.

वैदिक *(vaidik)* वि. relating to the Veda; Vedic; prescribed in the Vedas.

वैद्य *(vidya)* पु. an expert of Indian medical science Ayurveda; Ayurvedic physician.

वैद्यक *(vaidyak)* पु. the Indian science of Medicine; Ayurveda.

वैध *(vaidh)* वि. lawful; legal; in accordance with rule; legitimate; just; constitutional.

वैधता *(vaidhatā)* स्त्री. legality lawfulness; contitutionality.

वैधव्य *(vaidhavya)* पु. widowhood.

वैधानिक *(vaidhānik)* वि. constitutional.

वैभव *(vaibhav)* पु. wealth; glory; greatness; grandeur; splendour.

वैभवशाली *(vaibhavśālī)* वि. wealthy; rich; grand; glorious; magnificent.

वैमनस्य *(vaimanasya)* पु. discordancy; enmity.

वैमानिकी *(vaimāṇikī)* स्त्री. aeronotics.

वैयक्तिक *(vaiyaktik)* वि. personal; individual; private; pertaining to self; subjective.

वैयाकरण *(vaiyākaraṇ)* वि. pertaining to grammar.

वैर *(vair)* पु. enmity; opposition.

वैरागी *(vaiarāgī)* पु. religious devotee; saint.

वैराग्य *(vairāgya)* पु. freedom from passions or from worldy attachments; detachment.

वैरी *(vairī)* पु. enemy; foe.

वैवाहिक *(vaivāhik)* वि. nuptial; matrimonial; relating to marriage.

वैषम्य *(vaiṣamya)* पु. dissimilarity; unevenness; roughness; difficulty; hardship.

व्यंग्य *(vy-aṅgya)* पु. suggestiveness of the words; sarcasm; ironical remarks; irony; suggested or implied sense; satire.

व्यंग्यचित्र *(vyangya-citra)* पु. cartoon.

व्यंजक *(vy-añjak)* पु. suggestive word; gesture; suggestion; (Maths.) expression.

व्यंजन *(vyanjan)* पु. food; cooking.

व्यंजना *(vy-añjanā)* स्त्री. implied meaning of a word; expression; suggested; learned.

व्यक्त *(vy-akt)* वि. manifested; expressed; displayed; articulated; suggested meaning.

व्यक्ति *(vy-akti)* पु. individual; person.

व्यक्तिगत *(vy-aktigat)* वि. individual; personal; subjective.

व्यक्तित्व *(vy-aktitva)* पु. personality; individuality.

व्यग्र *(vy-agra)* वि. perplexed; bewildered; agitated.

व्यग्रता *(vy-agratā)* स्त्री. perplexity; agitation.

व्यतिरेक *(vy-ati-rek)* पु. contrast; difference; paucity; encroachment.

व्यथा *(vyathā)* स्त्री. pain; agony; anguish.

व्यथित *(vyathit)* वि. afflicted; distressed.

व्यभिचार *(vy-abhi-cār)* पु. fornication; adultery; debauchery.

व्यभिचारिणी *(vy-abhi-cārīni)* स्त्री. wanton woman; unchaste wife.

व्यभिचारी *(vy-abhi-cārī)* पु. debauched; immoral; adulterous; violative; unlawful.

व्यय *(vy-ay)* पु. expenditure; cost; consumption; decay; cutlay.

व्यर्थ *(vy-arth)* वि. useless; futile; unnecessary; unprofitable; vain; ineffective.

व्यवधान *(vy-av-dhān)* पु. hindrance; intervention; obstruction; interruption.

व्यवसाय *(vy-ava-sāy)* पु. profession; occupation; business; employment; effort; try; practice; industry.

व्यवसायी[१] *(vy-ava-sāyī)* वि. performing; doing; employed; professional; painstaking; industrious; diligent; laborious; employed in business or trade.

व्यवसायी[2] *(vy-ava-sāyī)* पु. businessman; trader; craftsman.

व्यवस्था *(vy-ava-sthā)* स्त्री. order; system; management; arrangement; ruling; provision; settlement.

व्यवस्थापक *(vy-ava-sthāpak)* पु. manager; one who gives legal opinion; one who arranges things systematically; member of ligislative assembly.

व्यवस्थित *(vy-ava-sthit)* वि. systematic; methodical; orderly.

व्यवहार *(vy-ava-hār)* पु. behaviour; conduct; utilization; consumption; implementation; compliance; mercantile transaction; customs; usage.

व्यष्टि *(vy-aṣṭi)* स्त्री. an independent part of the community; individuality.

व्यसन *(vy-asan)* पु. addication; evil habit; excessive indulgence; calamity; distress; disaster.

व्यसनी *(vy-asanī)* वि. addicted to some vice or evil practice; excessively devoted to something.

व्यस्त *(vy-ast)* वि. engaged; busy.

व्याकरण *(vy-ā-karaṇ)* स्त्री. grammar.

व्याकुल *(vy-ākul)* वि. agitated; perplexed; restless; troubled; confounded; impatient; perturbed; curious; eager; keenly desirous; distracted.

व्याकुलता *(vy-ākulatā)* स्त्री. restlessness; perturbation; impatience; distraction; eagerness; curiousity.

व्याख्या *(vy-ā-khyā)* स्त्री. explanation; exposition; critical appreciation; commentary; interpretation.

व्याख्याता *(vy-ā-khyātā)* पु. commentator; explainer; lecturer; interpreter.

व्याख्यान *(vy-ā-khyan)* पु. speech; lecture; explanation; interpretation; narration.

व्याघ्र *(vyāghra)* पु. tiger.

व्याज *(vy-āj)* पु. pretext; pretence; trick; fraud; wickedness; hindrance; delay.

श

श *(śa)* the first sibilant of the Devnagri alphabets.

शंका *(śaṅkā)* स्त्री. doubt; uncertainty; fear; apprehension; dread; suspicion; distrust; misgiving.

शंकालु, शंकाशील *(śaṅkālu, śaṅkāsil)* वि. suspicious; distrustful.

शंकित *(śankit)* वि. suspicious; suspecting; distrustful; filled with doubt; alarmed; frightened; apprehensive.

शंकु *(śaṅku)* पु. cone.

शंख *(śaṅkh)* पु. conchshell; shell; number equal to 10;00;000 crores or a thousand billion.

शऊर *(śaūr)* पु. (अ.) mannerliness; manners; decency; etiquette; sense; sensibility.

शक *(śak)* पु. (अ.) doubt; suspicion;

illusion; apprehension.

शकर *(śakar)* पु. (फा.) sugar.

शकरकंद *(śakarkand)* पु. sweet potato.

शकुन *(śakun)* पु. omen.

शक्कर *(śakkar)* see शकर।

शक्ति *(śakti)* स्त्री. strength; power; force; ability; competency; capacity; energy; potency; control; influence; effect; powerful and resourceful nation or country.

शक्तिमान, शक्तिशाली *(śaktimān, śaktiśālī)* वि. strong; powerful; mighty;forceful.

शक्तिहीन *(śaktihin)* वि. powerless; weak; impotent.

शक्ल *(śakl)* स्त्री. (अ.) shape; figure; appearance; countenance; looks; (in Geom.) diagram; figure.

शख़्स *(śakhs)* पु. (अ.) person; individual.

शग़ल *(śagal)* पु. (अ.) occupation; work.

शठ *(śaṭh)* वि. wicked; crafty; cunning; dishonest; roguish; deceitful; fraudulent.

शठता *(śaṭhatā)* स्त्री. wickedness; cunningness; craftiness; roguery; knavery; deceitfulness; perfidiousness.

शतक *(śatak)* पु. collection of one hundred stanzas; century; one hundred.

शतरंज *(śatrañj)* पु., स्त्री. (फा.) chess.

शताब्दी *(śatabdi)* स्त्री. century; span of hundred years; centenary.

शतायु *(śatū)* वि. of hundred years of age.

शती *(śatī)* स्त्री. collection of hundred; century.

शत्रु *(śatru)* पु. enemy; adversary; foe; malefactor.

शत्रुता *(śatrutā)* स्त्री. enmity; hostility; animosity.

शनाख़्त, शिनाख़्त *(śanakht, śinakht)* स्त्री. (फा.) identification; discretion.

शनिवार *(śanivār)* पु. Saturday.

शनैः शनैः *(śanaih-śanih)* क्रि. वि. slowly; by slow degrees; gradually; in course of time.

शपथ *(śapath)* स्त्री. oath; swearing.

शब *(śab)* स्त्री. (फा.) night.

शबनम *(śabnam)* स्त्री. (फा.) dew; a very thin cloth of white colour.

शबाब *(śabāb)* पु. (अ.) youthfulness; beauty; the prime of an object.

शब्द *(śabd)* पु. sound; note; noise; word; term; verbal authority.

शब्दकोश *(śabdkośa)* पु. lexicon; dictionary.

शब्दशः *(śabdśah)* वि. verbatim; word for word.

शब्दाडंबर *(śabdāmdār)* पु. bombast; verbosity; high sounding or grandiloquent word; verbiage.

शब्दावली *(śabdāvali)* स्त्री. vocabulary; words used and their order followed in a sentence etc.; terminology; glossary.

शमन *(śaman)* वि. appeasement; allaying; pacification; alleviation; quenching; extinguishing; quelling; suppression; subdual.

शमा *(śamā)* स्त्री. (अ.) wax candle; candle; lamp.

शयन *(śayan)* पु. sleep; lying down; bed; couch; bedding; copulation; sexual union.

शयनागार *(śayanāgār)* पु. bed chamber; bedroom.

शय्या *(śayyā)* स्त्री. bed; bedstead; couch.

शोर *(śor)* पु. noise.

शरण *(śaraṇ)* स्त्री. refuge; shelter; place of refuge; resort; asylum; protection; defence.

शरणागत *(śaranāgat)* वि. seeking protection or shelter.

शरणार्थी *(śaranāthi)* पु. refugee.

शरबत *(śarbat)* पु. (अ.) sweet beverage; syrup.

शरमाना *(śarmānā)* अ. क्रि. to be bashful; to feel abashed; to blush; to feel embarrassed; to feel shame; to make (one) ashamed; to put to shame; to abash.

शराफ़त *(śarāfat)* स्त्री. (अ.) nobility; civility; gentlemanliness.

शराब *(śarāb)* स्त्री. (अ.) wine; liquore.

शराबख़ोर *(śarabkhor)* वि. (अ.) addicted to drinking.

शराबख़ोरी, शराबख़्वारी *(śarabkhorī, śarabkhvārī)* स्त्री. addiction to liquor; habitual drinking; drunkenness.

शराबी *(śarābī)* पु. drunkard; boozer.

शरारत *(śarārat)* स्त्री. (अ.) wickedness; mischief; vice; villainy.

शरीक *(śarīk)* वि. (अ.) included; participating; partaking.

शरीफ़[1] *(śarīf)* पु. (अ.) gentleman; nobleman; virtuous man; man of good family; a highborn.

शरीफ़[2] *(śarīf)* वि. (अ.) gentlemanly; noble; virtuous; of good family; high born.

शरीर[1] *(śarīr)* पु. body.

शरीर[2] *(śarīr)* पु. mischievous.

शरीर-रचनाविज्ञान *(śarīr-racnā-vijnān)* पु. anatomy.

शरीरविज्ञान *(śarīr-vijnān)* पु. physiology.

शर्करा *(śarkarā)* स्त्री. sugar.

शर्त *(śart)* स्त्री. (अ.) wager; bet; condition; term; provision.

शर्तिया[1] *(śartiyā)* वि. sure; unfailing; definite.

शर्तिया[2] *(śartiyā)* क्रि. वि. surely; without fail; definitely; certainly; positively.

शर्म *(śarm)* (फ़ा.) shame; honour; regard; shyness.

शर्मनाक *(śarmnak)* वि. (फ़ा.) shameful; disgraceful.

शर्मिंदा *(śarmindā)* वि. (फ़ा.) ashamed; abashed.

शर्मीला *(śarmila)* वि. shy; shamefaced; bashful.

शलग़म, शलजम *(śalgam)* पु. (फ़ा.) turnip.

शलभ *(śalabh)* पु. moth; locust.

शल्यक्रिया *(salyakriya)* स्त्री. surgical operation; surgery.

शल्यचिकित्सक *(śalyachiketsak)* पु. surgeon.

शल्यचिकित्सा *(śalyachiketsā)* स्त्री. surgery.

शव *(śav)* पु. dead body; corpse.

शवगृह *(śavgraha)* पु. mortuary.

शवपरीक्षा *(śavpariskā)* स्त्री. postmortem; autopsy.

शवयात्रा *(śavyātrā)* स्त्री. funeral procession.

शशक *(śaśak)* पु. hare.

शशि *(śaśi)* पु. moon.

शस्त्र *(śastra)* पु. weapon; arms; instrument.

शस्त्रशाला *(śastraśālā)* arsenal; armoury.

शह *(śah)* पु. (फ़ा.) instigation; incitement; support; help; check (in chess).

शहज़ादा *(śahzādā)* पु. (फ़ा.) prince.

शहज़ादी *(śahzādī)* स्त्री. (फ़ा.) princess.

शहतीर *(śahtir)* पु. (फ़ा.) beam; girder.

शहतूत *(śahtut)* पु. (फ़ा.) mulberry (tree and fruit).

शहद *(śahd)* पु. (अ.) honey.

शहनाई *(śahnāī)* स्त्री. (फ़ा.) a musical instrument; Indian clarinet (clarionet).

शहर *(śahr)* पु. (फ़ा.) city; town.

शहरी[1] *(śahrī)* पु. city-dweller; citizen.

शहरी[2] *(śahrī)* वि. urban.

शहादत *(śahādat)* स्त्री. (अ.) martyrdom; evidence; testimony; witness; proof.

शहीद *(śahīd)* पु. (अ.) martyr.

शांत *(śānt)* वि. abated; subsided; suppressed; allayed; pacified; ceased; stopped; calm; quiet; unperturbed; tarnquil; silent; quenched; extinguished; peaceful; still; undisturbed.

शांति *(śānti)* स्त्री. peace; comfort; rest; ease; repose; abatement; subsidence; suppression; allayment pacification; calmness; tranquillity; quietness; unperturbedness; absence of passion; silence; quietude.

शाक *(śak)* पु. vegetable; pot herb; any edible leaf etc. used as a vegetable; cooked vegetable.

शाकाहारी *(śākāhārī)* वि. vegetarian.

शाख़, शाख़ा *(śākhā)* स्त्री. (फ़ा.) offshoot; bough; twig (of a tree); branch; lateral extension or subdivision; part; section etc.; school of thought etc.

शागिर्द *(śāgird)* पु. (फ़ा.) pupil; disciple; student; apprentice.

शागिर्दी *(śāgirdī)* स्त्री. apprenticeship; discipleship.

शातिर *(śātir)* वि. (फ़ा.) cunning sly; mischievous; roguish; vicious.

शादी *(śādi)* स्त्री. (फ़ा.) marriage; wedding; festivity.

शान *(śān)* स्त्री. (फ़ा.) grandeur; pomp; splendour; honour; dignity; pride; glory; vastness; whetstone.

शानदार *(śāndār)* वि. (फ़ा.) pompous; splendid; glorious; praiseworthy; stately; grand.

शाप *(śāp)* पु. curse; imprecation; anathema.

शापित *(śāpit)* वि. imprecated; cursed; accursed.

शाबाश *(śābāś)* क्रि. वि. (फा.) well done! bravo! excellent!

शाबाशी *(śābāśī)* स्त्री. praise; applause; plaudit.

शाब्दिक *(śābdik)* वि. relation to sounds or words; literal; verbal; oral; verbatim.

शाम *(śām)* स्त्री. (फ़ा.) evening; dusk.

शामियाना *(śāmiyānā)* पु. (फ़ा.) canopy.

शामिल *(śāmil)* वि. (अ.) included; associated; united (to); connected (with).

शायद *(śāyad)* क्रि. वि. (फा.) perhaps; possible; probably.

शायर *(śāyar)* पु. (अ.) poet.

शायराना *(śāyrānā)* वि. worthy of poet; like a poet; poetic.

शायरी *(śāyarī)* स्त्री. the art or practice of poetry; poetry; poetic composition.

शारीरिक *(śārīrik)* वि. relating to the body; bodily; corporal; physical; material.

शालीन *(śālīn)* वि. modest; humble; gentle; well-behaved; cultured.

शालीनता *(śālinatā)* स्त्री. modesty; gentleness; humbleness; politeness.

शावक *(śāvak)* पु. young one (of an animal).

शाश्वत *(śāśvat)* वि. eternal; perpetual; immortal; everlasting.

शाश्वतता *(śāśvatatā)* स्त्री. perpetuity.

शासक *(śāsak)* पु. ruler; administrator.

शासकीय *(śāskīya)* वि. official.

शासन *(śāsan)* पु. government; administration; rule; control; check; restraint; order; command.

शासन-तंत्र *(śāsan-tantra)* पु. government.

शासित *(śāsit)* वि. ruled; governed; administered; restrained; controlled.

शास्त्र *(śāstra)* religious or sacred treatise; sacred book; scripture; systematic knowledge; science; philosophy; any department of knowledge; discipline.

शास्त्रकार *(śāstrakār)* पु. scripturist.

शास्त्रज्ञ *(śāstrajna)* वि. conversant with scriptures.

शास्त्रार्थ *(śāstrārth)* पु. discussion; contention; debate or discourse on the scriptures.

शास्त्री *(śāstrī)* पु. one who is well versed or skilled in the Shastras; a scholar or authority on the scriptures; one who has mastered the Shastras; a great Pandit.

शास्त्रीय *(śāstrīya)* वि. scriptural; classical; authorised by or conformable to Shastras; scientific; academic.

शाह *(śāh)* पु. (फ़ा.) king; monarch; king in chess or cards.

शाही *(śāhī)* वि. (फ़ा.) royal; imperial.

शिकंजा *(śikañjā)* पु. (फ़ा.) clamp; clasp; clutches.

शिकंजी *(śikañjī)* स्त्री. lemon squash; syrup prepared from fresh lemon.

शिकन *(śikan)* स्त्री. (फ़ा.) wrinkle; crease.

शिकस्त *(sikast)* स्त्री. (फ़ा.) defeat; failure; unsuccess.

शिकायत *(śikayat)* स्त्री. (अ.) accusation; complaint; grievance; defect.

शिकार *(śikār)* पु. (अ.) hunting; hunt; prey; game; victim.

शिकारा *(śikārā)* पु. small cosy boat (in Kashmir).

शिकारी *(śikārī)* पु. hunter; huntsman.

शिक्षक *(śikṣak)* पु. teacher; educator; instructor; tutor; trainer.

शिक्षण *(śikṣaṇ)* पु. teaching; instruction.

शिक्षा *(śikṣā)* स्त्री. learning; study; instruction; education; knowledge; moral; lesson; punishment (fig.); training.

शिक्षार्थी *(śikṣārthi)* पु. student; pupil.

शिक्षाविद् *(śikṣāvid)* पु. educationist.

शिक्षित *(śikṣit)* वि. educated; taught; instructed; trained; brilliant; intelligent; gentle; tamed; learned.

शिक्षु *(śikṣu)* पु. apprentice.

शिखंडी *(śikhaṇḍī)* पु. peacock; peacocktail; cock; arrow; Lord Vishnu; son of king Drupad of Mahabharat.

शिखर *(śikhar)* पु. top; peak; pinnacle; armpit.

शिखर-सम्मेलन *(śikhar-sammelan)* पु. summit conference.

शिथिल *(śithil)* वि. loose; slack; lax; slow; tardy; languid; weary; tired; loosely done; not strictly or rigidly performed; relaxed.

शिथिलता *(śithilatā)* स्त्री. looseness; slackness; laxity; slowness; tardiness; weariness; tiredness; relaxation; remission; unrigid or unstrict performance; laxity or looseness in the construction of a sentence.

शिनाख़्त *(śinākht)* identification

शिर *(śir)* पु. head; skull; peak; summit; top; chief; principal; forehead; front; forepart.

शिरा *(śirā)* स्त्री. vein; blood-vessel.

शिरोधार्य *(śirodhrāya)* वि. acceptable; greatly honourable.

शिरोमणि *(śiromani)* वि. most outstanding.

शिला *(śilā)* स्त्री. stone; rock.

शिल्प *(śilp)* पु. handicraft; skill (in any art); craft; art.

शिल्पकार *(śilpkār)* पु. artisan; craftsman; architect.

शिल्पी *(śilpī)* पु. craftsman; artisan; architect.

शिविर *(śivir)* पु. camp; military camp; tent; fort.

शिशिर *(śiśir)* पु. cold season; winter.

शिशु *(śiśu)* पु. child; infant; baby.

शिश्न *(śiśn)* पु. penis.

शिष्ट *(śiṣṭ)* वि. noble; civil; cultured; polite; intelligent.

शिष्टता *(śiṣṭatā)* स्त्री. politeness; civility; courteousness; gentleness; good behaviour; decency.

शिष्टाचार *(śiṣṭatācār)* पु. gentlemanly conduct; proper behaviour; good manners. politeness; civility; courtesy; formal conduct or manners; formal politeness; etiquette.

शिष्य *(śisya)* पु. student; pupil; disciple; follower.

शीघ्र *(śīghra)* क्रि. वि. quickly; immediately; urgently; speedily; rapidly; soon; in a short time.

शीघ्रता *(śīghratā)* स्त्री. quickness; swiftness; haste; hastiness; hurry.

शीत *(śīt)* पु. cold; coldness; cold season; winter.

शीतल *(śital)* वि. cool; cold; chilly; frigid; not exciting; calm.

शीतलता *(śītalatā)* स्त्री. coldness; chilliness; calmness; unexicitedness; composure.

शीतला *(śītalā)* स्त्री. smallpox.

शीर्ष *(śīrṣ)* पु. head; forehead; upper part; tip; top; (geom.) vertex; head (of account); item.

शीर्षक *(śirṣak)* पु. title; heading; caption.

शीर्षस्थ *(śīrṣastha)* वि. highest; eminent.

शील *(śīl)* पु. moral conduct; morality; good conduct; virtue; piety; modesty; politeness; humbleness; courtesy; shyness; bashfulness.

शीश *(śīś)* पु. head.

शीशम *(śīśam)* पु. Indian rose-wood tree.

शीशमहल *(śīśmahal)* पु. apartment with walls inlaid with pieces of glass; glass house.

शीशा *(śiśā)* पु. glass; looking glass; mirror.

शीशी *(śīśī)* स्त्री. small bottle; phial; vial.

शुक्र[1] *(śukr)* पु. the planet Venus; semen; sperm; Friday.

शुक्र[2] *(śukr)* पु. (अ.) thanks; gratitude.

शुक्रगुज़ार *(śukrgujār)* वि. (अ.) thankful; grateful; obliged.

शुक्रिया *(śukriyā)* पु. (फा.) gratitude; thanks.

शुचि *(śuci)* वि. pure; sacred; clean; clear; free from fault; flawless; guiltless; honest; upright; true; virtuous.

शुचिता *(śucitā)* स्त्री.purity; sanctity; holiness;cleanliness;clearness; honesty; virtuousness; uprightness; faultlessness; flawlessness; guiltlessness.

शुतुरमुर्ग *(śturmurg)* पु. (फ़ा.) ostrich.

शुद्ध *(śūddh)* वि. pure; sacred; clean; clear; purified; unadulterated; genuine; faultless; flawless; guiltless; correct; rectified; defectless.

शुद्धता *(śuddhatā)* स्त्री. purity; holiness; cleanliness; clearness; faultlessness; flawlessness; unadulteratedness; genuineness.

शुद्धि *(suddhi)* स्त्री. purity; holiness; sanctity; cleanliness; clearness; faultlessness; guiltlessness; flawlessness; correction; rectification; unadulteratedness; genuineness; cleaning; clearing.

शुबहा *(śubahā)* पु. (अ.) doubt; apprehension.

शुभ[1] *(śubh)* वि. auspicious; lucky; happy; fortunate.

शुभ[2] *(śubh)* पु. auspiciousness; welfare; well-being; good fortune; happiness.

शुभ्र *(śubhrā)* वि. white; shining; bright; radiant; spotless; immaculate.

शुभ्रता *(śūbhrātā)* स्त्री. whiteness; radiance; brightness; spotlessness; immaculateness.

शुरूआत *(śūruāt)* स्त्री. beginning; initiative.

शुरू *(śurrū)* पु. (अ.) beginning; commencement; rise.

शुल्क *(śulk)* पु. duty; fee; subscription.

शुश्रूषा *(śuśrṣā)* स्त्री. service; attendance; nursing; narration; desire to hear; flattery.

शुष्क *(śuṣk)* वि. dried up; dry; withered; aird; droughty; unfeeling; emotionless; prosaic; uninteresting; tedious.

शुष्कता *(śuṣkātā)* स्त्री. sryness; witheredness; unfeeling temperament; emotionlessness; hardness; prosaicness; aridity; drought.

शुहरत *(śuharat)* स्त्री. (अ.) fame; reputation.

शूद्र *(sūdrā)* पु. fourth of the four principal castes of Hindus; member of the above caste.

शून्य *(śūnya)* वि. empty; void; vacant; non-existent; desolate; deserted; (in comp.) devoid (of).

शून्यता *(śūnyata)* स्त्री. blankness; vacuum.

शूर *(śūr)* पु. brave or valiant man; warrior; eminent person; sun; lion; pig; dog; cock.

शूरता *(śūratā)* स्त्री. bravery; courage; valour; heroism; gallantry.

शूरवीर *(śūrvīr)* पु. warrior; man of valour.

शूल *(śūl)* पु. spear; lance; pointed big thorn; sharp pain in the stomach; colic pain; any sharp or acute pain; grief; sorrow.

शृंखला *(śṛṅkhalā)* स्त्री. series; succession; range; line; row; queue; order; sequence; chain or belt worn round the waist; chain; fetter in general; bond; tie.

शृग *(śṛṅg)* पु. horn; top or summit (or a mountain); top of a building; turnet; point of an arrow; supremacy; possession; reign.

शृंगार *(śṛṅgār)* पु. erotic sentiment; make-up; decoration; embellishment; ornament.

शृंगारिक *(śṛṅgārik)* वि. related to love; of erotic sentiment.

शृंगारी[1] *(śṛṅgārī)* see शृंगारिक।

शृंगारी[2] *(śṛṅgārī)* lustful man; voluptuary; elegantly dressed man; make-up; elephant.

शृगाल *(śṛgāl)* पु. jackal; (fig.) coward.

शेख़ी *(śekhī)* स्त्री. (फ़ा.) vanity; boast; brag.

शेख़ीबाज़ *(śekhībāz)* पु. boaster; braggart.

शेर[1] *(śer)* पु. (फ़ा.) couplet (Urdu poetry).

शेर[2] पु. (फ़ा.) (lion; fig). fearless; courageous and brave man.

शेष[1] *(śeṣ)* वि. remaining; rest; all the other; terminated; destroyed; outstanding; left out or omitted to be said; surplus.

शेष[2] *(śeṣ)* पु. remaining portion; rest; residue; remainder; end; termination; conclusion; surplus; balance; outstanding amount.

शै *(śai)* स्त्री. (अ.) thing; object.

शैक्षिक *(śaikṣik)* वि. academic; educational.

शैतान[1] *(śaitān)* पु. (अ.) devil; Satan; an evil spiril; evil genius; tyrant; wicked person.

शैतान[2] *(śaitān)* वि. naughty; mischievous; guileful; wicked.

शैतानी[1] *(śaitānī)* वि. devilish; diabolical.

शैतानी[2] *(śaitānī)* स्त्री. naughtiness; wickedness; mischief.

शैथिल्य *(śaithilya)* स्त्री. lethargy; laziness; looseness.

शैल[1] *(śail)* पु. mountain; hill; rock.

शैल[2] *(śail)* वि. pertaining to mountain or rock; rocky; hard as stone.

शैली *(śailī)* स्त्री. way; manner; method; style; mode of expression.

शैशव *(saisav)* स्त्री. infancy; childhood.

शोक *(śok)* पु. mourning; lamentation; wailing; sorrow; grief; anguish; condolence.

शोकगीत *(śokgeet)* पु. elegy.

शोकाकुल, शोकातुर *(śokākūl)* वि. overwhelmed with grief; greatly distressed.

शोख़ी *(śokhī)* स्त्री. (फ़ा.) insolence; boldness; playfulness; sportiveness; mischievousness; brightness; gaudiness; coquetry.

शोचनीय *(śocanīya)* वि. causing concern or anxiety; lamentable; deplorable; pitiable.

शोणित *(śoṇit)* पु. blood; vermillion; copper; saffron.

शोध *(śodh)* पु. research; acquittance; paying off (as of debts); purification.

शोधक[1] *(śodhak)* वि. purificatory; purifying; cleansing.

शोधक[2] *(śodhak)* पु. rectifier; corrector; researcher.

शोधन *(śodhan)* पु. purification; cleansing; refinement; correction; rectification; payment; discharge; acquittance (of debt).

शोधपत्र *(śodhpatra)* पु. research paper.

शोध-प्रबंध *(śodh-praband)* पु. thesis; research work.

शोधित *(śodhit)* वि. purified; cleansed; refined; corrected; rectified; researched; discoverd.

शोभन *(śobhan)* वि. handsome; beautiful; lovely; graceful; adorning; beautifying; befitting; becoming; proper; good; auspicious; fortunate.

शोभनीय *(śobhanīya)* वि. befitting; becoming; proper; suitable; handsome; lovely; graceful.

शोभा *(śobhā)* स्त्री. natural beauty; grace; elegance; lustre; brilliance; radiance; beautifying element; embellishment.

शोभायमान *(śobhāyamān)* वि. beautiful; graceful; lustrous; adding to the beauty of gracing (the occasion or place) by one's presence; graciously seated.

शोभित *(śobhit)* वि. beautiful; lovely; graceful; adorned; graced; decorated; embellished; graciously seated; gracing (an occasion or place) by one's presence.

शोर *(śor)* पु. (फ़ा.) cry; noise; outcry; din; tumult.

शोरगुल *(śorgul)* पु. (फ़ा.) din and noise.

शोरबा *(śorbā)* पु. (फ़ा.) soup; broth.

शोषक[1] *(śoṣak)* वि. drying up; sucking up; absorbing; absorbent.

शोषक[2] *(śoṣak)* पु. exploiter; one who exploits; absorber; that which absorbs.

शोषण *(śoṣan)* पु. drying up; sucking up; suction; absorption; soaking; desiccation; exploitation.

शोषित *(śoṣit)* वि. dried up; sucked up; absorbed; exploited.

शौक़ *(śauq)* पु. (अ.) desire; yearning; fondness; deep longing; inclination; predilection; liking; interest; fancy; addiction; compelling habituation; hobby.

शौक़िया *(śauqiyā)* क्रि. वि. as a hobby; fondly; fashionably.

शौक़ीन *(śauqin)* वि. fond of fine things; desirous; longing deeply; foppish; dandy; fashionable.

शौच *(śauc)* पु. purity; cleanness; purification; voiding of excrement; evacuation of bowels.

शौचालय *(śaucālaya)* पु. latrine; lavatory.

श्मशान *(śmaśān)* पु. burning ground; cremation ground; cemetery; grave-yard; a deserted place (fig.).

श्याम *(śyām)* वि. dark blue; slightly dark complexioned; dark coloured; black.

श्यामल *(śyāmal)* वि. dark-blue; blackish; dark-complexioned.

श्रद्धांजलि *(śraddhānjalī)* स्त्री. tribute; homage.

श्रद्धा *(śraddhā)* स्त्री. respect; reverence; veneration; trust; faith; belief; confidence.

श्रद्धालु *(śraddhālu)* वि. having veneration or reverence; respectful; reverent; having faith; faithful; trustful.

श्रद्धेय *(śraddheya)* वि. venerable; reverend.

श्रम *(śram)* पु. labour; exertion; toil; hard labour; weariness; fatigue; exhaustion; effort; exercise.

श्रमजीवी[1] *(śramjīvī)* वि. working; subsisting on labour.

श्रमजीवी[2] *(śramjīvī)* पु. labourer; one who lives by one's sweat.

श्रमदान *(śramdān)* पु. voluntary contribution of labour for a public cause.

श्रमिक *(śramik)* पु. labourer.

श्रवण *(śravaṇ)* पु. hearing; audition.

श्रांत *(śrant)* वि. wearied; tired; fatigued; exhausted.

श्राद्ध *(śrāddh)* पु. a funeral rite performed in honour of the spirits of dead relatives.

श्री *(śrī)* स्त्री. the goddess of wealth; Lakshmi; wealth; riches; affluence; prosperity; plenty; grandeur; glory; magnificence; beauty; grace; fame; renown; an honorific term prefixed to names of men (mister; Mr.).

श्रीमती *(śrimatī)* स्त्री. wife; an honorific term prefixed to the name of a married woman; Mrs.; Madam.

श्रुत *(śrut)* वि. heard; listened; wellknown; famous; celebrated; renowned.

श्रुति *(śruti)* स्त्री. hearing; ear; the organ of hearing.

श्रेणि, श्रेणी *(śreṇī)* स्त्री. line;row; queue; order; sequence; series; succession; range; category; class; grade; rank.

श्रेय *(śrey)* पु. goodness; merit; worth; welfare; good fortune; well being; fame; renown; credit.

श्रेष्ठ *(śreṣth)* वि. best; excellent; pre-eminent; superior; great; large-hearted; noble.

श्रेष्ठता *(śreṣthatā)* स्त्री. superiority; eminence; excellence.

श्रेष्ठी *(śreṣṭhī)* पु. wealthy merchant; moneyed man; very rich person; the head or chief of a mercantile guild; chief of the merchants.

श्रोता *(śrotā)* पु. hearer; listener; audience (in plural)

श्लाघनीय *(ślāghanīya)* वि. admirable; praise-worthy; laudable; commendable.

श्लाघा *(ślāghā)* स्त्री. praise; admiration; commendation; flattery.

श्लील *(ślīl)* वि. not obscence; decent; cultured; graceful; affluent.

श्लेष *(śleṣ)* पु. paronomasia; agnomination; adhesion; embrace.

श्लोक *(ślok)* पु. object of praise; a stanza in sanskrit poetics; stanza or verse in general (in Sanskrit).

श्वसुर *(śvaśur)* पु. father-in-law;

श्वश्रू *(śvaśrū)* स्त्री. mother-in-law.

श्वसन *(śvāsan)* पु. breathing.

श्वान *(śvān)* पु. dog.

श्वास *(śvās)* पु. breath; respiration; asthma.

श्वेत *(śvet)* वि. white; clean; flawless; blemishless.

ष

षट्कोण *(ṣaṭkon)* पु. hexagon; any six angle figure.

षट्पद *(ṣaṭpad)* पु. bee; big male black bee; type of verse having six feet.

षड्यंत्र *(ṣaḍyantra)* पु. underhand plotting; plot; intrigue; conspiracy.

षष्ठी *(ṣaṣṭhī)* स्त्री. sixth day of a lunar fortnight; sixth day from the day of childbirth; and the celebrations of that day; (in gram.) the sixth or genitive case; possessive case.

षाण्मासिक *(ṣaṇmāsik)* वि. six monthly.

षोडश *(ṣhodś)* पु. the number sixteen.

षोडशी *(ṣhodśī)* वि. (a girl) of sixteen years of age; young (girl or woman).

स

स *(sa)* last of the three sibilants of the Devnagri alphabets.

संकट *(saṅ-kaṭ)* पु. distress; crisis; emergency; trouble; danger.

संकटपूर्ण *(saṅ-kaṭ-purna)* वि. critical; adverse; distressing.

संकर *(saṅ-kar)* पु. hybrid; cross breed; mixture.

सँकरा *(saṅ-karā)* वि. narrow; strait.

संकलन *(san-kalan)* पु. the act of heaping together; collection; compilation; anthology.

संकलित *(saṅ-kalit)* वि. amassed; assembled; compiled; anthologised; added.

संकल्प *(saṅ-kalp)* पु. determination; resolve; solemn vow; resolution; pledge.

संकाय *(saṅ-kāy)* स्त्री. faculty.

संकीर्ण *(san-kīrn)* वि. narrow; parochial.

संकुचित *(san-kucit)* वि. contracted; adridged; narrow; parochial; illiberal.

संकुल *(saṅ-kul)* वि. thick; dense; congested; filled; full; narrow.

संकेंद्रण *(saṅ-kendran)* पु. concentration.

संकेंद्रित *(saṅ-kendrit)* वि. concentrated.

संकेत *(saṅ-ket)* पु. sign; gesture; hint; signal; mark; token.

संकोच *(saṅ-koc)* पु. shrinking up; contraction; hesitation; modesty; shyness; dilemma; fix.

संकोची *(saṅ-kocī)* वि. shrinking; contractive; hesitant; shy; bashful; modest.

संक्रमण *(saṅ-kraman)* पु. transition; infection; departure.

संक्रामक *(saṅ-krāmak)* वि. infectious; contagious.

संक्षिप्त *(saṅ-kṣipt)* वि. short; abridged; brief; concise; restrained.

संक्षिप्तीकरण *(san-kṣiptikaran)* पु.

abridgement; summarization.

संक्षेप *(saṅ-kṣep)* पु. abridgement; summary; epitome; precis; abridged form.

संखिया *(saṅkhiyā)* स्त्री. arsenic.

संख्या *(saṅ-khyā)* स्त्री. reckoning; calculation; number; figure.

संग[1] *(saṅg)* पु. association; company; contact; friendship.

संग[2] *(saṅg)* पु. (फ़ा.) stone.

संगठन *(saṅ-gathan)* see संघटन।

संगठित *(saṅ-gathit)* see संघटित।

संगत[1] *(saṅ-gat)* स्त्री. company; accompaniment (in music).

संगत[2] *(saṅ-gat)* वि. relevant; proper; apt; logical; compatible; consistent.

संगति *(saṅ-gati)* स्त्री. company; society; association; fitness; appropriateness; salvation; copulation; sexual intercourse; harmony; consistency; relevancy; compatibility.

संगम *(saṅ-gam)* पु. confluence (of rivers); union; junction; conjunction; mating; suitability; combat.

संगिनी *(saṅ-ginī)* स्त्री. female companion; wife.

संगी[1] *(saṅgī)* पु. companion; associate; comrade.

संगी[2] *(saṅgi)* adhesive; associated; habituated; infatuated; libidinous; lustful.

संगीत *(saṅ-gīt)* पु. music.

संगीतकार *(saṅ-gītkār)* पु. composer; musician.

संगीतज्ञ *(san-gītya)* पु. musician.

संगीन[1] *(saṅgīn)* वि. (फ़ा.) made of stone; hard; firm solid; grave; serious.

संगीन[2] *(saṅgīn)* स्त्री. (फ़ा.) bayonet.

संगृहीत *(saṅ-grahīt)* वि. collected; compiled; controlled; acquired; abridged.

संग्रह *(saṅ-grah)* पु. collection; depository; storage.

संग्रहण *(saṅ-grahan)* पु. seisure; collection; sexual intercourse; kidnap.

संग्रहणी *(saṅ-grahaṇī)* स्त्री. dysentery.

संग्रहणीय *(saṅ-grahaṇīya)* वि. preservable; worthy of acqiring.

संग्रहालय *(saṅ-grahālaya)* पु. museum.

संग्राम *(saṅ-grām)* स्त्री. battle; war.

संग्राह्य *(saṅ-grahya)* वि. fit to be collected; preservable; inculcable; conceivable.

संघ *(saṅ-gh)* पु. assemblage; multitude; crowd; organization; association; federation; union.

संघटन *(saṅ-ghaṭan)* पु. union; organization; constitution.

संघटित *(saṅ-ghaṭit)* वि. organised; unified; united.

संघर्ष *(saṅ-ghars)* पु. competition; rivalry; contest for superiority; struggle.

संघीय *(saṅghīya)* वि. federal.

संचय *(saṅ-cay)* पु. collection; accumulation; heap; quantity; joint.

संचरण *(sañ-caraṇ)* पु. locomotion; movement; crossing.

संचार *(sañ-cār)* पु. movement; infusion; communication; mode; method; way of life; difficult voyage; trouble; difficulty; leadership; inducement.

संचारी *(sañ-cārī)* वि. dynamic; movable; mobile; roving; communicable; unstable; momentary.

संचालक *(sañ-cālak)* पु. conductor;

director; convener.

संचालन *(sañ-cālan)* पु. conduction; control; performance; execution.

संचालित *(sañ-cālit)* वि. directed; conducted convened.

संचित *(sañ-cit)* वि. accumulated; collected; dense; counted.

संजीदगी *(sañjidaī)* स्त्री. (फा.) seriousness; sincerity; discreetness.

संजीदा *(sañjidā)* स्त्री. (फा.) serious; wise; discreet; tolerant; calm; quiet; sedate.

संजीवनी[1] *(sañ-jīvanī)* (फा.) a kind of elixir (said to restore the dead to life).

संजीवनी[2] *(sañ-jīvanī)* वि. vitalising.

सँजोना *(saṁjonā)* स. क्रि. to decorate; to embellish; to put together; to arrange; to cherish.

संज्ञा *(sañ-jñā)* स्त्री. consciousness; sense; name; designation; appellation; noun (gram).

संडास *(saṇḍās)* पु. cesspool; latrine.

संत *(sant)* पु. saint; hermit.

संतत[1] *(san-tat)* वि. continuous; uninterrupted; expanded; stretched.

संतत[2] *(san-tat)* क्रि. वि. always; eternally; continuously.

संतति *(san-tati)* स्त्री. offspring; posterity; extension; continuity.

संतप्त *(san-tapt)* वि. greatly heated or inflamed; red-hot; scorched; tormented; distressed; afflicted.

संतरण *(san-taraṇ)* पु. launching.

संतरा *(santrā)* पु. orange.

संतरी *(santrī)* पु. sentry; porter.

संतान *(san-tān)* स्त्री. progeny; offspring; issue.

संताप *(san-tāp)* पु. intense heat; burning heat; remorse; penitence; repentance; agony; grief.

संतापन *(san-tāpn)* पु. heating; burning; tormenting.

संतापित *(san-tāpit)* पु. heated; burnt; blazed; tormented.

संतुलन *(san-tulan)* पु. balance; equilibrium; equipose.

संतुलित *(san-tulit)* वि. balanced; equipoised; equal.

संतुष्ट *(san-tust)* वि. satisfied; gratified; contented; consoled; comforted.

संतुष्टि *(san-tuṣṭi)* स्त्री. satisfaction; gratification; delight; patience; consolation; contentment.

संतोष *(san-tos)* पु. gratification; satisfaction; contentment; delight.

संतोषप्रद *(san-tosprad)* वि. satisfactory.

संतोषी *(san-toṣī)* वि. contented; complacent.

संत्रास *(san-trās)* पु. fear; terror; panic; dismay.

संत्रासन *(san-trānsan)* पु. terrorisation.

संदर्भ *(san-darbh)* पु. reference; context; threading; stringing; tying together; weaving; compilation; arranging; ordering; systematisation.

संदल *(sandal)* पु. (अ.) sandal wood.

संदिग्ध *(san-digdh)* वि. dubious; doubtful; uncertain; ambiguous.

संदीपन *(san-dipan)* पु. excitation; provocation; stimulus.

संदीप्त *(san-dīpt)* वि. kindled; inflamed; excited; stimulated;

aroused.

संदूक *(sandūq)* पु. (अ.) box; coffin.

संदेश *(san-deś)* पु. news; tidings; report; message.

संदेह *(san-deh)* पु. doubt; uncertainty; suspicion; misgiving.

संदेहजनक *(san-deh-janak)* वि sus-picious.

संदेहात्मक *(san-dehātamak)* वि. doubtful.

संधान *(san-dhān)* पु. fixing (an arrow to a bow); act of placing or holding together; welding.

संधि *(san-dhi)* स्त्री. treaty; joint; breach; chasm; conjunction; period of transition (in a drama).

संध्या *(san-dhyā)* स्त्री. evening; twilight; evening prayer.

संन्यास *(saṃ-ny-ās)* पु. the fourth religious order (asram); relinquishment; resignation; abandonment; renunciation.

सन्यासी *(saṃ-nyāsī)* पु. one belonging to the fourth order or asram; one who abandons or renounces.

संपत्ति *(sam-patti)* स्त्री. opulence; wealth; prosperity.

संपदा *(sam-padā)* स्त्री. wealth; opulence; estate.

संपन्न *(sam-pann)* वि. accomplished; effected; completed; endowed (with); possessed (of); prosperous; thriving; rich; perfect; fully developed.

संपर्क *(sam-park)* पु. mixture; contact; association; touch; addition; sum; intercourse.

संपादक *(sam-pādak)* पु. editor.

संपादकीय *(sam-pādakiya)* पु. editorial.

संपादन *(sam-pādan)* पु. accomplishment; enforcement; fulfilment; editing.

संपादित *(sam-pādit)* वि. accomplished; edited.

संपूरक *(sam-purak)* वि. supplementary; complementary.

संपूर्ण *(sam-pūrṇ)* वि. all; whole; complete; entire; completed; finished.

संपूर्णता *(sam-pūrṇatā)* स्त्री. entirety; completness.

सँपेरा *(saṁperā)* पु. snake-charmer.

सँपोला *(saṁpolā)* पु. young one of a snake.

संप्रदान *(sam-pra-dān)* पु. (gram.) dative case; gift; bestowal.

संप्रदाय *(sam-pra-dāy)* पु. traditional doctrine or faith; sect; community.

संप्रेक्षण *(sam-preṣaṇ)* पु. observation; inspection.

संप्रेषक *(sam-presak)* पु. transmitter.

संप्रेषण *(sam-prêṣaṇ)* पु. transmission

संबंध *(sam-bandh)* पु. relation; relationship; friendly connection; friendship; relation; as the meaning of the genitive case (in gram.); intimacy; marriage.

संबंधी *(sam-bandhī)* वि. connected with; belonging to; related (to).

संबद्ध *(sam-baddh)* वि. joined; bound; fastened together; attached; connected (with); related (to); belonging (to); affiliated (to).

संबल *(sam-bal)* पु. support; backing; stock of provisions for a journey; water.

संबोधन *(sam-bodhan)* पु. address; accost; an epithet (used in calling a person); (gram.) vocative case; awaking.

संबोधित *(sam-bodhit)* वि. addressed.

सँभलना *(sambhalnā)* अ. क्रि. to recoup; to be alert; to be cautious; to recuperate.

संभव[1] *(sam-bhav)* वि. possible; probable.

संभव[2] *(sam-bhav)* पु. birth; existence; happening; cause; meeting; union; copulation; capability; possibility; hint; sign; match.

संभवत *(sam-bhavta)* क्रि. वि. probably; perhaps; possibly.

सँभालना *(sambhālnā)* स. क्रि. to support; to sustain; to look after; to manage; to superintend; to hold up; to uphold; to prop; to reconcile; to amend.

संभावना *(sam-bhāvanā)* स्त्री. possibility; probability; likelihood.

संभावित *(sam-bhāvit)* वि. probable; likely.

संभाव्य *(sam-bhāvya)* वि. imaginable; probable; speculative; proper; fit.

संभाषण *(sam-bhāṣaṇ)* पु. conversation; discourse; debate; discussion.

संभोग *(sam-bhog)* पु. sexual union; coition; consumption; enjoyment.

संभोग्य *(sam-bhogya)* वि. consumable; enjoyable.

संभ्रांत *(sam-bhrānt)* वि. respectable; confused; deluded; perplexed; perturbed; agitated.

संभ्रांति *(sam-bhrānti)* स्त्री. uneasiness; eagerness; haste; confusion; astoundment.

संयंत्र *(saṃ-yantra)* पु. plant; machinery.

संयत *(saṃ-yat)* वि. controlled; disciplined; regulated; confined; limited.

संयम *(sam-yam)* पु. restraint; control; continence; sobriety; temperance; forbearance; moderation; discipline.

संयुक्त *(saṃ-yukt)* वि. connected; united; consisting of two or more partners; combined.

संयोग *(saṃ-yog)* पु. combination; communion; association; chance; coincidence; union conjunct consont; wedlock; copulation.

संयोजक[1] *(saṃ-yojak)* पु. joining together; connecting.

संयोजक[2] *(saṃ-yojak)* वि. convener; conjunction (gram.).

संयोजन *(saṃ-yojan)* पु. unification; combination; arrangement.

संरक्षक *(saṃ-rakṣak)* पु. custodian; protector; guardian; patron; warden.

संरक्षण *(saṃ-rakṣaṇ)* पु. protection; patronage; guardianship; supervision.

संरचना *(saṃ-racanā)* स्त्री. construction; structure; formation.

संलग्न *(saṃ-lagn)* वि. attached; appended; absorbed.

संलाप *(saṃ-lāp)* पु. conversation; discourse.

संलापी *(saṃ-lāpī)* वि. talkative.

संवतत् *(saṃ-vatat)* पु. year; era.

संवर्द्धन *(saṃ-vardhan)* संवर्धन पु. augmentation; increase; bringing up; rearing; raising; culture(of plants; birds etc.);

enrichment; promotion; growth; development.

संवाद *(saṃ-vād)* पु. conversation; dialogue; information; news.

संवाददाता *(saṃ-vād-dātā)* पु. correspondent; pressman.

सँवारना *(saṁvārnā)* स. क्रि. to dress; to decorate; to arrange; to methodize; to correct; to mend; to improve.

संवाहक *(saṁvāhak)* पु. carrier; conductor.

संविदा *(saṃvīdā)* स्त्री. contract.

संविधान *(saṁ-vidhān)* पु. constitution.

संवेग *(saṁvak)* पु. emotion; passion; momentum; impetus; impulse; intensity; force.

संवेदन *(sam-vedan)* पु. sensation; feeling; making own; communication.

संवेदनशील *(saṃ-vedanasil)* वि. sensitive; emotional.

संवेदना *(sam-vedanā)* स्त्री. sensitivity; sensation; sympathy; condolence.

संवैधानिक *(samvaidhānik)* वि. constitutional.

संशय *(saṃ-śay)* पु. uncertainty; risk; peril; danger; apprehension; suspicion; doubt.

संशयी *(saṃ-śayī)* पु. wavering or sceptic person.

संशोधक[1] *(saṃ-śodhak)* पु. mender; rectifier; purifier; refiner.

संशोधक[2] *(saṃ-śodhak)* वि. corrective; recftifying; reformative.

संशोधन *(sam-śodhan)* पु. purification; cleansing; correction; amendment.

संशोधित *(saṃ-śodhit)* वि. completely cleansed and purified; corrected; amended.

संश्लिष्ट *(saṃ-ślisṭ)* वि. mixed up; synthesised; synthetic.

संश्लेषण *(saṃ-śleṣan)* पु. synthesis; mixture; blend.

संसक्त *(saṃ-sakt)* वि. adjoining; continuous; attached; mixed up.

संसद *(saṃ-sad)* स्त्री. parliament.

संसदीय *(saṃsadīya)* वि. parliamentary.

संसर्ग *(saṃ-sarg)* पु. contact; company; association; copulation; intercourse; intimacy; closeness; contagion; connection; conjunction.

संसाधन *(saṃ-sādhan)* पु. accomplishment; prepartion; resources.

संसार *(saṃ-sār)* पु. mundane existence; the world.

संसिक्त *(sam-sikt)* वि. drenched; soaked; fertilized.

संसिद्धि *(saṃ-sidhi)* स्त्री. accomplishment; success; salvation.

संसूचन *(saṃ-sūcan)* पु. exposure; intimation; reproof; condemnation; suggestion; hint.

संसृति *(saṃ-sṛti)* स्त्री. process of birth and rebirth; flow; continuity.

संसृष्टि *(saṃ-sṛsti)* being born together; association; union; accumulation; composition; creation.

संस्कार *(saṃ-skār)* पु. refinement; mental impression; ritual; sacrament; ceremony; culture.

संस्कृत *(saṃ-skṛt)* वि. cultured; refined; polished.

संस्कृति *(saṃ-skṛti)* स्त्री. civilization; culture; perfection; purification; decoration; determination; industry; tradition.

संस्तुत *(saṃ-stut)* वि. recommended.

संस्तुति *(saṃ-stutī)* स्त्री. recommendation; commendation.

संस्था *(saṃ-sthā)* स्त्री. institution; organisation; committee.

संस्थान *(saṃ-sthān)* पु. institute; institution; structure; configuration.

संस्थापक *(sam-sthāpak)* पु. founder; precusor; pioneer.

संस्थापन *(saṃ-sthāpan)* पु. act of establishing; founding; pioneering; introducing something; establishment.

संस्पर्शी *(saṃ-sparśī)* वि. touching; coming in contact.

संस्मरण *(saṃ-smaran)* पु. remembering; calling to mind; memoirs; reminiscences; recollection.

संहार *(samhār)* पु. annihilation; destruction; massacre.

सकना *(saknā)* अ. क्रि. can; may; to be able; to be competent.

सकपकाना *(sakpakānā)* अ. क्रि. to be started; to hesitate; to be shaky.

सकरकंद *(sakarkand)* पु. sweet potato.

सकर्मक *(sa-karmak)* वि. (in Gram.) having an object; transitive.

सकल *(sakal)* वि. all; entire; whole; gross.

सकाम *(sa-kām)* वि. desirous; lustful.

सकारना *(sakārnā)* स. क्रि. to accept or endorse as accepted (a bill); to accept; to agree.

सकुचाना *(sakucānā)* अ. क्रि. to hesitate; to blush; to wither; to contract; to put to shame.

सक़्क़ा *(saqqā)* पु. (फ़ा.) watercarrier.

सक्रिय *(sa-kriya)* वि. active.

सक्रियता *(sa-kriyatā)* स्त्री. activeness.

सक्षम *(sa-kṣam)* वि. capable; efficient; competent; authorised.

सखा *(sakhā)* पु. friend; associate; companion.

सखी *(sakhī)* स्त्री. a woman's female friend or confidant.

सख़्त *(sakht)* वि. hard; stiff; difficult; intense; vehement; violent; excessive.

सख़्ती *(sakhtī)* स्त्री. strictness; stiffiness; rigidity; atrocity; cruelty.

सगा *(sagā)* वि. real; born of the same parents; related in blood.

सगाई *(sagāī)* स्त्री. betrothal; engagement.

सगोत्र *(sa-gotra)* वि. being of the same family or kin; related.

सघन *(sa-ghan)* वि. thick;dense; solid; cloudy.

सच[1] *(sac)* वि. true; real.

सच[2] *(sac)* पु. truth; reality.

सचमुच *(sacmuc)* क्रि. वि. truly; verily; indeed.

सचाई *(sacāī)* स्त्री. truth; reality; sincerity; honesty.

सचित्र *(sa-citr)* वि. pictorial; picturesque; illustrated.

सचिव *(saciv)* पु. minister; counsellor; secretary.

सचिवालय *(sacivālaya)* पु. secretariat.

सचेत *(sa-cet)* वि. conscious; watchful.

सचेतक *(sa-cetak)* पु. one who is cautious.

सचेतन *(sa-cetan)* वि. conscious.

सचेष्ट *(sa-ceṣṭ)* वि. making efforts;

active.

सच्चा *(saccā)* वि. true; genuine; real; honest; sincere; pure; unalloyed; faithful.

सच्चाई *(saccāī)* स्त्री. truth; sincerity; faithfulness.

सजग *(sa-jag)* वि. alert; cautious; vigilant.

सजधज *(sa-jdaj)* स्त्री. ornamentation; adornment.

सजन *(sajan)* पु. husband; beloved; darling.

सजना *(sajnā)* अ. क्रि. to be adorned or decorated; to be well arranged or neatly dressed; to be ready for a battle etc.; to put on; to wear; to decorate; to arrange.

सजनी *(sajnī)* स्त्री. sweetheart; beloved; wife; friend.

सजल *(sa-jal)* वि. wet; moist;humid.

सज़ा *(sazā)* स्त्री. (फ़ा.) punishment; penalty; revenge; imprisonment.

सजाति, सजातीय *(sa-jāti)* वि. of one and the same species; of the same tribe or caste or race; homogeneous.

सजाना *(sajānā)* स. क्रि. to furnish; to arrange; to decorate; to beautify; to embellish; to dress neatly.

सजावट *(sajāvat)* स्त्री. decoration; ornamentation; make-up; display.

सजीला *(sajīlā)* वि. welस.dressed; graceful; handsome; stylish.

सजीव *(sa-jīv)* वि. animate; living; alive.

सज्जन *(sajjan)* पु. gentleman; nobleman.

सज्जा *(sajjā)* स्त्री. apparatus; equipment; dress; decoration.

सज्जित *(sajjit)* वि. dressed; decorated; embellished; equipped.

सटना *(saṭnā)* अ. क्रि. to stick; to adhere; to come close; to be in physical contact; to be adjacent.

सटपट *(saṭpat)* स्त्री. hesitation; dubiousness.

सटपटाना *(saṭpatānā)* अ. क्रि. to be amazed or confounded; to be unnerved; to hesitate.

सटीक *(sa-tīk)* वि. accompanied by a commentary; apt; befitting; correct and accurate; meaningful.

सट्टा *(saṭṭā)* पु. speculation.

सठियाना *(saṭhiyānā)* अ. क्रि. to be of sixty years; to become decrepit; to be in (one's) dotage; to be senile.

सड़क *(saṛak)* स्त्री. road; highway.

सड़न *(saṛan)* स्त्री. decay; decomposition; putrefaction; rottenness.

सड़ना *(saṛnā)* अ. क्रि. to decay; to rot; to be in misery.

सड़ांध *(saṛāmdh)* स्त्री. putrefaction; stench; putrescence; putridity; stink.

सड़ियल *(saṛiyal)* वि. worthless; good for nothing; dirty; shabby.

सत *(sat)* पु. essence; juice; strength; vitality; truth; truthfulness.

सतत[1] *(satat)* वि. constant; lasting; incessant.

सतत[2] *(satat)* क्रि. वि. incessantly; uninterruptedly.

सतर्क *(sa-tark)* वि. alert; cautious; careful; argumentative; reasoned; logical.

सतर्कता *(sa-taratā)* स्त्री. vigilance;

alertness.

सतह (*satah*) स्री. (अ.) surface; level.

सतही (*satahī*) वि. of or belonging to a surface; superficial.

सताना (*satānā*) स. क्रि. to harass; to torment; to trouble.

सती (*satī*) स्री. chaste woman; woman who immolates herself on her husband's funeral pyre.

सतीत्व, सतीपन (*satitva*) पु. virtuousness; chastity.

सत् (*satt*) वि. living; existing; existent; good; virtuous; honest; excellent; best.

सत्कार (*satkār*) पु. hospitality; reverence; respect; honour.

सत्त (*satt*) पु. essence; extract.

सत्ता (*sattā*) स्री. existence; entity; being; power; authority; sovereignty.

सत्ताधारी (*sattādhārī*) पु. man in power; man of authority.

सत्पथ (*satpath*) पु. path of virtue; noble course; good behaviour.

सत्पात्र (*satpātra*) पु. deserving person.

सत्त्व (*sattva*) पु. substance; strength; vitality; vigour; natural property or quality; extract; essence.

सत्य[1] (*satya*) वि. true; real; genuine.

सत्य[2] (*satya*) पु. truth; reality.

सत्यकाम (*satyakām*) वि. truth-loving.

सत्यता (*satyatā*) स्री. truth; veracity; reality; eternity.

सत्याग्रह (*satyāgraha*) पु. satyagraha (insistence on truth); passive resistance.

सत्याग्रही (*satyā-grahi*) पु. one who offers passive resistance.

सत्यानास (*satyānās*) पु. complete ruin; devastation; total destruction.

सत्यानासी (*satyā-nāsī*) वि. ruinous; devastating; destructive.

सत्वर[1] (*sa-tvar*) वि. speedy; swift; quick.

सत्वर[2] (*sa-tvar*) क्रि. वि. quickly; speedily.

सत्संग (*satsang*) पु. association with virtuous people; assembly of saints.

सदन (*sadan*) पु. residence; house; dwelling place; either house of legislature.

सदमा (*sadmā*) पु. (अ.) emotional stroke; shock.

सदय (*sa-day*) वि. kind; compassionate; merciful.

सदर[1] (*sadar*) वि. (अ.) head; chief.

सदर[2] (*sadar*) पु. (अ.) chairman; president; upper or uppermost part or end (of anything).

सदस्य (*sadasya*) पु. member.

सदस्यता (*sadasyata*) स्री. membership.

सदा[1] (*sadā*) क्रि. वि. always; perpetually; continually; ever.

सदा[2] (*sadā*) पु. (अ.) call; voice; prayer; entreaty.

सदाचार (*sadācār*) पु. virtuous conduct.

सदाबहार (*sadābahār*) वि. evergreen; perennial.

सदी (*sadī*) स्री. (फा) century; a hundred years.

सदुपयोग (*sadūpayog*) पु. good or proper use.

सदृश (*sa-drṣ*) वि. resembling; of the same rank; similar; semblant.

सदृशता (*sa-drśatā*) स्री. similarity; resemblance.

सदेह[1] (*sa-deh*) वि. with the body;

in a physical form; corporeal bodied.

सदेह² (sa-deh) क्रि. वि. bodily; physically.

सदैव (sadaiv) क्रि. वि. always; ever.

सद्गती (sad-gatī) स्त्री. salvation.

सद्गुण (sad-gūn) पु. virtue; merit.

सद्गुणी (sad-gunī) वि. virtuous; meritorious.

सद्गुरू (sad-guru) पु. worthy preceptor; teacher.

सद्भाव (sad-bhāv) पु. kindly feelling; amiability; understanding; goodwill.

सधना (sadhnā) अ. क्रि. to be accomplished; to be finished; to be familiarized; to be accustomed; to be trained.

सधवा (sadhavā) स्त्री. woman whose husband is alive.

सनक (sanak) स्त्री. craze; mania; caprice; eccentricity; whim.

सनकी (sankī) वि. whimsical; crazy; eccentric.

सनद (sanad) स्त्री. (अ.) testimonial; certificate.

सनम (sanam) पु. (अ.) idol; beloved.

सनसनाना (sansanānā) अ. क्रि. to produce a whizzing sound; to have a thrilling sensation.

सनसनी (sansanī) स्त्री. tingling or thrilling sensation; panic.

सनातन (sanātan) वि. perpetual; constant; eternal; primeval; ancient; orthodox.

सन् (san) पु. era; year.

सन्न (sann) वि. stunned; stupefid; contracted; shrunken; slow; inactive.

सन्नद्ध (san-naddh) वि. ready; prepared; tied together; bound; attached; appended.

सन्नाटा (sannāṭā) पु. silence; solitude; quietude.

सन्मार्ग (sanmārg) पु. right path; path of virtue.

सन्मुख (sanmūkh) see सम्मुख।

सपत्नीक (sa-patnīk) वि. accompanied by one's wife.

सपना (sapnā) पु. dream.

सपरिवार (sa-pari-vār) वि. with family.

सपाट (sapāt) वि. flat; smooth; even; plain.

सपूत (sapūt) पु. dutiful or worthy son.

सपेरा (saperā) पु. snake charmer.

सप्ताह (saptâh) पु. week.

सफ़र (safar) पु. (अ.) journey; travel.

सफ़रनामा (safarnāmā) पु. travelogue.

सफल (sa-phal) वि. fruitful; productive; accomplished; fulfilled· successful; materialised.

सफलता (sa-phaltā) स्त्री. success; fulfilment; purposiveness; achievement.

सफ़ाचट (sa-fācat) वि. perfectly clean; blank; tonsured; cleanshaven.

सफ़ाई (safāī) स्त्री. (अ.) cleanliness; purity; clarification; defence (in law suit); smoothness; simplicity; honesty; uprightness; amity; reconciliation; devastation.

सफ़ाया (safāyā) पु. clean sweep; ruinnation.

सफ़ेद (safed) वि. white; clean and bright.

सफ़ेदपोश (safedpoś) वि. white-collared; dressed in white.

सफ़ेदा (safedā) पु. white lead; a kind of mango; eucalyptus; morning light; a kind of melon.

सफ़ेदी *(safedī)* पु. whiteness; white-wash.

सब *(sab)* वि. all; entire; whole; total.

सबक़ *(sabaq)* पु. (अ.) lesson; moral.

सबब *(sabab)* पु. (अ.) cause; reason; basis; ground.

सबल *(sa-bal)* वि. strong; powerful; valid.

सबूत *(sabūt)* see सुबूत।

सबेरा *(saberā)* see सवेरा।

सब्ज़ *(sabz)* वि. (फ़ा.) green.

सब्ज़ी *(sabzī)* स्त्री. (फ़ा.) herbage; vegetables; verdure; greenery greenness.

सब्र *(sabr)* पु. (अ.) patience; selfrestraint; contentment; endurance; forbearance.

सभा *(sabhā)* स्त्री. assembly; meeting; association; society.

सभाकक्ष *(sabhā-kakś)* पु. assembly-hall; chamber; lobby.

सभासद *(sabhā-sad)* पु. member of an assembly.

सभ्य *(sabhya)* वि. refined; civilized; cultured; civil.

सभ्यता *(sabhyātā)* स्त्री. civilization; culture; courtesy; decency; good etiquette.

समंजन *(sam-añjan)* पु. co-ordination; adjustment; dovetailing; massage; anointment.

सम *(sam)* वि. plain; smooth; even; homogeneous; similar; equal; impartial; honest.

समकक्ष *(sam-kakś)* वि. equal; equivalent.

समकालीन *(sam-kālīn)* वि. contemporary; contemporaneous.

समकोण *(sam-koṇ)* पु. right angle.

समक्ष *(sam-akṣ)* क्रि. वि. before; in front.

समग्र *(sam-agra)* वि. all; entire; whole.

समझ *(samajh)* स्त्री. understanding grasp; perception; sense; wisdom.

समझदार *(samjhdār)* वि. intelligent; sensible; wise.

समझदारी *(samajhdari)* स्त्री. understanding; wisdom.

समझना *(samjhna)* स. क्रि. to understand; grasp; to think; consider; to suppose; deem.

समझाना *(samjhānā)* स. क्रि. to explain; to advise; to persuade.

समझौता *(samjhautā)* पु. compromise; reconciliation; agreement; pact.

समतल¹ *(sam-tal)* वि. level; even; plain.

समतल² *(sam-tal)* पु. plain surface.

समता *(samatā)* स्त्री. similarity; equality; parity; evenness; impartiality.

समतुल्य *(samtulya)* वि. equivalent; similar.

समदर्शी *(sam-darśī)* वि. looking at both sides; impartial.

समधी *(samdhī)* पु. son's or daugl ter's father-in-law.

समन्वय *(sam-anv-ay)* पु. coordination; harmony.

समन्वित *(sam-anv-it)* वि. coordinated; harmonized.

समय *(sam-ay)* पु. time; hour; period; opportunity; occasion; last time; end; tradition.

समर *(sam-ar)* पु. war; battle.

समरनीति *(sam-ar-nīti)* स्त्री. strategy.

समरभूमि *(sam-ar-bhumi)* स्त्री. battlefield.

समरस *(sam-ras)* वि. harmonious; equanimous.

समरसता *(sam-rastā)* स्त्री. equanimity; harmony.

समर्थ *(sam-arth)* वि. powerful; strong; capable; competent; made suitable;prepared; having same aim.

समर्थक[1] *(sam-arthak)* पु. supporter; vindicator.

समर्थक[2] *(sam-arthak)* वि. capable; competent; supporting; confirmative; corroborative.

समर्थन *(sam-arthan)* पु. support; corroboration; vindication.

समर्थित *(sam-arthit)* वि. supported; vindicated.

समर्पक *(sam-arpak)* वि. surrendering (person).

समर्पण *(sam-arpan)* पु. surrender; dedication; presentation.

समर्पित *(sam-arpit)* वि. surrendered; dedicated.

समवाय *(sam-āvây)* पु. collection; multitude; company; intimacy; inseparable relationship; concourse; concomitance.

समवायी *(sam-āvâyi)* वि. inseparable; concomitant; substantial.

समवेत *(sam-avêt)* वि. collective; enternally related; permeated.

समवेतगान *(sam-avêtgān)* पु.chorus; choral song.

समवेदना *(sam-vedanā)* स्त्री. condolence; sympathy.

समशीतोष्ण *(sam-śetosaṇ)* वि. temperate; moderate.

समष्टि *(sam-asṭi)* स्त्री. collectivenes; totality; aggregate.

समसामयिक *(sam-sāmayik)* वि. contemporary.

समस्त *(sam-ast)* वि. all; whole entire; complete.

समस्या *(sam-asyā)* स्त्री. problem; last portion or line of a metrical composition which is meant for completion in the same metre by a competitor.

समाँ *(samām̐)* पु. (अ.) time; occasion; weather; season; scene; landscape; view; spectacle.

समागत *(sam-ā-gat)* वि. arrived; returned.

समाचार *(sam-ā-cār)* पु. news; report; message; behaviour; conduct; convention; tradition; discourse; conversation.

समाचार-पत्र *(sam-ā-cār-patra)* पु. newspaper.

समाज *(sam-āj)* पु. community; society; congregation; club; association.

समाजवाद *(sam-āj-vād)* पु. socialism.

समाजवादी *(sam-āj-vādī)* पु. socialist.

समाजशास्त्र *(sam-āj-sastra)* पु. sociology.

समाजशास्त्री *(sam-āj-sastrī)* पु. sociologist.

समाजशास्त्रीय *(sam-āj-sastrīya)* वि. sociological.

समाजीकरण *(samājīkaran)* वि. socialisation.

समादरणीय *(sam-ā-daraṇīya)* वि. honourable; esteemed.

समादृत *(sam-ā-dṛt)* वि. respected; honoured.

समाधान *(sam-ā-dhān)* पु. solution; unification; matching; curiosity; meditation; removal of doubt; abrogation; closeness; stability; exposition; acceptance.

समाधि *(sam-ā-dhi)* स्री. meditation; tranee; grave; tomb; memorial.

समान *(samān)* वि. equal; equivalent; alike; identical; tantmount.

समानता *(samānatā)* स्री. parity; equality; similarity; likeness.

समानांतर *(samānāntar)* वि. parallel.

समाना *(samānā)* अ. क्रि. to be contained (in); to permeate; to pervade; to be assimilated.

समानार्थक *(samānārthak)* वि. having the same meaning; synonymous.

समापक *(sam-āpak)* वि. concluding; closing; slaughterous.

समापन *(sam-āpan)* पु. completion; conclusion; slaughtering; killing; winding up; closure; trance.

समाप्त *(sam-āpt)* वि. completed; concluded; exhausted; finished; terminated.

समाप्तप्राय *(sam-āpt-prāya)* वि. almost finished; nearing completion.

समाप्ति *(sam-āpti)* स्री. completion; end; termination; expirty; expiration; extinction.

समायोजक *(sam-ā-yojak)* पु. one who adjusts; adjuster; compere.

समायोजन *(sam-ā-yojan)* पु. comparing; adjustment.

समारंभ *(sam-rambh)* पु. commencement; inauguration.

समारोह *(sam-ā-roh)* पु. function; celebration; festivity.

समालोचक *(sam-ā-locak)* पु. critic.

समालोचना *(sam-ā-locanā)* स्री. criticism.

समाविष्ट *(sam-ā-viṣṭ)* वि. entered; included; incorporated.

समावेश *(sam-ā-veś)* पु. inclusion; entry; incorporation; pervasion; permeation.

समास *(sam-ās)* पु. conjunction; combination; union; contraction; abbreviation; compound word.

समाहार *(sam-a-hār)* पु. collection; accumulation; concentration; heap; pile; procuration; sum; total; aggregate; conjunction; connection (of words or sentences); compounding of words.

समाहित *(sam-ā-hit)* वि. brought together; assembled; concentrated; composed; collected; calm (as mind).

समिति *(sam-iti)* स्री. committee; union; association.

समीकरण *(samīkaraṇ)* पु. the act of making even or equal; equalization; equation.

समीक्षक *(sam-īkṣak)* पु. reviewer. critic.

समीक्षा *(sam-īkṣā)* स्री. review; criticism; critique; commentary.

समीक्षाकार *(sam-īkṣākār)* see समीक्षक।

समीचीन *(samīcīn)* वि. fit; proper; right; equitable.

समीचीनता *(samicinatā)* स्री. propriety; fitness; equitability.

समीप *(samīp)* वि. near; adjacent.

समीपता *(samīpatā)* स्री. nearness; proximity.

समीपवर्ती *(samīpvartī)* वि. adjacent; neighbouring.

समीर, समीरण *(sam-īr)* पु. wind; air; breeze.

समुचित *(sam-ucit)* वि. fit; right; proper; appropriate.

समुच्चय *(sam-uc-cay)* पु. collection; accumulation; (in gram.) conjunction of words.

समुदाय *(sam-ud-āy)* पु. group; assembly; community.

समुद्र *(sam-udra)* sea; ocean.

समुद्री, समुद्रीय *(sam-udrī)* वि. marine; oceanic; pertaining to the sea.

समुद्री डाकू *(sam-udrī-dāku)* पु. pirate.

समुद्री तार *(sam-udrī-tār)* पु. cable.

समूचा *(samūcā)* वि. whole; entire; complete.

समूह *(sam-ūh)* पु. quantity; heap; group; multitude; assemblage; community.

समृद्ध *(sam-raddh)* वि. very prosperous; flourishing; wealthy.

समृद्धि *(sam-ṛddhi)* स्त्री. prosperity; affluence; richness.

समेटना *(sameṭnā)* स. क्रि. to collect together; to amass; to wind up.

समेत[1] *(sam-êt)* वि. united together; associated (with).

समेत[2] *(sam-êt)* क्रि. वि. with; together with; along with.

सम्मत *(sam-mat)* वि. of one mind; of the same opinion; unanimous; supported; approved; acknowledged; authenticated.

सम्मति *(sam-mati)* स्त्री. advice; opinion; consent; agreement.

सम्मान *(sam-mān)* पु. honour; respect; homage; distinction.

सम्माननीय *(sam-mānanīya)* see सम्मान्य।

सम्मानित *(sam-mānit)* स्त्री. honoured; respected.

सम्मान्य *(sam-mānya)* वि. honour; respect; homage.

सम्मिलित *(sam-milit)* वि. included; collective.

सम्मिश्रण *(sam-misran)* पु. mixture; composition; compound; adulteration.

सम्मुख *(sam-mukh)* वि. in front (of) in the presence (of); before; opposite.

सम्मेलन *(sam-melan)* पु. gathering conference; mixture; combination.

सम्मोह *(sam-moh)* पु. hypnosis; infatuation; fascination; ignorance; folly; uneasiness; unconsciousness.

सम्मोहक *(sam-mohak)* वि. hypnotic; hypnotising; fascinating.

सम्मोहन *(sam-mohan)* पु. fascination; hypnosis; beguilement.

सम्मोहित *(sam-mohit)* वि. hypnotised; fascinated; charmed; made unconscious; flabbergasted.

सम्यक् *(samyak)* वि. right; fit; appropriate; correct; accurate.

सम्राज्ञी *(samrājñī)* स्त्री. empress.

सम्राट् *(samrāt)* पु. emperor.

सयाना *(sayānā)* वि. grown up; adolescent; sagacious; wise; clever; shrewd; cunning.

सरकना *(saraknā)* अ. क्रि. to slide; to slip; to crawl; to move slowly.

सरकार *(sarkār)* स्त्री. (फा.) government.

सरकारी *(sarkārī)* वि. (फा.) official; governmental.

सरगना *(sarganā)* पु. (फा.) ringleader.

सरगर्मी *(sargarmī)* स्त्री. hectic activity.

सरज़मीन *(sarzamin)* स्त्री. native country.

सरपंच *(sarpanch)* पु. (फा.) head of a panchayat.

सरपट *(sarpaṭ)* *वि.* quick; galloping.

सरफ़रोशी *(sarforśī)* *स्त्री.* (*फ़ा.*) sacrifice of life.

सरमाया *(sarmāyā)* *पु.* (*फ़ा.*) capital.

सरमायेदार *(sarmāyedār)* *पु.* (*फ़ा.*) capitalist.

सरमायेदारी *(sarmāyedāri)* *स्त्री.* (*फ़ा.*) capitalism.

सरल *(saral)* *वि.* straight; not crooked; straightforward; upright; honest; sincere; artless; simple; easy; ingenuous.

सरलता *(saralatā)* *स्त्री.* artlessness; simplicity; easiness.

सरस *(sa-ras)* *वि.* juicy; sapid; fresh; new; blooming; beautiful; elegant; interesting; humorous.

सरसों *(sarsoṁ)* *स्त्री.* mustard seed or plant.

सरहद *(sarhad)* *स्त्री.* (*फ़ा.*) boundary; frontiers; border.

सराफ़ *(sarāf)* *पु.* (*अ.*) person who deals in gold; jeweller; a money changer.

सराबोर *(sarābor)* *वि.* completely drenched; soaked.

सराय *(sarāy)* *स्त्री.* (*फ़ा.*) inn; tavern; hostelry.

सरासर *(sarāsar)* *क्रि. वि.* wholly; entirely; out and out.

सराहना¹ *(sarāhnā)* *स्त्री.* praise; eulogy.

सराहना² *(sarāhnā)* *स. क्रि.* to praise; commend; applaud.

सराहनीय *(sarāhniya)* *वि.* praise worthy; laudable.

सरिता *(saritā)* *स्त्री.* river; stream; flow; current.

सरीखा *(sarīkhā)* *वि.* similar; resembling.

सरोज *(saroj)* *पु.* lotus.

सरोवर *(sarovar)* *पु.* large lake or pond.

सर्ग *(sarg)* *पु.* section; chapter; canto.

सर्द *(sard)* *वि.* (*फ़ा.*) cold; cool; insipid; tasteless; lifeless.

सर्दी *(sardī)* *स्त्री.* cold; winter; chill.

सर्प *(sarp)* *पु.* serpent; snake.

सर्पण *(sarpaṇ)* *पु.* crawling; slipping away stealthily; moving crookedly.

सर्पिणी *(sarpiṇī)* *स्त्री.* female snake.

सर्पिल *(sarpil)* *वि.* serpentine.

सर्राफ़ *(sarrāf)* see सराफ़।

सर्व *(sarv)* *वि.* all; whole; entire; complete.

सर्वज्ञ *(sarvajna)* *वि.* all knowing; omniscient.

सर्वथा *(sarvathā)* *क्रि. वि.* in every respect; by all means; completely; absolutely.

सर्वदा *(sarvadā)* *क्रि. वि.* at all times; always.

सर्वनाम *(sarvnām)* *पु.* pronoun.

सर्वनाश *(sarvnāś)* *पु.* complete ruin; holocaust; total devastation.

सर्वप्रिय *(sarvpriya)* *वि.* popular; dear to all.

सर्वव्यापक *(sarv-vyapak)* *वि.* omnipresent; all pervasive.

सर्वव्यापी *(sarv-vyapi)* see सर्वव्यापक।

सर्वशक्तिमान *(sarv-saktiamān)* *वि.* omnipotent; almighty.

सर्वश्रेष्ठ *(sarv-śreṣt)* *वि.* the best; best of the lot.

सर्वसम्मत *(sarv-sammat)* *वि.* unanimous.

सर्वसम्मति *(sarv-sammati)* *स्त्री.* unanimity.

सर्वसाधारण *(sarv-sadharān)* *पु.* people at large; populace.

सर्वस्व *(sarv-asva)* पु. the whole of a person's property or possessions; one's all.

सर्वहारा *(sarv-hārā)* पु. proletariat.

सर्वेक्षण *(sarve-kśhaṇ)* पु. survey.

सर्वोच्च *(sarvoccā)* वि. supreme; uppermost; paramount.

सर्वोच्चता *(sarvoccata)* स्त्री. supremacy.

सर्वोच्च-न्यायालय *(sarvoccā-nyāyālaya)* पु. Supreme Court.

सर्वोत्कृष्ट *(sarvotkrśt)* वि. superiormost; the best.

सर्वोत्तम *(sarvottam)* वि. best of all; most excellent.

सर्वोदय *(sarvoday)* पु. uplift of all; universal progress.

सर्वोपरि *(sarvoparī)* वि. supreme; topmost; highest.

सलज्ज *(sa-lajj)* वि. bashful; shy; modest.

सलाई *(salāī)* स्त्री. knitting needle; thin wire; stick.

सलाख़ *(salākh)* स्त्री. thin iron rod; bar.

सलाम *(salām)* पु. (अ.) salutation (among Muslims); adieu; goodbye.

सलामत *(salamat)* वि. (अ.) safe; sound.

सलामती *(salamati)* स्त्री. safety; welfare; well-being.

सलामी *(salami)* स्त्री. (फ़ा.) salutation; salutation in honour of a respected guest or officer; guard of honour; salute by the booming of guns.

सलाह *(salāh)* स्त्री. (अ.) advice; counsel; consultation.

सलाहकार *(salāhkār)* पु. (अ.) advisor; counsellor.

सलिल *(salil)* पु. water.

सलीक़ा *(salīqā)* पु. (अ.) manners; etiquette; quality; ability.

सलीब *(salib)* स्त्री. (अ.) cross.

सलूक *(salūk)* see सुलूक।

सलोना *(salonā)* वि. salted; tasteful; beautiful; charming.

सल्तनत *(saltnat)* स्त्री. (अ.) empire; kingdom.

सवर्ण *(sa-varṇ)* वि. of the same colour; of the same caste or tribe.

सवार *(savār)* पु. (फ़ा.) rider; horseman; person boarding a carriage.

सवारी *(savārī)* स्त्री. riding; vehicle; conveyance; procession; passenger.

सवाल *(savāl)* पु. (अ.) problem (Arith.). begging; asking; question.

सविनय *(savinay)* वि. modest; humble; mannerly; civil.

सवेरा *(saverā)* पु. morning; daybreak.

सशंक *(sa-śaṅk)* वि. suspicious; doubtful; cowardly.

सशक्त *(sa-śakt)* वि. powerful; strong; forceful.

सशस्त्र *(sa-śastra)* वि. having arms; armed.

ससुर *(sasur)* पु. father-in-law.

ससुराल *(sasurāl)* स्त्री. father-in-law's house.

सस्ता *(sastā)* वि. (स्त्री सस्ती) cheap; lowpriced; inferior.

सस्य *(sasa)* पु. crop; fruit of a tree.

सस्यविज्ञान *(sa-sasya-vijnan)* पु. agronomy.

सह *(sah)* क्रि. वि. along with; with; simultaneously

सहकार *(sah-kār)* पु. cooperation; cooperative enterprise; collaboration.

सहकारिता *(sah-kāritā)* स्त्री. cooperation; collaboration.

सहकारी *(sah-kārī)* वि. cooperative; collaborative.

सहगान *(sahgān)* पु. collective singing; chorus.

सहचर *(sah-car)* पु. associate; companion; friend; associate element.

सहज *(saha-j)* वि. innate; inherent; easy; simple; facile; congenital; straight forward; normal.

सहजता *(saha-jatā)* स्त्री. spontaneity.

सहधर्म *(sah-dharm)* पु. common religion or law; common duty.

सहधर्मिणी *(sah-dharmini)* स्त्री. wife.

सहन[1] *(sahn)* वि. forbearing; patient; given to forgiveness; powerful.

सहन[2] *(sahn)* पु. forbearance; tolerance; forgiveness.

सहनशक्ति *(sahn-sakti)* स्त्री. endurance.

सहनशील *(sahn-sil)* वि. patient; tolerant; forbearing.

सहनशीलता *(sahn-siltā)* स्त्री. tolerance.

सहनीय *(sahnīya)* वि. tolerable; pardonable.

सहपाठी *(sah-pāṭhī)* पु. class-fellow; class mate.

सहभोज *(sah-bhoj)* पु. collective feasting; community dinner.

सहमत *(sah-mat)* वि. agreed; consented.

सहमति *(sah-mati)* स्त्री. agreement; consent; concurrence.

सहयोग *(sah-yog)* पु. cooperation; collaboration; assistance.

सहयोगी *(sah-yogī)* पु. collague; co-worker; cooperator.

सहर *(sahr)* पु. (अ.) day-break; dawn.

सहल *(sahl)* वि. (अ.) easy; simple.

सहलाना *(sahlānā)* स. क्रि. to rub gently; to caress.

सहशिक्षा *(sahśiska)* स्त्री. co-education.

सहसा *(sahasā)* क्रि. वि. suddenly; at once; unawares; abruptly.

सहानुभूति *(sahânu-bhūti)* स्त्री. sympathy.

सहानुभूतिपूर्ण *(sahânu-bhūti-puran)* वि. sympathetic.

सहानुभूतिपूर्वक *(sahânu-bhūti-purvak)* क्रि. वि. sympathetically.

सहायक[1] *(sahâyak)* वि. helpful; assistant; auxiliary; ancillary; conducive; subsidiary.

सहायक[2] *(sahâyak)* पु. helper; assistant.

सहायता *(sahâyatā)* स्त्री. help; assistance; support; aid; relief.

सहारा *(sahārā)* पु. help; assistance; dependence; reliance; support; prop.

सहित *(sahit)* क्रि. वि. along with.

सहिष्णु *(sahiṣṇu)* वि. tolerant; forbearing.

सही *(sahī)* वि. real; factual; true; faultless; accurate; correct; right; proper; suitable.

सही-सलामत *(sahī-salāmat)* वि. safe and sound; safe and well.

सहूलियत *(sahūliyat)* स्त्री. (अ.) ease; facility; convenience.

सहृदय *(sa-hṛday)* वि. kind; compassionate; tender-hearted; considerate.

सहृदयता *(sa-hṛdayatā)* स्त्री. kindness; compassion; tender-heartedness; considerateness.

सहेजना *(sahejnā)* स. क्रि. to put in order; to manage; to handle; to examine; to hand over with care.

सहेली *(sahelī)* स्त्री. a woman's female companion or friend.

सहोदर *(sahôdar)* पु. real brother.

सह्य *(sahya)* वि. edurable; tolerable.

सांकेतिक *(sānketik)* वि. symbolic; indicative.

साँठ-गाँठ *(sāṁṭh-gāṁṭh)* स्त्री. intrigue; collusion.

साँड *(sāṁr)* पु. bull or stallion brought up for the purpose of mating.

साँड़नी *(sāṁṛnī)* स्त्री. she-camel.

सांत्वना *(sāntvanā)* स्त्री. consolation; means of consolation.

साँप *(sāṁp)* पु. snake; serpent; viper.

सांप्रदायिक *(sāmpradāyik)* वि. communal; setarian.

सांप्रदायिकता *(sāmpradāyikatā)* स्त्री. communalism; sectarianism.

सांयोगिक *(sāmyogik)* वि. accidental; fortuitous.

साँवला *(sāṁvalā)* वि. of a dark or sallow complexion; darkish; swarthy.

साँवलापन *(sāṁvlāpan)* पु. slight darkness of complexion.

साँस *(sāṁs)* स्त्री. breath; respiration.

साँसत *(sīṁsat)* स्त्री. physical pain; trouble; distress; affliction; suffocation.

सांसद *(sāṁsad)* पु. member of parliament.

सांसारिक *(sāṃsārik)* वि. belonging to the world; worldly; material; mundance.

सांसारिकता *(sāmsāriktā)* स्त्री. worldiness.

सांस्कृतिक *(sāṁskṛtik)* वि. cultural.

साईस *(sāīs)* पु. (अ.) groom; horse keeper.

साकार *(sâkār)* वि. possessed of form or shape; physical; implemented (scheme; etc.).

साकिन *(sākin)* पु. (अ.) resident.

साक़ी *(sāqī)* पु. (अ.) cup-bearer barmaid; water-server.

साक्षर *(sâkṣar)* वि. literate.

साक्षरता *(sâkṣaratā)* स्त्री. literacy.

साक्षात् *(sâkṣāt)* क्रि. वि. before the eyes; in sight (of); visibly; apparently.

साक्षात्कार *(sâkṣātkār)* पु. being face to face; interview; meeting.

साक्षी *(sâkṣī)* स्त्री. evidence; eyewitness.

साक्ष्य *(sâksya)* पु. testimony; evidence.

साख *(sākh)* स्त्री. credit; good will; over-bearing influence; sway.

साग *(sāg)* स्त्री. vegetable; greens.

सागर *(sāgar)* पु. ocean; sea.

सागूदाना *(sāgūdānā)* पु. sago.

साज़ *(sāz)* पु. (फा.) embellishment; appurtenance; orchestra; harness; equipment.

साजन *(sājan)* पु. husband; lover; paramour.

साज़िश *(sāzis)* स्त्री. (अ.) conspiracy; intrigue.

साझा *(sājhā)* पु. partnership; share (in a company etc.).

साझी, साझेदार *(sājhī)* पु. partner; shareholder.

साझेदारी *(sājhīdār)* स्त्री. partnership.

साड़ी *(sārī)* स्त्री. a kind of female dress; sari.

साढ़ू *(sāṛhū)* पु. husband of wife's

sister.

सात्विक *(sāttvik)* वि. noble; pure; upright; honest; chaste; puritan.

साथ¹ *(sāth)* पु. company; association; support.

साथ² *(sāth)* क्रि. वि. with; together; along with.

साथी *(sāthī)* पु. companion; comrade; friend.

सादगी *(sādagī)* स्त्री. (फा.) openness; simplicity; innocence.

सादर¹ *(sâdar)* वि. respectful; regardful.

सादर² *(sâdar)* क्रि. वि. respectfully; with respect.

सादा *(sādā)* वि. (फा.) (स्त्री. सादी) pure; unmixed; plain; simple; guileless; artless; unadorned.

साधन *(sādhan)* accomplishment; completion; means; instrument; agency; gratification.

साधना *(sādhanā)* स्त्री. penance; worship; gratification; devotion; practice; mental training.

साधारण *(sādhāraṇ)* वि. ordinary; general; common; commonplace; simple; plain; moderte; medium; average; mediocre.

साधु *(sādhu)* वि. good; excellent; complete; proper; religious; compassionate.

साधुवाद *(sādhuvād)* पु. approbation; applause; acclamation.

साध्य *(sādhya)* वि. accomplishable; attainable; provable; curable; feasible; practicable.

साध्यता *(sādhyatā)* स्त्री. curability; attainability.

साध्वी *(sādhvī)* स्त्री. good and virtuous woman; faithful wife; chaste wife.

सानंद *(sānand)* क्रि. वि. happily; joyfully; dilightfully.

सान *(sān)* पु. whetstone.

सानना *(sānanā)* स. क्रि. to knead; to wet up; to implicate; to involve; to smear.

सानी¹ *(sānī)* वि. matching equal; equally competent or excellent.

सानी² *(sānī)* स्त्री. cattle food.

सान्निध्य *(sānnidhya)* पु. nearness; proximity; affinity.

सापेक्ष *(sâpekṣ)* वि. relative; conditional; qualified.

सापेक्षता *(sâpekṣatā)* वि. relativity.

साप्ताहिक *(sāptâhik)* स्त्री. relating to a week; continuing for a week; weekly.

साफ़ *(sāf)* वि. (अ.) clean; innocent; sincere; clear; ligible; smooth; level; plaine; frank; processed; refined; distinct.

साफ़गो *(sāfgo)* वि. (अ.) frank; plain-spoken.

साफ़गोई *(sāfgoī)* स्त्री. (अ.) frankness.

साफ़ा *(sāfā)* पु. (अ.) turban.

साबित *(sābit)* वि. (अ.) proved; unbroken; entire; steady; unwavering.

साबुन *(sābun)* पु. soap.

साबूदाना *(sābudānā)* पु. sago.

साभार *(sābhār)* क्रि. वि. gratefully; withgratitude.

सामंजस्य *(sāmañjasya)* पु. adjustment; consistency; harmony.

सामंत *(sāmant)* पु. feudatory prince; chieftain; feudal lord.

सामंतवाद *(samantvād)* पु. feudalism.

सामंती *(sāmantī)* वि. feudal; feudalistic.

सामग्री *(sāmagrī)* स्त्री. material; baggage; articles; implements or opparatus.

सामना *(sāmnā)* पु. face; front; meeting; confrontation; encounter.

सामने *(sāmne)* क्रि. वि. in front; opposite; before.

सामयिक *(sāmayik)* वि. seasonable; timely; opportune; punctual; contemporary; corrent; periodical; topical; casual.

सामरिक *(sāmarik)* वि. belonging to war or battle; martial; strategic.

सामर्थ्य *(samarthya)* स्त्री. capability; capacity; competence; force of words; power; strength.

सामर्थ्यवान *(sāmarthyavān)* वि. competent; capable; powerful; strong.

सामाजिक *(sāmājik)* वि. social; kind-hearted; sociable.

सामान *(sāmān)* पु. material; accessories; luggage; baggage.

सामान्य *(sāmānya)* वि. ordinary; common; normal; insignificant.

सामान्यतः, सामान्यता *(sāmānyatā)* क्रि. वि. normally; generally; usually; as a matter of routine.

सामिष *(sâmiṣ)* वि. non-vegetarian (food).

सामीप्य *(sāmipya)* पु. nearness; proximity; vicinity.

सामुदायिक *(sāmudāyik)* वि. belonging to a community; collective.

सामूहिक *(sāmuhik)* वि. collective.

साम्य *(sāmya)* पु. equality; likeness; similarity; resemblance; analogy.

साम्यवाद *(sāmyavād)* पु. communism.

साम्यवादी *(samyavadi)* पु. communist.

साम्राज्य *(sāmrājya)* पु. empire.

साम्राज्यवाद *(sāmrājyavād)* पु. imperialism.

सायंकाल *(sāyaṁkāl)* पु. evening.

साया *(sāyā)* पु. (फ़ा.) shade; shadow.

सारंग¹ *(sāraṅg)* पु. variegated colour; large bee; cuckoo; deer.

सारंग² *(sāraṅg)* वि. multi-coloured; spotted; dyed; coloured.

सारंगी *(sāraṅgī)* स्त्री. kind or stringed instrument like violin.

सार *(sār)* पु. substance; essence; abstract; summary; gist; epitome.

सारगर्भित *(sārgarbhit)* वि. substantial; sententious.

सारतत्व *(sārtatva)* पु. extract; substance.

सारथी *(sārathī)* पु. charioteer.

सारभूत *(sārbhut)* वि. essential; substantial.

सारस *(sāras)* पु. crane.

सारा *(sārā)* वि. all; whole; complete; entire.

सारिका *(sārikā)* स्त्री. a kind of bird (Gracula religiosa); procuress; bard.

सार्थक *(sārthak)* वि. meaningful; significant; useful.

सार्थकता *(sārthakatā)* स्त्री. utility; usefulness; importance.

सार्वकालिक *(sārvakālik)* वि. perennial; everlasting; enternal; pertaining to all times.

सार्वजनिक, सार्वजनीन *(sārvajanik)* वि. public; universal; suitable for all; common.

सार्वदेशिक *(sārvadeśik)* वि. universal; belonging to all lands or territories.

सार्वभौमिक *(sārvabhaumik)* वि. universal; belonging or pertaining to all beings and all places; cosmopolitan.

सार्वलौकिक *(sārvlokik)* वि. universal; cosmopolitan.

साल[1] *(sāl)* पु. (फ़ा.) year.

साल[2] *(sāl)* पु. name of a tree and its wood.

सालगिरह *(sālgirah)* स्त्री. (फ़ा.) anniversary; birthday.

सालना *(sālnā)* स. क्रि. to cause pain; to pierce; to prick; to torment; to torture.

साला *(sala)* पु. wife's brother; brother-in-law.

सालाना[1] *(sālanā)* वि. (फ़ा.) yearly; annual.

सालाना[2] *(sālanā)* क्रि. वि. (फ़ा.) every year; yearly.

साली *(sālī)* स्त्री. remuneration paid to carpenters; barbers etc. in villages; wife' sister.

सावधान *(sâvadhān)* वि. cautious; alert; attentive; watchful.

सावधानी *(sâvadhāni)* स्त्री. alertness; cautiousness; attention; carefulness; watchfulness.

सावन *(sāvan)* पु. fifth Hindu month.

साष्टांग *(sāṣtang)* वि. with eight parts of the body.

सास *(sās)* स्त्री. mother-in-law.

साहचर्य *(sāhacarya)* पु. association; company.

साहब *(sāhab)* पु. (अ.) master; lord; title of courtesy; Mr.; Sir; European; boss; gentleman; white-collared person.

साहबज़ादा *(sāhabjādā)* पु. (अ.) son; son of a great man.

साहबज़ादी *(sāhabjādī)* स्त्री. (अ.) daughter; daughter of a great man.

साहबी *(sāhabī)* स्त्री. officialdom; lordliness; bossism.

साहस *(sāhas)* पु. boldness; daring; courage; nerve; guts; enterprise.

साहसिक *(sāhasik)* वि. daring courageous; bold.

साहसी *(sāhasī)* वि. bold; courageous; enterprising.

साहित्य *(sāhitya)* पु. literary composition; literature; poetics.

साहित्यकार *(sāhityakār)* पु. one who composes literature; writer; author.

साहित्यिक *(sāhityik)* वि. literary.

साहूकार *(sāhukār)* पु. wealthy trader or banker; money lender.

सिंकना *(siṁknā)* अ. क्रि. to be formented or heated; to be roasted.

सिंगार *(siṅgār)* पु. make-up; ornamentation; embellishment.

सिंघाड़ा *(siṁghāṛā)* पु. water-chestnut; a kind of pastry; a kind of fire-work.

सिंचन *(siṁcan)* पु. irrigation; sprinking of water.

सिंचाई *(siṁcāi)* स्त्री. irrigation; wages paid for irrigation.

सिंचित *(siñcit)* वि. irrigated.

सिंदूर *(sindūr)* पु. red lead; vermillion.

सिंदूरी *(sindūrī)* वि. of vermillion colour; of or pertaining to vermillion.

सिंधु *(sindhu)* पु. ocean; sea.

सिंह *(siṁh)* पु. lion; the sign of Leo of the Zodiac.

सिंहद्वार *(siṁhdvār)* पु. main entrance to a place.

सिंहनाद *(siṃhnād)* पु. lion's roar; challenging cry; war whoop; confident assertion.

सिंहावलोकन *(siṃhālokan)* पु. retrospection; round up; conspectus.

सिंहासन *(siṃhāsan)* पु. throne.

सिकता *(siktā)* स्री. sand; sandy soil.

सिकुड़न *(sikuṛan)* अ. क्रि. contraction; shrinkage; wrinkle; fold.

सिकुड़ना *(sikuṛnā)* अ. क्रि. to contract; to shrink; to wrinkle.

सिकोड़ना *(sikoṛnā)* स. क्रि. to contract; to compress; to brace up.

सिक्का *(sikkā)* पु. (अ.) coin; coinage; influence; awe.

सिक्त *(sikt)* वि. soaked; wet; moistured.

सिखाना *(sikhānā)* स. क्रि. to teach; to instruct; to train; to tutor.

सिटपिटाना *(sitpiṭānā)* अ. क्रि. to be confounded; to be stupefied.

सिट्टी *(siṭṭī)* स्री. talkativeness; bragging.

सिड़ *(siṛ)* स्री. craziness; whim; eccentricity.

सिड़ी *(siṛī)* वि. crazy; whimsical; eccentric.

सित *(sit)* वि. white; clear; bright.

सितम *(sitam)* पु. (फा.) oppression; tyranny.

सितमगर *(sitamgar)* वि. (फा.) tyrannical.

सितार *(sitār)* पु. a kind of guitar.

सितारा *(sitārā)* पु. star; planet; fortune; fate; destiny; popular actor; starlets of gold or solver sewn on cloth for decoration.

सिद्ध¹ *(siddh)* वि. accomplished; religious; pious; successful; expert; validated; substantiated; cooked on fire; endowed with supernatural powers.

सिद्ध² *(siddh)* पु. saint who is indowed with supernatural powers; ascetic; magician.

सिद्धहस्त *(siddh-hast)* वि. skilled; proficient.

सिद्धांत *(siddhānt)* पु. established truth; principle; theory; doctrine; treatise on a system of some science of art.

सिद्धांततः *(siddhāntatah)* क्रि. वि. theoretically; as a matter of principle.

सिद्धांती *(siddhāntī)* पु. man of principles; theoriest; theoretician.

सिद्धि *(siddhi)* स्री. accomplishment; fulfilment; complete mastery or knowledge of some subject; the acquisition of supernatural powers by magical means or through the performance of certain mystical processes.

सिधारना *(sidhārnā)* अ. क्रि. to set out; to go; to depart; to die; to expire.

सिनकना *(sinakanā)* स. क्रि. to blow (the nose).

सिपहसालार *(sipahsālār)* पु. (फा.) commander-in-chief.

सिपाही *(sipāhī)* पु. (फा.) soldier; police-man.

सिपुर्द, सुपुर्द *(sūpurd)* वि. (फा.) entrusted; committed.

सिफ़र *(sifr)* पु. (अ.) zero; cipher; blank.

सिफारिश *(sifāriś)* स्री. (फा.) recommendation; flattery; approach.

सिफ़ारिशी *(sifāriśī)* वि. (फा.) recommendatory; of recommendation.

सिमटना *(simaṭnā)* अ. क्रि. to be collected; to be wound up; to be contracted; to be abashed.

सिम्त *(simt)* स्त्री. (अ.) direction.

सियापा *(siyāpā)* पु. mourning; weeping and wailing over a death by women.

सियार *(siyār)* पु. jackal.

सियासत *(siyāsat)* स्त्री. (अ.) polities.

सियासी *(siyāsī)* वि. (अ.) political.

सिर *(sir)* पु. head; skull; top; highest part or point.

सिरका *(sirkā)* पु. (फा.) vinegar.

सिरताज *(sirtāj)* पु. crown; lord; diadem; husband.

सिरफिरा *(sirfirā)* वि. crankish; crazy.

सिरमौर *(sirmor)* see सिरताज।

सिरा *(sirā)* पु. top or head of a thing; end; edge.

सिर्फ़ *(sirf)* वि. (अ.) only; mere.

सिलना *(silnā)* (अ.) क्रि. to be sewn; स. क्रि. to sew; to stitch.

सिलवाना *(silvānā)* स. क्रि. to cause to be sewn or stitched.

सिलसिला *(silsilā)* पु. (अ.) succession; chain; series; arrangement.

सिलसिलेवार *(silsilavār)* पु. (अ.) in line or series; systematic.

सिलाई *(silāī)* स्त्री. sewing; seam; sewing-charges.

सिलाना *(silānā)* see सिलवाना।

सिल्ली *(sillī)* स्त्री. whetstone; ingot; big piece of ice.

सिवाय *(sivāy)* क्रि. वि. (फा.) except.

सिसकना *(sisaknā)* अ. क्रि. to sob; to weep within; to breathe backwards; to be on the varge of death; to be uneasy.

सिसकारना *(siskārnā)* अ. क्रि. to hiss; to stir (dogs etc.) to attack.

सिसकारी *(siskārī)* स्त्री. to hissing sound.

सिसकी *(siskī)* स्त्री. sob; hissing sound.

सिहरन *(sihran)* स्त्री. trembling; shuddering; thrill.

सिहरना *(sihrānā)* अ. क्रि. to shiver; to quake or to tremble (with fear).

सींक *(sīṁk)* स्त्री. shoot of grass; an ornament for nose.

सींकचा *(sīṁkcā)* पु. window-bar.

सींग *(sīṁg)* पु. horn; musical instrument made of horn.

सींचना *(sīṁcnā)* स. क्रि. to irrigate. to water; to moisture.

सीकर *(sīkar)* पु. drop of water; drop of sweat.

सीख *(sīkh)* स्त्री. instruction; advice; counsel.

सीखना *(sīkhnā)* स. क्रि. learn.

सीझना *(sījhnā)* अ. क्रि. to boil; to become soft; to bear physical pain.

सीटी *(sītī)* स्त्री. whistling sound through mouth; whistle.

सीठा *(sīṭhā)* वि. tasteless; insipid.

सीठी *(sīṭhī)* स्त्री. dregs.

सीढ़ी *(sīṛhī)* स्त्री. ladder.

सीताफल *(sītāfal)* पु. a kind of vegetable; the custard apple.

सीध *(sīdh)* स्त्री. alignment; straightness; directness.

सीधा[1] *(sīdhā)* वि. (स्त्री.) straight; simple. easy; right (hand); gentle; innocent.

सीना *(sīnā)* पु. (फा.) breast; chest.

सीपी *(sīpī)* स्त्री. oyster-shell.

सीमंत *(sīmant)* पु. the parting line of the locks of hair on the head; limit; boundary-line; joint of bones.

सीमा *(sīmā)* स्त्री. boundary; frontier; border; limit; extremity; range; extent; verge; landmark; edge.

सीमित *(sīmit)* वि. limited; bounded; restricted; qualified.

सील, सीलन *(sīl)* स्त्री. dampness; moisture (of land).

सीवन *(sīvan)* स्त्री. sewing; stitching; seam.

सीस, सीसा *(sīs)* पु. lead; black lead.

सुँघनी *(suṁghnī)* स्त्री. snuff prepared of tobacco leaves.

सुँघाना *(suṁghānā)* स. क्रि. to cause to smell; to make one smell.

सुंदर *(sundar)* वि. handsome; beautiful; charming; lovely.

सुंदरता *(sundaratā)* स्त्री. beauty; handsomeness.

सुंदरी *(sundarī)* स्त्री. beautiful woman.

सुअर *(suar)* see सूअर।

सुइ, सुई *(suī)* स्त्री. needle; hand (of a watch); syrings.

सुकर *(su-kar)* वि. simple; easy; easily controllable.

सुकुमार *(su-kumār)* वि. very soft or tender; tender bodied; smooth.

सुकुमारी *(su-kumārī)* वि. (स्त्री.) having delicate body.

सुकृत *(su-kṛt)* welस.done; fortunate; lucky; well constructed; righteous.

सुकोमल *(su-komal)* वि. extremely soft; very delicate.

सुख *(sukh)* पु. pleasure; happiness; comfort; contentment; bliss.

सुखद *(sukhad)* वि. pleasant; comfortable.

सुखदायक *(sukhdāyak)* see सुखद।

सुखपूर्वक *(sukh-purvak)* क्रि. वि. happily; comfortably.

सुखाना *(sukhānā)* स. क्रि. to dry; to dry up.

सुखी *(sukhī)* वि. pleased; happy; comfortable; full of happiness; satisfied.

सुगंध, सुगंधि *(su-gandh)* स्त्री. pleasant smell; perfume; fragrance.

सुगंधित *(su-gandhit)* वि. perfumed; sweet smelling; fragrant.

सुगठित *(su-gathit)* वि. well-built; shapely; muscular; well-organised.

सुगति *(su-gati)* स्त्री. salvation; welfare; comfort.

सुगम *(su-gam)* वि. easy of access or approach; easy; intelligible.

सुघड़ *(su-ghaṛ)* वि. well-formed; well-made; skilled; efficient.

सुघड़ता *(su-ghaṛtā)* स्त्री. (पु. सुघड़पन) beauty; grace; skilfulness; competence.

सुघड़ाई *(su-ghaāī)* स्त्री. state of being welस.formed; prettiness; beauty; skilfulness.

सुचारू *(su-cāru)* वि. very lovely or beautiful; charming.

सुचालक *(su-cālak)* पु. good conductor.

सुजान *(su-jān)* वि. intelligent; clever; skilful; accomplished.

सुझाना *(sujhānā)* स. क्रि. to cause; to perceive; to suggest; to propose.

सुझाव *(sujhāv)* पु. suggestion; proposal.

सुड़कना *(suṛaknā)* स. क्रि. to drink through nose; to gulp.

सुडौल *(su-ḍaul)* वि. well-formed; well-shaped; hefty.

सुत *(sut)* पु. son.

सुतली *(sutlī)* स्त्री. thin rope of jute.

सुता *(sutā)* स्त्री. daughter.

सुथरा *(suthrā)* वि. tidy; clean; neat.

सुदि, सुदी *(sudi)* स्त्री. light half of the lunar month.

सुदूर *(sudūr)* क्रि. वि. gery far; far away.

सुदृढ़ *(su-dṛṛh)* क्रि very firm or strong; very rigid.

सुध *(sudh)* स्त्री. consciousness; memory; remembrance.

सुध-बुध *(sudh-budh)* स्त्री. consciousness; senses; memory.

सुधरना *(sudharnā)* अ. क्रि. to be rectified; to be corrected; to be set right; to be mended; to be repaired; to be reformed.

सुधाकर *(su-dhākar)* पु. moon.

सुधार *(su-dhār)* पु. reform; improvement; repair; modification; amendment.

सुधारक *(sudhārak)* पु. one who corrects or ammends; repairer; reformer.

सुधारना *(sudhārnā)* स. क्रि. to reform; to improve; to mend; to repair.

सुनना *(sunnā)* स. क्रि. to hear; to listen; to heed; to attend to.

सुनवाई *(sunvāī)* स्त्री. hearing; hearing of a case.

सुनसान *(sun-sān)* वि. lonely; deserted; desolate.

सुनहरा *(sunahrā)* वि. gold-coloured; golden; opportune.

सुनाना *(sunānā)* स. क्रि. to cause to hear; to relate; to recite; to pronounce; to rebuke; to chide.

सुनाम *(su-nām)* पु. celebrity; reputation; fame; goodwill.

सुनार *(sunār)* पु. goldsmith.

सुनीति *(su-nīti)* स्त्री. good manner; equity.

सुन्न *(sunn)* वि. benumbed; etherised; insensitive; stilled; stupefied.

सुपथ्य *(su-pathya)* पु. salubrious diet.

सुपात्र *(su-pātr)* वि. fit or worthy; deserving.

सुपारी *(supārī)* स्त्री. areca catech; arecanut; betel-nut; glands of penis.

सुपुर्द *(supurd)* see सिपुर्द।

सुप्त *(supt)* वि. sleeping; closed (as a flower); latent; dormant; insensitive (organs).

सुप्रतिष्ठित *(su-prati-ṣṭhit)* वि. well-established; reputed; celebrated.

सुप्रसिद्ध *(su-prasidh)* वि. well-known; renowned; famous; eminent.

सुबह *(subah)* स्त्री. dawn; day-break; morning.

सुबुद्धि *(su-buddhi)* वि. of good understanding; intelligent.

सुबोध *(su-bodh)* वि. intelligible; easy.

सुभग *(su-bhag)* वि. beautiful; lovely; charming; possessing good fortune.

सुभगता *(su-bhagatā)* स्त्री. state or quality of being charming; symptoms of good fortune; affection; love.

सुभाषित *(su-bhāṣit)* पु. maxim; quotable saying.

सुभीता *(subhītā)* पु. convenience; comfort; ease.

सुमति *(su-mati)* वि. very clever.

सुमन[1] *(su-man)* पु. flower.

सुमन[2] *(su-man)* वि. happy; favourably disposed.

सुमरना *(sumarnā)* स. क्रि. to remember; to adore; to worship.

सुमार्ग *(su-mārg)* पु. moral course; just course.

सुमुखी *(su-mukhī)* वि. prettly-faced; beautiful.

सुयोग *(su-yog)* पु. favourable juncture; good opportunity; coincidence.

सुयोग्य *(su-yogya)* वि. worthy; very able; well-qualified.

सुरंग *(surang)* स्त्री. tunnel; mine.

सुर *(sur)* पु. tone; note (in music); vowel; god.

सुरक्षा *(su-rakṣā)* स्त्री. security; protection.

सुरभि *(su-rabhi)* स्त्री. fragrance; perfume; cow of plenty.

सुरक्षित *(su-rakṣit)* वि. perfumed; scented; odorous.

सुरमा *(surmā)* पु. (फ़ा.) antimony; collyrium.

सुरलोक *(surlok)* पु. abode of gods.

सुरसुरी *(sursurī)* स्त्री. see सुरसुराहट a kind of firework; weevil.

सुरा *(surā)* स्त्री. liquor; wine.

सुराख़ *(surākh)* see सूराख़ ।

सुराग़ *(surāg)* पु. (अ.) trace; clue.

सुरीला *(surīlā)* वि. melodious; sweet; mellifluous.

सुरूचि *(su-ruci)* स्त्री. refined taste; good taste.

सुरूप *(su-rūp)* वि. beautiful; goodlooking shapely.

सुरूर *(surūr)* पु. (अ.) pleasant after-effect of intoxication.

सुर्ख़ *(surkh)* वि. (फ़ा.) red; ruddy.

सुर्ख़रू *(surkhru)* वि. (फ़ा.) reputed; honourable.

सुर्ख़ी *(surkhī)* स्त्री. (फ़ा.) redness; headline; brick-dust; lipstick.

सुलक्षण *(su-lakṣan)* वि. having charming features or characteristics; lucky; fortunate; gifted with laudable ways.

सुलक्षणा *(su-lakṣaṇā)* स्त्री. lady having good characteristics.

सुलगना *(sulagnā)* अ. क्रि. to smoulder; to begin to burn; to be ignited.

सुलगाना *(sulgānā)* स. क्रि. to kindle; to ignite; to burn; to incite; to rouse.

सुलझना *(sulajhnā)* अ. क्रि. to be disentangled; to be solved; to be resolved.

सुलझाना *(suljhānā)* स. क्रि. to solve; to set right; to disentane.

सुलझाव *(suljhāv)* पु.disentanglement; solution.

सुलतान *(sultān)* पु. (अ.) king; Sultan.

सुलताना *(sultānā)* स्त्री. (अ.) queen; wife or mother of a Sultan.

सुलभ *(su-labh)* वि. easily available; handy; accessible; easy; natural; useful.

सुलह *(sulh)* स्त्री. (अ.) treaty; reconciliation; compromise; agreement.

सुलाना *(sulānā)* स. क्रि. to cause to sleep; to lull; to kill; to murder.

सुलूक *(sulūk)* पु. (अ.) treatment; behaviour; unity.

सुलेख *(sulekh)* पु. good handwriting; calligraphy.

सुवर्ण *(su-varṇ)* वि. of good colour; yellow; golden; bright; belonging to higher caste.

सुवास *(su-vās)* स्त्री. sweet smell; fragrance.

सुवासित *(su-vāsit)* वि. well-scented or perfumed; fragrant; aromatic.

सुविचारित *(su-vi-cārit)* वि. well-considered.

सुविधा *(suvidhā)* see सुभीता।

सुविधाजनक *(suvidhājanak)* वि. convenient.

सुव्यवस्था *(su-vyavastha)* स्त्री. orderliness; good administration; fine organisation.

सुव्यवस्थित *(su-vyavasthit)* वि. orderly; regular; well-administered; well-organised.

सुशिक्षित *(su-siksit)* वि. well-educated; highly educated.

सुशील *(su-śīl)* वि. good tempered; modest; courteous; pious; righteous; simple.

सुशोभित *(su-śobhit)* वि. graceful; adorned.

सुश्री[1] *(su-śrī)* वि. elegant; graceful; wealthy.

सुश्री[2] *(su-śrī)* स्त्री. an honorific word prefixed to the name of a woman.

सुषमा *(su-ṣamā)* स्त्री. exquisite beauty; splendour; charm.

सुषुप्त *(su-ṣupt)* वि. fast asleep; in deep slumber; dormant.

सुषुप्ति *(su-ṣupti)* स्त्री. deep or profound sleep; spiritual ignorance.

सुष्ठु *(su-ṣṭhu)* वि. elegant; appropriate; in a proper manner.

सुसंगति *(su-san-gati)* स्त्री. good company; companionship of the good validity; concord; relevance.

सुसंस्कृत *(su-saṁskrit)* वि. well-cultured; refined.

सुसाध्य *(su-sādhya)* वि. easily achievable; easily controllable; curable.

सुस्त *(suṣt)* वि. (फा.) slow; languid; dull; lazy; slack; idle; depressed; spiritless.

सुस्ताना *(sustānā)* अ. क्रि. to take repose; to relax; to rest.

सुस्ती *(sustī)* स्त्री. dulling; indolence; idleness; laziness; slowness.

सुस्वाद *(su-svād)* वि. delicious; tasteful.

सुहबत *(su-habat)* स्त्री. (अ.) company; association; cohabitation; coition.

सुहागा *(suhāgā)* पु. borax.

सुहागिन *(suhāgin)* स्त्री. a woman whose husband is alive.

सुहाना *(suhānā)* अ. क्रि. to be pleasing; to be agreeable; to appeal; to look charming.

सुहावना *(suhāvnā)* वि. pleasant; beautiful; charming.

सुहृदय *(su-hṛday)* पु. friend.

सूँघना *(sūṁghnā)* स. क्रि. to sniff; to smell; to eat in small quantity.

सूँड *(sūmṛ)* स्त्री. trunk of an elephant; proboscis.

सूँस *(sūṁs)* स्त्री. porpoise.

सुअर *(sūar)* पु. boar; pig; a word of abuse; swine; a dirty or thick skinned person.

सुई *(sūī)* स्त्री. needle; hand of a clock or watch.

सुक्ति *(sûkti)* स्त्री. mixim; epigram.

सुक्ष्म *(sūkṣma)* वि. subtle; minute; fine; thin.

सूक्ष्मता *(sūkṣmatā)* स्त्री. minuteness; subtlety; fineness; thinness; precision.

सूक्ष्मदर्शक *(sūkṣmdarshak)* पु. microscope.

सूक्ष्मदर्शी *(sūkṣmdarshī)* वि. keen-eyed; having the quality of minute observation.

सूखना *(sūkhna)* अ. क्रि. to dry up; to evaporate; to get lean and thin; to wither; to dwindle.

सूखा *(sūkhā)* वि. dry; sapless; not given to emotion; unenergetic; gloomy.

सूचक *(sūcak)* पु. indicator; informer; pointer; needle; tailor; backbiter.

सूचकांक *(sūcakaṇk)* पु. index number.

सूचना *(sūcanā)* पु. information; intimation; notice; notification; announcement.

सूचि *(sūci)* स्त्री. needle; any sharp pointed instrument; index; table of contents (of a book); list.

सूचिका *(sūcikā)* स्त्री. needle.

सूचित *(sūcit)* वि. informed; notified; suggested; hinted; indicated.

सूची *(sūcī)* स्त्री. needle; list; catalogue.

सूचीपत्र *(sūcīpatra)* पु. catalogue.

सूजन *(sūjan)* स्त्री. swelling; inflammation.

सूजना *(sūjnā)* अ. क्रि. to swell; to be or become inflamed.

सूझ *(sūjh)* स्त्री. idea; concept; imagination; insight; vision; perception; understanding; intelligence.

सूझना *(sūjhnā)* अ. क्रि. to occur to one's mind; to be visible.

सूत *(sūt)* पु. thread; yarn; a measure of length; a charioteer; bard.

सूतिका *(sūtikā)* स्त्री. a woman who has recently given birth to a child.

सूतिकागृह *(sūtikagraha)* पु. confinement chamber.

सूत्र *(sūtr)* पु. thread; string; sacred thread; precept; axiom; clue; formula.

सूत्रधार *(sūtrdhār)* पु. stage-manager; principal actor in a dramatic performance.

सूत्रपात *(sūtrpāt)* पु. beginning; commencement.

सूत्रात्मक *(sūtratmak)* वि. terse; pithy; in the nature of a formula.

सूद *(sūd)* पु. (फ़ा.) interest.

सूदख़ोर *(sūdkhor)* पु. (फ़ा.) usurer.

सूदख़ोरी *(sūdkhori)* स्त्री. (फ़ा.) usury.

सूना *(sūnā)* वि. lonely; desolate; empty; solitary.

सूनापन *(sūnāpan)* पु. loneliness; desolateness; solitude.

सूप *(sūp)* पु. winnowing basket; soup; broth; cook; arrow.

सूफ़ी *(sūfi)* वि. (फ़ा.) saintly; pious.

सूबा *(sūbā)* पु. (अ.) province.

सूबेदार *(sūbedār)* पु. (अ.) governor of a province; a military rank.

सूरज *(sūraj)* पु. the sun.

सूरजमुखी *(sūrajmukhi)* पु. sunflower.

सूरत *(sūrat)* स्त्री. (अ.) figure; shape; face; state; condition; idea; manner; way out.

सूरमा *(sūrmā)* पु. warrior; brave or valiant person.

सूराख़ *(sūrākh)* पु. (फ़ा.) hole; opening; bore; orifice.

सूर्य *(sūrya)* पु. the sun.

सूर्यकांत *(sūryakant)* पु. sun stone.

सूर्यग्रहण *(sūryagrahan)* पु. solar eclipse.

सूर्यमुखी *(sūryamukhī)* पु. sunflower.

सूर्यास्त *(sūryāst)* पु. sun-set; time of sun-set.

सूर्योदय *(sūryoday)* पु. sunrise; time of sun-rise.

सूली *(sūlī)* स्त्री. gallows; gibbet; state of deep agony.

सृष्टि *(sṛṣṭi)* स्त्री. world; universe; creation.

सेंक *(seṁk)* स्त्री. fomentation; baking; heat; warmth.

सेंकना *(seṁkna)* स. क्रि. to roast; parch; to warm; to heat; to foment.

सेंतना *(seṁtña)* स. क्रि. to preserve carefully; to take care of; to collect; to accumulate.

सेंध *(seṁdh)* स्त्री. hole in a wall made by the burglars; burglary.

सेंधा *(seṁdhā)* पु. rock-salt.

से *(se)* क्रि. वि. from; out of; with; by; than; since; for.

सेठ *(seṭh)* पु. moneyed man; wealthy merchant.

सेठानी *(seṭhānī)* स्त्री. rich woman; wife of a wealthy merchant.

सेतु *(setu)* पु. bridge; ridge between two fields; barrage; limit; blockade; fixed rule; causeway.

सेना[1] *(senā)* स. क्रि. to hatch; to serve; to lie idle(on); to worship.

सेना[2] *(senā)* स्त्री. army; military; body of troops.

सेनापति *(senāpati)* पु. military chief; commander.

सेनानी *(senānī)* पु. commander of the army.

सेब *(seb)* पु. apple.

सेम *(sem)* स्त्री. bean.

सेमल *(semal)* पु. silk-cotton tree and its flower.

सेर *(ser)* पु. seer; weight equivalent to sixteen chhataks or a little over two lbs.

सेलखड़ी *(selkharī)* स्त्री. soap stone.

सेव *(sev)* पु. a kind of sweet or saltish preparation of gram flour.

सेवक *(sevak)* पु. servant; attendant; worshipper; devotee; dependent.

सेवन *(sevan)* पु. regular use; consumption; service; attendance; worship; practice.

सेवा *(sevā)* स्त्री. service; attendance; worship; homage.

सेवानिवृत्ति *(sevānivrit)* स्त्री. retirement.

सेवायोजक *(sevāyojak)* पु. employer.

सेविका *(sevikā)* स्त्री. female servant; attendant; maid servant; midwife.

सेहत *(sehat)* स्त्री. (अ.) health; soundness of body.

सेहरा *(sehrā)* पु. head-dress worn at the time of marriage; eulogy composed for such occasion.

सैद्धांतिक *(saidhāntik)* वि. theoretical; pertaining to some theory or doctrine.

सैनिक[1] *(sainik)* पु. soldier; guard; sentry.

सैनिक[2] *(sainik)* पु. relating to army; martial.

सैनिकीकरण *(sainikikaran)* पु. militarisation.

सैन्य[1] *(sainya)* वि. pertaining to army.

सैन्य[2] *(sainya)* पु. body of troops; army; soldier; sentry; guard; camp.

सैन्यनायक *(sainyanāyak)* पु. military commander.

सैयाँ *(saiyā)* पु. husband; master; lord.

सैयाद *(saiyād)* पु. (अ.) fowler; hunter; fisherman.

सैर *(sair)* स्त्री. (अ.) excursion; outing; picnic; walk.

सैलानी[1] *(sailānī)* पु. (अ.) tourist; wanderer.

सैलानी[2] *(sailānī)* वि. (अ.) pertaining to flow of water; fond of touring or wandering.

सैलाब *(sailāb)* पु. (फ़ा.) flood.

सोंठ *(somṭh)* स्त्री. dry ginger.

सोख़ता *(sokhtā)* पु. blotting paper.

सोच *(soc)* स्त्री. musing; brooding; anxiety; concern; regret; repentance; consideration; reflection.

सोचना *(socnā)* स. क्रि. to think; to ponder; to consider; to imagine; to conceive; to worry; to be sad; to repent.

सोना *(sonā)* अ. क्रि. to sleep; to lie down; to be numbed; gold.

सोमवार *(somvār)* पु. Monday.

सोयम *(soyam)* पु. (फ़ा.) third.

सोहना *(sohnā)* अ. क्रि. to look attractive or beautiful.

सोहबत *(sohbat)* स्त्री. (अ.) association; company; copulation; sexual intercourse.

सौंदर्य *(saundarya)* पु. beauty; loveliness; gracefulness; elegance.

सौंदर्यशास्त्र *(saundarya-sastra)* पु. aesthetics.

सौंदर्यशास्त्री *(saundarya-sastrī)* पु. aesthetician.

सौंपना *(saumpnā)* स. क्रि. to delegate; to hand over; to entrust.

सौंफ़ *(saumph)* स्त्री. aniseed; feneel.

सौंगंध *(saugand)* स्त्री. oath; swearing; vow.

सौग़ात *(saugāt)* स्त्री. (फ़ा.) present; gift.

सौजन्य *(saujanya)* पु. goodness; courtesy; gentlemanliness.

सौत[1] *(saut)* स्त्री. co-wife.

सौत[2] *(saut)* पु. whip.

सौतेला *(sautelā)* वि. of or belonging to a co-wife; born of a co-wife.

सौदा *(saudā)* पु. (फ़ा.) goods; transaction; bargain; trade; commerce.

सौदागर *(saudāgar)* पु. (फ़ा.) trader; merchant.

सौदागरी *(saudāgarī)* स्त्री. (फ़ा.) calling of trader or merchant; trade; commerce.

सौभाग्य *(saubhāgya)* पु. good fortune; good luck; prosperity; welfare; the auspicious state of wifehood.

सौभाग्यवती *(saubhāgyavati)* स्त्री. married woman whose husband is alive.

सौम्य *(saumya)* वि. mild; placid; gentle lovely; charming; pleasing.

सौम्यता *(saumyatā)* स्त्री. gentleness; placidity; beauty.

सौरभ *(saurabh)* पु. fragrance; odour; aroma.

सौष्ठव *(sausṭhav)* पु. beauty; elegance; charm; excellence; skilfulness; swiftness; a posture of body or dance; self confidence.

स्खलन *(skhalan)* पु. falling down; slipping; moral lapse; blunder; error; mistake; discharge; emission.

स्सखलित *(skhalit)* वि. fallen; dropped down; slipped; deviated from the right course; erring; blundering.

स्तंभ *(stambh)* पु. pillar; post; stem; trunk (of a tree); column; part of a newspaper devoted to special subject.

स्तंभित *(stambhit)* वि. benumbed; paralysed; flabbergasted; amazed; repressed; restrained.

स्तन *(stan)* पु. breast of a woman; mammary glands; udder.

स्तब्ध *(stabdh)* वि. motionless; numbed; paralysed; wonder-struck; stupefied.

स्तब्धता *(stabdhtā)* स्त्री. motionless; hardness; stupefaction.

स्तर *(star)* पु. fold; level; stratum; standard; grade.

स्तवन *(stavan)* पु. praise; eulogy; hymn; song of praise; panegyric.

स्तुति *(stuti)* स्त्री. praise; eulogy; commendation; laudation; hymn of praise; panegyric; adulation; flattery; prayer; invocation.

स्तूप *(stup)* पु. heap; pile; mound; a Buddhistic monument.

स्तोत्र *(strotra)* पु. hymn of praise; panegyric; panegyrical composition or work (especially in verse).

स्त्री *(stri)* स्त्री. woman; wife.

स्त्रैण *(strain)* वि. henpecked; effeminate; suited or belonging to woman; feminine; womanish; womanly.

स्थगन *(sthagan)* पु. adjournment; postponement; suspension.

स्थगित *(sthagit)* वि. postponed; adjourned.

स्थल *(sthal)* पु. ground; land; firm or dry ground; dry land; place; spot; venue; site; location; field; tract; topic; subject point under discussion; part; portion.

स्थलसेना *(sthal-senā)* पु. land forces; army.

स्थान *(sthān)* पु. open land; ground; field; place; site; spot; location; locality; abode; house; dwelling place; residence; post; office; rank; place of sitting; seat; organ of utterance of letter; character or part of an actor; space; room; accommodation.

स्थानांतर *(sthānāntar)* पु. transfer.

स्थानांतरण *(sthānāntaran)* पु. transfer; transferrence.

स्थानांतरित *(sthānāntarit)* वि. transferred; removed from one place to another.

स्थानापन्न *(sthānāpann)* वि. substituted in place of another; acting; officiating.

स्थानीय *(sthānīya)* वि. local; endemic.

स्थापत्य *(sthāpatya)* पु. architecture; science of architecture; guard of harem.

स्थापन *(sthāpan)* पु. erection; installation; establishment; setting up; enunciation.

स्थापना *(sthāpanā)* स्त्री. installation; foundation.

स्थापित *(sthāpit)* वि. founded; instituted; established; propounded; enunciated; set up; raised; erected; placed; fixed located; installed.

स्थायित्व *(sthāyitva)* पु. permanency; stability.

स्थायी *(sthāyī)* वि. permanent; stable; durable; lasting; steady; firm; regular; invariable.

स्थायीकरण *(sthayikaran)* पु. prepetuation; confirmation.

स्थित *(sthit)* वि. situated; existing steady; firm; determined resolved; established; set; stable; immovable; stationary; present.

स्थिति *(sthiti)* स्त्री. situation; location; site; continuance in one state; state; condition; natural state; rank; dignity; position; status.

स्थिर *(sthir)* वि. constant; steady; firm; stable; enduring; lasting permanent. established; fixed; stationary; calm; pacific; placed; located.

स्थिरता *(sthiratā)* स्त्री. constancy; steadiness; firmness; stability; permanence; poise; calmness; fixity.

स्थूल *(sthūl)* वि. fat; corpulent; massive; plain; rough; gross; coarse; thick.

स्थूलता *(sthūlatā)* स्त्री. concreteness; fatness; corpulence; bulkiness; largeness; coarseness; thickness.

स्थैतिकी *(sthaitiki)* वि. static.

स्नातक *(snātak)* पु. graduate.

स्नातकोत्तर *(snātkottar)* वि. postgraduate.

स्नान *(snān)* पु. bath; abution; basking.

स्नायु *(snāyu)* स्त्री. nerve; tendon; ligament; string of bow.

स्निग्ध *(sngdh)* वि. oily; greasy; smooth; not rough; glossy; loving; affectionate; friendly; tender.

स्नेह *(sneh)* पु. affection; love; kindness; fat; lubricant; oil; oiliness; viscidity; unctuousness; lubricity.

स्नेही *(snehī)* वि. affectionate; tender; loving.

स्पंदन *(spandan)* पु. vibration; tremor; quivering; trembling; beat; pulsation; movement; motion.

स्पर्द्धा, स्पर्धा *(spardha)* स्त्री. rivalry; competition; emulation; jealousy; envy.

स्पर्श *(spars)* पु. tangibility; touch; feel; contact; encounter; donation; gift; air; sky; spy.

स्पष्ट *(spaṣt)* वि. distinct; clear; apparent; evident; obvious; manifest; intelligible; easy; plain; straightforward; honest positive; unambiguous; conspicuous.

स्पष्टता *(spaṣṭatā)* स्त्री. distinctness; clearness; plainness; obviousness; straight-forwardness; explicit-ness.

स्पष्टवादी *(spaṣṭvādī)* वि. outspoken; straightforward; plain-spoken.

स्पष्टीकरण *(spaṣṭikaraṇ)* पु. explanation; elucidation; clarification.

स्पृहणीय *(spṛhaṇīya)* वि. desirable; worth yearning for; worth envy; charming; fascinating; praise-worthy.

स्पृहा *(spṛhā)* स्त्री. desire; eagerness; ardent wish; longing; envy.

स्फटिक *(sphaṭik)* पु. crystal; quartz; pebble.

स्फीति *(sphīti)* स्त्री. puff; swelling; inflation; progress.

स्फूर्त *(sphūrt)* वि. vibrated throbbed; skaken; flashed (on the mind).

स्फूर्ति *(sphūrti)* स्त्री. agility; smartness; quickness; vibration; flash on the mind.

स्फोट *(sphoṭ)* पु. breaking forth; splitting open; eruption; burst; explosion; boil; eternal sound.

स्मरण *(smaraṇ)* पु. remembrance; recollection; memory.

स्मरणपत्र *(smaranpatra)* पु. reminder; memorandum.

स्मरणशक्ति *(smaraṇ-shakti)* स्त्री. memory.

स्मारक *(smārak)* पु. memorial; monument.

स्मित *(smit)* पु. smile; gentle laugh.

स्मृति *(smṛti)* स्त्री. memory; remembrance; recollection; book of traditional code of Hindu Law; reflection.

स्याना *(syānā)* वि. clever; crooked; mature; adult.

स्याही *(syāhī)* स्त्री. (फा.) ink; blackness;darkness; soot.

स्रष्टा *(srasṭā)* पु. maker; creator; God.

स्राव *(srāv)* पु. flow or course of water; ooze; stream; current; miscarriage; premature abortion; secretion.

स्रोत *(srot)* पु. stream; current; flow or course of water; spring; source; resource.

स्वकीय *(svakīya)* वि. one's own; personal.

स्वकीया *(svakīyā)* स्त्री. loyal heroine (in Indian poetics); wife.

स्वगत *(sva-gat)* वि. belonging to own self; own; personal; passing in one's own mind; speaking to oneself.

स्वचालित *(svacālit)* वि. automatic.

स्वच्छंद *(sva-cchand)* वि. capricious; selfwilled; unrestrained; arbitrary.

स्वच्छंदता *(sva-cchandatā)* स्त्री. arbitrariness; absence of restaint.

स्वच्छ *(svacch)* वि. clean; neat; clear; pure; straightforward; honest; frank; readable; fair.

स्वच्छता *(svacchatā)* स्त्री. cleanliness; neatness; clearness; sanitation; purity; frankness; sincerity; straight-forwardness.

स्वजन *(sva-jan)* पु. kinsmen; relative; kith and kin; one's own people or kindred.

स्वजातीय *(sva-jātiya)* वि. co-racial; belonging to one's own caste or race.

स्वतंत्र *(sva-tantra)* वि. independent; free; unrestrained; uncontrolled; self-dependent; separate.

स्वतंत्रता *(sva-tantratā)* स्त्री. independence; freedom; latitude; liberty.

स्वत *(svata)* क्रि. वि. voluntarily; spontaneously.

स्वत्व *(svatva)* पु. ego; claim; one's due; ownership; interest.

स्वत्वाधिकार *(svatvadhikār)* पु. copyright.

स्वदेश *(sva-deś)* पु. native country; motherland; homeland.

स्वदेशी, *(sva-desī)* **स्वदेशीय** वि. belonging to one's own country; made or produced in one's own country; indigenous.

स्वन *(svan)* पु. sound; phone; a kind of fire.

स्वनिम *(svanīm)* पु. phoneme.

स्वप्न *(svapn)* पु. dream; conscious indulgence of fancy; reverie.

स्वप्नदर्शी *(svapndarsi)* वि. dreamy.

स्वभाव *(sva-bhāv)* पु. nature; character; disposition; temperament; habit; essential or inherent property.

स्वभावतः *(sva-bhāvatah)* क्रि. वि. from natural disposition; by nature; naturally.

स्वयं *(svayaṁ)* क्रि. वि. of one's own accord; by oneself; personally; automatically.

स्वयंभू *(svayaṁbhu)* वि. selfborn; self-existent; self-begotten; self-styled.

स्वयंवर *(svayaṁvar)* पु. self-choice; self-selection; ancient custom wherein a bride chose her husband of her own accord; the ceremony or celebration of choosing a husband by the bride.

स्वयंसिद्ध *(svayaṁsidh)* वि. self-evident; axiomatic.

स्वर *(svar)* पु. vowel; sound; noise; voice; a note of musical scale or gamut; tone; tune; air breathed through the nostrils.

स्वराज्य *(sva-rājya)* पु. independence; autonomy; home-rule; self-government.

स्वराष्ट्र *(sva-rāṣṭra)* पु. homeland; native country.

स्वरूप *(sva-rūp)* पु. shape; form; countenance; appearance; system; order; plan; nature; character.

स्वर्ग *(svarg)* पु. heaven; abode of gods; paradise.

स्वर्गवास *(svargvās)* पु. residence in heaven; death.

स्वर्गवासी *(svargvāsī)* वि. belonging or relating to heaven; dead; late.

स्वर्गीय *(svargiya)* वि. belonging or relating to heaven; divine; late; dead; super-natural; extra-worldly; divine.

स्वर्ण *(svarṇ)* पु. gold.

स्वर्णकार *(svarṇkār)* पु. goldsmith.

स्वर्णिम *(svarṇim)* वि. golden.

स्वस्थ *(sv-asṭh)* वि. healthy; hale; free from defect; sound; conducive to social and mental health; refined; good; robust.

स्वस्थता *(sv-asthatā)* स्त्री. health; healthiness.

स्वागत *(svâgat)* पु. reception; welcome; acceptance.

स्वागतक *(svâgatak)* पु. receptionist.

स्वातंत्र्ययुद्ध *(svātantrya-yudh)* पु. war of independence.

स्वाद *(svād)* पु. taste; flavour; relish; savour; enjoyment; pleasure; habit.

स्वादिष्ट, स्वादिष्ठ *(svādiṣt)* वि. tasteful; delicious; dainty.

स्वाधीन *(svâdhīn)* वि. in one's own power or control; at one's own disposal; dependent on oneself; self dependent; independent; free; uncontrolled.

स्वाधीनता *(svâdhīnatā)* स्त्री. self-dependence; independence; liberty; freedom.

स्वाभाविक *(svābhāvik)* वि. natural; consistent with one's disposition or nature; innate; inborn; inherent.

स्वाभिमान *(svābhīman)* पु. self-respect.

स्वामित्व *(svāmitva)* पु. ownership; proprietorship.

स्वामिनी *(svāmini)* स्त्री. female proprietor; proprietoress; wife of the master; mistress.

स्वामिभक्त *(svāmībhakt)* वि. loyal;

faithful.

स्वामिभक्ति *(svāmībhaktī)* स्त्री. loyalty; faithfulness.

स्वामिस्व *(svāmīsva)* पु. royalty.

स्वामी *(svāmī)* पु. proprietor; owner; master; husband; king; monarch; sovereign; title prefixed to names of saints and ascetics.

स्वायत्त *(svâyatt)* वि. within one's control or subjection; autonomous.

स्वार्थ *(svârth)* वि. selfishness; one's own advantage or interest; self-interest.

स्वार्थी *(svârthī)* वि. selfish; self-seeking.

स्वावलंबन *(svâlamban)* पु. self-sufficiency; self-reliance; self-dependence.

स्वावलंबी *(svâlambi)* वि. self-sufficient; self-reliant; self-dependent.

स्वास्थ्य *(svāsthya)* वि. health; physical fitness.

स्वास्थ्यकर *(svāsthyakar)* वि.congenial to health; wholesome; healthy.

स्वास्थ्यलाभ *(svāsthyalabh)* पु. convalescence.

स्वास्थ्य विज्ञान *(svāsthya-vijnan)* पु. hygiene.

स्वीकार *(isvīkār)* पु. making one's own; adoption; acceptance; assent; consent; confession.

स्वीकार्य *(svīkārya)* वि. acceptable; admissible.

स्वीकृत *(svīkṛt)* वि. sanctioned; granted; accepted; assented; admitted.

स्वीकृति *(svīkṛtī)* वि. consent; assent; acceptance; sanction.

स्वेच्छा *(svêcchā)* स्त्री. one's own wish or will; free will.

स्वेच्छाचार *(svêcchācār)* पु. bacting as one likes; arbitrariness; acting without restrain.

स्वैर *(svair)* वि. self willed; licentious.

ह

ह *(ha)* the thirty third consonant of Devnagri alphabets.

हँकार *(haṁkār)* स्त्री. loud shout; roar.

हंगामा *(haṅgāmā)* पु. (फ़ा.) noise; tumult; commotion; confusion; uproar; riot; disturbance.

हंगामी *(haṅgāmī)* वि. (फ़ा.) uproarious; tumultuous; noisy; emergent.

हँडिया *(haṁḍiyā)* स्त्री. small earthen boiler or pot; glass pot used as decoration piece in rich drawing rooms.

हंता *(hantā)* पु. murderer; slayer.

हंस *(haṁs)* पु. swan; goose; the individual soul.

हँसना *(haṁsnā)* अ. क्रि. to laugh; to smile; to be merry; to jest; to joke; to fun.

हँसमुख *(haṁsmukh)* वि. of a smiling countenace; gay; cheerful; facetious; jocular; funny.

हँसाना *(haṁsānā)* स. क्रि. to cause to laugh; to make (one) laugh; to amuse.

हँसिया *(hamsiyā)* पु. sickle; scythe.

हँसी *(hamsī)* स्त्री. laughter; laugh; fun; joke; ridicule; derision; mockery.

हँसोड़¹ *(hamsoṛ)* वि. laughing loudly; facetious; humorous; jocular; jolly.

हँसोड़² *(hamsoṛ)* पु. jester.

हक़दार *(haqdār)* वि. (अ.) having a claim; right or title; rightful; entitled.

हकला¹ *(haklā)* वि. stuttering; stammering.

हकला² *(haklā)* पु. stammerer.

हकलाना *(haklānā)* अ. क्रि. to stammer; to stutter.

हकलाहट **(haklāhaṭ)** स्त्री. stammer; stammering.

हक़ीक़त *(haqīqat)* स्त्री. (अ.) truth; reality; fact.

हक़ीक़ी *(haqīqī)* वि. (अ.) real; true.

हक़ीम *(hakīm)* पु. (अ.) physician or medical practitioner trained in the Yunani system of medicine.

हक़ीर *(haqīr)* वि. (अ.) mean; detestable.

हक्का-बक्का *(hakkā-bakkā)* वि. confounded; confused; struck-dumb; stunned; amazed; stupefied; flabbergasted.

हज, हज्ज *(hajj)* पु. (अ.) pilgrimage to Mecca.

हज़म¹ *(hazm)* वि. digested; usurped.

हज़म² *(hazm)* पु. (अ.) digestion; embezzlement.

हजामत *(hajāmat)* स्त्री. (अ.) shaving; hair-cutting.

हजूम *(hajūm)* पु. (अ.) crowd; multitude.

हज्जाम *(hajjām)* पु. (अ.) barber.

हटना *(hatna)* अ. क्रि. to move away; to go away; to abstain; to be averse; to withdraw; to recede; to be put off; to be postponed; to be removed; to be ended; to be terminated; to resign.

हटवाना *(haṭvānā)* स. क्रि. to cause to remove or terminate etc.

हटाना *(haṭānā)* स. क्रि. to take away; to remove; to move out; to set aside.

हट्टा-कट्टा *(haṭṭā-kaṭṭā)* वि. stout and active; strong and sturdy; welस.built; robust; healthy and hefty.

हठ *(haṭh)* पु. stubbornness; obstinacy; firm pledge; resolve; adamancy.

हठात् *(haṭhāt)* क्रि. वि. forcibly; per force; suddenly; all of a sudden.

हठी *(haṭhī)* वि. obstinate; stubborn; adamant.

हठीला *(haṭhīlā)* वि. of obstinate disposition; of firm pledge; determined; resolved.

हड़कंप *(haṛakamp)* पु. turmoil; panic; terror.

हड़ताल *(haṛtāl)* स्त्री. strike.

हड़पना *(haṛapanā)* स. क्रि. to usurp; to purloin; to grab; to swallow; to gulp; to eat hastily.

हड़बड़ाना *(haṛbarānā)* अ. क्रि. to be in a hurry; to act hastily; to be impatient; to be confused; to be agitated; to be non-plussed; to flurry; to confuse; to perplex.

हड़बड़ाहट, हड़बड़ी *(haṛbarī)* स्त्री. haste; hastiness; rashness; impetuosity; confusion.

हड्डी *(haḍḍī)* स्त्री. bone.

हत *(hat)* वि. killed; slain; hurt;

struck; injured.

हतप्रभ *(hatprabh)* वि. dimmed in lustre; out of wits; nonplussed.

हताश *(hatāsh)* वि. dejected; frustrated; despondent.

हताशा *(hatāshā)* स्त्री. frustration; despondency; dejection.

हताहत *(hattāhat)* वि. killed and wounded.

हतोत्साह *(hatotsāh)* वि. demoralised; disheartened.

हत्था *(hatthā)* पु. handle; butt; batten; imprint or impression by hand; arm (of a chair); a large bunch of bananas.

हत्या *(hatyā)* स्त्री. slaughter; murder; assassination.

हत्याकांड *(hatyākand)* पु. murder; assassination.

हत्यारा *(hatyārā)* पु. murderer; assassin.

हथकंडा *(hathkandā)* पु. trick; intrigue; tactics.

हथकड़ी *(hatkarī)* स्त्री. handcuffs.

हथगोला *(hathgolā)* पु. hand grenade.

हथियाना *(hathiyānā)* स. क्रि. to grab; to usurp; to seize; to acquire by force; to take in hand.

हथियार *(hathiyār)* पु. weapon; arms.

हथेली *(hathelī)* स्त्री. palm of the hand.

हथौड़ा *(hathaurā)* स्त्री. large hammer.

हथौड़ी *(hathaurī)* स्त्री. small hammer.

हद *(had)* स्त्री limit; extent; extreme; extremity; boundary; limit of propriety.

हदबंदी *(hadbandī)* स्त्री. demarcation; delimitation.

हफ़्ता *(haftā)* पु. (फ़ा.) week.

हम *(ham)* सर्व. we.

हमउम्र *(ham-umr)* वि. of equal age.

हमख़याल *(hamkhyāl)* वि. (फ़ा.) having similar views.

हमजोली *(hamjolī)* पु. associate; companion; friend.

हमदर्द *(hamdard)* वि. (फ़ा.) sympathetic; tenderhearted.

हमदर्दी *(hamdardī)* स्त्री. (फ़ा.) sympathy.

हमराह *(hamrāha)* वि. travelling together.

हमराही *(hamrāhī)* पु. (फ़ा.) traveller; co-traveller.

हमल *(haml)* पु. (अ.) pregnancy; conception.

हमला *(hamlā)* पु. (अ.) attack; invasion; assault; blow; stroke.

हमलावर *(hamlāvar)* पु. (अ.) assailant; invader; aggressor.

हमवतन *(hamvatan)* पु. (फ़ा.) compatriot.

हमवार *(hamvār)* वि. (फ़ा.) even; plain; level.

हमशक्ल *(hamśakal)* वि. (फ़ा.) having similar appearance.

हमसफ़र *(hamsafar)* see हमराही।

हमाम *(hamām)* see हम्माम।

हमारा *(hamārā)* सर्व. our; ours.

हमें *(hamem)* सर्व. us; to us; for us.

हमेशा *(hamesā)* क्रि. वि. (फ़ा.) always; ever; continually; perpetually; incessantly.

हम्माम *(hammām)* पु. (अ.) bathroom.

हया *(hayā)* स्त्री. (अ.) shame; sense of shame; modesty.

हयात *(hayāt)* स्त्री. (अ.) life; soul.

हर *(har)* वि. (फ़ा.) every; each.

हरएक *(harek)* वि. every; each.

हरकहीं *(harkahin)* क्रि. वि. everywhere.

हरकत *(harkat)* स्त्री. (अ.) motion; movement; action; activity; vibration; pulsation; throbbing; improper or bad action; misdemeanour; mischief.

हरकारा *(harkārā)* पु. (फ़ा.) courier; messenger.

हरण *(haraṇ)* पु. seizure; kidnapping; abduction; removal; destruction; deprivation.

हरना *(harnā)* स. क्रि. to take away; to seize; to remove; to destroy; to captivate; to charm; to attract; to kidnap; to abduct.

हरफ़नमौला *(harfanmaulā)* वि. (फ़ा.) expert in all trades.

हरम *(haram)* पु. (अ.) harem; women's appartment in a royal household.

हरषाना *(harśanā)* अ. क्रि. to rejoice; to fill with joy.

हरा *(harā)* वि. green; verdant; verdurous; half raw; unripe; fresh; gay; delighted; unhealed (wound).

हरापन *(harāpan)* पु. greenness; greenery.

हराना *(harānā)* स. क्रि. to defeat; overcome; overthrow; conquer; to weary; tire out.

हरा-भरा *(harā-bharā)* वि. verdurous covered with green; verdant.

हराम *(harām)* वि. (अ.) forbidden; prohibited; unlawful; abandonable; renounceable; unacceptable; troublesome; painful; distressing; unpleasant; improper.

हरामी *(harāmī)* वि. illegitimate; unscrupulous; utterly indolent.

हरिजन *(harijan)* पु. an untouchable; a devotee of God.

हरिण *(hariṇ)* पु. a dear; antelope.

हरित *(harit)* वि. green; fresh; verdurous; covered with green; verdant; grassy; delighted; gay.

हरियाली *(hariyālī)* स्त्री. devotion to God.

हरीतिमा *(harītimā)* स्त्री. greenery; verdure; verdancy.

हर्ज, हर्जा *(harjā)* पु. (फ़ा.) loss; harm; damage; interruption; obstacle; delay.

हर्फ़ *(harf)* पु. (अ.) letter (of the alphabet).

हर्ष *(harṣ)* पु. joy; delight; pleasure jubilation; gladness; rapture; glee.

हर्षध्वनि *(harṣ-dhvanī)* स्त्री. jubilation; cry of joy.

हर्षविह्वल *(harṣ-vihal)* वि. overwhelmed with joy.

हर्षाना *(harsānā)* अ. क्रि. to be delighted; to be jubilant.

हर्षित *(harṣit)* वि. delighted; happy; cheerful.

हल *(hal)* पु. plough; solution; working out; answer.

हलक़ *(halaq)* पु. (अ.) throat; windpipe.

हलक़ा *(halqā)* पु. (अ.) zone; area; region.

हलका *(halkā)* वि. light; mild; soft; gentle; faint; dim; easy; free from burden or responsibility; easy to digest; digestible; inferior.

हलकापन *(halkāpan)* पु. lightness; mildness; shallowness; easiness; cheapness; freshness; inferiority; thinness.

हलचल *(halcal)* वि. commotion; hustle; tumult; agitation; movement; perturbation.

हलदी *(haldī)* स्त्री. turmeric; curcuma.

हलफ़ *(half)* पु. (अ.) oath.

हलफ़नामा *(halfnāmā)* पु. (अ.) declaration on oath; affidavit.

हलवा *(halvā)* पु. typical Indian pudding.

हलवाई *(halvāī)* पु. confectioner; sweet-seller.

हलवाहा *(halvāhā)* पु. ploughman; tiller.

हलाल *(halāl)* वि. (अ.) legitimate; lawful; having religious sanction; hard-earned.

हलाहल *(halāhal)* पु. poison.

हल्ला *(hallā)* पु. uproar; tumult; attack; assault.

हवन *(havan)* स्त्री. offering an oblation with fire; a fire sacrifice.

हवस *(havas)* पु. lust; concupiscence; zeal; gusto; greed; false love.

हवा *(havā)* स्त्री. air; wind; breeze; breath; undesirable effect or impact; evil spirit; ghost; fame; credit; remour.

हवाई *(havāī)* वि. of or pertaining to air; airy; aerial.

हवाई अड्डा *(havāī-addā)* पु. aerodrome; airport.

हवाई छतरी *(havāī-cātri)* स्त्री. parachute.

हवाईजहाज़ *(havāī-jahaz)* पु. aeroplane; aircraft.

हवादार *(havādār)* वि. airy; well-ventilated.

हवाबाज़ *(havābāz)* पु. aeronaut; pilot.

हवाला *(havālā)* पु. reference; allusion; citation; quotation.

हवालात *(havālāt)* स्त्री. (अ.) custody-room; custody; lock-up.

हश्र *(haśr)* पु. (अ.) catastrophe; doom's day; disturbance; calamity.

हसरत *(hasrat)* स्त्री. (अ.) sorrow; regret for an unaccomplished thing; wish; aspiration; longing.

हसीन *(hasīn)* वि. (अ.) beautiful; charming; attractive

हसीना *(hasīnā)* स्त्री. beautiful woman.

हस्त *(hast)* पु. hand; cubit.

हस्तक्षेप *(hastśep)* पु. interference; meddling.

हस्तगत *(hastgat)* वि. fallen into one's possession; obtained; secured; received.

हस्तरेखा *(hastrekhā)* स्त्री. the lines of one's palm (studied in palmistry).

हस्तलिखित *(hastlikhit)* वि. handwritten; in manuscript form.

हस्तलिपि *(hastlipi)* स्त्री. handwriting; manuscript.

हस्तशिल्प *(hastsilp)* पु. handicraft.

हस्तांतरण *(hastāṇtaran)* पु. transfer; transference.

हस्तांतरित *(hastāṇtrit)* वि. transfered.

हस्ताक्षर *(hastākśer)* पु. signature.

हस्ताक्षरकर्ता *(hastākśerkartā)* पु. signatory.

हस्ताक्षरित *(hastākśrit)* वि. signed.

हस्ती *(nastī)* स्त्री. (फ़ा.) existence; being; life; worth; value; significance.

हहरना *(haharna)* अ. क्रि. to tremble; to shiver; to quiver; to be wonderstruck; to be astonished; to be agitated with jealousy.

हहराना *(haharānā)* स. क्रि. to terrrify; to frighten.

हाँ¹ *(hāṁ)* स्त्री. affirmative; consent.

हाँ² *(hāṁ)* क्रि. वि. yes.

हाँक *(hāṁk)* स्त्री. loud call; outcry or entreaty for help; halloo; cry of challenge.

हाँकना *(hāṁknā)* स. क्रि. to call aloud; to halloo; to challenge loudly; to urge on; to goad (animal); to drive (animal-driven vehicle); to drive away (fly etc.) by fan air.

हाँपना, हाँफना *(hāṁphnā)* अ. क्रि. to pant; to be out of breath; to breathe heavily.

हाकिम (*hākim*) पु. (अ.) ruler; boss; officer.

हाज़मा (*hāzmā)* पु. (अ.) digestion; digestive function; digestive power.

हाज़िर *(hāzir)* वि. (अ.) present; in attendance; ready; prepared.

हाज़िर-जवाब *(hāzir-javāb)* वि. (अ.) quick witted; ready witted; witty.

हाज़िर-जवाबी *(hāzir-javābī)* स्त्री. (अ.) quick wittedness; ready wit.

हाज़िरी *(hāzirī)* स्त्री. presence; attendance; rolस.call.

हाट *(hāṭ)* स्त्री. a temporary and periodic market; market; bazar.

हाटक¹ *(hāṭak)* पु. gold; stramonium; thorn-apple (dhatura); rent of shop.

हाटक² *(hāṭak)* वि. made of gold.

हाथ *(hāth)* पु. arm; fore-arm; cubit; inspiration; cooperation; contribution; share; involvement; manual skill; turn in a game of cards; etc.; handle.

हाथापाई *(hāthāpai)* स्त्री. scuffie; struggle; tussle; exchange of blows.

हाथी *(hāthi)* पु. elephant; (at chess) the castle or rook.

हाथीदाँत *(hāthīdāmt)* पु. elephant's tusk; ivory.

हाथीपाँव *(hāthipamv)* पु. elephantiasis.

हाथों-हाथ *(hāthon-hāth)* क्रि. वि. in no time; immediately; quickly; expeditiously; on the spot; at the spur of the moment; then and there.

हानि *(hāni)* स्त्री. loss; damage; harm; destruction; relinquishement.

हानिक *(hānik)* वि. causing loss or injury etc.; injurious; harmful; damaging; detrimental.

हामी *(hāmī)* स्त्री. acceptance.

हाय *(hāy)* स्त्री. ah! alas!; oh!;

हार¹ *(har)* स्त्री. defeat; loss.

हार² *(har)* पु. garland; necklace.

हारना *(hārnā)* अ. क्रि. to be defeated; to lose (in battle; play etc.); to be unsuccessful; to fail; to be fatigued; to be tired out; to be wearied; to lose; to let go; to give up; to hand over.

हारीत *(hārīt)* पु. thief; rogue; theft; cheating; a kind of pigeon.

हार्दिक *(hārdik)* वि. hearty; cordial.

हाल¹ *(hāl)* पु. present time; recent time; condition; state; account; news; statement; trance; ecastasy.

हाल² *(hāl)* स्त्री. hoop or metallic tyre over wooden wheel; movement; jerk.

हाल-चाल *(hāस.cāl)* पु. general welfare; state of affairs; news.

हालत *(hālat)* स्त्री. (अ.) state; condition.

हाला *(hālā)* स्त्री. wine; liquor.

हावी *(hāvī)* वि. (अ.) dominant.

हाशिया *(hāśiyā)* पु. (अ.) margin; border; fringe.

हास *(hās)* पु. laughter; fun; joke; derisive laughter; derision; ridicule; mockery; happiness.

हासिल *(hāsil)* वि. (अ.) acquired. obtained; carried; forward; remaining.

हास्य[1] *(hāsya)* पु. laughter; smile; derisive laughter; derision; ridicule; mockery; the sentiment of mirth or humour (one of the nine sentiments in poetry).

हास्य[2] *(hāsya)* वि. laughable; ridiculous.

हास्यास्पद *(hāsyaspad)* वि. ridiculous; funny.

हास्योत्पादक *(hāsyotpādak)* वि. provoking laughter; funny; humorous; ridiculous.

हाहाकार *(hāhākār)* पु. lamentation; loud wailing.

हिंडोला *(hiṇḍolā)* पु. swing; cradle.

हिंदी[1] *(hindī)* पु. Indian.

हिंदी[2] *(hindī)* स्त्री. Hindi language.

हिंदुत्व *(hindutva)* पु. Hinduism.

हिंदुस्तान *(hindustān)* पु. (फ़ा.) India.

हिंदुस्तानी *(hindustani)* वि. (फ़ा.) Indian.

हिंसक *(hiṃsak)* वि. murderous; fierce; ferocious; hurtful; injurious; fatal; violent.

हिंसा *(himsā)* स्त्री. killing; murder; injury; mischief; wrong; harm; hurt; violence.

हिंसात्मक *(hiṃsātmak)* वि. injuriour; violent.

हिंस्र[1] *(hiṃsra)* वि. murderous; fierce; ferocious; savage; evil; cruel.

हिंस्र[2] *(hiṃsra)* पु. person rejoicing in the distress of others; cruelty; beast.

हिकमत *(hikmat)* स्त्री. (अ.) contrivance; manoeuvre; device; medical practice (under the Yunani system); intelligence; wisdom.

हिक़ारत *(hiqārat)* स्त्री. contempt; scorn; derision.

हिचक *(hicak)* स्त्री. hitch; hesitation.

हिचकना *(hicaknā)* अ. क्रि. to hesitate; to shilly-shally; to hiccup; to hiccough.

हिचकिचाना *(hickicānā)* अ. क्रि. to hesitate; to shilly-shally.

हिचकी *(hicki)* स्त्री. hiccough; hiccup.

हिचकोला *(hickolā)* पु. jerk; jolt.

हिजड़ा[1] *(hijṛā)* पु. eunuch.

हिजड़ा[2] *(hijṛā)* वि. impotent; cowardly.

हिज्जे *(hijje)* पु. (अ.) spelling.

हित *(hit)* पु. welfare; wel स.being; good; benefit; gain; advantage; interest.

हितकर *(hitkar)* वि. beneficial; useful; advantageous.

हितकारी *(hitkārī)* पु. benefactor.

हितैषी *(hitaiśi)* वि. desiring others welfare; benevolent.

हिदायत *(hidāyat)* स्त्री. (अ.) instruction; guidance.

हिफ़ाज़त *(hifāzat)* स्त्री. (अ.) protection; security; safety.

हिम *(him)* पु. frost; hoar-frost.

हिमगिरि *(himgirī)* पु. the Himalayas.

हिमपात *(himpāt)* पु. snow-fall.

हिमांशु *(himānśu)* पु. moon.

हिमाक़त *(himāqat)* स्त्री. (अ.) foolishness; folly; stupidity.

हिमाच्छन्न *(himācānn)* वि. icecovered; snow-covered.

हिमायत *(himāyat)* स्त्री. (अ.) support; backing; protection; defence.

हिमायती *(himāyatī)* पु. (अ.) supporter; protector; defender.

हिमालय *(himālaya)* पु. the Himalayas.

हिम्मत *(himmat)* स्त्री. (अ.) spirit; courage; boldness; firmness; resoluteness.

हिम्मती *(himmatī)* वि. (अ.) courageous; bold.

हिया *(hiyā)* पु. heart; bosom; courage.

हिरन *(hiran)* पु. deer; antelope.

हिरासत *(hirāsat)* स्त्री. (फ़ा.) custody; charge; lock-up; custodyroom.

हिलकोर *(hilkor)* स्त्री. surge; billow; wave.

हिलकोरना *(hilkornā)* स. क्रि. to stir (water).

हिलकोरा *(hilkorā)* पु. see हिलकोर।

हिलगना *(hilagnā)* अ. क्रि. to be associated; to be attached; to hold fast.

हिलगाना *(hilagānā)* स. क्रि. to cause to adhere; to attach; to fix.

हिलना *(hilna)* अ. क्रि. to move; to stir; to shake; to tremble; to undulte; to wave; to swing in a gay mood or intoxication; to sway to and fro; to get loose; to slacken; to be flickering; to be unsteady (to mind); to be familiar; to slip; to slide.

हिलाना *(hilana)* स. क्रि. to shake or rock; to move; to stir; to cause to slip or slide; to cause to tremble; to familiarize; to cause to get intimate; to cause to be fickle or unsteady; to swing; to move to and fro.

हिलोर *(hilor)* स्त्री. wave; billow; surge.

हिसाब *(hisāb)* पु. (अ.) arithmetic; calculation; account; rate; manner.

हिस्सा *(hissā)* पु. (अ.) component; constituent; part; portion; division; fragment; portion (of partition); share (of capital); divident.

हिस्सेदार *(hissedār)* पु. (अ.) shareholder; co-sharer; party; partner.

हीन *(hīn)* वि. destitute or deprived; bereft; causing concern or anxiety; worthless; insignificant; trivial; inferior; lower; low; base; mean; vile.

हीनता *(hīntā)* स्त्री. destitution; deprivation (in comp); worthlessness; insignificance; inferiority; low-liness; meanness; baseness; vileness.

हीनबुद्धि *(hīnbudhī)* वि. stupid; nitwitted.

हीरा *(hīrā)* पु. diamond.

हुंकार *(huṁkār)* पु. call of challenge or halloing; voice of defiance; roaring; bellowing in general; shouting; cry.

हुंकारना *(huṁkārnā)* अ. क्रि. to challenge loudly (of a fight); to shout; to cry; to roar; to bellow.

हुंडी *(huṇḍī)* स्त्री. bill of exchange; bill; draft; bond; debenture.

हुकूमत *(hukūmat)* स्त्री. (अ.) sway; rule; control; government; reign.

हुक़्क़ा *(huqqā)* पु. (अ.) hubble-bubble.

हुक्म (*hukm*) पु. (अ.) order; command; judgement; verdict; ordinance; statute; regulation; one of the suits in playing cards; the spade; control.

हुक्म उदूली (*hukm-uduli*) स्त्री. (अ.) disobedience; insubordination.

हुक्मनामा (*hukmnāmā*) पु. (अ.) edict; written order.

हुजूम (*hujūm*) पु. (अ.) crowd; gathering.

हुजूर (*huzūr*) पु. (अ.) gracious presence; royal presence; court (of a king or superior authority); your honour; your majesty; your lordship; sir.

हुज्जत (*hujjat*) स्त्री. (अ.) wrangling; disputation; altercation; contention; obstinacy; objection.

हुड़दंग (*hurdang*) पु. noise; tumult; commotion; uproar; rowdyism; hooliganism.

हुतात्मा (*hutātmā*) पु. martyr.

हुनर (*hunar*) पु. (फ़ा.) art; craft; skill; competence; ability.

हुलसना (*hulasnā*) अ. क्रि. to be gladdened; to be rejoiced; to be pleased; to be delighted.

हुलसाना (*hulsānā*) स. क्रि. to gladden; to delight; to exhilarate; to cheer.

हुलिया (*huliyā*) स्त्री. appearance; form physical feature; description of the face or countenance; description of physical features.

हुल्लड़ (*hullar*) पु. noise; uproar; tumult; commotion; disturbance; riot.

हूक (*hūk*) स्त्री. shooting pain (in heart); ache; smarting agony; (mental) affliction; lingering agony.

हूकना (*hūknā*) अ. क्रि. to ache; to feel pain.

हूबहू (*hū-ba-hū*) वि. exactly similar.

हूर (*hūr*) स्त्री. (अ.) virgin of paradise; nymph; fairy.

हृत (*hṛt*) पु. part; portion.

हृदय (*hṛday*) पु. heart; conscience; bosom; chest; breast; the interior or essence of any thing; core.

हृदयगत (*hṛdaygat*) वि. hearty; dwelling in the heart; mentally assimilated.

हृदयग्राही (*hṛdayagrāhi*) वि. heart-captivating; charming; interesting.

हृदयविदारक (*hṛdayavidārak*) वि. heart-rending; producing pathos; pathetic; pitiful; touching; poignant.

हृदयस्पर्शी (*hrday-sparśī*) वि. pathetic; heart-touching; poignant.

हृदयहारी (*hrday-hārī*) वि. charming; attractive

हर्षित (*hṛṣit*) वि. happy; joyful; thrilled; fresh; astonished.

हृष्टा (*hṛṣtā*) वि. happy; thrilled; astor ished; hard; inelastic; blunt.

हृष्ट-पुष्ट (*hṛṣṭ-pūst*) वि. stout; robust.

हेकड़ी (*hekrī*) स्त्री. hubris; arrogance; bullysm; show of force or strength; stubbornness.

हेठा (*heṭhā*) वि. low; inferior; mean.

हेठी (*heṭhī*) स्त्री. insult; abasement; disgrace; dishonour; indignity; humiliation.

हेतु (*hetu*) पु. object; motive; purpose; cause; reason.

हेय (*hey*) वि. fit to be left or

abadoned; abominable; heinous; trifling; trivial.

हेरना *(hernā)* स. क्रि. to search (for); to see; to observe.

हेर-फेर *(her-pher)* पु. change; alteration; exchange; interchange; rotation (crops); manipulation.

हेरा-फेरी *(herā-pherī)* स्त्री. manipulation; unscrupulous activity; tempering; exchange; interchange.

हैरत *(hairat)* स्त्री. (अ.) amazement; consternation; astonishment.

हैरतअंगेज़ *(hairatangez)* वि. (अ.) astonishing; amazing.

हैरान *(hairān)* वि. (अ.) astonished; amazed; perplexed; disturbed; worried; troubled.

हैरानी *(hairānī)* स्त्री. (अ.) astonishment; amazement; confusion; perplexity; perturbation; distraction.

हैवान *(haivān)* पु. (अ.) animal; beast; brute; uncivil; person; savage.

हैवानियत *(haivāniyat)* स्त्री. (अ.) brutality; beastliness; cruelty; inhumanity.

हैसियत *(haisiyat)* स्त्री. (अ.) status; position; capacity; capability; property; wealth; prestige; importance.

होंठ, ओंठ *(homṭh)* पु. lip.

होड़ *(hoṛ)* स्त्री. rivalry; competition; wager; bet.

होनहार¹ *(honhār)* वि. inevitable; certain; sure; promising.

होनहार² *(honhār)* स्त्री. the inevitable; destiny.

होना *(honā)* अ. क्रि. to be; to exist; to continue; to last; to attain (to); to become; to carry in a particular state or position; to take place; to occur; happen; to be born; to result; to be effected; to pass; to be over; to come to an end; to belong;to be related to.

होनी *(honī)* स्त्री. destiny; fate; the inevitable.

होम *(hom)* पु. offering an oblation to fire.

होलिका *(holikā)* स्त्री. the Holi festival; heap of wood; straw etc. accumulated for holi.

होली *(holi)* स्त्री. the Holi festival; the pile of fuel prepared for bonfire in the night preceding the Holi festival; a class of songs sung during the months of Magh and phalgun in different modes; bonfire.

होश *(hoś)* पु. (फ़ा.) sense; consciousness; memory; recollection; reminiscence; understanding; judgement; intellect.

होशियार *(hośiyār)* पु. (फ़ा.) cautious; alert; careful; vigilant; clever; wise; intelligent; skilful; skilled; proficient; dexterous.

होशियारी *(hośiyārī)* स्त्री. (फ़ा.) caution; vigilance; watchfulness alertness; carefulness; cleverness; wisdom; intelligence; skilfulness; dexterity; proficiency.

हौआ *(hauā)* पु. an imaginary demon intended to terrorise children; bogey; bug-bear; scare crow.

हौज़ *(hauz)* पु. (अ.) tank; reservoir of water; sink; small pond; manger.

हौल *(haul)* पु. (अ.) horror; shock.

हौवा *(hauvā)* पु. (अ.) Eve; the first woman on earth regarded as the mother of mankind; bugaboo; bugbear; bogey; scare crow.

हौसला *(hauslā)* पु. (अ.) courage. spirit; morale; enthusiasm; zest; gusto; aspiration; longing; ambition; desire.

ह्रस्व[1] *(hrasva)* वि. short; small little (in size etc.); unstressed; unaccented.

ह्रस्व[2] *(hrasva)* पु. short vowel; unaccented syllable.

ह्रास *(hrās)* पु. decay; waste; decline; fall; dawn-fall; diminution decrease.

ह्रासोन्मुख *(hrāsonṁukh)* वि. decaying; diminishing; decadent.